D1619305

Verlag Hans Huber
Programmbereich Gesundheit

Wissenschaftlicher Beirat:
Felix Gutzwiller, Zürich
Manfred Haubrock, Osnabrück
Klaus Hurrelmann, Bielefeld
Petra Kolip, Bremen
Horst Noack, Graz
Doris Schaeffer, Bielefeld

Bücher aus verwandten Sachgebieten

Frauengesundheit / Männergesundheit

Arbeitskreis Frauen und Gesundheit
Frauen und Gesundheit(en) in Wissenschaft, Praxis und Politik
1998, ISBN 3-456-83107-2

Koppelin/Keil/Müller/Hauffe (Hrsg.)
Die Kontroverse um die Brustkrebs-Früherkennung
2001. ISBN 3-456-83545-0

Bisig/Gutzwiller
Frau und Herz
2002, ISBN 3-456-83686-4

Sydow
Lebenslust – Weibliche Sexualität von der frühen Kindheit bis ins hohe Alter
1993, 3-456-82419-X

Haigl-Evers/Boothe
Der Körper als Bedeutungslandschaft
1997, ISBN 3-456-82811-X

EBG/BAG (Hrsg.)
Geschlecht und Gesundheit nach 40
1998, ISBN 3-456-82961-2

Kirby/Kirby/Farah
Männerheilkunde
2002, ISBN 3-456-83690-2

Hollstein
Potent werden – Das Handbuch für Männer
2001, ISBN 3-456-83534-5

Zeier
Männer über 50
1999, ISBN 3-456-83184-6

Gesundheitswissenschaften

Hurrelmann/Leppin (Hrsg.)
Moderne Gesundheitskommunikation
2002, ISBN 3-456-83640-6

Øvretveit
Evaluation gesundheitsbezogener Interventionen
2202, ISBN 3-456-83685-6

Deutsche Gesellschaft für Public Health (Hrsg.)
Public-Health-Forschung in Deutschland
2000, ISBN 3-456-83251-6

Haisch/Weitkunat/Wildner (Hrsg.)
Wörterbuch Public Health – Gesundheitswissenschaften
1999, ISBN 3-456-83051-3

Gutzwiller/Jeanneret (Hrsg.)
Sozial- und Präventivmedizin – Public Health
2. A. 1999, ISBN 3-456-83177-3

Beaglehole/Bonita/Kjellström
Einführung in die Epidemiologie
1997, ISBN 3-456-82767-9

Weitkunat/Haisch/Kessler (Hrsg.)
Public Health und Gesundheitspsychologie
1997, ISBN 3-456-82764-4

Forschungsverbund DHP
Deutsche Herz-Kreislauf-Präventionsstudie
1998, ISBN 3-456-83011-4

Mielck
Soziale Ungleichheit und Gesundheit
2000, ISBN 3-456-83454-3

Weitere Informationen über unsere Neuerscheinungen finden Sie im Internet unter:
http://verlag.hanshuber.com oder per E-Mail an: verlag@hanshuber.com.

Klaus Hurrelmann
Petra Kolip
(Herausgeber)

Geschlecht, Gesundheit und Krankheit

Männer und Frauen im Vergleich

Verlag Hans Huber
Bern · Göttingen · Toronto · Seattle

Die Deutsche Bibliothek - CIP Einheitsaufnahme
Geschlecht, Gesundheit und Krankheit :
Männer und Frauen im Vergleich /
Klaus Hurrelmann ; Petra Kolip (Hrsg.). -
1. Aufl. - Bern ; Göttingen ; Toronto ; Seattle : Huber, 2002
(Verlag Hans Huber, Programmbereich Gesundheit)
ISBN 3-456-83691-0

1. Auflage 2002. Verlag Hans Huber, Bern
© 2002. Verlag Hans Huber, Bern

Anregungen und Zuschriften an:
Verlag Hans Huber
Lektorat Medizin/Gesundheit
Länggass-Strasse 76
CH-3000 Bern 9
Tel: 0041 (0)31 300 4500
Fax: 0041 (0)31 300 4593
E-Mail: verlag@hanshuber.com

Lektorat: Dr. Klaus Reinhardt
Bearbeitung: Tim Darmstädter
Umschlagillustration: pinx, Wiesbaden
Herstellung: Kurt Thönnes, die Werkstatt, Liebefeld-Bern
Satz und Repro: SatzTeam Berger, Ellwangen/Jagst
Druck und buchbinderische Verarbeitung: AZ Druck- und Datentechnik, Kempten
Printed in Germany

Dieses Werk, einschließlich aller seiner Teile, ist urheberrechtlich geschützt. Jede Verwertung außerhalb der engen Grenzen des Urheberrechtes ist ohne Zustimmung des Verlages unzulässig und strafbar. Das gilt insbesondere für Vervielfältigungen, Übersetzungen, Mikroverfilmungen sowie die Einspeicherung und Verarbeitung in elektronischen Systemen.

Inhalt

Vorwort 9

1. Frauen- und Männer-Gesundheitsforschung

Petra Kolip und Klaus Hurrelmann
Geschlecht – Gesundheit – Krankheit: Eine Einführung 13

Christiane Schmerl
Die Frau als wandelndes Risiko 32

Walter Hollstein
Der Mann als Täter und Opfer 53

Toni Schofield, Robert W. Connell, Linley Walker, Julian F. Wood und Dianne L. Butland
Das Konzept des Geschlechterverhältnisses in Forschung, Politik und Praxis 67

2. Theorien und Methoden der geschlechtervergleichenden Forschung

Annette Degenhardt und Andreas Thiele
Biomedizinische und biopsychosoziale Modelle 87

Ellen Kuhlmann
Gender-Theorien 104

Dagmar Ellerbrock
Geschlecht, Gesundheit und Krankheit in historischer Perspektive ... 118

Ingeborg Jahn
Methodische Probleme einer geschlechtergerechten Gesundheitsforschung 142

3. Gesundheit und Krankheit im Lebenslauf von Frauen und Männern

Ingrid Waldron
Krankheit und Mortalität bei Säuglingen und Kleinkindern 159

Wolfgang Settertobulte
Gesundheit und Krankheit im Jugendalter 179

Bettina Schmidt
Gesundheit und Krankheit im Erwachsenenalter 191

Andreas Kruse und Eric Schmitt
Gesundheit und Krankheit im hohen Alter 206

4. Vergleichende Gesundheitsanalysen bei Frauen und Männern

Beate Schücking
Generative Gesundheit von Frauen 225

Theodor Klotz
Spezifische Gesundheitsprobleme von Männern 241

Martin Merbach, Susanne Singer und Elmar Brähler
Psychische Störungen bei Männern und Frauen 258

Ursula Härtel
Krankheiten des Herz-Kreislauf-Systems bei Männern und Frauen . . . 273

Dieter Borgers
Krebskrankheiten bei Männern und Frauen 291

Michael Berger und Ingrid Mühlhauser
Diabetes und Übergewicht bei Männern und Frauen 308

Ruth Deck und Thomas Kohlmann
Rheumatische Krankheiten bei Männern und Frauen 322

Gallus Bischof und Ulrich John
Suchtmittelabhängigkeit bei Männern und Frauen 342

Alexa Franke
Essstörungen bei Männern und Frauen 359

Alexander Krämer, Barbara Hoffmann und Luise Prüfer-Krämer
Infektionskrankheiten bei Männern und Frauen 375

5. Gesellschafts- und Umwelteinflüsse auf Gesundheit und Krankheit

Andreas Mielck
Soziale Ungleichheit und Gesundheit 387

Marianne Resch
Der Einfluss von Familien- und Erwerbsarbeit auf die Gesundheit . . . 403

Francois Höpflinger
Private Lebensformen, Mortalität und Gesundheit 419

Helga Stopper und Maximilian Gertler
Physikalische Umwelt und Gesundheit 439

Carol Hagemann-White und Hans J. Lenz
Gewalterfahrungen von Männern und Frauen 460

6. Geschlechtsspezifische Inanspruchnahme des Versorgungssystems

Petra Kolip und Frauke Koppelin
Geschlechtsspezifische Inanspruchnahme von Prävention und
Krankheitsfrüherkennung 491

Ulrike Worringen und Andrea Benecke
Geschlechtsspezifische Inanspruchnahme in der Rehabilitation 505

Gerd Glaeske
Auffälligkeiten der geschlechtsspezifischen Versorgung in der GKV 520

Bernhard Strauß, Johanna Hartung und Horst Kächele
Geschlechtsspezifische Inanspruchnahme von Psychotherapie und Sozialer Arbeit 533

Dieter Grunow und Vera Grunow-Lutter
Geschlechtsspezifische Formen von Selbstvorsorge und Selbsthilfe 548

Adressen der Autorinnen und Autoren des Handbuchs 565

Sachregister 573

Vorwort

Der vorliegende Band fasst die bisher in der deutschen und internationalen Literatur verstreuten Studien zur Gesundheits- und Krankheitssituation von Männern und Frauen zusammen. Männer und Frauen unterscheiden sich im Profil ihrer Krankheiten und Gesundheitsstörungen. Offensichtlich hängen diese Unterschiede mit der biologischen Ausstattung der körperlichen und psychischen Konstitution sowie der Persönlichkeitsstruktur ebenso zusammen wie mit den gesellschaftlichen, ökonomischen und ökologischen Arbeits- und Lebensbedingungen. Die gesundheitswissenschaftliche Forschung der letzten Jahre hat gezeigt, dass genetische, biologische und physiologische Merkmale mit sozialen und physischen Umweltfaktoren auf das Engste interagieren und die Art und Weise ihrer Interaktion darüber entscheidet, welche Ausprägungen von Gesundheits- und Krankheitsprofilen sich entfalten.

In der bisherigen wissenschaftlichen Diskussion laufen die theoretischen und methodischen Diskurse zur Frauengesundheit und Männergesundheit nebeneinander her. Mit diesem Band unternehmen wir den Versuch, sie aufeinander zu beziehen und in vergleichende und kontrastierende Darstellungen zu bringen. Für den Bereich der Frauengesundheitsforschung können die Autorinnen und Autoren des vorliegenden Bandes dabei an eine schon 20-jährige Tradition anknüpfen, die zu einer beachtlichen Breite von wissenschaftlichen Studien geführt hat. Das gilt für das analoge Gebiet der «Männergesundheitsforschung» nicht, denn erst seit wenigen Jahren gibt es überhaupt diesen Begriff und existieren wissenschaftliche Forschungsschwerpunkte und Fachkongresse mit dieser Ausrichtung. Die Autorinnen und Autoren in diesem Band bemühen sich, die beiden Stränge – die Frauengesundheitsforschung ebenso wie die Männergesundheitsforschung – aufzunehmen und sie in systematischer Form miteinander zu verbinden.

Wie die Beiträge in diesem Band zeigen, wird das Geschlecht als eine zentrale Determinante des Gesundheits- und Krankheitsgeschehens immer noch unterschätzt. Es hat mindestens ebenso starke Auswirkungen wie andere, hoch beachtete Variablen wie etwa Alter und soziale Ungleichheit. In allen westlichen Industrieländern leben Frauen deutlich länger als Männer, klagen über jeweils andere Symptomatiken und suchen unterschiedlich oft einen Arzt oder eine Ärztin oder andere professionelle Hilfen auf. Auch medizinische Diagnosen und therapeutische Interventionen sind geschlechtsspezifisch ausgeprägt, selbst dann, wenn spezifische Krankheitsbilder von ihrer Definition und Ausprägung her nicht an ein biologisches Merkmal gebunden sind.

Im ersten Teil des Buches werden hierfür theoretische, konzeptionelle und methodische Ergebnisse und Erklärungsansätze vorgestellt. Dabei wird berücksichtigt, dass für Gesundheits- und Krankheitsunterschiede der beiden Geschlechter biologische Faktoren ebenso eine Rolle spielen wie psychische, verhaltensbezogene und biografische. In weiteren Kapiteln wird die Entwicklung von Gesundheits- und Krankheitsprofilen in den verschiedenen Lebensphasen erörtert. Einen großen Raum nimmt auch die vergleichende Analyse von Gesundheitsstörungen und Krankheiten bei Frauen und Männern ein. Gesellschaftliche Einflussfaktoren und physische Umwelteinflüsse auf Gesundheit und Krankheit werden wegen ihrer großen Bedeutung in einem gesonderten Abschnitt behandelt. Zum Abschluss finden sich mehrere Beiträge über die geschlechtsspezifische Inanspruchnahme des Gesundheits- und Krankheitsversorgungssystems.

Wir bedanken uns bei den Autorinnen und Autoren, die aus den verschiedensten Fachdisziplinen stammen. Olaf Hirschmann hat in souveräner Weise die redaktionellen Arbeiten durchgeführt, Anne Gudereit die vielfältige Korrespondenz begleitet. Dr. Axel Flügel hat die Übersetzungen angefertigt. Dem Verlag Hans Huber und dem zuständigen Lektor Dr. Klaus Reinhardt möchten wir für die Ermunterung danken, einen in seinem Zuschnitt noch ungewohnten Band herauszugeben.

Klaus Hurrelmann
Petra Kolip

1 Frauen- und Männer-Gesundheitsforschung

Geschlecht – Gesundheit – Krankheit: Eine Einführung

Petra Kolip und Klaus Hurrelmann

1. Die Entwicklung von Frauen- und Männergesundheitsforschung

Die Frauengesundheitsforschung kann in Deutschland auf eine mehr als 20 Jahre alte Tradition mit zwei Wurzeln zurück blicken. Die eine Wurzel ist die Frauengesundheitsbewegung der Siebziger- und Achtzigerjahre, die der Entmündigung von Frauen im Medizinsystem eine Aktivierung des Selbsthilfepotenzials entgegen setzte. Selbstuntersuchungen, die (Wieder-) Aneignung von natürlichen Heilverfahren und der Aufbau alternativer Versorgungsangebote, wie z. B. Frauenhäuser und -notrufe, Frauengesundheitszentren und Geburtshäuser, machten die Schwerpunkte der Arbeit aus (Boston Women's Health Book Collective 1976; Hexengeflüster o. J.; Stolzenberg 2001). Die Frauengesundheitsforschung war eng mit dieser sozialen Bewegung verbunden und verstand sich als deren theoretischer Arm. Sie hat deshalb immer die Verbindung zur Praxis gesucht, denn ihr ging es nie nur um die reine Forschung, sondern stets auch darum, die gesundheitliche Lage von Frauen zu verbessern.

Die zweite Wurzel der Frauengesundheitsforschung bildet die sozialwissenschaftliche Frauenforschung, die sich aus feministischer Perspektive mit der Rolle von Frauen in Beruf und Familie, der gesellschaftlich bedingten Ungleichheit zwischen den Geschlechtern und den sozialen und kulturellen Vorstellungen über Frauen und Männer auseinandergesetzt, aber auch körperbezogene Themen wie das sexuelle Selbstbestimmungsrecht, die Technisierung der Medizin, die Medikalisierung des weiblichen Lebenslaufs und die Auswirkung sexueller Gewalt auf die Gesundheit aufgegriffen hat.

Aus diesen beiden Quellen ergaben sich Impulse, die gesellschaftlichen und personalen Bedingungen zu untersuchen, unter denen die Gesundheit von Frauen erhalten und Krankheit verhindert werden kann, und die Strukturen zu analysieren, welche Gesundheits- und Krankheitsversorgung Frauen hinsichtlich Prävention, Therapie, Rehabilitation und Pflege benötigen und wie diese Versorgung der besonderen Lebenslage und den spezifischen psychosozialen Lebensbedingungen von Frauen gerecht werden. Die Einbettung dieser Fragen in eine Diskussion über die Konstruktion der Geschlechterverhältnisse, den Einfluss des zweigeschlechtlichen Systems und der damit verbundenen Geschlechterhierarchie auf die Gesundheit war selbstverständlich.

Die Frauengesundheitsforschung war damit immer auch politisch verankert; sie verstand sich – in den Achtzigerjahren vielleicht expliziter als heute – als Teil einer politischen Bewegung, der es auch darum ging, einen konkreten Beitrag zum Abbau geschlechtlicher Ungleichheit zu leisten.

Nach den Anfängen zu Beginn der Achtzigerjahre – 1981 erschien der erste deutschsprachige Sammelband zur Frauengesundheitsforschung unter dem Titel «Was macht Frauen krank?» (Schneider 1981) – gewannen Themen zur Gesundheit von Frauen und zu den sie beeinflussenden Faktoren Ende der Achtzigerjahre in der sozialwissenschaftlichen Forschung – nicht aber in der Medizin[1] – Präsenz. Es hatte sich ein heterogenes Themenfeld herausgebildet, das eine starke sozialwissenschaftliche Akzentsetzung erkennen ließ. Auch heute noch lässt sich ein sozialwissenschaftliches Übergewicht feststellen, das u. a. zur Folge hat, dass biologische Erklärungsansätze in den Modellen eine geringe Rolle spielen und vor allem solche Themen bearbeitet werden, die sich mit den gesellschaftlichen, sozialen und kulturellen Einflussfaktoren auf die Gesundheit befassen. Erst in jüngster Zeit wird der Beitrag biologischer Faktoren zu den Geschlechtsunterschieden in Gesundheit und Krankheit stärker diskutiert (Institute of Medicine 2001), nicht zuletzt, weil durch die Entschlüsselung des menschlichen Genoms insgesamt ein biologischer Schwenk in der Gesundheitsforschung ausgelöst wurde.

Die Forschungsprojekte der Achtzigerjahre waren zwar vielfältig, aber meist vereinzelt, ein größeres Netzwerk war nicht erkennbar (Helfferich/von Troschke o. J.). Mit der Etablierung und Förderung von Public-Health-Forschungsverbünden wurde dann ein Institutionalisierungsschub ausgelöst. Zum einen gelang es, Kompetenzen und Expertise in der gesundheitswissenschaftlichen Forschung zu bündeln. Zum anderen war es durch die Verbundförderung an einzelnen Standorten möglich, eigene Strukturen zu bilden (z. B. den Arbeitskreis Frauen und Gesundheit im Norddeutschen Forschungsverbund Public Health, der mit einer viel beachteten Ringvorlesung auf sich aufmerksam machte; Arbeitskreis 1998) bzw. sich in neu entstehende Netzwerke (wie das Nationale Netzwerk Frauengesundheit) einzubinden. Zum anderen etablierten sich in wissenschaftlichen Fachgesellschaften Arbeitskreise oder Fachbereiche «Frauen und Gesundheit», so in der Deutschen Gesellschaft für Sozialmedizin und Prävention – DGSMP (Maschewsky-Schneider et al. 2001) – und in der Deutschen Gesellschaft für Medizinsoziologie – DGMS (Begenau/Helfferich 1997). Damit wurden auch innerhalb der Fachgesellschaften frauenspezifische Themen und Anliegen «salonfähig». Und schließlich hat die Frauengesundheitsforschung von einem hochschulpolitischen Trend profitiert: In vielen Fachdisziplinen haben sich Frauen- oder Gender-Studien etabliert, und es wurde für eine Einrichtung entsprechender Professuren gekämpft. Einige Bundesländer wie NRW und Bremen haben «Netzwerke Frauenforschung» gegründet und an zahlreichen Universitäten Frauenforschungsprofessuren eingerichtet. Auf diesem Weg gelang es, auch in den Gesundheitswissenschaften Frauenforschungsprofessuren zu verankern.

Die Frauengesundheitsforschung in Deutschland kann also auf eine – wenn auch manchmal zähe und von Rückschlägen gekennzeichnete – 20-jährige Erfolgsgeschichte zurück blicken. In den beiden Dekaden wurde viel erreicht:

- Dass sich Männer und Frauen in ihrer gesundheitlichen Lage und in ihren gesundheitlichen Bedürfnissen unterscheiden und dass das Geschlecht eine zentrale Variable ist, die den Gesundheitszustand beeinflusst, gehört mittlerweile zum gesundheitswissenschaftlichen Basiswissen. Daran anknüpfend haben einige Bundesländer geschlechtervergleichende oder frauenspezifische Gesundheitsberichte in Auftrag gegeben, um auf dieser Grundlage länderspezifische Ansatzpunkte für die Verbesserung der gesundheitlichen Lage identifizieren zu können (Ministerium für Frauen, Jugend, Familie und Gesundheit des Landes NRW 2000; Sozialministerium Baden-Württemberg 2000; Behörde für Arbeit, Gesundheit und Soziales 2000; Senator für Arbeit, Frauen, Gesundheit, Jugend und Soziales Bremen 2001).
- Es ist mittlerweile deutlich geworden, dass sich die Gesundheit von Frauen nicht auf Fragen der Reproduktion und der Geschlechtsorgane beschränkt, sondern dass eine geschlechtersensible Betrachtung in allen Bereichen der Gesundheitsforschung eine Rolle spielen muss. Zahlreiche Forschungslücken konnten identifiziert und in einigen Bereichen auch ansatzweise geschlossen werden. Dies betrifft vor allem die Ursachen, Verläufe und Therapiemöglichkeiten bei zahlreichen

---

1 Das hat sich erst in den letzten Jahren geändert: Zunehmend finden Themen der Frauengesundheitsforschung Eingang in die Medizin, und erste Institutionalisierungsversuche – z. B. die Einrichtung von medizinischen Lehrstühlen zur Frauengesundheitsforschung – sind erkennbar.

Krankheiten, bei denen bis vor kurzem von einem männlichen Normmodell ausgegangen wurde. Die meisten Beiträge im Kapitel zur geschlechtervergleichenden Darstellung ausgewählter Krankheiten werden auf die aktuelle Forschungs- und Datenlage bei diesen Krankheiten eingehen. Wir haben hier vor allem jene Krankheiten ausgewählt, von denen Männer und Frauen häufig betroffen sind (z. B. Herz-Kreislauf-Krankheiten (Ursula Härtel), Diabetes mellitus (Michael Berger/Ingrid Mühlhauser), Krebserkrankungen (Dieter Borgers) und Krankheiten des Bewegungsapparates (Ruth Deck und Thomas Kohlmann) oder bei denen bereits ein breites Wissen über geschlechtsspezifische Profile vorhanden ist, wie bei Suchterkrankungen (Gallus Bischof und Ulrich John), psychischen Störungen (Martin Merbach, Susanne Singer und Elmar Brähler) und Essstörungen (Alexa Franke). Diese Beiträge sollen den unterschiedlichen Stand der Forschung illustrieren und Anknüpfungspunkte für weitergehende Forschungsfragen aufzeigen.

- Der Gender-Bias, also Verzerrungen in Forschungsprojekten, die auf eine geschlechterinsensible Planung, Auswertung und Interpretation von Forschungsergebnissen zurückzuführen sind, gerät zunehmend in den Blick. Durch die Arbeiten internationaler Kolleginnen wie Margrit Eichler ist deutlich geworden, dass eine solche Verzerrung in allen Phasen des Forschungsprojektes auftreten kann (Eichler 1991, 1998; siehe auch Ingeborg Jahn in diesem Band). In Kanada wie auch in anderen Ländern liegen Instrumente vor, mit denen ein Gender-Bias systematisch in Publikationen und – wichtiger noch – in Forschungsanträgen identifiziert werden kann. Derzeit werden einige dieser Instrumente ins Deutsche übersetzt (Eichler et al. 2000). Es ist das mittelfristige Ziel, die Förder- und Publikationsrichtlinien zu verändern und Drittmittelgebern einen Kriterienkatalog an die Hand zu geben, damit eine geschlechtergerechte Forschung etabliert werden kann.
- Die Frauengesundheitsforschung hat deutlich gemacht, dass Frauen keine homogene Gruppe sind, sondern dass weitere Differenzierungen eingeführt werden müssen. Der vom Bundesministerium für Familie, Senioren, Frauen und Jugend (2001) veröffentlichte Frauengesundheitsbericht, der von zahlreichen Wissenschaftlerinnen in einem kooperativen, multiprofessionellen Netzwerk erstellt wurde, macht dies mit seinem Fokus auf die Unterschiede in den neuen und alten Bundesländern deutlich.
- Schließlich werden Themen zur Frauengesundheit inzwischen auch auf die politische Tagesordnung gesetzt. So werden nicht nur geschlechtervergleichende Gesundheitsberichte in mehreren Bundesländern erstellt oder ExpertInnen- und Enquete-Kommissionen zur Entwicklung von geschlechtergerechten Versorgungsangeboten (Hamburg, NRW) eingesetzt, sondern auch im Bundestag war die Gesundheitsversorgung von Frauen Thema mehrerer Anhörungen.

Trotz dieser Erfolge: Andere europäische Länder und die USA haben gezielte Forschungsprogramme eingeleitet, um zum Beispiel Risiken für Herz-Kreislauf-Krankheiten, Brustkrebs und Osteoporose zu untersuchen und präventive Interventionen zu evaluieren.

In diesen und in anderen Bereichen besteht im deutschen Sprachraum nach wie vor ein erheblicher fachlicher und auch infrastruktureller Nachholbedarf (Arbeitskreis Frauen und Gesundheit 1998; Helfferich 1996; Maschewsky-Schneider 1997). Aber nicht nur mit der Etablierung umfangreicher gendersensibler oder frauenspezifischer Forschungsprogramme sind uns andere Länder voraus, auch die theoretische Diskussion hat sich andere Bereiche erschlossen. So werden in Großbritannien Themen der Frauengesundheit stärker mit dem Diskurs über die soziale Ungleichheit verbunden (Annandale/Hunt 2000; Doyal 1995, 2000; für Deutschland: Babitsch 2000; siehe auch den Beitrag von Andreas Mielck in diesem Band), wodurch das Augenmerk mehr auf die Frage gelenkt wird, inwieweit die gesellschaftlichen Rahmenbedingungen verändert werden müssen, um die gesundheitliche Ungleichheit zwischen den Geschlechtern zu reduzieren (Gijsbers van Wijk et al. 1996).

Seit ein paar Jahren findet die Frauengesundheitsforschung durch die Männergesundheitsforschung eine Ergänzung. Allerdings ist der Stand der Forschung und Praxis hier noch als wesentlich ungünstiger zu beurteilen. Da eine spezifische «Männerbewegung» in Analogie zur Frauenbewegung nur in Ansätzen existierte, fiel auch der hierdurch angeregte gesundheitsbezogene Impuls aus. Eine «Männergesundheitsbewegung» hat es im deutschen Sprachraum bisher nur auf lokaler Basis durch Einzelinitiativen gegeben, und auch die Männergesundheitsforschung hat bislang nur selten durch Publikationen auf sich aufmerksam gemacht. Zwar liegen mittlerweile einige Überblicksarbeiten und Sammelbände vor (z. B. Luck et al. 2000; Sabo/Gordon 1995), und im deutschsprachigen Raum ist auch ein erster Männergesundheitsbericht erschienen (Magistrat der Stadt Wien 1999), in den einschlägigen Fachjournalen wird das Thema Männergesundheit aber allenfalls in Editorials und Kurzbeiträgen aufgegriffen (Kraemer 2000; Yamey 2000).

Dieses Defizit wird keineswegs etwa dadurch ausgeglichen, dass die bisherige Gesundheitsforschung implizit männerlastig war und das biologische und soziale Geschlecht als bedeutsamen Faktor in der Untersuchung von Bedingungen des Gesundheitsverhaltens und Strukturen der Gesundheitsversorgung ignoriert hat. Durch den impliziten Androzentrismus, also die Annahme einer männlichen Sichtweise als Standard für Studienergebnisse, methodische Anlage und Interpretation, entsteht noch keine Männergesundheitsforschung, die die spezifischen Gesundheitsprobleme von Männern sensibel und profiliert herausarbeitet. Im Gegenteil wird durch eine unbewusst parteiliche Forschung gerade der Blick auf die Besonderheiten des männlichen Geschlechts im Umgang mit Körper und Psyche und bei der Auseinandersetzung mit sozialen und physischen Umweltbedingungen verstellt. Besonders deutlich wird das in der Versorgungsforschung, weil methodologisch und theoretisch nicht angemessene Untersuchungen sowohl für die präventive als auch für die therapeutische, rehabilitative und pflegerische Versorgung zu unbrauchbaren Ergebnissen kommen, wenn die sozialen und biologischen Unterschiede der Geschlechter und die sich hieraus ergebenden Bedarfe nicht sensibel erfasst werden.

Die Männergesundheitsforschung ist von der Frauengesundheitsforschung bis heute kritisch beäugt worden (vgl. Walter Hollstein in diesem Band). Dies hatte verschiedene Gründe. Zum einen war lange Zeit – von wenigen Ausnahmen abgesehen – nicht erkennbar, welchen *eigenen* theoretischen und empirischen Beitrag die Männergesundheitsforschung zu leisten vermag. Die Arbeiten erschöpften sich schnell darin, die Ergebnisse der Frauengesundheitsforschung «gegen den Strich zu bürsten», ohne eigene Themen oder theoretische Zugänge zu erarbeiten, die die Frauengesundheitsforschung hätte bereichern können. Aus einem «Frauen leben 7 Jahre länger» wurde ein «Männer leben 7 Jahre kürzer» (Klotz 1998; Eickenberg/Hurrelmann 1997), und schnell wurde die Forderung erhoben, dass Ressourcen in die Erforschung und den Abbau dieser Ungleichheit gesteckt werden müssten, da Männer das eigentlich benachteiligte Geschlecht seien (MaGs o. J.). Zu einem Zeitpunkt, da sich die Frauengesundheitsforschung gerade erst finanzielle Fördermöglichkeiten erschlossen hatte und Drittmittelgeber leichter als früher für eine Finanzierung von Frauengesundheitsprojekten gewonnen werden konnten, sah sie sich in einer neuen Konkurrenzsituation, die zudem auf ein Ungleichheitsargument gründete, das die eigene Argumentation auf den Kopf stellte. Hinzu kam, dass sich die Frauengesundheitsforschung als emanzipatorisch verstand. Einen Beitrag zum Abbau geschlechtlicher Ungleichheit zu leisten, in diesem Fall in Bezug auf den Umgang mit dem Körper, auf Gesundheit und Krankheit, auf Sexualität, war explizit eines der Ziele. Dieses zu erreichen implizierte, die Geschlechterhierarchie anzugreifen. Wieso sollte die Männergesundheitsbewegung hieran interessiert sein, bedeutete dies doch einen Verzicht auf Privilegien und Verlust an Macht? so die häufig gestellte Frage nach der Motivation der Männergesundheitsforscher.[2] Eine politische Verankerung der Männergesundheitsbewegung war nicht zu erkennen (Luck et al. 2000), vielmehr zeichnete

---

2 Eine Ausnahme bilden hier z. B. die Arbeiten zur Jungenpädagogik/Jungenarbeit, die sich ausführlich mit der Frage beschäftigt haben, ob eine emanzipatorische Jungenarbeit überhaupt möglich ist und wie diese aussehen könnte (z. B. Sielert 1993; Neubauer/Winter 2001; Winter/Neubauer 2001; siehe auch Cooper 1990).

sich schnell eine Kommerzialisierung des Themas ab (ablesbar z. B. an der Gründung von Zeitschriften wie Men's Health, die das Thema Männergesundheit schnell auf die männliche Potenz, Sexualität und körperliche Fitness fokussierte). Nicht zuletzt dieser Zweifel an der Ernsthaftigkeit der Motive und die Konkurrenz um finanzielle Ressourcen haben dazu geführt, dass die beiden ungleichen Stränge bislang wenig miteinander verknüpft wurden.

Wir halten es trotz dieser Konkurrenz und des unterschiedlichen Wissensstands für fruchtbar, die beiden Diskurse aufeinander zu beziehen, um deutlich zu machen, wie weit eine doppelte Perspektive trägt. Die beiden ersten Beiträge des Bandes werden aus dem Blickwinkel der Frauenforschung einerseits (Christiane Schmerl) und der Männerforschung andererseits (Walter Hollstein) einen Blick auf die Gesundheitsforschung werfen. In diesen jeweils auf eine Theorietradition zugespitzten Beiträgen werden die Konfliktpunkte noch einmal deutlich und die Erträge der jeweils eigenständigen Perspektiven werden pointiert herausgearbeitet.

Die weiteren Beiträge werden zeigen, wo sich gemeinsame Bezugspunkte finden und Perspektiven entwickeln lassen – und wo dies erst ansatzweise gelingt, weil z. B. die Standpunkte und geschlechtsspezifischen Problemlagen, wie z. B. beim Thema Gewalt, sehr unterschiedlich sind (Carol Hagemann-White und Hans-Joachim Lenz). Wir stellen deshalb, anders als z. B. der Frauengesundheitsbericht, explizit den Geschlechter*vergleich* in den Vordergrund, um die beiden Perspektiven am Beispiel einzelner Krankheiten oder Einflussfaktoren (z. B. Erwerbs- und Familienarbeit in ihrem unterschiedlichen Stellenwert für Frauen und Männer) verbinden zu können. Beiträge, die sich nur auf ein Geschlecht beziehen (reproduktive Gesundheit von Frauen: Beate Schücking; urologische Beschwerden: Theodor Klotz) ergänzen den Band, um auch frauen- bzw. männerspezifische Gesundheitssituationen beleuchten zu können.

Die vorliegenden empirischen Befunde demonstrieren, dass es heute zu gesundheitlicher Ungleichbehandlung und daraus resultierender Fehlversorgung für beide Geschlechter kommt. Es ist deshalb ein Anliegen dieses Bandes, die bisher noch getrennt verlaufenden Entwicklungsstränge der Frauengesundheitsforschung und der Männergesundheitsforschung zusammenzuführen, um zu geschlechtergerechten Forschungsergebnissen zu kommen. In Bezug auf den Aspekt der Gendersensitivität und Geschlechtergerechtigkeit wird der Band den je spezifischen Arbeitsstand aufzeigen. Während in einigen Bereichen bereits eine Fülle geschlechtervergleichender Datenbestände vorhanden und erste Ansätze gendersensibler Forschung zu erkennen sind (z. B. im Bereich der Prävention; vgl. den Beitrag von Petra Kolip und Frauke Koppelin), müssen in anderen Bereichen die empirischen Befunde mühsam zusammengetragen werden, weil sie sich allenfalls als «Nebenprodukte» anderer Arbeiten ergeben (siehe z. B. den Beitrag von Helga Stopper und Maximilian Gertler). Langfristig ist in allen Gesundheitsforschungsbereichen eine gendersensible Betrachtung anzustreben, um den Bedürfnissen von Frauen *und* Männern gerecht zu werden. Diese Perspektive wird auch von Seiten der Frauengesundheitsforschung formuliert, die sich zunehmend von einem auf das weibliche Geschlecht fokussierten Forschungsansatz löst:

> Grundsätzlich muss es jedoch perspektivisch darum gehen, alle Forschungs- und Versorgungsbereiche unter der Frage zu betrachten, welche Ungleich- oder Fehlbehandlungen für Frauen oder Männer damit verbunden sein könnten. Damit öffnet sich der Blickwinkel verstärkt auf den Vergleich und die Differenz von Frauen und Männern und die Beantwortung der Frage nach den Unterschieden und Gemeinsamkeiten in der Gesundheit von Frauen und Männern. Ziel ist die Vermeidung von Fehlbehandlung und eine dem jeweiligen Bedarf und der Notwendigkeit angemessene Versorgung beider Geschlechter. […] Damit wird der Weg von einer auf Fragen der Besonderheit der Gesundheit von Frauen ausgerichteten Forschung hin zu einer geschlechtssensiblen Gesundheitsforschung eröffnet. (Maschewsky-Schneider et al. 2001, S. 92)

2. Die Gesundheit von Frauen und Männern im Lebenslauf

Eine Fülle internationaler Studien zeigt, dass sich in den meisten Ländern dieser Erde ein relativ homogenes Muster identifizieren lässt: Die Lebenserwartung der Frauen ist in der Regel höher als jene der Männer, aber Frauen nehmen – vor allem in den industrialisierten Ländern – häufiger medizinische und psychosoziale Hilfen in Anspruch. Die Frage, ob Männer oder Frauen das kränkere Geschlecht sind, ist allerdings falsch gestellt, vielmehr weisen Frauen und Männer unterschiedliche Krankheitsprofile auf (Maschewsky-Schneider 1994, 1997). Schon der Blick auf die Lebenserwartung zeigt, das ein differenzierter Blick auf das Geschlechterverhältnis notwendig ist: Zwar haben Frauen eine durchschnittlich höhere Lebenserwartung als Männer, bei der so genannten «health expectancy», also der bei guter Gesundheit verbrachten Lebenszeit, fallen die Unterschiede zwischen Frauen und Männern schon wesentlich geringer aus (Mathers et al. 2001). Mit anderen Worten: Die längere Lebenszeit der Frauen ist von Behinderungen und Einschränkungen gekennzeichnet.

Der in der weiblichen Bevölkerung stärker zu beobachtende Anstieg in der Lebenserwartung in den vergangenen 100 Jahren wird überwiegend auf einen Rückgang der Müttersterblichkeit zurück geführt. In den letzten Jahren lässt sich in einigen Industrieländern wie z. B. den USA beobachten, dass sich der Geschlechtsunterschied in der Lebenserwartung verringert, da die Lebenserwartung der Männer mittlerweile stärker als jene der Frauen steigt (Bird/Rieker 1999). Eine Ursache hierfür ist darin zu suchen, dass sich die Unterschiede im gesundheitsriskanten Verhalten verringern, da z. B. der Anteil rauchender Frauen kontinuierlich steigt (Waldron 2000). Die noch immer kürzere Lebenserwartung der Männer lässt sich auf zwei Faktoren zurückführen: Zum einen ist die Säuglingssterblichkeit bei ihnen wesentlich höher, was sich vor allem in den Ländern der so genannten Dritten Welt beobachten lässt (siehe hierzu den Beitrag von Ingrid Waldron in diesem Band), zum anderen sterben sie im frühen und mittleren Erwachsenenalter häufiger an solchen Todesursachen, die durch gesundheitliches Risikoverhalten (mit)bedingt sind: Unfälle, Bronchialkrebs, Leberzirrhose und Herz-Kreislauf-Krankheiten (vgl. den Beitrag von Bettina Schmidt in diesem Band).

Die Todesursachenstatistiken geben Hinweise auf die spezifischen Belastungen und Beanspruchungen, die mit Geschlecht und Alter zusammenhängen. Eindeutig sterben schon bei der Geburt mehr Jungen als Mädchen, auch schon zuvor während der Schwangerschaft. Jungen sind, wie der Beitrag von Ingrid Waldron zeigt, häufiger von Geburtskomplikationen und angeborenen Missbildungen betroffen, zudem sterben sie in Entwicklungsländern häufiger an Infektionskrankheiten. Allerdings sind auch einige Störungen und Krankheiten bei Mädchen häufiger (z. B. Spina bifida), so dass die Verallgemeinerung, dass neugeborene Jungen generell das biologisch schwächere Geschlecht seien, nicht zulässig ist.

Im Kindheitsalter vom ersten bis zum zwölften Lebensjahr sind Jungen aber eher als Mädchen das verletzlichere Geschlecht. Sie werden häufiger als Mädchen wegen gesundheitlicher Störungen bei Ärztinnen und Ärzten vorgestellt (Hurrelmann 1999). Jungen fallen häufiger als Mädchen durch neurotische und emotionale Störungen, Aufmerksamkeits- und Hyperaktivitätsstörungen, Störungen der Impulskontrolle und des Sozialverhaltens und durch aggressive Verhaltensweisen auf. Sie zeigen vielfältige Verhaltensprobleme, dissoziale Impulse und unkontrollierte Aggressivität. Schwere Verhaltensstörungen mit einem Mangel an sozial koordiniertem Verhalten, geistige Behinderungen und emotional-sprachliche Störungen kommen bei Jungen ebenfalls häufiger als bei Mädchen vor. Auch bei den Todesursachenstatistiken bestätigt sich dieses Bild. Die Anzahl der Todesfälle durch gewaltsamen Tod (Verletzungen, Vergiftungen, Unfälle) ist bei Jungen erheblich höher als bei Mädchen (Kolip 1997, 1998).

Erst mit der Pubertät und dem einsetzenden Jugendalter verändert sich diese Ausgangslage teilweise. Nicht nur schätzen jetzt die Mädchen ihre Gesundheit subjektiv schlechter ein als Jungen, sie werden auch häufiger krank, und zwar im psychosomatischen und physiologischen Bereich. Sie geben einen höheren Beschwerdedruck an und bedürfen in erheblich höherem Maße der professionellen Hilfe durch Gesundheitsprofessionen als Jungen (Wolfgang Settertobulte in diesem Band). Auffällig sind vor allem die vielen internalisierenden Symptome bei Mädchen wie depressive Stimmungen, Ängste, Einsamkeitsgefühle, Suizidversuche und Essstörungen. Jungen zeigen hingegen mehr externalisierende Symptome wie oppositionelles Verhalten, Schulprobleme und Delinquenz. Vor allem im Freizeitbereich zeigen sie risikofreudiges und aggressives Verhalten, insbesondere im Sport und im Straßenverkehr sowie in Bezug auf den Konsum von legalen und illegalen Substanzen (Helfferich 1994; Kolip/Schmidt 1999; Kolip 2001).

Im Erwachsenenalter setzen sich ohnehin die meisten Tendenzen aus dem Jugendalter fort. Männer haben, insbesondere wegen ihrer viel stärkeren Beteiligung an gefährlichen Erwerbsberufen und aufgrund ihres gesundheitlichen Risikoverhaltens (Alkohol- und Tabakkonsum, Unfälle), die ungünstigere Krankheits- und Sterbestatistik. Männer sind viel stärker von Verkehrs- und Arbeitsunfällen betroffen als Frauen (Farrell 1995). Frauen üben hingegen meist Berufe aus, die gesundheitlich weniger gefährlich sind. Allerdings sind auch Frauen von spezifischen gesundheitlichen Belastungen in der Erwerbsarbeit betroffen, und auch Frauen arbeiten in Berufen mit erhöhtem gesundheitlichem Risiko (z. B. in Reinigungsberufen; BMFSFJ 2001; Marianne Resch in diesem Band). Zugespitzt formuliert lässt sich hier festhalten, dass Männer im mittleren Erwachsenenalter vor allem unter solchen Krankheiten leiden, die zum Tode führen, während das Krankheitsprofil von Frauen durch chronische Erkrankungen und Beeinträchtigungen im psychosomatischen und psychischen Bereich gekennzeichnet ist (siehe hierzu auch Franke/Kämmerer 2001). Bei allen Todesursachen ist die Sterblichkeitsquote der Männer auch im Erwachsenenalter höher als die der Frauen. Das gilt für Lungenkrebs, Leberzirrhose, Herzkrankheiten, Unfälle, Selbstmord und andere Gewalteinwirkungen (Maschewsky-Schneider 1997).

Ähnliches ist für das Alter festzustellen (vgl. den Beitrag von Andreas Kruse und Eric Schmitt in diesem Band). Zwar ist die Rangreihe der Erkrankungen bei Frauen und Männern fast identisch, aber Frauen sind von fast allen chronischen Erkrankungen häufiger betroffen und die Erkrankungen, unter denen Männer leiden, sind potenziell lebensbedrohlich. Ein Blick auf die höheren Altersgruppen macht zudem zwei weitere Aspekte deutlich: Die Rangreihe der häufigsten Todesursachen ist identisch, aber Frauen versterben an allen Krankheiten in höherem Alter – ein Hinweis auf biologische Schutzfaktoren. Und: Gesundheitliche Ungleichheiten lassen sich auch auf geschlechtsspezifisch akzentuierte Lebenssituationen zurückführen (z. B. auf einen höheren Anteil von Witwen, das schlechtere Bildungsniveau von alten Frauen, die schlechtere finanzielle Situation). Dieser Aspekt wird auch im mittleren Erwachsenenalter bedeutsam, wie der Beitrag von François Höpflinger zum Einfluss der Lebensform auf die Gesundheit zeigt.

3. Aufsuchen und Inanspruchnahme von Hilfe

Frauen haben die höhere Lebenswartung und eine geringere Mortalitätsrate in jüngeren und mittleren Jahren, aber sie fühlen sich oft gesundheitlich nicht wohl, klagen über viele Beschwerden und suchen weit öfter als Männer medizinischen Rat und Hilfe. Die soziale Rolle der Frau wurde jahrhundertelang mit Krankheit und gesundheitlicher Beeinträchtigung gleichgesetzt, mit Menstruations-, Schwangerschafts- und Klimakteriumsbeschwerden, was teilweise zu der Vorstellung geführt hat, Frauen seien die perfekten Konsumentinnen der Medizin (Brähler/Felder 1999; Lennon/Rosenfield 1992; Kolip 1998, 2000; Saltonstall 1993). Allerdings darf bei der Beurteilung von Inanspruchnahmeraten nicht aus dem Blick geraten, dass gerade in der reproduktiven Phase Arztbesuche und stationäre Aufenthalte im Zusammenhang mit Schwangerschaft und Geburt zu sehen sind und auch die Einnahme hormoneller Verhütungsmittel mit dem regelmäßigen Kontakt zum Medizinsystem verbunden ist. Auch ist zu vermuten, dass mit der zunehmenden Verordnung von menopausalen Hormonpräparaten der Anteil der Frauen erhöht wird, die ab der Menopause regelmäßig einen Arzt oder eine Ärztin aufsuchen.

Im Unterschied zu Männern haben Frauen

ein ausgeprägteres Gefühl dafür, sich gesund zu halten, den Körper zu beobachten und sich um den eigenen Körper zu kümmern. Die Sorge um den eigenen Körper und die Einstellung, dem Körper etwas Gutes zu tun und so zur Gesundheit beizutragen, ist bei Frauen weitaus ausgeprägter als bei Männern (Kolip 1994). Entsprechend verfügen sie auch über ein breiteres Alltagswissen hinsichtlich Gesundheit und Krankheit. Männer halten sich hingegen für gesünder als Frauen. Sie suchen daher nur dann ärztliche und psychologische, aber auch seelsorgerische und soziale Hilfe auf, wenn sie sich wirklich krank oder absolut hilflos fühlen (Grunow/Grunow-Lutter in diesem Band). Männer äußern weniger Beschwerden als Frauen, klagen weniger und gehen seltener zu Vorsorge- und Früherkennungsuntersuchungen. Sie haben Angst vor Gesundheitseinrichtungen und fürchten um ihre Selbstständigkeit, wenn sie mit ihnen in Berührung gekommen sind. Frauen suchen hingegen weit häufiger professionelle Hilfe auf, wenn sie sich nicht wohl fühlen und eine Information über unsichere Empfindungen benötigen.

Traditionell gehört es zu den Aufgaben von Frauen, sich um die Gesundheit der Familienmitglieder zu kümmern, bei Beschwerden Arzttermine zu verabreden und dafür zu sorgen, dass Vorsorgetermine eingehalten werden. Bei kleinen Beschwerden verhalten sich Frauen häufig als Laienmedizinerinnen und verabreichen selbstständig Medikamente und Hilfen. Bei schweren Krankheiten der Familienmitglieder übernehmen sie die Pflege und Versorgung, wofür sie mitunter ihre eigenen beruflichen Aktivitäten zurückstellen (Nestmann/Schmerl 1990). Diese Sorge für die gesundheitlichen Belange der Familienmitglieder geht allerdings oft mit einer eigenen gesundheitlichen Belastung einher. So wird die Pflege von Angehörigen überwiegend durch weibliche Familienangehörige geleistet, die hierdurch eine Verschlechterung des eigenen psychischen und physischen Gesundheitszustands riskieren (Benner/Wrubel 1989; Seubert 1993).

Wie Bernhard Strauß, Johanna Hartung und Horst Kächele (in diesem Band) deutlich belegen, können geschlechtsspezifische Rollenstereotype beim Inanspruchnahmeverhalten ihrerseits als Gesundheitsrisiko wirken. Die männlichen Ansprüche an die eigene Person, Probleme selbst und ohne fremde Hilfe zu lösen, Unwohlsein ertragen zu können und Kontrolle über die eigene Leistungsfähigkeit zu wahren, erschweren bis ins hohe Alter das Aufsuchen sowohl von informeller, persönlicher als auch professioneller Hilfe (Klotz/Hurrelmann 1998; Sabo/Gordon 1995). Auch das weibliche Stereotyp, wonach Krank-Sein als einziger legitimer Grund zum Rückzug aus Überlastungen in Familie und Beruf akzeptiert wird, ansonsten aber Durchhaltestrategien in der Fürsorglichkeit für andere und das Zurückstellen eigener Befindlichkeitsprobleme erwartet werden, führt zu einer verzerrten Inanspruchnahme. Die einschlägige Forschung zeigt, wie stark das Aufsuchen von Hilfsangeboten von den Lebensentwürfen, persönlichen Zielen, Belastungen, Bewältigungsfähigkeiten und natürlich auch von dem entsprechenden strukturellen Angebot an Beratung, Anregung und Hilfe abhängt.

Viele Studien weisen darauf hin, dass Ärzte/Ärztinnen und andere Gesundheitsprofessionelle dazu neigen, Beschwerden von Männern in der Praxis ernster zu nehmen als die von Frauen (Ulrike Worringen und Andrea Benecke in diesem Band). Beim weiblichen Geschlecht werden ganz offensichtlich mehr psychisch bedingte Leiden vermutet, die Behandlung wird entsprechend ausgerichtet. Diese Profilierung der Behandlung kann dazu führen, dass Vorboten mancher Krankheiten nicht richtig erkannt werden. Das gilt insbesondere für den Herzinfarkt bei Frauen, wo die Frühsymptome mit psychischen Belastungen verwechselt werden. Ein Grund kann darin liegen, dass sich die Beschwerden bei Frauen und Männern unterscheiden, der Herzinfarkt immer noch als typische Männerkrankheit gilt und deshalb die Symptome bei Frauen und Männern, sowohl von den Betroffenen selbst als auch von Ärztinnen und Ärzten, unterschiedlich gedeutet und bewertet und deshalb differenzielle Diagnose- und Behandlungsroutinen in Gang gesetzt werden (Ursula Härtel in diesem Band).

Bei Frauen werden im Unterschied zu Männern schneller und häufiger alle Formen von psychischen und psychiatrischen Krankheiten diagnostiziert. Bei Männern werden eher Diagnosen mit einer somatischen und physiologischen Komponente gestellt, die Behandlung ist entsprechend ausgerichtet. Da Männer erst in sehr ernsten Stadien eines Krankheitsverlaufes medizinische und psychotherapeutische Hilfe aufsuchen, die Krankheit also oft schon weit vorangeschritten ist, sind sie häufig unerkannt krank. Erreichen sie dann die Arztpraxis, können sie sich mit ihrem Anliegen schneller und direkter durchsetzen als Frauen. Bei Frauen wird hingegen häufiger nach psychosomatischen Anteilen gesucht, auf die dann das Medizinsystem aber nur mit einem Rezept für psychotrope Medikamente reagiert.

Männer nehmen auch seltener als Frauen an Kursen zur Gesundheitsförderung und Prävention von Gesundheitsstörungen und Krankheiten teil. Die Krankenkassen können das bei ihren Angeboten von Nichtraucher-, Bewegungs-, Entspannungs- und Stressbewältigungstrainings sowie bei der Ernährungsberatung und anderen Kursen registrieren. 80 bis 90 % der Teilnehmer an solchen Angeboten sind weiblichen Geschlechts. Wie der Beitrag von Petra Kolip und Frauke Koppelin in diesem Band zeigt, spielt dabei das gesundheitliche Selbstkonzept und das Geschlechtsrollenkonzept eine entscheidende Rolle. Männer zeigen in höherem Ausmaß als Frauen ein Vermeidungsverhalten beim Umgang mit Belastungen und Risiken, sie gehen also viel weniger als Frauen von der Möglichkeit aus, dass ihnen gesundheitliche Belastungen und Beeinträchtigungen widerfahren könnten und ergreifen entsprechend seltener Vorsichtsmaßnahmen. Die Teilnahme an einem Kurs zur Gesundheitsförderung geht aber von der eigenen Wahrnehmung aus, dass in einem bestimmten gesundheitlichen Risikogebiet echte Gefahren entstehen und eine aktive Handlung notwendig ist, um diesen Gefahren auszuweichen. Schon dieses Eingeständnis ist mit dem traditionellen männlichen Rollenbild nicht vereinbar.

Wie stark gesundheitsrelevante Hilfsstrategien mit den Rollenbildern von Männern und Frauen zusammenhängen, hat Walter Hollstein in seinem Beitrag in diesem Band deutlich herausgearbeitet. Das soziale Netzwerk von Männern ist im Bereich der informellen, persönlichen und vertrauten Beziehungen entsprechend auch viel kleiner als das von Frauen. Auch haben Männer selten einen Kreis von Freunden, mit denen sie ganz persönliche und intime Probleme besprechen und sich dabei Hilfe und Unterstützung holen. Frauen sind viel stärker in soziale Beziehungen integriert, die ihnen emotionale Unterstützung und soziale Hilfe vermitteln. Männer und Frauen unterscheiden sich in allen Lebensphasen und Altersstufen im Ausmaß und der Qualität an sozialer Unterstützung, und zwar sowohl beim Nachsuchen als auch beim Erhalt dieser sozialen Leistungen (Schmerl/Nestmann 1990).

Frauen sind das hilfreiche Geschlecht, das im Alltag sich selbst, seiner Familie und seiner sozialen Umwelt hilft. Sie sind insbesondere bei der Pflege kranker Familienmitglieder und Verwandter involviert. Das Gesundheitssystem würde wahrscheinlich zusammenbrechen, wenn diese unentgeltlichen Dienste von Frauen nicht existierten. Sie sind die zentralen Akteurinnen, was Bereitstellungen von Hilfe und Unterstützung anbetrifft. Viele Männer sind die Nutznießer solcher Unterstützungsleistungen, insbesondere in der Rolle als Lebenspartner oder Ehemann bei schweren Erkrankungen und Behinderungen. Wenn Männer Hilfe akzeptieren und sich einem anderen Menschen anvertrauen, dann meist nur den engsten weiblichen Familienmitgliedern. Frauen hingegen suchen und erhalten Unterstützung, Hilfe, Trost und Ermutigung nicht in diesem Bereich, sondern in ihrem Freundes- und Bekanntenkreis (Christiane Schmerl in diesem Band).

Frauen haben aufgrund der komplexeren Anforderungen an ihre Geschlechtsrolle mehr psychische Belastungen als Männer, sie nehmen diese selbst auch deutlich wahr, sie leiden hierunter und setzen diese Haltung in ein aktives Suchen nach Unterstützung und Hilfe um (Martin Merbach, Susanne Singer und Elmar Brähler in diesem Band). Gleichzeitig leisten sie auch mehr Unterstützung für Andere, in der Regel in einem höheren Ausmaß als sie sie selbst empfangen. Frauen brauchen also auch deshalb mehr soziale Unterstützung, weil sie Anderen selbst eine große Hilfe sind.

Die Versorgungsstrukturen des Gesundheits- und Krankheitssystems werden nicht nur von den beiden Geschlechtern unterschiedlich in Anspruch genommen, in ihnen sind die beiden

Geschlechter auch in höchst unterschiedlichen sozialen Konstellationen als AkteurInnen tätig. In ihrem Überblicksbeitrag weist Christiane Schmerl (in diesem Band) darauf hin, dass vom Mittelalter an ein schrittweiser Ausschluss von Frauen aus den heilenden Künsten insgesamt erfolgte. Dieser über Jahrhunderte anhaltende Prozess der Vertreibung von heilkundlichen Medizinerinnen und Hebammen aus der medizinischen Versorgung der Bevölkerung ist bis heute zu verfolgen und stellt sich in einem hierarchischen Verhältnis der Geschlechter in den Gesundheitsberufen dar. Zwar sind drei Viertel aller im Gesundheitswesen arbeitenden Menschen Frauen, aber sie machen nur knapp 30 % der niedergelassenen ÄrztInnen, 20 % der KrankenhausärztInnen auf Qualifikationsstellen und 5 % der leitenden ÄrztInnen in Krankenhäusern aus. Ausgeprägter Autoritarismus und strenge Hierarchien sind die Strukturprinzipien der Medizin in Forschung und Praxis – eine auf Privilegien, Konkurrenz und Status basierende steile Pyramide, unter der im Übrigen auch die männlichen Mitglieder zu leiden haben (Pringle 1998).

Für Frauen bedeutet diese auf Ausschluss beruhende Hierarchie jedoch noch vieles mehr. Die Aufspaltung von ärztlichem und pflegerischem Handeln, die seit dem 18. Jahrhundert zu verzeichnen ist, erscheint uns heute als normal. Wie die historischen Analysen zeigen, ist die Arbeitsteilung in einen Anweisung gebenden männlichen Arzt und eine die Anweisung ausführende Krankenschwester, die völlig anders ausgebildet ist und die ärztliche Handlungen ausdrücklich nicht vornehmen darf, im Mittelalter nicht typisch gewesen (Dagmar Ellerbrock in diesem Band; Kolip 2000).

4. Geschlechtsspezifische somatische Kulturen und Lebensentwürfe von Frauen und Männern

Bereits im Kindes- und Jugendalter unterscheiden sich Jungen und Mädchen in ihrem Umgang mit dem Körper (Wolfgang Settertobulte in diesem Band), und diese geschlechtsspezifischen Stile des körperbezogenen Verhaltens setzen sich bis ins Erwachsenenalter fort. Wie die Beiträge in diesem Band zeigen, gehen Männer im Vergleich zu Frauen erheblich mehr Risiken für ihre Gesundheit ein und sie haben ein rücksichtsloses Verhalten ihrem Körper gegenüber. Gesundheit ist nach dem Verständnis der modernen Public-Health-Forschung die ständige, im Lebenslauf immer erneut vorzunehmende Balance zwischen den inneren Ressourcen von Anlage, Temperament und Psyche und den äußeren Ressourcen der sozialen und physischen Umwelt. Männer und Frauen können dann als gesund bezeichnet werden, wenn sie im Einklang mit sich, ihrem Körper, ihrer Psyche und ihrer Umwelt leben, wenn sie Innen- und Außenanforderungen bewältigen und ihre Lebensgestaltung an die verschiedenen Belastungen des Lebensumfeldes anpassen können (Hurrelmann 2000, Hurrelmann/Laaser 1998).

Bei den meisten Männern entstehen hierdurch andere Profile der produktiven Auseinandersetzung mit den inneren und äußeren Anforderungen als bei den meisten Frauen. Während Frauen in der Regel sensibel auf ihren Körper achten, um ein ausgewogenes Gleichgewicht mit der sozialen Umwelt herzustellen, betrachten Männer ihre körperliche und psychische Grundausstattung als Instrument, um sich die soziale und physische Welt in ihrer ganzen Breite zu erschließen. Dieses Grundmuster schlägt sich im gesamten Verhalten, so auch im Gesundheitsverhalten, nieder. Der geschlechtsspezifische Umgang mit den inneren und äußeren Ressourcen unterscheidet sich und führt zu den für unseren Kulturkreis als charakteristisch angesehenen männlichen und weiblichen «Rollen»-Profilen (Bründel/Hurrelmann 1999; Connell 1999; Farrell 1995).

Männer betrachten ihren Körper vergleichsweise funktionalistisch, sie besitzen ihn und treiben ihn zu Höchstleistungen wie eine Maschine, die sie mitunter auch bekämpfen und besiegen müssen (Eickenberg/Hurrelmann 1997). Bei Frauen ist Gesundheit eher mit Wohlbefinden und einem reflexiven Verhältnis zum Körper verbunden (Franke et al. 1993). Das Körpermanagement von Männern und Frauen, also alle Aktivitäten der Gestaltung, Pflege und Nutzung des Körpers und des Erhalts seiner Leistungsfähigkeit, ist sehr unterschiedlich. Daraus ergibt sich auch, dass Männer weniger Körperhygiene und Körperpflege als Frauen betreiben und den Körper nicht so sehr wie Frauen als Teil ihrer eigenen Persönlichkeit ansehen. Männer praktizieren einen riskanten Lebensstil, der wenig Raum für vorsorgende Maßnahmen lässt.

Die ersten sozialwissenschaftlichen Erklärungsansätze für diese Phänomene verwiesen auf den Einfluss der geschlechtsspezifischen Sozialisation (Vogt 1998). Danach sind die sozialen Rollenbilder auf der Grundlage des zweigeschlechtlichen Systems vorgegeben, und Jungen und Mädchen werden dahin sozialisiert, diese Rollenbilder auszufüllen. Männer gelten in unserer Gesellschaft als das starke Geschlecht, als gesund, leistungsfähig, machtvoll und überlegen. Frauen gelten als das schwache Geschlecht, als kränkelnd, psychisch sensibel bis empfindlich, einfühlsam, integrationsorientiert und im Zweifelsfall sozial untergeordnet. Ihr sozialer Schwerpunkt liegt in der Gestaltung von Beziehungen im überschaubaren Rahmen von Familie, Freundschaft und Bezugsgruppen, während Männern die Gestaltung und Strukturierung wirtschaftlicher und politischer Rahmenbedingungen überlassen wird. Die Tätigkeit der Männer geht in die Gestaltung der Strukturen der instrumentellen Arbeit über, während die der Frauen bei der Beziehungsarbeit Halt macht (Gildemeister/Wetterer 1992). Diese scharfe Profilierung der Geschlechtsstereotype lässt sich heute sicherlich nicht mehr beobachten, so dass die Frage aufgeworfen wird, ob die klassischen Sozialisationstheorien greifen, wenn die klaren Vorgaben für die Sozialisationsziele fehlen. In neueren Ansätzen wird zudem dieser passive sozialisationstheoretische Ansatz erweitert durch eine Konzeption, die den zu sozialisierenden Individuen eine aktive Rolle zuspricht. So kann der geschlechtsspezifische Umgang mit dem eigenen Körper als ein Versuch gesehen werden, Weiblichkeit und Männlichkeit auszudrücken. Die Aneignung dieser Orientierung als zentrale Entwicklungsaufgabe folgt über den Körper, die Einstellung zu ihm und den Umgang mit ihm. Unter dem Begriff «somatische Kultur» werden Bewegung, Gestik, Mimik, Pflege, gesundheitsrelevantes Verhalten und andere Körperpraktiken zusammengefasst (Stein-Hilbers 1995; Courtenay 2000; Kolip 1997; siehe auch den Beitrag von Ellen Kuhlmann in diesem Band). Über geschlechtsspezifische somatische Kulturen wird Geschlechtlichkeit hergestellt, das «doing gender» (West/Zimmerman 1987) ist an den Körper geknüpft (Saltonstall 1993; für ein eindrückliches Beispiel, wie die Konstruktion von Weiblichkeit und Männlichkeit den Umgang mit einer chronischen Krankheit im Jugendalter beeinflusst, siehe Williams 2000).

Gesundheit und Krankheit sind das Ergebnis der Interaktion von Risiko- und Schutzfaktoren, die von Männern und Frauen unterschiedlich verarbeitet werden. Von Männern und Frauen werden unterschiedliche Formen der Wahrnehmung und Auseinandersetzung mit Körper und Psyche praktiziert. Das Bewusstsein von der eigenen Gesundheit setzt ein reflektives Verhältnis zur eigenen Person voraus, eine bestimmte Sichtweise von Körperlichkeit und Psyche, die Unversehrtheit, Wohlbefinden und Leistungsfähigkeit aufnimmt. Das Gesundheitsverhalten wird von einem Gesundheitsbewusstsein gesteuert, das ständig neue Erkenntnisse über Lebensgewohnheiten, Ernährung und Bewegung und über Krankheitsbehandlung einbezieht. Gesundheit ist in diesem Sinne immer ein Produkt der Lebensgeschichte, Lebenssituation und Lebensweise. Gesundheit kann als produktive Lebensbewältigung verstanden werden, als eine Balance zwischen schädlichen Belastungen und Noxen und schützenden sowie unterstützenden Faktoren. Männer und Frauen können sich dann als gesund bezeichnen, wenn sie im Einklang mit sich, ihrem Körper, ihrer Psyche und ihrer Umwelt leben, wenn sie Innen- und Außenanforderungen bewältigen und ihre Lebensgestaltung an die unterschiedlichen Belastungen des Lebensumfeldes anpassen.

Beide Geschlechter bilden in ihren Gesundheits- und Krankheitsprofilen ihre rollenspezifische Sozialisationsbilanz ab. Schofield, Connell, Walker, Wood und Butland (in diesem Band) betonen die soziale Konstruktion der Geschlechterverhältnisse und ihre Auswirkungen auf die Definition von Männlichkeit und Weiblichkeit und die damit verbundenen Gesundheits- und Krankheitskonzepte. Nach dieser Interpretation sind Männlichkeit und Weiblichkeit kulturelle Orientierungsmuster, die institutionell verfestigt und abgesichert sind. Mit diesen gesellschaftlichen Vorgaben muss sich der einzelne Mann und die einzelne Frau arrangieren und auseinandersetzen.

Mit dem Begriff der «hegemonialen Männlichkeit» wollen die Autorinnen deutlich machen, dass in allen westlichen Gesellschaften eine strukturelle, kollektive Privilegiertheit des männlichen Geschlechtes festgeschrieben ist, die aber nur für einen Teil der Männer faktisch eine Besserstellung in ihrer sozialen Position gegenüber Frauen mit sich bringt. Denn nur wenige Männer gelangen in eine Position, die alle Merkmale der strukturellen Hegemonie auch faktisch aufweist. Die strukturelle gesellschaftliche Privilegierung des männlichen Geschlechts hat, teilweise ebenso strukturell verankerte, deutliche Nachteile für das Gesundheitsverhalten und die Herstellung einer Gesundheits-Krankheits-Balance von Männern.

Die kollektive Definition des männlichen Geschlechts als überlegen führt die Angehörigen dieses Geschlechts in Zugzwänge der Selbstdarstellung, die ihre Gesundheit unterminieren können. Die tatsächlich verfügbaren Ressourcen zur Herstellung von Männlichkeit im Sinne von hoher sozialer Macht und hohem Prestige engen den einzelnen Mann teilweise so stark ein, dass hier strukturelle Facetten für eine Gesundheitsstörung angelegt sind. In diesem Sinne kann von einem Kontrast zwischen der kollektiven Privilegiertheit und der persönlichen Unsicherheit von Männern gesprochen werden.

Eng verknüpft mit diesem Ansatz ist die Diskussion um die Ausgestaltung von männlichen und weiblichen Lebensentwürfen, denn auch diese sind Teil der Konstruktion von Geschlechtlichkeit und damit als Einflussfaktoren auf die Gesundheitsprofile relevant. Traditionelle Lebensentwürfe sahen für den Mann die durchgängige Vollzeit-Erwerbstätigkeit, für die Frau hingegen eine starke Familienorientierung vor, die eine eigene Erwerbstätigkeit nur dann zuließ, wenn die Familienarbeit abgedeckt war (Becker-Schmidt 1993; Courtenay 2000; Goffman 1994). Dieses «Ernährermodell» war und ist mit einer stärkeren Leistungs- und Wettbewerbsorientierung der männlichen Erwerbsarbeit verbunden. Männer planen ihre Karrieren oft bewusst und lassen sich darin auch nicht von familiären Bedürfnissen und Bindungen beeinträchtigen.

Diese traditionellen sozialen Muster haben sich seit dem Zweiten Weltkrieg immer mehr aufgeweicht. Zum einen veränderten sich die Erwerbsbiografien der Männer: Eine durchgängige Vollbeschäftigung bei ein und demselben Arbeitgeber ist mittlerweile selten, ein Wechsel der Arbeitsstelle – oft verbunden mit regionaler Mobilität – ist üblicher als früher, und Phasen von Arbeitslosigkeit unterbrechen Erwerbsbiografien oder beenden sie vorzeitig. Zum anderen lassen sich Frauen nicht mehr auf den häuslichen Bereich einschränken. Junge Frauen wollen heute nicht nur heiraten und möglicherweise Kinder bekommen, sie wollen auch einen Beruf lernen, diesen ausüben und vielleicht Karriere machen (Geissler/Oechsle 1997; Seidenspinner et al. 1996).

Die stereotypen Vorstellungen von Mann und Frau sind stark in Bewegung geraten, und zwar vor allem wegen der tief greifenden Veränderungen in Wirtschaft und Beruf, die auf einen Wandel der Qualifikationsanforderungen zurückzuführen sind. Spätestens in den 1980er-Jahren zeigte sich, wie rasch sich die traditionell organisierte Erwerbsarbeit, die auf den außerhäuslich tätigen Mann zugeschnitten ist, verflüchtigen kann. Fällt die Erwerbsarbeit (durch Arbeitslosigkeit oder Frühpensionierung) weg oder gestattet sie nicht mehr die Macht und die Privilegien, die über Jahrzehnte typisch waren, dann geht auch das wichtigste Reservoir der Selbstdefinition von Männern verloren.

Die Vereinbarkeitsproblematik stellt sich bislang fast ausschließlich für Frauen. Die kulturellen Stereotype sperren sich nicht mehr gegen die weibliche Erwerbsarbeit, aber sie entlasten Frauen nicht von den Familienpflichten. Trotz Partnerschaftsrhetorik sind die Verantwortlichkeiten im Haushalt nach wie vor ungleich verteilt. Auch wenn die empirischen Befunde nicht eindeutig sind, gibt es Hinweise darauf, dass die Rollenvielfalt, die typisch für das weibliche Geschlecht ist, in der Gesamtbilanz der Gesundheit eher förderlich als abträglich ist. Eine Fixierung auf nur eine oder wenige soziale Rollen, wie sie für Männer in unserem Kulturkreis charakteristisch ist, ist hingegen ungünstig. Die Untersuchungen zeigen das vor allem bei erwerbstätigen Frauen und Müttern im Vergleich zu «Nur-Hausfrauen» (Marianne Resch in diesem Band), allerdings sind die Bedingungen für Erwerbs- und Familienarbeit differenziert zu betrachten. Berufstätigkeit der Frauen erhöht die Belastung und Stresspegel, aber durch die positive Einstellung zur Arbeit und durch Bestätigungen und Unterstützungen am Arbeitsplatz ergeben sich auch Entlastungen für die Ausübung der Erziehungs- und Haushaltsrolle. Gemildert wird die subjektive Belastung durch den Berufsstress vor allem dann, wenn eine gute Partnerbeziehung besteht. Nach allen vorliegenden Studien sind für die Gesundheit von Frauen die Rahmenbedingungen entscheidend, mit denen ihre verschiedenen Rollen verbunden sind. Wichtigste Vermittlungsvariable ist das subjektive Wohlgefühl, die Zufriedenheit mit den verschiedenen Lebensbereichen innerhalb und außerhalb der Familie. Herrscht in der Partnerbeziehung ein Klima von Kooperation und Gleichberechtigung, dann ist die Kombination von verschiedenen Rollen ganz offensichtlich gesundheitsfördernd.

Die Festlegung der Männer auf die Erwerbsarbeit scheint hingegen der Gesundheit abträglich zu sein (Bründel/Hurrelmann 1999). Die Erweiterung um die Orientierungsbereiche Beziehung und Erziehung könnte deshalb gesundheitsförderliche Potenziale freilegen. Hierauf verweist auch das Schweizerische Projekt MaGs – Männergesundheit in seinem Männermanifest:

> Auf der gesellschaftlichen Ebene geht es um ein Überdenken der gesundheitsrelevanten Werte, Haltungen und Normen. Die normativen Kräfte der Gesellschaft müssen künftig sowohl ‹männlich› als auch ‹weiblich› geprägt sein. Deshalb unterstützen wir alle Gleichstellungsbestrebungen im privaten und öffentlichen Bereich.

Allerdings ist zu fragen, wie eine stärkere Öffnung der verschiedenen Lebensbereiche für Frauen und Männer gelingen kann (Kolip et al. i. Dr.). Die Veränderung gesellschaftlicher Stereotype ist sicherlich eines der vordringlichsten Ziele. Dass dieses – wenn auch mit Einschränkungen – gelingen kann, zeigen Erfahrungen aus skandinavischen Ländern, allen voran Schweden.

Die Untersuchungen zur Vereinbarkeit von Berufs- und Familienarbeit bei Frauen legen den Schluss nahe, dass sich die Belastungen und das geringere Wohlgefühl von Frauen eben nicht in einer höheren Sterblichkeitsrate niederschlagen, sondern umgekehrt in einer längeren Lebensdauer. Die Mehrfachbelastungen lassen sich ganz offensichtlich in Mehrfach-Gestaltungsmöglichkeiten umwandeln, so dass die nicht zu übersehenden Nachteile der spezifische Rollenkonstellation von Frauen auch ihre spezifischen gesundheitlichen Vorteile haben.

Deswegen ist die Betrachtung von spezifischen Gesundheits- und Krankheitsprofilen der Geschlechter günstiger als eine einfache pauschalisierende Bewertung von verschiedenen Gesundheitsniveaus, gemessen an Morbiditäts- und Mortalitätsstatistiken. Nachteile und Diskriminierungen gibt es ganz offensichtlich für beide Geschlechter. Am besten kann Gesundheits- und Arbeitspolitik auf die Situation reagieren, indem sowohl Frauen als auch Männern verschiedene Lebensbereiche erschlossen und zur Wahl gestellt werden. Beide Geschlechter sollten die Chance haben, biografisch unterschiedliche Akzente zu setzen und sich in einen Bereich hinein- und auch wieder herauszubewegen (Kommission der Europäischen Gemeinschaft 2000). Erst durch einen gesellschaftsstrukturell angelegten Wandel, wie etwa die gleichberechtigte Beteiligung beider Geschlechter am Arbeitsmarkt und im Bildungsbereich, können grundlegende Ausgangsmuster für das heutige verzerrte Macht- und Privilegienverhältnis der beiden Geschlechter abgebaut werden. In diesem Sinne ist das Konzept der «Geschlechtergerechtigkeit» («gender mainstreaming») als sozialpolitisches und vor allem auch gesundheitspolitisches Konzept wertvoll. Ihm liegt die Erkenntnis zugrunde, dass es keine geschlechtsneutrale Politik geben kann und alle gesellschaftlichen Institutionen, Unternehmen, Programme, Gesetze, Regelungen und Initiativen den jeweils spezifischen Belangen sowohl von Frauen als auch von Männern gerecht werden müssen (Council of Europe 1998).

5. Perspektiven einer geschlechtergerechten Gesundheitsforschung

Der vorliegende Band will einen Beitrag zur Entwicklung einer geschlechtergerechten Gesundheitsforschung leisten. Dass wir hierbei in Deutschland erst am Anfang stehen und dass der Wissenstand noch recht heterogen ist, wird in den meisten Kapiteln deutlich. Dennoch besteht Hoffnung, dass die Entwicklung nicht an diesem Punkt stehen bleibt. Nach Rosser (1993) lassen sich fünf Phasen der geschlechtersensiblen Gesundheitsforschung unterscheiden. Die erste Phase ist dadurch gekennzeichnet, dass Frauen in der Forschung nicht vorkommen und die Biologie des Mannes die unhinterfragte Norm ist. So wurden Studien zum Herzinfarkt zunächst ausschließlich mit Männern durchgeführt, und an männlichen Populationen identifizierte Risikofaktoren (z. B. das so genannte Typ-A-Verhalten) wurden ungeprüft auf Frauen übertragen. In der zweiten Phase werden Frauen zwar in Studien mit eingeschlossen, aber ein klarer Androzentrismus ist zu erkennen, denn Frauen werden an der männlichen Norm gemessen. So gelten in dieser Phase die Herzinfarktsymptome von Frauen als «atypisch», d. h. die männlichen Beschwerden und Symptome werden als «normal», die der Frauen als «Abweichung» definiert. In der dritten Phase wird dieser Androzentrismus kritisiert und es wird deutlich, dass die Gesundheit von Frauen nicht an der männlichen Norm gemessen werden kann. In dieser Phase werden auch Instrumente erarbeitet, um geschlechtsspezifische Verzerrungen systematisch aufspüren und vermeiden zu können. In einer vierten Phase wird dem Androzentrismus, der auch gegenüber der Gesundheit von Männern nicht zwangsläufig geschlechtersensibel ist, ein Fokus auf Frauen entgegen gesetzt. Es werden eigene Forschungsschwerpunkte «Frauen und Gesundheit» entwickelt, und Themen werden aufgegriffen, die für Frauen von besonderer Relevanz sind. In der fünften und letzten Phase wird schließlich eine geschlechtersensible Forschung umgesetzt, das Geschlecht wird in alle gesundheitsbezogenen Forschungsgebiete integriert.

Derzeit befindet sich die Frauengesundheitsforschung je nach Thema und Fachdisziplin in den Phasen 2 bis 4: Für zahlreiche medizinische Bereiche muss noch immer eine androzentristische Perspektive festgestellt werden, die – wie im Falle der Herzinfarktforschung – auch deutlich kritisiert wird. Diese Kritik hat bei einigen Krankheitsbildern zu einer Sensibilisierung für die Frage, ob Frauen systematisch bei der Diagnostik, Therapie und Rehabilitation benachteiligt werden, beigetragen. So wird in der Herz-Kreislauf-Forschung seit den Neunzigerjahren unter dem Stichwort «Yentl-Syndrom»[3] die Frage diskutiert, weshalb sich die Diagnostik bei Anzeichen einer Herzerkrankung bei Frauen und Männern unterscheidet (Healey 1991). Parallel zur Identifizierung und Kritik des Androzentrismus lassen sich Forschungsthemen erkennen, die sich explizit mit spezifischen Gesundheitsproblemen und Versorgungsbedürfnissen von Frauen beschäftigen, sei es im Zusammenhang mit Schwangerschaft und Geburt (siehe hierzu den Beitrag von Beate Schücking in diesem Band), zum Nutzen und den Risiken der so genannten Hormonersatztherapie in den Wechseljahren (Beckermann 2001), zur Gewalt im Geschlechterverhältnis oder zu gesundheitlichen Belastungen in frauentypischen Berufen (siehe hierzu auch BMFJFS 2001). Die vorgestellte Systematik lässt sich nicht auf die Männergesundheitsforschung übertragen, denn sie ist von einem gänzlich anderen Ausgangspunkt gestartet (vgl. Kolip et al. i. Dr.). Es lässt sich aber festhalten, dass hier vor allem kritisiert wird, dass eine nicht geschlechtergerechte Forschung auch die Männer betrifft und benachteiligt.

Der Übergang in die fünfte Phase in Richtung einer gendersensiblen Forschung, die frauen- und männerspezifischen Belangen gleichermaßen Rechnung trägt, ist ein wichtiger Schritt, bei dem es darum gehen muss, beide Stränge stärker als bisher miteinander zu verknüpfen, ohne allerdings die Entwicklungsarbeit innerhalb der Frauen- und Männergesundheitsforschung zu vernachlässigen. In beiden Bereichen muss es

---

[3] Yentl, die jüdische Hauptperson einer Kurzgeschichte des Literatur-Nobelpreisträgers Isaac B. Singer, musste sich als Mann verkleiden, um den Talmud zu lernen. Der Begriff «Yentl-Syndrom» verweist darauf, dass Frauen aufgrund ihres biologischen Geschlechtes bei der Diagnostik und Therapie eines Herzinfarktes diskriminiert werden.

selbstverständlich weiterhin darum gehen, Forschungslücken zu identifizieren, diese wo möglich zu schließen und die Theorieentwicklung voran zu treiben. Inwieweit es dabei sinnvoll ist, von den gleichen theoretischen Konzepten auszugehen und mit den gleichen methodischen Instrumentarien zu arbeiten, muss an dieser Stelle offen bleiben.

Es scheint uns nicht nur erstrebenswert, dass die Männer- und die Frauengesundheitsforschung stärker aufeinander bezogen werden, sondern auch, dass das Geschlechter*verhältnis* mehr in den Vordergrund gestellt wird. Wir halten den Beitrag von Schofield, Connell, Walker, Woods und Butland in diesem Band für richtungsweisend, weil er deutlich macht, dass auch die Gruppe der Männer nicht homogen ist und erst in der wechselseitigen Berücksichtigung der männlichen und weiblichen Lebenswelten Gesundheitsphänomene eine angemessene Erklärung finden. Diesen Ansatz gilt es auszuformulieren und mit anderen Theoriekonzepten, z. B. zur interaktiven Konstruktion von Geschlechtlichkeit («doing gender»: West/Zimmerman 1987; Stein-Hilbers 1995; Kolip 1997, siehe auch den Beitrag von Ellen Kuhlmann in diesem Band), zu verknüpfen. Denn bislang ist die Frage noch ungeklärt, weshalb Männer und mehr noch Frauen diese ungleichen Geschlechterarrangements mittragen, befürworten und aktiv mitgestalten. Anders gefragt: Wenn die Verbindung von Teilzeit- und Familienarbeit gesundheitsförderliche Potenziale hat, warum entscheiden sich trotzdem ein Drittel der Mütter mit Kindern im Alter zwischen 15 und 18 Jahren gegen eine Erwerbsarbeit (Bundesministerium für Familie, Senioren, Frauen und Jugend 1998)? Und warum entscheidet sich nur ein Bruchteil der erwerbstätigen Väter für eine Teilzeitbeschäftigung? Die strukturellen Bedingungen (z. B. die zur Verfügung stehenden Krippen- und Kindergartenplätze, das noch immer vorhandene Ungleichgewicht bei der Entlohnung von Erwerbsarbeit; vgl. hierzu BMFSFJ 1998) stecken zwar den gesellschaftlichen Rahmen ab, dieser wird aber durch kulturelle Vorstellungen und Stereotype (z. B. in Bezug auf die Frage, inwieweit oder bis zu welchem Alter ein Kind letztlich doch «die Mutter» braucht) gefüllt, die ihren Niederschlag in scheinbar individuellen Lebensentscheidungen finden. Diese Entscheidungen ergeben sich aber nicht zwangsläufig aus den gesellschaftlichen Rahmenbedingungen, sondern ihnen liegen aktive Handlungen zu Grunde, die auch vor dem Hintergrund der Herstellung und Aushandlung von Weiblichkeit und Männlichkeit interpretiert werden müssen. Anders lässt sich kaum erklären, weshalb die durch neue gesetzliche Vorgaben veränderten Rahmenbedingungen (z. B. zur flexiblen Gestaltung der so genannten «Elternzeit» für Väter und Mütter und das Anrecht auf Teilzeitarbeit) auf relativ geringes Interesse – vor allem bei den Vätern – stoßen.

Entwicklungsbedarf sehen wir auch in einem weiteren Bereich. Im Theorie- und Methodenkapitel werden unterschiedliche theoretische Stränge aufgegriffen, die einen Beitrag zur Erklärung der vielfältigen Geschlechtsunterschiede in Gesundheit und Krankheit leisten können. Erstaunlicherweise schält sich ein gemeinsamer Nenner in den Beiträgen heraus, obwohl das Kapitel sowohl medizinisch-naturwissenschaftliche als auch sozialwissenschaftliche Theorieansätze enthält: Eine bloße Unterscheidung in männlich vs. weiblich reicht heute nicht aus, vielmehr müssen selbst in biologischen Ansätzen weitere Differenzierungen eingeführt werden, z. B. hinsichtlich des Alters, der sexuellen Orientierung, der Lebensform oder der genetischen oder hormonellen Ausstattung. Und: Sozialwissenschaftliche, psychosoziale und biologische Erklärungsansätze müssen viel stärker als bisher aufeinander bezogen werden (Bird/Rieker 1999; Macintyre et al. 1996; Mc Donough/Walter 2001). Die biologische Forschung hat in den letzten Jahren Erkenntnisse zu den genetischen Faktoren gewonnen, die die Gesundheits- und Krankheitsentwicklung von Männern und Frauen erklären können (Institute of Medicine 2001). So macht das kürzere Y-Chromosom das männliche Geschlecht anfälliger für auf dem X-Chromosom vererbte Krankheiten. Genetische Faktoren setzen ihrerseits andere Faktoren frei, die die größere Anfälligkeit von Jungen im Kindes- und Jugendalter und die kürzere Lebenszeit von Männern im Vergleich zu Frauen bewirken. So zeigt Ingrid Waldron in ihrem Beitrag, dass der höhere Testosteronlevel mit einem höheren Aktivitätsniveau der Jungen korreliert und damit ein höheres Unfallrisiko zur Folge hat, dass die Stärke dieses biologischen Einflusses aber letztlich nicht abgeschätzt werden kann, da der biologische Faktor durch Sozialisationsfaktoren überformt wird. Die sozialwissenschaftliche Frauengesundheitsforschung hat die biologischen Grundlagen der männlichen und weiblichen Gesundheit lange in den Hintergrund gerückt, auch weil damit eine biologistische Sichtweise vermieden und die Gestaltbarkeit des gesundheitsbezogenen Geschlechterverhältnisses betont werden sollte. Diese abgrenzende Sichtweise wird in Zukunft sicherlich einer mehr integrativen Perspektive weichen müssen.

Die Differenz der Geschlechter ist nicht genetisch programmiert und festgeschrieben, sondern lässt Spielräume für das Gestalten und Ausleben zu. Männer und Frauen werden in ein symbolisches System der Zweigeschlechtlichkeit hineingeboren, aber sie wirken immer auch aktiv an dessen Konstruktion und Aneignung mit. Biologische Faktoren wie endokrine und hormonelle Prozesse legen das Geschlecht nur auf einer spezifischen Ebene fest (und sie sind, wie Chromosomenabweichungen z. B. beim Turner-Syndrom zeigen, selbst in diesem Bereich nicht immer eindeutig). Weiblichkeit und Männlichkeit werden vielmehr gelebt und «hergestellt», indem ein Mann oder eine Frau mit der physiologischen Ausstattung, der körperlichen Konstitution, dem angelegten Temperament und den psychischen Grundstrukturen in eine Interaktion mit den äußeren Anforderungen der sozialen und physischen Umwelt tritt. Die jeweilige individuelle Ausgestaltung dieses Wechselverhältnisses definiert die Persönlichkeit und in diese Persönlichkeit gehen Kerndimensionen von Männlichkeit und Weiblichkeit ein, die jenseits der individuellen Gestaltungsmöglichkeiten sind, weil sie angelegt und angeboren oder auch durch gesellschaftliche Zwänge oktroyiert sind. Durch kulturelle und gesellschaftliche Vorgaben werden die inneren Erfahrungen mit Körper und Psyche stark gesteuert, zugleich aber ist das Erleben und Erfahren von Körper und Psyche individuell geleitet, durch eigene und ursprüngliche persönliche Impulse, die nicht kulturell, gesellschaftlich und biologisch gesteuert sind.

Die geschlechtersensible Gesundheitsforschung tut gut daran, sich von statischen Körpermodellen abzuwenden, die von einer genetischen oder gesellschaftlichen Programmierung von allgemeinen und insbesondere auch gesundheitsbezogenen Verhaltensweisen ausgehen. Körpermodelle aus dem Reich der Biologie und Physiologie sollten berücksichtigt, aber mit einem Körper-Psyche-Umwelt-Modell flexibel verbunden werden. Es zeichnet sich eine Einigkeit darüber ab, dass der organismische Ausgangsunterschied des primären Geschlechts, also die biologische und physiologische Basis, die Rahmenbedingungen setzt, die zusammen mit verschiedenen Einflussfaktoren aus der Umwelt zu unterschiedlichen Wegen im Laufe der Entwicklung des Verhaltens und auch des Gesundheitsverhaltens führen. Dem «biologischen Substrat» des Menschen kommt so verstanden eine Basisfunktion für die Variationsbreite von Verhalten, Erleben und Gesundheitsstatus zu (Annette Degenhardt und Andreas Thiele in diesem Band).

Die geschlechtsbezogene Gesundheit wird also nicht primär vom biologischen Substrat gesteuert und auch nicht primär von den gesellschaftlichen Bedingungen, sondern in einem Wechselspiel beider Faktoren. Eine einseitige reduktionistische Sicht sowohl der biomedizinischen als auch der psychosozialen Modelle muss deshalb überwunden werden. Ein mehrfaktorielles Denken mit der Kombination von biologischen, psychischen und sozialen Faktoren bei der Entstehung von Gesundheit von Frauen und Männern kann als Orientierung dienen: Zu den biologischen Faktoren zählen das genetische Material und die genetischen Prozesse, durch die Eigenschaften von Eltern vererbt werden. Zu den psychologischen Faktoren rechnen vor allem kognitive und Verhaltensaspekte wie Wahrnehmung, Problemlösung, Lernen, Erinnern, Einstellungen, Interessen, Emotionen und Motivationen. Zu den sozialen Faktoren schließlich gehören Arbeits- und Lernbedingungen, Freundschafts- und Verwandtschaftsbeziehungen sowie die Organisation des Gesundheitssystems selbst. Über die gleichgewichtige Bedeutung dieser Faktoren besteht bereits Einigkeit in der interdisziplinären Forschung, über die Art und Weise ihrer Interaktion allerdings nicht.

Im Laufe der nächsten Jahre werden die traditionellen Bilder von Männlichkeit und Weiblichkeit weiter bestehen bleiben, aber es werden weitere Bilder hinzutreten, die das Verhaltens-, Erfahrens- und Gefühlsspektrum sowohl von Männern als auch von Frauen erweitern. Durch diese Flexibilisierung der Geschlechtsrollen und der damit verbundenen Bilder von Mann und Frau wird die Spannung zwischen den Geschlechtern nicht abgebaut, sondern im Gegenteil neu aufgebaut, und sie erhält eine neue Qualität der persönlichen Ausdrucksform. Die Individualisierung der gesellschaftlichen Verhältnisse wird auch vor den Bildern von Mann und Frau nicht halt machen und einen hohen Eigenanteil an Ausgestaltung verlangen. Individualisierung bedeutet die Freisetzung von vertrauten und fest gefügten Mustern, die – von Verunsicherungen begleitet – einen kreativen Prozess der Selbstsuche in Gang setzen kann. Im Verlaufe eines Lebens sind mehrere unterschiedliche Gestaltungsformen von Männlichkeit und Weiblichkeit denkbar, die Rücksicht auf die körperliche und psychische Entwicklung der Persönlichkeit, aber auch auf ihre soziale und physische Umwelt nehmen. Der Anteil der Selbstkonstruktion und der produktiven Anpassung an die innere und äußere Realität nimmt durch die Länge des Lebenslaufes zu, die Anforderungen an die Selbstkonstruktion von Männlichkeit und Weiblichkeit steigen entsprechend an. Wünschenswert ist es, dass sich sowohl Männer als auch Frauen in eigener Verantwortung und Entscheidung ihre jeweils individuelle Form der Gestaltung von Männlichkeit und Weiblichkeit aneignen und pflegen. Allerdings stecken kulturelle und gesellschaftliche Bedingungen hierfür den Rahmen ab. Diese zu analysieren, einschränkende und behindernde Rahmenbedingungen zu verändern und so die Möglichkeit für eine gesunde Entwicklung beider Geschlechter zu ermöglichen, sollte vordringlichstes Ziel einer gendersensiblen Gesundheitsforschung und -praxis sein.

Literatur

Annadale, E., Hunt, K. (Hrsg.) (2000). *Gender inequalities and health*. Buckingham.
Arbeitskreis Frauen und Gesundheit im Norddeutschen Forschungsverbund Public Health (Hrsg.) (1998). *Frauen und Gesundheit(en) in Wissenschaft, Praxis und Politik*. Bern.
Babitsch, B. (2000). «Soziale Lage, Frauen und Gesundheit». In: Helmert, U., Bammann, K., Voges, W., Müller, R. (Hrsg.). *Müssen Arme früher sterben? Soziale Ungleichheit und Gesundheit in Deutschland*. Weinheim, S. 135–158.
Beckermann, M.J. (2001). «Evaluation epidemiologischer Studien zur Östrogen-Gestagen-Hormontherapie». *Schweizerisches Medizinisches Forum*, 5, S. 91–119.
Becker-Schmidt, R. (1993). «Geschlechterdifferenz – Geschlechterverhältnis: soziale Dimensionen des Begriffs ‹Geschlecht›». *Zeitschrift für Frauenforschung*, 11, S. 37–46.
Begenau, J., Helfferich, C. (Hrsg.) (1997). *Frauen in Ost und West. Zwei Kulturen, zwei Gesellschaften, zwei Gesundheiten*. Schriftenreihe der Arbeitsgruppe Frauen und Gesundheit der DGMS. Freiburg.
Behörde für Arbeit, Gesundheit und Soziales der Freien und Hansestadt Hamburg (2000). *Frauen und Gesundheit. Empfehlungen für die Verbesserung der Frauengesundheit in Hamburg*. Hamburg.
Benner, P., Wrubel, J. (1989). *The primacy of caring – stress and coping in health and illness*. Menlo Park.
Bird, C. E., Rieker, P. P. (1999). «Gender matters: an integrated model for understanding men's and women's health». *Social Science and Medicine*, 48, S. 745–755.
Boston Women's Health Book Collective (1976). *Our bodies, ourselves*. New York.
Brähler, E., Felder, H. (Hrsg.) (1999). *Weiblichkeit, Männlichkeit und Gesundheit*. 2. Aufl. Opladen.
Bründel, H., Hurrelmann, K. (1999). *Konkurrenz, Karriere, Kollaps. Männerforschung und der Abschied vom Mythos Mann*. Stuttgart.
Bundesministerium für Familie, Senioren, Frauen und Jugend (Hrsg.) (2001). *Bericht zur gesundheitlichen Situation von Frauen in Ost- und Westdeutschland*. Bonn.
Bundesministerium für Familie, Senioren, Frauen und Jugend (1998). *Frauen in der Bundesrepublik Deutschland*. Bonn.
Connell, R. W. (1999). *Der gemachte Mann*. Opladen.
Cooper, M. (1990). *Searching for the anti-sexist man*. London.
Council of Europe (Hrsg.) (1998). *Gender Mainstreaming – Konzeptioneller Rahmen, Methodologie und Beschreibung bewährter Praktiken*. Straßburg.
Courtenay, W. H. (2000). «Constructions of masculinity and their influence on men's well-being: a theory of gender and health». *Social Science and Medicine*, 50, S. 1385–1401.
Doyal, L. (1995). *What makes women sick?* London.
Doyal, L. (2000). «Gender equity in health: Debates and dilemmas». *Social Science and Medicine*, 51, S. 931–939.
Eichler, M. (1991). *Nonsexist research methods. A practical guide*. New York.

Eichler, M. (1998). «Offener und verdeckter Sexismus. Methodisch-methodologische Anmerkungen zur Gesundheitsforschung». In: Arbeitskreis Frauen und Gesundheit (Hrsg.). *Frauen und Gesundheit(en) in Wissenschaft, Praxis und Politik*. Bern, S. 63–73.

Eichler, M., Fuchs, J., Maschewsky-Schneider, U. (2000). «Richtlinien zur Vermeidung von Gender-Bias in der Gesundheitsforschung». *Zeitschrift für Gesundheitswissenschaften*, 8, S. 293–310.

Eickenberg, U., Hurrelmann, K. (1997). «Warum fällt die Lebenserwartung von Männern immer stärker hinter die der Frauen zurück?» *Zeitschrift für Soziologie der Erziehung und Sozialisation*, 17, S. 118–134.

Franke, A., Elsesser, K., Sitzler, F., Algermissen, G., Kötter, S. (1998). *Gesundheit und Abhängigkeit bei Frauen: eine salutogenetische Verlaufsstudie*. Cloppenburg.

Farrel, W. (1995). *Mythos Männermacht*. Frankfurt/M.

Franke, A., Kämmerer, A. (Hrsg.) (2001). *Klinische Psychologie der Frau*. Göttingen.

Geissler, B., Oechsle, M. (1996). *Lebensplanung junger Frauen. Zur widersprüchlichen Modernisierung weiblicher Lebensläufe*. Weinheim.

Gildemeister, R., Wetterer, A. (1992). «Wie Geschlechter gemacht werden». In: Knapp, G.-A., Wetterer, A. (Hrsg.). *Traditionen, Brüche*. Freiburg, S. 201–254.

Gijsbers van Wijk, C. M. T., van Vliet, K. P., Kolk, A. M. (1996). «Gender perspectives and quality of care: Towards appropriate and adequate health care for women». *Social Science and Medicine*, 43, S. 707–720.

Goffman, E. (1994). «Das Arrangement der Geschlechter». In: Goffmann, E. (Hrsg.). *Interaktion und Geschlecht*. Frankfurt/M./New York, S. 105–158.

Healy, B. (1991). «The Yentl syndrome». *New England Journal of Medicine*, 325, S. 274–276.

Helfferich, C. (1994). *Jugend, Körper und Geschlecht*. Opladen.

Helfferich, C. (1996). «Perspektiven der Frauengesundheitsforschung in Deutschland». In: Maschewsky-Schneider, U. (Hrsg.). *Frauen – das kranke Geschlecht?* Opladen, S. 113–130.

Helfferich, C., von Troschke, J. (Hrsg.) (o. J.). *Der Beitrag der Frauengesundheitsforschung zu den Gesundheitswissenschaften/Public Health in Deutschland*. Freiburg: Koordinierungsstelle Public Health.

Hexengeflüster (o. J.). *Frauen greifen zur Selbsthilfe*. Berlin.

Hurrelmann, K. (1999). *Lebensphase Jugend*. 6. Aufl. Weinheim.

Hurrelmann, K. (2000). *Gesundheitssoziologie*. Weinheim.

Hurrelmann, K., Laaser, U. (Hrsg.) (1998). *Handbuch Gesundheitswissenschaften*. 2. Aufl. Weinheim.

Institute of Medicine (2001). *Exploring the biological contributions to human health: Does sex matter? Report of the Committee on Understanding the Biology of Sex and Gender Differences*. Washington.

Klotz T. (1998). *Der frühe Tod des starken Geschlechts*. Göttingen.

Klotz T., Hurrelmann K. (1998). «Adapting the health-care system to the needs of the aging male». *The Aging Male*, 1, S. 20–27.

Kolip, P. (1994). «‹Gesundheit ist, wenn ich mich wohl fühle›. Ergebnisse qualitativer Interviews zu Gesundheitsdefinitionen junger Frauen und Männer». In: Kolip, P. (Hrsg.). *Lebenslust und Wohlbefinden: Beiträge zur geschlechtsspezifischen Jugendgesundheitsforschung*. Weinheim, S. 139–159.

Kolip, P. (1997). *Geschlecht und Gesundheit im Jugendalter*. Opladen.

Kolip, P. (1998). «Frauen und Männer». In: Schwartz, F. W., Badura, B., Leidl, R., Raspe, H., Siegrist, J. (Hrsg.). *Das Public-Health-Buch*. München, S. 506–516.

Kolip, P. (2000). «Frauenleben in Ärztehand. Die Medikalisierung weiblicher Umbruchphasen». In: Kolip, P. (Hrsg.). *Weiblichkeit ist keine Krankheit. Die Medikalisierung körperlicher Umbruchphasen im Leben von Frauen*. Weinheim, S. 9–30.

Kolip, P. (2001) «Psychische Störungen, Gesundheit und Widerstandsfaktoren in Kindheit und Adoleszenz». In: Franke, A., Kämmerer, A. (Hrsg.). *Klinische Psychologie der Frau*. Göttingen, S. 485–516.

Kolip, P., Lademann, J., Deitermann, B. (i. Dr.). «Was können Männer von der Frauengesundheitsbewegung lernen?» In: Altgeld, T. (Hrsg.). *Männer und Gesundheiten*. Weinheim.

Kolip, P., Schmidt, B. (1999). «Gender and Health in Adolescence. WHO Policy Series ‹Health Policy for Children and Adolescents›», Issue 2. Copenhagen: WHO Europe. http://www.who.dk/HBSC/hbsc%20page.htm.

Kommission der Europäischen Gemeinschaft (2000). *Chancengleichheit für Frauen und Männer*. Brüssel.

Kraemer, S. (2000). «The fragile male». *British Medical Journal*, 321, S. 1609–1612.

Lennon, M., Rosenfield, S. (1992). «Women and mental health: The interaction of work and family conditions». *Journal of Health and Social Behavior*, 33, S. 316–327

Luck, M., Bamford, M., Williamson, P. (2000). *Men's Health. Perspectives, diversity and paradox*. Oxford.

Macintyre, S., Hunt, K., Sweeting, H. (1996). «Gender differences in health. Are things really as simple as they seem?» *Social Science and Medicine*, 42, S. 617–624.

Magistrat der Stadt Wien (1999). *Wiener Männergesundheitsbericht 1999*. Wien: Magistratsabteilung für Angelegenheiten der Landessanitätsdirektion.

MaGs – Männergesundheit. *http://radix.ch/html/maennergesundheit.htm*.

Maschewsky-Schneider, U. (1994). «Frauen leben länger als Männer. Sind sie auch gesünder?» *Zeitschrift für Frauenforschung*, 12 (4), S. 28–38.

Maschewsky-Schneider, U. (1997). *Frauen sind anders krank. Zur gesundheitlichen Lage von Frauen in Deutschland*. Weinheim.

Maschewsky-Schneider, U., Hinze, L., Kolip, P., Scheidig, C. (2001). «Frauen- und geschlechtsspezifische Gesundheitsforschung in der DGSMP». *Gesundheitswesen*, 63, Sonderheft 1, S. 89–92.

Mathers, C. D., Sadana, R., Salomon, J. A., Murray, C. J., Lopez, A. D. (2001). «Healthy life expectancy in 191 countries, 1999». *The Lancet*, 357, S. 1685–1691.

McDonough, P., Walters, V. (2001). «Gender and health: reassessing patterns and explanations». *Social Science and Medicine*, 52, S. 547–559.

Ministerium für Frauen, Jugend, Familie und Gesundheit des Landes Nordrhein-Westfalen (Hrsg.) (2000). *Gesundheit von Frauen und Männern. Gesundheitsberichte NRW*. Bielefeld: Landesinstitut für den öffentlichen Gesundheitsdienst.

Nestmann, F., Schmerl, C. (1990). «Das Geschlechterparadox in der Social-Support-Forschung». In: Schmerl, C., Nestmann, F. (Hrsg.). *Ist Geben seliger als Nehmen? Frauen und Social Support*. Frankfurt/M., S. 7–35.

Neubauer, G., Winter, R. (2001). *So geht Jungenarbeit. Geschlechtsbezogene Entwicklung von Jugendhilfe*. Berlin.

Pringle, R. (1998). *Sex and medicine. Gender, power and authority in the medical profession*. Cambridge.

Rosser, S. V. (1993). «A model for a speciality in women's health». *Journal of Women's Health*, 2, S. 222–224.

Sabo, D., Gordon, D. F. (1995). «Rethinking Men's health and illness». In: Sabo, D., Gordon, D. F. (Hrsg.). *Men's health and illness – Gender, power and the body*. London.

Sabo, D., Gordon, D. F. (Hrsg.). *Men's health and illness – Gender, power and the body*. London.

Saltonstall, R. (1993). «Healthy bodies, social bodies: men's and women's concepts and practices of health in everyday life». *Social Science and Medicine*, 36, S. 7–14.

Schmerl, C., Nestmann, F. (Hrsg.) (1990). *Ist Geben seliger als Nehmen? Frauen und Social Support*. Frankfurt/M.

Schneider, U. (Hrsg.) (1981). *Was macht Frauen krank?* Frankfurt/M.

Seidenspinner, G., Keddi, B., Wittmann, S., Gross, M., Hildebrandt, K., Strehmel, P. (1996). *Junge Frauen heute – Wie sie leben, was sie anders machen*. Opladen.

Senator für Arbeit, Frauen, Gesundheit, Jugend und Soziales Bremen (2001). *Frauengesundheitsbericht 2001*. Bremen.

Seubert, H. (1993). *Zu Lasten der Frauen. Benachteiligung von Frauen durch die Pflege alter Eltern*. Pfaffenweiler.

Sielert, U. (1993). «Jungenarbeit». *Praxishandbuch für die Jugendarbeit*. Teil 2. 2. Aufl. Weinheim.

Sozialministerium Baden-Württemberg (2000). *Frauengesundheit. Daten für Taten*. Stuttgart.

Stein-Hilbers, M. (1995). «Geschlechterverhältnisse und somatische Kulturen». *Jahrbuch für kritische Medizin*, 24, S. 62–81.

Stolzenberg, R. (2000). «Frauengesundheitszentren und Geburtshäuser. Von Autonomie und Angrenzung zu Einfluss und Kooperation». In: Kolip, P. (Hrsg.). *Weiblichkeit ist keine Krankheit. Die Medikalisierung körperlicher Umbruchphasen im Leben von Frauen*. Weinheim, S. 215–237.

Vogt, I. (1998). «Psychologische Grundlagen der Gesundheitswissenschaften». In: Hurrelmann, K., Laaser, U. (Hrsg.) (1998). *Handbuch Gesundheitswissenschaften*. Neuausgabe. Weinheim, S. 117–144.

Waldron, I. (2000). «Trends in gender differences in mortality: Relationships to changing gender differences in behavior and other causal factors». In: E. Annandale, K. Hunt (Hrsg.). *Gender inequalities in health*. Buckingham, S. 150–181.

West, C., Zimmerman, D. H. (1987). «Doing gender». *Gender & Society*, 1, S. 125–151.

Williams, C. (2000). «Doing health, doing gender: teenager, diabetes and asthma». *Social Science and Medicine*, 50, S. 387–396.

Winter, R., Neubauer, G. (2001). *Dies* und *Das. Das Variablenmodell «Balanciertes Junge- und Mannsein» als Grundlage für die pädagogische Arbeit mit Jungen*. Tübingen.

Yamey, G. (2000). «Health Minister announces initiatives on men's health». *British Medical Journal*, 320, S. 961.

Die Frau als wandelndes Risiko:
Von der Frauenbewegung zur Frauengesundheitsbewegung bis zur Frauengesundheitsforschung

Christiane Schmerl

Im Dezember des Jahres 2000 waren in einer überregionalen Tageszeitung gleich zwei ausführliche Artikel über die gesundheitlichen Belange von sehr unterschiedlichen Frauengruppen zu finden: ein Bericht über die Kritik eines Epidemiologen an der Verzehnfachung der Hormonverschreibungen für klimakterische Frauen in den letzten 15 Jahren und den damit verbundenen Risiken und falschen Versprechungen der Pharmaindustrie (Sieber 2000); der andere Artikel handelte von der Flucht zweier kenianischer Mädchen vor der beabsichtigten Genitalverstümmelung und ihrer erfolgreichen juristischen Klage gegen ihren Vater sowie von der Ausweitung ähnlicher Klagen und Richtersprüche und den Aktivitäten afrikanischer Frauenverbände (Link 2000).

Was ist der Zusammenhang zwischen diesen beiden gleichzeitig und am selben Ort abgedruckten Nachrichten über Frauen, deren Belange ja sonst in der bürgerlichen Presse eher unterrepräsentiert sind? Auf den ersten Blick überwiegen die Unterschiede: Hier ein Problem von gesundheitlich gut versorgten weißen Frauen der Ersten Welt, die durchschnittlich ein Lebensalter erreichen, das den meisten Frauen der so genannten Dritten Welt versagt bleibt, und die sich mit der offenbar luxuriösen Frage plagen, ob sie ihre weibliche Attraktivität um ein paar Jahre verlängern können. Auf der anderen Seite der mühsame Kampf gegen die sexuelle Verstümmelung von Mädchen und jungen Frauen in afrikanischen Ländern.

Erst der frauenbewegte Blick sieht die übergreifenden Gemeinsamkeiten: die Einheit in der Vielfalt patriarchaler Gesellschaften, die die weibliche Hälfte ihrer Menschen primär als zu nutzende Geschlechtswesen begreift, deren Sexualität und Prokreation nicht Selbstzweck sind, sondern aus männlicher Perspektive bewertet werden. Klimakterische Frauen wie unbeschnittene Mädchen gelten in ihren jeweiligen Kulturkreisen als unappetitlich und auf jeden Fall als unattraktiv für Männer. Ebenfalls gemeinsam ist, dass diese negative Einschätzung von den Betroffenen selbst geteilt wird – westliche Frauen *wollen* angeblich Östrogene, um attraktiv und sexuell funktional zu bleiben; sie haben Wechseljahre als «Defizit» akzeptiert, das hormonell «kuriert» werden sollte. Afrikanische Frauen fürchten um ihre Heiratschancen und kennen die Sexualängste und den Ekel der Männer vor dem unbeschnittenen weiblichen Genital.

1. Frauenbewegung, Frauenkörper, Frauengesundheit

Die zweite Frauenbewegung in den Ländern der westlichen Welt sieht die gemeinsame Struktur hinter diesen materiell und kulturell so weit auseinander liegenden Gesellschaften in der angemaßten körperlichen und geistigen Verfügungsgewalt von Männern über die Frauen ihrer jeweiligen Kultur und in den Begründungs- und Überzeugungssystemen, die diese Verhältnisse als richtige und natürliche erscheinen lassen. Nicht zufällig hatte die westliche zweite Frauenbewegung in den Siebzigerjahren ihren Ausgangspunkt in der Rückeroberung der Verfügung über den eigenen Frauenkörper – hier gegen den Gebärzwang des Abtreibungsparagrafen und seine verheerenden gesundheitlichen, psychischen und forensischen Folgen für Frauen (auf Abtreibung stand zu der Zeit Zuchthaus- bzw. Gefängnisstrafe). Die Idee, dass Frauen über ihren eigenen Körper und über die Zahl ihrer Kinder selbst entscheiden wollen, bedeutete nicht nur die Aufkündigung der patriarchalen Sicht auf die Frau als Körper im Dienste von Mann und Vaterland, die Entlarvung aller darum herum gestrickten Legitimationssysteme und die Erkenntnis über den Zusammenhang zwischen öffentlicher und subtiler Gewalt, sondern es bedeutete vor allem das Verlangen nach Wissen und Information über eben diesen Körper, das nicht schon von männlichen Interessen durchtränkt und verfälscht war.

Der Start der Frauenbewegung des 20. Jahrhunderts kann also gleichzeitig als Auftakt einer Frauengesundheitsbewegung gesehen werden, da er nach der politischen und bildungsmäßigen Gleichberechtigung nun das Selbstbestimmungsrecht für Frauen über ihre physische Person, über ihren Körper, forderte. Das feministische Aufbegehren der zweiten Frauenbewegung war an seinem Ausgangspunkt daher eine Strategie der Körperpolitik, und die damit verbundene Kritik an der gesundheitlichen Situation und an der medizinischen Behandlung von Frauen wurde zu einem Brennpunkt der neuen Bewegung und ihrer Aktionen. Das «Leiden» vieler Frauen an und in patriarchalen Gesellschaften wurde plötzlich als ein gemeinsames sichtbar und greifbar. Es kanalisierte die Einsicht in das Gemeinsame der Unterdrückung – nämlich als sexueller und reproduktiver Körper zu dienen – zum entscheidenden Moment der Initialzündung einer Bewegung, die aus sonst sehr unterschiedlichen Personen bestand. Während die «ersten» Frauenbewegungen in Europa und den USA Mitte und Ende des 19. Jahrhunderts vorrangig an zwei anderen «gemeinsamen» Unterdrückungen angesetzt hatten – dem politischen Stimmrecht und dem Recht auf Bildung und Beruf –, hatte offensichtlich der Beginn der zweiten Frauenbewegung einen Punkt getroffen, der erst jetzt offen ansprechbar geworden war, der aber umso fulminanter auf den Kern aller Betroffenen zielte: auf ihren Körper und sein Recht auf Unversehrtheit, auf Gesundheit – und auch auf Glück.

Die Frauengesundheitsbewegung hatte außer ihrem zentralen Identifikationswert für den Start und die rasche Ausbreitung der Frauenbewegung – Selbsthilfegruppen, Selbstuntersuchungsgruppen, Frauengesprächsgruppen, Frauengesundheitszentren, also konkrete Praxis- und Wissensangebote – noch einen weitergehenden erkenntnisstiftenden Effekt. Ausgehend von der Forderung nach schonenden, legalen Verhütungs- und Abbruchmethoden wurde buchstäblich nach der Methode eines ins Wasser geworfenen Steins eine Dynamik sich konzentrisch ausbreitender Fragen, Einsichten und Folgerungen über Zusammenhänge, Machtstrukturen und Interessengeflechte sichtbar, die sich um die Zementierung und Verkleisterung einer krampfhaft als «natürlich» ausgegebenen Zuschreibung erfolgreich verdient gemacht hatten: der von der «Natur» der Frau als eines körperlich wie geistig schwachen und somit fügsamen und passiven Wesens, das eben naturgemäß zu anspruchsvollen Berufen und Tätigkeiten nicht taugt.

Dass ein solches Frauenbild die männliche Hälfte der Gesellschaft zu entsprechenden Übergriffen geradezu einlud, wurde mit der Unerbittlichkeit fallender Dominosteine offenbar: Der Anstoß kam von einer feministischen Debatte, die in Zeiten von antiautoritären Demokratisierungsbestrebungen und von sexueller Liberalisierung die Verantwortung für fahrlässig verursachte Schwangerschaften und die Folgen mangelnder Sexualaufklärung und fehlender Verhütungsmittel nicht mehr einseitig zulasten von Frauenkörpern ausgetragen sehen wollte. Nun wurde durch die schrittweise Aufdeckung aller damit zusammenhängenden Fakten – männlich zentrierte Gesetzgebung und Rechtsprechung, männliche Monopolisierung gynäkologischen Wissens und pharmazeutischen Vertriebs, Verweigerung von Abtreibung durch ein von männlichen Juristen verfasstes, von männlichen Ärzten, Priestern und Publizisten verteidigtes Gesetz, Vorenthaltung von medizinischer Prävention und Hilfe – ein hierarchisches von Männern dominiertes Medizinsystem erkennbar, samt seiner grotesk überzogenen Schutzverteidigung (wie polizeiliche Durchsuchung von Frauengesundheitszentren, juristische Klagen gegen Kursleiterinnen von Selbstuntersuchungs- und Selbsthilfegruppen, Terrorismusverdacht gegen die gesamte feministische Frauengesundheitsbewegung in medizinischen Fachzeitschriften etc., vgl. Kickbusch 1981). Zunehmend wurde ein patriarchal durchstrukturiertes und paranoid abgesichertes Gesamtsystem sichtbar, das jeden eingefleischten Verschwörungstheoretiker hätte erblassen lassen.

Deutlich wurde also ein zusammenhängendes Ganzes von Gesetzgebung und Politik, über Medizin und Gesundheitssystem bis hin zu den Rechtfertigungen religiöser, literarischer und vor allem auch wissenschaftlicher Art, das in seiner Komplexität und stimmigen Perfektion so von niemandem zuvor geahnt, geschweige denn diagnostiziert worden war. Der Steinwurf der Feministinnen im Namen «aller» Frauen hatte es sichtbar gemacht, die verräterischen kreisförmigen Wellen waren überall angekommen. Der berechtigte Anspruch von Feministinnen auf Frauenbefreiung und Selbstbestimmung war am Beispiel Körper, Medizin, Gesundheit nicht nur besonders anschaulich demonstriert worden, sondern er hatte wie in einem Brennspiegel die allgemeine gesellschaftliche Lage von Frauen auf den Punkt gebracht. Das Persönliche war nachvollziehbar politisch geworden.

Der Funke sprang also einerseits auf die Bloßstellung des gesamten frauendiskriminierenden Gesellschaftssystems über: Die nächsten spektakulären Themen waren Gewalt und Misshandlung in der Ehe, ungleiche Lohnpolitik, sexueller Missbrauch von Mädchen, Diskriminierungen von unehelichen Kindern und unverheirateten Müttern, bis zum Nachweis eines flächendeckenden Androzentrismus in den Human-, Geistes- und Sozialwissenschaften. Er brannte aber andererseits im Bereich der Frauengesundheit weiter unschöne Löcher in die Tiefe des patriarchalen Parketts und legte immer neue Schichten frei. Viele zunächst parallel verfolgte Erkenntnisstränge liefen im Rahmen theoretischer wie praktischer Recherchen wieder aufeinander zu und zeigten auch *innerhalb* einer rein medizinischen Betrachtung ein verflochtenes Muster von historischen Dimensionen mit erstaunlichen Verästelungen.

Die Frauen, die auf diesem Gebiet Recherchen und Forschungen initiierten – erfreulicherweise waren hier auch aufgeklärte Männer zu finden –, konnten im Laufe der vergangenen 30 Jahre neue Erkenntnisse liefern, die a) die historische Genese des heutigen Gesundheitssystems erklärten, die b) die Medizin als «objektive» Wissenschaft in vielen ihrer Errungenschaften als androzentrisch und fehlerhaft entlarvten sowie c) aufdeckten, dass die vorherrschenden Versorgungs- und Heilungspraktiken die Bedürfnisse und die Gesundheit von Frauen ignorieren oder schädigen und die schließlich d) nachwiesen, dass Frauen aus den höheren Funktionen medizinischer Forschung und Lehre gezielt und überzufällig ferngehalten wurden – wobei der letzte Punkt offenbar mit den drei ersten direkt zusammenhängt.

Die wissenschaftlichen Arbeiten aus dieser Zeit haben aber außer diesen kritischen Befunden zusätzlich eine beachtliche Menge positiver und neuer geschlechtsrelevanter Erkenntnisse vorgelegt. Das Spektrum des von der Frauengesundheitsforschung erarbeiteten konstruktiven wie kritischen Wissens ist inzwischen beeindruckend groß und umfasst – nur um einen näherungsweisen Eindruck zu geben – so unterschiedliche Gebiete wie

- den gesamten zur Reproduktionspotenz des weiblichen Körpers gehörenden Bereich wie Schwangerschaft, Geburt, Menstruation, Menopause, Verhütung, Abtreibung, operative Eingriffe (Brust, Uterus, Kaiserschnitt, Sterilisation), Reproduktionstechnologie, Hormonsubstition;
- den Bereich weiblicher Sexualität;
- Fragen psychischer Gesundheit, insbesondere Ursachen und Therapie von Depression, Essstörungen, selbstverletzendem Verhalten u. Ä.;
- den Bereich Sucht, Alkoholismus, Medikamentenabhängigkeit;
- Medikalisierung von «Frauenproblemen» inklusive des «Frauensyndroms»;
- den Bereich somatischer Krankheiten, die nicht geschlechtsspezifisch erscheinen, aber durch Inzidenz, Prävalenz und Mortalität Geschlechterdifferenzen aufweisen;
- den Bereich des Arzt-Patientin-Verhältnisses;
- den Bereich spezifisch weiblichen Gesundheitsverhaltens inklusive Gesundheitshandelns für/im Dienste andere/r;

- die Stellung von Frauen im Gesundheitssystem (Ärztinnen, Krankenschwestern, Laienhelferinnen u. a.).

Dieses in nur 30 Jahren gewachsene Spektrum einer Frauengesundheitsforschung, die inzwischen den Anspruch einer allgemeinen und systematischen Berücksichtigung von Geschlecht für die gesamte Humanmedizin entwickelt hat, ist eine Leistung, die angesichts der kurzen Zeitspanne einerseits und der in diesem Bereich notorisch knappen und beschränkten Mittel andererseits mehr als beeindruckend ist. Davon wird auch der hier vorgelegte Band handeln und die neuesten Entwicklungen nachzeichnen und diskutieren – nun für *beide* Geschlechter.

2. Frauengesundheitsforschung: Drei Beispiele

Für den hier vorliegenden Zweck einer Betrachtung der Anstöße, die aus der Frauenbewegung/Frauengesundheitsbewegung und aus der Frauenforschung/Frauengesundheitsforschung kommen, sollen beispielhaft anhand von drei der oben genannten Felder einige weiterführende und systematische Fragen gestellt werden, die den Ansatz und das Leistungsvermögen einer historisch jungen Bewegung beleuchten. Diese Bewegung befindet sich im Schnittpunkt von mehreren Selbstaufklärungs- und Empowerment-Prozessen der Moderne und verbindet in einmaliger Weise Handlungsformen einer fortschrittlichen Bewegung mit denen einer neuen, kritischen wie selbstkritischen Art, Wissenschaft zu betreiben.

Im Folgenden sollen am Beispiel der Gebiete «Reproduktion», «psychische Gesundheit» und «Stellung von Frauen im Gesundheits- und Medizinsystem» Fragen an das Vorgehen und die Leistungen von feministischer Forschung in diesen drei Bereichen gestellt werden, um sie hinsichtlich ihrer Bedeutung zu reflektieren. Hierbei orientiere ich mich an einem für die Frauenforschung kürzlich in einem wissenschaftskritischen Kontext entwickelten Raster (Schmerl 1999), das die wissenschaftlichen Arbeiten von Frauen- und GeschlechterforscherInnen unter einer dreifachen Perspektive befragt, die oft auch einer chronologischen Abfolge entspricht:

- der Frage, inwiefern die von den Frauen vorgefundene Wissenschaft sich bei näherem Gebrauch als androzentrisch erweist und anhand ihrer eigenen Prinzipien kritisiert werden muss;
- der Frage, inwieweit und mit welchen Methoden neue, feministischen Ansprüchen genügende Forschungsarbeiten und -ergebnisse entwickelt werden konnten und
- inwieweit es bereits erfolgreich gelungen ist, Frauen- und Geschlechterforschung als eine Selbstverständlichkeit gleichberechtigter seriöser Forschung in den Main-male-stream einer Wissenschaft – hier der Gesundheitswissenschaft und der Medizin – zu verankern.

Diesen drei Fragen soll jeweils exemplarisch und versuchsweise nachgegangen werden.

2.1 Der Bereich weibliche Reproduktion

Dieser Bereich stand wie gesagt deshalb am Ausgangspunkt der gesamten Bewegung, weil sich hier die unmittelbar körperliche Betroffenheit *jeder* Frau mit den gesellschaftlich etablierten Kontrollen und den sie legitimierenden Mythologien kreuzte – einer Allianz, deren *Aufdeckung* bereits den ersten Erkenntnisschritt bedeutete. Die nachfolgenden Anfragen waren für den Androzentrismusverdacht direkt positiv zu verwerten: Warum waren sexuelle Erfahrungen für Frauen vor der Ehe geächtet und gefährlich, für Männer aber statusfördernd und folgenlos? Warum waren voreheliche Schwangerschaften für Frauen (bis in die Sechzigerjahre) eine Katastrophe für ihr Ansehen und ihre Lebensplanung, warum Abtreibung bei Gefängnisstrafe verboten und nur zu illegalen und gesundheitsriskanten Bedingungen möglich? Warum wurden uneheliche Kinder und ledige Mütter diskriminiert? Warum gab es keinen Zugang und fast kein Wissen über Verhütungsmittel für Unverheiratete? Woher kamen und wem dienten diese Schwellen von Scham, Ignoranz und Strafen, die von Eltern, Erziehern, Juristen und Theologen, aber gerade auch von Ärzten aufrechterhalten wurden? Warum waren die natürlichen Vorgänge des weiblichen Körpers wie Menstruation, Geburt und Menopause von Tabus, Peinlichkeit und von autoritären medizinischen Vorschriften und Bevormundungen umgeben? Warum war die Gynäkologie – die Frauenheilkunde – ein Männerberuf? Warum fanden normale Geburten in Krankenhäusern und unter der Aufsicht von Medizinern statt? Warum erfuhren Frauen als Kinder und Jugendliche von Eltern und Schule nichts über ihren weiblichen Körper, nichts über ihre Sexualität, aber viel über Wäschepflege, Hygienevorschriften und Kosmetik? Warum wurden die durchschnittlichen Eigenschaften eines weiblichen Körpers – gebärfähig, zierlich, klein, weich, leicht, menstruierend, menopausierend, langlebig – als negativ konnotiert und als «Beweis» für die Unfähigkeit zu verantwortungsvollen Aufgaben in Politik, Wissenschaft und Hochkultur ausgegeben?

Den Androzentrismus dieses um den verletzlichen und unfähigen Frauenkörper herum aufgebauten Systems zu entlarven, ging schnell und gründlich und traf die patriarchalen westlichen Gesellschaften unvorbereitet und zu einem ungünstigen Zeitpunkt: dem durch die Studentenbewegungen und Bürgerrechtsbewegungen verursachten Aufbruch in Richtung politischer Partizipation, Basisdemokratie und Kritik an angemaßten Autoritäten. Die argumentative Gegenwehr krallte sich daher fast notwendigerweise an dem «objektiven», weil greif- und sichtbaren Substrat des Frauenkörpers und seiner vermeintlich angeborenen Eigenschaften fest. Es wurde ein Grabenkrieg auf dem Terrain des Körpers und der Gesundheit der Frau eröffnet, die weiterhin in erster Linie als Geschlechtswesen und damit über ihre Reproduktions«aufgaben» definiert wurde. Eben weil die Reaktion auf der «biologischen Evidenz» beharrte – ihrer einzigen Chance –, wurden aber auch die argumentativen Auseinandersetzungen der Feministinnen auf diesem Feld gebunden: sie *mussten*, um ihre Kritik am männergemachten, männerzentrierten, die Frauenkörper benutzenden und kontrollierenden System zu untermauern, sich sehr konkret weiterhin auf diese Körper beziehen und gleichzeitig Alternativen aufzeigen – seien diese nun rein medizinisch-physisch, sozialwissenschaftlich-historisch oder politisch – am besten alles drei zusammen.

Die folgende kurze, keineswegs erschöpfende Übersicht soll zeigen, dass der zweite Schritt – neue feministische Forschungsbeiträge – in den letzten 30 Jahren der Frauengesundheitsbewegung und der Frauengesundheitsforschung erfolgreich war, indem gerade aus der androzentrischen Kritik heraus ein positives Wissen erarbeitet wurde, das inzwischen selbst von der Schulmedizin nicht mehr ignoriert oder denunziert werden kann und dem – weil es buchstäblich jede Frau potenziell betrifft – eine breite Rezeption gerade auch in der Laienöffentlichkeit sicher geworden ist.

Wir wissen heute aufgrund einer Unzahl von vielfältigen und seriösen Arbeiten der Frauengesundheitsforschungen, dass Schwangerschaft, Geburt, Menstruation und Klimakterium keine «Krankheiten» sind, sondern natürliche Vorgänge, die es zu unterstützen gilt, aber nicht zu kurieren oder mit High-Tech-Medizin und Chemie obligatorisch zu kontrollieren. Wir wissen, dass es einen schwankenden, aber kleinen Prozentsatz von Frauen gibt, die mit diesen körperlichen Vorgängen Beschwerden oder Schwierigkeiten haben können, weshalb sie fachkundige Hilfe brauchen, die in einer medizinischen Versorgung bestehen kann, aber nicht muss. Sichtbar geworden ist aber auch, dass die Mehrheit der Frauen diese Prozesse mit «normaler», nicht-medizinischer Kontrolle meistert. Die meisten Frauen wissen heute aufgrund einer 30 Jahre lang öffentlich geführten Debatte, dass es «sanfte Geburt» und Hausgeburten gibt, dass Hebammen qualifizierte erstklassige Geburtshelferinnen sind, die eine Geburt mit mehr Zeit und Aufmerksamkeit begleiten, als ein Stationsarzt auf der Entbindungsstation dies kann, dass inzwischen «rooming in» eine Option ist, auf der jede Wöchnerin bestehen kann, ohne als schwierig oder verrückt abgestempelt zu werden etc. etc.

Verhütungswissen hat in breiter Form inzwischen Eingang in den Schulunterricht und in Familienberatungsstellen gefunden; Letztere geben Verhütungsmittel auch an Jugendliche ab – ein beachtlicher Erfolg feministischer Politik. In allen größeren Städten gibt es Frauengesundheitszentren, die mit qualifizierter Beratung, medizinischem Wissen und Spezialangeboten (Krebs, Diabetes, Stillen etc.) allen Frauen offen stehen. Und schließlich sind die härtesten und frauenfeindlichsten Praktiken männlicher Chirurgen und Gynäkologen – künstliche Geburtseinleitungen nach Dienstplan, voreilige und unnötige Hysterektomien und Kaiserschnitte, überflüssige Eierstockentfernungen und unnötig verstümmelnde Mastektomien – nicht nur öffentlichkeitswirksam angeprangert worden, sondern diese Kritik war auch erfolgreich in Richtung einer heute zurückhaltenderen, vorsichtigeren und patientinorientierteren Haltung bei den meisten Chirurgen und Gynäkologen. Und – last not least – es gibt wesentlich schonendere legale Abtreibungsmethoden als vor 30 Jahren, die von Feministinnen eingefordert, anfangs auch provokativ eingesetzt wurden, um Medizin und Politik zu zwingen, diese Methoden zuzulassen bzw. anzubieten. Die politischen Kampagnen zur gesetzlichen Freigabe der Abtreibung haben ebenfalls eindeutige Verbesserungen gegenüber den Sechzigerjahren erbracht, auch wenn dies – besonders in der BRD – ein langer, unglaublich beschämend verlaufender Kampf gegen erzreaktionäre Männerbünde aus Politik und Klerus war, der den Frauen einen langen Atem und viele Kompromisse abforderte.

Das öffentliche Bewusstsein heute – vor allem das Bewusstsein und der Wissensstand der meisten Frauen – ist aufgrund einer 30-jährigen Diskussion über den Umgang mit den reproduktiven Funktionen und Organen des Frauenkörpers und aufgrund einer dadurch zwangsläufig veränderten Einstellung beim medizinischen Personal und der Entwicklung schonender und weniger invasiver Eingriffe ein grundlegend anderes, kritisches und bei Frauen in der Regel auch selbstbewussteres als zu Anfang der Frauen(gesundheits)bewegung.

Natürlich hat die Frauengesundheitsbewegung und -forschung diese genannten medizinischen Fortschritte nicht im Alleingang entwickelt; schließlich gab es in den Siebziger- und Achtzigerjahren eine einflussreiche medizinkritische Bewegung aus dem linken politischen Spektrum (Illich 1975). Sie hat aber einen allgemeinen öffentlichen Klima- und wissenschaftlichen Diskurswechsel bezüglich des weiblichen Körpers und der Frauengesundheit geschaffen, der überwiegend von «außen» (Patientinnen, Politik, Öffentlichkeit), nur teilweise auch von «innen» (Frauen als Mitglieder des Gesundheitssystems, als Ärztinnen, Pflegende und als Wissenschaftlerinnen) den notwendigen Veränderungsdruck erzeugt hat. Der erfolgreichste Veränderungsdruck kam nicht aus der Medizin selbst und schon gar nicht von ihren männlichen Koryphäen.

Bleibt die dritte Frage an dieses Gebiet, die nach der Implementation und Integration der Errungenschaften der Frauengesundheitsforschung in den Mainstream von Medizin und Gesundheitswissenschaften hinsichtlich der mit den reproduktiven Funktionen des Frauenkörpers befassten Fragen: Haben sich hier grundlegende feministische Selbstverständlichkeiten des Forschens und Behandelns etablieren können, hinter die auch die Disziplinen selbst nicht mehr zurückfallen können?

Diese Frage scheint für den gesamten angesprochenen Bereich äußerst schwierig und vorerst wegen der Unterschiedlichkeit der beteiligten Gebiete noch nicht eindeutig zu beantworten. Auf der Ebene der «harten» Fakten fällt auf, dass die gesamte Gynäkologie auf Ausbildungs- und Forschungsebene nach wie vor fest in Männerhand ist. Erst 1999 (!) ging überhaupt die erste C4-Professur für Gynäkologie an einer deutschen Universität an eine Frau (und das auch nur nach erbittertem professoralen Gerangel hinter den Kulissen und dem entscheidenden Druck von außerhalb der betreffenden Universität). Da Ausbildungs-, Forschungs- und Krankenhaushierarchen zentral über die inhaltlichen Ausrichtungen ihrer Domänen bestimmen, ist hier weiterhin Geschlechterparität und damit Perspektivausgleich durch eine weibliche Optik einzufordern. Andererseits gibt es aber auch Lichtblicke: Die Schalmeienklänge von der glücklichen Hormonsubstitution («forever feminine») für klimakterische Frauen von der Menopause bis zur Bahre hatten sich durch die Anzweifelung der schulmedizinischen Sichtweise vom Klimakterium als «Mangelkrankheit» und durch breite wissenschaftlich fundierte feministische Kritik an den Erfolgsstatistiken pharmazeutischer Konzerne einer umfassenden Überprüfung unterziehen lassen müssen: Schützen Östrogene wirklich gegen Osteoporose und Herzinfarkt? Um wie viel erhöht sich das Brustkrebsrisiko? Welches sind «vertretbare» Dosierungen? Welche chemisch verwandten östrogenähnlichen Stoffe könnte/dürfte/sollte man stattdessen nehmen? Wie viel Prozent Frauen haben denn überhaupt die «typischen» klimakterischen Beschwerden? Sind diese nicht vielmehr kulturell und sozial als hormonell bedingt? Usw. usw. Diese einmal angestoßene, auf solidem wissenschaftlich-statistischem Niveau gerade auch von einschlägigen Wissenschaftler*innen* geführte Debatte zeigt, dass die Zeiten der bevormundenden frauenärztlichen Preskription an ahnungslose, willfährige und vor allem klimakterisch-unzurechnungsfähige Frauen vorbei sind.

Ganz anders sieht es bei der Entwicklung der Reproduktionstechnologie aus. Dieser der Gynäkologie zugeschlagene Forschungs- und Technologiebereich hat einen inflationären Entwicklungs- und Marketingschub erreicht, der alle an der Kontrolle über ihren Körper interessierten Frauen (ver)zweifeln lassen könnte. Unter dem medienwirksamen Einsatz von Krokodilstränen und Heilsversprechungen für unfruchtbare Frauen (und Paare), die doch ein «Recht am eigenen Kind» hätten, hat sich hier eine von allen Common-Sense-Prinzipien (wie z. B. Kosten-Nutzen-Verhältnis oder prozentual vertretbare Erfolgschancen) losgelöste, aggressive profit- und pharmagesponserte Forschungstechnologie entwickelt, die ihre Erkenntnisse nur mittels des benötigten Forschungsmaterials (Eizellen) verzweifelter Frauen vorantreiben kann.

Dass diese kinderlosen Frauen nur einen Bruchteil «aller» Frauen darstellen und ihnen trotz mehrfacher schmerzhafter Prozeduren nur eine minimale Erfolgsaussicht winkt, wird der staunenden Öffentlichkeit in der Regel verschwiegen (de Jong 1998). Vielmehr werden die durch diese Technologie gesammelten Erfahrungen in der Zukunft Konsequenzen für *alle* kinderwilligen Frauen nach sich ziehen: Aufgrund der an kinderlosen Paaren entwickelten Präimplantationsdiagnostik an einzupflanzenden Embryonen wird es in ein, spätestens zwei Generationen als generell unverantwortlich gelten, wenn nicht *alle* Frauen vor einer Schwangerschaft ihre befruchteten Eizellen obligatorisch einem solchen Qualitäts-Check unterziehen lassen. Die mittels der «armen Kinderlosen» entwickelte Präimplantationsdiagnostik droht obligatorisch für *alle* kinderwilligen Paare zu werden – zumindest in den Industrieländern.

Auf diesem Gebiet kann also mitnichten davon gesprochen werden, dass sich feministische Prinzipien der Selbstbestimmung von Frauen über ihren Körper und von schonenden minimal-invasiven Behandlungsmethoden mit maximalen Erfolgsaussichten bei den betreibenden Forschern als selbstverständlich durchgesetzt hätten. Vielmehr verstärkt sich der Eindruck, dass hier unter der Camouflage einer frauenfreundlichen Fassade (ungewollt kinderlos! Oder: Welche Frau darf/kann ein behindertes Kind riskieren?!) sich eine völlig eigengesetzliche Forschungs-, Kontroll- und Profit-Politik durchsetzen wird.

Angesichts solcher Entwicklungen erhebt sich die Frage, ob sich im zentralen Bereich der menschlichen Reproduktion nicht vielmehr die klassisch patriarchalen Macht-, Kontroll- und Omnipotenzfantasien nur verschoben haben: weg von den alten, PR-schädlichen Holzhammermethoden der Verbote, Diskriminierungen und Strafen hin zur kompletten Enteignung des Reproduktionsgeschehens durch die genetische Qualitätskontrolle des Produktes Kind, der sich keine «vernünftige» Frau mehr widersetzen wird.

Die Frage, inwieweit hier wie bisher «von außen», nämlich durch Frauenpolitik, Frauengesundheitszentren und feministische Initiativen, noch ein ethisch moderierender oder mitbestimmungssichernder Einfluss ausgeübt werden kann, ist zurzeit mehr als offen und – mal wieder – abhängig von erfolgreicher forschungspolitischer wie gesundheitspolitischer Einmischung von Frauen und von der Mobilisierung zusätzlicher Hilfstruppen aus Nachbarbereichen. Von einer selbstverständlichen Implementation von Frauenforschung und von Frauenperspektiven kann im Sektor Reproduktionsmedizin daher zurzeit keine Rede sein.

2.2 Psychische Gesundheit

Die Frauenbewegung hat in ihren Anfängen zwar die so genannten «Frauenkrankheiten» zuerst in den Blick genommen (und hat sie bis heute in Form von Frauengesundheitszentren im Blick behalten), aber sie ist nicht dabei stehen geblieben. Ziemlich schnell wurde im Anschluss daran der Zusammenhang von physischem «anders» Kranksein der Frauen mit der Frage nach psychosomatischen Krankheiten und vor allem mit psychischen Leiden gesehen. Auch hier war der Auftakt die (uns heute überfällig erscheinende) massive Kritik an besonders eklatanten und groben Menschenrechtsverletzungen an Frauen unter dem Etikett «psychisch krank» (Chesler 1977; Pahl 1991). Übergriffe in Psychiatrien gegenüber unbotmäßigem weiblichen Verhalten in Gestalt von Wegschließen, unprofessionellen Diagnosen, ethisch unverantwortlichen Zwangsbehandlungen (Dauer- und Über-Medikamentation, Elektroschocks, Lobotomien) wurden allerdings hier durch eine zeitgleiche *generelle* und ebenso überfällige Kritik an der klassischen (Anstalts-) Psychiatrie beschleunigt (Keupp 1972; Szasz 1976). Auch hier erfolgte konsequenterweise eine Ausweitung des feministischen Blicks auf die gesamte professionelle Psychiatrie und Psychotherapie, auf ihre Lehrgebäude, Schulen, Diagnoseschemata und ihre patriarchal-hierarchischen Anstalten.

Als Erstes wurde das historisch überlieferte Bild der Hysterika als klassische Diagnose für Frauen in seine androzentrischen Klischeebestandteile zerlegt (Schaps 1982): die von ihren (unbefriedigten) Sexualorganen umgetriebene Frau wurde als wissenschaftlich unhaltbare Mixtur aus männlichen Sexualfantasien, Misogynie, Missbrauch ärztlicher Macht und den Folgen tatsächlicher psychosozialer Überforderungen von Frauen entlarvt. Schon Anfang der Siebzigerjahre wurde nachgewiesen, dass in den Köpfen von Psychotherapeuten und Psychologen ein Frauen- und Männerbild existierte, das «typische» weibliche Eigenschaften mit psychischer Krankheit in Verbindung setzte, während psychische Gesundheit mit «normalen» männlichen Eigenschaften assoziiert wurde (Broverman et al. 1970). Diese Experten-Befragungen zeigten, dass schon für «normale» Frauen therapeutischerseits eine größere Nähe zu psychischen Defekten gesehen wurde (passiv, abhängig, ängstlich, unselbstständig, nachgiebig) als für normale Männer (aktiv, selbstbewusst, ehrgeizig, aggressiv). Die Wirksamkeit dieser Auffassungen wurde durch die Erfahrungen von Frauen bestätigt, die psychotherapeutische Hilfen in Anspruch genommen hatten und von – meist männlichen – Therapeuten dazu gedrängt wurden, sich ihren «angestammten» Rollen in Haus und Familie wieder anzupassen und ihren «krankhaften» Ehrgeiz oder ihre «unweiblichen» Wünsche nach außerhäuslicher Be(s)tätigung aufzugeben.

Die in den USA und Westeuropa aus dem Boden der Frauenbewegung sprießenden Consciousness-raising-groups, Selbsterfahrungsgruppen und Frauengesprächsgruppen zeigten eine brisante Grauzone auf, die vom «normal verrückten Alltag als Frau und Mutter» (McBride 1976) bis zu klassischen Double-bind-Situationen mit schweren psychischen Verletzungen, von «normalen» sexuellen Übergriffen in Familie und Beruf bis zu traumatisierenden Gewalterfahrungen von Frauen reichten. Zum ersten Mal wurde durch Gesprächs- und Selbsthilfegruppen von Frauen der Zusammenhang von «realer» (und keineswegs nur fantasierter) Gewalt im Leben von Frauen und deren psychischen Folgen deutlich: Er nahm zunehmend sichtbare Ausmaße an, von dessen tatsächlicher Verbreitung niemand zuvor eine Ahnung haben konnte, weil solche krankmachenden Gewalterfahrungen – misshandelte und vergewaltigte Ehefrauen, sexuell ausgebeutete Mädchen – nicht nur das bestverschwiegene Geheimnis waren, sondern auch nicht in das patriarchal-ritterliche Bild vom beschützenden Vater und Ehemann passten.

Diese CR-Gruppen bildeten eine Art Aktionsforschung der Frauenbewegung, die gleichzeitig Erkenntnis und Veränderung lieferten: über die gewaltförmigen Strukturen, die in bürgerlich-patriarchalen Familien herrschten, über gewaltförmige Verstrickungen in ganz normalen heterosexuellen Beziehungen. Sie waren gleichzeitig der Anstoß für die Entwicklung von feministischen Therapieangeboten für Frauen, die schrittweise auch professionelle Therapeutinnen einbanden, die ihrer eigenen klassischen Ausbildung kritisch gegenüberstanden, die Sensibilität und Kreativität für frauengemäße Therapieangebote entwickelten und die den realen Bedürfnissen und widersprüchlichen Lebenssituationen von Frauen eher gerecht wurden als die paternalistisch bevormundenden klassischen Therapien (Wagner 1973, 1992; Bock/Schmerl 1979; Freytag 1992).

Zunehmend wurde nun die Prävalenz psychischer Krankheiten und Leiden von Frauen als eigenständige Forschungsherausforderung begriffen, die Fragen und Antworten nach den quantitativen Ausmaßen und den qualitativen Ursachen notwendig machte. Aus dem Rückblick von fast 30 Jahren unterschiedlichster Arbeiten zu diesen Fragen lässt sich bis heute festhalten, dass häufig, aber nicht durchgehend, eine höhere Belastung von Frauen im Bereich psychischer Gesundheit berichtet wird (Franke 1985; Böhm 1987; Vogt 1991), die allerdings methoden- und definitionsabhängig ist: Werden bei Frauen zum Beispiel Neurosen und leichtere Ängste unter «psychisch krank» mitgezählt oder nicht? Werden bei Männern antisoziale Verhaltensweisen wie Aggressionen mit berücksichtigt oder nicht? Dies kann je nach Anlage der Untersuchung, nach Erhebungsmethoden und Diagnosekriterien schwanken.

Als übergreifender Trend deutet sich an, dass Frauen generell gleiche bis leicht erhöhte Raten psychischer Störungen im Vergleich zu Männern aufweisen, dass aber selbst bei einem quantitativen Gleichstand die *Art* des psychischen Leidens (und der dies reflektierenden Diagnosen) bei beiden Geschlechtern unterschiedlich ausfällt (Sieverding 1999; Böhm 1987; Rosenfield 1999). Bei Frauen werden bis heute eher depressive Störungen diagnostiziert sowie Ängste und Phobien leichter und schwerer Ausprägung, Suizidversuche, Essstörungen, selbstverletzendes Verhalten und Medikamentenabhängigkeit; bei Männern eher Psychosen vom schizophrenen Formenkreis, mehr Suizide, mehr Alkoholismus und illegaler Drogenkonsum sowie antisoziale Verhaltensweisen.

Die meisten einschlägigen AutorInnen heute führen diese übernational gleichförmigen Geschlechterunterschiede längst nicht mehr vorrangig auf frühkindliche «Prägungen» zurück, sondern vor allem auf die unterschiedlichen Erfahrungen, die für beide Geschlechter im Erwachsenenleben bereit stehen. Nicht zufällig erscheinen viele psychische Störungen wie eine krankhaft übertriebene Version der «normalen» Geschlechterrollen erwachsener Frauen und Männer, sie haben offensichtlich etwas mit den «normalen» Zuständigkeiten, Kontexten und Aktionsmöglichkeiten der Geschlechter zu tun. Frauen sind in der Regel eher für die Pflege sozialer Beziehungen, die Berücksichtigung der Bedürfnisse anderer, für die Gefühlsqualität familiärer Bindungen zuständig. Ihr Aktionsradius ist durchschnittlich begrenzter, sozial-emotional fordernder, mit weniger Anerkennung und geringeren finanziellen Ressourcen ausgestattet. Im Schnitt sind ihre beruflichen Möglichkeiten mit weniger Autonomie, mehr Monotonie, weniger Aufstiegschancen und schlechterer Entlohnung verbunden. Auf Überforderungen und widersprüchliche Anforderungen wird eher mit persönlichen Schuld- und Ohnmachtsgefühlen reagiert. Die frauentypischen Symptome psychischen Leidens werden entsprechend als «internalisierende» Störungen bezeichnet, die der Männer als «externalisierende».

Seit den Siebzigerjahren wurde auch vermehrt deutlich, dass eine eindeutig *soziale* Verursachung dieser Störungen außer Zweifel steht (sie also nicht länger mit weiblichen und männlichen Hormonen erklärbar sind), weil die kovariierenden Lebensbedingungen hier für beide Geschlechter eine verräterische Sprache sprechen: Verheiratete Männer haben niedrigere Depressionsraten als verheiratete Frauen, und sie haben niedrigere Depressionsraten und weniger psychosoziale Störungen (Suizid, Alkoholabusus) als alleinlebende Männer. Unter den Nichtverheirateten haben die Frauen niedrigere Anteile psychischer Störungen als Männer (Gove 1972; Gove/Tudor 1973; Kolip 1994). Verheiratete Frauen haben im Vergleich mit unverheirateten Frauen nicht den gleichen Ehe-Vorteil einer besseren psychischen Gesundheit wie die Männer (Radloff 1975); die schlechteste psychische Befindlichkeit mit den höchsten Depressionsraten zeigen junge Ehefrauen mit mehreren Kleinkindern zu Hause (Brown et al. 1975; Belle 1990a). Außer dem eigenen Stress, den diese Versorgungsleistungen für Ehefrauen produzieren, ist die zusätzliche «Ansteckung» mit Stress durch den von Nahestehenden, Verwandten und Freunden gut dokumentiert. Sie verkehrt die Vorteile des durchschnittlich besseren sozialen Netzes der Frauen in ihr Gegenteil, indem zusätzliche Belastungen produziert werden, denen Männer sich qua Beruf und qua Delegation an die Ehefrau erfolgreich entziehen können (Nestmann/Schmerl 1990; Belle 1990a). Psychische Erkrankungen werden von manchen AutorInnen deshalb auch als die «Berufskrankheit der

Frau» bezeichnet: Für das seelische (und körperliche) Wohlergehen der Kinder und des Mannes hat die patriarchale Familie die Frau bestimmt; für sie selbst ist dagegen kein Spezialist vorgesehen, der sie unterstützt und auffängt (Böhm 1987) – es sei denn, sie knüpft sich zusätzlich zur Familie ein soziales Netz, in das sie allerdings ebenfalls Kraft und Zeit investieren muss (Nestmann/Schmerl 1990; Belle 1990b). Dass sich diese relativ eindeutigen Kosten- und Nutzenmuster der klassischen patriarchalen Ehe mit zunehmender Diversifikation von Ehe- und Erwerbskonstellationen auch wieder mildern können, zeigen übergreifende metaanalytische Untersuchungen (Haring-Hidore et al. 1985).

Insgesamt lässt sich für den hier exemplarisch ausgeführten Bereich der psychischen Gesundheit von Frauen festhalten, dass Frauengesundheitsbewegung und Frauengesundheitsforschung in diesem Bereich seit 30 Jahren erfolgreich und innovativ gearbeitet haben. Auch hier waren die Ausgangspunkte die Androzentrismus- und Ideologiekritik am herrschenden wissenschaftlichen (das heißt psychiatrischen und psychotherapeutischen) Bild vom «Wesen» der Frau und der Bestimmung ihrer psychischen Gesundheit sowie an den Methoden, mit denen diese Gesundheit wieder herzustellen sei. Es wurden umfangreiche empirische Untersuchungen über die Prävalenz von psychischen Störungen bei Frauen vorgelegt, die über die besonderen Ursachen dieser Leiden Hinweise lieferten und die gleichzeitig auch Aufschlüsse über die Rolle des Geschlechter*verhältnisses* für die Entstehung von unterschiedlichen psychischen Krankheiten bei *beiden* Geschlechtern lieferten – also auch bei Männern.

Die Folgen waren zunächst die Entwicklung alternativer psychotherapeutischer Hilfen und Angebote für Frauen, weil diese durch die klassischen männerzentrierten und oft auch frauenabwertenden Therapien nicht angemessen behandelt wurden. Insbesondere leitete dies zusätzlich einen allmählichen Wandel der psychiatrischen und psychotherapeutischen Angebote für die häufigste weibliche Störung, die Depression, ein. Waren noch in der klassischen Psychiatrie Depressionen per se als «endogen», d. h. als körperlich verursacht (und somit sozial nicht erklärbar bzw. therapierbar), deklariert worden, so entwickeln sich nun schrittweise andere Ursachenperspektiven und damit auch andere, erfolgreichere therapeutische Angebote.

Schließlich lässt sich als letzter Punkt festhalten, dass durch diese Art von feministischer Psychotherapie-Forschung und -Politik nicht nur das Wissen über bessere Bedingungen für die psychische Gesunderhaltung von Frauen herausgearbeitet werden konnte, sondern auch für die von Männern. Wir wissen heute, dass *beide* Geschlechter für den Erhalt ihrer psychischen (und auch körperlichen) Gesundheit davon profitieren, wenn sie im Beruf autonome und abwechslungsreiche Arbeitsbedingungen vorfinden, die mit geringem Zeitdruck einhergehen. Solche Berufsbedingungen können für beide Geschlechter sogar manche negativen Aspekte des Familienlebens kompensieren (Lennon/Rosenfield 1992). Gegenseitige Unterstützung und der Aufbau von Selbstwertgefühl ist ebenfalls bei beiden Geschlechtern der psychischen Gesundheit zuträglich, während es Frauen wie Männern schlecht bekommt, sich auf *nur einen* Bereich (Familie *oder* Karriere) zu spezialisieren bzw. sich ausschließlich entweder auf die Verfolgung *eigener* Interessen oder auf die Bedienung der Interessen *anderer* zu konzentrieren. Gerade Letzteres scheint – das ist eine der zentralen Einsichten der Frauengesundheitsforschung für diesen gesamten Bereich – das Ausagieren von Problemen nach innen (internalisieren) oder nach außen (externalisieren) vorzuprogrammieren (Rosenfield 1999).

Für den Bereich psychischer Gesundheit kann der Frauengesundheitsforschung attestiert werden, dass sie nach allen drei Kriterien – Kritik, innovative Forschung, Implementation – anerkannte Arbeiten vorzuweisen hat, die einen grundlegenden Paradigmenwechsel in den professionellen Sichtweisen auf psychische Störungen von Frauen bedeutet haben, der seinerseits zu positiven Konsequenzen für die therapeutischen Angebote an Frauen geführt hat. Nicht zu unterschätzen ist, dass sie darüber hinaus auch Erkenntnisse über die (psychisch) krank machenden Anteile der klassischen Männerrollen in westlichen Gesellschaften erbracht hat.

2.3 Stellung von Frauen im Gesundheits- und Medizinsystem

Die Arbeiten kritischer HistorikerInnen im Bereich der Medizingeschichte haben übereinstimmend ergeben, dass die heutige männliche Dominanz der Ärzte im medizinischen System und der traditionelle Ausschluss von Frauen aus der ärztlichen Ausbildung keine menschheitsgeschichtliche Selbstverständlichkeit ist, sondern historisch jüngeren Datums (Bochnik 1985; Frevert 1982). Bis ins Mittelalter waren Heilkunde und medizinisches Wissen eine selbstverständliche Domäne von Ärztinnen und weisen Frauen; speziell die Frauenheilkunde und Geburtshilfe lagen vollständig in den Händen von Hebammen und Wehenmüttern. Auch die Motive des ab dem 12. Jahrhundert, forciert zwischen dem 15. und 17. Jahrhundert stattfindenden Ausschlusses von Frauen sind wegen der Quellenlage gut bekannt. Weibliche Heilkundige waren der katholischen Kirche aus mehreren Gründen ein Dorn im Auge: ein seit den Kirchenvätern gepflegter extremer Frauenhass, Angst vor Hexerei, Angst vor weiblichem Wissen um Empfängnisverhütung und Abtreibung, paranoide Vorstellungen von weibliche Sexualität etc. Ihr Jahrhunderte langes Bemühen richtete sich daher auf die Ausbildung und Durchsetzung eines männlichen Ärztestandes, der in erster Linie die Glaubenssätze der Kirche befolgen und vertreten sollte.

Die solcherart von den theologisch dominierten Universitäten ausgebildeten Ärzte hatten ihrerseits ein Interesse, die besser qualifizierte weibliche Konkurrenz aus Geschäftsgründen zurückzudrängen. Während noch zwischen dem 8. und dem 11. Jahrhundert in Italien (Salerno) und Frankreich (Montpellier) berühmte Medizinschulen Ärztinnen und Ärzte gleichermaßen ausbildeten, war an den von der Kirche gegründeten und dominierten Universitäten ab dem 14. Jahrhundert Frauen das Medizinstudium verboten. Die nun an den Universitäten ausgebildeten Ärzte waren in der Regel Mitglieder des niederen Klerus, sie hatten keinerlei empirisch begründete oder aus der Volksmedizin tradierte Ausbildung, sondern lernten nur aus der Antike überliefertes Buchwissen und theologische Dogmen. Bezeichnenderweise hat der berühmte Arzt Paracelsus (1493–1541) ausdrücklich darauf hingewiesen, dass er seine gesamten medizinischen Kenntnisse den heilkundigen Frauen verdanke.

Der Ausschluss von Frauen aus den heilenden Künsten insgesamt erfolgte bekanntlich äußerst gewaltsam (vier Jahrhunderte Hexenverfolgung) und stand vor allem im bevölkerungspolitischen Interesse des feudalen und des weltlichen Adels, d. h. in der Mehrung seines Reichtums durch die Vermehrung leibeigener Arbeitskräfte. Die volksmedizinischen Kenntnisse der weisen Frauen über verhütende und abtreibende Mittel standen diesem Ziel entgegen, weil dieses Wissen es den betreuten Frauen ermöglichte, über die Anzahl ihrer Kinder selbst zu entscheiden (Heinsohn/Steiger 1985).

Aus den gleichen Gründen wurde ab dem 15. Jahrhundert schrittweise versucht, durch verschärfte Hebammenordnungen überall in Europa vor allem den speziellen Bereich der Geburtshilfe ärztlicherseits zu kontrollieren – ein Prozess, der im 18. und 19. Jahrhundert erfolgreich abgeschlossen war, als Gynäkologie und Geburtshilfe endgültig ein rein männliches Terrain wurden und Hebammen nur noch ärztlich überwachte und streng reglementierte Hilfestellungen geben durften (Frevert 1982). Die Folgen dieses doppelten Ausschlusses – aus der allgemeinen Heilkunde *und* aus der Frauenheilkunde/Geburtshilfe – sind bis heute spürbar; die dahinter stehenden frauenfeindlichen Motive sehr oft leider auch noch.

Diese Jahrhunderte während Vertreibung von heilkundigen VolksmedizinerInnen und Hebammen aus der medizinischen Versorgung der Bevölkerung hat nicht nur enorme iatrogene Schäden produziert (wegen des schlechteren Ausbildungsstands der Ärzte und männlichen Geburtshelfer, des rücksichtslosen und unhygienischen Experimentierens an Schwangeren in den öffentlichen Geburtshäusern etc.), sondern sie hat auch die Grundlagen für das bis heute hierarchische Geschlechterverhältnis in den Gesundheitsberufen gelegt: Einerseits sind drei Viertel aller im Gesundheitswesen Arbeitenden und fast 50 % der Medizinstudenten Frauen (Krause-Girth 1989); aber nur knapp 30 % der niedergelassenen Ärzte, 20 % der Krankenhausärzte und nur noch gut 5 % der leitenden Ärzte in Krankenhäusern sind weiblich (Schücking

1998). Schließlich gibt es unter den C4-Professoren an den Universitäten nur noch 2 % Frauen (womit die Medizin sich sogar von den anderen akademischen Fächern nochmals deutlich abhebt: Dort liegt der Frauenanteil bei C4-Professoren mittlerweile um die 6 %). Ausgeprägter Autoritarismus und strenge Hierarchien sind die Strukturprinzipien der Medizin in Forschung und Praxis – eine auf Privilegien, Konkurrenz und Status basierende steile Pyramide, unter der auch die männlichen Mitglieder zu leiden haben. Für Frauen bedeutet diese auf zunehmendem Ausschluss beruhende Hierarchie jedoch noch vieles mehr.

Auch wenn seit der Wende vom 19. zum 20. Jahrhundert das Studium der Medizin für Frauen gegen große Widerstände von Ärzten und Medizinprofessoren wieder zugänglich wurde, so bleiben doch die Spuren des jahrhundertelangen gewaltsamen Verdrängungsprozesses tief und effektiv. Da ist zunächst ein enormer Wissensverlust zu konstatieren, der durch das Abreißen einer in Jahrhunderten gewachsenen Heiltradition entstand, die auf Erfahrungen und auf persönlicher Überlieferung beruhte. Das von den heilkundigen Frauen (und auch Männern) beherrschte volksmedizinische Wissen fußte – bei allen magischen Vorstellungen – auf Beobachtung und nicht auf von oben verordneten theologisch korrekten Dogmen.

Der zweite Verlust bestand in einer zunehmenden Aufspaltung von ärztlichem und pflegerischem Handeln – einer Arbeitsteilung, die ab dem 18. und 19. Jahrhundert zur Perfektion entwickelt wurde (Frevert 1982; Bischoff 1997) und die uns heute selbstverständlich erscheint, die den Heilkundigen des Mittelalters aber völlig fremd war. Selbst die hoch bezahlten Ärzte des Adels kamen ins Haus des Erkrankten und «pflegten» ihn – sie boten ihre Dienste als umfassende medizinische Versorgung des Patienten an. Die heutige Normalität besteht dagegen in einem Anweisung gebenden männlichen Arzt und einer diese Anweisung befolgenden Krankenschwester, die völlig anders als der Arzt ausgebildet ist und der ein genau definierter Kanon ärztlicher Handlungen ausdrücklich untersagt ist. Sie soll den Arzt von den lästigen, alltäglichen und vor allem schmutzigen und Geduld kostenden Arbeiten entlasten (Frevert 1982; Bischoff 1997). Ähnliches gilt natürlich ebenso für die überwiegend weibliche Pflege in der Familie.

Dass uns heute dies «normal» und effizient erscheint, ist nicht unbedingt zwangsläufig, sondern vielmehr ein Produkt der historisch forcierten prestigefixierten Arbeitsteilung zwischen Männern und Frauen im Bereich der medizinischen Versorgung. Der Arzt ist die durch Wissensvorsprung und Geschlecht legitimierte Autorität, der *gehorcht* werden muss. Er ist für das technische Körperwissen (Anatomie, Physiologie, Nosologie etc.), die pflegenden Frauen sind für den gesamten Rest – also den ganzen Patienten – zuständig. Eine ganzheitliche Sicht auf den Patienten als eine leidende Person und als ein menschliches Individuum gerät dadurch aus dem Blick – und das oft genug auch bei den stets überlasteten, im Akkord Pflegenden.

Wenn zwei Drittel aller Patienten Frauen sind, und wenn es unter niedergelassenen Ärzten und Krankenhausärzten im Schnitt 20 bis 30 % Frauen gibt, dann ist die häufigste Konstellation zwischen Medizinern und Laien die zwischen einem Arzt und seiner Patientin (wie es das klassische Klischee ja auch will). Über dieses Verhältnis ist schon viel geschrieben worden – gerade auch im Gefolge der Frauenbewegung und der Frauengesundheitsforschung. Fassen wir für den vorliegenden Zweck lediglich die markantesten Punkte zusammen, so lässt sich festhalten, dass männliche Ärzte aufgrund ihrer fachlichen Ausbildung, ihres vor allem an männlichen Körpern standardisierten medizinischen Wissens, anhand der auch dort überlieferten Stereotype von Frauen, aufgrund des gesellschaftlich sanktionierten Prestiges der männlichen Mediziner und schließlich aufgrund bestimmter nahe liegender Unfähigkeiten, sich als Mann in Körpererfahrungen von Frauen hineinversetzen zu können, dass aufgrund all dieser wahrscheinlich zusammenwirkenden Faktoren keine unvoreingenommene Begegnung zwischen zwei gleichrangigen Personen stattfinden wird, sondern eine zwischen einem «Halbgott in Weiß» und einer schlimmstenfalls zickigen, bestenfalls gefügigen Empfängerin von Anweisungen. Dass diese vorprogrammierte Konstellation zwischen Arzt und Patientin für das Heilungs- und Gesundheitsverhalten der Betroffenen nicht optimal sein kann, ist ebenfalls gut dokumentiert worden: Beschwerden von Frauen werden nicht so ernst genommen wie die der Männer, unklare Beschwerden werden vorschnell als «seelisch» oder neurotisch verbucht (Vogt 1983; Kaplan et al. 1996).

Frauen werden zudem bezüglich ihrer reproduktiven Organe als wandelndes Risiko gesehen: Von der Mädchen-Gynäkologie über's Prämenstruelle Syndrom bis zur prophylaktischen Hysterektomie und Hormonsubstitution ist eine Frau ein permanentes potenzielles Risiko und stets der ärztlichen Betreuung bedürftig (Kolip 2000). Auch hier verhindert die so erfolgreiche Eliminierung einer ganzheitlichen Betrachtung von körperlichem Leiden eine auf die Bedürfnisse der Patientinnen zugeschnittene ärztliche Vorgehensweise. Diejenigen Mediziner, die dies trotzdem versuchen, werden durch die Sachzwänge eines nach den gleichen Prinzipien funktionierenden Abrechnungssystems bestraft.

Weiterhin hat diese Ausgangskonstellation zur Folge, dass eine Minderheit von 20 bis 30 % Ärztinnen an diesen Verhältnissen nichts Substanzielles wird ändern können, umso mehr sie selbst einerseits die Sachzwänge der Schulmedizin übernommen und dem wenig entgegenzusetzen gelernt haben und weil sie andererseits von ihren männlichen Kollegen allzu häufig als unerwünschte Konkurrenz diskriminiert und gemobbt (Wagner 2001) bzw. aus den prestigeträchtigen Bereichen der Medizin (wie Chirurgie und apparate-intensive Medizin) von vornherein erfolgreich herausgehalten werden (Schücking 1998; für England und Australien: Pringle 1998). Dies gilt erst recht für die oben erwähnte universitäre Lehre und Forschung. Solange nur so wenige Frauen in die hochrangigen und einflussreichen Forschungspositionen der Medizin gelangen, werden gerade auf diesen Ebenen die Sichtweisen, Erfahrungen und Bedürfnisse von weiblichen Menschen nicht angemessen vertreten und verfolgt werden können (Gallant et al. 1994).

Schließlich und letztens bedeuten die als «normal» und «objektiv» empfundene Dominanz von männlichen Ärzten und Forschern und ihr im Rampenlicht der öffentlichen Aufmerksamkeit stehendes Gesundheitshandeln eine gewaltige optische Verzerrung der tatsächlich erbrachten gesundheitlichen Leistungen. In der Realität wird nur ein sehr kleiner Bestandteil aller gesundheitlichen Arbeiten von professionellen Ärzten erbracht. Drei Viertel aller im Medizinbetrieb Beschäftigten sind Frauen; 80 % der professionell pflegenden Dienste werden von Frauen geleistet (Krause-Girth 1989; Trojan 1986); fast die gesamten Pflegeleistungen professioneller wie auch familiärer Art werden von Frauen erbracht (Grunow-Lutter 1991; Kolip 1998). Die Unsichtbarkeit der unverzichtbaren Frauenarbeit in diesem Bereich, die gewohnte Gleichsetzung von Gesundheitsleistungen mit *ärztlichem* Handeln bewirkt eine falsche Zuschreibung der proportionalen Anteile an heilenden und gesundheitsherstellenden Aktivitäten an den (männlichen) Arzt und seine Kompetenz.

Dies hat noch zwei weitere unbeachtete Nebenwirkungen: Das Unsichtbarmachen des weiblichen Anteils an der Herstellung und vor allem Erhaltung von Gesundheit im Alltag von Familie und Beruf in Gestalt von laienmedizinischem Handeln und präventivem Social Support sowie die allgemein verbreitete Auffassung, dass Gesundheit nicht mehr ist als die Abwesenheit von Krankheit. Insbesondere diese Auffassung übersieht systematisch jene ständigen Leistungen und Ressourcen, die Menschen mobilisieren müssen, um Gesundheit aktiv herzustellen und zu erhalten, anstatt sie erst im Krankheitsfall zu reparieren.

Die von Antonovsky (1997) entwickelten Vorstellungen der «generalisierten Widerstandsressourcen» und sein Konzept der Salutogenese als eines Kontinuums zwischen Gesundheit und Krankheit (anstatt zweier sich ausschließender Pole) vermitteln gegen die klassische reparaturzentrierte Sicht von Krankheit und Gesundheit eine Auffassung davon, dass im täglichen, aktiven Gesundheitshandeln von Menschen interne und externe Ressourcen (materieller Wohlstand und Bildung, Flexibilität, Problemlösefähigkeit, intakte soziale Netze etc.) darüber entscheiden, ob potenziell krankmachende Stressoren sich gesundheitsschädigend auswirken oder nicht. Eine solche Sicht könnte das klassische medizinische Risiko-Modell bezüglich weiblicher Krankheit und Gesundheit ablösen und vor allem die schulmedizinische Sicht auf die eher passive, «gesundheitsgefährdende Weiblichkeit» (Helfferich 1989) konstruktiv erschüttern.

Noch ist es allerdings nicht so weit. Das salutogenetische Modell (Franke 1997) hat inzwischen zwar erfolgreichen Eingang in die Gesundheitswissenschaften gefunden, ist aber bis auf wenige Ausnahmen (Franke et al. 1998) noch nicht auf seine Ergiebigkeit für die Frauengesundheitsforschung systematisch überprüft worden. Ob es dabei völlig «ungeschoren» davon kommen würde – im Sinne von undifferenziert nur für Männer entwickelt und deshalb adaptationsbedürftig für eine weibliche Anwendung – bleibt eine interessante Fragestellung (vgl. hierzu Franke 1998).

Für den Bereich «Stellung der Frau im Gesundheitswesen» lässt sich zusammenblickend festhalten, dass hier die geleistete Kritik am Androzentrismus des Medizinsystems noch immer von allen drei möglichen Kriterien am stärksten ins Gewicht fällt und auch fallen muss, wenn man an die höchst lebendigen Spätfolgen der historischen Erblast denkt: Über eine Million Menschen wurde in Zentraleuropa zwischen 1450 und 1750 gewaltsam zu Tode gebracht, um ein «neues» theologisch-medizinisches Denken und Handeln durchzusetzen (Hammes 1977). Die letzte Hexe wurde in Deutschland 1775 geköpft, das sind gerade sieben Generationen her. Die psychischen Folgen solcher Praktiken sind bis heute nicht analysiert worden: Was mag es im Bewusstsein von Generationen von Frauen bewirkt haben, jederzeit als Heilkundige angeklagt und ermordet werden zu können?

Bei einem solchen historischen Hintergrund erscheint das Arzt-Patientin-Verhältnis (das wie skizziert aus wesentlich mehr als nur einem konkreten Hausarzt und «seiner» Patientin besteht) auch noch nach 30 Jahren zweiter Frauenbewegung als befrachtet mit einem Konvolut oft tatsächlich mittelalterlich wirkender Rituale: Der Arzt ist «Autorität» – nicht ebenbürtiges Gegenüber; seine Heilkunst ist «objektiv» und wissenschaftlich – nicht interessengeleitetes Forschungsprodukt; Männer sind in diesem System die Experten – Frauen die Fragenden und Gehorchenden. Auch die Erforscher und Techniker des Frauenkörpers sind überwiegend Männer – Frauen dürfen deren Errungenschaften entgegennehmen, aber nicht bestimmen, was überhaupt erforscht werden soll.

Wenn dieser ganze tradierte Ballast stets unausgesprochen, aber selbstverständlich in den Hinterköpfen aller Beteiligten mitschwingt, dann ist es kein Wunder, dass die Frauengesundheitsforschung – nach der umfassenden kritischen Aufarbeitung in diesem Gebiet – vorrangig bestenfalls mit eigener Forschung und Erkenntnissammlung beschäftigt bleibt, also nur das zweite Kriterium erreicht. Eine Implementation historischer Erkenntnisse (über die Stellung von Frauen im Gesundheitssystem und ihre Auswirkungen) in das heutige Medizinsystem von Heilenden und Kranken zu erreichen, diese Erkenntnisse anzuwenden auf das Verhältnis von Pflegenden und Gepflegten, von Ärztinnen und Ärzten, von Wissenschaftlern und Beforschten, dürfte erst sehr mühsam und vereinzelt in Gang kommen und auch dies wieder bestenfalls von außerhalb des Medizinsystems.

3. Fazit

Was also lässt sich zu Anfang des dritten Jahrtausends als Zwischenbilanz festhalten, was die Wiederbemächtigung an Wissen und Definition über den eigenen Körper, was den Zugang zu patriarchal unkontaminierten Informationen und Versorgungsangeboten, was den Zugang zur aktiven Teilhabe an geschlechtsbewusster medizinischer Forschung angeht? Gemessen an den vorne genannten drei Kriterien von Androzentrismuskritik, eigener Wissensproduktion und selbstverständlicher Implementation in den Mainstream der Forschung zeigt sich für die hier stellvertretend ausgewählten drei Gebiete ein differenziertes Bild: Die Kritik an der klassischen schulmedizinischen Sicht auf Frauen und ihre Gesundheit hat gründliche Arbeit geleistet und kann nicht mehr als feministisch verbohrte Ideologie abgetan werden, sondern hat eine breite Resonanz in der weiblichen Öffentlichkeit und in Teilen der Gesundheitsforschung erfahren. Den Nachweis eigener anspruchsvoller Frauenforschung auf dem Gebiet von Gesundheit und Krankheit haben Wissenschaftlerinnen auf den unterschiedlichsten Gebieten ausführlich erbracht (und nicht nur in den drei exemplarisch hier erwähnten). So zeigten Untersuchungen in den USA ab Mitte der Achtzigerjahre immer wieder eindeutig, dass bei vielen bis dato als «allgemein» geltenden Erkrankungen (Herz-Kreislauf-Erkrankungen, Autoimmunerkrankungen, Alkohol- und Nikotinschädigungen, degenerative Knochenerkrankungen, Aids) die Entwicklung einer geschlechtspezifischen Sichtweise dringend erforderlich wird (Nippert 2000). Das hat seit 1990 in den USA zu entsprechenden Auflagen für die Vergabe von Forschungsgeldern durch die National Institutes of Health geführt und 1991 zum Start eines Großprojekts zur Frauengesundheitsforschung, das mit einer Laufzeit von 15 Jahren und einem Volumen von 628 Mio. US-Dollar Gesundheitsrisiken und Präventionsmaßnahmen bei bestimmten frauenspezifischen Krankheiten untersucht (Metzner 1993; Nippert 2000).

Die bisherigen Erfolge haben aber auch Grenzen deutlich gemacht: Zumindest in Deutschland – anders als in den USA – stoßen Forschungsinitiativen trotz ihrer Leistungen in den Bereichen der Gesundheitswissenschaften, der Medizinsoziologie und in bestimmten Randgebieten medizinischer Forschung und Praxis doch an Schranken in Gestalt mangelnder langfristiger finanzieller Absicherung und mangelnder Anerkennung und Ausstattung durch Institutionalisierung. In den Bereichen Forschung und Ausbildung stoßen sie vor allem auf die Ignoranz der Medizin in deren so genannten «harten», prestigereichen Kerndisziplinen (wie Chirurgie und Neurologie; vgl. Schücking 1998; Pringle 1998). Entsprechend kann vom Erreichen gerade des dritten Kriteriums (selbstverständliche Implementation der Perspektive Geschlecht in alle einschlägigen medizinischen Forschungs-, Ausbildungs- und Praxisbereiche) in der BRD noch längst keine Rede sein, obwohl entsprechende Forderungskataloge bereits differenziert entwickelt vorliegen (Schücking 1998, S. 58/59) und obwohl auf WHO-Ebene seit 1995 die wichtigsten thematischen Felder für eine europäische Frauengesundheitsforschung benannt sind (WHO 1995).

Auch in Modellen des schrittweisen Fortschreitens der Frauengesundheitsforschung (in drei Phasen bei Rosser 1993 oder in fünf Phasen bei Maschewsky-Schneider 1994) muss von einer «Glasdecke» gesprochen werden, die dort eingezogen bleibt,
- wo es um die Selbstverständlichkeit einer veränderten, geschlechtergerechten Perspektive auf männliche und weibliche Körper innerhalb der medizinischen Disziplinen geht,
- wo es um die Selbstverständlichkeit eines veränderten forschungspolitischen und methodischen Zugangs zu wissenschaftlichen Untersuchungen des Menschen in seinen zwei geschlechterdifferenten Versionen geht und
- wo es um die damit gebotene natürliche Teilnahme von weiblichen Wissenschaftlern an der Forschung geht.

Die anhaltenden Bemühungen und Aktivitäten von einschlägigen Gesundheitsforscherinnen vor allem aus Medizinsoziologie und aus den Gesundheitswissenschaften sind zwar erstaunlich produktiv, beklagen aber übereinstimmend die anhaltende Marginalisierung durch fehlende dauerhafte Etablierung (Helfferich 1994a+b, 1996; Maschewsky-Schneider 1994; Maschewsky-Schneider et al. 1998). Dabei werden durchaus auch selbstkritische Bilanzen gezogen. So wird der Mangel an *ursächlichen* Nachweisen bestimmter, nur statistisch belegter Zusammenhänge von Krankheitshäufigkeiten und Geschlecht kritisiert (Helfferich 1996, S. 118) oder die Frage diskutiert, ob die Implementation von Frauengesundheitsforschung in die Felder der allgemeinen Gesundheitswissenschaften eher den Bereich Public Health verändern wird oder ob sie nicht vielmehr sich selbst durch diese Implementation verändern oder vereinnahmt werden wird (Helfferich 1994a, S. 24/25).

In der Regel sind sich alle einschlägigen Forscherinnen seit Anfang der Neunzigerjahre in der Benennung folgender Mindestanforderungen an die Grundlagen für eine entwicklungsfähige Frauengesundheitsforschung einig: die selbstverständliche Einbeziehung von weiblichen Menschen in alle Formen klinisch epidemiologischer, pharmakologischer und therapieorientierter Forschung, die Selbstverständlichkeit der verstärkten Berücksichtigung von Frauen in Forschungsdesigns aus Gründen ihrer biologischen Ausstattung oder ihrer sozialen Situation, die Selbstverständlichkeit systematischer geschlechtsvergleichender Forschung (um auch komplexe Interaktionen zwischen biologischen und sozialen Faktoren erfassen zu können) und schließlich die Forderung, «die» Frauen nicht als homogene Gruppe zu betrachten, sondern soziale, ethnische und lebensphasenspezifische Unterschiede angemessen zu berücksichtigen (Rodin/Ickovics 1990).

Die gezogenen Schlussfolgerungen für die eigene künftige Forschungsentwicklung sind durchaus kritisch und selbstreflektiert: Es wird gesehen, dass sich bei der Weiterentwicklung der ursprünglich «einfach» gedachten Emanzipationsmodelle (von Frauen und «krankmachenden» Gesellschaftsbedingungen) zu notwendigerweise komplexer gewordenen Auffassungen (wie z. B. dem «Lebensweisenmodell» geschlechtsspezifischen Umgangs mit Gesundheit und Krankheit) auch Unterschiede *zwischen* verschiedenen Frauengruppen ergeben werden müssen und dass die ursprünglich «einfachen» Verursachungsannahmen von Krankheit differenziert werden müssen durch die Wirkungen unterschiedlicher subjektiver Ressourcen und Umgangsweisen.

4. Weitere Perspektiven

Seit Anfang der Neunzigerjahre scheint die Frauengesundheitsbewegung und -forschung in der BRD keine spektakulären neuen Schlagzeilen mehr zu liefern. Ähnliches wurde auch bezüglich der gesamten zweiten Frauenbewegung schon des Öfteren festgestellt, und oft wurde auch gleich ein «Verschwinden» oder Überflüssigwerden «der» Frauenbewegung samt ihrer Anliegen diagnostiziert. Dass manche Strömungen der Frauenbewegung eine Atempause eingelegt haben – und sie auch brauchen –, bedeutet noch nicht, dass sich das verfolgte Anliegen erledigt hat. Erst recht bedeutet die mangelnde öffentliche Sichtbarkeit von Lila-Latzhosen-Demos und Walpurgisnächten keineswegs, dass der lange Marsch durch die Institutionen nicht betrieben wird. Die Wirksamkeit einer sozialen Bewegung und der von ihr angestoßenen Veränderungen in verschiedenen Bereichen wie Politik, Wissenschaft, Kultur und öffentlichen Diskursen braucht als «Beweis» nicht die ständige mediengerechte Präsenz auf der Straße. Phasen des Bohrens dicker Bretter hat es in den ersten Frauenbewegungen des 19. und 20. Jahrhunderts ebenfalls gegeben. Ute Gerhard (1996) bezeichnet sie treffend als «Windstille», die für die Justierung des Kurses und die Überholung der Takelage fruchtbar gemacht werden kann. Was könnte dies für die Frauengesundheitsforschung bedeuten?

Zunächst scheint wichtig zu sein, dass die momentane «Windstille» nicht fälschlich als die maximal zu erreichende und damit statische Obergrenze für Frauenbeteiligung und Frauenförderung im Gesundheitsbereich begriffen wird. Statische Verhältnisse sind selten ein Naturzustand, sondern normalerweise sind Dinge in Bewegung, nur mit unterschiedlichen Geschwindigkeiten. Wir wissen aus der Frauenforschung, dass die «kritische Masse» für Veränderungen von Institutionen und Disziplinen bei einem Frauenanteil von 30 % liegt. Solange diese Zahl nicht deutlich überschritten wird, sind «automatische» Veränderungen wenig wahrscheinlich, danach aber sehr wohl. Dieser Frauenprozentsatz ist innerhalb der Medizin annähernd erreicht – gute Aussichten also für die nähere Zukunft, *falls* er sich weiter verändert. Solange er auf dem jetzigen Niveau beharrt, sollte die schon mehrmals erwähnte Erkenntnis genutzt werden, dass Veränderungen in der medizinischen Forschungspraxis bisher stets von *außen* kamen, oft nur durch *äußeren* Druck erfolgreich waren, was in diesem Falle hieße: durch Frauengesundheitszentren, Selbsthilfegruppen, Institutionen wie Pro-Familia und Frauenministerien, durch feministische Kritik und Politik, durch Patientinnen und – last not least – durch die in den Nachbardisziplinen Public Health und Medizinsoziologie arbeitenden WissenschaftlerInnen.

Womit wir bereits beim nächsten Punkt sind: Wir wissen aus den Erfahrungen des politischen «Mainstreaming» der Frauenbewegung (Woodward 2001), dass es für fortschreitende und gezielte Erfolge feministischer Politik wichtig ist, die verschiedenen Machtebenen einer Gesellschaft mit ihren unterschiedlichen Frauenanteilen genau zu kalkulieren und gezielt zu nutzen. Wenn sich über den unteren Ebenen der konkreten und zahlreichen Frauenprojekte eine flache Pyramide mit abnehmendem Frauenanteil der höheren Machtebenen aufbaut, kann man diese hinsichtlich des Frauenanteils «verdünnten» Ebenen durchaus gezielt mit benennbaren Erfolgschancen nutzen – von gewerkschaftlichen

Frauengruppen bis hin zu quotenweise auftretenden Ministerinnen. Solche Politikformen sind in der jüngsten Vergangenheit für überfällige feministische Anliegen erfolgreich angewandt worden – gerade auch im Wissenschaftsbereich, so für die Gründung von Frauen-Forschungsinstitutionen, der Einrichtung von Frauenprofessuren (Schmerl 1999, S. 18ff.) und Frauennetzwerken. Dieses Vorgehen hat teilweise auch schon im Sektor Frauengesundheitsforschung gegriffen, und dadurch werden zusätzliche, wenn auch vorerst bescheidene Forschungsgrundlagen schaffen (Nippert 2000).

Ein weiterer für die zwischenbilanzierende Reflexion interessanter Punkt ist der – auch an diesem Handbuch beobachtbare – Übergang von «Frauen»forschung zu «Geschlechter»forschung. Er liefert den Anlass für Feministinnen, wachsam zu bleiben, ob dieser wissenschaftliche Respektierlichkeit und Seriosität signalisierende Begriffstausch tatsächlich zu einer neuen Form von ausgewogener zweiseitiger Geschlechterforschung führen wird, die ihren Namen verdient, oder ob hier Angleichungs- und Enteignungsprozesse in der Forschung von und über Frauen sich einschleichen, die das – in diesem Fall weibliche – Geschlecht wieder zu einer additiven Variable machen, die der wissenschaftlich arrivierte männliche Geschlechterfachmann «mit berücksichtigt», ohne im Geringsten die wissenschaftstheoretischen, methodenkritischen und forschungspolitischen Implikationen der feministischen Kritik zu berücksichtigen (stellvertretend für diese Diskussion Harding 2000; Schmerl/Großmaß 1989; Maynard 1995). Auf jeden Fall erscheint es aufgrund der Erfahrungen der Frauenbewegung wichtig, dass Frauenforscherinnen sich nicht im Elfenbeinturm verschließen, sondern sich als Feministinnen weiter in die *Politik* der Gesundheitsforschung und in die praxisbezogenen Projekte der Frauengesundheitsbewegung einmischen (Helfferich 1994).

Schließlich verpflichten die bisherigen Leistungen der Frauengesundheitsforschung, die nicht nur die Frauen, sondern auch eine interessierte Öffentlichkeit für die gesundheitlichen Auswirkungen von sozialen Verhältnissen sensibilisiert und die die Tabus um die patriarchale Kontrolle des weiblichen Körpers aufgebrochen haben, dazu, einige zentrale Grundlagen dieser ganzen Konstellation nicht aus den Augen zu verlieren, und zwar die Frage von *Gewalt* und von *Kontrolle* – auch in ihrer sublimen und keimfreien Form. Wenn heute in den Ländern der westlichen Welt die unschöne gewalttätige Kontrolle von Frauen, die selbstbestimmt mit ihrem Körper umgehen, zunehmend verschwindet, so sollte dies nicht den Blick dafür versperren, dass diese Entwicklung erst der jüngsten Zeit zu verdanken ist und keineswegs zu der Annahme verführen darf, dass damit alle körperbezogenen Fragen und Probleme für Frauen frei von Fremdkontrolle und Gewalt sind. Schließlich bleiben schwere Körperverletzungen von Frauen durch ihre männlichen Partner nach wie vor ein gesundheitliches Problem, das «nebenbei» hohe Kosten im Gesundheitswesen verursacht (Nippert 2000, S. 55).

Es sieht vielmehr danach aus, als ob bestimmte patriarchale Begehrlichkeiten des Zugriffs auf den reproduktionsfähigen Frauenkörper sich lediglich verlagert hätten. Die Entwicklungen der hochtechnologisierten Reproduktionsmedizin geben wie erwähnt allen Anlass zu der Vermutung, dass hier den Frauen ihr naturgegebener Vorsprung an generativer eigener Potenz unter dem Vorwand von Fürsorge und Qualitätskontrolle endgültig entwunden werden soll. Das wäre endlich die Erfüllung des «Greek dream – to render women superflous».

Aber der besorgte Blick braucht nicht nur in die nahe Zukunft zu schweifen, sondern schon ein synchroner Blick auf die Verhältnisse in vielen Ländern der Dritten Welt lehrt uns, dass Selbstbestimmung für Frauen dort noch lange nicht selbstverständlich ist, sondern dass vielmehr eine Kombination von direkter mit indirekter Gewalt beobachtet werden kann: Hunderte Millionen Paare in den Entwicklungsländern möchten kein weiteres Kind, haben aber keinen Zugang zu Verhütungsmitteln (Potts 2000). In China und Indien werden pro Jahr bis zu einem Fünftel mehr Jungen als Mädchen geboren – Folgen einer patriarchalen Familienpolitik, die weibliche Föten gezielt abtreibt bzw. Mädchen verhungern lässt (Maass 2001); in China sind im Rahmen der Einkind-Politik Zwangsabtreibungen an Frauen im achten Monat an der Tagesordnung. In Afghanistan wurden

Frauen von patriarchalen Gotteskriegern nicht nur von Bildung und bezahlter Arbeit ausgeschlossen, sondern auch von jeder (!) medizinischen Versorgung – ein Zustand, der westliche Politiker erst im Kombipack mit der Zerstörung steinerner Denkmäler zu Reaktionen animierte.

Schließlich – um noch einmal darauf zurückzukommen – sollte unsere eigene kulturelle Vergangenheit für die Gewaltfrage nicht völlig aus dem Gedächtnis geraten:

Man stelle sich eine 400 Jahre währende heilige Inquisition einer frauenbündischen, mutterrechtlichen Religion vor, die die Zeugungsfähigkeit der Männer unter ihre Kontrolle bringen will, dazu eine Million männlicher Heilkundiger verbrennt und nebenbei das gesamte medizinische Wissen dieser weisen Alten auslöscht und sukzessive durch eine weibliche Ärzte-Priesterschaft ersetzt, deren Unkenntnis und Experimentierwut zuerst die untersuchten Männer scharenweise durch willkürliche und unsachgemäße genitale Manipulationen sterben lässt, um sich dann im Laufe eines weiteren Jahrhunderts durch fortgesetzte Anatomie- und Physiologiestudien einiges Wissen zu erarbeiten. Von diesem werden alle Männer eifersüchtig fern gehalten, bis nach einem weiteren Jahrhundert endlich ein technologisch hochgerüstetes andrologisches Wissen von den Medizinerinnen beherrscht wird, das sie komplizierteste Penis-, Prostata- und Hodenoperationen einschließlich Samenkonservierung und Keimzellenqualitätschecks erfolgreich durchführen lässt. Männern wird klargemacht, dass das alles nur zu ihrem eigenen Besten ist, dem Wohl ihrer körperlichen und sexuellen Attraktivität für Frauen dient und besonders für die Qualität ihres potenziellen Nachwuchses unabdingbar sei. Überhaupt sei es am günstigsten, wenn man einen Teil dieser hochgradig gefährdeten Organe – z. B. Prostata und Hoden – bereits im jugendlichen Alter prophylaktisch entferne und Letztere lediglich im Falle erwünschter extrakorporaler Zeugung in Stickstoffeis kryokonserviere und für die sexuelle Standfestigkeit durch subkutan gespritzte Chemie-Depots sorge.

Wäre das ein gewaltförmiger Umgang mit der männlichen Version der Spezies Mensch, wenn diese Männer ihrerseits völlig überzeugt von den medizinischen Errungenschaften der Frauen im Dienste der ach so gefährdeten männlichen Gesundheit wären? Warum kommt uns die platte Umkehrung unserer heutigen Verhältnisse abstrus vor, die Realität aber nicht?

Das Gedankenspiel der Umkehrung wurde von Feministinnen schon relativ früh entwickelt, um die tatsächliche Harmlosigkeit von gewohnten Normalitäten zu überprüfen, und es kann zu verblüffenden Einsichten führen – z. B. zum Erkennen von Willkür und Gewalt dort, wo man sie gemeinhin nicht wahrnimmt. Das funktioniert natürlich auch *zwischen* den Kulturen: Die Genitalverstümmelung eines Mädchens ist für Angehörige westlicher Nationen ganz offensichtlich Gewalt und kein bloß kosmetischer oder hygienischer Eingriff – für die weiblichen Mitglieder der entsprechenden Kultur kann dies erst dann als Gewalt wahrgenommen und benannt werden, wenn sie von außerhalb ihrer Kultur mit der Existenz anderer Maßstäbe konfrontiert werden.

Dies aber führt uns zum Ausgangspunkt unserer Betrachtungen zurück: Das Gemeinsame an den scheinbar so weit auseinander liegenden Beispielen weiblicher Gesundheitserfahrungen (Hormonsubstituion und Genitalverstümmelung) ist nicht nur die Gewalt in ihrer mal subtilen und mal offenen Form gegen die Frauen patriarchaler Gesellschaften, sondern das Gemeinsame dieser beiden konkreten Berichte ist zusätzlich die Tatsache, dass in beiden Gesellschaften die Frauen sich dieser Gewalt *widersetzten* – in einem Fall durch Informationen und Zweifel, im anderen Fall durch Flucht und Solidarität. Da die beiden konkreten Beispiele außerdem die direkten Spätfolgen einer seit 30 Jahren weltweit unterschiedlich virulenten Frauenbewegung und Frauengesundheitsbewegung sind, stellen auch diese beiden Exempel ermutigende Beweise für das Ausmaß an positiven Veränderungen dar, das durch die Aneignung von Wissen und von selbstbestimmten Maßstäben für Frauen möglich ist. In diesem Sinne ist es «riskant», Frauen Informationen, Wissen und Gedankenspiele zuzugestehen: Frauen werden dann leicht, anders als ursprünglich gedacht, zu wandelnden Risiken für patriarchale Strukturen – auch für die des Gesundheitssystems.

Literatur

Antonovsky, A.(1997). *Salutogenese*. Tübingen (Original 1987).

Belle, D. (1990a). «Der Stress des Versorgens: Frauen als Spenderinnen sozialer Unterstützung». In: Schmerl, C., Nestmann, F. (Hrsg.). *Ist Geben seliger als Nehmen? Frauen und Social Support*. Frankfurt/M., S. 36–52.

Belle, D. (1990b). «Frauen und Kinder in Armut – Soziale Einbindung, soziale Unterstützung». In: Schmerl, C., Nestmann, F. (Hrsg.). *Ist Geben seliger als Nehmen? Frauen und Social Support*. Frankfurt/M., S. 128–144.

Bischoff, C. (1997). *Frauen in der Krankenpflege. Zur Entwicklung von Frauenrolle und Frauenberufstätigkeit im 19. und 20. Jahrhundert*. 3. Aufl. Frankfurt/M.

Bochnik, P. (1985). *Die mächtigen Diener. Die Medizin und die Entwicklung von Frauenfeindlichkeit und Antisemitismus in der europäischen Geschichte*. Reinbek.

Bock, U., Schmerl, C. (1979). «Zum Verständnis ‹feministischer› Therapiegruppen». *Psychologie und Gesellschaftskritik*, 3, Heft 9/10, S. 128–152.

Böhm, N. (1987). «Frauen – das kranke Geschlecht? Zur Epidemiologie psychischer Erkrankungen bei Frauen». In: Rommelspacher, B. (Hrsg.). *Weibliche Beziehungsmuster. Psychologie und Therapie von Frauen*. Frankfurt/M., S. 71–101.

Broverman, I., Broverman, D., Clarkson, F., Rosenkrantz, P., Vogel, S.(1970). «Sex-role stereotypes and clinical judgements of mental health». *Journal of Consulting and Clinical Psychology*, 34, S. 1–7.

Brown, G., Bhrolchain, M., Harris, T. (1975). «Social class and psychiatric disturbance among women in an urban population». *Sociology*, 9, S. 225–254.

Chesler, Ph. (1977). *Frauen – das verrückte Geschlecht?* Reinbek.

De Jong, F. (1998). «Der weibliche Körper als Experimentierfeld. Wie frauenfeindlich ist die Reproduktionsmedizin?» *Psychologie Heute Compact*, 2, S. 84–87.

Franke, A. (1985). «Die Gesundheit der Männer ist das Glück der Frauen». In: Franke, A., Jost, I. (Hrsg.). *Das Gleiche ist nicht dasselbe. Zur subkutanen Diskriminierung von Frauen*. Tübingen, S. 9–31.

Franke, A. (1997). «Zum Stand der konzeptionellen und empirischen Entwicklung des Salutogenesekonzepts». In: Antonovsky, A.: *Salutogenese*. Tübingen, S. 169–190.

Franke, A. (1998). «Sie ist Frau und trotzdem von guter Gesundheit». Praxis der klinischen Verhaltensmedizin und Rehabilitation, 43, S. 6–11.

Franke, A., Elsesser, K., Sitzler, F., Algermissen, G., Kötter, S. (1998). *Gesundheit und Abhängigkeit bei Frauen: eine salutogenetische Verlaufsstudie*. Cloppenburg.

Freytag, G. (1992). «Grundlagen der feministischen Therapie». In: Bilden, H. (Hrsg.). *Das Frauentherapie-Handbuch*. München, S. 11–35.

Frevert, U. (1982). «Frauen und Ärzte im späten 18. und frühen 19. Jahrhundert – zur Sozialgeschichte eines Gewaltverhältnisses». In: Kuhn, A., Rüsen, J. (Hrsg.). *Frauen in der Geschichte*, II, Düsseldorf, S. 177–210.

Gallant, S., Coons, H., Morokoff, P. (1994). «Psychology and women's health: Some reflections and future directions». In: Adesso, V., Reddy, D., Fleming, R. (Hrsg.). *Psychological perspectives in women's health*. Washington, S. 315–345.

Gerhard, U. (1996). *Unerhört. Die Geschichte der deutschen Frauenbewegung*. Reinbek.

Gove, W. (1972). «The relationship between sex roles, marital status, and mental illness». *Social Forces*, 51, S. 34–44.

Gove, W., Tudor, J. (1973). «Adult sex roles and mental illness». *American Journal of Sociology*, 77, S. 812–835.

Grunow-Lutter, V. (1991). «Frauen und Gesundheitsselbsthilfe in der Familie». In: Nestmann, F., Schmerl, C. (Hrsg.). *Frauen – das hilfreiche Geschlecht*. Reinbek, S. 151–170.

Hammes, M. (1977). *Hexenwahn und Hexenprozesse*. Frankfurt/M.

Harding, S. (2000). «Die notwendige Erweiterung des Spektrums. Eine Zwischenbilanz feministischer Kritik an Naturwissenschaften und Technik». *Frankfurter Rundschau*, 10.10.2000.

Haring-Hidore, M.; Stock, W., Okun, M., Witter, R. (1985). «Marital status and well-being: A subjective synthesis». *Journal of Marriage and the Family*, 47, S. 947–954.

Heinsohn, G., Steiger, O. (1985). *Die Vernichtung der weisen Frauen*. Herbstein.

Helfferich, C. (1989). «Mädchen, Mädchen. Die ‹Entdeckung der Mädchen› und ihrer ‹besonderen Gefährdung› in der Gesundheitsforschung». *Verhaltenstherapie & psychosoziale Praxis*, 21, 1, S. 19–38.

Helfferich, C. (1994a). «Frauengesundheitsforschung in der BRD». In: Helfferich, C., v. Troschke, J. (Hrsg.). *Der Beitrag der Frauengesundheitsforschung zu den Gesundheitswissenschaften/Public Health in Deutschland*. Freiburg, S. 16–26.

Helfferich, C. (1994b). «Ergebnisse der Diskussion ‹Frauen und Gesundheitswissenschaften – Bilanz und Perspektiven für die Forschung›. Kommentar zur Agenda». In: Helfferich, C., v. Troschke, J. (Hrsg.). *Der Beitrag der Frauengesundheitsforschung zu den Gesundheitswissenschaften/Public Health in Deutschland*. Freiburg, S. 75–79.

Helfferich, C. (1996). «Perspektiven der Frauengesundheitsforschung in Deutschland». In: Maschewsky-Schneider, U. (Hrsg.). *Frauen – das kranke Geschlecht?* Opladen, S. 113–130.

Illich, I. (1975; 1995). *Die Nemesis der Medizin: die Kritik der Medikalisierung des Lebens.* 4. Aufl. München.

Kaplan, S.; Sullivan, L.; Spetter, D.; Dukes, K.; Kahn, A., Greenfield, S. (1996). «Gender patterns of physician-patient communication». In: Falik, M., Scott, K. (Hrsg.). *Women's health.* Baltimore, S. 76–96.

Keupp, H. (1972). *Der Krankheitsmythos in der Psychopathologie.* München.

Kickbusch, I. (1981). «Die Frauengesundheitsbewegung – ein Forschungsgegenstand?» In: Schneider, U. (Hrsg.). *Was macht Frauen krank? Ansätze zu einer frauenspezifischen Gesundheitsforschung.* Frankfurt/M., S. 193–203.

Kolip, P. (1994). «Wen hält die Ehe gesund? Der Einfluss von Geschlecht und Familienstand auf Lebenserwartung und Sterblichkeit». *Jahrbuch für kritische Medizin,* 24, Berlin, S. 48–61.

Kolip, P. (1998). «Familie und Gesundheit». In: Hurrelmann, K., Laaser, U. (Hrsg.). *Handbuch Gesundheitswissenschaften.* Weinheim, S. 497–518.

Kolip, P. (2000). «Frauenleben in Ärztehand. Die Medikalisierung weiblicher Umbruchphasen». In: Kolip, P. (Hrsg.). *Weiblichkeit ist keine Krankheit.* München, S. 9–30.

Krause-Girth, C. (1989). «Frauen, Medizin und Gesundheit». In: Jordan, J., Krause-Girth, C. (Hrsg.). *Frankfurter Beiträge zur psychosozialen Medizin.* Frankfurt/M., S. 86–104.

Lennon, M., Rosenfield, S. (1992). «Women and mental health: The interaction of work and family conditions». *Journal of Health and Social Behavior,* 33, S. 316–327.

Link, C. (2000). «Durch Flucht retten sich zwei Mädchen vor sexueller Verstümmelung. Richter in Kenia verbietet in wegweisendem Urteil Beschneidung der Geflohenen». *Frankfurter Rundschau,* 16.12.2000.

Maass, H. (2001). «Jeder fünfte Mensch ist ein Chinese». *Frankfurter Rundschau,* 29.3.2001.

Maschewsky-Schneider, U. (1994). «Epidemiologische Grundlagen der Frauengesundheitsforschung in den Public Health Wissenschaften – ein Beispiel aus den USA und Perspektiven für die Bundesrepublik». In: Helfferich, C., v. Troschke, J. (Hrsg.). *Der Beitrag der Frauengesundheitsforschung zu den Gesundheitswissenschaften/Public Health in Deutschland.* Freiburg, S. 59–74.

Maschewsky-Schneider, U., Babitsch, B., Ducki, A. (1998). «Geschlecht und Gesundheit». In: Hurrelmann, K., Laaser, U. (Hrsg.). *Handbuch Gesundheitswissenschaften.* Weinheim, S. 357–370.

Maynard, M. (1995). «Das Verschwinden der ‹Frau›. Geschlecht und Hierarchie in feministischen und sozialwissenschaftlichen Diskursen». In: Armbruster, A. et al. (Hrsg.). *Neue Horizonte? Sozialwissenschaftliche Forschung über Geschlechterverhältnisse.* Opladen, S. 23–39.

McBride, A. (1976). *Das normalverrückte Dasein als Hausfrau und Mutter. Befreiung von der Mutter-Ideologie.* Reinbek.

Metzner, M. (1993). «‹Große Lösungen für große Probleme›. In den USA wird eine medizinische Langzeitstudie mit Frauen durchgeführt». *Frankfurter Rundschau,* 6.11.1993.

Nestmann, F., Schmerl, C. (1990). «Das Geschlechterparadox in der Social-Support-Forschung». In: Schmerl, C., Nestmann, F. (Hrsg.). *Ist Geben seliger als Nehmen? Frauen und Social Support.* Frankfurt/M., S. 7–35.

Nippert, I. (2000). «Frauengesundheitsforschung und ‹gender based medicine›». In: Cottmann, A.; Kortendiek, B., Schildmann, U. (Hrsg.). *Das undisziplinierte Geschlecht.* Opladen, S. 51–67.

Pahl, E. (1991). «Wie kommen Frauen in die Psychiatrie?» In: Hoffmann, D. (Hrsg.). *Frauen in der Psychiatrie – oder wie männlich ist die Psychiatrie?* Bonn, S. 16–25.

Potts, M. (2000). «Der ungedeckte Bedarf an Familienplanung». *Spektrum der Wissenschaft,* 4, S. 68–73.

Pringle, R. (1998). *Sex and medicine. Gender, power and authority in the medical profession.* Cambridge.

Radloff, L. (1975). «Sex differences in depression. The effects of occupation and marital status». *Sex Roles,* 1, S. 249–265.

Rodin, J., Ickovics, J. (1990). «Women's health: Review and research agenda as we approach the 21st century». *American Psychologist,* 45, S. 1018–1034.

Rosenfield, S. (1999). «Gender and mental health: Do women have more psychopathology, men more, or both the same (and why)?» In: Horwitz, A., Scheid, T. (Hrsg.). *A handbook for the study of mental health.* Cambridge, S. 348–360.

Rosser, S. (1993). «A model for a speciality in women's health». *Journal of Women's Health,* 2, S. 222–224.

Schaps, R. (1982; 1992). *Hysterie und Weiblichkeit.* Neuausgabe Frankfurt/M.

Schmerl, C. (1978). «Sozialisation und Krankheit». In: Schmerl, C.: *Sozialisation und Persönlichkeit. Zentrale Beispiele zur Soziogenese menschlichen Verhaltens.* Stuttgart, S. 165–192.

Schmerl, C. (1999). «Sisters in Crime? – Sisters in Science!» In: Dausien, B. et al. (Hrsg.). *Erkenntnisprojekt Geschlecht. Feministische Perspektiven verwandeln Wissenschaft.* Opladen, S. 7–25.

Schmerl, C., Großmaß, R. (1989). «‹Nur im Streit wird die Wahrheit geboren ...› Gedanken zu einer prozessbezogenen feministischen Methodologie». In: Großmaß, R., Schmerl, C. (Hrsg.) *Feministischer Kompass, patriarchales Gepäck. Kritik konservativer*

Anteile in neueren feministischen Theorien. Frankfurt/M., S. 247–285.
Schücking, B. (1998). «Frauenforschung und Medizin». In: GesundheitsAkademie/Landesinstitut für Schule und Weiterbildung NRW (Hrsg.): *Die Gesundheit der Männer ist das Glück der Frauen? Chancen und Grenzen geschlechtsspezifischer Gesundheitsarbeit.* Frankfurt/M., S. 41–62.
Sieber, U. (2000). «AOK warnt vor Krebsrisiko durch Hormone. Kasse zweifelt am Nutzen der Präparate für Wechseljahrsbeschwerden bei Frauen». *Frankfurter Rundschau*, 16.12.2000.
Sieverding, M. (1999). «Weiblichkeit – Männlichkeit und psychische Gesundheit». In: Brähler, E., Felder, H. (Hrsg.). *Weiblichkeit, Männlichkeit und Gesundheit.* 2. Aufl. Opladen, S. 31–57.
Szasz, Th. (1976). *Die Fabrikation des Wahnsinns.* Frankfurt/M.
Trojan, A. (1986). *Wissen ist Macht. Eigenständig durch Selbsthilfe in Gruppen.* Frankfurt/M.
Vogt, I. (1983). «Frauen als Objekte der Medizin: Das Frauensyndrom». *Leviathan*, 11, S. 161–199.
Vogt, I. (1991). «Frauen und psychische Störungen». In: Hörmann, G., Körner, W. (Hrsg.). *Klinische Psychologie.* Reinbek, S. 280–301.
Wagner, A. (1973). «Bewusstseinsveränderung durch Emanzipations-Gesprächsgruppen». In: Schmidt, H.; Schmerl, C. et al. (Hrsg.). *Frauenfeindlichkeit. Sozialpsychologische Aspekte der Misogynie.* München, S. 143–149.
Wagner, A. (1992). «Wirkungsgeschichte und Dokumentation eines Selbstbehauptungstrainingsprogramms für Frauen». Gruppendynamik. Zeitschrift für angewandte Sozialpsychologie, 23, 1, S. 7-28
Wagner, W. (2001). «Wenn der Chefarzt bei der Visite Flussnamen abfragt. Viele Mediziner in Krankenhäusern fühlen sich gemobbt». *Frankfurter Rundschau*, 29.3.2001.
Woodward, A. (2001). «Mainstreaming in Europe: Innovation or deception? The role of local and international femocrats in policy innovation». Vortrag am 13.2.2001 im Interdisziplinären Frauenforschungs-Kolloquium der Universität Bielefeld.
World Health Organization (1995). *Investing in women's health: Central and Eastern Europe.* WHO European Series, 55.

Der Mann als Täter und Opfer
Die Erkenntnisleistung der Männerforschung für den Kontext von Gesundheit und Krankheit

Walter Hollstein

Das soziale Individuum ist als Untersuchungsobjekt der Wissenschaften über lange Jahrhunderte nicht als geschlechtliches Wesen konzipiert worden. Dementsprechend blieben Mann-Sein und Männlichkeit bis vor kurzem unproblematisiert und auch unbefragt. Johann Wolfgang von Goethe formulierte in seinem Drama «Egmont» stellvertretend für die Vorzeit der Geschlechterfrage: «Welch Glück sondergleichen, ein Mannsbild zu sein». Dieses stolze Wort machten sich auch Sozial- und Naturwissenschaftler zu Eigen und halfen mit, das traditionelle Bild vom «starken Geschlecht» zu stilisieren; gleichzeitig werteten sie das weibliche Geschlecht als «schwach» ab und diskriminierten es vielfach.

Kurz nach der Wende vom 19. zum 20. Jahrhundert notierte der große Berliner Soziologe Georg Simmel, dass die Objektivität des theoretischen Erkennens zwar ihrer Form und ihrem Anspruch nach allgemein menschlich, aber in ihrer tatsächlichen historischen Gestaltung durchaus männlich sei. Im geschichtlichen Leben unserer Gattung gelte, dass objektiv gleich männlich sei.

Simmel machte auch die fortschreitende Differenzierung der Welt als männlich aus:

> Die Spezialisierung, die unsere Berufe und unsere Kultur überhaupt charakterisiert, ist ganz und gar männlichen Wesens. Denn sie ist keineswegs etwas bloß Äußerliches, sondern ist nur möglich durch die tiefste psychologische Eigenart des männlichen Geistes: sich zu einer ganz einseitigen Leistung zuzuspitzen, die von der Gesamtpersönlichkeit differenziert ist, so dass das sachlich-spezialistische Tun und die subjektive Persönlichkeit jedes gleichsam ein Leben für sich leben. (Simmel 1985, S. 162)

Doch Simmel war ein Querdenker. Das Gros seiner männlichen Kollegen war weder damals noch später bereit, Wissenschaften, Denkmuster und Lebenswelten als Erscheinungsformen zu reflektieren, die nicht nur von ihrer personellen Besetzung her, sondern vornehmlich auch in ihrer historisch gewachsenen Gestalt männlichkeitsgeprägt sind.

1. Die Bedeutung von Männerforschung

Wissenschaftliche Untersuchungen basieren auf differenzierenden Begriffen wie Zeit, Raum, Kultur, Klasse, Schicht, Alter und – neuerdings – Lebenswelten; aber das Geschlecht als im Grunde ältestes Unterscheidungsmerkmal der Menschen fehlt als Kategorie und Erklärungsmuster. Das gilt interessanterweise auch für so grundlegende gesellschaftswissenschaftliche Entwürfe, wie sie in den letzten Jahrzehnten Parsons, Merton, Luhmann oder Habermas vorgelegt haben. Dementsprechend nimmt bislang auch praktisch kein sozialwissenschaftliches oder soziologisches Lexikon – bei aller, oft irrelevanter Vielfalt – das Geschlecht als Begrifflichkeit zur Kenntnis.

Diesen Tatbestand gewissermaßen flächendeckend zu benennen und anzuprangern, blieb der Frauenbewegung der späten Sechzigerjahre des vorigen Jahrhunderts vorbehalten. Wie fruchtbar die Arbeit sein kann, geschlechtsspezifisch zu denken, hat die Frauenforschung mittlerweile zureichend gezeigt, indem ihr etwa der Nachweis gelungen ist, wie unterschiedlich Weltbegreifen, Moral und Sprache der Geschlechter sind. Ein vorzügliches Beispiel für diesen Ansatz ist die Untersuchung der amerikanischen Wissenschaftshistorikerin Carolyn Merchant, in der sie die Verschiedenheit weiblichen und männlichen Naturverständnisses belegt und subtil aufzeigt, wie sich die instrumentelle Haltung der Männer gegenüber der natürlichen Umwelt historisch durchsetzt und damit auch das Schicksal der Frauen affiziert (Merchant 1987).

Die geschichtlich geronnene Verfestigung männlicher Sichtweisen und Herrschaftsansprüche wird als «androzentrisch» bezeichnet, das will heißen: auf den Mann bezogen, auf den Mann als Mittelpunkt der Welt, vom Mann ausgehend auf alles andere schließend. Die Kritik in Sonderheit des Feminismus an diesem Tatbestand ist mit Sicherheit berechtigt. Allerdings übersieht sie ein zentrales Moment, das dann später auch zum entscheidenden Konstitutionsmerkmal von Männerforschung wird. Das soziale Individuum in der männlich dominierten Welt von Politik, Wirtschaft und Forschung ist im Handeln zwar maskulin, aber in der Konstruktion von Prämissen oder Reflektion geschlechtsneutral.

Sicher haben Männer der Geschichte ihren Stempel von Macht und den Wissenschaften ihren Blickwinkel oktroyiert, doch das impliziert mitnichten, dass sich Männer selbst aus ihm wahrgenommen hätten. Präziser: Männer setzten ihr Handeln zwar als allgemeingültige Norm, aber nicht im Bewusstsein, dies als Männer zu tun. In seinem Aufsatz «The Case for Men's Studies» konstatiert der amerikanische Männerforscher Harry Brod demgemäß:

> Die Übergeneralisierung der männlichen Erfahrung als allgemein menschliche verzerrt nicht nur unser Verständnis von dem, was – falls überhaupt – allgemein menschlich ist, sondern verhindert auch die Analyse von Männlichkeit als eines spezifisch männlichen Lebens. (Brod 1987, S. 40)

Männer verallgemeinern sich also auf eine «unbewusste» Art und Weise, die nicht nur den Frauen schadet, sondern auch den Männern selbst, weil sie so ihren Taten und deren Folgen nicht bewusst gegenüberzutreten in der Lage sind. Das Subjekt «Mann» objektiviert sich damit quasi historisch und erscheint als Neutrum, das es faktisch aber nicht ist. Doch diese Faktizität bleibt kognitiv und psychologisch auch dem Manne selbst verborgen.

Dergestalt ergibt sich die Aufgabenzuweisung an die Männerforschung nahezu von selbst: Sie hat männliches Handeln als eigentlich männlich zu denken, dessen historische Folgen kritisch aufzuarbeiten und soziale Utopien für qualitativ andere Geschlechterverhältnisse zu entwerfen.

> Die allgemeinste Definition von Männerforschung («Men's Studies») lautet, dass sie die Analyse der Ausformungen von Männlichkeit und männlichen Erfahrungen als spezifische und sich soziohistorisch verändernde Gestaltung («formation») ist. (Brod 1987, S. 40)

1.1 Ansätze von Männerforschung

Im deutschsprachigen Raum wird Männerforschung nahezu ausschließlich als sozialwissenschaftliche rezipiert. Dementsprechend findet auch keine substanzielle Auseinandersetzung mit anderen Ansätzen statt, so wie das zum Beispiel im anglo-amerikanischen Sprachraum einigermaßen systematisch geschieht (Doyle 1989; Edley/Wetherell 1995; Seidler 1994).

Unterschieden werden können folgende Ansätze von Männerforschung:
- Der biologische und der soziobiologische Ansatz. Dabei werden Charakteristika und zum Teil Konstanten von Männlichkeit aus Naturgeschichte und -ausstattung der Geschlechter abgeleitet.
- Der kulturhistorische Ansatz. Dabei wird die Ausformung von Männlichkeit aus der Interaktion der Geschlechter verstanden und in Sonderheit mit der Entstehung und Entwicklung des Patriarchats erklärt.
- Der soziologische Ansatz. Dabei wird Männlichkeit aus der jeweils gegebenen Gesellschaftsstruktur und den je konnektiven Rollenerwartungen expliziert.
- Der psychoanalytische Ansatz. Dabei wird

Männlichkeit an der Genese psychischer Strukturen und der damit verbundenen Triebkonflikte verdeutlicht.

Im deutschsprachigen Raum dominiert eindeutig das Verständnis von Männlichkeit als soziale Konstruktion, was nahezu durchgängig und vielfach aufgrund naiver Arroganz eine kritische Auseinandersetzung mit anderen Theoremen verhindert.

Vorhandene Ansätze zu einer soziologischen Konzeptualisierung von Geschlecht lassen sich danach unterscheiden, ob sie den Aspekt der sozialen Ungleichheit im Geschlechterverhältnis betonen oder ob sie die situierte Darstellung der Geschlechterdifferenz im alltäglichen Handeln fokussieren. Die erste Perspektive entspricht einer sozialstrukturellen Betrachtung, die zweite einer interaktionistischen. (Meuser 1998, S. 105)

Vorherrschend in der deutschsprachigen Männertheorie und noch deutlicher in der Männerpraxis ist aber nach wie vor der rollentheoretische Ansatz, der das soziale Handeln seiner Träger aus der gesellschaftlichen Erwartungshaltung erklärt. Zunehmend zeigen sich Ansätze, die versuchen, spezifische Männlichkeit und Gesellschaftsstruktur in ein einziges Bedingungsgefüge zu integrieren. Auch das vollzieht sich aber noch primär im anglo-amerikanischen Sprachraum (Doyle 1989; Seidler 1994; Connell 1999). Eine weitere neuere Tendenz ist, Männerforschung zur Geschlechterforschung zu erweitern (siehe hierzu den Abschnitt: «Männerpraxis»).

Männerforschung ist im deutschsprachigen Raum nur rudimentär ausgebildet. Das gilt nicht nur für die institutionalisierte Forschung und Lehre, sondern auch für die Bearbeitung fundamentaler Themenbereiche von Männlichkeit, wobei das eine häufig das andere bedingt. So gibt es im deutschsprachigen Raum weder eine systematische Darstellung der männlichen Lebenswelten noch eine grundlegende Analyse männlicher Sozialisation. Die einzige Einführung in die Männerforschung speist sich vornehmlich aus übersetzten Texten aus dem anglo-amerikanische Sprachgebiet (BauSteineMänner 1996). Das einzige Handbuch zur Männerfrage ist ausgesprochen therapiezentriert (Brandes/Bullinger 1996). Nur eine Darstellung liefert bisher eine Zusammenschau der wichtigsten Themen und Ergebnisse von Männerforschung (Bründel/Hurrelmann 1999). Im Gegensatz zum anglo-amerikanischen Raum gibt es im deutschsprachigen auch praktisch keine Versuche, die die Erkenntnisse der Männerforschung für die Praxis handhabbar machen würden (Hollstein 2001).

Dass sich an dieser desolaten Lage der Männerforschung im deutschsprachigen Raum in absehbarer Zeit etwas ändern könnte, erscheint unwahrscheinlich angesichts des Tatbestandes, dass Männerforschung nach wie vor keine Lobby besitzt, die die Aktualität ihrer Anliegen vertritt.

1.2 Frauenforschung und Männerforschung

Historisch ist sicherlich die Feststellung richtig, dass Männerforschung als Reflex auf die Frauenforschung entstanden ist. Ohne Frauenforschung gäbe es heute wohl kaum eine Männerforschung. Auf wichtige Resultate der Frauenforschung kann sich Männerforschung einigermaßen problemlos beziehen; das gilt in Sonderheit für die Analyse der männlichen Machtstrukturen, die Darstellung des Geschlechter- und Verteilungskampfes, die Problematisierung der männlichen Gewalt, der sexuellen Übergriffe, des Kindesmissbrauchs und der Pornografie (Lorber 1999).

Feministinnen der ersten Generation ziehen daraus nicht selten den Schluss, dass Frauenforschung schon immer Männerforschung gewesen sei und von daher eine eigene, von Männern betriebene Männerforschung sich im Grunde genommen erübrige; dementsprechend wird der bloße Begriff der (männlichen) Männerforschung polemisch in Anführungszeichen gesetzt, so wie es die kalten Krieger einst mit der DDR handhabten (Müller 2000). Eine solche Sichtweise ist nicht nur überheblich, sondern auch falsch. Die Männerforschung, so viel sie auch der Frauenforschung schuldet, hat sich neue Themen erarbeitet und andere Sichtweisen auf den Forschungsgegenstand «Mann» entwickelt.

Auch in der theoretischen Diskussion scheint es häufig, als ob Männerforschung erst bearbeiten müsse, was in der feministischen Diskussion schon ein bis zwei Jahrzehnte vorher aktuell war. Es zeigt sich jedoch auch, dass der Selbstverständigungsprozess von Männern mehr ist als nur eine Aufarbeitung feministischer Fragestellungen. Da der Ort, von dem aus geforscht wird, ein anderer ist, kommt Männerforschung zu anderen Analysen und Ergebnissen. (Walter 1996, S. 14)

Im hier vorgegebenen Kontext von geschlechtsspezifischer Gesundheit und Krankheit betrifft dies vor allem die Erkenntnis, dass die sozial konzipierte Männlichkeit mit ihren spezifischen Rollenerwartungen nicht nur Privilegien von Macht und Verfügungsgewalt schafft, sondern – durchaus dialektisch verbunden – auch einen beträchtlichen Anteil an menschlichen Einbußen, Defiziten und an Leidenspotenzial (Hollstein 1988; Lenz 2000).

2. Täter und Opfer, Täter-Opfer

Der Feminismus und die mit ihm verbundene Frauenforschung haben den Täter-Aspekt der männlichen Rolle herausgearbeitet: Männer usurpieren Macht, unterdrücken Frauen und Kinder, zerstören die Natur, üben Gewalt aus u. a. (Brück 1992). Als Antwort auf die Frauenforschung hat sich die Männerforschung konstituiert. Sie widerspricht der feministischen Täter-Analyse nicht grundsätzlich, ergänzt diese aber um einen wichtigen Opfer-Aspekt. Demzufolge bedeutet Männlichkeit, wie sie traditionellerweise verstanden wird, generell eine Einschränkung von bestimmten Lebensmöglichkeiten und -perspektiven; das gilt selbst für die Täter-Realität an sich.

> Männer [...] leben ‹über ihre Verhältnisse› und nutzen weder ihre emotionalen Ressourcen noch achten sie auf ihre Körpersignale. Deswegen wird es höchste Zeit, dass Männer ihren bisherigen Lebensstil, vor allem ihre einseitige Fixierung auf die Erwerbsarbeit, überdenken und eine Neudefinition ihrer Geschlechtsrolle vornehmen. (Bründel/Hurrelmann 1999, S. 8)

Die schwierige Verschränkung männlicher Wirklichkeit von Täter- und Opferaspekten, wie sie die Männerforschung behauptet und inzwischen auch überzeugend belegt, wird zunehmend von jüngeren Feministinnen respektiert (Faludi 2001), von älteren allerdings häufig noch immer vehement bestritten und überdies diffamiert (Müller 2000). Auffällig ist generell, dass zum Beispiel im anglo-amerikanischen Feminismus – bei allem kämpferischen Impetus – weitaus mehr Empathie für die Ambivalenzen von Männlichkeit aufgebracht wird, als dies im deutschsprachigen Raum der Fall ist (Faludi 2001).

Traditionelle Männlichkeit besteht aus Leistung, Härte, Distanz, Konkurrenz, Kampf und kontrollierter Emotion. James M. O'Neil, der in den USA hunderte von Untersuchungen über den männlichen Sozialisationsprozess zusammengefasst hat, kommt zu dem Ergebnis, dass Buben sozialisiert werden, um primär wettbewerbsbetont, leistungsorientiert und sachkompetent zu sein. Dementsprechend glauben erwachsene Männer im Gegensatz zu Frauen, dass persönliches Glück und Sicherheit exklusiv von harter Arbeit, Erfolg und Leistung abhängig sind (O'Neil 1982). Bereits achtjährige Jungen haben – laut O'Neil – diese Maxime verinnerlicht; sie wissen, dass sie kämpfen müssen, sich anstrengen und dass sie nicht schwach und passiv sein dürfen, wenn sie Männer werden wollen, die sie ja werden müssen (O'Neil 1982; Pollack 1998).

Robert Brannon hat die Erwartungen an traditionelles Mann-Sein in besonders plastischer Form benannt:
- Der Junge und spätere Mann muss in seiner Sozialisation alles vermeiden, was den Anschein des Mädchenhaften hat. Demgemäß muss er seine weichen und weiblichen Anteile abspalten; seine männliche Identität erreicht er nur in deutlicher Opposition zum anderen, weiblichen Geschlecht («no sissy stuff»).
- Der Junge und spätere Mann muss sich lebenslang um Erfolgserlebnisse bemühen. Erfolg garantiert nicht nur Position und Statussymbole, sondern sichert generell die Männlichkeit. Nur wer Erfolg hat, ist ein richtiger Mann. Der Weg zum Erfolg führt ausschließlich über Leistung, Konkurrenz und Kampf («the big wheel»).

- Der Junge und spätere Mann muss wie eine Eiche im Leben verwurzelt sein. Er muss jedem Sturm trotzen, hart, zäh und unerschütterlich sein («the sturdy oak»).
- Der Junge und spätere Mann wagt alles, setzt sich frag- und furchtlos ein, ist mutig und wild. Er ist per se ein Siegertyp. Vorbilder für ihn sind der Pionier im Wilden Westen von einst oder der Held auf dem Baseball-Feld von heute («giv'em hell») (Brannon 1976).

Bereits diese bloße Auflistung von gesellschaftlichen Erwartungshaltungen, die allesamt auch je immer Gradmesser von Männlichkeit sind, verdeutlicht zureichend, wie sehr hier ein Kampfbild postuliert wird. Überdies beinhaltet eine solche Auffassung, dass Männlichkeit kein gegebenes Gut ist – wie Weiblichkeit – sondern immer wieder und stets von neuem errungen werden muss. Sie ist nicht Besitz, sondern imperative Verpflichtung. Selbst in jenen Fällen, in denen die Umsetzung dieser Erwartungen Erfolg und Macht garantiert, verbietet sie Entspannung, Fürsorglichkeit, Introspektion und Rücksicht (Hollstein 1988; Pollack 1998; Bründel/Hurrelmann 1999; Lenz 2000). Traditionelle Männlichkeit verlangt also allemal ihren Preis; zur Frage steht nur dessen Höhe.

2.1 Männliche Sozialisation

Es kann kein Zweifel daran bestehen, dass Männer die erste Zeit ihres Lebens als liebende, zärtliche und polymorph sinnliche Kinder verbringen. Ebenso wenig kann Zweifel daran bestehen, dass Männer wie Frauen Glück, Liebe und Erfüllung von ihrem Dasein erwarten (Astrachan 1992). Doch die gesellschaftliche Erziehung zur Männlichkeit, innerhalb derer Persönlichkeitsanteile verleugnet werden müssen, die sozial als weiblich etikettiert sind, zwingt Männer im Laufe ihres frühen Lebens in eindimensionale Entwürfe. Männlichkeit ist dabei gesellschaftlich definiert als Ausübung von Macht, Kontrolle, Führung und Dominanz; Weiblichkeit wird assoziiert mit Gefühl, Intuition, Schwäche, Fürsorge, Liebe und Nachgiebigkeit. Um das eine zu werden, darf der Junge das andere nicht sein. Nancy Chodorow hat zu den Ersten gehört, die darauf hingewiesen haben, dass männliche Identität sich insofern negativ definiert, als sie sich von dem absetzen muss, was als weiblich gilt. Männlichkeit ist damit erkauft durch den Verzicht auf weibliche Eigenschaften (Chodorow 1985).

Frühzeitig wird der Junge in das gesellschaftliche Korsett so beschriebener Männlichkeit gesteckt. Im Rahmen seiner Familie lernt der Heranwachsende, was männlich ist. Die Männerforschung belegt im Rückgriff auf Untersuchungen aus unterschiedlichen Wissensgebieten, dass schon Buben unerbittlich auf Leistung und Erfolg getrimmt werden (Pollack 1998).

Entgegen dem Tatbestand, dass weibliche Neugeborene viel weniger anfällig sind als männliche, behandeln Väter ihre Söhne kräftiger und «gröber» als ihre Töchter. Von Anbeginn konfrontieren Väter ihre Söhne mit einer erbarmungslosen Realität von Anstrengung, Leistung und Konkurrenz (Seidler 1994). Geschlechtsspezifische Aktivitäten von Jungen werden deutlicher gefördert als jene von Mädchen; umgekehrt werden Jungen aber viel entschiedener für ein Verhalten bestraft, das als nicht männlichkeitsadäquat bewertet wird.

Nach wie vor verlangt die Erziehung zur Männlichkeit eine Härtedressur der Jungen. Pollack weist darauf hin, dass Buben bereits im Alter von fünf Jahren aus der Familie gestoßen werden, damit sie sich nicht zum Nesthocker entwickeln. Ferienlager, Härtetests, Aufenthalte fern der Familie u.a. sind probate Mittel, um Jungen frühzeitig zu autonomisieren. Einen zweiten Schub solcher fragwürdiger Autonomisierung macht Pollack zu Beginn der Adoleszenz aus.

> Der Fehler ist nicht, dass wir unseren Jungen die Welt zeigen […], sondern *wie* dies geschieht. Ohne die nötigen Vorbereitungen auf das, was vor ihnen liegt, müssen sie die Familie abrupt verlassen. Man verweigert ihnen die seelische Unterstützung und verwehrt ihnen die Möglichkeit, in die Geborgenheit zurückzukehren, wenn sie sich überfordert fühlen. (Pollack 1998, S. 12f.)

Diese Überforderung wird zum lebenslangen Begleiter des Mannes, der dementsprechend ständig unter dem zumindest unbewussten Stress steht, seine einmal zwanghaft übergestülpte Männlichkeits-Maske tragen zu müssen.

> Die Sorge, nicht für einen Mann gehalten zu werden, versetzt Männer in einen Zustand fast ständiger Wachsamkeit und Angst [...]. Sie haben Tag und Nacht einen Panzer zu tragen und sind buchstäblich nur blasse Schatten ihrer selbst oder dessen, was sie sein könnten. (Zilbergeld 1994, S. 22)

Überforderung gehört per se zur Ausformung der traditionellen Männlichkeit; das impliziert ein gefährliches und im Übrigen auch gesundheitsgefährdendes Risikoverhalten (Kolip 1997).

Identitätsstiftende und tragende Qualitäten wie Introspektion, Empathie oder Beziehungsfähigkeit werden in der männlichen Sozialisation eindeutig vernachlässigt. Dergestalt entstehende Vakua füllen Männer dann nicht selten mit Suchtverhalten. Jungen werden zu einer Körperlichkeit der äußerlichen Stärke, Auseinandersetzung und «Unversehrtheit» erzogen, die auf Kosten einer sanften, beziehungsorientierten Körperlichkeit geht: Schmusen, Küssen und andere Bereiche von Zärtlichkeit werden ihnen abtrainiert; auch Mütter stellen diesen Austausch bei ihren Söhnen frühzeitig und häufig anlässlich bestimmter «symbolischer» Daten wie zum Beispiel dem Schuleintritt ein (Zilbergeld 1994).

Ebenso sehr wird von den Jungen verlangt, dass sie ihre Gefühle kontrollieren und vor allem Emotionen unterdrücken, die, wie Nachgiebigkeit, Trauer oder Schwäche, als weiblich etikettiert sind (Real 1999). Im Gegensatz zu Mädchen wird von Jungen auch vorschnell erwartet, dass sie ihre Probleme autark lösen (Böhnisch/Winter 1993), obwohl sie noch gar nicht die altersadäquaten Kompetenzen besitzen, um solchen Erwartungen auch gerecht zu werden. Dies ist ein zentraler Grund dafür, dass Männer im erwachsenen Alter ihre Probleme alleine angehen, statt sie mitzuteilen und gemeinsame Lösungsmuster zu finden, oder sie zum Beispiel auch «wegtrinken» (Vosshagen 1996).

Das männliche Gegenüber erscheint bereits im Jungenalter vor allem als Gegner und Konkurrent (Pollack 1998). Dieses Kampfbild verfestigt sich in der Schule, der Lehre, im Militär, Sportclub und im Beruf. Wenn aber der andere Junge primär Konkurrent ist, dann muss ihm mit Vorsicht, Misstrauen und einer Maske von Undurchschaubarkeit begegnet werden. Dies hat nicht nur die Folge, dass dem Anderen die eigene Authentizität verborgen bleiben muss, sondern auch, dass Männer – im Gegensatz zu Frauen – kaum über gleichgeschlechtliche Freundschaften verfügen und so gut wie keine privaten sozialen Netze besitzen (Hollstein 1990).

Während Mädchen attestiert wird, dass sie in der Einheit von Lernen und Fühlen aufwachsen, entwickeln Jungen offenbar eine positionale Identifizierung mit Aspekten von Männlichkeit; bei ihnen scheint die Verbindung zwischen affektiven Prozessen und Lernen getrennt (Chodorow 1985; Olivier 1989).

Die Folge des im Aufriss Geschilderten ist das, was als männliches Syndrom (Hollstein 1998) bezeichnet werden kann. Damit ist eine männliche Fixierung auf äußere Werte wie Erfolg, Geld, Status und Statussymbole gemeint und folgerichtig eine Identität, die auf Arbeit und deren Gratifikationen gründet. Das provoziert nicht nur eine Unfähigkeit zur Introspektion, sondern prinzipieller noch eine Art Unwissen darüber, wer man wirklich ist. Konsequenzen sind Wertverlust, innere Orientierungslosigkeit, Leere und nicht selten Borderline-Symptome.

Die Leere wird häufig mit Suchtverhalten kompensiert, wobei viele männliche Abhängigkeiten und Zwänge wie Arbeits- oder Machtsucht auch noch gesellschaftlich legitimiert sind (Fett 1996; Real 1999; Lenz 2000; Hollstein 2001).

Der Gesamtzusammenhang männlicher Sozialisation ist im deutschsprachigen Raum bisher nur rudimentär erfasst und empirisch noch überhaupt nicht untersucht worden. Nur ganz wenige Arbeiten bieten eine Art Gesamtaufriss der Problematik (Böhnisch/Winter 1993). Während sich in den vergangenen Jahren innerhalb der Männerforschung eine fundierte Väterforschung auch gerade mit empirischer Ausrichtung etabliert hat (Werneck 1998; Fthenakis 1999; Schon 2001), umgeht die Männerforschung nach wie vor die ambivalente Rolle der Mutter im Sozialisationsprozess. Die raren Arbeiten, die hierzu entstanden sind (Amendt 1993), werden kaum zur Kenntnis genommen; das gilt vor allem auch für die feministische Frauenforschung.

2.2 Die männliche Lebensqualität

Männlichkeit ist eine tradierte gesellschaftliche Festlegung von Werten, Verhaltensweisen und Zielen, die durch eine vielschichtige Dynamik von Institutionen wirkt. Der einzelne Mann ist in diese gesellschaftliche Festlegung eingebunden (Connell 1999). In Kindheit und Jugend erlernte Männlichkeit muss primär in der Arbeitswelt bewiesen werden. Seine Definition erwirbt der Mann, arbeitend und sich durchsetzend, erst in der Distanzierung von der Privatsphäre und den dort vorherrschenden Werten der Intimität, Emotionalität und Nähe (Seidler 1994).

Der Mann wird gemessen an jenen Leistungs- und Erfolgsstandards, die die Gesellschaft ihm gesetzt hat. Sein Wert als Mann hängt vom erworbenen Status ab. Das maskuline Dilemma in diesem Kontext entsteht dadurch, dass nur relativ wenige Männer die oberen Stufen der sozialen Erfolgsleiter zu erklimmen in der Lage sind. Die übergroße Mehrheit der Männer kann den gesellschaftlichen Vorstellungen von Karriere und Erfolg gar nicht gerecht werden (Goldberg 1979; Doyle 1989; Bründel/Hurrelmann 1999).

Die Folge ist andauernder Stress. Die Männerforschung geht so weit, traditionelle Männlichkeit prinzipiell als «lebensbedrohend» zu definieren (Goldberg 1979; Real 1999). Viele medizinische und sozialmedizinische Untersuchungen bestätigen diesen Befund, indem sie männliche Isolationsgefühle, Sinnverlust, Versagensängste, Depression, Selbstverachtung und Gewalt, Frustration und Suchtverhalten ausweisen. Männer sterben in den Industrienationen cirka sieben Jahre früher als Frauen. Die Männerforschung bezeichnet Männer von daher in gesundheitspolitischer Optik inzwischen als das «schwache Geschlecht» (Luck et al. 2000).

Die empirische Männer- und Gesundheitsforschung hat sechs Zwänge als Folge der Eindimensionalität des männlichen Lebensentwurfes ausgemacht (O'Neil 1982; vgl. Hollstein 1998; Lenz 2000; Luck et al. 2000):

- Das eingeschränkte Gefühlsleben. Das meint, dass Männer aufgrund ihrer beschriebenen Sozialisation ihre emotionale Kontrolle nicht aufgeben und unter der anstrengenden Anforderung stehen, sich nicht schwach und verletzlich zu zeigen. Als Folge der reduzierten und oft unterdrückten Emotionalität entstehen Feindseligkeit, Wut und Frustration, die sich explosionsartig in Aggressivität und Gewalt entladen können.
- Die Homophobie. Dabei handelt es sich um die männliche Angst vor der Nähe zu anderen Männern und damit eng verbunden der Abwehr von Homosexualität. Auch hier dominiert die Furcht, für weich, weiblich und schwul gehalten zu werden. «Ein Mann, der seine eigene Feminität oder seine Anziehungskraft auf andere Männer fürchtet, ist versucht, sich und andere von seiner Heterosexualität zu überzeugen, indem er alle weiblichen, interpersonalen und intimen Gefühle oder Impulse unterdrückt.» (O'Neil 1982, S. 27).
- Die Kontroll-, Macht- und Wettbewerbszwänge. Sie sind allesamt Gradmesser der eigenen Männlichkeit. Männer lernen bereits im frühen Kindesalter, ihren Selbstwert mittels Leistung, Konkurrenz und Dominanz zu bestimmen.
- Die Hemmung sexuellen und affektiven Verhaltens. Auch hier handelt es sich im Wesentlichen um die grundlegende Angst, die eigenen weiblichen Seiten zuzulassen. Das schränkt nicht nur Gefühlsäußerungen und Intimität gegenüber anderen ein, sondern führt auch dazu, die eigene Sexualität und Erotik von Emotionalität und Zärtlichkeitsimpulsen abzuspalten und stattdessen unter dem Aspekt von Leistung und Dominanz zu leben.
- Die Sucht nach Leistung und Erfolg. Damit ist gemeint, dass die prinzipiell brüchige Männlichkeit immer wieder neu bestätigt werden muss, indem Leistungs- und Erfolgserlebnisse «abgerufen» werden. Eine der Folgen ist, dass Männer wenig Zeit und Interesse für Entspannung, Spaß und Selbstverwirklichung aufzubringen in der Lage sind.
- Das defizitäre Gesundheitsverhalten. Männer missachten körperliche Warnsignale, kennen sich physisch und psychisch schlecht und gehen mit sich sorglos und unpfleglich um. Dazu gehört u. a., dass sie signifikant weniger zum Arzt gehen als Frauen. Herb Goldberg hat schon pionierhaft früh und gegen viele Anfeindungen auf solche Zusammenhänge aufmerksam gemacht und sieben Imperative

falschen männlichen Verhaltens formuliert: 1. Je weniger Schlaf ich benötige, 2. je mehr Schmerzen ich ertragen kann, 3. je mehr Alkohol ich vertrage, 4. je weniger ich mich darum kümmere, was ich esse, 5. je weniger ich jemanden um Hilfe bitte und von jemandem abhängig bin, 6. je mehr ich meine Gefühle kontrolliere und unterdrücke und 7. je weniger ich auf meinen Körper achte, desto männlicher bin ich (Goldberg 1979, S. 52).

Das öffentlich ideologisierte Männerbild von Härte, Leistung und Gefühlskontrolle stellt eine große Barriere dar, die benannten und empirisch vielfach belegten Tatbestände auch offen anzuerkennen. Was ist, darf nicht wahr sein, weil es der traditionellen Auffassung von Männlichkeit als dem «starken Geschlecht» widerspricht.

Die Krankheitsanfälligkeit von Männern erhöht sich noch durch ihr funktionalistisches Verständnis von Gesundheit und Krankheit. Im Vordergrund steht die Erfüllung von Leistungsanforderungen. Dazu darf man nicht krank sein, muss gesund wirken, fit aussehen und in der Lage sein, sich in männliche Posen zu setzen (Pope et al. 2001). Dafür gibt es inzwischen eine ganze Fitness-Industrie; alles scheint machbar zu sein, inklusive des Phallus dank Viagra. Dieses technokratische Verständnis von Gesundheit erschwert noch einmal deutlich den realitätsgerechten Umgang mit der eigenen Verfasstheit. Dementsprechend dokumentieren Erfahrungsberichte aus Männergruppen und Männerzentren ein umfängliches Arsenal von männlichen Verdrängungsstrategien und Rationalisierungen. Dazu gehört der Widerstand, sich ein Problem einzugestehen und anschließend um Hilfe zu bitten.

Männer sind in ihrer übergroßen Mehrheit nach wie vor überzeugt, dass es ihnen die männliche Rolle verbietet, überhaupt in eine Krisensituation zu geraten. Nur folgerichtig bagatellisieren Männer auch manifeste Schwierigkeiten. Nur nach der Überwindung heftigster Widerstände sind Männer im Regelfall bereit, sich auf die Ursachen ihrer Problematik einzulassen. Nach der Anerkennung eines Problems wollen sie schnell Abhilfe schaffen (Hollstein 1990).

Das gelebte Verständnis von Männlichkeit hat vielfältig und unmittelbar Folgen für die medizinisch-therapeutische Praxis. Dazu gehört, dass Fehlverhalten substanziell zur männlichen Rolle gehört; so gilt zum Beispiel der Alkohol als ein Mittel, um die eigene Männlichkeit zu beweisen (Lemle/Mishkind 1989; Vosshagen 1996). Männliche Verhaltenseigenschaften wie Härte und Stoizismus bedingen, dass Männer medizinische und therapeutische Hilfe wenig in Anspruch nehmen. Überdies haben sie Angst vor Gesundheitsorganisationen, weil sie dort in eine abhängige Rolle geraten. Männer haben im gegebenen Medizinsystem aber auch keine spezifischen Ansprechpartner im Gegensatz zu Frauen (Luck et al. 2000).

3. Der Lebensentwurf der Männerbewegung

Die männliche Lebensqualität hat sich in den vergangenen drei Jahrzehnten kontinuierlich verschlechtert (O'Neil 1982; Bründel/Hurrelmann 1999; Luck et al. 2000). Der Leidensdruck an der traditionellen Männerrolle nahm unübersehbar zu, wurde allerdings auch dadurch verbrämt, dass Männlichkeit materiell noch immer mit Gratifikationen ausgestattet wird, die sie attraktiv machen sollen.

Minoritäten setzen sich seit den Siebzigerjahren des vergangenen Jahrhunderts kritisch mit der Männerrolle auseinander. 1970 veröffentlichte die amerikanische Zeitschrift «Liberation» einen Aufsatz des Psychologen Jack Sawyer, der mit der folgenden Kernaussage begann: «Männliche Befreiung ruft die Männer auf, sich selbst von jenen Geschlechterrollen-Stereotypen zu befreien, die ihr Vermögen, menschlich zu sein, eingrenzen.» (Sawyer 1970). Sawyer forderte insbesondere den Kampf gegen das männliche Erfolgs- und Dominanzstreben und entwickelte einen neuen männlichen Lebensentwurf, in welchem Männer ihr ganzes menschliches Potenzial von Gefühl, Ausdruck, Spiel, Schaffenskraft und Freiheit entfalten können.

Im gleichen Jahr entstand im kalifornischen Berkeley mit dem «Berkeley Men's Center» der erste emanzipatorische Treffpunkt für Männer. In einem Manifest formulierten damals die Gründer:

> Wir als Männer wollen unsere volle Menschlichkeit wiederhaben. Wir wollen nicht mehr länger in Anstrengung und Wettbewerb stehen, um ein unmögliches, unterdrückendes, männliches Image zu erreichen – stark, schweigsam, cool, nett, gefühllos, erfolgreich, Beherrscher der Frauen, Führer der Männer, reich, brillant, athletisch und ‹heavy› […]. Wir möchten uns selbst gern haben. Wir möchten uns gut fühlen und unsere Sinnlichkeit, unsere Gefühle, unseren Intellekt und unseren Alltag zufrieden erleben. (Pleck/Sawyer 1974)

Innerhalb der Siebzigerjahre des 20. Jahrhunderts wurde das Männerthema in den USA rasch öffentlich, indem es vor allem auch durch eine kritische Literatur wie etwa die Werke des kalifornischen Psycho- und Männertherapeuten Herb Goldberg propagiert wurde. Sukzessive entstanden ein Netz von Einrichtungen, Männergruppen, Männerzentren, therapeutische Möglichkeiten, eine Männerliteratur und die Männerforschung. Auch Letztere war thematisch und personell etwa durch Brod, Goldberg, Kimmel oder Filene eng mit der Männerbewegung verbunden und ist es noch heute.

Im deutschsprachigen Raum gewann das Männerthema erst Ende der Achtzigerjahre an öffentlicher Aufmerksamkeit. Dann etablierten sich ebenfalls nach und nach Männergruppen und Männerzentren («Männerbüros»). Im Gegensatz zu den USA wurde traditionelle Männlichkeit im deutschsprachigen Raum vor allem von einer populären psychologischen Literatur problematisiert (Wieck; Wiedemann; Jung), jedoch kaum von einer universitären Männerforschung. Soweit Letztere heute besteht, ist sie im deutschsprachigen Raum noch nicht institutionalisiert; vielmehr erscheint sie als Einzelinitiative von Hochschullehrern, die Lehrstühle in anderen Disziplinen innehaben (Amendt; Hurrelmann; Böhnisch) oder von Wissenschaftlern außerhalb der Universitäten (Walter; Winter; Höyng); beide Richtungen fühlen sich allerdings dem emanzipatorischen Anliegen der Männerbewegung eng verbunden.

Neuerdings entstehen auch Arbeiten (zum Beispiel: Meuser; Kühne) und erste Netzwerke (zum Beispiel: «Arbeitskreis für interdisziplinäre Männer- und Geschlechterforschung – Kultur-, Geschichts- und Sozialwissenschaften»), die sich dezidiert von der Männerbewegung und dem mit ihr verbundenen, praxisorientierten Wissenschaftsbegriff absetzen, d. h. Forschung im traditionellen Sinn betreiben. Die substanziellen Prämissen der «männerbewegten» Männerforschung wie Selbstreflexion und Veränderung bleiben damit nicht nur unberücksichtigt, sondern werden entschieden abgelehnt.

Jüngst hat sich auch eine Männergesundheitsbewegung konstituiert, die mit der Männerbewegung und deren wertbezogenen Anliegen verknüpft ist. In England ist das «European Men's Health Institute» entstanden, und in der Schweiz hat sich die «Arbeitsgruppe Mann und Gesundheit» gebildet; in Deutschland haben sich im Jahre 2000 insbesondere Urologen zum Forum «Männergesundheit e. V.» in Köln zusammengeschlossen. Zielvorstellung des englischen «Health Institute» ist es, die generelle Gesundheitsproblematik, die Jungen und Männer betrifft, ins öffentliche Blickfeld zu bringen und in einem zweiten Schritt, Handlungsmöglichkeiten für eine bessere Gesundheitsprävention und -versorgung des männlichen Geschlechts zu entwerfen. Die Arbeit des Instituts ist eng gekoppelt mit Forschungsvorhaben über das männliche Gesundheitsverhalten.

Die Schweizer «Arbeitsgruppe» hat ein Manifest formuliert, in welchem es heißt:

> Wir, die Autoren dieses Manifests, sind besorgt darüber, dass einseitiges ‹männliches› Verhalten zur Zerstörung von Mensch und Umwelt führt. Wir wollen mit diesem Manifest zum Nachdenken anregen und zum Handeln aufrufen. Die Folgen der ‹männlich› geprägten Sicht- und Lebensweise, z. B. einseitige Konzentration auf Erfolgsziele unter weitgehender Abspaltung der Gefühle, bedrohen bzw. zerstören unter heutigen Lebensbedingungen die Gesundheit zunehmend. Wir sind von der Fähigkeit der Männer überzeugt, destruktives Verhalten zu erkennen, zu überwinden und Verantwortung wahrzunehmen – gegenüber sich selbst, den Mitmenschen und der gesamten Umwelt (Sawyer 1970, S. 4).

Das Epochale an der Männer- und Männergesundheitsbewegung ist unzweifelhaft, dass sie zum ersten Mal in der Geschichte einen Lebensentwurf für Männer vorlegt, der von der gesellschaftlich verbindlichen Rollenerwartung traditioneller Männlichkeit abweicht. Männer werden damit in die Lage versetzt, ihr tradiertes Rollenkorsett von Macht, Härte und Kontrolle zu problematisieren und zu lockern. Dementsprechend werden heute männliche Veränderungen konstatiert, bei denen mehr Introspektion, eine größere Bereitschaft zur Haus- und Erziehungsarbeit, mehr Beziehungsfähigkeit und ein demokratischeres Frauenbild ausgemacht werden (Council of Europe 1998).

3.1 Perspektiven von Männerveränderung

Männerveränderung wird für den deutschsprachigen Raum in reichlicher Literatur immer wieder behauptet, aber empirisch kaum oder nur schlecht belegt. Repräsentative Untersuchungen wie zum Beispiel die «Brigitte»-Befragungen über Männer liegen zwei Jahrzehnte und mehr zurück. Die jüngste Untersuchung der evangelischen und katholischen Männerarbeit in Deutschland vermag schon konzeptionell nicht an diese Tradition anzuknüpfen. Das beginnt bereits damit, dass die vorgenommene Stichprobe nicht dargestellt wird. Vor allem aber werden für die prätendierten Veränderungen in der deutschen Männerwelt gar keine relevanten Daten vorgelegt. Schlussfolgerungen über eine beträchtliche Population von veränderten respektive veränderungswilligen Männern erfolgen ohne zureichende Belege und aufgrund zum Teil falscher Methodik (Zulehner/Volz 1998).

Besser belegt sind mikrostrukturelle Veränderungsprozesse in Männergruppen und männlichen Therapiegruppen (Bonnekamp 1988; Brandes 1992; Parpat 1994). Die jeweilige Darstellung von Gruppenverläufen und individuellen Prozessen macht dabei Veränderung in ihren schwierigen Abläufen auch nachvollziehbar.

Größere und längerfristige Untersuchungen über Männer in den diversen Männerzentren – zum Beispiel als Panel-Analyse – gibt es im deutschsprachigen Raum nicht, so dass hier wieder auf amerikanisches Material rekurriert werden muss. Folgt man ersten empirischen Arbeiten, die in den USA über Männerveränderung aufgrund von Männerarbeit und -therapie vorgelegt wurden, so lassen sich drei Ergebnisse formulieren:

1. Männer erleben sich aufgrund ihrer Veränderung in einem breiteren Spektrum von Lebensverhältnissen. Sie begreifen sich nicht mehr nur über ihre Arbeit und deren Gratifikationen, sondern auch über andere Lebenswelten wie Familie, soziale Netze und Selbstverwirklichung.
2. Männer entwickeln aufgrund ihrer Veränderung ein neues Verhältnis zu anderen Männern. Aufgrund ihrer Männergruppenerfahrung sind sie in der Lage, nun auch männliche Lebenswelten aufzubauen.
3. Männer konzipieren aufgrund ihrer Veränderung ein partnerschaftlicheres Verhältnis gegenüber Frauen. Der Umstand, dass Männer aufgrund ihrer Männergruppenerfahrung sich eigene soziale Netze aufbauen, entlastet überdies Frauen von ihrer «emotionalen Fürsorgepflicht» gegenüber den Männern (Kimmel 1987; vgl. Messner 1997).

Veränderte Männlichkeit ist noch immer eine Minderheitenposition und – in Macht- und Wirkungskategorien gemessen – an der gesellschaftlichen Peripherie angesiedelt. Zu viel Optimismus ist demnach gegenwärtig mit Sicherheit nicht angebracht. Der deutsch-amerikanische Kulturhistoriker George L. Mosse vertritt die Ansicht, dass das Erbe der traditionellen Männlichkeit so stark verankert ist, dass es sich trotz aller Veränderungen behauptet hat und auch noch – mit partiellen Einschränkungen – weiter behaupten wird (Mosse 1997).

Auf einer ganz anderen Ebene kommt Robert W. Connell zu einem vergleichbaren Schluss. Obwohl er grundsätzlich davon ausgeht, dass es heute keine einheitliche und verbindliche Männlichkeit mehr gibt, sondern Männlichkeit als Lebensform zu einem Plural geworden ist, argumentiert er an anderer Stelle in einem gewissen Widerspruch zu dieser Prämisse. Dabei beschreibt er die Führungsebenen von Wirtschaft, Militär und Politik als eine überzeugende korporative Inszenierung von Männlichkeit. Die männliche Hegemonie zeichne sich im eigentlichen nicht durch direkte Gewalt aus, sondern erhalte Macht und Legitimation aufgrund ihres erfolgreich erhobenen Anspruches auf Autorität (Connell 1999). Nun ist Autorität in hochkomplexen Gesellschaften bekanntermaßen nur möglich, wenn deren Normen zureichend verinnerlicht sind. Wenn also Connells Sichtweise von den letztlich unberührten Machtbastionen der Männlichkeit stimmt, muss auch die traditionelle Männerrolle als deren Voraussetzung noch immer weit stärker introjiziert sein, als es liberale Argumentationsmuster auf der kognitiven Ebene gegenwärtig darstellen. Bernd Nitzschke notiert ergänzend:

> Das tradierte Modell der Männlichkeit ist nicht am Reißbrett entworfen worden, vielmehr ist es im Kontext gesellschaftlicher Notwendigkeiten entstanden, die kämpferisch-selbstbehauptende Männlichkeit als relativ erfolgreiche Überlebensstrategie bestätigten. (Nitzschke 1996, S. 32)

Nun ändert sich seit geraumer Zeit dieser «Kontext gesellschaftlicher Notwendigkeiten». Ein wichtiger Erkenntnisstrang der Männerforschung betrifft die männliche Selbstdomestizierung durch den technischen Fortschritt. So wird darauf hingewiesen, dass es die Maschine war, die die Männer eines der wenigen natürlichen Vorteile gegenüber der Frau beraubte, nämlich ihrer größeren körperlichen Kraft. Damit habe der Mann sich in traditioneller Weise selber entmännlicht («emasculation») (Lederer/Botwin 1982).

Die technische Entwicklung reduzierte aber nicht nur die Bedeutung der männlichen Körperkraft, sondern affizierte auch andere Eigenschaften, die bis anhin unverzichtbar zum klassischen Arsenal von Männlichkeit zählten; dazu gehören Pioniergeist, Abenteurertum, Entdeckergeist, Mut, Autonomie etc. Die Männerforschung, besonders die amerikanischer Provenienz, begründet diesen Verlust mit der kontinuierlichen Raffination der Produktionsmittel, die den einzelnen Mann gewissermaßen eigenschaftslos gemacht habe. Er sei zum Anhängsel seiner eigenen Erfindungen geworden, die nun – statt seiner – den Rhythmus des Schaffens steuerten (Lederer/Botwin 1982; vgl. Kaufman 1987).

Die Männerforschung verweist seit längerem darauf, dass die industriegesellschaftliche Organisation des Lebens mit ihren bürokratischen Regeln und Zwängen die benannte Selbstenteignung des Mannes noch verstärkt; klassische soziologische Arbeiten wie jene von William Whyte oder sozialpsychologische wie die von Alexander Mitscherlich haben dabei den aktuellen Aussagen der Männerforschung das Terrain geebnet. Die Großinstitutionen der gegenwärtigen Gesellschaft basieren auf rationaler Planung und exakter Kontrolle; der menschliche Idealtypus dieses Entwicklungsstadiums ist der selbstlose Rollenträger, der im vorbestimmten Sinne einer Organisation funktioniert. Insofern ist Joe L. Dubberts Bild nicht falsch, dass der archaische Eroberer der Welt von einst zum «Roboter-Mann» von heute geworden sei (Dubbert 1979).

Inzwischen ist das Eigenschafts- und Tugendprofil der traditionellen Männlichkeit häufig sogar kontraproduktiv geworden. Vor allem im expandierenden Dienstleistungssektor sind Qualitäten gefragt, die, wie Kooperationsfähigkeit, Empathie, Teamgeist oder Dialogfähigkeit, viel eher den Frauen zugeschrieben werden.

Wenn man alle empirischen, deskriptiven und theoretischen Ergebnisse zu werten versucht, wird man zu der Schlussfolgerung gelangen müssen, dass wir uns in einem sukzessiven Prozess der Modernisierung von Männlichkeit befinden. Das heisst, dass Männer sich innerhalb ihrer Rolle einerseits bequemer und andererseits marktkonformer einrichten; sie werden tendenziell flexibler, poröser und empathischer. Mit diesen Veränderungen können sie vor allem im Dienstleistungsgewerbe besser reüssieren; denn gerade dort sind diese Qualitäten zunehmend gefragt.

Kritisch wird man anmerken müssen, dass eine solche Modernisierung dort nur Kosmetik ist, wo sie die Macht- und Verteilungsfrage zwischen den Geschlechtern ungestellt lässt. Das heißt für den privaten Bereich, dass Männer sich nicht vermehrt an der Hausarbeit beteiligen, dass die Gewaltseite von Männlichkeit unangetastet bleibt und dass Männer nur ungenügend im Erziehungsprozess präsent sind. Für den öffentlichen Sektor bedeutet dieser Vorgang der Modernisierung von Männlichkeit, dass das soziale und politische Ungleichgewicht zwischen den Geschlechtern sich nicht verändert und dass die Verteilungskämpfe zwischen Frauen und Männern akut bleiben.

3.2 Männerpraxis

Neben dem Antriebsfaktor der gesellschaftlichen Notwendigkeiten gibt es aber durchaus auch einen voluntaristischen Aspekt der Entwicklung, wobei sich beide zumeist wechselseitig bedingen. Männerveränderung lässt sich nur konzipieren und vor allem umsetzen, wenn das beschriebene tradierte Verständnis von Männlichkeit mehr und mehr problematisiert wird. Das geschieht bislang in der praktischen Pädagogik fast ebenso wenig wie in den Bereichen von Sozialarbeit und Sozialpädagogik, Gesundheit, Prävention, Krankheit und Pflege, Kriminalität, Jugendarbeit, Ausländerintegration, um nur einige Beispiele zu nennen.

Männerarbeit im eigentlichen Sinne ist nach wie vor ein Stiefkind der Gesellschaft und eines der ersten Opfer von Sparmaßnahmen in den öffentlichen Haushalten. Zudem fehlt es auch in der eigentlichen Männerszene an zureichendem Umsetzungsmaterial für die Praxis; nur zögerlich und erst neuerdings entstehen erste Handbücher (Hollstein 2001), die es im anglo-amerikanischen Raum schon seit langem gibt.

Grundsätzlicher ist das prinzipielle Defizit des Männerthemas innerhalb der gegebenen Gleichstellungspolitik im deutschsprachigen Raum. Gleichstellungspolitik ist – entgegen ihrer Begrifflichkeit – bislang ausschließlich Frauenpolitik. Die vorhandenen Zielvorstellungen und Maßnahmenkataloge beschreiben exklusiv Wege der Frauenförderung. Daran hat – trotz gegenteiliger Intentionen des Europarates – auch das Instrumentarium von «Gender Mainstreaming» im deutschsprachigen Raum nichts geändert.

Veränderungskonzeptionen auf Männerseite fehlen. Es gibt weder Maßnahmen, um Männern zu verdeutlichen, welche menschlichen Vorteile sie aus einer Teilung der Macht ziehen können, noch Förderungspläne, um Männer verstärkt in den Bereichen von Haushalt und Kindererziehung «anzusiedeln». Die Problematik der Vereinbarkeit von Beruf und Familie bleibt fatalerweise Frauenthema. Der dialektische Beitrag der Männerfrage zur Frauenbefreiung ist der offiziellen Politik im deutschsprachigen Raum – im Gegensatz zu Skandinavien – bisher gänzlich verborgen geblieben. Von daher gibt es keine Männerarbeit, keine Männerbildung und keine Gesundheitsprävention für Männer.

Dieses Dilemma dadurch zu lösen, dass man allgemeinpolitisch Zielvorstellungen von Geschlechterdemokratie vertritt und wissenschaftspolitisch Geschlechterforschung postuliert, ist nicht nur nicht hilfreich, sondern könnte sich als kontraproduktiv erweisen. Im Hinblick auf die Tendenz, Männerforschung durch eine neutrale Geschlechterforschung zu ersetzen, notiert Walter:

Die Problematik eines solchen Unternehmens ist offensichtlich: Zum einen könnte Männerforschung und Frauenforschung gleichgeschaltet oder Männerforschung als Korrektiv von Frauenforschung angesehen werden, was zu einer Entradikalisierung und Entpolitisierung führen würde [...]. Eine undifferenzierte Geschlechterforschung, die so tut, als sei es unwichtig, ob Frauen oder Männer forschen, könnte damit zur Verschleierung von Männerherrschaft beitragen. Zum anderen kann aus Männerperspektive eingewandt werden, dass Männer ihr eigenes Geschlecht erst noch zu entdecken haben. Insofern könnte eine voreilige Zusammenführung zu einer feministischen Geschlechterforschung möglicherweise verhindern, dass Männer ihre spezifischen Erfahrungen erforschen und theoretisch erfassen können. (Walter 1996, S. 24)

Diese Gefahr ist inzwischen durchaus real, indem besonders jüngere Wissenschaftler ohne Affinität zu den Lebenswelten des Männerthemas eine akademische Geschlechterforschung betreiben, die die Forscher selbst als Subjekte eliminiert und auf persönliche und gesellschaftliche Veränderungsprozesse verzichtet.

Literatur

Amendt, G. (1993). *Wie Mütter ihre Söhne sehen.* Bremen.
Astrachan, A. (1992). *Wie Männer fühlen. Ihre Reaktion auf emanzipierte Frauen.* München.
BauSteineMänner (Hrsg.) (1996). *Kritische Männerforschung.* Hamburg.
Böhnisch, L., Winter R. (1993). *Männliche Sozialisation.* Weinheim, München.
Bonnekamp, Th. A. (1988). *Männergruppen in Hamburg.* Phil. Diss., Univ. Hamburg.
Brandes, H. (1992). *Ein schwacher Mann kriegt keine Frau. Therapeutische Männergruppen.* Münster.
Brandes, H., Bullinger, H. (Hrsg.) (1996). *Handbuch Männerarbeit.* Weinheim.
Brannon, R. (1976). «The Male Sex-Role». In: David, D. S., Brannon, R. *The Forty-Nine Percent Majority.* Reading, Mass, S. 1–45.
Brod, H. (1987). «The Case for Men's Studies». In: Brod, H. (Hrsg.). *The Making of Masculinities. The New Men's Studies.* Boston, S. 39–61.
Brod, H. (Hrsg.) (1987). *The Making of Masculinities. The New Men's Studies.* Boston.
Brück, B. (1992). *Feministische Soziologie.* Frankfurt/M.
Bründel, H., Hurrelmann, K. (1999). *Konkurrenz, Karriere, Kollaps. Männerforschung und der Abschied vom Mythos Mann.* Stuttgart.
Chodorow, N. J. (1985). *Das Erbe der Mütter. Psychoanalyse und Soziologie der Geschlechter.* München.
Connell, R. W. (1999). *Der gemachte Mann. Konstruktion und Krise von Männlichkeiten.* Opladen.
Council of Europe (Hrsg.) (1998). *Promoting Equality: A Common Issue for Men and Women.* Straßburg.
David, D. S., Brannon, R. (1976). *The Forty-Nine Percent Majority.* Reading, Mass.
Doyle, J. A. (1989). *The Male Experience.* Dubuque, Iowa.
Dubbert, J. L. (1979). *A Man's Place. Masculinity in Transition.* Englewood Cliffs.
Edley, N., Wetherell, M. (1995). *Men in Perspective. Practice, Power and Identity.* London, New York.
Faludi, S. (2001). *Männer – das betrogene Geschlecht.* Reinbek.
Fett, A. (Hrsg.) (1996). *Männer – Frauen – Süchte.* Freiburg i. Br.
Fthenakis, W. E. (1999). *Engagierte Vaterschaft.* Opladen.
Goldberg, H. (1979). *Der verunsicherte Mann.* Reinbek.
Goldberg, H. (1987). *Veränderungen.* Reinbek.
Hollstein, W. (1988). *Nicht Herrscher, aber kräftig. Die Zukunft der Männer.* Hamburg.
Hollstein, W. (1990). *Die Männer. Vorwärts oder zurück?. Eine empirische Untersuchung.* Stuttgart.
Hollstein, W. (1998). «New Roles for Men and the Benefit for Themselves». In: Council of Europe (Hrsg.) *Promoting Equality: A Common Issue for Men and Women.* Straßburg, S. 33–47.
Hollstein, W. (2001). *Potent werden. Das Handbuch für Männer. Liebe, Arbeit, Freundschaft und der Sinn des Lebens.* Bern, Toronto.
Kaufman, M. (Hrsg.) (1987). *Beyond Patriarchy.* Toronto, New York.
Kimmel, M. (Hrsg.) (1987). *Changing Men. New Directions in Research on Men and Masculinity.* Newbury Park, London.
Kimmel, M., Messner, M. A. (Hrsg.) (1995). *Men's Lives.* Boston.
Kolip, P. (1997). *Geschlecht und Gesundheit im Jugendalter. Die Konstruktion von Geschlechtlichkeit über somatische Kulturen.* Opladen.
Lederer, W., Botwin, A. (1982). «Where have all the heroes gone? Another view of changing masculine roles». In: Solomon, K., Levy, N. B. (Hrsg.). *Men In Transition. Theory and Therapy.* New York, London, S. 241–246.
Lemle, R., Mishkind, M. E. (1989). Alcohol and Masculinity, *Journal of Sustance Abuse Treatment,* 6, S. 213–222.
Lenz, H. J. (Hrsg.) (2000). *Männliche Opfererfahrungen.* Weinheim.
Lorber, J. (1999). *Gender Paradoxien.* Opladen.
Luck, M, Bamford, M., Williamson, P. (2000). *Men's Health. Perspectives, Diversity and Paradox.* Oxford, London.
Merchant, C. (1987). *Der Tod der Natur. Ökologie, Frauen und neuzeitliche Naturwissenschaft.* München.
Messner, M. A. (1997). *Politics of Masculinity. Men in Movements.* Thousand Oaks, London.
Meuser, M. (1998). *Geschlecht und Männlichkeit.* Opladen.
Mosse, G. L. (1997). *Das Bild des Mannes. Zur Konstruktion der modernen Männlichkeit.* Frankfurt/M.
Müller, U. (2000). «Von Buben und Damen. Anmerkungen zur ‹Männerforschung›». *DIE. Zeitschrift für Erwachsenenbildung,* IV, S. 22–27.
Nitzschke, B. (1996). «Die männliche Psyche. Historisch-gesellschaftliche und psychodynamische Aspekte», In: Brandes, H., Bullinger, H. (Hrsg.). *Handbuch Männerarbeit.* Weinheim, S. 18–36.
Olivier, C. (1989). *Jokastes Kinder*: München.
O'Neil, J.M. (1982). «Gender-Role Conflict and Strain in Men's Lives». In: Solomon, K., Levy, N. B. (Hrsg.) (1982). *Men In Transition. Theory and Therapy.* New York, London, S. 5–45.
Parpat, J. (1994). *Männlicher Lebenswandel durch langfristige Männergruppenarbeit.* Phil. Diss., FU Berlin.
Pleck, J. H., Sawyer, J. (Hrsg.) (1974). *Man and Masculinity.* Eaglewood Cliffs.

Pollack, W. F. (1998). *Richtige Jungen. Ein neues Bild von unseren Söhnen.* Bern.

Pope, H. G., Phillips, K. A., Olivardia, R. (2001). *Der Adonis-Komplex. Schönheitswahn und Körperkult bei Männern.* München.

Real T. (1999). *Mir geht's doch gut. Männliche Depression.* Bern.

Sawyer, J. (1970). «On Male Liberation». *Liberation,* 15, S. 2–7, New York; auch in: Pleck, J. H., Sawyer, J. (Hrsg.) (1974). *Man and Masculinity.* Eaglewood Cliffs.

Schon, L. (2001). *Sehnsucht nach dem Vater.* Stuttgart.

Seidler, V. J. (1994). *Unreasonable Men. Masculinity and Social Theory.* London, New York.

Seidler, V. J. (1997). *Man Enough. Embodying Masculinities.* London.

Simmel, G. (1985). «Weibliche Kultur». In: Ders. *Schriften zur Philosophie und Soziologie der Geschlechter.* Frankfurt/M.

Solomon, K., Levy, N. B. (Hrsg.) (1982). *Men In Transition. Theory and Therapy.* New York, London.

Swanson, J. M., Forrest, K. A. (Hrsg.) (1987). *Die Sexualität des Mannes.* Köln.

Vosshagen, A. (1996). *Männeralkoholismus. Das starke Geschlecht und seine Abhängigkeit,* In: Fett, A. (Hrsg.) (1996). *Männer – Frauen – Süchte.* Freiburg i. Br., S. 82–107.

Walter, W. (1996). «Männer entdecken ihr Geschlecht. Zu Inhalten, Fragen und Motiven von Kritischer Männerforschung». In: BauSteineMänner (Hrsg.) (1996). *Kritische Männerforschung.* Hamburg, S. 13–27.

Werneck, H. (1998). *Übergang zur Vaterschaft. Auf der Suche nach den «Neuen Vätern».* Berlin.

Zilbergeld, B. (1994). *Die neue Sexualität der Männer.* Tübingen.

Zulehner, P. M., Volz, R. (1998). *Männer im Aufbruch.* Ostfildern.

Das Konzept des Geschlechterverhältnisses in Forschung, Politik und Praxis

Toni Schofield, Robert W. Connell, Linley Walker, Julian F. Wood und Dianne L. Butland

Sowohl in Nordamerika als auch in Australien haben die Ausdrücke *Männergesundheit* und *Frauengesundheit* in den populären Zeitschriften und in den gesundheitswissenschaftlichen Strategien weite Verbreitung gefunden. Was diese Wörter bedeuten, wird allgemein als einfach und selbstverständlich angesehen. Die Bevölkerung teile sich im Wesentlichen in männliche und weibliche Mitglieder, die von je spezifischen, mit ihrem biologischen Geschlecht verknüpften Gesundheitsbelastungen betroffen sind. Diese Selbstverständlichkeit ist aber eine Illusion. Bei genauerer Betrachtung zeigen die jüngsten Debatten über die Gesundheit von Männern und Frauen, insbesondere über die Bedeutung der Männergesundheit, wenig Klarheit. In diesem Artikel untersuchen wir die vage Vorstellung «Männergesundheit» und begründen, warum der Bezugsrahmen des *Geschlechterverhältnisses* sowohl für eine größere Klarheit als auch für ein wirksameres Handeln entscheidend ist.

Unsere Darstellung stützt sich auf den Bericht zur Männergesundheitsforschung, der vom Gesundheitsministerium der australischen Bundesregierung in Auftrag gegeben und jüngst veröffentlicht wurde (Connell et al. 1999). Diese Studie war Teil eines Prozesses zur Verbesserung der Politik zur Männergesundheit in Australien, eine neuere Entwicklung, die sich an die schon länger bestehenden Programme zur Förderung der Frauengesundheit anschließt. Obwohl die Daten, auf die wir uns beziehen, vorwiegend aus Australien stammen, handelt es sich eindeutig um allgemeine Probleme. So verwiesen z. B. neuere Aufsätze über «Gender and Health Equity», die auf einer von der schwedischen International Development Agency und der Rockefeller Foundation finanzierten Tagung am Harvard Center for Population and Development Studies vorgetragen wurden, auf sehr ähnliche Fragen in Nordamerika und Europa (Sabo 1999).

Zuerst diskutieren wir die Entstehung einer öffentlichen Debatte über Männergesundheit. Diese Debatte wurde durch eine Anzahl medizinischer und epidemiologischer Forschungen über Männer und Jungen erheblich beeinflusst. Die Forschungen, die wir beschreiben, stellen wichtige Daten bereit, aber sie verfangen sich auch in ziemlich schwierigen analytischen Problemen. Wir erörtern diese Probleme und umreißen eine angemessenere Rahmenkonzeption für diesen Bereich. Am Ende des Artikels ziehen wir einige Schlussfolgerungen für die Praxis.

1. Der Diskurs über die Männergesundheit und seine Probleme

Das vorherrschende Verständnis der Männergesundheit ist stark durch eine Problemsicht beeinflusst, die wir den *Männergesundheitsdiskurs* nennen. Dieser Diskurs kündigte sich in Australien durch die erste nationale und mit Bundesmitteln unterstützte Konferenz zur Männergesundheit in Melbourne im August 1995 an, etwa zwanzig Jahre nachdem die australische Frauenbewegung ihr erstes großes nationales Forum zur Frauengesundheit eröffnet hatte. Darauf folgte eine Reihe von regierungsfinanzierten Initiativen. Diese umfassten: den Entwurf einer na-

und sich insbesondere auf die reproduktive und emotionale Gesundheit der Frauen auswirkt (Schofield 1998). Den Vertreterinnen der Frauengesundheitsbewegung zufolge gibt es im Innern dieser Einrichtungen eine Hierarchie und eine Machtdynamik, die zuerst und vor allem den medizinischen Interessen dienen. Zwar üben die professionellen Anforderungen einen mächtigen Einfluss auf die Gestaltung dieser Einrichtungen aus, aber auch das Patriarchat und die Unterordnung der Frauen durch Männer tun dies.

Das Medizinsystem erscheint in dieser Perspektive als männlich dominiert. Ihm wird vorgeworfen, dass es Frauen gewohnheitsmäßig bevormundet, indem es sie zu Objekten einer invasiven und instrumentellen klinischen Praxis macht. Das Arzt-Patienten-Verhältnis ist nicht durch Gegenseitigkeit und Respekt gekennzeichnet, sondern durch Herrschaft und Unterordnung. Die Begegnung mit der Medizin, sagen die Aktivistinnen der Frauengesundheit, verstärkt nicht einfach das allgemeine soziale Phänomen der männlichen Macht über Frauen, vielmehr ist sie ein aktiver Teil in ihrer Herstellung (Boston Women's Health Book Collective 1981; Broom 1991). Aus diesem Zusammenhang heraus forderte der Frauengesundheitsdiskurs, die Regierungen sollten eine spezifische Frauengesundheitspolitik entwickeln und geschlechtsspezifische Angebote einrichten.

Der Männergesundheitsdiskurs gibt indes eine sehr viel verschwommenere Begründung für die Entwicklung einer geschlechtsspezifischen gesundheitspolitischen Strategie und einer Antwort der medizinischen Institutionen auf die gesundheitlichen Bedürfnisse der Männer. Seine beharrliche Besorgnis wegen der Gesundheitsunterschiede zwischen Männern und Frauen scheint nach einem Ansatz zu verlangen, der die Männergesundheit mit einem Blick auf das Verhältnis zwischen den Geschlechtern erklärt. Der Männergesundheitsdiskurs bewegt sich jedoch bislang nicht in diese Richtung. Tatsächlich wird auf der Politikebene «Männergesundheit» von «Frauengesundheit» abgesondert, in eigenen politischen Stellungnahmen angesprochen und durch unterschiedliche Instanzen, z. B. politische Ausschüsse, gefördert. Die Tatsache, dass das politische Handeln getrennt nach Geschlechtern erfolgt, muss die Art und Weise beeinflussen, wie die Gesundheit von Männern und Frauen in der Öffentlichkeit präsentiert wird. Ebenso bezeichnend ist die Art der Forschung, auf die die Politikgestalter sich beziehen und der wir uns nun zuwenden.

2. Männergesundheitsforschung

Der größte Forschungsbereich, der zur Diskussion der Männergesundheit herangezogen wird, betrifft die quantitative Untersuchung von Geschlechtsunterschieden. Allein der Umfang dieser Forschung und die Vertrautheit mit ihr legen es nahe, die Männergesundheit weitgehend im Sinne von Unterschieden im Gesundheitszustand zwischen den Geschlechtern zu verstehen. Einige der reizbareren Kommentatoren in den Medien, die Mitte der 1990er-Jahre auf den Beginn eines Diskurses über Männergesundheitspolitik reagierten, interpretierten die Forschung zu den Geschlechtsunterschieden als Beleg für eine allgemeine «Krise» der Gesundheit von Männern und Jungen (Van Buynder/Smith 1995; Rofe 1995). Es wurde behauptet, die Gesundheit von Männern sei in allen Bereichen schlechter als die der Frauen, mit Ausnahme der an das biologische Geschlecht geknüpften Störungen.

In diesem Forschungsbereich werden dieselben Messinstrumente bei Männern und Frauen bzw. Jungen und Mädchen angewendet. Das zentrale Interesse liegt auf dem Unterschied der Mittelwerte oder der Raten, z. B. bei der Prävalenz einer Erkrankung, der Häufigkeit eines bestimmten Verhaltens oder einer bestimmten Todesursache. Inwieweit dieser Unterschied eine Diskussion lohnt, wird gewöhnlich anhand eines statistischen Signifikanztests ermittelt, der unter den vorausgesetzten Bedingungen die Wahrscheinlichkeit angibt, mit der ein beobachteter Unterschied in den Ergebnissen allein auf Zufall beruht. Diese Forschung findet man zu einem großen Teil in den Sozialwissenschaften sowie in der Medizin und den Biowissenschaften. Sie ist technisch ziemlich einfach durchzuführen: man braucht nur irgendeine menschliche Eigenschaft zu messen, eine gemischte Gruppe und einen Signifikanztest.

In gewisser Hinsicht ist diese Art von Forschung wirklich schematisch geworden. *Geschlecht*, verstanden als der biologische Faktor zur Unterscheidung von männlich und weiblich, ist inzwischen zu einer Routinevariable innerhalb der quantitativen biomedizinischen und sozialwissenschaftlichen Forschung geworden. Ein großer Teil der deskriptiven Forschung berichtet standardmäßig über das Vorliegen oder Fehlen eines Geschlechtsunterschieds in genau der Weise, in der sie über Unterschiede im Alter, in der Hautfarbe, im Herkunftsland, bei Rechts- oder Linkshändern oder für jede andere Klassifikation innerhalb der untersuchten Gruppe berichtet. Dieser Forschungsansatz ist ein Ausdruck für die selbstverständliche Annahme, dass Männer und Frauen eben zu unterschiedlichen biologischen Gruppen gehören (Kessler/McKenna 1978). Diese Unterscheidung zwischen den Geschlechtern wird als derart bedeutsam angenommen, dass man vermutet, eine ganze Reihe von Gesundheitsunterschieden ginge darauf zurück oder stünde damit in Verbindung. Folglich wird jedem Forschungsergebnis zum Vorliegen oder Fehlen eines Geschlechtsunterschieds eine selbsterklärende Bedeutung zugesprochen. Wenn es überhaupt einen Vorbehalt oder eine Erläuterung gibt, dann erfolgt sie ausschließlich hinsichtlich der *anderen* gemessenen Variable bzw. Variablen, aber nicht hinsichtlich der Variable Geschlecht.

Informationen zu den gesundheitsrelevanten Geschlechtsunterschieden sind sowohl in der amtlichen Statistik wie in den projektbezogenen Forschungen leicht zugänglich. Übersichtsarbeiten wie die umfangreiche Studie zu Geschlechtsunterschieden in der australischen Bevölkerung von Mathers (Mathers 1994a, 1994b, 1995a, 1996), deren Bände alle mit einem Kapitel über Geschlechtsunterschiede beginnen, basieren auf amtlichen Statistiken.

Die Tabellen über die Geschlechtsunterschiede in diesen Werken werden in der Diskussion zur Männergesundheit häufig zitiert. Eine gute Zusammenfassung wurde auf der ersten nationalen Konferenz zur Männergesundheit vorgestellt (Mathers 1995b). Die festgestellten Unterschiede sind:

- die höhere Mortalität der Männer an Herzkrankungen,
- die kürzere durchschnittliche Lebenserwartung der Männer,
- die höheren Unfallraten der Männer, einschließlich Arbeits- und Verkehrsunfälle,
- die höhere Selbstmordrate von Männern und Jungen,
- der höhere Alkoholmissbrauch in der Gruppe der Männer.

Diese bekannten Beispiele erschöpfen in keiner Weise die Forschungsliteratur. Geschlechtsunterschiede sind für eine sehr große Zahl von Gesundheitsproblemen untersucht worden. Diese reichen von Diäten (Baghurst et al. 1994; Steele et al. 1991; Radimer et al. 1997) und Praktiken der Gewichtskontrolle (O'Dea et al. 1996) bis zu Schlangenbissen (Mead/Jelinek 1996), Angriffen durch Hunde (Thompson 1997) und Infektionen durch das Essen mit Stäbchen (Chow et al. 1995).

In der Interpretation eines Unterschieds in Bezug auf Männer und Frauen müssen wir vorsichtig sein. Der Nachweis eines Geschlechtsunterschieds muss nicht auf einen Unterschied zwischen *allen* Männern und *allen* Frauen verweisen. Tatsächlich ist es gewöhnlich nicht so. Recht geringe Unterschiede in einer Bevölkerungsminderheit können statistisch signifikante Unterschiede in der Gesamtrate oder in den Durchschnittswerten erzeugen. Es überrascht daher nicht, dass selbst kleine Unterschiede in den Raten oder Durchschnittswerten anfällig sind für die Fehlinterpretation eines kategorialen Unterschieds zwischen Männern und Frauen, insbesondere wenn solche Ergebnisse in den Massenmedien vereinfacht werden. Man neigt zu weit reichenden politischen Folgerungen, die durch die eigentliche Forschung nicht gerechtfertigt sind.

Darüber hinaus lassen sich in vielen Untersuchungen, die nach Geschlechtsunterschieden fragen, gar keine finden. *Kein Unterschied*, das ist – entgegen der allgemeinen Meinung und entgegen den Erwartungen der Forscherinnen und Forscher – tatsächlich der gewöhnliche Befund in Forschungen zu den psychologischen Merkmalen von Frauen und Männern (Connell 1987; Epstein 1988). Keinen Unterschied zeigen auch die Befunde in einem guten Teil der australischen Forschungen zur Gesundheit. Mathers Überblick über die nationale Statistik hat, obwohl sie besonders nach «Unterschieden» suchte, notgedrungen auch Ähnlichkeiten zwischen Männern und Frauen festgestellt (Mathers 1995b), z. B. in der bei guter Gesundheit verbrachten Lebenserwartung («health expectancy») und in den Krankenhausaufenthalten, abgesehen von jenen, die im Zusammenhang mit Schwangerschaft und Geburt stehen. Einzelstudien haben in ganz unterschiedlichen Bereichen – jugendlicher Drogengebrauch (Wragg 1992), altersabhängige Prävalenz für offene Beine (Baker/Stacey 1994), Kenntnisse über AIDS, Sehschwäche (Amblyopie) (Attebo et al. 1998) und Bereitschaft, in der Asthmabehandlung die ärztlichen Verordnungen zu befolgen (Australia's Health 1996) – keine oder so geringe Unterschiede gefunden, dass sie unbedeutend scheinen. Da es das Ergebnis «keine Unterschiede» wahrscheinlich häufiger gibt, als jemals veröffentlicht wird, ist die Frage nach der *Ähnlichkeit* der Männer- und Frauengesundheit schwierig zu beantworten, wo uns doch die Benennung des Untersuchungsbereichs als auch die Technik der Signifikanztests gerade dazu drängen, nach Unterschieden zu suchen.

Aufgrund der Forschungsergebnisse ist es schwer, in Ländern wie Australien, den Vereinigten Staaten oder in Westeuropa irgendeine «Krise» der Männergesundheit auszumachen. Das australische «Institute of Health and Welfare» stellte fest: «Australia is one of the healthiest countries in the world and the health of Australians generally continues to improve.» (Australia's Health 1996, S. 1). Gemessen an solchen Indikatoren wie dem der Lebenserwartung gilt diese Feststellung sowohl für Männer als auch für Frauen. Innerhalb der Mittelschicht, aus der die Studierenden in diesen Ländern überwiegend kommen, sind die Gesundheitsbedingungen nach fast jedem Standard insgesamt gut.

Damit soll nicht behauptet werden, dass Männer aus diesen materiell bevorzugten Gruppen frei von Problemen im Alltagsleben oder schlechthin glücklich sind. Ebenso wenig ist zu leugnen, dass es andere Gruppen von Männern mit ernsten Gesundheitsproblemen gibt. Aber die Auffassung einer allgemeinen Krise der Männergesundheit ist von den Tatsachen weit entfernt.

Es ist nicht wahr, dass die Gesundheit der Männer pauschal schlechter ist als die der Frauen. In mancher Hinsicht sind die Männer als Gruppe schlechter dran, wie die Mortalitätsstatistik und Risikofaktoren wie Übergewicht, Rauchen und riskanter Alkoholkonsum belegen. Aber in anderer Hinsicht sind die Männer als Gruppe nicht schlechter gestellt. In vielen Forschungsberichten haben Männer und Jungen, wie wir oben feststellten, *ähnliche* Durchschnittswerte oder Raten wie die Frauen und Mädchen, in anderen Untersuchungen *bessere*.

Eines der Hauptprobleme, das wir in den Studien zu Geschlechtsunterschieden finden, liegt darin, dass die Forscher und Forscherinnen, wenn sie zwei Gruppen auf *Verschiedenheiten* testen, selten versuchen, ihre Befunde durch eine Prüfung der *Gemeinsamkeiten* zwischen ihnen zu erläutern und zu erklären. Dies zeigt sich auch deutlich in anderen großen Forschungsbereichen, die für das Feld der Männergesundheit bedeutsam sind. Ein derartiger Ansatz hängt großenteils mit einem Alltagsverständnis von Männern und Frauen als Gruppen zusammen, die allein auf der biologischen Differenz beruhen. In einer solchen Perspektive wird jede *Verbindung*, die für eine Erklärung der Unterschiede zwischen Männern und Frauen bedeutsam sein könnte, höchstwahrscheinlich als Ausdruck der Unterschiede in den Geschlechtsorganen aufgefasst.

Im Gegensatz dazu hat die Erforschung der Gesundheitsunterschiede, die sich mit anderen Typen der Gruppierung – z. B. nach der Beschäftigung, der ethnischen Zugehörigkeit, der Hautfarbe oder dem Alter – beschäftigt, seit einiger Zeit die Verbindung oder das Verhältnis zwischen den Gruppen angesprochen, die ein unterschiedliches Gesundheitsresultat zeigen (siehe z. B. Evans et al. 1994).

Diese Analysen behandeln häufig die Lebensbedingungen und Arbeitsverhältnisse und zeigen ökonomische, soziale oder kulturelle «Faktoren» auf. Die einschlägige Forschung ist umfangreich und verschiedenartig. Viele Studien teilen die Idee, dass der mit dem Einkommen, der Bildung, dem Engagement in der Gemeinde oder der Fähigkeit, Englisch zu sprechen, verbundene Unterschied selbst ein Indikator für die zu Grunde liegende Beziehung zwischen den Gruppen ist. Eines der besten Beispiele ist die Forschung zu den sozialen Schichten, in der das Argument, dass Gruppen miteinander durch soziale Macht verknüpft sind, besonders einleuchtend ist (siehe z. B. Marmot/Mustard 1994).

Wie wir festgestellt haben, schließt die vorherrschende Sichtweise in der Forschung zum Geschlechtsunterschied jede Konzeption von Männern und Frauen als Gruppen aus, die durch spezifische soziale Mechanismen, die einen Einfluss auf die Gesundheit haben können, verbunden sind. Das mangelnde Interesse an der Gemeinsamkeit von Männern und Frauen ist in der einschlägigen Forschung auf dem Gebiet der Männergesundheit außerhalb der Forschung zu «Geschlechtsunterschieden» offensichtlich.

Das gilt z. B. sowohl für die Forschung zur Gesundheit in der Arbeitswelt als auch für die Gesundheitsprobleme bestimmter männlicher Bevölkerungsgruppen. Es gibt Forschungsliteratur zu Gruppen wie Ureinwohner, obdachlose Männer, einzelne ethnische Gruppen, alte Männer oder Jungen. In Australien konzentrieren sich diese Forschungen überwiegend auf Männer, ohne dass sich Hinweise auf die korrespondierenden Bevölkerungsteile oder Gruppen von Frauen finden ließen. Diese Forschung hat eine beträchtliche *Vielfalt* im Muster der Männergesundheit aufgezeigt, sie scheint aber eine erstaunliche und unrealistische Trennung zwischen der männlichen und der weiblichen Welt zu unterstellen.

Ebenso besteht der Bereich der Gesundheit in der Arbeitswelt hauptsächlich aus Studien zu den mit männlicher Arbeit verbundenen Verletzungen, Erkrankungen und Todesfällen. Darin wird die Verknüpfung zwischen dem Muster der Arbeitsunfälle und der Überrepräsentation von Männern in den gefährlichsten Industriezweigen kaum berücksichtigt. Andererseits besteht kein Zweifel an dem Ausschluss oder der massiven Unterrepräsentation von Frauen in großen Teilen der Arbeiterschaft, in denen Berufsunfälle und Berufskrankheiten am häufigsten sind. Das bedeutet, dass die *geschlechtliche Arbeitsteilung in der Gesellschaft* als Gesundheitsproblem nicht berücksichtigt wird. Obwohl im Zusammenhang mit den Arbeitsunfällen gelegentlich die Frage nach der Waghalsigkeit oder dem «Machismo» der Arbeiterklasse, insbesondere im Wohnungs- und Straßenbau, gestellt wurde, wird sie in den Studien zu Gesundheitsrisiken in unterschiedlichen Berufsgruppen nicht im Kontext eines zusammenhängenden Wissens über Männer und Männlichkeit erforscht.

Wenn wir die Schwächen in der Männergesundheitsforschung hervorheben, möchten wir damit nicht behaupten, dass männliche Gesundheitsprobleme eine Chimäre darstellen. Im Gegenteil: Die Befunde zeigen eindeutig, dass in der männlichen – und der weiblichen – Position innerhalb des Geschlechterverhältnisses signifikante Gesundheitsprobleme angelegt sind. Um diese Fragen zu verstehen, müssen wir sowohl die Forschung als auch die Begriffsbildung verbessern. Eine Untersuchung der Unterschiede ist nötig, aber wir sollten immer auch Beziehungen untersuchen. Wir dürfen nicht nur die allgemeinen Unterschiede betrachten, sondern die spezifischen Muster der Abweichung und Ähnlichkeit innerhalb der Geschlechter wie zwischen ihnen. Nur auf diese Weise können wir uns einem Verständnis der Mechanismen nähern, die den Auswirkungen auf die Gesundheit zu Grunde liegen und die genaue soziale Lagerung der Probleme ermitteln.

3. Das Konzept des Geschlechterverhältnisses in der Gesundheit

Das Konzept des Geschlechterverhältnisses für das Verständnis der Männergesundheit stützt sich auf einen sozialwissenschaftlichen Ansatz der Art, wie er gegenwärtig der «New Public Health» zu Grunde liegt. Das ist eine Bewegung in der Gesundheitspolitik und Praxis, die hervorhebt, wie die soziale Umwelt die Gesundheit und Krankheit der Bevölkerung prägt (Ashton/Seymour 1988; Baum 1998). Ein Ansatz, der die Geschlechterverhältnisse in den Vordergrund rückt, behauptet, dass die Interaktion zwischen Männern und Frauen und die Umstände, unter denen sie interagieren, in bedeutsamer Weise zu den Chancen und Einschränkungen der Gesundheit beitragen.

Zwei wichtige Schauplätze der Interaktion der Geschlechter sind der Arbeitsplatz und die Familie. Eines der Hauptergebnisse der Forschung zur Interaktion von Männern und Frauen im

Beruf und zu Hause ist, dass Männer gerade deshalb in der Lage sind, sich stärker in die Erwerbsarbeit einzubinden, weil die Frauen mehr Verantwortung für Haushalt und Familie übernehmen. Umgekehrt ist die größere Beteiligung der Frauen am häuslichen Leben abhängig von der größeren Übernahme bezahlter Arbeitspflichten durch die Männer (Bittman/Pixley 1997). Das Alltagsleben von Männern und Frauen ist unentwirrbar ineinander verschlungen.

Der Begriff des sozialen *Geschlechts* («gender») wird in der sozialwissenschaftlichen Analyse gebraucht, um auf diesen *relationalen* oder *interdependenten* Charakter des Alltags von Männern und Frauen zu verweisen (Connell 1996). Ein wichtiges Prinzip neuerer Geschlechterstudien ist, dass Geschlecht sowohl persönlich als auch unpersönlich ist: So ist das soziale Geschlecht z. B. sowohl ein allgemeines institutionelles und kulturelles Muster als auch ein Merkmal der Persönlichkeit und der intimen Beziehungen. Ein zweites wichtiges Prinzip ist, dass Geschlechterverhältnisse multidimensional sind. So können wir unverkennbare Geschlechtsmuster in der Arbeitsteilung, in den Machtverhältnissen und in der sozialen Autorität, in den emotionalen Beziehungen und in der Sexualität, in der Kommunikation und in der Symbolik ent-decken.

Der Begriff des sozialen Geschlechts ist ein unverzichtbares Werkzeug für das Verständnis vieler konkreter Muster im Verhalten und in der Kultur wie das von Holland und Eisenhart an amerikanischen Universitäten untersuchte Muster der Liebesbeziehungen («romance») (Holland/Eisenhart 1990). Der Begriff ist weit verbreitet, um eine Vielzahl von Forschungsbefunden über Geschlechtsunterschiede von der Scheidung (Riessman 1990) bis zu den Bildungserfolgen (Yates/Leder 1996) zu interpretieren. Geschlecht verweist aber auch auf wichtige Muster in den Beziehungen innerhalb der Gruppe der Männer bzw. der Frauen. So ist die Trennung zwischen heterosexuellen und homosexuellen Männern ein geschlechtlich bedeutsames Muster, weil es sich an einem geschlechtlich aufgeladenen Objekt der sexuellen Wünsche ausrichtet. «Bemuttern» ist ein geschlechtlich bedeutsames Muster, das mit der geschlechtlichen Arbeitsteilung in der Kindererziehung und den kulturellen Vorstellungen über Weiblichkeit verknüpft ist. Die Beziehungen zwischen jungen Männern in einer Burschenschaft oder einer Fußballmannschaft können sich an einem gemeinsamen Verständnis von Männlichkeit ausrichten.

Innerhalb der Gesundheitsforschung hilft uns der Begriff des sozialen Geschlechts, viele Muster in den Geschlechtsunterschieden zu verstehen. Der bekannte Befund, dass der Zusammenhang zwischen Ehe und Gesundheit für Männer stärker ist als für Frauen (Waldron 1995), ist hier einschlägig. Das Ergebnis lässt sich nur dann sinnvoll interpretieren, wenn wir uns das allgemeine Muster der Fürsorge und Arbeitsteilung in den Geschlechterarrangements der heutigen Gesellschaft in Erinnerung rufen.

Ebenso sind die Geschlechtsunterschiede bei den Verletzungen am Arbeitsplatz, Behinderungen und Todesfällen großenteils der geschlechtlichen Organisation der bezahlten Arbeit zuzuschreiben. Der leichtere Zugang der Männer zu einer Beschäftigung, vor allem zu gewerblicher Beschäftigung und zu Aushilfstätigkeiten, in denen die Arbeitsbedingungen oft gefährlich oder von Umweltverschmutzung geprägt sind, ist ein Hauptfaktor, der für die Geschlechtsunterschiede in der Gesundheit von Berufstätigen verantwortlich ist. Ebenso übt die geschlechtliche Organisation der Arbeit eindeutig einen Einfluss auf den Geschlechtsunterschied in der Häufigkeit von Herzkrankheiten aus. Mehr Männer als Frauen übernehmen hierarchisch organisierte Arbeitsplätze, die in englischsprachigen Gesellschaften wie Australien, dem Vereinigten Königreich und den Vereinigten Staaten stark mit koronaren Herzerkrankungen verknüpft sind (Evans et al. 1994).

Die stärkere Einbindung der Frauen in die Haus- und Familienarbeit scheint andererseits mit bestimmten Gesundheitsvorteilen verbunden zu sein, *vorausgesetzt*, die Frauen sind in der Lage, dies in gewissem Umfang mit bezahlter Teilzeitarbeit zu verbinden. Jüngste Ergebnisse einer australischen Längsschnittstudie zur Frauengesundheit zeigen, dass die Kombination von Haushalts- und Familienpflichten mit einer Teilzeitbeschäftigung der beste Schutz für die Gesundheit der Frauen ist (Bryson/Warner-Smith 1997). Die Kombination von bezahlter Vollzeitarbeit mit niedrigem oder bescheidenem Einkommen und einem hohen Niveau von Familienpflichten ist nicht im gleichen Maße für die Gesundheit förderlich. Diese Kombination schadet ihr vielmehr (Bryson/Warner-Smith 1997). Dasselbe gilt für die Kombination von Vollzeit-Familienpflichten mit bezahlter Erwerbsarbeit. Solche Fälle sind bei wohlhabenden Haushalten vermutlich selten (Australia's Health 1992, S. 196)

Im Bereich der psychischen Gesundheit sind höhere Raten der Frauen bei Ängstlichkeit, Depression und emotionalen Befindlichkeitsstörungen praktisch ein internationales Phänomen (Doyal 1995; Stein 1997). Anscheinend führt die Kombination von Familienpflichten mit bezahlter Vollzeitarbeit mit höherer Wahrscheinlichkeit zu einem schlechten psychischen Gesundheitszustand als ihre Kombination mit einer Teilzeitbeschäftigung (Rosenfield 1989; Schofield et al. 1993), es sei denn, die Partner der Frauen übernehmen einen Teil der familiären und häuslichen Verantwortung. In diesen, nach umfangreichen amerikanischen Forschungen sehr seltenen Fällen, unterscheiden sich verheiratete Männer und Frauen, die vollbeschäftigt arbeiten und angeben, dass sie sich die Verantwortung für Kinder und Haushalt teilen, nicht bei den Selbstangaben zu Ängstlichkeit und Depression (Rosenfield 1989). Wie Ross und Mirowsky in einer anderen amerikanischen Studie zu den sozialen Mustern der Depression folgern, liegt die Haupterklärung für Geschlechtsunterschiede in diesem Bereich mit höchster Wahrscheinlichkeit in «den Rollen, die Männer und Frauen in der Familie und auf dem Arbeitsmarkt einnehmen» (Ross/Mirowsky 1989, S. 215). Neuere Arbeiten zur Depression legen nahe, dass die niedrigeren Raten bei den Männern ein Effekt der Selbstangaben sein, aber auch auf die Geschlechterdynamik zurückgehen könnten. Manche Forscher vermuten, dass die Bereitschaft, über depressive Symptome zu berichten, sehr stark mit Weiblichkeit verknüpft ist, während «die Leugnung einer Depression eines der Mittel darstellt, das Männer benutzen, um ihre Männlichkeit zu demonstrieren und die Zuschreibung zu einer niedrigeren Statusposition – verglichen mit Frauen und anderen Männern – zu vermeiden» (Courtenay 2000, S. 17). Die Auswirkung einer derartigen Leugnung kann sein, Depressivität durch einen höheren Drogen- und Alkoholkonsum auszudrücken.

Die geschlechtliche Arbeitsteilung im Bereich Haus- und Familienarbeit lässt sich dann als Hauptbeitrag zu den Geschlechtsunterschieden im Gesundheitszustand verstehen. Die Studien der letzten 20 Jahre haben gezeigt, dass die geschlechtliche Organisation der Haus- und Erwerbsarbeit die Hauptursache für die Kluft im männlichen und weiblichen Einkommen, im sozialen Status und in den allgemeineren Unterschieden ihrer sozialen Macht ist. Dieses Geschlechterarrangement scheint auch den Hauptbeitrag zur größeren vorzeitigen Mortalität der Männer und den mit ihr verbundenen chronischen Krankheiten zu leisten, insbesondere bei Männern, die im gewerblichen Bereich beschäftigt sind.

Geschlechterverhältnisse sind nicht auf die Arbeitsteilung beschränkt. Das Leben von Männern und Frauen ist auch in anderen wichtigen Bereichen eng verzahnt (Connell 1987). Einer ist der Bereich der Gefühle und der Sexualität. Auch dies ist ein weites Feld sozialer Praxis. Männer und Frauen beschränken ihre Wünsche und sexuellen Begegnungen nicht auf die Institution der heterosexuellen Ehe. Das Maß, in dem sie außerhalb der Ehe «herumstreunen» und ihrem sexuellen und emotionalen Vergnügen nachgehen, weicht indes zwischen Männern und Frauen auffallend ab. Die Käufer sexueller Dienste und Waren sind überwiegend männlich, und Männer lassen sich – zumindest laut amerikanischer Forschungen – immer noch häufiger als Frauen auf außereheliche Geschlechtsverkehr ein (Laumann et al. 1994). Hinsichtlich des sexuellen Vergnügens und der emotionalen Befriedigung schneiden Männer innerhalb der ehelichen Beziehung anscheinend besser ab. Dieser Trend geht Hand in Hand mit den von Frauen erlittenen höheren Raten erzwungenen Geschlechtsverkehrs (Segal 1994). Allgemein gesprochen verweist all dies darauf, dass Männer und Frauen nicht die gleichen Chancen zum sexuellen und emotionalen Ausdruck haben.

Tatsächlich sind das Begehren und der Sex zum fruchtbaren Boden für die Zunahme von entfremdeten, kommerzialisierten oder erzwungenen Beziehungen zwischen Männern und

Frauen geworden. Solch eine geschlechtliche Organisation des emotionalen und sexuellen Lebens lässt Unterschiede in den Chancen von Männern und Frauen vermuten, die Vielfalt körperlicher Bedürfnisse auszuleben. Sie stellt auch den begrifflichen Hintergrund, vor dem die Geschlechtsunterschiede für eine ganze Reihe von Gesundheitsbedingungen erforscht und erklärt werden können. Ein naheliegendes Beispiel ist die höhere Rate sexuell übertragbarer Krankheiten bei Männern (Australia's Health 1998). Die zunehmende Beschäftigung mit der männlichen Impotenz, vorzeitiger Ejakulation usw. und dem Aufstieg kommerzieller Sexualkliniken für ihre Behandlung, bildet ein anderes Beispiel.

Ein weiterer Bereich des Geschlechterverhältnisses liegt in der symbolischen Repräsentation, d. h. wie Männer und Frauen in der Sprache, der Mode, in den Print- und den elektronischen Medien gezeichnet werden. Der symbolische Bereich der medialen Bilderwelt, die für Frauen Magerkeit fortwährend als Ideal vorführt – bei einer viel breiteren Gewichtsspanne für Männer –, könnte ein wichtiger Faktor in der Erzeugung der Geschlechtsunterschiede sowohl in der Fettleibigkeit und Übergewichtigkeit als auch in der Häufigkeit von Magersucht sein. Umgekehrt hat die Symbolisierung der Männlichkeit durch Muskelpakete oder Mut in Sportarten mit Körperkontakt gesundheitliche Folgen wie Steroid-Missbrauch, Fehlbeanspruchungen und Verletzungen im Sport. Das kann vor allem für die Gruppe junger Männer ein großes Problem sein.

Eine weitere Geschlechterdimension liegt im Bereich der sozialen Macht. Wie Männer und Frauen bei der Entscheidungsfindung in ihrem Alltagsleben interagieren, mit welchem Ergebnis sie es tun und über welche Ressourcen sie verfügen, das sind starke Kräfte in den Beziehungen zwischen den Geschlechtern. Der relative Ausschluss der Männer von den Entscheidungen über die Zubereitung der Mahlzeiten kann z. B. bedeutsame Folgen für ernährungsbezogene Gesundheitsbedingungen und -prozesse haben. Das kann den Hintergrund für den Konsum von fetthaltigem und hochverarbeitetem Fast Food durch ansonsten kenntnisreiche junge Männer bilden. Andererseits kann der relative Mangel an weiblicher ökonomischer Macht eine wichtige Einschränkung für einen angemessenen Wohnraum, die adäquate medizinische Behandlung und ausreichende Ernährung und Kleidung der Kinder in weiblicher Obhut bedeuten.

Ein Ansatz, der die Geschlechterverhältnisse in den Vordergrund rückt, untersucht also, wie die Beziehung der Geschlechter sich in unterschiedlichen Gesundheitsbedingungen niederschlägt, von denen Männer und Frauen einige gemeinsam haben, sich bei anderen aber unterscheiden. Mithilfe dieses Konzepts können wir die Unterschiede in der Gesundheit von Männern und Frauen als Produkt der geschlechtsstrukturierten Verhaltensweisen oder Praktiken verstehen, die oft komplexe Kombinationen der mit den verschiedenen Dimensionen des Geschlechts verbundenen Praktiken bilden: die Arbeitsteilung, die Gefühle, die symbolische Repräsentation, die Macht oder die Entscheidungsfindung. Das Geschlechterverhältnis muss sich nicht direkt in den Gesundheitsbedingungen niederschlagen. Es kann in Form weit verbreiteter Körperpraktiken, von denen einige zu Krankheiten, Behinderungen und vorzeitiger Mortalität führen, ausgelebt werden, was tatsächlich häufig geschieht.

4. Männlichkeitsmuster

Das Konzept des Geschlechterverhältnisses hat den weiteren Vorteil, dass es systematisch Fragen zu den Unterschieden innerhalb der Gruppe der Männer aufwirft, was eine zentrale Frage in der praktischen Gesundheitsarbeit darstellt. Ein Hauptergebnis der neueren internationalen Forschung zur Männlichkeit ist, dass die verschiedenen Gruppen von Männern in den Geschlechterbeziehungen unterschiedlich platziert sind (Connell 1998). Jede komplexe Gesellschaft oder Institution wird wahrscheinlich verschiedene Arten von Männlichkeit erzeugen und damit auch unterschiedliche Gesundheitspraktiken und gesundheitliche Folgen.

Unter den meisten Umständen gibt es eine kulturell dominante Form, welche die Forscher als die *hegemoniale Männlichkeit* bezeichnen (Connell 1999). Die Anthropologie hat gezeigt, dass die hegemonialen Muster der Männlichkeit sich von Kultur zu Kultur unterscheiden. Wie die Forschung für das zeitgenössische Nordamerika nachweist, können sie auch zwischen Subkulturen oder ethnischen Gruppen differieren (Hondagneu-Sotelo/Messner 1994). Dennoch wird in der heutigen Massengesellschaft durch die Massenmedien, die Großinstitutionen und die Wirtschaftsstrukturen eine beträchtliche gemeinsame Grundlage geschaffen. Daher liegt ein vertrautes Muster der Männlichkeit vor, das in der Gesellschaft insgesamt hegemonial ist. Deutlich sichtbare Beispiele finden sich im kommerziellen Sport, wo der sportliche Held heute für viele Menschen ein Modell wahrer Männlichkeit ist.

Ironischerweise sind viele Praktiken im Leistungssport der körperlichen Gesundheit und dem Wohlbefinden abträglich, z. B. der hohe Stress, dem die jungen Körper ausgesetzt sind, das «bis zur Schmerzgrenze gehen», die Brutalität auf dem Spielfeld oder das exzessive Training. Die Kultur des Leistungssports, die den Wettkampf, die Aggression und die persönliche Dominanz über andere hervorhebt, ist insgesamt mit Gesundheitsproblemen wie Brutalität (einschließlich sexueller Gewalt), Steroid-Missbrauch und Leugnung der eigenen Verletzlichkeit verbunden (Messner 1994).

Die hegemoniale Männlichkeit kann noch auf andere Weise hinter Gesundheitsproblemen stehen. Eine bestimmte Art von männlicher Kameraderie ist Bestandteil des bekannten Musters des Alkoholmissbrauchs. Die Demonstration männlicher Härte als Antwort auf Herausforderungen ist ein Faktor für bestimmte Gewaltmuster wie z. B. Kneipenschlägereien (Tomsen 1997). Sogar in der Ernährung gibt es eine bestimmte Männlichkeitssymbolik, insbesondere eine Ernährung mit viel rotem Fleisch («gibt Kraft») und wenig frischem Gemüse («Hasenfutter»). Der Versuch, Härte zu zeigen und Verletzlichkeit zu verbergen, kann Männer davon abhalten, ihre Probleme aufzudecken und Hilfe zu suchen. In den Studien zu sexuellen Beziehungen unter amerikanischen Studierenden z. B. waren die Männer verhältnismäßig wenig bereit, über ihre sexuellen Begegnungen und Erfahrungen mit Frauen oder über ihre Praktiken dabei zu sprechen (Lear 1997).

In diesem Fall ist es wahrscheinlich, dass die Wirkung der hegemonialen Männlichkeit als kulturelles Ideal weit über die – möglicherweise kleine – Männergruppe hinausreicht, die konsequent das vollständige Muster durchspielt. In diesem Sinne ist die hegemoniale Männlichkeit vermutlich Teil des bekannten Problems hinsichtlich der männlichen Inanspruchnahme des Gesundheitssystems. Wie wir bereits erwähnt haben, ist es ein weit verbreiteter Befund, dass Männer das medizinische Angebot weniger häufig nutzen als Frauen. Wenn sie einmal einen Arzt oder eine Ärztin im Rahmen der Primärversorgung aufsuchen, konzentrieren sie sich meistens stärker als Frauen auf körperliche Probleme und enthüllen seltener psychische und emotionale Schwierigkeiten.

Die hegemoniale Männlichkeit ist, wie wir betonen, nicht das einzige Muster der Männlichkeit. Sie ist in der Alltagspraxis nicht notwendigerweise das allgemein verbreitetste. Welches sind die mit anderen Männlichkeitsmustern verbundenen Gesundheitsprobleme?

In der heutigen westlichen Kultur ist das wichtigste Beispiel einer untergeordneten Männlichkeit die homosexuelle Männlichkeit. Die Unterscheidung heterosexuell/homosexuell ist in unserem Geschlechtersystem symbolisch sehr wichtig und hat in mehrfacher Weise Konsequenzen für die Gesundheit. Sowohl heterosexuelle als auch homosexuelle Gruppen können spezifische Muster des sexuellen Verhaltens entwickeln, die mit unterschiedlichen Infektionswegen für sexuell übertragbare Krankheiten einhergehen. Der HIV/AIDS-Forschung, in der die Klassifikation der Risikogruppen sich auf diese Unterschiede konzentriert, ist das mittlerweile sehr vertraut.

Das Verhältnis zwischen heterosexueller und homosexueller Männlichkeit wird damit zu einer Gesundheitsfrage. Homosexuelle Männer sind seitens bestimmter Gruppen heterosexueller Männer einer homophoben, manchmal tödlichen Gewalt ausgesetzt. Einige dieser Verbrechen werden durch die «panische» Reaktion der heterosexuellen Männer auf homosexuelle Annäherungen erklärt oder wegdiskutiert (Tomsen 1998). Andere sind eindeutig ein Ausdruck von Gruppenhass. Die Gesundheitsexperten sind ihrerseits gegen die in der Gesellschaft vorherrschenden Vorstellungen von Geschlecht und Sexualität nicht immun. Wenn schwule Männer das Gesundheitssystem in Anspruch nehmen müssen, können sie daher zusätzlich die Folgen einer Diskriminierung erleiden.

Eine große Zahl heterosexueller Männer akzeptiert die geschlechtliche Arbeitsteilung und die konventionelle Symbolisierung der Männlichkeit, ohne selbst die anstrengende hegemoniale Männlichkeit auszuspielen. Tägliches Autofahren, körperliche Arbeit und die Beschäftigung in der Schwerindustrie liegen den deutlichen Geschlechterunterschieden in der Unfallstatistik und in bestimmten Berufskrankheiten zu Grunde. Die Wirkung dieser täglichen Konfrontation mit Risiken kann natürlich durch den Versuch verschärft werden, sich selbst durch die Missachtung von Sicherheitsvorschriften und der Sicherheitsausrüstung oder durch eine gefährliche Fahrweise als «richtiger Mann» zu beweisen, wie die Fallstudie von Walker zeigt (Walker 1998).

Einige Männer versuchen aktiv, das Männlichkeitsmuster zu verändern. Sie bewegen sich aber nicht alle in dieselbe Richtung. Messner hat festgestellt, dass es derzeit in den Vereinigten Staaten mindestens acht unterscheidbare Männerbewegungen gibt, jede mit einer eigenen Agenda für Männer (Messner 1997). Wenn man sich denen zuwendet, die ihr Leben in Richtung auf friedlichere und gleiche Beziehungen zu den Frauen umzugestalten suchen, treten andere Gesundheitsprobleme als die bereits dargestellten zu Tage. Diese Männer müssen einen gewissen Stress in den persönlichen Beziehungen aushalten, weil die von ihnen beabsichtigten Veränderungen häufig auf Unverständnis oder Widerstand stoßen. Obwohl sie wahrscheinlich die Risiken einer Verletzung durch den Wettkampfsport meiden, müssen sie andere Formen von körperlicher Betätigung und Körperkultur finden. Wenn sie heterosexuell sind, dann müssen sie Formen der sexuellen Beziehung aushandeln, die ohne Herrschaft aufregend sind. Sie müssen neue Beziehungsformen finden, die eine langfristige Bindung und Unterstützung erlauben, ohne die Ungleichheiten der «traditionellen» Familienform zu reproduzieren. Das sind keine einfachen Herausforderungen, aber sie werden z. B. in den «Fair Families»-Studien von Risman aufgegriffen (Risman 1998).

Wir haben festgestellt, dass sich die Gesundheitsprobleme zwischen Gruppen von Männern in verschiedenen sozialen Schichten oder ethnischen Gruppen unterscheiden. Im konventionellen Verständnis von Geschlecht als biologischem Unterschied erscheinen diese Differenzen als willkürlich und unwichtig. Aber vom Standpunkt eines Ansatzes, der das Geschlechterverhältnis betrachtet, sind sie bedeutsam. Wie Poynting und Mitarbeiter in einer neueren Studie zu jugendlichen libanesischen Einwanderern und deren Erfahrungen mit dem Rassismus in Sidney betonen, besteht gewöhnlich eine Interaktion zwischen den Strukturen von Geschlecht, Schicht und Ethnizität (Poynting et al. 1998).

Bestimmte Geschlechtermuster oder Geschlechtersymbole können für den Rassismus oder für die Ausbildung einer ethnischen Identität wichtig sein. So wurde «Schützt die weiße Frau» zu einem Hauptthema des Rassismus in den Vereinigten Staaten nach dem amerikanischen Bürgerkrieg. Dieses Thema hatte schwere langfristige Auswirkungen auf die Situation der afroamerikanischen Männer. In einem ganz anderen Umfeld haben Männer aus Shanghai den Ruf, in der Hausarbeit und in der ehelichen Beziehung egalitärer zu sein als Männer aus anderen chinesischen Regionen – dies ist Teil des «Markenzeichens» der Männer aus Shanghai. Den völligen Gegensatz dazu, die Polarisierung der Geschlechter und die Konstruktion des Mannes als Krieger und der Frauen als Mütter der Nation, sieht man in den wieder auflebenden ethnisch-nationalistischen Identitäten auf dem Balkan (Najcevska 1997). Die Folgen dieser Geschlecht-Ethnizität-Interaktion für die Gesundheit kann von der organisierten Gewalt bis zur Ernährung und zu Problemen in der AIDS-Prävention reichen.

5. Schlussfolgerung: Geschlecht, Männer und Gesundheit

Es ist deutlich geworden, dass Männergesundheit weder ein einfacher Begriff ist noch ein einziges Problem darstellt. Wir müssen anerkennen, dass es einigen Gruppen von Männern in den wohlhabenden Gesellschaften wie Australien und den Vereinigten Staaten sehr gut geht im Sinne eines hohen Standards von Gesundheitsversorgung und zunehmender Lebenserwartung. Journalistische Behauptungen von einer «Krise der Männergesundheit» sind weit übertrieben.

In manchen Bereichen können wir allerdings von einer Krisensituation sprechen. Dazu gehören die hohe Selbstmordrate unter jungen Männern, die sehr hohen Krankheitsraten und vorzeitigen Todesfälle unter den Ureinwohnern Australiens, von denen die Hälfte nicht älter als fünfzig Jahre wird, die sehr hohen Verletzungsraten, Gefängniseinweisungen und Todesfälle unter Afroamerikanern (Staples 1995) und die erschreckenden Raten an Verletzungen und Todesfällen durch Verkehrsunfälle bei Jugendlichen. Darüber hinaus müssen in Bereichen wie Ernährung, Alkoholmissbrauch, Gewalttätigkeiten und Nutzung der Gesundheitsangebote die tief sitzenden Probleme großer Gruppen von Männern als zentrales Gesundheitsproblem gesehen werden.

Wie die Gesundheitswissenschaften hervorheben, sprechen wir, wenn wir von Männern als Zielgruppe der Gesundheitspolitik sprechen, notwendigerweise über das Geschlecht. Das ist keine Frage der Wahl oder der Vorlieben. Die Gruppe «Männer» wird als Gruppe in Begriffen des Geschlechts definiert durch ihren Unterschied und ihr Verhältnis zu einer anderen Geschlechtsgruppe, den «Frauen».

Wie wir gesehen haben, entwickelte sich der Männergesundheitsdiskurs anhand der Betrachtung der unterschiedlichen Messergebnisse für Männer und Frauen. Der größere Teil der Forschungen zur Männergesundheit besteht bislang aus Studien zum Geschlechtsunterschied, die Geschlecht mehr als abstrakte Kategorie anstatt als gelebte Wirklichkeit behandeln. Welchen Gegenstand man auch nimmt, der Mehrheit der biomedizinischen Untersuchungen zur Männergesundheit fehlt jegliche Verbindung zu Forschungen über das Geschlechterverhältnis, über Männer oder Männlichkeit. Die Folge ist, dass sie nicht kumulativ sind und kaum etwas zum Verständnis der *Ursachen* der behandelten Gesundheitsprobleme beitragen und in unterschiedlichen Zusammenhängen immer wieder dieselben vagen Vermutungen wiederholen.

Kurz gesagt, der Bereich Geschlecht und Gesundheit ist segregiert, und diese Aufspaltung stellt eine grundlegende Schwäche dar. Sie ist intellektuell unhaltbar, wenn man davon ausgeht, dass Geschlecht ein interaktives System ist. Sie lädt zu Konflikten und Rivalitäten ein, die angesichts der in einigen Ecken der Männergesundheitsbewegung vorhandenen Frauenverachtung und der auf Abwehr bedachten Sorge einiger Vertreterinnen der Frauengesundheitsbewegung wegen sinkender Geldmittel bereits eine Gefahr für diesen Bereich darstellen. Sie steht wichtigen Formen der Forschung und des Handelns im Wege, die sowohl Männer als auch Frauen umfassend einbinden müssen.

Es ist klar, wie auf diese Probleme zu reagieren ist. Wir müssen eine integrierte Herangehensweise entwickeln, in der Fragen der Männergesundheit und der Frauengesundheit im Verhältnis zueinander gesehen werden. Ein derartiger Rahmen wird bedeutende Erträge sowohl für die Forschung als auch für ihre Umsetzung ins Handeln erzielen. Er wird einen integrierten Ansatz erlauben, der bei der Suche nach den Ursachen der Gesundheit und Krankheit von Männern die für die Gesundheit einzelner männlicher Bevölkerungsteile regelmäßig als zentral erkannten Faktoren Armut, Ethnizität und Region systematisch einbezieht. Diese Kräfte wirken auch auf die Gesundheit von Frauen. *Wie* sie aber auf die jeweilige Gruppe wirken, erfordert Forschungen zur Familienstruktur, zur Verbindung zwischen Familie und Arbeitsplatz und zur kulturellen Definition von Männlichkeit und Weiblichkeit, kurz: Nötig ist ein Geschlechteransatz. Ebenso kann die männliche Gewalttätigkeit, die in Forschung und Praxis zunehmend zum Thema wird, nicht unabhängig von männlicher Gewalt gegen Frauen verstanden werden. Häusliche Gewalt und sexuelle Übergriffe sind wichtige Themen der Frauengesundheit. Neuere europäische Forschungen zeigen, wie sich diese Fragen verbinden lassen (Hearn 1998).

Schließlich gestattet der Rahmen des Geschlechterverhältnisses eine geschlechterbezogene Gesundheitsversorgung und Gesundheitsförderung *über* die Geschlechtergrenzen hinweg. Programme, die Geschlechterfragen ansprechen, indem sie sowohl Männer als auch Frauen in Interaktion miteinander bringen, können im Gegensatz zu geschlechtsspezifischen Programmen, die jeweils nur Männer oder nur Frauen ansprechen, als *geschlechterbezogene* Programme bezeichnet werden. Da viele Gesundheitsfragen, von der Ernährung und vom Kindeswohl bis zur sexuellen Gesundheit und zur Gesundheit in der

Low Fat Consumers in Australia». *Journal of Epidemiology and Community Health*, 48, S. 26–32.
Baker, S. R., Stacey, M. C. (1994). «Epidemiology of Leg Ulcers in Australia». *Australian and New Zealand Journal of Surgery*, 64, S. 258–261.
Baum, F. (1998). *The New Public Health. An Australian Perspective*. Melbourne.
Bittman, M., Pixley, J. (1997). *The Double Life of the Family. Myth, Hope and Experience*. Sydney.
Boston Women's Health Book Collective (1981). *Unser Körper, unser Leben. Ein Handbuch von Frauen für Frauen*. Reinbek.
Broom, D. (1991). *Damned If We Do. Contradictions in Women's Health Care*. Sydney.
Bryson, L., Warner-Smith, P. (1997). «Women's Health, Juggling Time and the Life Cycle» (Vortragspapier: Women as Well. Gender and Health Conference. University of Sidney, 24.–25.7.1997).
Chow, T. K., Lambert, J. R., Wahlqvist, M. L., Hsu-Hage, B. H. (1995). «Helicobacter Pylori in Melbourne Chinese Immigrants. Evidence for Oral-Oral Transmission via Chopsticks». *Journal of Gastroenterology and Hepatology*, 10, S. 562–569.
Connell, R. W. (1987). «Gender and Power». Stanford, Cal.
Connell, R. W. (1996). «New Directions in Gender Theory, Masculinity, and Gender Politics». *Ethnos*, 61, S. 157–176.
Connell, R. W. (1998). «Masculinites and Globalization». *Men and Maculinities*, 1, S. 3–23.
Connell, R. W. (1999). *Der gemachte Mann. Konstruktion und Krise von Männlichkeiten*. Opladen.
Connell, R. W., Schofield, T., Walker, L., Wood, J., Butland, D. (1999). *Men's Health. A Research Agenda and Background Report*. Canberra: Commonwealth Department of Health and Aged Care.
Courtenay, W. (2000). «Constructions of Masculinity in their Influence on Men's Well-Being. A Theory of Gender and Health». *Social Science and Medicine*, 50, S. 1385–1401.
Dowsett, G. W. (1996). «Practicing Desire. Homosexual Sex in the Era of AIDS». Stanford, Cal.
Doyal, L. (1995). *What Makes Women Sick. Gender and the Political Economy of Health*. London.
Epstein, C. F. (1988). *Deceptive Distinctions. Sex, Gender and the Social Order*. New Haven, Conn.
Evans, R. G. (1994). «Introduction». In: Evans, R. G., Barer, M. K., Marmor, T. R. (Hrsg.). *Why Are Some People Healthy and Others Not? The Determinants of Health of Populations*. New York, S. 3–26.
Evans, R. G., Barer, M. K., Marmor, T. R. (Hrsg.) (1994). *Why Are Some People Healthy and Others Not? The Determinants of Health of Populations*. New York.
Hearn, J. (1998). *The Violence of Men. How Men Talk About and How Agencies Respond to Men's Violence to Women*. London.

Holland, D, C, Eisenhart, M. A. (1990). *Educated in Romance. Women Achievements, and College Culture*. Chicago.
Hondagneu-Sotelo, P., Messner, M. A. (1994). «Gender Displays and Men's Power. The ‹New Man› and the Mexican Immigrant Man». In: Brod, H., Kaufmann, M. (Hrsg.). *Theorizing Masculinities*. Thousand Oaks, Cal., S. 200–218.
Kessler, S. J., McKenna (1978). *Gender. An Ethnomethodological Approach*. New York.
Laumann, E. O., Gagnon, J. H., Michael, R. T., Michaels, S. (1994). *The Social Organisation of Sexuality*. Chicago.
Lear, D. (1997). *Sex and Sexuality. Risk and Relationships in the Age af AIDS*. Thousand Oaks, Cal.
Marmot, M. G., Mustard, J. F. (1994). «Coronary Heart Disease from a Population Prespective». In: Evans, R. G., Barer, M. K., Marmor, T. R. (Hrsg.). *Why Are Some People Healthy and Others Not? The Determinants of Health of Populations*. New York, S. 189–214.
Mathers, C. (1994a). *Health Differentials among Adult Australians Aged 25–64 Years*. Canberra: Australian Government Publication Service.
Mathers, C. (1994b). *Health Differentials among Older Australians*. Canberra: Australian Government Publication Service.
Mathers, C. (1995a). *Health Differentials among Australian Children*. Canberra: Australian Government Publication Service.
Mathers, C. (1995b). «Health Differentials among Australian Males and Females. A Statistical Profile». In: *National Men's Health Conference 10.–11. August 1995*. Canberra: Australian Government Publication Service.
Mathers, C. (1996). *Health Differentials among Young Australian Adults*. Canberra: Australian Government Publication Service.
Mead, H. J., Jelinek, G. A. (1996). «Suspected Snakebite in Children. A Study of 156 Patients over 10 Years». *Medical Journal of Australia*, 164, S. 467–470.
Messner, M.A. (1997). *The Politics of Maculinities. Men in Movement*. Thousand Oaks, Cal.
Messner, M. A., Sabo, D. F. (1994). *Sex, Violence and Power in Sports. Rethinking Masculinity*. Freedom, Cal.
Najcevska, M. (1997). «The Fields of Gender Exclusivity. Constructing the Masculine Orientation Toward Violence in the Process of Education» (Presented to UNESCO Expert Group Meeting. Male Roles and Masculinities in the Perspective of a Culture of Peace 24.–28.9.). Oslo.
O'Dea, J. A., Abraham, S., Heard, R. (1996). «Food Habits, Body Image and Weight Control Practices of Young Male and Female Adolescents». *Australian Journal of Nutrition and Dietetics*, 53, 32–38.

Poynting, S., Noble, G., Tabar, P. (1998). «‹If Anyone Called Me A Wog, They Wouldn't Be Speaking To Me Alone›. Protest Masculinity and Lebanese Youth in Western Sydney». *Journal of Interdisciplinary Gender Studies*, 3, S. 76–94.

Radimer, K. L., Harvey, P. W., Green, A., Orrell, E. (1992). «Compliance with Dietary Goals in a Queensland Community». *Australian Journal of Public Health*, 16, S. 277–281.

Riessman, C. (1990). *Divorce Talk. Women and Men Make Sense of Personal Relationships*. New Brunswick, NJ.

Risman, B. J. (1998). *Gender Vertigo. American Families in Transition*. New Haven, Conn.

Rofe, R. L. (1995). «Boys. A Species under Thread?» *News Weekly*, 25.2.1995, S. 18–19.

Rosenfeld, S. (1989). «The Effects of Women's Employment. Personal Control and Sex Differences in Mental Health». *Journal of Health and Social Behavior*, 30, S. 77–91.

Ross, C. E., Mirowsky, J. (1989). «Explaining the Social Patterns of Depression. Control and Problem Solving – or Support and Talking». *Journal of Health and Social Behaviour*, 30, S. 206–219.

Ross, M. W. (1988). «Prevalence of Risk Factors for Human Immunodeficiency Virus Infection in the Australian Population». *Medical Journal of Australia*, 149, S. 362–365.

Sabo, D. (1999). «Understanding Men's Health. A Relational and Gender Sensitive Approach». *Working paper series*, 99,14, Cambridge, Mass.

Sabo, D., Gordon, D. F., (Hrsg.) (1995). *Men's Health and Illness. Gender, Power and the Body*. Thousand Oaks, Cal.

Schofield, T. (1998). «Health». In: Cain, B., Gatens, M., Graham, E., Larbalestier, J., Watson S., Webby, E. (Hrsg.). *Australian Feminism. A Companion*. Melbourne.

Schofield, T., Nasser, N., Kambouris, N. (1993). *Nonenglish Speaking Background Women's Mental Health. A Community-Based Study*. Sydney.

Segal, L. (1994). *Straight Sex. Rethinking the Politics of Pleasure*. Berkeley, Cal.

Staples, R. (1995). «Health Among African American Males». In: Sabo, D., Gordon, D. F. (Hrsg.). *Men's Health and Illness. Gender, Power and the Body*. Thousand Oaks, Cal., S. 121–138.

Steele, P., Dobson, A., Alexander, H., Russel, A. (1991). «Who Eats What? A Comparison of Dietary Patterns among Men and Women in Different Occupational Groups». *Australian Journal of Public Health*, 15, S. 286–295.

Stein, J. (1997). *Empowerment and Women's Health. Theory, Methods and Practice*. London.

Stevens, J. (1995). *Healing Women. A History of Leichhardt Women's Community Health Centre*. Sydney.

Thompson, P. G. (1997). «The Public Health Impacts of Dog Attacks in a Major Australian City». *Medical Journal of Australia*, 167, S. 129–132.

Tomsen, S. (1997). «A Top Night. Social Protest, Masculinity and the Culture of Drinking Violence. *British Journal of Criminology*, 37, S. 90–102.

Tomsen, S. (1998). «‹He Had To Be A Poofter Or Something›. Violence, Male Honour and Heterosexual Panic». *Journal of Interdisciplinary Gender Studies*, 3, S. 44–57.

Van Buynder, P. G., Smith, J. M. (1995). «Mortality, Myth or Mateship Gone Mad. The Crisis in Men's Health». *Health Promotion Journal of Australia*, 5, S. 9–11.

Waldron, I. (1995). «Contributions of Changing Gender Differences in Behavior and Social Roles to Changing Gender Differences in Mortality». In: Sabo, D., Gordon, D.F. (Hrsg.). *Men's Health and Illness. Gender, Power and the Body*. Thousand Oaks, Cal., S. 22–45.

Walker, I.. (1998). «Under the Bonnet. Car Culture, Technological Dominance, and Young Men of the Working Class». *Journal of Interdisciplinary Gender Studies*, 3, S. 23–43.

Watts, R. W., McLennan, G., Bassham, G., el-Saadi, O. (1997). «Do Patients With Asthma Fill Their Prescriptions? A Primary Compliance Study». *Australian Family Physician*, 26 (suppl. 1), S. 4–6.

Wragg, J. (1992). *The Development and Evaluation of a Model of Drug Education for Adolescents*. Dissertation, Wollongong University, NSW.

Yates, L., Leder, G. C. (1996). *Student Pathways. A Review and Overview of National Databases on Gender Equity. A Report for the Gender Equity Taskforce of the Ministerial Council on Education, Employment, Training and Youth Affairs*. Canberra.

Überarbeitete Fassung des Beitrags «Understanding men's health and illness: A gender-relations approach to policy, research, and practice». Journal of American College Health, 48, 2000, S. 247–256 (mit freundlicher Genehmigung von Heldref Publications; Übersetzung: Alex Flügel)

2 Theorien und Methoden der geschlechtervergleichenden Forschung

Biomedizinische und biopsychosoziale Modelle

Annette Degenhardt und Andreas Thiele

Geschlechtsdifferenzielle Anfälligkeiten für bestimmte Krankheiten oder die geschlechtsbezogenen Mortalitätsraten werfen immer wieder die Frage nach der Entstehung von Geschlechtsunterschieden in der körperlichen Entwicklung, im Verhalten und im Erleben auf. In den Siebzigerjahren wurde, ausgehend von einem interdisziplinären Symposium einer Arbeitsgemeinschaft der Gesellschaft für Anthropologie und Humangenetik zum Thema «Geschlechtsrolle», der Versuch unternommen, die aktuelle Forschungslage zu Geschlechtsunterschieden im Verhalten und Erleben aus unterschiedlichen Disziplinen daraufhin zu analysieren, ob die Befunde es zulassen, einen gemeinsamen, fächerübergreifenden Theorienbezug herzustellen. Nach fünfjähriger Arbeit einer von der Reimersstiftung in Bad Homburg getragenen interdisziplinären Arbeitsgruppe entschlossen sich die Teilnehmer und Teilnehmerinnen, die Materialien getrennt nach disziplinbezogenen Hauptpositionen zu publizieren. Es entstanden drei Buchbände mit den Untertiteln: «Mann und Frau in soziologischer Sicht» (Eckert 1979), «Mann und Frau in psychologischer Sicht» (Degenhardt/Trautner 1979) und «Mann und Frau in biologischer Sicht» (Bischof/Preuschoft 1980). Das Vorhaben einer integrativen Darstellung war also gescheitert. Nicht viel anders erging es den Teilnehmern und Teilnehmerinnen einer Tagung der Humboldt-Universität über «Interdisziplinäre Aspekte der Geschlechterverhältnisse in einer sich wandelnden Zeit» im Jahr 1991 (Wessel/Bosinski 1992).

1. Unterscheidung biomedizinischer, psychischer und sozialer Faktoren

Interdisziplinäre Forschung im Schnittpunkt von Medizin-, Natur- und Sozialwissenschaften setzt sich in mehr oder weniger expliziter Form immer wieder neu mit dem alten Leib-Seele-, oder Geist-Leib-Problem auseinander. Die Erkenntnisse aus der Hirnforschung und Neuropsychologie sind heute leitend für Lösungsvorschläge, die aus dem alten Dilemma der Humanwissenschaften führen könnten: Das Gehirn ist Träger beziehungsweise materielles Substrat aller geistigen Leistungen. Im Prinzip besteht sowohl in den biologischen Wissenschaften als auch in den Humanwissenschaften hinsichtlich einer naturalistischen Interpretation kaum Dissens. Unterschiedlich sind allerdings die Annahmen darüber, wie und auf welchem Wege die neuronalen Abläufe im Gehirn zu Bewusstseinserfahrungen, also zu Wahrnehmungen und Empfindungen wie Hören, Sehen, Tasten oder aber zu geistigen Zuständen wie Gefühl, Erinnerung, Konzentration, Schlaf und Traum oder auch zu Halluzinationen führen (Eccles 1989).

Analog zur Diskussion über das Geist-Leib-Problem stimmen Theorien über die Herkunft sekundärer geschlechtsbezogener Erlebens- und Verhaltensweisen darin überein, dass der organismische Ausgangsunterschied des primären Geschlechts, das biologische Substrat also, die Bedingungen der Möglichkeiten in sich bergen, die durch unterschiedliche Einflussfaktoren und auf unterschiedlichem Wege im Laufe der Entwicklung zu gruppen- und individuenbezogenem Erleben und Verhalten – also auch zu geschlechterdifferenten Gesundheitsaspekten führen. Dem biologischen Substrat kommt so verstanden eine Basisfunktion für die Variationsbreite von Verhalten, Erleben oder Gesundheitsstatus zu.

Zwei Hauptzugänge charakterisieren bisher die Forschungen über Geschlecht und Gesundheit: Der eine betont die *Abhängigkeit des geschlechtsbezogenen Rollenverständnisses von sozialen und kulturellen Gegebenheiten*, etwa von der Bedeutung der Gesundheit oder des Gesundheitsverhaltens in unterschiedlichen Abschnitten der menschlichen Entwicklung, in einer bestimmten Kultur oder bezogen auf eine «Mode» innerhalb einer bestimmten Zeitspanne oder innerhalb einer sozialen Gruppe. Der andere, eher epidemiologische, klinische Zugang fokussiert *Normvergleiche des Gesundheitsstatus, der Krankheitsanfälligkeit, der Morbiditäts- und der Mortalitätsraten im Lebenslauf* (siehe dazu Lane/ Cibula 2000). Für die Entstehung von Normabweichungen beziehungsweise von Krankheit und Krankheitsanfälligkeit dominiert die *biomedizinische Sichtweise*. Sie stellt im Gegensatz zu *soziopsychologischen Theorien* und Modellen den Organismus, die Funktionsfähigkeit der Organe und deren biologische Entwicklungsbedingungen in den Vordergrund. Einflüsse von Umweltbedingungen auf das Krankheitsgeschehen sind dabei nicht ausgeblendet, doch wird die geschlechtsbezogene Gesundheit als primär vom biologischen Substrat gesteuert begriffen.

Die *biomedizinische* Sichtweise fokussiert also biologische Prozesse beziehungsweise den genetischen Ausgangsstatus eines Organismus als Einflussfaktor auf die Entwicklung von Krankheiten. Umweltbedingungen, gleich welcher Art, spielen dabei eine eher fördernde und stützende, nicht aber die ausschlaggebende Rolle. Der Erfolg biomedizinischer Modelle ist vor allem in den Fortschritten der medizinischen Diagnostik und Therapie zu sehen. Als Ergebnis dieser Entwicklung sind einige Krankheiten fast ganz ausgestorben (z. B. Pocken), anderen Krankheiten kann vorgebeugt werden, wie z. B. den Röteln oder dem Tetanus, und eine Reihe von Krankheiten werden durch Medikamente oder andere Therapieformen erfolgreich gelindert oder behandelt. Die selbstverständliche Erwartung an die Medizin und die Pharmaindustrie bezogen auf Medikamente – beispielsweise zur Behandlung von Krebs, Aids oder von pathologischen Erkrankungen im Kontext des altersbezogenen Abbaus – fördern zudem die biomedizinische Sichtweise im Gesundheitsbereich. Im Gegensatz hierzu stellen sich Erfolge von sozialen Interventionsprogrammen oder Psychotherapien weniger spektakulär dar. Evaluationen, die den Nachweis von Effekten solcher Programme aufzeigen sollen, sind oft aufwändig und erst über längerfristige Zeiträume zu erbringen.

Dennoch kommt Kritik an der rein biomedizinischen Sichtweise aus den Reihen der Mediziner selbst. In einem Artikel in Science hat der Psychiater George Engel bereits 1977 auf die einseitige, «reduktionistische» Sicht biomedizinischer Modelle aufmerksam gemacht. Die Ausblendung psychosozialer Faktoren bei der Entstehung und der Aufrechterhaltung etwa von Psychosen und psychopathologischen Störungen werde, so seine Behauptung, dem menschlichen Organismus nicht gerecht. Er schlug vor, mit einem *biopsychosozialen* Modell einen Paradigmenwechsel vorzunehmen, durch den Forscher und Forscherinnen in die Lage versetzt würden, sowohl eine reduktionistisch biomedizinische Sichtweise als auch den in diesen Modellen aufscheinenden Geist-Körper-Dualismus zu überwinden. Theoretisch orientiert sich Engel dabei an der allgemeinen Systemtheorie, wie sie von dem Biologen Ludwig von Bertalanffy entwickelt wurde (zur Kritik solcher Modelle für die psychiatrische Intervention Richter 1999). Biopsychosoziale Modelle, die auf die Interaktion unterschiedlicher Einflussvariablen setzen, haben sich inzwischen auch im Bereich der Gesundheitspsychologie durchgesetzt (Schwenkmezger et al. 1993). Wir finden sie sowohl in angloamerikanischen Lehrbüchern über Gesundheitspsychologie (Sarafino 1998; Taylor 1995 und Whitman 1999) wie auch in den einschlägigen deutschsprachigen Lehrbüchern bei Schwarzer (1996) und bei Schwenkmezger/Schmidt (1994).

Bezogen auf das Thema «Geschlecht und Gesundheit» lassen sich die unterschiedlichen Einflussfaktoren grob nach drei Variablengruppen unterscheiden: Biomedizinische, umweltbezo-

Geschlechtsdifferenzielle biogenetische Bedingungen

Genotyp
Biochemische Prozesse
Endokrines System
Gastrointestinales System
Immunsystem
Kardiovaskuläres System
Nervensystem
Respiratorisches System
Urogenitales System

Geschlechtsdifferenzielle psychische Bedingungen

Persönlichkeitsaspekte
Coping-Strategien
Einstellung zu Gesundheit und Gesundheitsverhalten
Geschlechtsrollen- und Selbstkonzepte

Geschlechtsdifferenzielle soziale Bedingungen

Soziokulturelle Bedingungen
Umwelteinflüsse
Geschlechtsrollennormen
Sozial- und Gesundheitspolitik
Sozioökonomischer Status

Gesundheit

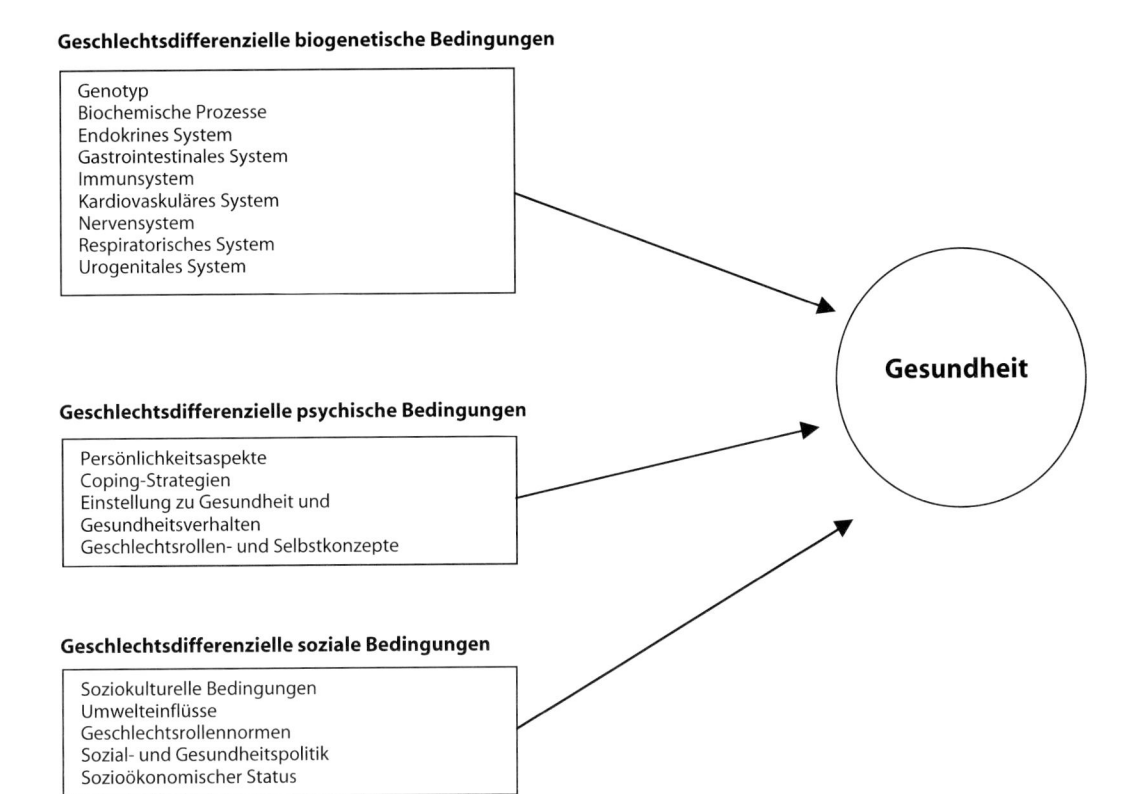

Abbildung 1: Biopsychosoziale Einflussfaktoren auf Gesundheit.

gen-soziale und psychische Faktoren (vgl. **Abb. 1**). Jeder dieser Einflussbereiche kann bezogen auf die Forschungslage im Bereich Geschlecht und Gesundheit unter der Perspektive einer oder mehrerer separater Theorien und Modelle betrachtet werden:

- Zu den *biologischen Einflussfaktoren* zählen so unterschiedliche Dinge wie das genetische Material und die genetischen Prozesse, durch die Eigenschaften von den Eltern vererbt werden; die Funktionsfähigkeit einzelner Organe, der Knochen, der Nerven etc.; die Reaktionsansprechbarkeit des Immunsystems auf exogene und endogene Reize; die Art und Weise, wie diese Faktoren untereinander und miteinander interagieren.
- Zu den *psychischen Faktoren* zählen kognitive und Verhaltensaspekte wie Wahrnehmung, Problemlösen, Lernen, Erinnern, Einstellungen, Interessen, Emotionen und Motivationen. Alle diese Faktoren können Einfluss darauf haben, ob und wie Menschen etwa Signale ihres Körpers wahrnehmen und wie sie darauf reagieren.
- *Soziale Faktoren* schließlich betreffen das Gesundheitssystem, die Arbeitsbedingungen und Freundschafts-, Verwandtschafts- und andere soziale Netze. Insbesondere die Familie und der Familienstatus wird als wichtiger Einflussfaktor für die Gesundheit über den gesamten Lebenslauf betrachtet.

Die Rolle, die biologische, psychische und soziale Faktoren bei der Gesundheit von Frauen und Männern spielen, wird in allen Beiträgen dieses Bandes deutlich. Schwieriger stellt sich das Problem *der Interaktion dieser Komponenten* dar. Notwendigerweise basieren biopsychosoziale Modelle auf komplexen methodischen Analysen, deren Ergebnisse oft nicht einfach zu überschauen und zu interpretieren sind. Dies mag der Grund dafür sein, dass sie zwar durchgängig in der einschlägigen Literatur gefordert werden, doch noch selten anzutreffen sind.

In diesem Beitrag werden wir, ausgehend von biogenetischen Einflussvariablen, unterschiedliche Erklärungsmodelle für geschlechtsbezogene Gesundheitsaspekte aufzeigen. Im Einzelnen werden die chromosomalen und genetischen sowie hormonellen und auf das Entwicklungstempo bezogenen Aspekte der männlichen und weiblichen Entwicklung dargelegt. Nachfolgend werden empirische Modelle über Einflussmöglichkeiten biologischer Faktoren auf geschlechtsbezogene Gesundheitsaspekte vorgestellt. Im Anschluss daran entwickeln wir am Beispiel eines Forschungsprojektes ein pfadanalytisches Modell, das in der Lage ist, biopsychosoziale Interaktionen bezogen auf Geschlecht und Gesundheit zu prüfen. Abschließend folgt eine kritische Bewertung biopsychosozialer Modellprüfungen.

2. Biogenetische Einflussvariablen auf Geschlecht und Gesundheit

Die auf *das Genom oder den Genotyp* gerichtete Sichtweise auf geschlechtsbezogene Gesundheitsaspekte geht davon aus, dass primär alle Information zur Entwicklung des Menschen und zu seiner Steuerung des Verhaltens und Erlebens in den Genen liegt, wobei diese nicht direkt, sondern als aktive Moleküle auf die Proteinsynthese der Zelle wirken, in der sie sich befinden. So genannte «Strukturgene» enthalten Informationen für Proteine oder Botenstoffe wie Hormone und Neurotransmitter, die für den Aufbau des Nervensystems und für die Informationsübertragung zwischen den Zellen notwendig sind. Die Wechselwirkungen der Aktivität jeweils vieler Gene bilden die genetische Basis der Entwicklungsprozesse eines Menschen. Die genetische Aktivität beeinflusst die neurale Aktivität, die wiederum die Grundlage für Erleben und Verhalten darstellt. Hierbei kann aber auch die Umkehrung gelten: Umweltbedingungen können das Verhalten beeinflussen und dadurch die neurale Aktivität und vermutlich auch die genetische Aktivität selbst: «Damit können Menschen genetische Wirkungen im Prinzip auf verschiedensten Ebenen beeinflussen: Durch medikamentöse Eingriffe in die genetische Aktivität oder die neurale Aktivität, durch ihr Verhalten oder durch die Gestaltung ihrer Umwelt.» (Asendorpf 1998, S. 101). Genetische Wirkungen sind also keine Einbahnstraßen und sind folglich auch ohne gentechnologische Veränderungen des Genoms beeinfluss- und veränderbar.

Aktuell erhält die Genetik als Grundlage für geschlechtsbezogene Gesundheitsaspekte besondere Bedeutung durch die Möglichkeiten zur Diagnose und Therapie, die sich aufgrund der Entschlüsselung des menschlichen Genoms ergeben. Die entsprechenden Entwicklungsbedingungen sind im genetischen oder *chromosomalen* Geschlecht, im *gonadalen* oder Keimdrüsengeschlecht und schließlich im *somatischen* oder körperlichen Geschlecht zu sehen. Mit der Vereinigung der Keimzellen liegt das genetische beziehungsweise *chromosomale Geschlecht* (im Normfalle XX beziehungsweise XY) fest. Dieses entwickelt sich durch Differenzierung in Ovarien oder Hoden zum gonadalen Geschlecht. Die Gonadenanlagen unterscheiden sich zunächst bei beiden Geschlechtern nicht. Etwa ab der siebten Schwangerschaftswoche erfolgt die Differenzierung in Hoden beziehungsweise Ovar. Hierbei spielt ein über das Y-Chromosom gesteuerter Induktor für die Entwicklung des Hodens die ausschlaggebende Rolle (Neumann 1980). Für die Differenzierung in ein Ovar ist kein zusätzlicher Einfluss notwendig. Die somatische Geschlechtsdifferenzierung erfolgt im Anschluss an die Festlegung des gonadalen Geschlechts.

Die vom chromosomalen Geschlecht ausgehenden Unterschiede beziehen sich nicht nur auf die gonadale und morphologische Ausstattung der männlichen und weiblichen Organismen, sondern auch auf deren Unterschiede im Erbgang. Je nach Erbgang, ob dominant oder rezessiv, sind die Geschlechtschromosomenpaare über ihre Gene auch für weitere Unterschiede zwischen den Geschlechtern zuständig (Merz 1979). Da männliche Individuen nur ein X-Chromosom haben, das immer von der Mutter vererbt wird, manifestiert sich ein rezessives Gen auf diesem Chromosom auf jeden Fall im Phänotyp. Bei weiblichen Individuen zeigt sich ein X-rezessives Merkmal nur dann im Phänotyp, wenn das betreffende Gen auf beiden X-Chromosomen vorhanden ist, was eine deutlich geringere Wahrscheinlichkeit hat. Dies erklärt zum Beispiel, dass männliche Individuen viel stärker von X-rezessiven Störungen wie Farbenblindheit oder Bluterkrankheit betroffen sind.

Die weitere Steuerung der somatischen Geschlechtsdifferenzierung erfolgt durch die *von den Gonaden produzierten Hormone*. Dies gilt insofern hauptsächlich für die Differenzierung des männlichen Geschlechtes, als dabei der Einfluss der Androgene die entscheidende Rolle spielt. Ab etwa der siebten Schwangerschaftswoche, wenn sich die internen Reproduktionsorgane, Testes oder Ovar, gebildet haben, beginnt die Eigenproduktion der Sexualhormone, die wiederum die weitere Entwicklung der sexuellen Differenzierung beeinflusst. In diesem Stadium ist für die Entwicklung des weiblichen Organismus keine besondere Hormoninduktion notwendig. Die von den Gonaden produzierten Androgene, insbesondere das Dihydrotestosteron, bilden die Voraussetzung dafür, dass die männliche Differenzierung in Gang gesetzt wird. Beim Ausbleiben einer entsprechenden Hormonzufuhr oder bei einer Insensitivität der Empfängerorgane bilden sich – auch beim chromosomal männlichen Geschlecht – weibliche innere und äußere Geschlechtsorgane.

Zur gleichen Zeit, etwa im zweiten und dritten Schwangerschaftsmonat, erfolgt unter Einfluss des Testosterons eine weitere Differenzierung in der Hirnregion des Hypothalamus. Dieser gilt als zentrale Schaltstelle im komplexen Netzwerk des Nerven- und Hormonsystems (Tewes/Schedlowski 1994). Über die Hypophyse nimmt der Hypothalamus Einfluss auf die innersekretorischen hormonellen Vorgänge. Über Releasing- und Inhibiting-Hormone stimuliert oder hemmt er die Freisetzung von Hormonen und steuert die Drüsentätigkeit (zum Beispiel Schilddrüse, Gonaden, Nebenniere oder auch die Körperzellen über das Wachstumshormon GH). So steuert die Hypophyse unter anderem auch die Hormonzufuhr in der Pubertät. Die Anwesenheit von Testosteron in der entsprechenden pränatalen Phase ist verantwortlich für die reguläre Produktion von Androgenen und Spermien in der Pubertät. Unter Abwesenheit von Testosteron resultiert später die zyklusorientierte hormonelle Aktivität, also die Ovulation und Menstruation (siehe dazu Basow 1992).

Die phänotypische Ausprägung des *somatischen* oder körperlichen Geschlechts entwickelt sich vollständig erst durch die Einwirkung der Sexualhormone in der Pubertät. Das Verhältnis der weiblichen und männlichen Sexualhormone zueinander, die Menge der produzierten Sexualhormone und die Hormonansprechbarkeit des Organismus beeinflussen die Ausbildung der primären und sekundären männlichen und weiblichen Geschlechtsmerkmale zur Erwachsenenmorphologie.

Schon im Laufe der sehr frühen Fötalentwicklung gibt es eine Reihe von Stadien, in denen sich geschlechtsbezogene Normabweichungen oder Krankheitsanfälligkeiten entwickeln können. Neben den bekannten Chromosomenanomalien sind es vor allem hormoninduzierte Störungen. Bei Mädchen finden wir zum Beispiel beim gestagen-induzierten Hermaphroditismus und beim androgenitalen Syndrom eine Vermännlichung der äußeren Genitalien vor (Erhardt/Meyer-Bahlburg 1981). Bei männlichen Organismen ist die hormonelle Störung der testikulären Feminisierung bekannt, bei der der chromosomal und gonadal männliche Körper nicht auf Testosteron anspricht. Die äußeren Genitalien erscheinen weiblich, auch die in der Pubertät induzierte Morphologie entwickelt sich so, jedoch bleiben die von dieser Störung Betroffenen ohne Menstruationszyklus und sind unfruchtbar.

Andere Beispiele, die den Einfluss von Sexualhormonen auf geschlechtsbezogene Gesundheit stützen, sind die in Tierexperimenten gewonnenen Befunde über den Einfluss von Sexualhormonen auf das zentrale Nervensystem, insbesondere auf das Gehirn und – vermittelt darüber – auf bestimmte Verhaltensbereiche (Merz 1979; Basow 1992). Fragen der sexuellen Orientierung und des Sexualverhaltens, der Androgynie, der Aggressivität, der Hirnlateralisation und Händigkeit, der räumlichen Begabung und sogar des Kompositionstalentes (Hassler 1990) werden im Rahmen neuronaler Beeinflussung durch Geschlechtshormone diskutiert.

Ein weiterer Aspekt im Rahmen biologischer Theorien ergibt sich aus dem *geschlechtstypischen Reifungsprozess*. Mädchen zeigen in einer

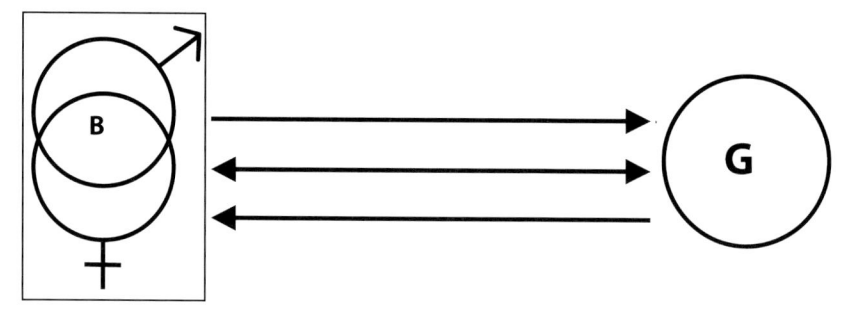

Modell A: Kovariation

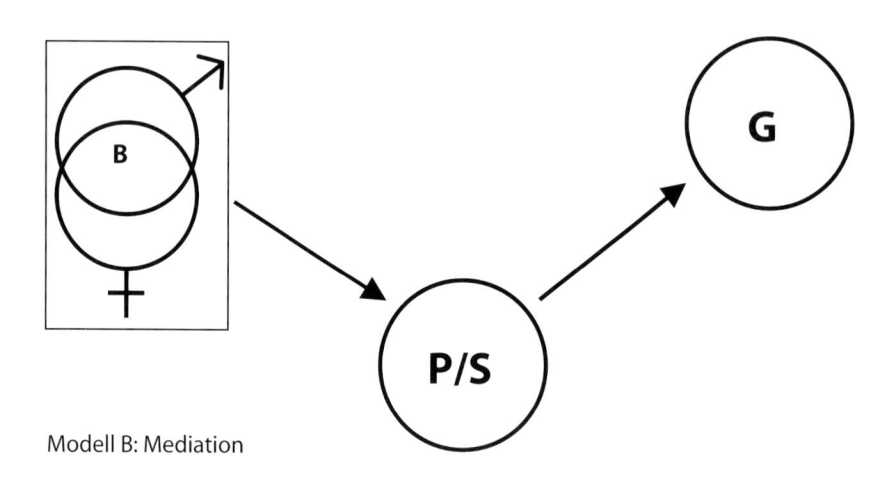

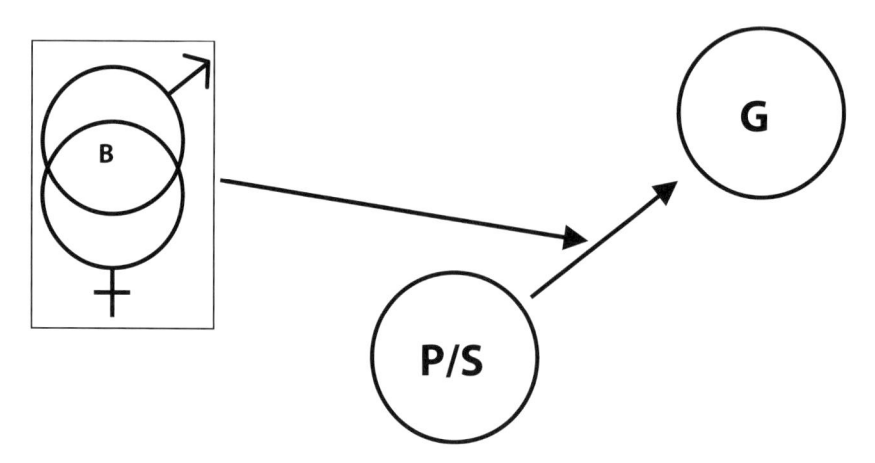

Modell B: Mediation

Modell C: Moderation

Abbildung 2: Drei Modelle zum Zusammenhang von Geschlecht und Gesundheit. *B:* Variation der biologischen Bedingungen innerhalb und zwischen den Geschlechtern; *P/S:* psychosoziale Bedingungen; *G:* körperliche und psychische Gesundheit.

Bereiche der subjektiven und objektiven Gesundheit müssen insbesondere für biomedizinische Modelle unterschieden werden, da, wie im Folgenden darzustellen ist, diese Modelle je nach Gesundheitsbereich eine unterschiedliche Reichweite und ein unterschiedliches Erklärungspotenzial besitzen.

3.1 Modell A: Kovariation

Im *Modell A* in Abbildung 2 wird eine Klasse von Modellen, in welchen ein biologischer Faktor in direkte Beziehung zu Indikatoren der Gesundheit gesetzt wird, beschrieben. Dabei lassen sich unidirektionale von bidirektionalen Modellen unterscheiden. *Unidirektionale* Modellprüfungen versuchen, kausale Wirkrichtungen von B nach G oder von G nach B nachzuweisen, während *bidirektionale* Modellprüfungen davon ausgehen, dass sich biologische und Verhaltensvariablen gegenseitig beeinflussen. Solche Beeinflussungen sind am ehesten in experimentellen Versuchsanordnungen mit Bedingungsvariationen prüfbar. Wir könnten daher von einem «*experimentellen Bedingungs-Modell*» sprechen. Häufig reicht jedoch die Datenlage und die Anlage einzelner Untersuchungsdesigns (wie in korrelativen Feldstudien der Gesundheitspsychologie und Verhaltensmedizin) nicht aus, Wirkrichtungen festzustellen, so dass lediglich Aussagen über die Kovariation der Merkmalsbereiche getroffen werden können.

Bezogen auf objektive Gesundheits- und Krankheitsindikatoren ist ein Großteil der *biomedizinischen* Untersuchungen so angelegt, dass ein biologischer Faktor – z. B. der Hormonstatus oder eine Schädigung des organischen Substrats – als *unidirektionaler Wirkfaktor* betrachtet und kausal mit Gesundheit oder Krankheit in Verbindung gebracht wird. Auf dieses Modell stützen sich medizinische Interventionen, also pharmakologische, chirurgische und andere Therapieformen. Wichtige Untersuchungsinstrumentarien sind dabei experimentelle Wirksamkeitsstudien von Medikamenten, die bei entsprechenden Kontrollen (z. B. Placebo-kontrollierte Doppelblind-Studien) kausale Interpretationen rechtfertigen können, aber nicht müssen. Letzteres trifft besonders dann zu, wenn die Wirkungsmechanismen (Mediatoreffekte im Sinne von Beach 1975) auf der biochemischen Ebene noch unbekannt sind. Aber auch zur Kontrolle von Nebenwirkungseffekten (oder möglicher geschlechtstypischer Wechselwirkungen) sind komplexere Modelle notwendig, etwa solche, wie sie mit Modell B und C weiter unten vorgestellt werden.

Dennoch sind Erfolg und Effizenz des unidirektional-biomedizinischen Modells zur Vorhersage *objektiver Gesundheits- und Krankheitsindikatoren* und als Grundlage organmedizinischer Interventionen unumstritten. Problematisch wird dieses Modell erst dann, wenn es zur Erklärung der subjektiven Qualität von Gesundheit, dem Gesundheitserleben oder der psychischen Gesundheit angewandt wird. Betrachtet man die Ebene der *subjektiven Gesundheit* und des Gesundheitserlebens, so ist auf der Beobachtungsebene in der Regel nur eine mehr oder weniger starke Kovariation der beiden Merkmalsbereiche festzustellen (über den schwachen Zusammenhang von objektiver und subjektiver Gesundheit siehe Lehr 1987). Es fehlen zudem empirisch überprüfbare Modelle und Theorien, die den Qualitätssprung von objektiver biologischer Variation zur Variation im Bereich des Erlebens erklären können. Folglich sind in diesem Kontext Kausalinterpretationen als problematisch anzusehen.

Dass trotzdem immer wieder das unidirektionale-biomedizinische Modell herangezogen wird, um subjektive Beschwerden kausal zu erklären oder zu behandeln, zeigt ein Beispiel aus dem Themenbereich «Geschlecht und Gesundheit». Zur Begründung der Hormon-Substitution bei Frauen im Kontext prä-, peri- und postmenopausaler Beschwerden und bei Männern im Kontext von Beschwerden des so genannten PADAM-Syndroms (Partielles Androgendefizit des alternden Mannes, Weiden 2000) wird die Kovariation von abfallendem Hormonspiegel und auftretenden Beschwerden kausal interpretiert. Da dieses Modell in Ergebnissen aus Studien an Männern und Frauen keine uneingeschränkte Unterstützung erfahren hat, wird jedoch für beide Geschlechter die unidirektionale und kausale Wirksamkeit der Hormonsubstitution immer wieder kritisch diskutiert und die Bedeutung psychosozialer Einflussfaktoren betont (für Männer Thiele 1998; für Frauen Matthews 1992; Schultz-Zehden/Rosemeier 1996).

Analog zum unidirektionalen-biomedizinischen Modell von Gesundheit und Krankheit ist auch eine *umgekehrte unidirektionale* Beziehung von Erleben und Verhalten auf biologische Faktoren möglich. Diese Betrachtungsweise dominiert in Untersuchungsstrategien der *psychosomatischen und verhaltensmedizinischen Forschung*, indem die Rückwirkungen von Verhalten und Erleben auf körperliche Erkrankungen analysiert werden. Hier kann ein Erklärungsmodell für die unterschiedlichen Mortalitätsraten von Männern und Frauen angeführt werden. Geschlechtstypisches Gesundheitserleben und Gesundheitsverhalten kann nach Ansicht einiger Autoren und Autorinnen als Erklärung für die durchschnittlich frühere Sterblichkeit von Männern angesehen werden (Klotz et al. 1998; Waldron 1995).

Bidirektionale Effekte und Beeinflussungen zwischen biologischen Faktoren und Verhalten bzw. Gesundheitserleben lassen sich am ehesten über Längsschnitt- oder Zeitreihenanalysen nachweisen. Sie können als eine zeitlich versetzte Aneinanderreihung der beiden zuvor beschriebenen unidirektionalen Modelle aufgefasst werden. Läge tatsächlich eine simultane bidirektionale Beeinflussung vor, ließe sich diese über die Beobachtung einer Kovariation hinaus nicht methodisch prüfen. Bidirektionale Abhängigkeiten von geschlechtsdimorphen Indikatoren und Verhalten oder Erleben lassen sich wiederum am Beispiel psychoendokrinologischer Zusammenhänge verdeutlichen. Auch wenn die empirische Datenlage zum Zusammenhang von Testosteron und Sexualität bei Männern widersprüchlich ist (Christiansen 1999), kann angenommen werden, dass der Testosteronspiegel als Vorraussetzung für sexuelle Motivierbarkeit bei Männern (aber auch bei Frauen, Sherwin/Gelfand 1987) gelten kann. Umgekehrt kann eine erfolgreiche sexuelle Betätigung den Testosteronspiegel zumindest mittelfristig ansteigen lassen (Dabbs/Mohammed 1992). Bezogen auf sexuelle Dysfunktionen bei Männern kann auch erwartet werden, dass eine aus Krankheit resultierende subjektive Belastung Einfluss auf den Testosteronspiegel haben kann (zu Auswirkungen von psychischer Belastung auf den Testosteronspiegel Nilsson et al. 1995). Aber auch in anderen Verhaltensdomänen konnte der bidirektionale Zusammenhang von Testosteron und Verhalten nachgewiesen werden. So wird Testosteron mit aggressivem und dominantem Verhalten in Verbindung gebracht, umgekehrt steigt der Testosteronspiegel nach erfolgreichen Wettkampfsituationen an (Mazur 1985).

3.2 Modell B: Mediation

Im *Modell B* wird der Zusammenhang von biologischem Geschlecht und Gesundheit um die psychosoziale Perspektive erweitert. Dabei ist zunächst zu betonen, dass sowohl zwischen dem biologischen und dem psychosozialen Merkmalsbereich wie auch zwischen psychosozialen und Gesundheitsindikatoren uni- und bidirektionale Zusammenhänge zu erwarten sind, wie sie vom Modell A repräsentiert werden. Die wesentliche methodische Erweiterung in diesem Modell bezieht sich auf die Annahme, dass Zusammenhänge zwischen biologischem Geschlecht und Gesundheit durch soziale und psychologische Faktoren vermittelt werden.

Dieses Modell entspricht dem von Beach (1975) genannten Problemfeld der Mediatoreffekte. Udry führt zur Illustration dieses Modells ein Beispiel aus der Adoleszenzforschung an, in welchem, ähnlich wie bei Beach, ein erster Vermittlungsprozess noch auf der biologischen Ebene liegt:

> An example of a hypothetical intermediate variable model is that variations in levels of the male hormone testosterone causes some boys to be more physical mature than others at the same age, and that more physically mature boys are expected and encouraged by others to engage in behaviors characteristic of older boys. (Udry 1994, S. 94)

Udry beschreibt hier den Übergang von einer biologischen Variation hin zu einer sozialen Kategorisierung aufgrund äußerer Körpermerkmale. In einem zweiten Vermittlungsschritt kann dann die Übernahme von nicht altersgemäßen Verhaltensweisen (z.B. frühzeitiger Alkohol- und Drogenkonsum oder frühe sexuelle Interessen) als «psychosozialer Faktor» die soziale Anpassung und die psychische Gesundheit von akzelerierten Jungen beeinflussen.

Auch Booth, Johnson und Granger (1999) legen bei der Interpretation von Befunden einer

Studie an Männern über den Zusammenhang von Testosteron und Depressivität ein soziales Mediatormodell zu Grunde. Sie können damit zeigen, dass für Männer mit überdurchschnittlich hohen Testosteronwerten kein direkter Zusammenhang zwischen Testosteron und Depressivität zu beobachten ist, sondern dass Männer mit überdurchschnittlichen Testosteronwerten eher zu Risikoverhalten (antisoziales Verhalten, Anzahl der Sexualpartner, Rauchen, übermäßiger Alkoholkonsum) neigen und entsprechend über ein geringeres Maß an protektiven Faktoren (berufliche und soziale Einbettung) verfügen. Erst dieses Risikoverhalten und die fehlenden protektiven Faktoren führen dann bei diesen Männern zu erhöhten Depressivitätswerten.

Auch Persönlichkeitsaspekte oder differenzielle Bewältigungsstile können als biologisch vermittelte «psychische Vulnerabilitätsfaktoren» aufgefasst werden (Zuckerman 1999). Übertragen auf den Zusammenhang von biologischem Geschlecht und Gesundheit in einem psychosozialen Kontext bedeutet dies, dass zum einen die geschlechtsabhängige Variation biologischer Merkmale (etwa Sexualhormone) vermittelt über psychische Faktoren und Persönlichkeitsmerkmale (Aggressivität oder Ärgerausdruck) und zum anderen soziale Normen (normative Geschlechtsrolle) und Einflussfaktoren im Sinne von Geschlechtsrollenstress (Eisler 1995; Watkins/Whaley 2000; Good et al. 2000) die objektive und subjektive Gesundheit von Männern und Frauen beeinflussen können.

3.3 Modell C: Moderation

Im *Modell C* wird schließlich zum Ausdruck gebracht, dass sich die Zusammenhänge von psychosozialen Stressoren, Vulnerabilitäts- und Widerstandsfaktoren sowie Persönlichkeitsmerkmalen auf der einen Seite und Gesundheit, Gesundheitserleben oder Gesundheitsverhalten auf der anderen Seite zwischen den Geschlechtern unterscheiden können, bzw. dass diese Zusammenhänge von geschlechtsdimorphen Indikatoren beeinflusst werden können. Grafisch veranschaulicht ist dies in **Abbildung 2** durch den Pfeil vom biologischen Geschlecht (B) auf den Pfad zwischen den psychosozialen Faktoren (P/S) und Gesundheit (G). Saunders (1956) bezeichnet solche Variablen als *Moderatoren*, die mit der Vorhersagbarkeit eines Kriteriums durch einen Prädiktor kovariieren.

Nimmt man das biologische Geschlecht als Moderatorvariable, so sind unter einer Moderatorhypothese bei Männern andere Zusammenhänge zwischen psychosozialen Merkmalen und Gesundheit zu erwarten als bei Frauen. So zeigt sich in einer Studie von Otto und Dougher (1985) über Prädiktoren der Schmerzwahrnehmung bei Männern und Frauen, dass ein geschlechtstypisches Selbstkonzept nur bei Männern mit der Wahrnehmungsschwelle für Schmerz korreliert ist, nicht jedoch bei Frauen. Männer mit einem eher maskulinen Selbstkonzept haben eine höhere Schwelle als Männer mit einem eher femininen Selbstkonzept. Bei Frauen ist weder ein feminines noch ein maskulines Selbstkonzept für die Schmerzwahrnehmung von Bedeutung.

Auch in Untersuchungen zu den Bedingungen von koronaren Herzerkrankungen (KHK) zeigt sich ein typischer Moderatoreffekt des biologischen Geschlechts auf den Zusammenhang von psychosozialen Prädiktoren und der Erkrankungswahrscheinlichkeit (Watkins/Whaley 2000; Theorell/Härenstam 2000). So fanden Helmers et al. (1993), dass das in der Gesundheitspsychologie als allgemeiner Risikofaktor diskutierte Persönlichkeitsmerkmal «Feindseligkeit» («hostility») einen bei Frauen im Vergleich zu Männern höheren Zusammenhang mit der Erkrankungswahrscheinlichkeit für KHK aufweist. Ein wesentlicher Moderator für diesen Zusammenhang scheint dabei der geschlechtstypische Umgang mit Ärger zu sein. Spicer, Jackson und Scragg (1993) konnten zeigen, dass das Herzinfarktrisiko bei den Männern, die schon ein typisches Risikoverhalten für KHK zeigen (das «Typ-A-Verhalten», Friedman/Rosenman 1974), dann höher ist, wenn sie zugleich Ärgererleben offen zum Ausdruck bringen («anger-out»), während bei Typ-A-Frauen das Risiko bei denen erhöht ist, die ihren Ärger unterdrücken («anger-in»).

Moderatoreffekte des Geschlechts lassen sich über die so genannte Mehrgruppenanalyse prüfen (Zusammenhänge werden in zwei oder mehr Untergruppen separat analysiert und verglichen). Problematischer ist es, Moderatoreffekte konti-

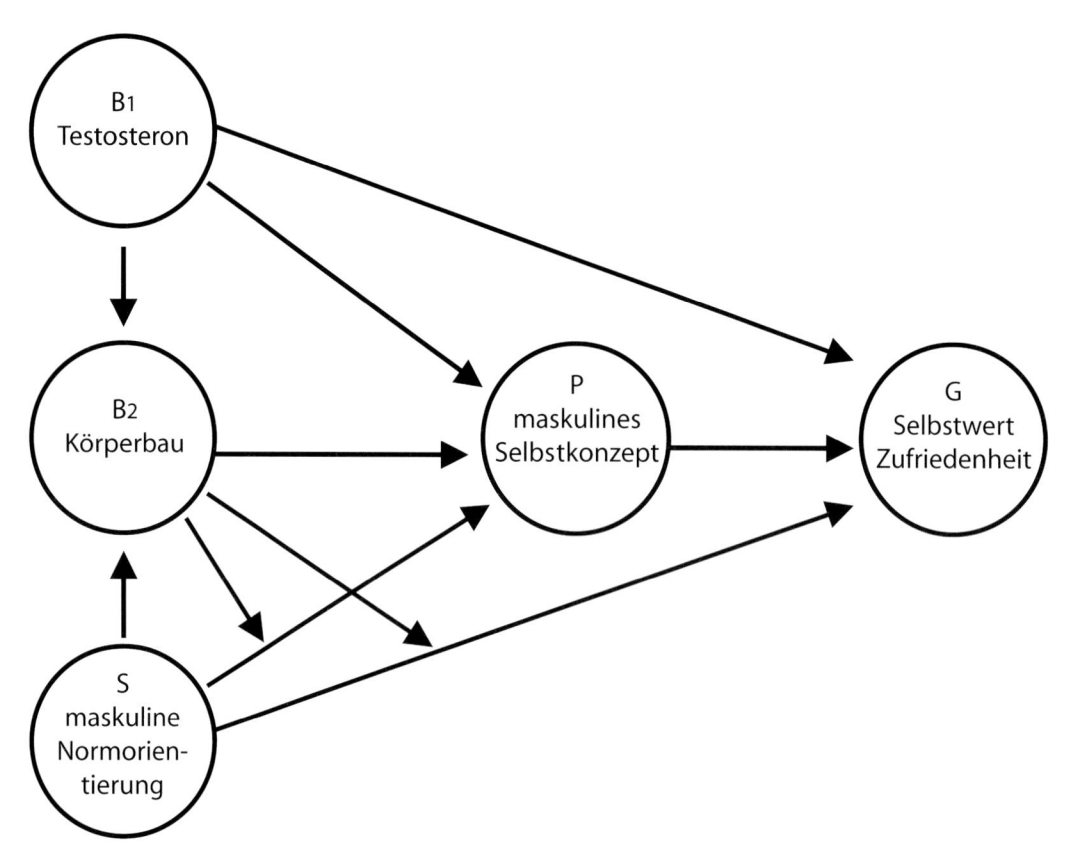

Abbildung 3: Hypothetisches Pfaddiagramm des Projektes «Einfluss somatischer und endokriner Faktoren auf die geschlechtsrollenbezogene Orientierung und psychische Adaptation junger Männer (SEGAM)». Das Projekt wird von der DFG gefördert (De 265/5-1). (*B*: biologische Bedingungen; *S*: soziale Bedingungen; *P*: psychische Bedingungen; *G*: Gesundheit. Vgl. auch Abb. 2).

nuierlicher Variablen, etwa die Variation biologischer Merkmale innerhalb und zwischen den Geschlechtern zu analysieren. Künstliche Aufteilungen einer Stichprobe entlang der kontinuierlichen Variable können besonders dann zu Moderatorartefakten führen, wenn Moderator und Prädiktor korreliert sind (Schmitt 1990). Aber auch die kontinuierliche Moderatoranalyse über eine Regressionsanalyse unterliegt, obwohl sie als Methode der Wahl für die meisten Untersuchungen in Frage kommt, methodischen Einschränkungen. Erst neuere Ansätze der latenten Moderatoranalyse innerhalb von Strukturgleichungsmodellen (Klein 2000) bieten methodisch elegante Möglichkeiten. Mit dieser Methode konnte in einer Studie zum erfolgreichen Altern bei Männern gezeigt werden, dass besonders jene Männer von einer flexiblen Bewältigungsstrategie profitieren und über weniger altersbezogene körperliche und psychische Beschwerden klagen, die zugleich über eine objektiv und subjektiv niedrige körperliche Fitness verfügen (Thiele 1998). Die Hypothese, dass auch die Konzentration des freien Testosterons im Serum im Sinne eines aktivierenden und virilisierenden Faktors den Zusammenhang von Bewältigungsstil mit der Belastung durch körperliche und psychische Beschwerden moderiert, konnte in dieser Studie nicht bestätigt werden.

An einem Projektdesign soll abschließend ein komplexes pfadanalytisches Modell vorgestellt werden. Die zurzeit am Psychologischen Institut der Universität Frankfurt am Main durchgeführte *Studie zum Thema «Geschlecht und Gesundheit»* (Degenhardt/Thiele 1999) zielt unter anderem darauf ab, den Einfluss von somatischen und endokrinen Parametern, geschlechtstypischen Rollenorientierungen und Wertüberzeugungen auf die psychische Adaptation bei jungen Männern zu analysieren. Wir gehen dabei von der Annahme aus, dass dysfunktionale maskuline Rollenorientierungen und ein stark ausgeprägtes maskulines Selbstbild die flexible Verfügbarkeit von Bewältigungsstrategien einschränken und daher als Risikofaktoren bei der Auseinandersetzung mit belastenden Situationen oder Veränderungen angesehen werden müssen.

In dem der Studie zu Grunde liegenden Modell wird a) das Prinzip der Mediation zwischen Testosteron, psychischer Maskulinität und Indikatoren der psychischen Adaptation und b) das Prinzip der Moderation des Zusammenhangs von psychischer Maskulinität und Indikatoren der psychischen Adaptation durch körperliche Merkmale, wie Körperbau und Körperfitness, formuliert. Zusätzlich präzisieren lässt sich unser Modell zum Zusammenhang von Hormonen, Körperbau und «psychischer Maskulinität», wenn das Metakonstrukt «psychische Maskulinität» in einen sozialpsychologischen Aspekt – die normative Rollenorientierung – und einen differenziellpsychologischen Aspekt – Maskulinität als geschlechtsbezogenes Selbstkonzept (z. B. Aggressivität, Dominanz oder Sensation-Seeking) – aufgeteilt wird.

Die genannten Teilaspekte sind in **Abbildung 3** als Pfadmodell dargestellt. Aufgrund des Querschnittdesigns unserer geplanten Feldstudie lassen sich bidirektionale Effekte zwischen Hormonen und Verhalten nicht analysieren.

Der Stand des Projektes erlaubt es noch nicht, Ergebnisse zu den postulierten Zusammenhängen zu präsentieren; es zeigt sich jedoch, dass zwei in der Regel getrennte und in Kontrast stehende Forschungsansätze in ein Modell integriert werden können.

- So lautet die Hauptannahme der *sozialwissenschaftlich orientierten Männergesundheitsforschung*, dass männliche Rollen, männliche Verhaltensweisen und maskuline Identitäten im Kontext gesellschaftlicher Normen sozial konstruiert werden (Courtenay 2000a, 2000b). Hypothesen und empirische Untersuchungen zu den direkten und indirekten Effekten körperlicher und endokriner Einflussgrößen sowohl auf die maskuline Rollenorientierung als auch auf die Gesundheit und das Gesundheitserleben spielen in dieser Forschungstradition eine untergeordnete Rolle.
- In *biologisch orientierten Ansätzen zur Untersuchung maskuliner Verhaltensweisen* (insbesondere zur Aggressivität) wird dagegen die Frage aufgeworfen, ob die evolutionsbiologische Entwicklung des Menschen eine Kovariation biologischer Variablen mit geschlechtsbezogenen Verhaltensweisen erwarten lässt.

Diese evolutionsbiologische Sichtweise steht aus Sicht vieler Sozialwissenschaftler unter dem Verdacht, aktuelle männliche Verhaltensweisen auf ein soziobiologisches Erbe und biologische Selektionsprozesse zu reduzieren. Dagegen stehen eine Vielzahl von Tiermodellen und Modellen über Mensch-Tier-Analogien, die Hinweise darauf geben, welche biologischen, körperlichen oder hormonellen Aspekte die Konstruktion von Maskulinität – von maskulinen und femininen somatischen Kulturen also (Kolip 1997) – begünstigen oder abschwächen können. Dass der Zusammenhang zwischen biologischen Aspekten der Männlichkeit/Weiblichkeit und deren psychologische Auswirkungen nicht unabhängig von sozialen Randbedingungen, kulturabhängigen Bewertungsprozessen und Interpretationen zu betrachten ist, steht dabei auch aus Sicht von Vertretern biologischer Theorien außer Zweifel.

> An evolutionary account of gender roles does not deny socialization or cognitive influences on human behavior, but it does assume that human thought and human learning unfold within a wider biological context. (Kenrick/Luce 2000, S. 3)

Allerdings gibt es kaum Studien, die systematisch den Einfluss somatischer und endokriner Indikatoren auf die geschlechtsrollenbezogene Wertorientierung und die psychische Adaptation untersucht und dabei die biologische Perspektive auf Maskulinität mit der sozialpsychologischen und normativen Perspektive verknüpft haben.

4. Bewertung biopsychosozialer Modelle

Interdisziplinäre Forschung steht immer vor der Frage, ob und wie sich die verschiedenen Bereiche der Fachdisziplinen und die über unterschiedliche Methoden gewonnenen Daten der einzelnen Systeme überhaupt aufeinander beziehen lassen. Über welche Verfahren können Ergebnisse *molekularer* Forschungen eines Bereichs (z. B. Stoffwechselprozesse der Nervenzelle, neurale Ablaufmuster, Ergebnisse aus Wahrnehmungsexperimenten) mit Ergebnissen *molarer* Forschungen eines anderen Bereichs (Familien- oder Berufsstatus, politische und kulturelle Systeme) aufeinander bezogen werden? Welche Voraussetzungen für die Wahl eines Prüfmodells müssen erfüllt sein, wenn Daten auf unterschiedlichen *Skalenniveaus* miteinander verglichen werden, also beispielsweise metrische Daten (etwa Hormonparameter gemessen durch Konzentrationen im Serum oder im Speichel) mit kategorialen Daten (weiblich/männlich) in Beziehung gesetzt werden? Werden die formallogischen Kriterien des gewählten Prüfmodells auch allen beteiligten systemimmanenten logischen Relationen gerecht? Der Versuch, Gleichungssysteme zwischen biogenetischen, psychischen und Sozialdaten zu bestimmen, muss sich also vorwiegend mit den methodischen Voraussetzungen der Datenlage, der Datenerhebung und der Datenanalyse auseinandersetzen.

Ein zentraler Aspekt ist dabei die Frage nach der Interpretation der über biopsychosoziale Modelle gewonnenen Ergebnisse. In biomedizinischen Modellen, in denen korrelative Beziehungen zur Schätzung der Effektstärken der Einflussfaktoren herangezogen werden, ist es üblich, von kausalen Beziehungen zu sprechen. *Kausalinterpretationen* sind immer dann kritisch zu sehen, wenn die Daten nicht experimentell unter kontrollierten Bedingungen erhoben werden. Streng genommen können auch dann keine eindeutigen Ursache-Wirkungszusammenhänge nachgewiesen werden. Im Experiment werden die Bedingungen aufgezeigt, unter denen bestimmte Effekte auftreten oder ein bestimmtes Verhalten variiert oder beeinflusst werden kann; eine Reduktion auf eine und nur eine Ursache für ein bestimmtes Verhalten oder für einen bestimmten Status kann daraus nicht abgeleitet werden. Dennoch gehen einige Autoren unter *definierten Voraussetzungen* auch bei pfadanalytischen Modellprüfungen von Kausalbeziehungen aus (s. dazu Hodapp 1994).

Zu diesen Voraussetzungen gehört neben einer jeweils statistisch bedeutsamen korrelativen Beziehung zwischen zwei Variablen der Ausschluss einer dritten Einflussgröße und die vorherige Festlegung der Richtung der Beeinflussung im Sinne einer hierarchischen Ordnung.

Die Frage nach dem Ausschluss von dritten oder weiteren Einflussgrößen ist insbesondere im Kontext von Geschlecht und Gesundheit nicht immer einfach zu lösen. Bedenkt man die Komplexität der Prozesse und Interaktionen des endokrinen Systems – etwa nur die Beziehungen unterschiedlicher Hormone oder Hormongruppen (Wachstumshormone, Progesteron, Androgene, Östrogene) zueinander – so wird deutlich, dass ein einzelner Hormonparameter allein nicht geeignet erscheint, die Beziehung zu einer anderen Variablen aus einem anderen Bereich hinreichend zu erklären. Hier müssen notwendigerweise Beschränkungen vorgenommen werden, die so gut oder so schlecht sind, wie die theoretische Ausgangsbasis, unter der die zu untersuchenden Variablen gewählt wurden.

Selbst im Falle einer Beziehung zweier Variablen mit 100 %iger Aufklärung ihrer gemeinsamen Varianz (korrelative Beziehung von 1,0), die den Einfluss einer weiteren Einflussvariable unwahrscheinlich erscheinen lässt, könnte von einer kausalen Beziehung nicht gesprochen werden, da eine solche lineare Beziehung nur etwas über die gegenseitige Abhängigkeit nicht über die «Verursachung» dieser Beziehung etwas aussagt.

In komplexen pfadanalytischen Modellen, in denen über mehr als zwei Variablen korrelative Beziehungen geprüft werden (Modell B oder C), ist das Problem der Festlegung der Einflussrichtung von entscheidender Bedeutung. Da im Vorhinein für alle in die Analyse aufgenommenen Variablen ein Pfad mit Richtung bestimmt werden muss, und zwar so, dass beispielsweise B immer auf A folgt und nicht gelegentlich umgekehrt, dass also A und nur A zeitlich B vorausgeht und so fort, steht und fällt eine pfadanalytische Modellprüfung mit der Begründung bzw. logischen Ableitung solcher Festlegungen. In der

Literatur wird dieses Problem als Spezifikations- und Rekursivitätsproblem bezeichnet (siehe dazu Hodapp 1984; 1993, 1994).

> Es kann nicht genug betont werden, dass eine postulierte Sequenz von Variablen zunächst eine theoretische Vorannahme darstellt, die durch die Technik der Datenanalyse weder bestätigt noch widerlegt werden kann. (Hodapp 1994, S. 124)

Es existieren also im Prinzip für alle Modelle auch alternative Modelle, die andere Einflussrichtungen und damit auch andere Erklärungsmöglichkeiten bieten können. Die Modellannahmen sind eben nur so gut, wie die Theorien, aus denen sie abgeleitet wurden. Dennoch gilt, was für empirische Theorien und für daraus abgeleitete Modelle insgesamt gilt: Sie können solange als gültig angesehen werden, bis sie aufgrund überzeugenderer Befunde modifiziert werden müssen oder widerlegt worden sind.

Ein interaktionistischer Blickwinkel auf Geschlecht und Gesundheit läuft Gefahr unter dem «AHMAZ-Paradigma» (*Alles Hängt Mit Allem Zusammen*) unterzugehen, wenn außer Programmatik keine prüfbaren Modelle daraus folgen. Biopsychosoziale Modelle werfen notwendigerweise erkenntnistheoretische und methodische Probleme auf. Die erkenntnistheoretische Problematik, die durch eine Gleichsetzung von qualitativ unterschiedlichen Faktoren der biogenetischen, psychischen und sozialen Systeme resultiert, kann hier nicht Gegenstand einer Bewertung sein. Zwar kann über biopsychosoziale Modellprüfungen dem Körper–Geist-Dualismus und dem Reduktionismus, der in rein biomedizinischen Modellen steckt, entgegengewirkt werden, doch bleibt die *Eigenständigkeit der einzelnen Systeme* davon unberührt. Die funktionale Unabhängigkeit ebenso wie die Eigenständigkeit der Prozessabläufe und Verknüpfungen verbieten eine Gleichsetzung und Gleichbehandlung der einzelnen Bereiche und die Reduktion einer Funktion auf die andere in einer Weise, als gäbe es zwischen diesen eindeutige Beziehungen. Dem Versuch, die unterschiedlichen Bereiche über *statistische Gleichungssysteme* miteinander in Beziehung zu setzen, steht aber nichts im Wege; er bietet sich im Gegenteil für interdisziplinäre Forschung an.

Literatur

Asendorpf, J. B. (1998). «Entwicklungsgenetik». In: Keller, H. (Hrsg.). *Lehrbuch Entwicklungspsychologie.* Göttingen, S. 97–118.

Basow, S. A. (1992). *Gender Stereotypes and Roles.* 3. Aufl. Pacific Grove, Cal.

Beach, F. A. (1948). *Hormones and Behavior.* New York.

Beach, F. A. (1975). «Behavior Endocrinology: An Emerging Discipline». *American Scientist*, 63, S. 178–187.

Bischof, N., Preuschoft, H. (1980). *Geschlechtsunterschiede. Entstehung und Entwicklung. Mann und Frau in biologischer Sicht.* München.

Booth, A., Johnson, D. R., Granger, D. A. (1999). «Testosterone and Men's Depression: The Role of Social Behaviour». *Journal of health and Social Behaviour,* 40, S. 130–140.

Brooks-Gunn, J., Graber, J. A., Paikoff, R. L. (1994). «Studying links between hormones and negative affect: Models and measures». *Journal of research on adolescence,* 4 (4), S. 469–486.

Chasiotis, A., Voland, E. (1998). «Geschlechtliche Selektion und Individualentwicklung». In: Keller, H. (Hrsg.), *Lehrbuch Entwicklungspsychologie.* Göttingen, S. 97–118.

Christiansen, K. (1999). «Hypophysen-Gonaden-Achse (Mann)». In: Kirschbaum, C., Hellhammer, D. (Hrsg.), *Psychoendokrinologie und Psychoimmunologie, Enzyklopädie der Psychologie,* Themenbereich C, Serie 1, Bd 3. Göttingen.

Courtenay, W. H. (2000a). «Engendering Health: A Social Constructionist Examination of Men's Health Beliefs and Behaviors». *Psychology of Men and Masculinity,* 1, S. 4–15.

Courtenay, W. H. (2000b). «Constructions of masculinity and their influence on men's well-being: a theory of gender and health». *Social Science & Medicine,* 50, S. 1385–1401.

Dabbs, J. M. Jr., Mohammed, S. (1992). «Male and female salivary testosterone concentrations before and after sexual activity». *Physiology & Behavior,* 52, S. 195–197.

Degenhardt, A., Thiele, A. (1999). *Der Einfluss somatischer und endokriner Indikatoren auf die geschlechtsrollenbezogene Wertorientierung und die psychische Adaptation bei jungen Männern.* Unveröffentlichter Forschungsantrag bei der Deutschen Forschungsgemeinschaft (DE 265/5-1). Institut für Psychologie der Johann Wolfgang Goethe-Universität Frankfurt.

Degenhardt, A., Trautner, H. M. (Hrsg.) (1979). *Geschlechtstypisches Verhalten. Mann und Frau in psychologischer Sicht.* München.

Eccles, J. S. (1989) «Geist-Leib-Problem (Mind-body-problem)». In: Seiffert, H., Radnitzky, G. (Hrsg.).

Handlexikon zur Wissenschaftstheorie. München, S. 101–106.
Eckert, R. (Hrsg.) (1979). *Geschlechtsrollen und Arbeitsteilung. Mann und Frau in soziologischer Sicht.* München.
Ehrhardt, A. A. (2000). «Gender, Sexuality, and Human Development». In: J. Bancroft (Hrsg.), *The Role of Theory in Sex Research*. Indianapolis, S. 3–16.
Ehrhardt, A. A., Meyer-Bahlburg, H. F. (1981). «Effects of Prenatal Sex Hormones on Gender-Related Behavior». *Science*, 211, S. 1312–1318.
Eisler, R. M. (1995). «The Relationship Between Masculine Gender Role Stress and Men's Health Risk: The Validation of a Construct». In: Levant, R. F., Pollack, W. S. (Hrsg.). *A New Psychology of Men.* New York, S. 129–163.
Engel, G. (1977). «The Need for a New Medical Model: A Challenge for Biomedicine». *Science*, 196, S. 129–136.
Esser, G., Gerhold, M. (1998). «Entwicklungspsychopathologie». In: Keller, H. (Hrsg.). *Lehrbuch Entwicklungspsychologie*. Göttingen, S. 615–646.
Friedman, M., Rosenman, R. H. (1974). *Type A behavior and your heart*. New York.
Good, G. E., Sherrod, N. B., Dillon, M. G. (2000). «Masculine Gender Role Stressors and Men's Health». In: Eisler, R.M., Hersen, M. (Hrsg.) *Handbook of Gender, Culture, and Health*. London, S. 63–81.
Gualtieri, T., Hicks, R. (1985). «An immunoreactive theory of selective male affliction». *Behavioral and Brain Sciences*, 8, S. 427–441.
Hassler, M. (1990). *Androgynie*. Göttingen.
Helmers, K. F., Krantz, D. S., Howell, R. H., Klein, J., Bairey, C. N., Rozanski, A. (1993). «Hostility and myocardial ischemia in coronary artery disease patients: Evaluation by gender and ischemic index». *Psychosomatic Medicine*, 55, S. 29–36.
Hodapp, V. (1984). *Analyse linearer Kausalmodelle.* Bern.
Hodapp, V. (1993). «Von der Assoziations- zur Dependenzanalyse: Methodologische Perspektiven in der Gesundheitspsychologie». *Zeitschrift für Gesundheitspsychologie*, Bd. I, 2, S. 87–104.
Hodapp, V. (1994). «Kausalmodelle bei nicht-experimentellen Daten». In: Schwankmezger, P., Schmidt, L. R. *Lehrbuch der Gesundheitspsychologie*. Stuttgart, S. 119–132.
Kenrick, D. T., Luce, C. L. (2000). «An Evolutionary Life-History Model of Gender Differences and Similarities». In: Eckes, T., Trautner, H. M. *The Developmental Social Psychology of Gender*. New Jersey.
Klein, A. (2000). *Moderatormodelle. Verfahren zur Analyse von Moderatoreffekten in Strukturgleichungsmodellen.* Hamburg.
Klotz, T., Hurrelmann, K., Eickenberg, H.-U. (1998).
«Männergesundheit und Lebenserwartung: Der frühe Tod des starken Geschlechts». *Deutsches Ärzteblatt*, 95/9, S. A460–A464.
Kolip, P. (1997). *Geschlecht und Gesundheit im Jugendalter. Die Konstruktion von Geschlechtlichkeit über somatische Kulturen*. Opladen.
Lane, S. D., Cibula, D. A. (2000). «Gender and health». In: Albrecht, G. L., Fitzpatrick, R., Scrimshaw, S. C. (Hrsg.). *Handbook of Social Studies in Health and Medicine*. London, S. 136–153.
Lehr, U. (1987). «Subjektiver und objektiver Gesundheitszustand im Lichte von Längsschnittstudien». In: Lehr, U., Thomae, H. (Hrsg.). *Formen seelischen Alterns*. Stuttgart, S. 153–159.
Matthews, K. (1992). «Myth and realities of the menopause». *Psychosomatic Medicine*, 54, S. 1–9.
Mazur, A. (1985). «A biosocial model of status in face-to-face primate groups». *Social Forces*, 64, S. 377–402.
Merz, F. (1979). *Geschlechtsunterschiede und ihre Entwicklung*. Göttingen.
Nelson, R. J. (1995). *An Introduction to Behavioral Endocrinology*. Sunderland, Mass.
Neumann, F. (1980). «Die Bedeutung von Hormonen für die Differenzierung des somatischen und psychischen Geschlechts bei Säugetieren». In: Bischof, N., Preuschoft, H. (Hrsg.). *Geschlechtsunterschiede. Entstehung und Entwicklung. Mann und Frau in biologischer Sicht*. München, S. 43–75.
Nilsson, P., Moller, L., Solstad, K. (1995). «Adverse effects of psychosocial stress on gonadal function and insulin levels in middle-aged males». *Journal of Internal Medicine*, 237, S. 479–486.
Otto, M. W., Dougher, M. J. (1985). «Sex differences and Personality Factors in Responsivity to Pain». *Perceptual and Motor Skills*, 61, S. 383–390.
Ory, M. G., Warner, H. R. (Hrsg.) (1990). *Gender, Health, and Longevity. Multidisciplinary Perspectives*. New York.
Richter, D. (1999). «Chronic mental illness and the limit of the biopsychosocial model». *Medicine, Health Care and Philosophy*, 2, S. 21–30.
Sarafino, E. P. (1998). *Health Psychology. Biopsychosocial Interactions*. 3. Aufl. New York.
Saunders, D. R. (1956). «Moderator variables in prediction». *Educational and Psychological Measurement*, 16, S. 209–222.
Schmitt, M. (1990). *Konsistenz als Persönlichkeitseigenschaft? Moderatorvariablen in der Persönlichkeits- und Einstellungsforschung*. Berlin.
Schultz-Zehden, B., Rosemeier, H. P. (1996). «Psychosoziale Faktoren der Menopause». *TW Gynäkologie*, Karlsruhe, S. 10–13.
Schwarzer, R. (1996). *Psychologie des Gesundheitsverhaltens*. Göttingen.
Schwenkmezger, P., Krohne, H. W., Rüddel, H., Schmidt, L. R., Schwarzer, R. (1993). «Editorial».

Zeitschrift für Gesundheitspsychologie, 1, S. 1–6.

Schwenkmezger, P., Schmidt, L. R. (Hrsg.) (1994). *Lehrbuch der Gesundheitspsychologie.* Stuttgart.

Sherwin, B. B., Gelfand, M. M. (1987). «The role of androgen in the maintenance of sexual functioning in oophorectomized women». *Psychosomatic Medicine,* 49, S. 397–409.

Spicer, J., Jackson, R., Scragg, R. (1993). «The effects of anger management and social contact on risk of myocardial infarction in Type As and Type Bs». *Psychology and Health,* 8, S. 243–255.

Staudinger, U. M., Mariske, M., Baltes, P. B. (1995). «Resilience and reserve capacity in later adulthood: Potentials and limits of development across the life span». In: Ciccetti, D., Cohen, D. J. (Hrsg.). *Developmental psychopathology. Vol 2: Risk, disorder, and adaption.* New York, S. 801–847.

Susman, E. J. (1997). «Modeling developmental complexity in adolescence: Hormones and behavior in context». *Journal of research on adolescence,* 7 (3), S. 283–306.

Taylor, D. C., Ounsted, C. (1972). «The nature of gender differences explored through ontogenetic analysis of sex ratio». In: Ounsted, C., Taylor, D. C. (Hrsg.). *Gender differences: Their Ontogeny and Significance.* Edinburgh, S. 63–77.

Taylor, S. E. (1995). *Health Psychology.* New York.

Tewes, U., Schedlowski, M. (1994). «Gesundheitspsychologie: Die psychobiologische Perspektive». In: Schwenkmezger, P., Schmidt, L. R. (Hrsg.). *Lehrbuch der Gesundheitspsychologie.* Stuttgart, S. 9–28.

Theorell, T., Härenstam, A. (2000). «Influence of Gender on Cardiovascular Disease». In: Eisler, R. M., Hersen, M. (Hrsg.), *Handbook of Gender, Culture, and Health.* Mahwah, NJ, S. 161–177.

Thiele, A. (1998). *Verlust körperlicher Leistungsfähigkeit. Bewältigung des Alterns beim Mann.* Idstein.

Udry, J. R. (1994). «Integrating Biological and Sociological Models of Adolescent Problem Behaviors». In: Ketterlinus, R. D., Lamb, M.E. (Hrsg.). *Adolescent Problem Behavior. Issues and Research.* Hillsdale, NJ, S. 93–107.

Waldron, I. (1995). «Contributions of changing gender differences in behavior and social roles to changing gender differences in mortality». In: Sabo, D., Gordon, D. F. (Hrsg.). *Men's health and illness: Gender, power and the body.* Thousand Oaks, Cal., S. 22–45.

Watkins, P. L., Whaly, D. (2000). In: Eisler, R. M., Hersen, M. (Hrsg.). *Handbook of Gender, Culture, and Health.* Mahwah, NJ, S. 43–62.

Weiden, W. (2000). «PADAM – Partielles Androgen-Defizit des alternden Mannes». In: Jocham, D., Altwein, J., Jünemann, K.-P., Schmitz-Dräger, B.-J., Weiden, W., Wirth, M. (Hrsg.). *Aging Male. Man(n) wird nicht jünger.* Marburg, S. 52–62.

Wessel, K. F., Bosinski, H. A. G. (Hrsg.) (1992). «Interdisziplinäre Aspekte der Geschlechterverhältnisse in einer sich wandelnden Zeit». *Schriftenreihe des Interdisziplinären Instituts für Wissenschaftsphilosophie und Humanontogenetik,* Bd. 1, Humboldt-Universität zu Berlin. Bielefeld.

Whitman, T. L. (1999). «Conceptual Frameworks for Viewing Health and Illness». In: Whitman, T. L., Merluzzi, T. V., White, R. D. (Hrsg.). *Life-Span Perspectives on Health and Illness.* London.

Zuckerman, M. (1999). *Vulnerability to Psychopathology – A Biosocial Model.* Washington, DC.

Gender-Theorien

Ellen Kuhlmann

1. Einleitung*

Schon ein oberflächlicher Blick in die Mortalitäts- und Morbiditätsstatistiken weist auf den Einfluss des Geschlechts im Gesundheitsgeschehen hin. Infolge einer wachsenden Sensibilität für Geschlechterfragen sowie einer insgesamt verbesserten Gesundheitsberichterstattung liegen mittlerweile für viele Bereiche geschlechtsspezifische Daten vor. Doch was wissen wir wirklich über die Bedeutung des Geschlechts, wenn wir die empirisch gefundenen Unterschiede kennen? Zufriedenstellende Antworten auf die Frage nach dem «warum» und nach den Prozessen, die diese Unterschiede hervorbringen, sind noch nicht gefunden.

Die Daten «sprechen» keine geschlechtsneutrale Sprache: «Our beliefs about gender affect what kinds of knowledge scientists produce about sex in the first place.» (Fausto-Sterling 2000, S. 3). Es bedarf erheblicher Interpretationsleistungen, um Rückschlüsse auf die Genese von Gesundheiten[1] und Krankheiten sowie auf geschlechtergerechte Versorgungsangebote zu ziehen. Nicht selten schleicht sich dabei unerkannt der «ghost of biology» (Birke 1999a, S. 42) ein. Dieser «Geist» verfolgt uns, wie Linda Birke schreibt, so dass selbst bei kritischen Intentionen fortwährend ein latenter Biologismus in der Gesundheitsforschung (re-) produziert wird. Eine geschlechtersensible Forschung steht also vor der Aufgabe, die Theorien, Forschungsmethoden und Ergebnisse zu Gesundheiten und Krankheiten sowie die Gesundheitsversorgung kritisch auf mögliche Stereotypisierungen und Verzerrungen zu prüfen (vgl. Eichler 1998) und eigene Konzepte zu entwickeln.

Wenn die Biologie als konstanter Bezugsrahmen für die empirischen Geschlechterunterschiede im Gesundheitsgeschehen grundlegend in Frage gestellt wird, dann ruft dies zunächst Verunsicherungen hervor. Es sind jedoch gerade die vertrauten «Gewissheiten» über die Geschlechter, die einen kritischen Blick für die verborgenen und oftmals widersprüchlichen Wirkungsmechanismen der Kategorie Geschlecht verstellen. Die Frauen- und Geschlechterforschung konnte zeigen, dass Geschlecht keine kontextunabhängige Variable oder Eigenschaft von Individuen ist, sondern ein grundlegendes Strukturierungsprinzip aller Lebensbereiche und individueller Handlungen darstellt. Dieses Verständnis von Geschlecht als sozialer Analysekategorie kennzeichnet die als Gender-Theorien[2] zusammengefassten feministischen Ansätze, obschon die Erklärungsangebote durchaus

---

* Ich danke Birgit Babitsch herzlich für die sehr anregende Zusammenarbeit (vgl. Kuhlmann/Babitsch 2000), von der auch dieser Beitrag profitieren konnte.
1 Die vielfältigen Möglichkeiten, gesund zu sein, sollen auch sprachlich mit dem Plural «Gesundheiten» zum Ausdruck gebracht werden.
2 Der Gender-Begriff ist offen für vielfältige Ausformulierungen. Der neutrale Impetus erhöht zwar die Akzeptanz für dieses Konzept, aber zugleich auch die Möglichkeiten, den kritischen Anspruch feministischer Ansätze zu unterlaufen (Braidotti 1994; Knapp 2001). Bisher mangelt es jedoch an einem alternativen sprachlichen Instrumentarium.

unterschiedlich und die theoretischen Bezugspunkte vielfältig sind.

Eine Anwendung der Gender-Theorien in der Gesundheitsforschung ist bisher von beiden Seiten kaum ausgelotet, auch in den neuen Studiengängen «Gender Studies» findet dieses Forschungsfeld (noch?) keine Berücksichtigung (vgl. Braun/Stephan 2000; Wesely 2000). Eine solche Anwendung beinhaltet neue Herausforderungen, denn die Krankheits- und Gesundheitsdaten weisen Paradoxien wie die folgenden auf: Frauen scheinen hinsichtlich der Mortalität oder des Präventionsbewusstseins durchaus durch ihr Geschlecht begünstigt zu sein, ohne dass damit die Deutungsmacht hegemonial männlicher Verhaltensweisen, Normen und Versorgungsstrukturen außer Kraft gesetzt wäre.[3] Geschlecht kann also sowohl für Frauen als auch für Männer zum «Gesundheitsrisiko» werden (vgl. Doyal 2000; Kuhlmann 1997).

In diesem Aufsatz sollen zentrale Konzepte und Thesen aus dem Spektrum der Gender-Theorien vorgestellt werden. Die Auswahl erfolgt unter den Aspekten der Unterschiedlichkeit der Basisannahmen über die Kategorie Geschlecht und der Anknüpfungspunkte für die Gesundheitsforschung. Sie ist als ein Versuch zu lesen, Interesse für die systematischen «Brückenschläge» zwischen der feministischen Theoriedebatte und der Gesundheitsforschung zu wecken.[4] Jenseits der Erklärungen für die Unterschiede zwischen den Geschlechtern könnten sich hierdurch tiefer gehende Einblicke in die Zusammenhänge zwischen der sozialen Positionierung der Individuen und deren Materialisierung in den Körpern als Gesundheits- und Krankheitsgeschehen ergeben.

Diskutiert werden Ansätze, die gesellschaftstheoretische Aspekte, das Handeln der Individuen, symbolische Deutungen und die Macht in den Geschlechterverhältnissen sowie in der Gruppe der Männer in den Blick nehmen. Da die Gesundheitsforschung durch einen starken Anwendungsbezug gekennzeichnet ist, werde ich ergänzend zu den theoretischen Ansätzen eine politisch-praktische Strategie zur Herstellung von Geschlechtergerechtigkeit vorstellen – das Konzept «Gender Mainstreaming». Diese Auswahl trägt den unterschiedlichen Aufgaben und Anwendungsfeldern der Gesundheitsforschung Rechnung; auf der theoretischen wie der politisch-praktischen Ebene wird das Feld mit genderspezifischen Ansätzen konfrontiert. Damit ist bereits angedeutet, dass eine geschlechtersensible Gesundheitsforschung nicht bei der Suche nach dem «richtigen» Ansatz verharren, sondern verschiedene Angebote mit jeweils spezifischen Erklärungspotenzialen prüfen sollte. Statt alter oder neuer Gewissheiten über die Geschlechter werden «Suchbewegungen» (Kuhlmann/Babitsch 2000) zwischen feministischen Theorien und Gesundheitsforschung vorgeschlagen.[5]

2. Geschlecht als kategoriales Handlungssystem – «doing gender»

Was Frauen und Männer sind, bedarf im alltagssprachlichen Sinne kaum der Erklärung. Diese scheinbare Selbstverständlichkeit wird in der Geschlechterforschung zum Ausgangspunkt der Reflexion. Schon die Unterscheidung nach Geschlecht und die Reduktion auf nur zwei sich ausschließende Kategorien – entweder Mann

---

3 So liegen zahlreiche Belege für die Benachteiligung von Frauen durch das Gesundheitsversorgungssystem vor. Ich greife nur zwei heraus: Stereotype Weiblichkeitsbilder können zur Unterversorgung von Frauen führen, wie für die Herzerkrankungen nachgewiesen wurde (vgl. Philpott et al. 2001); sie schlagen sich ebenso in der nicht weniger riskanten Überversorgung und Medikalisierung nieder, wie die Hormontherapie in den Wechseljahren belegt (Kolip 2000).

4 Es geht also weder um einen Überblick noch um eine Systematisierung der feministischen Theorie- und Körperdebatte (vgl. dazu Price/Shildrick 1999). Wesentliche Facetten wie die Kontroverse um die Unterscheidung von Sex und Gender oder die Thesen Judith Butlers (1991, 1995) bleiben unberücksichtigt, da zunächst Beispiele mit relativ offensichtlichem Erkenntnisgewinn für die Gesundheitsforschung diskutiert werden.

5 An anderer Stelle wurde eingehend dargelegt, dass Gender-Theorien nicht auf die Gesundheitsforschung «aufgesattelt» werden können, sondern ein erheblicher Klärungsbedarf insbesondere hinsichtlich der Konzeptualisierung des Körpers besteht (Kuhlmann/Babitsch 2000). Hier konzentriere ich mich darauf, die Ansätze vorzustellen.

oder Frau – scheint erklärungsbedürftig. Diese theoretischen Ansätze werden als «Konstruktion von Geschlecht(ern)» oder «doing gender» bezeichnet. Das Erkenntnisinteresse gilt weniger der Frage, wie Frauen und Männer *sind* und wie sie sich unterscheiden. Vielmehr interessiert, was sie *tun*, um diese Unterscheidung im Alltag fortwährend herzustellen und mit sozialem Sinn auszustatten.

Der Argumentation Erving Goffmans folgend sind die Geschlechterdifferenzierungen selbst soziale Phänomene und als ein soziales Ordnungsmuster zu betrachten, das die Interaktionen zwischen Frauen und Männern regelt.

> Nicht die sozialen Konsequenzen der angeborenen Geschlechtsunterschiede bedürfen also einer Erklärung, sondern vielmehr wie diese Unterschiede als Garanten für unsere sozialen Arrangements geltend gemacht wurden (und werden) und, mehr noch, wie die institutionellen Mechanismen der Gesellschaft sicherstellen konnten, daß uns diese Erklärungen stichhaltig erscheinen. (Goffman 1994, S. 117)

In der deutschen Forschung wurden zunächst vor allem die ethnomethodologischen Ansätze aufgegriffen (Gildemeister/Wetterer 1992; Hagemann-White 1988). Als paradigmatisch für diese Variante kann die Arbeit von Candace West und Don Zimmerman (1991) gelten. Im Zentrum stehen hier die Handlungen der Individuen in der Alltagswelt und die These, dass die biologische nicht zwangsläufig der sozialen Geschlechtszugehörigkeit entsprechen muss. Das prozessualisierte «doing gender» wird sowohl auf die Herstellung der eigenen Geschlechtszugehörigkeit als auch auf die Zuordnung anderer Personen zu einem bestimmten Geschlecht bezogen. Die AutorInnen unterscheiden zwischen einer biologischen Dimension, der Zugehörigkeit zu einer sozialen Gruppe und der alltäglichen interaktiven Herstellung von Geschlecht. Diese drei Ebenen bestimmen die Geschlechtszugehörigkeit; diese ist Ausdruck des Handelns in sozialen Situationen und somit keine Eigenschaft, keine Variable oder Rolle:

> Rather than as a property of individuals, we conceive of gender as an emergent feature of social situations: as both an outcome of and a rationale for various social arrangements and as a means of legitimating one of the most fundamental divisions of society. (1991, S. 13f.)

West und Zimmerman schlussfolgern hieraus, solange eine Gesellschaft nach essenziellen Differenzen zwischen Männern und Frauen unterscheide, sei dem «doing gender» nicht zu entkommen; in immer neuen Situationen komme es auch zu immer neuen Konstituierungen von geschlechtlichen Individuen. Die Gemeinsamkeiten zwischen den Geschlechtern werden negiert und ein «sameness taboo» errichtet. Männliche Merkmale wirken in diesem Prozess als «Differenzverstärker», während Frauen eher geneigt sind, auf eine Differenzminderung hin zu wirken. Damit stellen die AutorInnen den Klassifikationsprozess selbst und die damit verbundene Hierarchisierung der Kategorien «männlich» und «weiblich» ins Zentrum der Analyse.

In der von Candace West und Sarah Fenstermaker vorgeschlagenen Erweiterung des Konzeptes geht es nicht mehr nur um die Konstruktion von Geschlecht, sondern um «doing difference» in einem umfassenden Sinn: «The accountability of persons to sex category, race category, and class category is, from our perspective, the heart of the matter.» (1995, S. 507). Damit nehmen sie die Kritik an einer ausschließlich über das Geschlecht vorgenommenen sozialen Positionierung der Individuen auf, ohne jedoch den theoretischen Rahmen über den mikropolitischen Differenzierungsprozess hinaus zu erweitern.

Die Vorstellung, das Geschlecht werde über die Alltagshandlungen ausgedrückt und hierüber hergestellt, wird auch in der Gesundheitsforschung aufgegriffen (vgl. Helfferich 1994; Kolip 1997; Kuhlmann 1996; Saltonstall 1993). Diese Perspektive auf gesundheitsrelevante Verhaltensweisen und das Gesundheitshandeln eröffnet neue Möglichkeiten der Interpretation empirischer Daten und der geschlechtersensiblen Gestaltung von Versorgungsangeboten. Marlene Stein-Hilbers argumentierte, dass ein «sozialer Wandel der Geschlechterbeziehungen auch Verschiebungen der geschlechtsabhängigen somatischen Kulturen und damit der statistischen Daten über Krankheit und Gesundheit von

Männern und Frauen mit sich bringen» wird (1995, S. 78). Wenn gesundheitsriskantes Verhalten als der individuelle und kollektive Versuch interpretiert wird, «im Umgang mit dem Körper Weiblichkeit bzw. Männlichkeit herzustellen», wie es Petra Kolip vorschlägt (1999, S. 301), dann sind Veränderungsmöglichkeiten weniger in diesen Verhaltensweisen selbst zu suchen, sondern vielmehr in einer Geschlechterordnung, die solche Risiken als Tribut für die Herstellung von Geschlechtlichkeit einfordert oder mindestens begünstigt.

Die konstruktivistischen Ansätze rücken die mikrosoziologischen Prozesse in den Blick und sensibilisieren für die interaktive und situative Herstellung von Gesundheiten und Geschlechtern. Mit diesem Erkenntnisgewinn handeln wir uns allerdings auch die spezifischen Probleme dieser Konzepte ein, die subjektiven Handlungs- und Gestaltungsmöglichkeiten tendenziell zu überschätzen und die Wirkungsmacht sozialer Strukturen zu vernachlässigen. Vor dem Hintergrund einer Bedeutungsverschiebung der Eigenverantwortung in der Gesundheitsversorgung und den darin eingelagerten potenziellen Sanktionen haben diese «blinden Flecken» nicht nur erkenntnistheoretische Begrenzungen zur Folge. Sie beinhalten auch Risiken für die Praxis, wenn nämlich Krankheiten und Gesundheiten auf interaktive Herstellungsprozesse reduziert werden und hierdurch einer individuellen Schuldzuschreibung und sozialen Stigmatisierung Vorschub geleistet wird.

3. Geschlecht als mehrdimensionale gesellschaftliche (Ungleichheits-) Kategorie

In der Kategorie Geschlecht fließen unterschiedliche soziale Dimensionen wie Strukturen, Handlungen und Normen zusammen. Diese Mehrdimensionalität wird in den gesellschaftstheoretischen Ansätzen akzentuiert und die Einbettung der «Einzelphänomene» und ihrer Verflechtungen in jeweils spezifische historische gesellschaftliche Bedingungen vorgenommen (Becker-Schmidt 2001, S. 121). Die Vorschläge knüpfen an unterschiedliche Theorietraditionen an (vgl. Knapp/Wetterer 2001); ich greife insbesondere Arbeiten aus dem Spektrum der Kritischen Theorie auf. Regina Becker-Schmidt argumentiert, Geschlecht sei nicht einfach eine soziale Konstruktion, sondern etwas geschichtlich und gesellschaftlich Konstruiertes:

> Die Phänomene der Zweigeschlechtlichkeit sind strukturell in den gesellschaftlichen Verhältnissen verankert. Dieses Spannungsverhältnis von ‹Geschlecht› als sozialem Verhalten (doing gender, making the difference) und ‹Genus› als einem Produkt historischer Entwicklung, als einem Bestandteil gesellschaftlicher Objektivität, verweist uns in unseren frauenpolitischen Strategien auf die Betrachtung von Geschichte und Lebensgeschichte sowie auf die gesellschaftlichen Bedingungen, unter denen sich die sozialen Beziehungen zwischen den Frauen und Männern formieren. (1993, S. 44)

Becker-Schmidt warnt davor, von der erkenntnistheoretischen Möglichkeit, Geschlechterdiskurse zu redefinieren, auf die Chancen einer realen Reorganisation des Geschlechterverhältnisses zu schließen. Ihre Vorschläge sind durch eine dialektische Sichtweise und den Blick auf historisch-gesellschaftliche Vermittlungen gekennzeichnet, wie auch an ihren Ausführungen zum Doppelcharakter von Dichotomien deutlich wird. «Dualismen signalisieren Differenz», aber diese lässt sich nicht auf einen logischen Nenner bringen. «Unterschiede machen heißt zunächst nur, Verschiedenes auseinander zu halten. Unterscheidungen können das Recht auf Andersheit einklagen, aber auch negativ diskriminieren.» (1998, S. 90). Damit wird die (Geschlechter-) Differenz nicht voraussetzungslos als Ungleichheitskategorie betrachtet, sondern die Vermittlungen zwischen Differenz und Hierarchie jeweils historisch-gesellschaftlich bestimmt.

Auch Gudrun-Axeli Knapp (1997) hebt die unterschiedlichen Konstitutionsprinzipien geschichtlicher Trennlinien zwischen den Geschlechtern hervor. Sie entwickelt ein pragmatisches Modell mit vier Schwerpunkten zur inhaltlichen Unterscheidung von Analysedimensionen des Geschlechterbegriffs. Danach hebt der Fokus *Geschlechterdifferenz* die Selbst- und Fremdbeschreibungen von Männlichkeit und Weiblichkeit, Fragen der Geschlechtszugehörigkeit und Geschlechtsidentität sowie der Sozialisation hervor. Mit *Geschlechterbeziehungen* sind die Charakteristika der Relationen zwischen Frauen und Männern (egalitär, hierarchisch, widersprüchlich etc.) umrissen. Hier geht es um interpersonale Bezüge und deren Spezifika als Beziehungen. *Geschlechterordnung* erfasst normative Konfigurationen, ritualisierte Interaktionen und kulturelle Konventionen; untersucht werden kulturelle Ordnungsmuster entlang der Trennlinie Geschlecht. Der Fokus *Geschlechterverhältnis* akzentuiert Strukturmerkmale und gesellschaftliche Organisationsformen des Verhältnisses zwischen den Genus-Gruppen (Knapp 2001, S. 22).

Knapp greift die Debatte um die Vielschichtigkeit der «Achsen der Differenz» (2001, S. 46) auf und hebt hervor, dass Geschlechterungleichheit in jedem Fall nur im Vergleich zwischen Frauen und Männern bestimmt werden kann, welche die gleichen Merkmale (insbesondere Klasse, Ethnie, sexuelle Orientierung) aufweisen.[6] Sie insistiert nachdrücklich auf dieser Relationalität und der Analyse von Differenzen «in den historischen Konstellationen ihrer Soziogenese», damit die Thematisierung von Unterschieden zwischen Frauen «nicht selbst zum Symptom einer Verdeckung der verbreiteten ungleichen Positionierung von Frauen und Männern wird» (2001, S. 47). Mit ähnlichem Tenor fordert Karin Gottschall eine «Differenzierung und Prozessualisierung von Ungleichheitsanalyse» statt des Abschieds von Klasse und Geschlecht (2000, S. 338).

Die Berücksichtigung einer Mehrdimensionalität der Geschlechterkategorie, so argumentiert Helga Krüger unter Bezug auf den Institutionenansatz, ermögliche eine Analyse des sozialen Wandels, der keineswegs alle Ebenen von Geschlechterdifferenz und Geschlechterverhältnissen gleichzeitig erfasst. «Wandlungsprozesse in einem (spezifischen) Segment gesellschaftlicher Wirklichkeit koexistieren mit Phänomenen der Beharrung in einem anderen.» (2001, S. 65). Sie schlägt vor, die empirisch-zeitliche Verschiebung sowie Ungleichzeitigkeiten zwischen den verschiedenen Ebenen (Interaktionsgeschehen, Sozialstruktur, geschlechtlich typisierte Zuordnung gesellschaftlicher Aktivitätsfelder) theoretisch und empirisch gegeneinander zu differenzieren.[7]

Mit Blick auf die Gesundheitsforschung sind die gesellschaftstheoretischen Ansätze insbesondere aufgrund der Versuche, die soziale Positionierung von Individuen und Gruppen präzise und mehrdimensional zu analysieren, attraktiv. Eine Verknüpfung mit Konzepten der Lebenslagen oder Lebensweisen, auf die mehrere Studien zu sozialer Ungleichheit und Gesundheit rekurrieren, bietet Möglichkeiten für deren geschlechtersensible Weiterentwicklung. Die Paradoxien in den gesundheitsbezogenen Daten lassen sich über traditionelle sozialstatistische Korrelationen nicht erklären (vgl. Maschewsky-Schneider 1994). Auf dieses Problem machen auch Macintyre, Hunt und Sweeting (1996) mit ihrer Frage aufmerksam, ob die Dinge wirklich so einfach sind, wie sie erscheinen (vgl. Doyal 2000; Hunt/Annandale 1999; McDonough/Walters 2001).

Neuere Studien zeigen, dass klassische Indikatoren der sozialen Lage in der Gruppe der Frauen nicht den gleichen prädiktiven Wert für gesundheitsbezogene Fragen haben wie in der Gruppe der Männer, ohne dass diese Unterschiede hinreichend geklärt wären (Babitsch 2000; vgl. Matthews et al. 1999). Dieses Ergebnis kann auch als Hinweis auf eine Geschlechterverzerrung in den Messinstrumenten interpretiert werden, die nämlich die gesundheitliche Lage von Männern, aber nicht die von Frauen angemessen erfassen. Dennoch werden die Indikatoren generalisiert; die Ergebnisse in der Gruppe der Männer definieren die Norm, Frauen werden zur «Abweichung». Die Frauengesundheitsforschung konnte hier tiefer liegende Strukturen

---

6 In der Gesundheitsforschung wird diese Notwendigkeit einer relationalen Analyse an den Mortalitätsdaten, um ein bekanntes Beispiel herauszugreifen, offenkundig: Wenn z. B. sozial unterprivilegierte Frauen mit der Gruppe der Männer am oberen Ende der Sozialskala verglichen werden, «verschwinden» die Geschlechterunterschiede weitgehend.

7 Die Unterscheidung zwischen verschiedenen Ebenen sowie zwischen Geschlechterdifferenz und Geschlechterhierarchie erwies sich auch für bereichsspezifische empirische Studien als fruchtbar, insbesondere um Handlungsspielräume sichtbar zu machen (vgl. Kuhlmann et al. 2001).

sozialer Ungleichheit sowie gesundheitsrelevante Unterschiede auch innerhalb der Gruppe der Frauen aufdecken (Babitsch 1997; Klesse et al. 1992). Eine gesellschaftstheoretische Fundierung der Geschlechterkategorie, wie sie zuvor beschrieben wurde, stellt die Gesundheitsforschung zwar vor erhebliche Probleme der Operationalisierung. Der Versuch erscheint jedoch lohnenswert, um den Widersprüchlichkeiten in den Gesundheitsdaten von Frauen und Männern auf die Spur zu kommen.

4. Geschlecht, Macht und Männlichkeiten

Wenn wir von Geschlecht reden, sind damit oftmals nur Frauen gemeint. Dass auch Männer sozial in Geschlechterverhältnisse eingebunden sind und diese durch ihr Handeln erzeugen, hebt Robert Connell (1999) hervor. Mit dem Konzept der «hegemonialen Männlichkeit» stellt er einen konzeptionellen Rahmen vor, in dem die Differenzierungen innerhalb der Gruppe der Männer, die Verschiedenheit der «Männlichkeiten», akzentuiert wird, ohne jedoch die Machtstrukturen und die fundamentalen Ungleichheiten im Geschlechterverhältnis aus dem Blick zu verlieren:

> Hegemoniale Männlichkeit kann man als jene Konfiguration geschlechtsbezogener Praxis definieren, welche die momentan akzeptierte Antwort auf das Legitimationsproblem des Patriarchats verkörpert und die Dominanz der Männer sowie die Unterordnung der Frauen gewährleistet (oder Gewähr leisten soll). (1999, S. 98)

Seiner Argumentation folgend ist hegemoniale Männlichkeit ein kulturelles Orientierungsmuster, das institutionell verfestigt und abgesichert und eben keine Eigenschaft oder Rolle von Männern ist. Er unterscheidet zwischen den drei Ebenen Macht, Produktionsbeziehungen/Arbeitsteilung und emotionale Bindungsmuster (Kathexis). Das Zusammenspiel dieser unterschiedlichen Einflüsse bringt jeweils spezifische «Geschlechterregime» hervor, die abhängig von den nationalstaatlichen Bedingungen der Gesellschaft unterschiedlich ausgebildet werden. Connell legt damit einen dynamischen Ansatz vor, in dem Geschlechterregime historisch und gesellschaftlich verortet und Wandlungsprozesse erfasst werden. Er geht davon aus, dass sich spezifische Formen von Männlichkeiten immer in Relation zu anderen Männlichkeiten und zum Geschlechterverhältnis ausbilden.

Robert Connell diagnostiziert einen «dramatischen Kontrast zwischen kollektiver Privilegiertheit und persönlicher Unsicherheit» von Männern und betrachtet diese Diskrepanzen als «Schlüsselsituation der gegenwärtigen Männerpolitik» (1999, S. 13). Nur wenige Männer gelangen in eine Position, die alle Merkmale der Hegemonie aufweist. Dennoch fungiert hegemoniale Männlichkeit als kulturelles Ordnungsmuster, an dem Männer sich selbst messen und von anderen gemessen werden. Dieses Ordnungsmuster wird auch innerhalb der Gruppe der Männer eingesetzt; es überlagert sich mit sozialen, kulturellen und ethnischen Ressourcen der Machtkonfiguration und nimmt in diesem variablen Zusammenspiel jeweils spezifische Formen an. So werden auch zwischen Männern hierarchische Arrangements (re-)produziert, aber diese basieren selbst in der sozial niedrigsten Gruppe der Männer auf einer Suprematie gegenüber Frauen.

Ein Vorteil dieses Konzeptes und der Differenzierung zwischen verschiedenen Ebenen liegt darin, dass «Männer» nicht als monolithischer Block betrachtet werden, die eine strategisch organisierte Herrschaft über Frauen ausüben. Vielmehr handelt es sich bei der hegemonialen Männlichkeit um ein grundlegendes Strukturierungsprinzip von Gesellschaft, das bei einem Wandel in einzelnen Segmenten seine Plausibilität zwar nicht unbedingt einbüßt, aber dennoch Veränderungen zugänglich ist (siehe hierzu auch den Beitrag von Schofield, Connell, Walker, Wood und Butland in diesem Band).[8] Wie die

---

[8] Elianne Riskas Arbeit über den «Typ-A-Mann», dessen Merkmale lange Jahre als prädestinierend für Herzerkrankungen galten, liefert eindrucksvolle Belege für solche Veränderungen. Riska zeigt, dass «a certain type of masculine behavior that had been morally and financially valorized was redefined in pathological terms by mainstream medicine» (2000, S. 1673). Sie interpretiert diese Neudeutungen im Zusammenhang mit veränderten Arbeitsmarktstrukturen, die neue Männlichkeiten hervor bringen.

Analysen von Michael Meuser belegen, fungiert hegemoniale Männlichkeit selbst dann als Deutungsmuster, «wenn die eigene hegemoniale Position nur unzureichend verkörpert wird. Diesen Männern ist gewissermaßen kein anderes Vokabular zur Hand, um sich in ihrer Geschlechtlichkeit zu beschreiben.» (2000, S. 62). Sozialer Wandel im Geschlechterverhältnis – z. B. eine höhere Arbeitsmarktintegration der Frauen, steigende Bildungsabschlüsse etc. – wird so durch das Ideal der hegemonialen Männlichkeit torpediert, dem Männer bestrebt sind zu folgen.

Meuser äußert sich kritisch zu den Strategien des «therapeutischen Individualismus», die sich auf die Bewältigung psychischer Folgekosten einer hegemonialen Männlichkeit konzentrieren, «kaum aber die gesellschaftliche Privilegierung des männlichen Geschlechts zum Gegenstand politischer Aktionen machen» (2000, S. 73). Demgegenüber beharrt Willi Walter, neben anderen, auf einer Binnenperspektive innerhalb der Männerforschung: «Um ihr Geschlecht zu dekonstruieren, müssen Männer es erst einmal haben.» (2000, S. 108). Die Vorschläge von Connell – wie auch die von Meuser – bieten hier allerdings Möglichkeiten für tiefer gehende und umfassende Analysen der Situation von Männern *und* des Geschlechterverhältnisses; sie machen zudem solche Veränderungsprozesse sichtbar, die «eine neue friedliche und konstruktive Geschlechterpraxis für Männer» begünstigen (Connell 1999, S. 15).

In Connells theoretischem Konzept spielt der Körper eine zentrale Rolle. Er spricht von «körperreflexiven Praxen», durch die «Körper in den sozialen Prozess mit einbezogen und zu einem Bestandteil von Geschichte» werden, «ohne damit aber aufzuhören, Körper zu sein» (1999, S. 84). Insbesondere der Vorschlag, «die herkömmliche Dichotomie zwischen veränderlichen Kulturen und unveränderlichen Körpern» aufzugeben (2000, S. 79), bietet für die Gesundheitsforschung interessante Anknüpfungspunkte, die allerdings von dem Autor nicht weiter ausgeführt werden. Will Courtenay argumentiert unter Bezug auf Connell, «that the social practices that undermine men's health are often signifiers of masculinity and instruments that men use in the negotiation of social power and status» (2000, S. 1385). Die sozialen und institutionellen Strukturen unterstützen und reproduzieren gesundheitliche Risiken für Männer. Er kommt zu dem Ergebnis, dass die verfügbaren Ressourcen zur Herstellung von Männlichkeiten und die Signifikanten einer «wahren» Männlichkeit weitgehend ungesund sind.

Courtenay lässt jedoch keinen Zweifel daran, dass in dem Bestreben nach einer verbesserten Gesundheit auch Privilegien auf dem Spiel stehen: «Naming and confronting men's poor health status and unhealthy beliefs and behaviours may well improve their physical well-being, but it will necessarily undermine men's privileged position and threaten their power and authority in relation to women.» (2000, S. 1397). Mit einem «Blickwechsel» zwischen der Frauen- und der Männerforschung (Janshen 2000) ist es demnach so einfach nicht getan. In den unterschiedlichen Verlusten und Gewinnchancen, die im Einsatz für die Gesundheiten auf dem Spiel stehen, liegt ein zentraler Unterschied zwischen der Frauen- und der Männergesundheitsforschung.

5. Geschlecht und Körper: flexibel, transformierbar und gestaltend

Eine zentrale Kontroverse (nicht nur) in der feministischen Theoriedebatte rankt sich um die Materialität des (Geschlechts-) Körpers. Ich werde diese «Grundsatzfrage» hier nicht ausführen, sondern mich auf Vorschläge konzentrieren, in denen Konstruktion und Materialität keine Gegensätze sind, sondern flexible, transformierbare Verbindungen eingehen. Eine solche dynamische Materialisierung ist offen für unterschiedliche Konzeptionen sexueller Differenz. So schlägt Elisabeth Grosz (1994) einen «corporeal feminism» vor und insistiert auf der Relevanz der sexuellen Differenz, während Donna Haraway (1997) für eine Auflösung jeglicher Dualismen einschließlich der Grenzziehungen zwischen «weiblich» und «männlich» plädiert. Eine weitere Gemeinsamkeit dieser als postmodern oder (de-) konstruktivistisch bezeichneten Ansätze besteht darin, dass sie erhebliche Anforderungen an die Bereitschaft der LeserInnen zu neuen Gedankenexperimenten stellen und einen

Abschied von vertrauten Begrifflichkeiten und Denkschemata fordern.

Ich greife die Arbeiten Donna Haraways auf, die sich vorwiegend auf die Medizin und Biologie beziehen und somit die «Übersetzungsarbeit» für gesundheitsbezogene Fragestellungen zumindest in diesem Punkt reduzieren. Haraway plädiert für ein erkenntnistheoretisch geleitetes Konzept des «situierten Wissens», das an der Körperlichkeit und Partialität allen Wissens festhält. Sie konzipiert den Körper als «gemacht» *und* als aktives Erkenntnisobjekt. Der Körper ist mehr «als ein leeres Blatt für soziale Einschreibungen, einschließlich derjenigen des biologischen Diskurses. […] Der Körper, das Objekt des biologischen Diskurses, wird selbst ein höchst engagiertes Wesen.» (1996a, S. 237, 240). Er ist ein Agent und keine Ressource; Körper als Wissensobjekte sind «materiell-semiotische Erzeugungsknoten. Ihre Grenzen materialisieren sich in sozialer Interaktion. Grenzen werden durch Kartierungspraktiken gezogen.» (1996a, S. 241).

Haraways Intention ist es, einen fortwährenden naturalisierenden Diskurs aufzubrechen, der «unentwegt ‹soziale› Ordnungen in Begriffen ‹natürlicher› Legitimationen rechtfertigt» (1996b, S. 379). Sie setzt die Metapher der Vision gegen ein polarisierendes Verständnis von Natur/Kultur, Geist/Körper, Subjekt/Objekt, Sex/Gender etc., das den eigenen Standpunkt, die eigenen Herrschaftsansprüche hinter Universalismus und Relativismus verschanzt und so der Verantwortung entzieht. Haraway will

> die Körperlichkeit aller Visionen hervorheben und auf diese Weise das sensorische System reformulieren, das zur Begrenzung des Sprungs aus dem markierten Körper hinein in den erobernden Blick von nirgendwo benutzt worden ist. […] Dieser Blick bezeichnet die unmarkierte Position des Mannes und des Weißen. (1996a, S. 224)

Die Auflösung polarisierter Kategorien beschreibt Haraway (1997) mit der Figur der/des Cyborg, ein Wesen mit einem hybriden Körper, das sich in den gängigen polarisierten Begriffen nicht fassen lässt. Die Grenze zwischen Tier und Mensch steht ebenso zur Disposition wie die zwischen Maschine und Organismus. Diese Grenzverwischungen betrachtet die Autorin als Chance, den naturalisierenden Diskursen ein Stück weit den legitimatorischen Boden zu entziehen. Sie erinnert uns, dass «die Sorge um die Reinhaltung der Abstammung am Ursprung des rassischen Diskurses in den europäischen Kulturen steht, ebenso wie sie die Bindung von Geschlechtsidentitäten an sexuelle Ängste stabilisiert» (1996b, S. 375). Folgt man ihrer Argumentation, so können diese Entgrenzungen zu einer Dekonstruktion des Geschlechterdualismus und zur Überwindung von Hierarchien führen.

Unterscheidungen zwischen Natur und Kultur, zwischen Materialität und Konstruktion lässt die Autorin nicht gelten. Diese Möglichkeiten, biologische Vorgänge als materiell zu denken, ohne einem biologischen Reduktionismus zu verfallen, sind durchaus inspirierend. Sie öffnen jedoch, wie Regine Kollek ausführt, «radikal zu Ende gedacht – letztlich der totalen Manipulierbarkeit der menschlichen und außermenschlichen Natur Tür und Tor» (1996, S. 150). Haraway bietet kein hinreichendes Instrumentarium für sozialdiagnostische Analysen (vgl. Becker-Schmidt 2001) und Bewertungen wie z. B. neuer Technologien oder Entwicklungen in der Humangenetik. Was sie aber bieten kann, sind tiefer gehende Einsichten in die «Symbiose» biologischer Vorgänge und soziokultureller Ordnungsmuster.

Der biomedizinisch-biotechnologische Körper wird als ein semiotisches System und als ein komplexes, Bedeutung produzierendes Feld gedacht. Haraway expliziert dies am Beispiel des Immunsystems, dem sie eine zentrale Stellung bei der Produktion von Bedeutung zuspricht. Mit dem Bild des «Immun-Orchesters» wird ihre Argumentation anschaulich: Galt zunächst die T-Zelle als Steuerungsinstanz («Dirigent»), wird die Situation mit der Entdeckung von Untergruppen der T-Zellen komplexer und erfordert Umorganisationen des Orchesters. Zunächst erzeugte dies Besorgnis, doch nunmehr werden die «widersprüchlichen Rufe» verschiedener Steuerungsinstanzen in das Orchester integriert und dessen Komplexität erweitert (Haraway 1995, S. 164-167). Die Diskurse der Immunologie, so Haraway, «haben die Aufgabe, die Grenzen eines Organismus zu konstruieren.

Sie stellen ausgesprochen mächtige Vermittlungsinstanzen für die Erfahrungen von Krankheit und Tod der Menschen im postindustriellen Zeitalter dar.» (1995, S. 170). Ihrer Argumentation folgend wird das System der Grenzziehungen und -auflösungen nicht durch «natürliche Architekturen» beschränkt; «auch Rasse und Gender sind Artefakte, die durch diskursive Verknüpfungen von Wissen und Macht aufrechterhalten oder zerstört werden» (1995, S. 175).

Mit ähnlichem Tenor konnten mehrere Autorinnen nachweisen, dass komplexe Körperprozesse auf hierarchische Funktionslogiken reduziert und Zusammenhänge zwischen Körpersubstanzen nach der Choreografie der Geschlechterordnung inszeniert werden.[9] Bisher wissen wir nicht, *wie* sich die Deutungen in den Körpern von Frauen und Männern materialisieren und gesundheitsrelevant werden. Eine radikale Auflösung binärer Kategorien eröffnet jedoch Möglichkeiten, Prozesse innerhalb des Körpers als komplexe, variable Zusammenhänge zu denken.

Linda Birke (1999b) insistiert nachdrücklich auf dieser Flexibilität, ohne die materiellen Grenzen des Körpers zu leugnen. Sie führt eine solche Argumentation am Beispiel der Bewertung von Hormonen und Umwelteinflüssen vor. Sie weist die Vorstellung von fixierten und polarisierten «weiblichen» und «männlichen» Geschlechtshormonen zurück und zeigt, dass quantitative Abweichungen zu qualitativen Merkmalen werden: «By labeling hormones as though they were intrinsically gendered, endocrinologists have asserted a qualitative difference, hormones as having essence. [...] The binary assumption, in short, is a projection of human cultural mores.» (2000, S. 592). Birke schlägt stattdessen vor, das Körper*innere* nicht im «Königreich» der Biologie zu belassen, sondern auch Genen, Molekülen und anderen inneren Strukturen des Körpers «agency» zu unterstellen: «Culture shapes our internal experience. [...] Living the body means experiencing it as transformable, not only as cultural meanings/readings, but also within itself.» (1999a, S. 45).

Mit dieser radikalen Absage an statische Körpermodelle, mit denen auch die Gesundheitsforschung arbeitet, eröffnen sich neue Möglichkeiten, um protektive wie schädigende Einflüsse – materielle und immaterielle – zu analysieren, auch wenn wir bisher nicht erfassen können, *wie* und mit welchen jeweils spezifischen Ergebnissen sich diese Transformationen innerhalb des Körpers vollziehen (vgl. Birke 1999b).

6. Geschlechtergerechtigkeit als Aufgabe von Institutionen – Gender Mainstreaming

Mit Blick auf die Praxisfelder und die Anwendung der Gesundheitsforschung möchte ich abschließend Möglichkeiten der Umsetzung von Geschlechtergerechtigkeit im Gesundheitswesen ansprechen. Die zuvor dargestellten hochkomplexen Gender-Theorien werden auf dieser politisch-praktischen Ebene auf ein handhabbares, anwendungstaugliches Konzept «herunter gebrochen».[10] Mit dem neuen Schlüsselbegriff Gender Mainstreaming sind Initiativen zur Gleichstellung von Frauen und Männern in allen Bereichen der Gesellschaft umrissen, die auf Europäischer Ebene entwickelt und seit 1999 auch in der Bundesrepublik als durchgängiges Leitprinzip und als Querschnittsaufgabe aller gesellschaftlichen Bereiche festgelegt wurden. Dazu proklamiert das Bundesministerium für Bildung und Forschung (2001):

---

9 Emily Martin analysiert, wie kulturelle Stereotype über das Verhalten von Frauen und Männern in die Interpretation reproduktiver Vorgänge eingehen: Die Eizelle wird als passiv beschrieben, «as damsel in distress, shielded only by her sacred garments», die Samenzelle aber als aktiv, «as heroic warrior to the rescue» (1999, S. 183). Neuerdings, so Evelyn Fox Keller, werden diese Vorgänge in Folge der Veränderungen im Geschlechterverhältnis in den Termini der Chancengleichheit präsentiert, «as process by which egg and sperm find each other and fuse» (1995, S. XII). Nelly Outshoorn (1996) liefert detaillierte Belege für diese Zusammenhänge zwischen sozialen Wandlungsprozessen und Umdeutungen reproduktiver Vorgänge im naturwissenschaftlichen Mainstream.

10 Welche Verkürzungen und Engführungen hierin eingelagert sind und welche spezifischen Auswirkungen diese in der Praxis haben, wäre noch zu prüfen.

Allen Bestrebungen des Gender Mainstreaming liegt die Erkenntnis zu Grunde, dass es keine geschlechtsneutrale Politik gibt. Institutionen, Unternehmen, Programme, Gesetze, Regelungen, Maßnahmen etc. müssen den Belangen sowohl von Frauen als auch von Männern gerecht werden und dazu beitragen, bisherige Ungleichheiten und Ungerechtigkeiten zu beseitigen.

Gender Mainstreaming legitimiert keineswegs die Verwerfung bisheriger gleichstellungspolitischer Maßnahmen, sondern soll diese erweitern. Es geht darum, «die Einbeziehung einer Geschlechterperspektive in alle Politiken und Programme der Europäischen Union mit gezielten Frauenfördermaßnahmen zu verknüpfen», wie die Kommission der Europäischen Gemeinschaften (2000, S. 6) festlegt. «Neu ist nicht, dass der Gleichstellungsgrundsatz anerkannt wird, sondern dass ihm bei der Neugestaltung des rechtlichen Rahmens der Strukturfonds für die nächsten sieben Jahre ein so hoher Stellenwert eingeräumt wird», heißt es weiter in diesem Bericht (2000, S. 8). Damit wird die Gleichstellungspolitik nicht als Anliegen und Aufgabe von Frauen, sondern als eine politische Frage behandelt; das Relationale im Geschlechterverhältnis und die Ungleichheiten stehen im Vordergrund.

Barbara Stiegler nennt verschiedene Ansätze, die bei der Herstellung von Chancengleichheit genutzt werden können: «die Förderung von Frauen als diskriminierter Gruppe, die Herstellung gesellschaftlicher Rahmenbedingungen, damit Chancengleichheit möglich wird und die Bewusstseinsbildung über die Geschlechterfrage, insbesondere bei männlichen Akteuren» (2000, S. 3). Der zentrale Aspekt des Mainstreaming ist die Erkenntnis, dass Geschlecht in *allen* gesellschaftlichen Bereichen relevant wird und die Geschlechterfrage «ein wesentliches Kriterium bei der Lösung sozialer, wirtschaftlicher und umweltpolitischer Probleme» darstellt (Stiegler 2000, S. 4; vgl. Ebeling 2000). Damit ergeben sich verbesserte Möglichkeiten, aber noch keine Lösungen für den Abbau von Asymmetrien. Welche Veränderungen im Geschlechterverhältnis angestrebt werden, bleibt eine politische Entscheidung und eine Frage der Aushandlung.

Stiegler hebt in ihrem Gutachten für die Friedrich-Ebert-Stiftung hervor, die quantitative Gleichstellung der Geschlechtergruppen sei in vielen Fällen noch kein Beleg für reale Chancengleichheit:

> Ohne eine ausgewiesene Geschlechtertheorie und eine Theorie der Geschlechterverhältnisse lassen sich nämlich die ausgewiesenen Geschlechterdifferenzen in Arbeitsmarkt-, Gesundheits-, Wohlfahrtsstatistiken nicht interpretieren. […] Je mehr der kritische Geschlechterblick in allen Bereichen geschärft wird, desto deutlicher kommt auch zum Vorschein, wie wenig detailspezifische Erkenntnisse vorhanden sind. (2000, S. 4f.)

Die Strategie verspricht also nur dann die gewünschten Erfolge, wenn eine enge Verknüpfung von Geschlechtertheorien, Geschlechterstudien und politischer Durchsetzungsfähigkeit der Gleichstellungsfragen erfolgt. Es bedarf neben dem politischen Willen und entsprechender Fachkompetenz vor allem geeigneter Instrumente für die Implementierung und die Evaluation des Konzeptes. Ein zentrales Element ist dabei das Gender Controlling, das heißt, jede politische Aktivität wird unter der Fragestellung betrachtet, welchen Beitrag sie zur Herstellung von Chancengleichheit leistet (Stiegler 2000).

Während im Wissenschaftsbereich Vorschläge zur Institutionalisierung vorliegen (z. B. European Commission 2000) und zumindest ansatzweise erprobt sind, bleibt das Gesundheitswesen seltsam unberührt vom Gender Mainstreaming.[11] Vom Anspruch her ist die Strategie auch für diesen Bereich ausgelegt, nur fehlen bisher nahezu vollständig die Instrumente – und scheinbar auch die Bereitschaft – für eine Implementierung. Die Debatten um Qualitätssicherung, Evaluation und eine evidenzbasierte Medizin werden weiterhin unbeirrt vermeintlich geschlechtsneutral geführt. Sie bieten jedoch prinzipiell Möglichkeiten, die Geschlechterfrage zu integrieren. Die Rationalität der Steuerungsinstrumente und Management-

---

11 Initiativen wie die Tagung «Gender Mainstreaming im Gesundheitswesen» des Netzwerkes Frauen/Mädchen und Gesundheit Niedersachsen (2001) sind noch die Ausnahme.

strategien wäre also an ihren eigenen Ansprüchen zu messen (vgl. Woodward 1999). Voraussetzung hierfür sind zum Ersten geeignete Instrumente, um den Einfluss der Kategorie Geschlecht zu ermitteln,[12] zum Zweiten ein entsprechendes ExpertInnenwissen, um geschlechtersensible Konzepte zu entwickeln und zum Dritten Kontrollinstrumente, um die Implementierung zu evaluieren und beständig weiter zu entwickeln. Insbesondere Letztere sind im Gesundheitswesen nicht einmal im Ansatz vorhanden. Eine nach Geschlecht aufgeschlüsselte Gesundheitsberichterstattung ist hierfür zwar notwendig, und die jüngsten Ergebnisse sind durchaus als positive «Signale» zu bewerten, aber sie sind bei weitem nicht hinreichend.[13]

Neben erheblichen konzeptionellen Defiziten mangelt es auch an den notwendigen Ressourcen, um Gender Mainstreaming im Gesundheitswesen einzuführen. So hat z. B. das Bundesministerium für Bildung und Forschung (BMBF 2001) das Mainstreaming als Querschnittsaufgabe deklariert und insbesondere für den Arbeitsbereich auch Ziele definiert, aber Konzepte und Programme für den Gesundheitssektor liegen (noch?) nicht vor. Es mangelt also bisher sowohl an den notwendigen Ressourcen als auch an durchsetzungsfähigen AkteurInnen. Das Mainstreaming-Konzept könnte sich jedoch möglicherweise für die Gesundheitsforschung selbst wie auch für die Versorgungsstrukturen als weiterführende Strategie erweisen, wenn eine Spezifizierung für diesen Bereich und eine entsprechende politische Unterstützung erfolgen. Bisher bleibt die Suche nach solchen Hinweisen in den einschlägigen Forschungsprogrammen und Förderrichtlinien allerdings eher erfolglos.

7. Geschlecht: eine innovative Kategorie für die Gesundheitsforschung

Die vorgestellten Konzepte weisen auf ein erhebliches innovatives Potenzial der Gender-Theorien für die Gesundheitsforschung hin. Dabei geht es um Erklärungen für die nach Geschlecht variierenden Gesundheits- und Krankheitsdaten sowie daraus abgeleitete, für beide Geschlechter angemessene Versorgungskonzepte. Es geht weiterführend auch um den Beitrag geschlechtertheoretischer Ansätze zur Lösung der Fragen und Probleme im Gesundheitswesen. Jeder der vorgestellten Ansätze bietet Anwendungsmöglichkeiten für die Gesundheitsforschung und weist zugleich spezifische «blinde Flecken» auf. Mit den vorgestellten Beispielen für eine Verknüpfung von genderspezifischen Ansätzen und Gesundheitsforschung sind «Pfade» angedeutet, die zu verfolgen und in empirischen Studien zu fundieren lohnenswert erscheint.

Schematisch – und etwas verkürzt zusammengefasst – zeigt sich folgendes Bild: Die gesellschafts- und handlungstheoretisch orientierten Konzepte belassen den Körper weitgehend «im Reich der Biologie» (Birke), wohingegen AutorInnen wie Haraway das statische, auf einem Geist-Körper-Dualismus basierende Körpermodell ins Zentrum ihrer Kritik rücken und Alternativen entwerfen, aber hierüber die Wirkungsmacht sozialer Strukturen und individueller Handlungsroutinen aus dem Blick verlieren.

Wie schon eingangs angedeutet, sind die Gender-Theorien nicht als «Gebrauchsanweisung» für Fragen von Gesundheiten und Krankheiten zu lesen. Sie bieten gewissermaßen ein diagnostisches Instrumentarium, doch die angemessene «Therapie» – verstanden als die Schlussfolgerungen für Forschung und Praxis – wäre dann problembezogen zu entwickeln. Entsprechende Transformationen und Weiterentwicklungen der konzeptionellen Vorschläge stehen noch aus, sie sind nur aus der Perspektive der Gesund-

---

12 Margit Eichler (1997) hat ein methodisches Instrument entwickelt, mit dem Geschlechterverzerrungen auf unterschiedlichen Ebenen erfasst werden können, und dessen Tauglichkeit für die Gesundheitsforschung vorgeführt (1998). Dieser Fragenkatalog ließe sich möglicherweise auch im Sinne des Gender Controlling einsetzen und weiterentwickeln.
13 Hierauf wird seit langem von der Frauengesundheitsforschung hingewiesen, und es werden problembezogen alternative Vorschläge entwickelt (z. B. Hagemann-White 1998; Jürgens 2000).

heitsforschung selbst zu leisten.[14] Wenn Geschlecht als soziale Analysekategorie im Gesundheitswesen systematisch Berücksichtigung findet und die politische Zielsetzung der Geschlechtergerechtigkeit als Querschnittsaufgabe keine Rhetorik bleibt, dann hätte dies weit reichende Konsequenzen für unser Verständnis von Gesundheiten und Krankheiten sowie für die Gestaltung des Gesundheitswesens. Der Gewinn einer solchen Neuorientierung rechtfertigt meines Erachtens die Anforderungen, welche die bisweilen sperrige Kategorie «Gender» stellt.[15]

Gerade weil Krankheiten und Behinderungen nicht nur körperlich gespürt, sondern auch über den Körper wahrgenommen und klassifiziert werden, scheint eine kritische Re-Analyse *aller* an den Körper gebundenen und hierüber naturalisierten Differenzen, einschließlich der Geschlechterdifferenz, notwendig. Sie kann neue Einsichten in die Zusammenhänge zwischen sozialen Strukturen, individuellem Handeln und dem Gesundheits- und Krankheitsgeschehen bieten. Ob es sich hierbei um eine Akzentverschiebung oder um einen Perspektivenwechsel in der Gesundheitsforschung und -versorgung handelt, bliebe dann abzuwarten. Auch die Ergebnisse dieser kritischen Analysen und die praxisbezogenen Interventionsstrategien lassen sich heute nicht zuverlässig prognostizieren. Nur so viel scheint sicher zu sein: Wir würden dann weniger nach der protektiven Funktion von Hormontherapien suchen oder akribisch dem Einfluss von Genen auf multifaktorielle Erkrankungen nachspüren, um nur zwei Beispiele zu nennen, sondern vielmehr der Komplexität von Krankheitsprozessen und gesundheitsförderlichen Bedingungen Rechnung tragen.

Wenn die im Gender-Mainstreaming-Konzept zum Ausdruck gebrachte politische Absichtserklärung – Chancengleichheit als Leitidee und als Querschnittsaufgabe aller gesellschaftlichen Bereiche – keine Rhetorik bleibt, könnten sich die Möglichkeiten für eine geschlechterangemessene Gesundheitsversorgung verbessern. Das Konzept spannt einen Rahmen, in dem Ressourcen mobilisiert sowie konkrete Vorschläge entwickelt und institutionell verankert werden können; aber es liefert die «Lösungen» nicht automatisch mit. *Was* den gesundheitlichen Bedarfen von Frauen und von Männern angemessen ist, bleibt eine offene Frage der Forschung und Praxis sowie der Machtkonstellationen im Gesundheitswesen.

Literatur

Babitsch, B. (1997). «Soziale Ungleichheit und Gesundheit bei Frauen in Westdeutschland». In: Ahrens, W., Bellach, B.-M., Jöckel, K.-H. (Hrsg.). *Messung soziodemographischer Merkmale in der Epidemiologie* (RKI-Schriften 1/98). München, S. 95–112.

Babitsch, B. (2000). «Soziale Lage, Frauen und Gesundheit». In: Helmert, U., Bammann, K., Voges, W., Müller, R. (Hrsg.). *Müssen Arme früher sterben? Soziale Ungleichheit und Gesundheit in Deutschland.* Weinheim, S. 63–73.

Becker-Schmidt, R. (1993). «Geschlechterdifferenz – Geschlechterverhältnis: soziale Dimensionen des Begriffs ‹Geschlecht›». *Zeitschrift für Frauenforschung*, 11, S. 37–46.

Becker-Schmidt, R. (1998). «Trennung, Verknüpfung, Vermittlung: zum feministischen Umgang mit Dichotomien». In: Knapp, G.-A. (Hrsg.). *Kurskorrekturen.* Frankfurt/M., New York, S. 84–125.

Becker-Schmidt, R. (2001). «Was mit Macht getrennt wird, gehört gesellschaftlich zusammen». In: Knapp, G.-A., Wetterer, A. (Hrsg.). *Soziale Verortung der Geschlechter.* Münster, S. 91–131.

Birke, L. (1999a). «Bodies and biology». In: Price, J., Shildrick, M. (Hrsg.). *Feminist theory and the body.* New York, S. 42–49.

Birke, L. (1999b). *Feminism and the biological body.* Edinburgh.

Birke, L. (2000). «Sitting on the fence: biology, feminism and gender-bending environments». *Women's Studies International Forum*, 23, S. 587–599.

---

14 Bisher wird diese «Übersetzungsarbeit» zum Einen vorrangig von der Frauengesundheitsforschung, insbesondere von den Public-Health-Projekten, geleistet und erfolgt zum Anderen primär auf dem Feld der Empirie. Zusammengenommen liegen jedoch eine Reihe sehr wichtiger Ergebnisse und Praxiserfahrungen vor, die Anknüpfungspunkte auch für die konzeptionellen Fragen bieten (vgl. Kuhlmann/Babitsch 2000).

15 Die von Regine Kollek und Kolleginnen (1997) vorgestellte Forschungsperspektive auf den Körper lässt ahnen, wie tief greifend und komplex die Veränderungen der Forschungsstrukturen, der analytischen Konzepte und der begrifflichen Kategorien sein müssten, wenn Geschlecht als soziales Struktur- und Ordnungsmuster kritisch reflektiert wird.

Braidotti, R. (1994). «Gender und Post-Gender. Die Zukunft einer Illusion». In: Verein sozialwissenschaftliche Forschung und Bildung für Frauen (Hrsg.). *Facetten feministischer Theoriebildung*, Bd. 14. Frankfurt/M., S. 7–31.

Braun, C. von, Stephan, I. (Hrsg.) (2000). *Gender Studien. Eine Einführung.* Stuttgart.

Bundesministerium für Bildung und Forschung (BMBF) (2001). www.bmbf.de/249_1350.html.

Butler, J. (1991). *Das Unbehagen der Geschlechter.* Frankfurt/M.

Butler, J. (1995). *Körper von Gewicht.* Berlin.

Connell, R. W. (1999). *Der gemachte Mann.* Opladen.

Connell, R. W. (2000). «Globalisierung und Männerkörper». *Feministische Studien*, 18, S. 78–86.

Courtenay, W. H. (2000). «Constructions of masculinity and their influence on men's well-being: a theory of gender and health». *Social Science and Medicine*, 50, S. 1385–1401.

Doyal, L. (2000). «Gender equity in health: debates and dilemmas». *Social Science and Medicine*, 51, S. 931–939.

Ebeling, H. (2000). «Von der Frauenförderung zum Gender Mainstreaming». In: Wesely, S. (Hrsg.). *Gender Studies in den Sozial- und Kulturwissenschaften.* Bielefeld, S. 402–421.

Eichler, M. (1997). «Feminist methodology». *Current Sociology*, 45 (2), S. 9–36.

Eichler, M. (1998). «Offener und verdeckter Sexismus. Methodisch-methodologische Anmerkungen zur Gesundheitsforschung». In: Arbeitskreis Frauen und Gesundheit (Hrsg.). *Frauen und Gesundheit(en) in Wissenschaft, Praxis und Politik.* Bern, S. 63–73.

European Commission, Research Directorate-General (2000). *Science policies in the European Union. Promoting excellence through mainstreaming gender equality.* Office for Official Publications of the European Communities.

Fausto-Sterling, A. (2000). *Sexing the body.* New York.

Gildemeister, R., Wetterer, A. (1992). «Wie Geschlechter gemacht werden». In: Knapp, G.-A., Wetterer, A. (Hrsg.). *Traditionen, Brüche.* Freiburg, S. 201–254.

Goffman, E. (1994). «Das Arrangement der Geschlechter». In: Ders. *Interaktion und Geschlecht.* Frankfurt/M., New York, S. 105–158.

Gottschall, K. (2000). *Soziale Ungleichheit und Geschlecht.* Opladen.

Grosz, E. (1994). *Volatile bodies. Towards a corporeal feminism.* Bloomington.

Hagemann-White, C. (1988). «Wir werden nicht zweigeschlechtlich geboren». In: Hagemann-White, C., Rerrich, M. (Hrsg.). *FrauenMännerBilder.* Bielefeld, S. 224–235.

Hagemann-White, C. (1998). «Gewalt gegen Frauen und Mädchen – welche Bedeutung hat sie für die Frauengesundheit?» In: Arbeitskreis Frauen und Gesundheit (Hrsg.). *Frauen und Gesundheit(en) in Wissenschaft, Praxis und Politik.* Bern, S. 142–154.

Haraway, D. J. (1995). «Die Biopolitik postmoderner Körper». In: Dies. *Die Neuerfindung der Natur.* Frankfurt/M., New York, S. 160–199.

Haraway, D. J. (1996a). «Situiertes Wissen». In: Scheich, E. (Hrsg.). *Vermittelte Weiblichkeit.* Hamburg, S. 217–248.

Haraway, D. J. (1996b). «Leviathan und die vier Jots: Die Tatsachen verdrehen». In: Scheich, E. (Hrsg.). *Vermittelte Weiblichkeit.* Hamburg, S. 347–389.

Haraway, D. J. (1997). *Modest_Witness@Second_Millenium.FemaleMan©_Meets_Oncomouse^{TM}.* New York, London.

Helfferich, C. (1994). *Jugend, Körper und Geschlecht.* Opladen.

Hunt, K., Annandale, E. (1999). «Relocating gender and morbidity: examining men's and women's health in contemporary Western societies». *Social Science and Medicine*, 48, S. 1–5.

Janshen, D. (Hrsg.) (2000). *Blickwechsel. Der neue Dialog zwischen Frauen- und Männerforschung.* Frankfurt/M., New York.

Jürgens, R. (2000). «Frauen und Gesundheit. Ein Einstieg in die Frauengesundheitsberichterstattung». *Bundesgesundheitsblatt*, 43, S. 694–697.

Keller, E. F. (1995). *Refiguring life.* New York.

Klesse, R., Sonntag, U., Brinkmann, M., Maschewsky-Schneider, U. (1992). *Gesundheitshandeln von Frauen.* Frankfurt/M., New York.

Knapp, G.-A. (1997). «Differenz und Dekonstruktion». In: Hradil, S. (Hrsg.). *Differenz und Integration.* Frankfurt/M., New York, S. 497–513.

Knapp, G.-A. (2001). «Dezentriert und viel riskiert: Anmerkungen zur These vom Bedeutungsverlust der Kategorie Geschlecht». In: Knapp, G.-A., Wetterer, A. (Hrsg.). *Soziale Verortung der Geschlechter.* Münster, S. 15–62.

Knapp, G.-A., Wetterer, A. (Hrsg.) (2001). *Soziale Verortung der Geschlechter.* Münster.

Kolip, P. (1997). *Geschlecht und Gesundheit im Jugendalter.* Opladen.

Kolip, P. (1999). «Riskierte Körper: Geschlechtsspezifische somatische Kulturen im Jugendalter». In: Dausien, B., Herrmann, M., Oechsle, M., Schmerl, C., Stein-Hilbers, M. (Hrsg.). *Erkenntnisprojekt Geschlecht.* Opladen, S. 291–303.

Kolip, P. (2000). «Wem nützt die Medikalisierung der Wechseljahre?» *Jahrbuch für Kritische Medizin*, Bd. 33, S. 120–136.

Kollek, R. (1996). «Metaphern, Strukturbilder, Mythen – Zur symbolischen Bedeutung des menschlichen Genoms». In: Trallori, L. N. (Hrsg.): *Die Eroberung des Lebens.* Wien, S. 137–153.

Kollek, R. (1997). «Forschungsperspektiven: Körper». In: Niedersächsisches Ministerium für Wissenschaft und Kultur (Hrsg.). *Berichte aus der Frauenforschung.* Hannover, S. 405–430.

Kommission der Europäischen Gemeinschaften (2000). Bericht der Kommission. *Chancengleichheit für Frauen und Männer,* KOM (2000) 123. Brüssel.

Krüger, H. (2001). «Gesellschaftsanalyse: Der Institutionenansatz in der Geschlechterforschung». In: Knapp, G.-A., Wetterer, A. (Hrsg.). *Soziale Verortung der Geschlechter.* Münster, S. 63–90.

Kuhlmann, E. (1996). *Subjektive Gesundheitskonzepte.* Münster.

Kuhlmann, E. (1997). «Geschlecht – ein Gesundheitsrisiko? Eine Anwendung des gendering-Konzepts in der Gesundheitsforschung». *Feministische Studien,* 15, S. 138–147.

Kuhlmann, E., Babitsch, B. (2000). «Körperdiskurse, Körperkonzepte. Wechselnde Blicke zwischen feministischen Theorien und Frauengesundheitsforschung». *Zeitschrift für Frauenforschung & Geschlechterstudien,* 18, S. 27–46.

Kuhlmann, E., Kutzner, E., Müller, U., Riegraf, B., Wilz, S. (2002). «Organisationen und Professionen als Produktionsstätten der Geschlechter(a)symmetrie». In: Fritsche, N., Nagode, C., Schäfer, E. (Hrsg.). *Geschlechterverhältnis im sozialen Wandel.* Opladen.

Macintyre, S., Hunt, K., Sweeting, H. (1996). «Gender differences in health. Are things really as simple as they seem?» *Social Science and Medicine,* 42, S. 617–624.

Martin, E. (1999). «The egg and the sperm: How science has constructed a romance based on stereotypical male-female roles». In: Price, J., Shildrick, M. (Hrsg.). *Feminist theory and the body.* New York, S. 179–189.

Maschewsky-Schneider, U. (1994). «Frauen leben länger als Männer. Sind sie auch gesünder?» *Zeitschrift für Frauenforschung,* 12 (4), S. 28–38.

Matthews, S., Manor, O., Power, C. (1999). «Social inequalities. Are there gender differences?» *Social Science and Medicine,* 48, S. 49–60.

McDonough, P., Walters, V. (2001). «Gender and health: reassessing patterns and explanations». *Social Science and Medicine,* 52, S. 547–559.

Meuser, M. (2000). «Perspektiven einer Soziologie der Männlichkeit». In: Janshen, D. (Hrsg.). *Blickwechsel.* Frankfurt/M., New York, S. 47–78.

Netzwerk Frauen/Mädchen und Gesundheit Niedersachen (Hrsg.) (2001). *Gender Mainstreaming im Gesundheitswesen.* Hannover.

Outshoorn, N. (1996). «The decline of the one-size-fits-all paradigm, or, how reproductive scientists try to cope with postmodernity». In: Lykke, N., Braidotti, R. (Hrsg.). *Between monsters, goddess and cyborgs.* London, S. 153–172.

Philpott, S., Boynton, P. M., Feder, G., Hemingway, H. (2001). «Gender differences in descriptions of angina symptoms and health problems immediately prior to angiography: the ACRE study». *Social Science and Medicine,* 52, S. 1565–1575.

Price, J., Shildrick, M. (Hrsg.) (1999). *Feminist theory and the body.* New York.

Riska, E. (2000). «The rise and fall of Type A man». *Social Science and Medicine,* 51, S. 1665–1674.

Saltonstall, R. (1993). «Healthy bodies, social bodies: men's and women's concepts and practices of health in everyday life». *Social Science and Medicine,* 36, S. 7–14.

Stein-Hilbers, M. (1995). «Geschlechterverhältnisse und somatische Kulturen». *Jahrbuch für kritische Medizin,* 24, S. 62–81.

Stiegler, B. (2000). «Frauen im Mainstreaming. Politische Strategien und Theorien zur Geschlechterfrage». *Neue Impulse,* 1/2000, S. 3–8.

Walter, W. (2000). «Gender, Geschlecht, Männerforschung». In: Braun, C. von, Stephan, I. (Hrsg.). *Gender Studien.* Stuttgart, S. 97–115.

Wesely, S. (Hrsg.) (2000). *Gender Studies in den Sozial- und Kulturwissenschaften.* Bielefeld.

West, C., Fenstermaker, S. (1995). «Doing difference». *Gender & Society,* 9, S. 8–37.

West, C., Zimmerman, D. (1991) «Doing gender». In: Lorber, J., Farrell, S. A. (Hrsg.). *The social construction of gender.* Newbury Park, S. 13–37.

Woodward, A. (1999). «Women acting rationally: speaking the language of power to gender test the state». In: Goldmann, M. (Hrsg.). *Rationalisation, organisation, gender.* Sozialforschungsstelle Dortmund, Bd. 111, Dortmund, S. 133–143.

Geschlecht, Gesundheit und Krankheit in historischer Perspektive

Dagmar Ellerbrock

1. Geschlecht und Gesundheit als analytische Kategorien historischer Forschung

Krankheit und Geschlecht sind bisher aus unterschiedlichsten Perspektiven von der Geschichtsschreibung bearbeitet worden. Die in den 1970er-Jahren entstandene historische Frauenforschung analysierte zunächst, welche Auswirkungen historische Entwicklungen auf weibliche Lebenszusammenhänge hatten. Angestoßen durch Debatten um die Kategorie Geschlecht und ihre Positionierung zwischen Biologie (Sex) und sozialer Prägung (Gender) (Scott 1988; Butler 1991) beschäftigte sich eine inzwischen weit differenzierte Geschlechtergeschichte (Frevert 1995; Dölling/Krais 1997; Brückner 2001) systematisch mit Konzeptionen von Geschlecht und damit von Weiblichkeit und Männlichkeit (Frevert 1991; Kühne 1996). Forschungsleitend war die Annahme, dass die Kategorie Geschlecht in allen gesellschaftlichen Kontexten enthalten sei und daher analytische Relevanz für alle Fragestellungen besitze.

Während einzelne Krankheiten und besonders die institutionelle Bearbeitungsform von Krankheit in den 1970er- und 1980er-Jahren vor allem von der Medizin- und Sozialgeschichte erforscht wurden, boomt seit den 1990er-Jahren die Körpergeschichte. Diese verdankt maßgebliche methodische Anregungen der historischen Anthropologie und konzentrierte ihr Forschungsinteresse bisher stark auf die Frühe Neuzeit und das 19. Jahrhundert (Dülmen 1996).

In jüngster Zeit integrieren körperhistorische Studien vielfältige Zugänge – von der Medizin-, über die Wissenschafts-, Sozial-, Politik- und Kulturgeschichte – (Funk/Brück 1999; Lorenz 2000; Wischermann/Haas 2000). Die zentrale Problematik der neueren Forschung ist dabei die Frage, ob Körperlichkeit als biologisch gegeben, mithin essentialistisch, oder als kulturell geschaffen, also konstruiert, verstanden werden muss (Stoff 1999). Die Antworten weisen ein reiches Spektrum auf und reichen von einem konstanten unveränderbaren Körperverständis bis zur totalen Auflösung des Körpers in der kulturellen Konstruktion.

Einzelne Studien betonen, dass die soziale Ordnung nicht nur die Wahrnehmung und Interpretation des materiellen Körpers präge, sondern z. B. vermittelt über Ernährung unmittelbar auf die Körpergestalt Einfluss nehme (Komlos 1993). Der Zugang zu Ressourcen wie z. B. Ernährung sei geschlechts- und sozialspezifisch (Thoms 2000), so dass ein direkter Zusammenhang zwischen gesellschaftlicher Ordnung, Körper, Gesundheit, Krankheit und Geschlecht bestehe. Folgerichtig wird in diesem Zusammenhang seit den 1990er-Jahren zunehmend die kulturelle und soziale Konstruiertheit von Krankheit wie auch von medizinischem Wissen diskutiert (Lachmund/ Stollberg 1982).

Obwohl die historische, kulturelle und soziale Gebundenheit von Körperlichkeit in den letzten Jahren somit ein schnell wachsendes interdisziplinäres Forschungsfeld geworden ist, sind Untersuchungen, die sich mit Gesundheit beschäftigen, noch immer rar. Die historische Betrachtung hat sich bisher vor allem auf die Analyse von Krankheiten konzentriert.

Forschungen zur Geschlechter- und Gesundheitsgeschichte verbindet mithin die gemeinsame methodische Problematik, ihren Forschungsgegenstand zwischen biologischer und kultureller Prägung ansiedeln zu müssen (Patzel-Mattern 2000) und eine ähnliche Wissenschaftsgeschichte, die über lange Zeit primär die Abweichung (Frau bzw. Krankheit) und weniger die vermeintliche Norm (Mann bzw. Gesundheit) analysierte. Dabei ist die Geschlechterdifferenz zur zentralen analytischen Achse der Körpergeschichte geworden, in deren Schatten Differenzierungen wie, z. B. Alter oder Ethnie, bisher noch kaum Beachtung fanden (Wischermann 2000).

2. Gesundheitsvorstellungen

Gesundheit und Krankheit stellten in allen Epochen und Kulturen zentrale Erfahrungen dar, die in komplexe Sinnsysteme eingebettet wurden (Eckart 1990; Labisch 2000). Dabei stand Gesundheit als Synonym für Harmonie, Kraft, Stärke; wohingegen Krankheit Ungleichgewicht und Schwäche bedeutete oder auch als göttliche Strafe für Fehlverhalten und Ordnungsverstöße interpretiert wurde.

Körperlichkeit, Krankheit und Gesundheit waren so stets mit sozialen und religiösen Ordnungsvorstellungen verbunden (Rothschuh 1980) und integrierten in dieser Form gesellschaftliche Rollenbilder. Bereits in der Vormoderne galt der sorgfältige Umgang mit dem Körper als Weg, die Gesundheit zu erhalten (Schubert/Huttner 1999) und Respekt gegenüber einem göttlichen Schöpfer zu bezeugen (Stolberg 1998). Seit der Französischen Revolution existierte die (bürgerliche) Vorstellung eines «Rechts auf Gesundheit», das in der arbeitsteiligen Industriegesellschaft unmittelbar von einer «Pflicht zur Gesundheit» flankiert wurde.

Auch die Gesundheitsdefinition der WHO, die «Gesundheit als Zustand vollkommen körperlichen, geistigen und sozialen Wohlbefindens» definiert, bezieht Gesundheit auf ein vorgegebenes Wertesystem. Gesundheit ist damit eine Kategorie, die im Schnittpunkt zwischen Gesellschaft und Natur angesiedelt ist und die Kategorie Geschlecht sowohl hinsichtlich gesellschaftlicher Normen als auch in Form biologischer Differenzen enthält. Gleichzeitig unterlagen Gesundheitskonzepte und Geschlechtervorstellungen sowohl jeweils für sich als auch in ihrer wechselseitigen Bezogenheit dem historischen Wandel. Als zentraler Bezugspunkt der historischen Relation von Gesundheit und Geschlecht erweist sich der Bereich von Reproduktion und Sexualität.

3. Geschlecht und Gesundheit in der vormodernen Gesellschaft

In Studien über voreheliche Sexualität, Menstruation, Schwangerschaft, Abtreibung, Geburt und Kindestötung untersuchten Historiker und Historikerinnen den Zusammenhang zwischen Körperlichkeit und sozialer Ordnung in der frühen Neuzeit. Häufig stand dabei die soziale Differenz im Mittelpunkt der Analyse (Breit 1991; Dülmen 1991; Meumann 1995; Ulbricht 1990); nur wenige Studien widmeten dem Geschlecht der historischen Akteure systematische Aufmerksamkeit (Honegger 1991; Wunder 1992; Jütte 1996; Labouvie 1998).

Enge Bezüge zwischen Körper und Geschlecht wurden für frühneuzeitliche Gerichtsverfahren nachgewiesen, in denen eine Beziehung zwischen Körper, Krankheit und Straffälligkeit zugrundegelegt wurde (Stukenbrock 1993a; Burghartz 1999a). Dabei wurden z. T. durch das Reden über Körperpraktiken, wie z. B. Unzucht, Geschlechterstereotype überhaupt erst konstruiert (Gleixner 1994). Waren die Delinquenten weiblich, kreisten die Verfahren häufig um Jungfräulichkeit, Schwangerschaft, Unfruchtbarkeit und unkontrollierte Leidenschaften. Handelte es sich um männliche Angeklagte, so drehten sich die Verfahren vielfach um psychische Auffälligkeiten wie z. B. Toben und »Irrereden«. Frauen wiesen nach Ansicht der zeitgenössischen Juristen und Mediziner eine spezifische (anatomische) Disposition zum Wahnsinn auf (Kaufmann 1996), die als Folge der krankhaften Veränderungen der weiblichen Geschlechtsorgane galt, während psychische Auffälligkeiten bei Männern als Kopfkrankheit diagnostiziert wurden. Somit obduzierte die Gerichtsmedizin bei Männern bevorzugt das Gehirn, während bei weiblichen Leichen der Uterus begutachtet wurde (Kaufmann 1996; Lorenz 1999).

Eine unmittelbare Beziehung zwischen Krankheit und Geschlecht ermittelten auch Studien zum Hexenglauben, die belegen, dass Frauen die Kraft magischer Heilrituale zugeschrieben wurde. Der noch bis ins 19. Jahrhundert nachweisbare Hexenglaube dokumentiert die Persistenz vormoderner Krankheitsdeutungen noch weit bis in die Ära akademischer Medizin und rationaler Krankheitsinterpretationen (Freytag/Bossche 1999).

Damit verdeutlichen Studien zur Körper- und Krankheitswahrnehmung, dass körperliche Symptome und Befindlichkeiten in der frühen Neuzeit sehr zeitspezifisch interpretiert wurden (Lachmund/Stollberg 1995) und es einen durchgängigen Bezug zwischen Geschlecht und Körper bzw. Krankheit gab. Dabei wurde die Beziehung zwischen Körperwahrnehmung und Geschlechtsidentität maßgeblich durch kulturelle Interpretationsmuster geprägt (Dinges 1996a; Labouvie 1996).

Dies erläuterte z. B. die Studie von Barbara Duden, die anhand der Patientinnenkartei eines Eisenacher Arztes die Veränderung weiblicher Körperwahrnehmung nachzeichnete (Duden 1987). Diese wandelte sich zwischen dem 18. und dem 20. Jahrhundert weg von der haptischen Leiberfahrung hin zu einer visuell dominierten Körperwahrnehmung und wurde vor allem durch die zunehmend bildlichen Darstellungsverfahren der Medizintechnologie geprägt (Schuller 1998). Für Frauen wurden diese Veränderungen insbesondere im Zusammenhang mit Schwangerschaftserfahrung und vorgeburtlicher Diagnostik prägend (Lorenz 1996; Labouvie 1998).

Mit Blick auf den männlichen Körper wurden bisher vor allem Soldatenkörper, die gesundheitlich besonders tauglich sein mussten bzw. deren Gesundheit durch Drill überformt und gestärkt oder durch Krieg zerstört wurde, thematisiert (Dinges 1996a; Dinges 1996b). Diese Forschungsstendenz lässt sich ebenso in der neueren und neuesten Geschichte beobachten. Auch dort wurden Männerkörper dann analysiert, wenn sie dem Stereotyp des starken kämpferischen Mannes nicht mehr entsprachen (Fischer-Homberger 1975; Ulrich/Ziemann 1994; Hahn 1996; Thomann 1996; Lerner 1996; Goltermann 2000).

4. Der Geschlechterdiskurs der Aufklärung

Prinzipiell stellten die naturrechtlich geprägten egalitären Konzepte der Aufklärung die traditionelle, ständisch und religiös legitimierte Geschlechterhierarchie in Frage. Unter Verweis auf die körperliche Andersartigkeit der Frau übernahm der Geschlechterdiskurs der Aufklärung vormoderne Vorstellungen weiblicher Minderwertigkeit, verankerte sie konzeptionell als «weibliche Sonderanthropologie» (Honegger 1983; Schiebinger 1989; Laqueur 1992; Götz von Olenhusen 1998; Seidel 1998) und produzierte im ausgehenden 18. Jahrhundert eine Flut von Publikationen über die Natur und Sexualität der Frau (Lipping 1986).

Im Konstrukt des «Geschlechtscharakters» wurden körperliche Differenzen unmittelbar mit spezifischen psychischen Eigenschaften verknüpft. Der Geschlechterdualismus der Moderne verband die Überzeugung weiblicher Unterlegenheit explizit mit naturwissenschaftlichen und vor allem medizinischen Argumenten (Honegger 1991; Osietzki 1991; Schmersahl 1998) und verlieh ihr damit die höheren Weihen wissenschaftlicher Legitimität und das Odem von Modernität und Fortschritt (Frevert 1988b). Frauen wurden durch die Verwissenschaftlichung nicht nur pathologisiert, sondern auch als Autorinnen aus dem medizinischen Diskurs ausgegrenzt (Sander 1998).

Besonders die Anthropologie und seit Mitte des 19. Jahrhunderts die neu entstandene Gynäkologie waren damit befasst, spezifisches Wissen über den Körper und die Krankheiten der Frau zu erforschen (Honegger 1991; Seidel 1998). Eine vergleichbare Spezialdisziplin zur Erforschung männlicher Körperlichkeit und Krankheitsprofile entwickelte sich nicht.

Der um Sexualität und Reproduktion kreisende Diskurs übersetzte geschlechtliche Differenz als weibliche Abweichung, wohingegen der männliche Körper Norm und Normalität repräsentierte. Offensichtlichstes Merkmal weiblicher Andersartigkeit war die Gebärfähigkeit der Frauen, wodurch Schwangerschaft und Geburt als potenziell pathologisch galten. Mutterschaft bedeutete einerseits die natürliche Erfüllung von Weiblichkeit und wurde andererseits als Quelle steter weiblicher Krankheitserfahrung rezipiert (Seidel 1998). Frauen galten fortan als das kranke Geschlecht, ihre reproduktiven Organe und Funktionen interpretierte die neuzeitliche Medizin als behandlungs- und kontrollbedürftig (Fischer-Homberger 1979; Ehrenreich/English 1982(9); Rodenstein 1984; Jansen 1986; Metz-Becker 1997a). Erst seit Mitte des 19. Jahrhundert wurde mit der Pathologisierung männlicher Homosexualität auch männliches Sexualverhalten in die Devianzdebatte einbezogen (Hirschauer 1993).

5. Ausprägung moderner Gesundheitskonzeptionen seit der Aufklärung

Für die Moderne grundlegende Gesundheitsvorstellungen bildeten sich mit der Aufklärung aus (Wischhöfer 1991). Gesundheit und Körperlichkeit wurden mit der Entwicklung naturwissenschaftlicher Modelle zunehmend theoretisch-rational und immer weniger religiös interpretiert (Labisch 1992).

Die enge Verknüpfung von Gesundheit und Moral lockerte sich dadurch jedoch keineswegs. Sittlichkeitsnormen waren auch im Gesundheitsdiskurs allgegenwärtig (Barthel 1989). Der Gesundheitskatechismus ergänzte sukzessive religiöse Belehrungen; immer häufiger ersetzte die Konsultation des Hausarztes den Rat des Pfarrers. Gesund war, wer vernünftig und moralisch lebte. Gesundheit bestimmte und legitimierte Verhalten und Normen.

In diesem Sinne war der Gesundheitsbegriff der Aufklärung in erster Linie ein Abgrenzungskonzept. Gesundheit als Gegenbegriff zu Müßigkeit und Disziplinlosigkeit richtete sich in gleicher Weise gegen adlige Lebensstile wie gegen die Körperpraktiken der Unterschichten (Frey 1997). Gesundheit wurde damit seit dem 18. Jahrhundert zu einem Begriff, der eng mit politischen Ordnungsvorstellungen verbunden war und sowohl als Plattform von Kritik an gesundheitsschädlichen Entwicklungen wie auch als Legitimationsgrundlage gesellschaftlicher Gefüge dienen konnte (Göckenjan 1985).

Weitgehend von bürgerlichen Normen angeleitet, enthielt das moderne Gesundheitsmodell disziplinierende und ausgrenzende wie auch emanzipatorische Elemente. Der emanzipatorische Anspruch der medizinischen Aufklärung manifestierte sich in ärztlicher Philanthropie, in ersten Konzepten staatlicher Gesundheitsgesetzgebung und dem Anliegen, die Bevölkerung medizinisch aufzuklären.

Dabei thematisierte die medizinische Volksaufklärung Frauen primär als Schwangere, Gebärende, Wöchnerin und Stillende (Sander 1998). Schwangerendiätetik, Plädoyers für das Stillen und detaillierte Ratschläge zur physischen Erziehung der Kinder waren favorisierte Themen der gesundheitlichen Ratgeber (Stolberg 1998). So wurde die sich in der Aufklärung ausbildende Differenzierung der Rollenbilder (Hausen 1976; Frevert 1988a; Brandes 1989) körperlich legitimiert (Jordanova 1989; Schmersahl 1998).

Seit dem 18. Jahrhundert bildete sich jedoch nicht nur ein neues Körperverständnis auf Grundlage eines dichotomischen Geschlechterverhältnisses heraus, neu konzeptionalisiert wurden auch Vorstellungen von seelischer Gesundheit, die sich am männlich geprägten Ideal von Stärke, Härte und Rationalität orientierten. Davon wichen Frauen, wenn sie bürgerlichen Rollenvorgaben entsprachen (Hausen 1976; Frevert 1995), zwangsläufig ab, was dazu führte, dass Frauenkrankheiten und weibliches Verhalten zunehmend psychiatrisiert wurden (Chesler 1979).

Populärmedizinische und wissenschaftliche Schriften verfestigten seit Mitte des 18. Jahrhunderts die Ansicht, dass das Wesen der Frau sich durch Kindlichkeit, Emotionalität und Schwäche auszeichne und die «erhöhten und feineren Seelenkräfte» der Frau mit einer Neigung zur Hysterie und größerer Krankheitsanfälligkeit einhergingen (Schaps 1983).

Da das neue Gesundheitsverständnis der spätabsolutistischen Zeit von Beginn an politi-

den und den Übergang von vormodernen Formen der Krankenversorgung zur medikalisierten Krankenhausbehandlung der Moderne markierten: Gegründet worden waren die Entbindungsanstalten als Ausbildungs- und Forschungszentren für Ärzte und Hebammen, orientierten sich also bereits an Konzepten der Akademisierung, Professionalisierung und Differenzierung medizinischer Spezialdisziplinen. Die Patientinnen der Entbindungsanstalten fanden sich jedoch nicht aufgrundmedizinischer Indikationen, sondern einzig aufgrund sozialer Faktoren ein. Als ledige Schwangere wurden sie teilweise zwangseingewiesen, teilweise wurden ihnen hoheitliche Unzuchtsstrafen erlassen oder ihnen freie Kost und Logis zugesagt, wenn sie sich den jungen Ärzten und Hebammen als Studienobjekt zur Verfügung stellten. Die hohe Sterblichkeitsrate bei Müttern und Kindern vor Einführung der Antisepsis und Schrecken erregende Geschichten über qualvolle (instrumentelle) Eingriffe, ließen viele ledige Schwangere trotz Strafandrohung diese Institutionen, in denen sie einem unwürdigen Gewaltverhältnis ausgeliefert waren, meiden (Frevert 1982; Metz-Becker 1997b; Seidel 1998).

Medikalisierung
Krankenkassen und Krankenhäuser waren einerseits Mittel der Medikalisierung und Disziplinierung und boten den Menschen andererseits die Möglichkeit, an neuartigen Entwicklungen zu partizipieren.

Aufgrund dieser Ambivalenz beurteilt die Forschung die Medikalisierung inzwischen differenziert. Während Untersuchungen der 1980er-Jahre den Zwangscharakter und die starke Interessenskoalition zwischen staatlichen Instanzen und Ärzteschaft betonten (z. B. Göckenjahn 1985), gehen neuere Studien davon aus, dass eine medizinische Vergesellschaftung (Patricia Loetz) nicht nur mittels Zwang durchgesetzt wurde, sondern auch aufgrund der Nachfrage nach der neuartigen medizinischen Versorgung stattfand. Frauen wird bei dieser Neukonzeption der Medikalisierung die Rolle selbstständigerAkteure zugestanden, die als Patientinnen und in heilenden Berufen den Gang der Entwicklung mit beeinflussten (Sandelowski 1990). Damit werden Ergebnisse, die die feministische Geschichtswissenschaft seit den 1970er-Jahren erarbeitete, modifiziert.

Frühe Frauenstudien zur Medizingeschichte hatten dargelegt, dass Frauen vor allem in der Geburtsmedizin von einer männlich dominierten Medizin entmündigt und zwangsbehandelt (Frevert 1982) und aus ihren traditionellen Berufsfeldern als Hebammen und heilkundige Frauen verdrängt worden waren (Ehrenreich/English 1982). Neuere Studien betonen die Diskontinuitäten und Ungleichzeitigkeiten der Entwicklung: In den Armenhospitälern, Entbindungsanstalten und Gefängnissen dominierten Zwangsmittel und die Vorherrschaft akademisch ausgebildeter Ärzte. Gleichzeitig unterstützte und schützte der neuzeitliche Staat Hebammen und Wundärzte, indem er ihre Position – gegen heftigen ärztlichen Protest – gesetzlich festschrieb. Außerdem gerieten in den letzten Jahren eben gerade die Hebammen, lange Zeit Prototyp eines «Medikalisierungsopfers», als Agenten der Medikalisierung in den Fokus, da sie maßgeblich zur Durchsetzung beispielsweise der Pockenimpfung der Kinder – einem wichtigen Meilenstein der Medikalisierung – beitrugen.

Von einer polaren Gegenüberstellung einer männlich-akademischen Medizin und einer weiblichen Laienheilkunde kann damit pauschal nicht gesprochen werden. Vielmehr gilt es, diesen Bereich durch weitere geschlechtergeschichtliche Forschung zu erhellen (Loetz 1993; Seidel 1998).

Weit gefächert waren auch die Motive der Patientinnen, die diese Medizin in Anspruch nahmen. So betrachteten ledige und arme Mütter die neuartigen Gebäranstalten mit Schrecken, wohingegen sich Frauen des Adels und des Bürgertums in den Städten mit wachsender Begeisterung der neuen ärztlichen (instrumentellen) Geburtshilfe zuwandten, von der sie sich Erleichterung und Sicherheit der Geburt versprachen. Damit wird deutlich, dass die vorliegenden Studien durch Analysen, die soziale und geschlechtliche Differenzierungen miteinander verbinden, erweitert werden müssen.

Professionalisierung
In unmittelbarem Zusammenhang mit der Ausweitung der Krankenversicherungspflicht und der Gründung moderner Krankenhäuser stand

die Akademisierung der Medizin und die Professionalisierung der Heilberufe. Mit der Orientierung auf die rationalen Naturwissenschaften erfolgte seit dem 18. Jahrhundert eine Ausdifferenzierung des Wissens und die Ausbildung immer neuer medizinischer Spezialdisziplinen (Hudemann-Simon 2000).

Die akademisch ausgebildeten Mediziner beanspruchten unter Verweis auf ihre staatlich sanktionierte universitäre Ausbildung (in Preußen seit 1852) zunehmend den Status professioneller Experten. Die einheitliche Ausbildung der Ärzte, die Erweiterung des Marktes für medizinische Dienstleistungen, die Ausweitung der Nachfrage durch die krankenversicherung immer größerer Patientengruppen und die Maximierung professioneller Autonomie gelten als Faktoren der Professionalisierung des Ärztestandes im 19. Jahrhundert (Huerkamp 1985; Jütte 1997).

Frauen konnten an diesem Prozess nicht partizipieren, da es ihnen verwehrt war zu studieren. Obwohl bereits seit Mitte des 19. Jahrhunderts in den deutschen Staaten die Zulassung von Frauen zum Medizinstudium diskutiert wurde und es ihnen in der Schweiz, Frankreich, den USA und England partiell bereits im 19. Jahrhundert gestattet war, sich zu immatrikulieren, erhielten sie in Deutschland den Zugang zum Medizinstudium erst im 20. Jahrhundert (Bleker/Schleiermacher 2000; Huerkamp 1991, 1996; Costas 1992).

Ärztinnen
Die wichtigste geschlechterpolitische Veränderung vollzog sich im institutionalisierten Gesundheitswesen mit der Zulassung von Frauen zum Medizinstudium (Bleker/Schleiermacher 2000). Diese war gegen großen Protest der männlichen Studierenden und Ordinarien erkämpft worden (Bleker/Schleiermacher 2000). In Preußen konnten sich Frauen 1896 als Gasthörerinnen und 1908/09 als vollimmatrikulierte Studentinnen einschreiben (Nowack 1996; Huerkamp 1991, 1996). Der Anteil der Frauen an den berufstätigen Ärzten stieg indes nur langsam. Er lag 1910 bei 0,3 %, stieg in der Weimarer Republik von 5,3 % im Jahre 1925 auf 7,0 % im Jahre 1935 und lag 1942 bei 12,4 %. Auch in der BRD kletterte der Anteil weiblicher Ärzte nur langsam von 13,3 % im Jahre 1952 auf 29,0 % 1990, während die DDR in den 1970er-Jahren die 50 %-Marke übersprang und 1990 53,5 % aller Ärzte Ostdeutschlands weiblich waren (Schagen 1996).

Obwohl Frauen immer häufiger den Arztberuf ergriffen, blieben sie in den medizinischen Spezialdisziplinen, die als besonders technikorientiert, prestigeträchtig und ökonomisch interessant galten, stark unterrepräsentiert (Bronner 2000). Dass der Zugang zu bestimmten Fachgruppen, wie z. B. der Kinderheilkunde, unter Verweis auf die besondere Eignung der Frauen aufgrund ihres Geschlechtscharakters erkämpft wurde, hat die historische Forschung detailliert dargestellt (Bleker/Schleiermacher 2000). Mit welchen Argumenten und in welchen Konstellationen Frauen aus anderen medizinischen Fachgruppen ausgeschlossen wurden, ist historisch bisher kaum analysiert.

Bedeutsamer als die quantitative Entwicklung scheint die Tatsache, dass Frauen häufig in sozial- und geschlechterpolitisch besonders sensiblen Bereichen, wie z. B. den Ambulatorien der Weimarer Republik, als Schul- und Polizeiärztinnen oder in den Beratungs- und Fürsorgestellen (Bleker/Schleiermacher 2000; Hoesch 1995) arbeiteten.

Diese Entwicklung war besonders von der bürgerlichen Frauenbewegung gefördert worden, die aus «sittlichen Überlegungen» heraus dafür eintrat, dass Frauen von Frauen behandelt werden sollten. Auf diese Weise sei eine optimale medizinische Versorgung der Patientinnen gesichert, in deren Beschwerden sich eine Ärztin besser einfühlen könne. Die in Berlin von der Frauenbewegung 1881 finanzierte Poliklinik für Frauen folgte diesem Modell (Hoesch 1995).

Pflegeberufe
Da von der Professionalisierung alle medizinischen Heilberufe betroffen waren, eröffneten sich für Frauen auch neue Berufsfelder. Frauen fanden z. B. in den Pflegeberufen ein neues Tätigkeitsfeld. Während sich in den 1830er-Jahren die Pflegekräfte in den Hospitälern und Krankenhäusern paritätisch aus beiden Geschlechtern zusammengesetzt hatten, erlangten Frauen nach 1850 die Vorherrschaft im Pflegeberuf. Zwar hatten Frauen und Männer bereits

in der Kranken- und Armenpflege der frühen Neuzeit unterschiedliche Rollen wahrgenommen (Vanja 1992), die Profilierung des Pflegeberufs als spezifisch weibliches Berufsbild erfolgte jedoch erst seit dem späten 19. Jahrhundert unter Verweis auf die natürliche Neigung der Frauen zu hegen und zu pflegen. Von der vermehrten Anstellung weiblicher Schwestern versprach man sich einen positiven moralischen Einfluss auf die Kranken und einen freundlicheren Umgang mit den Patienten, als ihn die männlichen Wärter pflegten (Elkeles 1996). Inwieweit Krankenschwestern zum Entstehen einer neuen Pflegekultur beitrugen, ist historisch bisher noch nicht erforscht. Sicher ist hingegen, dass die bürgerlichen Krankenschwestern maßgeblich zur sozialen Akzeptanz der Krankenhäuser beitrugen (Uhlmann 1996).

Fürsorgerinnen

Auch in der Gesundheitsfürsorge entstanden neue Berufsfelder für Frauen (Schmidt 1998). Als Fürsorgerin konnten Frauen eine sozial akzeptierte Berufstätigkeit ausüben, ohne in Konflikt mit dem Rollenbild der bürgerlichen Frau zu geraten. Aus diesem Grund förderte die bürgerliche Frauenbewegung das weibliche Engagement in der Sozialarbeit.

Aus ihrem Credo, das Frauen und Männer gleichwertig, aber keinesfalls gleichartig seien, leiteten Vertreterinnen der deutschen bürgerlichen Frauenbewegung die besondere Bestimmung und Begabung der bürgerlichen Frau für den Dienst an der Gemeinschaft ab, den sie als Ärztin oder eben auch als Fürsorgerin leisten könne. Emanzipationsforderungen verbanden sich auf diese Weise mit einer Verwissenschaftlichung und Rationalisierung der Fürsorge und der Absicht, die Gesellschaft sittlich zu verbessern. Der Forderung führender Frauenrechtlerinnen auf weibliche Bildung und Berufstätigkeit entsprechend, veranstaltete Alice Salomon seit 1899 in Berlin Kurse, in denen Frauen systematisch in Armenpflege und Fürsorgetätigkeit ausgebildet wurden (Salomon 1927). Seit Beginn des 20. Jahrhunderts folgten diesem Vorbild Schulen für soziale Arbeit in ganz Deutschland.

Diese noch im Kaiserreich angestoßene Entwicklung erfuhr durch den Ersten Weltkrieg eine enorme Ausweitung und führte schließlich in der Weimarer Republik zu einer Veränderung des Berufsbildes der Fürsorgerin, das zunehmend vom bürgerlichen Mütterlichkeitsideal abgekoppelt und als (gering besoldete) Dienstleistung in ein komplexes System der Sozialarbeit eingegliedert wurde. Auch wenn sich das soziale Profil der Fürsorgerin in der Weimarer Republik verschob, so änderte sich nichts an der Grundstruktur, dass Sozialarbeit zwar mehrheitlich von Frauen, jedoch nach männlicher Weisung ausgeführt wurde (Sachße 1986; Stöckel 1996b).

Hierarchie und Geschlechtersegregation

Die Professionalisierung konfrontierte Frauen und Männer mit Gesundheit und Krankheit in hierarchischen Rollen: als männliche Ärzte einerseits und weibliche Pflege- und Fürsorgekräfte andererseits. Daraus entstanden zahlreiche Konflikte, aber auch ebenso vielfältige Kooperationen, die entlang von Geschlechterlinien verliefen. Am ausführlichsten sind von der historischen Forschung die Auseinandersetzungen zwischen Ärzten und Hebammen um die Zuständigkeit am Kreißbett dargestellt worden. Koalitionen ergaben sich immer dann, wenn sich beide Gruppen Verbesserungen versprachen, so etwa zwischen bürgerlichen Fürsorgerinnen und der neu entstehenden Kinderheilkunde (Stöckel 1996a). Dabei lieferte die akademische Medizin den Fürsorgerinnen Argumente und Legitimation, mit der sie ihren eigenen Status als Expertinnen besonders gegenüber den «befürsorgten Arbeiterinnen» festigen konnten (Frevert 1985).

Im 20. Jahrhundert schwächte sich die starke Geschlechtersegregation im institutionellen Gesundheitswesen ab. Die gesetzliche Krankenversicherungspflicht, die bereits während des Kaiserreichs schrittweise auch auf Arbeiterinnen und Angestellte ausgedehnt worden war, umfasste in der Weimarer Republik sukzessive auch Familienmitglieder und somit vor allem Frauen und Kinder (Tennstedt 1976). Damit wurde weibliche Mitgliedschaft weiterhin in Abhängigkeit von einem männlichen Hauptversicherer definiert und somit die Position des männlichen Familienvorstandes auch im Gesundheitswesen befestigt.

7. Gesundheitsfürsorge

Flankiert worden war die oben beschriebene Entwicklung durch einen breiten Hygienediskurs.

Sanitäre Reformen

Bereits seit den 1860er-Jahren sollte die großstädtische Übersterblichkeit durch luftige Wohnungen, sauberes Wasser, angemessene Ernährung und gesunde Lebensweise gesenkt werden (Witzler 1995; zur Sterblichkeitsentwicklung siehe Spree 1981). Die sanitären Reformen, mit denen die Städte Trinkwasserversorgung, Kanalisation und Müllentsorgung an neuen hygienischen Standards ausrichteten, trug maßgeblich zur Senkung der Sterblichkeit seit den 1880er-Jahren(Vögele 2000) bei.

Sterblichkeitsentwicklung

Die Lebenserwartung stieg seit Ende des 19. Jahrhunderts von durchschnittlich 37 Lebensjahren im Jahre 1871 auf ca. 75 Lebensjahre in den 1990er-Jahren. Gleichzeitig vollzog sich ein Wandel des Krankheitspanoramas weg von den infektiösen hin zu den chronisch-degenerativen Todesursachen. Diese Entwicklung des so genannten epidemiologischen Übergangs verlief nach Alter und Geschlecht sehr verschieden (Spree 1992). Am meisten profitierten die Säuglinge von dieser Entwicklung, deren Sterblichkeit bereits seit den 1860er-Jahren sank. Da die Müttersterblichkeit an der Gesamtsterblichkeit nur zu 1 % beteiligt war, wirkte sie sich nur gering auf die Abnahme der Sterblichkeit aus. Frauen gewannen zu Beginn des 20. Jahrhunderts aufgrund des Rückgangs der Krankheiten der Verdauungsorgane und der Tuberkulose zusätzliche Lebensjahre (Labisch 1998; Eickenberg/Hurrelmann 1998).

Gesundheitsaufklärung

Parallel zur Assanierung der Städte entwickelten sich Gesundheitsfürsorge und -aufklärung mit dem Ziel, neue hygienische Verhaltensstandards zu implementieren, um so bereits die Entstehung von Krankheiten zu vermeiden. Besonders der akademisch gebildete Mittelstand – männliche Ärzte und weibliche Sozialreformerinnen – engagierte sich in den gesundheitlichen und sozialen Reformbewegungen, die stark an mittelständischen Normen und Geschlechterbildern orientiert waren. Daraus folgten für Frauen und Männer differente Rollen. Als Adressatinnen gesundheitlicher Aktivitäten wurden Frauen primär aufgrund ihrer reproduktiven Eigenschaften als Schwangere und Mütter für die Gesundheitsfürsorge interessant. Männer sollten gesundheitlich vor allem dann betreut werden, wenn ihre Arbeits- oder Wehrfähigkeit bedroht war. Somit kristallisierten sich seit dem 19. Jahrhundert Arbeitsfähigkeit, Reproduktionsfähigkeit, Militärtauglichkeit und Lebenserwartung als zentrale Bestimmungsfaktoren von Gesundheit heraus, wodurch Frauen und Männer in unterschiedlicher Weise in Kontakt zu neuen Institutionen gerieten, die mit Krankheit, Gesundheit und Hygiene befasst waren.

Sozialhygiene und Rassenhygiene als Leitdisziplinen öffentlicher Gesundheitspflege

Ende des 19. Jahrhunderts rückte der Zusammenhang zwischen Gesundheit, Krankheit, Gesellschaft und Staat in den Mittelpunkt der Diskussion. Zwei neue Wissenschaften – Sozialhygiene und Rassenhygiene – konkurrierten seit Beginn des 20. Jahrhunderts um gesundheitspolitischen Einfluss (Castell Rüdenhausen 1991).

Die soziale Hygiene thematisierte besonders gruppen-, klassen- und auch geschlechtsspezifische Krankheitsprofile und Risikofaktoren (Grotjahn/Kaup 1912; Mosse/Tugendreich 1913) und wurde zur Leitwissenschaft der umfassend ausgebauten Gesundheits- und Sozialfürsorge der Weimarer Republik. Die Maßnahmen richteten sich gezielt an besonders gefährdete Gruppen, wie z. B. Säuglinge, Mütter, Tuberkulosekranke etc., und sollten die Lebensbedingungen dieser Benachteiligten verbessern und sie so gesünder machen.

Ebenfalls zu Beginn des 20. Jahrhundert war mit der Rassenhygiene eine weitere Wissenschaft entstanden, die sich mit dem Zusammenhang von Gesundheit und Gesellschaft befasste und diesen ausschließlich unter rassischen Kriterien betrachtete (Schmuhl 1987; Stöckel 1996a; Kaufmann 1998). Alle sozialen, gesellschaftlichen und kulturellen Phänomene wurden biologistisch interpretiert; sozialer Status wurde in rassischen Rang übersetzt, politische und gesellschaftliche Konformität korrelierte angeblich mit genetischer Ausstattung (Usborne 1994). Das von führenden Rassenhygienikern propagierte gesundheitspolitische Ziel bestand in der eugenischen Verbesserung der Rasse. Frauen sollten den rassisch reinen Volkskörper durch die Geburt gesunder Kinder reproduzieren, Männer sollten im täglichen Daseinskampf ihre rassische Eignung beweisen.

Bereits seit dem 19. Jahrhundert hatte der Verweis auf Krankheit zunehmend Diskriminierung und soziale Ausgrenzung legitimiert. Gesundheit als Anpassung an gesellschaftliche Rollen und Normen und als Funktionsfähigkeit für Staat, Gesellschaft und Volkswirtschaft bedeutet für Männer, kräftig, stark und wehrhaft zu sein, während weibliche Gesundheit immer enger an Reproduktion gebunden wurde. Pervertierter Höhepunkt dieser Entwicklung war der Nationalsozialismus mit einer kollektiv ausgerichteten exkludierenden Form von Rassenhygiene und Rassenkunde, die immer mehr Gruppen unter Verweis auf vermeintliche Krankheiten als rassisch minderwertig definierte und an der Fortpflanzung hinderte.

8. Reproduktion, Sexualität und Bevölkerungspolitik

Seit dem Ersten Weltkrieg kreiste die gesundheitspolitische Diskussion obsessiv um den Geburtenrückgang. Die sinkende Geburtenrate wurde als kultureller Verfall und Krankheit des Volkskörpers gedeutet und motivierte vielfältige staatliche und private Aktionen, die wiederum fast alle an Frauen adressiert waren: Sanktionen gegen die Prostitution, eine umfassende Bekämpfung der Geschlechtskrankheiten, die Verhinderung von Geburtenkontrolle, Regelungen zum Mutterschutz und zur Wochenhilfe.

Dass es um die Gesundheit der deutschen Mütter – auch im internationalen Vergleich – nicht gut bestellt war, hatten bereits regierungsamtliche Untersuchungen der letzten Kriegsjahre ergeben. Dass Frauen öfter und länger krank waren als gleichaltrige Männer, wurde mit der Doppelbelastung von Frauen durch Industrie- und Familienarbeit erklärt. Andere Faktoren, wie z. B. der Ernährungszustand, Belastungen durch häufige Schwangerschaften und Abtreibungen, wurden nicht berücksichtigt.

Mütter- und Arbeiterinnenschutz

Die während des Ersten Weltkrieges aufgehobenen Arbeiterinnenschutzgesetze wurden in der Weimarer Republik wieder eingeführt, die während des Krieges institutionalisierte Reichswochenhilfe 1919 durch ein Gesetz weiter ausgebaut. Insgesamt zeichnete sich die Weimarer Republik durch eine kontinuierliche Ausdehnung der Mutterschutzregelungen aus, die zwar häufig aufgrund finanzieller Probleme nur unzureichend umgesetzt wurden, für viele Frauen aber trotzdem eine Erleichterung und Unterstützung bei Schwangerschaft, Entbindung und Kinderversorgung bedeutete.

Regelungen zum Mutterschutz wurden von Pro- und Antinatalisten gleichermaßen befürwortet, wobei die einen sich eine Erhöhung der absoluten Kinderzahl versprachen, während die anderen eine qualitative Verbesserung und besonders sorgfältige Bemutterung von weniger Säuglingen anstrebten. Pro- wie Antinatalisten ordneten dabei individuelle Bedürfnisse nach Kindern oder Kinderlosigkeit staatlichen Interessen unter und stellten den so genannten Volkskörper über den individuellen (Frauen-)Körper (Usborne 1994; Stöckel 1996a).

Säuglingsfürsorge

Der von der Sozialhygiene betonte Zusammenhang zwischen sozialer und gesundheitlicher Benachteiligung war bei der Säuglingssterblichkeit besonders eklatant, da Säuglinge von Fabrikarbeiterinnen und uneheliche Babys besonders häufig im ersten Lebensjahr verstarben. Durch Einrichtung von Fabrikkrippen, gesetzlichen Mutterschutz, Stillpausen und umfangreiche Schwangeren- und Stillberatung in den städtischen Gesundheitsfürsorgestellen sollten den Arbeiterinnen die hygienischen Normen und Geschlechterrollen des Bürgertums vermittelt werden (Frevert 1985).

Auch die sozialhygienisch orientierten Säuglingsfürsorgestellen verfolgten eugenische Ziele (Usborne 1994; Stöckel 1996a). Neben städtischen Fürsorgestellen widmeten sich auch private Vereine der desolaten Lage der unehelichen

Kinder und ledigen Mütter. Insbesondere der 1905 gegründete «Bund für Mutterschutz» setzte sich dafür ein, die Abtreibung zu erleichtern, den Verkauf von Verhütungsmitteln freizugeben, über Sexualität und Geschlechtskrankheiten aufzuklären, eheliche und uneheliche Kinder gleichzustellen und das Eherecht zu liberalisieren.

Verhütung und Sterilisation

Vertreter der Sexualreformbewegung traten für selbstbestimmte Fortpflanzung ein und propagierten eine liberale und rationalisierte Sexualität (Soden 1986; Reinert 2000). Gleichzeitig sympathisierten sie mit eugenischen Konzepten (Usborne 1994; Stöckel 1996a), denn auch die freien Sexualberatungsstellen des Bundes für Mutterschutz bzw. der Arbeiterbewegung überwiesen zahlreiche «minderwertige» Personen zur freiwilligen Sterilisation (Usborne 1994). Bereits in der Weimarer Republik zeichnete sich ab, dass vor allem Frauen sterilisiert wurden. Dabei waren «schlechtes Milieu», Indolenz und Vergesslichkeit ausreichende Indizien, um rassische Minderwertigkeit festzustellen. Obgleich seit den 1920er-Jahren bereits intensiv über Zwangssterilisationen aus eugenischen Gründen debattiert wurde, blieb die Sterilisation während der Weimarer Republik an die Zustimmung der Betroffenen gebunden.

Anknüpfend an die Diskussion der Weimarer Republik erließen die Nationalsozialisten 1935 das Gesetz zur «Verhinderung erbkranken Nachwuchses», das «rassisch minderwertige» und «fremdrassige Personen» gewaltsam an der Fortpflanzung hinderte. Dabei wurden eugenische Indikationen für Männer und Frauen unterschiedlich interpretiert: Bei Männern waren Kriminalität und Alkoholismus primäre Gründe, während bei Frauen Abweichungen von bürgerlichen Rollen- und Normvorstellungen als asozial und minderwertig galten (Bock 1986).

Abtreibung

Die Debatte über Bevölkerungspolitik betraf Frauen noch in einem anderen Zusammenhang unmittelbar an Leib und Leben. Der § 218 des deutschen Strafgesetzbuches definierte Abtreibung seit 1871 als Tötungsdelikt und bedrohte Frauen mit Zuchthaus. Spezifisch für die Abtreibungsdebatte der Moderne war die Annahme eines eigenen Lebensrechts des ungeborenen Kindes.

Die Geschichte der Abtreibung pointiert den Umgang mit dem Körper als Herrschaftsgeschichte: Abtreibung war in der Antike vaterrechtlich geregelt und nur strafbar, wenn sie ohne Wissen oder gegen den Willen des «pater familias» erfolgte. Im Mittelalter galt Abtreibung per definitionem als gegen den göttlichen Willen gerichtet und fiel in kirchliche Zuständigkeit, in der Neuzeit galt sie als Angriff auf staatliche Interessen und wurde fortan strafbewehrt (Jütte 1993; Jerouschek 1993; Leibrock-Plehn 1991). Während der Aufklärungsdiskurs sich noch primär auf die Kindstötung konzentriert hatte (Schulte 1989; Weber-Kellermann 1991; Stukenbrock 1993b), schützte der Gesetzgeber im 19. Jahrhundert bereits ungeborene Staatsbürger (Seidler 1993).

Tiefgreifende Veränderungen vollzogen sich nicht nur in der rechtlichen Behandlung der Abtreibung, sondern seit dem Ersten Weltkrieg vor allem auch in der öffentlichen Debatte. Von «Abtreibungssucht», «Klassenparagraph» und der männlichen Beherrschung weiblicher Sexualität war die Rede (Hagemann 1991; Staupe 1993). Niemals zuvor war Sexualität so öffentlich debattiert worden (Usborn 1994). Obgleich vereinzelt auch das ungleiche Geschlechterverhältnis angeprangert wurde, in dem Frauen kaum selbst über ihre Sexualität bestimmen konnten, sondern sich mangelhaft aufgeklärt und nur unzureichend mit Verhütungsmitteln ausgestattet (ehe-) männlichen Wünschen zu beugen hatten, konzentrierte sich die Mehrheit der Diskutanten auf die sozialen Unterschiede und die gesundheitliche und moralische Benachteiligung von Arbeiterinnen.

Abtreibung blieb während der Weimarer Republik ein Thema, das primär im Kontext des weiblichen Lebenszusammenhangs diskutiert wurde. Der Nationalsozialismus brachte eine Verschärfung des Abtreibungsverbots für arische Frauen und einen Abtreibungs- und Sterilisationszwang für Frauen, die als rassisch minderwertig definiert wurden, mit sich (Bock 1986; Gante 1993). Erst die Frauenrechtsbewegung der 1970er-Jahre stellte die Abtreibungsfrage ins

Zentrum der Debatte um sexuelle Gewalt und sexuelle Befreiung von Frauen.

Sexualität, Moral und Geschlechtskrankheiten
Trotz anderer sozialer Realitäten assoziierten viele Stimmen Abtreibung während der Weimarer Republik mit sexueller Ausschweifung und verbotener weiblicher Lust. Wurden diese Begierden Männern als physiologisch unvermeidbar zugestanden, so wurden sie bei Frauen als moralische Verkommenheit oder psychische Entartung stigmatisiert, was sich z. B. bei der Bekämpfung der Geschlechtskrankheiten zeigte.

Geschlechtskranke Frauen gerieten in Prostitutionsverdacht und wurden kriminalisiert, indessen geschlechtskranke Männer diskret behandelt wurden und ihr ehrenhaftes bürgerliches Leben weiterführen konnten (Puenzieux/Ruckstuhl 1994; Sauerteig 1999).

Während weibliche Sexualität im Zusammenhang mit Gesundheit und Abweichung ein permanentes Thema war, wurde männliche Sexualität nur in Ausnahmefällen als fehlgeleitet rezipiert, etwa im seit der Jahrhundertwende aufkommenden Kastrationsdiskurs (Breidenstein 1996). Sexualität als Gegenstand von Kontrolle bezog sich primär auf den Frauenkörper, lediglich im Zusammenhang mit Homosexualität (Invertio 2000) und seit Ende des 20. Jahrhunderts im Kontext von Aids wurden auch männliche Körper gesundheitspolitisch thematisiert.

Vergewaltigung und Missbrauch
Weibliche Gesundheit war im gesamten 19. und 20. Jahrhundert fest mit dem Bezugspunkt Sexualität verschweißt. Männliche Körper blieben selbst in den Reformdiskursen marginal. Trotz dieser klaren Zuordnung blieb ein wichtiger Aspekt weiblicher Gesundheit in der öffentlichen Debatte weitgehend unterbelichtet: Die Beeinträchtigung der körperlichen und seelischen Integrität von Frauen durch Vergewaltigung und sexuelle Belästigung wurde verschwiegen (Corbin 1992; Burghartz 1999b; Hommen 1999). Obwohl im Alltag und besonders in Kriegs- und Krisenzeiten allgegenwärtig (Canning 1992; Lipp 1986; Meyer/Schulze 1985(2); Sander/Johr 1992), blieben sexuelle Belästigung und Vergewaltigung auch im 20. Jahrhundert ein Tabuthema, bis die zweite Frauenbewegung in den 1970er-Jahren Zudringlichkeit und Vergewaltigung als Schädigung weiblicher Gesundheit thematisierte.

9. Geschlechterkonnotationen einzelner Krankheitsbilder

Dass die Definitionen der neuzeitlichen Medizin einen weit reichenden Einfluss auf das Selbst- und Fremdbild von Frauen hatten, ist von Historikerinnen breit dokumentiert worden (mit detaillierten Verweisen auf den internationalen Forschungsstand: Frevert 1985). Dabei wurden die höheren Erkrankungsraten und Arztbesuche von Frauen als Flucht in die Krankheit, als Widerstand gegen weibliche Rollenerwartungen (Honegger/Heintz 1984; Jansen/Nemitz 1990), als Fluchtmöglichkeit (Rodenstein 1984), als selbstzerstörerischer Protest, als Übersteigerung medizinischer Zuschreibungen (Schaps 1983; Chesler 1979) oder als Macht- und Aggressionsfaktoren innerhalb der familiären Interaktion gedeutet (Smith-Rosenberg 1984).

Hysterie
Unmittelbar verkörpert erschien die pathologische weibliche Konstitution im Krankheitsbild der Hysterie, die sich im 19. Jahrhundert zu der weiblich konnotierten Krankheit schlechthin entwickelte (v. Braun 1994 (4)). Die weiblichen Gentialorgane wurden in unmittelbarem Zusammenhang mit dieser Krankheit gesehen. Sexuelle Maßlosigkeit, überbordende Sinnlichkeit, Narzissmus und seelische Labilität wurden den Hysterikerinnen nachgesagt. Die feministische Forschung verwies auf die Parallelkonstruktion zwischen weiblichem Geschlechtsstereotyp und hysterischen Symptomen und beschrieb Hysterie als Übersteigerung der Rollenerwartung, mit der Frauen sich eben diesen Rollenerwartungen zu entziehen versuchten (Smith-Rosenberg 1984; Honegger/Heintz 1984).

Eine grundlegende Veränderung erfuhr das Hysteriekonzept mit der Entwicklung der Neurosenlehre durch Sigmund Freud. Auch Freud konzipierte weibliche Identität allerdings als defizitär und als an eine männliche Normpsyche gebunden. Hysterie als ein klinisches Deutungsmuster von Weiblichkeit verlor mit dem Ersten Weltkrieg an Bedeutung, als unter dem Eindruck unverarbeiteter Kriegserlebnisse viele deutsche Soldaten Symptome der Hysterie entwickelten und kampfunfähig wurden (Schaps 1983).

Fast jedes Krankheitsbild wies Geschlechterkonnotationen auf. Nicht immer waren diese so augenfällig wie bei der Hysterie oder den Geschlechtskrankheiten, eine geschlechtliche Differenzierung von Wahrnehmung und Therapie scheint jedoch stets nachweisbar. Eine systematische geschlechtergeschichtliche Analyse der Gesundheitsfürsorge wäre aus diesem Grunde sehr viel versprechend, steht aber bisher noch aus.

Erkrankungszahlen und geschlechtsspezifische Differenzen
Geschlecht war ein wichtiges Kriterium der Volkskrankheiten, weil die Erkrankungszahlen stark geschlechtsspezifisch differierten. Obwohl bereits für das 19. Jahrhundert nach Geschlechtern differenzierte Krankheitszahlen vorliegen, steht eine konsequente geschlechtergeschichtliche Analyse der zentralen Volkskrankheiten noch aus. Dies ist besonders bemerkenswert, da bereits den Sozialmedizinern des Kaiserreichs wohl bekannt war, dass Frauen z. B. häufiger an Tuberkulose erkrankten und starben (Voigt 1996). Dass die Tuberkuloseerkrankungsraten geschlechtsspezifisch verteilt waren, blieb im gesamten 20. Jahrhundert ein Thema der Krankheitsstatistik. Ungeklärt ist bisher, inwieweit Erkrankungszahlen und Zugang zu Heilmöglichkeiten sich geschlechtsspezifisch unterschieden, in welcher Form Geschlechterbilder bereits bei der Wahrnehmung einer Krankheit eine Rolle spielten, ob Aufklärung, Prävention und Behandlung geschlechtsspezifische Auswirkungen hatten, inwieweit Frauen und Männer als Angehörige unterschiedlich betroffen waren etc.

Während Männer häufiger von den institutionellen Bearbeitungsformen, z. B. der Heilstättenbehandlung, erreicht wurden (Condrau 1996, 2000), richtete sich die Gesundheitsaufklärung besonders an Frauen. Waren Männer von den Hygienisierungskampagnen – etwa zur Vermeidung oder Kontrollierung des Spuckverhaltens oder in der Trinkerfürsorge – nur betroffen, wenn sie selbst erkrankten, wurden Frauen auch als Angehörige zu Adressatinnen (Hauschildt 1995). Als Mütter und Ehefrauen wurden sie zu Sachwalterinnen familiärer Gesundheit stilisiert. Diese Zuständigkeit bürdete ihnen nicht nur eine erhebliche Verantwortung, sondern insbesondere viele neue Aufgaben auf.

10. Reformbewegungen

Die in der Weimarer Republik breit geführte Diskussion um neue Sittlichkeit und Sexualreform war Teil eines Reformdiskurses, der Anfang des 20. Jahrhunderts seinen Anfang genommen hatte (Krabbe 1974; Linse 1998). Lebensreform, Jugendbewegung, Kleiderreform, Naturheilkunde, Nacktkultur etc. waren Zweige einer umfassenden Bewegung, die sich die Veränderung des gesamten kulturellen und gesellschaftlichen Lebens zum Ziel gesetzt hatte.

Dabei kreisten die Reformkonzepte stets um Fragen der Körperlichkeit. Gesundheit, Natürlichkeit, Schönheit und Nacktheit wurden synonym verwendet und zum Ziel der Lebensführung. In welcher Form die Körperveredelung vollzogen werden sollte, ob durch sittliche Reform, durch sportliche Ertüchtigung, durch Licht- und Luftbäder, Bodybuilding, alternative Ernährungsformen und neue Kleidungsstile, war dabei je nach Ausrichtung unterschiedlich akzentuiert.

Gemeinsam war den unterschiedlichen Reformzweigen, dass sie fest gefügte Geschlechterrollen aufbrachen. Weibliche und männliche Gesundheit sollte durch Sport befreit (Müller-Windisch 1995) und durch Tanz entspannt werden. Natürliche Nacktheit beider Geschlechter sollte falsche Moral, Prostitution und Geschlechtskrankheiten überwinden helfen. Besonders radikal stellte die Sexualreformbewegung die Geschlechterordnung in Frage. Durch eine Liberalisierung der Sexualmoral wollte sie die Lebenskraft steigern und soziale Probleme beseitigen (Schenk 1998).

Gesundheit wurde in den ersten drei Jahrzehnten des 20. Jahrhunderts somit weit diskutiert. Damit eröffneten sich für Frauen und Männer Möglichkeiten, ihre individuellen körperlichen Bedürfnisse zu verwirklichen und sich allzu rigiden Normen zu entziehen. Die Konzeption von Gesundheit als Ziel und Legitimation gesellschaftlicher Reformbewegungen beinhaltete eine Politisierung des Gesundheitsbegriffs. Dies wurde von den Nationalsozialisten aufgegriffen und zu einem exklusiven völkischen Gesundheitsverständnis zugespitzt. Leibeserziehung diente nach 1933 ausschließlich der Rassegesundheit und war stets politisch begründet (Linse 1998).

11. Politisierung von Gesundheit und Krankheit

Rassegesundheit und Vernichtung

Gesundheit war im Nationalsozialismus primär Rassegesundheit. Krankheit bedeutete rassische Degeneration (Bock 1986; Schmuhl 1987). Gesundheit wurde nicht mehr individuell, sondern kollektiv definiert. Mit dem Zwang zur Reproduktion bei so genannten Rassegesunden und dem Verbot der Fortpflanzung für kranke und als fremdrassig definierte Menschen ging eine rigide Restauration polarer Geschlechtscharaktere einher, die ausschließlich funktional bestimmt waren.

Frauen sollten dem «Führer» gesunde Kinder schenken, Männer sollten diesen Kindern Lebensraum erobern. Dabei war die jedem obliegende «Pflicht zur Gesundheit» Voraussetzung nationalsozialistischer Rüstungs- und Kriegspolitik (Frei 1991; Rüther 1997). Im Dienste der Volksgesundheit wurden chronisch Kranke immer stärker aus dem Gesundheitssystem herausgedrängt und trotz Krankheit zu Arbeits- und Wehrdienst gezwungen. An der nationalsozialistischen Vernichtungspolitik waren Männer und Frauen als Ärzte und Fürsorgerinnen beteiligt (Bleker 1989; Frei 1991; Kudlien 1985; Baron 1992; Labonte-Roset 1992)

Sozialistische Gesundheit: Recht und Pflicht

Nach dem Zweiten Weltkrieg war Gesundheit nicht mehr exklusiv auf ein Rassekonzept bezogen, blieb aber in das politische Koordinatensystem des Kalten Krieges eingebunden. So proklamierte die DDR neben dem Recht auf Gesundheit eine Pflicht zur Gesundheit, um den Sozialismus aufbauen zu können. Die Betonung der betrieblichen Gesundheitsversorgung signalisierte dabei bereits institutionell die unmittelbare Verbindung von Gesundheit und Leistungsfähigkeit und brachte erhebliche Unterschiede hinsichtlich des Zugangs zu medizinischer Versorgung mit sich (Hockerts 1994). Angesichts der hohen weiblichen Erwerbsquote (Budde 1997) gab es keine Benachteiligung von Frauen in der medizinischen Versorgung. Schlechter versorgt waren Menschen, die in ländlichen Regionen lebten und Rentner.

Da die Frauenfrage im Sozialismus per definitionem als gelöst galt, bestand aus staatlicher Perspektive keine Notwendigkeit, spezifische Studien über Frauengesundheit anfertigen zu lassen. Analysen, die die Relation von Gesundheit und Geschlecht aus zeitgenössischer Perspektive dokumentieren, liegen nicht vor.

Allerdings lassen sich trotzdem Bereiche erschließen, die Aussagen über die Verbindung zwischen Gesundheit und Geschlecht zu liefern vermögen: Zum einen weist die offizielle Rhetorik zur Gesundheit sehr wohl Geschlechterstereotype auf, zum anderen offenbaren die politischen Maßnahmen der SED zur Eindämmung des Geburtenrückgangs, zur Abtreibung, Mutterschaft u. a. ebenfalls enge Bezüge zwischen Gesundheit und Geschlecht.

Das Recht auf kostenlose Gesundheitsversorgung wurde vom SED-Staat mit einer umfassenden Gesundheitspflicht kombiniert. Staatliche Pflichtimpfungen sollten die Gesundheit der werktätigen Bevölkerung ebenso sichern wie verpflichtende Früherkennungsuntersuchungen (Hockerts 1994). Inwieweit diese Gesundheitspflicht Frauen und Männer unterschiedlich erfasste und in ihrem Körperverständnis und Gesundheitsverhalten prägte, ist historisch bisher unerforscht.

Gesundheit und sozialistische Schönheitspflicht

Erste Studien liegen indes dazu vor, dass die Gesundheitspflicht aller DDR-Bürger für die Bürgerinnen Ostdeutschlands mit einer «Schönheitspflicht» einher ging. Der neue sozialistische Staat ermöglichte es den Frauen, gesund und «äußerlich anziehend» zu bleiben. Gleichzeitig erwartete er von seinen Bürgerinnen, dass sie ihren Körper gesund und schön bewahrten, da dies Arbeitskraft und Lebensgefühl sichere

(Budde 2000). Auch der Frauensport sollte dazu dienen, den Körper gesund zu erhalten, um tatkräftig und zufrieden am Aufbau des Sozialismus mitwirken und die doppelte Aufgabe von Beruf und Kindererziehung bewältigen zu können. Die enge Verflechtung von Gesundheits- und Schönheitsnormen zeigte sich z. B. darin, dass seit den 1960er-Jahren von Kosmetikerinnen solide dermatologische Kenntnisse und eine zweijährige wissenschaftliche Ausbildung gefordert wurden, und mündete so in einer Medikalisierung der Schönheitspflege (Budde 2000).

Männliche Gesundheitsnormen dienten auch in der DDR höchstwahrscheinlich primär dem Erhalt der Wehrfähigkeit und der Arbeitskraft, historische Analysen zum Verhältnis des ostdeutschen Mannes zu Gesundheit und Krankheit stehen noch aus.

Reproduktion im Sozialismus

Dem erklärten Ziel der SED, die Frauen vom bürgerlichen Joch einer ausschließlich auf Mütterlichkeit reduzierten Existenz zu befreien, entsprach es, Abtreibung ebenso wie Verhütung freizugeben. Dem Geburtenrückgang versuchte der SED-Staat durch vielfältige Sozialmaßnahmen, wie z. B. Kinderbetreuungsmöglichkeiten und berufliche Erleichterungen für Mütter, entgegenzuwirken (Hockerts 1994). Alle diese Regelungen bestätigten die soziale Rollenzuweisung, die Frauen auch im Sozialismus angeblich aus ihrer biologischen Natur erwuchs.

Dass es hinsichtlich der wirtschaftlichen Versorgung bereits unmittelbar nach Kriegsende einen Ost-West-Wettlauf gab, ist vielfältig dokumentiert. Auch gesundheitliche Eckdaten, wie z. B. Säuglingssterblichkeit, Lebenserwartung usw., wurden aus ost- wie aus westdeutscher Perspektive stets vergleichend wahrgenommen. Ob dieser Wettstreit in der Wahrnehmung der Zeitgenossen geschlechtsspezifische Färbungen hatte, müssen weitergehende Forschungen ermitteln. Ebenso offen ist aus historischer Perspektive bisher die Frage, wie sich staatliche Maßnahmen und politische Rhetorik auf das Gesundheitserleben und -verhalten von Frauen und Männern auswirkten.

Gesundheit und Krankheit waren seit dem Kaiserreich ein gewichtiges Argument im politischen Diskurs: Weibliche Rollenabweichung wurde als seelische Erkrankung diskriminiert, die Frauenbewegung pathologisiert und die vermeintliche Krankheitsanfälligkeit von Frauen, ihre medizinisch erwiesene Schwäche und Zartheit, galt als gewichtiger Grund, sie vom Arbeitsmarkt auszuschließen (Schmitt 1995; Wecker 1996; Moeller 1997; Budde 2000; Planert 2000). Dieser Verweis auf die angeblich labile weibliche Gesundheit, der jahrzehntelang zur Diskriminierung von Frauen gedient hatte, wurde von den DDR-Bürgerinnen partiell in ein Argument verwandelt, das sie eigenen Interessen dienstbar machten: Viele Frauen entzogen sich in der DDR dem staatlichen Anspruch auf ihre Arbeitskraft unter Verweis auf gesundheitliche Gründe (Budde 2000): Inwieweit Männer in Ost und West diese Argumentationsstrategie anwandten, um sich z. B. ihrer Wehrpflicht zu entziehen, muss aus historischer Perspektive noch untersucht werden.

Westdeutsche Variante: Privatisierung von Gesundheit

In der BRD wurde nach dem Zweiten Weltkrieg das System der gesetzlichen Krankenversicherung restauriert, was eine weitgehende Privatisierung von Krankheit und Gesundheit in der ärztlichen Praxis bedeutete. Eine erneute Politisierung fand seit den 1960er-Jahren im Kontext unterschiedlichster Alternativ- und Protestbewegungen statt. Eng verbunden mit der zweiten Frauenbewegung standen nun private Verhältnisse im politischen Scheinwerferlicht (Vogt 1989, 1998). Dabei wurden unmittelbar körper- und gesundheitsbezogene Themen wie Schwangerschaft, Geburt und Abtreibung zum Angelpunkt politischer weiblicher Selbstbestimmung.

Neue Frauenbewegung

Im Kontext der zweiten Frauenbewegung entstanden erste Studien der historischen Frauenforschung, die in der Reglementierung des Frauenkörpers durch neuzeitliche Medizin und staatliche Politik den zentralen Mechanismus weiblicher Unterdrückung sahen (Geyer-Kordesch/Kuhn 1986) und den Geschlechtsaspekt in der Medizin – speziell in der Gynäkologie – als Herrschaftspraxis über Frauen (Corea 1985; Amendt 1986; Fleischer 1993) interpretierten.

Diese Kritik, z. B. an der hospitalisierten Geburt (Ehrenreich/English 1973), führte in den 1980er- und 1990er-Jahren zu einer Veränderung der Krankenhausroutinen, der Einführung von Rooming-in, der Anwesenheit der Väter in den Kreißsälen und der Zunahme ambulanter Geburten und Hausgeburten (Jansen/Nemitz 1990). Gleichzeitig vollzog sich mit Einführung hormoneller Verhütungsmittel eine sexuelle Revolution, die einen tief greifenden sozialen Wandel nach sich zog. Die Trennung von Sexualität und Fortpflanzung bot Raum für ein neues weibliches Sexualerleben und Lebensentwürfe jenseits von Kindern und Familie (Schenk 1998). Durch diese Entwicklung wurden Kinderlosigkeit und Unfruchtbarkeit in einen neuen Kontext gestellt, der bisher historisch für Deutschland noch kaum erforscht ist (Neuwirth 1988; Sandelowski 1990; Fleischer 1993; Semke 1996; Josephs 1998).

Frauengesundheitsbewegung
Explizit nach dem Zusammenhang von Gesundheit und Geschlecht fragte die Frauengesundheitsbewegung, die mit ihrer Kritik am kurativen Gesundheitssystem die Suche nach alternativen Heilformen mit dem steten Hinweis auf die geschlechtsspezifischen Probleme und Benachteiligungen innerhalb des institutionalisierten Gesundheitswesens verband. Zentrale Themen der Frauengesundheitsbewegung waren alle Aspekte von Sexualität und Reproduktion, Missbrauch, Gewalterfahrung, Depression, Sucht, aber auch weibliche Körpererfahrung und erste Überlegungen zu frauenspezifischer Gesundheitsförderung (Stahr et al. 1991).

Während geschlechtsspezifische Erhebungen zu Krankheitshäufigkeit und Lebenserwartung bereits seit Ende des 19. Jahrhunderts gängige statistische Kriterien waren (Stumm 1996), etablierten sich erst seit den 1980er-Jahren differenzierte Forschungsansätze zur Relation von Gesundheit, Krankheit und Geschlecht (Stahr et al. 1991; Hermann/Hiestermann 1995; Maschewsky-Schneider 1997). Diese standen im Zusammenhang mit der Institutionalisierung universitärer Public-Health-Schools. Die akademische Forschung analysierte dabei z. B. Zusammenhänge zwischen Geschlecht und Gesundheitsstatus, Versorgungsungleichheiten zwischen den Geschlechtern, Medikamentierungsvorgaben, die an Normen orientiert waren, die ausschließlich mithilfe männlicher Probanden festgelegt wurden und andere geschlechtsspezifische Differenzen. Erstmalig gerieten auch Männer als Resonanzkörper sozialer und politischer Verhältnisse in den Blick (Begenau/Helferich 1997; Brähler/Felder 1999).

12. Offene Forschungsfragen

Viele der von den Gesundheitswissenschaften thematisierten Bezüge zwischen Gesundheit, Krankheit und Geschlecht sind von der Geschichtswissenschaft bisher noch unbearbeitet. Männergesundheit ist ein historisch kaum analysiertes Thema. Während die Geschichte der medizinischen Berufsgruppen sowohl für Männer als auch für Frauen gut erforscht ist, bestehen elementare Defizite hinsichtlich einer ge-schlechtergeschichtlichen Analyse der Gesundheitsfürsorge und einzelner Krankheitsbilder. Ebenso wenig wie die Auswirkungen neu-artiger Verhütungsmittel, Medizin- und Reproduktionstechnologien, die Bedeutung sich wandelnder Schönheitsnormen, kosmetischer Chirurgie, die kontinuierliche Präsentation von Körper-, Gesundheits- und Krankheitsbildern durch die Medien untersucht sind, wurden z. B. Essstörungen als spezifische weibliche Form der Auseinandersetzung mit und Ablehung von Rollenbildern und körperlichen Normen (Bordo 1989) historisiert.

Erst langsam nähern sich auch Zeithistoriker körpergeschichtlichen Fragestellungen. Die Erforschung der Historizität von Gesundheit und Krankheit endet bisher fast immer im frühen 20. Jahrhundert. Angesichts der Persistenz von Körpermodellen und Körperwahrnehmungen sind Konzepte und Erfahrungen von Gesundheit und Krankheit des ausgehenden 20. Jahrhunderts offenbar noch zu vertraut, um historisch analysiert zu werden. Die Gesundheits-, Krankheits- und Körpergeschichte der letzten Jahrzehnte harrt somit bisher noch einer historischen Erforschung.

Literatur

Amendt, G. (1986). *Die bevormundete Frau oder die Macht der Frauenärzte.* (Originalausgabe unter dem Titel: Die Gynäkologen. Hamburg 1982). Frankfurt/M.

Baron, R. (1992). «Barbarische Mütterlichkeit. Auswirkungen der nationalsozialistischen Volkspflegevorstellungen auf den sozialen Frauenberuf». In: Fesel, V. et al. (Hrsg.). *Sozialarbeit – ein deutscher Frauenberuf.* Pfaffenweiler, S. 62-72.

Barthel, C. (1989). *Medizinische Polizey und medizinische Aufklärung. Aspekte des öffentlichen Gesundheitsdiskurses im 18. Jahrhundert.* Frankfurt/M., New York.

Begenau, J., Helferich, C. (Hrsg.) (1997). *Frauen in Ost und West – Zwei Kulturen, zwei Gesellschaften, zwei Gesundheiten?* Freiburg.

Bleker, J. (Hrsg.) (1989). *Medizin im «Dritten Reich».* Köln.

Bleker, J., Schleiermacher S. (2000). *Ärztinnen aus dem Kaiserreich. Lebensläufe einer Generation.* Weinheim.

Bock, G. (1986). *Zwangssterilisation im Nationalsozialismus. Studien zur Rassenpolitik und Frauenpolitik.* Opladen.

Bordo, S. (1989). «The Body and the Reproduktion of Femity: A Feminist Appropration of Foucault». In: Jaggar, A., Bordo, S. (Hrsg.). *Gender, Body, Knowledge. Feminist Reconstructions of Being and Knowing.* New Brunswick, S. 13–33.

Brähler, E., Felder, H. (Hrsg.) (1999). *Weiblichkeit, Männlichkeit und Gesundheit. Medizinpsychologische und psychosomatische Untersuchungen.* Opladen.

Brandes, H. (1989). «Der Wandel des Frauenbildes in den deutschen Moralischen Wochenschriften. Vom aufgeklärten Frauenzimmer zur schönen Weiblichkeit». In: Frühwald, W., Martino, A. (Hrsg.). *Zwischen Aufklärung und Restauration. Sozialer Wandel in der deutschen Literatur (1700–1848).* Tübingen, S. 49–64.

Braun, C. von (1994). *Nicht ich. Logik, Lüge, Libido.* Frankfurt/M.

Breidenstein, G. (1996). «Geschlechtsunterschied und Sexualtrieb im Diskurs der Kastration Anfang des 20. Jahrhunderts». In: Eifert, C. u. a. (Hrsg.). *Was sind Frauen? Was sind Männer? Geschlechterkonstruktionen im historischen Wandel.* Frankfurt/M., S. 216–239.

Breit, S. (1991). *«Leichtfertigkeit» und ländliche Gesellschaft: voreheliche Sexualität in der frühen Neuzeit.* München.

Bronner, A. (2000). *Die berufliche Situation von Ärztinnen in so genannten Männer- und Frauenfächern der Medizin.* Hamburg.

Brückner, M. (Hrsg.) (2001). *Geschlechterverhältnisse. Gesellschaftliche Konstruktionen und Perspektiven ihrer Veränderung.* Weinheim u. a.

Budde, G. F. (2000). «Der Körper der ‹sozialistischen Frauenpersönlichkeit›. Weiblichkeits-Vorstellungen in der SBZ und frühen DDR». *Geschichte und Gesellschaft,* 26, S. 602–628.

Budde, G. F. (Hrsg.) (1997). *Frauen arbeiten. Weibliche Erwerbstätigkeit in Ost- und Westdeutschland nach 1945.* Göttingen.

Burghartz, S. (1999a). *Zeiten der Reinheit – Orte der Unzucht. Ehe und Sexualität in Basel während der frühen Neuzeit.* Paderborn u. a.

Burghartz, S. (1999b). «Verführung oder Vergewaltigung? Das Reden über sexuelle Gewalt vor dem Basler Ehegericht in der Frühen Neuzeit». In: Dausien, B. et al. (Hrsg.). *Erkenntnisprojekt Geschlecht. Feministische Perspektiven verwandeln Wissenschaft.* Opladen, S. 325–344.

Butler, J. (1991). *Das Unbehagen der Geschlechter,* Frankfurt/M.

Canning, K. (1992). *Class, gender and working-class politics: the case of the German textile industry, 1890–1933.* Ann Arbor.

Castell Rüdenhausen, A. zu (1991). «Kommunale Gesundheitspolitik in der Zwischenkriegszeit. Sozialhygiene und Rassenhygiene am Beispiel Gelsenkirchens». In: Frei, N. (Hrsg.). *Medizin und Gesundheitspolitik in der NS-Zeit.* München, S. 67–80.

Chesler, P. (1979). *Frauen – das verrückte Geschlecht?* Reinbek.

Condrau, F. (1996). «Tuberkulose und Geschlecht: Heilbehandlungen für Lungenkranke zwischen 1890 und 1914». In: Meinel, C.; Renneberg, M. (Hrsg.). *Geschlechterverhältnisse in Medizin, Naturwissenschaft und Technik.* Bassum, Stuttgart, S. 159–169.

Condrau, F. (2000). *Lungenheilanstalt und Patientenschicksal. Sozialgeschichte der Tuberkulose in Deutschland und England im späten 19. und frühen 20. Jahrhundert.* Göttingen.

Corbin, A. (Hrsg.) (1992). *Die sexuelle Gewalt in der Geschichte.* Berlin.

Corea, G. (1986). *Muttermaschine. Reproduktionstechnologien: von der künstlichen Befruchtung zur künstlichen Gebärmutter.* Berlin.

Corvinus, G. S. (1980, Neudr. d. Ausg. Leipzig 1715). *Nutzbares, galantes und curioses Frauenzimmer–Lexicon.* Hrsg. und mit einem Nachwort versehen v. M. Lemmer. Frankfurt/M.

Costas, I. (1992). «Das Verhältnis von Profession, Professionalisierung und Geschlecht in historisch vergleichender Perspektive». In: Wetterer, A. (Hrsg.). *Profession und Geschlecht. Über die Marginalität von Frauen in hoch qualifizierten Berufen.* Frankfurt/M., New York, S. 51–82.

Dinges, M. (1996a). «Schmerzerfahrung und Männlichkeit. Der russische Gutsbesitzer und Offizier Andrej Bolotow (1738–1795)». *Medizin, Gesellschaft und Geschichte*, 15, S. 55–78.

Dinges, M. (1996b). «Soldatenkörper in der Frühen Neuzeit. Erfahrung mit einem unzureichend geschützen, formierten und verletzten Körper in Selbstzeugnissen». In: Eifert, C. et al. (Hrsg.). *Was sind Frauen? Was sind Männer? Geschlechterkonstruktionen im historischen Wandel*. Frankfurt/M., S. 71–98.

Dölling, I., Krais, B. (Hrsg.) (1997). *Ein alltägliches Spiel. Geschlechterkonstruktion in der sozialen Praxis*. Frankfurt/M.

Duden, B. (1987). *Geschichte unter der Haut*. Stuttgart.

Dülmen, R. van (1991). *Frauen vor Gericht. Kindsmord in der frühen Neuzeit*. Frankfurt/M.

Dülmen, R. van (1996). *Körper – Geschichte*. Frankfurt/M.

Eckart, W. (1990). *Geschichte der Medizin*. Berlin u. a.

Ehrenreich, B., English, D. (1982). *Hexen, Hebammen und Krankenschwestern*. München.

Ehrenreich, B., English, D. (Hrsg.) (1973). *Zur Krankheit gezwungen. Eine schichtenspezifische Untersuchung der Krankheitsideologie als Instrument zur Unterdrückung der Frau im 19. und 20. Jahrhundert am Beispiel der USA*. München.

Eickenberg, H.-U., Hurrelmann, K. (1998). «Warum fällt die Lebenserwartung von Männern immer stärker hinter die der Frauen zurück?» In: Gesundheitsakademie/ Landesinstitut für Schule und Weiterbildung, NRW (Hrsg.). *Die Gesundheit der Männer ist das Glück der Frauen? Chancen und Grenzen geschlechtsspezifischer Gesundheitsarbeit*. Frankfurt/M., S. 77–98.

Elkeles, B. (1989). «Die schweigsame Welt von Arzt und Patient. Einwilligung und Aufklärung in der Arzt-Patienten-Beziehung des 19. und frühen 20. Jahrhunderts. *Medizin, Gesellschaft und Geschichte*, 8, S. 63–91.

Elkeles, B. (1996). «Der Patient und das Krankenhaus». In: Labisch, A., Spree, R. (Hrsg.). *«Einem jeden Kranken in einem Hospitale sein eigenes Bett.» Zur Sozialgeschichte des Allgemeinen Krankenhauses in Deutschland im 19. Jahrhundert*. Frankfurt/M., New York, S. 357–373.

Ellerkamp, M. (1991). *Industriearbeit, Krankheit und Geschlecht: zu den sozialen Kosten der Industrialisierung: Bremer Textilarbeiterinnen 1870–1914*. Göttingen.

Endlich, S. P. (1993). *Sozialgeschichte der Stadt Pforzheim 1862–1914*. Frankfurt/M.

Fischer-Homberger, E. (1975). *Die traumatische Neurose. Vom somatischen zum sozialen Leiden*. Bern u. a.

Fischer-Homberger, E. (1979). *Krankheit Frau und andere Arbeiten zur Medizingeschichte der Frau*. Bern u. a.

Fleischer, E. (1993). *Die Frau ohne Schatten. Gynäkologische Inszenierungen zur Unfruchtbarkeit*. Pfaffenweiler.

Fleischer, E. (Hrsg.) (1993). *Die kontrollierte Fruchtbarkeit. Neue Beiträge gegen die Reproduktionsmedizin*. Wien.

Frei, N. (Hrg.) (1991). *Medizin und Gesundheitspolitik in der NS-Zeit*. München.

Frevert, U. (1982). Frauen und Ärzte im späten 18. und frühen 19. Jahrhundert – Zur Sozialgeschichte eines Gewaltverhältnisses. In: Kuhn, A., Rüsen, J. (Hrsg.). *Frauen in der Geschichte II*. Düsseldorf. S. 177–210.

Frevert, U. (1984). *Krankheit als politisches Problem*. Göttingen.

Frevert, U. (1985). «Fürsorgliche Belagerung, Hygienebewegung und Arbeiterfrauen im 19. und frühen 20. Jahrhundert». *Geschichte und Gesellschaft*, 11, S. 420–446.

Frevert, U. (1988a). «Bürgerliche Meisterdenker und das Geschlechterverhältnis. Konzepte, Erfahrungen, Visionen an der Wende vom 18. zum 19. Jahrhundert». In: Dies. (Hrsg.). *Bürgerinnen und Bürger. Geschlechterverhältnisse im 19. Jahrhundert*. Göttingen.

Frevert, U. (1988b). «Zwischen Traum und Trauma – Aufklärung, Geschichte und Geschlechterverhältnis». In: Rüsen, J. (Hrsg.). *Die Zukunft der Aufklärung*. Frankfurt/M., S. 132–147.

Frevert, U. (1991). «Männergeschichte oder die Suche nach dem ‹ersten› Geschlecht». In: Hettling, M. u. a. (Hrsg.). *Was ist Gesellschaftsgeschichte? Positionen, Themen, Analysen*. München, S. 31–43.

Frevert, U. (1995). *«Mann und Weib, und Weib und Mann». Geschlechter-Differenzen in der Moderne*. München.

Frey, M. (1997). *Der reinliche Bürger. Entstehung und Verbreitung bürgerlicher Tugenden in Deutschland, 1760–1860*. Göttingen.

Freytag, N., Bossche, B. van den (1999). «Aberglauben, Krankheit und das Böse. Exorzismus und Teufelsglaube im 18. und 19. Jahrhundert». *Rheinisch-Westfälische Zeitschrift für Volkskunde*, 44, S. 67–93.

Funk, J., Brück, C. (Hrsg.) (1999). *Körper-Konzepte*. Tübingen.

Gante, M. (1993). «Das 20. Jahrhundert. Rechtspolitik und Rechtswirklichkeit 1927–1976». In: Jütte, R. (Hrsg.). *Geschichte der Abtreibung. Von der Antike bis zur Gegenwart*. MünchenVerlag, S. 169–207.

Geyer-Kordesch, J., Kuhn, A. (Hrsg.) (1986). *Frauenkörper, Medizin, Sexualität*. Düsseldorf.

Gleixner, U. (1994). *«Das Mensch» und «der Kerl»*. Frankfurt/M., New York.

Göckenjan, G. (1985). *Kurieren und Staat machen. Gesundheit und Medizin in der bürgerlichen Welt*. Frankfurt/M.

Goltermann, S. (2000). «Die Beherrschung der Männlichkeit. Zur Deutung psychischer Leiden bei den Heimkehrern des Zweiten Weltkrieges 1945–1956». *Feministische Studien*, 18, S. 7–19.

Götz von Olenhusen, I. (1998). «Das Ende männlicher Zeugungsmythen». In: Weckel, U. u. a. (Hrsg.). *Ordnung, Politik und Geselligkeit der Geschlechter im 18. Jahrhundert*. Göttingen, S. 259–283.

Grotjahn, A., Kaup, I. (Hrsg.) (1912). *Handwörterbuch der sozialen Hygiene*. 2 Bde. Leipzig.

Hagemann, K. (Hrsg.) (1991). *Eine Frauensache. Alltagsleben und Geburtenpolitik 1919–1933*. Pfaffenweiler.

Hahn, S. (1996). «‹Minderwertige, widerstandlose Individuen…› – Der Erste Weltkrieg und das Selbstmordproblem in Deutschland». In: Eckard, W., Gradmann, C. (Hrsg.). *Die Medizin und der Erste Weltkrieg*. Pfaffenweiler, S. 273–298.

Hauschildt, E. (1995). «*Auf den richtigen Weg zwingen …*» *: Trinkerfürsorge 1922 bis 1945*. Freiburg i. Br.

Hausen, K. (1976). «Die Polarisierung der ‹Geschlechtscharaktere› – Eine Spiegelung der Dissoziation von Erwerbs- und Familienleben». In: W. Conze (Hrsg.). *Sozialgeschichte der Familie in der Neuzeit Europas*. Stuttgart, S. 363–393.

Hermann, S., Hiestermann, A. (1995). *Zur gesundheitlichen und sozialen Lage von Frauen in Berlin*. Berlin: Senatsverwaltung für Gesundheit, Referat Gesundheitsstatistik, Gesundheitsberichterstattung, Informations- und Kommunikationstechnik, Datenschutz.

Hess, V. (1993). *Von der semiotischen zur diagnostischen Medizin. Die Entstehung der klinischen Methode zwischen 1750 und 1850*. Husum.

Hirschauer, S. (1993). *Die soziale Konstruktion der Transsexualität: über die Medizin und den Geschlechtswechsel*. Frankfurt/M.

Hockerts, H. G. (1994). «Grundlinien und soziale Folgen der Sozialpolitik in der DDR». In: Kaelble, H., Kocka, J., Zwahr, H. (Hrsg.). *Sozialgeschichte der DDR*. Stuttgart, S. 519–546.

Hoesch, K. (1995). *Ärztinnen für Frauen. Kliniken in Berlin 1877–1914*. Stuttgart u. a.

Hommen, T. (1999). *Sittlichkeitsverbrechen. Sexuelle Gewalt im Kaiserreich*. Frankfurt/M., New York.

Honegger, C. (1983). «Überlegungen zur Medikalisierung des weiblichen Körpers». In: Imhof, A. (Hrsg.). *Leib und Leben in der Geschichte der Neuzeit. Vorträge eines internationalen Colloquiums*. Berlin, S. 203–214.

Honegger, C. (1991). *Die Ordnung der Geschlechter. Die Wissenschaften vom Menschen und das Weib 1750–1850*. Frankfurt/M., New York.

Honegger, C., Heintz, B. (Hrsg.) (1984). *Listen der Ohnmacht*. Frankfurt/M.

Hudemann-Simon, C. (2000). *Die Eroberung der Gesundheit 1750–1900*. Frankfurt/M.

Huerkamp, C. (1985). *Der Aufstieg der Ärzte im 19. Jahrhundert. Vom gelehrten Stand zum professionellen Experten: Das Beispiel Preußens*. Göttingen.

Huerkamp, C. (1991). «Frauen im Arztberuf im 19. und 20. Jahrhundert. Deutschland und die USA im Vergleich». In: Hettling, M. u. a. (Hrsg.). *Was ist Gesellschaftsgeschichte?* München, S. 135–145.

Huerkamp, C. (1996). *Bildungsbürgerinnen. Frauen im Studium und in akademischen Berufen 1900–1945*. Göttingen.

Invertito (2000). «Homosexualitäten in der Weimarer Republik 1919–1933». *Invertito. Jahrbuch für die Geschichte der Homosexualitäten*, 2.

Jansen, B. (1986). «Frauenleid und Frauenleiden. Zur Pathologisierung von Frauenkörpern». In: Bell, A. (Hrsg.). *Furien in Uni-Form? Dokumentation der 3. Österreichischen Frauensommeruniversität*. Innsbruck: Vor-Ort, Verein zur Förderung Qualitativer Sozialforschungsprojekte, S. 211–241.

Jansen, B., Nemitz, B. (1990). *Frauenleid und Frauenleiden. Zur Pathologisierung von Frauenkörpern*. Hamburg.

Jerouschek, G. (1993). «Mittelalter. Antikes Erbe, weltliche Gesetzgebung und kanonisches Recht». In: Jütte, R. (Hrsg.). *Geschichte der Abtreibung. Von der Antike bis zur Gegenwart*. München, S. 44–67.

Jordanova, L. (1989). *Sexual Visions. Images of Gender, Science and Medicince between the Eighteenth and Twentieth Century*. Madison.

Josephs, A. (1998). *Der Kampf gegen die Unfruchtbarkeit*. Stuttgart.

Jütte, R. (1991). *Ärzte, Heiler und Patienten. Medizinischer Alltag in der frühen Neuzeit*. München u. a.

Jütte, R. (1996). «Die Frau, die Kröte und der Spitalmeister. Zur Bedeutung der ethnografischen Methode für eine sozial- und Kulturgeschichte der Medizin». *Historische Anthropologie*, 4, S. 193–215.

Jütte, R. (Hrsg.) (1993). *Geschichte der Abtreibung. Von der Antike bis zur Gegenwart*. München.

Jütte, R. (Hrsg.) (1997). *Geschichte der deutschen Ärzteschaft. Organisierte Berufs- und Gesundheitspolitik im 19. und 20. Jahrhundert*. Köln.

Kaufmann, D. (1996). «Wahnsinn und Geschlecht». In: Eifert, C. u. a. (Hrsg.). *Was sind Frauen? Was sind Männer? Geschlechterkonstruktionen im historischen Wandel*. Frankfurt/M., S. 176–195.

Kaufmann, D. (1998). «Eugenik – Rassenhygiene – Humangenetik. Zur lebenswissenschaftlichen Neuordnung der Wirklichkeit in der ersten Hälfte des 20. Jahrhunderts». In: Dülmen, R. van (Hrsg.). *Erfindung des Menschen. Schöpfungsträume und Körperbilder 1500–2000*. Wien u. a., S. 347–365.

Komlos, J. (1993). «Über die Bedeutung der anthropometrischen Geschichte». *Historical Social Research*, 18, S. 4–21.

Krabbe, W. R. (1974). *Gesellschaftsveränderung durch Lebensreform. Strukturmerkmale einer sozialrefor-*

merischen Bewegung im Deutschland der Industrialisierungsperiode. Göttingen.

Kudlien, F. (Hrsg.) (1985). *Ärzte im Nationalsozialismus.* Köln.

Kühne, T. (Hrsg.) (1996). *Männergeschichte – Geschlechtergeschichte. Männlichkeit im Wandel der Moderne.* Frankfurt/M., New York.

Labisch, A. (1992). *Homo Hygienicus. Gesundheit und Medizin in der Neuzeit.* Frankfurt/M., New York.

Labisch, A. (1998). «Gesundheit: die Überwindung von Krankheit, Alter und Tod in der Neuzeit». In: Dülmen, R. van (Hrsg.). *Erfindung des Menschen. Schöpfungsträume und Körperbilder 1500–2000.* Wien u. a., S. 507–537.

Labisch, A. (2000). «‹Gesundheit› im Wandel der Zeiten. Zur Geschichte und Theorie des Problems ‹Medizin in der Gesellschaft›». In: Bundesvereinigung für Gesundheit e.V. (Hrsg.). *Gesundheit: Strukturen und Handlungsfelder.* Neuwied, I, 1, S. 1–49.

Labisch, A., Spree, R. (1996). «Einem jeden Kranken in einem Hospitale sein eigenes Bett.» *Zur Sozialgeschichte des Allgemeinen Krankenhauses in Deutschland im 19. Jahrhundert.* Frankfurt/M., New York.

Labisch, A., Spree, R. (Hrsg.) (1989). *Medizinische Deutungsmacht im sozialen Wandel des 19. und frühen 20. Jahrhunderts.* Bonn.

Labonte-Roset, C. (1992). «Die ‹Volkspflege› im Nationalsozialismus als weibliche Berufs- und Karrieremöglichkeit». In: Fesel, V. u. a. (Hrsg.). *Sozialarbeit – ein deutscher Frauenberuf.* Pfaffenweiler, S. 55–61.

Labouvie, E. (1996). «Unter Schmerzen gebären. Gedanken zur weiblichen Empfindung um die Geburt». *Medizin, Gesellschaft und Geschichte*, 15, S. 79–100.

Labouvie, E. (1998). *Andere Umstände. Eine Kulturgeschichte der Geburt.* Köln.

Lachmund, J., Stollberg, G. (1995). *Patientenwelten. Krankheit und Medizin vom späten 18. bis zum frühen 19. Jahrhundert.* Opladen.

Lachmund, J., Stollberg, G. (Hrsg.) (1982). *The Social Construction of Illness.* Stuttgart.

Laqueur, T. W. (1992). *Auf den Leib geschrieben. Die Inszenierung der Geschlechter von der Antike bis Freud,* Frankfurt/M., New York.

Leibrock-Plehn, L. (1991). «Abtreibungsmittel in der frühen Neuzeit. Arzneien oder Hexenkräuter?» *Medizin, Gesellschaft und Geschichte*, 10, S. 9–22.

Lerner, P. (1996). «‹Ein Sieg deutschen Willens›: Wille und Gemeinschaft in der deutschen Kriegspsychiatrie». In: Eckard, W.; Gradmann, C. (Hrsg.). *Die Medizin und der Erste Weltkrieg.* Pfaffenweiler, S. 85–108.

Linse, U. (1998). «Das ‹natürliche› Leben: Die Lebensreform». In: Dülmen, R. van (Hrsg.). *Erfindung des Menschen. Schöpfungsträume und Körperbilder 1500–2000.* Wien u. a., S. 305–322.

Lipp, C. (1986). «Sexualität und Heirat». In: Ruppert, W. (Hrsg.). *Die Arbeiter. Lebensformen, Alltag und Kultur.* München, S. 186–198.

Lipping, M. (1986). «Bürgerliche Konzepte zur weiblichen Sexualität in der zweiten Hälte des 18. Jahrhunderts. Rekonstruktionsversuche am Material medizinischer und pädagogischer Texte». In: Geyer-Kordesch, J., Kuhn, A. (Hrsg.). *Frauenkörper, Medizin, Sexualität: Auf dem Wege zu einer neuen Sexualmoral.* Düsseldorf, S. 28–42.

Loetz, F. (1992). «‹Medikalisierung› in Frankreich, Großbritannien und Deutschland, 1750–1850. Ansätze, Ergebnisse und Perspektiven der Forschung». In: Eckart, W. U., Jütte, R. (Hrsg.). *Das europäische Gesundheitssystem. Gemeinsamkeiten und Unterschiede in historischer Perspektive.* Stuttgart, S. 123–161.

Loetz, F. (1993). *Vom Kranken zum Patienten. «Medikalisierung» und medizinische Vergesellschaftung am Beispiel Badens 1750–1850.* Stuttgart.

Lorenz, M. (1996). «‹… als ob ihr ein Stein aus dem Leibe kollerte…› Schwangerschaftswahrnehmungen und Geburtserfahrungen von Frauen im 18. Jahrhundert». In: Eifert, C. u. a. (Hrsg.). *Was sind Frauen? Was sind Männer? Geschlechterkonstruktionen im historischen Wandel.* Frankfurt/M., S. 99–121.

Lorenz, M. (1999). *Kriminelle Körper – Gestörte Gemüter: die Normierung des Individuums in Gerichtsmedizin und Psychiatrie der Aufklärung.* Hamburg.

Lorenz, M. (2000). *Leibhaftige Vergangenheit: Einführung in die Körpergeschichte.* Tübingen.

Maschewsky-Schneider, U. (1997). *Frauen sind anders krank. Zur gesundheitlichen Lage der Frauen in Deutschland.* Weinheim u. a.

Metz-Beck-Verlager, M. (1997a). «Krankheit Frau. Zum Medikalisierungsprozesses weiblichen Körpers im frühen 19. Jahrhundert». In: Ambatielos, D., Neuland-Kitzerow, D., Noack, K. (Hrsg.). *Medizin im kulturellen Vergleich. Die Kulturen der Medizin.* Münster u. a., S. 103–122.

Metz-Beck-Verlager, M. (1997b). *Der verwaltete Körper. Die Medikalisierung schwangerer Frauen in den Gebärhäusern des frühen 19. Jahrhunderts,* Frankfurt/M., New York.

Meumann, M. (1995). *Findelkinder, Waisenhäuser, Kindsmord: unversorgte Kinder in der frühneuzeitlichen Gesellschaft.* München.

Meyer, S., Schulze, E. (1985). *Wie wir das alles geschafft haben. Allein stehende Frauen berichten über ihr Leben nach 1945.* München.

Moeller, R.G. (1997). *Geschützte Mütter. Frauen und Familien in der deutschen Nachkriegspolitik.* München.

Mosse, M., Tugendreich, G. (Hrsg.) (1913). *Krankheit und soziale Lage.* München.

Müller-Windisch, M. (1995). *Aufgeschnürt und außer Atem – Die Anfänge des Frauensports im viktorianischen Zeitalter.* Frankfurt/M., New York.

Murken, A. H. (1988). *Vom Armenhospital zum Großklinikum. Die Geschichte des Krankenhauses vom 18. Jahrhundert bis zur Gegenwart.* Köln.

Neuwirth, B. (Hrsg.) (1988). *Frauen, die sich keine Kinder wünschen. Eine liebevolle Annäherung an die Kinderlosigkeit.* Wien.

Nowack, T. (1996). Die ersten vollimmatrikulierten Medizinstudentinnen an der Bonner Universität. In: Meinel, C., Renneberg, M. (Hrsg.). *Geschlechterverhältnisse in Medizin, Naturwissenschaft und Technik.* Bassum, Stuttgart, 305.

Osietzki, M. (1991). «Männlichkeit, Naturwissenschaft und Weiblichkeit. Wege der Frauenforschung zu ‹Gender and Science›». In: Fieseler, B. (Hrsg.). *Frauengeschichte: Gesucht – gefunden? Auskünfte zum Stand der historischen Frauenforschung.* Köln u. a., S. 112–127.

Patzel-Mattern, K. (2000). «Schöne neue Körperwelt? Der menschliche Körper als Erlebnisraum des Ich». In: Wischermann, C., Haas, S. (Hrsg.). *Körper mit Geschichte. Der menschliche Körper als Ort der Selbst- und Weltdeutung.* Stuttgart, S. 65–84.

Planert, U. (2000). «Der dreifache Körper des Volkes. Sexualität, Biopolitik und die Wissenschaften vom Leben». *Geschichte und Gesellschaft*, 26, S. 539–576.

Puenzieux, D., Ruckstuhl, B. (1994). *Medizin, Moral und Sexualität. Die Bekämpfung der Geschlechtskrankheiten Syphilis und Gonorrhöe in Zürich 1870–1920.* Zürich.

Reimers, T. (1994). *Die Natur des Geschlechterverhältnisses. Biologische Grundlagen und soziale Folgen sexueller Unterschiede.* Frankfurt/M.

Reinert, K. (2000). *Frauen und Sexualreform 1897–1933.* Pfaffenweiler.

Rodenstein, M. (1984). «Somatische Kultur und Gebärpolitik – Tendenzen in der Gesundheitspolitik für Frauen». In: Kickbusch, I., Riedmüller, B. (Hrsg.). *Die armen Frauen. Frauen und Sozialpolitik,* Frankfurt/M., S. 103–134.

Rothschuh, K. E. (1980). «Artikel Krankheit». In: Ritter, J., Gründer, K. (Hrsg.). *Historisches Wörterbuch der Philosophie.* Bd. 5. Basel, Stuttgart, S. 1184–1189.

Rüther, M. (1997). Ärztliches Standeswesen im Nationalsozialismus 1933–1945. In: Jütte, R. (Hrsg.). *Geschichte der deutschen Ärzteschaft. Organisierte Berufs- und Gesundheitpolitik im 19. und 20. Jahrhundert.* Köln, S. 143–194.

Sachße, C. (1986). *Mütterlichkeit als Beruf. Sozialarbeit, Sozialreform und Frauenbewegung 1871–1929.* Frankfurt/M.

Sachße, C., Tennstedt, F. (1980). *Geschichte der Armenfürsorge in Deutschland. Bd.1: Vom Spätmittelalter bis zum Ersten Weltkrieg.* Stuttgart u. a.

Sachße, C., Tennstedt, F. (1988). *Geschichte der Armenfürsorge in Deutschland. Bd 2: Fürsorge und Wohlfahrtspflege 1871–1929.* Stuttgart u. a.

Salomon, A. (1927). *Die Ausbildung zum sozialen Beruf.* Berlin.

Sandelowski, M. (1990). «Failures of volition: Female agency and infertility in historical perspective». *Signs. Journal of Women in culture and Society*, 15, S. 475–499.

Sander, H., Johr, B. (Hrsg.) (1992). *Befreier – Befreite. Krieg, Vergewaltiger und Kinder.* München.

Sander, S. (1998). «Von den sonderbahren Geheimnüssen des Frauen-Zimmers zur Schwachheit des schönen Geschlechts. Frauen in der Populärmedizin des 18. Jahrhunderts». In: Schnalke, T., Wiesemann, C. (Hrsg.). *Die Grenzen des Anderen: Medizingeschichte aus postmoderner Perspektive.* Köln, Weimar, Wien, S. 75–120.

Sauerteig, L. (1999). *Krankheit, Sexualität, Gesellschaft. Geschlechtskrankheiten und Gesundheitspolitik in Deutschland im 19. und frühen 20. Jahrhundert.* Stuttgart.

Schagen, U. (1996). «Frauen im ärztlichen Studium und Beruf: Quantitative Entwicklung und politische Vorgaben in DDR und BRD». In: Meinel, C., Renneberg, M. (Hrsg.). *Geschlechterverhältnisse in Medizin, Naturwissenschaft und Technik.* Bassum, Stuttgart, S. 325–334.

Schaps, R. (1983). *Hysterie und Weiblichkeit.* Frankfurt/M., New York.

Schenk, H. (1998). «Die sexuelle Revolution». In: Dülmen, R. van (Hrsg.). *Erfindung des Menschen. Schöpfungsträume und Körperbilder 1500–2000.* Wien u. a., S. 483–504.

Schiebinger, L. (1989). *The Mind has no Sex? Women in the Origins of Modern Science.* Cambridge, Mass.

Schmersahl, K. (1998). *Medizin und Geschlecht. Zur Konstruktion der Kategorie Geschlecht im medizinischen Diskurs des 19. Jahrhunderts.* Opladen.

Schmidt, J. (1998). *Beruf: Schwester. Mutterhausdiakonie im 19. Jahrhundert.* Frankfurt/M., New York.

Schmitt, S. (1995). *Der Arbeiterinnenschutz im deutschen Kaiserreich. Zur Konstruktion der schutzbedürftigen Arbeiterin.* Stuttgart u. a.

Schmuhl, H.-W. (1987). *Rassenhygiene, Nationalsozialismus, Euthanasie. Von der Verhütung zur Vernichtung «lebensunwerten Lebens» 1890–1945.* Göttingen.

Schubert, C., Huttner, U. (1999). *Frauenmedizin in der Antike.* Düsseldorf u. a.

Schuller, M. (1998). «Hysterie. Die fotografische Erfindung einer ‹weiblichen Krankheit›». In: Arbeitskreis Frauen und Gesundheit im Norddeutschen Forschungsverbund Public Health (Hrsg.). *Frauen und Gesundheit in Wissenschaft, Praxis und Politik.* Göttingen, S. 134–141.

Schulte, R. (1989). *Das Dorf im Verhör. Brandstifter, Kindsmörderinnen und Wilderer vor den Schranken des bürgerlichen Gerichts. Oberbayern 1848–1910.* Reinbek.

Scott, J. W. (1988). *Gender and the Politics of History.* New York.

Seidel, H.-C. (1998). *Eine neue «Kultur des Gebärens». Die Medikalisierung von Geburt im 18. und 19. Jahrhundert in Deutschland.* Stuttgart.

Seidler, E. (1993). «19. Jahrhundert. Zur Vorgeschichte des Paragrafen218». In: Jütte, R. (Hrsg.). *Geschichte der Abtreibung. Von der Antike bis zur Gegenwart.* München, 120–139.

Semke, I. (1996). *Künstliche Befruchung in wissenschafts- und sozialgeschichtler Sicht.* Frankfurt/M.

Smith-Rosenberg, C. (1984). «Weibliche Hysterie. Geschlechtsrollen und Rollenkonflikt in der amerikanischen Familie des 19. Jahrhunderts». In: Honegger, C., Heintz, B. (Hrsg.). *Listen der Ohnmacht.* Frankfurt/M., S. 276–301.

Soden, K. von (1986). «Auf dem Weg zur ‹neuen Sexualmoral› – die Sexualberatungsstellen der Weimarer Republik». In: Geyer-Kordesch, J., Kuhn, A. (Hrsg.). *Frauenkörper, Medizin, Sexualität: Auf dem Wege zu einer neuen Sexualmoral.* Düsseldorf, S. 237–262.

Spree, R. (1981). *Soziale Ungleichheit vor Krankheit und Tod. Zur Sozialgeschichte des Gesundheitsbereichs im Deutschen Kaiserreich.* Göttingen.

Spree, R. (1992). *Der Rückzug des Todes. Der epidemiologische Übergang in Deutschland während des 19. und 20. Jahrhunderts.* Konstanz.

Stahr, I., Jungk, S., Schulz, E. (Hrsg.) (1991). *Frauengesundheitsbildung. Grundlagen und Konzepte.* Weinheim, München.

Staupe, G.(Hrsg.) (1993). *Unter anderen Umständen. Zur Geschichte der Abtreibung.* Göttingen.

Stein, L. von (1882). *Die Innere Verwaltung. Das öffentliche Gesundheitswesen in Deutschland, England, Frankreich und anderen Ländern.* (Repr. der 1. und 2. Aufl. Stuttgart). Aalen 1962.

Stöckel, S. (1996a). *Säuglingsfürsorge zwischen Sozialer Hygiene und Eugenik.* Berlin.

Stöckel, S. (1996b). «Selbstverständnis versus Professionalisierungsgebot: Fürsorgerinnen in der Weimarer Republik». In: Meinel, C., Renneberg, M. (Hrsg.). *Geschlechterverhältnisse in Medizin, Naturwissenschaft und Technik,* Bassum, Stuttgart, S. 209–216.

Stoff, H. (1999). Diskurse und Erfahrungen. Ein Rückblick auf die Körpergeschichte der Neunzigerjahre. *1999. Zeitschrift für Sozialgeschichte des 20. und 21. Jahrhunderts,* 14, S. 142–160.

Stolberg, M. (1998). «Der gesunde und saubere Körper». In: Dülmen, R. van (Hrsg.). *Erfindung des Menschen. Schöpfungsträume und Körperbilder 1500–2000.* Wien u. a., S. 305–322.

Stukenbrock, K. (1993a). *Abtreibung im ländlichen Raum Schleswig-Holsteins im 18. Jahrhundert. Eine sozialgeschichtliche Untersuchung auf der Basis von Gerichtsakten.* Neumünster.

Stukenbrock, K. (1993b). «Das Zeitalter der Aufklärung. Kindsmord, Fruchtabtreibung und medizinische Polizei». In: Jütte, R. (Hrsg.). *Geschichte der Abtreibung. Von der Antike bis zur Gegenwart.* München, S. 91–119.

Stumm, I. von (1996). *Gesundheit, Arbeit und Geschlecht im Kaiserreich am Beispiel der Krankenstatistik der Leipziger Ortskrankenkasse 1887–1905.* Frankfurt/M. u. a.

Tennstedt, F. (1976). «Sozialgeschichte der Sozialversicherung». In: Blohmke, M. u. a. (Hrsg.). *Handbuch der Sozialmedizin.* Stuttgart, S. 385–492.

Tennstedt, F. (1981). *Sozialgeschichte der Sozialpolitik vom 18. Jahrhundert bis zum Ersten Weltkrieg,* Göttingen.

Thomann, K. D. (1996). «Die medizinische und soziale Fürsorge für die Kriegsversehrten in der ersten Phase des Krieges 1914/15». In: Eckard, W., Gradmann, C. (Hrsg.). *Die Medizin und der Erste Weltkrieg.* Pfaffenweiler, S. 183–196.

Thoms, U. (2000). «Körperstereotype. Veränderungen in der Bewertung von Schlankheit und Fettleibigkeit in den letzten 200 Jahren». In: Wischermann, C., Haas, S. (Hrsg.). *Körper mit Geschichte. Der menschliche Körper als Ort der Selbst- und Weltdeutung.* Stuttgart, S. 281–309.

Uhlmann, G. (1996). «Leben und Arbeiten im Krankenhaus». In: Labisch, A., Spree, R. (Hrsg.). *«Einem jeden Kranken in einem Hospitale sein eigenes Bett.» Zur Sozialgeschichte des Allgemeinen Krankenhauses in Deutschland im 19. Jahrhundert.* Frankfurt/M., New York, S. 399–419.

Ulbricht, O. (1990). *Kindsmord und Aufklärung in Deutschland.* München.

Ulrich, B., Ziemann, B. (Hrsg.) (1994). *Frontalltag im Ersten Weltkrieg. Wahn und Wirklichkeit.* Frankfurt/M.

Usborne, C. (1994). *Frauenkörper – Volkskörper. Geburtenkontrolle und Bevölkerungspolitik in der Weimarer Republik.* Münster.

Vanja, C. (1992). «Aufwärterinnen, Narr-Verlagenmägde und Siechenmütter – Frauen in der Krankenpflege der Frühen Neuzeit». *Medizin, Gesellschaft und Geschichte,* 11, S. 9–24.

Vögele, J. (Hrsg.) (2000). *Stadt, Krankheit und Tod. Geschichte der städtischen Gesundheitsverhältnisse während der epidemiologischen Transition vom 18. bis ins frühe 20. Jahrhundert.* Berlin.

Vogt, I. (1989). «Die Gesundheit der Frauen ist Frauensache: Die Frauengesundheitsbewegung». *Jahrbuch für Kritische Medizin,* 14, S. 123–134.

Vogt, I. (1998). «Konzepte, Methoden und Themen der Frauengesundheitsforschung». In: Arbeitskreis Frauen und Gesundheit im Norddeutschen Forschungsverbund Public Health (Hrsg.). *Frauen und Gesundheit in Wissenschaft, Praxis und Politik.* Bern u. a., S. 22–33.

Voigt, J. (1996). «Zur Sozialgeschichte der Tuberkulose». In: Konietzko, N. (Hrsg.). *100 Jahre Deutsches Zentralkomitee zur Bekämpfung der Tuberkulose (DZK). Der Kampf gegen Tuberkulose.* Frankfurt/M., S. 51–76.

Weber-Kellermann, I. (1991). *Frauenleben im 19. Jahrhundert.* München.

Wecker, R. (1996). «Weiber sollen unter keinen Umständen in der Nachtarbeit eingesetzt werden…». Zur Konstituierung von Weiblichkeit im Arbeitsprozess. In: Eifert, C. u. a. (Hrsg.). *Was sind Frauen? Was sind Männer? Geschlechterkonstruktionen im historischen Wandel.* Frankfurt/M., S. 196–215.

Wischermann, C. (2000). «Geschichte des Körpers oder Körper mit Geschichte?» In: Ders., Haas, S. (Hrsg.). *Körper mit Geschichte. Der menschliche Körper als Ort der Selbst- und Weltdeutung.* Stuttgart, S. 9–32.

Wischermann, C., Haas, S. (Hrsg.) (2000). *Körper mit Geschichte. Der menschliche Körper als Ort der Selbst- und Weltdeutung.* Stuttgart.

Wischhöfer, B. (1991). *Krankheit, Gesundheit und Gesellschaft in der Aufklärung. Das Beispiel Lippe 1750 – 1830.* Frankfurt/M., New York.

Witzler, B. (1995). *Großstadt und Hygiene. Kommunale Gesundheitspolitik in der Epoche der Urbanisierung.* Stuttgart.

Wunder, H. (1992). *Er ist die Sonn, sie ist der Mond. Frauen in der frühen Neuzeit.* München.

Methodische Probleme einer geschlechtergerechten Gesundheitsforschung

Ingeborg Jahn

1. Einführung*

«*Epidemiology is broken down by age and sex.*» Anders ausgedrückt: es gehört zum Basiswissen in der Epidemiologie und in den Gesundheitswissenschaften insgesamt, dass Geschlecht als einer der wichtigsten Einflussfaktoren für Krankheit und Gesundheit anzusehen ist. Dennoch – dies ist in der Literatur vielfach belegt und wird auch in diesem Buch deutlich – ist es keineswegs die Ausnahme in epidemiologischen bzw. gesundheitswissenschaftlichen Veröffentlichungen, dass die Kategorie Geschlecht unberücksichtigt bleibt. Eine gerade abgeschlossene Analyse der Veröffentlichungen in deutschsprachigen gesundheitswissenschaftlichen Zeitschriften hat dies ebenfalls gezeigt (Fuchs/Maschewsky-Schneider 2001). Verzerrungen, die auf einer fehlenden oder nicht angemessenen Berücksichtigung der Geschlechterperspektive beruhen, sind in allen Bereichen der gesundheitswissenschaftlichen und medizinischen Forschung, Versorgung, Literatur und Ausbildung zu finden und werden im Allgemeinen auch im deutschen Sprachraum als *Gender-Bias* bezeichnet (Eichler et al. 2000).

Einen Bedarf für die Konkretisierung des oben genannten epidemiologischen Basiswissens für die Forschungspraxis verdeutlicht auch die epidemiologische Scientific Community[1] in Deutschland, die in ihren Leitlinien für gute epidemiologische Praxis festgehalten hat.[2]

> Bei Themen und Fragestellungen, die beide Geschlechter betreffen, ist eine Begründung erforderlich, wenn nur ein Geschlecht in die Studie eingeschlossen wird. Zum Beispiel sind Studiendesign und Untersuchungsmethodik so anzulegen, dass die geschlechtsspezifischen Aspekte des Themas bzw. der Fragestellung angemessen erfasst und entdeckt werden können. (DAE 2000, Empfehlung 3.2: S. 297)

Nimmt man diese Vorgaben zur Vermeidung von geschlechterbezogenen Verzerrungen als Ausgangspunkt, ist zu fragen, wie diese in der epidemiologischen Forschung umgesetzt werden können. Welches sind die Kriterien, nach denen ein Thema bzw. eine Fragestellung (jenseits von Prostata- oder Gebärmuttererkrankungen) als beide Geschlechter betreffend zu bewerten ist? Was sind gute Gründe, nur ein Geschlecht in die Studie einzubeziehen?[3] Soll

---

* Ich danke Birgit Babitsch und Petra Kolip für wertvolle Hinweise zum Manuskript.
1 Deutsche Arbeitsgemeinschaft für Epidemiologie (DAE), Deutsche Gesellschaft für Sozialmedizin und Prävention (DGSMP), Gesellschaft für Medizinische Datenverarbeitung und Statistik (GMDS) und Deutsche Region der Internationalen Biometrischen Gesellschaft (DR-IBS).
2 Meines Wissens gibt es in Deutschland bislang keine vergleichbare Regelung im Rahmen von Leitlinien.
3 Hier sei gleich angemerkt, dass solche Gründe nur inhaltlicher Art sein können. In Übereinstimmung mit der Politik der NIH (National Institutes of Health) «[is] cost [...] not allowed as an acceptable reason for excluding these groups» (ORWH 2001, S. 1).

z. B. eine Studie über berufliche Risikofaktoren für Brustkrebs nur Frauen einschließen? Für welche Fragestellungen im Kontext beruflicher Risikofaktoren für Brustkrebs wäre es sinnvoll, auch Männer einzubeziehen, weil man z. B. aus geschlechtervergleichenden Analysen etwas für beide Geschlechter lernen kann? Was ist eine geschlechterangemessene Fragestellung, was ein adäquates Forschungsdesign? Welches sind die geschlechtsspezifischen Aspekte eines Themas bzw. einer Fragestellung? Wie müssen Untersuchungsmethodiken beschaffen sein, mit denen die geschlechtsspezifischen Aspekte einer Fragestellung angemessen erfasst und entdeckt werden können? Was ist bei der Rekrutierung von Studienteilnehmerinnen und -teilnehmern zu beachten? Welche Auswertungsstrategien sind angemessen? Wie lassen sich Daten geschlechtersensibel analysieren und interpretieren? Wie sieht eine geschlechterangemessene Risikokommunikation aus?

Bislang gibt es im Feld der Gesundheitswissenschaften nur wenige Arbeiten, in denen die Richtungen notwendiger Entwicklungen aufgezeigt werden.[4] In diesem Beitrag wird versucht, die methodisch/methodologischen Denkrichtungen, Überlegungen und praktischen Hinweise zu skizzieren und damit die Leserinnen und Leser anzuregen, ihre eigenen Forschungsarbeiten und die Forschungsarbeiten anderer kritisch zu reflektieren und in Richtung einer Forschung zu reformulieren und weiter auszuarbeiten, die frei von geschlechterbezogenen Verzerrungen ist.

Die Diskussion und Literatur ist gekennzeichnet von einer uneinheitlichen Verwendung einer Vielzahl von Begriffen, was auch in diesem Text zum Ausdruck kommt. Obgleich im Folgenden immer wieder auch auf Begriffsdefinitionen eingegangen wird, scheint bereits an dieser Stelle eine Sortierung der verwendeten Begrifflichkeit nützlich (vgl. **Tab. 1**). Der am häufigsten verwendete – und zugleich relativ eindeutige – Begriff ist «geschlechtsspezifisch», damit zusammenhängend «frauen-» bzw. «männerspezifisch». Demgegenüber ist das, was angestrebt wird, viel weniger eindeutig beschrieben. Angestrebt wird Geschlechtergerechtigkeit («gender equity»), d. h. eine Forschung, Praxis und Politik, die frei ist von Gender-Bias, d. h. frei von Verzerrungen durch eine Nichtberücksichtigung oder nicht angemessene Berücksichtigung der Geschlechterperspektive mit all ihren sozialen, psychologischen und biologischen Implikationen. Ein in der aktuellen Literatur sehr häufig

---

4 Ein nachahmenswertes Beispiel ist der Sammelband *Psychopharmacology and Women. Sex, Gender, and Hormones* (Jensvold et al. 1996a), auf den später noch eingegangen wird.

Tabelle 1: Häufig verwendete Begriffe und ihre Inhalte in der methodisch/methodologischen Diskussion für eine geschlechtergerechte Forschung.

(Bevorzugte/r) Begriff/e	Inhalt	Synonyme (im Text oder in der Literatur)
Frauenspezifisch / männerspezifisch	Bezeichnet ausschließlich bei Frauen bzw. Männern Vorkommendes (z. B. Reproduktionsorgane) oder ausschließlich auf Frauen bzw. Männer Gerichtetes (Frauenforschung, Männerforschung, frauenspezifische Suchtrehabilitation etc.)	geschlechtsspezifisch
Geschlechtsspezifisch	Bezeichnet die Unterschiede nach Geschlecht in Bezug auf ein bestimmtes Thema (z. B. geschlechtsspezifische Konsummuster, Ursachen und Ausdrucksformen bei Suchterkrankungen, geschlechtsspezifische Arbeitsteilung)	geschlechterbezogene Aspekte
Frauengerecht / männergerecht / geschlechtergerecht	Bezeichnung für eine Forschung (Praxis, Politik), die den geschlechtsspezifischen Aspekten eines Themas umfassend gerecht wird und diese angemessen bearbeitet, d. h. frei von jeder Form von *Gender-Bias* ist	geschlechtersensitiv geschlechtersensibel, frauen- / männer- / geschlechterangemessen, nicht-sexistisch

verwendeter Begriff ist «Gender-Sensitivität», neuerdings wird öfter «Gender Based Analysis» (GBA) verwendet[5]. Gegen den Begriff «Gender-Sensitivität» (oder auch «Gender-Sensibilität») spricht, dass die wesentlichen Dimensionen des Gender-Bias (insbesondere Überverallgemeinerung, Androzentrismus, Doppelstandard, siehe dazu weiter unten) damit nicht abgedeckt werden. Der Begriff «Gender Based Analysis» ist missverständlich, wenn im Forschungskontext bei jedem einzelnen Schritt die Kategorie Geschlecht angemessen zu berücksichtigen ist.

2. Frauenforschung, Männerforschung, Geschlechterforschung

Die Diskussion um geschlechterbezogene Verzerrungen in der gesundheitswissenschaftlichen, klinischen oder epidemiologischen Forschung wurde in der Regel von (Frauen-) Forscherinnen angeregt und weitergebracht – und sie wird nach wie vor überwiegend von Frauen und Frauenforscherinnen rezipiert.[6] Seit den Achtzigerjahren galt das Hauptaugenmerk der Frauengesundheitsforschung zunächst dem Anliegen, Defizite im Kenntnisstand über Gesundheit und Krankheit bei Frauen durch Auf- und Ausbau von Frauenforschung aufzuheben, ein Bereich, in dem zugleich über neue Forschungsansätze nachgedacht wurde (vgl. Schneider 1981; Helfferich/Troschke 1994; Koch/Müller 1994; Maschewsky-Schneider 1996; Maschewsky-Schneider et al. 1998). Anders als z. B. in den USA, wo seit Anfang der Neunzigerjahre festgeschrieben ist, dass zumindest in NIH-geförderten Projekten Frauen (und Angehörige von Minderheiten) zunächst in die klinische Forschung, später in die Gesundheitsforschung insgesamt einbezogen werden müssen[7], gab und gibt es bislang in Deutschland keine strukturelle Absicherung frauenspezifischer Gesundheitsforschung.[8]

In der deutschsprachigen gesundheitswissenschaftlichen Literatur wurden Verzerrungsmöglichkeiten in der Forschung bezüglich der geschlechterbezogenen Aspekte eines Themas (Gender-Bias) methodologisch bisher kaum reflektiert. Beiträge, wie der von Tietze und Bartholomeycik (1993) im Handbuch Gesundheitswissenschaften (Hurrelmann/Laaser 1993), in dem recht ausführlich und kritisch auf den Gender-Bias in der Epidemiologie eingegangen wird[9], und auch der von Bolte (2000) über einen möglichen Gender-Bias in der epidemiologischen Allergieforschung, sind bisher die Ausnahme. Tietze und Bartholomeycik (1993) konstatieren:

> Es zeigt sich bei näherem Hinsehen, dass die Methoden und hypothesengenerierenden Ergebnisse epidemiologischer Studien vor allem an Männerpopulationen gewonnen wurden, Frauen lediglich als statistische Kategorie dazukamen, ohne dass ihre spezifische Lebensweise genauer in Studien einbezogen wurde. (S. 151)

In den letzten Jahren wurden in Deutschland vor allem die Arbeiten von Eichler bekannt gemacht (Eichler 1994, 1998; Eichler et al. 2000), die für die weitere Arbeit sehr fruchtbar waren und sind. Eichler hat in erhellender und anregender Weise in feministischer Perspektive den offenen und verdeckten Sexismus in der Forschung systematisiert sowie eine Methode zur Sensibilisierung und Weiterentwicklung von Forschungs-

---

5 z. B. Workshop «Gender Based Analysis (GBA) in Public Health Research, Policy and Practice» am 7.6.2001 in Berlin.
6 Zur Einbettung dieser Entwicklung in die Frauengesundheitsbewegung in Deutschland vgl. Vogt (1998).
7 Seit 1994 sind in den USA die NIH-Guidelines on the Inclusion of Women and Minorities as Subjects in Clinical Research in Kraft (Department of Health and Human Services. National Institutes of Health 1994/2000, NIH o. J.); eine Richtlinie, die inzwischen auf alle NIH-geförderten «biomedical and behavioral projects involving human subjects, unless a clear and compelling rationale and justification establishes that inclusion is inappropriate to the health of the subjects or the purpose of the research» (Pinn 1999, S. 4) angewendet wird. Ein weiteres US-Beispiel sind die Veränderungen der Politik der Food and Drug Administration (FDA) bezüglich der Einbeziehung von Frauen in die Medikamentenforschung (vgl. Harrison/Brumfield 1996).
8 Die aktuelle Entwicklung unter besonderer Entwicklung der Etablierung der Frauengesundheitsforschung an den Medizinischen Hochschulen beschribt Nippert (2000).
9 In der Neuauflage des Handbuchs wurde dieser Beitrag gründlich und leider zu Lasten der Gender-Thematik überarbeitet (Tietze et al. 1998).

methoden in Richtung einer nicht-sexistischen Forschung entwickelt (Eichler 1988, 1994, 1997, 1998; Eichler et al. 1992, 2000). Auf diese Arbeiten bezieht sich z. B. das im Rahmen der letzten Förderrunde der BMBF-geförderten Public-Health-Forschungsverbünde (Konkurrenzrunde) bewilligte Projekt «Gender-Bias – Gender Research …». In diesem Projekt wird das Ziel verfolgt, die diagnostische Lücke zu verkleinern und methodologische Standards für eine geschlechtersensible Public-Health-Forschung zu entwickeln (Projektantrag o. J.; Eichler et al. 2000). Erste Ergebnisse wurden auf einem Workshop im Juni 2001 vorgestellt (Fuchs/Maschewsky-Schneider 2001).

Im Laufe der Ausdifferenzierung der Diskussion kommen auch Unter- bzw. Fehlrepäsentationen des männlichen Geschlechts in den Blick (z. B. bezüglich reproduktiver Gesundheit) und die Forderung nach Gender-Forschung beinhaltet zunehmend (wie auch das hier vorliegende Buch belegt) das Verlangen nach geschlechterangemessener Forschung für beide Geschlechter. Die methodologische Dimension des Sexismus in der Forschung geht als Frage inhaltlich und methodisch angemessener Forschungspraxis alle Forscherinnen und Forscher an, ganz gleich welchen Geschlechts sie sind und unabhängig davon, ob sie über Frauen, Männer oder beide Geschlechter betreffende Fragen forschen.

Die neueren Diskussionen um eine geschlechterangemessene Forschung im Bereich der Gesundheitswissenschaften weisen auch insofern über Frauenforschung einerseits und so genannte traditionelle Forschungskonzepte andererseits hinaus, dass nicht nur methodisch/methodologische (An-)Forderungen für eine geschlechtergerechte Forschung formuliert werden, sondern zunehmend die Notwendigkeit eines Paradigmenwechsels hin zu einer multidisziplinären Forschungsperspektive ins Blickfeld kommt, in der die Modelle der in den Gesundheitswissenschaften beteiligten Disziplinen Medizin, Psychologie, Soziologie, Anthropologie u. a. integriert werden können (vgl. z. B. Chesney/Ozer 1995).[10]

Es ist deutlich geworden, dass die Perspektive einer geschlechtergerechten Forschung auch methodisch/methodologisch mehr bedeutet als eine die Anzahl der in Studien einbezogenen Studiensubjekte betreffende Gerechtigkeit oder eine formale Gleichheit hinsichtlich der Anwendung von Methoden («broken down by sex») zu erreichen. Mit dem Thema Geschlecht und Gesundheit sind im Hinblick auf eine Entwicklung hin zu geschlechtergerechter Gesundheitsforschung somit drei Forschungsbereiche zu unterscheiden:
- frauenspezifische und frauengerechte Forschung (frauengerechte Frauenforschung),
- männerspezifische und männergerechte Forschung (männergerechte Männerforschung) und
- geschlechtergerechte Geschlechter(-vergleichende) Forschung.

Diese müssen bei der Entwicklung angemessener Methodologien und Methoden berücksichtigt werden. Zugleich muss geschlechtergerechte Forschung sowohl in so genannte traditionelle Forschungsansätze integrierbar sein als auch im Hinblick auf multidisziplinär orientierte Forschungsansätze gedacht werden.

In diesem Zusammenhang stellen sich z. B. folgende Fragen:
- (Wie) muss die traditionelle z. B. epidemiologische Forschung, deren Konzepte und Methoden überwiegend als männlich orientiert zu bezeichnen sind, reformuliert und modifiziert werden, um geschlechterangemessen zu sein? Ein Beispiel: Epidemiologische Forschung über berufliche Krebsrisiken bezieht sich überwiegend auf stoffliche Expositionen. Für eine frauengerechte Studienkonzeption für die Untersuchung stoffbezogener Hypothesen muss die spezifische Lebenssituation von Frauen, die sich aus der Verschränkung von privater Hausarbeit und Erwerbsarbeit ergibt, bedacht werden. Dies kann z. B. Konsequenzen für die Erhebung und Bewertung von Expositionen haben: die Dauer der Arbeitszeit (Teilzeitarbeit) und Unterbrechungen der Erwerbstätigkeit spielen wahrscheinlich eine nicht zu vernachlässigende Rolle wie auch die Frage, ob im Nichterwerbsbereich relevante Expositionen vorliegen (Green-

---

10 Auf die innovative Kraft der Frauenforschung für die Forschung insgesamt haben z. B. Becker-Schmidt und Bilden (1991) verwiesen. Auf ein Beispiel aus der Pharmakologie (Jensvold et al. 1996a) wird weiter unten ausführlich eingegangen.

- Epidemiologisch-methodische Argumente beziehen sich auf Charakteristika epidemiologischer Designs, welche häufig große Fallzahlen erfordern, die leichter für männliche Populationen, z. B. in Großbetrieben, zu erheben sind.
- Kulturelle Argumente, die vor allem auch damit verbunden sind, dass der Mann als kulturelle Norm, als Maßstab gesehen werde, die Frau dagegen als Spezialfall, als Abweichung von dieser Norm.

3.2 Ursachen und Formen des Gender-Bias

Nach Ruiz und Verbrugge (1997) können grundsätzlich zwei Ursachen des Gender-Bias unterschieden werden:
- es wird eine Gleichheit oder Ähnlichkeit von Männern und Frauen angenommen, wo diese nicht vorhanden ist;
- es werden Unterschiede zwischen Männern und Frauen angenommen, wo (möglicherweise) keine existieren.[12]

Aus dieser grundlegenden Beschreibung ergibt sich als methodologisch/methodische Konsequenz die Notwendigkeit, die Frage zu beantworten, ob der bearbeitete Sachverhalt für Männer und Frauen gleich oder unterschiedlich einzuschätzen ist.

Eine Möglichkeit des Zugangs zu dieser Frage ist, sich die verschiedenen Formen des Gender-Bias anzusehen. Eichler (1988, 1998) unterscheidet folgende Formen:
- Androzentrismus
- Geschlechterinsensibilität
- Geschlechterdichotomie
- Familialismus
- doppelter Bewertungsmaßstab
- Geschlechtsverklärung
- Überverallgemeinerung.

Diese Formen können «sowohl gemeinsam als auch isoliert auftreten und zudem einzelne, mehrere oder alle Phasen eines Forschungsprozesses betreffen» (Eichler 1998, S. 35). Sinn und Zweck der im Folgenden beschriebenen Unterscheidung verschiedener Formen des Gender-Bias ist in erster Linie, den Sinn für das Auffinden von Verzerrungsmöglichkeiten zu schärfen.

Androzentrismus («androcentricity») liegt vor, wenn eine umfassend männliche Perspektive der Forschung zu Grunde liegt. Dies bedeutet, dass primär Männer betreffende Probleme, Risikolagen und Sichtweisen untersucht werden und dabei die Untersuchung des Phänomens bei Frauen vernachlässigt wird. Beispiel: Operationalisierung von Arbeitsbelastung: Androzentrismus würde vorliegen, wenn darunter nur die Dauer des Erwerbsarbeitstages verstanden wird und nicht das Zusammenwirken von Erwerbsarbeit und Hausarbeit. Im ersten Fall würde man Frauen unzutreffend als weniger arbeitsbelastet als Männer ansehen; wählte man die zweite genannte Operationalisierung, würde man nicht nur der Lebenssituation der Frauen gerechter werden, man hätte zugleich die Chance, die Arbeitsbelastung von Männern genauer zu erfassen (z. B. Reparaturarbeiten als Hausarbeit von Männern).

Bei der *Geschlechterinsensibilität* («gender insensivity») wird Geschlecht als relevante Variable ignoriert. In der Konsequenz bedeutet dies, dass mögliche wichtige Geschlechterdifferenzen nicht beachtet werden. Ein Beispiel dafür ist, die Kategorie Geschlecht ohne vorherige Prüfung möglicher Unterschiede zwischen den Geschlechtern in der Analyse z. B. wie jeden anderen Confounder zu behandeln, was dazu führen kann, dass Risiken überschätzt oder Assoziationen maskiert werden.

Eine spezielle Unterform der Geschlechterinsensibilität beschreibt Eichler mit *Familialismus*. Dies trifft dann zu, wenn die Familie als Kategorie verwendet wird, wenn in Wirklichkeit Auswirkungen auf «die Familie» sich ganz unterschiedlich auf deren weibliche und männliche Mitglieder auswirken. Familiale Angehörigenpflege ist z. B. ganz überwiegend eine Tätigkeit von Frauen, die bei alleiniger Betrachtung der Familie nicht als solche beschrieben werden kann.

Geschlechterdichotomie kann als Gegenteil von Geschlechterinsensibilität gesehen werden. Sie liegt vor, wenn bestimmte menschliche Attribute, z. B. Charaktereigenschaften, stereotypisch jeweils Frauen oder Männern zugeschrieben

---

12 Wenn z. B. grundsätzlich davon ausgegangen wird, dass Frauen einen besseren (oder schlechteren) Gesundheitszustand haben als Männer.

werden. Ein Beispiel sind die Maskulinitäts- bzw. Feminitätsskalen im MMPI (Minnesota Multiphasic Personality Inventory, vgl. Eichler 1998).

Eng verwandt mit Geschlechterdichotomie ist der *doppelte Bewertungsmaßstab* («double standard»). Darunter wird die Anwendung verschiedener Maßstäbe zur Erfassung, Beschreibung und Bewertung von identischen Situationen, Verhaltensweisen und Merkmalen gefasst. Dies steht aber immer in der Gefahr der Reproduktion von Geschlechterstereotypien im Sinne der Geschlechterdichotomie.

Liegt der Fall vor, dass empirische Geschlechtsmerkmale zu normativen Merkmalen überhöht werden, spricht Eichler von *Geschlechtsverklärung* («sex appropriateness»).

Von einer *Überverallgemeinerung* («overgeneralization») wird gesprochen, wenn Ergebnisse auf der Basis eines Geschlechts gewonnen wurden (z. B. ausschließlich oder mehrheitlich in der Stichprobe vertreten), aber auf beide Geschlechter übertragen werden, ohne dass der Nachweis der Angemessenheit für beide Geschlechter geführt wurde. Diese Form scheint im Hinblick auf wissenschaftliche Redlichkeit besonders wichtig: damit nicht Schlussfolgerungen gezogen werden für Populationen oder Fragestellungen, die man nicht untersucht hat bzw. deren Angemessenheit nicht sorgfältig überprüft wurde.

4. Methodische Konsequenzen und Anregungen zur Vermeidung des Gender-Bias

Während die Literatur zur Diagnose von geschlechterbezogenen Verzerrungen in der Forschung inzwischen eine recht große Fülle erreicht hat, sind Publikationen, die sich mit der Frage von Methoden der Vermeidung des Gender-Bias auseinandersetzen, vergleichsweise selten. Diese sind auf verschiedenen Ebenen angesiedelt: es gibt Debatten über die Angemessenheit qualitativer vs. quantitativer Forschungsansätze, traditioneller vs. neuer multidisziplinärer Perspektiven und auch um erkenntnistheoretische Positionen.

Timmermann (1999: S. 642) formuliert drei Methoden zur Vermeidung des Gender-Bias:
- Critical Analysis of Literature
- Testing Gender-specific Differences
- Identification of Researcher's Personal Biases.

Ansatzpunkte für die kritische Selbstreflexion und für das Auffinden von Verzerrungsmöglichkeiten liefern die von Eichler (1988, 1997, 1998) und anderen (vgl. Timmermann 1999) beschriebenen Prozesse der Produktion von geschlechterbezogenen Verzerrungen (siehe oben zu Formen des Gender-Bias). Eine – auch unter edukativem Anspruch – interessante Perspektive beinhalten die Versuche von Eichler (1997, 1998, 2000), innerhalb des existierenden Methodenkanons geschlechterbezogene Verzerrungen zu vermeiden, in den Worten von Eichler, «non-sexist alternatives» (Eichler 1997: S. 10) zu entwickeln. Zugleich ist Popay et al. (1993) zuzustimmen, wenn sie als Grundvoraussetzung für eine erfolgreiche Entwicklung neuer methodologischer und methodischer Zugänge ein entwickeltes theoretisches Grundverständnis über die Geschlechterunterschiede, z. B. der Bedeutung des Sozialstatus, von Krankheit und Beschwerden etc., einfordern.[13]

Auf der Ebene der Forschungsperspektiven kristallisieren sich folgende Konsequenzen für zukünftige Forschung heraus:
- Es werden Studien benötigt, die geschlechtsspezifische Fragestellungen behandeln. Hierzu gehören Fragestellungen, die nur für ein Geschlecht zu untersuchen sind (z. B. über spezifisch weibliche oder männliche Erkrankungen oder Faktoren), aber auch Studien, die aufgelegt werden, um geschlechtsspezifische Wissensdefizite auszugleichen.
- Es werden multivariate Studien benötigt, die das Zusammenspiel von biologischen, psychischen und sozialen Faktoren zum Gegenstand haben und die sowohl geschlechtsspezifisch als auch geschlechtervergleichend angelegt sein können. Eine außerordentlich wichtige Rolle spielt in diesem Zusammenhang die Einbeziehung von Kontextvariablen, um z. B. zu untersuchen, ob Sex in verschiedenen Kontexten eine unterschiedliche Bedeu-

---

13 Vgl. dazu auch Ellen Kuhlmann in diesem Band.

tung hat (z. B. Entwicklung von Angst und Depression in Bezug auf die Machtposition bzw. den sozialen Status (Madden et al. 2000)).
- Die vorhandenen Studien sollten für Meta- und Sekundäranalysen genutzt werden, u. a. um das Methodenspektrum im Hinblick auf Geschlechterangemessenheit genauer zu untersuchen und zu bewerten.
- Damit zusammenhängend müssen insgesamt mehr methodologisch und methodisch ausgerichtete Forschungsprojekte durchgeführt werden. Insbesondere müssen vorhandene Messinstrumente auf ihre Angemessenheit für beide Geschlechter überprüft sowie neue gendersensitive Messinstrumente entwickelt und getestet werden. Ein Beispiel dafür sind Ergebnisse über Geschlechterunterschiede bezüglich des weit verbreitet eingesetzten Indikators «Selbstbewerteter Gesundheitszustand» («self-assessed health»). Benyamini et al. (2000) berichteten aus einer Studie über den Zusammenhang von selbstbewertetem Gesundheitszustand[14] und psychischer («negative mood: depression, anxiety, and fatigue») wie physischer Gesundheit. Das Vorhandensein negativer Stimmungen war demnach bei beiden Geschlechtern mit einer schlechteren Bewertung des eigenen Gesundheitszustandes verbunden. Bei Frauen reflektiert der Indikator «negative mood» eine große Spannbreite von Faktoren, die nicht alle mit ernsthaften Krankheiten in Verbindung stehen, und in die Beurteilung des eigenen Gesundheitszustandes gehen neben lebensbedrohlichen auch weniger schwere Erkrankungen mit ein. Bei Männern ist sowohl die psychische Gesundheit wie auch der selbstberichtete Gesundheitszustand deutlich stärker mit ernsthaften bzw. lebensbedrohlichen Erkrankungen assoziiert als bei Frauen. Ein Beispiel für den Versuch, geschlechtersensible Forschung im Kontext traditioneller Forschung zu integrieren, sind unsere Arbeiten zu beruflichen Risikofaktoren des Lungenkrebses (Jahn et al. 1999; Jahn/Bammann 2000).

Ein Beispiel für die notwendige Art von Arbeit bei der Weiterentwicklung eines Forschungsfeldes in Richtung Geschlechterangemessenheit liefert das Buch «Psychopharmacology and Women. Sex, Gender and Hormones» (Jensvold et al. 1996a). Es ist in Aufbau und Struktur, mit der es sich der Frage nach gendersensitiver Forschung in diesem Bereich nähert, vorbildlich. In 19 Artikeln wird Wissen über Geschlechterunterschiede und geschlechtsspezifische Aspekte zusammengetragen und abschließend werden methodologische Fragestellungen und Konsequenzen für zukünftige Studien formuliert.

In der Pharmakologie sind nach Jensvold et al. (1996b, 1996c) vier grundlegende Geschlechterunterschiede zu beachten:
1. Geschlechtsspezifika in der Biologie (z. B. Unterschiede im Reproduktionssystem),
2. Unterschiede zwischen den Geschlechtern in der Häufigkeit eines bestimmten Charakteristikums,
3. pharmakokinetische und/oder pharmakodynamische Faktoren,
4. geschlechterbezogene («gender-related») Faktoren, die sich aus dem komplexen biopsychosozialen Geschlechtersystem ergeben.

Die Entscheidung und Begründung für bestimmte Forschungsdesigns ergibt sich aus dem je spezifischen Zusammenspiel dieser grundlegenden Faktoren, wobei drei wesentliche Forschungsperspektiven unterschieden werden können:
- Es werden Studien benötigt, die frauenspezifische Fragestellungen untersuchen, insbesondere Studien über Effekte des Menstruationszyklus (Symptome, die bekämpft werden sollen, treten nicht in allen Phasen des Zyklus gleich auf und/oder die Medikamente sind nur in bestimmten Phasen oder während des gesamten Zyklus erforderlich.). Eine methodische Herausforderung bestehe hier insbesondere in der präzisen Bestimmung des Menstruationszyklus (Stern/McClintock 1996).
- Es werden multivariate Studien benötigt, die das Zusammenspiel von biologischen, psychologischen und sozialen Faktoren untersuchen. (1) Das biochemische Zusammenspiel des Wirkstoffs mit hormonellen Faktoren, die

---

14 Frage: «In general, would you say your health is excellent, very good, good, fair, or poor?»

bei Männern und Frauen unterschiedlich sind und die im Laufe des Zyklus sich verändern. (2) Mögliche Unterschiede der Gründe zur Einnahme von bestimmten Wirkstoffen bzw. Medikamenten bei Männern und Frauen sind zu berücksichtigen, auch damit verbundene evtl. unterschiedliche Dosierungen. (3) Es ist zu fragen, ob der ökologische Kontext bei Männern und Frauen in relevanter Weise verschieden ist. Wenn z. B. die Effekte eines Wirkstoffs auf den Blutdruck untersucht werden sollen, ist zu berücksichtigen, dass Frauen und Männer eventuell weitere, möglicherweise unterschiedliche, ebenfalls den Blutdruck steigernde Mittel (z. B. orale Kontrazeptiva, Kaffee etc.) einnehmen.
- Weiterhin wird die Durchführung von Metaanalysen bereits existierender Studien empfohlen, einerseits um geschlechtersensitive Fragestellungen zu untersuchen, andererseits zur Verbesserung und Verfeinerung von Forschungsmethoden.

Ein besonders wichtiger, bisher noch nicht genannter, Punkt zur Vermeidung von Gender-Bias in der Forschung ist es, sich streng an die Regeln guten Designs und guter Forschung zu halten (Timmermann 1999). Für Epidemiologinnen und Epidemiologen bedeutet dies (und es ist mühelos auf andere Bereiche der Gesundheitswissenschaften übertragbar):

- Die Leitlinien für gute epidemiologische Praxis zu studieren und anzuwenden.
- Das unbestrittene «broken down by sex» bei jedem Arbeitsschritt inhaltlich ernst zu nehmen und kreativ anzuwenden. Zu einer geschlechtersensitiven epidemiologischen Studie, in der beide Geschlechter einbezogen sind, gehört beispielsweise eine geschlechtsspezifische Powerkalkulation, in die sowohl unterschiedliche Prävalenzraten wie auch mögliche unterschiedliche Risiken Eingang finden.
- Es sollte mehr Wert auf die Publikation von methodischen Details gelegt werden. Dies gilt für alle Bereiche. Bei der Darstellung von Auswertungsstrategien besteht die Forderung, sowohl die Notwendigkeit als auch das Verfahren klar zu spezifizieren, damit die statistische Manipulation in ihren Effekten

Tabelle 2: Kurzfragebogen zur Erfassung von Gender-Bias in empirischen Arbeiten (Eichler et al. 2000).

Titel, Abstract	Benennt der Titel beide Geschlechter [bzw. das/die untersuchten Geschlecht/er, IJ]? Benennen Abstract/Zusammenfassung beide Geschlechter [bzw. das/die untersuchten Geschlecht/er, IJ]?
Forschungsfrage	Wenn das Thema beide Geschlechter betrifft, wurden auch beide Geschlechter untersucht? Wenn nein, wird das begründet? Was ist die Analyseeinheit?
Forschungsdesign	Wird in den Forschungsfragen explizit auf das Geschlecht Bezug genommen? Wird bei den Hauptvariablen auf die potenziell unterschiedliche Situation von Frauen und Männern eingegangen?
Forschungsmethoden und Datensammlung	Wird im Methodenteil Auskunft gegeben, ob die Instrumente für beide Geschlechter anwendbar sind? Ist die Stichprobe nach Geschlecht beschrieben?
Datenanalyse und -interpretation	Werden die Daten geschlechtsspezifisch analysiert? Wird bei den Schlussfolgerungen auf geschlechtsspezifische Besonderheiten eingegangen?
Visuelle Darstellung	Sind in Abbildungen und Tabellen beide Geschlechter aufgeführt? Entsprechen Größe und Anordnung der Abbildungen der Wichtigkeit der Geschlechter in dem gegebenen Zusammenhang?
Sprache	Werden beide Geschlechter genannt? Welche Begriffe werden im Text benutzt? Welche Begriffe werden in Tabellen/Abbildungen benutzt?

nachvollzogen werden kann (Malterud/Okkes 1998; Niedhammer et al. 2000).

Ein praktisches am Forschungsprozess orientiertes Verfahren zur Identifikation von Gender-Bias in empirischen Arbeiten liefert der diagnostische Fragebogen von Eichler (1994). Eine Kurzform dieses Instrumentes (vgl. **Tab. 2**) wurde im bereits erwähnten Projekt «Gender-Bias – Gender Research» angewendet. Es ist zugleich geeignet, die eigene Forschungsarbeit kritisch zu hinterfragen.

5. Strukturen zur Durchsetzung geschlechtergerechter Forschung

Im Fokus dieses Artikels stehen methodisch/methodologische Überlegungen und Konzepte für Entwicklungen auf dem Weg zu einer geschlechtergerechten gesundheitswissenschaftlichen Forschung. Es wurde zugleich der/die einzelne Forscher/in angesprochen, seinen/ihren Forschungsgegenstand auf die geschlechterbezogenen Aspekte hin zu untersuchen und sich bei jedem Schritt die Sensitivität für diese neu zu erarbeiten. Überzeugende Konzepte, die theoretisch fundierte, analytisch nachvollziehbare und methodisch umsetzbare Kriterien für eine kritische Reflexion und erfolgreiche Weiterentwicklung der eigenen Forschungsarbeiten bieten, und neugierige kreative Forscher und Forscherinnen, die diese Anforderungen umsetzen, sind jedoch nur die eine Seite der Medaille. Die Entwicklung hin zu einer geschlechtergerechten Forschung, Praxis und Politik im Bereich Public Health muss durch politische Entscheidungen über Strukturen und Inhalte herausgefordert, unterstützt und gefördert werden. Dazu gehört die Entwicklung von Leitlinien und Standards ebenso wie eine entsprechende gesellschaftliche Prioritätensetzung, die sich auch in der Bereitstellung entsprechender Forschungsmittel niederschlägt. Die aufgezeigten Forschungsperspektiven:

- geschlechtsspezifische und geschlechtsvergleichende Forschung,
- multivariate Forschung, die die komplexen biopsychosozialen Zusammenhänge zum Gegenstand hat,
- Meta- und Sekundäranalysen zur Evaluation des vorhandenen Wissens in der Geschlechterperspektive und zur Entwicklung geschlechterangemessener Methoden

können auch Grundlage bei der Entwicklung und Umsetzung von Förderprogrammen sein.[15] Während Perspektiven für eine inhaltliche und strukturelle Entwicklung, insbesondere der Frauengesundheitsforschung und -versorgung, vorliegen und auch in den politischen Raum Eingang gefunden haben[16], steht eine gesellschaftliche Debatte über Geschlechtergerechtigkeit in der Gesundheit erst an ihrem Beginn (vgl. z. B. Doyal 2000).

Literatur

Annandale, E., Hunt, K. (1990). «Masculinity, Feminity and Sex: An Exploration of Their Relative Contribution to Explaining Gender Differences in Health». *Sociology of Health and Illness*, S. 24–46.

Becker-Schmidt, R., Bilden, H. (1991). «Impulse für die qualitative Sozialforschung aus der Frauenforschung». In Flick, U., Kardorff, E. v., Keupp, H., Rosenstiel, L. v., Wolff, S. (Hrsg.). *Handbuch Qualitative Sozialforschung*. München, S. 23–30.

Benyamini Y., Leventhal E. A., Leventhal H. (2000). «Gender Differences in Processing Information for Making Self-assessments of Health». *Psychosom Med*, 62, S. 354–364.

Blair, A., Hoar Zahm, S., Silverman, D. T. (1999). «Occupational Cancer Among Women: Research Status and Methodologic Considerations». *American Journal of Industrial Medicine*, 36, S. 6–17.

Bolte, G. (2000). «Gender-Bias in den Gesundheitswissenschaften – ein Thema für die epidemiologi-

---

15 Auf das Instrument des Gender Mainstreaming geht Ellen Kuhlmann in diesem Band ein.

16 z. B.: Öffentliche Anhörung des Ausschusses für Gesundheit und des Ausschusses für Familie, Senioren, Frauen und Jugend zu den Anträgen «Frauenspezifische Gesundheitsversorgung» (BT-Drucksache 14/3858) und «Konkrete Gesundheitspolitik für Frauen» (BT-Drucksache 14/4381) am 7. März 2000 und Beschlüsse der Gesundheitsministerkonferenz am 21./22. Juni 2001 in Bremen zur Frauengesundheitsforschung im Rahmen des Programms der Bundesregierung «Gesundheitsforschung: Forschung für den Menschen» sowie «Geschlechtsspezifische Aspekte von Gesundheit und Krankheit».

sche Allergieforschung?» *Zeitschrift für Gesundheitswissenschaften*, 8, S. 311–322.

Chesney, M. A., Ozer, E. M. (1995). «Women and Health: in Search of a Paradigm». *Women's Health*, 1, S. 3–26.

Department of Health and Human Services – National Institutes of Health (Hrsg.) (1994/2000). «NIH Guidelines on the Inclusion of Women and Minorities as Subjects in Clinical Research». *Federal Register*, Vol. 59, No. 59, March 28, Updated August 2, 2000. http://grants.nih.gov/grants/funding/women_min/guidelines_update.htm.

Deutsche Arbeitsgemeinschaft Epidemiologie (DAE) (2000). «Leitlinien und Empfehlungen zur Sicherung von Guter Epidemiologischer Praxis (GEP)». *Das Gesundheitswesen*, 62, S. 295–302.

Doyal, L. (2000). «Gender Equity in Health: Debates and Dilemmas». *Social Science & Medicine*, 51, S. 931–939.

Eichler, M. (1988). *Nonsexist Research Methods: A Practical Guide*. London u. a.

Eichler, M. (1994). «Sieben Weisen, den Sexismus zu erkennen. Eine theoretische Überlegung mit einem praktischen Fragebogen». *Das Argument*, 207, S. 941–954.

Eichler, M. (1997). «Feminist Methodology». *Current Sociology*, 45, S. 9–36.

Eichler, M. (1998). «Offener und verdeckter Sexismus: methodisch-methodologische Anmerkungen zur Gesundheitsforschung». In: Arbeitskreis Frauen und Gesundheit im Norddeutschen Forschungsverbund Public Health (Hrsg.). *Frauen und Gesundheit(en) in Wissenschaft, Praxis und Politik*. Bern u. a., S. 34–49.

Eichler, M., Fuchs, J., Maschewsky-Schneider, U. (2000). «Richtlinien zur Vermeidung von Gender-Bias in der Gesundheitsforschung». *Zeitschrift für Gesundheitswissenschaften*, 8, S. 293–310.

Eichler, M., Reisman, A. L., Broins, E. M. (1992). «Gender-Bias in Medical Research». *Women & Therapie*, 12, S. 61–70.

Fishman, J. R., Wick, H. G., Koenig, B. A. (1999). «The Use of ‹Sex› and ‹Gender› to Define and Characterize Meaningful Differences Between Men and Women». In: National Institutes of Health. *Agenda for Research on Women's Health for the 21st Century. A Report of the Task Force on the NIH Women's Health Research Agenda for the 21st Century*. Executive Summary. Vol 1, Bethesda, Md. NIH Publication 99-4385, S. 15–19.

Fuchs, J., Maschewsky-Schneider, U. (2001). «Gender-Bias – Gender Research. Development and Implementation of Methodological Standards for Gender Sensitive Research in Public Health». *Vortrag auf dem Internationalen Workshop «Gender Based Analysis (GBA) in Public Health Research, Policy and Practice»* am 7.6.2001 in Berlin.

Greenberg, G. N., Dement, J. M. (1994). «Exposure Assessment and Gender Differences». *Journal of Occupational Medicine*, 36, S. 907–912.

Harrison, W., Brumfield, M.A. (1996). «Psychopharmacological Drug Testing in Women». In: Jensvold, M. F., Halbreich, U., Hamilton J. A. (Hrsg.). *Psychopharmacology and Women. Sex, Gender, and Hormones*. Washington, DC, London, S. 371–391.

Helfferich, C., von Troschke, J. (1994). «Der Beitrag der Frauengesundheitsforschung zu den Gesundheitswissenschaften / Public Health in Deutschland». *Schriftenreihe der «Koordinierungsstelle Gesundheitswissenschaften/Public Health» an der Abteilung für Medizinische Soziologie der Universität Freiburg*. Bd. 2. Freiburg.

Hurrelmann, K., Laaser, U. (Hrsg.) (1993). *Gesundheitswissenschaften: Handbuch für Lehre, Forschung und Praxis*. Weinheim, Basel.

Hurrelmann, K., Laaser, U. (Hrsg.) (1998). *Handbuch Gesundheitswissenschaften*. Neuaufl. Weinheim, München.

Jahn, I., Ahrens, W., Brüske-Hohlfeld, I., Kreuzer, M., Möhner, M., Pohlabeln, H., Wichmann, H. E., Jöckel, K.-H. (1999). «Occupational Risk Factors for Lung Cancer in Women: Results of a Case-Control Study in Germany». *American Journal of Industrial Medicine*, 36, S. 90–100.

Jahn, I., Babitsch, B. (2000). «Geschlechterangemessene epidemiologische Forschung – Überlegungen für die Umsetzung in Leitlinien für gute Forschungspraxis». *Unveröffentlichtes Manuskript*. Bremen, Berlin.

Jahn, I., Bammann, K. (2000). *Berufliche Ursachen für Lungenkrebs bei Frauen unter Berücksichtigung frauenspezifischer Erwerbsstrukturmuster – eine Fall-Kontroll-Studie*. Unveröffentliches Manuskript Bremen.

Jahn, I., Becker, U., Jöckel, K.-H., Pohlabeln, H. (1995). «Occupational Life Course and Lung Cancer Risk in Men. Findings from a Socio-epidemiological Analysis of Job-Changing Histories in a Case-Control Study». *Social Science & Medicine*, 40, S. 961–975.

Jensvold, M. F., Halbreich, U., Hamilton, J. A. (Hrsg.). (1996a). *Psychopharmacology and Women. Sex, Gender, and Hormones*. Washington, DC, London.

Jensvold, M. F., Hamilton, J. A., Halbreich, U. (1996b). «Methodological Considerations for Advancing Gender-Sensitive Pharmacology». In: Jensvold, M. F., Halbreich, U., Hamilton, J. A. (Hrsg.). *Psychopharmacology and Women. Sex, Gender, and Hormones*. Washington, DC, London, S. 415–429.

Jensvold, M. F., Halbreich, U., Hamilton, J. A. (1996c). «Gender-Sensitive Psychopharmacology: An Overview». In: Jensvold, M. F., Halbreich, U., Hamilton, J.A. (Hrsg.). *Psychopharmacology and Wo-*

men. Sex, Gender, and Hormones. Washington, DC, London, S. 3–9.

Koch, U., Müller, S. (1994). «Frauengesundheitsforschung». In: Deutsche Forschungsgemeinschaft. Senatskommission für Frauenforschung (Hrsg.). *Sozialwissenschaftliche Frauenforschung in der Bundesrepublik Deutschland. Bestandsaufnahme und forschungspolitische Konsequenzen.* Berlin, S. 221–239.

Madden, T. E., Feldmann Barrett, L., Pietromonaco, P. R. (2000). «Sex Differences in Anxiety and Depression: Empirical Evidence and Methodological Questions». In: Fischer, A. H. (Hrsg.). *Gender and Emotion.* Cambridge, S. 277–298.

Malterud, K., Okkes, I. (1998). «Gender Differences in General Practice Consultations: Methodological Challenges in Epidemiological Research». *Family Practice Oxford*, 15, S. 404–410.

Maschewsky-Schneider, U. (1996). *Frauen – das kranke Geschlecht? Mythos und Wirklichkeit.* Leverkusen.

Maschewsky-Schneider, U., Babitsch, B., Ducki, A. (1998). «Geschlecht und Gesundheit». In: Hurrelmann, K., Laaser, U. (Hrsg.). *Handbuch Gesundheitswissenschaften.* Neuaufl. Weinheim, München, S. 357–370.

National Institutes of Health (NIH) (1999). «Agenda for Research on Women's Health for the 21st Century. A Report of the Task Force on the NIH Women's Health Research Agenda for the 21st Century. Executive Summary». Vol 1, Bethesda, MD. NIH Publication 99-4385. www4.od.nih.gov/orwh/report.pdf.

National Institutes of Health (NIH) (o. J.). «Outreach Notebook for the NIH Guidelines on Inclusion of Women and Minorities as Subjects in Clinical Research». NIH Publication 97-4160. www4.od.nih.gov/orwh/outreach.pdf.

Niedhammer, I., Saurel-Cubizolles, M.-J., Piciotti, M., Bonenfant, S. (2000). «How is Sex Considered in Recent Epidemiological Publications on Occupational Risks?» *Occup Environ Med*, 57, S. 521–527.

Nippert, I. (2000). «Die Entwicklung und Förderung von Frauengesundheitsforschung und ‹Gender-Based Medicine›». *Zeitschrift für Gesundheitswissenschaften*, 8, S. 368–378.

ORWH (Office of Research on Women's Health) (2001). «Women's Inclusion as Participants in Research». www4.od.nih.gov/orwh/inclusion.htm v. 19.03.2001.

Pinn, V. W. (1999). «Introduction: Revisiting the NIH Research Agenda on Women's Health for the 21st Century: A Collaboration Between NIH and the Broader Women's Health Community. In National Institutes of Health». *Agenda for Research on Women's Health for the 21st Century. A Report of the Task Force on the NIH Women's Health Research Agenda for the 21st Century. Executive Summary.* Vol 1. Bethesda, MD. NIH Publication 99-4385, S. 1–7.

Popay, J., Bartley, M., Owen, C. (1993). «Gender Inequalities in Health: Social Position, Affective Disorders and Minor Physical Morbidity». *Social Science & Medicine*, 36, S. 21–32.

Projektantrag (o. J.). «Gender-Bias – Gender Research: Entwicklung und Anwendung von methodologischen Standards zu geschlechtsspezifischer Forschung in Public Health». Antragstellerinnen: Ulrike Maschewsky-Schneider, Hannelore Löwel und Mitarb., Ingeborg Jahn, Jutta Krappweis, Petra Kolip, Brigitte Stumm, Kim Bloomfield, Birgit Babitsch.

Ruiz, T.M., Verbrugge, L. M. (1997). «A Two Way of Gender Bias in Medicine». *Journal of Epidemiology and Community Health*, 51, S. 106–109.

Schneider, U. (1981). *Was macht Frauen krank? Ansätze zu einer frauenspezifischen Gesundheitsforschung.* Frankfurt/M.

Stellman, J. M., Stellman, S. D. (1995). «Social Factors: Women and Cancer». *Seminars in Oncology / Philadelphia*, 11, S. 103–108.

Stern, K. N., McClintock, M. K. (1996). «Individual Variation in Biological Rhythms. Accurate Measurement of Preovulatory LH Surge and Menstrual Cycle Phase». In: Jensvold, M. F., Halbreich, U., Hamilton, J. A. (Hrsg.). *Psychopharmacology and Women. Sex, Gender, and Hormones.* Washington, DC, London, S. 393–413.

Tietze, K. W., Bartholomeyczik, S. (1993). «Epidemiologie von Gesundheit und Krankheit». In: Hurrelmann, K., Laaser, U. (Hrsg.). *Gesundheitswissenschaften: Handbuch für Lehre, Forschung und Praxis.* Weinheim, Basel, S. 137–154.

Tietze, K., Schön, D., Ziese, T. (1998). «Epidemiologie von Gesundheit und Krankheit». In: Hurrelmann, K., Laaser, U. (Hrsg.). *Handbuch Gesundheitswissenschaften.* Neuaufl. Weinheim, München, S. 307–328.

Timmerman, G.M. (1999). «Using a Women's Health Perspective to Guide Decisions Made in Quantitative Research». *Journal of advanced nursing*, 30, S. 640–645.

Vogt, I. (1998). «Standortbestimmung der deutschsprachigen Frauengesundheitsforschung». In: Arbeitskreis Frauen und Gesundheit im Norddeutschen Forschungsverbund Public Health (Hrsg.). *Frauen und Gesundheit(en) in Wissenschaft, Praxis und Politik.* Bern u. a., S. 22–33.

Zahm, S. H., Pottern, L. M., Lewis, D. R., Ward, M. H., White, D. W. (1994). «Inclusion of Women and Minorities in Occupational Cancer Epidemiologic Research». *Journal of Occupational Medicine*, 36, S. 842–847.

Anhang

Entwurf für eine Leitlinie «Gender» für die Empfehlungen zur Sicherung von «Guter epidemiologischer Praxis»*

In allen epidemiologischen Studien, die Themen bzw. Fragestellungen untersuchen, die beide Geschlechter betreffen, muss in jeder Phase des Forschungsprozesses (d. h. sowohl bei der Studienplanung und -durchführung als auch bei der Interpretation und der Bewertung der Ergebnisse) darauf geachtet werden, dass keine systematischen Fehler nach Geschlecht (Gender Bias) entstehen.

Geschlecht ist eine zentrale Variable für die epidemiologische Forschung und beinhaltet sowohl biologische wie auch soziale Dimensionen. Im Fokus dieser Leitlinie steht die methodisch/methodologisch angemessene Berücksichtigung von Unterschieden und Gemeinsamkeiten von Frauen und Männern zur Vermeidung systematischer geschlechterbezogener Verzerrungen (Gender Bias) in der epidemiologischen Forschung.
[…]**
Systematische Fehler nach Geschlecht sind außerordentlich vielfältig und lassen sich in allen Phasen des Forschungsprozesses finden. […] Eine systematische Analyse und Entwicklung von Bewertungskriterien geschlechtsbezogener Verzerrungen steht für die epidemiologische Forschung noch aus. Die folgenden für wichtige Phasen des Forschungsprozesses ausgesprochenen Empfehlungen haben orientierende Funktion.

Empfehlung 1: Titel, Forschungsfrage
Die Formulierung und Begründung der Forschungsfrage/n muss die geschlechterbezogenen Aspekte, z. B. biologisch-physiologische, psychosoziale, versorgungs- und lebenslagenbezogene Unterschiede zwischen Männern und Frauen, einschließen. Bei Themen und Fragestellungen, die beide Geschlechter betreffen, ist eine Begründung erforderlich, wenn nur ein Geschlecht in die Studie eingeschlossen wird. Aus dem Titel der Studie soll ersichtlich sein, ob Aussagen über Frauen, Männer oder beide Geschlechter gemacht werden.

*Empfehlung 2:
Theoretischer Rahmen, Literaturreview*
Der zugrundeliegende theoretische Rahmen muss geschlechterbezogene Aspekte des Themas berücksichtigen und ermöglichen, diese angemessen zu erfassen. Ist der Forschungsstand über ein Geschlecht, das untersucht werden soll, nur unzureichend, sind ggf. zusätzliche vorbereitende Arbeiten (Pilotstudie zur Konkretisierung der Studienplanung bzw. Generierung von Hypothesen) notwendig.

*Empfehlung 3:
Studiendesign, Stichprobe, Instrumente*
Studiendesign und Untersuchungsmethodik müssen so angelegt sein, dass die identifizierten geschlechtsspezifischen Aspekte des Themas bzw. der Fragestellung angemessen erfasst und entdeckt werden können. Nützlich ist es, die Frage zu stellen, ob die zu untersuchenden Hauptvariablen, Ein- und Ausschlusskriterien etc. für Männer und Frauen gleich relevant sind. Wenn dies verneint wird, muss nach einer adäquaten Umsetzung der geschlechtsspezifischen Aspekte gesucht werden. Für beide Geschlechter sollten möglichst identische Erhebungsinstrumente angewendet werden. Die Verwendung unterschiedlicher Instrumente erfordert meist eine besondere Begründung. Die Forschungsinstrumente müssen für beide Geschlechter geprüft (z. B. Validität, Reliabilität) sein, wenn sie für beide Geschlechter eingesetzt werden sollen.

---

* Dieser Entwurf bildete die Grundlage für die Diskussion im Rahmen der Entwicklung von Leitlinien für gute epidemiologische Praxis in der Deutschen Arbeitsgemeinschaft Epidemiologie.
** Die Auslassungen betreffen Begründungen sowie Verweise auf Empfehlungen der Leitlinien für gute epidemiologische Praxis insgesamt.

Empfehlung 4: Datensammlung, Feldarbeit
Die Erhebungsmethoden und Erhebungskonzepte sollen so gewählt werden, dass sie geeignete Zugänge zu beiden Geschlechtern ermöglichen. Es sind ggf. unterschiedliche Lebensstile und Arbeitszeitmuster von Männern und Frauen zu bedenken, die zu einer unterschiedlichen Erreichbarkeit führen können. Im Rahmen einer Pilotstudie […] bzw. bei der Frühevaluation […] ist eine nach Geschlecht stratifizierte Analyse des Rücklaufs notwendig, um Hinweise auf systematische Ausfälle zu erhalten, die es dann zu korrigieren gilt (z. B. Anpassung des Erhebungskonzeptes). Auch das Geschlecht des Erhebungspersonals kann bei diesen Überlegungen wichtig sein.

Empfehlung 5: Datenanalyse, Interpretation, Schlussfolgerungen und Empfehlungen
Grundsätzlich sind die zwei möglichen Herangehensweisen der Datenanalyse, die nach Geschlechtern getrennte (d. h. für Männer und/oder Frauen separat) und die geschlechtervergleichende, abhängig vom Forschungsgegenstand und den Zielen der Studie. Wird nur ein Geschlecht betrachtet, so muss darauf geachtet werden, dass keine unbegründeten Verallgemeinerungen auf beide Geschlechter gemacht werden. Bei geschlechtervergleichenden Analysen sollte vermieden werden, die Situation eines Geschlechts als Norm für das jeweilige andere Geschlecht zu betrachten. Der Gender Bias sollte ggf. als mögliche Verzerrungsquelle in der Diskussion explizit ausgeführt werden […]. Bei der Formulierung von Ergebnissen und Schlussfolgerungen ist es empfehlenswert, die Frage nach potenziell unterschiedlichen Implikationen für die Geschlechter zu erörtern, wobei auch Unterschiede in der sozialen Lebenslage einbezogen werden sollten.

Empfehlung 6: Publikation/Sprache
Eine geschlechterangemessene Forschung erfordert die Verwendung einer geschlechterangemessenen Sprache. Es wird empfohlen, generische Begriffe nur für generische Situationen bzw. Sachverhalte zu verwenden. Für geschlechtsspezifische Aussagen sollen geschlechtsspezifische Termini verwendet werden; ggf. ist es notwendig, parallele Termini für Frauen und Männer zu benutzen. Als Herausgeber/innen und als Reviewer/innen sollen Epidemiologinnen und Epidemiologen Sorge dafür tragen, dass Manuskripte keinen geschlechtsbezogenen Verzerrungen unterliegen.

Empfehlung 8: Forschung
Die Vermeidung von geschlechtsspezifischen Verzerrungseffekten in der epidemiologischen Forschung sollte auch ein zentrales Kriterium bei der Forschungsförderung sein.

Quelle: Jahn/Babitsch (2000)

3 Gesundheit und Krankheit im Lebenslauf von Frauen und Männern

Krankheit und Mortalität bei Säuglingen und Kleinkindern

Ingrid Waldron

Geschlechtsunterschiede in der Mortalität verändern sich mit dem Alter, selbst in der relativ kleinen Altersspanne von null bis vier Jahren. Die Sterblichkeit männlicher Säuglinge ist in fast allen Ländern oder Regionen höher als die weiblicher Säuglinge (Waldron 1987; Makinson 1994; Tabutin/Willems 1993). Die männliche Benachteiligung ist besonders ausgeprägt in der neonatalen Periode, das heißt im ersten Monat nach der Geburt, in der die höhere männliche Mortalität nahezu universell ist. In der post-neonatalen Periode vom zweiten bis elften Monat dagegen gestalten sich die Geschlechtsunterschiede variabler. In einigen Entwicklungsländern ist die Sterblichkeit der Mädchen höher als die der Jungen (Arnold 1992; Bhatia 1989; Fargues/Nassour 1988; Tabutim/Willems 1993). Bei Kleinkindern im Alter von einem bis vier Jahren sind die Geschlechtsunterschiede in der Mortalität sehr variabel. In allen entwickelten Ländern und in vielen Entwicklungsländern weisen Jungen in diesem Alter eine höhere Mortalität auf. In manchen anderen Entwicklungsländern gilt das Umgekehrte, jedoch bei sehr geringen Geschlechtsunterschieden in der Mortalität (Waldron 1987; Makinson 1994; Tabutin/Willems 1993). Das Muster der Geschlechtsunterschiede hinsichtlich der Kindersterblichkeit in den Entwicklungsländern wechselt daher von einer konsistenten männlichen Benachteiligung während der neonatalen Periode zu variablen Geschlechtsunterschieden während der frühen Kindheit.

Ein Grund für die verschiedenen Muster der Geschlechtsunterschiede in der Mortalität von Säuglingen und Kleinkindern liegt darin, dass sich die wichtigsten Todesursachen für diese beiden Altersgruppen unterscheiden (Waldron 1987). Die bei der Geburt auftretenden Komplikationen haben zum Beispiel einen großen Anteil an der Kindersterblichkeit, und die durchgängig höhere männliche Mortalität aufgrund dieser perinatalen Affektionen ist die Hauptursache für deren höhere Sterblichkeit in der ersten Lebensphase. Infektionskrankheiten sind in Entwicklungsländern die Hauptursache für Kindersterblichkeit und für die variablen Geschlechtsunterschiede in der Gesamtsterblichkeit in der frühen Kindheit.

Die Geschlechtsunterschiede in der Mortalität von Säuglingen und Kleinkindern werden sowohl von Umweltfaktoren als auch von biologischen Faktoren beeinflusst (Makinson 1994; Waldron 1983, 1987). Wo die Sterblichkeit der Mädchen höher ist als die der Jungen, scheint eine der zentralen Ursachen die geschlechtliche Diskriminierung zu sein, die zu einer unzureichenden Ernährung und Gesundheitsversorgung der Mädchen führt. Eine höhere männliche Säuglingssterblichkeit scheint dagegen in erster Linie auf einen inhärenten biologischen Nachteil zurückzugehen. Einige Autoren haben die Vorstellung vom inhärenten biologischen Nachteil der Männer als für alle Altersklassen und fast alle Todesursachen gültig verallgemeinert. Die im vorliegenden Kapitel herangezogenen Befunde deuten an, dass statt von einer allgemeinen biologischen Benachteiligung der Männer besser von vielfältigen biologischen Geschlechtsunterschieden zu sprechen ist, von denen einige die männliche, andere die weibliche Mortalität steigern. Das relative Gewicht der spezifischen biologischen Geschlechtsunterschiede ändert sich je nach Todesursache, Altersgruppe und Umweltbedingungen.

Diese Themen werden im vorliegenden Kapitel untersucht, das neuere Befunde zu zwei Hauptfragen zusammenfasst. Erstens, welche Todesursachen tragen zu den Geschlechtsunterschieden in der Mortalität von Säuglingen und Kleinkindern in Entwicklungsländern bei? Zweitens, welche biologische Faktoren spielen für die Geschlechtsunterschiede bei den wichtigsten Todesursachen eine Rolle?

Die Definition des biologischen Faktors schließt dabei folgende Dimensionen ein:
- direkte genetische Effekte wie die auf dem X-Chromosom liegenden Erkrankungen;
- die Wirkung der Geschlechtshormone auf Anatomie, Physiologie und Verhalten und
- die physiologischen Unterschiede zwischen Männern und Frauen, die unmittelbar den genetischen und hormonellen Wirkungen geschuldet sind, aber auch durch Umweltfaktoren beeinflusst sein können.

1. Die Bewertung der Todesursachenstatistik

Viele Entwicklungsländer verfügen über keine zuverlässige Mortalitätsstatistik, die nach Todesursachen differenziert sind. Die im vorliegenden Kapitel vorgestellten Todesursachenstatistiken wurden anhand zweier Kriterien ausgewählt: Erstens sollen sie repräsentative Angaben für eine breite Auswahl geografischer Regionen und Mortalitätsbedingungen bereitstellen und zweitens sollen die Daten eine möglichst hohe Qualität aufweisen, einschließlich einer relativ vollständigen Erfassung der Todesfälle, einigermaßen zutreffender Todesursachen und angemessener Stichprobengrößen.

In einigen lateinamerikanischen Ländern liefern die Einrichtungen der Zivilstandsregister Todesursachenstatistiken, die vollständig und genau sind. Die Angaben für Argentinien, Chile und Kuba sind als sehr gut eingestuft worden (Vallin et al. 1990; World Health Organization 1989–1993). Für diese drei Länder sind wenigstens 90 % der Todesfälle registriert, für mindestens 90 % der registrierten Todesfälle liegen Totenscheine vor und weniger als 10 % der registrierten Todesfälle der Säuglinge und Kleinkinder wurden «Symptomen und anderen schlecht definierten Affektionen» zugeschrieben.

Um Informationen zu den Todesursachen für andere Entwicklungsländer bereitzustellen, werden zwei Arten von Daten vorgestellt. Erstens werden die Angaben der Zivilstandsregister für Sri Lanka aufgeführt, obwohl sie weniger verlässlich sind als die Angaben zu den genannten lateinamerikanischen Ländern. Sri Lanka hat eine vergleichsweise vollständige Registrierung von über 90 %, aber nur 35 % der Todesfälle erhielten einen Totenschein und 10 % der Sterbefälle bei Säuglingen bzw. 23 % in der frühen Kindheit beruhen auf «Symptomen und anderen schlecht definierten Affektionen» (World Health Organization 1989–1993).

Da einigermaßen zuverlässige Todesursachenstatistiken von Einrichtungen der Zivilstandsregister in Regionen mit hoher Sterblichkeit nicht verfügbar sind, werden Angaben aus Spezialstudien zu zwei lokalen Gebieten angeführt. Das «International Centre for Diarrhoeal Disease Research» in Bangladesch basiert auf vollständigen Angaben, die auf regelmäßigen Besuchen und einer kontinuierlichen Erhebung der vitalstatistischen Ereignisse in Matlab, einer ländlichen Region in Bangladesch, beruhen. Die Angaben zu den Todesursachen stützen sich auf den Bericht der Familienmitglieder. Diese Todesursachenstatistiken scheinen für Kleinkinder einigermaßen genau zu sein, aber große Fehler bei den Säuglingen zu enthalten (Bhatia 1989; Vallin et al. 1990).

Für Bamako, einer Stadt in Mali, entstammen die Angaben zu den Todesursachen den lokalen Sterberegistern (Fargues/Nassour 1988). Diese Angaben sind unvollständiger als die anderen Daten, aber sie scheinen die besten Angaben der Todesursachen zu sein, die für eine afrikanische Region hoher Mortalität südlich der Sahara verfügbar sind. Es wird geschätzt, dass in Bamako etwas über die Hälfte der Todesfälle von Säuglingen und Kleinkindern registriert werden. Die Todesursachen stützen sich auf Krankenhausberichte (60 %) oder Berichte der Familienmitglieder.

Die Schlussfolgerungen hinsichtlich der Geschlechtsunterschiede für verschiedene Todesursachen stützen sich auf bereits veröffentlichte Daten, insbesondere zwei Zusammenstellungen von Angaben zu Geschlechtsunterschieden in der Mortalität, unterschieden nach den Todesursachen, einmal für Säuglinge und Kinder in verschiedenen Entwicklungsländern (Waldron 1987) und einmal für Kleinkinder in lateinamerikanischen Ländern (Gomez 1993).

Die vorhandenen Daten enthalten Informationen über die Haupttodesursachen. Es sollte jedoch erwähnt werden, dass in den Entwicklungsländern viele Todesfälle von Säuglingen und Kindern aus dem Zusammenspiel mehrerer Ursachen erwachsen (Bhatia 1989; Fauveau et al. 1991). So geht der Tod zum Beispiel häufig auf eine Wechselwirkung von Mangelernährung und Infektionen zurück. Die Unterernährung erhöht die Anfälligkeit für Infektionen, und die wiederholten oder chronischen Infektionen können die nachteilige Wirkung schlechter Ernährung verstärken, indem sie Durchfall (Diarrhöe), Appetitlosigkeit, höheren Grundumsatz und so weiter verursachen (Cunningham-Rundles 1993; Faveau et al. 1991; Greenwood/Whittle 1981). Aufgrund dieser Folgen kann eine Infektionskrankheit die anschließende Anfälligkeit für weitere Infektionskrankheiten erhöhen (Leon et al. 1993; Narrain et al. 1989). Daher liefern die Statistiken zu den Haupttodesursachen zwar wichtige, aber unvollständige Informationen.

2. Die Biologie der Geschlechtsunterschiede

Bekanntlich enthält bei den Frauen jede Zelle ein Paar X-Chromosome, während die Zellen der Männer ein X- und ein Y-Chromosom enthalten. Die X- und Y-Chromosomen besitzen kleinere korrespondierende Bereiche, die eine Anzahl gemeinsamer Gene tragen, aber der weitaus größere Teil besteht aus sehr unterschiedlichen genetischen Informationen.

Das X-Chromosom ist größer als das Y-Chromosom und enthält viele Gene, die für die Immunfunktion, die Blutgerinnung, die Entwicklung und Funktion des Nervensystems und der Muskeln sowie andere Vitalfunktionen wesentlich sind. Daher hat eine Frau, die über zwei X-Chromosome verfügt, zwei Ausgaben zahlreicher Gene, die für eine normale körperliche Entwicklung und Funktion wesentlich sind, während ein Mann nur eine Ausgabe dieser auf dem X-Chromosom lokalisierten Gene besitzt. Folglich ist eine Frau, die einen rezessiven Gendefekt auf dem einen X-Chromosom trägt, gewöhnlich durch ein normales Gen auf dem anderen geschützt, während ein Mann die zugehörige Erkrankung bekommen wird.[1]

Obwohl Männer gegen die mit dem X-Chromosom verbundenen Erkrankungen weniger geschützt sind, ist der Beitrag dieser Krankheiten zu den Geschlechtsunterschieden in der Mortalität gering, weil sie selten sind. So treten zum Beispiel die beiden verbreitetsten tödlichen, an das X-Chromosom gebundenen Krankheiten, die Bluterkrankheit (Hämophilie A) und der Muskeldystrophie, bei etwa 0,01–0,03 % der männlichen Lebendgeburten auf (Sankaranarayanan 1991; van Essen et al. 1992). Zahlen für die USA lassen vermuten, dass die Hämophilie A die männliche Säuglings- und Kindersterblichkeit um weniger als 0,2 % steigert. Die Dystrophie hat in dieser Altersspanne eine noch geringere Auswirkung, da sie im Säuglings- und Kleinkindalter selten tödlich verläuft (Emery 1987; Mukoyama et al. 1987; OMIM-TM 1994; van Essen et al. 1992). Wie weiter unten gezeigt wird, ist die an das X-Chromosom gebundene

---

1 Im frühen weiblichen Entwicklungsstadium ist in jeder Zelle eines der X-Chromosome inaktiv. Anscheinend wird in jeder Zelle durch Zufall eines der beiden X-Chromosome inaktiviert und bleibt dann in allen Tochterzellen inaktiv. Obwohl in jeder Zelle ein X-Chromosom inaktiv ist, sind Frauen aus zwei Gründen gegen rezessive Gendefekte auf dem X-Chromosom geschützt. Erstens erfolgt in manchen Geweben, in denen die Aktivität eines bestimmten Gens des X-Chromosoms erforderlich ist, ein selektiver Ausschluß der Zellen, in denen das X-Chromosom mit dem beschädigten Gen aktiv ist, und folglich ist in den meisten Zellen dieses Gewebes das normale Gen aktiv (Conley 1992). In Geweben, in denen diese Art von selektivem Ausschluß nicht auftritt, haben die Hälfte der Zellen ein aktives X-Chromosom mit normalem Gen, und in vielen Fällen können diese Zellen die notwendigen Aufgaben erfüllen.

Immuninsuffizienz ebenfalls selten und ihr Einfluss auf die Geschlechtsunterschiede in der Gesamtsterblichkeit wahrscheinlich gering, obwohl die im X-Chromosom gebundene Immuninsuffizienz in einigen Ländern zu der höheren männlichen Mortalität durch Infektionskrankheiten geringfügig beiträgt.

Das Y-Chromosom ist zwar viel kürzer als das X-Chromosom, es enthält aber mehrere einzigartige Gene einschließlich des sry-Gens, das eine Schlüsselrolle in der Entwicklung der Hoden spielt. Es aktiviert eine Kaskade von Genen, welche die Entwicklung der männlichen Keimdrüsen zu Hoden statt zu Eierstöcken steuern (Moore/Grumbach 1992). Das sry- und andere Gene auf dem Y-Chromosom können bestimmte Aspekte der Entwicklung beeinflussen, so z. B. die Zellteilungsrate im frühen Entwicklungsstadium (Pilgrim/Hutchinson 1994). Diese Wirkungen können zu den Geschlechtsunterschieden in der Mortalität beitragen.

Im männlichen Fötus produzieren die Hoden Testosteron und andere Hormone, und diese kontrollieren die Entwicklung der männlichen Geschlechtsorgane (Moore/Grumbach 1992; Winter et al. 1981). Anscheinend beeinflussen die männlichen Hormone auch die Entwicklung weiterer Körperteile einschließlich der Lungen, des Gehirns und des Immunsystems. Die Wirkung der männlichen Hormone kann dementsprechend zu den Geschlechtsunterschieden in der Mortalität aufgrund von Atemnot (Respiratory-Distress-Syndrom), Unfällen und Infektionserkrankungen beitragen.

Die männlichen Keimdrüsen beginnen sich im zweiten Monat der Schwangerschaft zu Hoden zu entwickeln. Jungen haben etwa vom dritten Monat an einen höheren Testosteronspiegel als Mädchen. Die Spitzenwerte an Testosteron treten bei männlichen Föten etwa im fünften Monat der Schwangerschaft auf (Winter et al. 1981). Nach der Geburt haben Jungen in den ersten Monaten generell höhere Testosteronspiegel (Corbier et al. 1992; Forest et al. 1977; Winter et al. 1976; Winter et al. 1981). Ab dem sechsten Monat nach der Geburt und die frühe Kindheit hindurch sind die Testosteronwerte sehr niedrig und für Jungen und Mädchen ähnlich (Forest et al. 1977; Meites 1989; Winter et al. 1976; Winter et al. 1981).[2]

Zusammenfassend kann man sagen, dass mehrere auf dem X- oder Y-Chromosom liegende Gene eine Vielzahl an Wirkungen auf die Geschlechtsunterschiede in der Mortalität zu haben scheinen. Weil Männer nur ein X-Chromosom besitzen, sind sie anfälliger für die an das X-Chromosom gebundenen rezessiven Erkrankungen, die jedoch keine weit verbreiteten Todesursachen darstellen. Der höhere männliche Testosteronspiegel kann in der Säuglingszeit und in der Kindheit verschiedene nachteilige Effekte für das Überleben haben.

3. Perinatale Affektionen

Der Ausdruck «perinatale Affektion» ist die Abkürzung für eine Kategorie der Todesursachen in der ICD-9, die sich auf «bestimmte Affektionen, die ihren Ursprung in der Perinatalzeit haben», bezieht, welche sowohl Komplikationen während der Schwangerschaft und der Geburt, als auch die spezifischen Umstände des Neugeborenen umfassen. Zu den perinatalen Affektionen gehören das Geburtstrauma, der intrauterine Mangel an Blutsauerstoff (Hypoxie) und der Sauerstoffmangel vor oder während der Geburt (Asphyxie), die Frühgeburt, die Atemnot des Neugeborenen (Respiratory-Distress-Syndrom) und der neonatale Tetanus.

Jungen haben gegenüber Mädchen in nahezu allen untersuchten Staaten und Regionen eine höhere Mortalität aufgrund von perinatalen Af-

---

2 Die vorliegenden Befunde legen nahe, dass bei Föten, Säuglingen und Kleinkindern kaum Geschlechtsunterschiede in den Werten für Östrogen und Progesteron bestehen, obwohl einige Studien nahelegen, dass Männer bei der Geburt und/oder während der frühen Säuglingszeit höhere Werte für Östrogen und/oder Progesteron haben können (Simmons et al. 1994; Winter et al. 1976; Winter et al. 1981). Einige zusätzliche Geschlechtsunterschiede in Hormonspiegel sind beobachtet worden. So haben Mädchen z. B. während der fetalen Entwicklung und in der Säuglingszeit höhere Niveaus von Follikel stimulierenden Hormonen (Winter et al. 1976; Winter et al. 1981). Da es jedoch anscheinend keine Belege gibt, dass diese hormonellen Unterschiede die Geschlechtsunterschiede in der Säuglings- und Kindermortalität beeinflussen, werden sie hier nicht erörtert.

fektionen (Waldron 1987), was den Hauptanteil an den Geschlechtsunterschieden in der neonatalen Mortalität ausmacht. Die vorliegenden Zahlen für Kuba und Chile zeigen an, dass über zwei Drittel der Geschlechtsunterschiede in der neonatalen Mortalität der höheren männlichen Mortalität durch perinatale Affektionen verursacht sind (Waldron 1987).

Die vorliegenden Befunde zeigen, dass Jungen im Allgemeinen eine höhere Mortalität als Mädchen für alle Haupttypen perinataler Affektionen aufweisen. So zeigen die begrenzten Angaben aus Entwicklungsländern, dass Jungen häufiger durch Hypoxie, Asphyxie, Geburtstrauma, Frühreife und neonatalen Tetanus sterben (Waldron 1987; Alemu 1993; Bhatia 1989; Leroy/Garenne 1989). Die vollständigeren Angaben für entwickelte Länder enthalten weitere Belege für eine höhere männliche Mortalität in jeder der Hauptkategorien perinataler Affektionen (Waldron 1987; Khoury et al. 1985). Weil dieser Geschlechtsunterschied derart durchgängig ist und kein plausibler Umwelteinfluss ermittelt werden konnte, ist es wahrscheinlich, dass die Hauptursache in inhärenten biologischen Geschlechtsunterschieden zu suchen ist.

Neuere Forschungen haben einige spezifische biologische Pfade ermittelt. Ein Faktor liegt anscheinend in der langsameren Reifung der Lungen des männlichen Fötus. Vermutlich verzögern das vom männlichen Fötus produzierte Testosteron und andere Hormone die Reifung der Lungen, insbesondere kann eine verzögerte Entwicklung der Surfactantausscheidung eintreten, eines Stoffes, der für die normale Lungenfunktion notwendig ist (Catlin et al. 1990; Nielsen 1992; Torday/Nielsen 1987). Ohne ausreichende Surfactantproduktion sind Frühgeborene anfällig für das Respiratory-Distress-Syndrom. Die Befunde für die entwickelten Länder belegen, dass die höhere Mortalität aufgrund des Atemnotsyndroms ein Hauptgrund für ihre allgemein höhere Säuglingssterblichkeit ist (Waldron 1987; Khoury et al. 1985). Die begrenzten Befunde lassen indes vermuten, dass die Bedeutung des Syndroms mit der ethnischen Zugehörigkeit variiert. Forschungen in Nigeria haben zum Beispiel ein sehr niedriges Niveau für das Atemnotsyndrom und eine frühe Reifung der Lungen des Fötus sowie keine Verzögerung in der Lungenreifung der Jungen ermittelt (Olowe/Akinkugbe 1978; Torday/Nielsen 1987).

Ein weiteres Risiko der männlichen Säuglinge scheint in der höheren Wahrscheinlichkeit zu liegen, in einem früheren Schwangerschaftsmonat geboren zu werden (Golding 1991; Hall/Carr-Hill 1982; MacGillivray/Davey 1985; McGregor et al. 1992; Seki/Kato 1987; Kramer 1987). Allerdings wird das männliche Frühgeburtsrisiko durch ein höheres durchschnittliches Geburtsgewicht abgemildert (Hall/Carr-Hill 1982; Kam/Penrose 1951; Kramer 1987; Shapiro et al. 1968; Waldron 1983). Die begrenzten Befunde lassen vermuten, dass eine Ursache, warum Jungen in früheren Schwangerschaftsstadien geboren werden, in der geringeren Fähigkeit des männlichen Fötus zu einer Abwehr der Folgen einer Infektion der mütterlichen Fortpflanzungsorgane liegen kann. Infektionen der Fortpflanzungsorgane erhöhen das Risiko einer vorzeitigen Geburt, teilweise weil die mütterliche Bekämpfung dieser Infektionen die Produktion chemischer Botenstoffe zur Folge hat, die eine Gebärmutterkontraktion anregen können (Bry et al. 1994; McGregor et al. 1992). Der Fötus stellt jedoch einen anderen chemischen Botenstoff her, der diese Auswirkung bekämpfen kann, wobei der weibliche Fötus anscheinend mehr von diesen schützenden Botenstoffen, die das Risiko einer Frühgeburt vermindern können, herstellt (Bry et al. 1994).

Zusammenfassend lässt sich festhalten, dass in erster Linie biologische Ursachen für die männliche Übersterblichkeit verantwortlich sind. Anscheinend haben männliche Säuglinge ein höheres Mortalitätsrisiko aufgrund perinataler Affektionen, zum Teil weil ihr Risiko für eine Frühgeburt größer ist, zum Teil, weil in jedem Stadium ihre Lungen aufgrund der Wirkungen der männlichen Hormone weniger ausgereift sind. Wie unten im Abschnitt über die Infektionskrankheiten erörtert wird, kann die höhere männliche Mortalität an neonatalem Tetanus und anderen perinatalen Infektionen auf inhärente Geschlechtsunterschiede im Immunsystem zurückgehen, obwohl die relevanten Geschlechtsunterschiede diesbezüglich noch nicht ermittelt werden konnten.

4. Kongenitale Anomalien

Die Mortalität aufgrund von kongenitalen Anomalien oder angeborenen Missbildungen ist in nahezu allen untersuchten Ländern für männliche Säuglinge höher als für weibliche (Waldron 1987). Dieser Unterschied liefert allerdings nur einen bescheidenen Beitrag zur höheren Säuglingssterblichkeit der Jungen. Abhängig von der Art der kongenitalen Anomalie und von der betrachteten Bevölkerungsgruppe ändern sich die Mortalitätsunterschiede. So liegt die männliche Säuglingssterblichkeit aufgrund von angeborenen Herz- und Kreislauffehlern höher, während weibliche Säuglinge im Allgemeinen eine höhere Sterblichkeit aufgrund von angeborenen Störungen des Zentralnervensystems wie Spina bifida («Offener Rücken») aufweisen (Xiao et al. 1990). Dieses Muster wurde für repräsentative entwickelte Länder festgestellt. Außerdem zeigen die Zahlen für diese Länder, dass für bestimmte Kategorien der kongenitalen Anomalien ein Geschlechtsunterschied in der Mortalität, der in einer Bevölkerung anzutreffen ist, in einer anderen fehlen oder sogar umgedreht sein kann.

Die Geschlechtsunterschiede in den angeborenen Störungen des zentralen Nervensystems sind umfassend untersucht worden. Diese Forschungen haben unerwartete Besonderheiten und Komplexitäten im Muster und in den Ursachen der Geschlechtsunterschiede in dieser Störungsgruppe ermittelt. Die Geschlechtsunterschiede unterscheiden sich für die verschiedenen Arten kongenitaler Anomalien des Zentralnervensystems (Van Allen et al. 1993). So zeigen Mädchen sowohl in entwickelten Ländern als auch in Entwicklungsländern im Allgemeinen eine höhere Rate für Anenzephalie (teilweises oder vollständiges Fehlen des Gehirns) und Spina bifida (Elwood/Little 1992; Xiao et al. 1990). Innerhalb der Kategorie «Spina bifida» haben Mädchen ein höheres Risiko für Schäden am oberen und mittleren Rückenmark, Jungen haben dagegen im Allgemeinen ein höheres Risiko für auf den unteren Rückenmarksbereich begrenzte Schäden. Die Befunde zu dieser Frage beschränken sich auf entwickelte Länder (Elwood/Little 1992; Park et al. 1992; Seller 1987).

Die folgende Hypothese kann erklären, warum Mädchen ein höheres Risiko für Anenzephalie und Spina bifida im oberen und mittleren Bereich des Rückenmarks aufweisen. Die Grundstruktur des Gehirns und des oberen Abschnitts des Rückenmarks bildet sich in einem sehr frühen Stadium der embryonalen Entwicklung und einiges früher als der untere Rückenmarksabschnitt heraus. In den ersten Stadien der embryonalen Entwicklung scheint die Zellteilung bei Mädchen langsamer abzulaufen als bei Jungen. Manche weibliche Embryos könnten im Frühstadium der Entwicklung des Zentralnervensystems zu wenige Zellen für den weiteren Fortgang besitzen. Das kann erklären, warum Mädchen für Entwicklungsstörungen in der Ausbildung des Gehirns und des oberen Rückenmarkbereichs anfälliger sind (Hall 1986; Pilgrim/Hutchison 1994; Seller 1987; Yadav et al. 1993). Man nimmt an, dass zusätzliche inhärente geschlechtliche Entwicklungsunterschiede an den Geschlechtsunterschieden für das Risiko von Spina bifida wie auch anderen kongenitalen Anomalien des Zentralnervensystems beteiligt sind (Elwood/Little 1992; Van Allen et al. 1993).

Anscheinend beeinflussen auch Umweltfaktoren die Geschlechtsunterschiede in den angeborenen Störungen des Zentralnervensystems. Einige Angaben legen zum Beispiel nahe, dass dort, wo die Raten für Anenzephalie höher sind, gewöhnlich auch der Anteil weiblicher Fälle höher liegt, und zwar offensichtlich, weil Umweltfaktoren die Anenzephalieraten für Mädchen mehr ansteigen lassen als für Jungen (Elwood/Little 1992; Van Allen et al. 1993).

Zusammenfassend lässt sich festhalten, dass die Geschlechtsunterschiede bei den kongenitalen Anomalien des Zentralnervensystems in Abhängigkeit davon variieren, welche spezifischen Störungen betrachtet werden. Anscheinend tragen mehrere geschlechtsspezifische Entwicklungsunterschiede zu diesen variablen Geschlechtsunterschieden bei. Leider liegen kaum Befunde zu den Ursachen der Geschlechtsunterschiede für die kongenitalen Anomalien mit höherer männlicher Mortalität vor, aber sie sind wahrscheinlich ebenfalls durch mehrere geschlechtsspezifische Entwicklungsunterschiede verursacht.

5. Infektionskrankheiten

Der Ausdruck «Infektionskrankheiten» wird im vorliegenden Kapitel im Hinblick auf alle infektiösen und parasitären Erkrankungen gebraucht, einschließlich Darm- und Atemwegserkrankungen, Masern, Malaria, Hirnhautentzündung und neonatalem Tetanus.

Die Geschlechtsunterschiede in der Mortalität an Infektionskrankheiten variieren je nach der betrachteten Altersgruppe (Bhatia 1989; Gomez 1993; Waldron 1987). In der Säuglingszeit weisen Jungen in den meisten untersuchten Ländern oder Regionen eine höhere Mortalität durch Infektionen auf als Mädchen. Im Gegensatz dazu unterscheiden sich im Kleinkindalter die Geschlechtsunterschiede in der Sterblichkeit durch Infektionen: In vielen Ländern und Regionen ist die Sterblichkeit der Mädchen höher als die der Jungen. Im Kleinkindalter ist diese Variation der Geschlechtsunterschiede in der Mortalität durch Infektionen die Hauptursache für Geschlechtsunterschiede der Gesamtmortalität. In den Fällen, in denen die Mortalität aufgrund von Infektionskrankheiten bei den Mädchen höher ist, stellt dieser Faktor die Hauptursache für die höhere weibliche Gesamtmortalität dar (Gomez 1993; Waldron 1987).

Die relativ beständige männliche Übersterblichkeit bei Infektionen im Säuglingsalter lässt vermuten, dass weitgehend inhärente biologische Geschlechtsunterschiede dafür verantwortlich sind. Umgekehrt deuten verschiedene Befunde darauf hin, dass Umwelteinflüsse möglicherweise erheblich zu der Streuung in den geschlechtsspezifischen Mortalitätsunterschieden in der frühen Kindheit beitragen (Fauveau et al. 1991; Makinson 1994; Narain et al. 1989; Waldron 1987).

5.1 Geschlechtsunterschiede bei verschiedenen Arten infektiöser Erkrankungen

Eine Hauptkategorie der Mortalität durch infektiöse Erkrankungen in den Entwicklungsländern stellt der Darminfekt oder die Durchfallerkrankung (diarrhoeal diseases) dar. Die Geschlechtsunterschiede in der Mortalität aufgrund von Darminfekten unterscheiden sich je nach Land und Altersgruppe (Bhatia 1989; Gomez 1993; Waldron 1987). Im Säuglingsalter ist die Mortalität aufgrund eines Darminfekts bei Jungen gewöhnlich höher als bei Mädchen. Bei Kleinkindern dagegen dreht sich das Geschlechterverhältnis um. Die Morbidität aufgrund von Durchfallerkrankungen zeigt ein anderes geschlechtsspezifisches Muster als die Mortalität. Jungen und Mädchen haben bei Durchfallerkrankungen gewöhnlich ähnliche Morbiditätsraten, ab dem sechsten Lebensmonat liegen jedoch die Raten der Jungen leicht höher (Arnold 1992; Diame et al. 1990; Fauveau et al. 1991; Kirkwood 1991; Mock et al. 1993; El Samani et al. 1989).

Ein möglicher Grund für die höhere männliche Rate der Darminfekte kann darin liegen, dass, sobald die Säuglinge mobiler werden, den Jungen eine größere Bewegungsfreiheit zugestanden wird und sie deshalb einer Infektionsgefahr stärker ausgesetzt sind (Diame et al. 1990). Somit erkranken Mädchen im Allgemeinen nicht häufiger an Darminfekten, in einigen Entwicklungsländern sterben sie aber häufiger daran. Dieser Gegensatz lässt vermuten, dass ein Darminfekt in einigen Ländern für Mädchen eher als für Jungen tödlich verläuft. Das wird durch Befunde aus Matlab in Bangladesch bestätigt, wo es anscheinend einen geringen Geschlechtsunterschied in der Morbidität für Durchfallerkrankungen gibt, Mädchen aber häufiger daran sterben (Fauveau et al. 1991). Es hat den Anschein, dass die höhere weibliche Rate an Todesfällen unter den Erkrankten zu großen Teilen dem Geschlechtsunterschied in der medizinische Heilbehandlung geschuldet sein kann, welche die Jungen bevorzugt. Ein ähnlicher Geschlechtsunterschied in der stationären und häuslichen Behandlung von Durchfallerkrankungen wurde in einigen weiteren Ländern beobachtet, in den meisten der untersuchten Länder aber nicht (Arnold 1992; McDivitt et al. 1994).

Eine weitere Hauptkategorie der Mortalität an Infektionskrankheiten in den Entwicklungsländern bildet die Erkrankung der Atmungsorgane, insbesondere die Lungenentzündung. Im Säuglingsalter ist die Sterblichkeit der Jungen aufgrund von Lungenentzündung oder Atemwegsinfekten gewöhnlich höher. In der frühen Kindheit hingegen lassen sich wechselnde Ge-

tive Bedeutsamkeit dieser Wirkung unsicher. Alle identifizierten, an das X-Chromosom gebundenen Immuninsuffizienzen sind selten. Die Angaben für entwickelte Länder lassen vermuten, dass die Häufigkeit aller Formen zusammengenommen vielleicht bei 1–10 auf 100 000 männliche Neugeborene liegt.[3] In Umgebungen mit einer hohen Rate von Infektionskrankheiten und schlechter medizinischer Versorgung muss damit gerechnet werden, dass die meisten Jungen mit einer an das X-Chromosom gebundenen Immuninsuffizienz bis zum Alter von fünf Jahren an einer Infektion sterben. Dies lässt vermuten, dass die an das X-Chromosom gebundene Immuninsuffizienz etwa 0,5–10 Sterbefälle durch Infektionen auf 100 000 Jungen verursachen könnte.[4] Die männliche Übersterblichkeit bei Infektionskrankheiten in der Säuglings- und Kleinkindzeit beträgt in einigen Entwicklungsländern etwa 30–130 Sterbefälle auf 100 000. Diese Schätzungen lassen vermuten, dass an das X-Chromosom gebundene Immuninsuffizienzen in einigen Entwicklungsländern einen kleinen bis geringen Beitrag zur männlichen Übersterblichkeit durch Infektionskrankheiten leisten. Diese Schlussfolgerung muss indes als vorläufig betrachtet werden, da die Schätzungen je nach Land einer beträchtlichen Unsicherheit und Variabilität unterliegen.

Ein weiterer möglicher Grund für die größere Schutzlosigkeit der Jungen gegenüber Infektionskrankheiten liegt darin, dass das Testosteron die Immunfunktion hemmen kann (Schurrs/Verheul 1990). Während der fetalen Entwicklung und in den ersten Lebensmonaten haben Jungen einen höheren Testosteronspiegel, der zur verminderten Immunität und größeren Anfälligkeit für Infektionskrankheiten führt. Diese Hypothese muss gegenwärtig als vorläufig betrachtet werden, da die laufende Forschung nur sehr geringe Geschlechtsunterschiede in der Immunfunktion im frühen Säuglingsalter identifiziert hat und es unklar bleibt, inwieweit die wenigen beobachteten Geschlechtsunterschiede den Mädchen oder den Jungen zugute kommen oder keinen signifikanten Effekt auf die Infektionsmortalität in der Säuglingszeit haben.

Tabelle 1 fasst die Befunde zu den Geschlechtsunterschieden in Menge und Funktion verschiedener Komponenten des Immunsystems bei Säuglingen und Kindern zusammen. Bei Kindern ändern sich die Geschlechtsunterschiede entsprechend der jeweils betrachteten Immunkomponente. Anscheinend induziert die Rötelnimpfung und die Infektion mit dem Epstein-Barr-Virus bei Mädchen höhere Antikörper-Spiegel. Sie haben zudem einen höheren Immunoglobulin IgM-Spiegel. Die Jungen können hingegen eine stärkere Reaktion in einem Reaktionstest der Immunzellen zeigen und für viele Komponenten, die an der Abwehr von Infektionskrankheiten beteiligt sind, wurden keine Geschlechtsunterschiede gefunden. Diese Verallgemeinerungen werden durch Befunde sowohl aus entwickelten Ländern als auch aus Entwicklungsländern gestützt (Biggar et al. 1981; Kafuko et al. 1972; Rowe et al. 1968; Lau et al. 1992; Leon et al. 1993).

Der am besten belegte Geschlechtsunterschied in der Immunfunktion liegt in der größeren Menge der als IgM bezeichneten Antikörper bei Mädchen im Vergleich zu Jungen. Im frühen Säuglingsalter wird dieser Geschlechtsunterschied im IgM-Spiegel nicht beobachtet, er beginnt in der zweiten Hälfte der Säuglingszeit

---

3 Die höhere Schätzung wurde auf der Basis der Raten von Immunschwächen bei männlichen und weiblichen Kindern in Schweden berechnet und beruht auf vollständigen Angaben einschließlich relativ milder Immunschwächen (Fasth 1982). Die niedrigere Schätzung wurde auf der Basis ähnlicher, aber weniger vollständiger Angaben für Japan berechnet (Hayakawa et al. 1981). Die Addition der Raten für verschiedene, an das X-Chromosom gebundene Immunschwächeerkrankungen legt ebenfalls Schätzungen in dieser Größenordnung für verschiedene entwickelte Länder nahe (Conley 1992; OMIM-TM 1994).

4 Für das schwedische Sample immunschwacher Kinder betrug die Mortalität aufgrund einer Infektionserkrankung ungefähr 15 %. Diese Schätzung basiert auf einem Follow-up-Zeitraum mit einer begrenzten Dauer in einem Land mit einer relativ niedrigen Gefährdung gegenüber Infektionskrankheiten und sehr guter medizinischer Versorgung (Fasth 1982). Eine sehr viel höhere Mortalität wurde in historischen und zeitgenössischen Angaben für verschiedene an das X-Chromosom gebundene Immunschwächen gefunden, und zwar bis zu 90 und 100 % im Alter von fünf Jahren (OMIM-TM 1994, Perry et al. 1980).

Tabelle 1: Zusammenfassung der Angaben über die Geschlechterdifferenz in Immunkomponenten bei Säuglingen und Kleinkindern im Alter bis zu zehn Jahren.

Immunglobulin (Antikörper)	Zusammenfassung	Quelle
IgA, IgD	Keine signifkante Geschlechterdifferenz bei Säuglingen und Kleinkindern.	Berg/Johansson 1969 Butterworth et al. 1967 Lau et al. 1992 Rowe et al. 1968 Stoop et al. 1969 Wiedermann/Wiedermannova 1981
IgE	Jungen haben eine größere Menge im Nabelschnurblut, aber keine signifkante Geschlechterdifferenz bei Kleinkindern.	Berg/Johansson 1969 Kimpen et al. 1989
IgG	Die Geschlechterdifferenz ist klein und inkonsistent, aber bei Mädchen möglicherweise in der Säuglingszeit leicht höher als bei Jungen.	Berg/Johansson 1969 Butterworth et al. 1967 Lau et al. 1992 Rowe et al. 1968 Stoop et al. 1969 Wiedermann/Wiedermannova 1981
IgM	Anscheinend keine Geschlechterdifferenz in der ersten Hälfte des Säuglingsalters, danach bei Mädchen höher als bei Jungen.	Butterworth et al. 1967 Lau et al. 1992
Antikörper gegen Röteln als Reaktion auf eine Röteln-Impfung	Mädchen höher als Jungen.	Michaels/Rogers 1971 Spencer et al. 1977
Antikörper gegen Epstein-Barr-Virus	Mädchen höher als Jungen.	Biggar et al. 1981 Kafuko et al. 1972
Immunsystemzellen	Unterschiedliche Geschlechterdifferenzen bei *Kleinkindern* annähernd zwei Jahre nach der Masernschutzimpfung; Mädchen haben eine größere Menge an Helfer-T-Zellen als Jungen nach einer Masernschutzimpfung mit niedrigem Titer, nicht aber nach Impfungen mit hohem Titer; in einem Test zeigten die Immunzellen der Jungen eine stärkere Reaktion als die Immunzellen der Mädchen; Hauttests zur verzögerten Hypersensitivitätsreaktion zeigten keine signifkante Geschlechterdifferenz.	Leon et al. 1993
	Bei *Neugeborenen* möglicherweise eine Geschlechterdifferenz in der Verteilung der verschiedenen Typen, es ist aber unklar, inwieweit das männliche oder das weibliche Muster eine optimale Resistenz gegen Infektionen widerspiegelt.	Komlos et al. 1989

oder im zweiten Lebensjahr. Das Ausmaß der Geschlechtsunterschiede ist klein, wenn man ihn mit den beträchtlichen Schwankungen innerhalb der beiden Geschlechter vergleicht, und es bleibt unklar, ob dieser bescheidene Unterschied in der IgM-Menge einen signifikanten Effekt auf den Widerstand gegen Infektionen hat (Berg/Johansson 1969; Lau et al. 1992; Rowe et al. 1968; Wiedermann/Wiedermannova 1981). Es ist sehr wahrscheinlich, dass der Geschlechtsunterschied in der IgM-Menge auf inhärente biologische Ursachen zurückgeht, da er durchgehend in vielen unterschiedlichen Bevölkerungen beobachtet wird und es anscheinend keine einleuchtende Erklärung durch Umweltfaktoren gibt. Die biologischen Mechanismen sind zurzeit jedoch unklar.

Frühere Forschungen hatten nahe gelegt, dass das X-Chromosom über ein oder mehrere Gene verfügt, die die IgM-Produktion steigern und dass diese Gene bei Frauen auf beiden X-Chromosomen aktiv seien, bei Männern aber nur auf dem einen X-Chromosom, woraus sich der höhere IgM-Spiegel der Frauen ergebe (Waldron 1983). Diese Hypothese wird aber von neueren genetischen Befunden nicht gestützt (Conley 1994; McGue et al. 1990).[5]

Eine weitere mögliche Ursache für die geringere Menge an IgM in der männlichen Bevölkerung liegt in der hemmenden Wirkung des Testosterons auf die Immunfunktion (Schurrs/Verheul 1990). Die Abweichung zwischen den Altersmustern der Testosteronproduktion und den Geschlechtsunterschieden in der IgM-Menge sprechen wohl gegen diese Hypothese. Jungen haben einen relativ hohen Testosteronspiegel während ihrer fetalen Entwicklung und in den ersten Lebensmonaten, aber es scheint keinen signifikanten Geschlechtsunterschied in der IgM-Menge in dieser Zeitspanne zu geben (Butterworth et al. 1967; Corbier et al. 1992; Lau et al. 1992; Meites 1989; Winter et al. 1976; Winter et al. 1981). Jungen haben dagegen ab der zweiten Hälfte des Säuglingsalters oder dem zweiten Jahr einen niedrigeren IgM-Spiegel als Mädchen, aber in diesem Alter gibt es keinen signifikanten Geschlechtsunterschied im Testosteronspiegel. Die biologische Grundlage für Geschlechtsunterschiede in der IgM-Menge bleibt somit unklar.

Ein zusätzlicher interessanter Punkt liegt darin, dass die Geschlechtsunterschiede in der Immunfunktion sich in Abhängigkeit von den Umwelteinflüssen ändern können. Ein Beispiel betrifft die Masernimpfung. Anscheinend sind Mädchen durch Masernimpfung mit hoher Antigenmenge relativ benachteiligt: Eine bessere Immunantwort wird bei Mädchen nach Masernimpfung mit niedriger Antigenmenge beobachtet. Dieser Vorteil fehlt nach Masernimpfung mit hoher Antigenmenge (Leon et al. 1993). In Bevölkerungen mit hoher Mortalität ist die Überlebenswahrscheinlichkeit von Mädchen mehrere Jahre nach einer Masernimpfung mit niedriger Antigenmenge im Vergleich zu Jungen besser, Umgekehrtes gilt nach einer Masernimpfung mit hoher Antigenmenge (Aaby et al. 1994; Holt et al. 1993). Diese Ergebnisse lassen vermuten, dass die Geschlechtsunterschiede in der Immunfunktion und in der Infektionsmortalität durch das komplexe Zusammenspiel zwischen inhärenten biologischen Geschlechtsunterschieden und Umweltfaktoren, wie dem Kontakt mit Masernviren, beeinflusst sein kann. Zukünftig wird es interessant sein zu überprüfen, ob die Geschlechtsunterschiede in der Immunfunktion durch zusätzliche Umwelteinflüsse wie zum Beispiel die Ernährung beeinflusst werden.

Abschließend lässt sich festhalten, dass biologische Faktoren zu der größeren Schutzlosigkeit der männlichen Säuglinge und Kinder gegenüber der Mortalität an Infektionskrankheiten beitragen können, obwohl die Befunde unvollständig und inkonsistent sind. In der Gruppe der Säuglinge ist die Sterblichkeit der Jungen an Infektionskrankheiten in den meisten Bevölkerungsgruppen höher. Die Konsistenz dieses Geschlechtsunterschiedes lässt vermuten, dass er auf einen inhärenten Geschlechtsunterschied in

---

5 Eine der an das X-Chromosom gebundenen Immunschwächen vermindert die IgM-Menge, ohne die Menge mehrerer anderer Immunoglobulinklassen zu vermindern. Dieser Faktor ist wahrscheinlich nicht für die Geschlechtsunterschiede hinsichtlich der IgM-Menge in der allgemeinen Bevölkerung verantwortlich, weil dieser genetische Defekt selten ist (wahrscheinlich weniger als 5 Fälle auf 100 000 lebendgeborene Jungen; Conley 1992; Fasth 1982; Perry et al. 1980).

der Immunfunktion zurückzuführen ist. Die an das X-Chromosom gebundenen Immuninsuffizienzen tragen zu der größeren Anfälligkeit für Infektionskrankheiten bei manchen Jungen bei, doch sind diese Krankheiten selten und scheinen nur einen geringen oder mäßigen Beitrag zu den Geschlechtsunterschieden in der Mortalität an Infektionskrankheiten zu leisten. Jungen haben vor der Geburt und in den ersten Lebensmonaten einen höheren Testosteronspiegel, und das Testosteron übt verschiedene hemmende Wirkungen auf das Immunsystem aus. Die Forschung hat jedoch keine spezifischen Komponenten des Immunsystems identifizieren können, die eine männliche Benachteiligung im frühen Säuglingsalter aufweisen. Nach dem frühen Säuglingsalter haben Jungen tatsächlich einen geringeren IgM-Spiegel. Die biologische Grundlage für diesen Geschlechtsunterschied ist jedoch unklar und es ist nicht bekannt, welche Wirkung der relativ bescheidene Geschlechtsunterschied im IgM-Spiegel auf die Empfindlichkeit gegenüber Infektionskrankheiten hat. Für viele Komponenten des Immunsystems wurde kein Geschlechtsunterschied beobachtet, und in einigen Fällen ändern sich die Geschlechtsunterschiede mit den jeweiligen Umständen. Zusammenfassend kann man sagen, dass die Befunde nahe legen, dass Jungen gegenüber Infektionen schlechter geschützt sind; die Forschung hat bislang aber die spezifische biologische Grundlage noch nicht identifiziert.

6. Unfälle und andere Gewalteinwirkungen

In den meisten Ländern ist die Sterblichkeit der Männer aufgrund von Unfällen und anderen Gewalteinwirkungen höher, und zwar in allen Altersgruppen einschließlich des Säuglingsalters und der frühen Kindheit (Taket 1986; Waldron 1987). Im Kindesalter ist die höhere Mortalität aufgrund von Unfällen und anderen Gewalteinwirkungen häufig die wichtigste Ursache für die höhere Gesamtmortalität der Jungen, insbesondere in Ländern mit einer relativ niedrigen Infektionsmortalität (Gomez 1993; Waldron 1987).

Der vorliegende Abschnitt konzentriert sich auf die Mortalität durch Unfälle, die größte Kategorie innerhalb dieser Gruppe von Todesursachen. Die Angaben zu den verschiedenen Unfallarten belegen, dass die Jungen in fast allen Ländern bei den meisten Unfallarten eine höhere Sterblichkeit aufweisen (Taket 1986). Die Zahlen aus 18 Entwicklungsländern mit mittlerem Einkommen ergeben zum Beispiel die folgenden geschlechtsabhängigen Mortalitätsraten (Verhältnis von männlichen zu weiblichen Todesfällen): 1,86 tödliche Stürze, 1,48 Todesfälle durch Ertrinken, 1,43 Vergiftungen, 1,34 Verkehrsunfälle, 1,14 Verbrennungen und 1,34 Unfälle insgesamt (berechnet auf der Basis der Angaben in Taket 1986).[6]

Anscheinend erleiden Jungen häufiger Verletzungen als Mädchen, weil Jungen körperlich aktiver sind und häufiger gefährliche körperliche Aktivitäten zeigen. Diese Unterschiede im Verhalten treten in unterschiedlichen geografischen Regionen auf (Eaton/Enns 1986; Matheny/Fisher 1984; Okasha et al. 1976; Rosen/Peterson 1990). Die Jungen sind im Durchschnitt stärker an Balgereien beteiligt, körperlich aggressiver und toben sich häufiger aus. Diese Verhaltensweisen sind mit höheren Verletzungsrisiken verbunden (Matheny/Fisher 1984; Okasha et al. 1976; Rosen/Peterson 1990; Whitting/Edwards 1973).

Die sozialen Geschlechtsunterschiede im Aktivitätsniveau können teilweise eine biologische Grundlage haben. Genauer gesagt lassen Untersuchungen mit Menschen und Menschenaffen vermuten, dass der höhere pränatale Testosteronspiegel bei Jungen mit Körperaktivität auf hohem Energieniveau und körperlicher Aggressivität einhergeht (Goy et al. 1988; Hines 1982; Hines/Kaufmann 1994; Reinisch et al. 1991). Andere Untersuchungen haben allerdings keinen Beleg für diese Wirkung nachweisen können, und die methodologischen Schwierigkeiten nötigen zur Vorsicht bei der Interpretation der Befunde aus Humanstudien (Hines 1982; Hines/Kaufmann 1994; Waldron 1983). Ergänzende Befunde stammen aus Untersuchungen

---

6 Bei Kleinkindern haben in diesen Ländern die Jungen trotz ihrer höheren Mortalität aufgrund von Unfällen eine etwas niedrigere Gesamtmortalität als die Mädchen (Geschlechtsverhältnis 0,95; Taket 1986).

des Aktivitätsniveaus menschlicher Föten während des letzten Drittels der Schwangerschaft. Diese Untersuchungen lassen vermuten, dass der männliche Fötus im Durchschnitt aktiver als der weibliche ist und dass der Unterschied auf der Wirkung der männlichen Hormone beruht (Eaton/Enns 1986).

Anscheinend wird die biologische Prädisposition zum höheren männlichen Aktivitätsniveau und zur Risikobereitschaft durch weit verbreitete Unterschiede in der Sozialisation von Mädchen und Jungen verstärkt. Sowohl die Befunde aus den entwickelten Ländern als auch aus den Entwicklungsländern belegen, dass Jungen einer geringeren Kontrolle durch Erwachsene unterliegen, zum Teil weil sie mehr Zeit außer Haus verbringen, was wahrscheinlich zu den höheren Raten schwerer Unfälle beiträgt (Rosen/Peterson 1990; Weisner 1979; Whitting/Edwards 1973). In vielen Entwicklungsländern entsteht dieser Unterschied im sozialen Geschlecht teilweise dadurch, dass von Mädchen verlangt wird, Verantwortung für den Haushalt und die Kinderbetreuung in der Nähe des Hauses zu übernehmen. Untersuchungen zu Eltern in entwickelten Ländern deuten an, dass Jungen stärker zu körperlicher Aktivität und zu Abenteuern ermuntert werden als Mädchen (Rosen/Peterson 1990; Waldron 1990). Die jüngsten Ergebnisse lassen somit vermuten, dass die höhere männliche Mortalität durch Unfälle eine Kombination von biologischen Faktoren, den pränatalen Hormonen, Umweltfaktoren und den kulturell beeinflussten Unterschieden in der Sozialisation von Jungen und Mädchen widerspiegelt.

7. Schlussfolgerungen

In den Entwicklungsländern ist die Sterblichkeit der Jungen in der neonatalen Periode durchgängig höher als die der Mädchen. Die Geschlechtsunterschiede in der Mortalität werden in der post-neonatalen Periode variabler, und in der frühen Kindheit liegt die Sterblichkeit der Mädchen über der der Jungen. Dieser Übergang von einer durchgängig männlichen Übersterblichkeit zu stärker veränderlichen Geschlechtsunterschieden in der Mortalität lässt sich auf einen altersspezifischen Wechsel in der Haupttodesursachen, die zur Gesamtmortalität beitragen, zurückführen.

In der neonatalen Periode stellen die perinatalen Komplikationen einen Hauptanteil an der Gesamtmortalität dar, und die männliche Übersterblichkeit aufgrund dieser Komplikationen ist der Hauptgrund, dass Jungen in dieser Zeit eine höhere Gesamtmortalität aufweisen. Jungen haben zudem eine höhere Mortalität aufgrund kongenitaler Anomalien, die einen weiteren, aber bescheidenen Beitrag zur höheren neonatalen Mortalität der Jungen leisten.

In der frühen Kindheit tragen vor allem Infektionskrankheiten und Unfälle zu den Geschlechtsunterschieden in der Mortalität bei. Die Geschlechtsunterschiede in der Infektionsmortalität sind nicht einheitlich; dies ist ein Hauptgrund für die variablen Geschlechtsunterschiede in der Gesamtmortalität in der frühen Kindheit. Jungen sterben dagegen in nahezu allen Ländern häufiger durch Unfälle, was zur höheren Gesamtmortalität der Jungen beiträgt. Dies gilt insbesondere in Ländern mit geringer Mortalität, in denen die Infektionskrankheiten eine unbedeutende Rolle spielen. Für Kleinkinder spiegelt die Variation der Geschlechtsunterschiede in der Gesamtmortalität somit sowohl die sich wandelnden Geschlechtsunterschiede in der Mortalität durch Infektionskrankheiten als auch die Variation im relativen Beitrag der Infektionskrankheiten und Unfälle zur Gesamtmortalität wider.

Innerhalb der Kategorien der perinatalen Komplikationen sowie der Unfälle zeigt sich durchgängig die männliche Benachteiligung bei mehreren spezifischen Todesursachen, in verschiedenen Altersgruppen und bei unterschiedlichen Umweltbedingungen. Innerhalb der Kategorien der kongenitalen Anomalien und der Infektionskrankheiten sind die Geschlechtsunterschiede variabler. Jungen haben für viele Typen kongenitaler Anomalien ein höheres Mortalitätsrisiko als Mädchen, die Mädchen trifft jedoch ein höheres Mortalitätsrisiko aufgrund kongenitaler Anomalien des Zentralnervensystems. Die Geschlechtsunterschiede in der Mortalität an Infektionskrankheiten ändern sich mit dem Alter, den Umweltbedingungen und der jeweiligen Infektionsart. Im Säuglingsalter ist die Sterblichkeit der Jungen für die meisten Infektionskrankheiten höher, während die Geschlechtsunterschiede bei Kleinkindern variabler ausfallen und durch Umweltfaktoren, wie zum Beispiel die Diskriminierung der Mädchen, beeinflusst zu sein scheinen. Bei Masern tendieren die Mädchen zu einer höheren Mortalität als die Jungen. Diese Muster der Geschlechtsunterschiede in der Mortalität lassen vermuten, dass Jungen gegenüber perinatalen Komplikationen, Unfällen, den meisten Arten kongenitaler Anomalien und Infektionskrankheiten in der Säuglingszeit inhärent anfälliger sind. Mädchen sind dagegen anfälliger für kongenitale Anomalien des Zentralnervensystems sowie für Masern.

Die biologischen Faktoren, die zu den Geschlechtsunterschieden in den verschiedenen Todesursachen beitragen, sind verschiedenartig und werden derzeit nur unzureichend verstanden. Die durchgängig höhere männliche Mortalität aufgrund perinataler Komplikationen ist wahrscheinlich einer inhärenten biologischen Benachteiligung geschuldet. Diese können einschließen: das größere Risiko einer Geburt in früheren Schwangerschaftsmonaten, die größere Unreife der männlichen Lungen in einem gegebenen Schwangerschaftsmonat sowie andere Faktoren, die bislang noch nicht identifiziert wurden. Anscheinend sind die biologischen Nachteile der Jungen groß genug, um den einen bekannten männlichen Vorteil, ihr höheres Geburtsgewicht, auszugleichen. Die Ursachen für die Geschlechtsunterschiede bei den angeborenen Geburtsfehlern sind bislang kaum ergründet. Es hat den Anschein, dass sie auf zahlreiche entwicklungsbedingte Unterschiede zurückgehen, von denen einige die Mädchen, andere die Jungen bevorteilen.

Es scheint wahrscheinlich, dass inhärente biologische Geschlechtsunterschiede zu den Geschlechtsunterschieden in der Infektionsmortalität beitragen, obwohl die Befunde begrenzt und inkonsistent sind. Die Immunabwehr der Jungen kann durch an das X-Chromosom gebundene genetische Defekte vermindert werden. Neuere Befunde zeigen allerdings, dass an das X-Chromosom gebundene Immuninsuffizienzen relativ selten sind und somit wahrscheinlich nur einen geringen bis mäßigen Beitrag zu den Geschlechtsunterschieden in der Mortalität an Infektionskrankheiten beitragen. Die Immunfunktion der Jungen kann auch durch den Einfluss des Testosterons in der pränatalen Periode und im frühen Säuglingsalter gehemmt werden. Es ist allerdings unklar, wenn überhaupt, dann welche Komponenten des Immunsystems einen männlichen Nachteil im frühen Säuglingsalter belegen. Im Kleinkindalter produzieren die Mädchen eine größere Menge verschiedener Komponenten des Immunsystems, aber für viele Komponenten lassen sich keine Geschlechtsunterschiede belegen. Zudem weisen Jungen bei der Antwortreaktion der Immunzellen einen Vorteil auf. Die Geschlechtsunterschiede in der Immunfunktion können sich auch in Abhängigkeit von Umwelteinflüssen ändern. Die Bilanz der Befunde lässt somit vermuten, dass die Jungen einen inhärenten Nachteil im Widerstand gegen Infektionserkrankungen haben, dass aber weitere Studien erforderlich sind, um den Umfang und die Natur der männlichen Benachteiligung in verschiedenen Altersgruppen und unter unterschiedlichen Umweltbedingungen zu überprüfen.

Was die Unfälle angeht, lässt die neuere Forschung vermuten, dass die pränatale Wirkung des höheren Testosteronspiegels auf das männliche Gehirn die Jungen zu einem höheren Aktivitätsniveau und anderen Verhaltensweisen prädisponieren kann, die zu einer höheren Mortalität durch Unfälle beitragen können. Jeder Beitrag der Hormone zu den Geschlechtsunterschieden im Verhalten scheint in den meisten Kulturen durch Geschlechtsunterschiede in der Sozialisation verstärkt zu werden.

Die in diesem Kapitel vorgestellten Befunde unterstreichen die Verschiedenartigkeit und Komplexität der biologischen Wirkungen auf die Geschlechtsunterschiede in der Säuglings- und Kindersterblichkeit. Statt einer generellen männlichen Verletzlichkeit, wie manche Autorinnen und Autoren sie annehmen, sind vielfältige biologische Geschlechtsunterschiede feststellbar, die unterschiedliche Wirkungen auf die Geschlechtsunterschiede in der Mortalität haben. Viele dieser biologischen Geschlechtsunterschiede tragen zu einem höheren männlichen Mortalitätsrisiko bei, andere aber führen zu höheren Risiken für die Mädchen.

Obwohl sich das Kapitel in erster Linie mit biologischen Faktoren beschäftigt hat, ist es wichtig darauf hinzuweisen, dass der Beitrag der Umweltfaktoren zu den Geschlechtsunterschieden in der Mortalität ebenfalls variabel ausfällt. Die Diskriminierung der Mädchen kann zum Beispiel ihr Mortalitätsrisiko steigern, aber manche der den Jungen vorbehaltenen Vorteile oder Privilegien können deren Mortalitätsrisiko anheben. So kann die größere Freiheit beim Spielen das Risiko der Jungen gegenüber Darminfektionen oder Unfällen erhöhen.

Geht man von der oben erwähnten Komplexität aus, dann kann man weder annehmen, dass die höhere männliche Mortalität notwendigerweise durch eine inhärente männliche Verletzlichkeit verursacht ist, noch dass die höhere weibliche Sterblichkeit notwendigerweise auf die umweltbedingte Benachteiligung der Mädchen zurückzuführen ist. Die verfügbaren Befunde lassen vermuten, dass Jungen eine größere inhärente Schutzlosigkeit gegen die perinatale Sterblichkeit und gegenüber der Gesamtmortalität in der neonatalen Periode haben; die Annahme aber, dass Jungen einen allumfassenden inhärenten Nachteil haben, trifft für einige kongenitale Anomalien nicht zu, und sie ist für die Infektionskrankheiten und die Gesamtmortalität in der frühen Kindheit wenig valide. Ein angemessenes Verständnis der Ursachen für die Geschlechtsunterschiede in der Mortalität kann somit nicht auf allgemeine Annahmen über eine inhärente männliche Verletzlichkeit oder umweltbedingte Nachteile als Grund für die höhere weibliche Mortalität gegründet werden. Stattdessen ist es wichtig, die spezifischen biologischen und umweltbedingten Faktoren, die zu den Geschlechtsunterschieden in der Mortalität beitragen, weiter zu erforschen und zu analysieren, wie die einzelnen Kausalfaktoren zusammenspielen und sich in ihrer Bedeutsamkeit unter verschiedenen Umständen ändern.

In früheren Untersuchungen, die Daten zu weiteren Altersgruppen sowie historische und zeitgenössische Angaben für entwickelte Länder und Entwicklungsländer berücksichtigt haben, ist man zu ähnlichen Schlussfolgerungen gekommen (Johansson 1991; Preston 1976; Waldron 1983, 1987). Diese Analysen stützen die Konsequenz, dass die Geschlechtsunterschiede in der Mortalität durch die Wechselwirkung einer Reihe biologischer und soziokultureller Faktoren beeinflusst werden und dass das relative Gewicht der spezifischen biologischen bzw. soziokulturellen Faktoren vom Alter, von der Todesursache und den Umweltbedingungen abhängt.

Literatur

Aaby, P. (1993). «Are men weaker or do their sisters talk too much (II)». Vortrag auf einer Tagung der International Union for the Scientific Study of Population zum Theme «New approaches to anthropological demography» in Barcelona vom 10.–13. November 1993.

Aaby, P., Samb, B., Simondon, F., Knudsen, K., Seck, A.M., Bennett, J., Markowitz, L., Rhodes P., Whittle H. (1994). «Sex-specific differences in mortality after high-titre measles immunization in rural Senegal». *Bulletin of the World Health Organization*, 72, S. 761–770.

Alemu, W. (1993). «Neonatal tetanus mortality survey, North and South Omo administrative regions, Ethiopia». *Ethiopian Medical Journal*, 31, S. 99–107.

Arnold, F. (1992). «Sex preference and its demographic and health implications». *International Family Planning Perspectives*, 18, S. 93–101.

Berg, T., Johansson, S. G. O. (1969). «Immunoglobulin levels during childhood, with special regard to IgE». *Acta Pediatrica Scandinavia*, 58, S. 513–524.

Bhatia, S. (1989). «Patterns and causes of neonatal and postneonatal mortality in rural Bangladesh». *Studies in Family Planning*, 20, S. 136–146.

Bhuiya, A., Wojtyniak, B., D'Souza, S., Nahar, L., Shaikh, K. (1987). «Measles case fatality among the underfives. A multi-variate analysis of risk factors in a rural area of Bangladesh». *Social Science and Medicine*, 24, S. 439–443.

Biggar, R. J., Gardiner, C., Lennette, E. T., Collins, W. E., Nkrumah, F. K., Henle, W. (1981). «Malaria, sex, and place of residence as factors in antibody response to Epstein-Barr virus in Ghana, West Africa». *The Lancet*, 18. Juli 1981, S. 115–118.

Bry, K., Lappalainen, U., Waffarn, F., Teramo, K., Hallman, M. (1994). «Influence of fetal gender on the concentration of Interleukin-1 receptor antagonist in amniotic fluid and newborn utrine». *Pediatric Research*, 35, S. 130–134.

Butterworth, M., McClellan, B., Allansmith, M. (1967). «Influence of sex on immunoglobin levels». *Nature*, 214, S. 1224–1225.

Catlin, E. A., Powell, S. M., Manganaro, T. F., Hudson, P. L., Ragin, R. C., Epstein, J., Donahoe, P. K. (1990). «Sex-specific fetal lung development and

Mullerian Inhibiting Substance». *American Review of Respiratory Diseases*, 141, S. 466–470.

Conley, M. E. (1992). «Molecular approaches to analysis of X-linked immunodeficiencies». *Annual Review of Immunology*, 10, S. 215–238.

Conley, M. E. (1994). persönliche Mitteilung, 12.4.1994.

Corbier, P., Edwards, D. A., Roffi, J. (1992). «The neonatal testosterone surge. A comparative study». *Archives internationale de physiologie, de biochemie et de biophysique*, 100, S. 127–131.

Cunningham-Rundles, S. (Hrsg.) (1993). *Nutrient Modulation of the Immune Response*. New York.

Diame, E.-H. M., N'Diaye, S., Airey, P. (1990). «Diarrhoeal morbidity amoung young children. Findings from the Demographic and Health Survey of Senegal, 1986». Demographic and Health Surveys Further Analysis Series, Nr. 10. In: Hill, A. G. (Hrsg.). *Determinants of Health and Mortality in Africa*. Columbia, Md.

Eaton, W. O., Enns, L. R. (1986). «Sex differences in human motor activity level». *Psychological Bulletin*, 100, S. 19–28.

El Samani, F. Z., Willett, W. C., Ware, J. H. (1989). «Predicators of simple diarrhoea in children under 5 years. A Study of a Sudanese rural community». *Social Science and Medicine*, 29, S. 1065–1070.

Elwood, M., Little, J. (1992). «Distribution by sex». In: Elwood, J. M., Little, J., Harold-Elwood, J. (Hrsg.). *Epidemiology and Control of Neutral Tube Defects. Monographs in Epidemiology and Biostatistics*, Bd. 20. Oxford.

Emery, A.H. (1987). *Duchenne Muscular Dystrophy*. Oxford.

Fargues, P., Nassour, O. (1988). «Douze ans de mortalité urbaine au Sahel-niveaux, tendances, saisons et causes de mortalité à Bamako 1974–1985». Institut national d'études démographiques/Institut du Sahel. *Travaux et documents*, 123. Paris.

Fasth, A. (1982). «Primary immunodeficiency disorders in Sweden. Cases among children, 1974–1979». *Journal of Clinical Immunology*, 2, S. 86–92.

Fauveau, V., Koenig, M. A., Wojtyniak, B. (1991). «Excess female deaths among rural Bangladeshi children. An examination of cause-specific mortality and morbidity». *International Journal of Epidemiology*, 20, S. 729–735.

Forest, M. G., de Peredetti, E., Bertrand, J. (1977). «Plasma androgens in infancy». In: James, V. H. T. (Hrsg.). *Endocrinology. Proceedings of the Fifth International Congress of Endocrinology, 1976. Excerpta Medica*. Amsterdam.

Garenne, M. (1994). «Sex differences in measles mortality. A world review». *International Journal of Epidemiology*, 23, S. 632–642.

Gerard, J. W., Dalgleish, R., Tan, L. K.-T. (1977). «Immunoglobulin levels in white and metis communities in Sasketchewan». *Clinical and Experimental Immunology*, 29, S. 447–456.

Golding, J. (1991). «The epidemiology of perinatal death». In: Kiely, M. (Hrsg.). *Reproductive and Perinatal Epidemiology*. Boca Raton, Fla.

Gomez, E. G. (1993). «Sex discrimination and excess female mortality in childhood». In: Gomez, E. G. (Hrsg.). *Gender, Women, and Health*. Washington, DC.

Goy, R. W., Bercovitch, F. B., McBrair, M. C. (1988). «Behavioral masculinization is independent of genital masculinization in prenatally androgenized female rhesus macaques». *Hormones and Behavior*, 22, S. 552–571.

Greenwood, B. M., Whittle, H. C. (1981). *Immunology of Medicine in the Tropics*. London.

Hall, J.G. (1986). «Neural tube defects, sex ratios and X inactivation». *The Lancet*, 6. Dezember 1986, S. 1334–1335.

Hall, M. H., Carr-Hill, R. (1982). «Impact of sex ratio on onset and management of labor». *British Medical Journal*, 285, S. 401–403.

Hayakawa, H., Iwata, T., Yata, J., Kobayashi, N. (1981). «Primary immunodeficiency syndrom in Japan. I. Overview of a nationwide survey on primary immunodeficiency syndrome». *Journal of Clinical Immunology*, 1, S. 31–39.

Hines, M. (1982). «Prenatal gonadal hormones and sex differences in human behavior». *Psychological Bulletin*, 92, S. 56–80.

Hines, M., Kaufman, F. R. (1994). «Androgen and the development of human sex-typical behavior». *Child Development*, 65, S. 1042–1053.

Holt, E. A., Moulton, L. H., Siberry, G. K., Halsey, N. A. (1993). «Differential mortality by measles vaccine titer and sex». *Journal of Infectious Diseases*, 168, S. 1087–1096.

Japan, Ministry of Health and Welfare (1992). *Vital Statistics, 1990: Japan*. Tokio.

Johansson, S. R. (1991). «Welfare, mortality and gender. Continuity and change in explanations for male/female mortality differences over three centuries». *Continuity and Change*, 6, S. 135–177.

Jones, P. K. und Ratnoff, O. D. (1991). «The changing prognosis of classic hemophilia (Factor VIII ‹deficiency›)». *Annals of Internal Medicine*, 114, S. 641–648.

Kafuko, G. W., Henderson, B. E., Kirya, B. G., Munube, G. M., Tukei, P. M., Day, N. E., Henle, G., Henle, W., Morrow, R. H., Pike, M. C., Smith, P. G., Williams, E. H. (1972). «Epstein-Barr virus antibody levels in children from the West Nile district of Uganda». *The Lancet*, 1. April 1972, S. 706–709.

Kam, M. N., Penrose, L. S. (1951). «Birthweight and gestation times in relation to maternal age, parity

and infant survival». *Annals of Eugenics*, 16, S. 147–164.
Khoury, M. J., Marks, J. S., McCarthy, B. J., Zaro, S. M. (1985). «Factors affecting the sex differential in neonatal mortality. The role of respiratory distress syndrome». *American Journal of Obstetrics and Gynecology*, 151, S. 777–782.
Kimpen, J., Callaert, H., Embrechts, P., Bosmans, E. (1989). «Influence of sex and gestational age on cord blood IgE». *Acta Pediatrica Scandinavia*, 78, S. 233–238.
Kirkwood, B. R. (1991). «Diarrhea». In: Feachem, R. G., Jamison, D. T. (Hrsg.). *Disease and Mortality in Sub-Saharan Africa*. Oxford.
Komlos, L., Landmann, J., Notmann, J., Aloni, D., Dulitzky, F., Goldman, J., Halbrecht, I. (1989). «Lymphocyte subpopulations in mother and newborn. Correlation with sex of the newborn and number of pregnancies». *Gynecologic and Obstetric Investigation*, 27, S. 143–147.
Kramer, M. S. (1987). «Determinants of low birth weight. Methodological assessment and meta-analysis». *Bulletin of the World Health Organization*, 65, S. 663–737.
Lau, Y. L., Jones, B. M., Yeung, C. Y. (1992). «Biphasic rise of serum immunoglobulins G and A and sex influence on serum immunoglobulin M in normal children». *Journal of Pediatric and Child Health*, 28, S. 240–243.
Leon, M. E., Ward, B., Kanashiro, R., Hernandez, H., Berry, S., Vaisberg, A., Escamilla, J., Campos, M., Bellomo, S., Azabache, V. et al. (1993). «Immunologic parameters 2 years after high titre measles immunization in Peruvian children». *Journal of Infectious Diseases*, 168, S. 1097–1104.
Leroy, O., Garenne, M. (1989). «La mortalité par tetanos néonatal. La situation à Niakhar au Senegal». In: Pison, G., van de Walle, E., Sala-Diakanda, M. (Hrsg.). *Mortalité et société en Afrique. Institut national d'études démographique. Travaux et documents*, 124. Paris.
MacGillivray, I., Davey, D. A. (1985). «The influence of fetal sex on rupture of the membranes and preterm labour». *American Journal of Obstetrics and Gynecology*, 153, S. 814–815.
Makinson, C. (1994). «Discrimination against the female child». *International Journal of Gynecology, and Obstetrics*, 46, S. 119.
Matheny, A. P., Fisher, J. E. (1984). «Behavioural perspectives on children's accidents». *Advances in Developmental and Behavioral Pediatrics*, 5, S. 221–264.
McDivitt, J. A., Hornik, R. C., Carr, C. D. (1994). «Quality of home use of oral rehydration solutions. Results from seven Healthcom sites». *Social Science and Medicine*, 38, S. 1221–1234.
McGregor, J. A., Leff, M., Orleans, M., Baron, A. (1992). «Foetal gender differences in preterm birth. Findings in a North American cohort». *American Journal of Perinatology*, 9, S. 43–48.
McGue, M., Borecki, I. B., Gerrard, J. W., Rao, D. C. (1990). «Sex-linked determinants for IgM?» *Human Heredity*, 40, S. 231–234.
Meites, S. (Hrsg.) (1989). *Pediatric Clinical Chemistry*. Washington, DC.
Michaels, R. H., Rogers, K. D. (1971). «A sex difference in immunologic responsiveness». *Pediatrics*, 47, S.120–123.
Mock, N. B., Sellers, T. A., Abdoh, A. A., Franklin, R. R. (1993). «Socio-economic, environmental, demographic and behavioural factors associated with occurence of diarrhea in young children in the Republic of Congo». *Social Science and Medicine*, 36 (6), S. 807–816.
Moore, C. C., Grumbach, M. (1992). «Sex determination and gonado-genesis. A transcription cascade of sex chromosome and autosome genes». *Seminars in Perinatology*, 16, S. 266–278.
Mukoyama, M., Kondo, K., Hizawa, K., Nishitani, H. (1987). «Life spans of Duchenne muscular dystrophy patients in the hospital care programme in Japan». *Journal of Neurological Sciences*, 81, S. 155–158.
Mulder, D. W., Nunn, A. J., Kamali, A., Nakiyingi, J., Wagner, H. U., Kengeya-Kayondo, J. F. (1994). «Two-year HIV-1-associated mortality in a Ugandan rural population». *The Lancet*, 343, S. 1021–1023.
Narain, J. P., Khare, S., Rana, S. R., Banerjee, K. B. (1989). «Epidemic measles in an isolated unvaccinated population, India». *International Journal of Epidemiology*, 18, S. 952–958.
Nielsen, H. C. (1992). «Testosteron regulation of sex differences in fetal lung development». *Proceedings of the Society for Experimental Biology and Medicine*, 199, S. 446–452.
Okasha, A., Bishry, Z., Osman, N. M., Kamel, M. (1976). «A psychosocial study of accidental poisoning in Egyptian children». *British Journal of Psychiatry*, 129, S. 539–543.
Olowe, S. A., Akinkugbe, A. (1978). «Amniotic fluid lecithin/spingomyelin ratio. Comparison between an African and a North American community». *Pediatrics*, 62, S. 38–41.
OMIM-TM (1994). *On-line Mendelian Inheritance in Man*. MIM Numbers 300300, 300400, 301000, 306400, 308230, 308240, 310200, 312060. Baltimore.
Park, C. H., Stewart, W., Khoury, M. J., Mulinare, J. (1992). «Is there etiologic heterogeneity between upper and lower neural tube defects?» *American Journal of Epidemiology*, 136, S. 1493–1501.
Perry, G. S., Spector, B. D., Schuman, L. M., Mandel, J. S., Anderson, V. E., McHugh, R. B., Hanson, M. R.,

Fahlstrom, S. M., Krivit, W., Kersey, J. H. (1980). «The Wiskott-Aldrich syndrome in the United States and Canada». *Journal of Pediatrics*, 97, S. 72–78.

Pilgrim, C., Hutchinson, J. B. (1994). «Developmental regulation of sex differences in the brain. Can the role of gonadal steroids be redefined?» *Neuroscience*, 60, S. 843–855.

Preston, S. H. (1976). *Mortality patterns in National Populations with Special Reference to Recorded Causes of Death.* New York.

Reinisch, J. M., Ziemba-Davis, M., Sanders, S. A. (1991). «Hormonal contributions to sexually dimorphic behavioural development in humans». *Psychoneuroendocrinology*, 16, S. 213–278.

Roach, B., Kim, Y., Jerome, E., Michael, A. F. (1981). «Influence of age and sex on serum complement components in children». *American Journal of Diseases of Children*, 135, S. 918–920.

Rosen, B. N., Peterson, L. (1990). «Gender differences in children's outdoor play injuries. A review and an integration». *Clinical Psychology Review*, 10, S. 187–205.

Rowe, D. S., McGregor, I. A., Smith, S. J., Hall, P., Williams, K. (1968). «Plasma immunoglobulin concentrations in a West African (Gambian) community and in a group of healthy British adults». *Clinical and Experimental Immunology*, 3, S. 63–79.

Ryder, R. W., Nsa, W., Hassig, S. E., Behets, F., Rayfield, M., Ekungola, B., Nelson, A. M., Mulenda, U., Francis, H., Mwandagalirwa, K. et al. (1989). «Perinatal transmission of the human immunodeficiency virus type 1 to infants of seropositive women in Zaire». *New England Journal of Medicine*, 320, S. 1637–1642.

Sankaranarayanan, K. (1991). «Ionizing radiation and genetic risk-I. Epidemiological, population genetic, biochemical and molecular aspects of mendelian diseases». *Mutation Research*, 258, S. 3–49.

Schurrs, A. H. W. M., Verheul, H. A. M. (1990). «Effects of gender and sex steroids on the immune response». *Journal of Steroid Biochemistry and Molecular Biology*, 35, S. 157–172.

Seki, K., Kato, K. (1987). «Increased boy-too-girl ratio in women with pre-term labour beginning with contractions». *American Journal of Obstetrics and Gynecology*, 157, S. 215–216.

Seller, M. J. (1987). «Neural tube defects and sex ratios». *American Journal of Medical Genetics*, 26, S. 699–707.

Shapiro, S., Schlesinger, E. R., Nesbitt jr, R. E. L. (1968). *Infant, Perinatal, Maternal and Childhood Mortality in the United States.* Cambridge, Mass.

Simmons, D., France, J. T., Keelan, J. A., Song, L., Knox, B. S. (1994). «Sex differences in umbilical cord serum levels of inhibin, testosterone, oestradiol, dehydroepiandrosterone sulphate, and sex hormon-binding globulin in human term neonates». *Biology of the Neonate*, 65, S. 287–294.

Spencer, M. J. et al. (1977). «Antibody responses following rubella immunization analysed by HLA and ABO tyoes». *Immunogenetics*, 4, S. 365–372.

Stanfield, P., Galazka, A. (1984). «Neonatal tetanus in the world today». *Bulletin of the World Health Organization*, 62, S. 647–669.

Stoop, J. W. et al. (1969). «Serum immunoglobulin levels in healthy children and adults». *Clinical and Experimental Immunology*, 4, S. 101–112.

Tabutin, D., Willems, M. (1993). «La surmortalité des petites filles dans le sud et notamment en Afrique sub-Saharienne, des années 1970 aux années 1980». Paper für das Réseau interuniversitaire Africain pour le développement et les études de population, Abidjan, 4.–7. August 1993.

Taket, A. (1986). «Accident mortality in children, adolescents and young adults». *World Health Statistics Quarterly*, 39, S. 232–256.

Torday, J. S., Nielsen, H. C. (1987). «The sex difference in foetal lung surfactant production». *Experimental Lung Research*, 12, S. 1–19.

United States Department of Health and Human Services (1991). *Vital Statistics of the United States, 1988. Bd. 2: Mortality.* Hyattsville, Md.: National Center for Health Statistics.

Vallin, J., D'Souza, S., Palloni, A. (Hrsg.) (1990). *Measurement and Analysis of Mortality. New Approaches.* New York.

Van Allen, M. I., Kalousek, D. K., Chernoff, G. F., Juriloff, D., Harris, M., McGillivray, B. C., Yong, S. L., Langlois, S., MacLeod, P. M., Chitayat, D. et al. (1993). «Evidence for multi-site closure of the neural tube in humans». *American Journal of medical Genetics*, 47, S. 723–743.

van Essen, A. J., Busch, H. F., te Meerman, G. J., ten Kate, L. P. (1992). «Birth and population prevalence of Duchenne muscular dystrophy in the Netherlands». *Human Genetics*, 88, S. 258–266.

Waldron, I. (1983). «Sex differences in human mortality. The role of genetic factors». *Social Science and Medicine*, 17, S. 321–333.

Waldron, I. (1987). «Patterns and causes of excess female mortality among children in developing countries». *World Health Statistics Quarterly*, 40, S. 194–210.

Weisner, T. S. (1979). «Some cross-cultural perspectives on becoming female». In: Kopp, C., Kirkpatrick, M. (Hrsg.). *Becoming Female. Perspectives on Development.* New York.

Whitting, B., Edwards, C. P. (1973). «A cross-cultural analysis in the behaviour of children aged three through 11». *The Journal of Social Psychology*, 91, S. 171–188.

Wiedermann, D., Wiedermannova, D. (1981). «The development of three major immunoglobulin serum levels in healthy children between 2 and 16 years of age with regard to sex». *Physiologica Bohemoslovaca*, 30, S. 315–322.

Winter, J. S. D., Faiman, C., Reyes, F. (1981). «Sexual endocrinology of fetal and perinatal life». In: Austin, C. R., Edwards, R. G. (Hrsg.). *Mechanisms of Sex Differentiation in Animals and Man*. London.

Winter, J. S., Hughes I. A., Reyes F. I., Faiman C. D. (1976). «Pituitary-gonadal relations in infancy, 2, Patterns of serum gonadal steroid concentrations in man from birth to two years of age». *Journal of Clinical Endocrinology and Metabolism*, 42, S. 679–686.

World Health Organization (1989–1993). *1989–1992 World Health Statistics Annual*. Genf.

Xiao, K. Z., Zhang, Z. Y., Su, Y. M., Liu, F. Q., Yan, Z. Z., Jiang, Z. Q., Zhou, S. F., He, W. G., Wang, B. Y., Jiang, H. P. et al. (1990). «Central nervous system congenital malformations, especially neural tube defects, in 29 provinces, metropolitan cities and autonomous regions of china. Chinese birth defects monitoring programme». *International Journal of Epidemiology*, 19, S. 978–982.

Yadav, B. R., King, W. A., Betteridge, K. J. (1993). «Relationships between the completion of first cleavage and the chromosomal complement, sex and developmental rates of bovine embryos generated in vitro». *Molecular Reproduction and Development*, 36, S. 434–439.

Überarbeitete Fassung des Beitrags «sex differences in infant and early childhood mortality: Major causes of death and possible biological causes». In: United Nations (1998): Too young to die: Genes or gender? New York, S.64–83. (Übersetzung: Axel Flügel)

Gesundheit und Krankheit im Jugendalter

Wolfgang Settertobulte

Als Jugendalter gilt die Lebenszeit, die sich vom Einsetzen der Pubertät bis hin zur gesetzlichen Volljährigkeit mit dem 18. Lebensjahr erstreckt. Dieses Alter ist physisch und psychisch gekennzeichnet durch den Übergang vom Kind- zum Erwachsensein. Dies bedeutet, dass der Körper geschlechtsreif wird, womit Veränderungen in der Gestalt und im Hormonhaushalt verbunden sind. Gleichzeitig entwickelt sich die Persönlichkeit von der des Kindes hin zu einer selbstbestimmten, mit unterschiedlichen Attributen und Einstellungen versehenen Persönlichkeit des jungen Erwachsenen.

Diese Phase, die sich durch ein hohes Maß an körperlicher Widerstands- und Leistungsfähigkeit auszeichnet, gilt für die Gesundheit des weiteren Lebenslaufs als prägend. Schon im Jugendalter finden sich zwischen Mädchen und Jungen zum Teil erhebliche Unterschiede in den Mortalitäts- und Morbiditätsraten sowie im gesundheitsrelevanten Verhalten.

1. Sterblichkeit im Jugendalter

Die Mortalitätsraten für Kinder und Jugendliche im Schulalter sind in Deutschland in den Achtzigerjahren gesunken, in den Neunzigerjahren jedoch nahezu gleich geblieben. Dies zeigen zeitliche Vergleiche anhand der öffentlichen Statistiken (LÖGD 2001; Statistisches Bundesamt 1997). Verglichen mit allen anderen Altersgruppen ist die allgemeine Sterberate bei den 10- bis 14-Jährigen am geringsten. Teilt man die Gruppe der Schulpflichtigen in einzelne Altersgruppen und nach Geschlecht auf, so zeigt sich deutlich, dass das Sterberisiko innerhalb dieser jungen Population nicht gleich verteilt ist. Während für Mädchen und Jungen das Sterberisiko in der Altersgruppe der 5- bis 9-Jährigen etwa gleich hoch ist, zeigt sich für die 15- bis 19-Jährigen eine um etwa das Dreifache erhöhte Rate bei den Jungen. Dieses Verhältnis ist seit den Achtzigerjahren nahezu unverändert. Im Jahr 1999 starben in Nordrhein-Westfalen 18,1 von 100 000 altersgleichen Jungen und 9,9 Mädchen. In der Altersgruppe der 15- bis 20-Jährigen starben 1999 47,3 von 100 000 Jungen und 24,3 von 100 000 Mädchen. Jungen weisen ein höheres Sterberisiko auf als Mädchen (vgl. **Abb. 1**).

Insgesamt sind wenige Krankheitsgruppen unter den Todesursachen für Jugendliche auszumachen. Im Jugendalter ist der Unfalltod die häufigste eindeutige Todesursache. Etwa ein Drittel aller Todesfälle ergibt sich aus den Folgen von Unfällen und Vergiftungen. Dabei sind die Verkehrsunfälle mit 45 % die häufigste Unfallart. Jungen verunglücken dabei wesentlich häufiger als Mädchen. Das Unfallrisiko ist zudem in Ostdeutschland höher als in den so genannten alten Bundesländern. Bei den Unter-14-Jährigen verunglückten 1997 in den alten Bundesländern 4,6 von 100 000, während es in den neuen Bundesländern 8,0 pro 100 000 waren (Statistisches Bundesamt 1997).

Insgesamt ist die Anzahl der durch Unfälle getöteten Kinder und Jugendlichen seit zehn Jahren rückläufig. Waren es zum Beispiel 1987 im Land Nordrhein-Westfalen noch 5,1‰ der Altersgruppe unter 14 Jahren, die aufgrund von

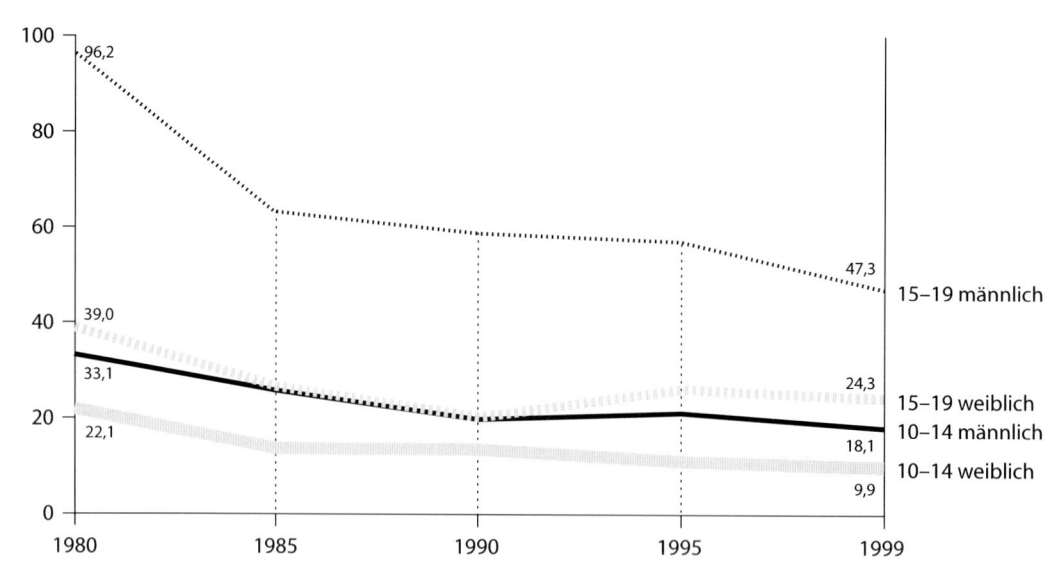

Abbildung 1: Alters- und geschlechtsspezifische Sterblichkeit im Jugendalter je 100 000 Altersgleiche in Nordrhein-Westfalen, 1980–1999 (Quelle: Landesamt für Datenverarbeitung und Statistik Nordrhein-Westfalen).

Unfällen den Tod fanden, so sank diese Rate bis 1998 kontinuierlich auf 3,7‰. Ein Altersvergleich der im Straßenverkehr verunglückten und dabei verletzten oder getöteten Kinder und Jugendlichen zeigt, dass auch hier bestimmte Altersgruppen ein erhöhtes Risiko aufweisen. Im Jahr 1998 wurden 721 Kinder im Alter von 6 Jahren in Verkehrsunfällen geschädigt. Unter den 7-Jährigen waren es 1004. Die Zahl nimmt dann bei den Kindern im weiteren Grundschulalter wieder leicht ab, um dann zum Schulwechsel bei den 11- bis 12-Jährigen auf 1062 Fälle anzusteigen. Für die weiteren Altersgruppen in der Sekundarstufe 1 sind wieder geringere Zahlen zu beobachten, bis dann für die 15- bis 16-Jährigen ein Anstieg auf 1330 Fälle und weiter bei den 16- bis 17-Jährigen sogar 2322 Fälle registriert wurde (LÖGD 2000).

Diese Statistik zeigt, dass das Alter der Einschulung und des Wechsels auf eine weiterführende Schule mit einem erhöhten Risiko im Straßenverkehr einher gehen. Die Einstellung auf einen neuen Schulweg und möglicherweise auf ein neues Verkehrsmittel trägt zu diesem Phänomen bei. Ein drastischer Anstieg des Risikos ergibt sich für diejenigen Jugendlichen, die aufgrund ihres Alters selbstständig am motorisierten Verkehr teilnehmen, indem sie die Fahrerlaubnis für Mofas oder Motorroller erwerben.

An zweiter Stelle der Todesursachen stehen bösartige Neubildungen, an dritter Stelle angeborene Fehlbildungen und an vierter Stelle Krankheiten des Kreislaufsystems. Fälle von Suizid bilden eine weitere große Gruppe der Todesursachen bei Jugendlichen. Bundesweit waren 1998 in der Altersgruppe der 10- bis 14-Jährigen etwa 7,6 % der Todesfälle auf Selbstmord zurückzuführen. In der Gruppe der 15- bis 19-Jährigen waren es sogar ca. 13,6 %. In beiden Altersgruppen werden Suizide deutlich häufiger von Jungen als von Mädchen begangen (Statistisches Bundesamt 1998). Die Zahlen zur Suizidhäufigkeit weisen hohe Dunkelziffern auf, da diese in vielen Fällen aufgrund von Scham und Schuldgefühlen der Angehörigen als Unfälle dargestellt werden. Ebenso sind nach Schätzungen des Bundeskriminalamtes etwa 18 % der Todesfälle durch Drogen als Suizide anzusehen (Bründel 1993).

2. Erkrankungen im Jugendalter

Das allgemeine Krankheitsgeschehen unter Jugendlichen ist im Wesentlichen geprägt durch fünf Gruppen von Erkrankungen. Dies sind erstens die so genannten Kinderkrankheiten, also Infektionen mit Masern, Mumps, Röteln, Windpocken oder Pertussis. Zum Zweiten ist ein wachsender Anteil junger Menschen von chronischen Erkrankungen betroffen, wie etwa atopischer Dermatitis, Asthma bronchiale und den verschiedenen Ausprägungen von Allergien. Ebenso spielen drittens im Jugendalter Unfallverletzungen eine erhebliche Rolle im Krankheitsgeschehen. Zum Vierten sind es verschiedene Befindlichkeitsstörungen, psychosomatische Reaktionen, die sich aus unbewältigtem Stress in der Lebenswelt der Jugendlichen ergeben. Eine fünfte Gruppe stellen psychische Auffälligkeiten und Beeinträchtigungen der seelischen Gesundheit dar.

2.1 Infektionskrankheiten

Die Abschätzung der Häufigkeiten infektiöser und parasitärer Krankheiten in Deutschland fällt relativ schwer, da nur wenige Krankheiten meldepflichtig sind. So liegen Daten über die Verbreitung infektiöser und parasitärer Erkrankungen überwiegend aus Vorsorgeuntersuchungen und regionalen bzw. klinischen Stichproben vor. Die Mortalitätsraten zeigen, dass die meisten lebensbedrohlichen Infektionskrankheiten heute erfolgreich bekämpft werden können. Die Gruppe der Kinderkrankheiten (Masern, Mumps, Röteln und Pertussis) spielt trotz des möglichen Impfschutzes noch eine große Rolle im Jugendalter (Rasch 1992).

2.2 Chronische Krankheiten

Chronische Erkrankungen stellen sich im Jugendalter als zunehmendes Gesundheitsproblem dar. Bei den unter 15-Jährigen ist zwischen 1974 und 1982 von einer Steigerungsrate von etwa 51 % auszugehen. Nach einer Übersicht von Hoepner-Stamos (1995) ist etwa jedes achte Kind und jeder achte Jugendliche von einer chronischen Erkrankung betroffen. Nimmt man die verschiedenen Formen von Allergien hinzu, so steigt diese Rate auf etwa 50 %.

Allergien

Atopische Erkrankungen, vor allem Allergien jeglicher Art, bilden die Hauptgruppe dieser Erkrankungen. Dabei steht Allergie als ein Sammelbegriff für eine Reihe von Krankheitsbildern, die sich durch eine allergische Sensibilisierung gegenüber einem oder mehreren Umweltstoffen auszeichnen. Diese Syndrome zeichnen sich durch so genannte Autoimmunreaktionen aus, bei denen sich das Immunsystem gegen körpereigene oder normalerweise ungiftige Substanzen aus der Umwelt richtet. Die Ursachen für das Auftreten dieser Erkrankungen sind noch nicht eindeutig geklärt: Eine genetische Disposition ist wahrscheinlich, die vermehrte Exposition gegenüber bestimmten isolierten Substanzen in der Umwelt sowie eine Unterforderung des Immunsystems durch Hygiene und Impfungen werden angenommen. Ebenso spielen psychische Faktoren, wie etwa Angst und Stress, eine krankheitsfördernde Rolle. Chronischer Stress, auch wenn er nicht immer massiv als Belastung erfahren wird, führt zu Irritationen in der körperlichen Abwehr. Mehrere dieser Faktoren zusammen, besonders dann, wenn sie über lange Zeit einwirken, führen jedoch mit hoher Wahrscheinlichkeit zur Ausprägung einer atopischen Erkrankung (Hoepner-Stamos 1999). In der epidemiologischen Forschung der letzten Jahre zeigen sich die Prävalenzen für Asthma, Allergien und für die atopische Dermatitis im Kindes- und Jugendalter mit unterschiedlichen Häufigkeiten. Die Unterschiede in den Daten ergeben sich dabei vermutlich zum einen aus den jeweils betrachteten Altersgruppen, der beobachteten Region sowie aus der verwendeten Erhebungsmethode (ärztliche Untersuchungen, Elternbefragung, Selbstangaben) und den dabei angelegten diagnostischen Kriterien. Alle Studien sind sich jedoch in der Einschätzung einig, dass es sich hier um ein zunehmendes Gesundheitsproblem handelt.

Eine Ost-West-Vergleichsstudie, die in den Städten Greifswald und Münster durchgeführt wurde und sich auf ärztliche Untersuchungen an einer repräsentativen Stichprobe von Kindern stützt, konnte 1995 eine 12-Monats-Prävalenz für Heuschnupfen von 14,7 % bei den 12- bis 15-Jährigen ermitteln. Während im Kindesalter Jungen wesentlich häufiger von Allergien betroffen sind, ist die Prävalenz im Jugendalter für Mädchen höher: 15,9 % bei Mädchen und 13,5 % bei Jungen. Der Geschlechtsunterschied in den einzelnen Altersgruppen macht deutlich, dass sich aus einer genetisch bedingten allergischen Sensibilisierung erst im Lebenslauf eine manifeste Allergie ausbildet. Dies ist offenbar bei Mädchen besonders stark kurz vor oder während der Pubertät der Fall. Unter atopischer Dermatitis leiden etwa 7,1 bis 7,3 % der Jugendlichen. Auch hier fand die genannte Studie eine größere Häufigkeit unter den 12- bis 15-jährigen Mädchen: 9,4 % gegenüber 5,1 % bei den Jungen (Duhme et al. 1998).

Asthma bronchiale
Die am häufigsten festgestellte Organveränderung, die sich im definitorischen Grenzbereich zwischen psychosomatischer und chronischer Erkrankung befindet, ist Asthma bronchiale. Diese Erkrankung ist charakterisiert durch eine chronische Entzündung der Atemwege mit variabler Obstruktion, die jedoch spontan oder unter geeigneter Therapie reversibel ist, sowie einer allgemeinen Überempfindlichkeit der Atemwege auf verschiedenste Umweltreize. Das Asthma bronchiale ist in seiner Ätiologie von verschiedenen Faktoren bedingt. Neben einer genetischen Disposition sind es insbesondere Umweltfaktoren, wie z. B. SO_2 in der Atemluft, die das Auftreten der Krankheit begünstigen. Auch psychosoziale und ökonomische Faktoren werden heute im Zusammenhang mit dem Auftreten der Krankheit genannt (Kunkel 1994).

Asthma bronchiale wurde in der bereits genannten Studie aus Münster und Greifswald bei 13,1 % der Jugendlichen gefunden, dabei zeigten sich Jungen häufiger betroffen als Mädchen (Duhme et al. 1998). Verschiedene epidemiologische Studien können zeigen, dass Asthma in seiner Entstehung stark von Umweltfaktoren abhängig ist. So erhöht sich das Risiko für Asthma durch die Anwesenheit eines Haustieres in der Familie, durch schadstoffbelastete Wohnungen und nicht zuletzt durch die permanente Exposition gegenüber Verkehrs-, Heizungs- und Industrieabgasen (Oberfeld/König 1997).

Chronische Bronchitis
Von chronischer Bronchitis spricht man laut WHO-Definition dann, wenn Husten und Auswurf während dreier Monate in zwei aufeinanderfolgenden Jahren auftreten. Ungefähr 9 bis 12 % aller Kinder und Jugendlichen leiden unter obstruktiver Bronchitis (Weber et al. 1990). Die ermittelten Prävalenzraten für chronische Bronchitis schwanken zwischen einzelnen Studien. Das Lebensalter der Patienten ist dabei der größte Erklärungsfaktor für diese Schwankungen. Nolte (1994) berichtet von einer Schwankungsbreite von 5 % bei den Unter-20-Jährigen bis hin zu mehr als 30 % bei den Über-70-Jährigen. Ursachen für diese hohen Prävalenzraten werden in der Luftverunreinigung durch Verkehrs- und Industrieabgase oder in Verunreinigungen der Wohnraumluft gesehen. Studien konnten regionale Zusammenhänge zwischen vermehrter Emission von Luftschadstoffen und vermehrtem Auftreten von chronischer Bronchitis nachweisen. Statistisch gesicherte Ursachenfaktoren für das Auftreten der chronischen Bronchitis ist das Rauchen und die Expositionen gegenüber Reiz- und Umweltschadstoffen (Oberfeld/König 1997).

Epilepsie
Neben den genannten atopischen Erkrankungen gilt die Epilepsie als eine weitere epidemiologisch bedeutsame chronische Erkrankung im Jugendalter. Unter der Bezeichnung Epilepsie werden alle chronisch wiederkehrenden Krampfanfälle zusammengefasst, die vom zentralen Nervensystem ausgehen. In Europa leiden etwa 0,5 bis 1 % aller Menschen an Epilepsie. Der überwiegende Teil dieser Erkrankungen beginnt im Kindes- und Jugendalter vor dem 20. Lebensjahr. 1998 wurden, nach Angaben des Landesamtes für Datenverarbeitung und Statistik in Nordrhein-Westfalen, 6297 Kinder im Alter von 1 bis 14 Jahren in nordrhein-westfälischen Krankenhäusern wegen Epilepsie einmal oder mehrfach stationär behandelt. Das sind etwa 2,5 % aller stationären Krankenhausaufenthalte in dieser Altersgruppe (LÖGD 2000). Sowohl in Schuleingangsuntersuchungen als auch in den Reihenuntersuchungen für Schülerinnen und Schüler des Jahres 1998 wurde in Nordrhein-Westfalen ein Anteil an zerebralen Anfallsleiden

(Epilepsie) von 0,2–0,3 % festgestellt. Bei Jungen war der Anteil leicht erhöht (LÖGD 1999).

Migräne
Aufgrund einer oft unklaren Diagnose ist die epidemiologische Häufigkeit von Migräne im Kindes- und Jugendalter schwer zu bestimmen. Es wird davon ausgegangen, dass die Bedeutung der Migräne im Krankheitsgeschehen dieser Bevölkerungsgruppe oft unterschätzt wird. In einer Studie aus den Jahren 1989–1991 wurden Kopfschmerzen bei Kindern von 9 bis 15 Jahren untersucht. Bei 11 % der registrierten Fälle von wiederkehrenden Kopfschmerzen handelte es sich um Migräne (Von Frankenberg/Pothmann 1995). Insgesamt wird geschätzt, dass etwa 5 % der Kinder und Jugendlichen unter chronisch wiederkehrender Migräne leiden (Hoepner-Stamos 1999).

Diabetes
Die Prävalenz von Diabetes mellitus beträgt unter Kindern und Jugendlichen unter 16 Jahren in der Bundesrepublik ca. 2 bis 2,5‰ (Weber et al. 1990). Die Betroffenen sind durch zahlreiche Aufenthalte in Krankenhäusern, akute Stoffwechselkrisen und durch regelmäßige Insulininjektionen in ihrem alltäglichen Handeln erheblich beeinträchtigt. Darüber hinaus ist der Diabetes, neben einer erheblich verkürzten Lebenserwartung, mit dem Risiko mittel- bzw. langfristig auftretender irreversibler organischer Schädigungen, wie zum Beispiel Nierenschäden, Wachstumsstörungen und Erblindung, verbunden.

Im Jahr 1998 erfolgten ca. 1 % der registrierten stationären Behandlungen von Kindern und Jugendlichen im Alter von 5 bis 14 Jahren wegen eines Diabetes mellitus. Die höchsten Raten von Neuerkrankungen tauchen hier bei Mädchen erst im Alter von 12 bis 13 Jahren und bei Jungen im Alter von 13 bis 15 Jahren auf. Reihenuntersuchungen bei Schülerinnen und Schülern über 11 Jahren aus dem Jahr 1998 ergaben eine Prävalenz von ca. 0,1 % bei Jungen und 0,3 % bei Mädchen (Statistisches Bundesamt 1998; LÖGD 2000).

2.3 Unfallverletzungen

Unfallverletzungen stellen ein besonderes Gesundheitsrisiko im Jugendalter dar. Dabei sind Unfälle im Haushalt und in der Freizeit mit 44 % am häufigsten. An zweiter Stelle stehen Unfälle in der Schule (43 %), von denen der überwiegende Teil Schulsportunfälle sind. Unfälle beim außerschulischen Sport nehmen 7 % des Unfallgeschehens ein, und Verkehrsunfälle haben einen Anteil von lediglich 2,5 % (Kahl 1998). Stürze sind in allen Altersgruppen die häufigste Unfallart. Vergiftungen, Verätzungen, Verbrennungen und Verbrühungen sind dagegen typische Unfallarten in den ersten vier Lebensjahren. Verletzungen durch Werkzeuge und Gegenstände sowie Unfälle mit Tieren nehmen mit dem Lebensalter zu. Zahlen zu den gesundheitlichen Folgen dieser Unfälle sind lediglich aus den Krankenhausdiagnosestatistiken zu erhalten. In diesen stellen Brüche der oberen und unteren Extremitäten, Gehirnerschütterungen, Prellungen, Vergiftungen, Schädelbrüche, offene Wunden und Verbrennungen, in der genannten Reihenfolge, die häufigsten Unfallfolgen dar. Mädchen sind hier mit etwa 40 % vertreten, während Jungen zu 60 % in den Statistiken auftauchen (Statistisches Bundesamt 1997).

2.4 Psychosomatische Beschwerden

Zu den heute typischen Gesundheitsbeeinträchtigungen bei Kindern und Jugendlichen gehören vor allem auch psychosomatische Beschwerden; Beschwerden also, deren Ursachen nicht eindeutig in rein physiologischen Zusammenhängen zu finden sind, sondern die wahrscheinlich auf psychische Belastungen zurückgehen. Die Studie «Health Behaviour in School-aged Children» (HBSC) der Universität Bielefeld, die Anfang 1998 eine repräsentative Stichprobe von 11- bis 15-jährigen Schülerinnen und Schülern in Nordrhein-Westfalen nach ihrer Gesundheit befragte, konnte hohe Raten von psychosomatischen Befindlichkeitsstörungen feststellen. Um einen Eindruck vom aktuellen Gesundheitszustand der Jugendlichen zu gewinnen, wurden diese nach dem Auftreten von Kopf-, Magen- und Rückenschmerzen sowie von Schlafstörungen innerhalb der zurück liegenden sechs Monate gefragt. Generell sind es die Mädchen, die diese Symptome häufiger angaben: 29 % der

Mädchen gegenüber 21 % der Jungen gaben ein häufiges Auftreten (mindestens einmal pro Woche) von Kopfschmerzen an (Currie et al. 2000).

In einer Längsschnittstudie aus den Jahren 1989–1991 wurden 4835 Schulkinder nach der Prävalenz von Kopfschmerzen befragt. Im Alter von 9 Jahren litten bereits 83 % der Kinder unter Kopfschmerzen. Bis zum Alter von 15 Jahren stieg die Rate auf 93 %. Dabei handelte es sich bei 48,7 % um Spannungskopfschmerzen. 29 % waren nicht eindeutig klassifizierbar (IHS-Kriterien). Bei 21 % traten die Beschwerden regelmäßig täglich oder wöchentlich auf. Bei 19 % waren die Beschwerden so stark, dass therapeutische Hilfe aufgesucht wurde; 22 % nahmen Schmerzmittel ein. In 35 bis 41 % der Fälle wurden Kopfschmerzen durch «Ärger» in der Familie oder der Schule ausgelöst und waren häufig von depressiven Stimmungen begleitet (von Frankenberg/Pothmann 1995). Dabei wird das Erleben von Stress in Zusammenhang mit geringen individuellen aber auch strukturellen Bewältigungskapazitäten als Auslöser der Beschwerden angenommen (Natvig et al. 1999).

Eine ähnliche Verteilung ist auch beim Auftreten häufiger Magenschmerzen zu beobachten. In der oben genannten HBSC-Studie zeigten sich hiervon 23 % der Mädchen und 13 % der Jungen betroffen. Bei Rückenschmerzen, die bei 19 % der Mädchen und 16 % der Jungen auftraten, schwinden zunehmend die Unterschiede zwischen den Geschlechtern. Unter häufigen Schlafstörungen litten 39 % der Mädchen und 33 % der Jungen (Currie et al. 2000).

Als lebensweltliche Ursachen für das Auftreten dieser psychosomatischen Symptome konnten verschiedene Faktoren identifiziert werden: So sind bei Jungen wie Mädchen häufige Kopf-, Magen- und Rückenschmerzen sowie Schlafstörungen mit einem erhöhten schulischen Leistungsdruck und einer negativen Bewertung des Schulklimas verbunden. Zudem erhöht sich die Wahrscheinlichkeit dieser Beschwerden, wenn die Jugendlichen rauchen, eine Diät machen und/oder sich durch einen extensiven Fernsehkonsum auszeichnen (Settertobulte 2000).

2.5 Psychische Auffälligkeiten und Erkrankungen

In der Bremer Jugendstudie aus dem Jahr 1997 wurden 1035 Jugendliche im Alter von 12 bis 17 Jahren untersucht. Ein hoher Prozentsatz der Jugendlichen erfüllte die Kriterien für ausgewählte DSM-IV-Diagnosen. Depressionen hatten mit 17,9 % die höchste Lebenszeit-Rate, gefolgt von Angststörungen mit 16,8 %. Somatoforme Störungen, also seelisch bedingte körperliche Beschwerden, wurden bei 13,1 % gefunden. 12,3 % der Jugendlichen wiesen Störungen durch Substanzkonsum auf. Bei allen diesen Störungen zeigten sich signifikante Geschlechtsunterschiede, wobei Angst, Depression und somatoforme Störungen bei Mädchen signifikant häufiger auftraten. Im Gegensatz dazu gab es bei Jungen signifikant häufiger Störungen durch Substanzkonsum. Die Auftretenshäufigkeit aller Störungen nahm mit dem Alter zu, der größte Anstieg war zwischen 14 und 15 Jahren zu beobachten, bei Mädchen deutlicher als bei Jungen (Essau et al. 1998).

Depressionen

Depression galt lange Zeit als eine psychische Erkrankung des Erwachsenenalters. Erst in den Siebzigerjahren wurden die einer Depression entsprechenden Symptome auch bei Kindern und Jugendlichen erkannt. Oft ist die Erkrankung in diesem Alter überdeckt durch somatische Beschwerden, Enuresis, Enkopresis oder aggressives Verhalten. Verschiedene Studien zur Prävalenz von Depressionen im Kindes- und Jugendalter zeigen, dass die Rate von Depressionen bei Kindern unter 2 % liegt, im Jugendalter jedoch drastisch ansteigt (Essau/Petermann 1995). In der Bremer Jugendstudie (s. o.) berichteten 17,9 % der befragten 12- bis 17-Jährigen, schon einmal in ihrem Leben an einer depressiven Störung erkrankt zu sein. 14 % waren dabei von einer «Major Depression» betroffen, die sich durch jeglichen Verlust von Freude und ein mangelndes Interesse an zuvor beliebten Aktivitäten auszeichnet. Das Auftreten der Depressionssymptome korrelierte signifikant mit Arztbesuchen und kritischen Lebensereignissen (Essau et al. 1998). Während im Kindesalter keine Geschlechtsunterschiede bei der Häufigkeit von Depressionen gefunden werden, haben

Mädchen im Jugendalter zwei- bis dreimal höhere Depressionsraten als gleichaltrige Jungen. Der Verlauf einer Depression ist in der Regel chronisch und anhaltend, mit einer durchschnittlichen Dauer von etwa 30 Wochen. Depressive Kinder und Jugendliche weisen häufiger psychosoziale Beeinträchtigungen und schulische Probleme auf. Ebenso wurden häufig Rückfälle beobachtet (Essau et al. 1996).

Essstörungen
In den westlichen Industrienationen gehören die Essstörungen zu den verbreitetsten psychischen Störungen unter Jugendlichen, besonders unter Mädchen. Aber auch Jungen sind in zunehmendem Maße betroffen. Dabei ist zu unterscheiden zwischen der Adipositas, der Fettsucht, und der Anorexie, der Magersucht. Ebenso gehört die Bulimie, die Ess-Brechsucht zu den verbreiteten Störungen. Genaue epidemiologische Daten, vor allem bezogen auf die Altersverteilung der Störungen, existieren zurzeit nicht. Die Prävalenzen können aber aus klinischen Daten und aus ernährungsbezogenen Studien geschätzt werden.

Eine krankhafte Essstörung liegt vor, wenn durch beständiges gezügeltes Essverhalten, verbunden mit dem Missbrauch von Appetitzüglern und Abführmitteln oder selbstinduziertem Erbrechen, eine drastische Gewichtsabnahme erfolgt. Ausgelöst durch den Wunsch nach einem vermeintlich idealen Körperbild, verselbstständigt sich der Prozess des Abnehmens ab einem bestimmten Punkt zu einer psychischen und physischen Sucht. Durch den extremen Mangel an Nährstoffen kommt es bei Mädchen zu einem Aussetzen der Menstruation. In schweren Fällen wird die Anorexie begleitet durch eine Reihe psychiatrischer Störungen wie etwa Depressionen, Zwänge und Störungen der Körperwahrnehmung. Menschen mit Bulimie nehmen dagegen zeitweise extreme Mengen an Nahrung zu sich, die sie kurz darauf durch selbstinduziertes Erbrechen wieder abgeben. Sie fühlen sich gefangen in einem Zyklus von Essen und Erbrechen bzw. Hunger und Übersättigung. Sie sind nicht in der Lage, diese Prozesse zu kontrollieren. Die Störung beginnt schleichend, ohne anfängliche Auffälligkeiten. Auslöser sind häufig traumatisch erlebte Angriffe auf das Selbstwertgefühl, sexueller Missbrauch und Trennungen.

Während sich die Anorexie durch ein Übermaß an Kontrolliertheit auszeichnet, ist die Bulimie durch eine mangelnde Impulskontrolle gekennzeichnet (Stahr 1999). Mädchen und junge Frauen leiden vor allem an Anorexie und Bulimie. Die Gesamtprävalenz wird mit 1 bis 4 % geschätzt (Gerlinghoff 1996).

Die Fettsucht (Adipositas) ist charakterisiert durch Übergewicht und ein regelmäßiges Zuvielessen, häufiges Diätverhalten und Fressanfälle. Nicht jede Person mit Übergewicht ist auch gleichzeitig esssüchtig. Die hohe Zahl übergewichtiger Kinder und Jugendlicher geht auf mangelnde Bewegung, übermäßigen Fernsehkonsum und einseitige Ernährung zurück. Die Adipositas beginnt in der überwiegenden Zahl der Fälle erst im Erwachsenenalter. Bei Jugendlichen, vor allem Mädchen, beginnt sie während der normalen Gewichtszunahme in der Pubertät. Hier wird zusätzliches Essen zur Verdeckung der körperlichen Veränderungen benutzt. Ebenso führt aber auch eine Diät oder eine Pubertätsmagersucht zu späterem bulimischen Verhalten und zur Gewichtszunahme. Charakteristisch für diese Störung ist ein aktuelles Gewicht, das das Normalgewicht um 20 bis 30 % überschreitet, sowie eine zwanghafte Kontrolle des Essverhaltens und des Gewichts mit Essanfällen und starken Gewichtsschwankungen. Aufgrund der differenzierten diagnostischen Kriterien ist die Prävalenz für Adipositas in der Bundesrepublik nur zu schätzen. Es wird davon ausgegangen, dass etwa 18 bis 30 % der Bevölkerung betroffen sind (Stahr 1999). Die Schwankung beruht auf der unterschiedlichen Definition von Grenzwerten des Body-Mass-Index.

3. Gesundheitsverhalten von Jugendlichen

3.1 Ernährungsgewohnheiten und Diäten

Im Rahmen der HBSC-Studie wurden die Ernährungsgewohnheiten der 11- bis 15-Jährigen anhand der Angaben über den täglichen Verzehr bestimmter Lebensmittelgruppen untersucht. Danach verzehren in Deutschland 76 % der Mädchen und 71 % der Jungen im Alter von 11 Jahren täglich frische Früchte. Dieser Anteil sinkt mit zunehmendem Alter auf 63 % bei den

Mädchen und 54 % bei den Jungen im Alter von 15 Jahren. Diese Raten entsprechen in etwa denen anderer mitteleuropäischer und nordamerikanischer Jugendlicher. Frische Milch wird von etwa einem Drittel der deutschen Jugendlichen aller Altersgruppen täglich konsumiert. Etwa die Hälfte aller 11- bis 15-Jährigen essen täglich Süßigkeiten in Form von Bonbons oder Schokolade. Auch der Konsum zuckerhaltiger Limonaden wurde von etwa der Hälfte der deutschen Jugendlichen angegeben. Für Jungen konnte hier eine leicht erhöhte Quote festgestellt werden (Currie et al. 2000).

In der DONALD-Studie des Forschungsinstituts für Kinderernährung, Dortmund, werden in einer Längsschnitterhebung Kinder und Jugendliche im Alter von 0 bis 18 Jahren systematisch hinsichtlich ihrer Ernährung und damit in Verbindung stehender körperlicher Parameter untersucht. Als Datengrundlage dienen genaue Protokolle über den Verzehr von Nahrungsmitteln. Die Ergebnisse zeigen zusammengefasst, dass Kinder und Jugendliche zurzeit insgesamt mehr tierische als pflanzliche Lebensmittel, mehr Vollmilch als teilentrahmte Milch, mehr fettreiche als fettarme Fleisch- und Wurstwaren und einen zu geringen Teil an Vollkornprodukten zu sich nehmen. Industriell gefertigte, mit Nährstoffen angereicherte Nahrungsmittel erhalten in der Ernährung eine wachsende Bedeutung. In mehr als 90 % der Fälle wird täglich mindestens ein angereichertes Nahrungsmittel verzehrt. Der Anteil an der Gesamtverzehrmenge stieg in den letzten 10 Jahren von 3 auf 8 % an. Dabei spielen mit Vitaminen angereicherte Getränke (30 %) die größte Rolle, gefolgt von Beikost (22 %) und Frühstückszerealien (13 %). Vitamin C ist der häufigste zur Anreicherung genutzte Nährstoff, gefolgt von den Vitaminen E, B_1, B_2, B_6 und Nicain. Die Anreicherung mit Vitamin A ist rückläufig. Mineralstoffe kommen seit Beginn der Untersuchungen in den Achtzigerjahren – mit Ausnahme von Eisen – nur zeitlich verzögert zum Einsatz. Angereicherte Produkte waren verhältnismäßig stark und im Laufe der Zeit zunehmend an der Zufuhr von zugesetztem Zucker beteiligt (Kersting et al. 1998; Sichert-Hellert et al. 2000).

Sport und Ernährung sind im Jugendalter – wie in den meisten anderen Altersgruppen auch – offenbar stark verbunden mit der Motivation zur Gestaltung des körperlichen Erscheinungsbildes. Im Rahmen der HBSC-Studie wurden die Jugendlichen auch nach Diäten mit dem Ziel der Gewichtsreduktion befragt. Diese Frage wurde von 12 % der Jungen und 17 % der Mädchen mit «Ja» beantwortet. Ebenso wurde nach der subjektiven Einschätzung des Körperbildes und nach Gewicht und Körpergröße gefragt, so dass der Body-Mass-Index gebildet und als objektiver Maßstab für Unter-, Normal- und Übergewicht genutzt werden konnte. Jungen schreiben sich selbst eine höhere Attraktivität zu als Mädchen. Sie sind insgesamt zufriedener mit ihrem Körper und wollen weniger verändern. Das gilt sowohl bei Übergewichtigen wie bei Untergewichtigen. Insgesamt schreiben sich die untergewichtigen Jungen und Mädchen jedoch häufiger eine hohe Attraktivität zu, da sie offenbar wahrnehmen, dass sie eher dem allgemeinen Schönheitsideal entsprechen. Während Jungen sich etwas häufiger für zu dünn halten, halten sich die Mädchen deutlich häufiger für zu dick. Die Selbstwahrnehmungen für die Gruppe der Untergewichtigen zeigt, dass ein erschreckend hoher Anteil von Mädchen trotz objektiv zu geringem Gewicht sich nach wie vor für zu dick halten (8 %). Die Selbstwahrnehmung objektiv übergewichtiger Jugendlicher ist dagegen anders. Übergewicht wird von den Mädchen besonders wahrgenommen, 50 % halten sich hier realistischerweise für zu dick, während übergewichtige Jungen nur zu etwa 25 % diese Selbsteinschätzung haben. So machen in der Gruppe der Untergewichtigen noch ca. 7 % der Jungen und 8 % der Mädchen eine Diät. Diese Gruppe ist mit hoher Wahrscheinlichkeit von Essstörungen betroffen. Demgegenüber waren es in der Gruppe der Übergewichtigen 27 % der Jungen und 40 % der Mädchen, die eine Diät machten (Settertobulte 2000b).

Kinder und Jugendliche nehmen das zunehmende Angebot industriell veränderter, angereicherter Nahrungsmittel bereitwillig auf und sind in ihrem Ernährungsverhalten weit von einer empfehlenswerten Ernährungsweise entfernt. Während das Problem des Übergewichts unter den Jugendlichen abnimmt, ist eine Tendenz zu Essstörungen und zur Magersucht zu beobachten. Diese Entwicklung ist Folge eines allgemeinen Trends der getrost als «Schlankheitswahn» beschrieben werden kann.

3.2 Sportliche Aktivitäten und Bewegungsverhalten

Verschiedene Studien befassen sich mit der sportlichen Betätigung im Jugendalter. Brinkhoff (1998) befragte Schülerinnen und Schüler in den Klassen 3 bis 13 nach ihren regelmäßigen sportlichen Aktivitäten. Etwa 23 % der Befragten gaben an, täglich eine Sportart auszuüben. Bei 33 % waren es tägliche Bewegungsspiele, 40 % gaben mehr oder weniger häufige sportliche Aktivität innerhalb eines Sportvereins an, und 4 % zeigten sich völlig abstinent gegenüber jeglicher Bewegung. Während in jungen Jahren der Sport zunächst überwiegend zusammen mit den Eltern und Geschwistern ausgeübt wird, sind es ab dem 10. Lebensjahr vor allem Freundinnen und Freunde. Das Sportengagement von Kindern und Jugendlichen ist deutlich variiert durch die soziale Lage der Familie. Kinder aus benachteiligten Lagen sind deutlich häufiger sportabstinent (Brinkhoff 1998). Geschlechtsspezifische Unterschiede im Ausmaß und in der Motivation zum Sport konnte Brettschneider (1997) in einer Befragungsstudie zeigen. Für Jungen ist Sport als Freizeitaktivität wichtiger als für Mädchen. Diese Bedeutung schwindet jedoch mit zunehmendem Alter. Der Leistungsgedanke spielt bei der Sportmotivation von Jungen eine größere Rolle. Damit ist auch eine größere Motivation zum Training, zum Erwerb körperlicher Fitness und zur Steigerung der Leistungsfähigkeit verbunden. Bei den Mädchen sind die Motive stärker auf die Gestaltung und die Aufrechterhaltung des eigenen Körperbildes, also der Gewichtskontrolle und der Förderung der Attraktivität gerichtet (Brettschneider/Brandl-Bredenbeck 1997).

3.3 Konsum psychoaktiver Substanzen

Aus der weltweiten Perspektive ist Europa der Kontinent mit dem höchsten Alkoholkonsum. Sicherlich ist die Bedeutung alkoholbedingter Erkrankungen bei jungen Menschen zunächst gering, diese treten in der Regel erst im späteren Lebensverlauf auf. Dennoch wird der Grundstein für einen ungünstigen Umgang mit Alkohol wie auch mit anderen psychoaktiven Substanzen im Kindes- und Jugendalter gelegt. In der HBSC wurden 11- bis 15-Jährige danach gefragt, ob sie jemals alkoholische Getränke probiert haben, wie häufig sie zurzeit verschiedene alkoholische Getränke konsumieren und wie häufig sie Erfahrungen mit Trunkenheit gemacht haben. Danach haben bereits 60 % der 11-jährigen Mädchen und 65 % der Jungen erste Erfahrungen mit Alkohol gemacht. Unter den 13-Jährigen sind es bereits etwa 85 % und unter den 15-Jährigen haben 94 % bereits Alkohol probiert. Junge Menschen werden heute bereits früh an den Alkoholkonsum herangeführt, er ist ein selbstverständlicher Bestandteil bei vielen sozialen Anlässen. Jugendliche wachsen in diese akzeptierte Kultur des Genusses hinein und erlernen die sozialen Gelegenheiten und Bedeutungen des Trinkens. Die Daten deuten an, wie stark das Ausprobieren von Alkohol in unserem Kulturkreis zu den Entwicklungsaufgaben des Jugendalters gehört. Es ist davon auszugehen, dass diese Erfahrungen nicht von den Kindern und Jugendlichen selbst initiiert, sondern in der überwiegenden Zahl der Fälle von den Eltern oder anderen Erwachsenen provoziert werden.

Während unter den Jüngeren ein regelmäßiger Alkoholkonsum relativ selten vorkommt, ist unter den 15-Jährigen der Konsum von Alkohol bereits bei einem großen Teil der Jugendlichen üblich. Ein regelmäßiger wöchentlicher Konsum wurde hier von 29 % der Jungen und 22 % der Mädchen angegeben (Currie et al. 2000). Ein Vergleich zwischen den 1994 und 1998 durchgeführten repräsentativen HBSC-Studien zeigt, dass in Nordrhein-Westfalen der regelmäßige Alkoholgebrauch bei den Jugendlichen ansteigt. Bei den 13-jährigen Jungen konnten Steigerungsraten von 3 bis 7 % verzeichnet werden, während sich bei den Mädchen dieser Altersgruppe keine eindeutige Steigerung feststellen ließ. Bei den 15-Jährigen beiden Geschlechts betrug die Steigerungsrate 2 bis 6 % (Settertobulte et al. 2001).

Einen biografisch ähnlich bedeutsamen Charakter wie die Initiation in den Alkoholkonsum hat das erste Mal «betrunken sein». Diese Erfahrung machen Jugendliche im Bevölkerungsdurchschnitt mit 15,4 Jahren (BzgA 1998). Die Häufigkeit von Rauscherfahrungen wurde im Rahmen der HBSC-Studie in Bezug zur bisherigen Lebenszeit erfragt. Während 11-Jährige bisher ausgesprochen selten Erfahrungen mit dem Betrunkensein haben – 2 % der Jungen und 0,3 % der Mädchen gaben an, bereits mehr als zweimal betrunken gewesen zu sein – steigen die Raten bei den 13-Jährigen auf 10 % unter den Jungen und 7 % unter den Mädchen. Unter den 15-Jährigen gaben 36 % der Jungen und 31 % der Mädchen an, bisher häufiger als zweimal betrunken gewesen zu sein. Jungen haben häufiger Erfahrungen mit Trunkenheit als Mädchen, besonders unter den 11-Jährigen. Mit zunehmendem Alter relativiert sich die Differenz zwischen den Geschlechtern.

Zur Häufigkeit des Rauchens im Jugendalter existieren zurzeit verschiedene Angaben, die sich im Wesentlichen dadurch unterscheiden, dass sie sich auf verschiedene Altersgruppen beziehen. Die HBSC-Studie ermittelte unter den 11-Jährigen einen Anteil von 1,3 % der Jungen und 2,5 % der Mädchen, die mindestens einmal pro Woche zur Zigarette greifen. Betrachtet man diejenigen, die angaben, täglich zu rauchen, so sind es 1 % der Jungen und 0,1 % der Mädchen in dieser Altersgruppe. Unter den 13-Jährigen steigt der Anteil regelmäßiger Raucher dann sprunghaft an: 13,5 % der Jungen und 12,8 % der Mädchen rauchen in diesem Alter bereits regelmäßig wöchentlich, 9 % beider Geschlechter sogar täglich. In der Gruppe der 15-Jährigen ist eine weitere Steigerung der Raucherraten zu verzeichnen. Hier sind es 27,6 % der Jungen und 35,8 % der Mädchen, die wöchentlich Zigaretten rauchen. 25 % der 15-jährigen Mädchen und 22,5 % der Jungen rauchen täglich. Die 15-jährigen Raucher in dieser Befragung berichteten ein durchschnittliches Einstiegsalter von 12,5 Jahren. Ein Vergleich der ermittelten Raucherquoten zwischen den Befragungen aus den Jahren 1994 und 1998 zeigt bei den Jugendlichen einen deutlichen allgemeinen Trend hin zum Rauchen. Bei den 13-jährigen deutschen Jugendlichen stieg der Anteil regelmäßig rauchender Jungen um etwa 6 % und bei den Mädchen um 4 %. Unter den 15-Jährigen stieg der Anteil der regelmäßigen Raucher um etwa 7 % bei den Jungen und 4 % bei den Mädchen (Settertobulte 2000c).

Etwa 21 % der 12- bis 25-jährigen Deutschen hat im bisherigen Lebenslauf einmal oder mehrfach eine oder mehrere illegale Drogen genommen. Von 1993–1997 ist der Anteil der Jugendlichen mit Drogenerfahrungen um 3 % angestiegen. In der Altersgruppe von 12 bis 17 Jahren ist dieser Anstieg besonders hoch (BzgA 1998). Während Heroin und Kokain in der Gesamtpopulation dieser Altersgruppen zwar in Einzelfällen bereits vorkommen, in der Gesamtgruppe jedoch eine fast nicht darstellbar kleine Rolle spielen, sind die als «sanfte Drogen» bezeichneten Substanzen mit einem durchaus großen Gefährdungspotenzial schon bei 13-Jährigen in Gebrauch. Haschischrauchen nimmt dabei den größten Stellenwert an. Etwa 3 % der Mädchen und 6 % der Jungen haben diese Droge bereits mindestens einmal probiert, ein häufigerer Gebrauch wird jedoch in diesem Alter von weniger als der Hälfte dieser Jungen und Mädchen angegeben. Zu etwa 2 bis 3 % haben die 13-Jährigen bereits einschlägige Erfahrungen mit der Modedroge Ecstasy und mit der missbräuchlichen Verwendung rauscherzeugender Medikamente. Auch hier ist ein häufigerer Konsum bei etwas weniger als der Hälfte dieser Gruppe vorhanden. Diese Zahlen deuten an, dass bereits im Alter von 13 Jahren das Experimentieren auch mit illegalen Substanzen vorkommt und bei einem gewissen Anteil der Jugendlichen ein hohes Maß an Gefährdung markiert. Von den befragten 15-Jährigen haben bereits 14 % der Mädchen und knapp 18 % der Jungen erste Erfahrungen mit dem Haschischrauchen gemacht. Hier fällt auf, dass der überwiegende Teil bereits häufigeren Haschisch- und Marihuanakonsum angibt. Ecstasy wurde nach eigenen Angaben von 3,2 % der Jungen und 2,4 % der Mädchen ausprobiert. Medikamente, die rauscherzeugende Wirkung haben, wurden dagegen von Mädchen häufiger genommen: Diese Angaben machten 3,7 % der Mädchen gegenüber 2,1 % der Jungen (Settertobulte 2000c).

Literatur

Brettschneider, W.-D., Brandl-Bredenbeck, H.-P. (1997). *Sportkultur und jugendliches Selbstkonzept – Eine interkulturell vergleichende Studie über Deutschland und die USA*. Weinheim, München.

Brinkhoff, K-P. (1998). *Sport und Sozialisation im Jugendalter – Entwicklung, soziale Unterstützung und Gesundheit*. Weinheim, München.

Bründel, H. (1993). *Suizidgefährdete Jugendliche. Theoretische und empirische Grundlagen für Früherkennung, Diagnostik und Prävention*. Weinheim, München.

(BzgA) Bundeszentrale für gesundheitliche Aufklärung (1998). *Die Drogenaffinität Jugendlicher in der Bundesrepublik Deutschland 1997. Eine Wiederholungsbefragung der Bundeszentrale für gesundheitliche Aufklärung*. Köln.

Currie, C., Hurrelmann, K., Settertobulte, W., Smith, R., Todd, J. (Hrsg.) (2000). *Health and Health Behaviour among Young People*. WHO Regional Office for Europe, Health Policy for Children and Adolescents (HEPCA) Series Nr. 1.

Duhme, H.; Weiland, S. K., Rudolph, P., Wienke, A., Kramer, A., Keil, U. (1998). «Asthma and Allergies among Children in West and east Germany: a Comparison between Muenster and Greifswald using the ISAAC Phase I Protocol». *European Respiratory Journal*, 11, S. 840–847.

Essau, C.-A., Petermann, U. (1995). «Depression bei Kindern und Jugendlichen». *Zeitschrift für Klinische Psychologie, Psychopathologie und Psychotherapie*, 43 (1), S. 18–33.

Essau, C.-A., Petermann, F., Conradt, J. (1996). «Depressive Symptome und Syndrome bei Jugendlichen». *Zeitschrift für Klinische Psychologie, Psychiatrie und Psychotherapie*, 44 (2), S. 150–157.

Essau, C. A., Karpinski, N. A., Petermann, F., Conradt, J. (1998). «Häufigkeit und Komorbidität psychischer Störungen bei Jugendlichen: Ergebnisse der Bremer Jugendstudie». *Zeitschrift für Klinische Psychologie, Psychiatrie und Psychotherapie*, 46 (2), S. 105–124.

Gerlinghoff, M. (1996). «Essstörungen – Zahlen und Fakten des Versorgungsangebots». In: Deutsche Hauptstelle gegen die Suchtgefahren (Hrsg.). *Jahrbuch Sucht '97*. Geesthacht, S. 73–81.

Hoepner-Stamos, F. (1995). «Prävalenz und Ätiologie chronischer Erkrankungen im Kindes- und Jugendalter». In: Kolip, P., Hurrelmann, K., Schnabel, P.-E. (Hrsg.). *Jugend und Gesundheit*. Weinheim, S. 49–69.

Hoepner-Stamos, F. (1999). *Chronische Erkrankungen im Jugendalter. Psychosoziale Folgen schwerer und leichter Beeinträchtigungen*. Weinheim, München.

Kahl, H.-J. (1998). «Unfälle und Verletzungen von Kindern unter besonderer Berücksichtigung der Verletzungen im Haus- und Freizeitbereich». In: BzGA (Hrsg.). *Gesundheit von Kindern – Epidemiologische Grundlagen. Dokumentation einer Expertentagung der BzGA*. Köln.

Kersting, M., Sichert-Hellert, W., Alexy, U., Manz, F., Schöch, G. (1998). «Ernährung, Stoffwechsel, Wachstum und Entwicklung von Säuglingen, Kindern und Jugendlichen – die DONALD-Studie». *Verbraucherdienst*, 43-10, S. 609–614.

(LÖGD) Landesinstitut für den öffentlichen Gesundheitsdienst Nordrhein-Westfalen (1998). *Dokumentation der schulärztlichen Untersuchungen*. Bielefeld.

(LÖGD) Landesinstitut für den öffentlichen Gesundheitsdienst Nordrhein-Westfalen (2000). *Indikatoren zur Gesundheit*. Bielefeld. (Im Internet unter *www.lögd.nrw.de*).

Natvig, G. K., Albrektsen, G., Anderssen, N., Qvarnström, U. (1999). «School-related Stress and Psychosomatic Symptoms Among School Adolescents». *Journal of School Health*, 69 (9), S. 362–368.

Nolte, D. (1994). «Chronische Bronchitis – eine Volkskrankheit mit multifaktorieller Genese». *Atemwegs- und Lungenkrankheiten*, 20, S. 260–267.

Oberfeld, G., König, C. (1997). «Ergebnisse der Ersten Salzburger Kindergesundheitsuntersuchung und Folgerungen für die Kurorte». *Heilbad & Kurort*, 49 (2), S. 29–31.

Schäfer, T., Ring, J. (1998). «Epidemiologische Aspekte atopischer Erkrankungen». *Allergo*, 7, S. 19–22.

Settertobulte, W. (1999). «Grundschule und Gesundheit – Die Bielefelder Grundschulstudie». In Giest, H., Scheerer-Neumann, G. (Hrsg.). *Jahrbuch Grundschulforschung*. Weinheim, S. 163–177.

Settertobulte, W. (2000). «Der Einfluss der Schule auf die Gesundheit der Schülerinnen und Schüler». Vortrag auf dem Jahreskongress des Berufsverbandes der Kinder- und Jugendärzte e. V. in Weimar.

Settertobulte, W. (2000b). *Körperwahrnehmung und Diäten bei Jugendlichen. Die HBSC Studie: Ergebnisse einer repräsentativen Befragung von 11- bis 13-jährigen Schülerinnen und Schülern in NRW, 1998*. Universität Bielefeld, Fakultät für Gesundheitswissenschaften, Fact-Sheet 5.

Settertobulte, W. (2000c). «Generation Smoke? Immer mehr Kids greifen zur Kippe». *Gesundheit und Gesellschaft*, 3 (6), S. 42–47.

Settertobulte, W., Hurrelmann, K., Bruun Jensen, B. (2001). *Drinking among young Europeans*. WHO Regional Office for Europe, Health Policy for Children and Adolescents (HEPCA) Series Nr. 3.

Sichert-Hellert, W., Kersting, M. Alexy, U., Manz, F. (2000). «Ten-year trends in vitamin and mineral intake from fortified food in German children and adolescents». *European Journal of Clinical Nutrition*, 54, S. 81–86.

Stahr, I. (1999). «Essstörungen in der Adoleszenz: Neuere epidemiologische Daten und theoretische Entwicklungen». In: Kolip, P. (Hrsg.). *Programme gegen Sucht*. Weinheim, München, S. 89–108.

Statistisches Bundesamt (1997). *Diagnosedaten der Krankenhauspatienten 1997*. Fachserie 12, Reihe 6,2. Wiesbaden.

Statistisches Bundesamt (Hrsg.) (1998). *Gesundheitsberichterstattung des Bundes, Gesundheitsbericht für Deutschland*. Wiesbaden.

Volkswagen AG, Kommunikation, Deutscher Kinderschutzbund Bundesverband e. V. (Hrsg.) (2000). *Taschenbuch Kinderpresse 2000*. Remagen, Rolandseck.

von Frankenberg, S., Pothmann, R. (1995). «Epidemiologie von Kopfschmerzen bei Schulkindern». *Psychomed*, 7 (3), S. 157–163.

Gesundheit und Krankheit im Erwachsenenalter

Bettina Schmidt

1. Einführung

Das folgende Kapitel analysiert zentrale in Deutschland verfügbare Daten zu Gesundheit und Krankheit von Frauen und Männern im mittleren Erwachsenenalter[1]. Im Zentrum stehen die Lebenserwartung und Sterblichkeit sowie die Morbidität hinsichtlich zentraler Krankheitsarten für die bundesdeutsche Bevölkerung. Es beschränkt sich auf einen Überblick über die gesundheitliche Situation von Frauen und Männern, wie sie sich anhand der amtlichen Statistik und repräsentativer epidemiologischer Studien ablesen lässt. Bereits auf dieser Datengrundlage werden geschlechtsspezifische Gesundheits- bzw. Krankheitsprofile deutlich.

Zahlreiche Daten wurden dem von Oktober 1997 bis März 1999 erhobenen *Gesundheitssurvey* (Thefeld et al. 1999) entnommen, der vom Robert-Koch-Institut im Auftrag des Bundesgesundheitsministeriums durchgeführt wurde. Der Gesundheitssurvey besteht aus repräsentativen gesundheitsbezogenen Befragungen und Untersuchungen von 7124 18- bis 79-jährigen Personen in Deutschland. Auch die «Daten des Gesundheitswesens: Ausgabe 1999» (Bundesministerium für Gesundheit 1999) stellen eine umfangreiche Faktensammlung dar. Neben den Daten des Bundes-Gesundheitssurveys werden dort außerdem u. a. Mikrozensusdaten, amtliche Todesursachenstatistiken, Krankenhausstatistiken, Arbeitsunfähigkeitsstatistiken der Krankenkassen, Daten der Rentenversicherungsträger, Musterungsuntersuchungen, Daten zur Mundgesundheit, zu meldepflichtigen Infektionskrankheiten, Krebsregisterdaten, Krankenkassendaten und Daten der Kassenärztlichen Bundesvereinigung zur Vorsorge und Früherkennung dargestellt. «Der Gesundheitsbericht für Deutschland» (Statistisches Bundesamt 1998) bietet zusätzlich zahlreiche gesundheitsrelevante Informationen, die für eine umfassende Gesundheitsberichterstattung von Bedeutung sind. Zu verschiedenen Einzelgebieten wurden weitere repräsentative Studien herangezogen, in denen spezifische, singuläre Bereiche zum Thema Gesundheit und Krankheit von Frauen und Männern bearbeitet wurden.

2. Lebenserwartung, Sterblichkeit und verlorene Lebensjahre

Im Jahr 2000 betrug die durchschnittliche Lebenserwartung der Frauen bei Geburt 80,3 und die Lebenserwartung der Männer 74,0 Jahre (Statistisches Bundesamt 2001). Die höhere Lebenserwartung bei den Frauen beruht einerseits auf einer geringeren Säuglingssterblichkeit der weiblichen Säuglinge und andererseits auf der geringeren Anzahl von Frauen bei den vorzeitigen Sterbefällen (Kolip 1998). In allen Lebensaltern sterben weniger Frauen als Männer: Aller-

---

42 Wann immer möglich, wurde versucht, ausschließlich Daten für die Erwachsenenbevölkerung zu betrachten, allerdings werden in verschiedenen Datenquellen zum Teil unterschiedliche Altersgruppierungen vorgenommen, oder Daten liegen nur für die Gesamtbevölkerung vor, so dass im Verlauf des Textes auf unterschiedliche Altersgruppen Bezug genommen wird.

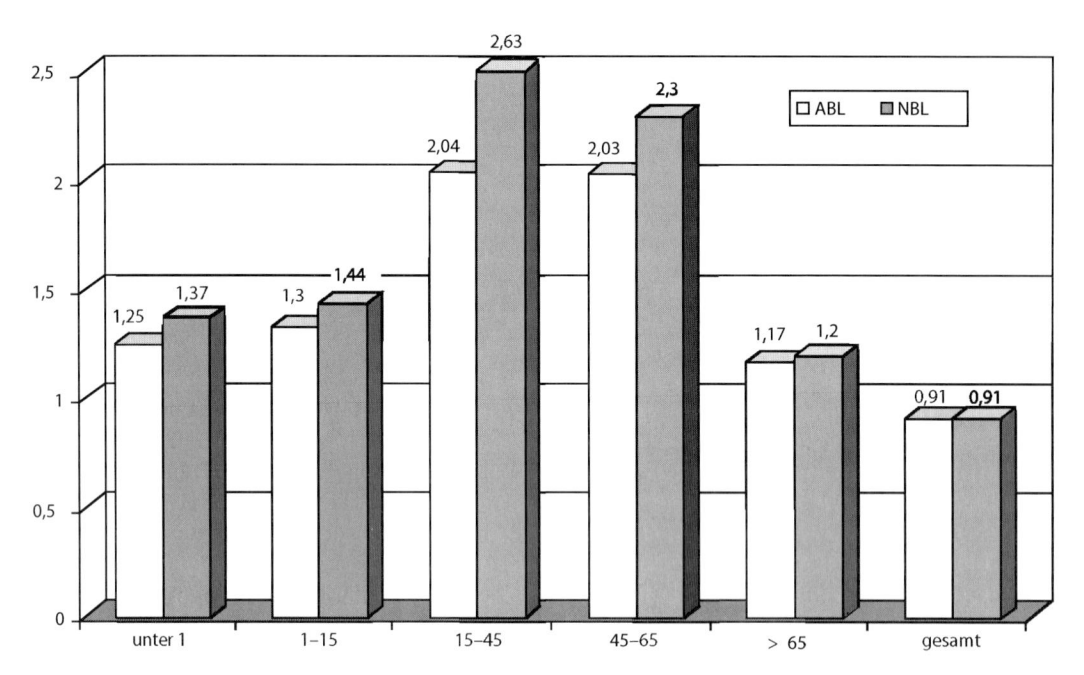

Abbildung 1: Geschlechtsabhängiges Mortalitätsverhältnis der todesursachenunspezifischen Sterbefälle im Jahr 1997 nach Altersgruppen (Quelle: Bundesministerium für Gesundheit 1999).

dings unterscheidet sich das Ausmaß der Übersterblichkeit der Männer in den verschiedenen Altersgruppen. **Abbildung 1** zeigt das geschlechterabhängige Mortalitätsverhältnis (GMV)[2] in fünf Altersgruppen. Besonders dramatisch ist die Übersterblichkeit der Männer in den mittleren Lebensjahren – also in der in diesem Beitrag besonders interessierenden Altersgruppe zwischen 45 und 65 Jahren: In diesem Lebensabschnitt sterben mehr als doppelt so viele Männer wie Frauen (Bundesministerium für Gesundheit 1999).

Die Analyse der amtlichen Todesursachenstatistik zeigt, dass sich das Gewicht bestimmter Todesursachen verändert hat: Die Sterblichkeit an Infektionskrankheiten ist deutlich zurückgegangen, während die Bedeutung der chronischen Erkrankungen zugenommen hat. 1997 bildeten bösartige Neubildungen, Herz-Kreislauf-Erkrankungen, Krankheiten der Verdauungsorgane sowie Verletzungen und Vergiftungen die häufigsten Todesfälle in Deutschland, wobei die Rangfolge nach Geschlecht, Altersgruppe und West- und Ostdeutschland variiert (Statistisches Bundesamt 1998). **Tabelle 1** zeigt für die häufigsten Todesursachen die Mortalitätsraten pro 100 000 Einwohner gleichen Alters und gleichen Geschlechts getrennt für die alten und die neuen Bundesländer.

An erster Stelle der Todesursachenstatistik stehen die bösartigen Neubildungen, gefolgt von Krankheiten des Kreislaufsystems, Krankheiten der Verdauungsorgane sowie Verletzungen und Vergiftungen. Mit Ausnahme der Krebserkrankungen erreicht das geschlechtsabhängige Mortalitätsverhältnis Werte > 1, die Sterblichkeit der Männer ist also bei fast allen Erkrankungen höher als die der Frauen. Die Übersterblichkeit der jungen Frauen bei den Krebserkrankungen ist auf Brustkrebserkrankungen zurückzuführen, die häufigste Form der Krebserkrankung von Frauen unter 65 Jahren (s. u.).

---

2 Das geschlechtsabhängige Mortalitätsverhältnis (englisch: «sex mortality ratio») setzt die Sterblichkeit der Männer (je 100 000 Männer einer Altersgruppe) zu jener der Frauen ins Verhältnis. Zahlen > 1 zeigen eine Übersterblichkeit der Männer, Zahlen < 1 eine Übersterblichkeit der Frauen an (siehe auch Kolip 1998).

Tabelle 1: Mortalitätsraten der häufigsten Todesursachen pro 100 000 Einwohner im Jahr 1997 (Quelle: Bundesministerium für Gesundheit 1999).

	Frauen		Männer		Geschlechtsabhängiges Mortalitätsverhältnis (GMV)	
	15–45	45–65	15–45	45–65	15–45	45–65
Bösartige Neubildungen	21,1[1] 21,7[2]	214,1 211,6	17,8 20,7	314,4 347,8	0,84 0,95	1,46 1,64
Kreislauferkrankungen	7,9 9,5	97,2 119,8	17,6 24,8	283,2 352,9	2,23 2,61	2,91 2,95
Krankheiten der Verdauungsorgane	4,4 9,8	30,8 42,0	8,3 29,4	70,5 125,4	1,89 3,0	2,29 2,99
Verletzungen/ Vergiftungen	14,1 18,2	20,6 27,6	49,3 81,0	56,1 94,4	3,50 4,45	2,72 3,42

1 Alte Bundesländer; 2 Neue Bundesländer

Neben der Lebenserwartung und der Sterblichkeit wird auch der Verlust an Lebensjahren als Indikator für die gesundheitsbezogene Bevölkerungsentwicklung betrachtet. Der Tod im Alter von unter 70 Jahren wird diesem Konstrukt zufolge als vorzeitig bezeichnet, der zugehörige Indikator misst folgerichtig die «Verlorenen Lebensjahre durch Tod unter 70 Jahren je 100 000 Einwohner» (Statistisches Bundesamt 1998). Nicht überraschend war 1995 die anhand der verlorenen Lebensjahre gemessene vorzeitige Sterblichkeit bei Männern mit 6797 auf 100 000 Einwohner deutlich höher als die vorzeitige Sterblichkeit der Frauen, die 3395 betrug (Statistisches Bundesamt 1998).

3. Mortalität und Morbidität im mittleren Erwachsenenalter

Im folgenden Abschnitt werden die für das mittlere Erwachsenenalter besonders relevanten Krankheitsgruppen – Krebs, Herz-Kreislauf-Erkrankungen, Krankheiten des Verdauungssystems sowie Verletzungen und Vergiftungen – näher betrachtet. Deutlich erkennbar ist die zentrale Bedeutung des Lungenkrebses bei den Männern sowie des Brustkrebses bei den Frauen. Im krankheitsbezogenen Vergleich sind für die vorzeitige Sterblichkeit der weiblichen Bevölkerung die Krebserkrankungen von größter Relevanz. Für die männlichen jüngeren Bevölkerungsgruppen sind die Verletzungen und Vergiftungen bedeutsamer, und für die ältere männliche Bevölkerung kommt den Herz-Kreislauf-Erkrankungen ähnliche Relevanz wie den Krebserkrankungen zu. Sowohl bei den Neubildungen als auch den Herz-Kreislauf-Erkrankungen sind im Zeitverlauf für die Männer in der Regel sinkende Mortalitätsraten feststellbar, während bei Frauen – z. B. beim Bronchialkarzinom oder bei den ischämischen Krankheiten – Steigerungen zu verzeichnen sind. Hinsichtlich der Morbidität bilden Brustkrebs bei den Frauen und Herzinfarkt bei den Männern die zentralen Krankheitsereignisse im mittleren Lebensalter.

3.1 Bösartige Neubildungen

Im mittleren Erwachsenenalter sind bösartige Neubildungen die Hauptursache für die vorzeitige Sterblichkeit. In der Altersgruppe der 30- bis 60-Jährigen starben 1997 rund 5000 Frauen an Brustkrebs und 6000 Männer an Neubildungen im Bereich der Luftröhre, Bronchien und der Lunge. **Tabelle 2** zeigt eine Aufschlüsselung der für Frauen und Männer relevanten Neubildungen für die Altersgruppe der 30 bis 60-Jährigen (Bundesministerium für Gesundheit 1999).

Die Tabelle belegt die große Relevanz von Brustkrebs und Lungenkrebs für die vorzeitige Sterblichkeit von Frauen und Männern: Gemessen an der Gesamtmortalität aufgrund bösartiger Neubildungen hat Brustkrebs einen Anteil von 30 % an den Todesfällen der weiblichen und

Tabelle 2: Todesfälle (je 100 000) der 30- bis 60-Jährigen bei ausgewählten Neubildungen im Jahr 1997 (Quelle: Bundesministerium für Gesundheit 1999).

	Frauen		Männer		(GMV)
	1991	1997	1991	1997	1997
Alle Neubildungen	107,8	97,7	138,4	121,6	1,24
Brustdrüse	32,8	29,3	0,1	0,1	
Weibliche Geschlechtsorgane	17,5	14,2	–	–	
Luftröhre, Bronchien, Lunge	8,7	10,9	40,4	34,1	3,13
Lymphatisches Gewebe	6,9	6,0	9,0	9,2	1,53
Dickdarm	6,9	6,0	8,5	7,3	1,22
Magen	5,7	4,5	9,0	6,7	1,49
Harnorgane	3,0	2,5	7,4	6,2	2,48
Mastdarm	3,3	2,7	5,5	5,0	1,85

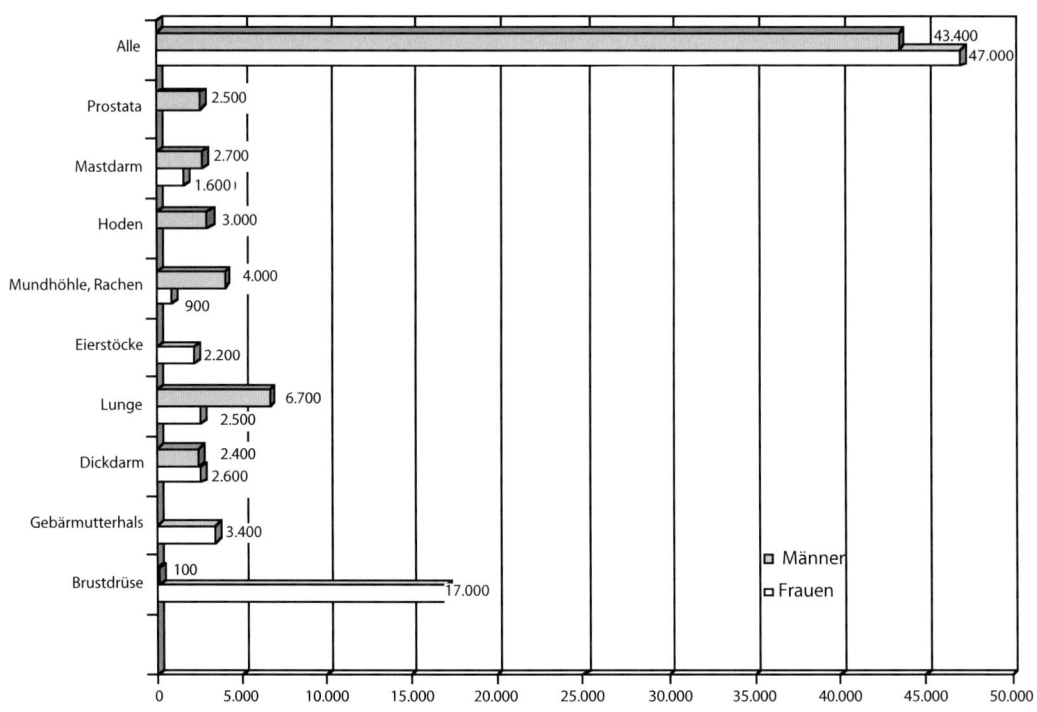

Abbildung 2: Geschätzte Inzidenzen der am häufigsten auftretenden Krebserkrankungen in den Altersgruppen unter 60 Jahren im Jahr 1997 (Quelle: Bundesministerium für Gesundheit 1999).

Tabelle 3: Mortalitätsraten zentraler Herz-Kreislauf-Erkrankungen pro 100 000 Einwohner in den alten und neuen Bundesländern im Jahr 1997 (Quelle: Bundesministerium für Gesundheit 1999).

	Frauen		Männer		Geschlechtsabhängiges Mortalitätsverhältnis	
	15–45	45–65	15–45	45–65	15–45	45–65
Akuter Myokardinfarkt	1,7[1] 2,0[2]	26,4 36,7	5,9 10,0	107,3 155,1	3,47 5,00	4,06 4,23
Krankheiten des zerebrovaskulären Systems	2,4 2,5	21,0 26,4	2,8 3,1	39,3 47,5	1,49 1,24	1,87 1,80
Sonstige ischämische Krankheiten	0,4 0,4	12,7 19,9	1,1 2,4	47,4 60,1	2,75 6,00	3,73 3,02

1 Alte Bundesländer; 2 Neue Bundesländer

Lungenkrebs einen Anteil von 28 % an den Todesfällen der männlichen Bevölkerung. In der Gesamtbevölkerung hat Brustkrebs seit Jahren einen Anteil von ca. 4 % an der Gesamtsterblichkeit (Statistisches Bundesamt 1998).

Seit 1991 sind für die meisten Todesursachen in der Regel sinkende Mortalitätsraten feststellbar. Dies gilt sowohl für den Brustkrebs bei Frauen als auch für den Lungenkrebs bei Männern. Steigende Zahlen sind bei der Lungenkrebsprävalenz in der Gruppe der Frauen erkennbar (Bundesministerium für Gesundheit 1999). Die Steigerungsraten um rund 25 % sind vor allem auf den steigenden Nikotinkonsum von Frauen zurückzuführen: «Wenn Frauen rauchen wie Männer, sterben sie wie Männer.» (Junge/Nagel 1999, S. 125).

Ergänzende Morbiditätsdaten zur Krankheitsgruppe der Neubildungen erweitern die Kenntnisse über das Krankheitsgeschehen bei Krebs. Zuverlässige Daten über die Erkrankungshäufigkeiten bei Neubildungen lassen sich aus den bevölkerungsbezogenen Krebsregistern gewinnen, die seit dem Inkrafttreten des Gesetzes über Krebsregister zukünftig in allen Bundesländern bereitgestellt werden müssen. Zurzeit liegt ein vollständig registrierendes Register nur für das Saarland vor, so dass die bundesweiten Daten auf der Grundlage des saarländischen Krebsregisters geschätzt werden (Bundesministerium für Gesundheit 1999). **Abbildung 2** zeigt geschätzte Inzidenzen für die fünf am häufigsten auftretenden Krebserkrankungen für beide Geschlechter in den Altersgruppen unter 60 Jahren.

Insgesamt erkrankten 1997 ähnlich viele Frauen wie Männer unter 60 Jahren an verschiedenen Krebsleiden, allerdings unterscheiden sich die Krankheitsursachen zwischen den Geschlechtern deutlich. Nur das Bronchialkarzinom gehört sowohl bei den Männern als auch bei den Frauen zu den fünf häufigsten Krebserkrankungen; es stellt für Männer die häufigste und für Frauen die vierthäufigste Krebsart dar. Allerdings übersteigt die Neuerkrankungsrate von Brustkrebs die Neuerkrankungsrate von Lungenkrebs um das 2,5-fache (Bundesministerium für Gesundheit 1999).

Dass sich die Mortalitätsraten, wie es die unterschiedlichen Inzidenzraten zunächst nahe legen würden, bei Brust- und Lungenkrebs dennoch nicht in gravierender Weise unterscheiden, liegt an der unterschiedlichen Letalität. Daten aus dem Saarland zeigen, dass die Fünf-Jahres-Überlebensrate bei Brustkrebs 73 %, bei Lungenkrebs jedoch 9 % für Männer und 17 % für Frauen beträgt (Bundesministerium für Gesundheit 1999). Überlebenswahrscheinlichkeiten unter 10 % lassen sich sowohl für Frauen als auch für Männer außerdem für Bauchspeicheldrüsen- und Speiseröhrenkrebs feststellen (Bundesministerium für Gesundheit 1999).

3.2 Herz-Kreislauf-Erkrankungen

Neben den Krebserkrankungen gehören die Herz-Kreislauf-Erkrankungen zu den zentralen Ursachen für Krankheit und vorzeitigen Tod im mittleren Erwachsenenalter. Eine genauere Differenzierung der verschiedenen Erkrankungen in der Gesamtgruppe der Kreislauferkrankun-

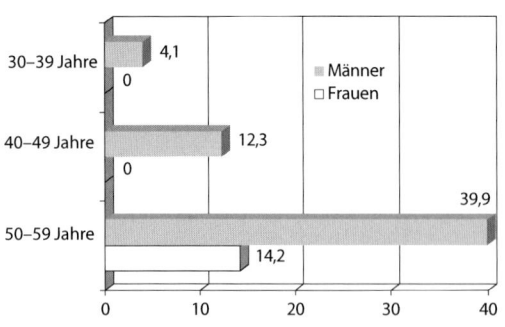

Abbildung 3: Lebenszeitprävalenzen nach Herzinfarkt im Erwachsenenalter pro 1000 Einwohner im Jahr 1998 (Wiesner et al. 1999a).

30–39 Jahre	Männer: 4,1	Frauen: 0
40–49 Jahre	Männer: 12,3	Frauen: 0
50–59 Jahre	Männer: 39,9	Frauen: 14,2

gen ist der **Tabelle 3** zu entnehmen. Ischämische Herzkrankheiten, Krankheiten des zerebrovaskulären Systems sowie der akute Myokardinfarkt waren 1997 in der bundesdeutschen Gesamtbevölkerung hauptsächlich verantwortlich für die Todesfälle unter 65 Jahren bei den Kreislauferkrankungen.

Betrachtet man die Todesfälle über alle Altersgruppen hinweg im Zeitverlauf, so sind bei den Männern bei allen drei Krankheitsgruppen seit 1990 sinkende Mortalitätsraten feststellbar, während bei den Frauen nur hinsichtlich der Krankheiten des zerebrovaskulären Systems sinkende Zahlen zu verzeichnen, bei den ischämischen Krankheiten jedoch deutliche Steigerungsraten erkennbar sind.

Ergänzend zu den Mortalitätsraten können Morbiditätsdaten Aufschluss über die Bedeutung von Herz-Kreislauf-Erkrankungen in der Erwachsenenbevölkerung mittleren Alters in Deutschland liefern. Die Daten des Bundes-Gesundheitssurveys ermöglichen eine detaillierte Betrachtung des Post-Myokardinfakt-Geschehens sowie des Post-Schlaganfall-Geschehens im Hinblick auf das Überleben eines solchen Ereignisses.

In der bundesrepublikanischen Wohnbevölkerung (18-79-Jährige) waren 1998 etwa 1450000 Menschen im Zustand nach Herzinfarkt, wobei im Durchschnitt von einer etwa doppelt so hohen Lebenszeitprävalenz bei den Männern im Vergleich zu den Frauen ausgegangen werden muss; insbesondere im jüngeren und mittleren Erwachsenenalter ist eine deutliche Überrepräsentanz bei den Männern erkennbar (Wiesner et al. 1999a). **Abbildung 3** stellt Lebenszeitprävalenzen nach Herzinfarkt in verschiedenen Altersgruppen dar. In der Altersgruppe der unter 30-Jährigen spielt Herzinfarkt kaum eine Rolle, im weiteren Altersverlauf ist bei den Männern etwa alle 10 Jahre eine Verdreifachung der Prävalenzraten erkennbar, bei Frauen gewinnt der Herzinfarkt erst jenseits des Alters von 50 Jahren zunehmend an Bedeutung; mit einer zeitlichen Verzögerung von rund 10 Jahren gleichen sich die Prävalenzraten der Frauen denen der Männer an (Wiesner et al. 1999a). Jüngere Frauen sind seltener von Herzinfarkt betroffen, allerdings weisen sie eine höhere Fatalität und Letalität auf. Als Ursachen insbesondere der deutlich höheren prähospitalen Fatalität werden sowohl pathophysiologische als auch medizinsystemische Faktoren diskutiert, ohne allerdings bisher eindeutige Zusammenhänge belegen zu können (Wiesner et al. 1999a).

Der Schlaganfall gehört aus medizinischer Sicht ebenfalls zu den relevanten Krankheitsereignissen, nicht nur aufgrund der starken Verbreitung, sondern auch weil Fatalität und Letalität sehr hoch sind und ein großer Prozentsatz der Betroffenen innerhalb der ersten 30 Tage nach dem Ereignis stirbt (Wiesner et al. 1999b). Aus den Daten des Bundes-Gesundheitssurveys lassen sich Erkenntnisse gewinnen über Prävalenzen zum Überleben nach Schlaganfall-Geschehen, wobei die Daten sich allein auf die we-

Tabelle 4: Lebenszeitprävalenzen nach Schlaganfall im Erwachsenenalter pro 1000 Einwohner im Jahr 1998 (Quelle: Wiesner et al. 1999b).

Lebenszeitprävalenzen nach Schlaganfall	Frauen	Männer	GMV
30–39 Jahre	3,0	0,8	0,27
40–49 Jahre	2,4	3,2	1,33
50–59 Jahre	4,8	19,7	4,10

Tabelle 5: Mortalitätsraten bei Krankheiten des Verdauungssystems pro 100 000 Einwohner in West- und Ostdeutschland im Jahr 1997 (Quelle: Bundesministerium für Gesundheit 1999).

		Frauen	Männer	(GMV)
Krankheiten der Verdauungsorgane	15–45	4,4[1] 9,8[2]	8,3 29,4	1,89 3,00
	45–65	30,8 42,0	70,5 125,4	2,29 2,99
Chronische Lebererkrankung	15–45	3,2 7,9	6,3 22,9	1,97 2,90
	45–65	21,6 30,9	53,5 98,1	2,48 3,17

1 Alte Bundesländer; 2 Neue Bundesländer

niger schwerwiegenden, rehabilitierten oder rehabilitierbaren Fälle beschränken (Wiesner et al. 1999b). In Deutschland waren 1998 rund 945 000 Personen von einem Schlaganfall mit «leichteren» motorischen, sensorischen und kognitiven Ausfällen betroffen. **Tabelle 4** stellt die Lebenszeitprävalenzen nach Schlaganfall für verschiedene Altersgruppen dar. Während in den jüngeren Altersgruppe der Schlaganfall in der weiblichen Bevölkerung überwiegt, dominiert mit zunehmendem Alter und zunehmenden Prävalenzen das Krankheitsgeschehen in der männlichen Bevölkerung; in der Altersgruppe der 50- bis 59-Jährigen sind Männer viermal häufiger von Schlaganfall betroffen als Frauen (Wiesner et al. 1999b).

3.3 Krankheiten des Verdauungssystems

Für die 45- bis 65-jährigen Frauen und Männer bilden die Krankheiten des Verdauungssystems die dritthäufigste Ursache für vorzeitige Sterblichkeit (Bundesministerium für Gesundheit 1999). Besonders bedeutsam sind in dieser Krankheitsgruppe die chronische Leberkrankheit und -zirrhose. Als zentraler Risikofaktor für chronische Lebererkrankungen und -zirrhosen gilt der Alkoholmissbrauch (Statistisches Bundesamt 1998). Bei den Konsumgewohnheiten zeigen sich deutliche Geschlechtsunterschiede, die sich entsprechend in den Mortalitätsraten widerspiegeln: Frauen trinken weniger und seltener Alkohol als Männer, sie zeigen die risikoärmeren Konsummuster, und sie leben häufiger abstinent (Bundesministerium für Gesundheit 2000; Kraus/Bauernfeind 1998; Mensink et al. 1999; siehe auch den Beitrag von Bischof und John in diesem Band). Folgerichtig starben in Westdeutschland 1997 mehr Männer als Frauen an chronischen Lebererkrankungen. **Tabelle 5** gibt die Mortalitätsraten insgesamt für die Krankheiten des Verdauungssystems sowie gesondert für die chronischen Lebererkrankungen wider.

Neben den deutlich erkennbaren Unterschieden zwischen Ost und West sind Geschlechtsunterschiede erkennbar: Die Differenzen variieren je nach Altersgruppe und Wohnort zwischen zweifach und dreifach erhöhten Mortalitätsraten bei den Männern.

3.4 Verletzungen und Vergiftungen

Je nach Geschlecht und Altersgruppe führen nach den Herz-Kreislauf-Krankheiten und den Krebserkrankungen entweder die Erkrankungen der Verdauungsorgane oder die Verletzungen und Vergiftungen die Liste der führenden Todesursachen für die Erwachsenenbevölkerung im mittleren Lebensalter an.

Jährlich erleiden rund 10 Mio. Menschen in Deutschland Verletzungen und Vergiftungen, und etwa 4,5 % der zu Tode gekommenen Menschen sterben an den Folgen von Vergiftungen und vor allem von Verletzungen, die im Wesentlichen auf Haus- und Freizeitunfälle, Schul- und Arbeitsunfälle, Verkehrsunfälle, Gewalteinwirkungen und Suizid zurückzuführen sind (Statistisches Bundesamt 1998).

1997 nahmen sich 7,9 Frauen und 25,3 Männer je 100 000 Einwohner das Leben (Bundesministerium für Gesundheit 1999). In der Alters-

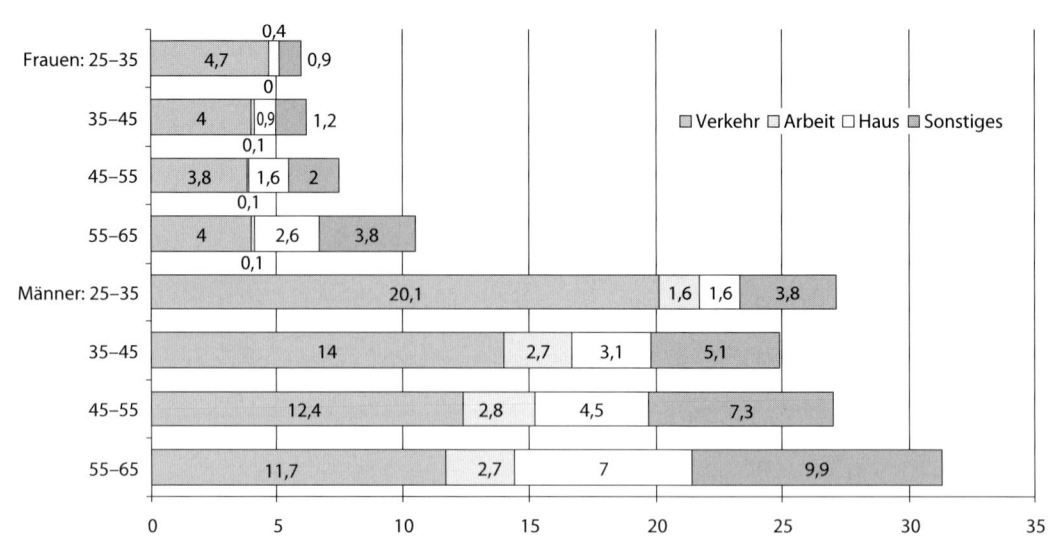

Abbildung 4: Unfallgeschehen in Deutschland je 100 000 Einwohner in verschiedenen Altersgruppen im Jahr 1997 (Quelle: Bundesministerium für Gesundheit 1999).

gruppe der 25- bis 65-Jährigen starben 1997 30 Frauen und 111 Männer (pro 100 000 Einwohner) in Folge eines Unfalls. Bei Betrachtung der Unfallquoten über die Altersspanne (vgl. **Abb. 4**) ist zu erkennen, dass Unfälle mit Todesfolge sowohl bei Frauen als auch bei Männern mit zunehmendem Alter steigen. Dies gilt allerdings nicht für die Straßenverkehrsunfälle, hier sinkt die Anzahl der Todesfälle vor allem bei den Männern (Bundesministerium für Gesundheit 1999).

4. Psychische Störungen und subjektive Befindlichkeit

Standen im vorherigen Abschnitt die bedeutsamsten Todesursachen im Zentrum des Interesses, soll nun das Augenmerk auf zwei weitere Aspekte gelenkt werden: auf psychische Störungen und die subjektive Beurteilung des Gesundheitszustands. Auch hier steht der Geschlechtervergleich auf der Grundlage epidemiologischer Studien im Vordergrund.

4.1 Ausgewählte psychische Störungen

Durch den Zusatzsurvey «Psychische Störungen 1998», der begleitend zum Bundes-Gesundheitssurvey erhoben wurde, liegen aktuell aussagekräftige Daten zur Verbreitung von affektiven, somatoformen und Angststörungen vor (Wittchen et. al. 1999). Insgesamt waren 1998 17,2 % aller befragten 18- bis 65-Jährigen innerhalb der letzen vier Wochen vor der Befragung von mindestens einer der oben genannten Störungen betroffen, was einer Bevölkerungsgruppe von 8,35 Mio. BundesbürgerInnen entspricht (Wittchen et al. 1999). **Tabelle 6** gibt einen Überblick über die geschlechtsspezifischen Prävalenzraten der verschiedenen Krankheiten in unterschiedlichen Altersgruppen. Der Anteil der Frauen, die von irgendeiner der Störungen betroffen ist, ist nahezu doppelt so hoch, wie der Anteil der Männer; die größten Geschlechterdifferenzen sind bei den Angststörungen zu finden. Die Abbildung zeigt – abgesehen davon, dass Frauen aller Altersgruppen häufiger als Männer die Kriterien der unterschiedlichen Krankheitsbilder erfüllen – dass bei den Frauen für die affektiven Störungen und bei den Männern für die somatoformen Störungen ein klarer Altersgradient in Richtung steigender Prävalenz bei steigendem Alter erkennbar ist. Bei Frauen nehmen die Angststörungen mit steigendem Alter ab, und bei den somatoformen Störungen ist die Belastung im mittleren Lebensalter am höchsten. Für Männer

Tabelle 6: Vier-Wochen-Prävalenzen psychischer Störungen (in Prozent) im Jahr 1998 (Quelle: Wittchen et al. 1999).

	Frauen				Männer				GMV
	18–35	36–45	46–65	**18–65**	18–35	36–45	46–65	**18–65**	alle Altersgruppen
Angststörungen	13,3	12,6	12,3	**12,7**	5,5	4,9	5,3	**5,5**	2,43
Somatoforme Störungen	8,9	11,1	10,4	**10,0**	3,1	4,5	6,9	**4,9**	2,03
Affektive Störungen	5,6	7,8	9,9	**7,8**	4,1	3,4	6,2	**4,8**	1,65
Irgendeine	22,0	23,0	23,3	**22,8**	10,4	9,9	13,9	**11,7**	1,95

hingegen scheint das mittlere Erwachsenenalter am belastungsärmsten zu sein, die Angststörungen treten vor allem in jüngeren Jahren, aber auch jenseits des 45. Lebensjahrs häufiger auf, und die affektiven Störungen treten in jüngeren Jahren, aber besonders in der älteren Altersgruppe gehäuft auf.

4.2 Subjektive Beurteilung des eigenen Gesundheitszustands

Neben den diagnosebezogenen Daten, die Auskunft geben über das Vorliegen von Erkrankungen in der Bevölkerung, sind auch subjektive Angaben zur Gesundheit, zu Beschwerden und zur Zufriedenheit mit der eigenen Gesundheit relevante Parameter für die Beurteilung des Gesundheitszustands einer Bevölkerung. Der Bundes-Gesundheitssurvey gibt Aufschluss u. a. über gesundheitliche Beschwerden sowie über die Zufriedenheit mit dem aktuellen Gesundheitszustand (Ellert/Knopf 1999). Außerdem geben repräsentative Bevölkerungserhebungen (Brähler et al. 1999) mit dem Gießener Beschwerdebogen Aufschluss über den von Frauen und Männern erlebten Beschwerdedruck.

Wie auch durch andere Studien belegt, weisen Männer insgesamt ein geringeres Beschwerdeniveau als Frauen auf (Brähler et al. 1999). Vergleiche zwischen den Jahren 1975 und 1994 zeigen, dass Frauen sowohl 1975 als auch 1994 signifikant häufiger über allgemeinen Beschwerdedruck berichten. Sie klagen deutlich häufiger über Erschöpfung, Gliederschmerzen und Herzbeschwerden, und nur im Hinblick auf Magenbeschwerden sind keine Geschlechtsunterschiede erkennbar. **Abbildung 5** verdeutlicht das Ausmaß des Beschwerdedrucks im Zeitverlauf für verschiedene Altersgruppen. Generell kann Mitte der Neunzigerjahre von einem vergleichsweise geringeren Beschwerdeausmaß im Vergleich zu 1975 ausgegangen werden. Insbesondere die Frauen berichten 1994 deutlich weniger Beschwerden, die Geschlechtereffekte haben sich während der betrachteten 20 Jahre insgesamt mehr als halbiert. Als Ursachen werden von Brähler, Schumacher und Felder (1999) neben einem möglicherweise veränderten Beschwerdeberichtsverhalten auch ein bei Frauen deutlicher Zugewinn an Bildungsniveau und Berufsstatus erörtert, was möglicherweise zu einem geringeren Beschwerdeaufkommen geführt hat.

Männer berichten nicht nur weniger Beschwerden, sie äußern sich außerdem insgesamt zufriedener mit ihrer Gesundheit als Frauen. Am zufriedensten sind die Männer im Alter zwischen 18 und 19 Jahren, hier berichten rund 70 %, sie seien sehr zufrieden mit ihrem aktuellen Gesundheitszustand; im weiteren Lebensverlauf sinkt die Zufriedenheit, und in der Altersgruppe der 50- bis 59-Jährigen wird große Zufriedenheit nur noch von etwas mehr als 40 % der Befragten berichtet. Für Frauen ist ein analoger Trend auf etwas geringerem Niveau feststellbar. Im Vergleich zu 1991 sind sowohl die Frauen als auch die Männer heute zufriedener mit ihrer Gesundheit (Ellert/Knopf 1999).

Eine für die bundesdeutsche Wohnbevölkerung repräsentative Stichprobe von 1996 zeigt, dass die meisten Bundesbürger ihren Gesundheitszustand als gut und ihre Krankheitsanfälligkeit sowie die krankheitsbedingten Beeinträchtigungen als gering erachten (Hessel et al. 1999).

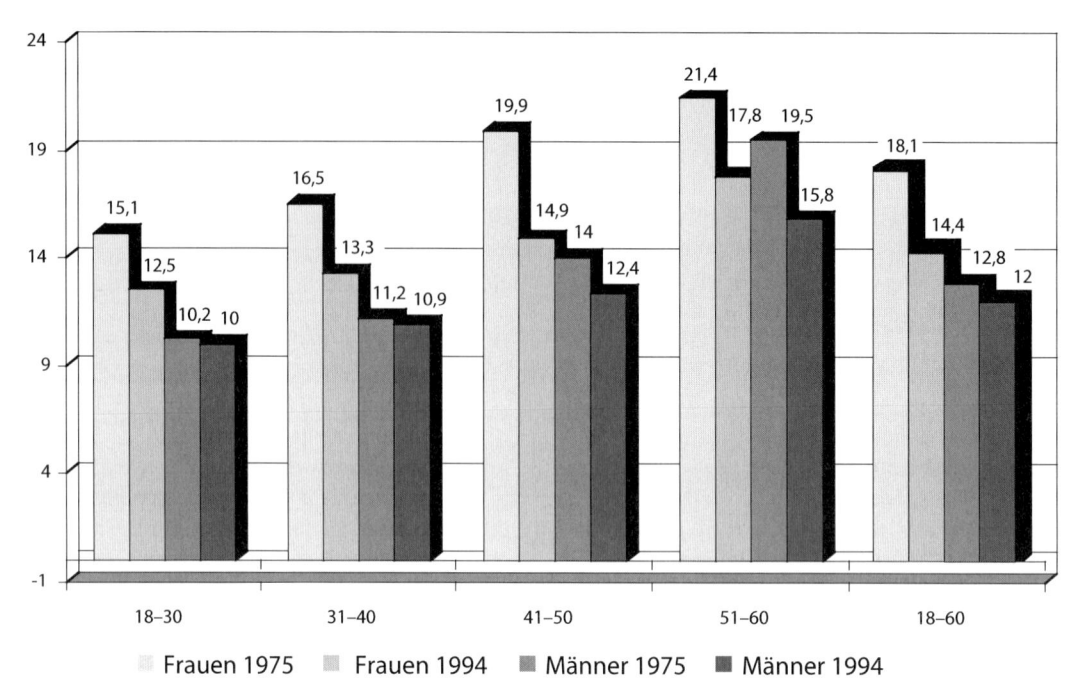

Abbildung 5: Mittleres Beschwerdeausmaß in den Jahren 1975 und 1994 nach Altersgruppen (Range: 1–24, Brähler et al. 1999).

Zahlreiche signifikante Geschlechtsunterschiede sind jedoch erkennbar: Nach der Anzahl ihrer aktuellen und früheren Erkrankungen befragt, nennen Frauen mehr Krankheiten (2,06 bzw. 4,97 für aktuell vorliegende bzw. früher vorgelegene Erkrankungen) als Männer (1,43 bzw. 3,63 Krankheiten). Frauen berichten signifikant häufiger als Männer über Allergien; Bronchialasthma, chronische Bronchitis; Durchblutungsstörungen in den Beinen; Entzündungen oder Steine der Gallenblase oder der Bauchspeicheldrüse; Essstörungen; Gelenkrheumatismus und chronische Gelenkentzündungen; Arthritis, Arthrose; Hämorriden; Hauterkrankungen; Hypotonie; Infekte der oberen Luftwege; Krampfadern, Thrombose, Venenentzündungen; Krebs; Migräne, Spannungskopfschmerzen; Muskelverspannungen; psychische Krankheiten; Schilddrüsenerkrankungen, Struma, Kropf sowie Verstopfung. Männer berichten häufiger das Vorliegen von Herzinfarkt sowie Leberverhärtungen und Leberzirrhose. Keine Geschlechtsunterschiede wurden gefunden bei Angina Pectoris; Diabetes; Durchfall und Darmentzündungen; Entzündungen oder Steine der Blase, der Nieren oder der Harnwege; Erkrankungen der Sinnesorgane (Augen, Ohren); Herzinsuffizienz, Hypertonie; Körperbehinderungen; Leberentzündungen, Fettleber, Hepatitis; Magenschleimhautentzündungen und Magen- und Zwölffingerdarmgeschwür; Nervenkrankheiten und neurologischen Erkrankungen; Schlaganfall; Tuberkulose; Übergewicht und Adipositas sowie bei den Wirbelsäulenschäden (Hessel et al. 1999).

Folgerichtig beschreiben Frauen ihren Gesundheitszustand im Mittel als schlechter als Männer, außerdem berichten Frauen eine stärkere Beeinträchtigung aufgrund ihres Gesundheitszustands, und schlussendlich nehmen Frauen sich als krankheitsanfälliger wahr als Männer (Hessel et al. 1999).

5. Versorgungssystembezogene Morbiditätsdaten

Neben den klassischen Mortalitäts- und Morbiditätsdaten lassen sich Erkenntnisse zu Krankheit und Gesundheit auch aus Daten zur Inanspruchnahme von Versorgungsleistungen, z. B. Krankenhausaufenthalte und Rehabilitationsmaßnahmen, ableiten, wobei diese allerdings zumeist nur für die Gesamtbevölkerung vorliegen und darum nur selten für das mittlere Erwachsenenalter gesondert ausgewiesen werden können. Im folgenden Abschnitt zeigt sich, dass bis zum Alter von etwa 50 Jahren mehr Frauen als Männer stationäre Versorgung im Krankenhaus in Anspruch nehmen, wobei bis zu dieser Altersgruppe die Verweildauer der Frauen kürzer ist. Jenseits des 50. Lebensjahrs kehrt sich dieser Trend um. Krankenhausaufenthalte im Zusammenhang mit Herz-Kreislauf-Erkrankungen, bösartigen Neubildungen und verdauungssystembezogenen Krankheiten sind sowohl für die weibliche als auch für die männliche Bevölkerung mittleren Alters von größter Bedeutung. Rehabilitationsmaßnahmen werden von Frauen in erster Linie aufgrund von Neubildungen, von Männern aufgrund von Herz-Kreislauf-Erkrankungen in Anspruch genommen. Bei den vorzeitigen Berentungen stellen Neurosen und Dorsopathien sowohl für Frauen als auch für Männer (in vertauschter Rangfolge) die zentralen Diagnosen dar. Männer des mittleren Erwachsenenalters sind insgesamt mehr krankgeschrieben als Frauen, dies zeigt sich für fast alle Krankheitsgruppen; besonders häufig werden sowohl Frauen als auch Männer aufgrund von Erkrankungen der Atmungsorgane sowie von Muskel-Skelett-Erkrankungen krankgeschrieben.

5.1 Krankenhausfälle

Die nach Krankheitsarten organisierten Statistiken zu Krankenhausfällen und -tagen zeigen, dass 1996 insgesamt rund 7,5 Mio. Frauen und 6 Mio. Männer im Durchschnitt 11,7 bzw. 11,5 Tage im Krankenhaus verbrachten (vgl. **Abb. 6**).

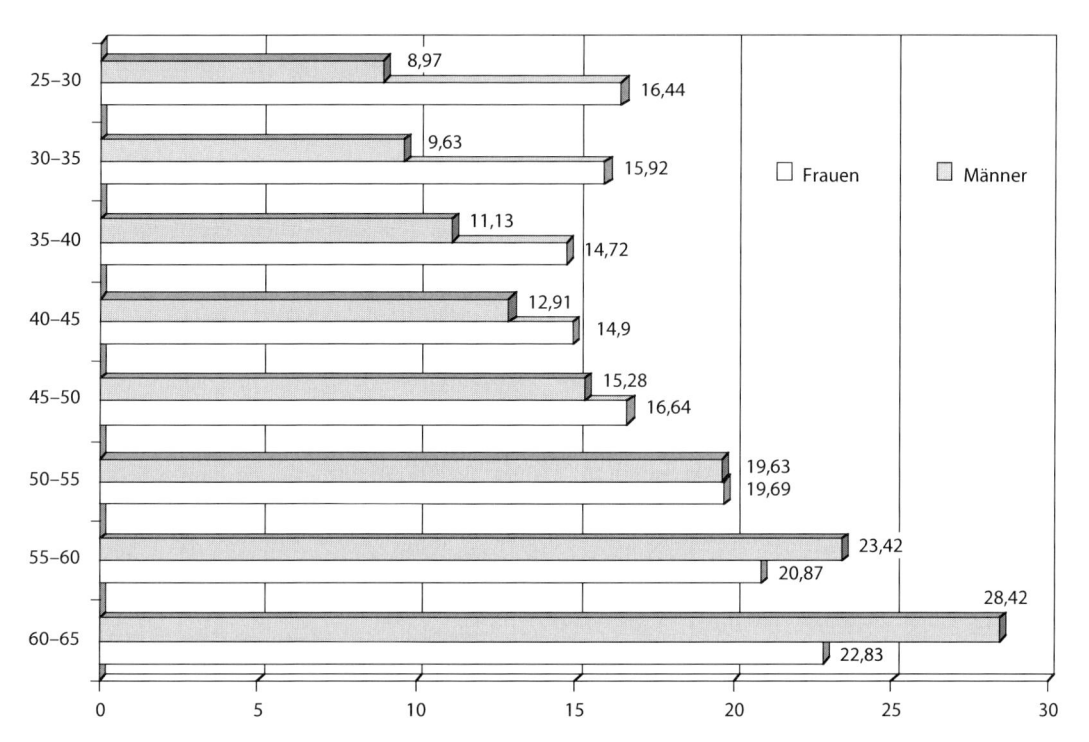

Abbildung 6: Krankenhausfälle für GKV-Versicherte je 100 Mitglieder im Jahr 1996 nach Altersgruppen (Quelle: Bundesministerium für Gesundheit 1999).

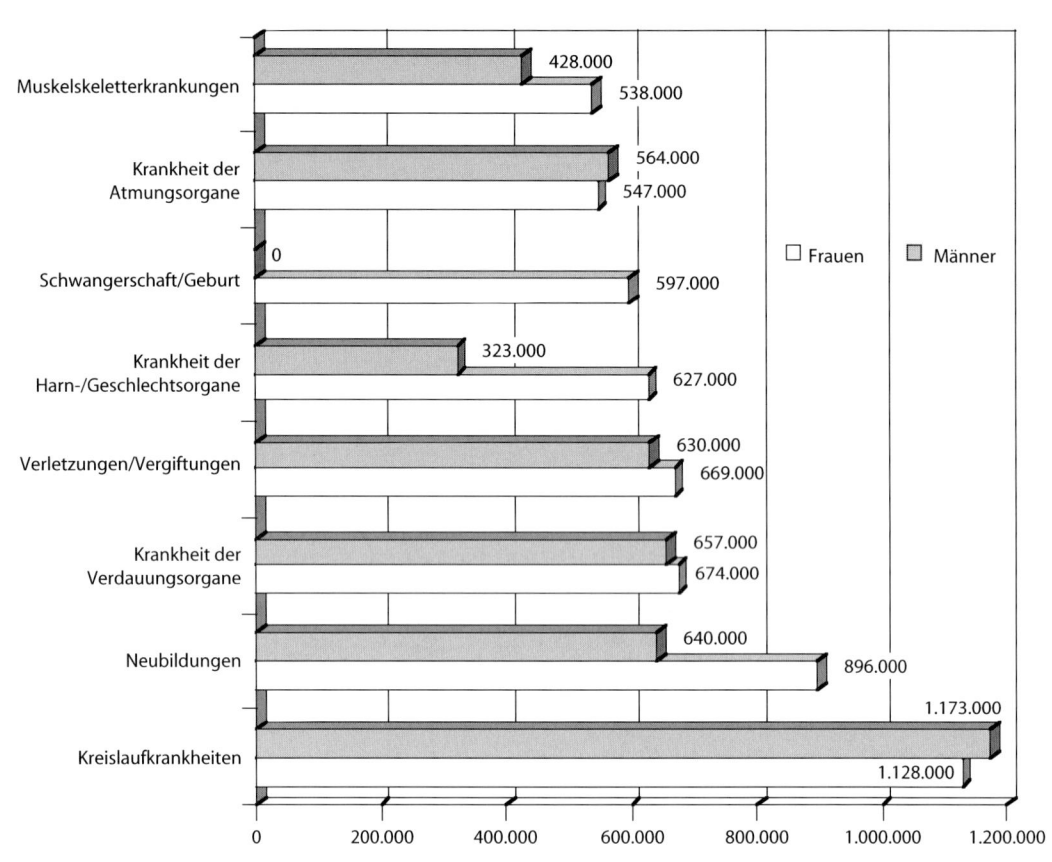

Gesundheit und Krankheit im Lebenslauf von Frauen und Männern

Diagnosegruppe	Frauen	Männer
Muskelskeletterkrankungen	428.000	538.000
Krankheit der Atmungsorgane	564.000	547.000
Schwangerschaft/Geburt	0	597.000
Krankheit der Harn-/Geschlechtsorgane	323.000	627.000
Verletzungen/Vergiftungen	630.000	669.000
Krankheit der Verdauungsorgane	657.000	674.000
Neubildungen	640.000	896.000
Kreislaufkrankheiten	1.173.000	1.128.000

Abbildung 7: Krankenhausfälle von GKV-Versicherten im Jahr 1996 nach Diagnosegruppen (Quelle: Bundesministerium für Gesundheit 1999).

Für die Bevölkerung mittleren Alters ist festzustellen, dass in jüngeren Jahren prozentual deutlich mehr Frauen als Männer Krankenhausaufenthalte aufweisen. Besonders krass ist dieser Unterschied in der Altersgruppe der 25- bis 30-Jährigen; der Anteil der stationär behandelten Patientinnen ist hier fast doppelt so hoch wie der stationär behandelter Patienten. Diese Zahlen lassen sich vor allem mit den Krankenhausaufenthalten im Zusammenhang mit Schwangerschaft und Geburt erklären, die in Deutschland überwiegend stationär erfolgt (s. u.). Erst in der Altersgruppe der 50- bis 55-Jährigen gleicht sich das Geschlechterverhältnis an, und in den höheren Altersgruppen verkehrt sich das Verhältnis deutlich zu Ungunsten der Männer (Bundesministerium für Gesundheit 1999). Gemessen an der Länge der Verweildauer zeigt sich eine spiegelbildliche Verteilung: Bis zum Alter von 55 Jahren ist die Verweildauer der Frauen je Fall ein bis zwei Tage geringer, erst danach übersteigen die Verweildauern der Frauen die der Männer (Bundesministerium für Gesundheit 1999).

Abbildung 7 zeigt die Krankenhausfälle für die Gesamtbevölkerung, gegliedert nach den häufigsten Krankheitsarten für Frauen und Männer. Mit Ausnahme der Kreislaufkrankheiten sowie der Erkrankungen der Atmungsorgane weisen mehr Frauen als Männer Krankenhausaufenthalte auf. Diese Unterschiede lassen sich vor allem durch die mit steigendem Alter wachsende weibliche Population erklären.

Die Krankheiten des Kreislaufsystems stellen sowohl für Frauen als auch für Männer die häufigste Ursache für einen Krankenhausaufenthalt dar. Die zweit- und dritthäufigsten Ursachen für einen Krankenhausaufenthalt sind bei den Geschlechtern vertauscht; während Frauen häufiger aufgrund von Neubildungen stationär behandelt werden, waren Männer häufiger aufgrund von Krankheiten der Verdauungsorgane im Krankenhaus. Verletzungen und Vergiftungen sind ebenfalls für beide Geschlechter eine bedeutsame Ursache für Krankenhausaufenthalte, an fünfter und sechster Stelle stehen bei den Frauen Ursachen im Zusammenhang mit dem Reproduktionssystem, bei den Männern Erkrankungen der Atmungsorgane und des Muskel-Skelett-Systems (Bundesministerium für Gesundheit 1999).

Etwas detaillierter lassen sich Daten aus den von den Krankenhäusern gemeldeten Diagnosen ableiten. Betrachtet man die fünf häufigsten Krankheitsdiagnosen, aufgrund derer Frauen und Männer im Alter zwischen 15 und 65 Jahren 1997 im Krankenhaus waren, so ist erkennbar, dass Frauen häufig aus anderen Gründen als Männer im Krankenhaus sind. 532 000 Frauen waren 1997 aufgrund einer normalen Entbindung im Krankenhaus, die weiteren Hauptursachen bei den erwachsenen Frauen sind Brustkrebs, Komplikationen im Zusammenhang mit Wehen, Varizen der unteren Extremitäten sowie Gallensteinleiden. Die meisten, d. h. rund 207 000 Männer waren 1997 aufgrund von «Sonstigen Formen chronischer ischämischer Herzkrankheiten» im Krankenhaus. Alkoholabhängigkeit, Leistenbruch, Meniskusschäden sowie Nieren- und Harnleiterschäden führen weiterhin die Liste der häufigsten Diagnosen an (Bundesministerium für Gesundheit 1999).

5.2 Rehabilitationsmaßnahmen

1999 wurden insgesamt 953 000 rentenversicherungsfinanzierte medizinische, berufsförderliche und sonstige Leistungen zur Rehabilitation durchgeführt, davon entfielen 304.000 stationäre medizinische Rehabilitationsmaßnahmen auf die weiblichen und 367 000 Leistungen auf die männlichen Versicherten (VDR 2001). **Abbildung 8** stellt die Inanspruchnahmeraten nach ausgewählten Diagnosehauptgruppen für beide Geschlechter dar. Frauen und Männer unterscheiden sich deutlich hinsichtlich der Inanspruchnahme von Rehabilitationsleistungen aufgrund von Neubildungen – hier nehmen sehr viel mehr Frauen als Männer Leistungen in Anspruch – und Herz-Kreislauf-Erkrankungen – dort ist das Geschlechterverhältnis umgekehrt (VDR 2001). Die Daten spiegeln damit die Bedeutsamkeit der Krankheiten wider, die sich auch in den Todesursachenstatistiken niederschlägt.

87 000 Frauen und 150 000 Männer im

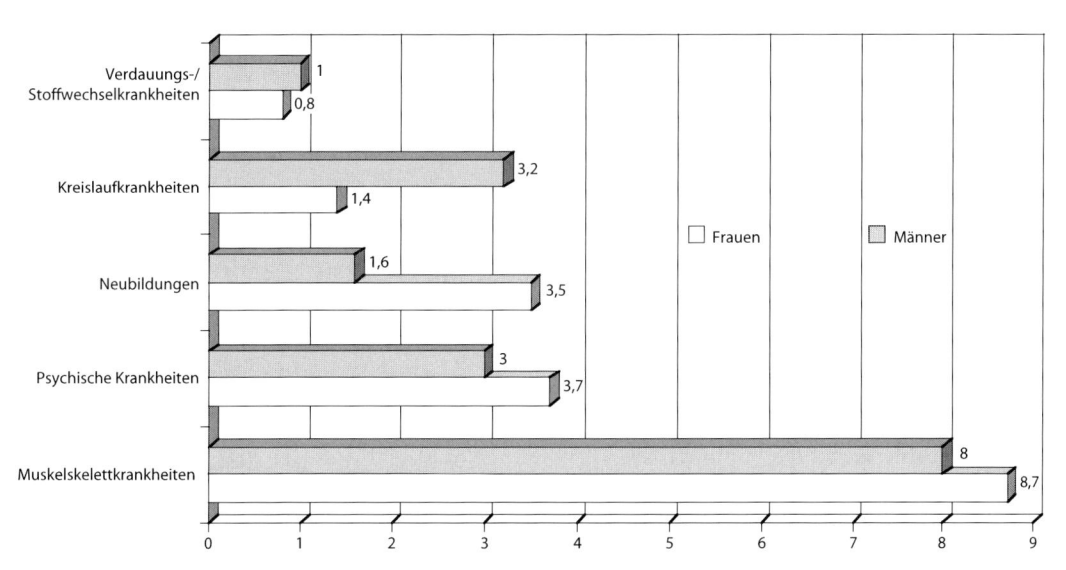

Abbildung 8: Bewilligte stationäre medizinische Rehabilitationsleistungen pro 1000 Versicherte im Jahr 1999 (Quelle: VDR 2001).

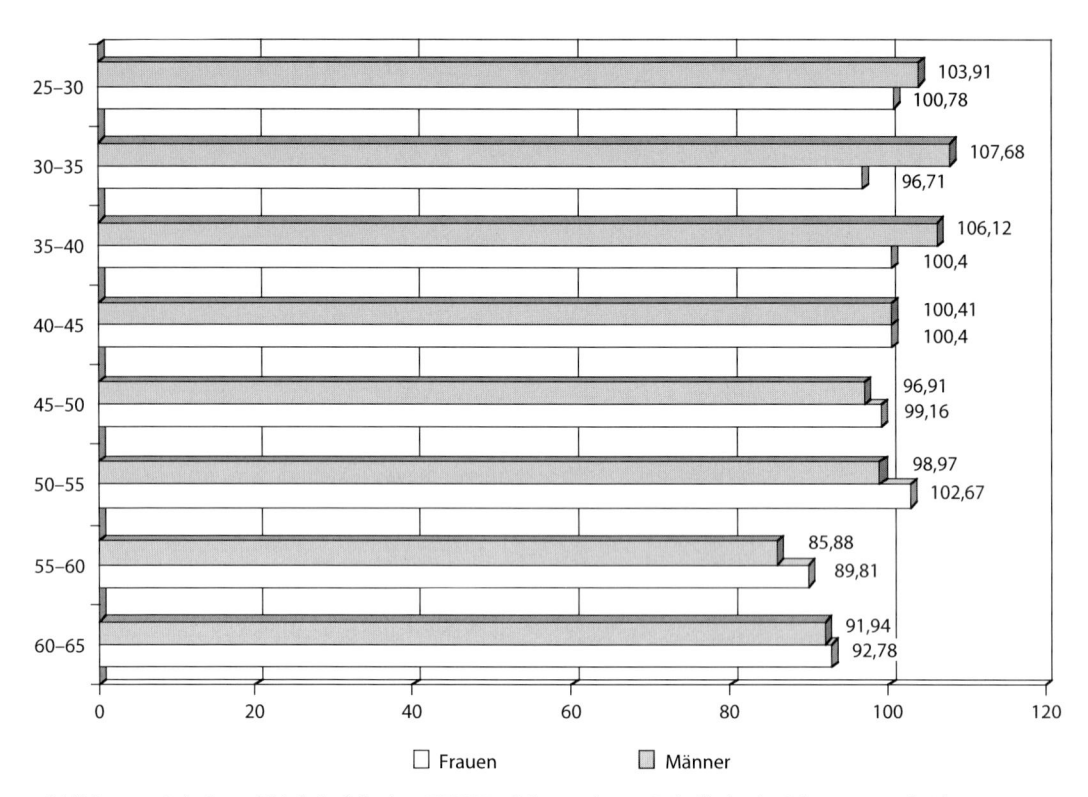

Abbildung 9: Arbeitsunfähigkeitsfälle der GKV-Versicherten je 100 Mitglieder im Jahr 1996 nach Altersgruppen (Quelle: Bundesministerium für Gesundheit 1999).

Durchschnittsalter von 50,5 bzw. 50,3 Jahren wurden 1998 wegen verminderter Erwerbsfähigkeit vorzeitig berentet. Bei den Frauen wurden 16 000 vorzeitige Berentungen aufgrund von Neurosen sowie 11 800 aufgrund von Dorsopathien und 7400 aufgrund von Arthropathien verordnet. Bei den Männern bilden 25 000 Frühberentungen aufgrund von Dorsopathien, 17 000 Frühberentungen aufgrund von Neurosen oder verwandten Störungen sowie 10 700 Frühberentungen aufgrund ischämischer Herzkrankheiten die drei häufigsten Ursachen für einen vorzeitigen Rentenzugang (Bundesministerium für Gesundheit 1999).

5.3 Arbeitsunfähigkeit

Die Daten der gesetzlichen Krankenversicherungen zu Arbeitsunfähigkeitstagen und -fällen zeigen, dass 1996 14,7 Mio. Frauen und 16,8 Mio. Männer im Durchschnitt 15,7 bzw. 16,4 Tage krankgeschrieben waren. Generell sind Männer häufiger krankgeschrieben als Frauen, 104,7 Frauen (auf 100 Frauen aller Altersgruppen) stehen 106,7 Männern gegenüber. **Abbildung 9** zeigt die Arbeitsunfähigkeitsdaten getrennt für verschiedene Altersgruppen: Es ist zu ersehen, dass in den jüngeren Altersgruppen mehr Männer als Frauen krankgeschrieben sind: Besonders deutlich ist der Unterschied in der Altersgruppe der 30- bis 35-Jährigen, erst ab etwa 40 Jahren verkehrt sich dieser Trend.

Abbildung 10 zeigt die Arbeitsunfähigkeitsfälle (absolute Zahlen) getrennt nach Geschlecht für die häufigsten Krankheitsarten. Es wird ein erheblicher Männerüberhang bei fast allen Krankheitsarten deutlich. Die Krankheiten der Atmungsorgane sowie die Muskel-Skelett-Erkrankungen stellen sowohl bei Frauen als auch bei Männern die beiden häufigsten Ursachen für Arbeitsunfähigkeit dar. Für Frauen bilden die Erkrankungen der Verdauungsorgane die dritthäufigste Ursache für eine Arbeitsunfähigkeit,

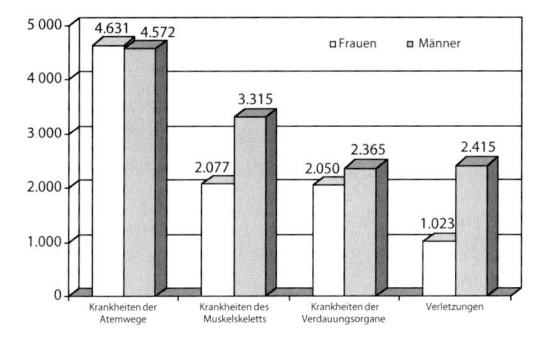

Abbildung 10: Arbeitsunfähigkeitsfälle in absoluten Zahlen in 1000 im Jahr 1996 (Quelle: Bundesministerium für Gesundheit 1999).

für Männer sind dies die Verletzungen und Vergiftungen (Bundesministerium für Gesundheit 1999).

6. Zusammenfassung

Resümierend lässt sich schlussfolgern, dass für Frauen und Männer im mittleren Erwachsenenalter wesentliche Unterschiede aber auch zentrale Gemeinsamkeiten hinsichtlich Gesundheit und Krankheit erkennbar sind. Generell gilt, dass bösartige Neubildungen, Herz-Kreislauf-Erkrankungen, die Krankheiten des Verdauungssystems und die Verletzungen und Vergiftungen die bedeutsamsten Ursachen für Morbidität und Mortalität sowohl von Frauen als auch von Männern darstellen. Unterschiede sind erkennbar beispielsweise im Hinblick auf die steigenden Lungenkrebsraten in der weiblichen Bevölkerung. Verstärkte geschlechtersensible Aktivitäten sind hier dringend erforderlich, wobei jedoch nicht außer Acht gelassen werden sollte, dass relevante Unterschiede in Gesundheit und Krankheit oft auch innerhalb einer Geschlechtsgruppe erkennbar sind. Das bedeutet, dass Public-Health-Anstrengungen zielgruppenspezifisch sein müssen. Dabei können sowohl Frauen oder Männer als Gesamtgruppen fokussiert werden als auch stärkere Differenzierungen z. B. nach sozialem Status oder Alter notwendig sein.

Literatur

Brähler, E., Schumacher, J., Felder, H. (1999). «Die Geschlechtsabhängigkeit von Körperbeschwerden». In: Brähler, E., Felder, H. (Hrsg.). *Weiblichkeit, Männlichkeit und Gesundheit*. Opladen, S. 171–185.

Bundesministerium für Gesundheit. (1999). *Daten des Gesundheitswesens: Ausgabe 1999*. Baden-Baden.

Bundesministerium für Gesundheit (2000). *Alkoholkonsum und alkoholbezogene Störungen in Deutschland*. Baden-Baden.

Ellert, U., Knopf, H. (1999). «Zufriedenheit mit Lebensumständen und Gesundheit». *Das Gesundheitswesen*, 61, S. 145–150.

Hessel, A., Geyer, M., Plöttner, G., Schmidt, B., Brähler, E. (1999). «Subjektive Einschätzung der eigenen Gesundheit und subjektive Morbidität in Deutschland: Ergebnisse einer bevölkerungsrepräsentativen Befragung». *Psychotherapie, Psychosomatik, Medizinische Psychologie*, 49, S. 264–274.

Junge, B., Nagel, M. (1999). «Das Rauchverhalten in Deutschland». *Das Gesundheitswesen*, 61, S. 121–125.

Kolip, P. (1998). «Frauen und Männer». In: Schwartz, F. W., Badura, B., Leidl, R., Raspe, H. H., Siegrist, J. (Hrsg.). *Das Public Health Buch: Gesundheit und Gesundheitswesen*. München, S. 506–516.

Kraus, L., Bauernfeind, R. (1998). «Repräsentativerhebung zum Gebrauch psychoaktiver Substanzen bei Erwachsenen in Deutschland». *Sucht*, 44, Sonderband, S. 3–82.

Mensink, G. B. M., Thamm, M., Haas, K. (1999). «Die Ernährung in Deutschland 1998». *Das Gesundheitswesen*, 61, S. 200–206.

Statistisches Bundesamt (1998). *Gesundheitsbericht für Deutschland*. Stuttgart.

Statistisches Bundesamt (2001). http://www.statistikbund.de/allg/d/veroe/d_bevoe.htm.

Thefeld, W., Stolzenberg, H., Bellach, B.-M. (1999). «Bundes-Gesundheitssurvey: Response, Zusammensetzung der Teilnehmer und Non-Responder-Analyse». *Das Gesundheitswesen*, 61, S. 57–61.

VDR – Verein der Deutschen Rentenversicherungsträger (2001). http://www.VDR.de/statistik.

Wiesner, G., Grimm, J., Bittner, E. (1999a). «Zum Herzinfarktgeschehen in der Bundesrepublik Deutschland: Prävalenz, Inzidenz, Trend, Ost-West-Vergleich». *Das Gesundheitswesen*, 61, S. 72–78.

Wiesner, G., Grimm, J., Bittner, E. (1999b). «Schlaganfall: Prävalenz, Inzidenz, Trend, Ost-West-Vergleich». *Das Gesundheitswesen*, 61, S. 79–84.

Wittchen, H.-U., Müller, N., Pfister, H., Winter, S., Schmidtkunz, B. (1999). «Affektive, somatoforme und Angststörungen in Deutschland». *Das Gesundheitswesen*, 61, S. 216–222.

Gesundheit und Krankheit im hohen Alter

Andreas Kruse und Eric Schmitt

1. Einleitung

Theoretische Ansätze zur Erklärung von Ursachen und Konsequenzen spezifischer Unterschiede zwischen älteren und alten Frauen und Männern lassen sich mit Smith und Baltes (1998) in drei umfassende Forschungsperspektiven differenzieren, aus denen sich eine zumindest zum Teil widersprüchliche Einschätzung der Bedeutung der Geschlechtsvariable für die Alter(n)sforschung ergibt (Huyck 1990; Moen 1996).

Aus einer ersten Forschungsperspektive sind erhebliche geschlechtsspezifische Unterschiede im höheren und hohen Alter zu erwarten, da Frauen und Männer in unterschiedlichen Kontexten altern, die mit unterschiedlichen Möglichkeiten einhergehen, den eigenen Alternsprozess zu gestalten und sich effektiv und erfolgreich mit Problemen, Aufgaben und Herausforderungen auseinanderzusetzen. Die Tatsache, dass sich geschlechtsspezifische Alternsforschung bis heute zum weit überwiegenden Teil auf die Erforschung spezifisch weiblicher Lebenslagen, Problemkonstellationen und Entwicklungsprozesse konzentriert hat, geht entsprechend weniger auf die im Vergleich zum Beginn des Jahrhunderts erheblich veränderte quantitative Verteilung der Geschlechter (die so genannte Feminisierung des Alters) zurück, als vielmehr auf sozial-strukturelle Ungleichheiten, zu denen vor allem die folgenden zu zählen sind:
1. Ältere Frauen sind aufgrund ihrer höheren Überlebenswahrscheinlichkeit häufiger verwitwet als Männer. Bei ihnen ist nicht nur der Tod des Ehepartners ein häufiger anzutreffendes kritisches Lebensereignis, sie haben auch aufgrund der Geschlechterverteilung in höheren Altersgruppen eine geringere Wahrscheinlichkeit einen neuen Partner zu finden.
2. Die heute älteren Frauen hatten deutlich schlechtere Chancen, einen höheren Bildungsabschluss zu erreichen als die heute älteren Männer, was sich im Alter unter anderem in Ungleichheiten in der Verteilung von Gesundheitschancen äußern kann.
3. Die Einkommenssituation älterer Frauen ist aufgrund von Phasenerwerbstätigkeit (Kindererziehung), geringer qualifizierten, belastenden und diskontinuierlichen Arbeitsplätzen sowie infolge von Benachteiligungen im Rentenrecht (Anerkennung von Erziehungszeiten) schlechter als jene älterer Männer. Armut im Alter ist deshalb zum größten Teil ein spezifisch weibliches Problem.
4. Im Zusammenhang mit der schlechteren Einkommenssituation steht nicht selten eine ungünstigere Wohnsituation. Aus den genannten Punkten wird deutlich, warum Backes und Clemens (1998) die These vertreten, soziale Probleme im Alter seien de facto zum überwiegenden Teil Probleme alter und hochbetagter Frauen, und warum sich vor allem innerhalb der Sozialwissenschaften eine Frauenforschung etabliert hat, während das Interesse an spezifisch männlichen Problemkonstellationen und Entwicklungsprozessen lange Zeit eher gering gewesen ist.

Aus einer zweiten theoretischen Perspektive sind weniger Unterschiede in den objektiven Lebensbedingungen von Frauen und Männern für Geschlechtsunterschiede verantwortlich zu machen als vielmehr innerhalb der Gesellschaft verbreitete Geschlechtsstereotype und aus diesen resultierende Erwartungen. Da mit fortschreitendem Alternsprozess ein zunehmender Verlust an sozialen Rollen verbunden ist – als einschneidende Veränderungen wären hier etwa die mit dem Auszug der Kinder aus dem Elternhaus einhergehenden Veränderungen in der Elternrolle oder der Verlust der Berufsrolle zu nennen –, wird angenommen, dass sich weibliche und männliche Geschlechtsrolle zunehmend einander annähern, zum Teil wird auch von «Altersandrogynität» oder einer Geschlechtsrollenumkehr im Alter ausgegangen (Deaux/Major 1987; Fooken 1991, 1995; Gutmann 1987). Unter diese Forschungsperspektive können weiterhin Ansätze subsumiert werden, die davon ausgehen, dass altersgebundene Verluste im Gesundheitszustand und im sozialen Status stärkere Auswirkungen auf die subjektive Wahrnehmung des Alternsprozesses haben als geschlechtsrollenspezifische Aspekte. Entsprechend sollten der Gesundheitszustand, das Ausmaß der Selbstständigkeit im Alltag und der kognitive Status wichtiger für gesellschaftlich geteilte Erwartungen sein als das Geschlecht (Atchley 1991).

Eine dritte Forschungsperspektive ist durch die Annahme gekennzeichnet, dass sich das Ausmaß an Ähnlichkeit versus Unterschiedlichkeit zwischen den Geschlechtern über die Lebensspanne nicht wesentlich verändert, da insbesondere Aspekte der psychologischen Funktionstüchtigkeit ein hohes Maß an Kontinuität aufweisen. So erzielen etwa im Bereich der kognitiven Leistungsfähigkeit Männer für rechnerisches Denken und räumliches Vorstellungsvermögen, Frauen für Wortflüssigkeit, Wahrnehmungsgeschwindigkeit oder Verbalgedächtnis bessere Werte (Feingold 1994; Halpern 1997). Ähnlich sind für Frauen unabhängig vom Lebensalter durchschnittlich höhere Werte für die Persönlichkeitsmerkmale Neurotizismus und Verträglichkeit (Costa/McCrae 1992) sowie für die Intensität, mit der positive und negative Affekte erlebt werden (Brody/Hall 1993), belegt.

Der vorliegende Beitrag behandelt geschlechtsspezifische Aspekte von Morbidität und Mortalität im höheren und hohen Alter. In den folgenden ersten vier Kapiteln stehen vor allem körperliche Aspekte im Vordergrund. Hier wird zunächst auf («normale») biologisch-physiologische Altersveränderungen eingegangen, ehe körperliche Erkrankungen, Multimorbidität und Multimedikation aufgegriffen werden. Das vierte Kapitel geht von der bei Frauen gegenüber Männern um fast sieben Jahre höheren Lebenserwartung aus und zeigt, dass bei beiden Geschlechtern zwar ähnliche Erkrankungen zum Tode führen, diese aber – zum Teil durch biologisch-physiologische Faktoren, zum Teil durch geschlechtsspezifische Unterschiede im Lebensstil bedingt – bei Männern im Allgemeinen früher auftreten als bei Frauen. Im fünften Kapitel werden geschlechtsspezifische Unterschiede in den im Alter bestehenden Möglichkeiten und Grenzen einer selbstständigen Lebensführung behandelt. In den darauf folgenden drei Kapiteln sind Aspekte der psychischen Stabilität und psychologischen Funktionstüchtigkeit von stärkerem Interesse. So werden im sechsten Kapitel zunächst Befunde zu psychischen Erkrankungen (wobei der Schwerpunkt auf depressive Erkrankungen gelegt wird) berichtet, ehe im siebenten und achten Kapitel auf Versuche eingegangen wird, die psychologische Funktionstüchtigkeit bzw. den allgemeinen Funktionsstatus umfassend zu beschreiben und auf dieser Grundlage die Frage nach geschlechtsspezifischen Alternsprozessen zu beantworten. Im neunten Kapitel werden Ergebnisse neuerer prospektiver Untersuchungen berichtet, in denen das Geschlecht in seiner Bedeutung als Prädiktor von Mortalität untersucht wird.

2. Physiologische Altersveränderungen

Der Kenntnisstand über physiologische Altersveränderungen ist mittlerweile weit fortgeschritten (Gerok/Brandtstädter 1994; Steinhagen-Thiessen et al. 1994). Allerdings ist es nach wie vor schwierig zu differenzieren, inwieweit es sich bei den im Einzelfall zu beobachtenden Veränderungen noch um «normale» Alternsprozesse oder bereits um pathologische Veränderungen handelt. Auch wenn Begriffe wie «optimales», «normales» oder «pathologisches» Altern schon deshalb immer gewisse Unschärfen aufweisen müssen, weil der Alternsprozess als komplexes Zusammenspiel zwischen Biologie und Kultur bzw. zwischen Merkmalen der Person sowie Merkmalen ihrer räumlichen, sozialen und institutionellen Umwelt zu konzeptualisieren ist (Baltes 1999; Gerok/Brandtstädter 1994; Kruse 1995, 1996a; Riley et al. 1994), so lässt sich doch feststellen, dass «biologisch-physiologisches Altern» durch fortschreitende Verluste in der Vitalkapazität des Organismus, in Adaptations- und Kompensationsreserven sowie in den einzelnen Organ- und Funktionssystemen gekennzeichnet ist. Eine verringerte Funktionsreserve der Organe, eine abnehmende Vitalkapazität, ein zunehmender Blutdruck, eine erhöhte Cholesterinkonzentration im Blut, eine verminderte Glukosetoleranz, eine Abnahme der Muskelfasern und Kapillaren bei gleichzeitiger Zunahme des Bindegewebes, biochemische Veränderungen der Faserbestandteile und der Grundsubstanz des Bindegewebes, eine Abnahme des Mineralgehaltes des Skeletts, eine Trübung der Augenlinse sowie der Verlust des Hörvermögens für hohe Frequenzen stellen bedeutsame, altersgebundene biologisch-physiologische Veränderungen dar, die gleichfalls als gesundheitliche Risiken des Alters aufgefasst werden müssen (ausführlich dazu Steinhagen-Thiessen et al. 1994).

Hierbei ist allerdings darauf hinzuweisen, dass der Zeitpunkt des Einsetzens und die Geschwindigkeit physiologischer Alternsprozesse hohe interindividuelle Unterschiede aufweisen, die im Wesentlichen auf
1. die genetische Information (einschließlich eingetretener Schädigungen der Information sowie der Korrektur dieser Schädigungen);
2. die Anzahl, die Art und die (Einwirkungs-)Dauer von Risikofaktoren (vor allem: Alkohol, Rauchen, fehlerhafte Ernährung, mangelnde Bewegung, Schadstoffe am Arbeitsplatz, dysfunktionale Belastungen des Organismus) und Erkrankungen in allen Lebensabschnitten;
3. die Art und das Ausmaß körperlicher Aktivität in früheren Lebensaltern und im Alter sowie
4. den Anregungsgehalt der Umwelt hinsichtlich der Förderung von Aktivität, Mobilität und Kompetenz im gesamten Lebenslauf zurückgeführt werden können.

Der physiologische Alternsprozess nimmt ebenso wenig einen «schicksalshaften» Verlauf wie die Alternsprozesse auf der psychologischen und sozialen Dimension, sondern kann durch die Förderung eines gesundheitsbewussten, aktiven Lebensstils (zu dem Sport und Bewegung gehören) in früheren Lebensaltern sowie durch die Betonung präventiver Maßnahmen in unserem Gesundheitssystem erheblich beeinflusst werden (Kruse 1996b; Kruse/Schmitt 1998a).

Für allgemeine Veränderungen in Organfunktionen werden in aller Regel keine geschlechtsdifferenzierten Daten genannt, so dass man von einheitlichen Veränderungen ausgehen muss (Timiras 1994). Auf der Basis hormoneller, immunologischer und anderer biologischer Faktoren, die im Alternsprozess eine Rolle spielen (Ory/Warner 1990), lassen sich jedoch Unterschiede zwischen Männern und Frauen finden, die teilweise durchaus Erklärungsansätze für Unterschiede in den Mortalitätsraten liefern.

Das Immunsystem nimmt im Alter in seinem Abwehrpotenzial ab und vermindert seine Fähigkeit, körpereigene Substanzen zu erkennen. Daraus resultieren eine erhöhte Infektionsgefahr, eine Zunahme von Tumoren und eine höheres Risiko für Autoimmunerkrankungen. Frauen scheinen ein höheres immunologisches Potenzial im Alter zu behalten. Dies würde erklären warum Männer im Alter eher von akuten, lebensbedrohlichen Erkrankungen betroffen sind oder warum bei ihnen manche Erkrankungen komplikationsreicher ablaufen. Die Einflüsse des weiblichen Geschlechtshormons Östrogen ist für den Schutz vor Herz-Kreislauf-Erkrankungen von Frauen vor der Menopause mitverantwortlich. So sind bei Frauen bis etwa zum 50. Lebensjahr die Cholesterinwerte niedriger und der HDL-Spiegel höher als bei Männern gleichen Alters (das Lipoprotein gilt als Schutzfaktor gegen koronare Herzerkrankung). Der positive Effekt von Östrogen auf den Fettstoffwechsel dürfte eine der biologischen Hauptursachen für die im mittleren Erwachsenenalter bei Männern im Vergleich zu Frauen höhere Todesrate infolge von Herz-Kreislauf-Erkrankungen sein. Denn nach der Menopause nimmt dieser Vorteil der Frauen kontinuierlich ab, bis dann im höheren Alter das Risiko für Frauen größer ist. Die Veränderungen der Geschlechtshormone beim Mann im Alter werden dagegen als nur geringfügig beschrieben. Zwar geht der Testosteronspiegel zurück, jedoch liegen über das Ausmaß und die Auswirkungen dieses Rückgangs sehr unterschiedliche Ergebnisse vor (Timiras 1994).

3. Körperliche Erkrankungen, Multimorbidität und Multimedikation

Daten aus den Vereinigten Staaten zeigen, dass Frauen von fast allen chronischen Beeinträchtigungen häufiger betroffen sind als Männer, insbesondere von Störungen des Bewegungsapparates, Verdauungsstörungen, Anämien, Migräne, Erkrankungen der Harnwege und Varizen. Eine Ausnahme bilden die Gicht, der Bandscheibenvorfall sowie Hör- und Seheinbußen. Diese sind bei Frauen seltener. Bezüglich der Rangreihe der häufigsten Erkrankungen finden sich dagegen nur geringfügige Unterschiede zwischen den Geschlechtern: Bei Männern sind Höreinbußen gefolgt von Arthritis, Bluthochdruck, Katarakt und ischämischen Herzerkrankungen am häufigsten, bei Frauen Arthritis gefolgt von Bluthochdruck, Höreinbußen, Katarakt und chronischer Sinusitis. Im Vergleich zu Frauen haben Männer höhere Prävalenzraten bei akuten und lebensbedrohlichen Erkrankungen. Auch die Komplikationsraten liegen bei Männern im allgemeinen höher (Jette 1990; Verbrugge 1989; Huyck 1990; Manton 1990; Markides 1991).

In der Berliner Altersstudie (Mayer/Baltes 1996) wurden für Frauen insgesamt mehr medizinische Diagnosen gestellt als für Männer. Während Frauen stärker zu chronischen Leiden wie Osteoporose, Osteoarthrose und Herzinsuffizienz neigten, traten bei Männern häufiger Herzinfarkte und chronisch obstruktive Lungenerkrankungen auf, also potenziell lebensbedrohlichere Zustände. Bei den Erkrankungen mit der höchsten Prävalenz fanden sich – von wenigen Ausnahmen abgesehen – bei beiden Ge-

Tabelle 1: Zentrale Indikatoren der Multimorbidität und Multimedikation nach Alter und Geschlecht (aufgrund der BASE-Daten geschätzte Populationsprävalenz, Angaben in Prozent, modifiziert nach Steinhagen-Thiessen/Borchelt 1996).

	70–84 Jahre		85 Jahre und älter	
	Frauen	Männer	Frauen	Männer
Fünf und mehr Hausarztdiagnosen	28,7	24,0	25,6	27,6
Fünf und mehr Projektarztdiagnosen	27,1	18,6	54,3	40,9
Fünf und mehr Verordnungen	39,5	34,1	35,7	42,6
Untermedikation[1]	10,9	9,3	17,1	17,8
Übermedikation[2]	12,4	15,5	15,5	20,9
Fehlmedikation[3]	17,8	19,4	20,9	10,9
UAW-analoge Befunde[4] – Mindestens einer – Fünf und mehr	69,8 22,5	70,5 15,5	81,4 30,2	71,3 31,0

1 Mindestens eine unbehandelte, prinzipiell aber medikamentös behandelbare Erkrankung mittleren bis schweren Grades.
2 Mindestens eine ärztliche Verordnung, die unter Berücksichtigung aller Diagnosen entweder kontraindiziert oder eindeutig nicht indiziert ist.
3 Mindestens ein nach Expertenkonsens für die Behandlung älterer Menschen ungeeignetes Medikament.
4 Laborchemische oder funktionsdiagnostische Befunde, die prinzipiell auch als unerwünschte Arzneimittelwirkungen (UAW) der aktuellen Medikation angesehen werden können.

schlechtern wiederum die bereits genannten (Baltes, Horgas et al. 1996; Baltes, Maas et al. 1996).

Aus der Berliner Altersstudie liegen sowohl aussagekräftige Daten zur körperlichen Multimorbidität als auch zum Umfang und zur Zweckmäßigkeit der verabreichten Medikation vor (vgl. **Tab. 1**). Auf der Grundlage der bestehenden Hausarztdiagnosen ergibt sich für die 70-Jährigen und Älteren eine geschätzte Populationspräferenz multipler Erkrankungen von 28 %, auf der Grundlage von Projektarztdiagnosen eine geschätzte Populationspräferenz von 30,1 %. Diese Übereinstimmung erweist sich aber bei einer alters- und geschlechtsspezifischen Betrachtung als irreführend, insofern die Hausärzte unter den 70- bis 84-Jährigen mehr und unter den 85-Jährigen und älteren weniger Diagnosen stellten. Während bei der Beurteilung des Gesundheitszustandes der 70- bis 84-Jährigen vor allem hinsichtlich der bei Männern zu diagnostizierenden körperlichen Krankheiten Uneinigkeit besteht, fällt bei der Beurteilung der 85-Jährigen und Älteren die Diskrepanz hinsichtlich der bei Frauen zu diagnostizierenden Krankheiten höher aus. Den Projektarztdiagnosen zufolge liegt bei 54 % der 85-jährigen und älteren Frauen eine körperliche Multimorbidität vor, nach Einschätzung der Hausärzte ist dies jedoch lediglich bei 26 % der alten Frauen der Fall. Legt man Projektarztdiagnosen zu Grunde, dann besteht zum einen zwischen dem Alter und der Multimorbidität, zum anderen auch zwischen dem Geschlecht und der Multimorbidität ein statistisch bedeutsamer Zusammenhang. Dieser findet sich jedoch nicht, wenn man die Hausarztdiagnosen als Kriterium für Multimorbidität zu Grunde legt.

Die mit forschreitendem Alter zunehmende Multimorbidität spiegelt sich den Ergebnissen der Berliner Altersstudie zufolge lediglich bei den Männern in einer zunehmenden Multimedikation wieder. Für die 70- bis 84-jährigen Männer ergibt sich eine geschätzte Populationspräferenz für fünf und mehr Verordnungen von 34,1 %, für die 85-Jährigen und Älteren dagegen von 42,6 %. Unter den Frauen zeigt sich eine umgekehrte Tendenz: hier ergibt sich für die 70- bis 84-Jährigen eine geschätzte Populationspräferenz von 39,5 %, für die 85-Jährigen und Älteren von 35,7 %. Des Weiteren ist auf der Grundlage der BASE-Daten bei den alten Frauen von einer im Vergleich zu Männern deutlich höheren Rate von Fehlmedikationen sowie von einer größeren Anzahl unerwünschter Arzneimittelwirkungen auszugehen.

Tabelle 2: Sterbefälle 1996 nach Todesursachen und Alter der Gestorbenen, Männer und Frauen im Vergleich (modifiziert nach: Statistisches Bundesamt 1998).

Todesursache	Gestorbene im Alter von ... bis unter ... Jahre			
	25–45 Männer Frauen	45–65 Männer Frauen	65–75 Männer Frauen	75 u. mehr Männer Frauen
Krankheiten des Herz-Kreislauf-Systems	3.396 1.411	31.679 10.873	45.139 32.311	95.224 205.454
Bösartige Neubildungen	3.094 3.559	33.951 22.591	34.290 26.605	36.784 51.246
Krankheiten der Atmungsorgane	445 225	4.012 1.535	7.772 3.836	16.358 19.476
Selbstmord und Selbstbeschädigung	3.008 789	2.954 1.108	965 640	1.176 790
Diabetes mellitus	219 109	1.914 1.019	2.470 3.089	3.963 11.133

4. Lebenserwartung und Todesursachen

Zum Zeitpunkt der Konzeption liegt das Geschlechtsverhältnis Männer zu Frauen bei 1,7:1, zum Zeitpunkt der Geburt nur noch bei 1,05:1. Erst im Erwachsenenalter kommt es zu einem ausgeglichenen Geschlechtsverhältnis, mit zunehmenden Alter nimmt dann der Männeranteil stark ab (Ory/Warner 1990; Smith 1993). In der Bundesrepublik Deutschland kamen 1990 bei den über 60-Jährigen auf 100 Männer 168 Frauen, bei den über 80-Jährigen 258, im Jahr 2000 werden es 296 sein. Das Verhältnis von Männern zu Frauen in der Gruppe der 100-Jährigen liegt heute bei etwa 1:6. Aber auch innerhalb der weiblichen Gesamtbevölkerung ist eine im Vergleich zur männlichen Gesamtbevölkerung deutlichere Alterung zu beobachten: Im Jahre 1961 waren 19,8 % der deutschen Frauen und 15,5 % der deutschen Männer älter als 60 Jahre, im Jahre 1991 dagegen 24,7 % der Frauen und 15,9 % der Männer. Die durchschnittliche Lebenserwartung Neugeborener im alten Bundesgebiet lag 1995 für Männer bei 73,53, für Frauen bei 79,81 Jahren. Die 1930 geborenen Männer hatten im Alter von 65 Jahren eine durchschnittliche Lebenserwartung von 14,79, die 1930 geborenen Frauen dagegen von 18,57 Jahren (Angaben des statistischen Bundesamts; vgl. auch Kommission 1998; Lehr 1998). Zahlreiche Studien in verschiedenen Ländern und Kulturen belegen eine bei Frauen höhere Lebenserwartung, unabhängig davon, ob man diese für den Zeitpunkt der Geburt oder für Angehörige höherer Altersgruppen berechnet.

Aus **Tabelle 2** geht hervor, dass sich Männer und Frauen nicht in der Rangreihe der häufigsten Todesursachen unterscheiden. Erkrankungen des Herz-Kreislauf-Systems sind jeweils mit deutlichem Abstand vor bösartigen Neubildungen (einschließlich des lymphatischen und hämatopoetischen Gewebes) die häufigste Todesursache.

Insbesondere bei den Herz-Kreislauf-Erkrankungen, jedoch auch bei den bösartigen Neubildungen und Erkrankungen der Atmungsorgane wird deutlich, dass Frauen im Vergleich zu Männern in höherem Alter an diesen Erkrankungen sterben. Genetische Determinanten sind eine mögliche Ursache für die geschlechtsspezifischen Mortalitätsraten. So haben Frauen gerade im Hinblick auf die Herz-Kreislauf-Erkrankungen und die dafür hauptverantwortliche Arteriosklerose einen nachweisbaren Schutz durch ihren Hormonhaushalt (Ory/Warner 1990; Smith 1991). Weiterhin sind auch psychosoziale Einflussfaktoren zu nennen. So ist das Erkrankungsrisiko gerade bei den Herz-Kreislauf-Erkrankungen, aber auch bei den Erkrankungen der Atmungsorgane stark von so genannten Lifestyle-Faktoren (v. a. Genuss von Nikotin und berufliche Belastungen) abhängig, die in höheren Altersgruppen bei Männern vergleichsweise häufiger angetroffen werden. So lässt sich auf der Grundlage der BASE-Daten hochrechnen, dass unter den 70- bis 84-jährigen Frauen 12,4 % und unter den 85-jährigen und älteren Frauen 4,7 % rauchen, während die entsprechenden Anteile für 70- bis 84-jährige bzw. 85-jährige und ältere Männer bei 23,3 % bzw. 17,8 % liegen (Steinhagen-Thiessen/Borchelt 1996).

5. Selbstständigkeit

Die Aussage, hochbetagte Menschen seien in aller Regel hilfsbedürftig oder sogar pflegebedürftig, kann aus den im hohen Alter erhöhten gesundheitlichen Risiken nicht abgeleitet werden. Dies zeigen die in **Tabelle 3** wiedergegebenen repräsentativen Daten zur Anzahl hilfs- und pflegebedürftiger Menschen in der Bundesrepublik

Tabelle 3: Hilfe- und Pflegebedarf im Alter.

	65–69 Jahre	75–79 Jahre	85 Jahre und älter
Regelmäßiger Pflegebedarf	1,7 %	6,2 %	26,3 %
Hilfsbedürftige	6,0 %	13,2 %	28,2 %

Tabelle 4: Hilfebedarf[1] in der Ausführung von Aktivitäten des täglichen Lebens (ADL), Hilfsmittelgebrauch und sensorische Behinderungen nach Alter und Geschlecht (auf Grundlage der BASE-Daten geschätzte Populationsprävalenz, Angaben in Prozent, modifiziert nach Steinhagen-Thiessen/Borchelt 1996).

	70–84 Jahre		85 Jahre und älter	
	Frauen	Männer	Frauen	Männer
IADL				
Einkaufen	27,1	18,6	80,6	59,7
Transport[2]	22,5	17,8	83,7	62,0
ADL				
Baden/Duschen	8,5	9,3	60,5	31,8
Treppensteigen	8,5	3,1	42,6	22,5
Spazierengehen	6,2	5,4	42,6	27,1
Anziehen	3,1	5,4	24,0	11,6
Toilette benutzen	2,3	0,8	15,5	6,2
Transfer[3]	1,6	1,6	15,5	4,7
Körperpflege[4]	0,8	–	6,2	3,1
Essen	0,8	–	2,3	0,8
Hilfsmittel				
Brille[5]	96,9	99,2	85,5	86,6
Lupe	15,0	14,3	28,0	39,7
Hörgerät	14,1	18,3	14,3	24,4
Gehstock	14,8	14,3	44,4	56,7
Gehstütze	3,1	4,8	7,9	10,2
Deltarad	2,3	–	14,3	3,9
Rollstuhl	2,3	1,6	15,9	5,5
Sensorik				
Sehbehinderung[6]	20,9	18,6	65,9	56,6
Hörbehinderung[7]	15,5	14,0	43,4	45,3

1 Beinhaltet «Unterstützung erforderlich» und «vollständige Abhängigkeit».
2 Größere Distanz im Stadtverkehr zurücklegen (außerhalb der Reichweite zu Fuß).
3 Aufstehen vom Bett/Hinlegen.
4 Einschließlich Haare kämmen, Rasieren etc.
5 Fern- und/oder Nahbrille.
6 Nah- und/oder Fernvisus unter 0,2.
7 Audiometrie-Hörschwellen ≥ 55 dB (0,25–2 kHz) und oder ≥ 75 dB (3–8 kHz).

Deutschland (Infratest 1992; vgl. auch Kruse/Schmitt 1995a).

Wie aus diesen Daten hervorgeht, ist zwar im hohen Alter das Risiko der Hilfs- und Pflegebedürftigkeit deutlich erhöht, jedoch lebt auch unter den hochbetagten Menschen der weit überwiegende Anteil relativ selbstständig – dies wird auch durch Ergebnisse der Berliner Altersstudie bestätigt, auf deren Grundlage der Anteil unter den 70-Jährigen und Älteren, der völlig selbstständig lebt, auf etwa zwei Drittel hochgerechnet werden kann (Steinhagen-Thiessen/Borchelt 1996). Entsprechend ist das hohe Lebensalter nicht allein unter dem Gesichtspunkt der Betreuung und Versorgung zu betrachten. Genauso wichtig sind Prävention und Rehabilitation mit dem Ziel der Vermeidung drohender oder der Linderung bestehender Hilfs- oder Pflegebedürftigkeit (vgl. hierzu Kruse/Schmitt 1995b, 1998b).

In Untersuchungen zur Selbstständigkeit im Alter findet sich bei Männern meist eine im Vergleich zu Frauen höhere funktionelle Kompetenz in der Ausführung von basalen und instrumentellen Aktivitäten des täglichen Lebens. So bestätigen auch die Ergebnisse der Berliner Altersstudie die scheinbar paradoxe Befundlage, dass Morbidität und funktionelle Einschränkungen unter den Frauen deutlich verbreiteter sind als unter den Männern (vgl. **Tab. 4**), andererseits aber die Männer eine im Vergleich zu Frauen deutlich geringere Lebenserwartung haben. Steinhagen-Thiessen und Borchelt (1996) diskutieren anthropometrische Unterschiede als eine mögliche Erklärung für diesen Zusammenhang. Zwar ist für beide Geschlechter mit fortschreitendem Alter eine ausgeprägte Abnahme der Muskelkraft und Muskelmasse erkennbar, die deutlichen Unterschiede in den Ausgangswerten (z. B. ergibt sich für die Handkraft der 70- bis 84-jährigen Männer ein Mittelwert von 21 kg bei einer Standardabweichung von 6 kg, bei den 70- bis 84-jährigen Frauen dagegen ein Mittelwert von 8 kg bei einer Standardabweichung von 5 kg) haben aber zur Folge, dass vor allem Frauen mit zunehmendem Alter eine funktionell bedeutsame Muskelatrophie entwickeln. In der Nutzung von Hilfsmitteln besteht der auffälligste Geschlechtsunterschied bei den 85-jährigen und älteren Frauen gegenüber Männern derselben Altersgruppe in der deutlich erhöhten Notwendigkeit, bei der Fortbewegung auf Deltarad oder Rollstuhl zurückzugreifen, wogegen in ihrer Mobilität beeinträchtigte Männer im Alter von 85 Jahren und darüber häufiger mit Gehstock und Gehstütze auszukommen scheinen.

6. Psychische Erkrankungen

Psychische Erkrankungen sind – mit Ausnahme der dementiellen – im Alter seltener als in früheren Lebensabschnitten. Zwar werden häufiger psychische Symptome berichtet, jedoch wird eine eindeutige Diagnose bei den älteren Menschen seltener gestellt (George 1991). Dies ist umso erstaunlicher, als einige bekannte Risikofaktoren für psychische Störungen, wie geringer Bildungsstand, schlechter körperlicher Gesundheitszustand oder geringe Anzahl an Bezugspersonen, im Alter eher anzutreffen sind (vgl. etwa Backes/Clemens 1998; Carstensen 1991; Naegele 1998; Wagner et al. 1996). In der Berliner Altersstudie zeigten fast die Hälfte der 70-Jährigen und Älteren keinerlei psychische Symptome, nur knapp ein Viertel war eindeutig psychisch krank. Frauen klagten dabei häufiger über psychische Störungen. Die Geschlechtsunterschiede gingen vor allem auf Formen milder Depressionen zurück (Helmchen et al. 1996).

In der interdisziplinären Längsschnittstudie des Erwachsenenalters (Martin et al. 2000) wurde für die Major Depression in der Kohorte der 1930/1932 geborenen Untersuchungsteilnehmer eine Punktprävalenz von 1 % und in der Kohorte der 1950/1952 Geborenen eine Punktprävalenz von 2,2 % ermittelt. Die Lebenszeitprävalenz lag für reine Formen der Major Depression – also ohne zusätzliche psychiatrische Morbidität – in der älteren Kohorte bei 7 %, in der jüngeren Kohorte bei 15,1 %. Eine zusätzliche psychiatrische Störung – vor allem Angststörungen und Alkoholkrankheit – wurde bei 4,3 % der 1930/1932 Geborenen sowie bei 8,2 % der 1950/1952 Geborenen diagnostiziert. Insgesamt ließ sich damit bei 11,3 % der Äteren eine Major Depression beschreiben, während der Anteil der Untersuchungsteilnehmer mit diagnostizierter Major Depression in der jüngeren Kohorte mit

23,3 % beinahe doppelt so hoch ausfiel. Neben diesem Koborteneffekt konnte ein statistisch bedeutsamer Geschlechtsunterschied nachgewiesen werden. Unter den Frauen lag die Lebenszeitprävalenz der Major Depression bei 25,7 % (reine Depression: 14,8 %; Depression plus Komorbidität: 9,9 %), während nur 10,6 % der Männer im Laufe ihres Lebens an einer Major Depression litten (reine Depression: 7,7 %; Depression plus Komorbidität: 2,9 %). Bei 44 % der Frauen mit Major Depression wurde eine zusätzliche psychiatrische Störung diagnostiziert, der entsprechende Anteil lag unter den Männern mit Major Depression bei 32 % und war damit signifikant geringer (vgl. Schröder/Pantel 2000).

In der Berliner Altersstudie zeigte sich – unter Probanden jenseits des 70. Lebensjahres – kein bedeutsamer Zusammenhang zwischen dem Lebensalter und der Prävalenz von Depressionen; diese Aussage gilt sowohl für Major Depression und Dysthymie als auch für subdiagnostische Depression, also nach klinischem Urteil behandlungsbedürftige depressive Syndrome, die die diagnostischen Kriterien nach DSM-III-R nicht erfüllen (vgl. Helmchen et al. 1996). Ein bedeutsamer Alterseffekt fand sich lediglich für Selbstbeurteilungen auf der CES-D: Hier zeigte sich ein signifikanter Unterschied zwischen den unter 85-Jährigen und den über 85-Jährigen. Ähnlich wie in einer Studie von Wallace und O'Hara (1992) fand sich für beide Geschlechter ein Anstieg der CES-D-Werte im hohen Alter, während nach Ergebnissen von Fuhrer et al. (1992) dieser Anstieg nur in der Gruppe der Männer zu beobachten ist.

Die in der Berliner Altersstudie eingesetzten Syndrom-Ratingskalen – eingesetzt wurden als Selbstbeurteilungsskala die Center for Epidemiological Studies-Depression Scale (CES-D) sowie als Fremdbeurteilungsskala die Hamilton Depression Scale (HAMD) – sprechen ähnlich wie die Daten der Interdisziplinären Längs-

Tabelle 5: Profile psychologischer Funktionstüchtigkeit (modifiziert nach Smith/Baltes 1997).

Cluster (Kurzcharakterisierung)	Anzahl	Ø Alter	Anteil Frauen (%)	Anteil Männer (%)
Generell positives Profil: Kognitiv sehr leistungsfähig, extravertiert, nicht einsam	50 (10 %)	77,9	48	52
Generell positives Profil: Hohe soziale Eingebundenheit	29 (6 %)	82,5	45	55
Moderat positives Profil	119 (23 %)	81,1	37	63
Durchschnittliches Profil: Kognitiv leistungsfähig, geringes Maß an Extraversion, geringes Maß an Kontrolle und hohes Maß an erlebter Unterstützung	42 (8 %)	81,1	55	45
Durchschnittliches Profil: Hohes Maß an Neurotizismus, hohes Maß an externaler Kontrolle (soziale Externalität) und hohes Maß an erlebter Unterstützung	75 (15 %)	88,0	68	32
Durchschnittliches Profil: Hohes Maß an Neurotizismus und hohes Maß an Einsamkeit	44 (9 %)	84,7	50	50
Durchschnittliches Profil: Kognitive Beeinträchtigung und hohes Maß externaler Kontrolle (soziale Externalität)	64 (13 %)	91,2	53	47
Kognitive Beeinträchtigung, geringe Neurotizismuswerte, wenig Unterstützung und hohes Maß sozialer Isolation	55 (11 %)	88,5	36	64
Generell negatives Profil: Schwere kognitive Beeinträchtigung, hohes Maß an Neurotizismus, hohes Maß an Einsamkeit, geringes Maß an Extraversion und geringes Maß an interner Kontrolle	32 (6 %)	91,2	69	31

schnittstudie des Erwachsenenalters für eine unter Frauen im Vergleich zu Männern stärker ausgeprägte Neigung zu depressiven Symptomen. Auch wenn aus der Berliner Altersstudie ebenso wie aus anderen empirischen Studien Hinweise vorliegen, dass mit den eingesetzten Selbst- und Fremdbeurteilungsskalen zum Teil auch nicht-depressive, insbesondere mit der alterstypischen Multimorbidität zusammenhängende somatische Beschwerden erfasst werden – wobei dieser Zusammenhang möglicherweise für die beiden Geschlechter unterschiedlich stark ausgeprägt ist (vgl. Gatz/Hurwics 1990; Helmchen et al. 1996; Linden/Borchelt 1995) –, lässt sich auf der Grundlage der gegenwärtig vorliegenden Befunde schließen, dass ältere Frauen eher zu Depressionen neigen als ältere Männer, zumal sich der genannte Geschlechtsunterschied auch in den nicht nur im Alter für Frauen erhöhten Prävalenzraten depressiver Erkrankungen widerspiegelt (vgl. Gebhardt/Kliemitz 1986).

7. Profile psychologischer Funktionstüchtigkeit

In ihrer Analyse von Profilen psychologischer Funktionstüchtigkeit haben Smith und Baltes (1997) zwölf Merkmale zur Erfassung von intellektueller Leistungsfähigkeit, Selbst und Persönlichkeit sowie sozialer Beziehungen einer Clusteranalyse unterzogen, um so zu einer empirischen Differenzierung unterschiedlicher Formen psychologischen Alterns zu gelangen. Auf der Grundlage der zum ersten Messzeitpunkt der Berliner Altersstudie erhobenen Daten von 516 Personen zwischen 70 und 103 Jahren (in der Berliner Altersstudie wurden Alter und Geschlecht als Stratifizierungsmerkmale berücksichtigt; in den sechs verschiedenen Altersgruppen von «70 bis 74» bis «95 und älter» finden sich jeweils 43 Frauen und 43 Männer; vgl. Baltes, Mayer et al. 1996) wurden 9 Cluster differenziert, die sich nach dem Ausmaß ihrer Erwünschtheit in eine Rangreihe bringen lassen.

Für weiterführende Analysen von Alters- und Geschlechtseinflüssen auf die psychologische Funktionstüchtigkeit wurden die ersten vier Cluster als (eher) günstig und wünschenswert, die verbleibenden fünf Cluster als (eher) ungünstig und unerwünscht zusammengefasst. Wie aus **Tabelle 5** hervorgeht, unterscheiden sich die unter die ersten vier Cluster subsumierten Untersuchungsteilnehmer in ihrem Alter erheblich von den unter die letzten fünf Cluster subsumierten Untersuchungsteilnehmern. Unter den 70- bis 84-jährigen Probanden konnten 69 % unter (eher) positive und erwünschte Gruppen subsumiert werden, unter den 85-Jährigen und Älteren dagegen nur 25 %. Das Risiko eines ungünstigen Profils psychologischer Funktionstüchtigkeit war unter den 85-Jährigen und Älteren entsprechend 2,5-mal so hoch wie unter den 70- bis 84-Jährigen.

In **Tabelle 5** werden neben Altersunterschieden auch Geschlechtsunterschiede deutlich. Während insgesamt 53 % der Männer unter eines der vier günstigen Cluster subsumiert werden konnten, lag der entsprechende Anteil unter den Frauen lediglich bei 41 %. Dieser Geschlechtsunterschied trat sowohl in der Gruppe der 70- bis 84-Jährigen als auch in der Gruppe der 85-Jährigen und Älteren auf: In der jüngeren Gruppe fanden sich 76 % der Männer und 63 % der Frauen, in der älteren Gruppe 30 % der Männer und 19 % der Frauen in einem der vier als günstig und wünschenswert charakterisierten Cluster.

Der berichtete Geschlechtsunterschied geht vor allem auf das fünfte, durch hohe Werte für Neurotizismus, soziale Externalität und erlebte Unterstützung gekennzeichnete, sowie auf das neunte, insgesamt ungünstigste, durch schwere kognitive Beeinträchtigungen, hohe Neurotizismuswerte sowie geringe Werte für Extraversion und internale Kontrolle gekennzeichnete Cluster zurück. In ersterem ist der Anteil der Männer mehr als doppelt so hoch wie der Anteil der Frauen, in letzterem ist der Anteil der Frauen mehr als doppelt so hoch wie der Anteil der Männer. Insgesamt lässt sich auf der Grundlage der Befunde von Smith und Baltes (1997) feststellen, dass sich bei Männern im Vergleich zu Frauen desselben Alters günstigere Profile psychologischer Funktionstüchtigkeit finden; dies sowohl im hohen als auch im sehr hohen Alter, wobei das Ausmaß der Unterschiedlichkeit zwischen Männern und Frauen eher zuzunehmen als abzunehmen scheint.

Tabelle 6: Profile und Muster des Alter(n)s (modifiziert nach Smith/Baltes 1998).

Cluster (Kurzcharakterisierung)	Anteil	Anteil 70–84 Jahre (%)	Anteil >85 Jahre (%)	Anteil Frauen (%)	Anteil Männer (%)
Körperlich und geistig sehr fit, lebensfroh	28 (5,5%)	93	7	50	50
Sozial verankert, engagiert und lebensfroh	18 (3,5%)	72	28	61	39
Geistig fit, sozial aktiv, hoher Sozialstatus	44 (8,7%)	82	18	34	66
Durchschnittlich leistungsfähig, aktiv und unterstützt	56 (11,0%)	75	25	36	64
Herzkrank, aber zufrieden, psychisch stabil	47 (9,3%)	36	64	30	70
Relativ gesund und selbstständig	69 (13,5%)	71	29	46	54
Kognitiv und sensorisch eingeschränkt, hilfsbedürftig, aber selbstbestimmt	55 (10,8%)	5	95	53	47
Krank, depressiv, ängstlich und einsam	67 (13,2%)	52	48	61	39
Zurückgezogen, passiv, freudlos, wenig unterstützt	44 (8,7%)	39	61	52	48
Kognitiv und sensorisch sehr eingeschränkt (dement), hilfsbedürftig, passiv, fremdbestimmt, sozial benachteiligt, freudlos	45 (8,9%)	20	80	69	31
Sehr gebrechlich, kognitiv und sensorisch sehr eingeschränkt, depressiv und einsam	35 (6,9%)	26	74	71	29

8. Profile allgemeiner Funktionstüchtigkeit

In einer weiteren im Kontext der Berliner Altersstudie durchgeführten Analyse wurde mit Hilfe einer Clusteranalyse über 23 Indikatoren aus den Bereichen Innere Medizin/Geriatrie (z. B. Anzahl der Diagnosen, subjektive Gesundheit), Psychiatrie (z. B. Depressivität, psychische Gesundheit), Psychologie (z. B. allgemeine Intelligenz, Kontrollüberzeugungen) und Soziologie/Sozialpolitik (z. B. Sozialprestige, Aktivitätsniveau) versucht, die folgenden drei Fragen zu beantworten:
1. In wie viele Untergruppen bzw. Alter(n)smuster lassen sich die Untersuchungsteilnehmer unterteilen?
2. Wie sind diese Untergruppen zu interpretieren (etwa hinsichtlich positiver vs. negativer Vorstellungen über das Alter oder Ausprägung unterschiedlicher Funktionen)?
3. Unterscheiden sich die identifizierten Untergruppen hinsichtlich der Merkmale Alter und Geschlecht?

Tabelle 6 gibt eine Übersicht über die identifizierten elf Untergruppen, wobei diese entsprechend ihrer Erwünschtheit von sehr positiven und in hohem Maße erwünschten bis hin zu eindeutig negativen und unerwünschten Alter(n)smustern geordnet sind (vgl. ausführlich Mayer et al. 1996). In den ersten drei Untergruppen finden sich Menschen, die für ihr Alter vergleichsweise gesund und sozial aktiv sind sowie eine hohe geistige Leistungsfähigkeit aufweisen. Die unter die folgenden drei Gruppen subsumierten Personen weisen ein durchschnittliches Ausmaß an psychologischer und intellektueller Leistungsfähigkeit auf, die übrigen fünf Gruppen sind durch immer negativere Alter(n)smuster gekennzeichnet, wobei die Situation der Gruppen 7 bis 9 noch vergleichsweise günstiger ist als jene der Gruppen 10 und 11 (Mayer et al. 1996). Fasst man die Lage der Gruppen 1 bis 3 als «gut», jene der Gruppen 4 bis 6 als «durchschnittlich», jene der Gruppen 7 bis 9 als «schlecht» und jene der Gruppen 10 und 11 als «sehr schlecht» zusammen, so erweist sich in weiterführenden

Analysen die Lebenssituation der Untersuchungsteilnehmer bzw. deren «allgemeiner Funktionsstatus» zunächst als deutlich alterskorreliert: 70- bis 84-jährigen Untersuchungsteilnehmer finden sich deutlich häufiger in «positiven» Untergruppen als die 85-Jährigen und Älteren (dieses Ergebnis ist im Übrigen als ein wichtiges Argument für die Differenzierung zwischen dem so genannten Dritten und dem so genannten Vierten Lebensalter zu sehen, vgl. Baltes 1999).

Die deutlichsten Altersunterschiede finden sich in zwei als «gut» («Körperlich und geistig sehr fit, lebensfroh», «Geistig fit, sozial aktiv und hoher Sozialstatus») sowie in einer als «schlecht» («Kognitiv und sensorisch eingeschränkt, hilfsbedürftig, aber selbstbestimmt») und einer als «sehr schlecht» («Kognitiv und sensorisch sehr eingeschränkt (dement), hilfsbedürftig, passiv, fremdbestimmt, sozial benachteiligt, freudlos») beschriebenen Gruppe. In den beiden als «gut» beschriebenen Gruppen liegt der Anteil der 70- bis 84-Jährigen bei 82 % bzw. 93 %, in der als «schlecht» beschriebenen Gruppe liegt der Anteil der 85-Jährigen und Älteren bei 95 %, in der als «sehr schlecht» beschriebenen Gruppe bei 80 %.

Darüber hinaus zeigt sich, dass das Geschlecht der Untersuchungsteilnehmer durchaus im Sinne eines Risikofaktors gedeutet werden kann: Die höhere Lebenserwartung der Frauen ist mit einer höheren Gebrechlichkeit verbunden. Entsprechend finden sich bei Frauen im Vergleich zu Männern mehr als doppelt so häufig die ungünstigsten, dysfunktionalen Alter(n)smuster.

9. Geschlecht als Prädiktor von Mortalität

In einer Follow-up-Untersuchung von Arfken et al. (1999) erwiesen sich kognitive Beeinträchtigungen, depressive Verstimmungen und das Geschlecht als unabhängige Prädiktoren für die Mortalität von Patienten einer Rehabilitationsklinik (Mindestalter 60 Jahre) für den Zeitraum des auf die Maßname folgenden Jahres. Sowohl in der Gesamtgruppe als auch unter stärker kognitiv beeinträchtigten sowie unter stärker zu depressiven Verstimmungen neigenden Patienten bestand für Männer ein im Vergleich zu Frauen statistisch bedeutsam erhöhtes Mortalitätsrisiko (in logistischen Regressionsanalysen wurden Odds Ratios von 1,84 und 3,42 ermittelt). Obwohl zuvor durchgeführte univariate Analysen für bedeutsame Zusammenhänge zwischen objektiven Gesundheitsvariablen (z. B. medizinischen Diagnosen) und der Ein-Jahres-Mortalität sprechen, erwiesen sich diese in schrittweisen Regressionsanalysen, die sowohl für die Gesamtgruppe als auch für die Untergruppen stärker kognitiv eingeschränkter und stärker depressiver Patienten berechnet wurden, als unbedeutend.

In einer prospektiven Untersuchung zum Zusammenhang zwischen subjektivem Gesundheitszustand und einer Reihe von Outcome-Messungen, zu denen neben der Mortalität im Untersuchungszeitraum auch Kontrollüberzeugungen und der objektive Gesundheitszustand zählten, ermittelten Menec et al. (1999) für ältere Menschen, die ihren Gesundheitszustand als «schlecht» oder «durchschnittlich» einschätzten im Vergleich zu älteren Menschen, die ihren Gesundheitszustand als «exzellent» beurteilten, eine um mehr als hundert Prozent erhöhte Wahrscheinlichkeit, drei bis dreieinhalb Jahre nach der initialen Erhebung nicht mehr am Leben zu sein. Des Weiteren erwies sich der initial erhobene subjektive Gesundheitszustand als bedeutsamer Prädiktor der erlebten Kontrolle und des Einsatzes kontrollerhöhender Strategien zum zweiten Messzeitpunkt.

Mithilfe logistischer Regressionsanalysen wurde die Anpassung von zwei Modellen überprüft. Im ersten Modell gingen der subjektive Gesundheitszustand, vier demographische Merkmale (Alter, Geschlecht, Bildungsstand und Wohnsituation) sowie vier Merkmale der gesundheitlichen Situation (Morbidität zu Beginn, gemessen mithilfe einer Checkliste von 22 gesundheitlichen Beschwerden; funktionelle Einschränkungen, gemessen mithilfe einer Liste von 19 basalen und instrumentellen Aktivitäten des täglichen Lebens; Arztbesuche im letzten Jahr; Krankenhausaufenthalte im letzten Jahr) als Prädiktoren der Mortalität ein, im zweiten Modell wurden Arztbesuche und Krankenhausaufenthalte nach dem Erstinterview als zusätzliche Prädiktoren berücksichtigt. In beiden stellten sich vor allem der subjektive Gesundheitszustand und funktionelle Einschränkungen als die besten Prädiktoren heraus. Des Weiteren erwiesen sich in beiden Modellen Alter, Geschlecht und initiale Morbidität als statistisch bedeutsam, im zweiten Modell trugen Krankenhausaufenthalte nach dem Erstinterview zusätzlich zur Vorhersage der Mortalität bei. Aus beiden Modellen ergab sich für Männer ein erhöhtes Morbiditätsrisiko (die zugehörige Odds Ratio lag jeweils bei 0,38).

Auch in der Studie von Payette et al. (1999) zur Bedeutung von Gewichtsverlust für die Vorhersage der Mortalität pflegebedürftiger Menschen zeigte sich unter den Männern ein im Vergleich zu Frauen erhöhtes Mortalitätsrisiko. An dieser prospektiven Studie haben 288 pflegebedürftige ältere Menschen – 207 Frauen und 81 Männer mit einem Durchschnittsalter von 78,2 Jahren –, die in ihrer Lebensführung durch ambulante Dienste unterstützt wurden, über einen Zeitraum von mindestens drei und maximal fünf Jahren teilgenommen. In diesem Zeitintervall verstarben insgesamt 102 der 288 Untersuchungsteilnehmer. Unter den Verstorbenen waren 48,4 %, unter den Überlebenden dagegen nur 18,3 % Männer. In univariaten Analysen erwiesen sich Alter, Geschlecht, Body-Mass-Index (zu Beginn der Untersuchung), Gewichtsabnahme und funktioneller Status als mit der Mortalität im Untersuchungszeitraum korreliert; in multivariaten Analysen waren lediglich die Gewichtsabnahme, das Alter und das Geschlecht für eine Vorhersage der Mortalität bedeutsam.

Helmer et al. (1999) haben in einer repräsentativen Stichprobe von 3660 in Privathaushalten lebenden nicht-dementen älteren Menschen (65 Jahre und älter) geschlechtsspezifische Unterschiede im Vorhersagewert von Einschätzungen des subjektiven Gesundheitszustandes für die Fünf-Jahres-Mortalität untersucht. Ausgehend von empirischen Befunden, die dafür sprechen, dass

1. der subjektive Gesundheitszustand im Alter mit Maßen der körperlichen und geistigen Leistungsfähigkeit ebenso zusammenhängt wie mit depressiven Verstimmungen (Idler/Kasl 1995; Rodin/McAvay 1992; Schoenfeld et al. 1994) sowie
2. Frauen und Männer auf der körperlichen und geistigen Dimension zum Teil unterschiedlich altern (Beckett et al. 1996; Clark/Maddox 1992; Commenges et al. 1998) und zugleich auch in unterschiedlichem Maße zu depressiven Verstimmungen neigen (Schechtman et al. 1997),

wurde ein geschlechtsspezifischer Vorhersagewert des subjektiven Gesundheitszustandes angenommen.

Diese Hypothese konnte bestätigt werden: Der subjektive Gesundheitszustand war bei den Männern ein deutlich besserer Prädiktor der Fünf-Jahres-Mortalität als bei den Frauen. Des Weiteren legen die Ergebnisse der Untersuchung nahe, dass der Vorhersagewert des subjektiven Gesundheitszustandes für die Fünf-Jahres-Mortalität unter den Frauen auf Zusammenhänge zwischen subjektivem Gesundheitszustand, körperlichen Beschwerden und Behinderungen zurückgeht: Berücksichtigt man diese (objektiven) Merkmale, so trägt der körperliche Gesundheitszustand nicht mehr bedeutsam zur Vorhersage der Fünf-Jahres-Mortalität bei. Dagegen erwies sich der subjektive Gesundheitszustand unter den Männern unabhängig davon, ob soziodemographische Merkmale, körperliche Beschwerden und Behinderungen, depressive Symptome und kognitive Leistungsfähigkeit bereits berücksichtigt wurden, als statistisch bedeutsamer Prädiktor der Fünf-Jahres-Mortalität. Während sich unter den Frauen der Zusammenhang zwischen subjektivem Gesundheitszustand und Mortalität also als durch objektive Merkmale vermittelt erwies, ließ sich dieser unter den Männern nicht auf andere Merkmale zurückführen. Die Frage, wie Männer zu Einschätzungen ihrer subjektiven Gesundheit gelangen, kann angesichts der vorliegenden empirischen Befunde – anders als für Frauen – nicht beantwortet werden.

10. Zusammenfassung

Die im vorliegenden Beitrag berichteten Befunde zu geschlechtsspezifischen Aspekten von Morbidität und Mortalität im Alter lassen sich dahingehend zusammenfassen, dass Frauen im

Alter einerseits eher an (chronischen) körperlichen Krankheiten leiden, eher in ihrer Ausführung von Aktivitäten des täglichen Lebens eingeschränkt sind, eher zu depressiven Erkrankungen neigen und mit höherer Wahrscheinlichkeit durch ungünstige, unerwünschte Profile und Muster psychologischer wie allgemeiner Funktionstüchtigkeit gekennzeichnet werden können, andererseits aber (dennoch) eine erheblich höhere Lebenserwartung aufweisen als Männer. Diese geht – wie im Zusammenhang mit körperlichen Erkrankungen (insbesondere Herz-Kreislauf-Erkrankungen) und Todesursachen deutlich wurde, zu einem guten Teil auf biologisch-physiologische Geschlechtsunterschiede zurück; diese Aussage wird im Übrigen auch dadurch gestützt, dass sich eine bei Frauen höhere Lebenserwartung nicht lediglich in westlichen Industrienationen, sondern praktisch in allen Kulturen findet.

Die im letzten Kapitel berichteten Befunde prospektiver Studien machen deutlich, dass Männer auch dann ein erhöhtes Mortalitätsrisiko aufweisen, wenn sie bereits ein relativ hohes Alter erreicht haben und wenn andere Variablen – insbesondere auch die aktuell bestehende körperliche Morbidität – kontrolliert werden. Die berichteten Unterschiede im Ausmaß der Selbstständigkeit, in der psychologischen Funktionstüchtigkeit und im allgemeinen Funktionsstatus reflektieren wahrscheinlich stärker als die geschlechtsspezifischen Mortalitätsraten differenzielle Rollenerwartungen, Ressourcen und Lebenschancen. Hier kommen wir ähnlich wie Smith und Baltes (1998) zu dem Schluss, dass insbesondere in der psychologischen Funktionstüchtigkeit das Ausmaß der beobachtbaren Geschlechtsunterschiede angesichts der Unterschiedlichkeit weiblicher versus männlicher Lebensläufe und Entwicklungskontexte gering ist.

Die berichteten Befunde der Berliner Altersstudie legen zusätzlich die Hypothese nahe, dass medizinische Diagnosen und Verordnungen in ihrer Güte und Angemessenheit möglicherweise geschlechtsspezifisch variieren. Dies könnte unseres Erachtens auf geschlechtsspezifisch variierende subjektive Gesundheitstheorien der Patienten ebenso zurückgehen wie auf kommunikative Kompetenzen der im Arzt-Patienten-Kontakt Beteiligten oder auf spezifische Geschlechtsstereotype und Geschlechtsrollenerwartungen.

Der gegenwärtige Kenntnisstand über geschlechtsspezifische Morbiditäts- und Mortalitätsmuster lässt unseres Erachtens nicht zu, zu entscheiden, ob das Ausmaß an Unterschiedlichkeit zwischen Frauen und Männern mit fortschreitendem Lebenslauf größer oder kleiner wird, da die relative Bedeutung biologisch-physiologischer versus kultureller Einflussfaktoren schwer abzuschätzen ist, so lange aufeinander folgende Kohorten nicht verglichen werden können. Hier mag der Hinweis genügen, dass sich gerade zukünftige Kohorten von älteren Frauen in ihrem Bildungsstand und in ihrer Gesundheit von der Kohorte der heute älteren Frauen erheblich unterscheiden werden. Schon aus diesem Grunde ist die Vorläufigkeit der berichteten Ergebnisse einer – ohnehin erst am Anfang stehenden – geschlechtsdifferenziellen Gerontologie zu beachten.

Literatur

Arfken, C. L., Lichtenberg, P. A., Tancer, M. E. (1999). «Cognitive Impairment and depression predict mortality in medically ill older adults». *Journal of Gerontology*, 54, 152–156.

Atchley, R. C. (1991). «The influence of aging or frailty on perceptions and expressions of the self: Theoretical models and methodological issues». In: Birren, J. E., Lubben, J. E., Rowe, J. C., Deutchman, D. E. (Hrsg.). *The concept and measurement of quality of life in the frail elderly*. San Diego, S. 207–225.

Backes, G. M., Clemens, W. (1998). *Lebensphase Alter*. München.

Baltes, M. M., Maas, I., Wilms, H.-U., Borchelt, M. (1996). «Alltagskompetenz im Alter: Theoretische Überlegungen und empirische Befunde». In: Mayer, K. U., Baltes, P. B. (Hrsg.). *Die Berliner Altersstudie*. Berlin, S. 525–542.

Baltes, M. M., Horgas, A. L., Klingenspor, B., Freund, A. M., Carstensen, L.L. (1996). «Geschlechtsunterschiede in der Berliner Altersstudie». In: Mayer, K. U., Baltes, P. B. (Hrsg.). *Die Berliner Altersstudie*. Berlin, S. 573–598.

Baltes, P. B. (1999). «Alter und Altern als unvollendete Architektur der Humanontogenese». *Zeitschrift für Gerontologie und Geriatrie*, 32, S. 433–448.

Baltes, P. B., Mayer, K. U., Helmchen, H., Steinhagen-Thiessen, E. (1996). «Die Berliner Altersstudie (BASE). Überblick und Einführung». In: Mayer, K.

U., Baltes, P. B. (Hrsg.). *Die Berliner Altersstudie.* Berlin, S. 21–54.
Beckett, L. A., Brock, D. B., Lemke, J. H., Mendes de Leon, C. F., Guralnik, J. M., Fillenbaum, G. G., Branch, L. G., Wetle, T. T., Evans, D. A. (1996). «Analysis of change in self-reported physical function among older persons in four population studies». *American Journal of Epidemiology,* 143, S. 766–778.
Brody, L. R., Hall, J. A. (1993). «Gender and emotion». In: Lewis, M., Haviland, J. M. (Hrsg.). *Handbook of emotions.* New York, S. 447–460.
Carstensen, L. L. (1991). «Selectivity theory: Social activity in life-span context». In: Schaie, K. W. (Hrsg.). *Annual review of Gerontology and Geriatrics,* 11. New York, S. 195–217).
Clark, D. O., Maddox, G. L. (1992). «Racial and social correlates of age-related changes in functioning». *Journal of Gerontology,* 47, S. 222–232.
Commenges, D., Letenneur, L., Joly, P., Alioum, A., Dartigues, J. (1998). «Modelling age-specific risk: Application to dementia». *Statistics in medicine,* 17, S. 1973–1988.
Costa, P. T. Jr., McCrae, R. R. (1992). «Trait psychology comes of age». In: Sonderegger, T. B. (Hrsg.). *Nebraska symposium on motivation,* 39. Lincoln, S. 169–204.
Deaux, K., Major, B. (1987). «Putting gender into context: An interactive model of gender-related behavior». *Psychological Review,* 94, S. 369–389.
Feingold, A. (1994). «Gender differences in personality: A meta-analysis». *Psychological Bulletin,* 116, S. 429–456.
Fooken, I. (1991). «Zur Intimitätsentwicklung älterer Ehepartner aus der Perspektive der Lebensspanne». In: Schmitz-Scherzer, R., Kruse, A., Olbrich, V (Hrsg.). *Altern – Ein lebenslanger Prozess der sozialen Interaktion.* Darmstadt, S. 209–222.
Fooken, I. (1995). «Geschlechtsdifferenz oder Altersandrogynität? Zur Beziehungsentwicklung in langjährigen Ehebeziehungen». In: Kruse, A., Schmitz-Scherzer, R. (Hrsg.). *Psychologie der Lebensalter.* Darmstadt, S. 231–240.
Fuhrer, R., Antonucci, C., Gagnon, M., Dartigues, J. F., Barberger-Gateau, P., Alperowitsch, A. (1992). «Depressive symptomatology and cognitive functioning: An epidemiological survey in an elderly community sample in France». *Psychological Medicine,* 22, S. 159–172.
Gatz, M., Hurwics, M. L. (1990). «Are old people more depressed? Cross-sectional data on Center for Epidemiological Studies-Depression Scale factors». *Psychology and Aging,* 5, S. 284–290.
Gebhardt, R., Kliemitz, H. (1986). «Depressive Störungen, Geschlecht und Zivilstand». *Zeitschrift für Klinische Psychologie,* 15, S. 3–20.
George, L. K. (1991). «Gender, age, and psychiatric disorders». In: Glasse, L., Hendricks, J. (Hrsg.) *Gender and aging.* Amityville, NY, S. 33–44.
Gerok, W., Brandtstädter, J. (1994). «Normales, krankhaftes und optimales Altern: Variations- und Modifikationsspielräume». In: Baltes, P. B., Mittelstraß, J., Staudinger, U. (Hrsg.). *Alter und Altern: Ein interdisziplinärer Studientext zur Gerontologie.* Berlin, S. 356–385.
Gutmann, D. L. (1987). *Reclaimed powers: Toward a new psychology of men and women in later life.* New York.
Halpern, D. F. (1997). «Sex differences in intelligence: Implications for education». *American Psychologist,* 52, S. 1091–1102.
Helmer, C., Barberger-Gateau, P., Letenneur, L., Dartigues, J.-F. (1999). «Subjective health and mortality in French elderly women and men». *Journal of Gerontology,* 54, S. 84–92.
Helmchen, H., Baltes, M. M., Geiselmann, B., Kanowski, S., Linden, M., Reischies, F. M., Wagner M., Wilms, H.-U. (1996). «Psychische Erkrankungen im Alter». In: Mayer, K. U., Baltes, P. B. (Hrsg.). *Die Berliner Altersstudie.* Berlin, S. 185–220.
Huyck, M. H. (1990). «Gender differences in aging». In: Birren, J. E., Schaie, K. W. (Hrsg.). *Handbook of Psychology of Aging.* San Diego, S. 124–132.
Idler, E. L., Kasl, S. (1995). «Self-ratings of health: Do they also predict change in functional ability?» *Journal of Gerontology,* 50, S. 344–353.
Infratest (1992). *Hilfe- und Pflegebedarf in Deutschland 1991 – Möglichkeiten und Grenzen selbstständiger Lebensführung.* München.
Jette, A. M. (1990). «Disability Trends and Transitions». In: Binstock, R. H., George, L. K. (Hrsg.). *Handbook of Aging and the Social Sciences.* 3. Aufl. San Diego.
Kommission (1998). *Zweiter Zwischenbericht der Enquete-Kommission «Demographischer Wandel» – Herausforderungen unserer älter werdenden Gesellschaft an den Einzelnen und die Politik.* Bonn: Deutscher Bundestag.
Kruse, A. (1995). «Entwicklungspotenzialität im Alter. Eine lebenslauf- und situationsorientierte Sicht psychischer Entwicklung». In: Borscheid, P. (Hrsg.). *Alter und Gesellschaft.* Stuttgart, S. 63–84.
Kruse, A. (1996a). «Alltagspraktische und sozioemotionale Kompetenz». In: Baltes, M. M., Montada, L. (Hrsg.). *Produktives Alter.* Frankfurt/M., S. 92–102.
Kruse, A. (1996b). «Geriatrie – Gesundheit und Kompetenz im Alter. Aufgaben der Prävention und Rehabilitation». In: Allhoff, P. J., Leidel, J., Ollenschläger, G., Voigt, P. (Hrsg.). *Handbuch der Präventivmedizin.* Heidelberg, S. 601–628.
Kruse, A., Schmitt, E. (1995a). «Formen der Selbstständigkeit in verschiedenen Altersgruppen: Empirische Analyse und Description der Aktivitäts-

profile». *Zeitschrift für Gerontopsychologie und -psychiatrie*, 8, S. 227–236.

Kruse, A., Schmitt, E. (1995b). «Die psychische Situation hilfsbedürftiger und pflegebedürftiger älterer Menschen». *Zeitschrift für Gerontopsychologie und -psychiatrie*, 8, S. 103–118.

Kruse, A., Schmitt, E. (1998a). «Altern – sozialanthropologisch». In: *Lexikon der Bioethik*, Bd 1. Gütersloh, S. 129–136.

Kruse, A., Schmitt, E. (1998b). «Die psychische Situation hilfsbedürftiger älterer Menschen – eine ressourcen-orientierte Sicht». *Zeitschrift für Klinische Psychologie*, 27, S. 118–124.

Lehr, U. (1998). Altern in Deutschland – Trends demographischer Entwicklung. In: Kruse, A. (Hrsg.). *Psychosoziale Gerontologie. Bd. 1: Grundlagen*. Göttingen, S. 13–34.

Linden, M., Borchelt, M. (1995). «The impact of somatic morbidity on the Hamilton Depression Scale in the very old». In: Bergener, M., Brocklehurst, J. C., Finkel, S. I. (Hrsg.). *Aging, health, and healing*. New York, S. 420–426.

Manton, K. G. (1990). «Mortality and Morbidity». In: Binstock, R. H., George, L. K. (Hrsg.). *Handbook of Aging and the Social Sciences*. 3. Aufl. San Diego.

Markides, K. S. (1991). «Risk Factors, Gender, and Health». In: Glasse, L., Hendricks, J. (Hrsg.) *Gender and aging*. Amityville, NY, S. 25–32.

Martin, P., Ettrich, K. U., Lehr, U., Roether, D., Martin, M., Fischer-Cyrulies, A. (Hrsg.) (2000). *Aspekte der Entwicklung im mittleren und höheren Lebensalter. Ergebnisse der Interdisziplinären Längsschnittstudie des Erwachsenenalters (ILSE)*. Darmstadt.

Mayer, K. U., Baltes, P. B. (1996). *Die Berliner Altersstudie*. Berlin.

Mayer, K. U., Baltes, P. B., Baltes, M. M., Borchelt, M., Delius, J., Helmchen, H., Linden, M., Smith, J., Staudinger, U. M., Steinhagen-Thiessen, E., Wagner, M. (1996). «Wissen über das Alter(n): Eine Zwischenbilanz der Berliner Altersstudie». In: Mayer, K. U., Baltes, P. B. (Hrsg.). *Die Berliner Altersstudie*. Berlin, S. 599–634.

Menec, V. H., Chipperfield, J. G., Perry, R. P. (1999). «Self-perceptions of health: A prospective analysis of mortality, control, and health». *Journal of Gerontology*, 54, S. 85–93.

Moen, P. (1996). «Gender, age, and the life course». In: Binstock, R. H., George, L. K. (Hrsg.). *Handbook of Aging and the Social Sciences*. San Diego, S. 171–187.

Naegele, G. (1998). «Lebenslagen älterer Menschen». In: Kruse, A. (Hrsg.). *Psychosoziale Gerontologie. Bd 1: Grundlagen*. Göttingen, S. 106–130.

Ory, M. G., Warner, H. R. (1990). *Gender, health and longevity*. New York.

Payette, H., Coulombe, C., Boutier, V., Gray-Donald, K. (1999). «Weight loss and mortality among free-living frail elders: A prospective study». *Journal of Gerontology*, 54, S. 440–445.

Riley, M. W., Kahn, R. L., Foner, A. (Hrsg.) (1994). *Age and structural lag*. New York.

Rodin, J., McAvay, G. (1992). «Determinants of change in perceived health in a longitudinal study of older adults». *Journal of Gerontology*, 47, S. 373–384.

Schechtman, K., Kutner, N., Wallace, R., Buchner, D., Ory, M. (1994). «Gender, self-reported depressive symptoms, and sleep disturbance among older community-dwelling persons». *Journal of Psychosomatic Research*, 43, S. 513–527.

Schoenfeld, D. E., Malmrose, L. C., Blazer, D. G., Gold, D. T., Seeman, T. E. (1994). «Self-rated health and mortality in the high functioning elderly – a closer look at healthy individuals: MacArthur Field Study of Succesful Aging». *Journal of Gerontology*, 49, S. 109–115.

Schröder, J., Pantel, J. (2000). «Major Depression und psychiatrische Komorbidität bei ILSE-Probanden». In: Martin, P., Ettrich, K. U., Lehr, U., Roether, D., Martin, M., Fischer-Cyrulies, A. (Hrsg.). *Aspekte der Entwicklung im mittleren und höheren Lebensalter. Ergebnisse der Interdisziplinären Längsschnittstudie des Erwachsenenalters (ILSE)*. Darmstadt, S. 258–272.

Smith, D. W. E. (1991). «The biology of gender and aging». In: Glasse, L., Hendricks, J. (Hrsg.). *Gender and Aging*. Amityville, NY, S. 5–14.

Smith, D. W. E. (1993). *Human Longevity*. New York, Oxford.

Smith, J., Baltes, P. B. (1997). «Profiles of psychological functioning in the old and oldest old». *Psychology and Aging*, 12, S. 458–472.

Smith, J., Baltes, P. B. (1998). «The role of gender in very old age: Profiles of functioning and everyday life patterns». *Psychology and Aging*, 13, S. 676–695.

Statistisches Bundesamt (Hrsg.). (1998). *Statistisches Jahrbuch 1998 für die Bundesrepublik Deutschland*. Wiesbaden.

Steinhagen-Thiessen, E., Borchelt, M. (1996). «Morbidität, Medikation und Funktionalität im Alter». In: Mayer, K. U., Baltes, P. B. (Hrsg.). *Die Berliner Altersstudie*. Berlin.

Steinhagen-Thießen, E., Gerok, W., Borchelt, M. (1994). «Innere Medizin und Geriatrie». In: Baltes, P. B., Mittelstraß, J., Staudinger, U. (Hrsg.). *Alter und Altern: Ein interdisziplinärer Studientext zur Gerontologie*. Berlin, S. 124–150.

Timiras, P. S. (1994). *Physiological Basis of Aging and Geriatrics*. CRC Press.

Verbrugge, L. M. (1989). «Gender, Aging, and Health». In: Markides, K. S. (Hrsg.). *Aging and health: Perspectives on gender, race, ethnicity, and class*. New York.

Wagner, M., Schütze, Y., Lang, F. (1996). «Soziale Be-

Generative Gesundheit von Frauen

Beate Schücking

Die generative – oder im amerikanischen Sprachgebrauch: reproduktive – Gesundheit von Frauen ist ein aus internationaler Public-Health-Sicht viel beachtetes Thema, das in Deutschland ein gewisses Schattendasein fristet. Wenn man bedenkt, dass die Weltgesundheitsorganisation (WHO) mit ihrem Schwerpunkt auf «Maternal and Child Health» (MCH) vordringlich die Senkung der Mütter- und Säuglingssterblichkeit in den armen Ländern der Welt, in denen diese entsprechend hoch sind, zum Ziele hat, mag dies verständlich erscheinen. Allerdings weisen zwei einflussreiche Publikationen der WHO aus jüngerer Zeit darauf hin, dass eine gewisse Problemlage im geburtshilflichen Bereich auch in Europa gesehen wird: «Having a Baby in Europe» (1985)[1] fasst die Ergebnisse von WHO-Konsensus-Konferenzen zum sinnvollen Einsatz medizinischer Technik und zu bedarfsgerechter Versorgung im geburtshilflichen Bereich jeweils für Schwangerschaft, Geburt und Wochenbett zusammen und gibt diesbezüglich detaillierte und klare Empfehlungen. Basierend auf diesen Ergebnissen hat die WHO 1996 mit ihrem «Guide to Normal Birth» eine aktualisierte Zusammenfassung sinnvoller medizinischer Praxis und gesundheitlicher Betreuung für den physiologischen Bereich herausgegeben (1996)[2].

Das folgende Kapitel setzt sich auf der Basis dieser WHO-Empfehlungen mit der generativen Gesundheit von Frauen in Deutschland auseinander. Außerdem nimmt es Bezug auf den im Mai 2001 vorgestellten «1. Frauengesundheitsbericht der BRD» (FGB), der im Auftrag des Bundesministeriums für Jugend, Familie, Senioren und Frauen (BMfJFSF) erstellt wurde. Dessen Aufgliederung des Themas in die drei Bereiche Schwangerschaft, Geburt und Wochenbett wird hier beibehalten.

Die «besondere Lebenslage» einer Frau, die sich heute dafür entscheidet, Kinder zu haben, führt zu einer Vielzahl von somatischen wie psychosozialen Implikationen und Konsequenzen. Ziel dieses Beitrags ist es, diese im Überblick darzustellen. Dies geschieht aus der Perspektive einer Gesundheitswissenschaftlerin und psychosomatisch orientierten Ärztin; der Schwerpunkt der Betrachtung liegt entsprechend auf der aus biopsychosozialer Perspektive beleuchteten Normalbiografie von Frauen.

Nicht oder nur am Rande berücksichtigt sind die «Sonderfälle» reproduktiven Verhaltens wie Sterilitätsbehandlung, Präimplantations-Diagnostik (PID), In-Vitro-Fertilisation mit oder ohne intrazytoplasmatischer Spermien-Injektion (ICSI) und Embryotransfer, da der Anteil dieser neuen Technologien am reproduktiven Geschehen immer noch gering ist. Bei wenig mehr als 2 % aller Geburten (1998 in Nieder-

---

1 Auf Deutsch 1987 erschienen unter dem Titel «Wenn ein Kind unterwegs ist», Kopenhagen: WHO.
2 Diese Richtlinien sind im Frühjahr 2001 auf Deutsch unter dem Titel «Sichere Mutterschaft: Betreuung der normalen Geburt» erschienen. Herausgeber sind der Bund Deutscher Hebammen (BDH), ein Österreichisches Hebammengremium und der Schweizerische Hebammenverband, unterstützt durch die BZGA.

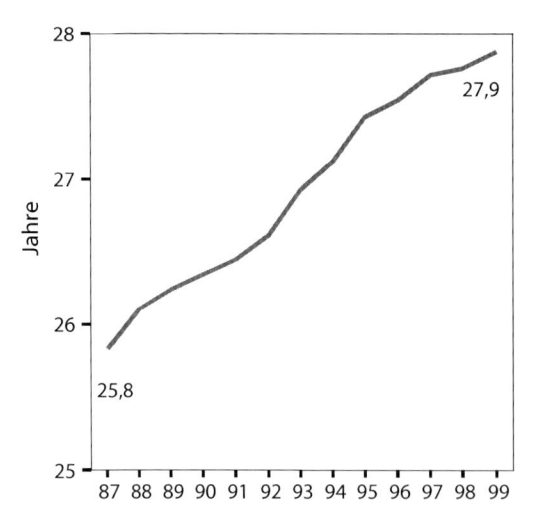

Abbildung 1: Durchschnittsalter der Erstgebärenden (NPE 1987–1999, Schwarz/Schücking 2001).

sachsen: 1807 Fälle) entstehen Kinder auf diesem Wege. Damit soll jedoch nicht die grundsätzliche Bedeutung des gesellschaftlichen Diskurses zu diesen Themen in Frage gestellt werden. Ohne Zweifel beeinflusst die Existenz dieser Technologien zum einen auch die Vorstellungen der Frauen und Paare, die diese nicht in Anspruch nehmen (müssen oder wollen). Zum anderen haben die technologischen Möglichkeiten auf der professionellen Ebene sowohl als Bereich wissenschaftlicher Profilierung und medizinischer Innovation wie auch als bedeutende Quelle frauenärztlichen Einkommens eine herausragende Position erlangt.

1. Schwangerschaft und Schwangerenvorsorge

Der Niedersächsischen Perinatalerhebung (NPE)[3] zufolge weisen schwangere Frauen – und damit Schwangerschaften – derzeit folgende Charakteristika auf:

- Mit einem gewissen Unterschied zwischen den alten und den neuen Bundesländern entschließen sich Frauen in Deutschland heute relativ spät, Kinder zu bekommen. Das Durchschnittsalter der Erstgebärenden ist in den letzten 16 Jahren kontinuierlich angestiegen (vgl. **Abb. 1**).
- Nur wenige Frauen (unter 7 %) geben an, alleinstehend zu sein; als Herkunftsland weist der Perinatalbogen für mehr als 85 % aller Schwangeren Deutschland aus. Weniger als 2 % aller Frauen erwarten nicht nur ein Kind, sondern Zwillinge oder höhergradige Mehrlinge; dieser Anteil ist seit Einführung der Reproduktionstechniken etwas angestiegen.
- Etwa die Hälfte der Schwangeren gibt eine Berufstätigkeit an; dabei dominieren wenig qualifizierte Berufe, leitende Tätigkeiten werden von rund 10 % der Frauen angegeben, eine mittlere Qualifikation von 7,4 %. Bei den Partnern werden diese qualifizierteren beruflichen Positionen mehr als doppelt so häufig genannt. Nach Aussage des Frauengesundheitsberichts (FGB) ist Berufstätigkeit heute eher als sozialer und gesundheitlicher Vorteil zu werten, da sich günstigere Geburtsergebnisse nachweisen ließen. Der NPE 1998 zufolge wurde die Frage, ob sie ihre Berufstätigkeit während der Schwangerschaft als Belastung empfunden hätten, allerdings von 9,6 % der Frauen bejaht.
- 78,8 % der Frauen bezeichneten sich als Nichtraucherinnen. Der Anteil der Raucherinnen liegt damit bei über 20 %. Dies ist in sofern beachtenswert, da Rauchen in der Schwangerschaft als wesentlicher Risikofaktor für Mangelentwicklung und entsprechende postpartale Probleme des Kindes sowie für Frühgeburtlichkeit gilt. Diese Zusammenhänge haben sich auch unlängst anhand bundesweiter quantitativer Untersuchungen erneut verifizieren lassen (Voigt 2001). Im FGB wird außerdem auf die psychosozialen Faktoren des Rauchens hingewiesen (Begenau et al. 1996).

Schwangerenvorsorge als etabliertes Programm, an dem wirklich alle Schwangeren mit einer Frequenz von zehn und mehr Untersuchungen in der normalen Schwangerschaft teilnehmen sollten, hat sich in den letzten 30 Jahren in allen In-

---

3 Die sorgfältig geführte niedersächsische Perinatalerhebung umfasst mehr als 70 000 Geburten pro Jahr und dokumentiert mehr als 90 % der Klinikgeburten; ihre Daten werden als repräsentativ für Westdeutschland angesehen.

dustrieländern etabliert. Als Argument für ihre Einführung wird vor allem die Möglichkeit angeführt, die Symptome früh zu erfassen, die Anzeichen schwerer Erkrankungen, die die Gesundheit von Mutter und Kind erheblich gefährden können, sind. Mithilfe des Mutterpasses und anhand der in Deutschland üblichen Schwangerenvorsorge (festgelegt durch die Mutterschafts-Richtlinien) ist der Verlauf der Schwangerschaft recht sorgfältig dokumentiert und damit nachvollziehbar. Die meisten Schwangeren (derzeit etwa die Hälfte) werden bereits bis zur achten Schwangerschaftswoche (SSW) erstmals untersucht. Innerhalb der ersten zwölf Wochen sind es knapp 90 % aller Schwangeren. Etwa 75 % aller Schwangeren nehmen mehr als zehn Vorsorgeuntersuchungen in Anspruch (BMfJFSF 2001; NPE 1998). Nur eine verschwindend geringe Anzahl der Frauen nimmt überhaupt nicht an den Vorsorgeuntersuchungen teil. Die Inanspruchnahme von Schwangerenvorsorge (Urbschat 1999) zeigt allerdings, dass auch in jüngster Zeit noch, wie bereits von Collatz et al. (1983) beschrieben, vor allem die Nicht-Risiko-Behafteten, besser ausgebildeten und weit überwiegend deutschen Frauen die Schwangerenvorsorge intensiv nutzen, während das eigentliche Risiko-Klientel unterdurchschnittlich häufig teilnimmt.

Pränatale Diagnostik, z. B. die durch die Mutterschafts-Richtlinien vorgeschriebenen drei Ultraschalluntersuchungen, erfolgt z. T. im Rahmen dieser Vorsorgeuntersuchungen. Im Durchschnitt werden jedoch deutlich mehr als diese gesetzlich vorgeschriebenen Ultraschalluntersuchungen vorgenommen. Eine vorgeburtliche Diagnostik durch Amniozentese oder Chorionzotten-Biopsie erfolgt bei rund 10 % aller Frauen in Niedersachsen. Bundesweit liegt die Spanne zwischen 6,5 und 13 % (BMfJFSF 2001).

Kritisch betrachtet werden muss nach Ansicht der Autorin, dass in den anhand der Mutterschafts-Richtlinien gestalteten Mutterpässen, die im Sinne eines Ankreuz-Kataloges mit Mehrfach-Nennungs-Möglichkeit während der Schwangerschaft in den Arztpraxen ausgefüllt werden, eine Vielzahl von möglichen Risikofaktoren ungewichtet aufgeführt ist. Aus gesundheitswissenschaftlicher Perspektive führt dies zu der seltsamen Situation, dass in einem Land mit

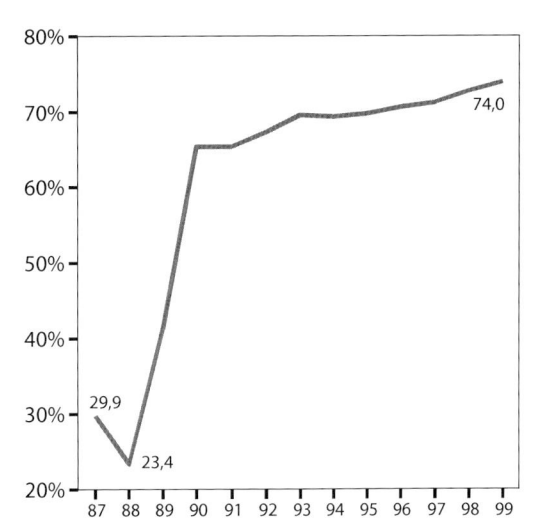

Abbildung 2: Schwangerschaften mit dokumentierten Risiken nach Mutterschaftsrichtlinien (NPE 1987–1999, Schwarz/Schücking 2001).

überdurchschnittlich gutem Gesundheitsstatus und niedriger durchschnittlicher Parität (derzeit 1,4 Kinder/Frau) die Mehrzahl der Frauen unter diesem «Risiko-Konzept» zur Risiko-Schwangeren deklariert wird. Dies kritisiert auch der Frauengesundheitsbericht unter Hinweis auf die mäßige Sensitivität und geringe Spezifität des Risiko-Konzeptes bezüglich des Geburtsergebnisses. Außerdem ist ein seit Anwendung der jetzigen Mutterschafts-Richtlinien zunehmender Trend zur Pathologisierung zu beobachten (vgl. **Abb. 2**).

Ein am Maßstab der Weltgesundheitsorganisation (WHO 1996) gemessener Anteil von Risiko-Schwangerschaften läge dagegen deutlich niedriger. Die beiden Hauptgründe, die im Laufe der letzten Jahre zunehmend deutsche Frauen zu echten Risiko-Kandidatinnen in der Schwangerschaft haben werden lassen, sind zum einen vorangegangene Kaiserschnitte – was bei einer bundesweiten Kaiserschnittrate von ca. 20 % seit mehreren Jahren nicht weiter zu verwundern ist (Schücking 2001). Ein weiterer Grund ist das steigende Alter der Erstgebärenden. Derzeit liegt deren Durchschnittsalter bei 28 Jahren (BMfJFSF 2001). Zwar steigt mit zunehmendem Lebensalter erwiesenermaßen die Wahrscheinlichkeit deutlich, dass vor oder während der Schwangerschaft z. B. Herz-Kreislauf-Erkrankungen, Stoffwechselprobleme oder Venenerkrankungen auftreten, für gesunde Frauen kann jedoch nicht von einem allein altersbedingten Risiko ausgegangen werden. Die Altersgrenze, ab der von einer «späten Erstgebärenden» geredet wird, die damit als potenzielle Risikoschwangere gilt, hat sich in Deutschland von ursprünglich 25 Jahren kontinuierlich nach oben bewegt und liegt derzeit bei 35 Jahren. In anderen Ländern dagegen liegt diese «Risiko-Grenze» bei 38, 39 oder sogar 40 Jahren (Schücking 1995).

Schwierig einzuschätzen anhand der vorliegenden Daten aus Mutterpass und Perinatalerhebung dagegen ist der tatsächliche Gesundheitszustand von Frauen während der Schwangerschaft. Hier ist zum einen die Qualität der antepartal erhobenen Daten nicht ausreichend (Jahn et al. 1996), zum anderen sind wichtige Zusammenhänge wie beispielsweise die in der Schwangerschaft bei nicht ausreichender Jodversorgung gefährdete Gesundheit der Schilddrüse gar nicht erfasst.

Der Fokus medizinischer Forschung liegt darüber hinaus weniger auf der Gesundheit der Schwangeren als vielmehr auf dem «fetal outcome». Tatsächlich ist die perinatale Mortalität in den 33 Jahren seit Einführung der Mutterschafts-Richtlinien in Deutschland deutlich gesunken. Dieses Phänomen trat allerdings in allen Industrieländern auf, unabhängig von der Art der Schwangerenvorsorge und insbesondere auch unabhängig davon, von welchem Berufsstand – ÄrztInnen oder Hebammen – diese durchgeführt wurde (BMfJFSF 2001). Die in Deutschland vom Umfang der Untersuchungen her ständig intensivierte Schwangerenvorsorge hat gleichzeitig offensichtlich keinen Einfluss auf wesentliche, in der Schwangerschaft auftretende Probleme gehabt. Zwar haben 16% der Frauen mindestens einen Krankenhausaufenthalt in der Schwangerschaft und bei 5% aller Schwangeren erfolgen Maßnahmen zur Behandlung einer drohenden Frühgeburt (NPE 1998), dennoch werden zum als physiologisch geltenden Zeitraum nach 37 bis 41 Wochen Schwangerschaft nur knapp 90% aller Kinder geboren. Relativ groß – und dies seit Jahrzehnten unverändert! – ist die Gruppe der Frühgeborenen mit über 7%. Vielfach wird auch fetaler Wachstumsrückstand nicht präpartal erkannt und selbst die Fehlbildungsdiagnostik hat nur bei wenigen Experten eine gute Sensitivität aufzuweisen. Ebenso wenig hat sich bisher die antepartale Mortalität beeinflussen lassen (Jahn et al. 1998).

In dieser Situation versuchen zunehmend Hebammen, in dem Bereich der Schwangerenvorsorge wieder Fuß zu fassen. Sie sind dabei wissenschaftlich gestützt durch eine Reihe von Untersuchungen, die die Effektivität von Schwangerenvorsorge durch Hebammen belegen. Aufgrund dieser Ergebnisse formuliert auch die neueste Ausgabe von «Effective Care in Pregnancy and Childbirth» (Enkin et al. 2000), dass Frauen mit normalen Schwangerschaften von Hebammen oder Hausärzten betreut werden sollten, die zum einen auf die physiologische Schwangerschaft hin orientiert seien und von denen man zum anderen erwarten könne, dass ihnen die einzelne Frau und deren Lebensumstände vertraut sind.

Juristisch gesehen haben Hebammen in Deutschland die Möglichkeit, neben Geburtsvorbereitungskursen auch Vorsorgeuntersuchungen im Rahmen selbstständiger Praxis anzubieten. Wenn die Schwangere ärztliche Untersuchungen ablehnt, kann sie auch die komplette Vorsorge bei einer Hebamme durchführen lassen.

Leider liegen bislang keine genauen Zahlen zum Ausmaß der von Hebammen durchgeführten Schwangerenvorsorge in Deutschland vor. Laut Schätzungen des Hebammenverbandes BDH bieten lediglich 5% aller Hebammen Schwangerenvorsorge an. Für Hessen weisen Korporal et al. in ihrer Studie zur außerklinischen Geburtshilfe nach, dass in dieser speziellen Klientel 6,3% aller Vorsorgen allein von Hebammen durchgeführt wurden, 40% von Hebammen und Ärzten gemeinsam und mehr als die Hälfte ausschließlich von Frauenärzten (Dangel-Vogelsang et al. 1997). Aufgrund der auch in der neuen Gebührenordnung seit 1997 restriktiv gehandhabten Abrechnungsmöglichkeiten von Schwangerenvorsorge durch Hebammen ist derzeit nicht zu erwarten, dass es hier zu einer wesentlichen Veränderung im Betreuungsmodus kommt (Sandall et al. 2001).

Ebenso fehlen Untersuchungen zur Zufriedenheit von Schwangeren mit der geleisteten Versorgung in diesem Bereich. Hier lässt eine unter A. Jahn begonnene Studie in Heidelberg Ergebnisse erwarten.

Auch die Frage der Effektivität einzelner Untersuchungen wie auch des gesamten Vorsorgeprogramms ist, wie schon erwähnt, für Deutschland bisher nur unzureichend beantwortet. International vorliegende empirische Ergebnisse auf gutem wissenschaftlichen Niveau (randomisierte kontrollierte Studien), deren Erkenntnisse auch die Basis des WHO-Guides bilden, sind seit zehn Jahren über die Cochrane Database zugänglich. Auf die dort ausgesprochenen Empfehlungen, in Metaanalysen zusammengefasst in «A Guide to Effective Care in Pregnancy and Childbirth», wird im Folgenden eingegangen[4]. Als sinnvolle Elemente einer effizienten Schwangerenvorsorge auf der Grundlage evidenzbasierter Medizin gelten demnach:

- die Dokumentation aller Befunde in einem bei der Frau verbleibenden «Mutterpass» oder einem ähnlichen Dokument;
- der freie Zugang zum Versorgungssystem, unabhängig von der materiellen Lage der Schwangeren;
- die Qualifikation der Versorgenden, die kompetent genug sein müssen, um häufige Probleme wie z. B. Nikotin- und Alkoholabusus erkennen und reduzieren zu können;
- eine Blutentnahme in der Frühschwangerschaft zur Durchführung von Screening-Untersuchungen auf Röteln, Lues, irreguläre Antikörper, im Einzelfall auch Chlamydien und HIV (als noch nicht ausgereift gilt das Screening auf Hepatitis und Toxoplasmose);
- die Diagnostik und Behandlung von Übelkeit, vaginalen Infektionen, Blaseninfekten (inklusive asymptomatischer Bakteriurie), Diabetes, Hypertonie, Rhesusinkompatibilität;
- die regelmäßige Kontrolle von Blutdruck, Urinstatus und Fundushöhe;
- Geburtsvorbereitungskurse, insbesondere im Hinblick auf ihre Auswirkungen auf den Schmerzmittelkonsum von Frauen während der Geburt und den Informationsgrad von Schwangeren.

Auf der Grundlage evidenzbasierter Medizin nicht effizient erweisen sich dagegen:
- die Notwendigkeit einer Mindestanzahl von zehn Vorsorgeuntersuchungen, wie sie in Deutschland momentan Standard ist. Eine Reduzierung auf neun Untersuchungen, wie in einer amerikanischen Studie an Low-risk-Frauen erfolgt ist, scheint problemlos möglich zu sein;
- ein Ultraschall-Screening aufgrund der hohen Falsch-positiv- und Falsch-negativ-Raten. Selektive Ultraschallkontrollen mit gezielter Fragestellung haben sich jedoch bewährt. Im Sinne eines klaren Ergebnisses scheint von allen Pränataltests vor allem die Amniozentese effizient zu sein;
- die Durchführung von präpartalen CTGs (inklusive Wehenbelastungstests), von Hormonkontrollen der Plazentafunktion, von intensiver als bisher durchgeführtem Diabetes-Screening und von rigiden Verhaltensregeln, wie z. B. dem Verbot von Geschlechtsverkehr während der Schwangerschaft, strengen Diäten, oder die «Abhärtung» von Brustwarzen;
- routinemäßige vaginale Untersuchungen.

«Unentschieden» ist die Wissenschaft noch bei Hämoglobin-Kontrollen, Ödemen und erhöhten Blutzuckerwerten.

Aus den Erkenntnissen der bisherigen wissenschaftlichen Untersuchungen wird letztlich vor allem klar, dass noch zu wenig über die Schwangerschafts-Physiologie bekannt ist, um deren breites Spektrum von Frau zu Frau gerade in Bezug auf Normabweichungen richtig interpretieren zu können. Umso bedenklicher erscheint daher, dass in der derzeit in Deutschland üblichen von Fachärztinnen und -ärzten durchgeführten Schwangerschaftsvorsorge wenig Wert auf individuelle Betreuung gelegt wird, während wissenschaftlich umstrittenes Ultraschall- und CTG-Screening breiten Raum einnimmt.

2. Geburt und Geburtshilfe

Um den geburtshilflich wenig erfahrenen Leserinnen und Lesern eine anschauliche Vorstellung der in diesem Unterabschnitt geschilderten Zu-

---

4 Dieses Buch ist 1998 auf Deutsch erschienen unter dem Titel «Effektive Betreuung während Schwangerschaft und Geburt».

sammenhänge zu ermöglichen, ist im Folgenden eine kurze Darstellung einer «Normalgeburt» in Deutschland und damit der üblichen Kreißsaal-Routine zusammengefasst, wie sie aus Lehrbüchern, den vorliegenden Perinataldaten und Klinikberichten zu entnehmen sind:

Ein «normaler» Geburtsablauf

«Normaler» Entbindungsort ist allen derzeitigen geburtshilflichen Lehrbüchern zufolge das Krankenhaus. Jede Schwangere soll sich zu Beginn regelmäßiger Wehen und/oder mit gesprungener Fruchtblase in die Klinik ihrer Wahl begeben. Dort gibt sie ihre Personalien an und ihren Mutterpass ab. Nach einer «Aufnahmeuntersuchung» muss sie sich einer je nach Geburtsfortschritt und Klinikstandard üblichen «Vorbereitung» unterziehen: Diese kann aus der Rasur oder dem Kürzen der Schamhaare, dem Duschen oder Baden, einem Einlauf, einer Blutentnahme sowie dem Anlegen einer Verweilkanüle bestehen. Vor oder während dieser Maßnahmen erfolgt eine geburtshilfliche Untersuchung durch Arzt/Ärztin oder Hebamme. Dabei wird die Muttermundweite durch vaginale Tastuntersuchung festgestellt, und die Herztöne des Ungeborenen mittels Kardiotokographie kontrolliert, meist während die Schwangere auf einer Liege liegt. Routinemäßig oder bei Unklarheit über Lage und/oder termingerechtes fetales Wachstum wird eine Ultraschallkontrolle durchgeführt, ggf. auch eine Amnioskopie (Fruchtwasserspiegelung).

Je nach Geburtsfortschritt (als physiologisch gilt eine Muttermundseröffnung von ca. 1 cm pro Stunde Wehentätigkeit) wird die Schwangere direkt in den Kreißsaal verlegt oder sie bleibt noch außerhalb des Kreißsaalbereichs mit der Empfehlung, die Wehen durch Bewegung und Positionswechsel anzuregen und erträglich zu gestalten.

Zur Schmerzerleichterung bieten die meisten Kliniken unterschiedliche Medikamente bis hin zur rückenmarksnahen Betäubung der unteren Körperhälfte (Periduralanästhesie, PDA) an. Im Fall der PDA bedeutet dies für die Frau meist, dass sie nach diesem Eingriff im Kreißbett liegen muss; über die bereits liegende Verweilkanüle am Arm wird anschließend häufig ein Wehentropf angelegt, um den Geburtsablauf zu steuern oder die Fruchtblase eröffnet, um die Wehen anzuregen.

Ist der Muttermund vollständig eröffnet und die Geburt in die so genannte Austreibungsphase übergegangen, werden Arzt/Ärztin, die vorher nur intermittierend, meist zu vaginalen Untersuchungen zur Kontrolle des Geburtsfortschritts kamen, und in Lehrkrankenhäusern häufig noch weitere Personen, gerufen. Noch immer werden viele Frauen zum Pressen angeleitet. Während Arzt/Ärztin v. a. bei Erstgebärenden einen Dammschnitt (Episiotomie) durchführen, macht die Hebamme den Dammschutz und entwickelt das Kind. Dieses wird nach der Geburt in warmen Tüchern der Mutter auf den Bauch gelegt, kann bei Bedarf aber auch schnell abgenabelt und zuerst untersucht und/oder abgesaugt werden, bevor es der Mutter übergeben wird.

Ein aktives Management der Nachgeburtsperiode ist üblich: d.h., nach intravenöser oder intramuskulärer Injektion von Wehenmitteln wird die Plazenta durch Zug an der Nabelschnur gewonnen. Anschließend wird die Scheide auf Geburtsverletzungen inspiziert; diese werden bei Bedarf ebenso wie der Dammschnitt genäht.

Nach Kontrolle des Fundusstandes der Gebärmutter und ggf. weiterer Medikamentengabe zur Kontraktionsförderung wird die Frau in ein weiches Bett transferiert. Sie bleibt zur Verlaufskontrolle noch zwei Stunden im Kreißsaal. Das inzwischen gereinigte, mit Augentropfen versehene und erstuntersuchte Kind wird angezogen und ihr in die Arme gelegt. Nun kann ein erster Stillversuch erfolgen. Mit der Verlegung auf die Wochenstation fällt die Zuständigkeit für die Frau an das dortige Pflegeteam und die für das Kind an die Säuglingsschwestern.

Schwangerschaft, Geburt und ihre möglichen Komplikationen sind der häufigste Grund für stationäre Krankenhausaufenthalte von Frauen und damit ein wesentlicher Kostenfaktor im Gesundheitswesen (BMfJFSF 2001). Zur Geburt ihres Kindes suchten in Niedersachsen, wie bundesweit, etwa 98 % aller Frauen eine Klinik auf.[5]

---

5 Die geplant außerklinische Entbindung zu Hause und in Geburtshäusern wird seit 1998 bundesweit in einer der klinischen Perinatalerhebung ähnlichen, ausführlichen Erfassung dokumentiert; die bisher vorliegenden Ergebnisse zeigen sowohl die (der klinischen Geburtshilfe vergleichbaren) Sicherheit wie die vergleichsweise geringe Häufigkeit geburtshilflicher Interventionen.

Der FGB verweist auf die niedrigen Mortalitätsraten für Mütter und Säuglinge. Die Müttersterblichkeit in der BRD liegt mit 6,56/100 000 (NPE 1998) in der weltweit niedrigsten Gruppe, die BRD hält jedoch nicht die Spitzenposition. Laut WHO-Angaben ist das Risiko einer deutschen Frau, durch Schwangerschaft oder Geburt zu sterben, vielmehr dem einer Frau in Frankreich, Japan und Tschechien vergleichbar und liegt damit höher als in den skandinavischen Ländern oder den Niederlanden (WHO 1997). Das faktisch *niedrige* Morbiditäts- und gar Mortalitätsrisiko der Frau in der BRD für die Schwangerschafts-, Geburts- oder Wochenbettphase, wird von den in diesem Bereich professionell Tätigen unterschiedlich begründet:

- Der allgemein gute Gesundheitszustand von Frauen, ihr Zugang zur Empfängnisverhütung, gesicherte soziale und hygienische Rahmenbedingungen, niedrige Parität (in der BRD < 2 Kinder pro Frau) sind vornehmlich die Faktoren, die *gesundheitswissenschaftliche* Analysen z. B. der WHO angeben.
- Aus *frauenärztlicher* Sicht hingegen garantiert vor allem der Einsatz medizinischer Überwachungstechnologie die Sicherheit der Reproduktion, wobei hier das Augenmerk mehr auf das Ungeborene gelegt wird (Knörr et al. 1989, S. 221f.).

Tatsächlich werden in der BRD alle, normale wie komplizierte, Geburten technisch kontrolliert. Ausgenommen ist davon nur die sehr kleine Gruppe von Frauen, die alternative Entbindungsmöglichkeiten wählen (< 2 %). Diese also in fast jedem Normalfall eingesetzte Technik beginnt, wie bereits skizziert, in der Schwangerschaft mit pränataldiagnostischen Maßnahmen sowie Herzton- und Wehenmessung (CTG) und setzt sich während der Geburt mit meist kontinuierlicher Überwachung der Herztöne (Dauer-CTG), eventuell weiteren Ultraschallkontrollen und einer Entbindung in einem technisierten Kreißsaal fort. In einem hohen Prozentsatz physiologisch verlaufender Geburten werden Medikamente verabreicht: von krampflösenden Zäpfchen bis hin zu synthetischen wehenfördernden bzw. -hemmenden Hormonen – meist über Verweilkanülen – und hochpotenten Betäubungsmitteln, wie z. B. die PDA. Auch operative Interventionen wie der Dammschnitt sind häufig, operative Beendigung der Geburt mit Zange, Saugglocke oder Kaiserschnitt erfolgen in einem beträchtlichen Prozentsatz aller Geburten.

Die dargestellte technische Überwachung der Geburt im Kreißsaal ist die Folge einer tief greifenden Veränderung der Geburtshilfe im 20. Jahrhundert. In einem kurzen Zeitraum, etwa zwischen 1925 und 1950, vollzog sich der radikale Wandel von der Hausgeburt zur Klinikentbindung. Durch diese Entwicklung konnte sich die vorwiegend technologisch orientierte Geburtshilfe im Kreißsaal durchsetzen, die sowohl von den Gebärenden und als auch von anderen Beteiligten als «normal» internalisiert wurde. Die Transformation der «normalen Geburt» in einen hoch technisierten Prozess ist jedoch vielfach kritisch beleuchtet worden, z.B. von feministischen Kreisen (The Boston Women's Health Book Collective 1980). Zwar haben diese wesentliche Impulse gegeben, die Kreißsaalatmosphäre frauen- und familienfreundlicher zu gestalten (Akzeptanz der werdenden Väter, freundlichere Möblierung, bequeme Entbindungsbetten, die mehr Bewegungsfreiheit bieten), zu einem wirklichen Abbau der Apparatemedizin bei der Geburt ist es aber nicht gekommen. Im Gegenteil, im Zuge technischer Entwicklungen, die verbesserte und neue Geräte mit sich brachten und weiter bringen, kommen diese Apparate vermehrt routinemäßig zum Einsatz, z. B. die fetale Blutuntersuchung (MBU) und die Pulsoxymetrie. Auffällig ist auch ein stetiger Anstieg operativer Geburtsbeendigungen. Die Konsequenzen, die der Einsatz von Technik auf die Leib- und Selbstwahrnehmung der Frauen hat, d. h. die körperbildende Prägmacht technischer Rituale im Kreißsaal, liegen bislang jedoch nicht im Blickfeld der Geburtsmedizin.

Bislang ist auch die physiologische Geburt selten Forschungsgegenstand der Medizin. Eine aktuelle Definition (1996) lautet:

> Spontaneous in onset, low-risk at the start of labour and remaining so throughout labour and delivery. The infant is born spontaneously in the vertex position between 37 and 42 completed weeks of pregnancy. After birth

mother and infant are in good condition. (WHO 1996, S. 3)

Kennzeichen der normalen Geburt sind also:
1. spontaner Beginn ohne wesentliche Risiken von Beginn bis zum Ende der Entbindung,
2. spontane termingerechte Geburt des Kindes aus Schädellage,
3. unkompliziertes Wochenbett.

In etablierten deutschen geburtshilflichen Lehrbüchern findet sich nur selten eine exakte Definition der normalen Geburt, immer aber Schilderungen des Ablaufs und der Interventions- sowie Komplikationsmöglichkeiten (z. B. Pschyrembel/Dudenhausen 1994; Knörr et al. 1989; Schneider et al.1999). Andere Autoren (Schmidt-Matthiesen 1992, S. 270; Friedberg/Brockerhoff 1990, S. 112) bezeichnen 94 bis 95 % aller Geburten als «hinsichtlich des Geburtsmechanismus normal» verlaufend. Teilweise werden mütterliche Komplikationen als Eingrenzung im Sinne einer Negativdefinition, ähnlich der WHO-Definition, aufgeführt (Friedberg/Brockerhoff 1990, S. 112) oder statistische Normen und Zeitgrenzen als Limits erwähnt (Schneider et al.1999).

Medizinische, aktuelle Forschungsergebnisse zu den Bedingungen einer normalen Geburt im Sinne der Salutogenese (Antonovsky 1997) liegen erstaunlicherweise kaum vor. In die geburtshilfliche Praxis umgesetzte Erkenntnisse aus Ergebnissen gynäkologisch-endokrinologischer Forschung existieren zu hormonellen Veränderungen während Schwangerschaft und Geburt inklusive der Entwicklung und des Einsatzes synthetischer Wehenmittel (Oxytocin) und Wehenhemmer (Atad et al. 1996; Pollnow/Broekhuizen 1996; Malik et al. 1996; Goffinet 1995; Thonton/Lilford 1994; Elbourne et al. 1988; Rath et al. 1987, 1993).

Untersuchungen zur Geburtsmechanik, insbesondere bei pathologischen Verläufen und meist unter Einbeziehung therapeutischer Anwendungen von Instrumenten und Operationen, haben in der Geburtshilfe eine jahrhundertelange Tradition (Kuhn/Tröhler 1987). Durch sie ist die Zuordnung der Geburtshilfe zu den operativen Fächern der Medizin bedingt. Die seit ca. 25 Jahren vertretene Forschungsrichtung «Psychosomatische Frauenheilkunde», die auch in einer eigenen wissenschaftlichen Fachgesellschaft organisiert ist, hat die psychosozialen Einflüsse auf die physiologische wie pathologische Geburt in vielfältigen Studien untersucht (einen Überblick geben Richter und Stauber in Uexküll 1990, S. 965ff.). Hier finden sich vereinzelt Ansätze, z. B. die Angst oder die Schmerzen der Frauen nicht nur individualpsychologisch zu erklären, sondern in Zusammenhang mit Geburtsablauf, Klinikroutinen und mangelnder Geburtsvorbereitung zu verstehen. Der Nachweis der Effizienz von Psychohygiene, Geburtsvorbereitung und Familienorientierung zum Angstabbau und damit zu positiveren Geburtserlebnissen wurde so erbracht. Jedoch liegt der wesentliche Akzent der Forschung auch hier, wie im klinischen Bereich allgemein üblich, auf der Pathologie, und eine umfassende Beschäftigung mit den psychosozialen Bedingungen der normalen Geburt steht noch aus.

Obwohl umfangreiche klinische Forschung zu allen unter der Geburt verwendeten Medikamenten und eingesetzten Apparaten sowie schmerzerleichternden Eingriffen existiert, ist die Aussagekraft vieler klinischer Studien wiederholt in Frage gestellt worden. So kritisierte die WHO noch vor wenigen Jahren (Wagner 1994), dass 90 % der verwendeten Interventionen keine wissenschaftlich abgesicherte Basis nachweisen könnten. Dies gab Anlass zu – vor allem im englischsprachigen Raum ausführlichen – Kontroversen um routinemäßig durchgeführte geburtshilfliche Praktiken wie kardiotokografische Überwachung, Ultraschall, aber auch die Häufigkeit operativer Interventionen (Kaiserschnitt, Zange/Vakuum, Dammschnitt) (Wagner 1994; Grant 1996; Cyran 1994; Lidegaard et al. 1994; van Geijn et al. 1993; Hodnett 1994, 1996; Olsen 1997; Waldenstroem 1997). Beispielsweise ließ sich die Effektivität der CTG-Dauerüberwachung der Feten – wie in den meisten Kreißsälen heute praktiziert – in großen kontrollierten Studien nicht nachweisen. Eine intermittierende akustische Herztonkontrolle – wie früher üblich – ist genauso erfolgreich im Aufdecken fetaler Störungen und produziert gleichzeitig weniger falsch positive Resultate, die meist unnötige Kaiserschnitte zur Folge haben (Mistry/Neilson 1997; Herbst/Ingemarsson 1994).

Erst in Kombination mit MBU (Untersuchung aus dem Skalp des Fetus gewonnener Blutproben) erlaubt das CTG die Erkennung fetaler neurologischer Störungen; ein langfristiger Einfluss auf die kindliche Morbidität ist nicht sicher. In Bezug auf die kindliche Mortalität ergeben die verschiedenen Überwachungsmethoden ähnliche Ergebnisse (Enkin et al. 1995).

Die Widersprüche zwischen üblicher geburtshilflicher Routine und tatsächlicher medizinischer Notwendigkeit lässt sich am Dammschnitt (der oft als häufigste operative Maßnahme in der gesamten Medizin verzeichnet wird) besonders gut aufzeigen: Nachgewiesenermaßen reduzieren Dammschnitte weder das Ausmaß mütterlicher Dammverletzungen, noch verhindern sie spätere Beckenbodensenkungen. Schwerwiegende Risse sind genauso häufig mit wie ohne den Eingriff, und die Wundversorgung wie -heilung eines Schnittes unterscheidet sich nicht von der eines kleines Risses.

Dennoch variieren die Dammschnittraten international wie national in einem breiten Spektrum, z. B. zwischen 50 und 90 % der Erstgebärenden (Enkin et al. 1995, S. 232) und nur außerklinische Geburten können Raten von unter 20 % vorweisen, wie sie die WHO 1985 empfohlen hat (Waldenstroem 1997).

Die Diskrepanzen zwischen der in Deutschland üblichen Routine und dem wissenschaftlichen Standard der Forschung lassen sich besonders deutlich an weiteren Einzelbeispielen erkennen, wenn die beigefügte Schilderung des Ablaufs einer normalen Klinikgeburt parallel zum Forschungsstand betrachtet wird.

Zahlreiche Routinemaßnahmen zur Vorbereitung der Frau und ihrer Überwachung unmittelbar vor und während der Geburt haben keine evidenzbasierte wissenschaftliche Absicherung. Hierzu gehören: Einläufe und Rasur, Nahrungs- und Flüssigkeitskarenz, Dauerinfusionen, Bettruhe ab Wehenbeginn, rektale Erhebung des Zervixbefundes, Anleitung zum forcierten Pressen, striktes Einhalten der Rückenlage zur Geburt und routinemäßige Dammschnitte.

Ähnlich wie bei der Schwangerenvorsorge lässt sich auch dieser Negativ-Liste geburtshilflicher Praxis anhand der Metaanalysen aus «Effective Care in Pregnancy and Childbirth» eine Positiv-Liste gegenüberstellen. Von eindeutigem Nutzen für die Gebärende ist z. B.:
- körperliche wie psychosoziale Unterstützung während Wehentätigkeit und Geburt,
- kontinuierliche Unterstützung,
- Herztonüberwachungsmöglichkeiten in Kombination mit Mikroblutuntersuchung des Fetus,
- Bewegungs- und Informationsfreiheit der Gebärenden,
- die Präsenz selbstgewählter Begleiter/innen,
- Dammschutz.

Zahlreiche geburtshilfliche Praktiken in deutschen Kreißsälen sind allerdings weder auf der Positiv- noch auf der Negativ-Liste zu finden. Aus gesundheitswissenschaftlicher Perspektive ist bemerkenswert, dass bei so unklarer Forschungslage so häufig in einem meist physiologischen Prozess interveniert wird.

Kritische Untersuchungen haben sich bislang vorwiegend mit einzelnen, bei der Geburt angewandten Verfahren beschäftigt, jedoch nicht die Anwendung von Technisierung in ihrer Gesamtheit betrachtet und auf ihre Folgen hin untersucht. Insbesondere der Zusammenhang zwischen Technologieanwendung und normaler Geburt ist bisher nicht Forschungsgegenstand gewesen, obwohl sich aus zahlreichen Studien zu einzelnen Interventionsformen (wie z. B. Sectio) Hinweise für die Brisanz dieses Forschungsgegenstandes ergaben, vor allem im Hinblick auf die psychosomatischen Auswirkungen einer Geburt auf das längerfristige Wohlbefinden von Frauen (Sperling et al. 1994; Flamm/Quilligan 1996; Turan/Kutlay 1995). Ziel geburtshilflicher Betreuung ist eine gesunde Mutter und ein gesundes Kind. Aus psychosomatischer Sichtweise sollten beide auch so zufrieden wie möglich sein oder zumindest keine schlechte Erfahrung gemacht haben. Eine negative Erfahrung wird das emotionale Wohlbefinden der Mutter beeinflussen, wesentliche Faktoren postpartaler Depressionen sind psychosozialer Natur (Cooper/Murray 1998). Insbesondere Frauen mit depressiver Vorgeschichte können durch Komplikationen bei der Geburt empfindlich in ihrem emotionalen Wohlbefinden beeinträchtigt werden (Murray/Cartwrigh 1993; O'Hara et al. 1991).

Die depressive Verstimmung einer jungen

Mutter beeinflusst auch ihr Selbstwertgefühl sowohl als Frau wie als Mutter (Fowles 1998). Langzeitstudien über weitere Konsequenzen für Mutter oder Kind liegen derzeit leider noch nicht vor.

Vonseiten des Kindes ist bekannt, dass eine komplizierte Geburt somatische Komplikationen wie pulmonale Maladaptation und neurologische Störungen nach sich ziehen kann. Das emotionale Wohlbefinden eines Neugeborenen ist schwer festzustellen, obwohl die meisten Menschen wissen, wie ein glückliches Baby an der Brust der Mutter aussieht. Auf der anderen Seite kann das «unglückliche Baby» uns nicht erzählen, ob es eine schwierige Geburtserfahrung oder irgendetwas anderes ist, das es bis zu 20 Stunden am Tag schreien lässt. Es gibt jedoch Murray und Cooper zufolge einige Anzeichen dafür, dass postpartale Depressionen im Zusammenhang mit den kognitiven und emotionalen Entwicklungen des Kindes stehen und dass diese Auswirkungen langfristiger Natur sind (Murray/Cooper 1997, 1998). Und auch Waldenstroem (2001) äußert sich in dieser Richtung:

> The mechanism mediating the association between postnatal depression and adverse child development is an impaired pattern of communication between the mother and her infant. Theoretically, a negative birth experience therefore has the potential to affect infant development.

Was bedeutet nun eine «gute Erfahrung» in Bezug auf Interventionen und verschiedene Geburtsmodi? Im Vergleich zwischen Spontangeburt und Kaiserschnitt liegen umfangreiche wissenschaftliche Ergebnisse vor, die die ungünstigen psychosozialen Auswirkungen von Kaiserschnitten für Mutter und Kind beschreiben. So ließ sich nachweisen, dass Kaiserschnitt häufiger zu negativen Geburtserfahrungen führt (Mercer et al. 1983; Di Matteo et al. 1996; Waldenstroem/Nilsson 1994, 1996), posttraumatische Störungen (Pantlen/Rohde 2000; Ryding et al.1998) und Probleme in der Mutter-Kind-Beziehung hervorrufen kann (Mutryn 1993).

Nach einem Kaiserschnitt sind die Stillraten niedriger (Cranley et al. 1983, Di Matteo et al. 1996), und die Frauen entschließen sich seltener zu einer folgenden Schwangerschaft (Garel et al. 1990). Die meisten dieser Studien differenzieren nicht zwischen primärem und sekundärem Kaiserschnitt. Wenn man die Zufriedenheit der Mütter in Abhängigkeit vom Geburtsmodus untersucht hat, stand die Spontangeburt vor der primären Sectio, der vaginal operativen Geburt und der sekundären Sectio (Ryding et al. 1998, Fawcett et al. 1993, Cranley et al. 1983). Auch Waldenstroem stellt fest, dass geburtshilfliche Interventionen wesentliche Variablen für das Geburtserlebnis darstellen. Eine ihrer Studien zeigte, dass Schmerzen, lange Wehendauer und chirurgische Interventionen Prädiktoren für eine negative Geburtserfahrung waren. Als positive Prädiktoren stellten sich Unterstützung durch die Hebamme, Einbezogensein in die Geburt und positive Erwartungen heraus (Waldenstroem 2001).

In einer eigenen, noch nicht publizierten Studie fiel auf, dass die Frauen mit wenigen oder keinen Interventionen einen signifikant höheren «sense of coherence»[6] hatten (Borrmann/Schücking). Die Bedeutung des Geburtserlebnisses in körperlicher wie emotionaler Hinsicht sollte wohl weder für Mütter noch für Kinder unterbewertet werden. Eine ernsthafte Kritik an der Praxis der deutschen Geburtshilfe ist dennoch selten.

Anders als beispielsweise in Schweden, wo Ultraschallpraxis und Kaiserschnittraten öffentliche Themen sind, so dass sich die Praxis der Auseinandersetzung stellen und sich z. T. auch ändern muss, sind in Deutschland eher die Neuerungen Medienthema: Statt über Senkung von Kaiserschnittraten (BRD: fast 20 %; Schweden: ca. 12 %; NL: < 10 %) zu debattieren, taucht als Modethema die «Wunschsectio» auf: als Möglichkeit, die Indikation zu diesem für Mutter und Kind deutlich mit zusätzlichen Gefahren verbundenen Eingriff nur noch vom Wunsch und Terminkalender der Frau abhängig zu machen. Häufig werden auch neue Verfahren, mit deren Einsatz experimentiert wird (z. B. Pulsoxymetrie) als Verbesserung geburtshilflicher Technik dargestellt (Schücking 1995). Schwer zu schätzen ist derzeit der Anteil an Frauen, die eine

---

6 SOC, der Gesundheitsprädiktor von Aaron Antonovsky.

normale Geburt tatsächlich erlebt haben. Eine noch laufende Untersuchung der Niedersächsischen Perinatalerhebung (Schwarz/Schücking) zeigt beispielsweise, dass in der klinischen Geburtshilfe weniger als 10 % aller Geburten *ohne* wesentliche Interventionen ablaufen! Die Interventionshäufigkeit unterscheidet sich nur gering zwischen dem Normalkollektiv (nach WHO-Kriterien) und der Risikoklientel; allerdings werden die schwereren Interventionen (wie Kaiserschnitt) in der Risikogruppe häufiger eingesetzt.

Da auch der Dammschnitt entgegen internationaler Empfehlungen in Deutschland noch sehr häufig angewandt wird (z. B. in Niedersachsen 1999 bei mehr als 60 % aller klinischen Geburten) und die Kaiserschnittraten bei 20 % liegen, haben über 80 % aller Mütter nach der Geburt ihres Kindes auch einen chirurgischen Eingriff hinter sich. Nur die schwer wiegenden Komplikationen dieser Wunden werden erfasst, die subjektiven Auswirkungen bis hin zu den Zusammenhängen zwischen traumatischem Geburtserlebnis und postpartaler Depression (Pantlen/Rohde 2000) sind bisher kaum thematisiert. Auch die Langzeitauswirkungen geburtshilflicher Erlebnisse und Eingriffe auf Gesundheit und Wohlbefinden von Frauen sind noch zu untersuchen.

Insgesamt lassen sich die Ergebnisse der deutschen klinischen Geburtshilfe so zusammenfassen, dass mit einem auch im Vergleich der Industrieländer maximalen Aufwand an Technik und Interventionen zufrieden stellende Ergebnisse im Bereich erfasster Morbidität und Mortalität von Neugeborenen und Müttern erzielt werden. Ob dieses «High Tech For All»-Modell sich nicht mindestens für die große Gruppe von Frauen mit physiologischem Verlauf auch durch eine Betreuungsform nach skandinavischem oder niederländischem Vorbild «Low Tech – High Touch» verändern ließe (Schücking 1994), ist bis heute nicht geklärt.

Positiv müssen in diesem Zusammenhang die Bemühungen der «Coalition for Improving Maternity Services» (CIMS)[7] betrachtet werden, die Überlegungen und praktische Hilfen zur Verbesserung geburtshilflicher Betreuung in «10 steps for motherfriendly care» zusammenzufassen.

3. Wochenbett

Mit der Geburt des Kindes und der Plazenta beginnt für die Frau die postpartale Phase, das Wochenbett. Diese Zeit großer körperlicher wie seelischer Veränderungen beginnt für die weitaus meisten Frauen in der Klinik. Unter 10 % aller Frauen begeben sich nach wenigen Stunden schon nach Hause, die weitaus meisten bleiben drei bis fünf Tage, nach einem Kaiserschnitt auch länger, auf der Wochenstation (BMfJFSF 2001).

Wenn auch nach medizinischen Kriterien die meisten Wochenbetten physiologisch verlaufen (Wundheilungsstörungen und Anämie sind die am häufigsten registrierten Komplikationen), so leiden doch viele Frauen zumindest vorübergehend unter Beschwerden wie Schmerzen im Bereich des Perineums und der Brust, Stressinkontinenz und Erschöpfungszuständen (Mac Arthur 1991; Glazener 1995; Brown/Lumlay 1998). Nach operativen Eingriffen und Blutverlusten sind diese Probleme häufiger. Oft werden sie erst ernst genommen, wenn sie auch zu Hause noch persistieren.

Neben der Wundheilung und den Rückbildungsvorgängen des Genitales sind die ersten postpartalen Tage auch durch den Beginn der Stillphase gekennzeichnet. Fast alle Mütter äußern derzeit unmittelbar den Wunsch zu stillen, doch die Abbruchrate ist schon in den ersten Wochen hoch.

Die im Frauengesundheitsbericht aufgeführte und die aktuelle SuSe-Studie über Stillfrequenz und Stilldauer der letzten 20 Jahre zeigt eine hohe Stillrate bei Klinikentlassung und den danach folgenden, in allen Studien ähnlichen Rückgang des Stillens im ersten Lebensjahr des Kindes (Tietze/Lange-Lenz 1995).

---

7 Die CIMS ist ein Zusammenschluss von Personen und nationalen Organisationen, deren gemeinsamer Fokus die Sorge um das Wohlbefinden von Müttern, Kindern und Familien ist. Ziel aller Anstrengungen der CIMS ist es, die geburtshilflichen Betreuungsmodelle zu entwickeln, die das geburtshilfliche outcome von Mutter und Kind verbessern, gleichzeitig kostengünstig sind und in deren Mittelpunkt Unterstützung (empowerment), Autonomie der KlientInnen, die Verantwortlichkeit aller Beteiligten (im Sinne eines informed consent) und das Betonen der Normalität geburtshiflicher Abläufe stehen (www.motherfriendly.org 2001).

A mother-friendly hospital, birth center, or home birth service:

1. Offers all birthing mothers:
   - unrestricted access to the birth companions of her choice, including fathers, partners, children, family members, and friends;
   - unrestricted access to continuous emotional and physical support from a skilled woman-for example, a doula or labor-support professional;
   - access to professional midwifery care.

2. Provides
   accurate descriptive and statistical information to the public about its practices and procedures for birth care, including measures of interventions and outcomes.

3. Provides
   culturally competent care – that is, care that is sensitive and responsive to the specific beliefs, values, and customs of the mother's ethnicity and religion.

4. Provides
   the birthing woman with the freedom to walk, move about, and assume the positions of her choice during labor and birth (unless restriction is specifically required to correct a complication), and discourages the use of the lithotomy (flat on back with legs elevated) position.

5. Has clearly defined policies and procedures for:
   - collaborating and consulting throughout the perinatal period with other maternity services, including communicating with the original caregiver when transfer from one birth site to another is necessary;
   - linking the mother and baby to appropriate community resources, including prenatal and post-discharge follow-up and breastfeeding support.

6. Does not routinely employ practices and procedures that are unsupported by scientific evidence, including but not limited to the following:
   - shaving
   - enemas
   - IVs (intravenous drip)
   - withholding nourishment
   - early rupture of membranes
   - electronic fetal monitoring.

   Other interventions are limited as follows:
   - has an induction rate of 10 % or less;
   - has an episiotomy rate of 20 % or less, with a goal of 5 % or less;
   - has a total cesarean rate of 10 % or less in community hospitals, and 15 % or less in tertiary care (high-risk) hospitals;
   - Has a VBAC (vaginal birth after cesarean) rate of 60 % or more with a goal of 75 % or more.

7. Educates staff in non-drug methods of pain relief and does not promote the use of analgesic or anesthetic drugs not specifically required to correct a complication.

8. Encourages all mothers and families, including those with sick or premature newborns or infants with congenital problems, to touch, hold, breastfeed, and care for their babies to the extent compatible with their conditions.

9. Discourages non-religious circumcision of the newborn.

10. Strives to achieve the WHO-UNICEF «Ten Steps of the Baby-Friendly Hospital Initiative» to promote successful breastfeeding:
    - have a written breastfeeding policy that is routinely communicated to all health care staff;
    - train all health care staff in skills necessary to implement this policy;
    - inform all pregnant women about the benefits and management of breastfeeding;
    - help mothers initiate breastfeeding within a half-hour of birth;
    - show mothers how to breast feed and how to maintain lactation even if they should be separated from their infants;
    - give newborn infants no food or drink other than breast milk unless medically indicated;
    - practice rooming in: allow mothers and infants to remain together 24 hours a day;
    - encourage breastfeeding on demand;
    - give no artificial teat or pacifiers (also called dummies or soothers) to breastfeeding infants;
    - foster the establishment of breastfeeding support groups and refer mothers to them on discharge from hospitals or clinics. (www.motherfriendly.org 2001)

Die Ergebnisse lassen sich auch mit denen der Schweizer Stillstudien vergleichen (Bouvier et al. 1998, Conzelmann-Auer/Ackermann-Liebrich 1995). Für alle Stilluntersuchungen, die zumeist methodisch auf der Auswertung von den von Müttern zurückgesandten Fragebögen beruhen, gilt, dass in den Studienpopulationen die stillenden, älteren und gebildeteren Frauen überrepräsentiert sind. Die Realität der Stillfrequenz und -dauer in der BRD liegt vermutlich unter den in der Tabelle angegebenen Zahlen. Im Kontrast zu diesen Ergebnissen fordern WHO und Unicef in der so genannten Innocenti Deklaration (1990) Vollstillen während der ersten sechs Lebensmonate. Nach Reime et al. (2000) erhöht die Unterstützung des Partners die Stilldauer. Der gesundheitliche Wert des Stillens für Frauen wird bislang weit weniger diskutiert als die Vorteile für das kindliche Gedeihen. Neben der günstigen Beeinflussung der Rückbildungsvorgänge ist hier auch die Verminderung des Brustkrebsrisikos[8] zu erwähnen (Yuan/Yu 1988; Newcomb et al. 1994). Die Entscheidung zum längeren Stillen ist in einer an bestimmten Arbeitsabläufen ausgerichteten Gesellschaft für Frauen offensichtlich schwierig (Hurrelmann 1998). Den beim Stillen auftretenden Problemen, wie schmerzhafter Milcheinschuss, Rhagaden an den Mamillen und der häufigen Unsicherheit über die Milchmenge, wird nicht immer durch kompetente Stillberatung begegnet; bisher haben daher nur 17 Geburtskliniken in Deutschland die WHO/Unicef-Plakette «Stillfreundliches Krankenhaus» erworben.

Den Metaanalysen von «Effective Care» zufolge ist in der postpartalen Phase zunächst darauf zu achten, dass Mutter und Kind so früh wie möglich ausgiebigen und engen Körperkontakt haben. Ferner sollen keine restriktiven Hygienevorschriften die Frauen im Kontakt zu ihren Babys behindern; auch bedürfen sie weniger strikte Kontrollen ihrer Körperfunktionen (Temperatur, RR, Puls, Fundus), als zumeist durchgeführt.

Im Wesentlichen kommt es darauf an, Wöchnerinnen konsistent und informativ zu unterstützen und ihre individuellen Wünsche und Bedürfnisse zu respektieren, ihnen uneingeschränkten Kontakt zu ihren Kindern zu geben und sie eher bei aufkommenden Fragen und Unsicherheit zu beraten, anstatt sie einem «Wochenbett-Routine-Programm» zu unterziehen (Hasseler 2000).

Nach dem Frühwochenbett in der Klinik werden inzwischen bis zu 60 % der Frauen (mit großen regionalen Differenzen) zu Hause durch Hebammen weiterbetreut. Für diese Gruppe lässt sich ein positiver Effekt der Hebammenbetreuung, u. a. aufs Stillen nachweisen (Reime et al. 2000). Die gynäkologische Kontrolluntersuchung sechs Wochen post partum schließt in der Wahrnehmung wohl der meisten Frauen das Spätwochenbett ab. Bis zu diesem Zeitpunkt hat sich zwar das innere Genitale weitgehend zurückgebildet, die allgemeine Gewebsauflockerung und die Veränderungen im Beckenbodenbereich sind jedoch noch deutlich. Der medizinische Stellenwert dieser noch im Mutterpass dokumentierten (und entsprechend abrechenbaren) Kontrolle ist unklar.

Neben der frauenärztlichen Routine erhält jede Mutter in der BRD mit Geburt ihres Babys ein Kindervorsorgeheft, das sie in den ersten Wochen zu drei Untersuchungen des Babys auffordert (U1: unmittelbar nach der Geburt, U2: 3. bis 10. Tag, U3: 4. bis 6. Woche). Das mit immer größer werdenden Abständen bis ins Schulkindalter fortgesetzte Programm setzt quasi als Säule der deutschen Kinderheilkunde die Risiko-Orientierung des Mutterpasses fort. Auch hier ist offen, ob nicht gesunde Kinder mit weniger Untersuchungen auskämen (Wagner 1996).

Zusammenfassend zeigt ein kritischer Blick auf die derzeitigen Praktiken rund ums Kinderkriegen, dass Schwangerschaft, Geburt und Wochenbett entgegen wissenschaftlich abgesicherter Ergebnisse, die den Wert und die positiven Auswirkungen alternativer, zeit- und personenintensiver Betreuungsformen hervorheben, hochmedikalisierte Lebensphasen geworden sind. Nur ein sehr kleiner Teil der Frauen entzieht sich bisher diesem Trend durch den Weg in die alternative, außerklinische Betreuung, für die allerdings auch nur wenige Hebammen zur Verfügung stehen. Für die Mehrheit der Frauen scheint die Natürlichkeit der Schwangerschaft – auch als eigene, generative Fähigkeit – durch das Risiko-Konzept verdeckt und die Kraft des Ge-

---

8 Auch der Frauengesundheitsbericht (BMfJFSF 2001) lässt dies leider aus.

bären-Könnens durch die technikgesteuerte Entbindung verdrängt worden zu sein. In diesem Kontext erscheint es nur logisch, dass vermehrt postpartale Depressionen auftreten und dass das Stillen schwer fällt.

Gibt es eine Perspektive zur Veränderung? In diesem Beitrag wurde zu zeigen versucht, welche der vielfältigen medizinischen Praktiken sich nach wissenschaftlichen Kriterien als wenig konsistent erwiesen haben, analog zu Wagners Bilanz nach 15 Jahren WHO-Tätigkeit:

> We doctors define pregnancy as a disease, birth as a surgical procedure, infancy as a serious medical situation [...]. How can we begin to undo this cascade of medicalization? First, we can demand scientific evidence for whatever is done. (Wagner 1996, S. 457)

Dieser Ausweg aus der zunehmenden Pathologisierung und Technologisierung des Kinderkriegens durch kritischen Einbezug wissenschaftlich gesicherter Erkenntnisse wäre auch für Deutschland zu wünschen. Vielleicht kann die Frauengesundheitsforschung im Dialog mit der Frauenheilkunde und unter Einbeziehung der Gesundheitspolitik hier neue Wege finden.

Literatur

Antonovsky, A. (1997). *Salutogenese: Zur Entmystifizierung der Gesundheit.* Dt., erw. Ausgabe v. Alexa Franke. Tübingen.

Atad, J. et al. (1996). «A randomized comparison of prostaglandin E2, oxytocin, and the double balloon device in inducing labor». *Obstet-Gynecol*, 97, S 223–227.

Begenau, J. et al. (1996). *Frauenspezifische Aspekte der Gesundheitsberichterstattung. Eine Beurteilung des Konzepts der Gesundheitsberichterstattung des Bundes unter frauenspezifischer Perspektive.* Expertise im Auftrag des Bundesministeriums für Familie, Senioren, Frauen und Jugend.

Borrmann, B., Schücking, B. (i. Dr.). *Salutogenesis in the birthing experience.*

Bouvier, P., Rougemont, A. (1998): «Breast-feeding in Geneva: Prevalence, duration and determinants». *Sozial- und Präventivmedizin*, 43, S. 116–123.

Brown, S., Lumley, J. (1998). «Maternal health after childbirth: results of an Australian population based survey». *British Journal of Obstetrics and Gynaecology*, 105, S. 156–161.

Bundesministerium für Jugend, Familie, Senioren und Frauen (2001). *Bericht zur gesundheitlichen Versorgung von Frauen.*

Collatz, J. et al. (1983). «Perinata. Perinatalstudie Niedersachsen und Bremen». *Fortschritte der Sozialpädiatrie*, 7, S. 241–256.

Conzelmann-Auer, C.; Ackermann-Liebrich, U. (1995): «Frequency and duration of breast-feeding in Switzerland». *Soz Präventivmed*, 40, S. 396–398.

Cooper, P. J., Murray, L. (1998). «Postnatal depression». *BMJ*, 316, S. 1884–1886.

Cranley, M. S. et al. (1983). «Women's perception of vaginal and cesarean deliveries». *Nursing Research*, 32 (1), S. 10–15.

Cyran, W. (1994). «Vermeidbare Behandlungsfehler in Gynäkologie und Geburtshilfe». *Gynäkologe*, 27, S. 256–259.

Dangel-Vogelsang, B. et al. (1997). *Außerklinische Geburtshilfe in Hessen. Wie modern ist die Hebammengeburtshilfe?* Hamburg.

DiMatteo, M. R. et al. (1996). «Caesarean childbirth and psychosocial outcomes: a meta-analysis». *Health Psychology*, 15 (4), S. 303–314.

Elbourne et al. (1988). «Choice of oxytocin preparation for routine use in the management of the third stage of labour: an overview of the evidence from controlled trials». *British Journal of Obstetrics and Gynaecology*, 95 (1), S. 17–30.

Enkin, M. et al. (1995). *A Guide to Effectice Care in Pregnancy and Childbirth.* 2. Aufl. Oxford.

Enkin, M. et al. (2000). *A Guide to Effectice Care in Pregnancy and Childbirth.* 3. Aufl. Oxford.

Fawcett, J. et al. (1993). «Effects of information on adaptation to caesarean birth». *Nursing Research*, 42 (1), S. 49–53.

Flamm, B. L., Quilligan, E. J. (1996). «Caesarean Section. Guidelines for appropriate utilization». *Läkartidningen/Sveriges Läkarförbund*, 93, 44, 3932.

Friedberg, V., Brockerhoff, P. (1990). *Geburtshilfe.* 3. Aufl. Stuttgart, New York.

Fowles, E. R. (1998). «The relationship between maternal role attainment and postpartum depression». *Health Care Women International*, 19, S. 83–94.

Garel, M. et al. (1990). «Psychosocial consequences of caesarean childbirth: a four-year follow-up study». *Early Human Development*, 21 (2), S. 105–114.

Glazener, C. et al. (1995). «Postnatal maternal morbidity: extent, causes, prevention and treatment». *British Journal of Obstetrics and Gynaecology*, 102, S. 282–287.

Grant, J. M. (1996). «Multicentre trials in obstetrics and gynecology». *British Journal of Obstetrics and Gynecology*, 103, S. 599–602.

Goffinet, F. (1995). «Avantages et inconvénients des déclenchements sans indications médicale: le point de vue de l'épidémiologiste». *J. Gynecol. Biol. Reprod.*, 24, S. 108–115.

Hasseler, M. (2000). *Stationäre Wochenpflege: Evaluation «ganzheitlicher» und «herkömmlicher» Betreuungsformen in der postpartalen Phase*. Unveröffentlichte Dissertation, Universität Osnabrück.

Herbst, A., Ingemarson I. (1994). «Intermittent versus continuous electronic monitoring in labour: a randomised study». *British Journal of Obstetrics and Gynecology*, 101, S. 663–668.

Hodnett, E. D. (1994). «Support from caregivers during childbirth». In: Neilson, J. P. et al. (Hrsg.) (1997). *Pregnancy and Childbirth Module of The Cochrane Database of Systematic Reviews* (update 03 June 1997). Oxford.

Hodnett, E.D. (1996). «Alternative versus conventional delivery settings». In: Neilson, J. P. et al. (Hrsg.) (1997). *Pregnancy and Childbirth Module of The Cochrane Database of Systematic Reviews* (update 03 June 1997). Oxford.

Hurrelmann, K. (1998): «Stillen im kulturellen Kontext. Teil I». *T & E Pädiatrie*, 11, S. 94–99.

Hurrelmann, K. (1998): «Stillen im kulturellen Kontext. Teil II». *T & E Pädiatrie*, 11, S. 238–240.

Jahn, A. et al. (1996). «Zur Qualität antepartaler Daten in der Hessischen Perinatalerhebung». *Geburtsh. u. Frauenheilk.*, 56, S. 132–138.

Jahn, A. et al. (1998). «Routine screening for intrauterine growth retardation in Germany: low sensitivity and questionable benefit for diagnosed cases». *Acta Obstet Gynecol Scand*, 77, S. 643–648.

Knörr, K. et al. (1989). *Geburtshilfe und Gynäkologie*. Berlin.

Kuhn, W., Tröhler, U. (1987). *Armamentarium obstetricum goettingense*. Göttingen.

Lidegaard, O. et al. (1994). «Technology use, caesarean section rates, and perinatal mortality at Danish maternity wards». *Acta Obstet Gynecol Scand*, 73 (3), S. 240–245.

MacArthur, C. et al. (1991). *Health after childbirth. an investigation of long term problems beginning after childbirth in 11701 women*. London.

Malik, N. et al. (1996). «Clinical amnionitis and endometritis in patients with premature rupture of membranes: endocervical prostaglandin E2 gel versus oxytocin for induction of labor». *ObstetGynecol*, 88, S. 540–543.

Mercer, R. T. et al. (1983). «Relationship of psychosocial and perinatal variables of perception of childbirth». *Nursing Research*, 32 (4), S. 202–207.

Mistry, R. T., Neilson, J. P. (1997). «Intrapartum fetal ECG plus heart rate recording». In: Neilson, J. P. et al. (Hrsg.) (1997). *Pregnancy and Childbirth Module of The Cochrane Database of Systematic Reviews* (update 03 June 1997). Oxford.

Murray, L., Cartwrigh, W. (1993). «The role of obstetric factors in postpartum depression». *J Reprod Infant Psychol*, 11, S. 215–219.

Murray, L., Cooper, P. J. (1997). «Effects of postnatal depression on infant development». *Arch Dis Child*, 77, S. 99–101.

Mutryn, C. S. (1993). «Psychosocial impact of caesarean section of the family: a literature review». *Social Science and Medicine*, 37 (10), S. 1271–1281.

Newcomb, P. . et al. (1994). «Lactation and a reduced risk of premenopausal breast cancer». *New England Journal of Medicine*, 330 (2), S. 81.

O'Hara, M. W. et al. (1991). «Controlled prospective study of postpartum mood disorders: psychological, environmental, and hormonal variables». *Journal of Abnormal Psychology*, 100 (1), S. 63–73.

Olsen, O. (1997). «Home vs hospital birth (protocol)». In: Neilson, J. P. et al. (Hrsg.) (1997). *Pregnancy and Childbirth Module of The Cochrane Database of Systematic Reviews* (update 03 June 1997). Oxford.

Pantlen, H., Rohde, A. (2000). «Traumatisch erlebte Entbindung – Ergebnisse einer empirischen Untersuchung». In: *DPGG-Jahresband*. Gießen, S. 185–195.

Pollnow, D. M., Broekhuizen, F. F. (1996). «Randomized, double-blind trial of prostaglandin E2 intravaginal gel versus low-dose oxytocin for cervical ripening before induction of labor». *American Journal of Obstetrics and Gynecology*, 174, S. 1910–1913.

Pschyrembel, W., Dudenhausen, J. W. (1994). *Praktische Geburtshilfe*. 18. Aufl. Berlin, New York.

Rath, W. et al. (1987). «Multizenterstudie zur differenzierten Geburtseinleitung mit Prostaglandinen in Abhängigkeit vom Zervixstatus». *Archives of Gynecology and Obstetrics*, S. 1522–1523.

Reime, B. et al. (2000). «Welchen Einflussfaktoren unterliegt das Stillen?» *Deutsche Hebammenzeitung*, 1, S. 8–9.

Richter, D., Stauber, M. (1990). «Gynäkologie und Geburtshilfe». In: Uexküll, T. von (Hrsg.) *Psychosomatische Medizin*, 4. Aufl. München, S. 941–971.

Ryding, E. L. et al. (1998). «Psychological impact of emergency caesarean section in comparison with elective caesarean section, instrumental and normal vaginal delivery». *Journal of Psychosomatic Obstretics and Gynecology*, 19 (3), S. 135–144.

Sandall, J. et al. (2001). «Deciding who cares: winners and losers in the late twentieth century». In: Devries, R. et al. (Hrsg.). *Birth by Design. Pregnancy, Maternity Care and Midwifery in North America and Europe*. New York, S. 117–138.

Schmidt-Matthiesen, H. (1992). *Gynäkologie und Geburtshilfe*. Stuttgart, New York.

Schneider, H., Husslein, P., Schneider, K. T. M. (1999). *Geburtshilfe*. Berlin.

Schücking, B. (1994). «Schwangerschaft – (k)eine Krankheit?» *Jahrbuch für kritische Medizin*, 23, S. 22–36.

Schücking, B. (1995). «Frauen in Europa – unterschiedliche und ähnliche Erfahrungen während der ersten Schwangerschaft und Geburt». In. Schiefenhövel, W., Sich, D., Gottschalk-Batschkus, C. (Hrsg.). *Gebären – Ethnomedizinische Perspektiven und neue Wege.* Wiesbaden, S. 381–391.

Schücking, B. et al. (2001). «Die Wunschsektio – medizinische und psychosomatische Problematik». *Zentralblatt für Gynäkologie,* 123, S. 51–53.

Schwarz, C., Schücking, B. (i. Dr.). Unveröffentlichte Ergebnisse des Forschungsprojekts «Technisierung der ‹normalen› Geburt» im Forschungsverbund Frauen in Naturwissenschaft, Technik und Medizin, Hannover.

Sperling, L. S. et al. (1994). «Indications for caesarean section in singleton pregnancies in two Danish counties with different cesarean section rates». *Acta Obstet Gynecol Scand,* 73 (2), S. 129–135.

The Boston Women's Health Book Collective (1980). *Our bodies, our selves.* Boston (erste amerikanische Aufl. 1971).

Thonton, J. G., Lilford, R. (1994). «Actice management of labour: current knowledge and research issues». *BMJ,* 309, S. 366–369.

Turan, C., Kutlay, B. (1995). «Caesarean section rates and perinatal outcomes in resident and midwife attended low risk deliveries». *European Journal of Obstetrics and Gynecology and Reproductive Biology,* 62, S. 3–5.

Urbschat, I. (1999). «Schwangerenvorsorge in Niedersachsen in den Jahren 1992–1996. Analyse der Inanspruchnahme von medizinischen Vorsorgeuntersuchungen unter Berücksichtigung gesundheitsrelevanter und soziodemographischer Determinanten der Frauen». *Unveröffentlichte Diplomarbeit.* Medizinische Hochschule, Hannover.

van Geijn, H. P. et al. (1993). «European multicentre studies in the field of obstetrics». *European Journal of Obstetrics and Gynecology and Reproductice Biology,* 50.

Voigt, M. et al. (2001) «Einfluss des Rauchens auf deutsche Geburtsergebnisse 1995–97» (als *Abstract* eingereicht zum 20. Kongress für Perinatale Medizin, 29.11–1.12.2001, Berlin).

Wagner, M. (1994). *Pursuing the Birthing Machine.* Camperdown.

Wagner, M. (1996). «Whose baby is it anyway? Medicalization of infancy in post-industrial Western society». In Gottschalk-Batschkus, C., Schuler, J. (Hrsg.): *Ethnomedizinische Perspektiven zur frühen Kindheit.* Berlin, S. 453–457.

Waldenstroem, U. (1997). «Das Geburtserleben der Frau – ein verheimlichtes Ergebnis». In: *Deutsche Hebammen Zeitschrift,* 49 (8), S. 378–383.

Waldenstroem, U. (2001) «Significance of the birth experience». In: Huch, A. et al. (Hrsg.). *Sectio caesarea.* Bremen, S. 196–198.

Waldenstroem, U., Nilsson, C. A. (1994). «Experience of childbirth in birth center care». *Acta Obstet Gynecol,* 73, S. 547–554.

Waldenstroem, U. et al. (1996). «The childbirth experience. A study of 295 new mothers». *Birth,* 23 (3), S. 144–153.

WHO (1985). «Having a baby in Europe. Report on a study». *Public Health in Europe,* 26. Genf.

WHO (1987). «Wenn ein Kind unterwegs ist». *Public Health in Europe,* 26. Genf.

WHO et al. (1990). *Innocenti Deklaration.* 1.8.1990. Florenz.

WHO/Technical Working Group. (1996). *Care in Normal Birth: a practical guide.* Genf.

WHO (1997). *Maternal health around the world.* Genf. www. motherfriendly.org

Yuan, J., Yu, M. C. (1988). «Risk factors for breast cancer in Chinese women in Shanghai». *Cancer Research,* 48, S. 1949.

Zentrum für Qualitätsmanagement im Gesundheitswesen (Hrsg.) (1998). *NPExtra. Niedersächsische und Bremer Perinatalerhebung.* Hannover.

Spezifische Gesundheitsprobleme von Männern

Theodor Klotz

1. Einleitung

Die Betrachtung geschlechtsspezifischer Gesundheitsprobleme bei Männern ist erst seit wenigen Jahren ein Thema der Öffentlichkeit und wissenschaftlichen Diskussion. Die Tatsache, dass Männer eine deutlich geringere Lebenserwartung als Frauen aufweisen und für beinahe alle kardiovaskulären und onkologischen Erkrankungen wie auch für Infektionen eine höhere Inzidenz und Prävalenz beim männlichen Geschlecht besteht, wurde zur Kenntnis genommen, war jedoch kaum Anlass einer tiefer gehenden, interdisziplinären wissenschaftlichen Auseinandersetzung (Kirby/Kirby 1999; Lunenfeld 1998).

In den späten Sechzigerjahren wiesen epidemiologische Statistiken nach, dass ausgeprägte geschlechtsspezifische Diskrepanzen in der Morbidität, Letalität und Lebenserwartung zwischen Männern und Frauen bestehen. Trotz zum Teil bahnbrechender Erkenntnisse z. B. in der Physiologie und Biochemie und einer Vielzahl von Erfolgen in der Medizin vergrößerten sich diese geschlechtsspezifischen Unterschiede, wobei insgesamt die Lebenserwartung in den Industrienationen zunahm. Das dominierende biomedizinische Modell von Gesundheit und Krankheit konnte darauf, aufgrund seiner mechanistischen Erklärungsmodelle mit meist einfachen, linearen Kausalitätsketten, keine befriedigenden Antworten geben. Somit begann die Diskussion in den angloamerikanischen Staaten, wobei die Ursachen für die Geschlechtsunterschiede primär in soziokulturellen Erklärungsmodellen gesehen wurden (Sabo/Gordon 1995).

Erst in den späten Siebzigerjahren wurde das Geschlecht als eine unverzichtbare Variable in die an Häufigkeit und Komplexität zunehmenden epidemiologischen Untersuchungen eingeführt. Die geschlechtsspezifischen Diskrepanzen zu Ungunsten der Männer wurden dabei immer auffälliger.

Eine breitere wissenschaftliche Diskussion begann in den Achtzigerjahren, als von mehreren theoretischen Konzepten ausgehend versucht wurde, die Unterschiede im Gesundheits- und Krankheitszustand von Männern und Frauen zu erklären. Die Fortschritte gingen dabei primär von der Frauengesundheitsbewegung und -forschung aus (Sabo/Gordon 1995; Farell 1995).

Während die Diskussion unter dem Stichwort «men's health» in den angloamerikanischen Ländern bereits seit mehreren Jahren geführt wird, besteht in Deutschland ein auffallendes Desinteresse. Vielleicht ist die nur wenig hinterfragte Akzeptanz einer mittlerweile ca. sieben Jahre betragenden unterschiedlichen Lebenserwartung zu Ungunsten des Mannes ein Zeichen, dass das traditionelle männliche Rollenverständnis in einer von Männern dominierten Gesellschaft eine intensivere Beschäftigung mit dem Thema verhindert.

Die Fortschritte in der Gesundheitsversorgung haben in den Industrienationen bei deutlich gestiegener Lebenserwartung zu einer Erhöhung der Altersmorbidität geführt. Der Erhalt einer hohen Lebensqualität und die Verzögerung des natürlichen Verfalls der biologischen Körperfunktionen stehen im Mittelpunkt aller Anstrengungen. Die Beschäftigung mit dem «alternden Mann» und seinen Bedürfnissen stellt zurzeit gesellschaftliches und wissenschaftliches Neuland dar. Die Vereinten Nationen erwarten im Jahre 2050 einen Anteil der älteren Weltbevölkerung von ca. 15 %. In den westlichen Industrienationen beträgt der Anteil der über 65-Jährigen schon heute mehr als 18 %. Es besteht daher aus demographischen Gründen die gesellschaftliche Notwendigkeit, die Gesundheitsversorgung an die Bedürfnisse älterer Menschen anzupassen. Männer könnten durch diesen Wandel besonders profitieren.

Die Urologie hat im medizinischen Fächerkanon den Part übernommen, sich mit spezifisch männlichen Gesundheitsproblemen zu befassen. Hier kommen ihr die medizinisch-technischen Entwicklungen der letzten Jahre zugute, die über eine organbezogene Betrachtungsweise hinausragen. Die breite Diskussion der männlichen und weiblichen Sexualität durch die Einführung von «Viagra» oder die sehr kontrovers geführte Diskussion über eine Hormonsubstitution beim alternden Mann sind Beispiele, die zeigen, dass die Betrachtung männlicher Gesundheitsprobleme sich nicht mehr in einer tabuisierten Organfixierung erschöpft (Klotz 1998).

Die nachfolgenden Kapitel beschäftigten sich mit einigen epidemiologisch besonders relevanten Krankheitsbildern bei Männern, wobei interdisziplinäre gesundheitswissenschaftliche Aspekte betont werden.

2. Prostataerkrankungen

2.1 Topografie und anatomische Grundlagen

Die normale *Prostata (= Vorsteherdrüse)* ist ein kastaniengroßes Organ (ca. 20 g), welches den Hauptteil der Samenflüssigkeit produziert und sich retrosymphysär am Blasenausgang zwischen Enddarm und Blase befindet. Die Prostata setzt sich aus fibromuskulären und drüsigen Elementen zusammen und beherbergt in ihrer Längsachse die ca. 2,5 cm lange hintere Harnröhre. Vor drei Jahrzehnten teilte McNeal die Prostata in eine periphere, eine zentrale, eine Transitionalzone, ein anteriores Segment und eine präprostatische Sphinkterzone ein (McNeal 1972). Diese Einteilung ist vor allem deshalb relevant, da sich die *gutartige Vergrößerung* fast ausschließlich in der präprostatischen Zone vollzieht, wogegen sich ein *Prostatakarzinom* am ehesten in der peripheren Zone entwickelt. Diese anatomische Gegebenheit hat für Diagnostik und Therapie weit reichende Konsequenzen.

Die Prostata wird von einem ausgedehnten Geflecht des vegetativen (unwillkürlichen) Nervensystems versorgt und ist *hormonellen Regulationsfaktoren* wie kaum ein anderes männliches Organ unterworfen. Während sich durch die nervale Versorgung die Schmerzsymptomatik und der hohe Einfluss von Prostataerkrankungen auf die individuelle Lebensqualität erklärt, bietet die komplexe hormonelle Regulation therapeutische Angriffspunkte, die noch behandelt werden. Bezüglich der nervalen Versorgung sind die *neurovaskulären Bündel* hervorzuheben, die lateral beiderseits in der fibrösen Prostatakapsel zum Penis ziehen und für die nervale Steuerung der Erektion verantwortlich sind. Damit erklärt sich, dass Prostataerkrankungen und operative Interventionen an der Prostata die erektile Funktion beeinflussen können, was wiederum auf männliches Selbstwertgefühl, Depressivität etc., unabhängig von der eigentlichen Prostataerkrankung, Auswirkungen haben kann.

Rein mechanisch wird die *männliche Harnröhre (= Urethra)* von Prostataerkrankungen besonders häufig alteriert, da sie von der Prostata umschlossen wird und eine Vergrößerung der Drüse beim Mann die häufigste Ursache für Probleme beim *Wasserlassen (= Miktion)* darstellt. Die gutartige Vergrößerung der Prostata (= *benigne Prostatahyperplasie, BPH*) ist ein Krankheitsbild, das über 50 % der Männer über 60 Jahre betrifft. Diese gutartige Vergrößerung der Prostata ist streng von der bösartigen Entartung, dem Prostatakrebs, zu unterscheiden.

2.2 Benigne Prostatahyperplasie (BPH)

Die Ursachen für die Entstehung einer gutartigen Prostatavergrößerung (BPH) sind im Detail noch unklar. Die normalerweise kastaniengroße Prostata kann bei einer Prostatahyperplasie die Größe einer Apfelsine erreichen mit einem Gewicht von über 150 g. Die Größe der Prostata korreliert gering mit dem Grad der Beschwerden.

Da die Erkrankung mit einer sehr hohen Prävalenz alle über 60-jährigen Männer betrifft, sind Risikofaktoren schwer zu eruieren. Unstrittig ist, dass das Lebensalter unter der Bedingung funktionell aktiver männlicher Hormondrüsen (Hoden) den stärksten Einflussfaktor für die Entwicklung einer BPH darstellt. Bei präpubertär kastrierten Männern wird eine BPH nicht beobachtet. In der Prostata wird Testosteron irreversibel in Dihydrotestosteron (DHT) metabolisiert. Ob erhöhte DHT-Spiegel in der Prostata jedoch eine Ursache der BPH oder sekundär eine Folge der vergrößerten Prostata sind, ist nicht geklärt. Statistisch signifikante Testosteronspiegelerhöhungen wurden bei Patienten mit BPH nicht gefunden (Gann et al. 1995). Eine Erhöhung der Östrogene bei sinkender Androgenwirkung und genetischer Unterschiede des Androgenrezeptors wird ebenfalls als Ursache einer BPH diskutiert. Andererseits zeigen epidemiologische Daten, dass die Häufigkeit von Prostataerkrankungen von Umweltfaktoren abhängig ist.

So ist die Inzidenz und Prävalenz sowohl gutartiger als auch bösartiger Prostataerkrankungen im asiatischen Raum geringer. Migrationsprozesse (z. B. von Japan in die USA) mit Änderung der Ernährungsgewohnheiten führen in den nächsten Generationen zu einer Angleichung der Erkrankungshäufigkeit an die Umgebungsinzidenz. In diesem Zusammenhang scheint so genannten Phytoöstrogenen (z. B. in Soja reichlich vorhanden) eine besondere Bedeutung zuzukommen (Knook 1992; Altwein 2000).

Symptomatik und Untersuchungen

Die benigne Hyperplasie der Prostata besitzt nur Krankheitswert, wenn sie von Symptomen begleitet ist. Die klassische durch eine BPH ausgelöste Symptomatologie wird mit dem Begriff LUTS («Lower Urinary Tract Symptoms») beschrieben. Diese Symptome können auch durch Infekte oder narbige Harnröhrenveränderungen verursacht sein. In Deutschland leiden ca. 30 % aller Männer über dem 50. Lebensjahr an LUTS, die nach der WHO-Definition behandlungsbedürftig sind.

Die Erkrankung BPH verläuft sehr langsam. Die Verschlechterung des «Wasserlassens» fällt oft erst nach Jahren auf. Man teilt die Erkrankung in mehrere Stadien ein. Die Übergänge sind fließend von irritativen Beschwerden mit häufigem Wasserlassen über schmerzhafte Blasenentzündungen bis hin zu einem Harnverhalt mit konsekutivem Aufstau des Urins in die Nieren.

Die Diagnose der Erkrankung ergibt sich durch die typischen Beschwerden mit langsam zunehmenden Problemen beim Wasserlassen und durch die ärztliche Untersuchung. Eine Abtastung der Prostata mit dem Finger über den Enddarm durch einen Urologen ist unabdingbar, da die Größe und Form des Organs bestimmt und vor allem ein Prostatakrebs oder Darmtumor ausgeschlossen werden muss. Eine wichtige und völlig harmlose Untersuchung ist ebenfalls die Messung des Harnstrahls und der Dauer des Wasserlassens (= Uroflowmetrie). Normalerweise ist der männliche Harnstrahl bogenförmig und ca. von Bleistiftdicke. In 20 bis 30 Sekunden sollte die Blase bei einem Volumen von ca. 250 ml entleert sein. Wesentlich ist die Bestimmung des Restharns (= Urin, der nach dem Wasserlassen in der Blase verbleibt). Der Restharn beträgt normalerweise nicht mehr als 20 ml und wird sonografisch gemessen.

Weitere mögliche Untersuchungen sind die sonografische Bestimmung der Prostatagröße durch eine transrektale Endosonografie, die radiologische Untersuchung des Kontrastmittelabflusses über die Nieren und Harnleiter (= Urogramm) und die radiologische Darstellung der Harnröhre (= Urethrozystogramm). Eine Blutabnahme informiert über die Funktion der Nieren und gibt Aufschluss über spezielle Parameter wie das prostataspezifische Antigen (PSA). Dieser Marker hat vor allem für die Karzinomdiagnostik eine maßgebende Bedeutung erlangt.

Behandlung

Im Frühstadium sind durch pflanzliche Medikamente (z. B. Kürbiskernextrakte, Brennesselextrakte) und Änderung der Lebensweise (z. B. Vermeiden von Kälte, Alkohol, Gewichtsabnahme) gute Erfolge zu erzielen (Lowe/James 1996). Es kommt zwar zu keiner wesentlichen Verkleinerung der Prostata, jedoch bessern sich meist die Beschwerden und die Frequenz der

Miktion. Die pflanzlichen Medikamente und die Änderung der Lebensweise stellen wesentliche Säulen der Frühbehandlung dar. Neuere Medikamente (z. B. α-Blocker, Reductase-Hemmer) beeinflussen auf hormonellem Weg die Prostata und erzielen ebenfalls in den Frühstadien gute Erfolge, so dass ein medikamentöser Behandlungsversuch bei einer noch nicht zu weit fortgeschrittenen Prostatavergrößerung gerechtfertigt ist. Eine regelmäßige Kontrolle des Harnstrahls und des Restharns sind jedoch unbedingt notwendig.

Die Behandlung der Prostatahyperplasie ist stadien- und symptomorientiert, wobei in den letzten Jahren überregionale Diagnose- und Therapieleitlinien immer mehr Verbreitung finden (Höfner et al. 2000). Eine operative Therapie ist bei Restharnmengen über 100 ml angezeigt. Bei Harnstauung und Schädigung der Nieren ist die Operation unabdingbar. Es gibt mehrere etablierte Verfahren:

- *Transurethrale Resektion der Prostata (TUR-P):* Diese Operation stellt den Standardeingriff bei der Prostatavergrößerung dar. Es liegen sehr gute Langzeitergebnisse vor. Die vergrößerten Prostataanteile werden durch die Harnröhre ausgeschält. Dies geschieht über ein Endoskop mit einer elektrischen Schlinge, wobei die vergrößerten Prostataanteile durch die Harnröhre Stück für Stück in einzelnen Spänen entfernt wird. Es wird jedoch nicht die gesamte Prostata entfernt. Für eine transurethrale Resektion sollte die Prostata nicht größer als 80 g sein. Der Eingriff erfolgt in Allgemeinnarkose oder Rückenmarksnarkose. Nach dem Eingriff muss für einige Tage ein Katheter getragen werden, über den die Blase gespült wird.
- *Suprapubische Entfernung der Prostata:* Bei einer Prostatagröße von über 80 g wird eine offene Operation (= mit Hautschnitt) durchgeführt. Die Prostata wird dann unter Sicht ausgeschält. Auch hier werden nur die vergrößerten Anteile entfernt. Je nach Operationsmethode kann die Blase eröffnet werden. Blasensteine lassen sich so gleichzeitig entfernen.
- *Entfernung der Prostata mit Laser, Hitze oder Ultraschall:* Diese neueren Behandlungsverfahren sind grob mit der transurethralen Resektion zu vergleichen. Allerdings liegen wenig Langzeitergebnisse vor. Vorteile, die vor einigen Jahren ins Feld geführt wurden, sind, dass es zu einem geringeren Blutverlust kommt und die perioperative Morbidität zurückgeht. Zum jetzigen Zeitpunkt lassen sich diese Verfahren noch nicht eindeutig beurteilen. Ihre Bedeutung und Verbreitung ist durch die technische Verbesserung der klassischen transurethralen Resektion und Weiterentwicklung der modernen Anästhesie eher rückläufig.

Alle operativen Verfahren zur Behandlung einer BPH gründen in der Zerstörung oder Entfernung von Prostatagewebe, um einen freien Urinabfluss wiederherzustellen. Alle Verfahren weisen eine niedrige Komplikationsrate auf (Engelmann et al. 1992). Mögliche, aber seltene Hauptkomplikationen der transurethralen Resektion und der Schnittoperation sind ein erhöhter Blutverlust, narbige Harnröhrenveränderungen und eine Schädigung des äußeren Schließmuskels. Die Operationsdauer liegt im Allgemeinen bei einer Stunde. Der Krankenhausaufenthalt beträgt nur wenige Tage. Bei einer Prostataoperation zur Beseitigung einer gutartigen Vergrößerung bleibt die Potenz im Allgemeinen erhalten, obwohl die urologische Fachliteratur hier kontrovers z. B. die thermische Schädigung der neurovaskulären Bündel diskutiert. Allerdings kommt es fast zwingend zu einem so genannten trockenen Orgasmus, das heisst die Ejakulation erfolgt in die Blase, da der innere Schließmuskel (Sphinkter internus) zerstört werden muss, um die Obstruktion zu beseitigen. Somit ist eine Unfruchtbarkeit jedoch nicht eine Impotenz häufige Folge einer Prostataoperation bei *gutartiger* Vergrößerung.

Ökonomische Aspekte der BPH

In Zeiten eines budgetierten Gesundheitswesens sind ökonomische Aspekte für die Betrachtung von epidemiologisch häufigen Erkrankungen von großer Bedeutung. Dies gilt vor allem, wenn geschlechtsspezifische Erkrankungen analysiert werden. Die benigne Prostatahyperplasie bietet sich aus diesem Grund für eine kurze ökonomische Analyse an. Die geschätzten Kosten in Deutschland, die durch eine BPH direkt oder indirekt verursacht werden, unterliegen je nach

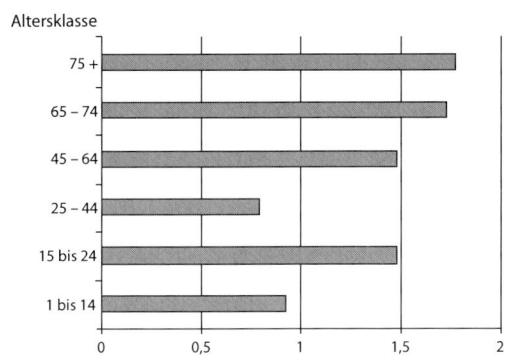

Abbildung 1: Verhältnis an bösartigen Neubildungen gestorbener Männer zu Frauen pro 100 000 Einwohner des gleichen Geschlechts (früheres Bundesgebiet, Daten des Gesundheitswesens 1995).

Untersucher naturgemäß großen Schwankungen. Die verfügbaren Daten zeigen, dass sich die Operationshäufigkeit von 1989–1993 von etwa 70 000 auf 53 000 verringert hat (Pientka/Senge 2000). Ähnliches lässt sich für andere europäische Länder nachweisen (Madersbacher et al. 2001). Es entstehen in der BRD jährlich etwa 300 Mio. DM Kosten, die fast ausschließlich im stationären Sektor anfallen.

Die Operationshäufigkeit ist in Deutschland gegenüber z. B. der USA deutlich geringer. Die Kosten für den in den letzten Jahren geförderten ambulanten Sektor liegen bezüglich der BPH im Jahre 1991 bei etwa 500 Mio. DM. Die Kosten für die Arbeitsunfähigkeit lassen sich mit 35 Mio. DM beziffern, wobei nochmals ca. 250 Mio. DM Verschreibungskosten für Medikamente hinzukommen. Bei der Betrachtung der Gesamtkosten (ca. 1,1 Mrd. DM) fällt im internationalen Vergleich auf, dass in Deutschland deutlich mehr Kosten im ambulanten als im stationären Bereich anfallen, was sich nur durch die relativ strikte Trennung beider Versorgungssysteme erklären lässt (Klotz et al. 1995). Eine echte Verzahnung des ambulanten und stationären Bereichs ist in Deutschland trotz aller gesetzlicher Regelungswut bisher nicht gegeben. Der Hauptansprechpartner für Prostataerkrankungen ist dabei nicht der Urologe, sondern der hausärztlich tätige Allgemeinarzt oder Internist, wobei nicht selten eine primäre medikamentöse Therapie ohne Diagnostik eingeleitet wird.

Eigene Untersuchungen haben belegt, dass Prostataerkrankungen immer noch zu den tabuisierten Erkrankungen gehören und in Deutschland eine Unterversorgung besteht. Miktionsstörungen werden als Teil des männlichen Alterungsprozesses verstanden und mit ihren Folgen hingenommen. Aus urologischer Sicht ist diese weit verbreitete Betrachtungsweise energisch abzulehnen. Eine Vielzahl von Untersuchungen haben unabhängig von den Organschäden und Folgekosten, die zweifellos aus einer Nicht- oder verzögerten Behandlung resultieren, nachgewiesen, dass sich die männliche Lebensqualität durch eine stadienorientierte Therapie der BPH entscheidend verbessert (Garraway et al. 1991; Tsang/Garraway 1993; Wasson 1993)

2.3 Malignome und Prostatakarzinom

Die bösartigen Neubildungen oder Malignome machen ca. 24 % aller Todesursachen aus. Fast 80 % aller Krebstodesfälle treten bei über 60-Jährigen auf. Tumorerkrankungen sind primär für die hohen Altersklassen relevant. Der Anstieg der Krebserkrankungen in den letzten hundert Jahren ist daher vor allem durch die gestiegene Lebenserwartung bedingt. Um echte Inzidenzanstiege in gleichen Altersklassen ermitteln zu können, muss jede Malignomentität einzeln betrachtet werden. Standardisierte geschlechtsspezifische Gesamtanalysen gleicher Altersklassen zeigen ebenfalls erste Anhaltspunkte für eine unterschiedliche Vulnerabilität. **Abbildung 1** stellt das Geschlechterverhältnis für die Malignome anhand bundesdeutscher Daten dar.

Bei den Malignomerkrankungen sind insgesamt die Männer deutlich stärker betroffen. Im Kindesalter findet sich eine weitgehende Gleichverteilung. Im Erwachsenenalter (bis 44 Jahre) liegt die Mortalität für Malignome für Frauen höher als für Männer. Hierfür ist die hohe Mortalitätsrate an Brustkrebs verantwortlich, der ca. 20 % aller weiblichen Krebstodesfälle beherrscht. Im hohen Alter dagegen sterben weit mehr Männer als Frauen an Krebs (Verhältnis über 1,5:1). Die führenden Malignome sind hier das Bronchial-, Prostata- und Darmkarzinom. Der Anteil des Bronchialkarzinoms an den männlichen Krebstodesfällen beträgt ca. 25 %, der des Prostatakarzinoms ca. 11 %. Das ehemals führende Magenkarzinom ist deutlich zurückge-

Tabelle 1: Prävalenzraten des klinisch manifesten Prostatakarzinoms in verschiedenen Populationen (Altwein 2000; Klotz 1998).

Prävalenz des manifesten Karzinoms	Fälle pro 100 000 Männer
Bundesrepublik	28,5
Weisse US-Amerikaner	41,0
Schwarze US-Amerikaner	72,0
Japan	3,4

fallen und stellt die fünfthäufigste männliche Krebstodesursache dar.

Von besonderem Interesse ist die Zunahme des Prostatakarzinoms in den letzten Jahren. Das Prostatakarzinom ist der häufigste bösartige Tumor des Mannes. Es stellt weiterhin die häufigste Krebstodesursache des älteren Mannes (> 65 Jahre) dar. Aufgrund der demographischen Entwicklung (höhere Lebenserwartung) und der verfeinerten Entdeckungsmethoden wird die Bedeutung des Prostatakarzinoms in den nächsten Jahren weiter zunehmen. Interessant sind die erheblichen regionalen Unterschiede in der Häufigkeit des Tumors, was auf den Einfluss von Ernährungs- und Umweltfaktoren für die Karzinomentstehung deutet (vgl. **Tab. 1**). Gesichert ist ein jährlicher Inzidenzanstieg von ca. 3 bis 8 %, der jedoch zum großen Teil durch eine verbesserte Diagnostik herrührt (Trinkler 1995). Nach mehreren groß angelegten Untersuchungen im Rahmen von Sektionen haben über 25 % aller Männer in höheren Altersklassen ein ruhendes Karzinom, das jederzeit in einen wachsenden bösartigen Tumor übergehen kann. Der Häufigkeitsgipfel des Prostatakrebses liegt zwischen dem 60. und 80. Lebensjahr: Unterhalb des 40. Lebensjahrs ist diese Tumorart sehr selten (Helpap et al. 1998).

Der Prostatakrebs ist ähnlich wie der Brustkrebs der Frau hormonabhängig, das heisst das Wachstum des Protatatumors kann durch die Geschlechtshormone (vor allem Testosteron) beeinflusst werden. Dies wird in der Behandlung des fortgeschrittenen Tumors ausgenutzt. Hauptrisikofaktor für die Entstehung eines Prostatakrebses ist das Alter. Interessant sind die Morbiditätsunterschiede in den unterschiedlichen Populationen und Volksgruppen, die auf genetische und umweltbedingte Risikofaktoren (Ernährung) hinweisen.

Symptomatik und Untersuchungen

In den Frühstadien ist ein Prostatakarzinom völlig symptomlos. Miktionsstörungen korrelieren eher mit einer gutartigen Prostatavergrößerung, jedoch im Frühstadium keinesfalls mit einer bösartigen Erkrankung. Erst in fortgeschritteneren Stadien kann es zu einer Verlegung der Harnröhre durch Tumorgewebe mit entsprechenden Miktionsbeschwerden kommen. Das fortgeschrittene Tumorleiden macht weniger durch seine lokalen Symptome als durch sekundäre metastasenbedingte Beschwerden auf sich aufmerksam. Typisch sind Knochenschmerzen durch Metastasen im Bereich des Stammskeletts und bei sehr fortgeschrittener Erkrankung eine tumorbedingte Anämie.

Regelmäßige ärztliche Vorsorgeuntersuchungen sind entscheidend, um frühzeitig einen Tumor zu entdecken. Die *einzige* Chance zur Heilung eines Prostatakrebses liegt bisher in der Früherkennung und damit in der rechtzeitigen Einleitung einer kurativen Behandlung. Die mangelnde Akzeptanz der Vorsorgeuntersuchung bei Männern (nur ca. 16% der Männer, dagegen ca. 35 % der Frauen) stellt in diesem Zusammenhang ein großes Problem dar. Eine jährliche Vorsorgeuntersuchung wird für alle Männer ab dem 45. Lebensjahr empfohlen.

Die Diagnose der Erkrankung an einem Karzinom erfolgt bei der *digitalen Austastung* vom Enddarm aus durch einen erfahrenen Arzt. Es handelt sich um eine klassische, nicht belastende und nicht schmerzhafte Vorsorgeuntersuchung. Ein Prostatakrebs fällt im Tastbefund als knotige Verhärtung gegenüber der normalen prallelastischen Prostata auf. Entscheidend ist die Untersuchung eines bestimmten von der Prostata ins Blut abgegeben Eiweißstoffes, dem so genannten *prostataspezifischen Antigen (PSA)*. Dieser Mar-

Tabelle 2: Stadieneinteilung des Prostatakarzinoms.

T1 und T2 Tumoren	Der Prostatakrebs ist auf die Drüse beschränkt.
T3 und T4 Tumoren	Organüberschreitendes Wachstum
N0	Kein Lymphknotenbefall
N1–4	Lymphknotenbefall
M0	Keine Fernmetastasen
M1	Fernmetastasen (meist Skelett)

ker ist seit zwölf Jahren fest etabliert. Es stellt einer der sensitivsten und am besten untersuchten Tumormarker in der Onkologie überhaupt dar (Helpap et al. 1998; Polednak 1997). Der normale PSA-Wert liegt unter 4 ng/ml und ist bei Vorliegen eines Karzinoms häufig erhöht. Jede PSA-Erhöhung bei normal großer Prostata ohne sonstige Beschwerden darf als suspekt bzw. kontrollbedürftig angesehen werden.

Die PSA-Bestimmung ist der digital-rektalen Untersuchung überlegen und gehört zum urologischen Standardrepertoire zur Abklärung einer Prostataerkrankung (Catalona et al. 1993). In diesem Zusammenhang ist interessant, dass, obwohl der Wert einer PSA-Untersuchung zur Karzinomfrüherkennung unstrittig ist, seine Bestimmung im Rahmen der Vorsorgeuntersuchung von den Kostenträgern bisher nicht erstattet wird. Urologische und onkologische Fachgesellschaften bemühen sich seit Jahren erfolglos um die Einführung dieser Untersuchung in das Vorsorgeprogramm.

Im Rahmen der Abklärung von Prostataerkrankungen wird weiterhin im Allgemeinen eine Ultraschalluntersuchung vom Enddarm, die so genannte *transrektale Sonografie* durchgeführt. Alle genannten Untersuchungen geben nur Hinweise, die Sicherung der Verdachtsdiagnose kann nur durch die *Biopsie* erfolgen, die mit einer Hohlnadel über den Enddarm durchgeführt wird. Nur durch die mikroskopische Untersuchung des Gewebes, welches durch diese gering belastende Punktion gewonnen wird, kann die Diagnose «Prostatakarzinom» gestellt werden (Helpap et al. 1998). Durch die Biopsie können weiterhin Aussagen über den Ausbreitungsgrad und die Bösartigkeit (= Grading) des Tumors gemacht werden. Man unterscheidet vereinfacht die in der folgenden Tabelle dargestellten Stadien der Erkrankung (vgl. **Tab. 2**).

Ein *T2N0M0-Tumor* ist demnach ein Prostatakrebs, der noch auf die Drüse beschränkt ist und keine Lymphknoten- oder Fernmetastasen gesetzt hat. Die Stadieneinteilung ist für die Einleitung der Therapie wesentlich, da je nach Stadium völlig unterschiedliche Behandlungskonzepte zum Einsatz kommen. Fortgeschrittene Tumoren z. B. T3N1M1 haben eine schlechte Prognose. Die Überlebenszeit beträgt individuell unterschiedlich wenige Jahre.

Behandlung

Man unterscheidet beim Prostatakarzinom sehr genau zwischen *kurativen* (= zur Heilung führenden) und *palliativen* (= symptomlindernden) Behandlungsverfahren. Je nach Ausdehnung der Geschwulst, Alter und Begleiterkrankungen des Patienten kommt eine operative Behandlung, Bestrahlung oder eine gegengeschlechtliche Hormontherapie in Betracht. Diese Verfahren können auch kombiniert eingesetzt werden:

- *Radikaloperation*: Bei rechtzeitiger Diagnose besteht durch die Operation mit Entfernung des Tumors die Chance zur Heilung. Die Radikaloperation kommt vor allem für T1N0M0 und T2N0M0 Tumoren in Frage, da hier durch eine komplette Entfernung der gesamten Prostata der Tumor restlos entfernt werden kann. Es handelt sich allerdings um einen großen Eingriff, der ein ca. 5 %iges Risiko der Inkontinenz und ein ca. 60 bis 80 %iges Risiko der bleibenden Impotenz beinhaltet. Der Eingriff ist in *keiner* Weise mit einer Operation bei gutartiger Prostatavergrößerung (z. B. TUR-P) vergleichbar.
- *Radiatio*: Eine weitere Therapiealternative ist die Bestrahlung (= Radiatio) der Prostata, die jedoch im Langzeitvergleich (über zehn Jahre) nach den bisher vorliegenden Untersuchungen schlechter abschneidet als die radikale Operation. Modernere dreidimensionale

Tabelle 3: Häufige Begleiterscheinungen einer Prostatakarzinomtherapie.

Radikale kurative Prostataentfernung (lokalisierter Tumor)	Hormonentzug – Kastration (fortgeschrittener Tumor)
Impotenz (80 % der Fälle)	Impotenz (100 % der Fälle)
Inkontinenz (5–10 % der Fälle)	Psychisch-vegetatives Syndrom (20 %)
Infertilität (100 % der Fälle)	Infertilität (100 % der Fälle)
Libidoverlust (ca. 20–80 % der Fälle)	Libidoverlust (ca. 95 % der Fälle)
Anorgasmie (ca. 20–60 % der Fälle)	Anorgasmie (ca. 90 % der Fälle)

Bestrahlungstechniken, die sich in den letzten fünf Jahren durchgesetzt haben, scheinen in der kurativen Erfolgsrate mit der Radikaloperation gleichzuziehen. Die Datenlage ist hier jedoch für eine eindeutige Stellungnahme noch nicht ausreichend.

- *Hormontherapie:* Bei fortgeschrittenen Stadien oder bei Patienten mit ausgeprägten Begleiterkrankungen ist eine Radikaloperation nicht sinnvoll. Hier setzt man die so genannte Hormonentzugstherapie ein. Ziel der Behandlung ist es, die stimulierende Wirkung des *Testosteron* auf die Tumorzellen möglichst weitgehend auszuschalten. Die Hormonentzugstherapie besteht entweder in einer operativen Entfernung der Hoden als Bildungsort für das Testosteron oder in einer so genannten medikamentösen Kastration durch Antiandrogene in mehrwöchigen Abständen. Nicht selten verschwinden die Metastasen für eine gewisse Zeit. Bei der Hormontherapie kommt es jedoch zu einer kompletten Impotenz und stark nachlassender Libido; psychische Veränderungen (z. B. depressive Verstimmung) sind nicht selten. Vorübergehend sind Hitzewallungen und Schweißausbrüche häufig. Leider hält, die durch eine Hormontherapie hervorgerufene Remission (= Tumorrückbildung) des Prostatakrebses bei den vielen Patienten nur wenige Jahre an, danach kommt es zur erneuten Progression (= Weiterwachsen des Tumors und der Metastasen).
- *Chemotherapie:* Ein Prostatakrebs spricht nur sehr schlecht auf eine Chemotherapie an, so dass diese Art der Behandlung, die bei anderen Tumoren (z. B. Leukämien) sehr effektiv ist, hier bisher kaum erfolgreich eingesetzt werden konnte. Bei fortgeschrittenen Tumoren kann jedoch eine kontrollierte Chemotherapie das Tumorwachstum offenbar in vielen Fällen verzögern (Heidenreich et al. 2001). Eine konsequente analgetische Begleittherapie stellt allerdings die Basis der Behandlung dar. Die Therapie des fortgeschrittenen Prostatakarzinoms, welches nicht mehr auf eine Hormontherapie anspricht, verfolgt bisher vor allem palliative Ziele und wird nicht selten mit roborierenden medikamentösen Maßnahmen (z. B. Erythropoetin) bei der häufig bestehenden Tumoranämie kombiniert.

Prognose und männliche Lebensqualität

Das Prostatakarzinom zeigt wie so viele Malignome keine Frühsymptome. Nicht selten stellen z. B. durch Wirbelsäulenmetastasen ausgelöste Rückenschmerzen das erste Symptom dar. Allerdings können im Gegensatz z. B. zum Bronchialkarzinom Vorsorgeuntersuchungen (rektale Palpation und PSA-Tumormarker) einen Teil der klinisch okkulten Karzinome aufdecken, zumal die Wachstumszeit des Prostatakarzinoms extrem langsam ist (Tumorzellverdopplungszeit ca. fünf Jahre). Die Zehn-Jahres-Überlebensraten schwanken je nach Stadium zwischen 20 und 80 %. Dies bedeutet, dass das Prostatakarzinom eine sehr hohe Prävalenz bei relativ niedriger Mortalität aufweist. Dadurch haben alle Behandlungsverfahren, gleich ob operativ oder konservativ, einen hohen Einfluss auf die Lebensqualität der Patienten (Noldus et al. 2001).

Die diagnostische Problematik besteht in der rechtzeitigen Differenzierung höher-maligner von niedrig-malignen Tumoren («Haustierkrebs versus Raubtierkrebs»). Generell gilt, dass bei jüngeren Patienten und einer Lebenserwartung des Patienten von über zehn Jahren in Abhängigkeit vom Tumorstadium relativ aggressiv (Radikaloperation) therapeutisch vorgegangen wird. Therapiedomäne der lokalisierten, noch nicht metastasierten Karzinome ist die radikale Operation mit kurativer Zielsetzung. Während der Hormonentzug gleichsam eine «Ruhigstellung» bzw. «Schrumpfung» jedoch keine Heilung des Tumors bzw. der Metastasen zu erreichen versucht, soll die Radikaloperation den Tumor komplett entfernen. Dieser Ansatz macht nur bei einer lokalisierten Erkrankung Sinn. Die Lebenserwartung ist bei erfolgreicher Entfernung des Tumors nicht eingeschränkt, allerdings um den Preis einer operationsbedingten Begleitmorbidität (ca. 20 %) und -mortalität (ca. 2 bis 3 %).

Die fast immer eintretenden Begleiterscheinungen einer Prostatakarzinom*therapie* werden individuell sehr unterschiedlich bewertet. **Tabelle 3** stellt einige Nebenwirkungen der zwei am häufigsten angewandten und etablierten Therapiemodalitäten dar.

Im Gegensatz zu anderen Tumoren betreffen diese «Nebenwirkungen» typisch männliche Aktivitäten und männliches Selbstverständnis. Somit reicht die subjektive Bewertung von Begleiterscheinungen (z. B. Impotenz) von «für mich unerheblich» bis zu «völlig inakzeptabel». Dies beeinflusst auch die Akzeptanz von Vorsorgeuntersuchungen (z. B. rektale Untersuchung) bei Männern. Für die Zukunft wird ein Forschungsschwerpunkt die Evaluation der Lebensqualität in der Prostatakarzinomtherapie darstellen. Im Gegensatz zu anderen Tumoren des Erwachsenenalters (z. B. Darmkarzinom, Leukämien) steht die Chance auf einen Lebenserwartungsgewinn durch eine radikale Therapie beim Prostatakarzinom nicht unbedingt im Vordergrund. Der mögliche Gewinn von Lebenserwartung bei sehr langsam wachsenden Tumoren wie dem Prostatakarzinom ist der verbleibenden Lebensqualität nach Einsatz der verschiedenen Therapieoptionen gegenüberzustellen. Eine entscheidende Rolle spielt dabei weniger das chronologische, als vielmehr das biologische Lebensalter und die individuellen Lebensumstände. Hierdurch wird verständlich, dass die Etablierung von starren Diagnose- und Therapieleitlinien beim Prostatakarzinom nicht sinnvoll sein kann.

3. Erektile Dysfunktion

Die erektile Dysfunktion (ED) ist definiert als Unfähigkeit, einen befriedigenden Geschlechtsverkehr aufgrund mangelnder Gliedsteife durchführen zu können (NIH Consensus 1993). Potenzstörungen (Impotenz, erektile Dysfunktion) stellen die häufigsten männlichen Sexualstörungen dar und sind von den männlichen Orgasmusstörungen zu unterscheiden (Braun et al. 2000). Sie haben ebenfalls nichts mit den zunehmend häufiger werdenden männlichen Fertilitätsstörungen aufgrund verminderter Spermaqualität zu tun.

Die erektile Dysfunktion spielt für die geschlechtsspezifischen Sterblichkeitsunterschiede keine Rolle, sie ist jedoch ein spezifisch männliches Krankheitssymptom mit sozialer, psychosozialer und medizinischer Problematik (Klotz 1998). Nach eigenen epidemiologischen Untersuchungen an 8000 Männern in Deutschland erleben etwa 50 % aller Männer während ihres Lebens transitorische Episoden einer erektilen Dysfunktion und ca. 20 % der älteren Männer leiden unter einer andauernden Potenzstörung.

Abbildung 2 veranschaulicht die Häufigkeit der *permanenten* erektilen Dysfunktion. Es zeigt sich ein ausgeprägter altersabhängiger Anstieg von 2 % auf 53 %. Der Anstieg erfolgt weitgehend linear in den Altersklassen zwischen 30 und 59 Jahren. In den höheren Altersklassen (> 60 Jahre) zeigte sich ein exponentieller Anstieg der Prävalenz einer erektilen Dysfunktion. In der Altersklasse der über 70-Jährigen bestand

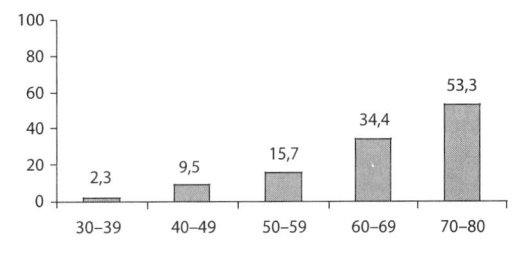

Abbildung 2: Prävalenz einer erektilen Dysfunktion in Abhängigkeit vom Alter (Braun et al. 2000).

bei mehr als 53 % der Befragten eine erektile Dysfunktion.

Die ernsthafte öffentliche, wissenschaftliche und professionelle Resonanz gegenüber Potenzproblemen ist z. B. im Vergleich zu weiblichen Orgasmus-, Menstruations- oder Wechseljahresbeschwerden deutlich geringer (Klotz 1998). Erst in den letzten Jahren wurde dieser spezifisch männlichen Erkrankung mehr Aufmerksamkeit geschenkt. Der Anteil der Patienten mit erektiler Dysfunktion und Leidensdruck wird in den USA auf ca. 30 Mio. Männer geschätzt (Goldstein et al. 1998). Mittlerweile hat sich aufgrund der grundlagenwissenschaftlichen Erkenntnisse eine urologische Stufendiagnostik mit konsekutiven Therapiemöglichkeiten etabliert.

Für eine erektile Dysfunktion wurden lange Zeit in ca. 80 % der Fälle primär psychologische Ursachen, wie «Feindseligkeit» gegenüber dem weiblichen Geschlecht, sublimierte «frühkindliche Ängste» und «Versagensängste» verantwortlich gemacht. Mit Einführung einer multidisziplinären Diagnostik vor zehn Jahren hat sich dies entscheidend gewandelt. Mittlerweile lassen sich in 85 % der Fälle mehrere Ursachen und in über 60 % der Fälle primär organische Ursachen nachweisen (Andersson/Wagner 1995). Sicher ist, dass, auch wenn in erster Linie organische Faktoren für eine Potenzstörung verantwortlich sind, nachfolgend fast immer psychische Faktoren hinzukommen (Hartmann 1997). Ähnlich wie bei anderen Erkrankungen (z. B. Magen-Darm-Geschwüre, Infektion mit Helicobacter pylori), deren Genese über viele Jahre als primär psychisch angesehen wurde, hat die stark verbesserte Diagnostik viel zur Ursachenklärung beigetragen.

Die erektile Dysfunktion des höheren Erwachsenenalters ist ein häufiges Organsymptom, welches mit den chronisch degenerativen Erkrankungen der Industrienationen verknüpft ist. So weisen ca. 30 bis 50 % der männlichen Diabetiker eine ED auf. Weiterhin dominieren in etwa der Hälfte der Fälle bei älteren Männern Gefäßschäden im Sinne einer Arteriosklerose und einer arterio-venösen Schwellkörperinsuffizienz. Typisch hierfür ist, dass keine ausreichende Rigidität (Gliedhärte) zur Durchführung eines Geschlechtsverkehrs erreicht wird. Zusätzlich tritt nach radikalen Tumoroperationen und Radiotherapien des kleinen Beckens (Prostatakrebs, Dickdarmkrebs) und der damit einhergehenden Nervenläsionen oft eine erektile Dysfunktion auf. Jedoch auch eine primäre längerfristige ED beim jungen Mann hat häufiger dispositionell-organische als rein psychologische Ursachen.

Neuere Befunde zeigen, dass anatomische Unterschiede in den Schwellkörpern des Penis (glatte Muskulatur des Trabekelwerks und Innervationsdichte) existieren, die individuell unterschiedlichen vegetativen Einflüssen unterliegen (Bloch et al. 1998; Klotz et al. 2000). Ob und in welchem Ausmaß genetische Faktoren hinzukommen, ist unklar. Bekannt ist, dass bezüglich der Libido, der erektilen Funktion und Häufigkeit des Geschlechtsverkehrs bei völlig gesunden Männern erhebliche Unterschiede bestehen. In Abhängigkeit von den organisch individuell vorgegebenen Variationen ergibt sich wahrscheinlich eine unterschiedliche Vulnerabilität gegenüber endogenen-, psychosozialen- und Umweltfaktoren, die zum Auftreten einer ED führen (vgl. **Abb. 3**).

In der Behandlung zeigen kombinierte, *primär organische* Therapien mit evtl. psychotherapeutischer Begleitung die besten Ergebnisse. In den letzten Jahren hat eine Substanz aus der Klasse der Phosphodiesteraseinhibitoren (Sildenafil = «Viagra») Furore gemacht. Anwendungsdaten bestehen seit 1998 und sind beeindruckend. Die Ansprechrate des Medikaments, unabhängig von der Genese der erektilen Dysfunktion, liegt bei ca. 60 bis 70 % (Goldstein et al. 1998). Besonders interessant ist die bedarfsorientierte orale Einnahme. Allerdings sind Kontraindikationen zu beachten und eine medizinische Kontrolle unerlässlich. Weitere Substanzen mit ähnlichen Wirkungsspektren sind in der Entwicklung und werden sicherlich in den nächsten Jahren zugelassen. Der Stellenwert dieser neuen Medikamentenklasse wird sich erst in

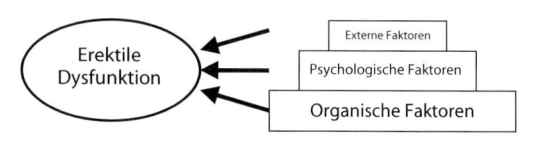

Abbildung 3: Faktorenwertigkeit für das Auftreten einer Impotenz.

einigen Jahren festlegen lassen. Sicher ist, dass die erektile Dysfunktion und die Behandlung dieser Erkrankung Tabuisierung und «Hinnahme» hinter sich lassen. Dies ist vor allem den pharmakotechnischen Neuentwicklungen zu verdanken, die in über 80 % aller Fälle eine Therapie erfolgreich machen.

Obwohl die erektile Dysfunktion in keiner direkten Beziehung zur Sterblichkeit von Männern steht, darf ihr Einfluss auf den männlichen Gesundheitszustand nicht übersehen werden. Es erscheint überflüssig zu betonen, dass nur wenige Erkrankungen im gleichen Maße am männlichen Selbstwertgefühl nagen. Zudem sind in einer Partnerschaft immer zwei Menschen von diesem Problem betroffen. Dies lässt sich belegen, da ca. die Hälfte der männlichen Patienten von der Partnerin zu einer ärztlichen Konsultation bei erektiler Dysfunktion gedrängt wird.

Die großen Fortschritte der letzten zehn Jahre im Bereich der Diagnostik und Grundlagenforschung zur erektilen Dysfunktion zeigen exemplarisch an einem «kleinen Gesundheitsproblem» die Notwendigkeit einer interdisziplinären geschlechtsspezifischen Forschung. Dabei hat sich ein Wandel der Betrachtungsweise von einer fast ausschließlich psychogenen zu einer organisch dominierten, multifaktoriellen Ätiologie vollzogen.

Wir stehen hier vor einer neuen Ära in der pharmako-medizintechnischen Entwicklung. Die erektile Dysfunktion ist nur ein Paradebeispiel. Immer mehr wird es möglich, degenerative Alterungsprozesse, die früher als selbstverständlich hingenommen wurden, medikamentös oder apparativ zu beeinflussen. Neben der erektilen Dysfunktion lassen sich auch die altersbedingte Osteoporose (Knochenschwund), die androgenetische Alopezie (männlicher Haarausfall) oder die Adipositas (Übergewichtigkeit) nennen. In der Gesellschaft besteht trotz anders lautender Lippenbekenntnisse ein Bedürfnis, den Alterungsprozess soweit wie möglich zu kaschieren oder zu leugnen. Dies gilt auch, wenn keine eigentlichen Beschwerden (z. B. Schmerzen) oder definiertes Krankheitsbild bestehen. Die Pharmaindustrie hat sich auf dieses Bedürfnis eingestellt und den sehr passenden Begriff der «lifestyle drugs» geprägt.

Interessant ist, dass diese Entwicklung der Körperbezogenheit des «alternden Mannes» vom weiblichen Geschlecht nicht nur positiv beurteilt wird. Während der gepflegte körperbewusste Mann gern gesehen wird, sind die Ansichten bezüglich des Erhalts der Potenz im höheren Alter eher geteilt. So erhielten wir im Rahmen unserer Umfrage an 8000 Männern wütende Anrufe von Ehefrauen über die Nutzlosigkeit einer solchen Untersuchung. Zwar wird die Bedeutung der Lebensqualität im Alter sehr hoch eingeschätzt, jedoch die zumindest partielle Verquickung von Sexualität und Lebensqualität im Alter gerne tabuisiert. Dabei sind die gesundheitsprotektiven Wirkungen einer erfüllten Sexualität auch im Alter nicht zu leugnen und etwa 60 % der Männer über 65 Jahre besitzen ein sexuelles Verlangen (Libido). Dennoch stehen viele Menschen dem Erhalt der *körperlich* bedingten sexuellen Funktionen, die zur Durchführung eines Geschlechtsverkehrs bei Mann *und* Frau notwendig sind, skeptisch gegenüber. Durch die zukünftigen Möglichkeiten, die *körperliche* sexuelle Funktionsfähigkeit bei beiden Geschlechtern wirksam medikamentös erhalten zu können, wird der «Sexualität im Alter» ein neuer Stellenwert zukommen.

4. Hormonersatztherapie

Männer erleben im Gegensatz zu Frauen keine entsprechende Andropause mit plötzlichen Hormondefizit. Allerdings nimmt die Sekretion der hormonproduzierenden Leydigzellen des Hodens ab dem 40. Lebensjahr kontinuierlich ab. Das verfügbare Testosteron fällt im Jahr um durchschnittlich ca. 1,2 % (Nieschlag/Jockenhövel 1989).

Neuere Daten bestätigen, dass bei ca. einem Drittel aller Männer über dem 55. Lebensjahr die relevante abnehmende Hormonproduktion besteht (Nieschlag/Jockenhövel 1989; Jockenhövel 1999). Dies muss jedoch keineswegs bedeuten, dass bei allen Männern mit erniedrigten Hormonspiegeln eine Symptomatik besteht, die auf diesen erniedrigten Hormonwert zurückgeht. Auf der anderen Seite können eine Reihe von Symptomen mit einer hormonellen Mangelsituation vergesellschaftet sein. Rückgang der Libido, Abnahme der erektilen Funktion, Mus-

Tabelle 4: Effekte einer Androgensubstitution (Wetterauer 2000).

Effekte einer männlichen Hormonersatztherapie	
Positiv	Verbesserung der Leistungsfähigkeit
	Verhinderung der Muskelatrophie
	Verminderter Knochenabbau
	Steigerung der Muskelkraft
	Steigerung der Libido
	Korrektur einer Androgenmangelanämie
Negativ	Verschlechterung des Fettstoffwechsels
	Verstärkung einer BPH-Symptomatik
	Wachstumsreiz für Prostatakarzinom
	Induktion Schlafapnoe-Syndrom

kelatrophie, Hodenverkleinerung, Schlafstörungen, Hitzewallungen und depressive Stimmungsphasen können, müssen jedoch nicht mit einem Hormonmangel zusammenhängen.

4.1 Weibliche versus männliche Hormonersatztherapie

Die Ursachen eines Geschlechtshormonmangels sind beim weiblichen und männlichen Geschlecht unterschiedlich. Während bei der Frau die periphere endokrine ovarielle Kapazität nachlässt, scheint der Androgenmangel des älteren Mannes auf eine hypothalamische, das heißt zentrale Dysregulation zurückzuführen sein. Die Funktion der peripheren männlichen Geschlechtshormondrüsen (der Hoden) ist auch bei sehr hochbetagten Männern häufig nicht eingeschränkt. Die verminderte Produktion von so genannten «Vorläuferhormonen» den Gonadotropinen, die im Gehirn gebildet werden, führt beim älteren Mann schließlich zu einer Abnahme der Ausschüttung von Testosteron. Diese komplexen Regulationsstörungen treten mit zunehmendem Alter häufiger bei Patienten mit Allgemeinerkrankungen als bei gesunden Männern auf. Daher ist zu vermuten, dass die männliche Hormonstörung einen individuellen altersdegenerativen Prozess darstellt, der mit dem allgemeinen Gesundheitszustand korreliert.

Die Situation einer männlichen Hormonersatztherapie ist prinzipiell durchaus mit der des weiblichen Geschlechts vergleichbar. Es besteht seit langem ein Expertenstreit zwischen Medizinern, Soziologen, Psychologen und Epidemiologen hinsichtlich der Wertung des Nutzens und der Risiken der weiblichen Hormonsubstitution nach der Menopause. Nach fast 30 Jahren weiblicher Hormonersatztherapie ist ein abschließendes Urteil immer noch nicht zu fällen. Für den Autor steht zweifelsfrei fest, dass diese Diskussion unabhängig von der Datenlage kein Ende finden wird, da sie eine Unzahl von ideologischen Elementen und emotionalen Interpretationen beinhaltet.

Besteht für das weibliche Geschlecht eine widersprüchliche Datenlage zur Hormonersatztherapie, so existiert für das männliche Geschlecht praktisch keine Basis. Die Forderung nach validen Studien im Rahmen der evidenzbasierten Medizin ist zwar honorig, aber es bleibt zu befürchten, dass dadurch der Einsatz einer Hormonersatztherapie allenfalls begleitet, jedoch nicht gesteuert werden kann. Im Einzelfall werden also die möglichen positiven Effekte mit den möglichen negativen Begleiterscheinungen sehr genau abzuwägen sein (vgl. **Tab. 4**).

Fest steht, dass Männer weit mehr als Frauen medikalisierenden Einflüssen unterworfen sind und bereit sind, vermehrt gesundheitliche Risiken einzugehen. Die Aussicht auf den Erhalt von sexueller Attraktivität, beruflichem Erfolg und männlicher «Körperlichkeit» im Alter durch das «Werkzeug» Hormonersatztherapie wird, nach persönlicher Meinung des Autors, dieser Therapie zu einer weiten Verbreitung helfen. In der letzten Zeit steht das Stichwort «Aging male» im Brennpunkt der öffentlichen und medizinischen Diskussion mit der Folge, dass in der täglichen Praxis die Hormonersatztherapie gerade von aufgeklärten und gesundheitsbewussten Patienten Interesse findet. Diese Patienten sind nicht bereit, Symptome eines natürlichen altersdegenerativen Prozesses hinzunehmen, wenn die Möglichkeit besteht, diese Symptome zu verzögern oder zu verschleiern.

4.2 Therapierichtlinien

Als gesicherte Indikationen für eine Hormonersatztherapie des Mannes gilt der Nachweis von erniedrigten Testosteronspiegeln und die Existenz von Symptomen mit Leidensdruck. Die Lebensumstände bei der Untersuchung sollten dem Normalfall entsprechen, da die hormonelle Regulation starken Umwelteinflüssen unterworfen ist. Risikoorgan für eine hormonelle Substitution ist vor allem die Prostata. Aufgrund der hohen Prävalenz okkulter Karzinome bei älteren Männern kann nicht ausgeschlossen werden, dass ein bisher ruhendes Karzinom durch eine exogene Testosteronzufuhr klinisch manifest wird oder sein Wachstumsverhalten ändert. Daher sind engmaschige urologische Kontrollen des PSA-Wertes, der Prostatagröße und der Miktion unabdingbar (Jockenhövel 1999).

Bisher existiert noch keine adäquate orale Medikation für eine männliche Hormonersatztherapie, so dass neben den häufig allergisierenden Pflastern meist eine intramuskuläre Injektion mit einem Depotpräparat (z.B. Testosteron-Enantat, 250 mg) alle drei bis vier Wochen erfolgt. Parameter zur Bewertung einer Substitutionstherapie sind einerseits der in den Normbereich angehobene Hormonspiegel und andererseits das vom Patienten berichtete allgemeine verbesserte Wohlbefinden, seine körperliche Aktivität und Leistungsfähigkeit. Für diese Bewertung ist ein validiertes Messinventar dringend erforderlich, welches zurzeit von mehreren Arbeitsgruppen entwickelt wird.

Eine Reihe von Hormonmetaboliten werden ebenfalls zur Hormonersatztherapie eingesetzt. Hier ist insbesondere das DHEA (Dehydroepiandrosteron) zu nennen, welches in der Laienpresse stark propagiert wurde. DHEA, ein physiologischer Metabolit des Testosterons, wurde mehrfach zur Substitution beim älteren Mann empfohlen. Es ist in den USA frei verkäuflich und wird zur Steigerung der allgemeinen Leistungsfähigkeit in hohen Dosen eingenommen. Zurzeit gibt es im Gegensatz zu einer Testosteronersatztherapie weder Hinweise auf eine DHEA-Mangelkrankheit noch auf messbare positive Effekte einer DHEA-Therapie. Damit besteht *keine* Indikation zum Einsatz für DHEA.

Zusammengefasst ist der Stellenwert und Nutzen einer männlichen Hormonersatztherapie zurzeit noch unklar. Es wird die Aufgabe der nächsten Jahre sein, hier eine Datenbasis zu schaffen und die geeigneten Patientengruppen zu definieren. Es ist durchaus vorstellbar, dass eine kontrollierte Hormonersatztherapie für viele ältere Männer segensreich ist. Die unkritische Verschreibung außerhalb medizinischer Überwachung ist jedoch strikt abzulehnen.

5. Männlicher «Lifestyle»

5.1 Ernährung

Durch die Betrachtung von geschlechtsspezifischen Verhaltensweisen lassen sich weitere Ansatzpunkte für eine Neuorientierung in Richtung einer geschlechtsspezifischen Gesundheitsversorgung finden. Hier spielt die Ernährung eine entscheidende Rolle. Dies ist nur indirekt für urologische Erkrankungen bedeutsam. Allerdings ist der Einfluss der Ernährung auf Harnsteinleiden und Prostataerkrankungen unstrittig, auch wenn die detaillierten Zusammenhänge noch unklar sind. Nahrungszusammensetzung, Nahrungsmenge und zeitliche Rhythmik der Nahrungsaufnahme bestimmen das geschlechtsspezifische Ernährungsverhalten.

Bisher werden Ernährungsprobleme eher mit dem weiblichen Geschlecht assoziiert, jedoch sind falsche Ernährungsverhaltensweisen zweifellos erhebliche Risikofaktoren für die männliche Mortalität. Betont werden muss, dass die Frage, wie mit einem Überangebot an Essbarem umgegangen wird, nur für die Industrienationen relevant ist. In der geschlechtsspezifischen Analyse der Adipositas fällt auf, dass ein deutlich höherer Anteil von Männern in den jüngeren Altersklassen adipös ist, während eine ausgeprägte

Tabelle 5: Body-Mass-Index, Prävalenz nach Geschlecht und Alter in Deutschland 1991 (Stichprobe 7410 Personen, Bundesrepublik Deutschland, Statistisches Jahrbuch 1995).

Altersklasse	Männer		Frauen	
	BMI 25–30 kg/m^2	BMI > 30 kg/m^2	BMI 25–30 kg/m^2	BMI > 30 kg/m^2
25–29 Jahre	35,4 %	8,3 %	21,4 %	8,4 %
30–39 Jahre	45,8 %	18,6 %	25,7 %	10,8 %
40–49 Jahre	51,9 %	18,6 %	31,4 %	17,6 %
50–59 Jahre	55,1 %	23,8 %	38,7 %	30,9 %
60–69 Jahre	56,9 %	24,1 %	40,9 %	33,4 %

Fettleibigkeit mit einem Body-Mass-Index > 30 kg/m^2 vor allem bei Frauen der höheren Altersklassen vorkommt (vgl. **Tab. 5**).

Fast 70 % aller 30- bis 50-jährigen Männer weisen eine Adipositas (bei einem BMI > 25 als Basis) auf, deren Spätfolgen sich dann im Alter manifestieren. Ähnliche Verhältnisse findet man bei der Hypertonie oder beim Blutcholesterinspiegel.

Dabei ist nicht nur die Menge und Verwertung, sondern auch die Auswahl der Speisen geschlechtsspezifisch. So essen bereits Jungen mehr Salz, Fett und Zucker, während Mädchen mehr Obst und Gemüse verzehren. Im Erwachsenenalter findet man bei Männern einen höheren Verzehr von Fleisch, Brot, Alkohol und Süßwaren, während Frauen Obst, Joghurt und Kaffee bevorzugen (Block et al. 1988). Aktuelle Metaanalysen haben gezeigt, dass der Verzehr von rotem Fleisch (z. B. Rind, Schwein) mit einer erhöhten Rate an Darmkrebs korreliert. Als risikoreich gilt zudem scharf angebratenes und gegrilltes Fleisch. Männer bevorzugen genau diese Zubereitungsarten. Insgesamt ist die Kost von Frauen abwechslungs- und vitaminreicher (Enstrom et al. 1992). Für das männliche Geschlecht besteht somit in Ernährungsfragen ein immenser Aufklärungs- und Informationsbedarf.

5.2 Körperliche Aktivität

Altern bringt eine langsame Verringerung der funktionellen Kapazität fast aller Organsysteme mit sich. Als Faustregel gilt ein Abfall der funktionellen Kapazität von 10 bis 15 % pro Dekade. Dieser Abfall der funktionellen Kapazität ist an einer Reihe von physiologischen Parametern ablesbar (vgl. **Tab. 6**). Dabei kommt der Verringerung der funktionellen Kapazität alleine noch kein Krankheitswert zu, allerdings können additive Belastungen schlechter kompensiert werden.

Ziel einer Prävention von Erkrankungen und Erhalt einer möglichst hohen Lebensqualität ist es, den Verlust an funktioneller Kapazität zu verzögern. Das dazugehörige Leitbild wird durch den Begriff des «Gesunden Alterns» von der WHO sehr treffend beschrieben. Zweifellos ist der Alterungsprozess in weiten Teilen genetisch fixiert, dennoch spielen Umwelt- und Verhaltensfaktoren eine Rolle. Es lässt sich zeigen, dass

Tabelle 6: Physiologische Parameter und Alter.

Parameter	Veränderungen beim Mann
Blutdruck	↑ 10–40 mmHg bis zum 70. Lebensjahr
Abdominelles Fett	↑ 20 % bis zum 70. Lebensjahr
Knochendichte	↓ 1–2 % pro Jahr ab dem 50. Lebensjahr
Nervenleitgeschwindigkeit	↓ 0,4 % pro Jahr ab dem 20. Lebensjahr
Testosteron	↓ 1 % pro Jahr ab dem 40. Lebensjahr

Tabelle 7: Physiologie – trainierte vs. untrainierte Normalpersonen.

Normalpersonen	Trainiert	Untrainiert
Ruhepuls (/min)	40–60	60–80
Blutdruck (mmHg)	120/65	135/78
Vitalkapazität (l)	6,2	5,8
Blutvolumen (Mann)	6,0–7,4	4,7–5,6
Muskelkapillardichte (mm^2)	300–500	200–300
Körperfett (Mann)	6–13 %	15–25 %

Sport und körperliche Aktivität auf fast alle physiologischen Variablen einen günstigen Einfluss haben (vgl. **Tab. 7**).

Es existiert eine Vielzahl von Untersuchungen über den günstigen Einfluss von Sport auf einzelne Organsysteme. Hier können nur einige wenige zitiert werden. Von besonderem Interesse sind Studien zur koronaren Sterblichkeit bei Männern, da der plötzliche Herztod zu der häufigsten Todesursache von Männern in der Altersgruppe zwischen 50 und 70 Jahren zählt und hier ein besonders krasses Ungleichgewicht zum weiblichen Geschlecht besteht. Es konnte in Longitudinaluntersuchungen gezeigt werden, dass bereits leichtes Spazierengehen über 3 km/Tag eine Halbierung der Mortalität bezüglich der koronaren Herzerkrankung bewirkt. Eine weitere Studie von Morey und Mitarbeitern belegte, dass ein kontrolliertes Trainingsprogramm über zwei Jahre bei 65- bis 74-jährigen Männern für eine Vielzahl von kardio-pulmonalen Parametern eine Verbesserung erreicht, die den Alterungsprozess kompensiert. Der Haupteffekt dieses Trainingsprogramms trat dabei in den ersten vier Monaten ein (Morey et al. 1991).

Der günstige Einfluss einer sportlichen Aktivität auf das Körpergewicht ist eindeutig und braucht hier nicht näher erläutert zu werden. Ebenso ist die Relevanz körperlicher Betätigung für eine Reduktion der Risikofaktoren Adipositas, Diabetes mellitus und Gelenkerkrankungen unstrittig.

Ein bei Männern bisher unterschätztes Gesundheitsproblem stellt die Osteoporose dar. Zwar ist hier das weibliche Geschlecht nach der Menopause bevorzugt betroffen (Knochenabbau 2 bis 3 % pro Jahr), jedoch zeigt sich auch bei Männern über dem 50. Lebensjahr ein relevanter Knochensubstanzverlust (1 bis 2 % pro Jahr). Es kann in Deutschland von ca. 4 Mio. Männern und 8 Mio. Frauen ausgegangen werden, die an einer relevanten Osteoporose leiden. Männer erleiden die krankheitsrelevanten Frakturen meist ab dem 75. Lebensjahr. In diesem Zusammenhang ist es von besonderem Interesse, dass die alterskorrigierte Mortalität nach Oberschenkelhalsbruch zu Ungunsten der Männer bei 21 % gegenüber 8 % bei Frauen liegt und damit auf differente geschlechtsspezifische Regulationsvorgänge in der Verarbeitung und Heilung hinweist, die noch weitgehend im Dunkeln liegen. So verwundert es nicht, dass ein Jahr nach Femurkopffraktur knapp 80 % der Männer noch einer intensiven stationären Pflege bedürfen. Der günstige Einfluss von Sport auf den Knochenstoffwechsel ist für beide Geschlechter unstrittig. So erhöht zwölfmonatiges Krafttraining die Knochendichte um über 9 %, und leichtes Ausdauertraining über zwei Jahre kann den physiologischen Knochenabbau überkompensieren.

Ein weiterer wichtiger Bereich im Zusammenhang mit Lebensqualität sind depressive Erkrankungen und Schlafstörungen. Der positive Einfluss von Sport auf die Schlafqualität darf als gesichert angesehen werden. Untersuchungen belegen, dass sich die Schlafqualität bei 40 % der Patienten mit Schlafstörungen unter Ausdauertraining verbessert. Die Datenlage bezüglich depressiver Störungen ist unklar. Hier ist zu bemängeln, dass die meisten Studien selektiv an Frauen durchgeführt wurden.

Für die urologischen organspezifischen Erkrankungen ist die Datenlage dünn. Offenbar besteht kein sicherer präventiver Effekt von Sport auf das Auftreten eines Prostatakarzinoms. Anders verhält sich die Situation bezüglich der benignen Hyperplasie und «Lower Urinary Tract Symptoms» (LUTS). Hier konnten in Kohortenstudien über acht Jahre gezeigt werden, dass regelmäßige körperliche Aktivität eine Risikosenkung um 25 % für das Auftreten von LUTS bewirkt.

6. Zusammenfassung

Die neue Ära der medizintechnischen Entwicklungen ermöglicht es immer mehr, degenerative Alterungsprozesse, die früher als selbstverständlich hingenommen wurden, therapeutisch zu beeinflussen. Zum verinnerlichten Selbstbild der meisten Männer gehört es, möglichst lange für die Außenwelt «dynamisch und erfolgreich» zu wirken. Dies gilt auch für ältere und betagte Männer.

Urologische Erkrankungen im Rahmen der klassischen Männerkrankheiten unterliegen einem Wandel nicht nur in der Therapie, sondern auch ihrer übergeordneten sozialen und gesundheitswissenschaftlichen Relevanz. Das Prostatakarzinom mit seiner stark steigenden Inzidenz, die erektile Dysfunktion und der Androgenmangel des älteren Mannes spielen Schlüsselrollen. Zwar wird die Bedeutung der Lebensqualität im Alter sehr hoch eingeschätzt, jedoch die partielle Verquickung von Lifestyle, Sexualität und Lebensqualität im Alter noch immer gerne tabuisiert. Erkrankungen aus dem urologischen Formenkreis stellen große Hindernisse für ein erfülltes und aktives Leben dar.

Die Frauenbewegung hat dafür gesorgt, dass der Gesundheitszustand von Frauen Gegenstand der Forschung und der öffentlichen Diskussion wurde (Farrell 1995). Insbesondere in den letzten zwei bis drei Jahrzehnten war die Frauenbewegung wichtiger Impulsgeber für gesellschaftliche Wandlungsprozesse. Eine vergleichbare Männerbewegung, die ein Bewusstsein über die verschiedenen spezifischen männlichen Erkrankungen und Rollenmuster und deren Ursachen etabliert, existiert nicht (Klotz 1998).

Eine weitere Überlegung unterstreicht die Notwendigkeit einer Männergesundheitsbewegung und geschlechtsspezifischen Männerforschung. Nach älteren Modellrechnungen würde die Elimination z. B. *aller* Tumorerkrankungen einen Lebenserwartungsgewinn von 3,2 Jahren und die Elimination *aller* Herzerkrankungen einen Lebenserwartungsgewinn von 3,5 Jahren bedeuten (Olshansky et al. 1990). Ein sehr hoher Anteil aller zur Verfügung stehenden Ressourcen wird momentan in diese Bereiche investiert. Der geschlechtsspezifische und sich vergrößernde Lebenserwartungsunterschied von über sechs Jahren findet dagegen kaum Erwähnung. Die Beschäftigung mit dem Thema «Männergesundheit» wäre nicht nur ein wichtiger Beitrag zur Gleichberechtigung, sondern würde, neben einer gesundheitspolitisch effizienten Verteilung der Ressourcen, mit Sicherheit Erkenntnisse in der Grundlagenforschung hervorbringen, die beiden Geschlechtern dienten.

Literatur

Andersson, K. E., Wagner, G. (1995). «Physiology of penile erection». *Physiol Rev*, 75, S. 191–236.

Altwein, J. E. (2000). «Gibt es eine Anti-Aging-Diet». In: Jocham, D., Altwein, J., Jünemann, K. P., Schmitz-Dräger, B. J., Weidber, W., Wirth, M. (Hrsg.). *Aging male*. Marburg.

Benet, A. E., Melman, A. (1995). «The epidemiology of erectile dysfunction». *Urol clin North Am*; 22, S. 699–709.

Bloch, W., Klotz T., Sedlaczek P., Zumbé J., Engelmann U., Addicks K.(1998). Evidence of the involvement of endothelial nitric oxide synthase from smooth muscle cells in the erectile function. *Urol Res*; 26, 129–135.

Block, G., Rosenberger, W. F., Patterson, B. H. (1988). «Calories, fat and cholesterol: Intake patterns in the US populations by race, sex and age». *Am J Pub Health*, 78, S. 1150–1155.

Braun, M., Wassmer G., Klotz T., Reifenrath B., Mathers M., Engelmann U. (2000). «Epidemiology of erectile dysfunction: Results of the ‹Cologne Male Survey›». *Int J Impot Res*, 12, S. 305–311.

Bundesministerium für Gesundheit. (1995). *Daten des Gesundheitswesens*. Bd. 51. Baden-Baden.

Catalona, W. J., Richie, J. P., Ahmann, F. R. (1993).« A multicentre examination of PSA and digital rectal examination for early detection of prostate cancer in 6374 volunteers». *J Urol*, 194, S. 412A.

Engelmann, U. H., Olschewski, R., Herberhold, D., Senge, T. (1992). «Der Einfluss der TUR und transvesikalen Prostatektomie auf Symptomatologie und Lebensqualität». *Urologe A*, 31, S. 43–47.

Enstrom, J. E., Kanim, L. E., Klein, M. A. (1992). «Vitamin C intake and mortality among a sample of the United States population». *Epidemiology*, 3, S. 194–202.

Gann, P. H., Hennekens, C. H., Longcope, C., Verhoek-Oftedahl, W., Grodstein, F., Stampfer, M. J. (1995). «A prospective study of plasma hormone levels, nonhormonal factors, and development of benign hyperplasia». *Prostate*, 26, S. 40–49.

Garraway, W. M., Collins, G. N., Lee, R. J. (1991). «High prevalence of benign prostatic hypertrophy in the community». *The Lancet*, 338, S. 469–471.

Goldstein, I., Lue, T. F., Padma-Nathan, H., Rosen, R. C., Steers, W. D., Wicker, P. A. (1998). «Oral Sildenafil in the treatment of erectile dysfunction». *N Engl J Med*; 338, S. 1397–1404.

Farrel, W. (1995). *Mythos Männermacht*. Frankfurt/M.

Hartmann, U. (1997). «Symptomatologie und Epidemiologie erektiler Dysfunktionen». In: Stief, C. G., Hartmann, U., Höfner, K., Jonas, U. (Hrsg.). *Erektile Dysfunktion*. Berlin.

Helpap, B., Köllermann, J., Oehler, U. (1998). «PSA, TRUS und Biopsietechnik: Beeinflussen die klinsch-diagnostischen Neuerungen Grading und Staging von Prostatakarzinomen?» *Urologe B*, 38, S. 443–448.

Heidenreich, A., von Klobloch, R., Hofmann, R. (2001). «Current status of cytotoxic chemotherapy in hormone refractory prostate cancer». *Eur Urol*, 39, S. 121–130.

Höfner, K., Stief, C. G., Jonas, U. (2000). *Benigne Prostatahyperplasie*. Berlin.

Jockenhövel, F. (1999). *Männlicher Hypogonadismus – Aktuelle Aspekte der Androgensubstitution*. Bremen.

Kirby, R. S., Kirby, M. G. (1999). «Men's health: closing the gender gap». In: Kirby, R. S., Kirby, M. G., Farah, R. N. *Men's health*. Oxford.

Klotz, T., Bloch, W., Zimmermann, J., Ruth, P., Engelmann, U., Addicks, K. (2000). «Soluble guanylate cyclase and cGMP-dependent protein kinase I expression in the human corpus cavernosum». *Int J Impot Res*, 12: S. 157–164.

Klotz, T. (1998). *Der frühe Tod des starken Geschlechts*. Göttingen.

Klotz, T., Heidenreich, A., Engelmann, U. (1995). «Problembereich – Prästationäre Diagnostik und stationäre Aufnahme / Überlegungen zur organisatorischen Optimierung im Krankenhaus». *Deutsches Ärzteblatt*, 42, A-2798–2799.

Klotz, T., Hurrelmann, K. (1998). «Adapting the health-care system to the needs of the aging male». *The Aging Male*, 1, S. 20–27.

Knook, D. L. (1992). «Antiaging strategies». *Am NY Acad Sci*, 663, 37L.

Lowe, F. C., James, C. K. (1996). «Phytotherapy in treatment of benign prostatic hyperplasia: a critical review». *Urology*, 48, S. 12–19.

Lunenfeld, B. (1998). «Aging male». *The Aging Male*, 1, S. 1–7.

Madersbacher, S., Haidinger, G., Struhal, G. (2001). «Management of lower urinary tract symptoms of elderly men in Austria». *Eur Urol*, 39, S. 145–150.

McNeal, J. E. (1972). «The prostate and prostatic urethra: a morphologic synthesis». *J Urol*, 107, S. 1008–1016.

Morey, M. C., Cowper, P. A., Feussner, J. R., DiPasquale, R. C., Crowly, G. M., Sullivan. R. J. (1991). «Two-year trends in physical performance following supervised exercise among community-dwelling older veterans». *JAGS*, 39, S. 549–554.

NIH Consensus Development Panel of Impotence (1993). *JAMA*, 270, S. 83–90.

Nieschlag, E., Jockenhövel, F. (1989). «Hypogonadismus beim Mann – Androgenmangel-syndrom». In: Hesch, R. D. (Hrsg.). *Endokrinologie*. München.

Noldus, J., Michl, U., Graefen, M., Haese, A., Hammerer, P., Fernandez, S., Huland, H. (2001). «Die nervenhaltende radikale retropubische Prostatektomie». *Urologe A*, 40, S. 102–106

Olshansky, S. J., Carnes, B. A., Cassel, C. (1990). «In search of Metuselah: Estimating the upper limits to human longevity». *Science*, 250, S. 634–640.

Pientka, L., Senge, T. (2000). «Ökonomische Aspekte». In: Höfner, K., Stief, C. G., Jonas, U. (Hrsg.). *Benigne Prostatahyperplasie*. Berlin.

Polednak, A. P. (1997). «Trends in prostate carcinoma incidence in Connecticut (1988–1994) by age and race». *Cancer*, 79, S. 99–103.

Sabo, D., Gordon, D. F. (1995). «Rethinking Men's health and illness». In: Sabo, D., Gordon, D. F. (Hrsg.). *Men's health and illness – Gender, power and the body*. London, Thousand Oaks.

Trinkler, F. B. (1995). «Screening des Prostatakarzinoms». *Therap. Umschau*, 6 (52), S. 393–398.

Tsang, K. K., Garraway, W. M. (1993). «Impact of benign prostatic hyperplasia on general well being of men». *Prostate*, 23, S. 1–7.

Wasson, J. (1993). «A comparison of quality of life with patient reported symptoms and objective findings in men with BPH». *J Urol*, 150, S. 1676–1700.

Wetterauer, U. (2000). «Ist eine Hormonersatztherapie beim älteren Mann sinnvoll?» In: Jocham, D., Altwein, J., Jünemann, K. P., Schmitz-Dräger, B. J., Weidber, W., Wirth, M. (Hrsg.). *Aging male*. Marburg.

Psychische Störungen bei Männern und Frauen

Martin Merbach, Susanne Singer und Elmar Brähler

1. Einleitung

Psychische Störungen sind besonders häufige und sehr kostenintensive Erkrankungen. Sie stellen eine große Belastung für die Lebensführung und -qualität der Betroffenen und ihrer Angehörigen dar. Epidemiologische Untersuchungen in verschiedenen Ländern zeigen eine Ein-Jahres-Prävalenz an psychischen Störungen von 30 % (Kessler et al. 1994; Lin et al. 1997; Andrews et al. 1999). Schätzungen der WHO zufolge wird die Depression an die zweite Stelle der am stärksten belastenden Krankheitsformen rücken (Murray/Lopez 1996).

Zu den psychischen Störungen zählt ein großer Kreis an Erkrankungen, die in der ICD-10 im Kapitel V (F) zusammengefasst sind (vgl. **Abb. 1**). Die ICD-10 bedeutete für die Klassifikation von psychischen Erkrankungen einen enormen Fortschritt, ersetzte sie doch den stigmatisierenden Krankheitsbegriff durch den Begriff der Störung. Erhalten blieb aber die Unterscheidung von körperlichen und psychischen Störungen. Diese widerspricht einem modernen Krankheitsverständnis, das bei jeder Störung von einem körperlichen und einem psychischen Anteil ausgeht, die zwei unabhängige Dimensionen darstellen (vgl. Brähler/Schumacher 2002).

Eine Recherche in medline und psychlit brachte keine Ergebnisse über Unterschiede in der Prävalenz aller psychischen Störungen bei Männern und Frauen, da keine Studie gefunden wurde, in der alle psychischen Störungen untersucht wurden. Für einzelne Störungen hingegen ist eine Differenz in der Erkrankungshäufigkeit zwischen den Geschlechtern nachweisbar.

So treten in der Kindheit hyperkinetische Störungen eher bei Jungen, in der Jugend Essstörungen eher bei Mädchen auf. Frauen leiden mehr an Depressionen und Angststörungen

F0	Organische, einschließlich symptomatischer psychischer Störungen
F1	Psychische und Verhaltensstörungen durch psychotrope Substanzen
F2	Schizophrenie, schizotypische und wahnhafte Störungen
F3	Affektive Störungen
F4	Neurotische-, Belastungs- und somatoforme Störungen
F5	Verhaltensauffälligkeiten mit körperlichen Störungen oder Faktoren
F6	Persönlichkeits- und Verhaltensstörungen
F7	Intelligenzminderungen
F8	Entwicklungsstörungen
F9	Verhaltens- und emotionale Störungen mit Beginn in der Kindheit und Jugend
F99	Nicht näher bezeichnete psychische Störungen

Abbildung 1: Klassifikation psychischer Störungen nach ICD-10 (Dilling et al. 1993).

Tabelle 1: Prävalenz von affektiven Störungen in der Bundesrepublik in den letzten vier Wochen nach Geschlecht und Alter (Wittchen et al. 1999).

Alter	Frauen	Männer	Frauen vs. Männer Odds Ratio kontrolliert nach Alter
18–35	5,57 %	4,08 %	1,39
36–45	7,78 %	3,40 %	2,40
46–65	9,89 %	6,24 %	1,65
Gesamt	7,82 %	4,75 %	1,69

(siehe dieses Kapitel), Männer hingegen eher an Abhängigkeitserkrankungen (siehe den Beitrag von Bischof und John in diesem Band).

Werden aber die Zugänge zu Rentenzahlungen wegen verminderter Erwerbsfähigkeit aufgrund der DSM-III-Diagnosen 300–316 (Neurosen, Persönlichkeitsstörungen, Abhängigkeitserkrankungen) betrachtet, so lässt sich kein Geschlechterunterschied eruieren. 1997 wurden aus diesen Gründen 17 007 Männer und 16 509 Frauen berentet (BMG 1999).

Daher könnte vermutet werden, dass es zwar keinen generellen Geschlechterunterschied über alle psychischen Störungen gibt, sich jedoch für einzelne psychische Störungen ein Unterschied zwischen Männern und Frauen in der Erkrankungshäufigkeit nachweisen lässt.

Im Mittelpunkt des folgenden Kapitels sollen die psychischen Störungen stehen, die mit dem emotionalen Befinden und Erleben zusammenhängen, also affektive, Angst- und somatoforme Störungen. Dabei wird zuerst für jede der Störungen getrennt auf epidemiologische Daten aus nationalen und internationalen Studien, bei denen durch einen Untersucher mithilfe eines standardisierten Interviews Diagnosen erhoben wurden, eingegangen. Problematisch ist hier die Vergleichbarkeit der einzelnen Studien, da häufig mit unterschiedlichen Diagnoseinventaren untersucht wurde. Für den deutschsprachigen Raum gibt es, abgesehen von einigen regionalen Studien für bestimmte Bevölkerungsgruppen, wie z. B. für Kinder- und Jugendliche (Döpfner et al. 1997) oder für ältere Menschen (Berliner Altersstudie, Mayer und Baltes 1996), nur eine bundesweite Untersuchung zu Geschlechterunterschieden bei psychischen Erkrankungen, den Zusatzsurvey «Psychische Störungen» zum Bundes-Gesundheitssurvey (Wittchen et al. 1999).

An die Darstellung von Geschlechterunterschieden bezüglich diagnostischer Kategorien schließt sich die Beschreibung der Unterschiede zwischen Männern und Frauen auf der Symptomebene an. In diesem Teil wird näher auf Depressivität, Ängstlichkeit und Körperbeschwerden im Geschlechtervergleich eingegangen und Daten vorgestellt, die mittels schriftlicher Befragungen erhoben wurden.

Am Ende wird nach Erklärungsansätzen für die dargestellten Geschlechterunterschiede gesucht, wobei biologische und soziale Faktoren berücksichtigt werden.

Suchterkrankungen und Essstörungen als weitere, häufige psychische Störungen werden in anderen Kapiteln dieses Buches behandelt.

2. Affektive Störungen, Depression und Depressivität

2.1 Geschlechterunterschiede in der Diagnose von affektiven Störungen

Zu den affektiven Störungen zählen gemäß des Kapitels F3 der ICD-10-Klassifikation manische Episoden, bipolare affektive Störungen, depressive Episoden, rezidivierende depressive Störungen, anhaltende affektive Störungen, sonstige affektive Störungen sowie nicht näher bezeichnete affektive Störungen.

Tabelle 1 zeigt die Ergebnisse des Bundes-Gesundheitssurveys, der aber sonstige und nicht näher bezeichnete affektive Störungen nicht mit auflistet. In Deutschland leiden demzufolge un-

Tabelle 2: Ein-Monats-Prävalenzen von depressiven Störungen in acht Ländern (Bebbington 1999).

Ort	Frauen	Männer	F:M–Relation
Uganda	21,0	17,0	1,2:1
Canberra (Australien)	6,7	2,6	2,6:1
Camberwell (England)	9,0	4,8	1,9:1
Athen (Griechenland)	10,1	4,3	2,3:1
Kantabrien (Spanien)	7,8	4,5	1,7:1
Camberwell (England) (zypriotische Bevölkerung)	7,1	4,2	1,7:1
Finnland	6,5	2,4	2,7:1
Sardinien (Italien)	12,5	7,5	1,7:1

gefähr 5 % der Männer und 8 % der Frauen unter einer affektiven Störung. Die beiden nicht untersuchten Restkategorien würden die Prävalenzraten aufgrund ihrer Seltenheit nicht wesentlich beeinflussen.

In den unterschiedlichen Altersgruppen ist die Geschlechterrelation verschieden stark ausgeprägt, bei den 36- bis 45-Jährigen am größten. Schließlich kommt es unter den 46- bis 65-jährigen Männern häufiger zu affektiven Störungen als unter den 18- bis 35-jährigen Frauen. Die altersunabhängige Geschlechterrelation von 1,7 deckt sich mit Befunden aus den USA, Kanada, Australien und Großbritannien (Andrews et al. 1999; Kessler et al. 1994; Lin et al. 1997; Meltzer et al. 1995).

Die Untersuchung von Wittchen et al. (1999) lieferte aber noch einen interessanten Nebenbefund. Es konnte ein Ost-West-Unterschied bei den affektiven Störungen nachgewiesen werden, wobei affektive psychische Störungen in den alten Bundesländern mit 6,5 % signifikant häufiger vorkamen als in den neuen Bundesländern 4,82 % (Odds-Ratio 1,41). Die Geschlechterunterschiede bleiben aber für beide Regionen erhalten. Dieses Ergebnis widerspricht jedoch, so Wittchen et al. (1999), einer Reihe anderer nicht-epidemiologischer Untersuchungen. Die Autoren erklären das mit einer unterschiedlichen Untersuchungsmethodik bezüglich der Befragungsinstrumente.

Die Ost-West-Differenz in der Prävalenz affektiver Störungen ist ein erster Hinweis auf kulturelle Differenzen in ihrem Auftreten. Daraus ergibt sich die Frage, ob eventuelle Geschlechterunterschiede im kulturellen Vergleich überhaupt auffindbar sind. Dieser Frage wollen wir am Beispiel der Depression nachgehen. Auch hier gibt es wiederum das Problem der Vergleichbarkeit der Studien. Bebbington (1999) gibt dazu einen Überblick. **Tabelle 2** zeigt die Geschlechterrelationen der Ein-Monats-Prävalenzen von depressiven Störungen in acht Ländern. Depressive Störung wurde hier mithilfe eines standardisierten psychiatrischen Interviews, der Present State Examination (PSE), diagnostiziert.

In allen Ländern wurden bei Frauen häufiger depressive Störungen festgestellt als bei Männern. Auffallend ist die hohe Prävalenzrate bei beiden Geschlechtern in Uganda, wobei der Unterschied zwischen den Geschlechtern fast verschwindet. Hier stellt sich die Frage, ob depressive Symptome in der dortigen Kultur eine anderen Funktion haben und nicht als krankheitswertig einzustufen sind.

Männer in Westeuropa mit Ausnahme von Finnland und Sardinien haben ähnliche Prävalenzraten an depressiven Störungen, wohingegen innerhalb der weiblichen Stichprobe eine größere Varianz vorliegt. Finnland und Australien zeigen ähnliche Prävalenzen für beide Geschlechter mit einer geringen Häufigkeit depressiver Störungen bei Männern. Bei sardischen Männern werden genauso häufig depressive Störungen diagnostiziert wie bei spanischen Frauen oder Frauen zypriotischer Herkunft in England. Es lassen sich aber für jedes Land Geschlechterrelationen im Vorkommen von psychischen Stö-

Tabelle 3: Geschlechterrelationen für Major Depression und Dysthymie in den ECA-Studien (Weissman 1988).

Stadt	Major Depression Ein-Jahres-Prävalenz Frauen:Männer	Major Depression Lebenszeitprävalenz Frauen:Männer	Dysthyme Störung Lebenszeitprävalenz Frauen:Männer
New Haven, Conn.	2,5:1	2,0:1	1,5:1
Baltimore, Md.	2,9:1	2,1:1	2,5:1
St. Louis, Mont.	5,0:1	3,2:1	2,6:1
Piedmont, NC	2,9:1	–	3,0:1
Los Angeles, Cal.	1,9:1	–	1,6:1

rungen zu Ungunsten der Frauen nachweisen. Der Ländervergleich zeigt jedoch, dass der Effekt des Landes stärker als der Effekt des Geschlechts zu sein scheint.

Auch innerhalb eines Landes kann es zu starken Unterschieden bei diagnostizierten depressiven Störungen kommen. Weissman (1988) setzte in den Achtzigerjahren den Diagnostic Interview Schedule (DIS) bei den ECA-Studien (Epidemiologic Catchment Area) ein. **Tabelle 3** listet die Ergebnisse dieser Studien für unterschiedliche Regionen der Vereinigten Staaten auf.

In all diesen amerikanischen Städten ist eine höhere Prävalenzrate bei den Frauen zu beobachten. Allerdings sind die Unterschiede im Geschlechterverhältnis zwischen den Städten beträchtlich.

Endicott (1998) stellt in ihrem Review weitere Unterschiede zwischen den Geschlechtern fest: Männer besitzen eine höhere Komorbidität mit Abhängigkeitsstörungen und suizidieren sich häufiger in Folge einer depressiven Erkrankung. Bei Frauen hingegen treten mit den Depressionen gehäuft Angststörung und Essstörungen auf. Bei bipolaren Störungen wechseln sie häufiger zwischen den depressiven und manischen Episoden. Außerdem geben Frauen mehr depressive Symptome als Männer an (Noelen-Hoeksma 1990).

2.2 Geschlechterunterschiede bei affektiven Störungen in schriftlichen Befragungen

Ein anderer Zugang zu Geschlechterunterschieden bezüglich affektiver Störungen ergibt sich durch schriftliches Abfragen depressiver Symptome oder Stimmungen. Die Items der Depressionsskala der HADS-D (Hospital Anxiety and Depression Scale – Deutsche Version, Herrmann et al. 1995) fragen nach den Symptomen eines zentralen Verlustes an Motivation und Lebensfreude und orientieren sich dabei an den Leitsymptomen der ICD-10 oder des DSM-III-R. Der Test wurde vorwiegend in der somatischen Medizin normiert. Kardiologische Patienten schätzen sich etwas weniger depressiv ein als kardiologische Patientinnen (Mittelwerte 4,9:5,4). Gleiches gilt für Patienten mit Herz-Kreislauf-Erkrankungen (Mittelwerte 4,9:5,7). Die Effektstärken der Geschlechterunterschiede (0,13 für kardiologische PatientInnen und 0,21 für Patienten mit Herz-Kreislauf-Erkrankungen) sind jedoch als schwach einzuschätzen. Zu ähnlichen Ergebnissen kam eine Repräsentativerhebung (Hinz/Schwarz 2000). Hier lag die Effektstärke für den Geschlechterunterschied bei 0,0392 und war somit unbedeutend. Die HADS-D gibt aber noch die Möglichkeit der Prävalenzberechnung, wobei Werte über 8 als Zeichen einer klinisch relevanten Depression gesehen werden. In der beschriebenen Repräsentativerhebung zeigten 13,5 % der West-Männer, 14,8 % der West-Frauen, 15,7 % der Ost-Männer und 18,2 % der Ost-Frauen solche Anzeichen.

Die Skala 4 des Gießen-Tests (Beckmann et al. 1983, 1991) hingegen erfasst das Konstrukt «Grundstimmung» im Sinne einer depressiven oder hypomanischen Persönlichkeitsstruktur (vgl. **Abb. 2**). Zum Gießen-Test liegen seit 1975 Daten aus Repräsentativbefragungen (Beckmann et al. 1983, 1991; Brähler et al. 1999a) vor, so dass die Entwicklung der depressiven Grundstimmung in der Bevölkerung Westdeutschlands

> Ich halte mich oft für sehr bedrückt.
> Ich habe den Eindruck, dass ich mir eher besonders häufig über meine inneren Probleme Gedanken mache.
> Ich halte mich für besonders ängstlich.
> Ich denke, ich mache mir immer Selbstvorwürfe.
> Ich schätze, dass ich eher dazu neige, meinen Ärger in mich hineinzufressen.
> Ich glaube, eine Änderung meiner äußeren Lebensbedingungen würde meine seelische Verfassung sehr stark beeinflussen.

Abbildung 2: Items der Skala 4 «Grundstimmung» des Gießen-Tests (Beckmann et al. 1983).

über diese gesamte Zeit abbildbar und in der Bevölkerung Ostdeutschlands seit 1994 beschreibbar wird (vgl. **Tab. 4**).

Generell ist sowohl im Osten als auch im Westen Deutschlands die Veränderung der Relation zwischen den Geschlechtern von der Varianz innerhalb der weiblichen Stichprobe abhängig, da die Männer in allen Umfragen einen relativ konstanten Wert erzielen.

Während von 1975 bis 1989 die Geschlechterdifferenz der Skala 4 durch das Sinken des Mittelwerts bei den Frauen abnahm, liegt seit der Vereinigung beider deutschen Staaten in den alten Bundesländern eine Geschlechterdifferenz vom selben Ausmaß wie 1975 vor. Dort war die Effektstärke 1994 etwas höher als in den neuen Ländern (0,464 zu 0,395). 1999 hingegen war die Effektstärke in den alten Bundesländern bedeutend geringer als in den neuen Ländern (0,394 zu 0,64).

3. Angststörungen, Ängstlichkeit

Das Angstgefühl an sich ist nicht pathologisch. Es wird bei jedem Menschen durch die Wahrnehmung gefährlicher Situationen in stärkerem oder geringerem Maße ausgelöst. Angststörungen werden nach der ICD-10 in phobische Störungen (F40) und sonstige Angststörungen (F41) unterteilt (Dilling et al. 1993). Zu den phobischen Störungen zählen die Agoraphobie ohne oder mit Panikstörung, soziale, spezifische, sonstige und nicht näher bezeichnete Phobien. Allen Phobien ist gemeinsam, dass

- die physischen oder vegetativen Symptome eine primäre Manifestation der Angst sind und nicht auf anderen Symptomen wie Wahn- und Zwangsgedanken beruhen,
- die Angst an Situationen gebunden ist,
- die Vermeidung der phobischen Situation angestrebt wird.

Tabelle 4: Mittelwerte und Standardabweichungen in Skala 4 des Gießen-Tests (Beckmann et al. 1983, 1991; Brähler et al. 1999a).

Jahr	Westdeutschland					
	Frauen		Männer		Effekt	Test
	MW	SD	MW	SD	D	F
1975	24,50	6,24	21,84	5,75	0,446	8,88***
1989	22,73	5,55	21,12	5,49	0,292	7,47***
1994	23,96	5,05	21,65	4,90	0,464	10,23***
1999	23,99	5,74	21,90	5,08	0,394	6,07***
	Ostdeutschland					
1994	24,99	5,26	22,91	5,27	0,395	6,20***
1999	25,05	5,89	21,31	5,82	0,640	10,10***

Tabelle 5: Prävalenz von Angststörungen in der Bundesrepublik in den letzten vier Wochen nach Geschlecht und Alter (Wittchen et al. 1999).

Alter	Frauen	Männer	Frauen vs. Männer Odds Ratio kontrolliert nach Alter
18–35	13,32 %	5,46 %	2,66
36–45	12,64 %	4,92 %	2,79
46–65	12,27 %	5,27 %	2,52
Gesamt	12,74 %	5,25 %	2,64

Zu den sonstigen Angststörungen gehören die Panikstörung, die generalisierte Angststörung, die gemischte Form der Angst und depressiven Störung und sonstige gemischte und nicht näher bezeichnete Angststörungen.

3.1 Geschlechterunterschiede in der Diagnose von Angststörungen

Tabelle 5 stellt die Prävalenz von Angststörungen aus der bereits beschriebenen Untersuchung von Wittchen et al. (1999) dar. Auffallend sind dabei die gleichen Prävalenzraten über alle Altersstufen hinweg für beide Geschlechter und die daraus folgende, konstante Geschlechterrelation von 2,5 bis 2,8 in allen Altersgruppen. Das Alter scheint demzufolge keinen Einfluss auf die Entwicklung einer Angststörung zu haben. Auch im deutschen Ost-West-Vergleich gibt es keinen Geschlechterunterschied (Wittchen et al. 1999). Die Daten sprechen also eher für einen sehr konstanten Unterschied zwischen Männern und Frauen. Internationale Studien geben ein noch detaillierteres Bild. So untersuchte die WHO in 15 Zentren auf vier Kontinenten psychische Störungen bei Patienten, welche die medizinische Primärversorgung in Anspruch nahmen (Gater 1998). Ähnlich dem Zusatzsurvey «Psychische Störungen» des Bundes-Gesundheitssurveys (Wittchen et al. 1999) wurde auch hier ein zweistufiges Verfahren angewandt, ein Screening-Fragebogen und ein diagnostisches Interview. **Tabelle 6** stellt die Punkt-Prävalenzen der generalisierten Angststörung sowie der Agoraphobie oder Panikstörung getrennt nach Geschlecht und Studienzentrum dar.

Die Daten zeigen sehr unterschiedliche Punkt-Prävalenzen von generalisierten Angststörungen und Agoraphobie oder Panikstörungen in den verschiedenen Studienzentren. Fast überall auf der Welt wurden die Angststörungen bei den Frauen häufiger diagnostiziert als bei den Männern. Ausnahmen bilden Ibadan in Nigeria, Nagasaki und Japan und Seattle in den USA, wo die Männer doppelt bis dreimal so häufig Symptome einer Angststörung zeigen als die Frauen. Bemerkenswert ist die generell niedrige Rate von Angststörungen in der Türkei.

3.2 Angstsymptome in schriftlichen Befragungen

Nach den durch Interviewer erhobenen Daten zu den Angststörungen geht es im Folgenden um in schriftlichen Repräsentativbefragungen erhobene Angstsymptome. Margraf und Poldrack (2000) untersuchten 1994 mit einem Angstfragebogen, dem Becks-Angst-Inventar, eine repräsentative Stichprobe in Deutschland. 8,8 % der Bevölkerung zeigten hier Angstsymptome, zwei Drittel davon waren Frauen und ein Drittel Männer. Das Geschlecht wies einen signifikanten Zusammenhang mit der Prävalenz auf. Auch fand sich ein Ost-West-Unterschied, wobei im Osten Deutschlands eine Prävalenzrate von 16,3 %, im Westen hingegen von 7,0 % vorlag.

Zu ähnlichen Relationen kam auch eine Repräsentativerhebung von Hinz und Schwarz (2001) mit der Angstskala der HADS. Die Männer erreichten bei 21 möglichen Punkten einen Mittelwert von 4,36 (SD 3,08), Frauen einen Mittelwert von 5,04 (SD 3,37). Das heißt, dass die deutsche Bevölkerung sich als wenig ängstlich einschätzte. Trotzdem hat das Geschlecht einen signifikanten Einfluss (Effektstärke 0,21). Werden 11 Punkte als kritischer Wert für patho-

Tabelle 6: Punkt-Prävalenzen der Generalisierten Angststörung sowie der Agoraphobie oder Panikstörung getrennt nach Geschlecht und Studienzentrum (Gater 1998).

Ort	Generalisierte Angststörung			Agoraphobie oder Panikstörung		
	Männer	Frauen	Ratio	Männer	Frauen	Ratio
Ankara (Türkei)	0,5	1,1	2,2	0,5	1,7	3,4
Athen (Griechenland)	12,5	16,1	1,3	1,5	1,6	1,1
Bangalore (Indien)	6,2	10,8	1,7	1,1	1,0	0,9
Berlin (Deutschland)	5,0	11,9	2,4*	0,9	3,5	3,9
Groningen (Niederlande)	2,5	9,1	3,6*	2,0	5,0	2,5
Ibadan (Nigeria)	4,9	2,2	0,4	1,5	0,5	0,3
Mainz (Deutschland)	5,1	10,0	2,0	2,1	3,4	1,6
Manchester (England)	4,9	8,1	1,7	4,0	5,6	1,4
Nagasaki (Japan)	6,5	3,6	0,6	0,2	0,2	1,0
Paris (Frankreich)	9,9	14,1	1,4	1,5	5,6	3,7*
Rio de Janeiro (Brasilien)	14,1	25,8	1,8*	4,1	2,1	0,5
Santiago (Chile)	11,0	21,8	2,0	1,6	5,5	3,4
Seattle (USA)	3,7	1,4	0,4	2,8	3,0	1,1
Shanghai (China)	1,7	2,1	1,2	0,0	0,3	
Verona (Italien)	1,5	4,9	3,3	0,4	2,9	7,3
Gesamt	5,7	9,2	1,6**	1,5	2,8	1,9**

* p < 0,05; ** p < 0,01

logische Angstsymptome genommen, liegen 3,7 % der West-Männer, 4,0 % der Ost-Männer, 5,5 % der West-Frauen und 9,2 % der Ost-Frauen über diesem Wert. Generell liegen diese Prävalenzen unter denen des Bundes-Gesundheitssurveys und denen Margrafs und Poldracks. Es werden aber auch nicht alle Angststörungen, sondern lediglich subsyndromale Ängstlichkeit erfasst. Auffallend ist der große Ost-West-Unterschied in beiden beschriebenen Repräsentativerhebungen bei den Frauen, der den Untersuchungen des Bundes-Gesundheitssurveys widerspricht. Dabei könnte die unterschiedliche Untersuchungsmethodik – Interview vs. schriftliche Befragung (vgl. auch Wittchen et al. 1999) – eine Rolle spielen.

Im Gießen-Test gibt es ein Item zur Angst: «Ich halte mich für besonders ängstlich.» Ein Vergleich der unterschiedlichen Normierungsstichproben (Beckmann et al. 1983, 1991; Brähler et al. 1999a) zeigte ein relativ konstantes Niveau des Geschlechterunterschiedes. Männer erreichen einen Mittelwert von 2,6 bis 2,9, Frauen liegen zwischen 3,6 und 3,9. Die Unterschiede sind signifikant.

4. Somatoforme Störungen, Körperbeschwerden

Somatoforme Störungen sind dadurch gekennzeichnet, dass die betroffenen Personen über einzelne oder mehrere (multiple) körperliche Symptome oder Beschwerden klagen, für die sich trotz adäquater medizinischer Diagnostik keine eindeutigen körperlichen Ursachen finden lassen (vgl. Rief 1996; Rief/Hiller 1998; Salkovskis 1997). Dabei handelt es sich um keine homogene Gruppe von Patienten, vielmehr stellt der Begriff «somatoforme Störung» einen Oberbegriff für eine ganze Reihe unterschiedlicher Störungen dar.

Tabelle 7: Prävalenz von somatoformen Störungen in der Bundesrepublik in den letzten vier Wochen nach Geschlecht und Alter (Wittchen et al. 1999).

Alter	Frauen	Männer	Frauen vs. Männer Odds Ratio kontrolliert nach Alter
Gesamt	9,99 %	4,93 %	2,13
18–35	8,87 %	3,14 %	3,01
36–45	11,09 %	4,53 %	2,63
46–65	10,40 %	6,90 %	1,57

4.1 Geschlechterunterschiede in der Diagnose von somatoformen Störungen

Tabelle 7 gibt einen Überblick über die Häufigkeiten von somatoformen Störungen aus dem Zusatzsurvey «Psychische Störungen» des Bundes-Gesundheitssurveys (Wittchen et al. 1999). Bei den somatoformen Störungen ist ein deutlicher Einfluss des Alters zu beobachten. Während nur 3,14 % der 18- bis 35-jährigen Männer an körperlichen Beschwerden ohne organischen Befund leidet, sind es zwischen 46 und 65 Jahren bereits 6,9 %. Bei den Frauen ist der Häufigkeitszuwachs nicht so stark ausgeprägt, allerdings ist das Ausgangsniveau für Frauen auch höher. Die Zunahme der somatoformen Störungen bei den Männern ist auch die Ursache für die Abnahme der Unterschiede zwischen den Geschlechtern. Diese Befunde decken sich mit Ergebnissen internationaler Untersuchungen.

Die WHO-Studie zur Prävalenz von psychischen Störungen im primären medizinischen Versorgungssystem fragte auch in allen Zentren nach somatoformen Symptomen und stellte diese unter anderem in den Zusammenhang zu emotionalem Distress (Piccinelli/Simon 1997). Frauen berichteten in allen Zentren mehr Symptome und schilderten eine größere Belastung. Es konnte eine starke Korrelation zwischen Distress und Körperbeschwerden nachgewiesen werden. Frauen in Ibadan (Nigeria) berichteten über die wenigsten Symptome (1,26), Männer in Santiago de Chile über die meisten (4,46). Ein signifikanter Geschlechterunterschied in der Anzahl der angegebenen Symptome fand sich in Ankara (Türkei), Athen (Griechenland), Bangalore (Indien), Berlin (Deutschland), Groningen (Niederlande), Manchester (England), Paris (Frankreich), Rio de Janeiro (Brasilien), Shanghai (China), Seattle (USA) und Verona (Italien). Keine Geschlechterdifferenz konnte in den übrigen Zentren, Ibadan (Nigeria), Mainz (Deutschland), Nagasaki (Japan) und Santiago de Chile eruiert werden. Interessant dabei ist, dass innerhalb Deutschlands unterschiedliche Ergebnisse vorliegen. Berlin weist einen signifikanten Geschlechterunterschied auf, in Mainz ist dieser unbedeutend.

Regressionsanalysen zeigten jedoch keinen signifikanten Einfluss des Geschlechts auf die somatischen Beschwerden, wenn die Wirkung des Studienzentrums und des emotionalen Distresses kontrolliert wurde.

In einem zweiten Modell wurde der Einfluss des Geschlechts signifikant, als anstelle der Studienzentren ein so genannter Entwicklungsindex der Vereinten Nationen, der sich aus Einkommen, Lebenserwartung und Alphabetisierungsrate zusammensetzt, als Prädiktor genutzt wurde. Menschen aus Ländern mit einem niedrigeren Entwicklungsstand berichteten eine größere Anzahl von Beschwerden und zeigten einen größeren Geschlechterunterschied auf allen Niveaus des emotionalen Distress. Die Unterschiede zwischen den Ländern und zwischen den Geschlechtern sind jedoch, obwohl signifikant, sehr gering. Die Geschlechterabhängigkeit der Symptomschilderung ist somit eher als Wirkung des Studienzentrums zu interpretieren. Die Autoren kommen zu dem Schluss, dass diese Daten nicht den Befund einer höheren Somatisierungstendenz der Frauen stützen können, vielmehr dass die emotionale Beanspruchung den grössten Einfluss hat.

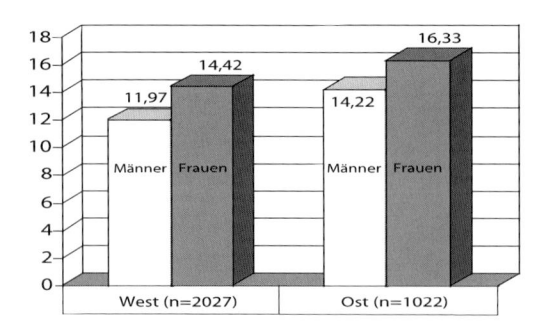

Abbildung 3: GBB-Skala «Beschwerdedruck» in Ost- und Westdeutschland (Brähler et al. 1999).

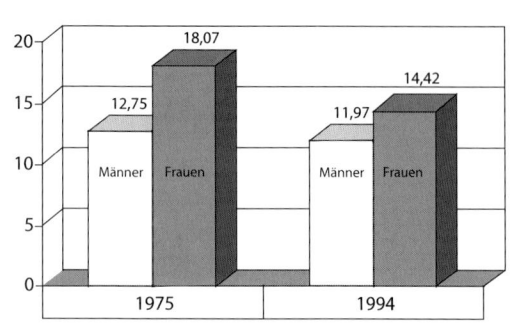

Abbildung 4: Beschwerdedruck 18- bis 60-jähriger Westdeutscher 1975 und 1994 (Brähler et al. 1999).

4.2 Körperbeschwerden in schriftlichen Befragungen

Auf der subjektiven Seite von somatoformen Störungen stehen die Körperbeschwerden. Sie können mit dem Gießener Beschwerdebogen (GBB, Brähler/Scheer 1995) erhoben werden. Die 1994 erfolgte bundesweite Neunormierung des GBB ergab die Möglichkeit, für den Bereich der alten Bundesländer die Daten mit der Normierung von 1975 im Hinblick darauf zu vergleichen, ob sich die Geschlechts- und Altersdifferenzen bei den Körperbeschwerden über den dazwischen liegenden Zeitraum von 19 Jahren geändert haben (vgl. Brähler et al. 2000). Da die Erhebung 1994 auch in den neuen Bundesländern erfolgte, war darüber hinaus ein Vergleich der alten mit den neuen Bundesländern möglich.

Abbildung 3 zeigt die Körperbeschwerden von 2027 Westdeutschen aus der Untersuchung von 1994 im Vergleich mit den zeitgleich erhobenen GBB-Daten von 1022 Ostdeutschen (Brähler et al. 2000). Die Körperbeschwerden der Männer sind sowohl im Osten als auch im Westen deutlich geringer als die der Frauen. Da der Beschwerdedruck im Osten auf einem generell höheren Niveau liegt, ist zu beobachten, dass ostdeutsche Männer fast genauso stark wie westdeutschen Frauen klagen. Die durch Hoffmeister und Bellach (1995) erhobenen Beschwerden der Deutschen im Jahre 1991 hatten noch ein niedrigeres Beschwerdeausmaß im Osten aufgezeigt, wobei Frauen eine höhere Beschwerdehäufigkeit angaben.

Abbildung 4 zeigt den Beschwerdedruck der Westdeutschen 1975 und 1994. Es wird deutlich, dass sich der Geschlechterunterschied im Beschwerdedruck von 1975 zu 1994 deutlich vermindert hat (Differenz 1975: 5,32; Differenz 1994: 2,45).

Eine andere Möglichkeit zur Erfassung somatoformer Störungen bietet das Screening für Somatoforme Störungen (SOMS, Rief et al. 1997). Hessel et al. (2002) stellten in einer Repräsentativerhebung einen signifikant höheren Beschwerdeindex bei Frauen fest. Dabei übertreffen die ostdeutschen Frauen die westdeutschen, während die Männer im Westen einen etwas höheren Beschwerdeindex als die Männer im Osten berichten. Dieser Befund deckt sich also mit den Ergebnissen des Gießener Beschwerdebogens.

5. Erklärungsansätze für die Geschlechterunterschiede der psychischen Störungen

Nachdem bisher Geschlechterunterschiede in den Prävalenzen ausgesuchter psychischer Störungen und in den Selbstbeschreibungen erörtert wurden, sollen in diesem Kapitel mögliche Erklärungsansätze gegeben werden.

5.1 Biologische Erklärungen

Biologische Erklärungen für Geschlechterunterschiede psychischer Störungen machen für diese Unterschiede zum einen die genetische Disposition und zum anderen die hormonelle Regulation verantwortlich.

Genetik

Eine direkte Wirkung eines genetischen Faktors auf die Entstehung einer psychischen Störung konnte bisher nicht nachgewiesen werden. Häufig werden Zwillingsstudien genutzt, um die Wirkung genetischer Faktoren abzuschätzen. Deren Ergebnisse dazu sind jedoch widersprüchlich. So zeigt der Überblick von Rutter et al. (1999) durchaus eine moderate Varianzaufklärung bei Depressionen durch genetische Faktoren, andere Studien wiederum können keinen Unterschied in der Erblichkeit depressiver Störungen bei Männern und Frauen eruieren (Kendler/Prescott 1999). Zu beachten ist auch, dass der genetische Einfluss nicht über die gesamte Lebensspanne konstant sein muss (Hankin/Abrahamson 1999).

Hormone

Eine große Anzahl biologischer Theorien zu Geschlechterdifferenzen bei psychischen Störungen sieht geschlechtsspezifische Hormone als verursachende Kraft an. Für Angst und Depression wird dabei die Wirkung von Östrogenen und Progesteronen diskutiert. Als Hinweis dafür dienen Studien, die zeigen, dass Depression und Angst in Zeiten hormoneller Umstellungen der Frauen, wie in der prämenstruellen und der postpartalen Phase oder der Menopause und der Pubertät gehäuft auftreten. Die Überblicksarbeit von Pigott (1999) listet eine Reihe von Studien auf, die eine erhöhte Prävalenz von Angststörungen in den Phasen hormoneller Veränderungen nachwiesen, Piccinelli und Wilkinson (2000) berichten von Untersuchungen, die Depressionen als Folge hormoneller Regulation beschreiben.

Diese Befunde blieben nicht unwidersprochen. Einige Kritiker sehen in den erhöhten Prävalenzen von Angst- und affektiven Störungen einen Erhebungsartefakt (vgl. Parlee 1994). Um dies zu prüfen, wurden Frauen gebeten, täglich ihre Stimmung einzuschätzen. Am Ende dieser Untersuchung wurden sie nochmals rekursiv über ihre Stimmungen an verschiedenen Tagen ihres Zyklus gefragt, wobei sie signifikant mehr negative Stimmungen und Symptome berichteten als in den täglichen Aufzeichnungen.

Andere Studien konnten den Zusammenhang zwischen hormoneller Veränderung und psychischer Störung nicht nachweisen. So fanden O'Hara und Swain (1996) in ihrer Untersuchung keine Unterschiede zwischen postpartalen und nicht postpartalen Frauen bezüglich Angst und Depression. Gerade bei der postpartalen Depression wird der Einfluss von ökonomischen Faktoren, sozialer Unterstützung und Schwierigkeiten im Rollenwechsel diskutiert (O'Hara/Swain 1996).

Zu den erhöhten Prävalenzen von psychischen Störungen in den anderen Lebensabschnitten der Frauen bringen Noelen-Hoeksma und Rusting (1999) plausible Alternativerklärungen. Den dramatischen Anstieg der Depressions- und Angstraten der Mädchen während der Pubertät sehen sie z. B. in Verbindung mit ihrem negativeren Körperbild. Junge Frauen sind aufgrund gesellschaftlicher Faktoren mehr gezwungen, sich mit ihren Körpern auseinanderzusetzen und empfinden sich oft als zu dick etc. Dieses Körperbild führt zur Verschlechterung des Selbstwertgefühls, was eine erhöhte psychische Morbidität zur Folge hat.

Zusammenfassend lässt sich sagen, dass biologische Faktoren nur eine geringe Evidenz bei der Erklärung der Geschlechterunterschiede zu haben scheinen. Auch die in den vorangegangenen Kapiteln dargestellten kulturellen und regionalen Unterschiede sprechen eher gegen ein biologisches Erklärungsmodell und betonen die Bedeutung des sozialen Umfeldes.

5.2 Geschlechterunterschiede als Auswirkungen des sozialen Umfeldes

Gewalterfahrung

Eine mögliche Erklärung der Geschlechterunterschiede in den Prävalenzen von affektiven, Angst- und somatoformen Störungen ist, dass sowohl körperliche als auch sexuelle Gewalterfahrungen zu einer höheren Rate an so genannten internalisierten Störungen führen. Auch Ergebnisse der Psychotraumatologie zeigen, dass es in Folge eines erlebten Traumas häufig zu Depressionen oder Angststörungen kommt. Frauen sind häufiger Opfer von Gewalterfahrungen als Männer. So wurden beispielsweise 1998 in den Vereinigten Staaten 7,7 von 1000 Frauen und nur 1,5 von 1000 Männern Opfer von Gewalt in intimen Beziehungen (Rennison/Welchans 2000). Die meisten Untersuchungen gehen davon aus, dass 14 bis 25 % der Frauen mindestens einmal in ihrem Leben vergewaltigt werden (Koss 1993). 80 bis 114 Mio. Frauen in Ost- und Westafrika, in Teilen Indiens, Jemens und Malaysia sind gemäß des traditionellen Initiationsritus beschnitten wurden (Minority Rights Group International 1992), wobei hier die psychischen Folgen nicht erforscht sind.

In diesem Zusammenhang konnten Cutler und Noelen-Hoeksma (1991) zeigen, dass 35 % der Geschlechterdifferenz bei Depressionen den höheren Raten des sexuellen Missbrauchs von Mädchen zuzuschreiben ist. Demgegenüber kommen Hankin und Abrahamson (1999) in ihrer Analyse zweier sich widersprechender amerikanischer Studien zu sexuellem Missbrauch zu dem Schluss, dass negative Kindheitserlebnisse zweifelsfrei einen Einfluss auf die Entwicklung einer depressiven Symptomatik im späteren Erwachsenenalter haben, dass aber dadurch die vorpubertär erhöhte Depressionsrate von Mädchen nicht erklärt werden kann und dass prospektive Studien fehlen, die die Folgen eines Kindheitstraumas genauer untersuchen könnten.

Soziale Lage

Auch die unterschiedlichen sozialen Lagen von Männern und Frauen könnten als Erklärung der Geschlechterdifferenzen bei den affektiven, Angst- und somatoformen Störungen dienen. In Anlehnung an Loewenthal et al. (1995) und Bebbington (1999) lassen sich dabei drei unterschiedliche Aspekte klassifizieren:
- Frauen sind in einer sozial schwächeren Position, die zu passiven Bewältigungsstrategien führt.
- Frauen ziehen weniger Vorteile als Männer aus Ehe und Familie. Sie werden dadurch eher mehr belastet, wodurch ihre Vulnerabilität steigt.
- Die Arbeitslosigkeit unter den Frauen ist höher. Arbeit wird in diesem Zusammenhang als protektiver Faktor gesehen. Mit der Arbeit sind auch andere Faktoren, wie Einkommen, soziale Unterstützung und Status verbunden. Dennoch ist die Erwerbstätigkeit differenzierter zu betrachten. Vollzeitarbeit und Familie führt zu einer höheren Belastung, Teilzeitarbeit und Familie zu einer geringeren Belastung als Arbeitslosigkeit.

Geschlechterrolle

Unterschiede bei der Prävalenz psychischer Krankheiten zwischen Männern und Frauen lassen sich auch mithilfe von Geschlechterrollen beschreiben (vgl. Moyhinan 1998; Courtenay 2000; Sabo 2000). Rolle wird verstanden als soziale Konstruktion, die gesellschaftlich und kulturell determiniert ist. Die männliche Rolle wird dabei treffend durch folgende vier Bestrebungen definiert (Sabo/Gordon 1995):
1. «No Sissy Stuff» (die unbedingte Abgrenzung von Frauen und deren Verhalten),
2. «The Big Wheel» (das Gefühl der Überlegenheit gegenüber anderen),
3. «The Sturdy Oak» (die Demonstration der Unabhängigkeit) und schließlich
4. «Give 'Em Hell» (das Sich-Durchsetzen auch mit gewaltvollen Mitteln).

Übertragen auf mögliche Körperbeschwerden könnte das Folgendes bedeuten:

> A macho doesn't show weakness. Grit your teeth, take the pain, bear it alone. Be tough. You feel like letting it out? Well, then let's get drunk with our compadres. (Anaya 1996, S. 3)

So unterdrücken einerseits Männer ihre Emotionen und Beschwerden und leben Aggressivität, Kontrolle, Macht und Dominanz kompensatorisch stärker aus, um ihre eigene Männlichkeit unter Beweis zu stellen und so genannte «weibliche» Anteile abzuwehren. Andererseits erleben Männer die Rollenveränderungen der Frauen in den letzten zwanzig Jahren als derart verunsichernd, dass sie sich zu verschiedensten männlichen Reaktionsformen provoziert fühlen. In diesem Zusammenhang spricht Hollstein (1999) von einer «Krise» der Männlichkeit in der gegenwärtigen gesellschaftlichen Lage. Eine neue Rollenidentität ist nur in Ansätzen vorhanden und die Unsicherheiten schlagen sich in verschiedenen Ängsten nieder.

Typische männliche Rollenkomponenten finden sich in allen Bereichen. Dennoch scheint die Berufstätigkeit einen zentralen Stellenwert für das Identitätserleben der Männer zu haben. Die Äußerung von Beschwerden ist demnach mit einem unvermeidlichen Verlust an Ansehen und «Männlichkeit» seitens der Mitarbeiter und Vorgesetzten assoziiert (DeHoff/Forrest 1987;

Felder/Brähler 1999) und wird deshalb vermieden.

Die Frauenrolle ist in diesen traditionellen Ansätzen komplementär zur männlichen angelegt (Parsons/Bales 1955) und beinhaltet zum Beispiel Wärme, Einfühlsamkeit, Emotionalität und die Sorge um andere. Die höhere Klagsamkeit, das freiere Äußern von psychischen Problemen und die größere Inanspruchnahme des medizinischen Systems durch Frauen wird häufig mit diesen Rollenattributen in Verbindung gebracht. Frauen dürfen aufgrund ihrer Emotionalität psychische und körperliche Beschwerden freier äußern und das Aufsuchen des Arztes ist nicht mit Autoritätsverlust verbunden (Felder/Brähler 1999). Zusätzlich kommt der Frau noch die Aufgabe der alltäglichen Gesundheitsarbeit zu, sie trägt die Verantwortung für die Herstellung und Bewahrung der häuslichen Bedingungen für die Gesunderhaltung der Familie, vermittelt Einstellungen und Verhaltensweisen über Gesundheit und knüpft den Kontakt zum Gesundheitssystem (Graham 1985). Die höhere Klagsamkeit könnte somit eine Folge einer höheren Sensibilisierung für Gesundheitsthemen sein.

Moderne feministische Theorien kritisieren diese Rollentheorien als zu statisch und beschreiben des Entstehen von Rollen in einem Interaktionsprozess sowohl innerhalb der Gruppe der Männer und der Frauen als auch zwischen Männern und Frauen. Demzufolge fordern sie eine detailliertere Untersuchung der Unterschiede zwischen den Männern (Courtenay 2000) und zwischen den Frauen (Maschewsky-Schneider et al. 2000).

> Boys will be boys differently, depending upon their position in social structures and, therefor, upon their access to power and resources. (Messerschmidt 1993, S. 87)

«Boys» ließe sich problemlos durch «girls» ersetzen. Unterschiede in der Prävalenz psychischer Störungen in Abhängigkeit von der sozialen Schicht, des Alters, der ethnischen Zugehörigkeit, sowohl in der Gruppe der Männer als auch in der Gruppe der Frauen, sind dafür Belege. Bisherige epidemiologische Untersuchungen erfassen meist nicht alle soziodemographischen Variablen oder werten diese nur teilweise aus. Auch die hier referierten Daten weisen dieses Manko auf und lassen nur bedingt Vermutungen über Unterschiede innerhalb der Gruppe der Männer zu.

Diagnosefehler

Im medizinischen Kontext ist auch interessant, dass einige dieser traditionellen Geschlechtsrollenstereotype für Frauen, wie Abhängigkeit, Ängstlichkeit, Unterordnung, Hilflosigkeit (Alfermann 1996), denen der Patientenrolle ähneln. Felder und Brähler (1999) stellen in diesem Kontext zwei Thesen auf. Einerseits kann diese Identität der Rollenmerkmale als eine Folge der Zuschreibung durch die Ärzte gesehen werden. Andererseits ist es auch möglich, dass Frauen ihre Rollenmerkmale so weit internalisiert haben, dass sie die Patientenmerkmale im Arztkontakt leichter übernehmen. Frauen können somit eher zu Patientinnen werden und eher z. B. eine psychische Störung diagnostiziert bekommen.

5.3 Ausblicke

Biopsychosozialer Ansatz

Beim Vergleich der aufgeführten Ansätze zur Erklärung geschlechtsspezifischer Differenzen bezüglich psychischer Störungen fällt auf, dass sie aufgrund ihrer teilweise einseitigen Sichtweise nicht zu überzeugenden theoretischen Interpretationen kommen. Notwendig ist daher ein Modell, das sowohl biologisch-medizinische als auch sozial-gesellschaftliche Faktoren und vor allem deren Interaktion mit einbezieht, d. h. die Betrachtung die Geschlechterunterschiede aus einer biopsychosozialen Perspektive, wobei genetische Disposition, physiologische und hormonelle Regulation, psychische Belastungsverarbeitung, berufliche und familiäre Rollen, soziale Unterstützung, Interaktion und Körperbewusstsein berücksichtigt werden. Von großem Interesse sind dabei auch Kulturvergleiche und die Beschreibung der Unterschiede innerhalb der Geschlechter. Ein Beispiel hierfür ist eine Analyse zweier Gruppen mit gleich hohen Prävalenzen von Angststörungen, z. B. Pariser Männer und Berliner Frauen, unter der Fragestellung, wodurch sie sich von anderen Männern und Frauen unterscheiden. Für die Bundesrepublik Deutschland bieten sich dafür detailliertere Ost-West-Vergleiche an.

Dekonstruktion des Geschlechts

Problematisch bleibt aber das Primat des anatomischen Geschlechts in all diesen Erklärungsansätzen. Entweder ist das biologische Geschlecht an sich verantwortlich für eine unterschiedliche genetische und hormonelle Ausstattung von Männern und Frauen oder es ist Ausgangspunkt der Auseinandersetzung mit bestimmten gesellschaftlichen Erwartungen bei der Suche nach einer Identität als Mann oder Frau. Geschlecht ist die erste Inszenierung des Lebens und scheint daher auch ein sinnvolles Differenzmerkmal zu sein, das alles durchdringt. Es besteht aber die Gefahr, in einer Sackgasse zu landen, letztlich doch wieder die Unterschiedlichkeit zwischen Männern und Frauen zu betonen.

Die Einführung einer Mediatorvariablen, d. h. einer anderen Klassifikation von Individuen, würde dieser Gefahr vorbeugen. Bem (1974) und in der deutschen Rezeption und Weiterentwicklung Alfermann (1996) wagen mit ihrem Androgynie-Konzept einen ersten Versuch, den starren Mann-Frau-Unterschied aufzuweichen. Sie gehen dabei von maskulinen und femininen Merkmalen aus, die sich nicht bipolar gegenüberstehen, sondern zwei unterschiedliche Dimensionen darstellen und bei jedem Individuum vorkommen. Als Folge entstehen vier Geschlechtsrollen-Selbstkonzept-Typen: maskuline, androgyne, feminine und undifferenzierte. Dabei können Maskulinität und Feminität auch durch Instrumentalität und Expressivität umschrieben werden. Ihnen sind die in **Abbildung 5** aufgeführten Eigenschaften zugeordnet.

Feminine Individuen besitzen expressive Eigenschaften, maskuline Personen instrumentelle Merkmale, androgyne Menschen stark ausgeprägte expressive und instrumentelle Eigenschaften und undifferenzierte Individuen schwach ausgeprägte expressive und instrumentelle Merkmale.

Direkte Befunde über einen Zusammenhang bestimmter Typen und psychischer Erkrankung gibt es nicht. Allerdings versucht die Arbeit von Sieverding (1999) eine Beziehung zwischen den Typen und psychischer Gesundheit herzustellen. So weisen z. B. maskuline Männer und Frauen die höchste psychische Gesundheit auf. Erklärt wird das mit einer maskulinen Gesellschaft, die für maskuline Individuen die besten Chancen bietet. Dieses Ergebnis ist aber nicht auf psychische Störungen übertragbar, da Störung nicht als Gegenteil von Gesundheit gesehen werden kann. Die Prüfung dieses Konzeptes für psychische Störungen in epidemiologischen Untersuchungen scheint daher viel versprechend zu sein.

Die gewählte Begrifflichkeit dieser Theorie ist allerdings kritisch zu bewerten. «Maskulin» und «feminin» werden sicher stark normativ mit Mann und Frau assoziiert und «androgyn» kann auch als pathologischer Ausdruck verstanden werden. So bleibt zu hinterfragen, ob dieses Konzept die starre Diskussion über Geschlechterdifferenzen aufweichen kann und ob es nicht sinnvoller wäre, bei den Begriffen Expressivität und Instrumentalität zu bleiben.

Instrumentalität (Maskulinität)	Expressivität (Femininität)
Unabhängig	Gefühlsbetont
Aktiv	Fähig auf andere einzugehen
Leicht Entscheidungen fällend	Hilfreich zu anderen
Selbstsicher	Freundlich
Sich überlegen fühlend	Der Gefühle der anderen bewusst
Druck gut standhaltend	Verständnisvoll anderen gegenüber
	Sanft
	Herzlich in Beziehung zu anderen

Abbildung 5: Skalen des Personal Attributes Questionnaire (PAQ, Spence/Helmrich, aus: Sieverding 1999).

Literatur

Alfermann, D. (1996). *Geschlechterrollen und geschlechtstypisches Verhalten*. Stuttgart.

Andrews, G., Hall, W., Teeson, M., Henderson, S. (1999). *The mental health of Australiens: National Survey of Mental Health and Wellbeing Report 2*. Canberra: Commonwealth Mental Health Branch.

Anaya, R. (1996). «'I'm the king': the macho image». In: R. Gonzales (Hrsg.). *Muy Macho*. New York, S. 57–73.

Bebbington, P. E. (1999). «Psychosocial Causes of Depression». *Journal of Gender-Specific Medicine*, 2 (6), S. 52–60.

Beckmann, D., Brähler, E., Richter, H.-E. (1983). *Der Gießen-Test*. 3. erw. u. überarb. Aufl. mit Neustandardisierung. Bern.

Beckmann, D., Brähler, E., Richter, H.-E. (1991). *Der Gießen-Test*. 4. erw. und überarb. Aufl. mit 2. Neustandardisierung 1990. Bern.

Bem, S. L. (1974). «The measurement of psychological androgyny». *Journal of Consulting and Clinical Psychology*, 42, S. 155–162.

Brähler, E., Scheer, J. W. (1995). *Der Gießener Beschwerdebogen (GBB). Testhandbuch*. 2. Aufl. Huber.

Brähler, E., Schumacher, J., Brähler, C. (1999). «Erste gesamtdeutsche Normierung und spezifische Validitätsaspekte des Gießen-Tests». *Zeitschrift für Differenzielle und Diagnostische Psychologie*, 20, S. 231–243.

Brähler, E., Schumacher, J., Felder, H. (1999). «Die Geschlechtsabhängigkeit von Körperbeschwerden im Wandel der Zeit». In: Brähler, E., Felder, H. (Hrsg.). *Weiblichkeit, Männlichkeit und Gesundheit. Medizinpsychologische und psychosomatische Untersuchungen*. 2. Aufl. Opladen, S. 171–185.

Brähler, E., Schumacher, J., Brähler, C. (2000). «Erste gesamtdeutsche Normierung der Kurzform des Gießener Beschwerdebogens GBB-24». *Psychother Psychosom Med Psychol*, 50, S. 14–21.

Brähler, E., Schumacher, J. (2002). «Befund und Befinden: Psychologische Aspekte körperlicher Beschwerden». In: Brähler, E., Strauß, B. (Hrsg.). *Handlungsfelder der psychosozialen Medizin*. Göttingen S. 208–241.

Bundesministerium für Gesundheit (1999). *Daten des Gesundheitswesens*. Ausgabe 1999. Baden-Baden.

Courtenay, W. H. (2000). «Constructions of masculinity and their influence on men's well-being: a theory of gender and health». *Soc Sci Med*, 50, S. 1385–1401.

Cutler, S. E., Noelen-Hoeksma, S. (1991). «Accounting for sex differences in depression through female victimization: Childhood sexual abuse». *Sex roles*, 24, S. 425–438.

DeHoff, J. B., Forrest K. A. (1987). «Die Gesundheit des Mannes». In Swanson, J., Forrest, K. A. (Hrsg.). *Die Sexualität des Mannes*. Köln, S. 24–29.

Dilling, H., Mombour, W., Schmidt, M. H. (1993). *Internationale Klassifikation psychischer Störungen. ICD-10. Kapitel V (F). Klinisch diagnostische Leitlinien*. Bern.

Döpfner, M., Plück, J., Berner, W., Fegert, J., Huss, M., Lenz, K., Schmeck, K., Lehmkuhl, U., Poustka, F., Lehmkuhl, G. (1997). «Psychische Auffälligkeiten von Kindern und Jugendlichen in Deutschland – Ergebnisse einer repräsentativen Studie: Methodik, Alters-, Geschlechts- und Beurteilereffekte». *Zeitschrift für Kinder- und Jugendpsychiatrie und Psychotherapie*, 25, S. 218–233.

Endicott, J. (1998). «Gender Similarities and Differences in the Course of Depression». *Journal of Gender-Specific Medicine*, 1 (3), S. 40–43.

Felder, H., Brähler E. (1999). «Weiblichkeit, Männlichkeit und Gesundheit». In: Brähler, E., Felder, H. (Hrsg.). *Weiblichkeit, Männlichkeit und Gesundheit. Medizinpsychologische und psychosomatische Untersuchungen*. 2. Aufl. Opladen, S. 9–30.

Gater, R., Tansella, M., Korten, A., Tiemens, B. G, Mavreas, V. G., Olatawura, M. D. (1998). «Sex Differences in Prevalence and Detection of Depressive and Anxiety Disorders in General Health Care Settings». *Arch Gen Psychiatry*, 55, S. 405–413.

Graham, H. (1985). «Providers, negotiators, and mediators: women as the hidden carers». In: Lewin, E., Oleson, V. (Hrsg.). *Women, health, and healing*. New York, S. 25–52.

Hankin, L. B., Abrahamson, L. Y. (1999). «Development of gender differences in depression: description and possible explanations». *Ann Med*, 31, S. 372–379.

Herrmann, C., Buss, U., Snaith, R. P. (1995). *HADS-D. Hospital Anxiety and Depression Scale – Deutsche Version*. Bern.

Hessel, A., Geyer, M., Schumacher, J., Brähler, E. (2002). *Somatoforme Beschwerden in der Bevölkerung Deutschlands*. Zeitschrift für Psychosomatische Medizin und Psychotherapie, 48, S. 38–58.

Hinz, A., Schwarz, R. (2001) *Angst und Depression in der Allgemeinbevölkerung. Eine Normierungsstudie zur Hospital Anxiety and Depression Scale*. Psychother Psychosom Med Psychol, 51, S. 193–200.

Hoffmeister, H., Bellach, B.-M. (1995). *Die Gesundheit der Deutschen. Ein Ost-West-Vergleich von Gesundheitsdaten*. Berlin: Robert-Koch-Institut.

Hollstein, W. (1999). «Männlichkeit und Gesundheit». In: Brähler, E., Felder, H. (Hrsg.). *Weiblichkeit, Männlichkeit und Gesundheit. Medizinpsychologische und psychosomatische Untersuchungen*. 2. Aufl. Opladen, S. 72–81.

Kessler, R. C., McGonagle, K. A., Zhao, S., Nelson, C. B., Hughes, M., Ehleman, S., Wittchen, H. U., Kendler, K. S. (1994). «Lifetime and 12-month prevalence of DSM-III-R psychiatric disorders in the United States: results from the National Comorbidity Survey». *Arch Gen Psych*, 51, S. 8–19.

Kendler, K. S., Prescott, C. A. (1999). «A population-based twin study of lifetime major depression in men and women». *Arch Gen Psychiatry*, 56, S. 39–44.

Koss, M. P. (1993). «Rape: Scope, impact, interventions and public responses». *American Psychologist*, 48, S. 1062–1066.

Lin, E., Goering, P. N., Lesage, A., Streiner, D. L. (1997). «Epidemiologic Assessment of overmet need in mental health care». *Social Psychiatry and Psychiatric Epidemiology*, 32, S. 355–362.

Loewenthal, K., Goldblatt, V., Gorton, T., Lubitsch, G., Bicknell, H., Fellowes, D., Sowden, A. (1995). «Gender and Depression in Anglo-Jewry». *Psychological Medicine*, 25, S. 1051–1063.

Maschewsky-Schneider, U., Sonntag, U., Klesse, R. (1999): «Das Frauenbild in der Prävention – Psychologisierung der weiblichen Gesundheit?» In: Brähler, E., Felder, H. (Hrsg.). *Weiblichkeit, Männlichkeit und Gesundheit. Medizinpsychologische und psychosomatische Untersuchungen*. 2.Aufl. Opladen, S. 98–120.

Margraf, J., Poldrack, A. (2000). «Angsyndrome in Ost- und Westdeutschland. Eine repräsentative Bevölkerungserhebung». *Zeitschrift für Klinische Psychologie und Psychotherapie*, 29, S. 157–169.

Mayer, H. U., Baltes, P. B. (1996). *Die Berliner Altersstudie*. Berlin.

Meltzer, H., Baljit, G., Petticrew, M., Hinds, K. (1995). *The prevalence of psychiatric morbidity among adults living in private households. Opcs Survey of Psychiatric Morbidity in Great Britain: Report 1*. London.

Messerschmidt, J. W. (1993). *Masculinities and Crime: Critique and Reconceptualisation of Theory*. Lanham, Md.

Minority Rights Group International (1992). *Female Genital Mutilation: Proposals for Change*. London.

Moyhinan, C. (1998). «Theories of masculinity». *BMJ*, 317, S. 1072–1075.

Murray, C. J. L., Lopez, A. D. (1996). *The global burden of disease. Global Burden of Diseases and Injury Series*. Harvard.

Noelen-Hoeksma, S. (1990). *Sex differences in depression*. Stanford, Cal.

Noelen-Hoeksma, S., Rusting, C. L. (1999). «Gender Differences in Well-Being». In: Kahneman, D., Diener, E., Schwarz, N. (Hrsg.). *Well Being. The Foundations of Hedonic Psychology*. New York, S. 230–250.

O'Hara, M. W., Swain, A. M. (1996). «Rates and risk of postpartum depression – a meta analysis». *International Review of Psychiatry*, 8, S. 37–54.

Parlee, M. B. (1994). «Commentary on the literature review». In: Gold, J. H., Severino, S. K. (Hrsg.). *Premenstrual dysphorias*. Washington, S. 149–167.

Parsons, B., Bales, R. F. (1955). *Family. Socialization and interaction process*. London.

Piccinelli, M., Simon, G. (1997). «Gender and cross-cultural differences in somatic symptoms associated with emotional distress. An international study in primary care». *Psychological Medicine*, 27, S. 433–444.

Piccinelli, M., Wilkinson, G. (2000). «Gender differences in depression». *British Journal of Psychiatry*, 177, S. 486–492.

Pigott, T. (1999). «Gender Differences in the Epidemiology and Treatment of Anxiety Disorders». *J Clin Psychiatry*, 60 (suppl. 18), S. 4–15.

Rennison, C. M., Welchens, S. (2000). *Intimate Partner Violence*. Washington: Bureau of Justice Statistics, U.S. Department of Justice.

Rief, W. (1996). «Die somatoformen Störungen – Großes unbekanntes Land zwischen Psychologie und Medizin». *Zeitschrift für klinische Psychologie*, 25, S. 173–189.

Rief, W., Hiller, W., Heuser, J. (1997). *SOMS – Das Screening für Somatoforme Störungen. Manual*. Bern.

Rief, W., Hiller, W. (1998). *Somatisierungsstörungen und Hypochondrie (Fortschritte der Psychotherapie)*. Göttingen.

Rutter, M., Silberg, J., O'Connor, T., Smirnoff, E. (1999). «Genetics and child psychiatry: II. Empirical research findings». *J Child Psychol Psychiatr*, 40, S. 19–55.

Sabo, D. (2000). «Men's Health Studies: Origins and Trends». *J Am Coll Health*, 49, S. 133–142.

Sabo, D., Gordon, D. F. (1995). «Rethinking Men's Health and Illness». In: Sabo, D., Gordon, D. F. (Hrsg.). *Men's health and illness: Gender, power and the body*. Thousand Oaks, S. 1–21.

Salkovskis, P. M. (1997). «Somatoforme Störungen». In: Hahlweg, K., Ehlers, A. (Hrsg.). *Psychische Störungen und ihre Behandlungen. (Enzyklopädie der Psychologie, Themenbereich D: Praxisgebiete. Serie 2: Klinische Psychologie)*. Göttingen.

Sieverding, M. (1999). «Weiblichkeit – Männlichkeit und psychische Gesundheit». In: Brähler, E., Felder, H. (Hrsg.). *Weiblichkeit, Männlichkeit und Gesundheit. Medizinpsychologische und psychosomatische Untersuchungen*. 2. Aufl. Opladen, S. 31–57.

Weissman, M. M., Leaf, P. J., Tischler, G. L. (1988). «Affective Disorders in five United States communities». *Psychol Med*, 18, S. 141–153.

Wittchen, H. U., Müller, N., Pfister, H., Winter, S., Schmidtkunz, B. (1999). «Affektive, somatoforme und Angststörungen in Deutschland – Erste Ergebnisse des bundesweiten Zusatzsurveys ‹Psychische Störungen›». *Das Gesundheitswesen*, 61 (2), S. 216–222.

Krankheiten des Herz-Kreislauf-Systems bei Männern und Frauen

Ursula Härtel

1. Einleitung

Unser Wissen um die geschlechtsspezifischen Unterschiede in der Entstehung und im Verlauf von Herz-Kreislauf-Erkrankungen ist im vergangenen Jahrzehnt erheblich angewachsen. Zwar existieren in vielen Bereichen noch Forschungslücken, aber wir können heute schon sagen, dass geschlechtsspezifische Unterschiede fast in jedem Stadium einer Herz-Kreislauf-Erkrankung vorhanden sind. Die Differenzen beginnen mit dem geschlechtsspezifisch variierenden Einfluss der klassischen koronaren Risikofaktoren (z. B. von Lipiden und Diabetes) auf die Entwicklung einer Herzkrankheit, setzen sich fort mit dem unterschiedlichen Erkrankungsalter von Männern und Frauen, der unterschiedlichen Symptomatik im Krankheitsfall und mit unterschiedlichen Überlebenschancen nach einem akuten koronaren Ereignis oder einem Herzinfarkt.

Herz-Kreislauf-Krankheiten sind in industrialisierten Ländern die Haupttodesursache von Frauen und Männern. In Deutschland versterben jährlich etwa 240 000 Frauen und 167 000 Männer an Krankheiten des Kreislaufsystems, Schlaganfälle eingeschlossen (ICD10: 100–199, Statistisches Bundesamt 2001). Das ist etwa die Hälfte aller jährlichen Todesfälle. Da Herz-Kreislauf-Erkrankungen vorwiegend Krankheiten des höheren Lebensalters sind, ist die größere Anzahl von Frauen mit dieser Todesursache wesentlich durch ihre längere Lebenserwartung bedingt, aber auch durch ihr späteres Erkrankungsrisiko. So sind Frauen, die an einer Herz-Kreislauf-Erkrankung versterben, im Durchschnitt etwa 83 Jahre alt, während das durchschnittliche Sterbealter der Männer mit dieser Todesursache 74 Jahre beträgt. Bei den unter 65-Jährigen versterben Männer zwei- bis viermal häufiger an einer Herz-Kreislauf-Erkrankung als Frauen.

Der vorliegende Beitrag befasst sich vorwiegend mit koronaren Herzkrankheiten, da diese den Hauptanteil der Herz-Kreislauf-Erkrankungen ausmachen und auf diesem Gebiet mittlerweile auch die meisten wissenschaftlichen Erkenntnisse über geschlechtsspezifische Unterschiede existieren. Zunächst soll anhand von epidemiologischen Studien auf die unterschiedlichen Morbiditäts- und Mortalitätsraten von Frauen und Männern eingegangen werden, dann auf geschlechtsspezifisch variierende Einflüsse von klassischen und psychosozialen Risikofaktoren und zum Schluss auf geschlechtsspezifisch relevante Aspekte in der kardiologischen Rehabilitation. Natürlich kann im vorgegebenen Rahmen nicht zu jedem Thema ein komplettes Review erstellt werden. Priorität hatten Erkenntnisse aus prospektiven epidemiologischen Studien, die international diskutiert werden.

2. Koronare Herzerkrankungen von Männern und Frauen im internationalen Vergleich

Über die international unterschiedlichen Morbiditäts- und Mortalitätsraten von Männern und Frauen wissen wir aufgrund des in den

Tabelle 1: Durchschnittliche altersstandardisierte Herzinfarktraten (pro 100 000 der Bevölkerung) und 28-Tage-Letalität nach Infarkt (%) bei 35- bis 64-jährigen Frauen und Männern mit Sex Ratios (Verhältnis Männer:Frauen und Frauen:Männer) Ergebnisse des WHO-MONICA-Projektes, Trends über 10 Jahre, nach Tunstall-Pedoe et al. 1999, S. 1547–1557.

	Infarktraten pro 100 000 pro Jahr[1]		Sex Ratio	28-Tage-Sterblichkeit nach Infarkt in %		Sex Ratio
	Frauen	Männer	M:F	Frauen	Männer	F:M
Peking (China)	35	81	2,3	74	59	1,3
Katalonien (Spanien)	35	210	6,0	46	37	1,2
Toulouse (Frankreich)	36	233	6,5	60	40	1,5
Brianza (Italien)	42	279	6,6	53	41	1,3
Friuli (Italien)	47	253	5,4	50	45	1,2
Augsburg (Deutschland)	63	286	4,5	65	55	1,2
Lille (Frankreich)	64	298	4,7	70	59	1,2
Straßburg (Frankreich)	64	292	4,6	57	49	1,2
Gent (Belgien)	77	346	4,5	58	47	1,2
Frühere DDR	78	370	4,7	63	50	1,3
Kaunas (Litauen)	80	498	6,2	54	55	1,0
Bremen (Deutschland)	81	361	5,5	52	50	1,0
Gothenburg (Schweden)	84	363	4,3	45	44	1,0
Perth (Australien)	92	389	4,2	42	37	1,1
Island	99	486	4,9	34	37	0,9
Prag (Tschechien)	101	515	5,1	54	53	1,0
Tarnobrzeg (Polen)	110	461	4,2	88	83	1,1
Auckland (Neuseeland)	115	434	3,8	51	50	1,0
Charleroi (Belgien)	118	487	4,1	59	50	1,2
Nordschweden	119	509	4,3	34	36	0,9
Stanford (USA)	134	422	3,1	54	48	1,1
Halifax (Kanada)	139	523	3,8	34	38	0,9
Glostrup (Dänemark)	140	517	3,7	58	53	1,1
Nordkarelien (Finnland)	145	835	5,8	41	48	0,9
Warschau (Polen)	153	586	3,8	59	60	1,0
Newcastle (Australien)	153	479	3,1	41	41	1,0
Belfast (United Kingdom)	188	695	3,7	42	41	1,0
Glasgow (United Kingdom)	265	777	2,9	46	48	1,0

1 Geordnet nach Höhe der Herzinfarktraten bei Frauen.

Achtzigerjahren begonnenen und bis Mitte der Neunzigerjahre dauernden WHO-MONICA-Projektes (MONICA = Monitoring of trends and determinants in Cardiovascular Diseases) relativ gut Bescheid. Die Ergebnisse dieses Projektes, an dem 21 Länder mit über 30 Populationen beteiligt waren, zeigen, dass in allen untersuchten Populationen die altersstandardisierten Herzinfarktraten der Männer höher liegen als die Erkrankungsraten der Frauen (Tunstall-Pedoe et al. 1999). **Tabelle 1** bezieht sich auf die aktuellen Ergebnisse und liefert einen Überblick über die durchschnittlichen jährlichen Erkrankungsraten in 28 ausgewählten Populationen über einen Zeitraum von ca. 10 Jahren (von 1984 bis 1995).

In diesem Vergleich fällt auf, wie stark die geschlechtsspezifischen Unterschiede in den Herzinfarktraten je nach Population bzw. Nation variieren und wie stark sich auch die Herzinfarktraten der Frauen regional unterscheiden. Relativ groß sind die Unterschiede *zwischen Männern und Frauen* beispielsweise in Brianza (Italien), Toulouse (Frankreich), Kaunas (Litauen) und Katalonien (Spanien). In diesen Ländern erleiden Männer mehr als sechsmal so häufig einen Herzinfarkt verglichen mit Frauen gleichen Alters (siehe «Sex Ratios» in **Tabelle 1**). Am geringsten sind die geschlechtsspezifischen Unterschiede in Peking (China), Glasgow (UK), Stanford (USA) und Newcastle (Australien). Hier erkranken Männer «nur» etwa dreimal so häufig an einem Herzinfarkt wie Frauen. Dabei ist bemerkenswert, dass die geschlechtsspezifischen Differenzen innerhalb einer Region nicht abhängig sind von der Häufigkeit der Herzinfarkte. Das heißt, sowohl in Regionen mit sehr niedrigen Herzinfarktraten lassen sich große geschlechtsspezifische Unterschiede finden (z. B. Katalonien) als auch in Ländern mit sehr hohen Herzinfarktraten (z. B. Finnland). Pekinger Frauen und Männer weisen mit 35 bzw. 81 Fällen pro 100 000 Personen in der Bevölkerung ein vergleichsweise geringes Herzinfarktrisiko auf, während die Erkrankungsrate in Glasgow für Frauen 265 pro 100 000 beträgt und diejenige der Männer im jährlichen Durchschnitt 777 pro 100 000. Das bedeutet, Frauen in Glasgow haben ein siebenfach höheres Risiko, einen Herzinfarkt zu erleiden als Frauen in Peking und Männer in

Tabelle 2: Veränderungen der altersstandardisierten Herzinfarktraten bei 35- bis 64-jährigen Männern und Frauen (Ergebnisse des WHO-MONICA-Projektes, Trends über 10 Jahre, nach Tunstall-Pedoe et al. 1999, S. 1547–1557).

	Frauen	Männer
	Veränderung in %	Veränderung in %
Straßburg (Frankreich)	–6,6	–3,9
Newcastle (Australien)	–5,6	–5,1
Nordkarelien (Finnland)	–5,1	–6,5
Gothenburg (Schweden)	–3,7	–4,2
Island	–3,7	–4,7
Auckland (Neuseeland)	–3,5	–5,1
Brianza (Italien)	–3,5	–2,3
Charleroi (Belgien)	–3,0	0,3
Gent (Belgien)	–3,0	–3,2
Glostrup (Dänemark)	–2,5	–4,2
Belfast (United Kingdom)	–2,4	–4,6
Nordschweden	–2,4	–5,1
Stanford (USA)	–2,4	–4,2
Perth (Australien)	–2,2	–3,1
Toulouse (Frankreich)	–1,7	–2,1
Lille (Frankreich)	–1,6	–1,1
Friuli (Italien)	–0,8	–0,9
Peking (China)	–0,5	2,3
Glasgow (United Kingdom)	0,2	–1,4
Halifax (Kanada)	0,5	–4,7
Bremen (Deutschland)	0,7	–3,4
Augsburg (Deutschland)	0,9	–3,2
Tarnobrzeg (Polen)	1,0	1,1
Warschau (Polen)	1,0	0,8
Katalonien (Spanien)	2,0	1,8
Prag (Tschechien)	2,1	–0,4
Ost-Deutschland	2,5	–0,5
Kaunas (Litauen)	2,7	1,2

Glasgow ein zehnfach höheres Risiko als Männer in Peking. In den deutschen Studiengebieten Bremen und Augsburg liegen die altersstandardisierten Erkrankungsraten der Männer unter 65 Jahren etwa vier- bis fünffach höher als diejenigen der Frauen (vgl. **Tab. 1**). *Warum* in manchen Zentren die Unterschiede zwischen Männern und Frauen größer sind als in anderen, ist noch keineswegs geklärt, auch nicht die Frage, warum die Herzinfarktraten der Frauen je nach Region so unterschiedlich sind.

Veränderungen im Verlauf von 10 Jahren

Sieht man sich die Veränderungen der Herzinfarktraten im Beobachtungszeitraum von 10 Jahren an, lässt sich generell ein Abwärtstrend erkennen (vgl. **Tab. 2**). In 22 der hier aufgeführten 28 Studiengebiete sind die Herzinfarktraten der Männer *gesunken*, diejenigen der Frauen in 18 Zentren. Die drei Zentren mit der stärksten Abnahme bei den Frauen waren Straßburg (Frankreich), Newcastle (Australien) und Nordkarelien (Finnland). Bei den Männern nahmen die durchschnittlichen Raten ebenfalls in den nordischen Ländern Finnland, Nordschweden sowie in Newcastle und Auckland (Neuseeland) relativ stark ab. Ein leichter *Anstieg* der Herzinfarktraten bei den Frauen ließ sich in den deutschen MONICA-Zentren beobachten (insbesondere in der früheren DDR), in Polen und in Kaunas (Litauen). Auffallend war auch Glasgow, wo trotz der höchsten durchschnittlichen Herzinfarktraten zu Beginn der Studie, noch einmal ein leichter Anstieg zu verzeichnen war. Auch in Katalonien (Spanien) stiegen für Männer und Frauen die Herzinfarktraten leicht an. Insgesamt waren dies aber – zusammen mit Peking – die Studiengebiete mit den niedrigsten Event-Raten überhaupt. Worauf die überwiegende Abnahme in den Erkrankungsraten beruht, lässt sich mit dem ökologischen Studiendesign des MONICA-Projektes, welches Trends in den Veränderungen der Herzinfarktraten mit Trends in den Veränderungen der klassischen koronaren Risikofaktoren (Hypertonie, Hypercholesterinämie und Zigarettenrauchen) in der Bevölkerung vergleicht, nur unzureichend erklären. Im Augsburger Studiengebiet korrelierte die leichte Zunahme des Herzinfarktrisikos bei 25- bis 54-jährigen Frauen mit der Zunahme des Zigarettenrauchens in dieser Altersklasse, während sich die Cholesterinwerte nicht verändert hatten. Und bei Männern korrelierten die abnehmenden Herzinfarktraten mit der abnehmenden Prävalenz des Zigarettenrauchens und niedrigeren Cholesterinwerten in der Bevölkerung (BMFSFJ 2001, S. 216).

Mehr Aufschluss über Ursachen für Veränderungen in den Erkrankungsraten können prospektive Kohortenstudien liefern, bei denen eine anfänglich «gesunde Population» über einen längeren Zeitraum hinweg beobachtet wird. In der großen amerikanischen «Nurses Health Cohort Study» zeigte sich in einer Analyse von über 85 000 Frauen (Hu et al. 2000), dass von 1980 bis 1994 die Neuerkrankungsrate (Inzidenz) an koronaren Herzkrankheiten bei Frauen um 31% gesunken ist. 13% dieser Abnahme konnte mit der Reduzierung des Zigarettenrauchens erklärt werden, 16% mit verbessertem Ernährungsverhalten und 9% der Abnahme wurde auf den Anstieg der Hormoneinnahme in der Menopause zurückgeführt. Nach Meinung der Autorin wären die Koronarerkrankungsraten im Beobachtungszeitraum noch stärker gesunken, wenn sich nicht gleichzeitig die Prävalenz des Übergewichts (Body-Mass-Index > 25) erhöht hätte.

Finnische Studien weisen auf die Bedeutung der klassischen Risikofaktoren zur Erklärung *geschlechtsspezifischer Unterschiede* in den Inzidenzen hin. In einer prospektiven Follow-up-Studie mit etwa 15 000 Männern und Frauen (Alter 25 bis 64 Jahre) zeigte sich, dass die Inzidenz der koronaren Herzkrankheit bei Männern dreimal höher lag als diejenige der Frauen und die Mortalität fünfmal höher (Jousilahti et al. 1999). In dieser Studie waren es insbesondere das höhere HDL-Cholesterin der Frauen und der geringere Zigarettenkonsum, welche etwa die Hälfte der Differenz zwischen Männern und Frauen in den Erkrankungsraten erklärten. Das heißt jedoch zugleich: Etwa 50 % der geschlechtsspezifischen Unterschiede in den Herzinfarktrisiken blieben auch in dieser Studie unerklärt.

3. Überlebenschancen im Krankheitsfall

Seit Beginn der Neunzigerjahre haben sich zahlreiche epidemiologische und klinische Studien mit der Frage befasst, ob Frauen nach einem Herzinfarkt oder einem akuten koronaren Ereignis eher versterben bzw. ein höheres Letalitätsrisiko aufweisen als Männer. Die Ergebnisse differieren je nach Region, Studiendesign, Altersgruppen, Diagnosekriterien und dem Beobachtungszeitraum bzw. je nachdem, ob kurzfristige oder langfristige Überlebensraten untersucht wurden.

3.1 Kurzfristige Prognose nach akuter koronarer Erkrankung

In der Mehrheit der epidemiologischen Studien wurde bisher das *kurzfristige Überleben* nach Herzinfarkt untersucht (z. B. die 24-Stunden- und 28-Tage-Sterblichkeit). Während bevölkerungsbasierte Studien normalerweise in ihre Sterblichkeitsberechnungen auch diejenigen Personen einbeziehen, die nach dem Auftreten von Herzinfarktsymptomen *kein* Krankenhaus erreicht haben, also bereits vor der Einweisung in ein Krankenhaus verstorben sind, befassen sich klinisch-epidemiologische Studien vorwiegend mit Patienten, die in ein Krankenhaus eingeliefert werden konnten. Sie lassen also die vorher verstorbenen Personen außer acht.

In der bevölkerungsbasierten MONICA-Studie zeigte sich im Hinblick auf die Sterblichkeit innerhalb von 28 Tagen nach dem Auftreten von Infarktsymptomen, dass in den meisten Studienpopulationen Frauen eine höhere Letalität aufwiesen als Männer (vgl. **Tab. 1**); es gibt aber auch Länder, in denen Frauen seltener innerhalb dieser Zeitspanne versterben (z. B. in Halifax, Kanada, und Nordkarelien, Finnland). In Halifax verstarben durchschnittlich 34 % der Frauen und 38 % der Männer innerhalb von 28 Tagen nach Infarkt (Sex Ratio 0,9).

In der umfangreichen US-Studie von Vaccarino et al. (1999), welche nur Patienten einbezog, die ein Krankenhaus erreicht hatten, fanden sich wesentlich größere geschlechtsspezifische Differenzen in der Sterblichkeit nach Infarkt als in den MONICA-Populationen und zwar insbesondere in den jüngeren Jahrgängen. In dieser Studie mit 155 565 Frauen und 229 313 Männern des nationalen US-Herzinfarktregisters lag die Krankenhaussterblichkeit der Frauen unter 50 Jahren – bezogen auf einen Zeitraum von etwa sieben Tagen (das ist die durchschnittliche Krankenhausverweildauer nach Infarkt in den USA) – doppelt so hoch wie bei gleichaltrigen Männern (6,1 % im Vergleich zu 2,9 %). Bei den 70- bis 74-Jährigen betrug die Krankenhaussterblichkeit der Frauen 16,6 %, diejenige der Männer 14,4 %. Mit zunehmendem Alter verringerten sich also die geschlechtsspezifischen Unterschiede und waren bei den über 75-Jährigen statistisch nicht mehr signifikant. Nur etwa ein Drittel der erhöhten Sterberisiken der Frauen in jüngeren Jahren konnte mit höherer Komorbidität, der Schwere des Infarktes und der unterschiedlichen Akutbehandlung erklärt werden. Als besonders wichtigen Einflussfaktor, der noch systematischer untersucht werden muss, vermuten die Autorinnen spezifische pathophysiologische Mechanismen der koronaren Herzkrankheit, die bei jüngeren Frauen anders ablaufen als bei Männern oder älteren Frauen. So sind beispielsweise arterielle Plaque-Erosionen die wichtigste klinische Auffälligkeit bei Frauen, die vor der Menopause an einer koronaren Herzkrankheit versterben, während Plaque-Rupturen häufiger bei älteren Frauen oder Männern auftreten. Auch unterschiedliche Gerinnungsmechanismen und eine geringere Verengung der Koronararterien wurden bei jüngeren Frauen mit Infarkt beobachtet (Hochman et al. 1999). Dies kann bedeuten, dass mit den traditionellen diagnostischen Tests Herzinfarkte bei jüngeren Frauen leichter übersehen werden als bei Männern oder älteren Frauen.

Auch die von Frauen im Falle eines akuten koronaren Ereignisses geschilderten *Symptome* präsentieren sich teilweise anders als bei Männern. So berichten Frauen häufiger als Männer über Übelkeit und Erbrechen, Magenbeschwerden, Rücken- oder Nackenschmerzen, jedoch fast ebenso häufig wie Männer über «Brustschmerz» (Milner et al. 1999; Goldberg et al. 1998). Wie oft bei Männern und Frauen im Zusammenhang mit einem Herzinfarkt Symptome *ohne Brustschmerz* auftreten, ist in der Literatur umstritten. Hier schwanken die Angaben zwischen 1 und 30 %, je nach Einschlusskriterien und Art, wie die Symptome erfasst wurden (Milner et al. 1999). In unserer eigenen kardiologischen Rehabilitations-Studie mit ca. 200 Frauen und 300 Männern nach erstem akuten koronaren Ereignis (Härtel et al. 2001) gaben in den standardisierten Patienten-Interviews 87 % der Männer und 87 % der Frauen an, sie hätten in Verbindung mit ihrer Erkrankung unter Schmerzen im Brustraum gelitten, und von denjenigen, die noch weitere Schmerzen oder Beschwerden angaben, fanden sich die größten geschlechtsspezifischen Unterschiede im Hinblick auf Kiefer-Halsschmerzen (Frauen 34 %, Männer 22 %), Schmerzen zwischen den Schulterblättern (Frauen 46 %, Männer 28 %), Erbrechen (Frauen 29 %, Männer 11 %), Übelkeit (Frauen 56 %, Männer 32 %) und Todesangst (Frauen 24 %, Männer 13 %).

Warum in manchen Regionen Frauen eine höhere kurzfristige Sterblichkeit nach Infarkt aufweisen als Männer, ist bisher nicht geklärt. Aus früheren US-Studien wurde berichtet, dass bestimmte invasive Maßnahmen, wie diagnostische Angiographien, koronare Angioplastien und Bypass-Operationen, bei Frauen seltener durchgeführt werden als bei Männern (Wenger et al. 1993). Dies geschah zum Teil aus Sorge vor möglichen Komplikationen und angesichts des höheren Operationsrisikos bei Frauen. Auch im Rahmen des Augsburger MONICA-Projektes wurde festgestellt, dass bis etwa Mitte der Achtzigerjahre invasive Maßnahmen bei Frauen signifikant seltener durchgeführt wurden als bei Männern und sie auch seltener mit Thrombolytika behandelt wurden (Löwel et al. 1995, 1999). Mittlerweile gibt es in Augsburg keine signifikanten geschlechtsspezifischen Unterschiede mehr in der stationären Akutbehandlung. Allerdings hat sich die Letalität der Frauen nach Infarkt in Augsburg dadurch nicht verringert.

Da über die Effektivität verschiedener therapeutischer Maßnahmen bei Frauen und Männern zu wenig klinische Studien existieren, ist noch nicht vollständig geklärt, welchen Nutzen sie für das Überleben nach Infarkt haben. Aufgrund der neuen Erkenntnisse von Vaccarino et al. (1999) und anderen (z. B. Lagerqvist et al. 2001) könnte diskutiert werden, ob es nicht sinnvoller wäre, bestimmte invasive Maßnahmen bei Frauen seltener durchzuführen als bei Männern. Die Anwendung der *thrombolytischen Therapie* scheint zwar bei Frauen und Männern den gleichen Überlebensnutzen zu bringen, allerdings erleiden Frauen auch hier häufiger Komplikationen als Männer (z. B. stärkere Blutungen). Da die Thrombolyse nur innerhalb von vier bis sechs Stunden nach Auftreten des Infarkts sinnvoll ist und Frauen häufiger später ins Krankenhaus eingeliefert werden, werden Frauen insgesamt eher seltener thrombolysiert als Männer. Die *medikamentöse* Behandlung (z. B. mit Aspirin und Betablockern) scheint bei Männern und Frauen den gleichen Effekt für die Prävention weiterer Infarkte zu haben und wird auch etwa gleich häufig angewandt.

Für die in manchen Studien beobachtete höhere kurzfristige Sterblichkeit nach Infarkt lassen sich zusammenfassend eine Reihe von Ursachen aufführen, die sich keineswegs ausschließen:
- Die höhere Sterblichkeit betrifft vor allem jüngere Frauen, bei denen der Infarkt pathophysiologisch anders zu verlaufen scheint als bei älteren Frauen oder Männern.
- Frauen, die einen Herzinfarkt erleiden, sind bereits vor dem Infarkt kränker als die vergleichbare Gruppe der Männer, haben also mehr Vorerkrankungen, insbesondere Diabetes, Hypertonie und frühere Angina pectoris.
- Bei Frauen verläuft die Symptomatik häufiger untypisch als bei Männern.
- Frauen selbst, ihre Familie und/oder ihre behandelnden Ärzte nehmen erste Infarktsymptome nicht ernst genug (dadurch verzögerte Krankenhauseinweisung).

3.2 Langfristige Prognose nach akuter koronarer Erkrankung

Zu den geschlechtsspezifischen Unterschieden im langfristigen Überleben nach Infarkt gibt es im Gegensatz zu früher mittlerweile sehr aussagekräftige prospektive Studien. Vaccarino et al. (2001) haben in einer neuen Untersuchung nicht nur die Sterblichkeit im Krankenhaus untersucht, sondern auch das längerfristige Überleben (Zwei-Jahres-Follow-up) von 6826 Infarktpatienten, nachdem sie das Krankenhaus verlassen hatten. Auch hier zeigte sich, dass jüngere Frauen (unter 60) eine signifikant höhere

Sterberate aufwiesen als Männer (28,9 % bzw. 19,6 %), während diese Unterschiede mit ansteigendem Alter geringer wurden und in der höchsten Altersgruppe (über 80) sogar ein umgekehrter Zusammenhang existierte, d. h. hier war die Sterberate der Männer höher als diejenige der Frauen (51,3 % bzw. 46,0 %). Die relativen Risiken (Hazard Ratios) von Frauen verglichen mit Männern betrugen z. B. für 50-Jährige 1,23 und für 70-Jährige 0,92. Diese Ergebnisse waren unabhängig von den klinischen Charakteristiken des Infarkts, den Vorerkrankungen, der Art der Therapie, dem Familienstand und der ethnischen Zugehörigkeit. Warum die jüngeren Frauen eine ungünstigere Überlebensprognose hatten als gleichaltrige Männer, konnte in der vorliegenden Studie nicht erklärt werden. Es wurde erörtert, dass bei jüngeren Frauen möglicherweise bisher unbekannte biologische Risikofaktoren vorliegen und dass insbesondere bei der langfristigen Prognose soziale, psychologische und verhaltensbedingte Faktoren eine stärkere Rolle spielen als bisher geschätzt (z. B. ökonomische Faktoren, soziale Isolation, Depressionen, Veränderungen des Gesundheitsverhaltens nach Infarkt). Es könnte sein, dass gerade jüngere Frauen sich nach dem Infarkt stärker belastet fühlen als gleichaltrige Männer und sich auch in ihrem Gesundheitsverhalten (sportliche Aktivität, Aufgeben des Zigarettenrauchens) weniger konsequent verhalten als Männer. Vielleicht war auch die medizinische Nachsorge für Frauen ungünstiger als für Männer. Über die Follow-up-Therapie lagen allerdings in der obigen Studie keine Informationen vor.

Eine ähnlich groß angelegte Untersuchung mit über 350 000 Herzinfarktfällen des Nationalen Herzinfarktregisters in Schweden (Rosengren et al. 2001) bestätigt die Ergebnisse von Vaccarino. In der schwedischen Studie wurden sogar diejenigen Herzinfarktfälle mit berücksichtigt, die kein Krankenhaus erreicht hatten, also vorher verstorben waren. Auch hier zeigte sich, dass Frauen unter 50 sowohl im Krankenhaus als auch im Verlauf eines Jahres signifikant häufiger verstarben als Männer, während die «Out-of-hospital»-Sterblichkeit sich in diesem Alter geschlechtsspezifisch nicht unterschied. Für die höheren Altersgruppen galt: Das prähospitale Sterberisiko der Männer lag immer höher als das Risiko der Frauen. Bei den über 65-Jährigen hatten die Frauen sowohl hinsichtlich der 28-Tage-Letalität als auch im Ein-Jahres-Follow-up einen leichten Überlebensvorteil.

Im Rahmen einer finnischen Kohortenstudie wurden mittlerweile etwa 4900 Männer und Frauen (Alter 25 bis 64 Jahre), die 28 Tage ihres Infarktes überlebt hatten, ca. *sechs Jahre* weiterverfolgt, um geschlechtsspezifische Unterschiede im Reinfarktrisiko und in der Sterblichkeit zu untersuchen (Schreiner et al. 2001). In Bezug auf das Reinfarktrisiko und die Dauer bis zu einem Reinfarkt fanden sie keine Unterschiede zwischen Männern und Frauen. Das Sterberisiko im Falle des Infarkts war bei Männern signifikant erhöht (Hazard Ratio 1,7), allerdings nur, wenn bei der Ausgangsdiagnose nicht nur die eindeutig diagnostizierten, sondern auch die möglichen Herzinfarktfälle einbezogen wurden. Da bei den Frauen mehr «mögliche» Infarkte vorkamen als bei Männern, könnte es in dieser Studie sein, dass das höhere Sterberisiko der Männer mitbedingt war durch einen höheren Anteil schwerer Infarkte in ihrer Gruppe. Im Krankenhaus selbst war die Sterblichkeit der Männer nicht erhöht.

4. Geschlechtsspezifische Unterschiede beim Einfluss klassischer Risikofaktoren

Es gilt als unzweifelhaft, dass die klassischen Risikofaktoren Zigarettenrauchen, Hypertonie und Hypercholesterinämie bei Frauen ähnlich stark auf das Herzinfarktrisiko wirken wie bei Männern. Geschlechtsspezifische Unterschiede existieren allerdings beim Einfluss von Diabetes mellitus, Triglyceriden, HDL- und LDL-Cholesterin (je nach Alter der Frauen). Der Zusammenhang zwischen Diabetes mellitus und Herzinfarkt ist bei Frauen stärker als bei Männern. In jüngeren Jahren (vor der Menopause) verlieren Frauen praktisch ihren östrogenbedingten Vorteil, wenn sie unter Diabetes leiden (Wenger 1996). In der Nurses Health Study wiesen Frauen mit Diabetes ein siebenfach höheres Risiko auf, eine akute KHK zu erleiden als Frauen ohne Diabetes, und das bei Männern *und*

Frauen schützend wirkende HDL-Cholesterin scheint bei Frauen einen stärker schützenden Effekt zu haben, während erhöhte Triglycerid-Werte für Frauen ein höheres Risiko bedeuten als für Männer (Wenger 1996). Da Frauen im Durchschnitt höhere HDL- und niedrigere LDL-Werte als Männer aufweisen, verschafft ihnen dieses zwar einen Vorteil, die geschlechtsspezifischen Unterschiede in der Morbidität können sie aber nicht vollständig erklären.

Kontrovers wird der Zusammenhang zwischen Übergewicht bzw. Verteilung des Körperfetts und koronarer Herzkrankheit diskutiert (Larsson et al. 1992; Kuller 1994; Folsom et al. 1993). Die so genannte *androide* Fettsucht («upper body fat») kommt bei Männern häufiger vor als bei Frauen und die *gynoide* Fettsucht («lower body fat») seltener. Es gibt zwar einige Studien, die gezeigt haben, dass bei Männern *und* Frauen die *Verteilung des Körperfetts* (Waist-to-hip-Ratio) stärker mit der koronaren Herzkrankheit zusammenhängt als das *Körpergewicht*, aber ob es geschlechtspezifische Unterschiede in der Wirkung des «upper body fat» gibt, ist umstritten. Die Framingham-Studie fand heraus, dass die Waist-to-hip-Ratio bei Männern das Erkrankungsrisiko stärker beeinflusst als bei Frauen, während die Ergebnisse einiger schwedischer Untersuchungen dies nicht bestätigen (Freedman et al. 1990; Larsson et al. 1992). Generell veranschaulichen derartige Studien, wie komplex bei Frauen die Zusammenhänge zwischen hormonellen Bedingungen, Verteilung des Körperfetts, Übergewicht, HDL-Cholesterin und Diabetes mellitus sind, über deren wechselseitige Beeinflussung und genaue Wirkungsmechanismen bisher zu wenig bekannt ist.

Neue Ergebnisse aus der Nurses Health Study (Stampfer et al. 2000) mit 84 129 Frauen weisen auf den enormen Einfluss eines *gesunden Lebensstils* für die primäre Prävention der koronaren Herzkrankheit bei Frauen hin, der so eindeutig und wissenschaftlich überzeugend bisher sicher noch nicht nachgewiesen wurde. Jeder der verhaltensbedingten Faktoren Zigarettenrauchen, sportliche Aktivität, gesunde Ernährung, Alkoholkonsum und Körpergewicht (Body-Mass-Index) hatte einen signifikanten, von anderen Risikofaktoren unabhängigen Einfluss auf die Inzidenz der koronaren Herzkrankheit in einem Follow-up-Zeitraum von 14 Jahren. Am auffallendsten war jedoch das geringe Erkrankungsrisiko der Frauen mit «gesündestem» Lebensstil. Diese «Low-risk»-Gruppe war durch folgende Merkmale gekennzeichnet: Nichtraucherin, BMI unter 25, mindestens eine halbe Stunde physische Aktivität pro Tag, mindestens 5 g Alkohol täglich (d. h. mindestens ein halbes Glas Wein), hohe Werte in Bezug auf gesunde Ernährung. Diese Gruppe hatte im Beobachtungszeitraum ein *relatives Risiko von 0,17* (95 % Konfidenzintervall 0,07 bis 0,41) verglichen mit den übrigen Frauen. In Bezug auf das attributable Risiko bedeutete dies, dass 82 % der aufgetretenen Koronarerkrankungen mit diesem protektiven Verhaltensmuster zu verhindern gewesen wären. Es sei allerdings auch angemerkt, dass in dieser Kombination Zigarettenrauchen der wichtigste singuläre Risikofaktor war. 41 % der Neuerkrankungen konnten allein auf das Rauchen zurückgeführt werden. Schon Frauen, die weniger als 15 Zigaretten (1 bis 14) pro Tag rauchten, hatten ein *dreifach höheres* Herzinfarktrisiko als Nichtraucherinnen.

5. Frauenspezifische Risiko- und Schutzfaktoren

Die Tatsache, dass das Herzinfarktrisiko von Frauen in der Menopause fast exponentiell ansteigt, hat schon seit langer Zeit die weiblichen Geschlechtshormone als wichtigen Schutzfaktor in die Diskussion gebracht. Bis vor wenigen Jahren war wissenschaftlich relativ unumstritten, dass *exogen zugeführte Östrogene* in der Menopause das *Risiko eines Herzinfarkts* um etwa 40 % senken (Manson et al. 1992). In ihrem Review von 1998 hebt Barrett-Connor noch einmal hervor, dass fast alle Beobachtungsstudien des letzten Jahrzehnts einen protektiven Effekt von Östrogenen auf das Koronarerkrankungsrisiko gefunden haben. Sie selbst ermittelte in ihrer Metaanalyse mit 25 epidemiologischen Studien ein 30 bis 35 % niedrigeres Erkrankungsrisiko, je nachdem, ob Östrogene allein oder in Kombination mit Progesteron eingenommen wurden. Allerdings wird auch angemerkt, dass der schützende Effekt in diesen Studien aufgrund verschiedener Bias-Möglichkeiten wahrscheinlich überschätzt wird. Frauen, denen Östrogene verschrieben werden, kommen eher aus höheren sozialen Schichten, haben in der Regel keinen Diabetes, keine Hypertonie und keine frühere Herzkrankheit, sind also schon zu Beginn der Hormoneinnahme gesünder als Frauen, denen keine Hormone verschrieben werden. Auch Frauen, die Östrogene wegen vorliegender Osteoporose einnehmen, gehören in koronarer Hinsicht eher zu den geringer gefährdeten Gruppen, da sie in der Regel seltener übergewichtig sind als Frauen ohne Osteoporose und damit auch ein geringeres KHK-Risiko aufweisen.

In der *Sekundärprävention*, also bei Frauen, die bereits an einer KHK leiden, wird der Nutzen der exogenen Östrogene mittlerweile bezweifelt. Erste Hinweise dazu lieferte die HERS-Study (Heart and Estrogen/progestin Replacement Study) in einer randomisierten Interventionsstudie mit 2763 koronarkranken Frauen (Hulley et al. 1998). In einem Follow-up-Zeitraum von 4,1 Jahren wurde *kein* protektiver Einfluss von Östrogen/Progestin auf das Herzinfarktrisiko und andere Koronarerkrankungen gefunden. Im ersten Jahr nach diagnostizierter KHK hatten die Frauen der Interventionsgruppe sogar höhere Raten an Venenthrombosen als Frauen in der Placebogruppe. Auch die im Umfang kleinere Studie mit kürzerer Follow-up-Zeit von Herrington et al. (2000) fand bei Frauen mit KHK keine schützenden Effekte der Östrogentherapie im Hinblick auf das Fortschreiten der koronaren Atherosklerose oder das Verhindern weiterer kardiovaskulärer Ereignisse, obwohl die Östrogen/Progesteron-Therapie die LDL-Cholesterinwerte senkte und die HDL-Cholesterinwerte erhöhte. Die Autoren schlussfolgerten aufgrund ihrer Ergebnisse, dass Frauen mit KHK «should not use estrogen replacement with an expectation of cardiovascular benefit» (Herrington et al. 2000). Östrogene in der Menopause werden heute in erster Linie zur Vorbeugung von Osteoporose und zur Linderung von menopausalen Beschwerden verordnet. Relativ gut nachgewiesen ist der schützende Effekt von Östrogenen in Bezug auf die Senkung des Risikos von osteoporotischen Hüft- und Wirbelsäulenfrakturen und zur direkten Linderung von Hitzewallungen und Nachtschwitzen, die offenbar ein universelles Menopausen-Symptom sind (Barrett-Connor 1998).

Die Wirkung von Hormonersatztherapien auf das *Krebsrisiko* in der Menopause wird derzeit kontrovers diskutiert. Da Östrogene ohne zusätzliche Gabe von Progesteron das Risiko der Entwicklung eines Gebärmutterkarzinoms erhöhen, wurden im vergangenen Jahrzehnt vermehrt Kombinationspräparate verschrieben. Allerdings scheint sich durch die Kombination mit Progesteron nicht nur das Gebärmutterkrebsrisiko zu vermindern, sondern auch das Brustkrebsrisiko zu erhöhen. Große Studien der letzten Jahre mit tausenden von Frauen, z. B. die Nurses Health Study (vorläufiger Report von Colditz et al. 1998), eine schwedische Kohorten-Studie mit 46 000 Frauen (Schairer et al. 2000) und auch Fall-Kontrollstudien (Ross et al. 2000) fanden erhöhte Brustkrebsrisiken bei Frauen, die Östrogene in Kombination mit Progesteron einnehmen, und zwar insbesondere, wenn die Präparate länger als zwei Jahre eingenommen wurden. Mit jedem Jahr der Einnahme stieg zum Beispiel in der Studie von Schairer et al. (2000) das Erkrankungsrisiko um etwa 8 %. Das erhöhte Risiko beschränkte sich jedoch im Wesentlichen auf Frauen, die aktuell Östrogene einnahmen oder erst vor kurzer Zeit damit aufgehört hatten. Da auch in anderen Studien mit der Dauer der Einnahme das Erkrankungsrisiko stieg, gehen Colditz et al. (1998) von einem kausalen Einfluss der Hormonersatztherapie aus.

Insgesamt ist die Anzahl der Studien, welche die Einnahme von Kombinationspräparaten über einen längeren Zeitraum untersucht haben, noch gering. Genauerer Aufschluss wird von den umfangreichen Interventionsstudien der Women's-Health-Initiative des National Institutes of Health (NIH) in den USA erwartet. Sie analysieren derzeit ebenfalls an zehntausenden von Frauen die Wirkung von Östrogenen und kombinierten Präparaten (Östrogen und Progestin) auf die Inzidenz von Brustkrebs und kardiovaskulären Erkrankungen.

Im Gegensatz zu *exogenen* Östrogenen ist der Einfluss *natürlicher endogener* Östrogene auf das Herzinfarktrisiko wissenschaftlich bisher nicht sicher nachgewiesen. Aufgrund der unterschiedlichen Stoffwechselmechanismen ist es nach Meinung führender Forscher in den USA (Caulay et al 1994) keineswegs zulässig, von der Wirkung der exogenen Östrogene auf die Wirkung der endogenen zu schließen. So haben z. B. übergewichtige Frauen mehr endogene Östrogene und nichtinsulinabhängigen Diabetes als schlanke Frauen. Übergewicht und Diabetes könnten somit den schützenden Effekt der endogenen Östrogene aufheben. Generell ist es sehr schwierig, die Einflüsse der natürlichen Menopause auf die klassischen koronaren Risikofaktoren zu trennen vom normalen Alterseinfluss und einer exogenen Östrogentherapie. Matthews et al. (1989) haben dies in ihrer Studie mit 500 Frauen zwischen 42 und 50 Jahren (die zu Beginn der Studie noch nicht in der Menopause waren) untersucht. Sie fanden heraus, dass die natürliche Menopause mit einem signifikanten Anstieg des LDL-Cholesterins und einem Sinken des HDL-Cholesterins einherging, während es sich beim Anstieg des Körpergewichts, des Blutdrucks und des Blutinsulinspiegels eher um einen Alterseffekt als um einen hormonellen Effekt handelte. Auch neuere Studien zeigen, dass z. B. der mit dem Alter ansteigende Blutdruck bei Frauen nicht mit der abnehmenden Östrogen-Produktion zusammenhängt, sondern möglicherweise mit Veränderungen in der Produktion von Androgenen, die wiederum abhängig ist von der Ovarialfunktion nach der Menopause (Laughlin et al. 2000; Reckelhoff 2001).

Zu den weiteren frauenspezifischen koronaren Risikofaktoren, die bisher untersucht wurden, zählen *häufige Schwangerschaften* und das *Alter der Mütter bei ihrer ersten Schwangerschaft oder Geburt* (Ness et al. 1993). Auch bei diesen Studien wurde – ebenso wie bei den Östrogenstudien – kritisiert, dass sie den Einfluss sozialer Faktoren, z. B. der sozialen Schicht, nicht genügend berücksichtigen. Es ist anzunehmen, dass die Zahl der Schwangerschaften und das Alter der Mütter bei ihrer ersten Schwangerschaft mit einem spezifischen Lebensstil und sozialen Umfeld zusammenhängen, welche die gefundenen Einflüsse auf das Herzinfarktrisiko wahrscheinlich mitbestimmt haben.

4. Geschlechtsspezifische Unterschiede beim Einfluss sozialer und psychosozialer Faktoren

Dass soziale Faktoren bei Männern und Frauen die Entstehung und den Verlauf von Herz-Kreislauf-Erkrankungen beeinflussen, wird heute kaum noch bestritten. Die großen Unterschiede in den Erkrankungsrisiken innerhalb, aber auch zwischen Regionen sowie Veränderungen in den Trends sind nicht allein genetisch oder mit den bekannten physischen Risikofaktoren zu erklären: Sie sind stark mitbedingt durch die soziokulturelle Umwelt und dem davon abhängigen individuellen Verhalten. Im Hinblick auf den Einfluss sozialer Faktoren ist noch weitgehend unklar:

- Welches sind die wirklich relevanten Faktoren?
- Über welche physiologischen Mechanismen wirkt ihr Einfluss?
- Wirken soziale Faktoren nur indirekt über einen spezifischen Lebensstil, wie beispielsweise Zigarettenrauchen, Ernährung oder Alkoholkonsum, oder beeinflussen sie auch direkt (z. B. über das Immunsystem) die Gesundheit?

Die bisher am häufigsten im Zusammenhang mit Herz-Kreislauf-Erkrankungen untersuchten *sozialen* Faktoren sind Einkommen, Ausbildung, berufliche Position, Familienstand und soziales Netzwerk. Zu den klassischen *psychosozialen* Faktoren zählen das so genannte Typ-A-Verhalten (mit den Subkomponenten Feindseligkeit und Aggressivität), Angst und Depressionen, subjektiver Arbeitsstress («job strain») und die Qualität der sozialen Beziehungen («social support»). Allerdings sind die Grenzen zwischen «sozialen» und «psychosozialen» Faktoren oft schwer zu ziehen. So ist beispielsweise das Typ-A-Verhalten keineswegs unabhängig von anderen sozialen Faktoren wie Ausbildung und Beruf, und es hängt von der jeweiligen Messung ab, welche Bedeutung die «Persönlichkeitskomponente» einnimmt.

Die Frage, ob soziale oder psychosoziale Faktoren *geschlechtsspezifisch unterschiedlich* auf Entstehung und/oder Verlauf von Herz-Kreislauf-Erkrankungen einwirken, wird erst seit wenigen Jahren systematisch untersucht. Epidemiologische Studien, die in der Vergangenheit den Einfluss psychosozialer Faktoren auf die *Inzidenz* der koronaren Herzkrankheit untersucht haben, beziehen sich mehrheitlich auf berufstätige Männer in mittleren Jahren. Auch im umfangreichen, von Hemingway und Marmot (1999) durchgeführten Review prospektiver Kohortenstudien konnte aus diesem Grunde nicht nach Männern und Frauen unterschieden werden. Dennoch war interessant, dass in dieser Übersichtsarbeit von den evaluierten Merkmalen Typ-A/Feindseligkeit, Angst und Depression, Arbeitsstress und soziale Unterstützung, die Merkmale *Angst und Depression* den konsistentesten Einfluss sowohl auf die Inzidenz von Koronarerkrankungen als auch auf die Prognose im Krankheitsfall hatte. Ähnlich bedeutend war in den einbezogenen Studien auch der protektive Effekt von sozialer Unterstützung auf Entstehung und Verlauf der KHK. Für einen Einfluss des Typ-A-Verhaltens war die vorhandene Evidenz wesentlich geringer. Lediglich in 6 von 14 Inzidenz-Studien zeigte sich ein signifikanter Effekt, während sich in keiner der fünf Studien mit erkrankten Patienten ein negativer Einfluss des Typ-A-Verhaltens auf die Prognose feststellen ließ, eine Studie sogar einen protektiven Effekt nachwies.

Allerdings scheinen einige neuere Studien, mit einem veränderten Typ-A-Konzept, wieder auf einen stärkeren Einfluss dieses Persönlichkeitsfaktors hinzuweisen. Genannt sei hier die Untersuchung von Kawachi et al. (1998), der in einer siebenjährigen Follow-up-Studie mit 1305 Männern einen signifikanten Einfluss des Typ-A-Verhaltens (gemessen mit der MMPI-2 Type A Scale) auf die Herzinfarktinzidenz fand. Auch im Rahmen der ARIC (Atherosclerosis Risk in Communities Study) mit fast 13 000 Männern und Frauen (Williams et al. 2000) hatten Individuen mit stark ausgeprägter «Ärger-Persönlichkeit» («high-trait-anger») verglichen mit «Low-anger»-Personen nach Kontrolle aller physischen Risikofaktoren ein relatives Risiko von 1,8, einen akuten Herzinfarkt oder koronaren Herztod zu erleiden.

Erwerbstätigkeit von Frauen und koronares Risiko

Die häufig gehörte These, dass die zunehmende Erwerbstätigkeit von Frauen einhergehe mit einer Zunahme des Herzinfarktrisikos, lässt sich bisher mit wissenschaftlichen Daten nicht belegen. Bereits vor Jahren stellte die WHO in einem Übersichtsartikel fest (Uemura et al. 1988), dass in den meisten industrialisierten Ländern von 1970 bis 1985 die Herzinfarktmortalität der Frauen stärker abnahm als diejenige der Männer. Im gleichen Zeitraum nahm der Anteil der berufstätigen Frauen in fast allen westlichen Ländern zu. Dieser Trend hat sich auch in den Neunzigerjahren fortgesetzt. Die im MONICA-Zentrum Augsburg beobachtete leichte Zunahme der Herzinfarktneuerkrankungen bei jüngeren Frauen ist sicher nicht auf zunehmende Erwerbstätigkeit zurückzuführen, sondern – wie schon erwähnt – eher auf eine Zunahme des Zigarettenrauchens bei Frauen in jüngeren Jahrgängen (Keil 1993).

Erwerbstätige Frauen sind in Augsburg jedoch etwas häufiger Zigarettenraucherinnen als Hausfrauen, allerdings auch seltener übergewichtig und haben ein signifikant höheres (schützendes) HDL-Cholesterin, einen höheren Alkoholkonsum, eine geringere Anzahl Schwangerschaften und unterscheiden sich nicht hinsichtlich der physischen Risikofaktoren Hypertonie und Serumgesamtcholesterin (Härtel et al. 1992). Bisher scheinen sich die Vor- und Nachteile der berufstätigen Frauen, verglichen mit Haufrauen, im Hinblick auf die traditionellen Risikofaktoren eher auszugleichen. Eine Beurteilung des tatsächlichen Herzinfarktrisikos von berufstätigen Frauen und Haufrauen ist für Augsburg derzeit noch nicht möglich, da hier noch ein längerer Beobachtungszeitraum abgewartet werden muss. In Bezug auf das allgemeine Sterberisiko (alle Todesursachen) zeigte sich im Verlauf von acht Jahren in vorläufigen Analysen ein niedrigeres Sterberisiko berufstätiger Frauen verglichen mit Hausfrauen. Da es möglich ist, dass gesündere Frauen generell häufiger berufstätig sind als weniger gesunde Frauen («Healthy-Worker-Effekt»), muss dieses Ergebnis mit Vorsicht interpretiert werden.

Eine der wenigen epidemiologischen Langzeitstudien, in welcher psychosoziale Risikofaktoren bei Frauen und Männern untersucht wurden, ist die Framingham-Studie. Wegen der insgesamt geringen Anzahl Frauen mit Herzinfarkt war es auch in dieser Studie lange nicht möglich, die tatsächlichen Erkrankungsrisiken statistisch zu bewerten. Nach einer Beobachtungszeit von 20 Jahren konnte jedoch untersucht werden, welchen Einfluss psychosoziale Faktoren wie Erwerbstätigkeit, soziales Netzwerk, soziale Isolation, oder finanzielle Sorgen auf das Herzinfarktrisiko haben (Eaker et al. 1992). Die Analysen wurden sowohl für erwerbstätige Frauen und Hausfrauen getrennt durchgeführt, als auch für die gesamte Gruppe der Frauen. Unter Berücksichtigung der klassischen Risikofaktoren, erwiesen sich *bei Hausfrauen* die folgenden psychosozialen Merkmale im Zusammenhang mit dem Herzinfarktrisiko als signifikant: Symptome von Angst und Spannung, Schlafstörungen, kein Urlaub, Einsamkeit während des Tages, anstrengende Hausarbeit, selbsteingeschätzte Gefährdung für koronare Herzerkrankungen. Im Gegensatz dazu zeigte sich innerhalb der Gruppe der *berufstätigen Frauen*, dass nur das Merkmal *finanzielle Sorgen* signifikant mit dem Erkrankungsrisiko zusammenhing, obwohl die Schulbildung ebenfalls von Bedeutung war. Die *berufliche Position* war im Gegensatz zu früheren Framingham-Ergebnissen (die sich vorwiegend auf Angina pectoris bezogen) bei den erwerbstätigen Frauen nicht signifikant. Wurden Hausfrauen und erwerbstätige Frauen *zusammengefasst*, fand sich, dass von allen psychosozialen Faktoren das Merkmal «fehlender Urlaub» (subjektive Überlastung) den stärksten Einfluss auf das Erkrankungsrisiko hatte.

Die Stockholmer Female Coronary Risk Study (Orth-Gomer et al. 2000) konnte in diesem Zusammenhang zeigen, dass bei *verheirateten Frauen* nach Herzinfarkt das Risiko eines erneuten Infarktes signifikant erhöht wurde durch familiären Stress («marital stress»), während bei berufstätigen Frauen der Arbeitsstress *keinen* signifikanten Einfluss auf das Rezidivrisiko hatte, allerdings auch erhöht war.

Einfluss der Partnerschaft
Andere psychosoziale Studien, die sich mit dem *Überleben* nach Herzinfarkt befassen, wiesen nach, wie wesentlich insbesondere die subjektive *emotionale Unterstützung* durch Lebenspartner oder andere Nahestehende für die langfristigen Überlebenschancen von *Frauen und Männern* ist (Berkman et al. 1992). Aber gerade Frauen leben in dem Alter, in welchem sie einen Herzinfarkt erleiden, wesentlich häufiger allein als Männer. Und selbst diejenigen, welche noch mit ihrem Partner zusammenleben, scheinen nicht so stark von ihm zu «profitieren» wie verheiratete Männer von ihren Ehefrauen. So zeigte sich beispielsweise in der Augsburger Herzinfarktstudie, dass *verheiratete* Männer ein signifikant *niedrigeres* Risiko aufwiesen, innerhalb von 24 Stunden nach dem Auftreten von Infarktsymptomen zu versterben als *nicht verheiratete* Männer, während verheiratete Frauen gegenüber unverheirateten keinen Überlebensvorteil hatten (Härtel et al. 1991).

Kulturelle Einflüsse
Wie bereits oben dargestellt, existieren international beträchtliche Unterschiede in den Herzinfarktraten der Frauen, die nur zum Teil durch Unterschiede in den klassischen Risikofaktoren erklärt werden können. Im Rahmen der »psychosozialen« Untersuchungen im internationalen MONICA-Projekt (Sykes et al. 1992) wurden die Augsburger, Litauer (Kaunas) und Belfaster Frauen hinsichtlich psychosozialer Risikofaktoren, wie subjektive Arbeitsüberlastung, Ungeduld, Zeitdruck und Dominanzstreben (Merkmale des Typ-A-Verhaltens) und der Mortalität an Herz-Kreislauf-Erkrankungen miteinander verglichen. Obwohl diese ökologischen Querschnittsvergleiche keine kausalen Schlüsse zulassen, war es doch interessant festzustellen, dass sich die Belfaster Frauen (sehr hohe Herzinfarktraten) und die litauischen Frauen (mittlere Herzinfarktraten) im Vergleich zu Augsburger Frauen (relativ niedrige Herzinfarktraten) hinsichtlich der psychosozialen Faktoren Arbeitsüberlastung, Ungeduld (Zeitdruck) und Dominanzstreben signifikant unterschieden: Die Belfaster Frauen waren allerdings auch häufiger Zigarettenraucherinnen als die Augsburger Frauen (33% verglichen mit 21%), während dies auf die litauischen Frauen nicht zutraf (nur 5% Raucherinnen). Obwohl diese Ergebnisse keine endgültigen Aussagen zulassen, verweisen sie auf kulturell induzierte Belastungen, welche

möglicherweise mit den erhobenen psychosozialen Typ-A-Merkmalen korrelieren und das Herzinfarktrisiko der Frauen erhöhen.

7. Geschlechtsspezifische Unterschiede in der kardiologischen Rehabiliation

Laut WHO (1993) ist die kardiale Rehabilitation ein langfristiger Prozess mit dem allgemeinen Ziel, weitere koronare Ereignisse zu verhindern (Sekundärprävention), die physische Funktionsfähigkeit zu verbessern, die Symptome zu lindern und die Lebensqualität zu erhöhen.

Allgemein ist festzustellen, dass Frauen in Deutschland und in anderen Ländern seltener an kardiologischen Rehabilitationsmaßnahmen teilnehmen als Männer. Dies ist zwar vorwiegend bedingt durch die niedrigeren Erkrankungsraten der Frauen, aber auch erkrankte Frauen nehmen seltener Rehabilitationsleistungen in Anspruch als Männer. Bezüglich der ischämischen Herzkrankheit weist beispielsweise die VDR-Statistik für das Jahr 1997 (VDR 1998) bei Männern 28 450 stationäre medizinische und sonstige rehabilitative Leistungen aus, bei Frauen nur 4244; dies entspricht etwa einem Verhältnis von 7:1. Bei den altersstandardisierten Herzinfarktraten können wir hingegen in Deutschland in den Jahrgängen unter 65 von einem Verhältnis von 4,5:1 (Männer zu Frauen) ausgehen (vgl. **Tab. 1**), bei den älteren Jahrgängen von einer noch geringeren Differenz (3:1 bis 2:1).

Da der Versorgungsauftrag der Gesetzlichen Rentenversicherung sich in erster Linie auf die Wiederherstellung der Erwerbsfähigkeit richtet und wesentlich mehr Frauen als Männer vor ihrer Koronarerkrankung nicht erwerbstätig gewesen sind, ist dies ebenfalls eine wichtige Prädiktor für die relativ geringe Inanspruchnahme der kardiologischen Rehabilitation durch Frauen. Gestützt wird diese Beobachtung durch eine Befragung von Herzinfarktpatienten (1104 Männer, 272 Frauen) der MONICA-Studienpopulation Augsburg ein Jahr nach Infarkt (Härtel et al. 1991; Löwel et al. 1994). In den zwölf Monaten nach Infarkt hatten 69 % der befragten Männer und 53 % der Frauen an einer Anschlussheilbehandlung teilgenommen, aber jeweils 90 % derjenigen Männer und Frauen, die vor ihrem Infarkt erwerbstätig waren. An einer ambulanten Koronargruppe hatten 21 % der männlichen und 16 % der weiblichen Patienten teilgenommen. Dieser Unterschied war statistisch nicht signifikant.

Soweit aus der gegenwärtigen Literatur ersichtlich, nehmen auch in anderen europäischen Ländern und in den USA Frauen seltener an Rehabilitationsmaßnahmen teil als Männer (Brezinka et al. 1995; Lieberman et al. 1998; Halm et al. 1999). Allerdings beziehen sich diese Ergebnisse vorwiegend auf die Teilnahme an ambulanten Nachsorgeprogrammen. Wenn die kardiologische Rehabilitation ambulant betrieben wird, scheinen es, neben dem wichtigsten Prädiktor «fehlende Arztempfehlung», vor allem praktische Gründe zu sein, welche Frauen von einer Teilnahme abhalten: Transportprobleme, niemand im Haushalt, der sie zur Therapie fahren kann, andere Verpflichtungen (Limacher 1998). Auch im Review von Brezinka und Kittel (1995), in welchem über die (wenigen) Studien zur geschlechtsspezifischen Inanspruchnahme der ambulanten kardiologischen Rehabilitation in verschiedenen europäischen Ländern berichtet wird, waren die wichtigsten Prädiktoren der Nichtteilnahme von Frauen: fehlende Arztempfehlung, fehlendes Auto und schlechter Versicherungsschutz. Zudem oder mitbedingt durch diese Faktoren nahmen jüngere allein erziehende Frauen relativ selten teil, ebenso wie ältere Frauen, die Angehörige zu pflegen hatten. Halm et al. (1999) berichten aus ihrer Studie mit allerdings nur 46 Frauen und 41 Männern, dass Männer trotz weniger zwingender Indikation von ihren Ärzten häufiger in die ambulante Phase II der Rehabilitation überwiesen wurden als Frauen und die Rehabilitation auch seltener abbrachen. Neben der Überweisung durch den Arzt waren auch in dieser Studie Transportprobleme oder mangelnder Versicherungsschutz die wichtigsten Gründe für die Nichtteilnahme oder den Abbruch der Therapie. Dass außer den bereits genannten Gründen die Ermutigung durch andere Familienmitglieder für Männer und Frauen von Bedeutung ist, zeigt eine kanadische Studie (Liebermann et al. 1998) mit etwa 200

Herzinfarktpatienten. Bei Frauen war auffallend, wie wichtig der Zuspruch durch erwachsene Kinder für die Teilnahme bzw. Nichtteilnahme war. Ein weiterer signifikanter Einflussfaktor für die Nichtteilnahme der Frauen waren ihre Bedenken wegen zusätzlicher Erkrankungen.

Gesichert erscheint ebenfalls, dass Frauen, selbst wenn sie an ambulanten Rehabilitationsmaßnahmen teilnehmen, diese häufiger abbrechen als Männer. In den meisten Fällen ist dies ebenso – wie die Entscheidung über den Beginn einer Rehabilitation – auf soziale Faktoren, wie familiäre Verpflichtungen, Versorgung von Angehörigen usw., zurückzuführen, aber auch auf das höhere Alter der Frauen und ihren schlechteren Gesundheitszustand zum Zeitpunkt des Infarkts (Wenger et al. 1993).

Dass Frauen während des Ablaufs eines Rehabilitationsprogramms andere Präferenzen aufweisen als Männer, ergab die Studie von Moore et al. (1996). Die Anzahl der untersuchten Männer und Frauen (n = 65) war zwar auch hier sehr klein, aber es zeigten sich deutliche Unterschiede hinsichtlich der Akzeptanz verschiedener Maßnahmen. So beklagten sich Männer insbesondere darüber, dass sie sich keine eigenen Ziele, z. B. beim körperlichen Training, setzen konnten, während die Präferenz der Frauen eher in Richtung auf Vermeidung von Schmerzen oder Erschöpfung beim Training gerichtet war. Sowohl Männer als auch Frauen bemängelten, dass ihre Fortschritte während des Trainings zu wenig diskutiert wurden und dass sie nicht wählen konnten zwischen verschiedenen Trainingsarten. Frauen fanden die Übungen auf dem Fahrradergometer oder der «Treadmill» weniger akzeptabel als Männer. Sie äußerten außerdem stärker den Wunsch, sich «sicher zu fühlen» und beim Training gut überwacht zu werden. Auch die emotionale Unterstützung durch andere Patienten und durch das Klinikpersonal war ihnen wichtiger als Männern.

Auf die Bedeutung der Akzeptanz insbesondere sportlicher Übungen auf den Langzeiteffekt der Rehabilitation weisen auch Schuler und Hambrecht (1995) hin. Allerdings können hier durchaus Konflikte auftauchen zwischen Maßnahmen, die bei Patienten beliebt sind, und solchen, die aus medizinischer Sicht als besonders effektiv und sicher eingeschätzt werden. So erfreuen sich z. B. Fußball oder Basketball bei männlichen Patienten großer Beliebtheit, obwohl sie nicht dem «Sicherheitskonzept» des Koronarsports entsprechen (Schuler/Hambrecht 1995).

Rückkehr in den Beruf
Wie bereits erwähnt, ist die Wiedereingliederung ins Erwerbsleben bzw. die Wiederherstellung der Arbeitsfähigkeit im deutschen Rehabilitationssystem noch immer eines der wichtigsten Ziele. In der wissenschaftlichen Literatur finden sich derzeit kaum Studien, die sich mit geschlechtsspezifischen Prädiktoren für eine Rückkehr in den Beruf bei Koronarerkrankungen befassen. Die meisten (veröffentlichten) «Return-to-work»-Studien schließen nur Männer ein oder berichten über «Patienten», so dass nicht klar wird, ob und wie viele Frauen einbezogen wurden (z. B. Angermann/Deschler 1992; Engblom et al. 1994; Mark et al. 1992; Gehring et al. 1988). Nicht überraschend ist, dass bei Männern (und wahrscheinlich auch bei Frauen) sozioökonomische Faktoren wie Ausbildung, Einkommen, Art des Berufs, neben dem Alter der Betroffenen und dem kardialen Status eine wesentliche Rolle spielen. Die Rückkehrrate in den Beruf ist bei unteren beruflichen Schichten (insbesondere ungelernten Arbeitern) wesentlich geringer als bei höheren Schichten.

Eine deutsche Untersuchung von Keck und Budde (1998) zeigt, dass die berufliche Wiedereingliederung von Frauen unter 60 Jahren nach stationärer kardiologischer Rehabilitation häufiger misslingt als bei Männern und dass diese Diskrepanz bei den unter 55-Jährigen noch stärker ausgeprägt ist. Sieben Monate nach der Anschlussheilbehandlung waren in dieser Studie 42 % der unter 60-jährigen Frauen und 54 % der unter 60-jährigen Männer wieder berufstätig. Leider wird in diesem Artikel nicht berichtet, ob dieser Unterschied statistisch signifikant war und auf welche *Anzahl* Frauen sich diese Prozentzahlen beziehen. Die Autoren vermuten, dass die geringere Rückkehrrate der Frauen mit ihrer geringeren beruflichen Qualifikation zusammenhängt, die wiederum mit besonderen körperlichen Anforderungen verbunden ist, denen Frauen mit koronaren Erkrankungen nicht mehr gewachsen sind. Wie bereits oben näher dargestellt, ist gerade im Falle jüngerer Frauen mit einer wesentlich schwereren Erkrankung und einer schlechteren Prognose zu rechnen als bei gleichaltrigen Männern (Vaccarino et al. 1999).

Obwohl auch in der Untersuchung von Mark et al. (1992) mit 1252 Koronarpatienten (mit Herzkatheterisierung) unter 65 Jahren und einer Follow-up-Zeit von einem Jahr nicht über Frauen berichtet wird, ist diese doch sehr aufschlussreich, da sie eine Vielzahl von klinischen und sozialen Variablen einbezieht, um deren Einfluss auf die vorzeitige Erwerbslosigkeit zu prüfen. Die wichtigsten Prädiktoren für die Nicht-Rückkehr in den Beruf waren (in dieser Reihenfolge): Geringerer funktionaler Status (gemessen mit dem Duke Activity Status Index), höheres Alter, Herzinsuffizienz, niedrigerer Ausbildungsstand, nichtkardiale Gefäßerkrankungen, schlechteres psychologisches Befinden und niedrigere berufliche Position. Die demographischen und sozioökonomischen Variablen zusammen erklärten in diesem Modell fast die Hälfte der Gesamtvarianz (45 %), der funktionale Status 27 % und die klinischen Variablen 20 %.

Ob ein solches Modell in gleichem Ausmaß für Frauen gilt, ist empirisch noch unzureichend geprüft. Es erscheint aber einleuchtend, dass die hier nachgewiesenen Prädiktoren auch einen großen Anteil der geringeren beruflichen Rückkehrraten von Frauen erklären. Zudem wird vermutet, dass insbesondere bei verheirateten Frauen der ökonomische Druck zur Rückkehr in den Beruf geringer ist als bei Männern und ihnen vom Arzt seltener zur Rückkehr geraten wird – auch unabhängig von den oben genannten Faktoren (Brezinka/Kittel 1995).

8. Schluss

Herz-Kreislauf-Erkrankungen sind nicht nur bei Männern, sondern auch bei Frauen ein zentrales Gesundheitsproblem. Der vorliegende Beitrag sollte veranschaulichen, welche geschlechtsspezifischen Unterschiede bezüglich der Herzinfarktraten und ihrer möglichen Determinanten existieren und welche Forschungslücken vorhanden sind. Der anwachsende Wissensstand macht immer deutlicher, dass die Ergebnisse von Studien an Männern nur teilweise auf Frauen zu übertragen sind und dass es eine Reihe frauenspezifischer Risiken (und Schutzfaktoren) gibt, die bisher unzureichend untersucht worden sind: z. B. die Rolle von Östrogenen und Gestagenen in verschiedenen Altersgruppen und im Hinblick auf verschiedene Krankheiten oder die Bedeutung psychosozialer Faktoren in verschiedenen Lebensphasen und Krankheitsstadien.

Literatur

Angermann, B., Deschler H. (1992). «Anschlussheilbehandlung nach aortokoronarem Bypass – Wie häufig gelingt die Wiedereingliederung ins Erwerbsleben?» *Rehabilitation*, 31 (1), S. 29–32.

Balady, G. J., Jette, D., Scheer, J., Downing, J. (1996). «Changes in exercise capacity following cardiac rehabilitation in patients stratified according to age and gender». *J Cardiopulm Rehabil*, 16, S. 38–46.

Barrett-Connor, E., Laakso, M. (1990). «Ischemic heart disease risk in postmenopausal women. Effects of use on glucose and insulin levels». *Arteriosclerosis*, 10, S. 531–534.

Barrett-Connor, E., Wingard, D. L., Criqui M. H. (1989). «Postmenopausal estrogen use and heart disease risk factors in the 1980s». *JAMA*, 261, S. 2095–2100.

Barrett-Connor, E. (1998). «Hormone replacement therapy». *BMJ*, 317, S. 457–461.

Beniamini, Y., Rubenstein, J. J., Zaichkowsky, L. D., Crim, M. C. (1997). «Effects of high-intensity strength training on quality-of-life parameters in cardiac rehabilitation patients». *Am J Cardiol*, 80, S. 841–846.

Berkman, L. F., Leo-Summers, L., Horwitz, R. I. (1992). «Emotional support and survival after myocardial infarction». *Ann Intern Med*, 117, S. 1003–1009.

BMFSFJ, Bundesministerium für Familie, Senioren, Frauen und Jugend (2001). *Bericht zur gesundheitlichen Situation von Frauen in Deutschland*. Stuttgart.

Brett, K. M., Madans, J. H. (1995). «Long-term survival after coronary heart disease. Comparisons between men and women». *Ann Epidemiol*, 5, S. 25–32.

Brezinka, V., Kittel, F. (1995). «Psychosocial Factors of coronary heart disease in women: a review». *Soc Sci Med*, 42, S. 1351–1365.

Cannistra, L. B., Balady, G. J., O'Malley C. J., Weiner, D. A., Ryan, T. J. (1992). «Comparison of the clini-

cal profile and outcome of women and men in cardiac rehabilitation». *Am J Cardiol*, 69, S. 1274–1279.
Caulay, J. A., Gutai, J. P., Glynn, N. W., Paternostro, M., Cottington, E., Kuller, L. H. (1994). «Serum estrone concentrations and coronary artery disease in postmenopausal women». *Arterioscler Thromb*, 14, S. 14–18.
Colditz, G. A., Rosner, B. for the Nurses' health Study group (1998). «Use of estrogen plus progestin is associated with greater increase in breast cancer risk than estrogen alone». *Am J Epidemiol*, 147 (Suppl.), 64S.
Eaker, E. D., Prisky, J., Castelli, W. P. (1992). «Myocardial Infarction and coronary death among women: psychosocial predictors from a 20-year follow-up of women in the Framingham Study». *Am J Epidemiol*, 135, S. 854–864.
Engblom, E., Hamalainen, H., Ronnemaa, T., Vanttinen, E., Kallio, V., Knuts, L. R. (1994). «Cardiac rehabilitation and return to work after bypass surgery». *Qual Life Res*, 3, S. 207–213.
Folsom, A. R., Kaye, S. A., Sellers, T. A. et al (1993). «Body fat distribution and 5-year risk of death in older women». *JAMA*, 7, S. 451–537.
Forsander, C., Julkunen, J., Saarinen, T., Idänpään, H., Sala, R. (1995). «Do women and men react differently to myocardial infarction?» *Presentation* at the 5th European Congress on Research in Rehabilitation, Helsinki.
Freedman, D. S., Jacobsen, S. J., Barboriak, J. J. et al (1990). «Body fat distribution and male/female differences in lipids and lipoproteins». *Circulation*, 81, S. 1498–1506.
Gehring, J., König, W., Rana, N. W., Mathes, P. (1988). «The influence of type of occupation return to work after myocardial infarction, coronary angioplasty and coronary bypass surgery». *Eur Heart J*, 9 (Suppl.), S. 109–114.
Goldberg, R. J., O'Donnell, C., Yarzbski, J., Bigelow, C., Savageau, J., Gore, J. M. (1998). «Sex differences in symptom presentation associated with acute myocardial infarction: a population-based perspective». *Am Heart J*, 136, S. 189–195.
Halm, M., Penque, S., Doll, N., Beahrs, M. (1999). «Women and cardiac rehabilitation: referral and compliance pattern». *J Cardiovasc Nurs*, 13, S. 83–92.
Härtel, U., Löwel, H. (1991). «Familienstand und Überleben nach Herzinfarkt». *MMW*, 133, S. 464–468.
Härtel, U., Heiss, G., Filipiak, B., Döring, A. (1992). «Cross-sectional and longitudinal associations between HDL-Cholesterol and Women's Employment Status». *Am J Epidemiol*, 135, S. 68–78.
Härtel, U. (1995). «Subjektive und objektive Gesundheit älterer Frauen und Männer». *Public Health Forum*. 1.

Härtel, U., Gehring, J., Klein, G.; Weber, R. (2001). «Untersuchung geschlechtsspezifischer Prädiktoren des kurzfristigen und langfristigen Erfolgs von Rehabilitationsmaßnahmen bei Patienten mit Herzinfarkt». Bisher *unveröffentlichtes Manuskript*. Projektübersicht DLR-Projektträger des BMBF 11, 14.
Haskell, W. L., Alderman, E. L., Fair, J. M., Maron, D. J., Mackey, S. F., Superko, R., Williams, P. T., Johnstone, I. M., Champagne, M. A., Krauss, R. M., Farquahr, J. W. (1994). «Effects of intensive multiple risk factor reduction on coronary atherosclerosis and clinical cardiac events in men and women with coronary artery disease». *Circulation*, 89, S. 975–990.
Herrington, D. M., Reboussin, D. M., Brosnihan, K. B. et al. (2000). «Effects of estrogen replacement on the progression of coronary artery atherosclerosis». *N Engl J Med*, 343, S. 522–529.
Hochman, J. S., Tamis, J. E., Thompson, T. D. et al (1999). «Sex, clinical presentation, and outcome in patients with acute coronary syndromes». *N Engl J Med*, 341, S. 226–232.
Hu, F. B., Stampfer, M. J., Manson, J. E., Grodstein, F., Colditz, G. A., Speizer, F. E., Willett, W. C. (2000). «Trends in the incidence of coronary heart disease and changes in diet and lifestyle in women». *N Engl J Med*, 343, S. 530–537.
Hulley, S., Grady, D., Bush, T., Furberg, C., Herrington, D., Riggs, B., Vittinghoff, E. (1998). «Randomized trial of estrogen plus progestin for secondary prevention of coronary heart disease in postmenopausal women». *JAMA*, 280, S. 605–613.
Jousilahti, P., Vartiainen, E., Tuomilehto, J., Puska, P. (1999). «Sex, age, cardiovascular risk factors, and coronary heart disease: a prospective follow-up Study of 14 786 middle-aged men and women in Finland». *Circulation*, 99 (9), S. 1165–1172.
Keck, M., Budde, H. G. (1998). «Nachsorgeverhalten und soziale Situation von Patientinnen nach stationärer kardiologischer Rehabilitation». *Herz/Kreislauf*, 30, S. 394–399.
Keil, U. (1993). «Mortalität an Herz-Kreislauferkrankungen von 1985 bis 1990. Abnahme bei Männern – Zunahme bei Frauen». *Therapiewoche*, 43, S. 1658–1664.
Keil, U., Liese A. D., Hense, H. W., Filipiak, B., Döring, A., Steiber, J., Löwel, H. (1998). «Classical risk factors and their impact on incident non-fatal and fatal myocardial infarction and all-cause mortality in southern Germany». *European Heart Journal*, 19, S. 1197–1207.
Kirkwood, F., Adams, J., Sueta, C. A. et al. (1999). «Gender differences in survival in advanced heart failure. Insights from the FIRST Study». *Circulation*, 99, S. 1816–1821.
Koch, U., Schliehe, F., Aufderheide, E. (1998). «Stand und Entwicklung der rehabilitationswissenschaft-

lichen Forschung». *Die Rehabilitation*, 37, S66–S70.

Krumholz, H. M., Butler, J., Miller, J. et al. (1998). «Prognostic importance of emotional support for elderly patients hospitalized with heart failure». *Circulation*, 97, S. 958–964.

Kuller, L. H. (1994). «Eating fat or being fat and risk of cardiovascular disease and cancer among women». *Ann Epidemiol*, 4, S. 119–127.

Lagerqvist, B., Satstrom, K., Stahle, E., Wallentin, L., Swahn, E. (2001). «Is early invasive treatment of unstable coronary artery disease equally effective for both women and men? FRISC II Study Group Investigators». *Am Coll Cardiol*, 38 (1), S. 41–48.

Larsson, B., Bengtsson, C., Björntorp, P. et al. (1992). «Is abdominal body fat distribution a major explanation for the sex differences in the incidence of myocardial infarction?» *Am J Epidemiol*, 135, S. 266–273.

Laughlin, G. A., Barrett-Connor, E., Kritz-Silverstein, D., von Muhlen (2000). «Hysterektomy, oophorectomy, and endogenous sex hormone levels in older women: The Rancho Bernardo Study». *J Endocrinol Metab*, 85, S. 645–651.

Lavie, C. J., Milani, R. V. (1995). «Effects of cardiac rehabilitation and exercise training on exercise capacity, coronary risk factors, behavioral characteristics, and quality of life in women». *The American Journal of Cardiology*, 75, S. 340–343.

Lieberman, L., Meana, M., Stewart, D. (1998). «Cardiac rehabilitation: gender differences in factors influencing participation». *J Women's Health*, 7, S. 717–723.

Limacher, M. C. (1998). «Exercise and rehabilitation in women, indications and outcomes». *Cardiology clinics*, 16, S. 27–36.

Löllgen, H., Dickhuth, H. H., Dirschedl, P. (1998). «Serie: Sekundärprävention der koronaren Herzerkrankung: Vorbeugung durch körperliche Bewegung». *Deutsches Ärzteblatt*, 95, A-1531.

Löwel, L., Lewis, M., Keil et al. (1995). «Zeitliche Trends von Herzinfarktmorbidität, -mortalität, 28-Tage-Letalität und medizinischer Versorgung. Ergebnisse des Augsburger Herzinfarktregisters von 1985 bis 1992». *Z Kardiol*, 84, S. 596–605.

Löwel, L., Lewis, M., Härtel, U., Hörmann, A. (1994). «Herzinfarkt-Patienten ein Jahr nach dem Ereignis». *MMW*, 136, S. 33–38.

Löwel, H., Engel, S., Hörmann, A., Gostomzyk, J., Bolte, H. D., Keil, U. (1999). «Akuter Herzinfarkt und plötzlicher Herztod aus epidemiologischer Sicht». *Intensivmed*, 36, S. 652–661.

Loose, M. S., Fernhall, B. (1995). «Differences in quality of life among male and female cardiac rehabilitation participants». *J Cardiopulmonary Rehabil*, 15, S. 225–231.

Lowe, L. P., Greenland, P., Ruth, K. J., Dyer, A. R., Stamler, R., Stamler, J. (1998). «Impact of major cardiovascular disease risk factors, particularly in combination, on 22-year mortality in women and men». *Arch Intern Med*, 158, S. 2007–2014.

Manson, J. E., Tosteson, H., Ridker, P. M., Satterfeld, S., O'Connor, G. T., Buring, J. E., Hennekens, C. H. (1992). «The primary prevention of myocardial infarction». *N Engl. J Med*, 326, S. 1406–1416.

Matthews, K. A., Meilan, E., Kuller, L. H. et al (1989). «Menopause and risk factors for coronary heart disease». *N Engl J Med*, 321, S. 641–646.

Mendes de Leon, C. F., Krumholz, H. M., Seeman, T. S., Vaccarino, V., Williams, C. S., Kals, S. V., Berkman, L. F (1998). «Depression and risk of coronary heart disease in elderly men and women». *Arch Intern Med*, 158, S. 2341–2348.

Milner, K. A., Funk, M., Richards, S., Wilmes, R. M., Vaccarino, V., Krumholz, H. A. (1998). «Gender differences in symptom presentation associated with coronary heart disease». *Am J Cardiol*, 84, S. 396–399.

Moore, S. M., Kramer, F. M. (1996). «Women's and men's preferences for cardiac rehabilitation program features». *J Cardiopulm Rehabil*,16, S. 163–168.

Ness, R. B., Harris, T., Cobb, J. et al. (1993). «Number of pregnancies and the subsequent risk of cardiovascular disease». *N Engl J Med*, 328, S. 1528–1533.

Oldridge, N. B., Guyatt, G. H., Fischer, M. E., Rimm, A. A. (1988). «Cardiac rehabilitation after myocardial infarction. Combined experience of randomized clinical trials». *JAMA*, 260, S. 945–950.

Ornish, D., Brown, S. E., Scherwitz, L. W., Billings, J. H. et al. (1990). «Can lifestyle changes reverse coronary heart disease?» *The Lancet*, 336, S. 129–133.

Ornish, D., Scherwitz, L. W., Billings, J. H. et al. (1998). «Intensive lifestyle changes for reversal of coronary heart disease». *JAMA*, 16, S. 2001–2007.

Orth-Gomer, K., Wamala, S. P., Horsten, M., Schenck-Gustafsson, K., Schneiderman, N., Mittleman, M. A. (2000). «Marital stress worsens prognosis in women with coronary heart disease: the Stockholm female coronary risk study». JAMA, 284, S. 3008–3014.

Reckelhoff, J. F. (2001). «Gender differences in the regulation of blood pressure». *Hypertension*, 37, S. 1199–1208.

Rosengren, A., Spetz C. L., Koster, M., Hammar, N., Alfredsson, L., Rosen, M. (2001). «Sex differences in survival after myocardial infarction in Sweden; data from the Swedish National Acute Myocardial Infarction Register». *Eur Heart J*, 22 (4), S. 314–322.

Ross, R. K., Paganini-Hill, A., Wan, P. C., Pike, M. C. (2000). «Effect of hormone replacement therapy on breast cancer risk: estrogen versus estrogen plus progestin». *J Natl Cancer Inst*, 92 (4), S. 328–323.

Schairer, C., Lubin, J., Troisi, R., Sturgeon, S., Brinton, L., Hoover, R. (2000). «Menopausal Estrogen and estrogen-progestin replacement therapy and breast cancer risk». *JAMA*, 283, S. 485–491.

Schreiner, P. J., Niemela, M., Miettinnen, H., Mahonen, M., Ketonen, M., Immonen-Raiha, P., Lehto, S., Vuorenmaa, T., Palomaki, P., Mustaneimi, H., Kaarsalo, E., Arstila, M., Torppa, J., Puska, P., Tuomilehto, J., Pyorala, K., Salomaa, V. (2001). «Gender differences in recurrent coronary events. The FINMONICA MI register». *Eur Heart J*, 22 (9), S. 762–768.

Schuler, G., Hambrecht, R. (1995). «Serie: Sekundärprävention der koronaren Herzerkrankung: Die Rolle der Rehabilitation». *Deutsches Ärzteblatt*, 20: A-1233.

Stampfer, M. J., Hu, F. B., Manson, J. E., Rimm, E. B., Willett, W. C. (2000). «Primary prevention of coronary heart disease in women through diet and lifestyle». *N Engl J Med*, 343, S. 16–22.

Statistisches Bundesamt (2001). *Gesundheitsberichterstattung im Internet.* Stand: 30.8.2001.

Sykes, D. H., Härtel, U., Gostautas, A., Evans, A. E. (1992). «The Framingham Type A Behaviour Pattern and coronary heart disease in three countries: a cross-cultural comparison». *Int J Epidemiol*, 21, S. 1081–1089.

The World Health Organization MONICA Project (1994). «Ecological analysis of the association between mortality and major risk factors of cardiovascular disease». *Int J Epidemiol*, 23, S. 505–516.

Tunstall-Pedoe, H., Kuulasmaa, K., Amouyel, P., Arveiler, D., Rajakangas, A. M., Pajak, A. (1994). «Myocardial Infarction and Coronary Deaths in the World Health Organization MONICA Project». *Circulation*, 90, S. 583–612.

Tunstall-Pedoe, H., Kuulasmaa, K., Mahonen, M., Tolonen, H., Ruokokoski, E., Amouyel, P. (1999). «Contribution of trends in survival and coronary-event rates to changes in coronary heart disease mortality: 10-year results from 37 WHO MONICA Populations». *The Lancet*, 353, S. 1547–1557.

VDR-Statistik Rehabilitation des Jahres 1997 (1998). Verband Deutscher Rentenversicherungsträger, Bd. 126, Frankfurt/M.

Uemura, K., Pisa, Z. (1988). «Trends in cardiovascular disease mortality in industrialized countries since 1950». *Wld. hlth statist. Quart*, 41, S. 155–177.

Vaccarino, V., Krumholz, H. M., Berkman, L. F., Horwitz, R. I. (1995). «Sex differences in mortality after myocardial infarction. Is there evidence for an increased risk for women?» *Circulation*, 91, S. 1861–1871.

Vaccarino, V., Parsons, L., Every, N. R., Barron, H. V., Krumholz, H. M. (1999). «Sex-based differences in early mortality after myocardial infarction». *N Engl J Med*, 341, S. 217–225.

Vaccarino, V., Krumholz, H. M., Yarzebski, J., Gore, J. M., Goldberg, R. J.. (2001). «Sex differences in 2-year mortality after hospital discharge for myocardial infarction». *Ann Intern Med*, 134, S. 173–181.

Warner, J. G., Brubaker, P. H., Zhu, Y., Morgan, T. M., Ribisl, P. M., Miller, H. S., Herrington, D. M. (1995). «Long-term (5-year). changes in HDL cholesterol in cardiac rehabilitation patients. Do sex differences exist?» *Circulation*, 92, S. 773–777.

Wenger, N., Speroff, L., Packard, B. (1993). «Cardiovascular health and disease in women». *N Engl J Med*, 22, S. 247–256.

Wenger, N. (1996). «Coronary heart disease in older women: prevention, diagnosis, management, and prognosis». *Clin Geriatr*, 4, S. 53–66.

Williams, J. E., Paton, C. C., Siegler, I. C., Eigenbrodt, M. L., Nieto, F. J., Tyroler, H. A. (2000). «Anger proneness predicts coronary heart disease risk: prospective analysis from the atherosclerosis risk in communities (ARIC) study». *Circulation*, 101, S. 2034–2039.

Whooley Mary, A., Browner, W. S. (1998). «Association between depressive symptoms and mortality in older women». *Arch Intern Med*, 158, S. 2129–2135.

Krebskrankheiten bei Männern und Frauen

Dieter Borgers

1. Vorbemerkung zum Verständnis der Krankheitsbezeichnung Krebs

Der Begriff Krankheit bezeichnet Realitäten, deren Inhalt und Bedeutung unterschiedlicher kaum sein können, z. B. Herzinfarkt, Schnupfen, Bluthochdruck, Haarausfall, Depressionen, Beinbrüche usw. Ein allgemeiner Krankheitsbegriff steht so immer in der Gefahr, eine nichts sagende Generalisierung darzustellen. Krebs ist eine Sammelbezeichnung für mindestens 200 unterschiedlichste Krankheiten, deren Verlauf, Lebensbedrohlichkeit, Behandlungsmöglichkeiten und Verursachung kaum einen gemeinsamen Nenner haben. Dieser besteht allein darin, dass die biologische Basis aller Krebserkrankungen ein unregulierter Zellwucherungsprozess mit destruktivem Wachstum ist. Die Abstraktheit des Begriffs ist vergleichbar jener der «Entzündung», der ja ebenfalls die unterschiedlichsten Krankheiten vereint: vom Rheuma über Verletzungsfolgen bis zu Infekten (Bauer 1963; Grundmann 1956).

Am Beginn der modernen Medizin im 19. Jahrhundert war Krebs hauptsächlich eine durch Chirurgie zu behandelnde Erscheinung, vor allem wegen seines lokalen Charakters, der eine Entfernung mit dem Messer anbot. Diese Lokalisierung verdrängte ältere konstitutionelle Auffassungen von Krebs als einer allgemeinen Erkrankung mit lokalen Manifestationen (Eckart 2000). Erst in den letzten 30 Jahren wurde aufgrund der anhaltenden Misserfolge der radikalen lokalen Entfernung inklusive regionaler Lymphknoten eine erneute Wende zu einer Auffassung des Krebses als generalisierte Erkrankung vollzogen. Diesem Bild entspricht die moderne medizinische Behandlung mit Chemotherapeutika und die häufig mehr palliative als kurative Rolle der Chirurgie (Hölzel et al. 1996; Martensen 1994).

Da Tumoren meistens über Jahre im Inneren des Körpers entstehen und wachsen, ist eine sichere Diagnostik außer im Endstadium erst durch die bildgebenden Verfahren möglich geworden – zunächst (1900) durch den Röntgenapparat und heute (seit ca. 30 Jahren) durch Computertomografie, Kernspintomografie und Ultraschall. Die bessere Diagnostik hat zusammen mit der gestiegenen Lebenserwartung zu einer «Epidemie» von Krebserkrankungen im historischen Maßstab geführt. Bei der heutigen Lebenserwartung von über 70 Jahren erkrankt jeder dritte Mensch im Laufe seines Lebens an Krebs. Die Frage, ob und in welchem Ausmaß diese Epidemie durch äußere Ursachen (Chemikalien, Strahlung, Ernährung usw.) verursacht ist bzw. ob sie eine notwendige Folge der gestiegenen Lebenserwartung darstellt, prägt eine wichtige Debatte über mögliche Erfolgsaussichten der Prävention (Borgers 1982). Der präventiv bedeutsamen Identifikation von Krebsursachen (Rauchen, Asbest, Ruß, Benzol und anderen kanzerogenen Substanzen) steht ein ritualisiertes Nichtwissen gegenüber, das Krebs ganz allgemein auf zu vieles Essen, Bewegungsmangel, psychische Disposition, psychisches Kontrollverhalten, das moderne Leben und ähnliche Allgemeinheiten zurückführen will (Tijhuis et al. 2000; Schapiro et al. 2001). Diese

Erklärungsversuche kommen einem verständlichen Kausalbedürfnis entgegen, haben aber den Nachteil, sich nie verifizieren lassen zu können und ohne praktische Relevanz zu sein (Cantor 2000).

Die Konnotation des sozialen Charakters einer Krankheit insbesondere von Krebs kann auf unterschiedliche Vorstellungen zurückgreifen. In der allgemeinen und weitest gehenden Vorstellung sind Massenerkrankungen per se soziale Phänomene. In der Grotjahn'schen Definition heißt es, die sozialen Verhältnisse
- schaffen oder begünstigen die Krankheitsanlage,
- sind die Träger der Krankheitsbedingungen,
- vermitteln die Krankheitsursachen,
- beeinflussen den Krankheitsverlauf.

Dies im Einzelnen nachzuweisen ist die Aufgabenstellung der Sozialepidemiologie (Geyer 2000). Je besser, differenzierter und eindeutiger der soziale Charakter belegbar ist, desto mehr ist die Zuweisung des Begriffs gerechtfertigt – praktisch schon deshalb, weil sich erst durch die Erarbeitung sozialer Kenntnisse und Mechanismen eine effiziente Prävention und Krankenversorgung organisieren lässt. Beim Krebs hat die Sozialepidemiologie und die allgemeine und geografische Epidemiologie extreme Unterschiede der Krebshäufigkeit festgestellt, die sich aber nur in manchen Fällen (z. B. Rauchen und Lungenkrebs sowie beruflich verursachte Krebsformen) bekannten Ursachen zuordnen lassen. (Kogevinas et al. 1997; Sokal et al. 2000). Die Suche nach psychisch konzipierten Ursachen hat sich beim Krebs als praktisch unfruchtbar erwiesen, obwohl diese Deutung immer populär war (Schapiro et al. 2000; Tijhuis et al. 2000).

2. Geschlechtsspezifische Organkarzinome

Ausgangspunkt gesundheitswissenschaftlicher Analysen des Zusammenhangs von Krebs und Geschlecht sind zwei empirisch leicht zu verifizierende Befunde:
- die quasi kategorisch entweder nur bei Frauen oder nur bei Männern (in der Sprache der Biologie: Weibchen bzw. Männchen) vorhandenen Organkarzinome von Uterus, Brust und Ovar bzw. von Prostata und Hoden;
- der in epidemiologischen Studien zu beobachtende große Häufigkeitsunterschied zwischen Männern und Frauen bei vielen Organkarzinomen, die beide Geschlechter betreffen.

Eine besondere Darstellung der geschlechtsspezifischen Karzinome hat ihren Grund in dem hohen Anteil am gesamten Krebsgeschehen. Brust-, Uterus- (Cervix- oder Collum-) und Eierstockkrebs sind häufige Krebsformen bei Frauen. Sie machen 40 % aller Krebsformen aus oder anders formuliert: Bei Frauen ist fast jeder zweite Krebsfall eine «Geschlechtskrankheit» (Remennick 1998). Der Begriff Krebs selbst – griechisch karcinos – bezeichnet die Brustkrebserscheinung im fortgeschrittenen Stadium, die schon im alten Griechenland bekannt war. Bei Männern treten der Prostatakrebs und Hodenkrebs mit lediglich 20 % hervor. Damit erweist sich die relative Häufigkeit einzelner Organkarzinome, d. h. ihr jeweiliger Anteil an der geschlechtsspezifischen Gesamtkrebsrate für Frauen und Männer als kaum vergleichbar. Auch die Häufigkeitsdifferenzen der bei beiden Geschlechtern vorhandenen Organkarzinome sind je nach Krebsart ganz unterschiedlich (vgl. **Tab. 1**).

Am Ende des letzten Jahrhunderts hatte dies noch zur Folge, dass Krebs im Allgemeinen als eine Erkrankung der Frau angesehen wurde. Heute wirkt sich dies unter anderem so aus, dass in den USA 40 % aller Frauen mit 60 Jahren keinen Uterus mehr haben, da er chirurgisch entfernt wurde (Reid et al. 2000). Hinter solchen erstaunlichen Zahlen steckt auch die Vorstellung, dass ein im Alter «überflüssiges» und krebsanfälliges Organ besser entfernt werden sollte (Peterson/Benishek 2001). Während beim Uterus eine solche Entwicklung sich ohne weiteres vollziehen konnte, sind ähnliche Tendenzen beim Brustkrebs (Radikaloperation) auf den Widerstand der betroffenen Frauen gestoßen. Die Begründung für ein so radikales Vorgehen muss sich heute den schärferen Kriterien von Schaden und Nutzen unterziehen (Hölzel et al. 1996).

Der Sinn und Zweck eines Nachweises von

Tabelle 1: Neuerkrankungen an allen bösartigen Neubildungen in Deutschland 1997.

	Männer	Frauen
Mundhöhle und Rachen	7.200	2.500
Speiseröhre	3.200	900
Magen	9.700	8.300
Dickdarm	14.400	18.000
Mastdarm	9.700	9.600
Leber	3.400	1.800
Gallenblase und -gänge	1.800	3.900
Bauchspeicheldrüse	4.700	5.400
Verdauungsorgane	47.900	48.800
Kehlkopf	2.900	400
Lunge	28.200	8.900
Atmungsorgane	32.400	10.100
Knochen	700	500
Bindegewebe	800	700
M. Melanom der Haut	3.100	3.800
Brustdrüse	400	45.800
Gebärmutterhals	–	5.800
Gebärmutterkörper	–	10.000
Eierstöcke	–	8.200
Weibl. Geschlechtsorgane	–	26.500
Prostata	27.800	–
Hoden	3.600	–
Penis	600	–
Harnblase	10.300	4.700
Niere	6.900	5.200
Nervensystem	4.000	3.600
Schilddrüse	800	2.000
Ungenau bez. Lokalisation	5.200	6.300
Non-Hodgkin-Lymphome	5.400	5.200
Hodgkin-Lymphome	1.000	800
Multiples Myelom	1.500	1.700
Leukämien	4.400	4.500
Lymphome und Leukämien	12.300	12.200
Alle bösartigen Neubildungen	164.900	173.400

Differenzen der epidemiologischen Ziffern erschöpft sich umso mehr in sich selbst und macht sie leicht zu einem banalen Befund, je länger sie bekannt sind (Parkin et al. 1999). Für Geschlechterunterschiede einzelner Organkarzinome gilt das schon seit Hippokrates und den alten GriechInnen. Wenn damit scheinbar Universalien bzw. Naturgesetze angesprochen sind, so stehen diese immer unter einem Ideologieverdacht, den es möglichst durch realhistorische, sozial vermittelte empirische Erkenntnisse zu überwinden gilt (Sokal et al. 2000). Die Schwierigkeit dieses Unterfangens ist bei Krebserkrankungen besonders groß und führt in der optimistischen Variante zu «Sieg»-Meldungen über den Krebs und seine Ursachen, in der pessimistischen Variante zu einem Agnostizismus, in dem die Unwissenheit bis auf wenige Aussagen fast gleich bleibt. Der schiere Umfang und die Macht des aus den naturwissenschaftlichen «Apparaten» gespeisten Krebsdiskurses macht eine Bewertung dieses Wissens äußerst schwierig.

2.1 Brustkrebs

Der Begriff Brustkrebs beinhaltet unterschiedliche Verläufe einer Krankheit, deren gemeinsames Merkmal der Befall eines spezifischen Organs darstellt. Das Lebenszeit-Risiko von Frauen liegt bei insgesamt über 10 %. Trotz starker Zunahme des Risikos in den letzten Jahrzehnten ist die Mortalitätsrate aber gleich geblieben oder gesunken (Feuer et al. 1993). Während der Krankheitsverlauf bei einem undifferenzierten Karzinom in kurzer Zeit zum Tod führt, verläuft die Krankheit bei den häufigeren, differenzierten Karzinomen oft über Jahre und Jahrzehnte und muss aufgrund konkurrierender Todesursachen nicht unmittelbar für den Tod verantwortlich sein (Plotkin 1996).

Der säkulare Anstieg des Brustkrebses hat unterschiedliche Bestimmungsgrößen, deren allgemeinste, wie bei fast allen Karzinomen, die jetzt auf fast 80 Jahre gestiegene Lebenserwartung und der damit verbundene höhere Anteil älterer Frauen in der Bevölkerung ist. Die durch die modernen bildgebenden Verfahren bzw. durch Screening-Aktivitäten vermehrt entdeckten minimalen «In-situ»-Karzinome bilden einen neuen Typ von Brustkrebs, der heute 10 % aller Fälle ausmacht. Seine prognostische Bedeutung ist zwischen Risikostatus und beginnender klinischer Krankheit angesiedelt. Es ist nicht sinnvoll, «In-situ»-Karzinome ohne Berücksichtigung ihres spezifischen Charakters als klinische Fälle zu betrachten und so von einer Zunahme des Risikos auszugehen, wenn sie für den Anstieg der Fallzahlen verantwortlich sind.

Die Charakterisierung der Tumoren aufgrund histologischer Befunde (Zelleigenschaften) ist eine unsichere Methode, so dass andere Eigenschaften und die Östrogen-Empfindlichkeit zur Prognose mit herangezogen werden müssen. Wie extrem unterschiedlich die Wachstumsraten der Tumoren sein können, zeigen Studien der jeweiligen Zellverdopplungszeit, die zwischen zehn Tagen und zehn Jahren liegen kann. Wenn solche unterschiedlichen Verläufe unter einer Krankheitsbezeichnung firmieren, ist mit der Diagnose kein Maßstab für sichere Erwartungen gegeben und das Wort Krebs bleibt eher eine Metapher als ein wissenschaftlich und praktisch fruchtbarer Begriff.

Die epidemiologische Suche nach konkreten vermeidbaren Ursachen in Lebensweisen und materiellen Expositionen ist bis heute umstritten geblieben. Der mit der Menstruation verbundene Auf- und Abbau von Zellen wird als Träger des Brustkrebsrisikos angesehen. Eine frühe Menarche (heute 12 Jahre), wenige Geburten, kurze Stillperioden und eine späte Menopause führen heute zu 300 bis 400 Perioden zwischen Menarche und Menopause, eine Zahl die früher viel geringer und bei Vielgebärenden aufgrund der Schwangerschaftsdauer und Stillzeiten auf 20 Perioden beschränkt sein konnte. Wenn die historischen Verbesserungen der Lebensbedingungen von Frauen so zu einem höheren Brustkrebsrisiko geführt haben, ist die Dramatisierung einer Brustkrebsepidemie eine zweischneidige Angelegenheit. In den USA konnte sich sogar eine langjährige wissenschaftliche und politische Debatte über den Beitrag der Abortgesetzgebung zur Brustkrebsepidemie entwickeln (Whittle/Inhorn 2001). Die mit großen epidemiologischen Studien unterlegte Diskussion über die wachsende Behandlung mit Östrogenen in der Postmenopause trifft auf den gleichen Sachverhalt, weil auch hier ein menstruationsanaloger Effekt unterstellt wird, der zu einem Anstieg des Brustkrebsrisikos führt. Die über die Reproduktionsgewohnheiten von Frauen vermittelte Verursachung von Brustkrebs hat ein präventives Potenzial, dessen praktischer Verwirklichung höhere Ziele entgegenstehen und sei es nur die im Interesse der Bevölkerungsbegrenzung stehende Geburtenkontrolle (Lerner 1998).

Die Sozialepidemiologie des Brustkrebses zeigt – als Ausnahme von der Regel – einen gleichgerichteten sozialen Gradienten: In höheren Sozialschichten findet sich eine höhere Brustkrebsmorbidität als in den unteren. Kongruente Reproduktionsgradienten machen das leicht erklärbar, wobei ein Entdeckungsbias durch häufigere Screening-Aktivitäten bei Frauen in höheren Sozialschichten hinzukommt. Die Häufigkeitsunterschiede zwischen Frauen mit unterschiedlicher Körpergröße oder Körpergewicht, unterschiedlichen Essgewohnheiten, Volkszugehörigkeit bzw. Hautfarbe (im angloamerikanischen «race» genannt), Berufen und anderen Merkmalen (meistens relative Risiken) sind in Bezug auf ihren präventiven und kausalen Gehalt immer nur Chimären geblieben, auch wenn sie in der populärkulturellen Verarbeitung des Brustkrebsproblems häufig thematisiert werden (Lantz/Booth 1998). Äußere stoffliche Expositionen haben sich in ihrem das Brustkrebsrisiko erhöhenden Potenzial – bis auf die Belastung durch Radioaktivität und Strahlen aufgrund von Diagnostik und Therapie – nicht wirklich sichern lassen oder sind erst gar nicht in interventiven Experimenten erprobt worden. Primärprävention in einem gesundheitspolitisch relevanten und praktischen Sinn hat so kaum eine reale Grundlage, die über Forschung und hypothetische Möglichkeiten hinauskommt. Darum ist verständlich, dass die Sekundärprävention in Form des Brustkrebs-Screenings im Mittelpunkt einer praktisch und gesundheitspolitisch relevanten Debatte steht.

Brustkrebs-Screening

Während das Screening für den Cervixkrebs des Uterus (Abstrich) als erfolgreiches Verfahren gilt, wird um die Mammografie eine internationale Diskussion geführt (Lerner 1998). Sie spiegelt die im Zuge von Health-Technology-Assessment und Konsumentinnen-Kritik gewachsene Skepsis gegenüber der ungeprüften Einführung von Technologien in das Gesundheitswesen wider (Gibis et al. 1999). Wenn früher für die politische Durchsetzung von Screening-Programmen oft allein die Aussage genügte, dass jede früh erkannte eine verhütete Krankheit sei und Früherkennung daher nie schaden, sondern nur nutzen könne, ist heute ein solches «Märchen» nicht mehr vermittelbar. Vor Einführung eines systematischen Screenings ist heute ein etablierter Katalog von Standardfragen zu beantworten, der insbesondere auf die Ergebnisse wissenschaftlich kontrollierter Studien abzielt.

Die wissenschaftliche Evidenz für den Nutzen des Brustkrebs-Screenings verbirgt sich in acht großen randomisierten Studien. Die Größenordnung der gemessenen Effekte bei einer auch aus grundsätzlichen Erwägungen und ohne Zwang nicht zu verbessernden Beobachtungsqualität von über 100 000 Menschen über ein Jahrzehnt stellt ein Grenze positiver Wissenschaft und möglicher Empirie dar. Eine Analyse der Qualität dieser interventiven Bevölkerungsexperimente ergab so viele Widersprüche, dass eine renommierte Arbeitsgruppe der Cochrane-Collaboration zu der Ansicht kam, ein generelles Screening sei nicht zu rechtfertigen (Gotzsche et al. 2000). Es ist für die Zukunft kaum zu erwarten, dass neue Studien die Debatte auf eine neue Grundlage stellen werden. Diagnostische Alternativen einer Aufmerksamkeit für Symptome und einer Brustabtastung sind ebenfalls wirksam und können verbessert werden (Koubenec 2000).

Die bevölkerungsmedizinische Perspektive kommt erst zum Vorschein, wenn man die vorhandenen Effekte systematisch darstellt und sie zum Zweck einer Mitbeteiligung der Frauen an der Entscheidungsfindung offen legt (Mühlhauser/Höldke 1999). Die aus dem persönlichen Blickwinkel her gesehen «marginale» Wirkung, verbunden mit der hohen Zahl falsch positiver Befunde, ruft den psychologischen Reflex der Teilnahme an einem Roulette hervor. In den Studien, die das Ziel hatten, eine hohe Teilnahmerate zu erreichen, wurde mit paternalistischer Haltung die Fragilität des Effekts nicht mitgeteilt. Wegen der neuen ethischen Maxime einer Offenlegung von Schaden und Risiko zur Mitentscheidung der Beteiligten im Gesundheitswesen wird dieses Verschweigen zukünftig aber nicht mehr möglich sein, so dass das Erreichen einer hohen Teilnahmerate als Qualitätsmerkmal prinzipiell in Frage gestellt wird. Die Offenlegung der entgegen einem «Kinderglauben» nur geringen Wirkung vieler technologisch orientierter Strategien im Gesundheitswesen mit allen Wirkungen und Nebenwirkungen führt insgesamt zu einer realistischeren Beurteilung technischer Möglichkeiten. Das Unterschlagen der Risiken ist aus der Sicht der Befürworter zwar verständlich, lenkt aber die Gesamtentwicklung in eine falsche Richtung (Bouchardy et al. 2001).

In Deutschland wird ein systematisches Brustkrebs-Screening zunächst in Modellversuchen erprobt, um die international üblichen Qualitätsstandards – unter anderem eine Teilnahmerate von mindestens 70 % – zu erreichen. Darüber hinaus ist es bisher als unsystematisches, zufälliges Screening im Rahmen der Krankenbehandlung und als Reaktion auf Symptome mit 3 bis 4 Mio. Röntgenaufnahmen pro Jahr verbreitet. Diese Praxis stellt wegen der ungesicherten Qualität mit schätzungsweise 200 000 falsch positiven Befunden ein verstecktes gesundheitspolitisches Problem dar. Da sie aber formell als individuelle Krankenbehandlung firmiert und eine Kontrolle durch ein bevölkerungsmedizinisches Programm nicht existiert, treten die negativen Effekte nicht in Erscheinung. Sie könnten erst durch systematische Beobachtung, d. h. Erfassung und statistische Analyse mit großen Zahlen sichtbar werden.

2.2 Uteruskarzinome

Der Uterus entwickelt zwei Karzinomformen, die von unterschiedlichen Gewebetypen ausgehen und aufgrund charakteristischer Eigenschaften wie auch ihrer unterschiedlichen Epidemiologie nie als gemeinsame Krankheit abgehandelt werden. Das so genannte Cervixkarzinom (Gebärmutterhalskrebs) ist ein Krebs der Schleimhaut des Muttermundes, das Korpuskarzinom der Krebs der Drüsenzellen des Uterus. Letzteres ist mit ca. 10 000 Neuerkrankungen in Deutschland – das sind 6 % aller Tumore der Frau – bedeutsam. Vor dem 50. Lebensjahr sind Korpuskarzinome äußerst selten, der Altersgipfel wird im 70. Lebensjahr erreicht. Die schon aus vergangenen Jahrhunderten stammende Beobachtung, dass das Korpuskarzinom bei Nonnen (gemeint sind Jungfrauen) häufig, das Cervixkarzinom aber nicht auftrat, ist der Ausgangspunkt für epidemiologische Hypothesen über einen Zusammenhang mit der Zahl der Schwangerschaften bzw. häufigem und frühem Geschlechtsverkehr. Das Korpuskarzinom ist bei kinderlosen Frauen häufiger, so dass hormonelle Ursachen postuliert werden. Obwohl regionale und nationale Unterschiede vorhanden sind, ist die Suche nach einer äußeren, auf spezifische oder unspezifische Expositionen oder Lebensweisen zurückzuführenden Ursache ganz unergiebig geblieben. Auch wenn häufig Übergewicht, Bluthochdruck oder Fettgehalt der Nahrung in Lehrbüchern genannt werden, verdecken diese Aussagen eher ein Nichtwissen präventiv relevanter Ursachen. In Bezug auf die orale Kontrazeption wird von einer Senkung des Risikos ausgegangen.

Cervixkarzinom (Gebärmutterhalskrebs)
Jährlich erkranken ca. 6000 Frauen an Gebärmutterhalskrebs. Schon mit 30 Jahren können Fälle auftreten, das Risiko steigt bis zur Menopause und weiter bis zum 70. Lebensjahr an. Seit ca. 30 Jahren findet sich ein starker Rückgang der Inzidenz in Europa und vergleichbaren Ländern, so dass das Cervix-Ca heute von geringerer Bedeutung ist als das Korpus- und Ovarialkarzinom. Die epidemiologische Forschung nach den Ursachen hat ihren Ausgangspunkt bei der schon erwähnten Beobachtung genommen, dass Nonnen nicht an Cervix-Ca erkranken, während früher Geschlechtsverkehr, Promiskuität der Partner, Rauchen und niedriger Sozialstatus als etablierte Risikofaktoren gelten.

Diesem Risiko liegt eine virale Infektion mit Papilloma-Viren zu Grunde, die bei chronischem Verlauf zu präkanzerösen Veränderungen des Schleimhautepithels führen. Die Erhöhung des Risikos durch diese Faktoren ist aber präventiv ohne Bedeutung, weil sie einerseits nicht so stark ausfällt, andererseits die Konsequenzen präventiver Strategien sich auf das allgemeine Sexualverhalten auswirken. Moralpolitiken wären damit kaum zu rechtfertigen und allgemeiner Kondomgebrauch allenfalls von Risikogruppen zu fordern. Der allgemeine Rückgang der klassischen Geschlechtskrankheiten und seiner Determinanten haben positive Auswirkungen auf das Papilloma-Infektionsrisiko gehabt. Der starke Rückgang des Cervix-Ca in der Ersten Welt wird auf hygienische Faktoren und die systematische Früherkennung zurückgeführt. Obwohl der Papanicolaou-Test nie in einem randomisierten Versuch überprüft wurde, ist die Evidenz aus Fall-Kontroll-Studien und Kohortenstudien doch stark genug um davon auszugehen, dass selbst ein Screening in einem zehnjährigen Abstand die Inzidenz des invasiven Karzinoms um zwei Drittel senken würde (Miller et al. 1999, 2000). Die Logistik des Cervix-Ca-Screenings ist in den skandinavischen Ländern perfektioniert worden, wobei sich die Qualitätskontrolle der Cytologie und das Erreichen einer Teilnahmerate von über 90 % als relevant erwiesen haben. In Deutschland sind die Teilnahmeraten so niedrig, dass aufgrund der Wiederholung der jährlichen Tests bei denselben Frauen und der Tatsache, dass Hochrisikogruppen nicht gezielt angesprochen werden, eine geringe Effektivität unterstellt werden kann. Über symptomorientierte Behandlungen werden genauso viele Tests wie über den Früherkennungsmechanismus abgerechnet; eine Situation, die durch die insgesamt hohe Inanspruchnahme ambulanter Leistungen in Deutschland erleichtert wird.

2.3 Ovarialkarzinom
Ca. 8000 Frauen erkranken jährlich an Ovarial-Ca, dessen Aggressivität dazu führt, dass die Sterberate doppelt so hoch liegt wie beim Cervix-Ca. Er ist ein Tumor der Postmenopause mit einem Altersgipfel bei 70 Jahren. Die Beantwortung der Ursachenfrage ist über Spekulationen nie hinausgekommen und präventive Möglichkeiten sind in primärpräventiver oder sekundärpräventiver Hinsicht nicht zu erkennen.

2.4 Hodenkrebs
Ca. 3000 Männer erkranken jährlich an Hodenkrebs in einem mittleren Alter von 35 Jahren. Der Tumor tritt vorwiegend zwischen dem 20. und 50. Lebensjahr auf und weist nicht den sonst universellen Anstieg mit dem Alter auf. Es wird daher angenommen, dass wirksame Ursachen sich schon während der Schwangerschaft entfalten. Sowohl in Bezug auf Ursachen als auch in Bezug auf reale Präventionsmöglichkeiten ist

kein Fortschritt erzielt worden, während die therapeutischen Möglichkeiten sich verbessert haben.

2.5 Prostatakrebs

Neben dem Lungenkrebs ist der Prostatakrebs der zweithäufigste Tumor bei Männern (ca. 30 000 Fälle pro Jahr). Er ist der Krebs des alten Mannes mit einem Altersgipfel im 73. Lebensjahr. In einigen Ländern (USA, Schweden, Niederlande) gibt es im letzten Jahrzehnt einen steilen Anstieg der diagnostizierten Fälle, wobei aber unklar ist, ob ein wahrer Anstieg der Krankheitshäufigkeit vorliegt oder aufgrund neuer und intensiverer Diagnostik mehr Fälle entdeckt werden, die klinisch stumm sind. Diese Deutung wird durch sinkende Mortalitätsraten nahe gelegt, ohne dass ein therapeutischer Durchbruch erzielt worden wäre (Potosky et al. 1995). Das Hauptargument für diese Deutung kommt aber aus der histologischen und mikroskopischen Analyse von Prostata-Gewebe gesunder Männer. Histologisch lässt sich bei 15 bis 30 % der Männer über 50 Jahre ein klinisch nicht relevantes «Karzinom» finden. Die Prävalenz dieser unsichtbaren Tumoren steigt bei 80-Jährigen auf 60 bis 70 % und erreicht bei 90-Jährigen 90 %. Damit wäre ein klinisch stummer und nur histologisch zu sichernder «Tumor» eine normale Alterserscheinung des Mannes und die relevante Frage wäre, wann, warum und wie sich daraus ein klinisches Karzinom entwickelt (Hölzel 1995). Diese Determinanten sind aber unbekannt und damit der natürliche Krankheitsverlauf unklar. Die Ätiologie und die bekannten Risikofaktoren haben keine präventiven Möglichkeiten eröffnet. Die routinemäßige Benennung von allgemeinen Risikofaktoren wie Sexualhormonspiegel, Genetik, Ernährung, sexuelle Aktivität usw. ist ein oft wiederholtes Ritual ohne praktische präventive Relevanz.

Ein Screening auf Prostatakrebs ist in Deutschland seit langem durch die digitale Tastuntersuchung etabliert, obwohl unbestritten ist, dass dieses die meisten Kriterien für ein systematisches Screening nicht erfüllt. Insbesondere die Unsicherheit über den natürlichen Krankheitsverlauf, die geringe Spezifität und Sensitivität sowohl der digitalen Untersuchung als auch des PSA-Tests haben dazu geführt, dass in den meisten Health-Technology-Assessment-Programmen ein Prostata-Screening als ineffektiv abgelehnt wird (Selley 1997).

2.6 Krebsformen beider Geschlechter

Die organbezogene Benennung von Krebs hat zur Folge, dass es im Prinzip für jedes Organ den ihm zugehörigen Krebs gibt. Die Häufigkeiten sind im Weltmaßstab extrem unterschiedlich, genauso wie die Zu- oder Abnahme in verschiedenen Zeiträumen und Ländern. In Europa und den USA haben sich in den letzten hundert Jahren zwei Krebsformen extrem unterschiedlich entwickelt: Während der früher seltene Lungenkrebs durch Rauchen, Arbeitsplatzbelastung und Luftverschmutzung zu einer vorwiegend männlichen Epidemie wurde, ist der Magenkrebs stark zurückgegangen, was global auf die verbesserte Ernährung (Kühlschrank, Frische, Sauberkeit) zurückgeführt wird. Andere Krebsformen, wie z.B. Darmkrebs, nehmen eher zu. Die Krebsepidemiologie dokumentiert diese oft extremen Unterschiede und versucht daraus Ätiologien abzuleiten. Die Krebsdisposition im Sinne einer genetischen Fixierung und tradierten Eigenschaft ist allerdings ebenfalls genauso verschieden und komplex wie die äußeren Expositionen. Allein das so genannte «Brustkrebsgen» besteht in Wirklichkeit aus verschiedenen Polymorphismen der variierenden und disponierenden Genabschnitte. Die Erhöhungen und Erniedrigungen des Krebsrisikos unter Beteiligung der bekannten Risikofaktoren kann so zu sich um das zehn- bis hundertfache unterscheidenden Risiken führen.

3. Krebsursachen und Prävention

Wenn man davon ausgeht, dass jeder dritte Mensch im Laufe seines Lebens an Krebs erkranken wird und zusätzlich berücksichtigt, wie aufwändig und schwer kurative Erfolge zu erzielen sind, ist evident, warum die Suche nach Krankheitsursachen und deren Beseitigung für die Gesundheitspolitik und die medizinische Versorgung eine besondere Bedeutung haben (Bailar/Gornik 1997). Der für viele Menschen schicksalhafte Charakter der Erkrankung sowie die relative Gleichförmigkeit der Gesamtkrebsrate in einer bestimmten Bevölkerung in einem Generationenzeitraum lassen eine allgemeine Krebsprävention manchmal als gut gemeintes, aber doch utopisches Unterfangen erscheinen (Austocker 1994). Diese Aussage bezieht sich auf Krebs als biologisches Gesamtphänomen. Wenn man von praktischer Krebsprävention spricht und sie gesundheitspolitisch umzusetzen versucht, ist es eher angebracht, nicht auf eine generelle Krebsprävention zu zielen, sondern sich von vornherein auf spezifische Krebsarten und ihre Ursachen zu konzentrieren (Borgers 1982; Cairns 1981).

Die absolute Zahl von Krebserkrankungen – im Sinne von zu behandelnden Fallzahlen – hat in den letzten 50 Jahren in Deutschland und Europa exponentiell zugenommen. Auch wenn eine spezifische Krebsprävention für einzelne Organkarzinome konsequent durchgeführt wurde, stieg die Zahl der Krebskranken insgesamt an, weil Krebs in Bezug auf seine Häufigkeit primär eine Alterskrankheit ist. Erfolge der Krebsprävention bestehen bei häufigen Krebsarten darin, das Durchschnittsalter der Krebsmanifestation in ein höheres Lebensalter zu verschieben. Der damit verbundene Gewinn an krankheitsfreier Lebenszeit ist ein lohnenswertes gesundheitspolitisches Ziel, auch wenn er nicht mit absolut sinkenden Krankheitsfällen verbunden ist.

Die kurative Behandlung hat ihre besonderen Erfolge bei Krebsarten jüngerer Menschen, wie z. B. der akuten Leukämie im Kindesalter, der Hodgkin-Erkrankung und bei Hodenkrebs. Da 70 % aller neuen Krebsfälle bei Menschen über 60 Jahren auftreten, haben diese großen Erfolge eine quantitativ eher geringe Bedeutung. Diese Situation lässt die Erkennung und Beseitigung von Ursachen als so wichtig erscheinen, dass auch schon geringe Erfolge als gesundheitspolitisch erstrebenswerte Ziele anzusehen sind.

Die Erfolge in der Krebsbekämpfung sind vorhanden, aber sie sind viel geringer, als ein verständlicher Optimismus dies suggerieren will. Es ist einfach zu behaupten, dass die geringen positiven Entwicklungen eine Folge schlechter Politik oder falscher Prioritäten sind. In Wirklichkeit ist Krebs aus verschiedenen, komplexen unterschiedlichen Krankheiten mit unterschiedlichsten Ursachen, Risiken und Charakteristika zusammengesetzt. Dies ist auch die Ursache dafür, dass ein allgemeiner Fortschritt in Bezug auf das Gesamtproblem Krebs konzeptionell so problematisch und gesundheitspolitisch wenig realistisch ist. Ohne eine bessere Kenntnis der verschiedenen Ursachen und der Effizienz praktischer Präventionsmaßnahmen sind Fortschritte kaum zu erzielen. Selbst wenn das Rauchen plötzlich eingestellt würde und über Nacht alle Menschen eine ideale Ernährungsweise annähmen, wäre das quantitative Ausmaß des Krebsproblems kaum geringer.

Es gibt eine allgemeine Übereinstimmung, dass ein großer Anteil aller Krebsfälle vermieden werden könnte, wenn das bekannte Wissen besser angewendet würde. Aber es herrscht kaum Übereinstimmung in Bezug auf den Anteil, den einzelne ätiologische Faktoren wie Ernährung, berufsbedingte Expositionen und Umweltbelastung haben. Die multifaktoriellen Ursachen der meisten Tumoren machen die quantitative Beurteilung einzelner Ursachen sehr schwierig. Die meisten Schätzungen beruhen auf nicht verifizierten Annahmen. Deshalb besteht über den durch Minderung eines einzelnen Faktors möglichen Gesundheitsgewinn erhebliche Unsicherheit. Der Anteil des Faktors Ernährung an der Krebsverursachung wurde z. B. zwischen 10 % und 70 % geschätzt.

Voraussetzung für eine Krebsprävention ist also die Kenntnis der Ursachen in einem qualitativen und quantitativen Sinne. Die Quantifizierung ist essenziell, weil die bloße Aufzählung der vielen in experimentellen Untersuchungen erhobenen Krebsursachen eine gesundheitspolitische Strategie der Krebsprävention leicht in die Irre führen kann. Aus der schon mehrfach erwähnten Tatsache, dass jeder dritte Mensch an Krebs erkrankt, kann – wenn eine äußere Verursachung unterstellt wird – leicht geschlossen werden, dass auch die Ursachen ubiquitär vorhanden sein müssen. Unter dieser Prämisse ist eine wissenschaftliche und gesundheitspolitische Debatte über «vermeidbare Krebsursachen» geführt worden. Sie kam zu der optimistischen Aussage, dass bis zu 80 % aller Krebsfälle durch Umweltfaktoren verursacht werden und im Prinzip durch Reduzierung von Expositionen und verhaltensbedingten Risikofaktoren vermeidbar sind. Zur Anwendung kam ein epidemiologisches Modell, bei dem die jeweils niedrigste Rate in einem Krebsregister (bzw. Land) als Basis genommen und der darüber liegende Anteil eines anderen Landes als vermeidbar angesehen wurde. Aus der Addition dieser Differenzen bei allen Organkrebsen ergab sich dann das Gesamtvolumen vermeidbarer Krebsursachen von 80 %.

Eine grundsätzlich andere Möglichkeit besteht darin, von experimentell herausgefundenen Krebsursachen auszugehen und darauf aufbauend Krebshäufigkeiten zu errechnen. Dieser Ansatz führt jedoch ebenfalls zu kaum lösbaren Widersprüchen, weil viele experimentell gefundene «Krebsursachen» in ihrer realen quantitativen Bedeutung für den Menschen nicht einzuschätzen sind.

Wie gering das Wissen über die Bedeutung spezifischer Krebsursachen ist, soll im Folgenden anhand der häufigst genannten Expositionen und Risikofaktoren zusammengefasst werden. Die Geschlechtsspezifität der Ursachen und Risiken ist schon immer das Feld der sozialepidemiologischen Forschung gewesen und soll hier nicht im Einzelnen referiert werden.

3.1 Rauchen und Alkohol

Es existiert ein universeller Konsens, dass Tabakrauchen eine vermeidbare Krebsursache ist. Rauchen verursacht nicht nur Lungenkrebs, sondern auch Blasenkrebs, Mundkrebs, Speiseröhrenkrebs, Krebs des Rachenraums und Cervixkrebs. Wegen des hohen Anteils von Raucher-Lungenkrebs an allen Krebsursachen ist das Rauchen für jeden fünften Krebsfall verantwortlich. Es gibt keinen Zweifel daran, dass Nichtrauchen und das Aufgeben des Rauchens zu einer ca. 80 %igen Reduktion des Lungenkrebsrisikos führt. Für die Gesundheitsberichterstattung ist daher die detaillierte empirische Analyse der Rauchgewohnheiten in der Bevölkerung besonders relevant. Alkohol hat auf die Gesundheit positive und negative Auswirkungen. Er ist eine vom Ausschuss für gefährliche Arbeitsstoffe als kanzerogen eingestufte Substanz. Alkoholkonsum führt insbesondere im Zusammenhang mit Rauchen zu einer erhöhten Krebsrate des Kehlkopfes und im Rachenbereich.

3.2 Ernährung

In mehreren wissenschaftlichen Konsens-Dokumenten wird davon ausgegangen, dass 30 % aller Krebsfälle durch praktisch durchführbare Ernährungsmaßnahmen vermeidbar seien. Das am meisten zitierte Dokument ist der Report von Doll und Peto (1981) für den US-Kongress. Sie schätzten, dass in den USA die Ernährungsweise 35 % aller Krebsfälle verursacht, fügten allerdings hinzu, dass akzeptable Schätzungen zwischen 10 % und 70 % liegen können. Die Argumentation beruhte auf einem Vergleich von spezifischen Raten in unterschiedlichen Ländern, wobei auch für die Organkrebse des Verdauungstraktes große Unterschiede in der Inzidenz nachweisbar sind. In zwei späteren Berichten zitierte die Weltgesundheitsorganisation (WHO) die Schätzungen von Doll und Peto. Gleiches tat der im Jahre 1989 herausgegebene Bericht der Nationalen Akademie der Wissenschaften der USA, ebenso der Bericht des Chief Medical Officer in England und eine Arbeitsgruppe der European School of Oncology. Schließlich ist diese Schätzung in qualitativer und quantitativer Hinsicht für das Programm «Europa gegen den Krebs» grundlegend gewesen. Die beste Evidenz einer nahrungsmittelorientierten Krebsprävention bezieht sich auf die Aufnahme von frischem Gemüse und Früchten. Die Schätzung einer 20 %igen Reduktion der allgemeinen Krebsinzidenz durch einen Anstieg des Konsums entspricht einem heutigen Konsens (Deutsches Institut für Ernährungsforschung 2000). Ein Nutzen würde jedoch nicht sofort eintreten, sondern ein bis zwei Dekaden benötigen. Eine konservative Schätzung geht von einer Reduktion von 7 % aus, in dem die Wirkung des Alkoholkonsums und des Rauchens als unabhängig angenommen wird. Dies ist jedoch eine sehr vorsichtige Annahme, da die gesündere Ernährungsweise auch bei den tabakbezogenen Krebsarten sowohl bei Rauchern als auch bei Nichtrauchern und Ex-Rauchern wirksam ist.

3.3 Infektionen

In der Dritten Welt sind Infektionskrankheiten und Parasiten eine Ursache für häufige Krebsarten. Diese Ursachen sind in Deutschland nur in sehr geringem Umfang vorhanden. Das Krebsrisiko durch Hepatitis ist bekannt – aber der Leberkrebs ist insgesamt eine eher seltene Krebsart.

3.4 Genetische Krebsursachen

Gene sind nicht vermeidbar und so ist die Frage einer praktischen Prävention durch genetische Interventionen aus politischen und praktischen Gründen kein realistisches Betätigungsfeld. Eine Disposition durch genetische Veränderungen wird für 10 % aller Brustkrebsfälle verantwortlich gemacht. Eine Primärprävention ist jedoch nicht möglich und Screening-Maßnahmen sind sorgfältig unter Nutzen-Risiko-Abwägungen zu evaluieren. Die extrem seltenen familiären monogenetischen Krankheiten mit fast 100 % frühem Krebsrisiko sind ein Sonderfall.

3.5 Umwelt

Die Rolle der allgemeinen Umweltbedingungen (Boden, Wasser, Luft) zu quantifizieren ist für die Epidemiologie und die Toxikologie eines der schwierigsten Probleme, weil sehr viele Personen in Studien einbezogen werden müssen, deren Exposition sich dauernd verändert und schwierig zu charakterisieren ist. Auch wenn das relative Risiko häufig gering ist, bleibt aufgrund der allgemeinen Exposition eine große Zahl von Personen betroffen. Die Begrenzung der epidemiologischen Methodik führt zur Benutzung von Extrapolationen aus hochexponierten Tierexperimenten oder arbeitsmedizinischen Kontexten und es ist nur natürlich, wenn hier vielfältige wissenschaftliche Kontroversen entstehen, die für die Gesundheitspolitik ein großes Hindernis darstellen (Borgers 1982).

Die WHO und die Internationale Agentur zu Krebsforschung (IARC) haben aufgrund epidemiologischer Erkenntnisse ca. 70 Substanzen oder Expositionen als menschliche Karzinogene anerkannt. Davon sind: 13 industrielle Prozesse, 20 Chemikalien, die in der Arbeitswelt als karzinogen erkannt wurden, 25 Pharmaka, 5 kulturelle Gewohnheiten (z. B. Rauchen) und 7 natürliche Substanzen und Pflanzen.

Auf der Basis von Humandaten und experimentellen Ergebnissen wurden weitere 57 Chemikalien oder chemische Mixturen als wahrscheinlich karzinogen und 224 als möglicherweise karzinogen für den Menschen eingestuft.

Wegen der vorhandenen Widersprüche zwischen experimentellen und epidemiologischen Ergebnissen ist eine Schätzung des in der Bevölkerung vorhandenen Krebsrisikos durch Umweltsubstanzen schwierig. Auf der Grundlage eines geschätzten Krebsrisikos bei einer konstanten Exposition über 70 Jahre hat der Bund-Länder-Ausschuss für sieben wichtige Kanzerogene eine solche Abschätzung versucht. Auf dieser Grundlage lassen sich für industrielle Ballungsgebiete und ländliche Regionen Größenordnungen der Belastung durch krebserzeugende Stoffe aufzeigen. Wenn man das Einzelrisiko der sieben Substanzen addiert, so ergibt sich in Ballungsgebieten (Rhein-Ruhr-Schiene) ein Lebenszeitrisiko von 80 auf 10 000 Einwohner (Ministerium 1993). Da in diesen Schätzungen nur sieben Kanzerogene aufgenommen wurden, ist das Gesamtrisiko unter Einbeziehung anderer Moleküle höher. Es ist wichtig festzustellen, dass diese Abschätzungen auf Modellannahmen beruhen, die wissenschaftlich kontrovers sind. Ihre Rechtfertigung ergibt sich vor allem aufgrund der Anwendung des Vorsorgeprinzips.

Strahlenbelastung

Die öffentliche Angst vor Strahlenbelastungen, die lediglich für 2 % aller Krebsfälle verantwortlich gemacht werden, ist verständlich. Nukleare Katastrophen und die Abfallproblematik repräsentieren Probleme, denen in politischen und wissenschaftlichen Auseinandersetzungen ein prominenter Platz gebührt (Calabrese 2001; National Research Council 1990). Die Exposition durch medizinische Strahlenbelastung ist insbesondere in Deutschland zu hoch und kann durch Qualitätssicherung und andere Programme reduziert werden. Die Bedeutung des ultravioletten Lichts als energiereiche Strahlung für die Verursachung von Hautkrebsen ist erwiesen, so dass extreme Sonnenexposition zu vermeiden ist.

Krebs am Arbeitsplatz

Allgemeine Schätzungen gehen davon aus, dass 8 bis 10 % aller Organkrebse bei Männern und Frauen durch berufliche Expositionen hervorgerufen werden. Herausragend ist die Bedeutung einzelner Krebsarten in ihrer beruflichen Verursachung wie z. B. Lungenkrebs oder das Mesotheliom (Asbest). Auch für Arbeitsplatzbelastungen sind heute Studien mit einer großen Anzahl von Personen über lange Zeiträume erforderlich, weil kleine Studien die heute geringeren Risiken nicht erkennen lassen. Der Arbeitsschutz und die Veränderung der Produktion selbst haben dafür gesorgt, dass Krebsrisiken in der Industrie und an Arbeitsplätzen im historischen Verlauf stark reduziert wurden. Für einzelne Berufe und Arbeitsplätze kann selbstverständlich weiterhin, insbesondere durch höheren Produktumsatz und Produktionsverdichtung, ein erhöhtes Risiko bestehen. In Bezug auf das allgemeine Krebsproblem sind die Erfolge der Arbeitsmedizin und des Arbeitsschutzes als erfolgreich anzusehen. Ihre lineare Übertragung auf allgemeine Expositionen in der Bevölkerung führt aber zu großen konzeptionellen und praktischen Problemen.

Die Reduzierung von Komplexität auf möglichst wenige identifizierbare und wirksame Ursachen im Sinne von Agenzien ist das Ziel von positiver Wissenschaft. Damit gleicht sie der Lebenserfahrung, die ein Verweis auf Komplexität möglichst durch wenige Einzelheiten ersetzt sehen möchte, wenn es um praktische Veränderungen geht. Die realen Erfahrungen mit Präventionsstrategien für Volkskrankheiten haben aber gezeigt, dass ein verfehlter Ätiologismus kaum zu Erfolgen führt. Von dieser Problematik ist die Krebsprävention genauso betroffen wie die früheren Erfahrungen mit Infektionskrankheiten. Eine Art Beschwörungsformel, die letztlich alle Phänomene auf materielle Einzelursachen zurückführt, kann leicht zu einem aus einer reinen Modellannahme abgeleiteten Formalismus werden, der den Interessen der Einzelwissenschaft entgegenkommt, für die gesundheitspolitische Frage nach einer effektiven Prävention aber unfruchtbar ist. Ein naives Erklärungsbedürfnis ist damit befriedigt und dient einer sozialen Stabilisierung. Wenn man aber umgekehrt von der primären Komplexität der Zusammenhänge ausgeht, ist diese nur in einer bewiesenen Ausnahme in Einfachheit auflösbar. Eines der ungelösten Probleme für eine effiziente Präventionspolitik im Bereich Krebs ist die Tatsache, dass viele natürliche Substanzen sich im Tierversuch als kanzerogen erwiesen haben. Würde man die aus diesen Tierversuchen errechenbaren Krebsrisiken für den Menschen beim Genuss so natürlicher Substanzen wie Senf, Pilzen, Basilikum, Erdnussbutter, gekochtem Schinken usw. als gesichert betrachten, so käme eine quantitative Prioritätensetzung zu ganz anderen Ergebnissen.

Der soziale Gradient in der Häufigkeit wichtiger Tumoren und in den Überlebensraten verweist auf die Notwendigkeit eines sozialpolitischen Präventionsansatzes, der einfache Vermeidungsbotschaften an die Allgemeinbevölkerung überwindet. Die für das Rauchen aufgezeigte extreme soziale Differenzierung des wichtigsten qualitativen und quantitativen Krebsrisikos macht einen solchen Ansatz zu einer gesundheitspolitischen Priorität. Auch andere materielle Risikofaktoren am Arbeitsplatz und in der Umwelt haben einen starken sozialen Gradienten. Aufgrund der bestehenden Expositionsdifferenzen wird sich langfristig die soziale Polarisierung der Krebsinzidenz erhöhen. Auch die Inanspruchnahme von Früherkennungsleistungen hat einen starken sozialen Gradienten.

Die Möglichkeit, die Krebshäufigkeit durch präventive Maßnahmen zu beeinflussen, hat zu einer europäischen Politik der Primär- und Sekundärprävention von Krebs geführt. Als Programm «Europa gegen den Krebs» ist es mit Ressourcen ausgestattet, um in den Mitgliedsländern entsprechende Projekte anzugehen. Im Wesentlichen geht es um die Beeinflussung individueller Lebensstilfaktoren und um die Förderung des Screenings. Im Mittelpunkt des Programms steht der Europäische Code gegen Krebs, der eine einfache Botschaft für die Öffentlichkeit enthält. Es wird davon ausgegangen, dass die Beachtung dieses Codes zu einer 15%igen Reduktion der Krebshäufigkeit bis zum Jahr 2000 führen könnte. Eine Evaluation des Programms ergab allerdings, dass das offensichtliche «Gießkannenprinzip» einer unspezifischen Förderung verschiedenster praktischer Projekte eine Identität und eine mögliche Wirksamkeit des Programms verhindert.

Die unkritische Einführung von Gesundheitsförderungsaktivitäten, die allein dadurch gerechtfertigt wird, dass eine Krankheit verhindert bzw. die Gesundheit gefördert werden könnte, ist wissenschaftlich nicht haltbar. Gesundheitsförderung sollte nachgewiesenerma-

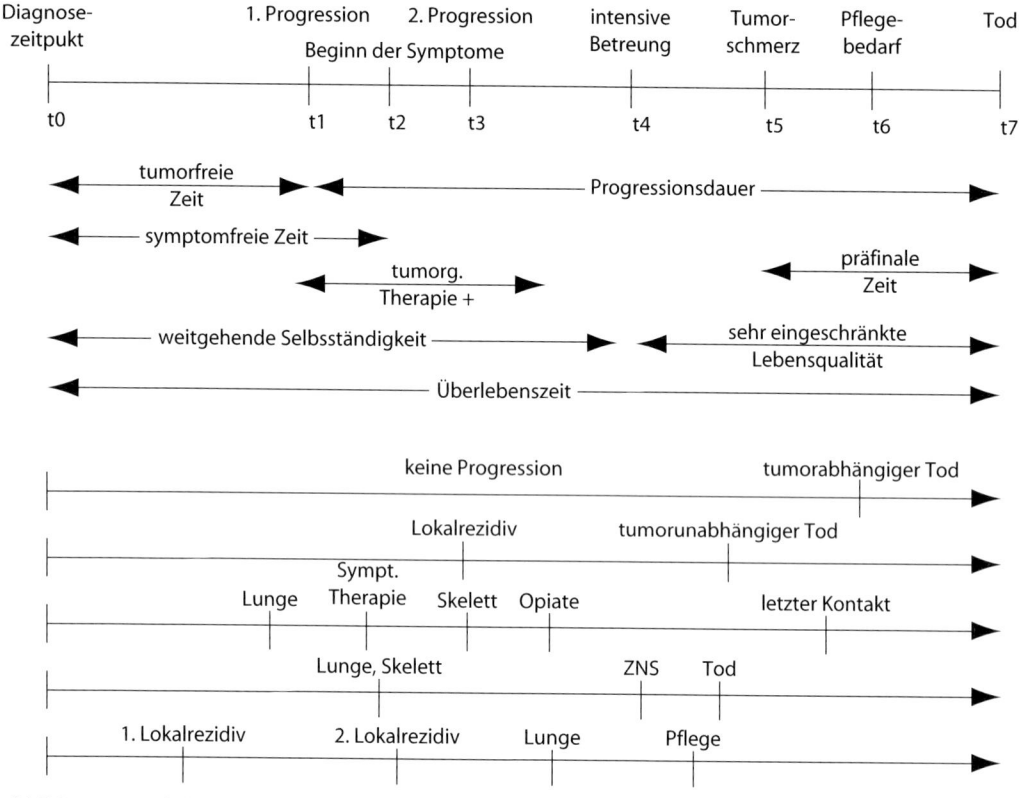

304 Vergleichende Gesundheitsanalysen bei Frauen und Männern

Diagnose- zeitpukt	1. Progression Beginn der Symptome	2. Progression	intensive Betreung	Tumor- schmerz	Pflege- bedarf	Tod
t0	t1 t2	t3	t4	t5	t6	t7

```
←—— tumorfreie Zeit ——→←——————— Progressionsdauer ———————→
    ←— symptomfreie Zeit —→
              ←— tumorg. Therapie + —→         ←— präfinale Zeit —→
←——— weitgehende Selbstständigkeit ———→  ←— sehr eingeschränkte Lebensqualität —→
←———————————— Überlebenszeit ————————————→
```

	keine Progression		tumorabhängiger Tod	
	Lokalrezidiv	tumorunabhängiger Tod		
	Sympt.			
Lunge	Therapie Skelett	Opiate	letzter Kontakt	
Lunge, Skelett		ZNS	Tod	
1. Lokalrezidiv	2. Lokalrezidiv	Lunge	Pflege	

Abbildung 1: Zeitlicher Verlauf einer Tumorerkrankung.

Verbesserung der Chemotherapie bzw. in geringerem Ausmaß mit der Verbesserung der Chirurgie. Wenn man die Verbesserung der Fünf-Jahres-Überlebensraten als Erfolgsmaßstab des therapeutischen Fortschritts verwendet, so zeigen die historischen Vergleiche nur geringe Verbesserungen. In den US-Statistiken des weltweit anerkannten SEER-Systems (Surveillance, Epidemiology, and End-Result Programm) entsprechen die Verbesserungen der Überlebensrate für alle Krebserkrankungen bei Schwarzen seit 1960 einem Effekt, der sie heute auf das Niveau der Weißen im Jahre 1960 hebt, wobei Weiße heute wiederum den gleichen Vorsprung aufweisen (Greenwald et al. 1996).

Der Standardverlauf einer Krebserkrankung ist eine Angelegenheit von Jahren, was leicht übersehen werden kann, wenn sich die Aufmerksamkeit auf unmittelbar zum Tode führende Verläufe oder Heilungen richtet (vgl. **Abb. 1**). Die Beeinflussung dieses Standardverlaufs durch therapeutische Maßnahmen wird meistens mit Nebenwirkungen erkauft, die bei kritischer Sicht gegen den Überlebensvorteil abgewogen werden müssen (The Swedish Council 2001). Die kurative Behandlung der Krebserkrankung besteht fast regelmäßig aus Chirurgie, Chemotherapie und Strahlbehandlung. Der jahrelange Verlauf führt zusammen mit der Häufigkeit von Krebserkrankungen dazu, dass in großem Ausmaß ambulante und stationäre Ressourcen bereitgestellt werden müssen. Die Koordination von ambulanter und stationärer Behandlung, die Organisation von Tumorzentren, die Qualitätssicherung und Qualität der klinischen Forschung sowie die palliativmedizinische Versorgung stellen Problemfelder der deutschen Situation dar. Die Formulierung von realistischen Therapiezielen zwischen kurativer und palliativer Absicht wird heute deutlicher beachtet, so dass Rezidive nach Primärbehandlung primär palliativ angegangen werden. Die Nachsorge in Form einer aufwändig und flächendeckend konzipierten, screeningartigen, engmaschigen Überwachung aller Krebskranken, ist einer Sichtweise gewichen, die die erneut auftretende Symptomatik als Zeichen der Systemerkrankung wertet, wobei eine regelmäßige, systematische Tumorsuche bei nur palliativen Therapiezielen keine verbesserten Ergebnisse bringt (Hölzel 1996).

6. Feministische Kritik: Krebs als Metapher und Patientinnen als Objekte

Die Diagnose und Behandlung des Krebses beinhaltet eine der technologie-intensivsten Bereiche der modernen Biomedizin. Die Onkologie benutzt regelmäßig die modernsten und teuersten Apparate und Prozeduren, welche überhaupt im Gesundheitswesen angewendet werden. Die Kritik eines technologischen Determinismus, der aus dem durch diesen selbst generierten sozialen Prozess vorangetrieben wird und sich gegen die Interessen der Kranken wendet, ist ein Unterkapitel allgemeiner Kritik technologischer Imperative der modernen Medizin. Die auf dem Krebsgebiet noch dominanter als sonst hervortretende amerikanische Medizin ist besonders anfällig für diese Entwicklung. Verglichen mit der weniger aggressiven europäischen Tradition, die die hergebrachten Grundsätze des Abwartens, der ganzheitlichen Sichtweise und der Behandlung durch natürliche Kräfte beachtet, ist die amerikanische Vorliebe für Chirurgie und spezifische Chemotherapie hervorzuheben, die ihre Höhepunkte in den welthöchsten Kaiserschnitt- und Uterusentfernungsraten hat.

Dass Frauen von diesen modernen Epidemien vorwiegend aufgrund handelnder Männer betroffen sind, hat eine feministisch begründete Kritik des unterstellten Machtdispositivs hervorgerufen (Whittle/Inhorn 2001; Petersen 2001). Die Aktualität dieser Debatte findet sich vor allem in der Brustkrebsbehandlungs- und Screeningfrage und in der Hormonersatztherapie der Menopause wieder. Die sich entwickelnde genetische Technologie verschärfte diese Problematik mit der Option prophylaktischer bilateraler Brustamputationen bei Trägerinnen des krankhaften Gens und einer unterstellten Prävalenz von einer auf zweihundert Frauen.

Aufgrund der metaphorischen Macht des Wortes «Krebs», das häufig als kurzfristig oder langfristig wirkendes Todesurteil angesehen wird, sind alle Praktiken von der einfachsten Medizin bis zu finanziell ruinösen Behandlungen in einen existenziellen Zusammenhang gestellt, der von Hoffnung und Resignation gespeist wird (Proctor 1995).

Die Gesellschaft, aber auch der einzelne Patient sind bereit, für imaginierte und reale Durchbrüche der Therapie alles zu wagen. Diesen simplen Hoffnungen steht die Komplexität des Krebsproblems gegenüber, die nur in Ausnahmen eine Heilung ermöglicht. Die enge Verflechtung von Alter und Krebs lässt einen Sieg über den Krebs als Hoffnung auf ewige Jugend erscheinen. Diese wird von spirituellen Traditionen ebenso gespeist wie von einigen Ayatollahs des biomedizinischen Fortschritts, die das krankheitsfreie genetische Zeitalter heraufziehen sehen und die dafür benötigten Mittel fordern.

Literatur

Arbeitsgemeinschaft Bevölkerungsbezogener Krebsregister Deutschlands (Hrsg.) (1997). *Krebs in Deutschland. Häufigkeiten und Trends.* Saarbrücken.
Austoker, J. (1994). «Cancer prevention: setting the scene». *BMJ*; 308, S. 1415–1420.
Bailar, J. C., Gornik, H. L. (1997). «Cancer undefeated». *N Engl J Med*, 336, S. 1569–1574.
Bauer, K. H. (1963). *Das Krebsproblem.* Heidelberg.
Becher, H., Steindorf, K., Wahrendorf, J. (1995). *Epidemiologische Methoden der Risikoabschätzung für krebserzeugende Umweltstoffe mit Anwendungsbeispielen.* Bielefeld.
Borgers, D., Braun, B., Helmert, U. (2000). «Größenordnung und Relevanz der Entwicklung chronischer Krankheiten und von subjektiver Morbidität für das Sozialversicherungssystem». *Unveröffentliches Manuskript.* Bremen.
Borgers, D. (1985). «Was ist Kanzerogenität?» *Das Argument: Zeitschrift für Philosophie und Sozialwissenschaften,* Sonderband 125, S. 28–64.
Kasper, A. S., Ferguson, S. J. (2000). *Breast Cancer: Society Shapes an Epidemic.* New York.
Bouchardy, C., Raymond, L., de Wolf, C., Abel, T.,

Ackermann-Liebrich, U., Goldhirsch, A. (2001). «Stellungnahme zur Wirksamkeit des Mammographie-Screenings in der Schweiz». *Schweizerische Ärztezeitung*, S. 655–661.
Calabrese, E. J., Baldwin, L. A. (2001). «U-shaped dose-responses in biology, toxicology, and public health». *Annu Rev Public Health*; 22, S. 15–33.
Cantor, D. (2000). «What cancer tells us about western biomedicine and culture in the twentieth century». In: Eckart, W. U. (Hrsg.). *100 Jahre organisierte Krebsforschung*. Stuttgart.
Cairns, J. (1981). «The origin of human cancers». *Nature*, 289, S. 353–357.
Deutsches Institut für Ernährungsforschung (2000). *Krebsprävention durch Ernährung*. Potsdam.
Doll, R., Peto, R. (1981). *The Causes of Cancer*. Oxford.
Doll, R., Peto, R. (1981) «The causes of cancer: quantitative estimates of avoidable risks of cancer in the United States today». *J Natl Cancer Inst*, 66, S. 1191–1308.
Eckart, W. U. (Hrsg.) (2000). *100 Jahre organisierte Krebsforschung*. Stuttgart.
Engeland, A., Haldorsen, T., Tretli, S., Hakulinen, T., Horte, L. G., Luostarinen, T., Schou, G., Sigvaldason, H., Storm, H. H., Tulinius, H. (1995). «Prediction of cancer mortality in the Nordic countries up to the years 2000 and 2010, on the basis of relative survival analysis. A collaborative study of the five Nordic Cancer Registries». *APMIS Suppl*, 49, S. 1–161.
Feuer, E. J., Wun, L. M., Boring, C. C. (1993). «The lifetime risk of developing breast cancer». *Journal of the National Cancer Institute*, 85, S. 892–897.
Geyer, S. (2000). «The role of social and psychosocial factors in the development and course of cancer». *Wien Klin Wochenschr*, 112, S. 986–994.
Gibis, B., Busse, R., Reese, E., Richter, K., Schwartz, F. W., Köbberling, J. (1999). «Das Mammographie-Screening zur Brustkrebsfrüherkennung». *Schriftenreihe Health Technology Assessment*, Bd. 3. Baden-Baden.
Gotzsche, P. C., Olsen, O. (2000). «Is screening for breast cancer with mammography justifiable?» *The Lancet*, 8.1.2000, 355, S. 129–134.
Greenlee, R. T., Hill-Harmon, M. B., Murray, T. (2001). «Cancer Statistics, 2001». *Cancer J Clin*, 51, S. 15–36.
Greenwald, H. P., Borgatta, E. F., McCorkle, R., Polissar, N. (1996). «Explaining reduced cancer survival among the disadvantaged». *Milbank Q*, 74, S. 215–238.
Grotjahn, A., Kaup, J. (Hrsg.) (1912). *Handwörterbuch der sozialen Hygiene*. Leipzig.
Grundmann, E. (Hrsg.) (1956). *Handbuch der Allgemeinen Pathologie*. Bd. 6, T. 6.: «Geschwülste». Berlin.
Hölzel, D., Klamert, A., Schmidt, M. (1996). *Krebs. Häufigkeiten, Befunde und Behandlungsergebnisse. Perspektiven für die Krebsregisterdiskussion und eine quantitative klinisch-epidemiologische Onkologie aus dem Tumorregister München*. München.
Hölzel, D. (1995). «Prostatakarzinom. Die Anzahl der Neuerkrankungen nimmt dramatisch zu. Welche Rolle spielen heute Screening-Untersuchungen?» *Zeitschrift für Allgemeinmedizin*, 71, S. 1858–1862.
Hristova, L., Hakama, M. (1997). «Effect of screening in the nordic countries on deaths, cost and quality of life up to the year 2017». *Acta oncologica*, 36, Suppl. 9.
Hueper, W. C. (1964). *Berufskrebs*. Dresden.
Knudson, A. G. (1995). «Mutation and cancer: a personal odyssey». *Advances in Cancer Research*, 57. New York.
Koubenec, H. J. (2000). «Mammographie-Screening: Überschätzen wir den Nutzen?» *Berliner Ärzte*, 8.
Lantz, P. M., Booth, K. M. (1998). «The social construction of the breast cancer epidemic». *Soc Sci Med*, 7, S. 907–918.
Lerner, B. H. (1998). «Fighting the war on breast cancer: debates over early detection, 1945 to the present». *Ann Intern Med*, 129, S. 74.
Kogevinas, M., Pearce, N., Susser, M., Boffetta, P. (1997). *Social Inequalities and Cancer*. Oxford.
Martensen, R. L. (1994). «Cancer: medical history and the framing of a disease». *JAMA*, 271, S. 1901.
Miller, A. B. (1999). «The brave new world – what can we realistically expect to achieve through cancer control early in the new millennium?» *Chronic Diseases in Canada*, 20, S. 4.
Miller, A. B., Nazeer, S., Fonn, S., Brandup-Lukanow, A. (2000). «Report on consensus conference on cervical cancer screening and management». *Int J Cancer*, 86, S. 440–447.
Ministerium für Umwelt, Raumordnung und Landwirtschaft des Landes Nordrhein-Westfalen (Hrsg) (1993). *Krebsrisiko durch Luftverunreinigungen. Entwicklung von «Beurteilungsmaßstäben für kanzerogene Luftverunreinigungen» im Auftrag der Umweltministerkonferenz*.
Mühlhauser, I., Höldke, B. (1999). «Mammographie-Screening – Darstellung der wissenschaftlichen Evidenz-Grundlage zur Kommunikation mit der Frau». *Arznei-Telegramm*, 10.
Plotkin, D. (1996). «Good news and bad news about breast cancer». *The Atlantic Monthly*, 277, S. 53–82.
National Research Council (1990). *Health Effects of Exposure to Low Levels of Ionizing Radiation: BEIR V Committee on the Biological Effects of Ionizing Radiation (BEIR V)*. Washington.
Parkin, D. M., Whelan, S. L., Ferlay, J. (1999). *Cancer Incidence in Five Continents*. Bd. VII. Oxford.
Peterson, S., Benishek, L. A. (2001). «Social construction of illness. Addressing the impact of cancer on

women in therapy». *Women & Therapy*, 23, S. 75–100.
Potosky, A. L., Miller, B. A., Albertsen, P. C., Kramer, B. S. (1995). «Related Articles The role of increasing detection in the rising incidence of prostate cancer». *JAMA*, 273, S. 548–552.
Prinzing, G. (1912). «Krebsstatistik». In: Grotjahn, A., Kaup, J. (Hrsg.). *Handwörterbuch der sozialen Hygiene*. Leipzig.
Proctor, R. N. (1995). *Cancer wars. How politics shapes what we know and don't know about cancer*. New York.
Reid, B. A., Aisbett, C. W., Jones, L. M., Mira, M., Muhlen-Schulte, L., Palmer, G., Reti, L., Roberts, R. (2000). *Relative Utilisation Rates of Hysterectomy and Links to Diagnoses*. Commonwealth of Australia.
Remennick, L. I. (1998). «The Cancer Problem in the Context of Modernity: Sociology, Demography, Politics. A Monograph». *Current Sociology*, 46.
Rodu, B., Cole, P. (2001). «The Fifty-Year Decline of Cancer in America». *JCO*, S. 239–241.
Selley, J., Donovan, A., Faulkner, J., Coast, D., Gillatt. (1997) «Diagnosis, management and screening of early localised prostate cancer». *Health Technology Assessment. United Kingdom*, 1 (2).
Schapiro, I. R., Ross-Petersen, L., Saelan, H., Garde, K., Olsen, J. H., Johansen, C. (2001). «Extroversion and neuroticism and the associated risk of cancer: A Danish cohort study». *Am J Epidemiol*, 153, S. 757–763.

Schmahl, D., Preussmann, R., Berger, M. R. (1989). «Causes of cancer-an alternative view to Doll and Peto (1981)». *Klin Wochenschr*, 67, S. 1169–1173.
Sokal, R. R., Oden, N. L., Rosenberg, M. S., Thomson, B. A. (2000). «Cancer incidences in Europe related to mortalities, and ethnohistoric, genetic, and geographic distances». *Proc Natl Acad Sci USA*, 97, S. 6067–6072.
Storm, H. H., Michelsen, E. V., Clemmensen, I. C. H., Pihl, J. (1997). «The Danish Cancer Registry-history, content, quality and use». *Dan Med Bull*, 44, S. 535–539.
Tijhuis, M. A., Elshout, J. R., Feskens, E. J., Janssen, M., Kromhout, D. (2000). «Prospective investigation of emotional control and cancer risk in men (the Zutphen Elderly Study)». *Cancer Causes Control*, 11, S. 589–595.
The National Board of Health and Welfare (2000). *Cancer Incidence in Sweden 1998*. Stockholm: National Board of Health and Welfare.
The Swedish Council on Technology Assessment in Health care (2001). *Chemotherapy for Cancer*. Stockholm.
Tomatis, L., Huff, J., Hertz-Picciotto, I., Sandler, D. P., Bucher, J., Boffetta, P., Axelson, O., Blair, A., Taylor, J., Stayner, L., Barrett, J. C. (1997). «Avoided and avoidable risks of cancer». *Carcinogenesis*, S. 97–105.
Whittle, K. L., Inhorn, M. C. (2001). «Rethinking difference: a feminist reframing of gender/race/class for the improvement of women's health research». *Int J Health Serv*, 31, S. 147–165.

Diabetes und Übergewicht bei Männern und Frauen

Michael Berger und Ingrid Mühlhauser

Der Diabetes mellitus stellt mit einer Prävalenz von etwa 5 % insbesondere wegen seiner vaskulären Folgeschäden ein prioritäres Problem des Gesundheitswesens in den Industriestaaten dar (Berger 2000). Geschlechterunterschiede in der Prognose der Erkrankung spiegeln genetisch bedingte Differenzierungen, besonders aber Unterschiede in der Lebensweise der Betroffenen und der medizinischen Versorgung wider. Für den Typ-1-Diabetes, eine autoimmunologisch bedingte Erkrankung mit Manifestation insbesondere im jungen Lebensalter, liegen mittlerweile auch für Deutschland genügend (versorgungs-) epidemiologische Befunde für eine geschlechtervergleichende Darstellung der Erkrankung, ihres Verlaufs und ihrer Folgen vor.

Im Bereich des Typ-2-Diabetes, eines genetisch und klinisch außerordentlich heterogenen und vielschichtigen Erkrankungssyndroms, erscheint die Verfügbarkeit von epidemiologischen Befunden für eine derartige Darstellung nicht ausreichend. Als wesentlicher Manifestationsfaktor für den Typ-2-Diabetes gilt unbestritten das Übergewicht (bzw. die Adipositas), dem sozusagen aus epidemiologischer und pathogenetischer Sicht bei entsprechender genetischer Disposition eine Schrittmacherfunktion für das Auftreten und die endemische Zunahme des Typ-2-Diabetes zukommt. Daher werden die umfangreichen Daten zu den geschlechtsbedingten Unterschieden im Auftreten und insbesondere zu den Folgen von Übergewicht und Adipositas in diesem Kapitel zusammenfassend dargestellt.

1. Diabetes mellitus Typ 1

1.1 Daten zur geschlechtsspezifischen Inzidenz und Prävalenz

In epidemiologischen Studien geht man für den Typ-1-Diabetes-mellitus durchweg von einer Manifestation eines insulinpflichtigen Diabetes vor dem 30. Lebensjahr als Kriterium aus. Eine vollständige Erfassung («ascertainment») der neu aufgetretenen Fälle von Typ-1-Diabetes ist von der Verfügbarkeit entsprechender Meldesysteme im Sinne eines Diabetes-Registers abhängig. Dies ist in der Bundesrepublik Deutschland – im Gegensatz zu den damaligen Bedingungen der DDR – nicht gewährleistet. Verlässliche Angaben über die Inzidenz und Prävalenz des Typ-1-Diabetes liegen daher für Deutschland nicht vor. Dieses epidemiologische Defizit erschwert die Planung einer Optimierung der medizinischen Versorgung insbesondere von kindlichen und jugendlichen Diabetespatienten. Die Gewinnung derartiger Daten ist deswegen umso wichtiger, weil sich international für die Inzidenzraten des Typ-1-Diabetes erhebliche Unterschiede zwischen Ländern und Regionen ergeben haben (Berger 2000). So wurde bislang für die Inzidenz des Typ-1-Diabetes-mellitus bei Kindern und Jugendlichen aufgrund der DDR-Daten eine Zahl von ca. 7 pro 100 000 im Jahr geschätzt, während man für Finnland mit einer Inzidenz von > 30 Fällen und für Frankreich von vier Fällen pro 100 000 Kinder und Jugendliche im Jahr ausgeht.

Im Rahmen von laufenden prospektiven epidemiologischen Studien auf regionaler Ebene

Tabelle 1: Patientencharakteristika und Kriterien der Therapiequalität bei 684 repräsentativen Typ-1-Diabetikern (nach Mühlhauser et al. 1998).

Alter (Jahre)	36 ± 11
Diabetes-Dauer (Jahre)	18 ± 11
Body-Mass-Index (BMI, kg/m^2)	24,6 ± 3,4
Hb-A$_{1c}$% (Referenzbereich bis 6,1 %)	8,0 ± 1,5
Inzidenz von schweren Hypoglykämien im vergangenen Jahr (Fälle pro Patienten-Jahr)	0,21
Inzidenz von Ketoazidosen im vergangenen Jahr (Fälle pro Patienten-Jahr)	0,03

werden derzeit auch in Deutschland Daten zur Inzidenz des Typ-1-Diabetes erhoben (Rosenbauer et al. 1999). Dabei scheinen sich für Kinder unter 15 Jahren doch um etwa das Doppelte höhere Zahlen zu ergeben als aufgrund der älteren Daten angenommen. Dies mag – neben methodischen Gründen – auch mit einem säkularen Trend zur Zunahme der Inzidenz des Typ-1-Diabetes erklärbar sein, wie er in einer Reihe von Ländern seit geraumer Zeit beobachtet worden ist.

In den laufenden deutschen Erhebungen überwiegt die Inzidenz des Typ-1-Diabetes bei Jungen unter 5 Jahren geringgradig diejenige bei Mädchen; dieser geschlechtsspezifische Trend scheint mit dem Erkrankungsalter zuzunehmen. In einer Übersicht zur Inzidenzentwicklung des Typ-1-Diabetes bei Kindern unter 15 Jahren konnte aber in Deutschland kein statistisch signifikantes Überwiegen des männlichen Geschlechts nachgewiesen werden. Manifestiert sich der Typ-1-Diabetes dagegen nach der Pubertät, haben epidemiologische Untersuchungen weltweit ein Überwiegen des männlichen Geschlechts ergeben. Wie für andere Abstufungen in der Inzidenz des Typ-1-Diabetes mag man auch aufgrund der Geschlechterunterschiede und des zeitlichen Verlaufs ihres Auftretens (i. e. nach der Pubertät) Rückschlüsse auf die Pathogenese der Erkrankung ziehen.

Entsprechend des bei Jugendlichen beobachteten Geschlechterunterschieds machen Männer 59 % einer repräsentativen Kohorte von Typ-1-Diabetikern aus (Mühlhauser et al. 1998). Diese erhöhte Prävalenz des insulinbehandelten Diabetes bei Männern im Alter von unter 40 Jahren ergab sich im Übrigen auch bei einer Hochrechnung aus einer 5 %-Versicherten-Stichprobe der AOK Dortmund aus dem Jahre 1990 (0,26 % versus 0,22 % bei Frauen).

1.2 Geschlechtsbedingte Unterschiede in der Therapiequalität

Versorgungsepidemiologische Daten zur Therapiequalität bei Typ-1-Diabetes aus repräsentativen Stichproben (i. e. «population based») waren bisher auch international nicht verfügbar. Im Rahmen einer Zusammenarbeit mit der zuständigen Ärztekammer konnte kürzlich eine derartige Untersuchung im Ärztekammerbezirk Nordrhein (Bevölkerung ca. 9,6 Mio. Menschen) abgeschlossen werden (Mühlhauser et al. 1998). Dabei ergaben sich eindeutige Hinweise auf eine Assoziation zwischen dem sozioökonomischen Status (SES) und der Therapiequalität, sowohl hinsichtlich der Prozess- wie auch der Ergebnisqualität der medizinischen Versorgung. Insgesamt wies die Studie auch international gesehen eine hervorragende Therapiequalität für die Patienten mit Typ-1-Diabetes aus (vgl. **Tab. 1**). Allerdings wurden bezüglich der Prozessqualität der Früherkennung von mikroangiopathischen Folgeschäden des Typ-1-Diabetes und zur Verhinderung von deren Progredienz deutliche Defizite festgestellt.

Die Methodik der Untersuchung (als Bevölkerungsstudie) erlaubte die Auswertung auf mögliche Geschlechterunterschiede in der Therapiequalität. Der Anteil von Frauen von 41 % an der Gesamtpopulation in dieser Studie spiegelte erwartungsgemäß das Überwiegen des männlichen Geschlechts bei Typ-1-Diabetes wider.

Die Subkollektive der Männer (n = 402) und der Frauen (n = 282) unterschieden sich dabei weder in Bezug auf das Lebensalter zum Zeit-

Tabelle 2: Kriterien der Therapiequalität bei 687 repräsentativen Typ-1-Diabetikern: Geschlechtsunterschiede (nach Mühlhauser et al. 1998).

Variable	Frauen	Männer
Hb-A$_{1c}$	7,9 + 1,5	8,1 + 1,4
Inzidenz schwerer Hypoglykämien pro Patienten-Jahr	0,20	0,21
Inzidenz von Ketoazidosen pro Patienten-Jahr	0,04	0,02
Intensivierte Insulintherapie (> 3 Insulininjektionen pro Tag oder CSII)	84 %	76 %
Frequenz von Blutzuckerselbstkontrollen > 3-mal täglich	78 %	61 %
Raucher	14 %	25 %
Teilnahme an strukturiertem Therapie- und Schulungsprogramm (% der Patienten)	68 %	58 %

punkt der Untersuchung, die Dauer der Diabeteserkrankung, den Gewichts-Größen-Index BMI oder den C-Peptid-Status (als Ausdruck des totalen Insulinmangels).

Hinsichtlich der Therapiequalität bei Typ-1-Diabetes ergaben sich bei deskriptiver Analyse dieser versorgungsepidemiologischen Studie keine wesentlichen Geschlechterunterschiede (vgl. **Tab. 2**); es scheinen sich bei Frauen aber – wie zu erwarten – etwas positivere Daten hinsichtlich der Inanspruchnahme von Leistungsangeboten im Gesundheitswesen und auch bezüglich so genannter Compliance-Indikatoren darzustellen.

So ergaben sich geringfügig günstigere Daten für die weiblichen Typ-1-Diabetiker im Hinblick auf den Prozentsatz der Patienten, die an einem strukturierten Therapie- und Schulungsprogramm teilgenommen hatten, die eine intensivierte Insulintherapie mit mindestens dreimal täglichen Blutzuckerselbstkontrollen durchführten und die sich als Nichtraucher deklariert hatten. Diese Unterschiede waren statistisch nicht signifikant und gingen auch nicht mit besseren Ergebnissen hinsichtlich der Ergebnisqualität (HbAIc, Inzidenz akuter Komplikationen) oder der Prävalenz von Folgeschäden des Diabetes (Nierenversagen, Amputation, Blindheit) einher.

1.3 Assoziation von Therapiequalität und Inanspruchnahmeverhalten in Abhängigkeit vom Sozialstatus

Eindeutige Abhängigkeiten der Messwerte für Therapiequalität ergaben sich aber in dieser repräsentativen Kohorte von Typ-1-Diabetikern in Bezug auf den SES (Mühlhauser et al. 1998). Patienten mit niedrigerem SES führten weniger häufig eine intensivierte Insulintherapie und Blutzuckerselbstkontrollen durch, wussten seltener über ihren aktuellen HbAIc-Wert Bescheid, rauchten häufiger und gaben öfter an, überholte Regeln der Diabetes-Diät zu befolgen. Patienten mit höherem SES hatten häufiger an einem strukturierten Therapie- und Schulungsprogramm als Grundlage einer erfolgreichen Eigenbehandlung des Typ-1-Diabetes mittels intensivierter Insulintherapie teilgenommen und frequentierten daher erwartungsgemäß seltener ihren Hausarzt und gaben öfter die Mitgliedschaft in einer Selbsthilfeorganisation an. Bei weitergehender Analyse dieser Sozialklassenunterschiede ergab sich, dass den Patienten mit niedrigerem SES die oben genannten, von ihnen nicht wahrgenommenen Möglichkeiten in der Therapie des Typ-1-Diabetes durchaus bekannt waren oder ihnen sogar persönlich angeboten worden waren, sie diese Leistungen des Gesundheitswesens – im Gegensatz zu den Patienten mit höherem SES – aber nicht in Anspruch genommen hatten. Diese Abhängigkeit der Inanspruchnahme allgemein verfügbarer Leistungen des Gesundheitswesens von der Sozialklassenzugehörigkeit der Patienten war nicht geschlechtsabhängig; sie stellt einen wesentlichen sozialmedizinischen Befund hinsichtlich der Versorgung von Patienten mit Typ-1-Diabetes und anderen chronischen Erkrankungen dar.

Die Bedeutung dieser Unterschiede in der Inanspruchnahme verfügbarer medizinischer Leistungen wird durch die Abhängigkeit der Er-

Tabelle 3: Epidemiologische Beobachtungsstudie bei 3570 Typ-1-Diabetikern, die an einem strukturierten Therapie- und Schulungsprogramm (Düsseldorf-Genfer Programm) zur Intensivierung der Insulintherapie teilgenommen haben (Mittelwerte nach Mühlhauser et al. 2000).

	Gesamte Kohorte	Frauen (n = 1794)	Männer (n = 1776)
Initialdaten			
Alter (Jahre)	28	27	28
Diabetes-Dauer (Jahre)	11	11	10
Raucher (%)	41	36	46
BMI (kg/m^2)	22,6	22,7	22,5
Sozialstatus SES (%)			
– Niedrig	32	31	33
– Mittel	21	20	21
– Hoch	47	49	46
Nachuntersuchung (Inzidenz-Raten)			
Dauer des Follow-up (Jahre)	10	11	10
Tod (%)	7,0	5,7	8,3
Erblindung (%)	1,3	1,3	1,2
Amputationen (%)	2,0	1,3	2,7
Nierenersatztherapie (%)	4,5	3,8	5,3

gebnisqualität der Therapie des Typ-1-Diabetes im Ärztekammerbezirk Nordrhein vom SES unterstrichen. So ergaben sich bei niedrigerem SES eine deutlich schlechtere Einstellung des Kohlenhydratstoffwechsels (signifikant höheres HbA$_{1c}$; häufigere akute Stoffwechseldekompensationen) sowie höhere Prävalenzraten von Folgeschäden (Nephropathie, Syndrom des diabetischen Fußes, makrovaskuläre Komplikationen).

Der weitergehenden Erforschung der Bedeutung eines niedrigen SES als ein Risikofaktor für die Prognose von Patienten mit Typ-1-Diabetes und anderen chronischen Erkrankungen kommt aufgrund dieser Daten eine entscheidende Rolle für die Optimierung der medizinischen Betreuung in unserem Gesundheitssystem zu.

1.4 Geschlechtsspezifische Unterschiede in der Exzess-Mortalität

Trotz der vielfältigen Fortschritte der klinischen Diabetologie und der systematischen Bemühungen der Leistungsanbieter im Gesundheitswesen um Qualitätsverbesserung geht man nach wie vor von einer erheblichen Verkürzung der Lebenserwartung durch den Typ-1-Diabetes-mellitus aus. Aufgrund des umfangreichen Datenmaterials aus der ehemaligen DDR wurde daraus für den Typ-1-Diabetes ein so genannter Lebensverlust («years of life lost») in der Größenordnung von 30 Jahren errechnet. Epidemiologische Studien aus Dänemark konnten zeigen, dass die Exzess-Mortalität insbesondere auf die Subgruppe der etwa 30 % der Typ-1-Diabetiker zurückzuführen war, die eine diabetische Nephropathie entwickelt hatten – während die Übersterblichkeit bei Patienten ohne Hinweis auf eine diabetische Nierenschädigung relativ geringgradig war. Diese Befunde unterstrichen die besondere Bedeutung der Prävention bzw. der Progressionshemmung der diabetischen Nephropathie. Die genannten epidemiologischen Studien sind in ihrer quantitativen Aussagekraft unter anderem dadurch limitiert, dass die Behandlungsverfahren, mit denen die untersuchten Patienten betreut worden waren, uneinheitlich gewesen sind.

Für eine kürzlich abgeschlossene versorgungsepidemiologische Untersuchung konnte

Tabelle 4: Mortalitätsrisiko (SMR) bei Patienten mit Typ-1-Diabetes-mellitus in Abhängigkeit von Sozialstatus und Geschlecht (nach Mühlhauser et al. 2000).

	niedrigster Sozialstatus	mittlerer Sozialstatus	höchster Sozialstatus
Männer			
SMR	6	5,5	2,1
95 % Konfidenzintervall	4,6–7,8	3,9–7,6	1,3–3
Frauen			
SMR	6,2	8,5	4,1
95 % Konfidenzintervall	4,1–9,0	5,1–13,3	2,7–5,9

ein Kollektiv von etwa 3600 Patienten mit Typ-1-Diabetes erfasst werden, die – beginnend mit dem Jahr 1978 – nach dem strukturierten Therapie- und Schulungsprogramm der Düsseldorfer Universitätsklinik auf eine intensivierte Insulintherapie eingestellt worden waren. Inhalt und Effektivität dieses Therapieprogramms (Düsseldorf-Genfer Programm) sind an anderer Stelle eingehend dokumentiert worden (Berger et al. 2001). Obgleich die Studie ein vergleichsweise sehr großes Patientenkollektiv erfasst hat, kann sie gleichwohl nicht als repräsentativ für die Gesamtpopulation der Typ-1-Diabetiker angesehen werden. Andererseits dürften mögliche Abweichungen insofern begrenzt sein, als sich derzeit mehr als zwei Drittel der Typ-1-Diabetiker in der entsprechenden Region nach einem vergleichbaren Therapieprogramm behandeln und die untersuchten Kollektive ähnliche Charakteristika aufweisen (vgl. **Tab. 1, 3**). Auffällig ist, dass sich in der nichtrepräsentativen Kohorte – im Gegensatz zu der in epidemiologischen Studien eindeutig gesicherten höheren Prävalenz des Typ-1-Diabetes bei Männern (s. o.) – kein Geschlechterunterschied bezüglich der Häufigkeit von Männern und Frauen findet – was erneut die höhere Inanspruchnahme medizinischer Leistungsangebote durch Frauen unterstreicht.

Während der im Mittel zehnjährigen Beobachtungszeit sind 45 Patienten beidseitig erblindet, wurden 104 Amputationen durchgeführt und 162 Patienten wurden Nierenersatztherapie-pflichtig. 251 Patienten sind verstorben, wobei das mittlere Sterbealter bei 42 Jahren lag. 41 % dieser Patienten waren an einer kardialen, 14 % an einer gewaltsamen Ursache und 10 % an einer Infektionsfolge verstorben. Hinsichtlich der gewaltsamen Todesursachen sind die in diesem Alter ohnehin relativ hohe Suizidsterblichkeit und die Unfallhäufigkeit zu berücksichtigen. Ein statistisch signifikanter Unterschied in der Suizidinzidenz zwischen dem Kollektiv der Typ-1-Diabetiker und dem altersentsprechenden Segment der Gesamtbevölkerung ließ sich aufgrund der vorliegenden Daten nicht sichern.

Als signifikante unabhängige Prädiktoren für die Mortalität (auf der Basis der Untersuchungsbefunde zu Beginn der Beobachtungszeit) wurden dabei identifiziert: eine vorbestehende Nephropathie (risk-ratio: RR 3,8), Zigarettenrauchen (RR 1,9), Diabetesdauer (10 Jahre, RR 1,5), Serum-Cholesterin (1 mmol/l; RR 1,1), Sozialstatus (eine von drei Schichten; RR 1,3), Alter (10 Jahre, RR 1,3), männliches Geschlecht (RR 1,4) und die arterielle Hypertonie (systol. 10 mmHg; RR 1,1). Damit hat sich – wie in der Gesamtbevölkerung – auch in dieser großen Kohorte von Typ-1-Diabetikern ein signifikanter Geschlechterunterschied der Mortalität zu Gunsten der Frauen ergeben. Es ist von Interesse, dass sich für das Risiko, während der Beobachtungszeit den aggregierten Endpunkt der Endstadien mikroangiopathischer Diabeteskomplikationen (Erblindung, terminales Nierenversagen, Amputation) zu entwickeln, kein Geschlechterunterschied ergab.

Bezogen auf die Nordrhein-westfälische Gesamtbevölkerung wurde die alterskorrigierte Standard Mortality Ratio (SMR) berechnet. Dabei ergab sich ein deutlicher Geschlechterunterschied: Bei Frauen lag die Übersterblichkeit im Vergleich zur Gesamtbevölkerung mit einer SMR von 5,6 (95 % Konfidenzintervall 4,6–6,9) höher als bei Männern mit 3,9 (KI 3,3–4,6). Unter Verwendung eines Abschätzungsverfahrens aufgrund der SMR-Daten, welches von Haybittle (1998) vorgeschlagen wurde, ergibt sich daraus für die Frauen mit Typ-1-Diabetes eine sogenannte Lebensverkürzung von 17 Jahren und für die diabetischen Männer von 14 Jahren.

Neben diesem Geschlechterunterschied ergab sich in dieser Studie – wie in der versorgungsepidemiologischen Untersuchung (Mühlhauser et al. 1998) – eine deutliche Abhängigkeit der Exzess-Mortalität des Typ-1-Diabetes vom SES (vgl. **Tab. 4**).

Insgesamt scheint die Exzess-Mortalität des Typ-1-Diabetes bei diesen mit einem einheitlichen und als effektiv validierten Behandlungsprogramm behandelten Patienten vergleichsweise niedrig zu sein – obwohl direkte Vergleiche mit epidemiologischen Untersuchungen aus anderen Regionen problematisch sein dürften. Die Bestätigung der Abhängigkeit der Lebensprognose des Typ-1-Diabetes von der Zugehörigkeit der Patienten zu unterschiedlichen Klassen des SES stellt einen wesentlichen Befund dar.

Die in dieser Studie erstmals nachgewiesene erhöhte relative Übersterblichkeit der Frauen mit Typ-1-Diabetes im Vergleich zu den Männern – trotz der geringeren absoluten Mortalität – bedarf einer weitergehenden Faktorenanalyse und gegebenenfalls der Konsequenzen in der medizinischen Betreuung von diabetischen Patienten. Die relativ schlechtere Prognose der Frauen scheint im Gegensatz zu der tendenziell höheren Inanspruchnahme medizinischer Leistungsangebote und zu dem eher günstigeren Spektrum so genannter Compliance-Parameter bei Frauen zu stehen. Unmittelbare Zusammenhänge dieses Geschlechterunterschieds hinsichtlich der Exzess-Mortalität bei Typ-1-Diabetes mit geschlechtsbezogenen Unterschieden der gesicherten Risikofaktoren für die Lebensprognose dieser Patienten, wie z. B. Vorliegen einer diabetischen Nephropathie, des Raucherstatus, der Diabetesdauer oder auch mit dem SES, scheinen nicht vorzuliegen. Die Überprüfung der Ursachen für diesen Geschlechterunterschied in der Prognose des Typ-1-Diabetes bedarf mithin eines grundsätzlich neuen Forschungsansatzes unter Einbeziehung geschlechtsspezifischer Risikovariablen, die – gegebenenfalls in Abhängigkeit zum SES – im Langzeit-Verlauf des Typ-1-Diabetes wirksam werden.

2. Übergewicht und Adipositas

Übergewicht und Adipositas werden allgemein als ein vorrangiges Gesundheitsproblem für den einzelnen Menschen wie auch im Sinne von Public Health für die Gesellschaft und ihr Gesundheitswesen angesehen. Mit wachsendem Ausmaß und zunehmender Dauer des Übergewichts steigt das Risiko für eine Reihe von Begleit- oder Folgeerkrankungen an; dazu werden gezählt die kardiovaskuläre Morbidität und Mortalität, der Typ-2-Diabetes-mellitus, die arterielle Hypertonie, Fettstoffwechselstörungen, Gallensteinleiden, das obstruktive Schlaf-Apnoe-Syndrom, degenerative Erkrankungen des Skelettsystems und einige Malignomerkrankungen sowie unterschiedliche psychische Störungen. Dementsprechend geht man von einer Verkürzung der Lebenserwartung und auch von einer Einschränkung der Lebensqualität bei Patienten mit Übergewicht oder Adipositas aus. Von einer erfolgreichen Behandlung oder gar einer Prävention von Übergewicht und Adipositas erwartet man weithin eine Senkung der exzessiven Morbidität und Mortalität. Über diese medizinische Argumentation hinaus wird auf Personen mit Übergewicht oder Adipositas ein erheblicher psychosozialer Druck ausgeübt. Dies veranlasst die Öffentlichkeit zur Ausgabe von astronomischen Beträgen (in den USA Anfang der Neunzigerjahre 33 Mrd. Dollar pro Jahr) für gewichtsreduzierende Maßnahmen. Man kann also – ähnlich wie bezüglich des Nikotinabusus – voraussetzen, dass sowohl die Medizin wie auch die Öffentlichkeit insgesamt recht gut über die gesundheitlichen Gefahren von Übergewicht und Adipositas informiert sind – eine Motivation zur Schlankheit, die durch das gesellschaftlich geprägte Modebewusstsein verstärkt werden dürfte.

Trotzdem ist es in Deutschland über die letzten Jahrzehnte, wie in den anderen westlichen Industrienationen auch, zu einer kontinuierlichen Zunahme der Prävalenz der Adipositas gekommen. Unter dem Titel «The ultimate triumph of obesity» wurde in einem Leitartikel des Lancet (346, 1995, S. 134–135) auf eine Prävalenz des Übergewichts in den USA von 100 % im Jahre 2030 hochgerechnet. Der Präsident der Deutschen Adipositas Gesellschaft bezeichnete die

Tabelle 5: Klassifizierung von Übergewicht und Adipositas nach den Clinical Guidelines des NIH (Obesity Education Initiative of National Heart, Lung and Blood Institute 1998), WHO (World Health Organisation 1998) und den Leitlinien der Deutschen Adipositas Gesellschaft aus dem Jahr 1998 (Deutsche Adipositas Gesellschaft 1998).

Klassifikation	Body-Mass-Index (BMI, kg/m^2)
Normalgewicht	18,5–24,9
Übergewicht	25,0–29,9
Adipositas Grad I	30,0–34,9
Adipositas Grad II	35,0–39,9
Extreme Adipositas Grad III[1]	≥ 40,0

1 Zumeist auch als morbide Fettsucht (Morbid Obesity) bezeichnet.

«epidemiehafte Zunahme der Adipositas und ihrer Begleiterkrankungen» gar als «die größte Herausforderung für das nächste Jahrtausend» (Adipositas – Mitteilungen der Deutschen Adipositas Gesellschaft 8, 1998, S 19); und selbst die WHO sieht in der Zunahme von Übergewicht und Adipositas, vor allem im Hinblick auf die Schwellenländer, erhebliche Gefahren für das Gesundheitswesen. Es scheint so zu sein, dass aus der Überwindung von Hunger und Malnutrition – als dem elementaren Ziel der Menschheit schlechthin – die Zunahme von Übergewicht und Adipositas in der Bevölkerung als ein Public-Health-Problem erster Ordnung folgt.

Die Pathogenese der Adipositas besteht in einer zunehmenden Positivierung der Energiebilanz im Sinne eines Überwiegens der Kalorienaufnahme über die Kaloriendissipation. Als Ursachen für diese Entwicklung werden eine Zunahme der Kalorienzufuhr der Bevölkerung gesehen; eine Entwicklung, die für Deutschland im Rahmen der Ernährungsberichte der DGE und der Deutschen Verzehrstudie gut dokumentiert werden konnte. Möglicherweise von größerer Bedeutung für die Entstehung der Adipositas für den Einzelnen wie auch insgesamt für die Bevölkerung ist die Abnahme des Energieverbrauchs. Die Verringerung der körperlichen Arbeit in unseren Industriegesellschaften kann auch durch die Zunahme des Freizeitsports nicht annähernd ausgeglichen werden.

Die Zunahme der Prävalenz von Übergewicht und Adipositas über die vergangenen Jahrzehnte hinweg steht aber auch in Deutschland in einem Kontrast zu der simultan kontinuierlich ansteigenden Lebenserwartung (Deutsche Gesellschaft für Ernährung 1996). Dieses Phänomen ist auch im internationalen Vergleich konsistent zu beobachten: die Zunahme der Prävalenz von Übergewicht und Adipositas geht zeitlich mit einer kontinuierlichen Zunahme der Lebenserwartung einher. Dieser Befund spricht gegen eine vorrangige Bedeutung von Übergewicht und Adipositas als eine entscheidende Gefahr für die Gesundheit der Bevölkerung im Sinne des Health-for-all Mottos der WHO für den Public-Health-Sektor.

Besonders auffällig stellt sich dieses Phänomen im Hinblick auf die Geschlechtsabhängigkeit dar. Einerseits ist die Prävalenz von Übergewicht und Adipositas bei Frauen deutlich höher als bei Männern – andererseits ist in Deutschland die mittlere Lebenserwartung der Frauen mit 79,3 Jahren fast sieben Jahre länger als diejenige der Männer (Deutsche Gesellschaft für Ernährung 1996). Möglicherweise kommt dieses scheinbare Paradox dadurch zustande, dass nur bei den selten auftretenden exzessiven Ausmaßen von Fettsucht ein Gesundheitsrisiko nachweisbar wird.

Zur differenzierteren Betrachtung der Problematik von Übergewicht und Adipositas bedarf es zunächst einer Klärung der Definitionsfrage. Denn die diesbezüglichen Diskussionen und Kontroversen sind wesentlich durch unterschiedliche Kriterien für Normgewicht, Übergewicht und Fettsucht überschattet worden. Diesen Kriterien wurden jeweils unterschiedliche Maßstäbe medizinischer, Lebensversicherungsrechtlicher oder ästhetischer Provenienz zu

Tabelle 6: Prävalenz der Adipositas in Deutschland bei Personen im Alter von 25 bis 65 bzw. 69 Jahren nach WHO (World Health Organisation 1998).

Geografische Einheit	Jahr	Prävalenz der Adipositas bei Männern in %	Prävalenz der Adipositas bei Frauen in %
DDR	1985	13,7	22,2
	1989	13,4	20,6
	1992	20,5	26,8
Alte Bundesländer	1992	17	19

Grunde gelegt. Bis in die Achtzigerjahre hinein orientierte man sich weithin an den Normen nordamerikanischer Lebensversicherungsgesellschaften, aufgrund derer man ein wünschenswertes «Idealgewicht» – abhängig von Körpergröße, Geschlecht und Statur – postulierte. Die popularisierte Schlussfolgerung, derzufolge ein Überschreiten dieses Idealgewichts über eine Zunahme des Mortalitätsrisikos für den Einzelnen zu einer per Kilogramm berechenbaren mittleren Verkürzung der Lebenserwartung führt, war aufgrund der vorliegenden Daten nicht gerechtfertigt. Daher verstand man sich in der Folge auf operationalisierten Definitionen der Körpergewichtsnormen auf der Basis des Body-Mass-Index (BMI kg/m^2) und dessen Assoziation mit Morbidität und Mortalität. Eine von mehreren Fachgesellschaften konsensuell vorgeschlagene Einteilung ist in **Tabelle 5** dargestellt. Sie sieht zwar von einer Geschlechterdifferenzierung in der Definition von Übergewicht, Adipositas und Fettsucht ab, häufig wird allerdings der Verteilungstyp der Adipositas als ein zusätzlicher Risikofaktor angegeben. So ist seit Jahrzehnten bekannt, dass eine stammbetont-abdominale (maskuline) Fettverteilung (z. B. entsprechend einem Taillenumfang von ≥ 102 cm) mit einem höheren Morbiditätsrisiko assoziiert ist als eine zentrifugal-hüftbetonte (gynoide) Fettverteilung (mit einer Waist-to-hip-Ratio für die Umfangsmaße von $< 0,8$–$1,0$).

2.1 Daten zu geschlechtsspezifischen Prävalenzen von Übergewicht und Fettsucht

Aufgrund der von der WHO zusammengestellten Daten zu Mitte der Achtzigerjahre, mit einem Definitionskriterium für die Adipositas von BMI ≥ 30 kg/m^2, ergibt sich ein umfassender Überblick über ihre Prävalenz. Neben der erheblichen regionalen Variabilität fällt dabei insbesondere ein durchgehender Geschlechterunterschied auf: In allen Ländern liegt die altersstandardisierte Prävalenz der Adipositas bei Frauen erheblich oberhalb der entsprechenden Häufigkeit bei Männern (World Health Organisation 1998).

Für fast alle europäischen Länder zeigt sich über die letzten zwanzig Jahre – vergleichbar mit den Daten aus den USA – eine deutliche Zunahme in der Prävalenz der Adipositas. Dieser Trend ist besonders auffällig in Großbritannien, wo sich für Männer und Frauen im Alter von 16 bis 64 Jahren die Prävalenz der Adipositas zwischen 1985 und 1990 mehr als verdoppelt hat (von 6,0 % auf 15,0 % bei Männern und von 8,0 % auf 16,5 % bei Frauen). Für Deutschland werden in dem WHO-Report nur fragmentarische Daten aufgeführt, die jedoch ebenfalls die bekannten Geschlechterunterschiede und die Prävalenzsteigerungen widerspiegeln (vgl. **Tab. 6**).

Leider existieren für die Bundesrepublik Deutschland keine Daten für die gegenwärtige Prävalenz der Adipositas bzw. deren geschlechtsabhängige Entwicklungstrends. Gegenwärtig wird man in Deutschland davon ausgehen müssen, dass bei jeder vierten Frau und jedem fünften Mann im Erwachsenenalter nach den Kriterien der WHO eine Adipositas (BMI von ≥ 30 kg/m^2) vorliegt.

Tabelle 7: Geschlechtsunterschiede in der Medikamenten-Anamnese bei 202 Patienten der Düsseldorfer Übergewichtigen-Ambulanz im Jahr 1983 (155 Frauen, mittleres Alter 38 Jahre, mittlerer BMI 37 kg/m^2; 47 Männer, mittleres Alter 40 Jahre, mittlerer BMI 35 kg/m^2; nach Waldschütz 1987).

Positive Medikamentenanamnese für	Männer in Prozent	Frauen in Prozent
Laxantien	30	57
Appetitzügler	17	49
Diuretika	28	43
Verdauungspräparate	15	23
Schilddrüsenhormone	11	22

2.2 Geschlechtsspezifische Unterschiede hinsichtlich Body Image, Essstörungen und assoziierter Medikation

Wunschvorstellungen in Bezug auf das Körpergewicht ändern sich über die Zeit, sind abhängig vom SES der Menschen und werden von gesellschaftlich relevanten Modetrends beeinflusst. Diese Vorgänge sind unabhängig von den medizinisch-naturwissenschaftlich begründeten Zielsetzungen für ein normales (ideales) Körpergewicht zur Prävention von Morbidität und Exzess-Mortalität, die mit Übergewicht und Adipositas einhergehen mögen. Sie gehen vielmehr auf bestimmte Normen für ein Body Image zurück, welches sich das Individuum im Sinne einer Idealisierung zu Eigen macht. Im Grunde soll mit den unterschiedlichen Erhebungsmethoden zum Body Image die individuelle Zufriedenheit mit dem eigenen Körper, seiner Form und Funktion, als ein subjektives Erleben erfasst werden. In diesem Zusammenhang sind eine Vielzahl von Einflussfaktoren identifiziert worden; dabei zeigen sich erhebliche Geschlechterunterschiede. Mit großer Konsistenz über ethnische und Altersgrenzen hinweg ergaben sich bei Frauen negativere Selbsteinschätzungen ihrer körperlichen Attraktivität und des Body Image als bei Männern. Studien, die mit vergleichbarer Methodik über die letzten vier Jahrzehnte durchgeführt worden sind, haben einen starken Trend dahingehend gezeigt, dass der Anteil der Frauen mit negativer Beurteilung ihrer körperlichen Attraktivität und ihres Body Image deutlich zugenommen hat. Dies wird auf den zunehmenden gesellschaftlichen Druck, Schlankheit als einen wesentlichen Ausdruck sozialer Attraktivität und als eine wesentliche Grundlage für den Erfolg im beruflichen und privaten Leben zu werten, angesehen. In den USA setzt sich dieser Druck besonders bei den Frauen in eine kontinuierlichen Verschlechterung ihres Selbstbewusstseins um – während Männer, möglicherweise bedingt durch ihre größere soziale Unabhängigkeit, davon kaum beeinflusst werden (Feingold/Mazzella 1998).

Bei objektiver Betrachtung ergaben sich aus diesen Studien keine Unterschiede in der objektiven Attraktivität zwischen den Geschlechtern, allenfalls mit einem gewissen Vorteil für die Frauen; bei Eigenbeurteilung der Attraktivität kehrte sich das Ergebnis allerdings zu Gunsten der Männer in das Gegenteil um.

Diese komplexen Untersuchungen bestätigen die besondere Abhängigkeit der Selbstzufriedenheit der Frauen mit ihrem Körperaussehen und führen zu einem zunehmenden Auseinanderklaffen zwischen dem Wunschbild von ihrem Körper und den tatsächlichen Körpermaßen. Diese Problematik dürfte besonders bei Frauen mit höherem SES auftreten. Dabei spielen das relative Körpergewicht (Gewicht bezogen auf Körpergröße), aber auch Fettverteilungseigenheiten eine besondere Rolle. Da das mittlere Körpergewicht in den westlichen Industrieländern unabhängig vom Geschlecht kontinuierlich ansteigt, sind bei Frauen zunehmend Konfliktsituationen von der unkomplizierten Frustration bis zu schweren Verhaltensstörungen zu erwarten.

In der Tat haben Essstörungen in den letzten zwanzig Jahren bei Frauen erheblich an Häufigkeit und Intensität zugenommen. Dazu gehören die Anorexia nervosa, Binge-eating Disorders, Night-eating Syndrome. Inwieweit letztere Störungen kausal mit der Adipositas verbunden sind, bleibt offen. Gemeinsam mögen diese Essstörungen aber ursächlich auf eine Diskrepanz zwischen der Wunschvorstellung vom individuellen relativen Körpergewicht und den tatsächlichen Körpermaßen zurückzuführen sein. In diesem Sinne ist auch die ausgesprochene Rarität zu deuten, mit der diese Essstörungen bei Männern auftreten.

Die von den Frauen zunehmend als aussichtslos empfundene Diskrepanz zwischen ihren Wunschvorstellungen und dem tatsächlichen Körpergewicht äußert sich in der weiblich dominierten Inanspruchnahme von medizinischen und kommerziellen Leistungserbringern zur Gewichtsreduktion. Dieser Geschlechterunterschied zeigte sich auch in der besonders exzessiven Einnahme nicht indizierter, wenngleich zumeist ärztlich rezeptierter Medikamente bei adipösen Frauen (vgl. **Tab. 7**).

Zusammenfassend stellt sich ein in besonderem Maße geschlechtsabhängiger Druck auf Frauen, insbesondere bei höherem SES, im Hinblick auf ein gesellschaftlich präferiertes Schlankheitsideal dar. Diese Idealisierung des Schlankseins als ein sozial wünschenswertes Körpermaß steht in Konflikt mit der ansteigenden Prävalenz von Übergewicht und Adipositas und der Erfolglosigkeit verfügbarer Therapiekonzepte. Dieser Konflikt hat bei Frauen über die vergangenen Jahrzehnte zu einer zunehmenden Unzufriedenheit mit ihrem Körper und dessen selbst eingeschätzter Attraktivität geführt. Konsequenzen aus dieser Situation sind die zunehmende Inanspruchnahme von kommerziellen Leistungsanbietern und die Einnahme nicht indizierter Medikamente zum Zwecke der Gewichtsreduktion durch Frauen sowie die ansteigende Tendenz von Essstörungen in der weiblichen Bevölkerung. In diesem Zusammenhang ist zu berücksichtigen, dass der psychosoziale Druck allenfalls in geringem Umfang medizinisch begründbar, vielmehr aber durch zeit- und modeabhängige Entwicklungen der Gesellschaft, die sich insbesondere auf die weibliche Bevölkerung auswirken, bedingt ist.

2.3 Darstellung der geschlechtsabhängigen Mortalität bei Übergewicht und Adipositas

Hinsichtlich der Quantifizierung der Beziehung zwischen Adipositas und Übersterblichkeit bestehen auch nach der Überwindung der früher üblichen Idealgewichtskriterien noch divergente Vorstellungen und Kontroversen. Einerseits werden die verfügbaren Daten im Sinne eines relativ breiten Bereichs gedeutet, innerhalb dessen der BMI für den Einzelnen mit einer statistisch optimal niedrigen Mortalität (langen Lebenserwartung) assoziiert ist, andererseits wird aufgrund von Kohortenstudien von einer im Hinblick auf die Lebenserwartung besonders günstigen Konstellation bei einem BMI von knapp 20 kg/m^2 ausgegangen. Dazu haben insbesondere die Daten der nordamerikanischen Nurses' Health Study beigetragen; davon abweichende Expertenempfehlungen gehen von einem in diesem Sinne optimalen (i. e. wünschenswerten) BMI von 18 bis 25 kg/m^2 aus. Als wesentlicher Nachteil der erwähnten Kohortenstudien gilt, dass die untersuchten Kollektive nur einen geringen Anteil von Patienten mit höhergradiger Adipositas umfassten. Zudem waren Interpretationen zu Geschlechterunterschieden und zum Vorliegen zusätzlicher Risikofaktoren sowie ein Bezug der Prognose der Patienten zu ihrem SES nicht durchführbar.

In dieser Situation ist die Düsseldorf Obesity Mortality Study (DOMS) von Bedeutung. In ihrem Rahmen werden seit fast 30 Jahren insgesamt 6193 Patienten (4602 Frauen und 1591 Männer) mit einem mittleren Übergewicht von 37 kg/m^2 BMI und einem mittleren Alter von 40 Jahren bei Aufnahme in die Studie untersucht. Die Studie hat die konsekutiv zwischen 1961 und 1994 an die Übergewichtigen-Ambulanz der Medizinischen Universitätsklinik überwiesenen Patienten rekrutiert. Die Patienten wurden einer standardisierten Untersuchung unterzogen und ihr Vitalstatus wurde Ende 1994 erfasst; dabei gelang es, Daten zu Patienten-Jahren für 97,7 % der ursprünglich rekrutierten Kohorte zu erheben.

Diese Studie stellt die bei weitem umfangreichste Untersuchung zur Mortalität eines Patientenkollektivs mit ausgeprägter Adipositas dar. Die Studie ist aussagekräftig genug, um auch

Tabelle 8: Standardisierte Mortalitäts Raten (SMR) in Abhängigkeit von Geschlecht und Lebensalter in der Düsseldorf Obesity Mortality Study (nach Bender et al. 1998).

BMI kg/m²	Männer (n = 1591)			Frauen (n = 4602)		
	SMR	95 % KI[1]	p-Wert	SMR	95 % KI[1]	p-Wert
25 – < 32	1,26	0,98–1,61	0,07	1,00	0,81–1,23	0,98
32 – < 36	1,31	1,09–1,57	0,0053	1,20	1,02–1,40	0,03
36 – < 40	1,92	1,53–2,38	< 0,0001	1,27	1,07–1,50	0,0073
> 40	3,05	2,47–3,73	< 0,0001	2,31	2,04–2,60	< 0,0001
Total	1,67	1,51–1,85	< 0,0001	1,45	1,34–1,57	< 0,0001

1 Konfidenzintervall

die Auswirkungen von Geschlechterunterschieden auf die mit Adipositas assoziierten Übersterblichkeit zu untersuchen. Die Quantifizierung der Exzess-Mortalität wurde – unter Verwendung biometrischer Standardverfahren in Abhängigkeit vom Ausmaß des Gewichts, des Alters und des Geschlechts – in Abgleich zu den Mortalitätsraten der Nordrhein-westfälischen Gesamtbevölkerung vorgenommen und als SMR (Standard Mortality Ratio) angegeben. Dabei ergaben sich deutliche Geschlechterunterschiede: Der negative Einfluss höherer BMI-Werte wirkte sich bei Frauen deutlich weniger stark im Sinne einer Verkürzung der Lebenserwartung aus als bei Männern (vgl. **Tab. 8**).

Die Studie hat für eine große Population in Nordrhein-Westfalen die allenthalben bekannte, mit der Adipositas einhergehende Exzess-Mortalität bestätigt; die Quantifizierung des Mortalitätsrisikos ergab jedoch insofern überraschende Befunde, als das Ausmaß der Verkürzung der Lebenserwartung bei Adipositas erheblich geringer war als angenommen. Für einen BMI-Bereich von 25 bis < 32 kg/m² ergab sich keine Steigerung des Mortalitätsrisikos im Vergleich zur altersstandardisierten Sterblichkeit der nordrhein-westfälischen Bevölkerung. Erhebliche und morbide Ausmaße von Adipositas (BMI > 32 kg/m²) waren jedoch mit einer statistisch signifikanten und zunehmenden Übersterblichkeit assoziiert. Besondere Beachtung haben dabei die Geschlechterunterschiede hinsichtlich des mit Adipositas assoziierten Mortalitätsrisikos gefunden. So ergab sich eine substanzielle Verkürzung der Lebenserwartung entsprechend einer SMR von > 1,5 für Männer erst bei einem BMI ≥ 36 kg/m² und bei Frauen gar erst bei Überschreiten eines BMI von 40 kg/m² entsprechend der Definition einer morbiden Fettsucht. Die Steigerung der Exzess-Mortalität für Patienten mit morbider Fettsucht betrug bei Männern das dreifache und bei Frauen das zweifache. Weitergehende biometrische Analysen (Common Proportional Hazards Model) bestätigten die eindeutige statistische Signifikanz für diese Geschlechterunterschiede in der Bedeutung der Adipositas für die Lebenserwartung. Dieses Phänomen des Geschlechterunterschiedes war unabhängig von weitergehenden Einflussfaktoren («confounding factors») mit gesichertem Risiko wie dem Bluthochdruck, der Glukosetoleranz (i. e. Diabetes-Prävalenz) und dem Zigarettenrauchen.

2.4 Altersabshängigkeit der Mortalität bei Übergewicht und Adipositas

Mit besonderer Deutlichkeit stellte sich der Geschlechterunterschied für die mit der Adipositas einhergehenden Verkürzung der Lebenserwartung dar, wenn das Lebensalter als zusätzliche Einflussgröße in die biometrischen Analysen eingeführt wurde. Jetzt zeigten sich erhebliche Abhängigkeiten der Übersterblichkeit vom Lebensalter der Patienten zum Zeitpunkt der Rekrutierung für die Studie. So ergab sich für Frauen mit einem BMI von 36 bis < 40 kg/m² in den Altersgruppen 40 bis 49 Jahre und über 50 Jahre keine signifikante Steigerung des Mortalitätsrisikos (SMR 1,31, p = 0,18; SMR 1,19, p = 0,13), während bei Männern ein entsprechendes Übergewicht in diesen Altersgruppen mit einer

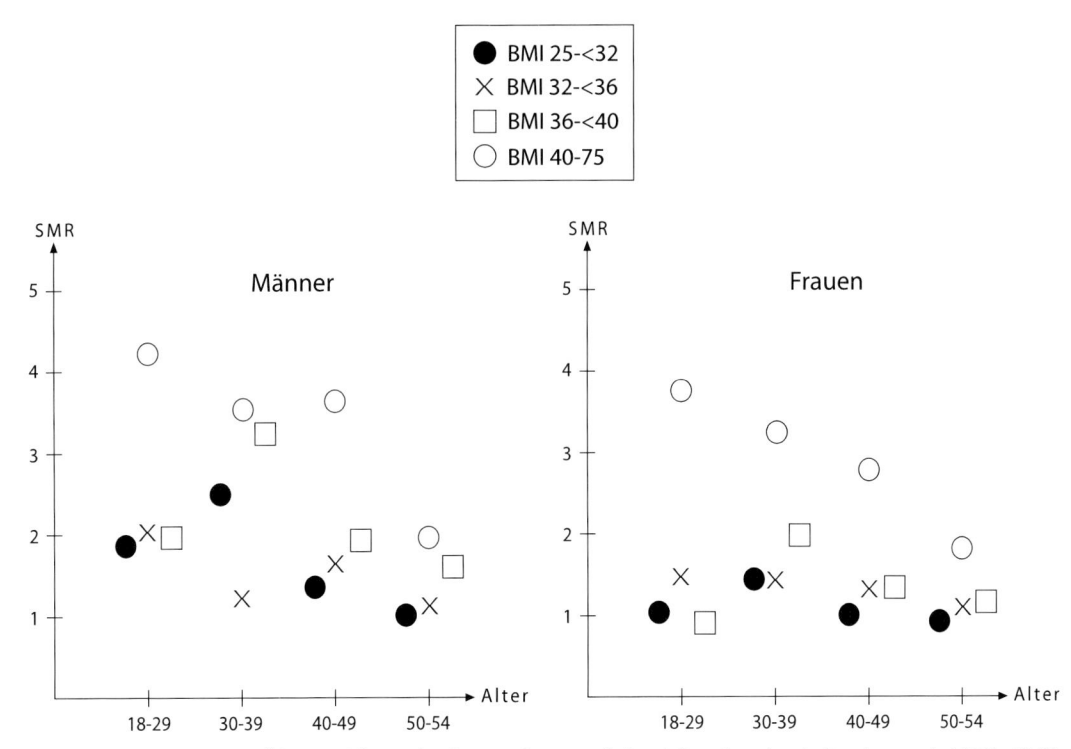

Abbildung 1: SMRs bei Übergewicht nach Alter und Ausmaß der Adipositas (nach Bender et al. 1999). SMR wurden auf die männliche beziehungsweise weibliche Bevölkerung des Landes NRW als Referenz-Populationen bezogen.

massiven Übersterblichkeit einherging (SMR 1,81, p = 0,03; SMR 1,72, p = 0,001). Der Einfluss des Lebensalters auf das Phänomen der Geschlechtsdifferenz wird in **Abbildung 1** deutlich.

Zusammenfassend ergibt sich damit, dass für Frauen ab einem Lebensalter von über 40 Jahren nur für eine morbide Fettsucht mit einem BMI von > 40 kg/m² eine adipositasbedingte Verkürzung der Lebenserwartung im Sinne einer Steigerung der Gesamtmortalität nachweisbar ist. Diesem Befund sollte in der Gesundheitsberatung und der Festsetzung von präventiv-medizinischen Therapiezielen bei übergewichtigen Personen Rechnung getragen werden. Denn oft wird diesen Personen aufgrund fragwürdiger medizinischer Begründungen eine Gewichtsreduktion oktroyiert, auch ohne dass bei ihnen mit Adipositas assoziierte Erkrankungen, wie ein Typ-2-Diabetes-mellitus, arterielle Hypertonie und Fettstoffwechselstörungen bestehen.

Diese Befunde zur Geschlechtsabhängigkeit der mit der Adipositas einhergehenden Übersterblichkeit scheinen im Einklang damit zu stehen, dass Übergewicht und Adipositas in unserer Bevölkerung bei Frauen deutlich häufiger nachweisbar sind als bei Männern und – gleichwohl – die Lebenserwartung der Frauen deutlich oberhalb derjenigen der männlichen Bevölkerung liegt. Es ist daher plausibel, aufgrund dieser epidemiologischen Zusammenhänge sowie der dezidierten Daten aus der Düsseldorf Obesity Mortality Study (DOMS) von einem partiellen, aber zweifellos relevanten Schutz der Frauen gegenüber dem Mortalitätsrisiko der Adipositas auszugehen – ein Schutz, der mit zunehmendem Lebensalter bedeutsamer zu werden scheint.

2.5 Diskussion zur Berechtigung von Therapieversuchen bei Übergewicht und Adipositas

Diese eindeutigen, wenngleich vielfach als unerwartet eingeschätzten Untersuchungsbefunde aus der umfassenden Studie zur Epidemiologie der Adipositas-Mortalität (DOMS) haben die Frage nach der medizinischen Indikation zur Therapie des Übergewichts aufgeworfen. Dabei weisen die Daten darauf hin, dass die präventivmedizinische Indikation zur Behandlung der Adipositas bei Männern strenger zu stellen ist als bei Frauen. Dies gilt insbesondere für die weibliche Bevölkerung im Alter von über 40 Jahren und steht in Gegensatz zu früheren Interpretationen aus der soziologisch definierten Kohortenstudie der American-Nurses'-Health-Studie.

Unabhängig davon bleibt die Übergewichtsreduktion als primäre Therapiemaßnahme der initialen Behandlungskonzepte für den Typ-2-Diabetes, die milde arterielle Hypertonie, für Fettstoffwechselstörungen sowie das Schlaf-Apnoe-Syndrom bestehen. Ob darüber hinaus eine Primärprävention dieser Erkrankungen bei Hochrisikopersonen durch Gewichtsreduktion und andere Lifestyle-Interventionen möglich ist, ist Gegenstand laufender Untersuchungen.

Im Gegensatz zu der im Vergleich zu Männern ausgeprägten Minderung des mit Adipositas assoziierten Mortalitätsrisikos bei Frauen stehen die besonders rigiden Vorstellungen der weiblichen Bevölkerung hinsichtlich des wünschenswerten Körpergewichts. Dabei kommt dem psychosozial determinierten Schlankheitsideal offenbar eine erhebliche Bedeutung zu. In diesem Zusammenhang kehrt sich das Phänomen des dargestellten Geschlechterunterschiedes insofern um, als adipöse Frauen besonders durch – medizinisch ungerechtfertigte – Einschränkungen von Selbstwertgefühl und Lebensqualität und diätetische, medikamentöse und chirurgische Behandlungsnebenwirkungen und -risiken gefährdet sind.

Die Konsequenz aus diesen Befunden sollte eine Intensivierung der Information der Ärzteschaft und der Öffentlichkeit über die tatsächlichen Risiken der Adipositas und eine Konzentrierung der präventiv-medizinischen Bemühungen auf diejenigen Patienten mit nachweisbarem adipositasassoziierten Mortalitätsrisiko sein. Die kommerziell motivierten übertriebenen Darstellungen von gesundheitlichen Risiken der Adipositas sowie der Schein einer rationalen Grundlage für das allenthalben gesellschaftlich propagierte Schlankheitsideal insbesondere für die weibliche Bevölkerung sollten einer solchen evidenzbasierten Vorgehensweise weichen. Forschungsbedarf ergibt sich insbesondere im Hinblick auf die deutlich schwächeren Mortalitätsrisiken von Übergewicht und Fettsucht bei Frauen – im Kontrast zu der unrealistischen Bedrohung, der sich Frauen hinsichtlich ihrer psychosozialen und gesundheitlichen Befindlichkeit ausgesetzt sehen.

Literatur

Bender, R., Trautner, C., Spraul, M., Berger, M. (1998). «Assessment of excess mortality in obesity». *Am J Epidemiol*, 147, S. 42–48.

Bender, R., Jöckel, K. H., Trautner, C., Spraul, M., Berger, M. (1999). «Effect of age on excess mortality in obesity». *J Am Med Ass*, 281, S. 1498–1504.

Berger, M. (2000). *Diabetes mellitus*. 2. Aufl. München, Jena.

Berger, M, Jörgens, V., Mühlhauser, I. (2001). «Das Düsseldorf-Genfer strukturierte Therapie- und Edukations-Programm als Evidenz-basierter Standard für die Behandlung des Typ-1-Diabetes-mellitus». *Diabetes & Stoffw*, 10, S. 105–110.

Deutsche Gesellschaft für Ernährung (1996). *Ernährungsbericht 1996*. Frankfurt/M.

Deutsche Adipositas Gesellschaft (1998). «Leitlinien der Deutschen Adipositas-Gesellschaft zur Therapie der Adipositas». *AWMF online-Leitlinien-Register Nr. 050/001. Adipositas*, 8, 5.

Feingold, A., Mazzella, R. (1998). «Gender differences in body image are increasing». *Psychological Science*, 9, S. 190-195.

Haybittle, J. L. (1998). «The use of the Gompertz function to relate changes in life expectancy to the standard mortality ratio». *Int J Epidemiol*, 27, S. 885–889.

Mühlhauser, I., Overmann, H., Bender, R., Bott, U., Jörgens, V., Trautner, C., Siegrist, J., Berger, M. (1998). «Social status and the quality of care for adult people with Type 1 (insulin-dependent) diabetes mellitus – a population based study». *Diabetologia*, 41, S. 1139–1150.

Mühlhauser, I., Sawicki, P. T., Blank, M., Overmann, H., Bender, R., Berger, M. (2000). «Prognosis of persons with type 1 diabetes on intensified insulin therapy in relation to nephropathy». *J Intern Med*, 248, S. 333–341.

Obesity Education Initiative of National Heart, Lung and Blood Institute (1998). *Clinical Guidelines on the identification, evaluation, and treatment of overweight and obesity in adults. The Evidence Report*. National Institutes of Health, Washington, DC.

Rosenbauer, J., Herzig, P., von Kries, R., Neu, A., Giani, G. (1999). «Temporal, seasonal, and geographical incidence patterns of Type 1 diabetes mellitus in children under 5 years of age in Germany». *Diabetologia*, 42, S. 1055–1059.

Waldschütz, E. (1987). *Medikamentenanamnesen bei Adipositas*. Med. Diss., Universität Düsseldorf.

World Health Organisation (1998). *Obesity. Preventing and managing the global epidemic*. Genf.

Rheumatische Krankheiten bei Männern und Frauen

Ruth Deck und Thomas Kohlmann

1. Einleitung

Der Begriff «Rheuma» ist weit über 2000 Jahre alt. Er kommt aus dem Griechischen und bedeutet *Fließen* von Schmerzen. Unter dem Oberbegriff «rheumatische Erkrankungen» werden heute über 500 unterschiedliche Krankheitsbilder zusammengefasst. Ihnen ist gemeinsam, dass sie Krankheiten des Bewegungsapparates darstellen, also Knochen, Gelenke, Muskeln, Sehnen und Bänder betreffen, dass sie Schmerzen und Funktionseinschränkungen verursachen und andere Organe oder Organsysteme in Mitleidenschaft ziehen können (Raspe 1995). Sie umfassen ein großes, zum Teil aber auch sehr heterogenes Spektrum von ätiologisch, pathophysiologisch und nach dem Erscheinungsbild abgrenzbaren Störungen. In der Internationalen Krankheits-Klassifikation der WHO (ICD-10) werden im Kapitel XIII insgesamt sechs größere Diagnosegruppen unterschieden:
- Arthropathien (Gelenkerkrankungen)
- Systemkrankheiten des Bindegewebes
- Krankheiten der Wirbelsäule und des Rückens
- Krankheiten der Weichteilgewebe
- Osteopathien und Chondropathien (Krankheiten der Knochen und des Knorpels)
- Sonstige Krankheiten des Muskel-Skelett-Systems und des Bindegewebes.

Die Ätiologie der meisten rheumatischen Erkrankungen ist weitgehend unbekannt. Neben somatischen, insbesondere genetischen Ursachen gelten bei einigen rheumatischen Krankheitsbildern äußere Belastungen (z. B. aus der Arbeitswelt) als gesicherte Risikofaktoren (Jäckel et al. 1993; Lenhardt 1996; Heuchert/Hurrelmann 1996). In einigen Fällen wird eine psychosomatische Genese oder zumindest Mitverursachung angenommen (Weintraub 1992; von Uexkuell 1997; Sandweg 1999).

Rheumatische Erkrankungen gehören zu den am weitesten verbreiteten chronischen Leiden in nahezu allen Industriegesellschaften, sie haben sich sprichwörtlich zu einer «Volkskrankheit» entwickelt. Die im jüngsten Bundes-Gesundheitssurvey bevölkerungsrepräsentativ für Deutschland erhobenen Angaben zur subjektiven Morbidität (Bellach et al. 1998) können diese Aussage nachdrücklich illustrieren: Unter den 42 im Survey erfassten Diagnosegruppen erreichten allein die degenerativen Krankheiten der Gelenke und der Wirbelsäule mit einer Lebenszeitprävalenz von insgesamt 31 % vor allen anderen Erkrankungen bei Frauen und Männern den ersten Platz (vgl. **Abb. 1**). Rechnet man die entzündlichen rheumatischen Erkrankungen und die Osteoporose hinzu, wird die immense Krankheitslast noch deutlicher sichtbar.

Die erstrangige Bedeutung rheumatischer Gesundheitsstörungen zeigt sich auch in den Befunden der Schmerzepidemiologie. Bevölkerungsbezogene Querschnittstudien in verschiedenen Regionen Deutschlands, insbesondere aber wiederum die Ergebnisse des Bundes-Gesundheitssurveys belegen, dass die muskulo-skeletalen Schmerzen (u. a. Rücken- und Nackenschmerzen, Schmerzen in den Schultern oder Beinen) mit einer Periodenprävalenz im zwei-

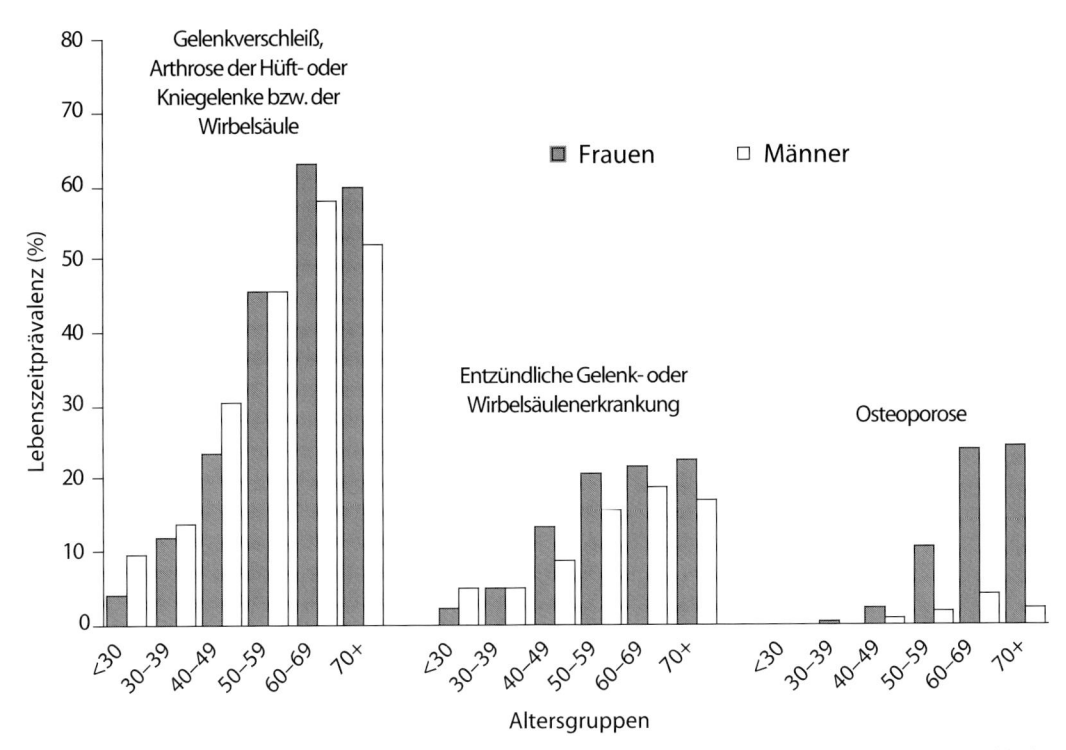

Abbildung 1: Lebenszeitprävalenz rheumatischer Erkrankungen in der deutschen Bevölkerung nach Geschlecht und Altersgruppen. Gezeigt werden die Häufigkeiten selbstberichteter Erkrankungen nach den Daten des Bundes-Gesundheitssurveys 1997/98 (eigene Berechnungen).

stelligen Prozentbereich eine erhebliche Beschwerdelast in der erwachsenen Bevölkerung verursachen. Analog zu den Ergebnissen bei den Fragen zur subjektiven Morbidität finden sich auch bei den Schmerzangaben z. T. ausgeprägte Geschlechterunterschiede mit einer durchgängig höheren Schmerzprävalenz in der weiblichen Bevölkerung.

Rheumatische Krankheiten dominieren auch die Leistungsstatistiken unseres Gesundheitswesens. Sie belegen den ersten Rang bei den Arbeitsunfähigkeitstagen, den Maßnahmen der medizinischen Rehabilitation und bei der Berentung wegen krankheitsbedingt verminderter Erwerbsfähigkeit. Muskulo-skeletale Erkrankungen sind für ein Viertel bis ein Drittel aller Arbeitsunfähigkeitstage, stationärer Rehabilitationsleistungen und Frühberentungen verantwortlich, ihre sozialmedizinischen Folgen zeigen sich bei Frauen und Männern in gleicher Weise (vgl. **Tab. 1**).

Die Angaben aus den Statistiken des Gesundheitswesens lassen bereits vermuten, dass rheumatische Krankheiten mit enormen medizinischen und volkswirtschaftlichen Kosten verbunden sind. Sie rangieren bei den direkten Kosten, den Ausgaben für ambulante und stationäre Behandlung sowie für Gesundheitsgüter an erster Stelle. Auch bei den durch verlorene Erwerbstätigkeitsjahre verursachten indirekten Kosten (Mortalität, Arbeitsunfähigkeit und Invalidität) stehen die Erkrankungen von Skelett, Muskeln und Bindegewebe mit 15,7 % aller verlorenen Erwerbstätigkeitsjahre mit an der Spitze. Dorsopathien spielen mit knapp 600 000 verlorenen Erwerbstätigkeitsjahren in dieser Gruppe eine herausragende Rolle (Gesundheitsbericht für Deutschland 1998).

Insgesamt kann festgehalten werden, dass rheumatische Erkrankungen in der Bevölkerung sehr weit verbreitet sind. Ihre (Punkt- und Perioden-) Prävalenz steigt in aller Regel mit dem Alter an. Wie in den folgenden Abschnitten für wichtige Krankheitsgruppen gezeigt wird, ist ein

Tabelle 1: Sozialmedizinische Bedeutung rheumatischer Krankheiten.

Krankheiten des Skeletts, der Muskeln und des Bindegewebes (710–739 der ICD, 9. Revision)				
Indikator	Frauen	Männer	Gesamt	Rang
Arbeitsunfähigkeitstage der Pflichtmitglieder je 10 000 (ohne Rentner), Deutschland 1996[1] Anteil an den Arbeitsunfähigkeitstagen (%)	38.209 23,3	49.984 28,6	44.418 26,2	1
Stationäre und sonstige Leistungen zur Rehabilitation für Erwachsene, Deutschland 1999[2] Anteil an allen stationären und sonstigen Leistungen (%)	118.302 38,9	144.882 39,5	263.184 39,2	1
Rentenzugänge wegen verminderter Erwerbsfähigkeit, Deutschland 1998[1] Anteil an allen Renten wegen verminderter Erwerbsfähigkeit (%)	21.731 24,8	39.299 26.3	61.030 25,7	1

1 Daten des Gesundheitswesens 1999
2 VDR Statistik Rehabilitation 1999, eigene Berechnungen.

besonderes Kennzeichen vieler rheumatischer Krankheiten, dass Frauen im Allgemeinen häufiger betroffen sind (de Zwart et al. 2001). Schätzungen gehen von einer bei Frauen um 60 % höheren Prävalenz als bei Männern aus. In vielen Fällen treten bei Frauen schwerere Krankheitssymptome und ungünstigere Verläufe auf (Hannan 1996; Verbrugge 1995; Allaire 1996). Die höhere Krankheitslast der Frauen bleibt im Allgemeinen auch unter Kontrolle zahlreicher Risikofaktoren, wie etwa Übergewicht, Berufs- und Rollenanforderungen, bestehen. Leigh Callahan, eine der führenden Wissenschaftlerinnen auf diesem Gebiet, hat dies dazu veranlasst, die rheumatischen Krankheiten als gesundheitliche «Frauensache» zu deklarieren (Callahan 1996).

2. Rheumatische Krankheitsbilder

2.1 Rheumatoide Arthritis

Erscheinungsbild
Die häufigste entzündliche rheumatische Gelenkerkrankung ist die rheumatoide Arthritis mit einer Prävalenz von 0,5–2 %. Sie ist eine chronisch verlaufende, destruierende und prognostisch vergleichsweise ungünstige Erkrankung mit Beteiligung aller Gelenkstrukturen. Die Entzündung beginnt zumeist in wenigen kleinen Gelenken und drückt sich zunächst in Schmerz, Schwellung, Überwärmung und lokaler Funktionsstörung aus. In späteren Stadien kommt es zu Destruktionen und Versteifungen der Gelenke. Die entzündlichen Prozesse können auch andere Organe in Mitleidenschaft ziehen (Mau/Zeidler 1999a, 1999b).

Von einer juvenilen rheumatoiden Arthritis wird ausgegangen, wenn bei Kindern eine Arthritis länger als sechs Wochen andauert. Die juvenile rheumatoide Arthritis lässt sich in drei Erscheinungsbilder der Krankheit klassifizieren: die polyartikuläre, die oligoartikuläre und die systemische juvenile rheumatoide Arthritis. Sie unterscheiden sich durch die Anzahl der betroffenen Gelenke und die Progredienz. Die jährliche Inzidenz beträgt bei Kindern etwa 0,01 %.

Ätiologie und Risikofaktoren
Die Genese der rheumatoiden Arthritis ist letztlich unklar. Es gibt Hinweise auf genetische, immunologische und virale/bakterielle Mechanismen, aber ihre Verknüpfung zu einem pathogenetischen Modell der Krankheitsentstehung existiert noch nicht (Mau/Zeidler 1999b; Sangha 2000; Ollier et al. 2001).

Krankheitsverlauf
Der Krankheitsverlauf der rheumatoiden Arthritis folgt keinem einheitlichen Bild und ist schwer vorhersehbar. In Einzelfällen ist ein nahezu folgenloses Ausheilen möglich, es existieren jedoch auch schwere progrediente Verläufe mit sehr rasch eintretenden Gelenkzerstörungen. Bei

der Mehrzahl der Betroffenen verläuft die rheumatoide Arthritis zwischen beiden Extremen mit schubweisen Verschlechterungen und symptomarmen Phasen.

Die juvenile rheumatoide Arthritis beginnt zumeist schleichend, am häufigsten befallen sind Knie- und Handgelenke sowie die Wirbelsäule. Bei etwa der Hälfte der betroffenen Kinder sind Wachstumsstörungen zu beobachten. Je nach Schwere der Erkrankung kann eine allgemeine Verzögerung des Wachstums auftreten. Die Prognose der juvenilen rheumatoiden Arthritis ist relativ günstig, in etwa der Hälfte der Fälle heilt die Erkrankung ohne größere Behinderungen aus (Schneider 1987; Ansell 1999).

Alters- und Geschlechtsverteilung
Die rheumatoide Arthritis kann in jeder Altersgruppe auftreten, in der Regel steigt die Erkrankungswahrscheinlichkeit zwischen dem vierten und siebten Lebensjahrzehnt (Mau/Zeidler 1999a). Frauen erkranken in allen Altersstufen etwa zwei- bis viermal häufiger als Männer. Hormonelle und reproduktive Einflussfaktoren werden hierbei nicht ausgeschlossen (Kohlmann/Raspe 1994; Ollier et al. 2001). Pro Jahr werden 10 bis 20 Neuerkrankungen pro 100 000 Männern und 20 bis 70 Neuerkrankungen pro 100 000 Frauen angegeben (Mau/Zeidler 1999a).

Schweregrad und Verlauf der rheumatoiden Arthritis scheinen bei Frauen ungünstiger zu sein. Dies zeigt sich in klinischen, insbesondere aber in den selbstberichteten Krankheitssymptomen (Katz/Criswell 1996).

Die Befunde einer Längsschnittuntersuchung von Weyand et al. (1998) an 165 Patienten mit einer rheumatoiden Arthritis ergaben, dass Männer eine radiologisch nachweisbar aggressivere Verlaufsform der rheumatoiden Arthritis entwickelten und ein höheres Risiko einer frühen irreversiblen Gelenkdestruktion trugen. Bei den Frauen waren jedoch mehr und ausgeprägtere Gelenkdeformitäten der kleinen Gelenke zu beobachten, die operativ behandelt werden mussten. Die Autoren führen dieses Ergebnis auf geschlechtsspezifische mechanische Faktoren und eine typisch weibliche Gewebezusammensetzung zurück.

2.2 Spondylitis ankylosans

Erscheinungsbild
Die Spondylitis ankylosans (Morbus Bechterew) ist mit einer Prävalenz von etwa 0,5 bis 1 % die wichtigste und häufigste entzündliche Erkrankung der Wirbelsäule. Bei ihr führen entzündliche, mit Schmerzen und Funktionseinschränkungen verbundene Vorgänge an der Wirbelsäule zu dauerhaften Versteifungen. Entsprechende radiologische Veränderungen sind feststellbar.

Ätiologie und Risikofaktoren
Die Ursache der Spondylitis ankylosans ist bislang nicht vollständig geklärt, es besteht allerdings ein enger Zusammenhang mit dem Antigen HLA-B27. Bei über 80 % aller Patienten mit einer Spondylitis ankylosans wurde HLA-B27 nachgewiesen. Ferner ist bekannt, dass Personen, die HLA-B27-positiv sind, ein Risiko von 4 % haben, an einer Spondylitis ankylosans zu erkranken, das Vorkommen von HLA-B27-positiven Personen in der Bevölkerung liegt bei 8 %. Auch mikrobielle Prozesse werden vermutet (Mathies/Schneider 1987; Sieper/Gotzen 1993).

Krankheitsverlauf
Die Erkrankung beginnt typischerweise mit belastungsunabhängigen Schmerzen im unteren Lendenwirbelsäulenabschnitt, im weiteren Verlauf treten Schmerzen zumeist aufsteigend in höheren Abschnitten der Lenden-, Brust- und Halswirbelsäule auf. Der individuelle Krankheitsverlauf ist sehr unterschiedlich (kontinuierlich bzw. schubartig). Charakteristischerweise verfestigen sich die von der Entzündung befallenen Bereiche der Wirbelsäule und verknöchern. Dies führt zu irreversiblen Bewegungseinschränkungen. Der Verlauf und die Prognose der Spondylitis ankylosans ist jedoch gutartig. Verschiedene Studien zeigen, dass die Mehrheit der Patienten in ihrer Funktions- und Erwerbsfähigkeit längerfristig nicht wesentlich beeinträchtigt sind. Mit einer eher ungünstigen Prognose muss bei einem Krankheitsbeginn vor dem 18. Lebensjahr gerechnet werden (Rigby 1993).

Alters- und Geschlechtsverteilung

Die Erkrankung kann prinzipiell in jedem Alter auftreten, beginnt bei den meisten Patienten jedoch im frühen Erwachsenenalter. Der Gipfel der Erstmanifestation liegt zwischen dem 20. und 30. Lebensjahr, wobei die Erkrankung bei Männern etwa im Verhältnis 4:1 häufiger auftritt. Neuere Befunde deuten jedoch darauf hin, dass diese Geschlechtsproportion die tatsächlichen Unterschiede überschätzt, da bei Frauen die Spondylitis ankylosans häufig milder oder in schweren Fällen atypisch verlaufen kann, so dass Fehldiagnosen nicht ausgeschlossen sind. Mehrere Studien gehen von einer annähernd gleichen Erkrankungsprävalenz aus (Hannan 1996).

2.3 Arthrosen, Osteoarthrosen

Erscheinungsbild

Bei den (Osteo-) Arthrosen handelt es sich um Gelenkerkrankungen, die durch lokale degenerative Veränderungen an Knorpel, Knochen und Bindegewebsteilen verschiedener Gelenke gekennzeichnet sind. Die Betroffenen leiden unter Schmerzen, Muskelverspannungen, Bewegungseinschränkungen und Schwellungen im Bereich der betroffenen Gelenke. Arthrosen gehören zu den häufigsten und volkswirtschaftlich bedeutendsten chronischen Krankheiten, vor allem im höheren Alter. Prävalenzschätzungen variieren mit den zu Grunde gelegten Diagnosekriterien, die sich an klinischen, insbesondere radiologischen Befunden orientieren oder sich auf manifeste Krankheitssymptome stützen. Die Prävalenz klinisch festgestellter Arthrosen beträgt bei 20 bis 75-Jährigen etwa 12% (Lawrence et al. 1998). Da sich nicht alle radiologisch nachweisbaren Veränderungen in Symptomen äußern müssen, kann bei klinisch oder symptomatisch festgestellten Prävalenzen von einer Unterschätzung der Arthrosen ausgegangen werden (Silman/Hochberg 1993).

Ätiologie und Risikofaktoren

Die Ursachen der Arthrosen sind nicht vollständig geklärt. Generell lassen sich zwei Formen der Arthrose unterscheiden. Bei den *primären* Formen ist die Krankheitsursache nicht genau bekannt, es werden jedoch systemische, u. a. genetische, hormonelle und metabolische Faktoren diskutiert (Felson 2000). Neben den großen Gelenken der Beine und Arme sind vor allem die Fingergelenke betroffen. *Sekundäre* Arthrosen entstehen vor allem im Anschluss an eine mechanische Gelenkschädigung, z. B. nach Unfällen, Knochenbrüchen oder durch berufliche Belastungen. Übergewicht ist ebenfalls als Auslöser sekundärer Arthrosen bekannt. Darüber hinaus können auch angeborene Fehlbildungen eine Arthrose nach sich ziehen (Silman/Hochberg 1993).

Krankheitsverlauf

Im Vorstadium der Arthrose treten zunächst nur radiologisch feststellbare Schädigungen am Knorpelgewebe auf. Diese Schädigungen verursachen bei den Betroffenen noch keine Schmerzen. In weiteren Stadien treten mit zunehmenden Veränderungen der beteiligten Gewebestrukturen mit wachsender Häufigkeit Belastungsschmerzen an den betroffenen Gelenken auf. In einer letzten Phase stellt sich Ruheschmerz ein, die Gelenkinnenhaut kann sich entzünden und es können Gelenkergüsse auftreten (Rheumabericht der Bundesregierung 1997).

Alters- und Geschlechtsverteilung

Arthroseerkrankungen weisen einen markanten Altersgradienten auf. Bei den 20-Jährigen finden sich nur bei etwa 4% degenerative Gelenkveränderungen, bei den über 70-Jährigen erreicht dieser Anteil schließlich über 80%. Verschiedene Studien zeigen, dass Frauen häufiger von einer radiologisch gesicherten Arthrose betroffen sind als Männer, insbesondere nach dem fünften Lebensjahrzehnt (Silman/Hochberg 1993; Kriegel et al. 1995).

Neben einer höheren Prävalenz weisen Frauen eine höhere Krankheitsschwere auf, sie leiden unter einer größeren Anzahl betroffener Gelenke und berichten häufiger über Morgensteifigkeit, Gelenkschwellungen und Nachtschmerz (Verbrugge 1995).

Die geschlechtsspezifischen Unterschiede in der Prävalenz radiologisch definierter Arthrosen sind etwas geringer als die Unterschiede bei bereits symptomatischen Erkrankungen. Mit Ausnahme der Hüftgelenksarthrosen treten Arthrosen jedoch auch bei Berücksichtigung radio-

Tabelle 2: Prävalenz radiologisch gesicherter Arthrosen (USA; Lawrence et al. 1998).

Betroffenes Gelenk	Alter	leichte, mittlere und schwere Arthrosen	
		Frauen	Männer
Hände	25–74	30,1	28,9
Füße	25–74	21,4	20,2
Kiegelenke	25–74	4,6	2,4
Hüftgelenke	55–74	2,8	3,5

logischer Befunde bei Frauen häufiger auf (vgl. **Tab. 2**).

Im Bereich der Risikofaktoren scheint bei Frauen das Übergewicht insbesondere im Zusammenhang mit einer erhöhten Prävalenz von Knie- und Handgelenksarthrosen eine Rolle zu spielen (Silman/Hochberg 1993). Unabhängig davon wurde jedoch auch eine Assoziation mit typischen weiblichen bzw. männlichen Berufsbildern gezeigt. Während bei männlichen Berufen wie Bergarbeiter, Rohrschlosser und Schweißer ein besonders hohes Risiko für eine Kniegelenksarthrose besteht, sind es bei den Frauen die kniebeugenden oder überwiegend stehenden Tätigkeiten wie Arbeiten im Einzelhandelsbereich oder in verschiedenen Gesundheitsberufen, die ein Arthroserisiko in sich bergen (Elsner et al. 1996).

2.4 Osteoporose

Erscheinungsbild
Bei der Osteoporose handelt es sich um eine Skeletterkrankung, bei der die mechanische Belastbarkeit der Knochen durch verminderte Dichte und Festigkeit («Knochenschwund») beeinträchtigt und die dadurch mit einem erhöhten Risiko von Knochenbrüchen und -verformungen verbunden ist (NIH Consensus Development Panel 2001). Die Knochendichte erreicht im jungen Erwachsenenalter bei Männern und Frauen einen Maximalwert und nimmt danach um etwa 1 % pro Jahr ab. Von einer Osteoporose im engeren Sinne wird nach einer Definition der WHO gesprochen, wenn die Knochendichte mehr als 2,5 Einheiten der Standardabweichung unter dem Referenzwert junger gesunder Frauen liegt. Nosologisch wird die Osteoporose in primäre (altersassoziierter Dichteverlust) und sekundäre (durch andere Ursachen, z. B. Cortisontherapie oder bestimmte Krankheiten, bedingte) Formen unterteilt.

Die eigentliche Krankheitslast und die mit der Erkrankung verbundenen psychosozialen und ökonomischen Folgen ergeben sich aus den «Spätfolgen» der Osteoporose, den osteoporotischen Frakturen – insbesondere den Wirbelkörper- und Schenkelhalsfrakturen.

Ätiologie und Risikofaktoren
Als Prädiktoren verminderter Knochendichte und erhöhter Frakturhäufigkeit werden verschiedene Risikofaktoren beschrieben. Diese umfassen neben dem Geschlecht und Alter u. a. geringes Gewicht, niedrigen Body-Mass-Index, Rauchen und bei Frauen den Östrogenmangel. Zum Alkohol- und Kaffeekonsum liegen z. T. widersprüchliche Ergebnisse vor, während sich bestimmte medikamentöse Therapien (z. B. mit Cortison), spezielle Erkrankungen (z. B. Schilddrüsenüberfunktion), ungünstige Ernährungsgewohnheiten oder mangelnde physische Aktivität als sichere Risikofaktoren erwiesen haben (Cummings et al. 1995; Cumming et al. 1997; Matthis et al. 1999; NIH Consensus Development Panel 2001).

Krankheitsverlauf
Bei den gesundheitlichen Folgen der osteoporotischen Frakturen stehen Schmerzen, Funktionseinschränkungen und Beeinträchtigungen der allgemeinen Lebensqualität im Vordergrund (Matthis et al. 1998). Nach Ergebnissen von Oleksik et al. (2000) vermindern sich in statistisch und klinisch relevantem Maße nahezu alle Parameter der gesundheitsbezogenen Lebensqualität in Abhängigkeit vom Vorliegen und der Anzahl osteoporotischer Frakturen.

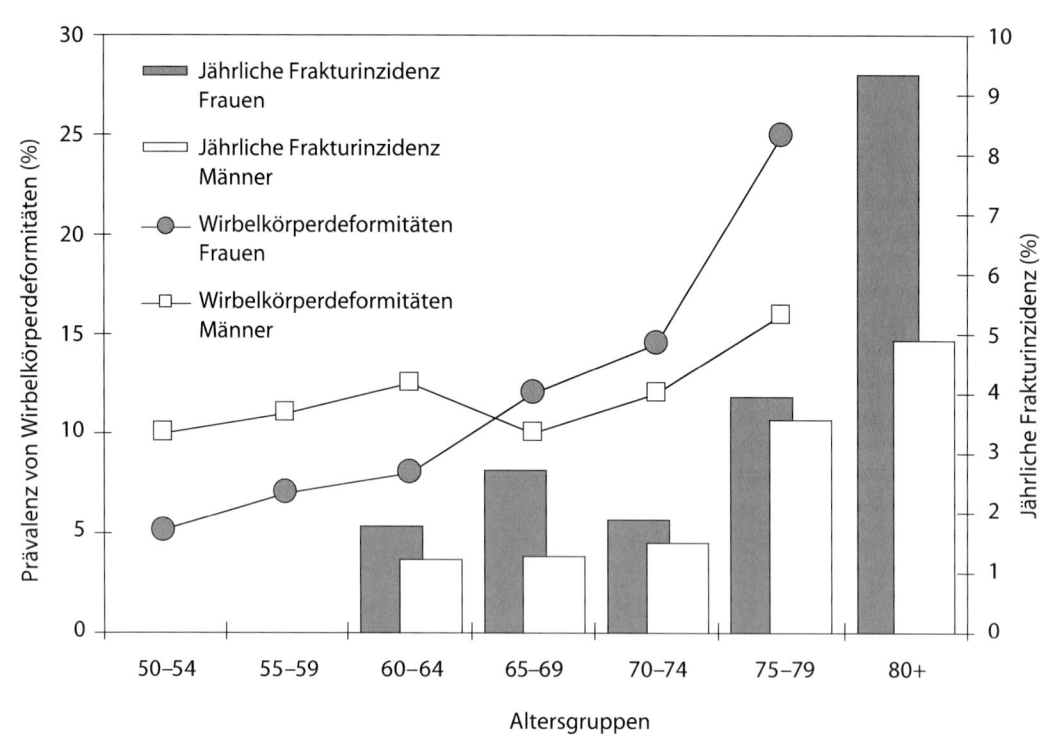

Abbildung 2: Alters- und geschlechtsspezifische jährliche Frakturinzidenz (ohne traumatische Frakturen) und Prävalenz vertebraler Deformitäten (Dubbo Osteoporosis Epidemiology Study, Australien: Jones et al. 1994; Deutscher Teil der European Vertebral Osteoporosis Study: Felsenberg et al. 1998).

Die auf eine Fraktur folgende Entwicklung der Erkrankung und ihre Prognose können je nach dem Alter der Patienten und vor allem nach der Lokalisation der Fraktur sehr unterschiedlich sein. Bei den Schenkelhalsfrakturen besteht wegen der zumeist vorliegenden Komorbidität und dem hohen Alter der Patienten trotz der verfügbaren effektiven chirurgischen Maßnahmen eine hohe, bis 20 % reichende Letalität. Fast die Hälfte der Betroffenen müssen nach der Behandlung fremde Hilfe bei Alltagstätigkeiten in Anspruch nehmen (Scheidt-Nave et al. 1998). Demgegenüber bleiben Wirbelkörperfrakturen bzw. -deformitäten in einigen Fällen zunächst symptomlos, erst bei stärkeren oder ausgebreiteten Deformitäten äußert sich die Erkrankung in typischen Veränderungen der Körpergestalt und es treten Beschwerden und Funktionseinschränkungen auf (Ettinger et al. 1992; Leidig-Bruckner et al. 1997).

Alters- und Geschlechtsverteilung

Bei Frauen kommt es während der ersten fünf bis zehn Jahre nach der Menopause mit jährlich 2 bis 4 % zu einem deutlich stärkeren Verlust an Knochendichte (Lühmann et al. 2000). Osteoporotische Frakturen nehmen mit dem Alter deutlich zu und zeigen dabei in der Inzidenz und Prävalenz einen geschlechtsspezifischen Verlauf (vgl. **Abb. 2**).

Ein besonders ausgeprägter Geschlechtsgradient wird in der internationalen Literatur für die Schenkelhalsfrakturen berichtet. Frauen tragen demnach ein mindestens zweifach höheres Frakturrisiko als Männer (Maggi et al. 1991), wobei sich die Inzidenzraten in den höchsten Altersgruppen wieder anzugleichen scheinen (Scheidt-Nave et al. 1998). In einem Vergleich des geschlechtsspezifischen Risikos der Schenkelhalsfraktur in einer deutschen Region errechneten Cöster et al. (1994) eine jährliche Inzidenz von 291 von 100 000 Frauen bzw. von 110 von 100 000 Männern im Alter ab 35 Jahren.

2.5 Rückenschmerzen

Erscheinungsbild
Unter dem Begriff «Dorsopathien» (Rückenleiden) werden eine Reihe unterschiedlicher Krankheitssyndrome zusammengefasst. Sie manifestieren sich an den knöchernen Strukturen, Gelenken, Muskeln und Nerven im Bereich der Wirbelsäule, ihre Primärsymptome sind Schmerzen und Funktionseinschränkungen. Mit einer Punktprävalenz in der erwachsenen Bevölkerung von 30 bis 40 %, einer Jahresprävalenz von etwa 75 % und einer Lebenszeitprävalenz von annähernd 90 % gehören die Rückenschmerzen zu den häufigsten Gesundheitsstörungen überhaupt (Keel et al. 1996; Raspe/Kohlmann 1998; Raspe 2001). Ein wesentliches Kennzeichen ist, dass sie in einem sehr breiten Schweregradspektrum auftreten, das von sehr milden Formen bis hin zu schwergradigen, mit erheblichen funktionellen Beeinträchtigungen einhergehenden Syndromen reicht. Die schwergradigen Rückenschmerzen haben einen Anteil von etwa 25 % der Gesamtprävalenz (Kohlmann et al. 1995).

Ätiologie und Risikofaktoren
Obwohl es verschiedene manifeste Erkrankungen gibt, die unmittelbare Ursachen von Rückenschmerzen sein können, darunter entzündliche Erkrankungen wie die Spondylitis ankylosans, degenerative Bandscheibenerkrankungen oder Tumorleiden, handelt es sich in der überwiegenden Mehrzahl der Rückenschmerzen um unspezifische Störungen, die sich nicht auf einen definierten Krankheitsprozess oder eine anatomische Quelle zurückführen lassen (Hildebrandt et al. 1993). Schätzungen zufolge gehören mindestens 60 % aller Fälle in die Gruppe der unspezifischen Rückenschmerzen (Croft/Raspe 1995). Über zu Grunde liegende Pathomechanismen liegen deshalb auch nur sehr begrenzte Erkenntnisse vor. Biomechanische Risikofaktoren durch starke körperliche Beanspruchung im Arbeitsleben sind nur in Ausnahmefällen und in bestimmten «Risikoberufen» (langjähriges Heben schwerer Lasten, Berufe mit Ganzkörpervibration) von Bedeutung. Demgegenüber konnte eine ganze Reihe psychosozialer Faktoren, u. a. niedrige Sozialschicht, Arbeitsunzufriedenheit, bestimmte Arbeitsplatzmerkmale (Monotonie, Zeitdruck, geringe Autonomie) oder psychische Faktoren wie Depressivität und ungünstige schmerzbezogene Einstellungsmuster («fear avoidance beliefs») in zahlreichen Studien als relevante Risiken für das (Wieder-) Auftreten von Rückenschmerzen identifiziert werden (Waddell/Waddell 2000; Linton 2000).

Krankheitsverlauf
Die Beobachtung, dass rund 90 % der Rückenschmerzepisoden innerhalb von wenigen Wochen abklingen, hat zur Vermutung geführt, dass es sich um eine im Grunde «gutartige» Gesundheitsstörung handelt. Wie Längsschnittstudien jedoch zeigen, ist diese Ansicht zu optimistisch. Eine zahlenmäßig auf der Grundlage der verfügbaren Daten nicht genau angebbare, jedoch relevante Untergruppe der akuten Rückenschmerzen tendiert dazu, episodisch erneut aufzutreten, im Zeitverlauf mit immer kürzeren beschwerdefreien Intervallen verbunden zu sein, sich mit weiteren (zumeist) rheumatischen Beschwerden zu «vergesellschaften» und schließlich in eine chronische Form des Rückenschmerzes überzugehen (Raspe 2001).

Alters- und Geschlechtsverteilung
Die Prävalenz des Rückenschmerzes folgt einer charakteristischen Altersabhängigkeit. Die im jüngeren Lebensalter bereits vergleichsweise hohe Prävalenz steigt mit dem Alter weiter an, um etwa im fünften (Frauen) bzw. sechsten Lebensjahrzehnt (Männer) ein Maximum zu erreichen. Für den Prävalenzabfall im höheren Lebensalter existieren bisher nur Erklärungsansätze (u. a. altersassoziierte strukturelle Veränderungen an der Wirbelsäule, Verminderung von externen Beanspruchungsfaktoren, veränderte Muster und Schwellen der Symptomwahrnehmung), von denen jedoch keiner eine abschließende empirische Bestätigung erfahren hat.

Dies gilt in gleicher Weise für die fast durchgängig in nationalen und internationalen Studien beobachtete höhere Prävalenz und Krankheitsschwere in der Gruppe der Frauen. Es ist noch unklar, ob dieser Sachverhalt durch biologische oder konstitutionelle Merkmale erklärt werden kann, ob bestimmte Belastungsfaktoren bei Frauen stärker wirksam werden, ob sich

Männer und Frauen hinsichtlich der Wahrnehmung und Bewertung von Rückenschmerzsymptomen unterscheiden oder ob spezifische Wechselwirkungen zwischen allen diesen Faktoren bestehen. In einer Analyse der Daten aus der Lübecker Rückenschmerzstudie konnte gezeigt werden, dass sich die Geschlechterunterschiede in der Rückenschmerzprävalenz bei Berücksichtigung soziodemographischer, berufs- und sozialschichtbezogener Merkmale nicht wesentlich vermindern (Deck et al. 1998).

2.6 Weichteilrheumatische Erkrankungen, Fibromyalgie

Unter dem Begriff «Weichteilrheuma» bzw. extraartikulärer Rheumatismus werden Erkrankungen der Muskeln, Sehnen und Bänder zusammengefasst. Weichteilrheumatische Erkrankungen betreffen also im Unterschied zu den entzündlichen Gelenk- und Wirbelsäulenerkrankungen nicht die knöchernen Strukturen, sondern das Bindegewebe. Die Prävalenz weichteilrheumatischer Erkrankungen in der Bevölkerung beträgt ca. 5 % (Raspe/Croft 1995). Die häufigste weichteilrheumatische Erkrankung ist die Fibromyalgie.

Erscheinungsbild

Fibromyalgie wurde erstmals in den Siebzigerjahren als Krankheit definiert (Schochat/Raspe 1995; Hausotter 1998) und beschreibt ein nichtentzündliches, generalisiertes Schmerzsyndrom. Fibromyalgie ist überwiegend durch ausgebreitete Schmerzen, eine niedrige Schmerzschwelle, Schlafstörungen, Müdigkeit und emotionale Beeinträchtigungen gekennzeichnet, sie verläuft in der Regel chronisch (Wolfe 1996). Die Prävalenzschätzung der Fibromyalgie in der Bevölkerung stützt sich jedoch auf rein deskriptive diagnostische Kriterien, welche die zwei Kardinalsymptome ausgebreitete, persistierende Schmerzen und das Vorliegen von mindestens 11 von 18 definierten Druckschmerzpunkten beinhalten (Hausotter 1998).

Hauptbeschwerdelast der Fibromyalgie sind die Schmerzen in zahlreichen Körperteilen. Obwohl die Gelenke nicht beteiligt sind, treten die Schmerzen auch in gelenknahen Bereichen auf, am häufigsten in Schultern und Nacken, unterer Rücken, Knie, Ellbogen und Hüften. Bisweilen werden auch Schmerzen in der Kiefer- und Gesichtsmuskulatur beschrieben. Die typischen Schmerzen werden häufig begleitet von vegetativen Symptomen. Bei der Fibromyalgie werden in der Regel vier Beschwerden genannt: Schmerz, Steifigkeit, Müdigkeit und Schlafstörungen. Die Erkrankung tritt zumeist im mittleren Lebensalter auf (Schochat et al. 1994).

Ätiologie und Risikofaktoren

Ätiologie und Pathogenese der Fibromyalgie sind weitgehend unklar. Bei ihrer Entstehung werden unterschiedliche Ursachen vermutet. Neben der persönlichen Veranlagung können Stress in Beruf und Alltag, psychische und körperliche Überlastungen, Übergewicht und Sekundärerkrankungen zur Ausbildung einer Fibromyalgie führen.

Krankheitsverlauf

Die Fibromyalgie schreitet in der Regel langsam fort. Oft sind zu Beginn nur ein oder zwei Körperregionen von den Schmerzen betroffen, die sich allmählich ausbreiten. Der Verlauf wird wellenförmig beschrieben: Zeitweisen Verbesserungen folgen Phasen der Verschlechterung.

Alters- und Geschlechtsverteilung

Aus oben beschriebenen Gründen liegen gesicherte epidemiologische Zahlen auch zu alters- und geschlechtsspezifischen Prävalenzen der Fibromyalgie bisher kaum vor. Verschiedenen Studien zufolge scheint der Krankheitsbeginn häufig um das 35. Lebensjahr und der Manifestationsgipfel zwischen dem fünften und sechsten Lebensjahrzehnt zu liegen. An einer Fibromyalgie erkranken Frauen etwa sieben- bis neunmal häufiger als Männer (Keel 1995; Woolfe et al. 1995; Lawrence et al. 1998).

2.7 Gicht

Erscheinungsbild

Unter den rheumatischen Erkrankungen nimmt die Gicht eine Sonderstellung ein, da ihre Ursache nicht primär in degenerativen oder entzündlichen Prozessen, sondern in einer Störung des Harnstoffwechsels liegt. Die Häufigkeit der Gicht in der erwachsenen Allgemeinbevölkerung wird auf etwa 3 % geschätzt (Silman/

Hochberg 1993). Die Krankheit ist gekennzeichnet durch das Auftreten rezivierender anfallsartiger Arthritiden. In ca. 90 % der Fälle ist der erste Gichtanfall auf ein einzelnes Gelenk beschränkt, zumeist das Großzehengelenk. In selteneren Fällen können Fußrücken, Knöchelgelenke, Fersen, Knie, Handgelenke und Finger betroffen sein (Lawrence et al. 1998).

Ätiologie und Risikofaktoren
Die Wahrscheinlichkeit eines Gichtanfalls steht im Zusammenhang mit einer zum Teil genetisch bedingten Störung des Harnsäurestoffwechsels. Durch zu hohe Harnsäurewerte im Blut werden feste Kristalle gebildet, die sich in Gelenken oder Geweben ablagern können. Aus diesem Grund wird die Gicht auch als Harnsäurekristallablagerung oder Arthritis urica bezeichnet. Neben einer angeborenen Stoffwechselstörung sind für die Ausbildung der Hyperurikämie ernährungsbedingte Faktoren verantwortlich (Sieper/Gotzen 1993).

Krankheitsverlauf
Der akute Gichtanfall beginnt zumeist nachts mit heftigen Schmerzen. Die Dauer eines Gichtanfalls beträgt in der Regel einige Stunden oder wenige Tage. Der Krankheitsverlauf ist gekennzeichnet durch rezidivierende Gichtanfälle mit beschwerdefreien Intervallen von mehreren Monaten oder Jahren. Mit Fortschreiten des Krankheitsprozesses verkürzen sich die beschwerdefreien Intervalle. Häufigkeit und Dauer der Anfälle nehmen zu und können sich in einem chronischen Stadium manifestieren.

Alters- und Geschlechtsverteilung
Die Gicht tritt am häufigsten zwischen dem dritten und vierten Lebensjahrzehnt auf. Männer sind von einer Gicht etwa siebenmal häufiger betroffen als Frauen. Bei Frauen tritt die Erkrankung in den meisten Fällen erst nach der Menopause auf.

2.8 Systemische rheumatische Krankheiten

Die systemischen rheumatischen Krankheiten bilden eine außerordentlich heterogene Gruppe von Erkrankungen, die durch zahlreiche Einzelsymptome gekennzeichnet sind und Bindegewebe, Haut, Muskeln, Blutgefäße, innere Organe und schließlich auch die Gelenke und ihre angrenzenden Strukturen befallen können. In diese Gruppe gehören u. a. die Kollagenosen (z. B. Lupus erythematodes) mit ihren vielfältigen Beteiligungen des Immunsystems, die mit nekrotisierenden Gefäßveränderungen einhergehenden Vaskulitiden (z. B. Wegener-Granulomatose) oder die als entzündliche Muskelerkrankung mit dem Leitsymptom der allgemeinen Muskelschwäche und ggf. mit zusätzlicher Hautmanifestation auftretende Poly- oder Dermatomyositis (Sieper/Gotzen 1993). So vielfältig wie ihre Erscheinungsbilder ist die Verlaufsprognose dieser Erkrankungen. Sie kann selbst innerhalb einer Einzeldiagnose sehr günstig, aber auch ungünstig, bis hin zu lebensbedrohlichen Zuständen sein.

Alle Störungen aus der Gruppe der systemischen rheumatischen Erkrankungen sind vergleichsweise selten. Ihre Prävalenz reicht in der erwachsenen Bevölkerung von etwa 5 pro 100 000 (z. B. bei der Wegener-Granulomatose, vgl. Reinhold-Keller et al. 2000) bis zu 10 bis 50 pro 100 000 (z. B. Lupus erythematodes, vgl. Silman/Hochberg 1993). In ähnlicher Weise wie bei anderen rheumatischen Beschwerden zeigt sich bei den Systemerkrankungen in der Regel eine größere Inzidenz und Prävalenz bei den Frauen, die je nach Art der Störung etwa zwei- bis neunmal häufiger als Männer erkranken.

3. Emotionale Beeinträchtigungen bei rheumatischen Erkrankungen

Rheumatische Erkrankungen sind in mindestens dem gleichen Umfang wie andere (chronische) Krankheiten mit emotionalen Beeinträchtigungen verbunden. Depressivität und Ängstlichkeit scheinen dabei die wesentlichen Dimensionen dieser Beeinträchtigung zu sein. In der überwiegenden Mehrzahl der Studien, in denen geschlechtsspezifische Unterschiede untersucht und berichtet wurden, zeigte sich zumindest deskriptiv eine bei Frauen durchgängig häufigere und stärkere emotionale Beeinträchtigung. Dies gilt insbesondere für die größeren Diagnosegruppen wie rheumatoide Arthritis, Dorsopathien oder Osteoarthrosen. Bei einigen Erkrankungen (z. B. der rheumatoiden Arthritis) waren die beobachteten Unterschiede jedoch nur mäßig ausgeprägt, erreichen nur in größeren Stichproben statistische Signifikanz und verloren bei statistischer Kontrolle wesentlicher Indikatoren des Schweregrads häufig ihre quantitative Bedeutung.

3.1 Rheumatoide Arthritis

Die gegenüber Vergleichskollektiven erhöhte Prävalenz von affektiven Störungen ist bei der rheumatoiden Arthritis bereits früh erkannt und seither in zahlreichen Studien untersucht worden. Der enge Zusammenhang zwischen der körperlichen Erkrankung und dem Vorliegen einer depressiven Symptomatik hat bei dieser Krankheit zeitweise sogar Anlass zur – aus heutiger Sicht überholten – Vermutung einer psychogenen Ätiologie («Rheumapersönlichkeit») gegeben (Kohlmann/Raspe 1994; Smedstad et al. 1995).

Die mit der rheumatoiden Arthritis assoziierte Prävalenz emotionaler Beeinträchtigungen, insbesondere der Depressivität, war in den frühen internationalen Studien bis etwa 1985 auf einen Anteil von bis zu 53 % geschätzt worden. In Deutschland haben sich empirisch mit diesem Thema zuerst Raspe und Mattussek (1986) sowie Jäckel et al. (1989) beschäftigt. Diese Autoren fanden ebenfalls eine erhöhte Depressivität und Ängstlichkeit unter Patienten mit rheumatoider Arthritis, diese lag jedoch je nach untersuchtem Kollektiv in einem Bereich von höchstens 30 bis 35 %, war bei vergleichbaren muskulo-skeletalen Erkrankungen im Wesentlichen nur geringfügig seltener anzutreffen und konnte darüber hinaus in zufrieden stellendem Maße durch manifeste Krankheitsmerkmale (zentrale und periphere Entzündungsaktivität, Schmerzintensität, Funktionseinschränkung) erklärt werden. Auf der Basis der gegenwärtig verfügbaren Ergebnisse kann bei einer standardisierten psychometrischen Diagnostik und bei Anwendung angemessener Definitionskriterien die Prävalenz von Angst- und Depressionsstörungen bei rheumatoider Arthritis auf durchschnittlich etwa 15 bis 25 % beziffert werden (Katz/Yelin 1993; Pincus et al. 1996; Soderlin et al. 2000). Da eine enge Korrelation zwischen dem Schweregrad und der Aktivität der Krankheit (nicht aber mit der Krankheitsdauer) besteht, treten höhere Prävalenzraten nur in Untersuchungskollektiven mit einem entsprechend großen Anteil schwergradig Erkrankter auf.

Wie bereits weiter oben erwähnt, bestehen bei der rheumatoiden Arthritis gering bis mittel ausgeprägte geschlechtsbezogene Unterschiede. So lag die Prävalenz von depressiven Symptomatiken in der bei Katz und Yelin (1993) beschriebenen Kohorte von Patienten und Patientinnen mit einer rheumatoiden Arthritis in der Gruppe der Frauen bei 19 %, bei den Männern bei 13 %. Dieser Unterschied war selbst bei einer Stichprobengröße von über 600 Patienten jedoch statistisch nicht signifikant. Ähnliche Ergebnisse zeigte der Vergleich von Patientinnen und Patienten in der Studie von Wright et al. (1996). Selbst bei überzufälligen Befunden konnte durch die Geschlechtszugehörigkeit in der Regel nur ein kleiner Teil der Varianz in den Depressions- oder Angstscores erklärt werden, der Anteil erklärter Varianz lag dabei zumeist weit unter 10 %. Nach multivariater Kontrolle von Krankheitsmerkmalen (z. B. Schmerzintensität, Funktionseinschränkung) verminderte sich der Beitrag zur Varianzaufklärung unter die Signifikanzschwelle (vgl. Dowdy et al. 1996; Filfield et al. 1996; Wright et al. 1998; Abdel-Nasser et al. 1998). Insgesamt deuten die vorliegenden Befunde darauf hin, dass bei der rheumatoiden Arthritis nur geringe Unterschiede zwischen Frauen und Männern hinsichtlich emotionaler Beeinträchtigungen bestehen. Wo diese in Gruppenvergleichen dennoch auftreten, können sie im Allgemeinen durch einen höheren Schweregrad der Erkrankung bei den Frauen erklärt werden.

3.2 Rückenschmerzen

Mehr noch als bei der rheumatoiden Arthritis ist im Falle der Rückenschmerzen und anderen unspezifischen muskulo-skeletalen Schmerzsyndromen angenommen worden, dass typische emotionale «Distress»-Symptome relevante Risikofaktoren für das Auftreten oder die Chronifizierung der Störung sein könnten (Main/Waddell 1998). In systematischen Übersichten konnten Zusammenhänge zwischen emotionalen Parametern und den Schmerzsyndromen mit hohem Evidenzgrad gesichert werden, auch hier war aber nicht hinreichend gut nachzuweisen, dass den zunächst als ursächlich angenommenen Persönlichkeitsstrukturen («pain-prone personality») eine wesentliche Erklärungskraft zukommt. Vielmehr scheint gerade bei den überwiegend «unspezifischen» Rückenschmerzen ein komplexes Zusammenspiel körperlicher, psychischer und sozialer Faktoren vorzuliegen, bei dem die Richtung der Abgängigkeitsbeziehungen zwischen den genannten Faktoren im Zeitverlauf variabel ist und nicht einem einfachen Ursache-Wirkungsprinzip folgt (Linton 2000).

Die in der Literatur berichteten Häufigkeiten emotionaler Beeinträchtigungen bei Patienten mit Rückenschmerzen unterliegen einer großen Variabilität. Allein die Depressionsprävalenz fällt in eine Bandbreite von 20 bis 80 % (Main/Waddell 1998). Wegen der engen Kopplung emotionaler Beeinträchtigungen an den Schweregrad der Schmerzsymptomatik ist die in einer gegebenen Stichprobe erreichte Prävalenz in erheblichem Maße von der spezifischen Zusammensetzung des untersuchten Kollektivs abhängig. In einer Gruppe von primärärztlich behandelten Rückenschmerzpatienten ergab sich in einer amerikanischen Studie eine Gesamthäufigkeit erhöhter Depressivität von 22 % (Von Korff et al. 1992), eine in Norddeutschland durchgeführte bevölkerungsepidemiologische Studie fand einen Anteil von 14 % erhöhter Depressivität (CES-D-Score > 23) unter den untersuchten Personen mit aktuellen oder rezenten Rückenschmerzen (Kohlmann et al. 1994, 1998). In beiden Studien zeigte sich eine markante Abhängigkeit der Depressivität von dem anhand der Schmerzintensität und der schmerzbedingten Funktionseinschränkung bestimmten Schweregrad der Rückenschmerzen. In den Gruppen mit geringgradigen Schmerzen lag die Prävalenz bei 12 % bzw. 5 % (USA bzw. Norddeutschland), in den Gruppen mit schwergradigen Schmerzen erreichte sie 42 % und 32 %.

Im Unterschied zu den geschlechtsspezifischen Befunden bei der rheumatoiden Arthritis scheint bei Rückenschmerzen eine deutlichere Geschlechtsabhängigkeit der affektiven und kognitiven Beeinträchtigungsdimensionen zu bestehen, die nur in geringem Maße durch Berücksichtigung des Schweregrads der Störung vermindert wird. Exemplarisch kann diese Aussage anhand der in dieser Form hier erstmalig dargestellten Ergebnisse der Lübecker Rückenschmerzstudie (Kohlmann et al. 1998) veranschaulicht werden.

In **Abbildung 3** sind die alters- und geschlechtsspezifischen Raten erhöhter Depressivität (CES-D > 23) unter erwachsenen Personen (25 bis 74 Jahre; 402 Frauen, 341 Männer) mit aktuellen bzw. rezenten Rückenschmerzen dargestellt. Wie sich zeigt, weisen die Frauen eine mehr als zweifach höhere Depressivitätsrate auf ($p < 0{,}001$). Es besteht nur bei den Männern eine deutliche Altersabhängigkeit. Im Rahmen einer logistischen Regression unter Einschluss des Alters und Schweregrads bleibt der Geschlechtseffekt bestehen (Odds Ratio = 2,6; $p < 0{,}001$), wird also nicht durch Einflüsse des Alters oder des differenziellen Schweregrads der Rückenschmerzen erklärt. Die damit feststellbare höhere psychische Beeinträchtigung in der Gruppe der Frauen konnte in weiteren Analysen auch für schmerzbezogene Angst und schmerzbezogenen Ärger sowie für kognitive Dimensionen (u. a. «Katastrophisieren») bestätigt werden. Frauen mit Rückenschmerzen stellen sich damit bei vergleichbarer Symptombelastung affektiv und kognitiv in höherem Maße beeinträchtigt dar als Männer.

3.3 Fibromyalgie

Die höchsten Raten der emotionalen Beeinträchtigung werden in vergleichenden Studien regelmäßig für Patienten mit einer Fibromyalgie berichtet. Bei Anwendung psychometrischer Verfahren erreicht die Prävalenz klinisch auffälliger Werte in dieser Krankheitsgruppe eine Häufigkeit von mindestens 40 %, wobei die klassischen Beeinträchtigungsdimensionen Depressivität und Ängstlichkeit mit einer Prävalenz von über 50 % besonders häufig erhöhte Werte aufweisen (Wolfe et al. 1995; Offenbaecher et al. 1998). Wolfe und Skevington (2000) fanden in ihrem Vergleich von Patienten mit rheumatoider Arthritis, Osteoarthritis und Fibromyalgie in der zuletzt genannten Gruppe durchgängig die höchsten Beeinträchtigungen im Bereich von Depressivität, Ängstlichkeit, Vitalitätsverlust und Schlafstörungen. In die auf der Basis clusteranalytischer Methoden gebildete Gruppe mit hoher «psychosozialer Dysfunktion» fielen in

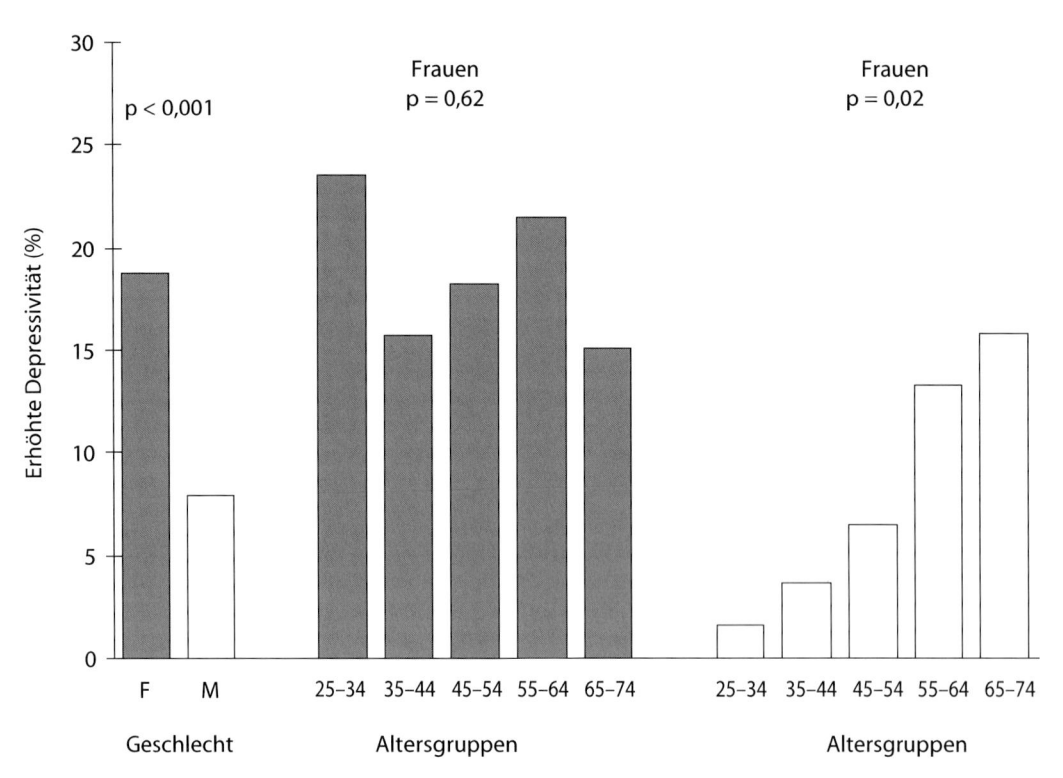

Abbildung 3: Alters- und geschlechtsspezifische Häufigkeit erhöhter Depressivität (CES-D-Score > 23) in der Lübecker Rückenschmerzstudie (Kohlmann et al. 1998).

dieser Untersuchung 51 % der Fibromyalgiepatienten, aber nur 15 % bzw. 16 % der Patienten mit rheumatoider Arthritis bzw. Osteoarthrosen. Walther et al. (1998) konnten zeigen, dass derartige Unterschiede mit großer Wahrscheinlichkeit durch eine in den verschiedenen Krankheitsgruppen unterschiedliche Schmerzbelastung erklärbar sind.

Da es sich bei der Fibromyalgie um eine Störung handelt, die ganz überwiegend bei Frauen auftritt (rund 90 % der an Fibromyalgie Erkrankten sind Frauen) gibt es kaum Angaben über Geschlechterunterschiede hinsichtlich der emotionalen Beeinträchtigungen. In zwei nach Alter und Schulbildung vergleichbaren Gruppen (je n = 40) männlicher und weiblicher Fibromyalgiepatienten fanden Buskila et al. (2000) unter den Männern deutlich ungünstigere Werte bei Depression, Ängstlichkeit und allgemeiner Lebensqualität. Wie die Autoren selbst bemerken, bedürfen diese Befunde jedoch noch der Replikation in weiteren Studien.

3.4 Einflüsse der Krankheitsbewältigung

Die Auswirkungen der körperlichen Erkrankung auf der Ebene der emotionalen Befindlichkeit werden in hohem Maße mitbestimmt durch die persönlichen und sozialen Ressourcen der Patienten, mit den krankheitsbedingten Belastungen umzugehen und ihnen aktiv entgegenzuwirken. Umgekehrt kann es durch fehlende «Coping»-Potenziale zu weitaus größeren emotionalen Beeinträchtigungen kommen, als es in einem typischen Fall bei einem bestimmten Schweregrad- und Progredienzstadium zu erwarten wäre. Dass sich bewältigungsrelevante kognitive und verhaltensbezogene Stile gerade bei rheumatologischen Patienten auf die emotionalen Folgeerscheinungen vermittelnd auswirken, ist in zahlreichen Studien belegt worden. In ihrer Übersichtsarbeit nennen Newman und Mulligan (2000) insbesondere Kontrollüberzeugungen, erlernte Hilflosigkeit und die wahrgenomme Selbstwirksamkeit als wesentliche kognitive Moderatoren.

Gerade in diesem Bereich scheinen aber besonders ausgeprägte Unterschiede zwischen Frauen und Männern mit rheumatischen Erkrankungen zu bestehen. Unter dem Einfluss schmerzhafter rheumatischer Erkrankungen wie der rheumatoiden Arthritis oder der Osteoarthrose tendieren Frauen nach Ergebnissen der Arbeitsgruppe um Francis Keefe verstärkt zu emotionalem Bewältigungsverhalten (Äußerung und Kommunikation von Emotionen, Suche nach emotionaler Unterstützung) und zu negativen «katastrophisierenden» Kognitionen (Affleck et al. 1999; Keefe et al. 2000a). Besonders die zuletzt genannten kognitiven Stile können selbst wiederum zu einer verstärkten Schmerzwahrnehmung und damit einer erhöhten subjektiven Belastung führen. Allerdings ist die beobachtete höhere «Reagibilität» der Frauen anscheinend auch mit Vorteilen verbunden: In einer Studie, in der Rheumapatienten über 30 Tage ein standardisiertes Schmerz- und Coping-Tagebuch führten, erwiesen sich die Frauen zwar stärker von Schmerzen beeinträchtigt, bei den Männern folgten aber auf Tage mit hoher Schmerzbelastung deutlich ungünstigere emotionale Reaktionen im Sinne von negativer Stimmung und Befindlichkeit als bei den Frauen (Affleck et al. 1999). Zuletzt scheinen rheumakranke Frauen in ihren Bewältigungsstilen fester und stabiler als Männer zu sein: Eine explorative Untersuchung nach dem «Stages-of-Change»-Modell an 177 Patientinnen und Patienten mit rheumatoider Arthritis oder Arthrose ergab, dass nur 10 % der untersuchten männlichen Patienten, aber 20 % der Patientinnen der Gruppe mit stabilem Bewältigungsverhalten angehörten (Keefe et al. 2000b).

Vor dem Hintergrund der wenigen verfügbaren empirischen Befunde muss gesagt werden, dass bisher nur erste Ansätze einer systematischen Forschung zur Klärung der in diesem Bereich beobachteten Geschlechterunterschiede existieren. Wegen der engen Assoziation der krankheitsbezogenen, kognitiven und emotionalen Dimensionen wäre es außerordentlich wichtig, sowohl die komplexen Abhängigkeitsbeziehungen im Detail aufzuklären, als auch zu untersuchen, in welchem Umfang dieses Wissen bei der Entwicklung effektiver, die zwischen Frauen und Männern ganz offensichtlich bestehenden Unterschiede berücksichtigenden Interventionsstrategien genutzt werden kann.

4. Geschlechtsspezifische Aspekte der medizinischen Versorgung

Es gibt zahlreiche Hinweise auf generelle geschlechtsspezifische Unterschiede in der Inanspruchnahme von und Versorgung mit medizinischen Leistungen. Bei Beschwerden suchen Frauen signifikant häufiger einen Arzt auf und nehmen mehr Medikamente ein als Männer in vergleichbaren Situationen (Corney 1990; Bennecke-Timp et al. 1997). Wahrscheinlich gilt dieser Trend auch im Bereich der rheumatischen Krankheiten, er wird durch die bei den Frauen im Allgemeinen höhere Krankheits- und Beschwerdebelastung eher noch verstärkt.

Auf der Basis mehrerer amerikanischer Surveys berichtet Verbrugge (1995) sowohl bei den ambulanten Behandlungsfällen als auch bei der Krankenhausbehandlung wegen rheumatischer Krankheiten einen markanten, in allen Altersgruppen bestehenden Geschlechtsgradienten. Die Behandlungshäufigkeit der Frauen ist nach

Tabelle 3: Arztbesuche und Krankenhausaufenthalte pro Jahr aufgrund rheumatischer Beschwerden nach Alter und Geschlecht in Prozent (nach Verbrugge 1995).

		Altersgruppen		
		< 45	45–64	> 65
Arztbesuche	Frauen	1,6	7,8	19,1
	Männer	0,6	5,0	11,1
Krankenhausaufenthalte	Frauen	0,3	2,9	6,5
	Männer	0,1	1,6	3,9

diesen Daten zwischen eineinhalb- und dreimal höher als die der Männer (vgl. **Tab. 3**).

In Deutschland wurde im Rahmen einer Längsschnittstudie mit Daten der AOK Dortmund festgestellt (Krappweis 1993), dass Frauen mit einem Anteil von 18,9 % häufiger wegen rheumatischer Beschwerden in Behandlung waren als Männer (14,8 %). Zu ähnlich gerichteten Unterschieden kamen bereits Wasmus et al. (1988) in einer frühen bevölkerungsepidemiologischen Studie zu Arztbesuch (während der letzten 12 Monate) und Medikamenteneinnahme (während der letzten 7 Tage) wegen rheumatischer Beschwerden. Hier waren systematische, wenn auch nicht in allen Altergruppen statistisch bedeutsame Unterschiede mit einer durchgängig höheren Behandlungshäufigkeit bei den Frauen feststellbar. Diese Unterschiede verschwanden jedoch unter Berücksichtigung des Umfangs der rheumatischen Beschwerden fast völlig. Es zeigte sich, dass das Ausmaß der rheumatischen Beschwerden einen entscheidenden Einfluss auf die Behandlungshäufigkeit hatte und die Geschlechterunterschiede wesentlich mitbestimmte.

Neuere Befunde aus dem Bereich der Rückenschmerzepidemiologie lassen allerdings vermuten, dass nicht in allen Fällen die höhere Behandlungsdichte durch einen bei Frauen höheren Schweregrad erklärt werden kann. Bei den im Untersuchungssurvey der Lübecker Rückenschmerzstudie erfassten medizinischen Behandlungsarten ergab sich bei den untersuchten Personen mit aktuellen oder rezenten Rückenschmerzen im Vergleich der Geschlechter in fast allen erfragten Behandlungsarten eine (signifikant) höhere Häufigkeit unter den Frauen. Auch bei getrennter Betrachtung verschiedener Schweregrade der Rückenschmerzen waren diese Geschlechterunterschiede sichtbar.

Über die Inanspruchnahme professioneller Hilfen hinaus werden von Frauen die Ressourcen des Laiensystems offensichtlich stärker genutzt als von Männern. Corney (1990) fand in ihrer Studie signifikante Unterschiede hinsichtlich der Inanspruchnahme des Laiensystems und hinsichtlich des Hilfesuchens bei Freunden und Verwandten.

Die größere Dichte der medizinischen Behandlung und der Inanspruchnahme sonstiger Hilfen von Frauen scheint damit im Falle der rheumatischen Krankheiten, gegebenenfalls je nach Art der Störung in unterschiedlicher Gewichtung, nur mit Einbezug mehrerer Faktoren erklärbar zu sein. Einerseits dürften manifeste Unterschiede in der Häufigkeit und dem Schweregrad der Erkrankungen bzw. der Beschwerden eine wesentliche Rolle spielen, andererseits scheinen frauen- bzw. männerspezifische Besonderheiten zu den Einflussfaktoren zu gehören.

Zusammengefasst scheinen unabhängig von somatischen Unterschieden soziokulturelle Bedingungen bei der größeren Dichte der medizinischen Behandlung und der Inanspruchnahme sonstiger Hilfen von Frauen eine Rolle zu spielen. So wird vermutet, dass es bei Frauen eher akzeptiert wird, Symptome und Körpergefühle zu schildern, dass Frauen aufgrund ihrer beruflichen und häuslichen Situation die Krankenrolle leichter annehmen können und dass Frauen in ihrer Zeitgestaltung flexibler sind, was die Kontakte zum medizinischen Versorgungssystem betrifft (Felder/Brähler 1999; Hurrelmann 1996; Stein-Hilbers 1995).

5. Resümee

Rheumatische Erkrankungen gehören zu den häufigsten chronischen Erkrankungen in der Bevölkerung. Berücksichtigt man alle Beschwerden, die sich auf den Bewegungsapparat beziehen, leiden zu jedem Zeitpunkt wenigstens 50 % aller Erwachsenen in der Bundesrepublik an einer rheumatischen Erkrankung (Deutsche Gesellschaft für Rheumatologie 1994). Etwa 25 % aller Frührenten, aller Arbeitsunfähigkeitstage und ein hoher Anteil aller Arztbesuche sind auf rheumatische Krankheiten zurückzuführen.

Die meisten rheumatischen Erkrankungen haben kein klar abgrenzbares Krankheitsbild. In der Regel handelt es sich um Krankheitssyndrome mit heterogener oft ungeklärter Ätiologie. Forschung im Bereich der Rheumatologie konzentrierte sich entsprechend vornehmlich auf die Klärung grundlagenwissenschaftlicher Aspekte. Die seit den Achtzigerjahren intensivierte Forschung und Forschungsförderung im Bereich rheumatischer Erkrankungen beinhalten ebenfalls Fragen der Ätiologie, der Epidemiologie, der Diagnostik und Versorgung sowie der biologischen und genetischen Merkmale. Fragen zu Geschlechterunterschieden in jedem dieser Schwerpunkte wurden jedoch nicht oder nur marginal berücksichtigt. Dies erklärt u. a. die oft ungenauen Prävalenzangaben und insbesondere die Frage nach geschlechtsspezifischen Ursachen.

Die wenigen Studien, die sich systematisch mit geschlechtsspezifischen Themen auseinandergesetzt haben, zeigen, dass Frauen bei den meisten rheumatischen Krankheiten höhere Prävalenzen aufweisen und dass sich häufig schwerere Krankheitssymptome und ungünstigere Krankheitsverläufe zeigen. Die geschlechtsspezifischen Unterschiede bleiben in der Regel unter der Kontrolle verschiedener soziodemographischer Variablen und zahlreicher Risikofaktoren bestehen.

Es gibt eine Reihe von Ansätzen und Vermutungen, die diese Unterschiede zu erklären versuchen. Sie verweisen sowohl auf hormonelle Faktoren, Lebensstile und multiple Rolleneinbindungen als auch auf psychologische und soziologische Aspekte der Krankheitswahrnehmung und -verarbeitung (Krantz/Östergren 1999; Ballantyne 1999; Bammann et al. 1999; Hurrelmann 1996). Ausreichende empirische Evidenz der Richtigkeit jeder dieser Ursachen ist jedoch für keinen dieser Ansätze verfügbar. Über die Art der Wirkrichtung kann bislang keine definitive Aussage formuliert werden.

Obwohl seit einiger Zeit auf die Bedeutung geschlechtsspezifischer Gesundheitsforschung hingewiesen wird, weist eine systematisch vergleichende Forschung noch deutliche Defizite auf. Für manche Krankheitsgruppen liegen keinerlei Geschlechtsdifferenzierungen vor, und in verschiedenen Studien wird auf *ein* Geschlecht fokussiert («Frauengesundheit», «Männergesundheit»). Auch aktuelle Studien beschäftigen sich immer noch überwiegend mit dem klinischen Bild rheumatischer Erkrankungen. Geschlechtsspezifische Aspekte haben meistens nur deskriptiven Charakter. Zukünftige Forschung sollte bereits in der Planungsphase geschlechtsspezifische Fragen berücksichtigen. Hierbei sollte gerade in der Rheumatologie Geschlecht nicht nur als «Kontrollvariable» aufgenommen werden, sondern die Ursachen und Folgen von geschlechtsspezifischen Krankheitsprozessen sollten aus einer eigenständigen, umfassend angelegten Perspektive heraus untersucht werden.

Literatur

Abdel-Nasser, A. M., Abd El-Azim, S., Taal, E., El-Badawy, S. A., Rasker, J. J., Valkenburg, H. A. (1998). «Depression and depressive symptoms in rheumatoid arthritis patients: an analysis of their occurence and determinants». *British Journal of Rheumatology*, 37, S. 1035–1035.

Affleck, G., Tennen, H., Keefe, F. J., Lefebvre, J. C., Kashikar-Zuck, S., Wright, K., Starr, K., Caldwell, D. S. (1999). «Everyday life with osteoarthritis or rheumatoid arthritis: independent effects of disease and gender on daily pain, mood, and coping». *Pain*, 83, S. 601–609.

Allaire, S. H. (1996). «Gender and disability associated with Arthritis: Differences and Issues». *Arthritis Care and Research*, 9, S. 435–440.

Ansell, B. M. (1999). «Prognosis in juvenile arthritis». *Advances in Experimental Medicine and Biology*, 455, S. 27–33.

Ballantyne, P. J. (1999). «The social determinants of health: a contribution to the analysis of gender differences in health and illness». *Scandinavian Journal of Public Health*, 27, S. 290–295.

Bammann, K., Babitsch, B., Jahn, I., Maschewski-Schneider, U. (1999). «Weibliche Lebensverläufe und Gesundheit – Ergebnisse einer Untersuchung nationaler Surveydaten 50- bis 69-jähriger Frauen aus Ost- und Westdeutschland». *Sozial- und Präventivmedizin*, 44, S. 65–77.

Bellach, B. M., Knopf, H., Thenfeld, W. (1998). Der Bundes-Gesundheitssurvey 1997/98. *Das Gesundheitswesen*, 60, S. 59–68.

Bennecke-Timp, A., Vogel, H., Worringen, U. (1997). «Geschlechtsspezifische Aspekte in der Rehabilitation». *PRAXIS der klinischen Verhaltensmedizin und Rehabilitation*, 10, S. 3–6.

Bundesministerium für Gesundheit (1999). *Daten des Gesundheitswesens 1999*. Baden-Baden.

Buskila, D., Neumann, L., Alhoashle, A., Abu-Shakra, M. (2000). «Fibromyalgia syndrome in men». *Seminars in Arthritis and Rheumatism*, 30, S. 47–51.

Callahan, L. F. (1996). «Arthritis as a women's health issue». *Arthritis Care and Research*, 9, S. 159–162.

Cöster, A., Haberkamp, M., Allolio, B. (1994). «Inzidenz von Schenkelhalsfrakturen in der Bundesrepublik Deutschland im internationalen Vergleich». *Sozial- und Präventivmedizin*, 39, S. 287–292.

Corney, R. H. (1990). «Sex differences in general practice attendance and help seeking for minor illness». *Journal of Psychosomatic Research*, 34, S. 525–534.

Croft, P., Raspe, H. (1995). «Back Pain». *Baillière's Clinical Rheumatology*, 9, S. 565–583.

Cumming, R. G., Nevitt, M. C., Cummings, S. R. (1997). «Epidemiology of hip fractures». *Epidemiologic Reviews*, 19, S. 244–257.

Cummings, S. R., Nevitt, M. C., Browner, W. S., Stone, K., Fox, K. M., Ensrud, K. E., Cauley, J., Black, D., Vodt, T. M. (1995). «Risk factors for hip fracture in white women. Study of Osteoporotic Fractures Research Group». *New England Journal of Medicine*, 332, S. 767–773.

de Zwart, B. C., Fings-Dresen, M. H., Kilbom, A. (2001). «Gender differences in upper extremity musculoskeletal complaints in the working population». *International Archives of Occupational and Environmental Health*, 74, S. 21–30.

Deck, R., Kohlmann, T., Raspe, H. (1998). «Der Einfluss soziodemographischer Unterschiede bei muskuloskelettalen Schmerzen». *Das Gesundheitswesen*, 60, A38–A39.

Deutsche Gesellschaft für Rheumatologie (1994). «Grundzüge einer wohnortnahen kontinuierlichen und kooperativen Versorgung von chronisch Rheumakranken in der Bundesrepublik Deutschland». *Zeitschrift für Rheumatologie*, 53, S. 113–134.

Deutscher Bundestag (1997). *Fortschreibung des Rheumaberichts der Bundesregierung*. Bonn: Drucksache 13/8434.

DIMDI, Deutsches Institut für medizinische Dokumentation und Information (1994). *Internationale statistische Klassifikation der Krankheiten und verwandter Gesundheitsprobleme*. München.

Dowdy, S. W., Dwyer, K. A., Smith, C. A., Wallston, K. A. (1996). «Gender and psychological well-being of persons with rheumatoid arthritis». *Arthritis Care and Research*, 9, S. 449–456.

Elsner, G., Nienhaus, A., Beck, W. (1996). «Kniegelenksarthrose und arbeitsbedingte Faktoren». *Sozial- und Präventivmedizin*, 41, S. 98–106.

Ettinger, B., Black, D. M., Nevitt, M. C., Rundle, A. C., Cauley, J. A., Cummings, S. R., Genant, H. K. (1992). «Contribution of vertebral deformities to chronic back pain and disability. The Study of Osteoporotic Fractures Research Group». *Journal of Bone and Mineral Research*, 7, S. 449–456.

Felder, H., Brähler, E. (1999). «Weiblichkeit, Männlichkeit und Gesundheit». In Brähler, E., Felder, H. (Hrsg.). *Weiblichkeit, Männlichkeit und Gesundheit*. Opladen, Wiesbaden.

Felsenberg, D., Wieland, E., Hammermeister, C., Armbrecht, G., Gowin, W., Raspe, H., die EVOS-Gruppe in Deutschland (1998). «Prävalenz der vertebralen Wirbelkörperdeformationen bei Frauen und Männern in Deutschland». *Medizinische Klinik*, 93, Suppl. 2, S. 31–34.

Felson, D. T. (2000). «Osteoarthritis: new insights. Part 1: The disease and its risk factors». *Annals of Internal Medicine*, 133, S. 635–646.

Fifield, J., Reisine, S., Sheenan, T. J., McQuillan, J. (1996). «Gender, paid work, and symptoms of emotional distress in rheumatoid arthritis patients». *Arthritis & Rheumatism*, 39, S. 427–435.

Gesundheitsbericht für Deutschland (1998). Statistisches Bundesamt. Stuttgart.

Hannan, M. T. (1996). «Epidemiologic perspectives on women and arthritis: an overview». *Arthritis Care and Research*, 9, S. 424–434.

Hausotter, W. (1998). «Fibromyalgie – ein entbehrlicher Krankheitsbegriff?» *Versicherungsmedizin*, 50, S. 13–17.

Heuchert, G., Hurrelmann, P. (1996). «Erkrankungen des Muskel-Skelett-Systems in der Arbeitswelt – epidemiologische Aspekte». In: Bundesanstalt für Arbeitsmedizin (Hrsg.). *Prävention arbeitsbedingter Muskel-Skelett-Erkrankungen*. Bremerhaven, S. 6–19.

Hildebrandt, J., Kaluza, G., Pfingsten, M. (1993). «Rückenschmerzen». In: Basler, H. D. et al. (Hrsg.). *Psychologische Schmerztherapie*. Berlin u. a., S. 302–327.

Hurrelmann, K. (1996). «Warum fällt die Lebenserwartung von Männern immer stärker hinter die der Frauen zurück?» In: Haase, A., Jösting, N., Mücke, K., Vetter, D. (Hrsg.). *Auf und nieder*. Tübingen, S. 165–178.

Jäckel, W. H., Cziske, R., Schochat, T., Jacobi, E. (1989). «Psychische Probleme bei rheumatischen Krankheiten». *Prävention und Rehabilitation*, 1, S. 84–88.

Jäckel, H. W., Gerdes, N., Cziske, R., Jacobi, E. (1993). «Epidemiologie rheumatischer Beschwerden in der Bundesrepublik Deutschland. Daten zur Prävalenz und zur körperlichen und psychosozialen Beeinträchtigung». *Zeitschrift für Rheumatologie*, 52, S. 281–288.

Jones, G., Nguyen, T., Sambrook, P. N., Kelly, P. J., Gilbert, C., Eisman, J. A. (1994). «Symptomatic fracture incidence in elderly men and women: the Dubbo Osteoporosis Epidemiology Study (DOES)». *Osteoporosis International*, 4, S. 277–282.

Katz, P. P., Yelin, E. H. (1993). «Prevalence and correlates of depressive symptoms among persons with rheumatoid arthritis». *Journal of Rheumatology*, 20, S. 790–796.

Katz, P. P., Criswell, L. A. (1996). «Differences in symptom reports between men and women with Rheumatoid Arthritis». *Arthritis Care and Research*, 9, S. 441–448.

Keefe, F. J., Lefebvre, J. C., Egert, J. R., Affleck, G., Sullivan, M. J., Caldwell, D. S. (2000a). «The relationship of gender to pain, pain behavior, and disability in osteoarthritis patients: the role of catastrophizing». *Pain*, 87, S. 325–334.

Keefe, F. J., Lefebvre, J. C., Kerns, R. D., Rosenberg, R., Beaupre, P., Prochaska, J., Prochaska, J. O., Caldwell, D. S. (2000b). «Understanding the adoption of arthritis self-management: stages of change profiles among arthritis patients». *Pain*, 87, S. 303–313.

Keel, P. J. (1995). *Fibromyalgie*. Stuttgart.

Keel, P., Perini, C., Schütz-Petitjean, D. (1996). *Chronifizierung von Rückenschmerzen: Hintergründe, Auswege*. Basel.

Kohlmann, T., Deck, R., Klockgether, R., Raspe, H., Brockow, T., Engster, M. (1994). *Rückenschmerzen in der Lübecker Bevölkerung – Syndrome, Krankheitsverhalten und Versorgung*. Lübeck: Institut für Sozialmedizin.

Kohlmann, T., Raspe, H. (1994). «Rheumatische Erkrankungen». In: Gerber, W. D., Basler, H. D., Tewes, U. (Hrsg.). *Medizinische Psychologie*. München, Wien, Baltimore, S. 319–327.

Kohlmann, T., Deck, R., Raspe, H. (1995). «Prävalenz und Schweregrad von Rückenschmerzen in der Lübecker Bevölkerung». *Aktuelle Rheumatologie*, 20, S. 99–104.

Kohlmann, T., Deck, R., Klockgether, R., Raspe, H., Brockow, T., Engster, M. (1998). «Rückenschmerzen in der Lübecker Bevölkerung: Syndrome, Krankheitsverhalten und Versorgung». *Zeitschrift für Rheumatologie*, 57, S. 238–240.

Koppelin, F. (1997). «Strukturen der Professionalisierung und Institutionalisierung einer Frauengesundheitsforschung in Deutschland – Der Arbeitskreis ‹Frauen und Gesundheit› im Norddeutschen Forschungsverbund Public Health». *PRAXIS der klinischen Verhaltensmedizin und Rehabilitation*, 10, S. 19–24.

Krantz, G., Östergren, P. O. (1999). «Women's health: do common symptoms in women mirror general distress or specific entities?» *Scandinavian Journal of Public Health*, 27, S. 311–317.

Krappweis, J. (1993). «Chronisch rheumatische Beschwerden und Erkrankungen». *Sozial- und Präventivmedizin*, 38, S. 348–355.

Kriegel, W., Narden, N., Offenbacher, M., Reckwitz, N., Waltz, M. (1995). «‹State of the Art› in der Arthrosenepidemiologie». *Zeitschrift für Rheumatologie*, 54, S. 223–240.

Lawrence, R. C., Helmick, C. G., Arnett, F. C., Deyo, R. A., Felson, D. T., Giannini, E. H., Heyse, S. P., Hirsch, R., Hochberg, M. C., Hunder, G. G., Liang, M. H., Pillemer, S. R., Stehen, V. D., Wolfe, F. (1998). «Estimates of the prevalence of arthritis and selected musculoskeletal disorders in the United States». *Arthritis & Rheumatism*, 41, S. 778–799.

Leidig-Bruckner, G., Minne, H. W., Schlaich, C., Wagner, G., Schaidt-Nave, C., Bruckner, T., Gebest, H. J., Ziegler, R. (1997). «Clinical grading of spinal osteoporosis: quality of life components and spinal deformity in women with chronic low back pain and women with vertebral osteoporosis». *Journal of Bone and Mineral Research*, 12, S. 663–675.

Lenhardt, U. (1996). «Arbeitsbezogene Intervention zur Reduzierung muskuloskelettaler Beschwerden – internationale Erfahrungen». In: Bundesanstalt für Arbeitsmedizin (Hrsg.). *Prävention arbeitsbedingter Muskel-Skelett-Erkrankungen*. Bremerhaven, S. 41–46.

Linton, S. (2000). «Psychosocial risk factors for neck and back pain». In: Nachemson, A., Jönsson, E. (Hrsg.). *Neck and back pain. The scientific evidence of causes, diagnosis, and treatment*. Philadelphia.

Lühmann, D., Kohlmann, T., Raspe, H. (2000). *Die Rolle der Osteodensitometrie im Rahmen der Primär-, Sekundär- und Tertiärprävention/Therapie der Osteoporose*. Baden-Baden.

Maggi, S., Kelsey, J. L., Litvak, J., Heyse, S. P. (1991). «Incidence of hip fractures in the elderly: a cross-national analysis». *Osteoporosis International*, 1, S. 232–241.

Main, C., Waddell, G. (1998). «Psychologic Distress». In: Waddell, G., Nachemson, A. L., Philips, R. B. (Hrsg.). *The back pain revolution*. Edinburgh u. a.

Mathies, H., Schneider, P. (1987). *Rheumatische Krankheiten*. Köln.

Matthis, C., Raspe, H., EVOS-Gruppe in Deutschland (1998). «Krankheitslast bei vertebralen Deformitäten». *Medizinische Klinik*, 93, S. 41–46.

Matthis, C., Lühmann, D., Raspe, H. (1999). «Osteoporose». In: Allhoff, P.G., Leidel, J., Ollenschläger, G., Voigt, H. P. (Hrsg.). *Präventivmedizin*. Lose-Blatt-Sammlung: 03.08. Berlin.

Mau, W., Zeidler, H. (1999a). «Epidemiologie, Manifestationen und Komplikationen der chronischen Polyarthritis». *Versicherungsmedizin*, 51, S. 59–65.

Mau, W., Zeidler, H. (1999b). «Verlauf und Prognose der chronischen Polyarthritis». *Versicherungsmedizin*, 51, S. 115–121.

Newman, S., Mulligan, K. (2000). «The psychology of rheumatic diseases». *Baillière's Clinical Rheumatology*, 14, S. 773–786.

NIH Consensus Development Panel on Osteoporosis Prevention, Diagnosis and Therapy (2001). «Osteoporosis prevention, diagnosis, and therapy». *Journal of the American Medical Association*, 285, S. 785–795.

Offenbaecher, M., Glatzeder, K., Ackenheil, M. (1998). «Self-reported depression, family history of depression and fibromyalgia (FM), and psychological distress in patients with FM». *Zeitschrift für Rheumatologie*, 57, Suppl. 2, S. 94–96.

Oleksik, A., Lips, P., Dawson, A., Minshall, M. E., Shen, W., Cooper, C., Kanis, J. (2000). «Health-related quality of life in postmenopausal women with low BMD with or without prevalent vertebral fractures». *Journal of Bone and Mineral Research*, 15, S. 1384–1392.

Ollier, W. E., Harrison, B., Symmons, D. (2001). «What is the natural history of rheumatoid arthritis?» *Baillière's Best Practice & Research: Clinical Rheumatology*, 1, S. 27–48.
Pincus, T., Griffith, J., Pearce, S., Isenberg, D. (1996). «Prevalence of self-reported depression in patients with rheumatoid arthritis». *British Journal of Rheumatology*, 35, S. 879–883.
Raspe, H., Mattussek, S. (1986). «Depression bei Patienten mit einer chronischen Polyarthritis». *Aktuelle Rheumatologie*, 11, S. 69–74.
Raspe, H. (1995). «Epidemiologische und sozialmedizinische Aspekte in der Rheumatologie». *Deutsches Ärzteblatt*, 92, S. 691–694.
Raspe, H., Croft, P. (1995). «Fibromyalgia». *Baillière's Clinical Rheumatology*, 9, S. 599–614.
Raspe, H., Kohlmann, T. (1998) «Die aktuelle Rückenschmerz-Epidemie». In: Pfingsten, M., Hildebrandt, J. (Hrsg.). *Chronischer Rückenschmerz*. Bern.
Raspe, H. (2001). «Back Pain». In: Silman, A. J., Hochberg, M. C. (Hrsg.). *Epidemiology of the rheumatic diseases*. 2. Aufl. Oxford, New York, Tokyo.
Reinhold-Keller, E., Zeidler, A., Gutfleisch, J., Peter, H. H., Raspe, H., Gross, W. L. (2000). «Giant cell arteritis is more prevalent in urban than in rural populations: results of an epidemiological study of primary systemic vasculitides in Germany». *Rheumatology*, 39, S. 1396–1402.
Rigby, A. S. (1993). «Ancylosing spondylitis». In: Silman, A. J., Hochberg, M. C. (Hrsg.). *Epidemiology of the rheumatic diseases*. Oxford, New York, Tokyo, S. 105–147.
Sandweg, R. (1999). «Zum Stand der Fibromyalgieforschung». In: Peschel, U., Sandweg, R. (Hrsg.). *Therapiekonzepte und Therapieerfahrungen bei chronischen Schmerzen des Bewegungssystems*. Saarbrücken: Selbstverlag der Stiftung Psychosomatik der Wirbelsäule, S. 77–91.
Sangha, O. (2000). «Epidemiology of rheumatic diseases». *Rheumatology*, 39, Suppl. 2, S. 3–12.
Scheibe, J., Minne, H. W. (1998). «Zur Leistungsbegutachtung von Patienten mit Osteoporose». *Versicherungsmedizin*, 50, S. 18–21.
Scheidt-Nave, C., Ziegler, R., Raspe, H. (1998). «Epidemiologie der Osteoporose». *Medizinische Klinik*, 93, S. 7–11.
Schneider, P. (1987). «Juvenile chronische Polyarthritis». In: Mathies, H., Schneider, P. (Hrsg.). *Rheumatische Krankheiten*. Köln, S. 130–137.
Schochat, T., Croft, P., Raspe, H. (1994). «The epidemiology of fibromyalgia. Workshop of the standing committee on Epidemiology European League Against Rheumatism (EULAR), Bad Säckingen, 19.–21.11.1992». *British Journal of Rheumatology*, 33, S. 783–786.
Schochat, T., Raspe, H. (1995). «Die Epidemiologie der Fibromyalgie und des nosologischen Hintergrundes. Ergebnisse einer Bevölkerungsstudie in Bad Säckingen». *Aktuelle Rheumatologie*, 20, S. 105–111.
Sieper, J., Gotzen, R. (1993). *Rheumatologie*. Stuttgart, Berlin, Köln.
Silman, A. J., Hochberg, M. C. (Hrsg.) (1993). *Epidemiology of the rheumatic diseases*. Oxford, New York, Tokyo.
Smedstad, L. M., Vaglum, P., Kvien, T. K., Moum, T. (1995). «The relationship between self-reported pain and sociodemographic variables, anxiety, and depressive symptoms in rheumatoid arthritis». *The Journal of Rheumatology*, 22, S. 514–520.
Soderlin, M. K., Hakala, M., Nieminen, P. (2000). «Anxiety and depression in a community-based rheumatoid arthritis population». *Scandinavian Journal of Rheumatology*, 29, S. 177–183.
Stein-Hilbers, M. (1995). «Geschlechtsverhältnisse und somatische Kulturen». *Jahrbuch für kritische Medizin*, 24, S. 62–81.
Uexkuell, T. von (1997). *Psychosomatische Medizin*. 5. Aufl. München.
VDR Statistik Rehabilitation 1999 (2000). Verband Dt. Rentenversicherungsträger. Frankfurt/M.
Verbrugge, L. M. (1995). «Women, men, and osteoarthritis». *Arthritis Care and Research*, 8, S. 212–220.
Von Korff, M., Ormel, J., Keefe, F. J., Dworkin, S. F. (1992). «Grading the severity of chronic pain». *Pain*, 50, S. 133–149.
Waddell, G., Waddell, H. (2000). «A review of social influences on neck and back pain disability». In: Nachemson, A., Jönsson, E. (Hrsg.). *Neck and back pain. The scientific evidence of causes, diagnosis, and treatment*. Philadelphia.
Walther, B., Vaitl, D., Frank, R. (1998). «Affective distress in fibromyalgia syndrome is associated with pain severity». *Zeitschrift für Rheumatologie*, 57, Suppl. 2, S. 101–104.
Wasmus, A., Kindel, P., Stiess, G., Raspe, H. (1988). «Arztbesuch und Medikamenteneinnahme wegen rheumatischer Beschwerden». *Sozial- und Präventivmedizin*, 33, S. 202–209.
Weintraub, A. (1992). *Rheuma*. Bern, Göttingen, Toronto, Seattle.
Weyand, C. M., Schmidt, D., Wagner, U., Goronzy, J. J. (1998). «The influence of sex on the phenotype of rheumatoid arthritis». *Arthritis & Rheumatism*, 41, S. 817–822.
Wolfe, F. (1996). «The fibromyalgia syndrome: a consensus report on fibromyalgia and disability». *Journal of Rheumatology*, 23, S. 534–539.
Wolfe, F., Ross, K., Anderson, J., Russel, I. J., Hebert, L. (1995). «The prevalence and characteristics of fibromyalgia in the general population». *Arthritis & Rheumatism*, 38, S. 19–28.

Wolfe, F., Skevington, S. M. (2000). «Measuring the epidemiology of distress: the Rheumatology Distress Index». *Journal of Rheumatology*, 27, S. 2000–2009.

Wright, G. E., Parker, J. C., Smarr, K. L., Schoenfeld-Smith, K., Buckelew, S. P., Slaughter, J. R, Johnson, J. C., Hewett, J. E. (1996). «Risk factors for depression in rheumatoid arthritis». *Arthritis Care and Research*, 9, S. 264–272.

Wright, G. E., Parker, J. C., Smarr, K. L., Johnson, J. C., Heweit, J. E., Walker, S. E. (1998). «Age, depressive symptoms, and rheumatoid arthritis». *Arthritis & Rheumatism*, 41, S. 298–305.

Suchtmittelabhängigkeit bei Männern und Frauen

Gallus Bischof und Ulrich John

Trotz der hochrangigen Bedeutung suchtmittelverursachter Probleme für das Gesundheitswesen ist über den allgemeinen Mangel an Suchtforschung in Deutschland hinaus die wissenschaftliche Auseinandersetzung mit dem Phänomen der Abhängigkeit bei Frauen besonders vernachlässigt worden. So enthält beispielsweise der Sonderband der Zeitschrift «Sucht» zum Thema «Suchtforschung und Suchttherapie in Deutschland» (1995) keinen einzigen Beitrag zum Thema Suchtmittelabhängigkeit bei Frauen. Auch in den seit 1995 erschienenen Ausgaben der «Sucht» findet sich lediglich ein Beitrag, der sich explizit mit geschlechtsspezifischen Aspekten der Suchtmittelabhängigkeit befasst (Franke 1997). In den wenigen in deutscher Sprache erschienenen Publikationen, insbesondere bei den einschlägigen Tagungsbänden der Deutschen Hauptstelle gegen die Suchtgefahren («Frau und Sucht», 1980; «Abhängigkeiten bei Frauen und Männern», 1990), finden sich nur wenige Beiträge, welche quantitative Angaben zum Thema bereitstellen. Forschungsergebnisse liegen bislang hauptsächlich aus den angloamerikanischen Ländern vor.

Im Folgenden werden epidemiologische Befunde, Daten zu abhängigkeitsassoziierten Problemen sowie zu Ausstiegsprozessen mit und ohne therapeutische Unterstützung dargestellt. Substanzungebundene Abhängigkeitsformen wie z. B. Essstörungen bleiben unberücksichtigt.

1. Epidemiologische Befunde zu Geschlechterdifferenzen bei Missbrauch und Abhängigkeit von psychotropen Substanzen

Epidemiologische Studien erlauben, den Umfang des Problems einzuschätzen, wobei die Qualität der Daten in Abhängigkeit von der thematisierten Substanzklasse variiert. In diesem Abschnitt werden für alle Substanzklassen – soweit vorhanden – Konsumraten und Prävalenzen für substanzbezogene Störungen in Abhängigkeit vom Geschlecht dargestellt. Wir reihen den Konsum der Substanzen entsprechend der Bedeutung bezüglich Mortalität und Morbidität: Tabak, Alkohol, Medikamente, illegale Drogen.

1.1 Tabakrauchen

International bestehen Unterschiede in den Raucherraten zwischen Frauen und Männern. Von den europäischen Ländern weist Dänemark mit 39 % der Frauen im Alter ab 18 Jahren die höchste Rate rauchender Frauen auf (vgl. Junge 1999). Für Deutschland beträgt die Rate gegenwärtiger Raucherinnen im Alter ab 18 Jahren 22,4 %, weitere 11,4 % sind ehemalige Raucherinnen. Bei den Männern lauten die entsprechenden Raten 36,7 % und 24,0 % (John/Hanke 2001). Die drei höchsten Raten gegenwärtiger Raucherinnen ergeben sich für die Stadtstaaten Berlin, Bremen und Hamburg, während bei den Männern die Raucherraten pro Bundesland gleichmäßiger verteilt sind (John/Hanke 2001).

Die Angaben basieren auf Daten des Mikrozensus im Jahre 1995, der aussagekräftigsten und umfangreichsten Datenbasis, die in Deutschland zur Raucherquote vorliegt. Betrachten wir die Altersgruppen des mittleren Erwachsenenalters, steigen die Raucherraten an.

In den letzten Jahren hat sich eine Angleichung des Geschlechterverhältnisses vollzogen. Während der Raucheranteil bei den Männern seit 1992 um 1,2 % zurückging, ist der Anteil bei den Frauen stabil geblieben. Eine ähnliche Tendenz ergibt sich bezüglich der Zahl der gerauchten Zigaretten pro Raucher; bei den männlichen Rauchern ging diese Zahl seit 1992 um 0,4 zurück, während sie bei den Frauen unverändert blieb (Junge 1999). Die Tendenz zur Angleichung des Geschlechterverhältnisses bezüglich des Nikotinkonsums ist auch anhand US-amerikanischer Daten belegt (Solomon/Flynn 1993; Fiore et al. 1993).

Die Zahl der Todesfälle, die durch Tabakrauchen erklärbar sind, lässt sich aus der Kenntnis relativer Risiken für Raucher, an einzelnen Erkrankungen zu versterben, sowie aus den Raucherraten schätzen. Diese Zahl tabakrauch-attributabler Todesfälle beträgt in Deutschland bei Frauen 42 071, das sind 9,2 % aller verstorbenen Frauen im Jahre 1997, für Männer 101 319, das sind 26,2 % aller Todesfälle (Alter: jeweils ab 35 Jahren und unter einem Jahr; Berechnungsgrundlagen siehe John/Hanke 2001). Damit ist die hohe Bedeutung des Tabakrauchens für Mortalität und Morbidität belegt. Das Gleiche gilt für Kostenaspekte. Bei Berücksichtigung der Raucherraten der Jahre 1989 und 1995 ergeben sich keine Unterschiede in den Raten tabakrauch-attributabler Mortalität. Das ist im Lichte mangelnder Aktivitäten der Tabakkontrolle in Deutschland plausibel (vgl. Corrao et al. 2000). Es ist davon auszugehen, dass Länder mit erheblichen Maßnahmen der Gesundheitsförderung, die auf eine Einschränkung des Rauchens zielen, auch höhere Raten unter den Rauchern aufweisen, die den Wunsch nach Beendigung des Rauchens haben (Boyle et al. 2000).

Die Rate Abhängiger unter den Rauchern wurde bisher überwiegend mit dem Fagerström Test for Nicotine Dependence (FTND) bestimmt, möglich ist auch, DSM- oder ICD-Kriterien abzuprüfen (vgl. Pomerleau 1997). Mit dem FTND lassen sich vor allem Anzeichen körperlichen Entzuges von Nikotin prüfen unter der Annahme, dass mit zunehmender Zeit ohne Nikotin Unruhe und Verlangen nach der Substanz anwachsen. In Deutschland gaben in einer repräsentativen Befragung 21,1 % der befragten Raucherinnen, die schwer abhängig sind, keine Absicht zur Beendigung des Rauchens an, während diese Rate in Ländern mit hohen Aktivitäten zur Eindämmung des Tabakrauchens erheblich geringer war, z. B. in Schweden 6,8 %. Bei den schwer abhängigen rauchenden Männern gaben 39,9 % in Deutschland und 10,1 % in Schweden an, nicht zu beabsichtigen, mit dem Tabakrauchen aufzuhören (Boyle et al. 2000). In einer für die Erwachsenenbevölkerung einer norddeutschen Region repräsentativen Stichprobe zeigte sich aufgrund der DSM-IV-Kriterien unter den Rauchern ein Anteil von 20,9 %, der in seinem Leben abhängig war (Rumpf et al. 2000). Von den gegenwärtig abhängigen Rauchern zeigten mehr Personen die Absicht oder bereits Vorbereitungen zum Beenden des Rauchens als unter den nicht abhängigen. Frauen unterschieden sich im Stadium der Änderungsabsicht nicht von Männern. Die Kriterien nach DSM oder ICD-10 bilden die Basis zur Diagnostik der Abhängigkeit und besitzen eine größere Vergleichbarkeit, sowohl mit der Abhängigkeit von anderen Substanzen als auch mit anderen Populationen.

Bei Frauen führt das Tabakrauchen möglicherweise zu stärkeren Effekten für das Morbiditätsgeschehen als bei Männern. Dies wird durch eine Studie nahe gelegt, derzufolge wesentlich höhere relative Risiken für Herzinfarkt unter gegenwärtig rauchenden Frauen als unter gegenwärtig rauchenden Männern bestehen. So wiesen Frauen, die angaben 15 bis 24 Zigaretten pro Tag zu rauchen, ein relatives Risiko von 3,0 gegenüber denjenigen auf, die nie in ihrem Leben geraucht hatten. Bei den Männern betrug es 1,7 (Prescott et al. 1998a). In der gleichen Bevölkerungsstudie ergaben sich ähnlich erhöhte relative Risiken für Frauen im Vergleich zu Männern hinsichtlich der Mortalität aufgrund von Erkrankungen der Atemwege und des Herz-Kreislauf-Systems (Prescott et al. 1998b). Die Resultate legen insgesamt nahe, dass die schädlichen Wirkungen des Tabakrauchens hinsichtlich der

Morbidität und Mortalität bei einzelnen Erkrankungen für Frauen stärker sind als für Männer.

1.2 Alkoholkonsum

Die bislang aussagekräftigsten Daten zu geschlechtsspezifischen Konsummustern bei Alkohol finden sich im Collaborative Alcohol-Related Longitudinal Project (Fillmore et al. 1997), einer zusammenfassenden Analyse der Daten von 38 Längsschnittstudien aus 15 verschiedenen Ländern, vorwiegend aus Europa und Nordamerika. Die in diesem Projekt zusammengefassten Studien unterscheiden sich hinsichtlich der untersuchten Stichproben (repräsentative nationale Bevölkerungssurveys oder lokale Stichproben), der untersuchten Perioden (Erhebungsbeginn zwischen 1928 und 1984), dem Alter der untersuchten Individuen und den zeitlichen Intervallen zwischen den Messzeitpunkten. Mittels einer Metaanalyse wurde die Konsistenz von Geschlechterdifferenzen über verschiedene Stichproben, Epochen und Gesellschaften geprüft. Über alle untersuchten Kulturen hinweg erwies sich das Geschlecht neben dem Lebensalter als stärkster Prädiktor für das Auftreten alkoholbezogener Probleme (Fillmore 1987). Frauen weisen in allen untersuchten Kulturen konsistent höhere Lebenszeitabstinenzraten auf (Fillmore et al. 1997). Diese Differenz ist auch für Deutschland durch eine aktuelle Repräsentativerhebung zum Gebrauch psychoaktiver Substanzen bei Erwachsenen belegt (Kraus et al. 1998).

Die Daten des Collaborative-Project ergaben weiterhin, dass die Geschlechterdifferenzen hinsichtlich Trinkfrequenz und -menge über verschiedene Länder hinweg stabil sind, d. h., dass Frauen konsistent weniger Alkohol als Männer konsumieren, während die Konsummenge insgesamt länderabhängig variiert (Fillmore et al. 1997). Dieses Ergebnis weist darauf hin, dass nationale Herkunft und kulturelle Faktoren beeinflussen, wieviel und wie oft Männer und Frauen in unterschiedlichen Altersgruppen Alkohol konsumieren. Als bedeutsame kulturelle Einflussgröße des Trinkverhaltens bei Frauen gilt hierbei die «Modernität» einer Gesellschaft, operationalisiert anhand des Prozentsatzes berufstätiger Frauen (Fillmore et al. 1995). Frauen in Gesellschaften mit modernen Rahmenbedingungen sind seltener abstinent und weisen höhere Konsummengen auf (Fillmore et al. 1995). Die Autoren des Collaborative Alcohol-Related Longitudinal Projects schließen daraus, dass der direkte Einfluss des Geschlechts auf den Alkoholkonsum mit der Modernität der Gesellschaft zusammenhängt. Dennoch gilt auch für die Länder mit einem hohen Anteil berufstätiger Frauen, wie den USA oder Deutschland, dass Männer höhere Konsummengen aufweisen, was einer höheren Prävalenz riskanten Alkoholkonsums entspricht. Als Indikator für riskanten Alkoholkonsum werden Konsumgrenzen pro Tag verwendet, oberhalb derer auf Dauer physische, psychische oder soziale Folgeschäden zu erwarten sind.

Als Grenzwert wird in der deutschen Repräsentativerhebung von Kraus, Bauernfeind und Bühringer (1998) entsprechend der Empfehlungen der British Medical Association (1995) eine durchschnittliche tägliche Konsummenge von 20 g Alkohol bei Frauen und 30 g Alkohol bei Männern angesehen. In der deutschen Bevölkerung beträgt der Anteil von Frauen mit einem riskanten Konsum von Alkohol 8,4 %, der Anteil der Risikotrinker unter den Männern beträgt demgegenüber 15,2 % (Kraus et al. 1998).

Die weltweit bislang größte epidemiologischen Studie zu Alkoholmissbrauch und -abhängigkeit stellt der 1992 in den USA durchgeführte National Longitudinal Alcohol Epidemiologic Survey (NLAES) mit 42 862 befragten Erwachsenen (älter als 18 Jahre) dar. Nach den DSM-IV-Kriterien ergab sich im Face-to-face-Interview eine Lebenszeitprävalenz von 18,6 % in der Gruppe der Männer und von 8,4 % in der Gruppe der Frauen. Die Zwölfmonatsprävalenz betrug für Männer 6,3 % und für Frauen 2,6 % (Grant et al. 1994). Der Vergleich verschiedener Kohorten ergab eine sinkende Geschlechterdiskrepanz in den jüngeren Kohorten, was als Hinweis auf einen Anstieg alkoholbezogener Störungen bei jüngeren Frauen interpretiert wird (Grant et al. 1994). Obwohl Konsummengen als Prädiktor für die Entwicklung einer Alkoholabhängigkeit anzusehen sind, lassen sich die Geschlechterdifferenzen bezüglich der Abhängigkeitsprävalenzen nicht auf die höheren Abstinenzraten bei Frauen zurückführen. Die epidemiologischen Studien in den USA ergaben konsistent, dass männliche Alkoholkonsumenten gegenüber Alkoholkonsumentinnen eine größere Wahrscheinlichkeit der Entwicklung einer Abhängigkeit und des Persistierens in dieser Abhängigkeit aufwiesen (Grant 1997). In der Gruppe der Personen mit ausschließlicher Alkoholstörung (Missbrauch oder Abhängigkeit) zeigte sich, dass Männer zum Zeitpunkt des ersten Konsums jünger waren, größere Alkoholmengen konsumierten, über mehr Symptome und eine längere Abhängigkeits- oder Missbrauchsdauer berichteten. Frauen mit Alkoholstörung waren gegenüber Männern mit einer Alkoholstörung jünger, seltener verheiratet und wiesen einen niedrigeren sozioökonomischen Status auf (Hanna/Grant 1997).

In Deutschland wurden erst im Laufe der Neunzigerjahre epidemiologische Studien mit standardisierter Diagnostik klinischer Missbrauchs- und Abhängigkeitssymptome und größeren Stichproben durchgeführt (Bühringer et al. 2000). Einen methodenkritischen Überblick über ältere Arbeiten findet sich bei Perkonigg et al. (1996). Das umfangreichste Datenmaterial zur aktuellen Abhängigkeitsprävalenz bietet eine im Auftrag des Bundesministeriums für Gesundheit durchgeführte bundesweite Repräsentativerhebung zum Gebrauch psychoaktiver Substanzen bei Erwachsenen (18 bis 59 Jahre) in Deutschland (Kraus/Bauernfeind 1998). Insgesamt konnten 8020 Personen befragt werden (Ausschöpfungsquote: 64,9 %). Die Ein-Jahres-Prävalenz für Alkoholabhängigkeit nach DSM-IV betrug bundesweit 3 %, bei Männern 4,9 %, bei Frauen 1,1 % (Kraus et al. 1998).

Weitere epidemiologische Daten liegen seitens des Forschungsverbundes Analytische Epidemiologie des Substanzmissbrauchs in Deutschland ANEPSA vor (John 2000). Im Rahmen dieses Forschungsverbundes wurden Kriterien für Substanzmissbrauch und -abhängigkeit computergestützt in einem persönlichen Interview mittels einer deutschen Version des Munich Composite International Diagnostic Interview (M-CIDI), ergänzt durch das CIDI-Substance Abuse Module, anhand von zwei repräsentativen Stichproben in Lübeck und Umgebung und in München und Umgebung erhoben (John 2000).

In der Studie in Lübeck und Umgebung wurden über eine Zufallsstichprobe von Einwohnermeldeamtsdaten 4075 Erwachsene (18 bis 64 Jahre) befragt. Die Ausschöpfungsquote betrug 70,2 %. Es ergaben sich für die Diagnose einer Alkoholabhängigkeit nach DSM-IV Lebenszeitprävalenzen von 6,0 % bei Männern und 1,5 % bei Frauen. Die Lebenszeitprävalenz von Alkoholmissbrauch betrug 8,0 % bei Männern und 1,0 % bei Frauen (Meyer et al. 2000b). Die Studie in München und Umgebung legte den Forschungsschwerpunkt auf Entstehungsbedingungen von Substanzmissbrauch und -abhängigkeit. Aus diesem Grund wurden lediglich Jugendliche und junge Erwachsene befragt. Die Stichprobe wurde über Einwohnermeldeamtsregister gezogen. Es konnten 3021 Jugendliche und junge Erwachsene (14 bis 24 Jahre) befragt werden. Hier ergab sich bei einer Ausschöpfungsquote von 71 % eine Lebenszeitprävalenz für Alkoholmissbrauch von 4,5 % für Frauen und 15,1 % für Männer und für Alkoholabhängigkeit von 2,5 % für Frauen und 10,0 % für Männer (Lieb et al. 2000; Nelson/Wittchen 1998).

Alkoholbedingte Todesfälle machen in den USA etwa ein Viertel der Zahl der tabakrauchattributablen Todesfälle aus (McGinnis/Foege 1999). Damit weist Alkoholmissbrauch hinsichtlich der Todesursachen bei dem Konsum von Suchtmitteln den zweitgrößten Anteil auf.

1.3 Konsum psychotrop wirkender Medikamente

Bezüglich der Einnahme psychotroper Arzneimittel zeigen Studien mit unterschiedlichen Datengrundlagen konsistent höhere Konsumraten bei Frauen. Nach einer Repräsentativerhebung von 1997 konsumieren in der Bundesrepublik 7,4 Mio. Personen (11,5 % Männer und 19,5 % Frauen) mindestens einmal pro Woche Medikamente mit psychotroper Wirkung (Kraus et al. 1998). Die Prävalenz für mindestens einmalige Medikamenteneinnahme pro Woche war am höchsten in der Gruppe der 50- bis 59-jährigen Frauen. Der US-amerikanische National Medical Expenditures Service Survey (NMES) mit 38 446 nicht-institutionalisierten Probanden ergab eine Konsumprävalenz verordneter Medikamente mit Abhängigkeitspotenzial (Schmerzmittel, Stimulanzien, Anxiolytika und Sedativa) im Zwölf-Monatszeitraum vor der Erhebung von 12,5 % der Männer und 20,5 % der Frauen.

Auch nach statistischer Kontrolle demographischer Variablen, des Gesundheitsstatus, des wirtschaftlichen Status und psychischer und physischer Diagnosen wiesen Frauen eine um 48 % höhere Wahrscheinlichkeit der Einnahme von Medikamenten mit Abhängigkeitspotenzial auf (Simoni-Wastila 2000).

Valide Informationen zu Prävalenzen der Abhängigkeit oder des Missbrauchs von psychotropen Medikamenten liegen aus Bevölkerungssurveys nicht vor, da Angaben darüber, welche Medikamente in welcher Menge eingenommen wurden, meist sehr ungenau sind und es sich nur schwer einschätzen lässt, ob das Medikament therapeutisch adäquat, missbräuchlich nach ärztlicher Verordnung oder in missbrauchender Weise genommen wurde. Entsprechende Schätzungen basieren auf Verkaufs- und Verordnungsstatistiken aus dem Bereich der Gesetzlichen Krankenkassen. Entsprechende Schätzungen gehen von 1,4 Mio. Medikamentenabhängigen in Deutschland aus, wobei rund 1 bis 1,2 Mio. als abhängig von Benzodiazepinen, meist in Form einer Niedrigdosis-Abhängigkeit, eingestuft werden (Glaeske 1999; Remien 1994). Diese ist durch das Fehlen von Toleranzentwicklung bei bestehender körperlicher Abhängigkeit mit entsprechenden Entzugserscheinungen beim Absetzen der Substanz verbunden und wird meist durch die ärztliche Verschreibungspraxis hervorgerufen (iatrogene Abhängigkeit).

Die erhöhte Prävalenz von Frauen bei Medikamentenabhängigkeit ist demnach vor dem Hintergrund medizinischer Diagnostik und Verschreibungspraxis zu analysieren. Es ist gut belegt, dass Frauen häufiger seelische Störungen zeigen und dass auch in der Gruppe der so diagnostizierten Frauen die Medikamentenverschreibung, insbesondere in höherem Alter, überwiegt (Glaeske 1990). Es wird geschätzt, dass 3,5 % der männlichen und 7,5 % der weiblichen Versicherten über 60 Jahre und 10 % der männlichen und 14 % der weiblichen Versicherten über 70 Jahre medikamentenabhängig sind (Remien 1994). Anhand von Krankenkassen-Populationen ergab die Arzneimittelverordnungsstatistik, dass innerhalb eines Jahres 69,4 % von denen, die Benzodiazepine erhielten, Frauen waren. Bezogen auf alle Versicherten, die überhaupt Arzneimittel verordnet bekommen hatten, wurden Benzodiazepin-Derivate für 7,2 % der männlichen Rezeptbezieher, aber für 15,3 % der weiblichen Rezeptbezieher ausgestellt (Glaeske 1989). Es ist davon auszugehen, dass der Konsum psychotroper Substanzen einen Effekt auf die Mortalität hat. Da der Konsum aber in direkten Befragungen von Konsumenten nur wenig valide erhoben werden kann, liegen bisher keine verlässlichen Schätzungen der Todesraten vor, die auf Medikamentenkonsum zurückzuführen sind.

1.4 Konsum illegaler Drogen

Nach einer repräsentativen Studie zum Konsum psychoaktiver Substanzen (Kraus et al. 1998) liegt der Anteil an Personen zwischen 18 und 59 Jahren mit einer Lebenszeiterfahrung illegaler Substanzen in Westdeutschland bei 14,2 % (17,1 % der Männer, 11,3 % der Frauen) und in Ostdeutschland bei 4,8 % (5,6 % der Männer, 4 % der Frauen). Die Prävalenzen für Abhängigkeit und Missbrauch illegaler Drogen, erhoben mittels des M-CIDI liegt bei 1,4 % der westdeutschen Bevölkerung. Die angegebenen Geschlechterunterschiede sind aufgrund der sehr niedrigen Fallzahlen (Gesamt-n für Abhängigkeit = 42, für Missbrauch = 45) nur sehr eingeschränkt interpretierbar. Hier zeigen sich deutliche Geschlechterunterschiede: Während der Anteil Abhängiger bei den Frauen bei 0,2 % liegt, beträgt die Prävalenz in der Gruppe der Männer 1,1 %, bei Missbrauch beträgt das Verhältnis 0,4 % zu 1,0 %. Höhere Prävalenzen finden sich in einer in München und Umland durchgeführten Studie mit adoleszenten Probanden. Hier ergaben sich Prävalenzen für Drogenabhängigkeit gemäß DSM-IV von 2,0 % (1,6 % der Frauen, 2,5 % der Männer) und für Drogenmissbrauch von 2,9 % der Stichprobe (1,8 % der Frauen, 4,1 % der Männer) (Perkonigg et al. 1998). Ein Geschlechterverhältnis von 1,5:1 wurde auch in einer für die Bevölkerung der USA im Alter ab 18 Jahren repräsentativen Bevölkerungsstudie mit einer Stichprobe von 42 862 Antworten gefunden; dort betrug die Lebenszeitprävalenz für Drogenabhängigkeit bei Frauen 3,3 %, bei Männern 4,9 % (Grant 1996).

Aus den Daten der «Drogenaffinitätsstudie» und der «Bundesstudie zum Gebrauch psychoaktiver Substanzen» lassen sich für die Bundesrepublik Deutschland nach Geschlecht differenzierte Trendaussagen zum Konsum illegaler Drogen über die siebziger, Achtziger- und Neunzigerjahre ableiten. Seit Mitte der Achtzigerjahre ist ein Anstieg der Prävalenz von Cannabis und Ecstasy festzustellen. Dieser Anstieg geht u. a. auf einen überproportionalen Anstieg der Prävalenz bei Frauen und Mädchen zurück (Kraus/Töppich 1998). Das Geschlechterverhältnis bei Drogenabhängigkeit hat sich in bundesweiten Studien zum Konsum psychoaktiver Substanzen in den letzten Jahren von einer doppelten Lebenszeitprävalenz der Männer 1995 auf ein Verhältnis von 1,5:1 angenähert (Kraus et al. 1998).

Die ca. 2000 Todesfälle, die in Deutschland pro Jahr dem Konsum illegaler Drogen zugeschrieben werden, machen bezüglich der Mortalität den eindeutig geringsten Anteil im Vergleich der psychotropen Substanzen aus. Damit haben für die Gesundheitsversorgung der Bevölkerung und unter präventivmedizinischen Gesichtspunkten die Drogen, über die besonders spektakulär in der Öffentlichkeit berichtet wird, die geringste unmittelbare Bedeutung. Unberücksichtigt sind allerdings bei diesen Todesfällen Folgeerkrankungen, wie z. B. AIDS.

2. Geschlechterunterschiede bei ätiologischen und abhängigkeitsassoziierten Variablen

2.1 Genetische Vulnerabilität und familiärer Hintergrund

Eine Vielzahl von Studien zu genetischen Einflüssen der Abhängigkeitsentwicklung erlauben eine Einschätzung geschlechtsspezifisch variierender hereditärer Faktoren. In verschiedenen Zwillingsstudien mit unterschiedlichen Datengrundlagen (Epidemiologie, offizielle Registraturen) wurde eine stärkeres genetisches Risiko (definiert als der Prozentsatz der absoluten Variation des Alkoholismusrisikos, welches genetischen Einflüssen zugeschrieben werden kann) bei Männern gefunden (Heath et al. 1997). Allerdings besteht aufgrund der niedrigen Prävalenz von Alkoholabhängigkeit und -missbrauch bei Frauen und der damit verbundenen niedrigeren statistischen Power bei Bevölkerungsstudien sowie der Konfundierung der meisten Studien zu genetischen Einflussgrößen mit Aspekten der Inanspruchnahme von Hilfe oder sozialer Devianz die Möglichkeit einer Unterschätzung des genetischen Einflusses auf die Entwicklung einer Alkoholabhängigkeit bei Frauen.

In einer Studie, in welcher der genetische und umgebungsbezogene Einfluss auf Alkohol- und Drogenprobleme bei 693 mittels Presseannoncen gewonnenen mono- und dizygoten Zwillingspaaren untersucht wurde, ergab sich eine differenzielle Heredität in Abhängigkeit vom Geschlecht (Jang et al. 1997). In dieser Studie wurden insgesamt mehr weibliche Zwillinge untersucht. Bedeutsame genetische Einflüsse wurden lediglich in der Gruppe der Männer identifiziert, während weibliche Zwillinge einen stärkeren Einfluss gemeinsamer familiärer Hintergrundvariablen aufwiesen. Individuelle umgebungsbezogene Faktoren zeigten keinen geschlechtsspezifischen Einfluss auf Drogen oder Alkoholprobleme.

In einer Studie, welche den Zusammenhang zwischen sozioökonomischem Status sowie dem Vorliegen von Alkoholproblemen in der Herkunftsfamilie und Alkoholabhängigkeitssymptomen untersuchte, zeigte sich lediglich bei den befragten Frauen ein Zusammenhang zwischen familiärem «Alkoholismus» und gegenwärtigen Alkoholproblemen, während in der Gruppe der Männer besonders der sozioökonomische Status prädiktiv für Alkoholprobleme war (Curran et al. 1999). Die Ergebnisse der Studien weisen darauf hin, dass bei Frauen der familiäre Hintergrund ein Risikopotenzial darstellt, welches nicht auf hereditäre Faktoren zurückgeführt werden kann.

2.2 Gewalt und sexueller Missbrauch

Die Entwicklung einer Substanzabhängigkeit bei Frauen wird in der Literatur oftmals mit kindlichen Gewalterfahrungen, insbesondere in Form sexuellen Missbrauchs, in Beziehung gesetzt. Bislang liegen jedoch nur wenige quantitative Daten zur Einschätzung des Problems vor. Einen Überblick über ältere Arbeiten mit meist geringen Stichprobengrößen gibt Hurley (1991). Als vermittelnde Faktoren zwischen sexuellem Missbrauch und Substanzabhängigkeit werden niedriges Selbstwertgefühl, Depressionen, posttraumatische Belastungsstörungen, autoaggres-

Tabelle 1: Lifetime-Prävalenz psychiatrischer Diagnosen mit Alkoholabhängigkeit oder -missbrauch in der ECA-Studie in Prozent (Helzer/Pryzbeck 1988).

Diagnose	Allgemeinbevölkerung		Alkoholabhängige und -missbraucher	
	Männer	Frauen	Männer	Frauen
Drogenabhängigkeit oder -missbrauch	7	5	19	31
Antisoziale Persönlichkeitsstörung	4	0,81	15	10
Phobische Störung	9	16	13	31
Major Depression	3	7	5	19
Panikstörung	1	2	2	7
Somatisierungsstörung	0,02	0,2	0,07	0,87
Manie	0,3	0,4	1	4

sive Verhaltensweisen sowie sexuelle Konflikte benannt (Hurley 1991). In einer retrospektiv an 472 behandelten alkoholabhängigen Frauen durchgeführten Studie wiesen diese gegenüber nicht-abhängigen Frauen eine deutlich erhöhte Prävalenz von sexuellem Missbrauch in der Kindheit auf (Miller/Downs 1995). Durch Analyse der zeitlichen Abfolge konnte diese Studie nachweisen, dass sexueller Missbrauch und Gewalterfahrung dem missbräuchlichen Substanzkonsum vorangingen; von den missbrauchten Frauen hatten 92 % sexuellen Missbrauch und 98 % physische Gewalt vor Beginn des schweren Trinkens erlebt. Epidemiologisch konnte in der Epidemiological Catchment Area Studie (ECA) ein erhöhtes Risiko für substanzbezogene Störungen bei sexuell missbrauchten Frauen nachgewiesen werden (Winfield et al. 1990).

Ein in Australien durchgeführter Vergleich zwischen 100 substanzabhängigen sexuell missbrauchten und nicht-missbrauchten Frauen in einer Therapieeinrichtung mit 80 unbehandelten sexuell missbrauchten Frauen ergab ein erhöhtes Risiko der missbrauchten Frauen für Probleme mit Kokain und Amphetaminen sowie frühere Erfahrungen mit Alkohol. Der Einfluss spezifischer vermittelnder Faktoren, wie z. B. einem geringen Selbstwertgefühl, auf die Entwicklung substanzbezogener Probleme konnte jedoch nicht identifiziert werden (Hurley 1991). Während sich die genannten Studien schwerpunktmäßig auf eine behandlungsbedürftige Alkoholproblematik bezogen, gilt die Bedeutung von Gewalt und Vernachlässigung für die Abhängigkeitsentwicklung auch bei drogenabhängigen Frauen in therapeutischen Settings als belegt (Hanel 1990; Hill 1995).

2.3 Komorbidität mit weiteren psychischen Erkrankungen

Sowohl in epidemiologischen Studien als auch in Studien behandelter Alkoholabhängiger wurde eine hohe Rate komorbider psychischer Erkrankungen festgestellt. So wiesen in der US-amerikanischen ECA-Studie 37 % der Stichprobe mit einer alkoholbezogenen Diagnose mindestens eine weitere psychiatrische Diagnose auf (Regier et al. 1990). Die ECA-Daten ergaben eine Lebenszeitdiagnose weiterer psychiatrischer Erkrankungen bei 44 % der männlichen und 65 % der weiblichen Alkoholabhängigen (Helzer/Pryzbeck 1988). In behandelten Populationen wurden Komorbiditätsraten von bis zu 75 % festgestellt (Hesselbrock/Hesselbrock 1997). Sowohl in Gruppen behandelter Alkoholabhängiger als auch in Bevölkerungsstudien ergeben sich deutliche Geschlechterdifferenzen bezüglich komorbider psychischer Erkrankungen.

Die Daten der ECA-Studie, welche in einer Bevölkerungsstichprobe neben Alkoholabhängigkeit auch das Vorliegen weiterer psychiatrischer Diagnosen erfasste, zeigen bei alkoholabhängigen Männern und Frauen gleichermaßen deutlich erhöhte Prävalenzen weiterer psychiatrischer Erkrankungen gegenüber der Normalbevölkerung (vgl. **Tab. 1**).

Bei Männern unterscheiden sich Alkoholabhängige bezüglich der Prävalenz von Depressionen nicht von nichtabhängigen Kontrollen (5 % vs. 3 %), während alkoholabhängige Frauen gegenüber nicht abhängigen Frauen eine deutlich erhöhte Depressionsrate aufwiesen (19 % vs. 7 %) (Helzer/Pryzbeck 1988). Die Notwendigkeit, komorbide Substanzabhängige mit Probanden aus der Allgemeinbevölkerung nach Geschlecht getrennt zu vergleichen, zeigt sich beispielsweise bei der antisozialen Persönlichkeitsstörung (ASPD), welche bei alkoholabhängigen Männern sehr viel häufiger als bei alkoholabhängigen Frauen anzutreffen ist (Hesselbrock/Hesselbrock 1997; Verheul et al. 2000). Im Vergleich mit nicht-abhängigen Kontrollpersonen zeigen die Daten der ECA-Studie, dass Männer mit Alkoholproblemen eine vierfache Rate von ASPD aufweisen, während bei Frauen mit Alkoholproblemen die ASPD-Rate um den Faktor 12 erhöht ist.

Die ätiologische Relevanz psychiatrischer Erkrankungen bei substanzbezogenen Störungen scheint geschlechtsspezifisch zu variieren: Mit Ausnahme der antisozialen Persönlichkeitsstörung, welche normalerweise in der Kindheit beginnt, tritt psychiatrische Komorbidität bei Männern zeitlich nach der Diagnose einer alkoholbezogenen Störung auf, während bei Frauen psychiatrische Diagnosen besonders häufig der Abhängigkeitsstörung zeitlich vorgeordnet sind. Bei der sequenziellen Analyse der ECA-Daten zeigte sich, dass in der Gruppe der komorbiden Männer die Alkoholabhängigkeit in der Regel der Depression zeitlich vorgeordnet ist (78 %), während bei den Frauen Depressionen meist der Alkoholabhängigkeit vorangehen (66 %) (Helzer/Pryzbeck 1988). Dieser Befund wurde in der NLAES-Studie repliziert (Hanna/Grant 1997).

Gegenüber den ECA-Daten finden sich noch höhere Komorbiditätsraten bei behandelten Alkoholabhängigen (Hesselbrock/Hesselbrock 1997). Behandelte Frauen weisen gegenüber Männern zusätzlich zu den in Tabelle 1 beschriebenen Differenzen höhere Prävalenzen hinsichtlich Essstörungen und Suizidversuchen auf (Blume 1986; Hesselbrock/Hesselbrock 1997).

Hinsichtlich der iatrogenen Niedrigdosis-Abhängigkeit im Bereich der Medikamente kann Komorbidität meist als conditio sine qua non der Abhängigkeitsentwicklung betrachtet werden, insbesondere bei Frauen (vgl. 1.2). Benzodiazepine werden insbesondere bei Schlafstörungen und affektiven Erkrankungen verschrieben (Glaeske 2000).

Hinweise auf die Relevanz auch subklinischer psychologischer Faktoren ergeben sich aus einer deutschen Studie mit einer bevölkerungsbezogenen Stichprobe nicht-institutionalisierter substanzauffälliger und -unauffälliger Frauen (Drogen, Medikamente, Alkohol) in Dortmund und Magdeburg (Franke 1999). Substanzunauffällige Frauen zeigten ausgeprägtere internale und externale Ressourcen bei fast allen erhobenen Parametern (Franke 1999). Substanzauffällige Frauen wiesen ein niedrigeres Kohärenzgefühl, höhere Depressionswerte, geringere Kontrollüberzeugungen, mehr soziale Belastung und weniger soziale Unterstützung auf. Die Ergebnisse legen eine stärkere Berücksichtigung psychologischer Variablen auch in der epidemiologischen Forschung zu Geschlechterunterschieden nahe, wenngleich aufgrund geringer Fallzahlen nicht zwischen Abhängigkeit und Missbrauch differenziert wurde und aufgrund des Studiendesigns nicht beurteilt werden kann, in welchem Ausmaß die gefundenen Unterschiede Ursachen oder Folgen der Substanzproblematik darstellen.

2.4 Abhängigkeitsassoziierte Problembereiche

Bezüglich der unmittelbar konsumbezogenen Variablen ergeben sich in klinischen Populationen keine Abweichungen zu den Befunden epidemiologischer Studien. Alkoholabhängige Frauen berichten konsistent über ein Trinkmuster, welches, verglichen mit Männern, durch Alleine-Trinken und Trinken im privaten Kontext gekennzeichnet ist (Gomberg 1997; Braiker 1984). Dies trifft jedoch weniger auf jüngere Frauen zu (Gomberg 1997). Das Konsummuster ist bei Frauen charakterisiert durch ein geringeres Ausmaß täglichen Trinkens, geringere Trinkhäufigkeit, weniger Trinken während des gesamten Tages und weniger Alkoholexzesse. Sie berichteten über geringere Konsummengen pro Trinkgelegenheit und pro Woche (Braiker 1984). Alkoholabhängige Frauen in Behandlungseinrichtungen sind des Weiteren charakterisiert durch einen späteren Beginn des Alkoholismus bei vergleichbarem Alter zu Behandlungsbeginn, was auf eine schnellere Entwicklung des Krankheitsverlaufs schließen lässt (Blume 1986).

Detailliertere Angaben zu Verlaufssequenzen alkoholbezogener Probleme bei Alkoholabhängigen bieten die Ergebnisse der Collaborative Study on the Genetics of Alcoholism (COGA, Schuckit et al. 1998). In sechs unterschiedlichen Behandlungseinrichtungen in den USA wurden sämtliche Alkoholabhängige gebeten, fünf Angehörige für ein Interview zum Thema Alkohol zu benennen. Daraus resultierte eine Stichprobe von 1085 alkoholabhängigen Frauen und 2120 alkoholabhängigen Männern. Ein Vergleich im Rahmen des Projektes befasste sich mit Geschlechterunterschieden in der Abfolge alkoholbezogener Probleme seit Beginn des regelmäßigen Alkoholkonsums. Unter alkoholbezogenen Problemen wurden gesundheitliche, psychische und soziale Schwierigkeiten mit starkem Bezug zu den diagnostischen Abhängigkeitsmerkmalen verstanden (beispielsweise Schuldgefühle, morgendliches Trinken, familiäre Auseinandersetzungen). Die Geschlechtervergleiche weisen auf eine ähnliche Abfolge von alkoholbezogenen Problemen hin. Im Vergleich mit einer nicht-abhängigen Kontrollgruppe ergab sich, dass die Geschlechterdifferenzen bezüglich der Häufigkeit oder des Alters bei Erstauftreten von alkoholbezogenen Problemen in beiden Gruppen vergleichbar waren (Schuckit et al. 1998). Die bedeutenden Geschlechterunterschiede bestanden entsprechend in geringeren Trinkmengen bei der Gruppe der weiblichen Alkoholabhängigen, einem etwa ein bis zwei Jahre späteren Beginn alkoholbezogener Probleme und einer kürzeren Abhängigkeitsdauer bis zur Inanspruchnahme alkoholbezogener Hilfen. Weibliche Alkoholabhängige weisen einen geringeren Anteil an Folgeproblemen des Alkoholismus, wie Schwierigkeiten mit dem Gesetz, bei der Arbeit oder persönliche Schwierigkeiten, auf (Schuckit et al. 1998). Die Autoren folgern daraus, dass sich die Geschlechter nach Berücksichtigung der in epidemiologischen Studien aufzufindenden Differenzen in ihren Alkoholkonsummustern bis auf eine etwas beschleunigte Entwicklung bei Frauen nicht grundlegend bezüglich des Abhängigkeitsverlaufs unterscheiden.

Deutlichere Geschlechterunterschiede treten bei der Analyse psychosozialer Probleme und Ressourcen hervor. Frauen in Therapien verfügen über geringere Einkommen und weniger ökonomische Ressourcen als Männer (Schober/Annis 1996). Männliche Alkoholabhängige berichten über ein höheres Ausmaß sozialer Probleme (Braiker 1984). Alkoholabhängige Frauen sind zu Behandlungsbeginn häufiger geschieden oder mit einem alkoholabhängigen Partner verheiratet (Blume 1986). Für den Bereich Drogenabhängiger liegen Hinweise darauf vor, dass Frauen verglichen mit Männern zwar über eine bessere Schulbildung, jedoch auch über eine schlechtere Ausbildungssituation verfügen (Franke 1997).

Hinsichtlich komorbider Substanzabhängigkeit liegen Forschungsergebnisse vor, nach denen alkoholabhängige Frauen eine höhere Rate von zusätzlichem Substanzmissbrauch (Medikamente und Drogen) aufweisen (Blume 1986). Diese Tendenz wird auch für Deutschland gestützt durch die Diagnosen komorbider Substanzstörungen bei behandelten Alkoholabhängigen. Demnach wiesen in den Jahren 1983 bis 1993 20 % der männlichen behandelten Alkoholabhängigen gegenüber 40 % der behandelten Frauen eine zusätzliche substanzbezogene Störung auf (Brünger et al. 1997). Während diese Geschlechterdifferenzen bei Medikamentenabhängigkeit epidemiologisch betrachtet nahe liegen, da Frauen hier deutlich überrepräsentiert sind, ist anzunehmen, dass das häufigere Vorliegen eines komorbiden Missbrauchs illegalisierter Drogen bei Frauen Folge der besseren sozialen Integration männlicher Alkoholabhängigkeitsmuster widerspiegeln.

Im Bereich der Abhängigkeit von illegalen Drogen sind Frauen einem besonderen Risiko hinsichtlich sexuell übertragbarer Erkrankungen, insbesondere HIV-Infektionen, ausgesetzt, sowohl durch die größere Wahrscheinlichkeit, einen ebenfalls drogenabhängigen Partner zu haben, als auch durch die verbreitete Prostitution zur Finanzierung der Abhängigkeit (Stein/Cyr 1997).

2.5 Körperliche Reaktionen und Folgeschäden des Substanzmittelabusus

Biologische Geschlechterunterschiede in der Alkoholverträglichkeit betreffen maßgeblich die Metabolisierung des Alkohols. 1976 zeigte eine Studie von Jones und Jones, dass gesunde Frauen beim Konsum gleicher Alkoholquantitäten eine höhere Blutalkohol-Konzentration (BAK) erreichen als Männer (Jones/Jones 1976). Dieser Befund kann teilweise durch den höheren Anteil von Körperwasser bei Männern erklärt werden. Ein weiterer Befund dieser Studie zeigte, dass Frauen eine größere intrapersonelle Variabilität hinsichtlich der erzielten BAK aufwiesen. Es wird angenommen, dass die BAK in Abhängigkeit von der Zyklusphase variiert (Blume 1986). Als Konsequenz ergibt sich, dass Frauen größere Schwierigkeiten bei der Einschätzung der Wirkung einer bestimmten Alkoholmenge haben dürften.

Ein weiterer Grund für die Erreichung höherer BAK ist die geringere Aktivität gastrischer Alkoholdehydrogenase (ADH) bei Frauen. Obwohl Alkohol maßgeblich in der Leber metabolisiert wird, konnte im Tierversuch nachgewiesen werden, dass ein Teil des konsumierten Alkohols bereits im Magen abgebaut wird und nichts zur BAK beiträgt. Besonders ausgeprägt findet dieser Prozess bei geringen bis mittleren Alkoholmengen statt. Dieser Abbau findet bei Frauen in geringerem Maße statt, wobei das Ausmaß der Differenz noch umstritten ist (Schenker 1997). Bei alkoholabhängigen Probanden zeigt sich eine allgemeine Reduktion der gastrischen ADH-Aktivität, welche aber bei alkoholabhängigen Frauen besonders stark vermindert ist (Lieber 1997).

Die Geschlechterdifferenzen bezüglich der BAK sind von unmittelbarer klinischer Relevanz, insbesondere für die Population alkoholabhängiger Frauen. Das Risiko einer Leberzirrhose ist für Frauen bei einer niedrigeren Trinkmenge gegeben als für Männer (Blume 1986; Lieber 1997; Schenker 1997). Verschiedene Studien belegen, dass Frauen bei vergleichbarer Vorgeschichte eines Alkoholmissbrauchs eine höhere Inzidenz fortgeschrittener Lebererkrankungen aufweisen (Lieber 1997). Die biologischen Differenzen bieten sich als Explanans für den vielfach replizierten Befund einer beschleunigten Abhängigkeitsentwicklung bei Frauen an («telescoping»).

3. Geschlechtsspezifische Ausstiegsprozesse

Angaben zu geschlechtsspezifischen Problemausprägungen bei Substanzabhängigen erlauben keine Aussagen darüber, ob diese auch im Hinblick auf Bemühungen, die Abhängigkeit zu überwinden, relevant sind. Von besonderer Bedeutung hierfür sind Befunde zu Geschlechterdifferenzen hinsichtlich des Bedingungsgefüges der Behandlungsaufnahme, geschlechtsspezifischen Therapieverläufen und zu Ausstiegsprozessen ohne professionelle Hilfen.

3.1 Raten der Inanspruchnahme

In epidemiologischen Studien konnte nachgewiesen werden, dass insgesamt nur ein sehr geringer Teil der Menschen mit Alkoholproblemen von den bestehenden Hilfsangeboten erreicht wird und dass Ausstiegsprozesse aus der Alkoholabhängigkeit in der Regel ohne fremde Hilfen stattfinden. In einer repräsentativen Studie in Lübeck und Umgebung gaben 53,1 % der Personen mit einer remittierten Alkoholabhängigkeit an, keinerlei Kontakt zum Suchthilfesystem gehabt zu haben, und weitere 13,3 % wiesen lediglich geringfügige Kontakte auf (Rumpf et al. 2000).

Das Behandlungsangebot der Suchtkrankenhilfe in Deutschland beschränkt sich weitgehend auf Alkoholabhängigkeit und Abhängigkeit von illegalen Drogen. Bei Vorliegen von Nikotin-Abhängigkeit werden bislang Entwöhnungsbehandlungen nur sehr selten in Anspruch genommen. In einer repräsentativen Bevölkerungsstudie im norddeutschen Raum ergab sich eine Lebenszeitrate der Inanspruchnahme unter allen gegenwärtigen und ehemaligen Rauchern von insgesamt 1,9 % (Meyer et al. 2000a). Ähnliches gilt für den Bereich der Medikamentenabhängigkeit. Hinsichtlich der Behandlungsangebote existiert hier ein Spannungsverhältnis zwischen den Angeboten des Suchthilfesystems und psychosomatischen Einrichtungen. Eine schriftliche Umfrage bei Einrichtungen der Suchtkrankenhilfe und psychosomatischen Einrichtungen ergab eine Prävalenz primärer Medikamentenabhängiger von ca. 6 % bei beiden Behandlungsangeboten (Nette/Ellinger-Weber 1992). Dabei werden im Bereich der Suchtkrankenhilfe schwerpunktmäßig Hochdosis-Abhängige (81,8 % der behandelten Medikamentenabhängigen), in psychosomatischen Einrichtungen stärker Niedrigdosis-Abhängige (76,4 % der behandelten Medikamentenabhängigen) behandelt. Der Frauenanteil der primär Medikamentenabhängigen lag in beiden Klinikarten bei etwa 70 %.

Das Geschlechterverhältnis bezüglich der Inanspruchnahme therapeutischer Angebote für Alkohol- und Drogenabhängige wurde ursprünglich geschätzt, indem Angaben zum Geschlechterverhältnis in therapeutischen Einrichtungen mit dem Geschlechterverhältnis in der Gesamtbevölkerung verglichen wurden. Erst im Laufe der letzten zehn Jahre wurde in den USA und Kanada das Inanspruchnahmeverhalten fallbezogen auf der Grundlage repräsentativer Bevölkerungsstudien untersucht. Die größte Datengrundlage zur Analyse von Inanspruchnahmeverhalten bei alkoholbezogenen Problemen bietet NLAES (vgl. 1.2.). Im Hinblick auf die Lebenszeit-Inanspruchnahme alkoholbezogener Hilfen ergab sich, dass von allen Personen, die zu einem bestimmten Zeitpunkt die DSM-IV Kriterien für Alkoholmissbrauch oder -abhängigkeit erfüllten, 23,0 % der Männer und 15,1 % der Frauen zu irgendeinem Zeitpunkt alkoholbezogene Hilfen in Anspruch genommen haben (Dawson 1996). Die Geschlechterunterschiede waren besonders deutlich für die Gruppen der Personen mit geringerer Schwere der Abhängigkeit und die Personen, welche zu einem sehr späten Zeitpunkt der Abhängigkeitsentwicklung Hilfe in Anspruch nahmen (d. h. mehr als acht Jahre nach dem Erstauftreten der Abhängigkeit).

Auf der Grundlage von Patientenstichproben in unterschiedlichen Einrichtungen (Alkohol- und Drogenhilfesystem, Notfalldienste, primäre Gesundheitsversorgung, psychiatrische Hilfeangebote) und eines Haushaltssurveys in Kanada ergaben sich deutliche Geschlechterunterschiede bezüglich der Inanspruchnahmemodalität (Weisner/Schmidt 1992). Geschlechterunterschiede in der Inanspruchnahme wurden berechnet, indem das relative Risiko für Alkoholprobleme in den jeweiligen Einrichtungen in Beziehung zur Allgemeinbevölkerung gesetzt wurde. Die Ergebnisse belegen eine Überrepräsentation von Männern mit Alkoholproblemen in den Alkohol- und Drogeneinrichtungen und von Frauen in den Einrichtungen der primären Gesundheitsversorgung und psychiatrischen Einrichtungen. Obwohl die Angaben sich auf den unscharfen Begriff des «problem drinking» beziehen, können sie als Hinweis darauf interpretiert werden, dass Frauen mit Alkoholproblemen eher alkoholunspezifische Hilfeangebote wahrnehmen.

Epidemiologische Studien mit hinreichend großen Stichproben zur Analyse von Geschlechterdifferenzen bezüglich der Inanspruchnahme suchtspezifischer Hilfeangebote liegen aus Deutschland bislang nicht vor. Zur Abschätzung möglicher Geschlechterdiskrepanzen in der Inanspruchnahme fachlicher Hilfen müssen deshalb die Angaben der Suchthilfe in Beziehung zu den Prävalenzschätzungen gesetzt werden. Zurzeit gibt es in Deutschland etwa 280 Einrichtungen, in denen stationäre Entwöhnungsbehandlungen für suchtmittelabhängige Männer und Frauen durchgeführt werden können. In 40 Einrichtungen werden ausschließlich Männer, in 11 Einrichtungen ausschließlich Frauen behandelt (Franke 1999).

Die ausführlichste, nach Geschlecht und Diagnosegruppen differenzierende Datengrundlage bieten die beiden einrichtungsbezogenen Dokumentationssysteme EBIS-A (für ambulante Suchtberatungsstellen) und EBIS-S (ehemals SEDOS, für stationäre Einrichtungen), welche auf Untersuchungen von 124 (EBIS-S) bzw. 576 Einrichtungen (EBIS-A) beruhen (Türk/Welsch 2000a; Türk/Welsch 2000b). Des Weiteren erlauben die Daten der Rentenversicherungsträger als Kostenträger bei Rehabilitationsmaßnahmen eine Abschätzung der Gesamtinanspruchnahme von Hilfeangeboten. 1999 wurden insgesamt 60 801 Entwöhnungsbehandlungen für Suchtmittelabhängige von den Rentenversicherungsträgern bewilligt; davon erhielten 49 170 Personen eine stationäre Behandlung. Nach den EBIS-Daten waren 1999 in stationären Einrichtungen 76 % der Patienten männlich, in ambulanten Einrichtungen betrug der entsprechende

Anteil an Männern unter den Patienten mit einer Suchtproblematik 77 % (Türk 2000). Dabei sind Männer bezogen auf die Diagnosekategorie «Alkoholabhängigkeit» überrepräsentiert, während Frauen eine Überrepräsentation für die Diagnosegruppen Medikamentenabhängigkeit und Essstörungen aufweisen. Angesichts des geschätzten Geschlechterverhältnisses bei Alkoholabhängigkeit von 4:1 in Deutschland kann derzeit nicht von einer Unterrepräsentation alkoholabhängiger Frauen in den Behandlungsangeboten ausgegangen werden. Zur Klärung dieses Sachverhaltes sind weitere epidemiologische Studien mit Berücksichtigung des Inanspruchnahmeverhaltens notwendig.

Für den Bereich der Selbsthilfegruppen erlauben lediglich die Angaben der bei der Deutschen Hauptstelle gegen die Suchtgefahren organisierten Gruppen (Kreuzbund, Blaues Kreuz Deutschland, Blaues Kreuz in der evangelischen Kirche, Guttemplerorden und BAG der FK) eine Einschätzung der Geschlechterverhältnisse. Für den Erhebungszeitraum 1998/99 nahmen nach Angaben der Verbände insgesamt 62 223 suchtkranke Personen an Gruppen teil, darunter 18 150 (29,2 %) Frauen (Holz/Leune 1999). Zu diesen Angaben ist einschränkend festzuhalten, dass zu den Anonymen Alkoholikern (AA) als größter Selbsthilfegruppe keine Zahlen vorliegen.

3.2 Geschlechterdifferenzen bezüglich Bedingungsfaktoren der Behandlungsaufnahme

Studien zu Geschlechterunterschieden bezüglich der Bedingungsfaktoren für die Nutzung formeller Hilfen basieren fast ausschließlich auf Stichproben behandelter Abhängiger. Gemäß einer älteren Zusammenfassung der Literatur zum Thema Frauen und Alkohol ist die Motivation, eine Behandlung zu beginnen, bei Frauen stärker durch gesundheitliche und familiäre Probleme bedingt, während bei Männern berufliche und juristische Schwierigkeiten, insbesondere aufgrund von Fahren unter Alkoholeinfluss, bedeutsamer sind (Blume 1986).

Vertiefend setzte sich Thom in ihren Arbeiten (Thom 1986, 1987) mit den Gründen der Inanspruchnahme therapeutischer Hilfen auseinander. Jeweils 25 an eine Klinik für Alkoholabhängige überwiesene Männer und Frauen wurden miteinander verglichen. Dabei ergab sich, dass körperliche Schäden und/oder soziale Probleme unabhängig vom Geschlecht zur Inanspruchnahme formeller Hilfen führten. Männer schrieben beruflichen und partnerschaftlichen Problemen einen stärkeren Einfluss auf die Behandlungsaufnahme zu. Frauen nannten häufiger Gewalterfahrungen als bedeutsamen Grund für die Behandlungsaufnahme. Allerdings wurden aufgrund der niedrigen Stichprobengrößen nur wenige der Differenzen statistisch signifikant.

Einen Überblick über Geschlechterdifferenzen im Bedingungsgefüge für die Inanspruchnahme alkoholbezogener Hilfeangebote geben Schober und Annis (1996). Schwerpunkt der Überblicksarbeit stellen Barrieren der Inanspruchnahme dar, die als psychosoziale Risikofaktoren gefasst werden. Bei Frauen repräsentieren insbesondere eine Vorgeschichte von Viktimisierung und negativen emotionalen Zuständen solche Barrieren. Die Autorinnen vermuten, dass Frauen mit Alkoholproblemen aufgrund solcher Faktoren ihre Probleme eher in psychische Kategorien fassen und deswegen alkoholunspezifische Hilfeangebote aufsuchen.

Es liegen Hinweise darauf vor, dass die Reaktionen des sozialen Netzwerks bei Frauen eine Barriere für die Behandlungsaufnahme darstellen. Frauen erfuhren in einem stärkeren Ausmaß Widerstand gegen die Aufnahme einer Behandlung bei Familie und Freunden, insbesondere dadurch, dass das Abhängigkeitsproblem heruntergespielt wird (Schober/Annis 1996). Die unterschiedliche soziale Reaktion wird als Folge einer stärkeren Stigmatisierung alkoholabhängiger Frauen verstanden. Bei Männern scheint das soziale Netzwerk die Behandlungsaufnahme eher zu unterstützen. In einem Geschlechtervergleich der Gründe der Behandlungsaufnahme (Weisner 1993) gaben Männer sehr viel häufiger die Konfrontation mit gesundheitlichen Problemen durch einen Arzt oder einen Rückfall als entscheidende Gründe für den Behandlungsbeginn an.

Eine nach Geschlechtern differenzierende Studie zu Bedingungsfaktoren des Inanspruchnahmeverhaltens wurde von Weisner (1993) durchgeführt. In dieser Studie wurden 202 ungebesserte Problemtrinker mit 316 Patienten öffentlicher Alkoholprogramme verglichen. Die Analysen wurden getrennt nach Geschlechtern durchgeführt. Dabei ergab sich, dass die Inanspruchnahme bei der Gruppe der Frauen besonders mit dem Vorliegen einer Behandlungsvorgeschichte, weißer Hautfarbe und Arbeitslosigkeit zusammenhing, während bei Männern soziale Konsequenzen, Behandlungsvorgeschichte und Arbeitslosigkeit bedeutsame Prädiktoren darstellten. In der Studie von Thom (1986) ergaben sich als geschlechtsspezifische Hindernisse der Therapieaufnahme, dass Frauen Alkohol seltener als ihr Hauptproblem angaben, mehr Angst vor einer Etikettierung als «Alkoholikerin» aufwiesen und sich durch ihr Trinken weniger in ihrem sozialen Funktionieren eingeschränkt fühlten. Hinsichtlich sozialer Einflussgrößen gaben Frauen häufiger an, dass ihr ehemaliger oder gegenwärtiger Partner starker Trinker gewesen sei und ihr Trinken mitbeeinflusst habe.

3.3 Therapieverläufe bei Frauen und Männern

Vor Beginn der empirischen Forschung zu Geschlechterdifferenzen bei Therapieverläufen wurde Frauen meist pauschal eine schlechtere Prognose zugeschrieben. Diese Vermutung konnte jedoch durch eine Reihe von Studien nicht belegt werden; eine Metaanalyse ergab keine bedeutsamen Geschlechterunterschiede (Vannicelli 1984). Auch in dem multizentrischen Projekt «Matching Alcoholism Treatment to Client Heterogeneity» (MATCH), in dem u. a. die Effizienz verschiedener Therapieformen bei unterschiedlichen Subgruppen geprüft wurde, ergaben sich keine Anzeichen für geschlechtsspezifische Therapieeffekte (Project Match Research Group 1997). Eine Studie mit Drogenabhängigen ergab, dass Therapieergebnisse bei Frauen und Männern nicht in Abhängigkeit vom Geschlecht des/der Therapeut/in variieren (Sterling et al. 1998).

Gleichzeitig liegen einige Studien vor, die Geschlechterunterschiede in prozessnahen, therapeutisch beeinflussbaren subjektiven Patientenmerkmalen identifizieren konnten. Da solche Merkmale erwiesenermaßen von prädiktiver Relevanz sind, lassen sich hier Ansatzpunkte für weitere Forschungsanstrengungen ableiten. Studien an behandelten Populationen zeigen konsistent die prädiktive Relevanz abstinenzbezogener Selbstwirksamkeitserwartungen in Hochrisikosituationen (Connors et al. 1996). Wie in einer prospektiven Studie gezeigt werden konnte, vermindern hohe Selbstwirksamkeitserwartungen, dem Trinken widerstehen zu können, sowohl bei Männern als auch bei Frauen das Risiko späterer Rückfälligkeit (Greenfield et al. 2000). Entsprechend der kognitiv-behavioralen Theorie wenden Personen mit hoher Abstinenzselbstwirksamkeit auch mit größerer Wahrscheinlichkeit effektive Coping-Strategien an (Marlatt/Gordon 1985).

Studien zu Hochrisikosituationen haben ergeben, dass Männer und Frauen unterschiedliche rückfallgefährdende Situationen aufweisen; Frauen zeigen ein erhöhtes Risiko bei zwischenmenschlichen und emotionalen Problemen (Annis/Graham 1995), Männer bei positiven Gefühlszuständen und positiven zwischenmenschlichen Situationen (Skutle 1999). Eine deutsche Studie an 230 konsekutiv rekrutierten Patienten einer dreiwöchigen stationären Motivationstherapie (28,3 % Frauen) prüfte Bedingungsaspekte der Inanspruchnahme und abstinenzaufrechterhaltende Faktoren auf Geschlechterdifferenzen (Bischof et al. 2001). Männer berichten über signifikant mehr Probleme mit der Arbeit, mit Finanzen, mit der Polizei, über mehr Trunkenheit am Steuer, über weniger familiäre Probleme und über eine stärkere physiologische Abhängigkeit. Zugleich berichten Frauen über signifikant weniger Verlangen und eine höhere Selbstwirksamkeitserwartung, dem Trinken widerstehen zu können sowie über höhere Coping-Anstrengungen in den Bereichen positives Denken, negatives Denken und Ablenkung/Vermeidung. Die gefundenen Unterschiede waren nicht Folge einer stärkeren Abhängigkeit der Männer. Die Stärke der gefundenen Unterschiede weisen darauf hin, dass therapeutische Prozessstudien an Populationen behandelter Alkoholabhängiger nach Geschlechtern differenziert analysiert werden sollten.

3.4 Forschung zu «natürlichen Verläufen» der Alkoholabhängigkeit

Da therapeutische Populationen lediglich ein kleines Segment der Gesamtgruppe von Alkoholabhängigen repräsentieren, können Studien über «natürliche Verläufe» dazu beitragen, eine Einschätzung möglicher Verzerrungen oder Verkürzungen der Forschungsbemühungen im Alkoholbereich vorzunehmen (Watson/Sher 1998). Eine erste Studie zu Geschlechterdifferenzen bei Ausstiegsprozessen ohne formelle Hilfen ergab auch hier Geschlechterdifferenzen hinsichtlich ausstiegsinitiierender und -aufrechterhaltender Faktoren (Bischof et al. 2000). Auf der Grundlage von 144 über Presseaufrufe und eine repräsentative Bevölkerungsstudie rekrutierten Probanden (26,4 % Frauen) ergab sich, dass Männer mehr sozialen Druck erfahren hatten, ihr Trinken zu verändern, häufiger unter Alkoholeinfluss am Straßenverkehr teilgenommen hatten und nach ihrer Remission mehr Personen über ihre Alkoholabhängigkeit informierten. Frauen hatten demgegenüber stärkere gesundheitliche Beschwerden und eine geringere Zufriedenheit mit verschiedenen Lebensbereichen vor der Remission. Insgesamt weisen die Ergebnisse darauf hin, dass die bei behandelten Alkoholabhängigen gefundenen Geschlechterdifferenzen auch bei unbehandelten Remittierten gültig sind. Von besonderer Bedeutung für Ansätze zur Förderung von Ausstiegsprozessen aus der Alkoholabhängigkeit erscheint hierbei der Befund, dass Frauen unabhängig von der Ausstiegsmodalität insgesamt weniger Unterstützung aus ihrem sozialen Netzwerk erhalten, ihre Abhängigkeit zu überwinden.

4. Schlussfolgerungen

Obwohl die vorhandene Forschung zu Geschlechterdifferenzen im Bereich der Suchtmittelabhängigkeit deren zentrale Bedeutung für die Entstehung und den Verlauf substanzgebundener Abhängigkeitsformen zeigt, wurden bisher nur wenige detaillierte quantitative Studien zur Identifikation geschlechtsspezifischer Problembereiche und Abhängigkeitsverläufe durchgeführt. Entsprechende Arbeiten könnten dabei – neben einer Vertiefung des Wissensstandes der Forschung zu Sucht und Geschlecht – eine Entscheidungsgrundlage für die Entwicklung geschlechtsspezifischer Interventionsstrategien bereitstellen.

Aus dem gegenwärtigen Forschungsstand können verschiedene Gesichtspunkte als zentrale Anforderungen an weitere Forschungsbestrebungen angeführt werden. So sollten Ergebnisse der Suchtforschung prinzipiell nach Geschlechtern differenziert dargestellt werden; dieser Sachverhalt erfordert hinreichend große Stichproben. Bei Geschlechtervergleichen ist zu beachten, dass Unterschiede zum Teil lediglich Folge unterschiedlicher Konsummuster sein können. Die Identifikation genuin geschlechtsspezifischer Aspekte bei Substanzabhängigkeit bedarf demnach bei Stichproben mit geschlechtsspezifisch unterschiedlichen Konsummustern der statistischen Kontrolle der Ausprägung von Abhängigkeit.

Besonders schwer wiegt bei der Analyse geschlechtsspezifischer Aspekte der Abhängigkeit die mangelhafte Datenlage bei Medikamentenabhängigkeit, dem einzigen Bereich substanzgebundener Abhängigkeitsformen mit höheren Prävalenzen bei Frauen. Angesichts der problematischen Erreichbarkeit abhängiger Personen, insbesondere Frauen, sind bevölkerungsbezogene Studien zu Abhängigkeitsverläufen unter besonderer Berücksichtigung von Geschlechterdifferenzen notwendig. Ein weiterer Erfolg versprechender Ansatz liegt in der stärkeren Berücksichtigung psychologischer Variablen in der Suchtforschung, insbesondere im Bereich epidemiologischer Studien. Es sollten zudem – nach Geschlechtern getrennt – nicht-abhängige, gematchte Kontrollgruppen erhoben werden, um Geschlechterdifferenzen bei suchtmittelassoziierten Problemen von Aspekten geschlechtsspezifischer Erkrankungsmuster abgrenzen zu können.

Literatur

Annis, H. M., Graham, G. M. (1995). «Profile types on the inventory of drinking situations: implications for relapse prevention counselling». *Psychology of Addictive Behaviours*, 9, S. 176–182.

Bischof, G., Rumpf, H. J., Hapke, U., Meyer, C., John, U. (2000). «Gender differences in natural recovery from alcohol dependence». *Journal of Studies on Alcohol*, 61, S. 783–786.

Bischof, G., Rumpf, H. J., Hapke, U., Meyer, C., John, U. (2001). *Geschlechtsunterschiede in Coping-Strategien und Selbstwirksamkeitserwartungen bei Alkoholabhängigen in stationärer Behandlung*. Medizinische Universität zu Lübeck.

Blume, A. (1986). «Women and alcohol». *JAMA*, 256, S. 1467–1470.

Boyle, P., Gandini, S., Robertson, C., Zatonski, W., Fagerstrom, K., Slama, K., Kunze, M., Gray, N., group, I. s. s. (2000). «Characteristics of smokers' attitudes towards stopping». *European Journal of Public Health*, 10 (Suppl.), S. 5–14.

Braiker, H. B. (1984). «Therapeutic issues in the treatment of alcoholic women». In: Wilsnack, S. C., Beckman, L. J. (Hrsg.). *Alcohol problems in women: antecedents, consequences, and intervention*. New York, London, S. 349–369.

British Medical Association. (1995). *Guidelines on sensible drinking*. London.

Brünger, M., Löschmann, C., Koch, U. (1997). «Die stationäre Behandlung von Alkoholabhängigkeit in den Jahren 1983 bis 1993». *Sucht*, 43, S. 37–55.

Bühringer, G., Augustin, R., Bergmann, E., Bloomfield, K., Funk, W., Junge, B., Kraus, L., Merfert-Diete, C., Rumpf, H.-J., Simon, R., Töppich, J. (2000). *Alkoholkonsum und alkoholbezogene Störungen in Deutschland*. Baden-Baden.

Connors, G. J., Longabaugh, R., Miller, W. R. (1996). «Looking forward and back to relapse: Implications for research and practice». *Addiction*, 91, S. 191–196.

Corrao, M. A., Guindon, G. E., Sharma, N., Shokoohi, D. F. (Hrsg.). (2000). *Tobacco control country profiles*. American Cancer Society.

Curran, G. M., Stoltenberg, S. F., Hill, E. M., Mudd, S. A., Blow, F. C., Zucker, R. A. (1999). «Gender differences in the relationship among SES, family history of alcohol disorders and alcohol dependence». *Journal of Studies on Alcohol*, 60, S. 825–832.

Dawson, D. (1996). «Gender differences in the probability of alcohol treatment». *Journal of Substance Abuse*, 8, S. 211–225.

Fillmore, K. M. (1987). «Women's drinking across the adult life course as compared to men's: A longitudinal and cohort analysis». *British Journal of Addiction*, 82, S. 801–811.

Fillmore, K. M., Golding, J. M., Kniep, S., Leino, E. V., Shoemaker, C., Ager, C. R., Ferrer, H. P. (1995). «Gender differences for the risk of alcohol-related problems in multiple national contexts». *Recent Developments in Alcoholism*, 12, S. 409–439.

Fillmore, K. M., Golding, J. M., Leino, E. V., Motoyoshi, M., Shoemaker, C., Terry, H., Ager, C. R., Ferrer, H. P. (1997). «Patterns and trends in women's and men's drinking». In: Wilsnack, R. W., Wilsnack, S. C. (Hrsg.). *Gender and alcohol: Individual and social perspectives*. New Brunswick, NJ, S. 21–48.

Fiore, M. C., Newcomb, P., McBride, P. (1993). «Natural history and epidemiology of tobacco use and addiction». In: Orleans, C. T. Slade, J. (Hrsg.). *Nicotine addiction: principles and management*. New York, S. 89–104.

Franke, A. (1997). «Prävention der Drogenabhängigkeit von Frauen». *Sucht*, 43, S. 113–120.

Franke, A. (1999). «Frauenspezifische Aspekte der Abhängigkeit». In: Gastpar, M., Mann, K., Rommelsbacher, H. (Hrsg.). *Lehrbuch der Suchterkrankungen*. Stuttgart, S. 144–152.

Glaeske, G. (1989). «Medikamente – Arzneimittelstatistik 1988». In: D. H. g. d. Suchtgefahren (Hrsg.). *Jahrbuch Sucht 1990*. Geesthacht.

Glaeske, G. (1990). «Arzneimittelmissbrauch und -abhängigkeit von Frauen». In: D. H. g. d. Suchtgefahren (Hrsg.). *Abhängigkeiten bei Frauen und Männern*. Freiburg, S. 107–111.

Glaeske, G. (1999). «Psychotrope und andere Arzneimittel mit Missbrauchs- und Abhängigkeitspotenzial». In: D. H. g. d. Suchtgefahren (Hrsg.). *Jahrbuch Sucht 2000*. Geesthacht, S. 52–76.

Glaeske, G. (2000). «Psychotrope und andere Arzneimittel mit Missbrauchs- oder Abhängigkeitspotenzial». In: D. H. g. d. Suchtgefahren (Hrsg.). *Jahrbuch Sucht 2001*. Geesthacht, S. 63–79.

Gomberg, E. S. L. (1997). «Alcohol abuse: Age and gender differences». In: Wilsnack, R. W., Wilsnack, S. C. (Hrsg.). *Gender and alcohol: Individual and social perspectives*. New Brunswick, NJ, S. 225–246.

Grant, B. F. (1996). «Prevalence and correlates of drug use and DSM-IV drug dependence in the United States: results of the National Longitudinal Alcohol Epidemiologic Survey». *Journal of Substance Abuse*, 8, S. 195–210.

Grant, B. F. (1997). «Prevalence and correlates of alcohol use and DSM-IV alcohol dependence in the United States: Results of the National Longitudinal Alcohol Epidemiologic Survey». *Journal of Studies on Alcohol*, 58, S. 464–473.

Grant, B. F., Harford, T. C., Dawson, D. A., Chou, P., Dufour, M., Pickering, R. (1994). «Prevalence of DSM-IV alcohol abuse and dependence». *Alcohol Health & Research World*, 18, S. 243–248.

Greenfield, S. F., Hufford, M. R., Vagge, L. M., Muenz,

L. R., Costello, M. E., Weiss, R. D. (2000). «The relationship of self-efficacy expectancies to relapse among alcohol dependent men and women: a prospective study». *Journal of Studies on Alcohol*, 61, S. 345–351.

Hanel, E. (1990). «Haben Frauen schlechtere Chancen ? Verlauf und Ergebnisse der Entwöhnungsbehandlung bei Drogenabhängigen». In: D. H. g. d. Suchtgefahren (Hrsg.). *Abhängigkeiten bei Frauen und Männern*. Freiburg, S. 133–140.

Hanna, E. Z., Grant, B. F. (1997). «Gender differences in DSM-IV alcohol disorders and major depression as distributed in the general population: clinical implications». *Comprehensive Psychiatry*, 38, S. 202–212.

Heath, A. C., Slutske, W. S., Madden, P. A. F. (1997). «Gender differences in the genetic contribution to alcoholism risk and to alcohol consumption patterns». In: Wilsnack, R. W., Wilsnack, S. C. (Hrsg.). *Gender and alcohol: individual and social perspectives*. New Brunswick, NJ, S. 114–149.

Helzer, J. E., Pryzbeck, T. R. (1988). «The co-ocurrence of alcoholism with other psychiatric disorders in the general population and its impact on treatment». *Journal of Studies on Alcohol*, 49, S. 219–224.

Hesselbrock, M. N., Hesselbrock, V. M. (1997). «Gender, alcoholism, and psychiatric comorbidity». In: Wilsnack, R. W., Wilsnack, S. C. (Hrsg.). *Gender and alcohol: Individual and social perspectives*. New Brunswick, NJ, S. 49–74.

Hill, S. Y. (1995). «Vulnerability to alcoholism in women: genetic and cultural factors». In: Galanter, M. (Hrsg.). *Recent developments in alcoholism. Volume 12: Women and alcoholism*. New York, S. 9–28.

Holz, A., Leune, J. (1999). «Versorgung Suchtkranker in Deutschland». In: DHS (Hrsg.). *Jahrbuch Sucht 2000*. Geesthacht, S. 139–160.

Hurley, D. L. (1991). «Women, alcohol and incest: An analytical review». *Journal of Studies on alcohol*, 52, S. 253–268.

Jang, K. L., Livesley, W. J., Vernon, P. A. (1997). «Gender-specific etiological differences in alcohol and drug problems: a behavioural genetic analysis». *Addiction*, 92, S. 1265–1276.

John, U. (2000). «Editorial. Analytische Epidemiologie des Substanzmissbrauchs in Deutschland». *Sucht*, 46, S. 6–8.

John, U., Hanke, M. (2001). «Tabakrauch-attributable Mortalität in den deutschen Bundesländern». *Das Gesundheitswesen*, 63, S. 362–369.

Jones, B. M., Jones, M. K. (1976). «Male and female intoxication levels for three alcohol doses or do women really get higher than men?» *Alcohol Technical Report*, 5, 11–14.

Junge, B. (1999). «Tabak – Zahlen und Fakten zum Konsum». In: DHS (Hrsg.). *Jahrbuch Sucht 2000*. Geesthacht, S. 22–51.

Kraus, L., Bauernfeind, R., Bühringer, G. (1998). *Epidemiologie des Drogenkonsums: Ergebnisse aus Bevölkerungssurveys 1990 bis 1996*. Bd. 107. Baden-Baden.

Kraus, L., Töppich, J. (1998). «Konsumtrends illegaler Drogen bei Jugendlichen und Erwachsenen in Deutschland 1973 bis 1997». In: D. H. g. d. Suchtgefahren (Hrsg.). *Jahrbuch Sucht 1999*. Geesthacht, S. 129–153.

Lieb, R., Schuster, P., Pfister, H., Fuetsch, M., Höfler, M., Isensee, B., Müller, N., Sonntag, H., Wittchen, H.-U. (2000). «Epidemiologie des Konsums, Missbrauchs und der Abhängigkeit von legalen und illegalen Drogen bei Jugendlichen und jungen Erwachsenen: Die prospektiv-longitudinale Verlaufsstudie EDSP». *Sucht*, 41, S. 18–31.

Lieber, C. S. (1997). «Gender differences in alcohol metabolism and susceptibility». In: Wilsnack, R. W., Wilsnack, S. C. (Hrsg.). *Gender and alcohol: Individual and social perspectives*. New Brunswick, NJ, S. 77–89.

Marlatt, G. A., Gordon, J. R. (Hrsg.). (1985). *Relapse prevention. Maintenance strategies in the treatment of addictive behaviors*. New York.

McGinnis, J. M., Foege, W. H. (1999). «Mortality and morbidity attributable to use of addictive substances in the United States». *Proceedings of the Association of American Physicians*, 111, S. 109–118.

Meyer, C., Rumpf, H. J., Hapke, U., John, U. (2000a). «Inanspruchnahme von Hilfen zur Erlangung der Nikotin-Abstinenz». *Sucht*, 46, S. 398–407.

Meyer, C., Rumpf, H.-J., Hapke, U., Dilling, H., John, U. (2000b). «Prevalence of alcohol consumption, abuse and dependence in a country with high per capita consumption: Findings from the German TACOS study». *Social Psychiatry and Psychiatric Epidemiology*, 35, S. 539–547.

Miller, B. A., Downs, W. R. (1995). «Violent victimization among women with alcohol problems». In: Galanter, M. (Hrsg.). *Recent developments in alcoholism. Volume 12: Alcoholism and women*. New York, S. 81–101.

Nelson, C. B., Wittchen, H.-U. (1998). «DSM-IV alcohol disorders in a general population sample of adolescents and young adults». *Addiction*, 93, S. 1065–1077.

Nette, A., Ellinger-Weber, S. (1992). «Die Versorgungssituation Medikamentenabhängiger im Spannungsfeld von Suchtkrankenhilfe und medizinischem System». In: D. H. g. d. Suchtgefahren (Hrsg.). *Medikamentenabhängigkeit*. Freiburg, S. 92–108.

Perkonigg, A., Lieb, R., Wittchen, H.-U. (1998). «Prevalence of use, abuse and dependence of illicit drugs among adolescents and young adults in a community sample». *European Addiction Research*, 4, S. 58–66.

Pomerleau, O. F. (1997). «Nicotine dependence». In: Bolliger, C. T., Fagerstrom, K. O. (Hrsg.). *The tobacco epidemic.* Basel, S. 122 – 131.

Prescott, E., Hippe, M., Schnohr, P., Hein, H. O., Vestbo, J. (1998a). «Smoking and risk of myocardial infarction in women and men: longitudinal population study». *British Medical Journal*, 316, S. 1043–1047.

Prescott, E., Osler, M., Andersen, P. K., Hein, H. O., Borch-Johnsen, K., Lange, P., Schnohr, P., Vestbo, J. (1998b). «Mortality in women and men in relation to smoking». *International Journal of Epidemiology*, 27, S. 27–32.

Project Match Research Group. (1997). «Matching alcoholism treatments to clients heterogeneity: Project MATCH posttreatment drinking outcomes». *Journal of Studies on Alcohol*, 58, S. 7–29.

Regier, D. A., Farmer, M. E., Rae, D. S., Locke, B. Z., Keith, S. J., Judd, L. L., Goodwin, F. K. (1990). «Comorbidity of mental disorders with alcohol and other drug abuse: results from the Epidemiologic Catchment Area (ECA) Study». *JAMA*, 264, S. 2511–2518.

Remien, J. (1994). *Bestimmung der Arzneimittelabhängigkeit durch eine quantitative Analyse des individuellen Verbrauchs aller ärztlich verordneten Arzneimittel.* Bergisch Gladbach: IKK Bundesverband.

Rumpf, H.-J., Meyer, C., Hapke, U., Bischof, G., John, U. (2000). «Inanspruchnahme suchtspezifischer Hilfen von Alkoholabhängigen und -missbrauchern: Ergebnisse der TACOS Bevölkerungsstudie». *Sucht*, 46, S. 9–17.

Schenker, S. (1997). «Medical consequences of alcohol abuse: Is gender a factor?» *Alcoholism: Clinical and Experimental Research*, 21, S. 179–181.

Schober, R., Annis, H. M. (1996). «Barriers to help-seeking for change in drinking: a gender-focused review of the literature». *Addictive Behaviors*, 21, S. 81–92.

Schuckit, M. A., Daeppen, J.-B., Tipp, J. E., Hesselbrock, M., Bucholz, K. K. (1998). «The clinical course of alcohol-related problems in alcohol dependent and nonalcohol dependent drinking women and men». *Journal of Studies on Alcohol*, 59, S. 581–590.

Simoni-Wastila, L. (2000). «The use of abusable prescription drugs: The role of gender». *Journal of Woman's Health & Gender-Based Medicine*, 9, S. 289–297.

Skutle, A. (1999). «Association between gender and marital status and confidence in remaining abstinent among alcohol abusers in treatment». *Addiction*, 94, S. 1219–1225.

Solomon, L. J., Flynn, B. S. (1993). «Women who smoke». In: C. T. Orleans, J. Slade (Hrsg.). *Nicotine Addiction: Principles and Management.* New York, S. 339–349.

Stein, M. D., Cyr, M. G. (1997). «Women and substance abuse». *Medical Clinics of North America*, 81, S. 979–998.

Sterling, R. C., Gottheil, E., Weinstein, S. P., Serota, R. (1998). «Therapist/patient race and sex matching: treatment retention and 9-month follow-up outcome». *Addiction*, 93, S. 1043–1050.

Thom, B. (1986). «Sex differences in help-seeking for alcohol problems – 1. The barriers to help-seeking». *British Journal of Addiction*, 81, S. 777–788.

Thom, B. (1987). «Sex differences in help-seeking for alcohol problems – 2. Entry into Treatment». *British Journal of Addictions*, 82, S. 989–997.

Türk, D. (2000). «Jahresstatistik der professionellen Suchtkrankenhilfe. Daten aus EBIS und SEDOS 1999». In: D. H. g. d. Suchtgefahren (Hrsg.). *Jahrbuch Sucht 2001.* Geesthacht, S. 164–180.

Türk, D., Welsch, K. (2000a). «EBIS-Jahresstatistik 1999 der ambulanten Beratungs- und Behandlungsstellen für Suchtkranke in Deutschland». *Sucht*, 46, S. 7–52.

Türk, D., Welsch, K. (2000b). «SEDOS-Jahresstatistik 1999 der stationären Suchtkrankenhilfe in Deutschland». *Sucht*, 46, S. 53–83.

Vannicelli, M. (1984). «Treatment outcome of alcoholic women: the state of art in relation to sex bias and expectancy effects». In: Wilsnack, S. C., Beckman, L. J. (Hrsg.). *Alcohol problems in women: antecedents, consequences, and intervention.* New York, London, S. 369–412.

Verheul, R., Kranzler, H. R., Poling, J., Tennen, H., Ball, S., Rounsaville, B. J. (2000). «Axis I and Axis II disorders in alcoholics and drug addicts: Fact or artifact?» *Journal of Studies on Alcohol*, 61, S. 101–110.

Watson, A. L., Sher, K. J. (1998). «Resolution of alcohol problems without treatment: methodological issues and future directions of natural recovery research». *Clinical Psychology: Science and Practice*, 5, S. 1–18.

Weisner, C. (1993). «Toward an alcohol treatment entry model: A comparison of problem drinkers in the general population and in treatment». *Alcoholism: Clinical and Experimental Research*, 17, S. 746–752.

Weisner, C., Schmidt, L. (1992). «Gender disparities in treatment for alcohol problems». *JAMA*, 268, S. 1872–1876.

Winfield, I., George, L. K., Swartz, M., Blazer, D. G. (1990). «Sexual assault and psychiatric disorders among a community sample of women». *American Journal of Psychiatry*, 147, S. 335–341.

Essstörungen bei Männern und Frauen

Alexa Franke

Unter dem Begriff «Essstörungen» werden heute vor allem die drei Störungen Anorexia nervosa, Bulimia nervosa und Adipositas zusammengefasst. Rein äußerlich unterscheiden sich die Betroffenen sehr – eine mittelgradig adipöse Frau wiegt etwa viermal so viel wie ein mittelgradig anorektischer Mann –, aber sie haben eine Gemeinsamkeit: aus dem lebensnotwendigen Bedürfnis des Essens ist ihnen ein Problem mit erheblichen somatischen, psychischen und oft sozialen Konsequenzen erwachsen. Dieses Problem beherrscht häufig den aktuellen Tagesablauf, die sozialen Beziehungen und auch langfristig relevante berufliche und private Entscheidungen. Die sozialen und die gesundheitlichen Konsequenzen von Essstörungen, insbesondere die finanziellen Belastungen des Gesundheits- und Rentensystems durch die Adipositas, werden zunehmend öffentlich diskutiert und auch im politischen Raum ernst genommen.

1. Gesellschaftlicher Hintergrund

Essstörungen sind nur in Gesellschaften mit einem Überangebot an Nahrungsmitteln bekannt. In Gesellschaften, in denen Menschen hungern müssen, gilt Beleibtheit als Zeichen von Status und Reichtum, und niemandem kommt es in den Sinn, besonders schlank sein zu wollen. Dort, wo Übergewicht nicht als Problem gesehen wird, fehlt auch sein Pendant, das Streben nach (übermäßiger) Schlankheit.

Auch in unserer Gesellschaft hat sich die Einstellung zu Essen und Körperfülle in den letzten 50 Jahren erheblich gewandelt. Nach dem Krieg war «gutes Essen» ein wertvolles Gut, und durch ein hohes Gewicht konnten – zumindest die Männer – demonstrieren, dass sie erfolgreich am Wirtschaftswunder teilnahmen. Heute ist Dicksein out. Dicke Menschen werden nicht nur unter ästhetischen, sondern auch unter sozialen und psychologischen Aspekten weniger geschätzt: Wiederholt zeigten Untersuchungen, dass sich die Körperideale in den letzten 30 Jahren erheblich in Richtung auf ein schlankeres Ideal verschoben haben und dass hiermit auch eine Veränderung in der Bewertung von dicken und dünnen Menschen eingetreten ist. Dicke gelten nicht mehr als gemütlich, gutmütig und humorvoll, sondern als träger, fauler, weniger unternehmungslustig und als sexuell weniger attraktiv als schlanke Menschen.

Schlanksein ist heute Synonym und Voraussetzung für Erfolg, Anerkennung, Wertschätzung, Attraktivität und sexuelle Ausstrahlung. Dies gilt vor allem für Frauen, aber zunehmend auch für Männer, bei denen Schlanksein vor allem mit Fitness und beruflicher Geschicklichkeit, Leistungsbereitschaft und Selbstkontrolle assoziiert ist. Schlanksein ist der sichtbare Beweis dafür, dass jemand sich und sein Leben in der Hand hat und weiß, wo's langgeht (zur intensiveren historischen und gesellschaftlichen Auseinandersetzung mit der Veränderung von Körperidealen siehe Grogan 1999; Klotter 1990; Vandereycken et al. 1990).

Doch unübersehbar ist: Je höher das Ideal des Schlankseins gehängt wird, umso mehr wird es zu einem gesundheitlichen Risiko und umso mehr Menschen weichen – nach oben oder nach unten – vom propagierten Idealgewicht ab. Die dicksten Menschen und die größte Zahl Adipöser gibt es in den USA – dem Land, in dem wie in keinem anderen auch die Gesundheitsapostel ihre Botschaften predigen. Und wir in Europa folgen auch hier denjenigen, die unseren Eltern den Kaugummi brachten. Aktuellen Prognosen zufolge werden im Jahre 2030 die Hälfte aller Europäerinnen und Europäer übergewichtig sein. Der unbeschwerte, primär an den körperlichen Bedürfnissen orientierte Umgang mit Essen gelingt nur noch wenigen Menschen. Während die einen das gesunde Essen religiös zelebrieren, schlingen die anderen in Fett badende Kohlehydrate in sich hinein, und manche können sich nur durch Verweigerung vor dem Überangebot schützen. Mehr oder minder verwirrt sind nahezu alle. Nahrungsmittelindustrie und Diätmittelindustrie sind trotz anders lautender Werbung nicht an Menschen interessiert, die sich bedürfnisorientiert ernähren, sondern an Verbraucherinnen und Verbrauchern, die beides kaufen: Dickmacher und Schlankmacher. Vom gestörten Essverhalten profitieren gleichermaßen Pharmaindustrie, Ärztinnen und Ärzte, die Modebranche, Frauen- und Männerzeitschriften, Produzenten von Waagen aller Art, Kochbuchverlage und deren Autorinnen und Autoren, Psychotherapeutinnen und Psychotherapeuten und viele andere mehr.

2. Klassifikation und Symptomatologie

Hinsichtlich der Reihenfolge der darzustellenden Störungen orientiere ich mich im Folgenden an der Zahl der insgesamt Betroffenen und beginne daher mit der Adipositas. Anorexie und Bulimie mögen unter psychologischen Gesichtspunkten die bizarreren oder auch spannenderen Störungen sein, als gesamtgesellschaftliches Problem stehen sie in Verbreitung und Bedeutung jedoch weit hinter der Adipositas zurück (vgl. Abschnitt 3). Berücksichtigt man die Adipositas, dann stellen sich Essstörungen im Übrigen auch nicht als primär weibliches Problem dar, sondern als eines, das in unterschiedlicher Weise sowohl Männer als auch Frauen betrifft.

Da bei der Definition und Diagnostik von Essstörungen das Gewicht eine entscheidende Rolle spielt, hier ein kurzer Exkurs zur Messung des Körpergewichts:
In der Praxis wird das Körpergewicht noch häufig mittels des Broca-Index (BI) nach der Formel: BI = Körpergewicht (kg) : [Körperhöhe (cm) − 100] berechnet. Ein BI von 1.0 entspricht dem so genannten Normalgewicht, ein bei Männern 10 % und bei Frauen 15 % unter dem Normalgewicht liegendes Gewicht gilt als Idealgewicht.
Weil die Anwendung des BI bei sehr großen und sehr kleinen Menschen zu Ungenauigkeiten führt und er zudem die Geschlechtsunterschiede nicht ausreichend berücksichtigt, ist man zur Anwendung des Body-Mass-Index (BMI) übergegangen. Die Formel zur Berechnung des BMI lautet: *BMI = Körpergewicht (kg) : Körpergröße zum Quadrat (m?)*. Bei Frauen gilt ein BMI zwischen 19 und 24, bei Männern zwischen 20 und 25 als normal.

2.1 Adipositas

Adipositas bezeichnet einen Überschuss an Körperfett. Zu ihrer Bestimmung ist eigentlich die Messung des Anteils des Fettgewebes am Körpergewicht notwendig. Wegen der Aufwändigkeit dieser Messungen begnügt man sich in der Praxis jedoch in der Regel mit der Bestimmung des BMI. Adipositas beginnt bei einem BMI von 30, ab einem BMI von 40 spricht man von Adipositas per magna.

Die Frage des Krankheitswerts der Adipositas wird in der Literatur unterschiedlich diskutiert. Es gibt zahlreiche – auch medizinische – Autoren, die die Adipositas nicht als eigenständige Krankheit anerkennen, sondern ihr lediglich den Status eines Risikofaktors bzw. einer Konsequenz anderer Störungen, z. B. des Stoffwechsels, zuerkennen. Im Klassifikationssystem der American Psychiatric Association, dem DSM-IV, wird die Adipositas nicht klassifiziert; die ICD, das Klassifikationssystem der WHO, hat eine Diagnoseziffer für «Essattacken bei sonstigen psychischen Störungen», die vergeben werden kann, wenn übermäßiges Essen als Reaktion auf belastende Ereignisse zu reaktivem Übergewicht geführt hat.

Ein hinsichtlich der körperlichen Risiken der Adipositas wichtiges diagnostisches Kriterium ist die Waist-to-hip-Ratio (WHR), das heißt das Verhältnis von Taillen- zu Hüftumfang. Ist die WHR kleiner als 0,8, so handelt es sich um die so genannte gynoide Form der Adipositas, die «Birnenform», mit subkutanem Fett vorwiegend im Oberschenkel- und Gesäßbereich. Bei einer WHR größer als 1 handelt es sich um die androide Form, die «Apfelform», mit viszeralem Fett vor allem am Bauch. Bei Frauen ist die gynoide, bei Männern die androide Form[1] häufiger, doch können beide Formen bei beiden Geschlechtern vorkommen. Eine Erhöhung des Morbiditäts- und des Mortalitätsrisikos geht vor allem mit der androiden Form einher.

2.2 Bulimia nervosa

Leitsymptome der Bulimia nervosa sind Heißhungeranfälle mit anschließenden gewichtsregulierenden Maßnahmen wie Erbrechen, Fasten, Missbrauch von Laxantien, Appetitzüglern und Diuretika sowie eine extreme Angst vor dem Dicksein und das übersteigerte Besorgtsein um Gewicht und Figur. Das Gewicht ist meistens unauffällig, wobei es Hinweise gibt, dass ein überzufällig großer Teil der Patientinnen und vor allem der Patienten prämorbid ein erhöhtes Körpergewicht hatte.

Die Essanfälle finden bis zu mehrmals pro Tag statt und laufen oft nach dem gleichen Ritual ab. Bevorzugt werden süße, hochkalorische Nahrungsmittel, die leicht verschlungen und wieder erbrochen werden können. Die Betroffenen fühlen sich außer Stande, die Essanfälle zu kontrollieren. Sie leiden sehr unter ihrer Unbeherrschtheit, schämen sich und halten die Symptomatik häufig über Jahre auch vor ihren engsten Bezugspersonen geheim. Als gewichtsregulierende Maßnahmen werden – insbesondere von bulimischen Frauen – Abführmittel, Diuretika und Appetitzügler eingesetzt. Massive Gefühle von Wert- und Sinnlosigkeit, ausgeprägte Stimmungsschwankungen, Schuldgefühle und Suizidalität sind häufige Begleitsymptome (Garfinkel et al. 1995; Kendler et al. 1991; Vohs et al. 1999). Bei etwa einem Drittel der Betroffenen kommt es zu Substanzmissbrauch oder -abhängigkeit, insbesondere von Alkohol und Stimulanzien (Regier et al. 1990). Diese Mittel werden nicht selten zunächst eingesetzt, um Appetit und Gewicht zu kontrollieren, führen dann jedoch zu einer eigenen Dynamik.

2.3 Anorexia nervosa

Die Anorexia nervosa ist vor allem durch den markanten Gewichtsverlust gekennzeichnet, durch kognitiv-emotionale Verzerrungen, ein hohes Aktivitätsniveau und durch endokrine Störungen. Das Körpergewicht liegt mindestens 15 % unter dem dem Alter und der Größe entsprechenden Normalgewicht bzw. bei einem BMI von 17,5 oder weniger. Anorektische Menschen nehmen sich als weitaus dicker wahr, als es ihrem wirklichen Körperumfang entspricht, und sie haben panische Angst, zu dick zu werden – insbesondere am Bauch, Po und den Oberschenkeln. Die endokrine Störung äußert sich bei Frauen im Ausbleiben der Menstruation, bei Männern nennt die ICD-10 Libido- und Potenzverlust.

Der Gewichtsverlust wird durch das Essen weniger Speisen mit niedrigem Kaloriengehalt, übertriebene sportliche Aktivitäten oder durch Erbrechen und Abführmittel erreicht. Im Verlauf der Erkrankung werden zunehmend alle «Dickmacher» als verboten erklärt und weggelassen, so dass der Speiseplan vorwiegend aus Möhren, sauren Gurken, grünen Äpfeln, Magermilchjoghurt, Kochkäse u. ä. besteht. Essen im Beisein anderer wird möglichst vermieden. Häufig entwickeln anorektische Menschen bizarre Essgewohnheiten, die vor allem dazu dienen, den Essvorgang zu verlängern: Sie unterziehen alles Speisen einer intensiven haptischen und visuellen Prüfung und essen klitzekleine Bissen, auf denen sie endlos herumkauen. Insbesondere bei Männern kommt auch das Widerkäuen von Erbrochenem vor. Ein großer Teil der Energie anorektischer Menschen konzentriert sich auf alles rund um's Essen: Sie sammeln und katalogisieren Rezepte, lesen stundenlang in Kochbüchern und horten Esswaren, vor allem solche, die sie

---

1 Nicht ganz zu Unrecht hat diese in der Umgangssprache den Namen «Bierbauch».

sich verboten haben. Von vielen Patientinnen ist bekannt, dass sie gerne kochen und backen. Dabei bevorzugen sie Speisen, die sie sich selbst aufgrund ihres strengen Regimes nicht gestatten, mit denen sie aber ihre Familie und Freunde traktieren. Aus der Literatur und meiner therapeutischen Praxis habe ich keine Erkenntnisse darüber, ob dieses Verhalten auch bei Männern mit Anorexie auftritt. Manche Patientinnen mästen geradezu ihre Familie – oder sie haben sehr dezidierte Vorstellungen darüber, wie viel die einzelnen Familienmitglieder essen dürfen. Diese sekundären Symptome wurden früher als Persönlichkeitsstörungen interpretiert. Heute ist weitgehend anerkannt, dass es sich um Folgeerscheinungen des Hungerns handelt, die auch bei Menschen auftreten, die nicht selbstintendiert, sondern gezwungenermaßen nicht genug essen können. Untersuchungen an experimentell fastenden und an diätierenden Personen (Keys et al. 1950; Laessle 1989; Schweiger et al. 1988) und auch die Berichte von Menschen, die in Krieg oder Konzentrationslagern zu hungern gezwungen waren (Richter 1965), zeigen, dass dies zu zahlreichen psychischen Veränderungen und Verhaltensstörungen wie permanentem Denken und Fantasieren über Essen, Reizbarkeit, Schlafstörungen, sexuellem Desinteresse, sozialem Rückzug, erhöhter Ängstlichkeit und Depressivität führt.

3. Epidemiologie

Das Risiko, an Essstörungen zu erkranken, ist deutlich durch das Geschlecht, das Alter und die soziale Schicht determiniert.

Bei der Adipositas besteht beinahe eine gleiche Verteilung zwischen den Geschlechtern. Angesichts des Ausmaßes des Problems sind die statistischen Daten erstaunlich ungenau: Bei den Frauen wird in Deutschland die Prävalenz mit Werten zwischen 9 und 25 % angegeben, bei den Männern zwischen 10 und 16 %. Insbesondere bei den Frauen steigen die Prävalenzwerte ab der fünften Lebensdekade an. Allen Erhebungen zufolge hat die Prävalenz der Adipositas in den letzten etwa dreißig Jahren in Europa und den USA deutlich zugenommen, am stärksten bei Kindern und Jugendlichen.

Der Anstieg der Verbreitung der Adipositas bei Kindern wird in der Literatur häufig mit Adjektiven wie drastisch, dramatisch, exzessiv gekennzeichnet: In den USA wuchs der Anteil adipöser Kinder zwischen 1973 und 1984 von 15 auf 24 %; neueste Zahlen dürften noch erschreckender sein. Sehr sorgfältige Untersuchungen von annähernd 5000 Schulkindern im Alter zwischen 7 und 14 Jahren in Jena 1975, 1985 und 1995 ergaben einen signifikanten Anstieg des BMI in allen Altersklassen und bei beiden Geschlechtern. Die Prävalenz sowohl von Übergewicht als auch von Adipositas stieg bei beiden Geschlechtern an, wobei die Veränderungen im Zeitraum der zweiten Dekade gravierender waren als im ersten Jahrzehnt. Am deutlichsten waren die Veränderungen bei den adipösen Mädchen: Ihr prozentualer Anteil verdoppelte sich beinahe von 5,5 % 1985 auf 10,1 % 1995 (Kromeyer-Hauschild/Jaeger 1998; Deutsche Gesellschaft für Ernährung e. V., Sektion Thüringen 1999).

Während somit die Adipositas beide Geschlechter in etwa gleichem Maße betrifft, treten Anorexia und Bulimia nervosa vor allem bei Frauen auf. Bei der Anorexie sind etwa 95 % aller Betroffenen weiblich, bei der Bulimie etwa 90 %. Unter den 12- bis 35-jährigen Frauen erkranken etwa 0,5 bis 1 % an Anorexia nervosa, etwa 2 bis 4 % an Bulimia nervosa. Ob die beiden Erkrankungen tatsächlich in der jüngsten Zeit bei Männern häufiger auftreten, wie in manchen Meldungen behauptet wird, ist fraglich. Es könnte sich hier auch insofern um ein Artefakt handeln, als durch den größeren Bekanntheitsgrad der Erkrankungen und die größere Aufmerksamkeit, die ihnen diagnostisch in der allgemeinen ärztlichen Versorgung geschenkt wird, Anorexie und Bulimie bei Männern heute zwar häufiger diagnostiziert werden, dies aber keineswegs einem real höheren Vorkommen entspricht.

Hinsichtlich des Erkrankungsalters lassen sich deutliche Schwerpunkte ausmachen: Anorexie tritt vor allem bei jungen Menschen in der Pubertät auf und hat einen zweiten Erkrankungsgipfel im Alter von 18 Jahren. Die Bulimie manifestiert sich vorwiegend im dritten Lebensjahrzehnt, wohingegen Adipositas vor allem im Alter zwischen 40 und 65 Jahren auftritt. Hinzu kommt allerdings in den letzten Jahren das bereits erwähnte massive Anwachsen der Gruppe adipöser Kinder.

Die soziale Schichtverteilung weist Anorexie als Problem der höheren Mittelschicht, Bulimie als Phänomen der Mittelschicht und Adipositas als Unterschichtphänomen aus; Adipositas kommt in der Unterschicht etwa sechsmal so häufig vor wie in den anderen sozialen Schichten, besonders ausgeprägt sind die sozialen Einflussfaktoren bei Frauen. Nach neuesten Erhebungen in Deutschland haben nur 29 % aller übergewichtigen Frauen einen höheren Schulabschluss (Statistisches Bundesamt 1998, S. 110).

4. Körperliche und soziale Folgen

4.1 Adipositas

Adipositas geht mit zahlreichen körperlichen Komplikationen und Folgeschäden einher, u. a. mit Erkrankungen des Herz-Kreislauf-Systems, Schlaganfällen, Diabetes, Gallensteinen, vorzeitigem Gelenkverschleiß, Bandscheibenvorfällen, erhöhten Operationsrisiken, Zyklusstörungen und Schwangerschaftskomplikationen (Heseker et al. 1992; Hoffmeister et al. 1994). Bereits bei adipösen Kindern besteht ein erhöhtes Risiko für metabolische und kardiovaskuläre Erkrankungen. Da sie zudem eine erhöhte Wahrscheinlichkeit haben, auch im Erwachsenenalter adipös zu sein, ist das überschüssige Fett ein erhebliches Gesundheitsrisiko (Valdez et al. 1996).

Während entgegen früherer Annahmen das Mortalitätsrisiko durch Übergewicht und leichte Grade von Adipositas nicht beeinflusst wird, birgt Adipositas per magna diesbezüglich insbesondere bei Männern ein erhebliches Risiko: In einer 30-jährigen Langzeitstudie mit 4602 adipösen Patientinnen und 1591 Patienten (Düsseldorf Obesity Mortality Study, DOMS) erwies sich die so genannte Exzess-Mortalität für diese Gruppe bei den Männern um das Dreifache und bei den Frauen um das Doppelte erhöht; bei den Männern führte ein BMI > 36, bei den Frauen erst das Überschreiten des BMI von 40 zu einer signifikant niedrigeren Lebenserwartung (Bender et al. 1999).

Adipöse Menschen haben manchmal – vor allem im beruflichen Bereich – gravierende soziale Konsequenzen zu gewärtigen. Adipositas kann ein Grund sein, nicht verbeamtet oder – wie z. B. bei LKW-Fahrern – gekündigt zu werden. Viele adipöse Menschen leiden sehr unter ihrer Körperfülle und ziehen sich aus dem sozialen Leben weitgehend zurück. In unserer Gesellschaft, in der Schlankheit ein weitgehend unhinterfragt positiver Wert ist, haben viele Adipöse einen massiven Leidensdruck. Sie fühlen sich als Schwächlinge und Versager und trauen sich nicht in die Öffentlichkeit.

Es gibt jedoch auch adipöse Menschen, die sich als Dicke wohl fühlen. Häufig stammen sie aus einer Familie, in der alle Mitglieder dick sind – sie fühlen sich eingebunden in ihre Familientradition und essen und trinken regelmäßig zu viel. Dieser Typus scheint besonders bei Männern verbreitet zu sein und ist eher in den unteren sozialen Schichten zu finden.

4.2 Bulimia nervosa

Die Zahl der körperlichen Folgeschäden der Bulimia nervosa ist groß. Besonders gefährdet sind das gastrointestinale System (u. a. Magendilatation mit Gefahr der Magenruptur; gastrointestinaler Reflux und Oesophagitis; Durchfälle; chronische Obstipation bis hin zur Darmlähmung) und das endokrine sowie das Elektrolyt-System (u. a. Oedeme, Vitaminmangel, Menstruationsunregelmäßigkeiten, Amenorrhoe, Hyperaldosteronismus, Schwellung der Ohrspeicheldrüsen). Durch das Erbrechen kommt es zu Verletzungen im Hals und Mundbereich und aufgrund des ständigen Kontakts mit der Magensäure zu massiven Zahnschäden. Insbesondere bei der Einnahme von Appetitzüglern können Tachykardien, Herzrhythmusstörungen, Müdigkeit, Schwindel und starkes Schwitzen auftreten.

Unübersehbar ist auch die Fülle der möglichen sozialen Folgen: Die Bulimie erfordert sehr viel Zeit und Geld. Tages- und Freizeitplanung sind durch das Einkaufen der großen Nahrungsmengen und durch die Essanfälle eingeschränkt. Die sich hieraus ergebenden sozialen Konsequenzen werden noch durch die massiven finanziellen Belastungen verstärkt, die ihrerseits wiederum soziale Konsequenzen haben: Verschuldung, Anbetteln von Bekannten, sozialer

Abstieg, Stehlen von Nahrungsmitteln oder Geld bis hin zum Betrug sind im langjährigen Krankheitsverlauf bekannte Phänomene.

4.3 Anorexia nervosa

Der körperliche Allgemeinzustand anorektischer Patientinnen und Patienten ist oft trotz der Mangelernährung und des Untergewichts erstaunlich gut. Dies ist auf die enorme Adaptationsfähigkeit des Grundumsatzes zurückzuführen, der entsprechend reduziert ist. Dennoch können behandlungsbedürftige Schäden, insbesondere Elektrolytinbalancen, Nierenschäden, kardiologische und endokrinologische Veränderungen auftreten, vor allem bei Patientinnen des bulimischen Typs (vgl. Brunner/Franke 1997). Nach der Wiederherstellung eines normalen Körpergewichts gehen eventuelle körperliche Veränderungen zumeist zurück; dies gilt auch für die Amenorrhoe.

Es ist unklar, inwieweit die Anorexie mit sozialen Folgen verbunden ist. In der frühen Literatur wurde häufig darauf hingewiesen, dass anorektische Menschen sich sozial isolieren – dies kann jedoch keineswegs für die gesamte Gruppe gelten. Manchen Autorinnen und Autoren ist es wichtig, darauf hinzuweisen, dass anorektische Frauen seltener heiraten. Dies als ein Krankheitsmerkmal zu interpretieren, scheint mir allerdings sehr weit hergeholt und sagt wohl mehr über die geschlechtsspezifischen Rollen- und Normvorstellungen der Autorinnen und Autoren aus als über den Gesundheitszustand (respektive das Ausmaß der Pathologie) der Patientinnen.

5. Ätiologische Modelle

5.1 Adipositas

Die Ansichten über die Entstehung der Adipositas haben sich in den letzten etwa 30 Jahren deutlich verändert. Damals wurden die individuellen Verhaltensweisen des Zu-viel-Essens und Sich-zu-wenig-Bewegens, die in Kombination zu einer ungünstigen Energiebilanz führen, als Hauptverantwortliche gesehen. Momentan wird auch den genetischen und den sozialen Faktoren eine wichtige Rolle zuerkannt. Die Adipositas gilt heute als Ergebnis der Interaktion ei-

Letztendlich ist eine langfristige positive Energiebilanz die entscheidende Größe, die zu einer Gewichtszunahme führt. Entsprechend führt eine langfristig negative Energiebilanz zu einer Gewichtsreduktion. Der Energieverbrauch eines Menschen, der so genannte Grundumsatz, beträgt bei Erwachsenen ungefähr 1 Kcal pro Kilogramm Körpergewicht und Stunde, liegt also bei einer 60 kg schweren Frau etwa im Bereich von 1400 bis 1500 Kcal. Er ist weniger vom Gesamtgewicht beeinflusst als von der so genannten Magermasse (Muskeln, innere Organe, Blut, Knochen; also Gesamtmasse minus Fettmasse). Eine Erhöhung der Magermasse steigert den Ruheumsatz, ein Abbau von Magermasse reduziert ihn.

ner individuellen genetischen Prädisposition mit diversen kulturellen, sozialen und psychologischen Faktoren (Hebebrand/Remschmidt 1995; Ellrott/Pudel 1998; Müller et al. 1990; Stunkard/Pudel 1990).

Genetische und biochemische Faktoren

1994 wurde das so genannte Obesitas-Gen (Ob-Gen) identifiziert, das das im Fettgewebe gebildete Protein Leptin festlegt, von dem angenommen wird, dass es dem Hunger- und Sättigungszentrum im Hypothalamus die Größe und den Füllzustand der Fettdepots meldet und damit an der Steuerung der Nahrungsaufnahme und der Regulierung des Energieverbrauchs beteiligt ist. Ist reichlich Fettgewebe vorhanden, wird eine größere Menge dieses Faktors produziert und umgekehrt. Bei vorübergehender Völlerei wird somit mehr Leptin gebildet, der Hunger wird gehemmt und der Energieverbrauch gesteigert. Bei einer Diät hingegen wird weniger Leptin gebildet, der Appetit steigt und der Energieverbrauch wird gesenkt. Mithilfe dieser kompensatorischen Vorgänge gelingt es dem Körper, sein Gewicht relativ stabil im Bereich des so genannten Set-point zu halten, also eines Gewichts, auf das der Körper sich immer wieder einpendelt. Eine Verschiebung des Set-point ist außergewöhnlich schwierig. Störungen des obigen Regelkreises scheinen zur Entstehung von Übergewicht beizutragen. Ist zum Beispiel die Bildung von Leptin aufgrund von Defekten des Obesitas-Gens gestört oder wird das Signal vom Gehirn nicht richtig verstanden, dann könnte dies ein Überessen oder einen geringeren Energieverbrauch zur Folge haben.

Aufgrund ihres geringeren Anteils an Muskelmasse können Adipöse durchaus einen erniedrigten Ruheumsatz haben. Zudem können sich Diäten ungünstig auswirken, und zwar aufgrund des folgenden Prozesses: In Phasen massiver Nahrungseinschränkung reduziert der Körper den Grundumsatz. Im Laufe der langen Evolution hat sich der Mensch für Zeiten verminderter Nahrungszufuhr gut gerüstet, er adaptiert sich schnell an die niedrige Kalorienmenge und verwertet diese umso besser. Kommt es nach einer längeren Zeit der Einschränkung zu einer erneuten Erhöhung der Kalorienzufuhr, so stellt sich der Körper keineswegs wieder spontan auf die neue Situation ein, er verharrt vielmehr für einige Zeit auf seinem niedrigen Niveau, nicht wissend, ob die Zeit der Not wirklich vorbei ist. In diesen Phasen nach Diät führt «normales» Essen wegen des noch erniedrigten Grundumsatzes zu Gewichtsanstieg. Die Reduktion des Grundumsatzes ist bei der ersten Diät am höchsten und verlangsamt sich mit jeder weiteren Diät. Wird der Versuch unternommen, das erniedrigte Gewicht durch gezügeltes Essverhalten zu halten, so besteht die Gefahr, dass eine Normalisierung des Grundumsatzes verhindert wird und Gewichtsanstieg auch bei geringer Zufuhr eintritt. Dieser traurige Vorgang hat unter dem eher fröhlichen Begriff des «Yo-Yo-Dieting» Eingang in die Literatur gefunden (Pudel/Westenhöfer 1997; Franke 1996).

Essverhalten
Die Frage, ob Adipöse mehr essen als andere Personen, wird äußerst widersprüchlich diskutiert. So gibt es durchaus Untersuchungsergebnisse, denen zufolge Adipöse nicht mehr essen als normalgewichtige Personen. Dies scheint vor allem bei Personen der Fall zu sein, die bereits viele Diätversuche unternommen haben. Es gibt jedoch auch überzeugende Daten, denen zufolge Adipöse ihre Nahrungsaufnahme massiv unterschätzen (Lichtmann et al. 1992) und dazu tendieren, Lebensmittel mit einem höheren Fettgehalt zu bevorzugen (Tucker/Kano 1992; Mela 1995; Pudel/Ellrott 1995). Zudem sind bei Adipösen Essanfälle («binge eating») häufiger. Essanfälle entwickeln sich vor allem auf dem Hintergrund des so genannten gezügelten Essverhaltens («restrained eating», Polivy/Herman 1985), bei dem versucht wird, möglichst wenig zu essen, sich von niedrigkalorischen Dingen mit hohem Füllgehalt zu ernähren, süße und fette Nahrungsmittel zu vermeiden und den Zeitpunkt des Essens möglichst weit hinaus zu schieben. Auf diese Weise wird das Essverhalten nicht mehr von physiologischen Signalen gesteuert, sondern von kognitiver Kontrolle. Je rigider die Ess- und Verbotsregeln sind, desto eher sind sie zum Scheitern verurteilt, und völlig unbedeutende Ereignisse, wie der Verzehr eines Gummibärchens, können dann dazu führen, das gesamte System im Sinne eines Jetzt-ist-sowieso-alles-egal außer Kraft zu setzen.

Für Frauen liegen die größten Schwierigkeiten, Kontrolle über das Essen aufrecht zu erhalten, in dem Verlangen nach Süßem und plötzlichem Heißhunger, außerdem beim Essen in Gesellschaft und bei Langeweile. Männer nennen als größte Schwierigkeiten die Kontrolle alkoholischer Getränke, das Essen in Gesellschaft, Stress und plötzlichen Heißhunger.

Mangelnde körperliche Aktivität
Mangelnde körperliche Aktivität beeinflusst die Energiebilanz doppelt: Zum einen dadurch, dass sie zu einer Senkung des Energieverbrauchs führt, zum anderen aber auch dadurch, dass verminderte körperliche Bewegung zu einer Zunahme der Nahrungsaufnahme führt. Menschen, die sich wenig bewegen, haben also mehr Appetit und essen mehr (King et al. 1994; Richard 1995). Adipöse Menschen bewegen sich meistens nur wenig; Bewegung kostet sie viel Mühe und ist oft sogar schmerzhaft. Hinzu kommen bei massiv Adipösen Ängste, sich in der Öffentlichkeit zu zeigen. Das geringe Ausmaß an Bewegung führt dann zu verstärktem Hunger und damit in einen Teufelskreis.

Essen als generalisierter Verstärker
Adipöse kommen oft aus Familien, in denen Essen einen sehr hohen Wert hat und ein zuverläs-

siger Begleiter für alle emotional und sozial wichtigen Ereignisse ist. Im Sinne des operanten Lernens wirkt Essen als Belohnung im Sinne der positiven Verstärkung, aber auch im Sinne der negativen Verstärkung bei Einsamkeit, Langeweile, Enttäuschung. Adipöse Menschen sehen im Essen und Trinken häufig die einzige Möglichkeit, sich wirklich etwas Gutes zu tun. Angesichts der sozialen Ächtung des Dickseins geraten insbesondere Frauen hierdurch in einen Teufelskreis: Unfähig, die aufgrund der sozialen Abwertung gemachten negativen Erfahrungen angemessen zu verarbeiten, trösten sie sich mit Essen, nehmen zu und verlieren zunehmend die Kompetenz, aus diesem Circulus vitiosus auszusteigen.

Rebellion gegen das Schlankheitsdiktat

1980 brachte Susi Orbach feministische Gedanken in die Adipositasdebatte. Neu war nicht nur der weibliche Blick auf die Fettleibigkeit, sondern auch derjenige, in der Adipositas den Ausdruck einer Rebellion, eines Protests zu sehen (Gordon 1990). Aus feministischer Sicht stellt die weibliche Rolle einen wesentlichen ätiologischen Faktor der Adipositas dar. Fettleibigkeit wird verstanden als symbolische Abwehr gegenüber den Einschränkungen der Frauenrolle und als Reaktion auf die gesellschaftlich inferiore Stellung der Frau, in der vor allem auf ihre äußere, möglichst sexuell attraktive Erscheinung Wert gelegt wird. Dazu erzogen, sich vor allem als Anwärterin auf einen Mann zu betrachten, werden die Frauen leichte Beute der mächtigen Mode- und Diätnahrungsmittelindustrie und betrachten sich selbst mit einem maskulinen Blick, wobei sie ständig an neu kreierten Idealbildern scheitern müssen. Diese Ansicht erhält Unterstützung durch Ergebnisse, dass lesbische Frauen trotz höheren Körpergewichts eine größere Körperzufriedenheit haben als heterosexuelle Frauen (Siever 1994).

Ablösung von der Mutter

Neben der Verweigerung der Rolle als Sexualobjekt wird der Adipositas im feministischen Ansatz vor allem eine Funktion in der Auseinandersetzung mit der Mutter zugesprochen. Mütter, so die These, seien einerseits Nährende, andererseits aber auch Konkurrentinnen; einerseits solche, die die Machtlosigkeit in einer patriarchalen Gesellschaft lebten und die Tochter damit in einen aussichtslosen Kampf zwischen der Identifikation mit der Mutter, und damit mit der Machtlosigkeit der Frau, oder der Konkurrenz zu ihr, und damit der Ablösung von ihr, verstrickten. In jeder Mutter-Tochter-Beziehung ist dieser Sichtweise zufolge das Drama eines Konflikts angelegt, der sich um Ernähren, Umsorgen, Überfüttern und Loslösen dreht und der, wenn konstruktive Lösungsmöglichkeiten fehlen, mit Verweigerungen in Form von Essstörungen beantwortet wird (Orbach 1980, 1991; Krebs 1993).

5.2 Bulimia nervosa

Während den biologischen Faktoren bei der Entstehung der Adipositas große Bedeutung zugemessen wird, ist deren Beteiligung an der Entstehung der Bulimia nervosa noch weitgehend unklar. Es liegen Ergebnisse vor, denen zufolge die Konkordanzrate für Bulimie bei eineiigen Zwillingen erhöht ist, auch gilt ein erhöhtes Vorkommen depressiver Erkrankungen und von Abhängigkeitserkrankungen in der Familie als gesichert. Es gibt zudem Hinweise auf ein prämorbid erhöhtes Gewicht, vor allem bei bulimischen Männern (Carlat et al. 1997; Herpertz et al. 1997).

Unstrittig ist die hohe Bedeutung soziokultureller Faktoren an der Entstehung der Bulima nervosa. Wenn ich diese im Folgenden zusammenfasse, beziehe ich mich auf Erkenntnisse, die mit und an Frauen gewonnen wurden. Aufgrund ihres weit überproportionalen Anteils stammen nicht nur die meisten Selbstdarstellungen Betroffener von Frauen, sondern beziehen sich auch die von Professionellen in Therapie und Forschung gewonnenen Erkenntnisse fast ausnahmslos auf Frauen. Dementsprechend konzentrieren sich die ätiologischen Modelle auf sie. Soweit ich Kenntnisse über spezifisch männliche Aspekte habe, kennzeichne ich sie explizit[2].

---

2 Dasselbe gilt für ätiologische Überlegungen zur Anorexia nervosa.

Hohe Bedeutung des Schlankseins

In der Regel geht der Erkrankung eine Phase des Diätierens voraus (Patton 1992; Heatherton et al. 1995; Fairburn/Cooper 1984). In den Familien werden Körpergewicht und Selbstwert offen oder subtil miteinander verknüpft. Die Mütter blicken auf eine Reihe eigener Diäten zurück. Sie achten sehr darauf, dass ihre Töchter schlank sind, bewerten sie aber als zu dick und wenig attraktiv (Moreno/Thelen 1993, Pike/Rodin 1991).

Es gibt Hinweise darauf, dass die hohe Bedeutung des Schlankseins bei Männern mit einer homosexuellen Orientierung in Zusammenhang steht. Körperliche Attraktivität und Schlankheit scheinen für homosexuelle Männer von größerer Bedeutung zu sein als für heterosexuelle (Siever 1994), und den gesellschaftlichen Druck, schlank sein zu sollen, erleben sie ähnlich deutlich wie heterosexuelle Frauen (Köpp et al. 1999).

Gezügeltes Essverhalten

Die Essanfälle entstehen in der Regel auf dem Hintergrund des gezügelten Essverhaltens: Durch Einschränkung der Nahrung kommt es immer wieder zu Deprivationszuständen, die sich sowohl auf physiologischer Ebene – etwa durch einen Abfall des Glykogenspiegels – als auch auf psychologischer Ebene im Sinne des Zu-kurz-Kommens äußern. In diesen Phasen gelingt es nur schwer, die kognitive Kontrolle aufrechtzuerhalten – es kommt zu Heißhungeranfällen. Diese als unkontrollierbar erlebten Attacken machen Angst; sowohl vor dem eigenen Kontrollverlust als auch vor der Gewichtszunahme, und führen im Sinne des Mehr-vom-Gleichen zu weiteren Kontrollanstrengungen und zu Versuchen, das Nicht-Gewollte ungeschehen zu machen, also zu Erbrechen, Laxantieneinnahme und anderen vermeintlich gegensteuernden Maßnahmen. Diese führen zu einer weiteren Beeinträchtigung der psychophysiologischen Regulationsmechanismen und zu dem paradoxen Ergebnis, dass das Risiko der Gewichtszunahme nach «normaler» Nahrungsaufnahme tatsächlich erhöht ist. Es entsteht eine Spirale, auf der die Betroffenen sich stetig weiter von ihrem Ziel entfernen (eine ausgezeichnete Darstellung dieses Teufelskreises geben Tuschl et al. 1988).

Versuch der Anpassung

Bulimische Frauen scheinen in besonderem Maße die widersprüchlichen Anforderungen des weiblichen Rollenideals und des Schlankheitsideals erfüllen zu wollen (Gröne 1995; Klingenspor 1989). Aus feministischer Sicht manifestiert sich in der Bulimie der gesellschaftliche Umgang mit Weiblichkeit: Einerseits werden von Frauen beruflicher Erfolg und Leistungsbereitschaft erwartet, andererseits sollen sie weiterhin weibliche Tugenden wie Fürsorge und Warmherzigkeit ausstrahlen und durch ästhetischen Glanz das Leben bereichern. Zwischen der Vielzahl miteinander konkurrierender Körperideale, nach denen Frauen gleichzeitig schlank, sexy, athletisch und zierlich sein sollen, verlieren bulimische Frauen den Bezug zu ihrem eigenen Körper. Die Bulimie kann angesichts des nicht lösbaren Konflikts als Antwort gesehen werden, mit der versucht wird, es allen recht zu machen. Inwieweit dies auch für Männer gilt, weiß ich nicht. Aber vielleicht ist es kein Zufall und mehr als ein Bonmot, dass ich den folgenden Satz, der einer meiner Lieblingssätze geworden ist, von einem bulimischen Patienten gelernt habe: Wer nach allen Seiten hin offen ist, kann nicht ganz dicht sein.

Psychische Labilität

An psychischen Faktoren können eine ausgeprägte Selbstunsicherheit, Mangel an Selbstwertgefühl und eine gestörte Identitäts- und Autonomieentwicklung als gesichert gelten (Vohs et al. 1999). Abhängigkeitsgefühle mit großen Verlust- und Trennungsängsten, starke Außenorientierung an den Erwartungen anderer und ausgeprägte Normorientierung korrelieren ebenfalls hoch mit der Symptomatik. Auf emotionaler Ebene kommt es zu depressiven Symptomen mit Gefühlen innerer Leere, Hilflosigkeit und Scham. Emotionen werden nur unzureichend wahrgenommen und eher im Sinne der sozialen Erwartungen als auf dem Hintergrund einer eigenen Bewertung interpretiert. Egal, ob die Defizite in der interozeptiven Wahrnehmung bereits prämorbid bestanden oder durch das restriktive Essverhalten entstanden sind – da Hunger und Sättigung nicht wahrgenommen werden, sollen Gewichtskontrolle und Essregime ein Gefühl subjektiver Sicherheit vermitteln, da sie vermeintlich körperliche Bedürfnisse kontrollieren (Wardetzki 1991).

In einer «Multizentrischen Essstörungsstudie», an der sechs psychoanalytisch orientierte Universitätskliniken teilnahmen, wurden männliche Patienten mit Bulimie signifikant häufiger als persönlichkeitsgestört diagnostiziert als Patientinnen mit dieser Störung (m: 23,5 %, w: 8,8 %). Bei der Interpretation dieses Ergebnisses muss jedoch nicht nur berücksichtigt werden, dass 14-mal mehr Frauen als Männer in die Stichprobe eingingen; fraglich ist auch, ob für Männer und Frauen tatsächlich die gleichen Bedingungen der Diagnostik galten. Homosexuelle Männer weichen in ihrem Erleben und Verhalten von heterosexuellen Männern und den männlichen Rollenvorstellungen ab, und es ist keineswegs auszuschließen, dass diese Abweichung von der erwarteten Norm auch die Diagnostik der Persönlichkeitsstörung beeinflusst (Köpp et al. 1999).

Sexueller Missbrauch

Vermutlich aufgrund früher Fallberichte und autobiografischer Literatur wurde bis vor einigen Jahren sexueller Missbrauch als entscheidender kausaler Faktor für die Entstehung der Bulimie diskutiert. Neuere Studien und Reviews kommen hingegen zu dem sehr viel vorsichtigeren Schluss, dass sexueller Missbrauch bei etwa 30 % der Patientinnen einen Risikofaktor darstellt (Connors/Morse 1993; Dansky et al. 1997; Garfinkel et al 1995; Kinzl 1997; Laws/Golding 1996; Steiger/Zanko 1990; Vanderlinden/Vandereycken 1997; Waller 1992a; Wonderlich et al. 1996), wobei die Wahrscheinlichkeit für Missbrauchserfahrungen höher ist, je ausgeprägter die bulimischen Symptome des «binging» und «purging» zu Tage treten (Waller 1991; Waller et al. 1993). Die schädigenden Auswirkungen des sexuellen Missbrauchs sind stark durch das sonstige soziale, insbesondere das familiäre Milieu moderiert: Je stärker er in eine Geschichte unsicherer Bindungserfahrungen, emotionaler Vernachlässigung, emotionalen Missbrauchs oder körperlicher Misshandlungen eingebettet ist, umso destruktiver wirkt er sich aus und umso höher ist die Wahrscheinlichkeit, dass er zu einem Risikofaktor für die Entwicklung einer bulimischen Symptomatik wird (Kinzl et al. 1994;

Waller 1992b). In der bereits erwähnten multizentrischen Studie (Köpp et al. 1999) berichteten männliche bulimische Patienten seltener von sexuellen Missbrauchserfahrungen, statistisch waren die Unterschiede jedoch nicht signifikant.

Familiäre Faktoren

Die familiäre Situation bulimischer Frauen ist häufig durch Unsicherheit und Ambivalenz geprägt. Emotionen und Bindungen sind wenig verlässlich, Kontrolle, Misstrauen und Abwertungen prägen das emotionale Klima. Konflikte werden vermieden, so dass die Heranwachsenden keine Strategien lernen, sich und ihre Bedürfnisse angemessen kennen zu lernen und zu vertreten. Angesichts einer allseits verunsichernden Situation scheint das Überleben oft nur durch ein Höchstmaß an Kontrolle möglich, als deren «Austragungsort» dann der Körper dient.

5.3 Anorexia nervosa

Seit Bekanntwerden der Anorexia nervosa gibt es Autoren, die beharrlich nach biologischen und genetischen Auslösern suchen. In der letzten Zeit konnten Treasure und Holland (1990) eine höhere Konkordanz der Erkrankung für eineiige als für zweieiige Zwillinge aufzeigen und Strober et al. (1990) eine höhere Inzidenz von Essstörungen bei Verwandten ersten und zweiten Grades feststellen. Neurobiologisch konnten bei anorektischen Frauen Veränderungen in diversen Transmittersystemen nachgewiesen werden (Pike 1990; Herpertz 1997). Angesichts der Intensität der Forschungsbemühungen ist die Menge des Gefundenen jedoch sehr klein und ein Beleg dafür, dass der Anteil organischer Prädispositionen an der Gesamtvarianz der ätiologischen Faktoren gering ist.

Selbstunsicherheit

Entscheidenden Anteil an der Erhellung des anorektischen Geschehens hatte – wie schon bei der Adipositas – die aus Deutschland emigrierte amerikanische Psychiaterin Hilde Bruch (1904–1984). Sie erkannte, dass sich hinter der Anorexie eine tiefe Unsicherheit über die eigene Person verbirgt. Die Ursachen hierfür sieht Bruch im familiären Umfeld der Patientinnen, das diesen nicht gestattet, sich als eigenständige Person zu entfalten und eine eigene Identität zu entwickeln. Die Familien anorektischer Frauen sind von rigiden Regelsystemen beherrscht, die von allen Mitgliedern diskussionslos als richtig akzeptiert werden müssen. Die Autonomie der Einzelnen hat sich den Normen der Familie unterzuordnen. Entwickelt die junge Frau eigene, vom elterlichen Plan abweichende Vorstellungen für sich selbst, so gerät sie in heftige innere Auseinandersetzungen, für deren Lösung sie in keiner Weise angemessen ausgerüstet ist. Sie hat nicht nur nicht gelernt, die eigenen Bedürfnisse zu erkennen, zu vertreten und durchzusetzen, sondern ihr ist zudem beigebracht worden, dass dieses egoistisch und damit schlecht und böse ist und die Familie, in der alle nur das Beste für sie wollen, verletzt. Inzwischen konnte das Vorliegen starker Selbstzweifel und Selbstunsicherheit als ätiologischer Faktor bei anorektischen Patientinnen auch häufig – und vereinzelt prospektiv – empirisch belegt werden (siehe Buddeberg-Fischer 2000; Button, Sonuga-Barke et al. 1996).

Familiäre Bedingungen

Diese familiären Aspekte nehmen seither einen exponierten Platz in den Erklärungsmodellen der Störung ein (Selvini Palazzoli 1974/1982; Selvini Palazzoli et al. 1999; Minuchin et al. 1978; Franke 1994a; Gerlinghoff 1990; Gerlinghoff et al. 1999; Klessmann/Klessmann 1988). Gemeinsamkeit und Gemeinschaftlichkeit werden als wichtigste familiäre Werte proklamiert, Autonomie- und Selbstverwirklichungsbestrebungen abgewehrt. Das Wohl der Familie wird nur als realisierbar empfunden, wenn alle das Gleiche empfinden, erleben und tun. Der Anspruch auf eine Privatsphäre oder gar auf kleine Geheimnisse wird als Aggression gewertet. Kinder haben sich so zu entwickeln, wie die Familie es sich für sie ausgedacht hat. Grenzen zwischen den Generationen und den familiären Subsystemen werden nicht eingehalten, nach außen besteht jedoch eine extrem starke Grenzziehung, wodurch das familiäre Wir-Gefühl gestärkt wird. Da die zahlreichen Regeln nicht klar definiert und nicht offen formuliert sind, sondern sich hinter Begriffen wie Selbstverständlichkeit und Rücksichtnahme verstecken, stellen sie ein Minenfeld dar, auf dem die Patientin in ständiger Gefahr lebt, ungeschriebene familiäre Gesetze – und damit die Eltern – zu verletzen, böse zu sein und Zuwendung zu verlieren.

Häufig versuchen beide Eltern heimlich, Koalitionen mit der Tochter einzugehen und sie in unklare Allianzen zu verstricken. Geht diese auf ein solches Angebot ein, so erlebt sie regelmäßig, dass nun die Eltern zusammenhalten und gegen sie eine geschlossene Front bilden. Diese Konstellation – Triangulierung oder auch «Ehe zu Dritt» genannt – bringt das Kind in eine ständige emotionale Unsicherheit; es kann sich niemals darauf verlassen, dass gerade noch erlebte emotionale Nähe auch dann Bestand hat, wenn der andere Elternteil hinzukommt. Die in dem Arrangement enthaltene ständige Überschreitung von Generationengrenzen zwingt dem Kind zudem eine Verantwortung auf, der es nicht gewachsen ist und die es in seiner Ambivalenz gegenüber dem Erwachsenwerden bestärkt.

Eltern, insbesondere die Mütter anorektischer Mädchen, kümmern sich um alles. Diese ständige Überfürsorge wird von der Mehrzahl der Autorinnen und Autoren als weiteres Zeichen von Kontrolle interpretiert. Lambley (1983) spricht von einer eisernen Hand in einem seidenen Handschuh: Außenstehende sehen die fürsorgliche Hand, aber die Tochter spürt den eisenharten Druck, der auf sie ausgeübt wird, damit sie nicht von der familiären Ideallinie abweicht. Nach Hilde Bruch dient die Dauerversorgung vor allem den Eltern als Selbstbestätigung und als Spiegelbild ihrer eigenen Leistungen. Nach Selvini Palazzoli konkurrieren die Eltern um eine Position moralischer Überlegenheit, die sie vor allem dadurch nachweisen, dass sie die meisten und größten Opfer für die anderen erbringen. Jeder der Familie geopferte Wunsch erhöht das Schuldkonto der Tochter, für die alles getan wird und die jetzt störrisch ihre Dankbarkeit verweigert und nichts isst.

Hunger als Kontrolle der Ohnmacht

Häufig sind anorektische Patientinnen unfähig, elementare Bedürfnisse wie Frieren und Müdigkeit, Körperreaktionen, Emotionen und sexuelle Bedürfnisse und Wünsche wahrzunehmen und zu verarbeiten. Dazu erzogen, von außen diktierte Normen und Regeln zu erkennen und sich an ihnen zu orientieren, haben sie keine Orientierung für sich selbst, und bei wachsender Komplexität der Bedürfnisse in der Pubertät müssen sie geradezu naturgemäß scheitern. Die Kontrolle des eigenen Körpers und die Überwindung des Hungergefühls sind eine Möglichkeit, sich selbst zu spüren und damit dem Gefühl der Ohnmacht gegenüber dem eigenen Leben etwas Selbstbestimmtes entgegen zu setzen (Bruch 1973/1991, 1980, 1985, 1990).

Mangelnde Vorbereitung auf die Pubertät
Da ihre Autonomieentwicklung unterbunden wurde, sind anorektische Patientinnen in keiner Weise auf die Anforderungen der Pubertät und des Erwachsenwerdens vorbereitet. Angesichts der tiefen Verwirrung über die eigene Person lösen die Veränderungen des Körpers Angst aus, die durch den Gewichtsverlust und die Rückkehr zum vorpubertären Körper reduziert werden kann. Die Anorexie kann in diesem Sinne als Lösungsversuch für eine soziale Reifungskrise interpretiert werden (Crisp 1980).

Erschwerend kommt hinzu, dass die wichtigste körperliche und psychische Reifungsphase im Bildungssystem der meisten Länder mit dem Eintritt in die Oberstufe zusammenfällt, also mit einer Phase hohen Leistungsdrucks und starker Selektion. Je früher die biologische Entwicklung, desto schwieriger ist es für Mädchen, psychisch mit den in wenigen Monaten vor sich gehenden schnellen Veränderungen des Körpers Schritt zu halten und im sozialen Vergleich vor sich selbst zu bestehen. Je weniger die Eltern in der Phase des Rollenübergangs eine Hilfestellung bieten, umso mehr ist die junge Frau auf ihre eigenen bizarren Lösungen angewiesen (Buddeberg-Fischer 2000).

Anorexie als Lösung
Mit dem wachsenden Verständnis der Anorexie entfernten sich die ätiologischen Modelle immer weiter von defizitären Krankheitsmodellen hin zu einem funktionalen Verständnis der Störung als Form der Auseinandersetzung mit für die Patientin anders nicht lösbaren Problemen (Klessmann/Klessmann 1988; Franke 1994a). Im Sinne der Kommunikationstheorie ist die Anorexie eine Lösung für die Probleme, die im anorektischen System hinter den zahlreichen Verzerrungen und Widersprüchlichkeiten verborgen sind. Angesichts des hohen Harmoniestrebens der Familien und ihrer geringen Konfliktbereitschaft übernimmt die Anorexie die Funktion, von anderen Problemen abzulenken. Alles, was vorher trotz ständigen Bemühens doch einmal an familiärer Disharmonie zu Tage kam, verblasst angesichts des gefährlichen körperlichen Verfalls der Tochter. Darüber hinaus hilft die Erkrankung der Patientin, innerhalb des gelernten Musters von Problemverleugnungen bleiben und sich innerhalb der gelernten familiären Regeln bewegen zu können. Auch die Tatsache, dass sich die Patientin mit ihrem Ziel, schlank zu werden, ein utopisches Ziel gesetzt hat, trägt dazu bei, dass nichts verändert werden muss: Es ist Teil der Krankheit, dass die Patientin nie dünn genug ist, dass sie nie das Ziel erreicht, schlank zu sein. Schlimmer noch: Je dünner sie wird, desto massiver werden in der Regel die Wahrnehmungsverzerrungen, umso weiter entfernt sich das Ziel.

Paradoxien als Stabilisatoren
Die Welt anorektischer Menschen ist voll von Paradoxien: Sie lehnen das Essen ab, beschäftigen sich aber mehr damit als die meisten Gourmets. Sie essen so gut wie nichts, um endlich so viel essen zu können, wie sie möchten. Sie lehnen ihren Körper ab und möchten ihn verstecken, lenken jedoch mehr Aufmerksamkeit auf ihr Gerippe als einem normalgewichtigen Körper zukommt. Ihre Eltern fordern, sie sollen unabhängig werden und gleichzeitig das liebe Kind bleiben, usw. Als wichtigste Paradoxie sehe ich an, dass die Patientin das gleichzeitige Vorhandensein von emotionaler Nähe und Autonomie als Widerspruch erlebt: Der Wunsch nach Nähe ist immer mit der Angst vor dem Verlust der Eigenständigkeit verknüpft. Da die Patientin nie erfahren durfte, dass ihre Grenzen respektiert wurden, geht jede Annäherung an einen anderen Menschen mit der Angst einher, verschlungen zu werden. Sie kann sich auf Beziehungen nicht einlassen aus Angst, dann keine Grenzen mehr zu haben. Und so wenig sie ihre eigenen Grenzen schützen kann, erweist sie sich als unfähig, die Grenzen anderer zu akzeptieren und anzuerkennen. Geht sie Beziehungen ein, so gestaltet sie diese so eng, dass Trennungen unausweichlich sind. Auf diesem Boden können sich Autonomie- und Selbstwertgefühle nicht entwickeln.

Die Anorexie kann als ein Körper ausgelebtes Double-bind betrachtet werden: Der Körper wird in den lieben Kind-Körper zurückverwandelt, die Aufforderung, selbstständig zu werden, wird in ungeahnter Eigensinnigkeit und Konsequenz beantwortet (Franke 1997; Klessmann/Klessmann 1988).

Widersprüchlichkeiten der Frauenrolle
Als weiterer wesentlicher ätiologischer Faktor der Anorexie wird – dies legt bereits die epidemiologische Verteilung nahe – das Frausein diskutiert, wobei vor allem die widersprüchlichen Anforderungen der Frauenrolle und das insbesondere für Frauen postulierte Schönheits- und Schlankheitsideal als relevant angesehen werden.

Mädchen werden trotz manchmal anders lautender Propaganda immer noch weniger als Jungen zu Autonomie und Selbstständigkeit erzogen, der Entwicklung ihres Selbstwertgefühls wird weniger Aufmerksamkeit gewidmet als der Ausbildung typisch weiblicher Rollenanforderungen wie Einfühlsamkeit, Hilfsbereitschaft, Anpassungsfähigkeit. Ebenfalls ist trotz manchmal anders lautender Propaganda die Frauenrolle in den vergangenen Jahren der Emanzipation keineswegs aufgewertet worden: Emanzipation bedeutet weitgehend nicht die Aufwertung weiblicher Werte, sondern die größere Möglichkeit von Frauen, in männliche Gesellschaftsbereiche einzudringen und männliche Verhaltensmuster zu übernehmen. Beiden Entwicklungen kann das anorektische Mädchen nicht begegnen. Zutiefst von ihrem Unwert überzeugt und äußerst schlecht auf das Frauwerden vorbereitet, halten die Mädchen sich an ihrem Körper fest. Indem sie sich ganz auf ihn konzentrieren, können sie einerseits ihre unlösbaren Aufgaben ausblenden, andererseits erfahren sie in der Kontrolle des Hungers und des Körpers Macht und Erfolgserlebnisse. Dass der Verlust der ersten Kilos nicht selten auch soziale Anerkennung erfährt, ist ein zusätzlicher Anreiz.

Die Mutter als ambivalentes Vorbild
Die Widersprüchlichkeiten der Frauenrolle können viele Mädchen zudem tagtäglich an ihren Müttern beobachten. Diese haben häufig nach guter Ausbildung auf eine eigene Karriere zu Gunsten derjenigen des Ehemannes verzichtet. Gerade wenn die Tochter sehr stark mit der Mutter verbunden ist, muss deren Lebenslauf ihr Angst einflößen: wozu all die guten schulischen Leistungen und Anstrengungen, wenn dahinter das Leben in der zweiten Reihe als Hausfrau und Mutter und in ökonomischer Abhängigkeit wartet? Mehrgenerationenansätze konnten zeigen, dass es den Müttern anorektischer Mädchen häufig nicht gelungen ist, sich von der eigenen Herkunftsfamilie zu lösen (vgl. Selvini Palazzoli et al. 1999); dies macht sie unfähig, ihren Töchtern Autonomie zu vermitteln und zu gewähren, und ihre eigenen ungeklärten Ambivalenzen stellen sich der Tochter als nicht nachahmenswertes Bild von Weiblichkeit dar.

6. Prävention von Essstörungen?

Ich kann diesen Beitrag nicht mit einem optimistischen Ausblick in die Zukunft schließen. Zwar bemühen sich viele um die Prävention von Essstörungen, zum Beispiel Krankenkassen, Ärzteverbände, die Gesundheitsministerien des Bundes und der Länder, nationale und internationale Gesundheitsverbände, Volkshochschulen, Selbsthilfegruppen. Sie bieten Information und Beratung in Fußgängerzonen, bei Messen und sonstigen öffentlichen Veranstaltungen, in Sporteinrichtungen, Freizeitparks und Einkaufszentren und verteilen Aufklärungsmaterialien an alle, die sich interessiert zeigen und an spezifische Zielgruppen wie Kindergärtnerinnen und Kindergärtner, Lehrerinnen und Lehrer sowie Eltern, die als Mediatorinnen und Mediatoren andere vor Essstörungen bewahren sollen.

Angesichts der epidemiologischen Zahlen muss man zu dem Schluss kommen, dass ihre Bemühungen nicht von Erfolg gekrönt sind. Doch dessen ungeachtet intensivieren sie ihre Bemühungen, schreiben neue Broschüren und bieten weitere Rezepte zum dauerhaften Schlanksein an. Wenn etwas dran ist an den Axiomen der Kommunikationstheorie, dann tragen sie damit im Sinne des Mehr-vom-Gleichen (Watzlawick et al. 1985) paradoxerweise eher zu einer Verfestigung als zu einer Lösung der Problematik bei.

Natürlich weiß auch ich nicht den Königsweg

aus diesem System der Problemstabilisierung. Aber ich bin sicher, dass das Problem nicht auf individueller medizinischer und psychologischer Ebene anzugehen ist. Essstörungen sind Erkrankungen, die nur auf einem besonderen gesellschaftlichen Nährboden gedeihen können, und solange dieser aus der Diskussion von Gesundheitsspezialisten ausgeklammert ist, wird die Prävalenz eher zunehmen als sich reduzieren. Den Schaden haben die Betroffenen, deren Erkrankungen für sie selbst und oft auch für ihre Angehörigen viel Leiden bedeuten. Ich wünsche mir, dass all diejenigen, die mit diesem Leiden ihr Brot (und oftmals deutlich mehr) verdienen, sich ihrer Verantwortung gegenüber diesen Menschen bewusster werden und sie nicht mit Heilsversprechungen eines schlanken Körpers, der dann alle anderen Erfolge im Leben mit sich bringen wird, zu verwirren.

Literatur

Bender, R., Jöckel, K.-H., Trautner, C., Spraul, M., Berger, M. (1999). «The effect of age on the excess mortality in obesity. *JAMA*, 281, S. 1498–1504.

Bruch, H. (1980). *Der goldene Käfig. Das Rätsel der Magersucht*. Frankfurt/M.

Bruch, H. (1985). «Four decades of eating disorders». In: Garner, D. M., Garfinkel, P. E. (Hrsg.). *Handbook of psychotherapy for anorexia nervosa and bulimia*. New York, S. 7–18.

Bruch, H. (1990). *Das verhungerte Selbst. Gespräche mit Magersüchtigen*. Frankfurt/M.

Bruch, H. (1991). *Essstörungen. Zur Psychologie und Therapie von Übergewicht und Magersucht*. Frankfurt/M. (Dt. gekürzte Ausgabe von: Eating disorders: Obesity, anorexia nervosa, and the person within. New York 1973).

Brunner, E., Franke, A. (1997). *Essstörungen. Eine Information für Ärztinnen und Ärzte*. Deutsche Hauptstelle gegen die Suchtgefahren (DHS) (Hrsg.). Hamm.

Buddeberg-Fischer, B. (2000). *Früherkennung und Prävention von Essstörungen. Essverhalten und Körpererleben bei Jugendlichen*. Stuttgart.

Button, E. J., Sonuga-Barke, E. J., Davies, J., Thompson, M. (1996). «A prospective study of self-esteem in the prediction of eating problems in adolescent school girls: questionnaire findings». *British Journal of Clinical Psychology*, 35, S. 193–203.

Carlat, D. J., Camargo, C. A., Herzog, D. B. (1997). «Eating disorders in males: A report on 135 patients». *American Journal of Psychiatry*, 154, S. 1127–1132.

Connors, M. E., Morse, W. (1993). «Sexual abuse and eating disorders: A review». *International Journal of Eating Disorders*, 13, S. 1–11.

Crisp, A. H. (1980). *Anorexia nervosa: Let me be*. London.

Dansky, B. S., Brewerton, T. D., Kilpatrick, D. G., O'Neill, P. M. (1997). «The National Women's Study: Relationship of Victimization and Posttraumatic Stress Disorder to Bulimia Nervosa». *International Journal of Eating Disorders*, 21, S. 213–228.

Deutsche Gesellschaft für Ernährung, e. V., Sektion Thüringen (Hrsg.) (1999). *Adipositas im Kindes- und Jugendalter – Trends, Prävention, Behandlung*. Jena.

Ellrott, T., Pudel, V. (1998). *Adipositastherapie. Aktuelle Perspektiven*. 2. Aufl. Stuttgart.

Fairburn, C. G., Cooper, P. J. (1984). «Binge-eating, self induced vomiting and laxative abuse. A community study». *Psychosomatic medicine*, 14, S. 401–410.

Franke, A. (1994a). *Wege aus dem goldenen Käfig. Anorexie verstehen und behandeln*. München.

Franke, A. (1996). «Diäten – der Weg in die Essstörung?» In: Landesstelle gegen die Suchtgefahren für Schleswig-Holstein e. V. (Hrsg.). *Essen zwischen Lust und Frust*. Kiel, S. 8–15.

Franke, A. (1997). «Krankheit als Lösung». *Sozialpsychiatrische Informationen*, 27 (1), S. 9–11.

Garfinkel, P. E., Lin, E., Goering, P., Spegg, M. B. A., Goldbloom, M. D., Kennedy, S., Kaplan, A. S. Woodside, D. B. (1995). «Bulimia Nervosa in a Canadian Community Sample: Prevalence and Comparison of Subgroups». *American Journal of Psychiatry*, 152 (7), S. 1052–1058.

Gerlinghoff, M. (1990). *Magersüchtig. Eine Therapeutin und Betroffene berichten*. München.

Gerlinghoff, M., Backmund, H., Mai, N. (1999). *Magersucht und Bulimie. Verstehen und bewältigen*. Weinheim.

Gordon, R. A. (1990). *Anorexia and Bulimia: Anatomy of an Social Epidemic*. Cambridge.

Gröne, M. (1995). *Wie lasse ich meine Bulimie verhungern? Ein systemischer Ansatz zur Beschreibung und Behandlung der Bulimie*. Heidelberg.

Grogan, S. (1999). *Body Image. Understanding Body Dissatisfaction in Men, Women and Children*. London.

Heatherton, T. F., Nichols, P., Mahamedi, F., Keel, P. (1995). «Body weight, dieting, and eating disorder symptoms among college students, 1982 to 1992». *American Journal of Psychiatry*, 152, S. 1623–1629.

Hebebrand, J., Remschmidt, H. (1995). «Genetische Aspekte der Adipositas». *Adipositas*, 5, S. 20–24.

Herpertz, S. (1997). Psychobiologische Aspekte der Essstörungen. In: Janssen, P. L., Senf, W., Meermann, R. (Hrsg.). *Klinik der Essstörungen.* Stuttgart, S. 13–23.

Herpertz, S., Kocnar, M., Senf, W. (1997). «Bulimia nervosa beim männlichen Geschlecht». *Zeitschrift für psychosomatische Medizin,* 43, S. 39–56.

Heseker, H., Kohlmeier, M., Schneider, R. (1992). *Verbreitung ernährungsabhängiger Gesundheitsrisiken und objektivierbarer Zeichen von Fehlernährung – Ergebnisse der VERA-Studie 1987/88. Ernährungsbericht 1992.* Frankfurt/M., S. 30–37.

Hoffmeister, H., Mensink, G. B. M., Stolzenberg, H. (1994). «National trends in risk factors for cardiovascular disease in Germany». *Preventive Medicine,* 23, S. 197–205.

Kendler, K. S., MacLean, C., Neale, M., Kessler, R., Heath, A., Eaves, L. (1991). «The genetic epidemiology of bulimia nervosa». *American Journal of Psychiatry,* 148, S. 1627–1637.

Keys, A., Brozek, J., Henschel, A., Mickelsen, O., Taylor, H. L. (1950). *The Biology of Human Starvation.* Minneapolis.

King, N. A., Burley, V. J., Blundell, J. E. (1994). «Exercise induced suppression of appetite. Effects on food intake and implications for energy balance». *European Journal of Clinical Nutrition,* 48, S. 715–724.

Kinzl, H. (1997). Sexueller Missbrauch und Essstörungen. In: Amann, G., Wipplinger, R. (Hrsg.). *Sexueller Missbrauch.* Tübingen, S. 235–244.

Kinzl, J. F., Traweger, Ch., Günther, V., Biebl, W. (1994). «Family background and sexual abuse associated with eating disorders». *American Journal of Psychiatry,* 151, S. 1127–1131.

Klessmann, E., Klessmann, H.-A. (1988). *Heiliges Fasten, heilloses Fressen. Die Angst der Magersüchtigen vor dem Mittelmaß.* Bern.

Klingenspor, B. (1989). «Bulimarexia: Die Psychologie eines sozio-kulturellen Phänomens. In: Kämmerer, A., Klingenspor, B. (Hrsg.). *Bulimie. Zum Verständnis einer geschlechtsspezifischen Essstörung.* Stuttgart, S. 71–87.

Klotter, C. (1990). *Adipositas als wissenschaftliches und politisches Problem. Zur Geschichtlichkeit des Übergewichts.* Heidelberg.

Köpp, W., Grabhorn, R., Herzog, W., Deter, H. C., Wietersheim, J. von, Kröger, F., MZ-Ess. (1999). «Gibt es charakteristische Unterschiede zwischen männlichen und weiblichen Essgestörten?» *Sexuologie,* 6, S. 158–166.

Krebs, B. (1993). «Essstörungen». In: Deutsche Hauptstelle gegen die Suchtgefahren DHS (Hrsg.). *Jahrbuch Sucht 1994.* Geesthacht.

Kromeyer-Hauschild, K., Jaeger, U. (1998). «Zunahme der Häufigkeit von Übergewicht und Adipositas bei Jenaer Kindern». *Monatsschrift Kinderheilkunde,* 146, S. 1192–1196.

Laessle, R. G. (1989). «Affektive Störungen und bulimische Syndrome». In: Fichter, M. M. (Hrsg.). *Bulimia nervosa.* Stuttgart.

Lambley, P. (1983). *How to survive anorexia.* London.

Laws, A., Golding, J. M. (1996). «Sexual Assault History and Eating Disorder Symptoms among White, Hispanic, and African-American Women and Men». *American Journal of Public Health,* 86 (4), S. 579–584.

Lichtmann, S. W., Pisarska, K., Bermann, E. R. (1992). «Discrepancy between self-reported and actual caloric intake and exercise in obese subjects». *New England Journal of Medicine,* 327, S. 1893–1898.

Mela, D. J. (1995). «Understanding fat preference and consumption: applications of behavioural sciences to a nutritional problem». *Proceedings of Nutrition Society,* 54, S. 453–464.

Minuchin, S., Rosman, B. L., Baker, L. (1978). *Psychosomatic families: Anorexia nervosa in context.* Cambridge, Mass.

Moreno, A., Thelen, M. H. (1993). «Parental factors related to bulimia nervosa». *Addictive behaviors,* 18, S. 681–689.

Müller, M. J., Lautz, H. U., von zur Mühlen, A., Höllwarth, I., Canzler, H., Schmidt, F. W. (1990). «Pathogenese und Therapie der Adipositas. Wie schützen wir uns vor dem Überfluss?» *Deutsche medizinische Wochenschrift,* 115, S. 789–794.

Orbach, S. (1980). *Anti Diät Buch. Über die Psychologie der Dickleibigkeit, die Ursachen von Esssucht.* München.

Orbach, S. (1991). «Der weibliche Körper und Essstörungen». In: Frauen lernen leben e. V. (Hrsg.). *Die unerträgliche Schwere des weiblichen Seins.* Köln, S. 9–17.

Patton, G. C. (1992) «Eating disorders: antecedents, evolution and course». *Annals of Medicine,* 24, S. 281–285.

Pike, K. M. (1990). «The noradrenergic system in anorexia and bulimia nervosa». In: Remschmidt, H., Schmidt, M. H. (Hrsg.). *Anorexia nervosa. Child and Youth Psychiatry. European Perspectives.* Toronto, Göttingen, S. 30–40.

Pike, K. M., Rodin, J. (1991). «Mothers, Daughters, and Disordered Eating». *Journal of Abnormal Psychology,* 100, S. 198–204.

Polivy, J., Herman, C. P. (1985). «Dieting and binging: A causal analysis». *American Psychologist,* 40, S. 193–201.

Pudel, V., Ellrott, T. (1995). «Ernährungsverhalten in Deutschland». *Internist,* 11, S. 1032–1039.

Pudel, V., Westenhöfer, J. (1997). *Ernährungspsychologie – Eine Einführung.* 2. Aufl., Göttingen.

Regier, D. A., Farmer, M. E., Rae, D. S., Locke, B. Z., Keith, S. J., Judd, L. L., Goodwin, F. K. (1990). «Comorbidity of mental disorders with alcohol and other drug abuse: results from the Epidemiologic

Catchment Area (ECA) study». *JAMA*, 264, S. 2511–2518.
Richard, D. (1995). «Exercise and the neurological control of food intake and energy expenditure». *International Journal of Obesity*, 19, S. 73–79.
Richter, H.-E. (1965). «Die dialogische Funktion der Magersucht». In: Meyer, H. E., Feldmann, H. (Hrsg.). *Anorexia nervosa.*. Stuttgart, S. 108–112.
Schweiger, U. R., Laessle, R. G., Fichter, M. M., Pirke, K. M. (1988). «Consequences of dieting at normal weight: Implications for the understanding and treatment of bulimia». In: Pirke, K. M., Vandereycken, W., Ploog, D. (Hrsg.). *The Psychobiology of Bulimia Nervosa*. Berlin.
Selvini Palazzoli, M. (1974). *Self-starvation. From the intrapsychic to the transpersonal approach to anorexia nervosa*. London (Dt. Ausgabe: Magersucht. Von der Behandlung einzelner zur Familientherapie. Stuttgart 1982).
Selvini Palazzoli, M., Cirillo, S., Selvini, M., Sorrentino, A. M. (1999). *Anorexie und Bulimie. Neue familientherapeutische Perspektiven*. Stuttgart.
Siever, M. D. (1994). «Sexual orientation and gender as factors in socioculturally acquired vulnerability to body dissatisfaction and eating disorders». *Journal of consulting and clinical psychology*, 62, S. 252–260.
Statistisches Bundesamt (1998). *Gesundheitsberichterstattung des Bundes*. Stuttgart.
Steiger, H., Zanko, M. (1990). «Sexual traumata among eating-disordered, psychiatric, and normal female groups». *Journal of Interpersonal Violence*, 5, S. 74–86.
Strober, M., Lampert, C., Morell, J., Burroughs, J., Jacobs, C. (1990). «A controlled family study of anorexia nervosa: evidence of familial aggregation and lack of shared transmission with affective disorders». *International Journal of eating Disorders*, 9, S. 239–253.
Stunkard, A. J., Pudel, V. (1990). «Adipositas». In: von Uexküll, T. et al. (Hrsg.). *Psychosomatische Medizin*. 4. Aufl.. München, S. 565–581.
Treasure, J., Holland, A. (1990). «Genetic vulnerability to eating disorders: evidence from twin and family studies». In: Remschmidt, H., Schmidt, M. H. (Hrsg.). *Anorexia nervosa. Child and Youth Psychiatry. European Perspectives*. Toronto, Göttingen.
Tucker, L. A., Kano, M. J. (1992). «Dietary fat and body fat: a multivariate study of 205 adult females». *American Journal of Clinical Nutrition*, 56, S. 616–622.

Tuschl, R. J., Laessle, R. G., Kotthaus, B. C., Pirke, K. M. (1988). «Vom Schlankheitsideal zur Bulimie: Ursachen und Folgen willkürlicher Einschränkungen der Nahrungsaufnahme bei jungen Frauen». *Verhaltensmodifikation und Verhaltensmedizin*, 9, S. 195–216.
Valdez, R., Greenlund, K. J., Wattigney, W. A., Bao, W., Berenson, G. S. (1996). «Use of weight-for-height indices in children to predict adult overweight: the Bogalusa heart study». *International Journal of Obesity and Related Metabolic Disorders*, 20, S. 715–721.
Vandereycken, W., van Deth, R., Meermann, R. (1990). *Hungerkünstler, Fastenwunder, Magersucht. Eine Kulturgeschichte der Essstörungen*. Zülpich.
Vanderlinden, J., Vandereycken, W. (1997). *Trauma, Dissociation, and Impulse Dyscontrol in Eating Disorders*. New York.
Vohs, K. D., Bardone, A. M., Joiner, T. E., Abramson, L. Y., Heatherton, T. F. (1999). «Perfectionism, Perceived Weight Status, and Self-Esteem Interact to Predict Bulimic Symptoms: A Model of Bulimic Symptom Development». *Journal of Abnormal Psychology*, 108, S. 695–700.
Waller, G. (1991). «Sexual Abuse as a Factor in Eating Disorders». *British Journal of Psychiatry*, 159, S. 664–671.
Waller, G. (1992a). «Sexual Abuse and the Severity of Bulimic Symptoms». *British Journal of Psychiatry*, 1616, S. 90–93.
Waller, G. (1992b). «Sexual Abuse and Bulimic Symptoms in Eating Disorders: Do Family Interaction and Self-Esteem Explain the Links?» *International Journal of Eating Disorders*, 12, S. 235–240.
Waller, G., Halek, C., Crisp, A. H. (1993). «Sexual Abuse as a Factor in Anorexia nervosa: Evidence from two separate Case Series». *Journal of Psychosomatic Research*, 37, 873–879.
Wardetzki, B. (1991). *Weiblicher Narzissmus. Der Hunger nach Anerkennung*. München.
Watzlawick, P., Beavin, J. H., Jackson, D. D. (1985). *Menschliche Kommunikation*. 7. Aufl. Bern.
Wonderlich, S. A., Wilsnack, R. W., Wilsnack, S. C., Harris, T. R. (1996). «Childhood Sexual Abuse and Bulimic Behavior in an Nationally Representative Sample». *American Journal of Public Health*, 86, S. 1082–1086.

Infektionskrankheiten bei Männern und Frauen

Alexander Krämer, Barbara Hoffmann und Luise Prüfer-Krämer

1. Welche Bedeutung haben Infektionskrankheiten heute?

Das renommierte Institute of Medicine der National Academy of Sciences (USA), die Weltgesundheitsorganisation (WHO), die Centers for Disease Control and Prevention (CDC) in den USA, die Europäische Union (EU) und die Regierungschefs der führenden Industrienationen (G8-Staaten) haben in den letzten Jahren immer wieder auf die Bedrohung durch Infektionskrankheiten und ihre Auswirkungen hingewiesen und diesbezüglich die Entwicklung geeigneter Strategien gefordert (National Academy of Sciences 1992; MMWR 1994; Epi Bulletin 1998; MMWR 1998; WHO 1998).

Die enorme Bedeutung von Infektionskrankheiten ergibt sich aus ihrer großen Morbidität und Mortalität. Infektionskrankheiten einschließlich parasitärer Erkrankungen sind weltweit für ca. ein Drittel aller Todesfälle beim Menschen verantwortlich. Nach Schätzungen der WHO (WHO 98) ließen sich im Jahr 1997 über 17 Mio. Todesfälle auf Infektionskrankheiten und parasitäre Erkrankungen zurückführen. An zweiter Stelle dieser Todesursachenstatistik standen die Herz-Kreislauf-Erkrankungen mit über 15 Mio. Todesfällen, gefolgt von den Krebserkrankungen mit über 6 Mio. geschätzten Todesfällen für das Jahr 1997 (vgl. **Abb. 1**).

Bekanntermaßen haben die Infektionskrankheiten in den Entwicklungsländern eine im Vergleich zu anderen Volkskrankheiten wesentlich größere Bedeutung als in den entwickelten Ländern, in denen der Anteil der Infektionskrankheiten an der Gesamtmortalität auch in den letzten Jahrzehnten noch deutlich abgenommen hat. So ging der Anteil der Infektionskrankheiten an den Todesfällen von 1985 bis 1997 von 5 % auf 1 % zurück, wobei infolge von Fehlklassifikationen eine Unterschätzung der Infektionsmortalität vorliegen könnte. Demgegenüber blieb der Anteil der Infektionskrankheiten an der Gesamtmortalität in den Entwicklungsländern im gleichen Zeitraum mit ca. 44 % stabil auf wesentlich höherem Niveau. Trotz des Rückgangs der Mortalität durch Infektionskrankheiten in den entwickelten Ländern ist die gesundheitsökonomische Belastung infolge der durch Infektionskrankheiten verursachten Morbidität auch in diesen Ländern enorm groß. Für die USA wird geschätzt, dass durch diese Erkrankungen jährlich Kosten in Höhe von ca. 120 Mrd. US-Dollar verursacht werden (MMWR 98).

Innerhalb der Gruppe der Infektionskrankheiten hatten akute Infektionen des unteren Respirationstraktes einen führenden Anteil an der durch Infektionskrankheiten verursachten Mortalität (geschätzte 3,9 Mio. Todesfälle 1996 weltweit), gefolgt von der Tuberkulose (ca. 3 Mio. Todesfälle), den Durchfallerkrankungen (ca. 2,5 Mio. Todesfälle), der Malaria (ca. 2 Mio. Todesfälle) und Erkrankungen durch das Immundefizienzvirus (HIV) bzw. das erworbene Immundefektsyndrom (AIDS) mit 1,5 Mio. geschätzten Todesfällen (jeweils für das Jahr 1996, WHO 98). Dabei weist die neue Infektionskrankheit HIV/AIDS, die sich in den letzten 25 Jahren pandemisch ausgebreitet hat, einen zunehmenden

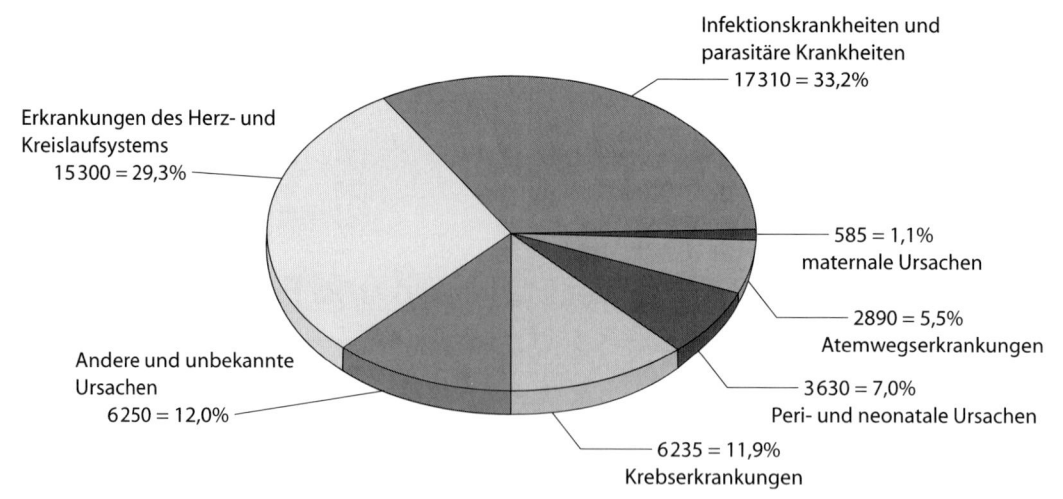

Abbildung 1: Globale Todesursachen 1997 (in Tausend). Infektionskrankheiten und parasitäre Erkrankungen waren 1997 für über 17 Mio. Todesfälle und damit ca. ein Drittel aller Todesfälle verantwortlich.

Anteil in der Todesursachenstatistik auf. Diese Pandemie ist aus unterschiedlichen Epidemien zusammengesetzt. Sie ist durch eine vorwiegend heterosexuelle Übertragung in Afrika und anderen Entwicklungsländern gekennzeichnet, während sie sich in Westeuropa und Nordamerika hauptsächlich in den Gruppen der homosexuellen Männer und intravenösen Drogenkonsumenten verbreitet hat.

Außer HIV/AIDS weisen noch eine Reihe anderer neuer und alter Infektionskrankheiten auf die weltweit zunehmende Bedeutung der Infektionsepidemiologie hin (z. B. BSE und eine neue Variante der Creutzfeldt-Jakob-Krankheit, Dengue-Fieber, Ulkuskrankheit durch Helicobacter pylori, Legionärskrankheit, Lyme-Erkrankung). Aufgrund der international zunehmenden Waren- und Menschenströme (Migrationen) im Rahmen der Globalisierung, weltweiter Klimaveränderungen, Umweltkatastrophen, politischer Instabilitäten und weiterer struktureller Gründe werden die Infektionskrankheiten auch für die entwickelten Länder eine in der Zukunft wieder größer werdende Bedeutung erlangen.

Wenn man die Verbreitung von Infektionskrankheiten unter historischen Gesichtspunkten betrachtet, so ist zu erkennen, dass große Epidemien oftmals bestimmte Personen- oder Bevölkerungsgruppen betrafen. Beispiele von Epidemien, die vor allem die Männer heimsuchten, sind Typhus- und Rückfallfieberepidemien bei deutschen Truppen im Ersten und Zweiten Weltkrieg.

2. Geschlechtervergleichende Epidemiologie von Infektionskrankheiten

Im Folgenden wird eine geschlechtervergleichende Betrachtung von Infektionskrankheiten durchgeführt, welche auf der Analyse von Sekundärdaten beruht. Diese explorative Datenanalyse dient dem Zweck, Hypothesen über die möglichen Ursachen für die Geschlechterunterschiede bei Infektionskrankheiten zu generieren.

Grundlage für die nach den Geschlechtern differenzierte Untersuchung von Infektionskrankheiten waren die Daten der Global Burden of Disease and Injuries Series von Murray und Lopez (1996). Dabei handelt es sich um die Sammlung verschiedener krankheitsspezifischer epidemiologischer Parameter wie Inzidenz, Prävalenz, Mortalität, Letalität, verlorene Lebensjahre, mittleres Alter bei Manifestation und mittlere Krankheitsdauer für ein umfassendes Krankheitenregister. Die Daten sind sowohl global für die gesamte Erdbevölkerung wie für acht verschiedene Weltregionen spezifiziert dargestellt wor-

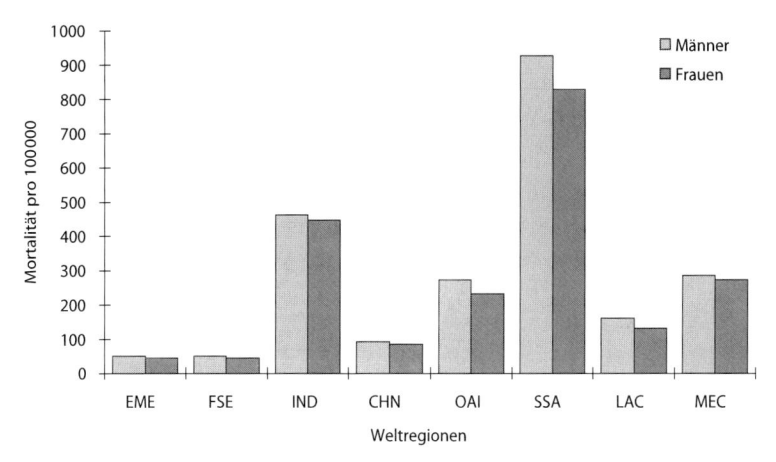

Abbildung 2: Geschlechtsspezifische Mortalität an Infektionskrankheiten in acht Weltregionen. Die höchste Mortalität findet sich in Afrika südlich der Sahara (SSA), gefolgt von Indien (IND). In den industrialisierten Regionen ist die infektionsbedingte Mortalität niedrig.

den. Diese Einteilung war von der Weltbank für den World Development Report 1993 entwickelt worden und orientierte sich an den Kriterien sozioökonomischer Entwicklung, epidemiologischer Vergleichbarkeit und geografischer Nachbarschaft. Es wurden die folgenden Weltregionen unterschieden: Established Market Economies (EME), Formerly Socialist Economies of Europe (FSE), India (IND), China (CHN), Other Asia and Islands (OAI), Sub-Saharan Africa (SSA), Latin America and the Caribbean (LAC) und Middle Eastern Crescent (MEC).

Die Krankheitsklassifikation der Global Burden of Disease and Injuries Series orientierte sich grob an der ICD-9, welche im Basisjahr der Studie, 1990, benutzt wurde. Die Einteilung der Krankheiten folgte einem Entscheidungsbaum. Für unsere Analyse wurden die Infektionskrankheiten herausgegriffen (Gruppen IA und IB), wobei zusätzlich für einzelne spezielle Erkrankungen differenziert werden konnte. Die Daten für die alters- und geschlechtsspezifische Todesursachenstatistik stammten soweit vorhanden aus offiziellen demographischen und epidemiologischen Statistiken. Die Bevölkerung wurde allerdings nur in zwei Regionen (EME, FSE) nahezu vollständig erfasst. Die Datenbasis für China stammte von der Chinese Academy of Preventive Medicine, welche so genannte Disease Surveillance Points unterhält. Hier wurden für einen repräsentativen Teil der ländlichen Bevölkerung (10 Mio. Menschen) und für eine Stichprobe der städtischen Bevölkerung unter ärztlicher Mitarbeit Todesursachen registriert. Für Indien wurden die Daten für die städtische Bevölkerung aus einem Bundesland hochgerechnet und die Daten für die ländliche Bevölkerung in Primary Care Centers von Laienpersonal erhoben. Datenquellen für die übrigen Regionen waren neben amtlichen Statistiken repräsentative Erhebungen an Bevölkerungsstichproben, örtliche bevölkerungsbezogene Labors, epidemiologische Studien und Modellrechnungen. In bestimmten Fällen wurden zusätzlich mehrfache Expertenbefragungen durchgeführt. Genauere Informationen zur Methodik der Datenerhebung und -bearbeitung im Rahmen der Global Burden of Disease and Injuries Series können der Originalliteratur entnommen werden (Murray/Lopez 1996).

2.1 Geschlechtsspezifische Mortalität an Infektionskrankheiten und Mortalitätsquotient nach Weltregionen

Abbildung 2 zeigt die geschätzte Mortalität an Infektionskrankheiten nach Geschlecht für die acht Weltregionen. Es zeigt sich eine nahezu identische Mortalität in EME und FSE mit 51,7 Todesfällen auf 100 000 Männer in EME und 50,8 Todesfällen auf 100 000 Männer in FSE sowie 45,2 bzw. 45,3 Todesfällen auf 100 000

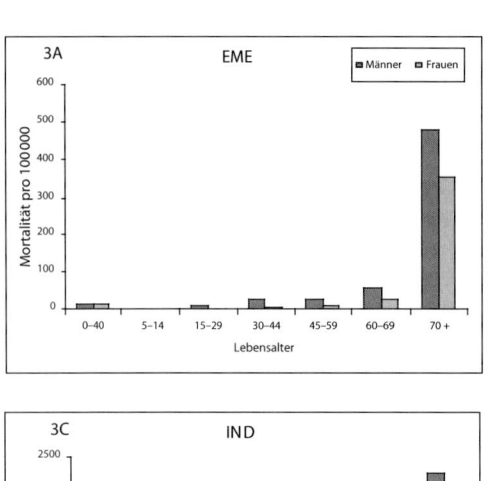

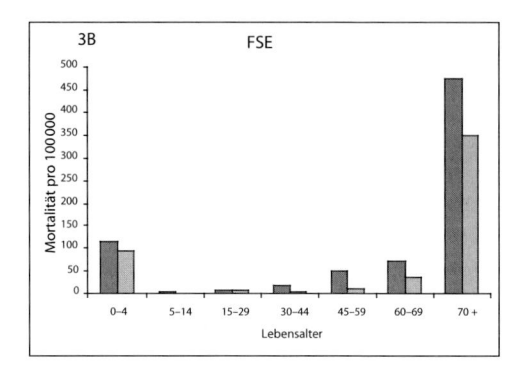

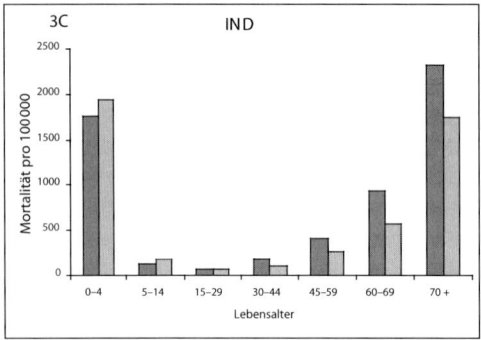

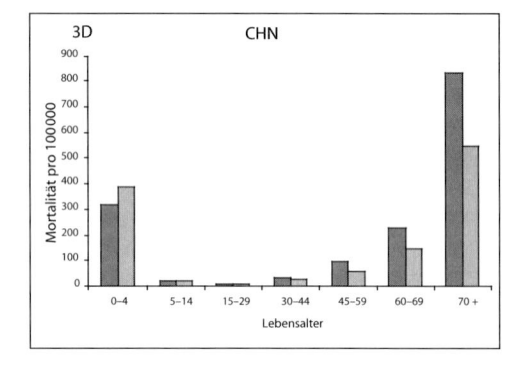

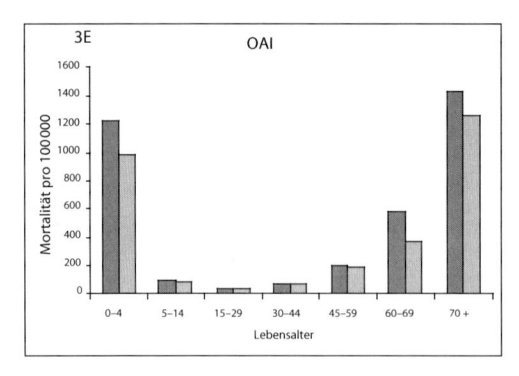

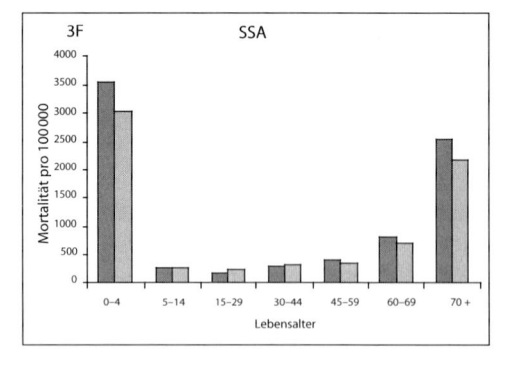

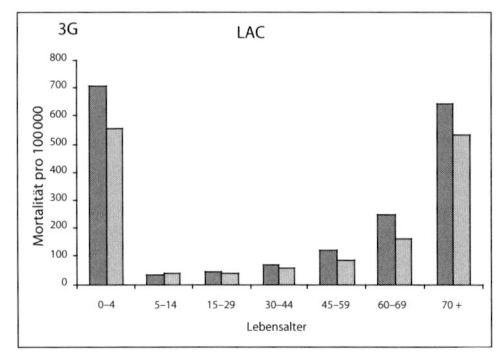

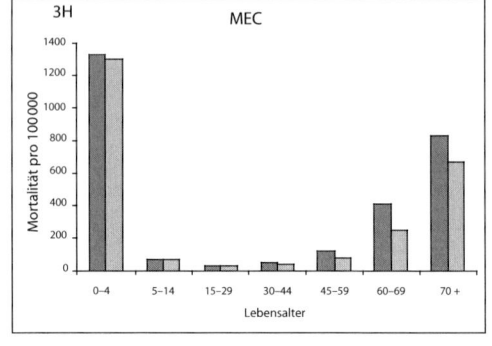

Abbildung 3A-H: Alters- und geschlechtsspezifische Mortalität an Infektionskrankheiten für die acht Weltregionen. Beachte die unterschiedliche Skalierung der Ordinaten.

Frauen in EME bzw. FSE. Diese Regionen haben die niedrigste Mortalität an Infektionen weltweit. Die höchste Mortalität an Infektionen findet sich in SSA mit 926,6 Todesfällen auf 100 000 Männer und 830 Todesfällen auf 100 000 Frauen, gefolgt von Indien mit 463,1 Todesfällen auf 100 000 Männer und 448,4 Todesfällen auf 100 000 Frauen.

Beim Vergleich der Mortalität der Geschlechter fällt auf, dass unabhängig vom Mortalitätsniveau in allen Weltregionen bei Männern eine geringfügig höhere Mortalität an Infektionen zu finden ist als bei Frauen. Dabei schwankt das Verhältnis der geschlechtsspezifischen Mortalität zwischen 1,03 für IND und 1,23 für LAC. EME liegt mit einem Geschlechterverhältnis von 1,15 im oberen Bereich, übertroffen nur noch von OAI (1,17) und LAC (1,23). Bei einer Analyse der verlorenen Lebensjahre fällt auf, dass das Geschlechterverhältnis bei dieser gesundheitswissenschaftlich relevanten Größe für die Männer in EME und FSE deutlich ungünstiger ausfällt (1,92 bzw. 1,58) als bei der Mortalität. Dies bedeutet, dass in EME fast doppelt so viele Lebensjahre von Männern durch Infektionen verloren gehen als von Frauen.

2.2 Die geschlechts- und altersspezifische Mortalität an Infektionskrankheiten nach Weltregionen

Beim interregionalen Vergleich der altersspezifischen Mortalität fällt auf, dass die Verläufe über die gesamte Lebensspanne für die verschiedenen Weltregionen unterschiedlich sind (vgl. **Abb. 3**). In EME findet man fast über die gesamte Lebensspanne hinweg eine sehr niedrige Mortalität (weniger als 60 auf 100 000), wobei bereits im Jugend- und jungen Erwachsenenalter eine geringfügige Zunahme der männlichen gegenüber der weiblichen Mortalität zu erkennen ist. Diese Differenz bleibt in den folgenden Altersgruppen bestehen und steigt deutlich an, wenn die Mortalität in der höchsten Altersgruppe stark zunimmt (481 auf 100 000 Männer und 354 auf 100 000 Frauen). Ein ähnliches Bild zeigt sich für FSE, wobei hier jedoch eine höhere Säuglings- und Kleinkindersterblichkeit vorliegt mit geschlechtsspezifischem Unterschied (116 auf 100 000 Jungen gegenüber 91 auf 100 000 Mädchen). Danach fällt die Mortalität für beide Geschlechter auf niedrige Werte unter 20 auf 100 000 ab. Ab der Altersgruppe der 30- bis 44-Jährigen übersteigt die Mortalität der Männer die der weiblichen Altersgenossen. In der Gruppe der 45- bis 59-Jährigen sterben sogar mehr als fünfmal so viele Männer an Infektionen als Frauen (52 auf 100 000 gegenüber 10 auf 100 000). Wie in EME kommt es in der höchsten Altersgruppe zu einem starken Anstieg der Mortalität auf 474 auf 100 000 Männer und 350 auf 100 000 Frauen.

In den übrigen Regionen sieht man einen u-förmigen Verlauf der alters- und geschlechtsspezifischen Mortalität, d. h. Säuglings- und Kleinkindersterblichkeit (durch infektiöse Durchfallerkrankungen, Malaria etc.) sind annähernd so groß oder sogar größer als die Mortalität der über 70-Jährigen. Nach der hohen Kleinkindersterblichkeit sinkt die Mortalität stark ab und steigt nach dem Jugendalter zunächst langsam und dann steiler an. Die größten geschlechtsspezifischen Differenzen zu Ungunsten des männlichen Geschlechts liegen dabei im Säuglings- und Kleinkindesalter und ab der Gruppe der 45- bis 59-Jährigen vor. Bis auf wenige Ausnahmen befindet sich die altersspezifische Mortalität für das männliche Geschlecht durchwegs auf einem höheren Niveau als für das weibliche. Eine Sonderstellung nehmen diesbezüglich IND und CHN ein. Während in IND die Gesamtmortalität an Infektionen groß ist und CHN die drittkleinste Gesamtmortalität an Infektionen verzeichnen kann, liegt in diesen Regionen die Säuglings- und Kleinkindersterblichkeit im Gegensatz zu allen anderen Regionen bei Mädchen deutlich höher als bei Jungen. Weitere Ausnahmen mit jedoch nur geringem geschlechtsspezifischen Unterschied bilden die Altersgruppen der 15- bis 29-Jährigen und/oder der 30- bis 44-Jährigen in OAI, SSA, LAC und MEC, wo auf insgesamt niedrigem Niveau die weibliche Mortalität geringfügig überwiegt. Dies dürfte mit der Übersterblichkeit von Frauen an Infektionen unter der Belastung von Schwangerschaft, Geburt (Kindbettfieber) und Stillperiode in Zusammenhang stehen.

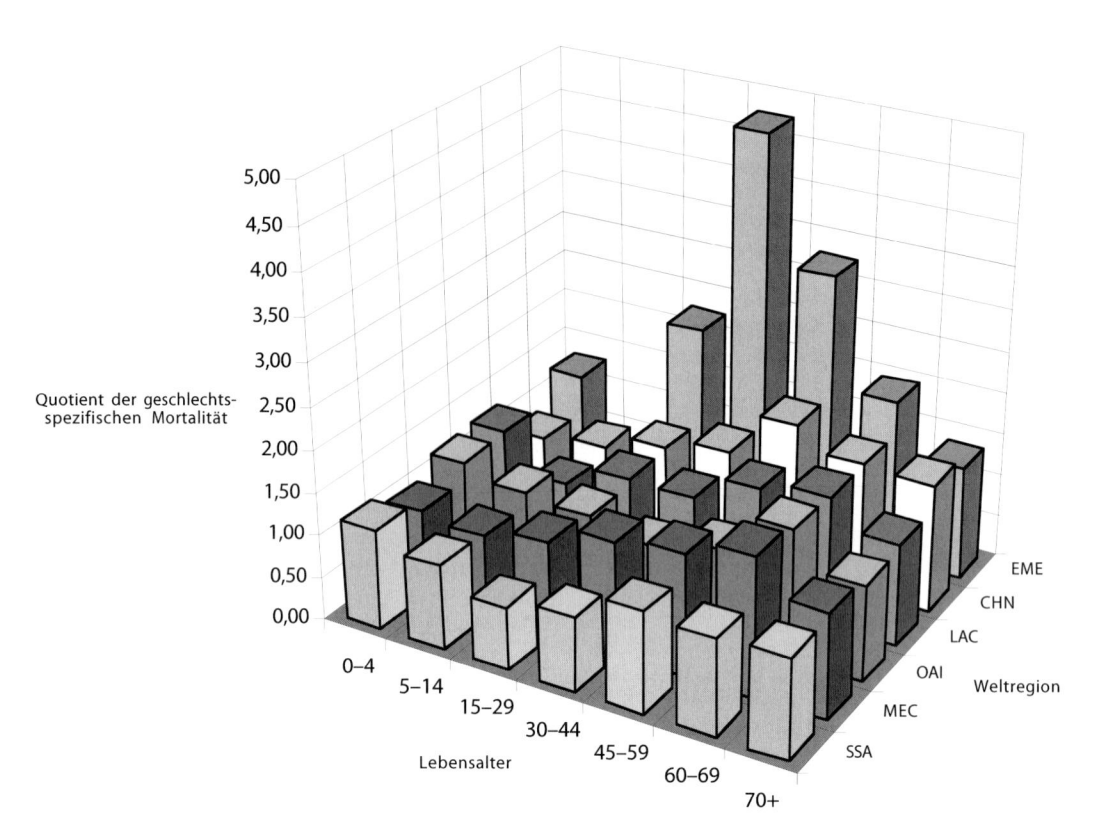

Abbildung 4: Quotient der alters- und geschlechtsspezifischen Mortalität an Infektionskrankheiten in sechs Weltregionen. Die Form der Kurven wandelt sich mit zunehmendem Grad der sozioökonomischen Entwicklung von einem muldenförmigen Verlauf (Afrika südlich der Sahara, SSA) zu einer Gipfelbildung im mittleren Lebensalter (westliche Industrieländer, EME).

2.3 Der Mortalitätsquotient bei Infektionskrankheiten für verschiedene Altersgruppen nach Weltregionen

Um den geschlechts- und altersspezifischen Mortalitätseffekt bei Infektionskrankheiten noch plastischer herauszuarbeiten, wurden die entsprechenden Quotienten für Männer gegenüber Frauen für die verschiedenen Weltregionen berechnet und in **Abbildung 4** dargestellt. Zunächst erkennt man in SSA, der Region mit der absolut höchsten Mortalität, einen muldenförmigen Verlauf der altersspezifischen Mortalitätsquotienten mit Werten knapp über 1 in der Kindheit und im hohen Alter sowie Werten unter 1 im mittleren Lebensalter. Dieser Verlauf wird kontrastiert von einem gipfelförmigen Verlauf, der in EME mit Werten von über 4,5 bei den 30- bis 44-Jährigen am ausgeprägtesten ist.

3. Diskussion und Schlussfolgerungen

Zusammengefasst zeigen die epidemiologischen Daten zur Mortalität an Infektionskrankheiten eine geringfügige weltweit durchgängige Übersterblichkeit des männlichen Geschlechts im Säuglings- und Kleinkindesalter sowie im höheren Lebensalter. In wenig entwickelten Weltregionen lässt sich dagegen eine Übersterblichkeit an Infektionskrankheiten bei Frauen in der Reproduktionsphase im Vergleich zu den Männern der gleichen Altersklasse nachweisen. In westlichen Industrieländern zeigt sich eine Übersterblichkeit der Männer im mittleren Lebensalter.

Die Analyse der hierfür verantwortlichen Infektionen zeigt, dass es sich bei der Übersterb-

Genetik

- Anatomie
- Immunologische Reaktion
- Sexualhormone

Exposition

— geschlechtsspezifische Arbeitsteilung
— Migrationen
— bioklimatische Bedingungen
— Sozialisation, Kultur
— Sexualverhalten

Infektion

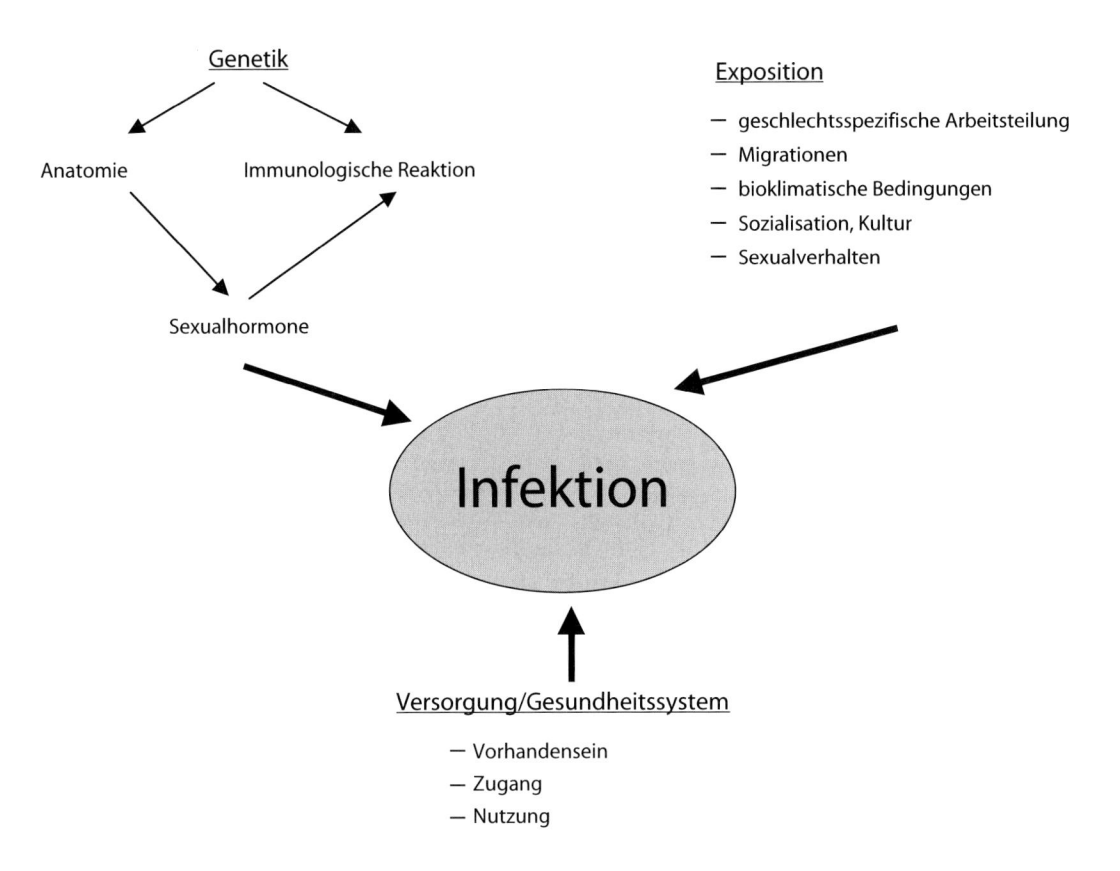

Versorgung/Gesundheitssystem

— Vorhandensein
— Zugang
— Nutzung

Abbildung 5: Determinanten für geschlechtsspezifische Unterschiede bei Infektionen.

lichkeit der Frauen in Entwicklungsländern um frische Infektionen oder die Aktivierung chronischer Infektionen im Rahmen von Schwangerschaft, Geburt und Stillphase handelt. In den Industrieländern ist die Übersterblichkeit von Männern im mittleren Lebensalter ganz wesentlich durch die HIV-Infektion bedingt, die hier vorwiegend zwischen homosexuellen Männern übertragen und weiterverbreitet wird. Für die weltweite Übersterblichkeit des männlichen Geschlechts im Säuglings- und Kleinkindesalter sowie im höheren Lebensalter müssen dagegen andere Gründe verantwortlich sein.

3.1 Genetik

Der angeborene genetische Apparat bestimmt die Anatomie und das Immunsystem. Anatomische Unterschiede sind für eine unterschiedliche Empfänglichkeit für Infektionen bei den Geschlechtern verantwortlich (z. B. höhere Suszeptibilität für sexuell übertragene Infektionen bei Frauen).

Es liegen einige Studien vor, die belegen, dass Jungen häufiger oder schwerer an einigen definierten Infektionskrankheiten erkranken können als Mädchen. Hierfür wird eine relative Immunschwäche verantwortlich gemacht, die in tierexperimentellen Untersuchungen auf verschiedenen Niveaus belegt werden konnte. Hierzu gehören chromosomale Untersuchungen, bei denen ein geschlechtsabhängiger Faktor, welcher die Immunabwehr moduliert, auf Chromosom 1 lokalisiert wurde (Brownstein 1995). In anderen Untersuchungen konnten Unterschiede zwischen Männern und Frauen bei der molekularen immunologischen Reaktion auf Infektionen im Bereich der Zytokin- und Interferon-Expression nachgewiesen werden. Auch die Zellreihe der Makrophagen unterliegt offensichtlich einem geschlechtsspezifischen Einfluss. Die Geschlechtshormone scheinen ebenfalls einen Einfluss auf das Immunsystem auszuüben. In tierexperimentellen Untersuchungen konnte eine Testosteron-bedingte Modulation des Immunsystems im Sinne einer relativen Abwehrschwäche nachgewiesen werden (Zuk 1996; Barna 1996; Yamamoto 1991).

3.2 Exposition

Die Exposition gegenüber Infektionen kann bei den Geschlechtern altersabhängig sehr unterschiedlich sein und damit die Morbidität und Mortalität an Infektionen sehr stark beeinflussen. Hierzu gehören kulturelle Gepflogenheiten wie der Aufenthalt von Jungen im außerhäuslichen Bereich (z. B. Bilharzioseexposition in Gewässern in Ägypten), geschlechtsspezifische Arbeitsteilung mit besonderer beruflicher Exposition für Männer (z. B. Waldarbeiter, Förster, Jäger mit Zeckenexposition) oder eine vorwiegend von Männern ausgeübte Auslandstätigkeit (z. B. Soldaten). Hinzu kommt ein stärker risikofreudiges Verhalten von Männern hinsichtlich riskanter sexueller Kontakte bzw. der Nichteinhaltung von präventiven Verhaltensregeln.

3.3 Zugang zu Versorgungsstrukturen

Der Zugang zu den Versorgungsstrukturen kann zwischen Männern und Frauen auch bezüglich von Infektionskrankheiten unterschiedlich sein. Dies betrifft zum einen präventive Maßnahmen wie Impfungen und Gesundheitsaufklärung, zum anderen die Therapie im Erkrankungsfall. Gerade in traditionellen und wenig entwickelten Gesellschaften haben Frauen einen schlechteren Zugang zum Gesundheitssystem, da ihnen die Mittel fehlen (Transport, Geld, Zeit, Kinderversorgung), Versorgungsstrukturen aufzusuchen (Hudelson 1996). Weiterhin werden Jungen in einigen Gesellschaften eher einer medizinischen Versorgung zugeführt als Mädchen, was vor allem im asiatischen Raum, wie z. B. in Indien oder China, zu der besonderen Situation einer erhöhten Sterblichkeit der weiblichen Säuglinge führt (Yang 1996).

Die Gründe für die epidemiologisch beobachteten Unterschiede zwischen Männern und Frauen hinsichtlich der Mortalität an Infektionskrankheiten sind demnach multifaktoriell und auf verschiedenen Ebenen angesiedelt (vgl. **Abb. 5**).

Es handelt sich dabei um ein sehr komplexes Zusammenspiel von genetischen, immunologischen, bioklimatischen, sozioökonomischen und kulturellen Faktoren. Diese Faktoren müssen spezifisch für jede Region berücksichtigt werden, um adäquate Strategien zur Verringerung geschlechtsspezifischer Benachteiligungen zu entwickeln. Bei der Fokussierung auf Ungleichheiten zwischen Männern und Frauen sollte nicht außer Acht gelassen werden, dass das Risiko und die Vulnerabilität hinsichtlich der Morbidität und Mortalität an Infektionskrankheiten zwischen Entwicklungsländern und entwickelten Ländern um mehrere Größenordnungen verschieden sind und deswegen die dargestellten Unterschiede für die beiden Geschlechter in globaleren Zusammenhängen gesehen werden müssen. Das Konzept der vulnerablen Gruppen ist auch dazu geeignet, die gesundheitliche Benachteiligung von Personen- und Bevölkerungsgruppen in entwickelten Ländern zu charakterisieren.

Literatur

Barna, M., Komatsu, T., Bi, Z., Reiss, C. S. (1996). «Sex differences in susceptibility in viral infection of the central nervous system». *Journal of Neuroimmunology*, 67 (1), S. 31–39.

Brownstein, D. G., Gras, L. (1995). «Chromosome mapping of Rmp-4, a gonad-dependent gene encoding host resistance to mousepox». *Journal of Virology*, 69 (11), S. 6958–6964.

Epidemiologisches Bulletin (1998). «G-8 Wirtschaftsgipfel 1998 zum Problem der Infektionskrankheiten». *Epidemiologisches Bulletin*, 32, S. 227–228.

Hudelson, P. (1996). «Gender differentials in tuberculosis: the role of socioeconomic and cultural factors». *Tubercle and Lung Disease*, 77, S. 391–340.

MMWR (1994). «Adressing emerging infectious disease threats: a prevention strategy for the United States». *MMWR*, 43, RR-5.

MMWR (1998). «Preventing emerging infectious diseases: a strategy for the 21st century». *MMWR*, 47, RR-15.

Murray, C. L. J., Lopez, A. D. (Hg.) (1996). *The global burden of disease: a comprehensive assessment of mortality and disability from diseases, injuries, and risk factors in 1990 and projected to 2020*. Cambridge, Mass.

National Academy of Sciences (1992). *Emerging Infections: microbial threats to health in the United States*. Washington, DC.

World Health Organisation (1998). *The World Health Report 1998 – life in the 21st century. A vision for all*. Genf.

Yamamoto, Y., Saito, H., Setogawa, T., Tomioka, H. (1991). «Sex differences in host resistance to Mycobacterium marinum infection in mice». *Infection and Immunology*, 59 (11), S. 4089–4096.

Yang, W. S., Knobel H. H., Chen, C. J. (1996). «Gender differences in postneonatal infant mortality in Taiwan». *Social Science in Medicine*, 43 (10), S. 1461–1465.

Zuk, M., McKean, K. A. (1996). «Sex differences in parasitic infections: patterns and process». *International Journal of Parasitology*, 26 (10), S. 1009–1023.

5 Gesellschafts- und Umwelteinflüsse auf Gesundheit und Krankheit

Soziale Ungleichheit und Gesundheit

Andreas Mielck

1. Einleitung

Mit der Überschrift «soziale Ungleichheit und Gesundheit» ist das zentrale Themengebiet der Sozialepidemiologie angesprochen. Bisher gibt es noch keine Übereinstimmung darüber, was unter dem Begriff «Sozialepidemiologie» genau verstanden wird. In ihrem vor kurzem publizierten Sammelband «Social Epidemiology» gehen Berkman und Kawachi von der folgenden Definition aus: «We define social epidemiology as the branch of epidemiology that studies the social distribution and social determinants of states of health.» (Berkman/Kawachi 2000, S. 6). In dem ersten vergleichbaren deutschsprachigen Sammelband wird eine etwas pragmatischere Definition vorgeschlagen: «Wissenschaftliche Analyse zur Beschreibung, Erklärung und Verringerung der gesundheitlichen Ungleichheit mit den Methoden der Epidemiologie» (Mielck/Bloomfield 2001b). Die Formulierung «gesundheitliche Ungleichheit» ist dabei nur eine Abkürzung für die Formulierung «Zusammenhang zwischen sozialer Ungleichheit und Gesundheit».

Im Zentrum der sozialepidemiologischen Diskussion stehen die beiden folgenden Fragen:
- Welche Bevölkerungsgruppen sind gesundheitlich besonders stark belastet?
- Wie kann der Gesundheitszustand in diesen Bevölkerungsgruppen verbessert werden?

Die Bevölkerungsgruppen werden dabei mithilfe «sozialer Merkmale» definiert, das heißt mithilfe von Merkmalen wie Einkommen und Geschlecht. Etwas konkreter formuliert geht es bei der Sozialepidemiologie also z.B. um die Unterschiede im Gesundheitszustand zwischen Männern und Frauen und zwischen unteren und oberen Einkommensgruppen.

1.1 Vertikale und horizontale soziale Ungleichheit

Im Alltagsverständnis werden unter dem Begriff «soziale Ungleichheit» zumeist Unterschiede nach Bildung, beruflichem Status und Einkommen verstanden. Etwas präziser formuliert handelt es sich hierbei jedoch um Merkmale der *vertikalen* sozialen Ungleichheit. Der Zusatz «vertikal» soll dabei ausdrücken, dass diese Merkmale eine Unterteilung der Bevölkerung in oben und unten ermöglichen. Mithilfe von Angaben zur Bildung, zum Beruf und zum Einkommen lässt sich der «sozioökonomische Status» einer Person bestimmen, und der Begriff «Status» impliziert bereits die Einordnung in eine hierarchische Skala. Sprachlich am deutlichsten wird der hierarchische Charakter der vertikalen sozialen Ungleichheit beim Begriff «soziale Schicht». Mit diesem Bild soll an klar abgrenzbare, geologische Schichten erinnert werden. Es besteht weitgehend Einigkeit darüber, dass sich die vertikale soziale Ungleichheit mithilfe der drei oben genannten Merkmale (Bildung, beruflicher Status, Einkommen) gut erfassen lässt. Ein besonderes Gewicht kommt dabei dem Einkommen zu, da die (Einkommens-) Armut häufig als der zentrale Indikator für die vertikale soziale Ungleichheit angesehen wird.

Die Bevölkerung lässt sich jedoch auch mithilfe von Merkmalen wie Alter, Geschlecht, Nationalität und Familienstand in Gruppen unterteilen, und auch zwischen diesen Gruppen kann soziale Ungleichheit bestehen. Die Grenzen zwischen diesen Gruppen verlaufen sozusagen quer zu den Grenzen der vertikalen sozialen Ungleichheit; in der Soziologie wird daher auch von *horizontaler* sozialer Ungleichheit gesprochen. Die horizontale soziale Ungleichheit lässt sich mit einer Vielzahl von Merkmalen beschreiben. Neben Alter, Geschlecht, Nationalität und Familienstand können auch Merkmale wie die Zahl der Kinder und die Größe des Wohnortes einbezogen werden. Eine allgemein akzeptierte Liste von Merkmalen zur Erfassung der horizontalen sozialen Ungleichheit ist bisher nicht vorhanden und vermutlich auch nicht zu erstellen. Von zentraler Bedeutung sind jedoch die drei Merkmale Alter, Geschlecht und Nationalität.

Die soziologische Diskussion hat sich in den letzten Jahren vom Konzept der vertikalen sozialen Ungleichheit zunehmend entfernt. Es wird häufig betont, dass heute keine klar unterscheidbaren sozialen Schichten mehr vorhanden sind, dass sich die vielfältigen «Lebenslagen» nicht mehr mithilfe von Kriterien wie Bildung und Einkommen in eine hierarchische Ordnung bringen lassen (Hradil 1994). Entsprechend wird gefordert, dass sich die Diskussion jetzt vor allem auf die *horizontale* soziale Ungleichheit konzentrieren sollte. Einige deutsche Soziologen weisen jedoch immer wieder darauf hin, dass bei uns nach wie vor wichtige *vertikale* soziale Ungleichheiten bestehen (Bulmahn 1997; Geißler 1996; Habich/Noll 1999). Bezeichnend ist der Titel des Beitrages von Geißler (1996): «Kein Abschied von Klasse und Schicht. Ideologische Gefahren der deutschen Sozialstrukturanalyse». Der Beitrag erschien in der renommierten «Kölner Zeitschrift für Soziologie und Sozialpsychologie»; es bleibt jedoch abzuwarten, ob sich die Soziologie wieder mehr der vertikalen sozialen Ungleichheit zuwenden wird.

Um keine Missverständnisse aufkommen zu lassen: Wenn im vorliegenden Beitrag von «sozialen Schichten» gesprochen wird, dann soll damit selbstverständlich nicht gesagt werden, dass unsere Gesellschaft in starre und undurchlässige Schichten unterteilt ist. Jedoch lassen sich auch in unserer Wohlstandsgesellschaft mit ihrer vielfältigen Vermischung der sozialen Schichten nach wie vor klare Unterschiede nach Bildung, beruflichem Status und Einkommen erkennen. Vermutlich können alle der Aussage zustimmen, dass die Erfassung der sozialen Ungleichheit nur durch die gemeinsame Betrachtung der vertikalen und horizontalen Komponenten möglich ist. Damit ist die Streitfrage, welche Form der sozialen Ungleichheit zurzeit die wichtigere ist, zwar noch nicht gelöst, aber sie hat doch erheblich an Schärfe verloren.

Hier kann nur kurz auf die Frage eingegangen werden, welche Unterschiede es zwischen Männern und Frauen bei der vertikalen sozialen Ungleichheit gibt: Aus dem Armutsbericht der Hans-Böckler-Stiftung, des DGB und des Paritätischen Wohlfahrtsverbands geht hervor, dass im Jahr 1998 der Anteil der Einkommens-Armen bei Frauen mit 9,1 % fast genauso hoch war wie bei Männern mit 9,0 %. Einkommens-Armut wird dabei als «50 % oder weniger des durchschnittlichen Einkommens» definiert (Hanesch et al. 2000, S. 81.). Bei einer Beschränkung der Analyse auf die alten Bundesländer zeigt sich jedoch, dass die Frauen mit 9,5 % eine etwas höhere Armutsquote aufweisen als die Männer mit 8,7 % (ebd., S. 90). Bei einer Definition der Einkommens-Armut über das Kriterium «Empfang von Hilfe zum Lebensunterhalt» wird aber auch auf Bundesebene erkennbar, dass bei Frauen mit 3,8 % eine etwas höhere Armutsquote vorhanden ist als bei Männern mit 3,2 % (ebd., S. 126). Gemessen an diesen beiden Indikatoren der Einkommens-Armut zeigen sich aber keine großen Unterschiede zwischen Männern und Frauen.

Bei einer detaillierteren Analyse wird jedoch sehr schnell deutlich, dass Frauen von sozialer Benachteiligung in einem weitaus höheren Maße betroffen sind als Männer. Zunächst muss betont werden, dass die oben genannten Armutsquoten pro Haushalt berechnet wurden und somit bei Mehrpersonen-Haushalten noch nichts über das individuelle Einkommen aussagen. Es ist daher auch bei identischen Armutsquoten möglich, dass Frauen durch ihre Erwerbstätigkeit erheblich weniger Geld erhalten als Männer. Im «Datenreport 1999» werden die Bruttoeinkommen der vollzeitbeschäftigten Arbeiter für das Jahr 1997 wiedergegeben. Daraus geht hervor, dass das Einkommen der Männer ca. 1,4-mal so hoch war wie das der Frauen. Bezogen auf die vollzeitbeschäftigten Angestellten im produzierenden Gewerbe war der Unterschied sogar noch etwas größer (Statistisches Bundesamt 1999, S. 337). In dem Datenreport wird auch darauf hingewiesen, dass der Frauenanteil bei den Studienanfängern im Jahre 1998 immerhin bei 48,5 % lag, bei den Promotionen mit 33,1 % jedoch deutlich niedriger war und schließlich bei den Professoren nur noch 9,5 % betrug (ebd., S. 73).

1.2 Vertikale und horizontale gesundheitliche Ungleichheit

Wie bereits angedeutet wurde, wird der Begriff «gesundheitliche Ungleichheit» zumeist als Zusammenhang zwischen der sozialen Ungleichheit einerseits und dem Gesundheitszustand andererseits definiert. Die Trennung zwischen der vertikalen und der horizontalen *sozialen* Ungleichheit macht es jedoch erforderlich, auch eine Trennung zwischen der vertikalen und horizontalen *gesundheitlichen* Ungleichheit vorzunehmen. Die vertikale gesundheitliche Ungleichheit zeigt sich z. B. durch den Unterschied in der Mortalität zwischen verschiedenen Einkommensgruppen, die horizontale gesundheitliche Ungleichheit z. B. durch die Unterschiede in der Mortalität zwischen Männern und Frauen.

Die Unterscheidung zwischen vertikal und horizontal ist sprachlich etwas umständlich, sowohl beim Thema «soziale Ungleichheit» als auch beim Thema «gesundheitliche Ungleichheit», sie hilft jedoch bei der Präzisierung der Diskussion. Auch und gerade wenn es, wie in diesem Beitrag, um eine geschlechtsspezifische Betrachtung der gesundheitlichen Ungleichheit geht, ist diese Präzisierung unvermeidlich.

2. Sozioökonomischer Status und Gesundheitszustand

Mittlerweile liegen auch aus Deutschland viele Arbeiten zur vertikalen gesundheitlichen Ungleichheit vor: Im letzten Jahr sind fast am selben Tag mehrere größere Arbeiten erschienen: eine Monografie mit dem Titel «Soziale Ungleichheit und Gesundheit: Empirische Ergebnisse, Erklärungsansätze, Interventionsmöglichkeiten» (Mielck 2000a), ein Sammelband mit dem Titel «Müssen Arme früher sterben? Soziale Ungleichheit und Gesundheit in Deutschland» (Helmert et al. 2000), ein Schwerpunktheft der Zeitschrift für Gesundheitswissenschaften (Mielck 2000b), ein Sammelband mit dem Titel «Gesundheit und soziale Benachteiligung» (Laaser et al. 2000) und der erste deutschsprachige Sammelband zum Themenspektrum der Sozialepidemiologie (Mielck/Bloomfield 2001a), in dem die vertikale gesundheitliche Ungleichheit im Mittelpunkt steht. Man könnte sagen, das Thema hat Konjunktur.

2.1 Empirische Ergebnisse und Erklärungsansätze

In den letzten Jahrzehnten ist in einer kaum mehr überschaubaren Vielfalt von Publikationen immer wieder demonstriert worden, dass ein niedriger sozioökonomischer Status mit einer erhöhten Mortalität und Morbidität einhergeht. Dabei ist es relativ unwichtig, ob der sozioökonomische Status mithilfe der Schulbildung, des beruflichen Status und/oder des Einkommens definiert wird. Die Ergebnisse dieser empirischen Arbeiten können hier aus Platzmangel nur angedeutet werden: In Bezug auf die Mortalität zeigen sie z. B., dass

- Erwachsene ohne Abitur eine kürzere Lebenserwartung aufweisen als Erwachsene mit Abitur,
- die Sterblichkeit bei Un- und Angelernten höher ist als bei Angestellten mit abgeschlossener Lehre,
- die Sterblichkeit in der unteren Einkommensgruppe höher ist als in der oberen,
- die Überlebenszeit nach einem Erstinfarkt bei Erwachsenen mit geringem beruflichen Status kürzer ist als bei Erwachsenen mit höherem beruflichen Status.

Das Ausmaß der Mortalitätsunterschiede ist beträchtlich. Die Unterschiede in der Lebenserwartung (erstes Beispiel) betragen beispielsweise 3,3 Jahre für Männer und 3,9 Jahre für Frauen. Dabei ist häufig ein «Gradient» zu beobachten, eine mit zunehmendem sozioökonomischen Status stufenweise geringer werdende Mortalität.

Die Ergebnisse zur Morbidität zeigen, dass

- Erwachsene mit Haupt- oder Realschulabschluss häufiger einen Herzinfarkt erleiden als Erwachsene mit Abitur oder Fachhochschulabschluss,
- die Prävalenz psychischer Störungen bei Erwachsenen mit niedrigem beruflichen Status größer ist als bei Erwachsenen mit höherem beruflichen Status,
- Erwachsene aus der unteren Einkommensgruppe die Frage nach dem allgemeinen Gesundheitszustand häufiger mit «schlecht» beantworten als Erwachsene aus der oberen Einkommensgruppe.

Bei Kindern und Jugendlichen zeigt sich ein sehr ähnliches Bild.

Die Sozialepidemiologen haben bisher vor allem versucht, Art und Ausmaß der gesundheitlichen Ungleichheit empirisch zu belegen. Erst in den letzten Jahren haben sie sich auch stärker um eine Erklärung dieser Ungleichheit bemüht (Mielck/Bloomfield 2001a). Dabei stehen die folgenden Erklärungsansätze im Vordergrund: Arbeits- und Wohnbedingungen, Gesundheitsverhalten, gesundheitliche Versorgung. Es ist bereits wiederholt gezeigt worden, dass diese Ansätze in der Tat einen Beitrag zur Erklärung der gesundheitlichen Ungleichheit leisten können. Es wurde deutlich, dass die Erwerbstätigen der unteren Statusgruppe von vielen physischen und psychischen Arbeitsbelastungen besonders stark betroffen sind. In Bezug auf die Wohnbedingungen liegen erst sehr wenige Studien vor; sie zeigen aber schon jetzt, dass die Angehörigen der unteren sozialen Schicht besonders häufig an verkehrsreichen Straßen und in feuchten Wohnungen wohnen und dass die Luftverschmutzung in den Arbeiterwohngebieten höher ist als in den anderen Wohngebieten (Heinrich et al. 2000).

Die bisher vorliegenden empirischen Ergebnisse belegen eindrucksvoll, dass die vertikale gesundheitliche Ungleichheit ein zentrales gesundheitspolitisches Problem darstellt. Aus den Ergebnissen lassen sich jedoch häufig noch keine konkreten Maßnahmen zur Verringerung dieses Problems ableiten. Um die Zielgruppen von Interventionsmaßnahmen möglichst genau definieren zu können, wäre es wichtig, die soziale Lage noch detaillierter als bisher zu erfassen. Es muss eine Differenzierung nach weiteren Faktoren der vertikalen und horizontalen sozialen Ungleichheit erfolgen, auch und vor allem durch die Bildung von alters- und geschlechtsspezifischen Untergruppen. Die meisten Studien zur vertikalen gesundheitlichen Ungleichheit betreffen die Altersspanne zwischen 20 und 65 Jahren, also das erwerbsfähige Alter. Die wenigen Studien aus der Bundesrepublik über jüngere und ältere Personengruppen weisen darauf hin, dass bei Säuglingen, Kindern und Jugendlichen (Mielck 2001) – und auch bei alten Menschen (von der Knesebeck 2000) – sich ähnliche sozioökonomische Unterschiede bezüglich des Gesundheitszustands finden lassen wie bei den 20- bis 65-Jährigen. Die weitergehende Frage, in welchen Altersgruppen die gesundheitliche Ungleichheit besonders groß ist und wie sich das Ausmaß der gesundheitlichen Ungleichheit mit zunehmendem Alter verändert, lässt sich bisher jedoch kaum beantworten.

2.2 Gender-Bias

Bei der Analyse der vertikalen gesundheitlichen Ungleichheit sollte aber nicht nur zwischen verschiedenen Altersgruppen unterschieden werden, sondern auch zwischen Frauen und Männern. Der Gender-Bias, d. h. die unzureichende Berücksichtigung der geschlechtsspezifischen Unterschiede, gehört inzwischen auch in Deutschland zu den am meisten diskutierten methodischen Verzerrungen. Dabei lassen sich die folgenden Hauptformen unterscheiden (Eichler et al. 2000, S. 295):

- Übergeneralisierung: «Die Annahme der männlichen Sichtweise. […] Studienergebnisse, -zugänge und -methoden, die für Männer gewonnen wurden oder angebracht sind, werden, ohne hinterfragt zu werden, auf Frauen übertragen».
- Geschlechter-Insensibilität: «Ignorieren des […] Geschlechts als sozial bedeutsamer Faktor in dem jeweiligen Untersuchungszusammenhang. Es fehlt ein Bewusstsein in der Forschung […] dafür, dass beide Geschlechter differenzierend betrachtet werden müssen».
- Doppelter Bewertungsmaßstab: «Die unterschiedliche Behandlung oder Evaluation gleicher Situationen auf Basis des Geschlechts».

Da der Gender-Bias auch in anderen Beiträgen des vorliegenden Bandes angesprochen wird, kann an dieser Stelle darauf verzichtet werden, die vielfältigen Ausprägungen dieser möglichen Verzerrung ausführlicher darzustellen. Wichtig sind hier vor allem zwei Hinweise: Dieser Bias kann in jeder Phase einer Studie auftreten, angefangen von der Formulierung der Forschungsfragen bis hin zur Formulierung der Schlussfolgerungen. Inzwischen liegen detaillierte Vorschläge zur Vermeidung des Gender-Bias vor (Eichler et al. 2000).

Bezogen auf die vertikale gesundheitliche Ungleichheit sind die folgenden Formen des Gender-Bias möglich:
- Bei den empirischen Analysen zur vertikalen gesundheitlichen Ungleichheit wird keine getrennte Auswertung für Männer und Frauen vorgenommen.
- Die empirischen Ergebnisse zur vertikalen gesundheitlichen Ungleichheit beziehen sich nur auf Männer, die Interpretation der Ergebnisse bezieht sich jedoch auf Männer und Frauen (siehe Beispiel unten).
- Der berufliche Status des Mannes wird auf die (Ehe-) Frau übertragen, ohne dass die mit dieser Übertragung verbundenen Probleme diskutiert werden (siehe den Abschnitt «Geschlechtsspezifische Erfassung des sozioökonomischen Status»).

Der Gender-Bias ist auch und vor allem bei den Analysen zur vertikalen gesundheitlichen Ungleichheit ein zentrales Problem. Die geschlechtsspezifischen Unterschiede in den Lebensbedingungen lassen keinen Zweifel daran, dass die vertikale gesundheitliche Ungleichheit geschlechtsspezifisch ist. In Großbritannien wird seit über zehn Jahren intensiv darüber diskutiert, ob und warum die gesundheitliche Ungleichheit bei Männern größer oder kleiner ist als bei Frauen (Arber 1989). In der Bundesrepublik hat diese Diskussion erst etwas später begonnen (Babitsch 1998; Maschewsky-Schneider 1997).

Die empirischen Studien aus den alten und neuen Bundesländern, in denen über das Ausmaß der vertikalen gesundheitlichen Ungleichheit getrennt für Männer und Frauen berichtet wird, lassen kein einheitliches Bild erkennen. Die meisten Ergebnisse deuten zwar an, dass die vertikale gesundheitliche Ungleichheit bei Männern größer ist als bei Frauen, aber es sind auch relativ viele Gegenbeispiele vorhanden (Babitsch 2000; Mielck 2000a).

In Anlehnung an den Titel des Buches von Maschewsky-Schneider (1997), «Frauen sind anders krank», lässt sich die These formulieren: Frauen weisen eine andere vertikale gesundheitliche Ungleichheit auf als Männer. Diese neutralere Formulierung soll dazu anregen, den Vergleich nicht auf die Frage einzuengen, ob die vertikale gesundheitliche Ungleichheit bei Männern größer ist als bei Frauen. Auch wenn sie bei Männern genauso groß sein sollte wie bei Frauen, so müsste doch gefragt werden, ob die Ungleichheit im Gesundheitszustand bei beiden Geschlechtern auf die gleichen Ursachen zurückgeführt und durch die gleichen Maßnahmen reduziert werden kann. Um einen Gender-Bias zu vermeiden, sollten daher alle Erklärungs- und Interventionsansätze nach Möglichkeit für Männer und Frauen getrennt untersucht werden.

Dass dies nicht immer geschieht, soll durch das folgende Beispiel verdeutlicht werden:

Eine Auswertung der 7-Tage-Ernährungs-Protokolle aus der ersten Erhebung der Augsburger MONICA-Studie zeigt das folgende Ergebnis (Kußmaul et al. 1995): Die meisten Lebensmittelgruppen, Nährstoffe, Vitamine, Mineralstoffe und Spurenelemente weisen in Richtung auf eine gesündere Ernährung in der oberen Bildungsgruppe (vgl. **Tab. 1**). Dabei treten zum Teil sehr große Unterschiede zur unteren Bildungsgruppe auf, z. B. bei Frischobst und Frischgemüse.

Bei der Beschreibung der Datenerhebung wird wiederholt darauf hingewiesen, dass hier nur Männer befragt wurden. Eine Begründung für den Ausschluss von Frauen fehlt jedoch. Unklar bleibt auch, ob und wie sich die Ergebnisse auf Frauen übertragen lassen. Auffallend ist aber vor allem, dass die Schlussfolgerung sehr allgemein gehalten ist:

Für Personen mit geringem Bildungsstand sollte der Schwerpunkt der Ernährungsberatung und Information vor allem auf einer Änderung des Ernährungsverhaltens mit einem

Tabelle 1: Schulbildung und Ernährung bei Männern, 7-Tage-Ernährungs-Protokolle 1984/85 (MONICA-Studie) von 899 Männern (45 bis 64 Jahre) aus der Studienregion Augsburg (Kußmaul et al. 1995).

	Mittlere Nahrungsmittel-Aufnahme pro Tag Ausbildungsdauer			
	8 Jahre	10 Jahre	11–13 Jahre	≥ 15 Jahre
Fleisch (g)	125[3]	117	114	104
Käse (g)	25	27	30	39[3]
Frischobst (g)	70	93	104	126[3]
Frischgemüse (g)	164	181	177	214[3]
Gesamtenergie (kcal)	2562	2624	2569	2599
Cholesterin (mg)	532[1]	506	488	501
Ballaststoffe (g)	19	20	20	23[3]
Vitamin C (mg)	53	64	65	80[3]
Jod (mg)	121	148	164	209[3]
Magnesium (mg)	311	334	334	344[2]
Calcium (mg)	611	655	669	727[3]

1 $p < 0{,}05$; 2 $p < 0{,}01$; 3 $p < 0{,}001$ (jeweils Vergleich geringste vs. höchste Ausbildung).

größeren Verzehr an frischem Obst und Gemüse […] liegen. (Kußmaul et al. 1995, S. 181)

Diese stillschweigende Übertragung von männerbezogenen empirischen Ergebnissen auf alle «Personen» ist auch deswegen auffällig, weil der Beitrag von einer Frau verfasst wurde. Dieses Beispiel zeigt erneut, wie genau formuliert werden muss, um einen Gender-Bias zu vermeiden.

2.3 Geschlechtsspezifische Erfassung des sozioökonomischen Status

Bei der Erfassung des sozioökonomischen Status müssen zwei Analyseebenen unterschieden werden:
- Haushalt: Gleicher sozioökonomischer Status für alle Personen im Haushalt,
- Individuum: Individueller sozioökonomischer Status für jede einzelne Person im Haushalt.

Jede Analyseebene ist mit Vor- und Nachteilen verbunden. Die Haushalts-bezogene Sichtweise entspricht der allgemeinen Wahrnehmung, dass die sozioökonomisch geprägten Lebensverhältnisse für alle Personen im Haushalt ungefähr gleich sind; sie verdeckt jedoch damit die trotzdem vorhandenen Unterschiede zwischen den Personen im Haushalt. Dieser Nachteil wird bei der auf das Individuum bezogenen Sichtweise vermieden, hier gerät jedoch die Tatsache aus dem Blick, dass der sozioökonomische Status der gesamten Familie häufig nur durch eine Person (z. B. den Hauptverdiener) geprägt wird und dass daher der Status dieser Person auf die anderen Haushaltsmitglieder übertragen werden könnte.

Besonders wichtig sind diese Vor- und Nachteile bei der Betrachtung von geschlechtsspezifischen Unterschieden. Bezogen auf das Einkommen kann zwischen dem Haushalts- und dem individuellen Einkommen unterschieden werden. Bei den meisten nicht-erwerbstätigen Frauen wird nur das Haushaltseinkommen wichtig sein. Bei erwerbstätigen Frauen, die zu Hause einen Haushalt und Kinder zu versorgen haben, und bei denen der (Ehe-)Partner der Hauptverdiener ist, stellt sich jedoch die Frage, ob ihr individuelles Einkommen oder ob das gesamte Haushaltseinkommen zur Definition ihres sozioökonomischen Status verwendet werden sollte.

Noch deutlicher werden die Probleme beim

beruflichen Status: Der Beruf Hausfrau lässt sich nur schwer in eine berufliche Statushierarchie einordnen, und nach wie vor stellen viele Frauen ihre berufliche Karriere zurück zu Gunsten der Beschäftigung mit Haushalt und Kindern. Die Einordnung von Frauen nach dem Merkmal «beruflicher Status» ist daher oft kaum möglich. Als Ausweg wird häufig die auf den Haushalt bezogene Sichtweise gewählt, indem eine Frau nach dem beruflichen Status ihres (Ehe-) Partners eingruppiert wird. Dies ist nicht nur aus methodischer Sicht eine sehr unbefriedigende Lösung des Problems (Gender-Bias); das Verfahren muss auch von vielen Frauen als Zumutung empfunden werden. Die geschlechtsspezifische Definition des sozioökonomischen Status ist am einfachsten beim Merkmal «Schulbildung». Da Frauen ihre Schulbildung zumeist abgeschlossen haben, bevor sie ihre berufliche Karriere zu Gunsten der Arbeit im Haushalt und mit Kindern eventuell zurückstellen, ist bei diesem Merkmal die auf das Individuum bezogene Sichtweise relativ problemlos.

Wie wichtig die Frage der Einordnung von Frauen nach dem Merkmal «beruflicher Status» ist, zeigt sich z. B. in einer Studie aus Großbritannien. Dort wurden drei verschiedene Möglichkeiten der Einordnung miteinander verglichen (Arber 1989):

- bei den verheirateten Frauen nach dem beruflichen Status des Ehemannes und bei den anderen Frauen nach dem eigenen beruflichen Status;
- bei den verheirateten und berufstätigen Frauen nach dem eigenen beruflichen Status, bei den verheirateten und nicht-berufstätigen Frauen nach dem beruflichen Status des Ehemannes und bei den nicht-verheirateten Frauen nach dem eigenen beruflichen Status;
- bei allen Frauen nach dem eigenen beruflichen Status.

Wie kaum anders zu erwarten, führte jede Einordnung zu einem anderen Ausmaß der vertikalen gesundheitlichen Ungleichheit.

Von Babitsch (2000) wurde eine vergleichbare Analyse auf Basis der Daten des Nationalen Untersuchungssurveys von 1990/91 (alte Bundesländer) und des Gesundheitssurveys-Ost von 1991/92 (neue Bundesländer) vorgelegt. Dabei wurden vier verschiedene Definitionen der sozialen Schicht verwendet. Die beiden Merkmale «eigene Bildung der Frau» und «Haushalts-Einkommen» wurden bei allen vier Definitionen in gleicher Weise einbezogen; Unterschiede gab es jedoch bei dem Merkmal «berufliche Stellung» (berufliche Stellung der Frau oder des Partners, abhängig vom Familienstand). Anschließend wurden fünf hierarchisch geordnete soziale Schichten gebildet. Je nach Definition der sozialen Schicht zeigte sich eine andere Zuordnung der Frauen zu den einzelnen sozialen Schichten, und auch das Ausmaß der vertikalen gesundheitlichen Ungleichheit veränderte sich in Abhängigkeit von der Definition der sozialen Schicht. Offenbar ist bei Frauen die vertikale gesundheitliche Ungleichheit dann besonders schwach ausgeprägt, wenn ihre eigene berufliche Stellung verwendet wird; ein ähnliches Ergebnis zeigte sich auch schon bei den Analysen von Arber (1989).

2.4 Detailliertere Erfassung der sozialen Ungleichheit bei Frauen

Ein interessanter Vorschlag zur Kombination von Merkmalen der vertikalen und der horizontalen sozialen Ungleichheit wurde von Babitsch (1998) vorgelegt. Die Auswertungen beruhen auf den Antworten der 25- bis 69-jährigen Frauen aus dem dritten DHP-Survey. In die Definition der sozialen Ungleichheit gehen dabei die folgenden Merkmale ein: Bildung (Schulbildung, berufliche Bildung), Stellung im Beruf (auch vom Partner der Frau), Haushaltsnettoeinkommen, Erwerbstätigkeit (Hausfrau, arbeitslos, vollzeiterwerbstätig etc.), Erwerbsunterbrechung (nicht erwerbstätig seit einem Jahr etc.), Berufswechsel (im erlernten Beruf tätig oder nicht), Arbeitsbedingungen (Stärke der Belastung, Arbeitsplatzsicherheit), Hauptverdienerin (ja/nein), Familienstand, Haushaltsgröße (Anzahl der Kinder und der erwachsenen Personen), Anzahl der Haushaltsmitglieder mit eigenem Einkommen.

Mithilfe einer Clusteranalyse werden die Frauen anschließend in zehn Cluster bzw. Gruppen unterteilt, wobei jede Gruppe eine jeweils typische (und von den anderen Gruppen unterschiedliche) Kombination der oben genannten Merkmale aufweist. In einem letzten Schritt

wird dann untersucht, welche Unterschiede im Gesundheitszustand zwischen diesen zehn Gruppen zu beobachten sind. Ein großer Unterschied ist zwischen den beiden folgenden Clustern vorhanden:
- Guter Gesundheitszustand: «Die Frauen des Clusters 2 sind gut ausgebildete Frauen in einer hohen beruflichen Stellung, beispielsweise als Angestellte mit hoch qualifizierter Tätigkeit, die aufgrund von Kinderbetreuungszeiten ihre Arbeitszeit reduziert haben. Zudem verfügen sie über ein recht hohes Haushaltsnettoeinkommen von im Mittel 5000 DM. Sie leben überwiegend mit einem Partner und einem Kind unter 18 Jahren im Haushalt» (Babitsch 1998, S. 104). Die Frauen sind im Durchschnitt 38 Jahre alt.
- Schlechter Gesundheitszustand: «Überwiegend sind die Frauen des Clusters 8 in einer mittleren beruflichen Position vollzeiterwerbstätig. Im Mittel steht den Frauen dieses Clusters ein Haushaltsnettoeinkommen von 2000 DM zur Verfügung. Sie tragen überwiegend selbst zu ihrem Haushaltsnettoeinkommen bei. Ihr Erwerbsverlauf lässt sich für einen relativ hohen Anteil der Frauen als diskontinuierlich beschreiben. Von Arbeitslosigkeit waren sie in den letzten fünf Jahren vergleichsweise stark betroffen. In ihrem Haushalt leben sie überwiegend alleine, d. h. ohne einen Partner und ohne Kinder unter 18 Jahren» (Babitsch 1998, S. 105). Die Frauen sind im Durchschnitt 41 Jahre alt.

Mithilfe einer derart detaillierten Beschreibung der sozialen Lage können die potenziellen Zielgruppen einer gesundheitspolitischen Intervention somit erheblich genauer definiert werden als bei alleiniger Verwendung der drei Merkmale Bildung, beruflicher Status und Einkommen. Es wäre wichtig, diese Analyse auch für Männer durchzuführen.

3. Geschlechtsspezifische Analyse des Gesundheitszustandes

Das zentrale Beispiel für die Arbeiten zum Thema «horizontale gesundheitliche Ungleichheit» ist die seit einigen Jahren intensiv diskutierte Frage, ob und warum Frauen einen anderen Gesundheitszustand aufweisen als Männer (Arbeitskreis 1998; Kolip 1998; Maschewsky-Schneider 1997). Es ist keine neue Erkenntnis, dass bei Morbidität und Mortalität gravierende Unterschiede zwischen Männern und Frauen vorhanden sind. Seit Beginn der Menschheitsgeschichte dürfte bekannt sein, dass die Zugehörigkeit zur Gruppe der Frauen bzw. der Männer einen großen Einfluss auf Gesundheitszustand und Lebensdauer ausübt. In den medizinischen Wissenschaften ist heute ein immenses Wissen über geschlechtsspezifische Gesundheitsprobleme vorhanden. Im Sinne einer Public-Health-Forschung sind die Unterschiede zwischen Männern und Frauen aber erst seit wenigen Jahren systematisch untersucht worden, und dieser Fortschritt ist vor allem einigen sehr engagierten Gesundheitswissenschaftlerinnen zu verdanken.

Dies wird durch die Vielzahl der Veranstaltungen zum Thema «Frauengesundheit» deutlich. Um nur einige Beispiele herauszugreifen:
- Im Frühjahr 1996 wurde durch den «Arbeitskreis Frauen und Gesundheit im Norddeutschen Forschungsverbund Public Health» eine Ringvorlesung zum Thema «Frauen und Gesundheit in Public Health und Gesundheitswissenschaften» konzipiert (Arbeitskreis 1998). Die Ringvorlesung wurde im Wintersemester 1997/98 in Bremen, Hamburg und Hannover durchgeführt. An den einzelnen Veranstaltungen nahmen jeweils 100 bis 150 Personen teil, vermutlich überwiegend Frauen.
- Auch in den wissenschaftlichen Fachgesellschaften ist die Frauen-Gesundheitsforschung sehr gut vertreten. So gibt es in der Deutschen Gesellschaft für Sozialmedizin und Prävention (DGSMP) einen speziellen Fachbereich «Frauen- und geschlechtsspezifische Gesundheitsforschung» (Maschewsky-Schneider et al. 2001). In der Deutschen Gesellschaft für Medizinische Soziologie (DGMS) ist eine Arbeitsgruppe «Frauen und Gesundheit» eingerichtet worden. Die auf den Tagungen der DGSMP und DGMS organisierten Workshops zur Frauen-Gesundheitsforschung sind immer außerordentlich gut besucht.

- Auf den seit 1995 einmal im Jahr in Berlin stattfindenden Tagungen zum Thema «Armut und Gesundheit» (Franke et al. 1999; Geene/Gold 2000) wird auch den frauenspezifischen Aspekten große Aufmerksamkeit gewidmet. So sind im Jahr 1998 nicht nur allgemeinere Fragen und Ergebnisse der Frauen-Gesundheitsforschung angesprochen worden (Begenau 1999), sondern auch die folgenden speziellen Themen: allein erziehende Frauen, Misshandlung und Armut, häusliche Gewalt, Tablettenabhängigkeit, Frauen und Sucht, Frauen in der Migration (Babitsch/Maschewsky-Schneider 1999). Im Jahr 1999 waren es die folgenden Themen: Frauen und Armut, Gewalt gegen Frauen, Erwerbslosigkeit von Frauen (Geene/Gold 2000).
- Im Juni 2001 fand in Berlin eine internationale Tagung zum Thema «Gender Based Analysis (GBA) in Public Health Research, Policy and Practice» statt.

Wichtig ist hier vor allem der Hinweis darauf, dass zum Thema «vertikale gesundheitliche Ungleichheit» bisher keine vergleichbar intensive und breite Diskussion zu erkennen ist.

3.1 Gesundheitliche Belastungen und Ressourcen

Die geschlechtsspezifischen Unterschiede bei den gesundheitlichen Belastungen und Ressourcen werden in den anderen Beiträgen des Bandes ausführlich dargestellt. Kolip fasst die Ergebnisse zum «Geschlechter-Paradox der Gesundheitsforschung» wie folgt zusammen:

> Frauen haben eine um etwa sieben Jahre höhere Lebenserwartung. Die Zahl der bei guter Gesundheit verbrachten Lebensjahre ist für Frauen und Männer annähernd gleich. [...] Frauen sind unzufriedener mit ihrem Gesundheitszustand. Frauen leiden häufiger unter psychischen Krankheiten und psychosomatischen Beschwerden. (Kolip 1998, S. 507)

Die Diskussion über die geschlechtsspezifischen Unterschiede des Gesundheitszustandes lässt sich durch die beiden folgenden Fragen charakterisieren:
- Sind Frauen gesünder als Männer, oder sind umgekehrt Männer gesünder als Frauen?
- Wie unterscheidet sich der Gesundheitszustand zwischen Männern und Frauen?

Die Diskussion ist lange durch die erste Fragestellung geprägt worden und damit auch durch den (scheinbaren?) Widerspruch, dass Frauen im Durchschnitt zwar länger leben als Männer, aber trotzdem bei vielen Morbiditätsindikatoren eine höhere Krankheitsrate aufweisen. In den letzten Jahren hat sich jedoch immer mehr gezeigt, dass die zweite Fragestellung für die Weiterentwicklung der Diskussion fruchtbarer ist. Bezeichnend für dieses Umdenken ist der Titel des Buches von Maschewsky-Schneider (1997) «Frauen sind anders krank». Wenn nach den geschlechtsspezifischen Unterschieden bei den gesundheitlichen Belastungen und Ressourcen gefragt wird, dann eröffnet sich damit eine große Palette von neuen Fragen und damit auch die große Möglichkeit, neue (gesundheits-) politische Ansätze zur Verringerung der gesundheitlichen Ungleichheit zu finden.

Die geschlechtsspezifische gesundheitliche Ungleichheit ist bisher zumeist aus Sicht der Frauengesundheit betrachtet worden. Eine wissenschaftliche Diskussion, die sich gezielt mit dem Aspekt der Männergesundheit beschäftigt, ist erst seit wenigen Jahren zu erkennen, und noch ist diese Diskussion nicht sehr ausgereift (Cameron/Bernardes 1998; Doyal 2000). Inzwischen mehren sich aber auch in Deutschland die Stimmen, die eine stärkere Beachtung der gesundheitlichen Belastungen und Ressourcen von Männern fordern. So ist das Heft «Impulse – Newsletter zur Gesundheitsförderung der Landesvereinigung für Gesundheit Niedersachsen» vom März 2001 dem Thema gewidmet «Jungen und Männer, das vernachlässigte Geschlecht in der Gesundheitsförderung». Dort wird in mehreren Beiträgen betont, dass in der Gesundheitsförderung bisher so gut wie keine männerspezifischen Ansätze entwickelt worden sind (Faltermaier 2001). Es bleibt zu hoffen, dass die Diskussion zur Männergesundheit so anregend und fruchtbar sein wird wie schon zuvor die Diskussion zur Frauengesundheit und dass diese neue Entwicklung nicht als Konkurrenz, sondern als gegenseitige Bereicherung empfunden wird.

In den letzten Jahren sind mehrere Gesundheitsberichte erschienen, die sich speziell auf die gesundheitliche Lage von Frauen konzentrieren (Ministerium 2000). Gesundheitsberichte, die sich speziell auf die gesundheitliche Lage von Männern konzentrieren, sind dagegen kaum zu finden. Im gesamten deutschsprachigen Raum ist bisher offenbar erst ein derartiger Bericht vorhanden, der Wiener Männer-Gesundheitsbericht aus dem Jahr 1999 (Schmeiser-Rieder/ Kunze 1999). Es stellt sich die Frage, ob die geschlechtsspezifischen Fragen der gesundheitlichen Lage nicht besser in einem Gesundheitsbericht aufgezeigt werden können, in dem sowohl Frauen als auch Männer betrachtet werden. Wenn die Trennung zwischen Frauen- und Männer-Gesundheitsberichten aufgelöst wird zu Gunsten einer geschlechtsspezifischen Gesundheitsberichterstattung, dann lassen sich vermutlich einige Probleme und Lösungsansätze noch deutlicher herausarbeiten. Dieser Weg wurde in Nordrhein-Westfalen beschritten. Das Ministerium für Frauen, Jugend, Familie und Gesundheit hat im letzten Jahr einen umfassenden Bericht zum Thema «Gesundheit von Frauen und Männern» herausgegeben (Ministerium 2000). Der Bericht macht deutlich, dass diese integrierte Analyse zu neuen Fragestellungen führt, vor allem in Bezug auf die Gesundheit von Männern. So wird auf das folgende, bisher kaum beachtete Forschungsdefizit hingewiesen: Die für beide Geschlechter entwickelten Gesundheitsförderungs- und Präventionsmaßnahmen werden vor allem von Frauen genutzt. Es muss daher gefragt werden, aus welchen Gründen die Männer von diesen Angeboten so wenig Gebrauch machen, und wie die Angebote «männerfreundlicher» gestaltet werden können (Ministerium 2000, S. 43).

3.2 Berücksichtigung des Merkmals «sozioökonomischer Status»

In den Arbeiten zur Frauen-Gesundheitsforschung wird den Fragen der vertikalen gesundheitlichen Ungleichheit einige Aufmerksamkeit gewidmet. In dem Buch «Frauen sind anders krank» (Maschewsky-Schneider 1997) wird ausführlich untersucht, wie bei Frauen die schichtspezifische Verteilung der kardiovaskulären Risikofaktoren aussieht, ob der Brustkrebs in bestimmten sozialen Schichten gehäuft auftritt und wie sich die Mortalität an Brustkrebs über die Stadtgebiete mit unterschiedlichem Sozialstatus verteilt. Eine Durchsicht durch mehrere geschlechtsspezifische Gesundheitsberichte zeigt, dass auch dort häufig die sozioökonomischen Faktoren explizit angesprochen werden.

In dem Gesundheitsbericht aus Nordrhein-Westfalen zum Thema «Gesundheit von Frauen und Männern» (Ministerium 2000) werden z. B. die geschlechtsspezifischen Unterschiede bei den folgenden Faktoren thematisiert: Einkommen, Armut, beruflicher Status, Arbeitsbelastungen, Arbeitslosigkeit, Familienstand. Der Wiener Männer-Gesundheitsbericht von 1999 beinhaltet einen eigenen Abschnitt zum Thema «Sozioökonomische und politische Situation» (Schmeiser-Rieder/Kunze 1999). Dort werden Themen wie Bildung, Beruf, Einkommen, Familiensituation, Arbeitslosigkeit, Obdachlosigkeit und Migration aus dem Ausland angesprochen.

In den Arbeiten zu den geschlechtsspezifischen Unterschieden im Gesundheitszustand wird der sozioökonomische Status jedoch noch nicht ausreichend berücksichtigt. Oben wurde bereits darauf hingewiesen, dass sich die geschlechtsspezifischen Unterschiede von Altersgruppe zu Altersgruppe unterscheiden können. In ähnlicher Weise muss auch gefragt werden, ob und wie das Ausmaß der geschlechtsspezifischen Unterschiede durch den sozioökonomischen Status beeinflusst wird bzw. ob dieser potenzielle Einfluss in den Analysen ausreichend berücksichtigt wird. Die oben skizzierten empirischen Ergebnisse zur vertikalen gesundheitlichen Ungleichheit weisen deutlich darauf hin, wie wichtig der sozioökonomische Status für den Gesundheitszustand ist. Er sollte daher in allen gesundheitsbezogenen Analysen kontrolliert werden. Dabei ist häufig unklar, was mit dem Begriff «kontrolliert» gemeint ist. In vielen empirischen Studien wird der Einfluss des sozioökonomischen Status lediglich statistisch kontrolliert. Es wäre jedoch erheblich informativer, den untersuchten Effekt für verschiedene Gruppen des sozioökonomischen Status getrennt darzustellen. Wenn beispielsweise der Zusammenhang zwischen Geschlecht und Herzinfarkt untersucht wird, dann sollte auch dargestellt werden, ob sich dieser Zusammenhang von Statusgruppe zu Statusgruppe unterscheidet. Oben wurde bereits betont, dass zur Vermeidung eines Gender-Bias alle Analysen getrennt für Männer und Frauen durchgeführt werden sollten. In ähnlicher Weise muss auch gefordert werden, dass zur Vermeidung eines Sozialstatus-Bias alle Analysen getrennt für verschiedene Statusgruppen durchzuführen sind.

Seit einigen Jahren wird auch in der soziologischen Diskussion vermehrt die Frage aufgegriffen, wie die vertikale soziale Ungleichheit unter Berücksichtigung der geschlechtsspezifischen Unterschiede analysiert werden kann bzw. werden sollte (Frerichs 1997; Gottschall 2000). Die Deutsche Gesellschaft für Soziologie (DGS) weist bereits seit 1979 eine Sektion «Frauenforschung» auf (http://www.soziologie.de/sektionen/f02/ index.htm). Die Frage der geschlechtsspezifischen Definition von vertikaler sozialer Ungleichheit steht dort bisher jedoch nicht im Mittelpunkt.

4. Vernetzung der vertikalen und horizontalen sozialen Ungleichheit

Die beiden zentralen Fragen der sozialepidemiologischen Diskussion sind bereits in der Einleitung genannt worden: Welche Bevölkerungsgruppen sind gesundheitlich besonders stark belastet? Wie kann der Gesundheitszustand in diesen Bevölkerungsgruppen verbessert werden? Um diese Fragen beantworten zu können, ist eine stärkere Vernetzung zwischen den Merkmalen der vertikalen und der horizontalen sozialen Ungleichheit unverzichtbar, auch und vor allem eine stärkere Vernetzung zwischen der geschlechts- und der schichtspezifischen Gesundheitsforschung.

4.1 Bildung von Untergruppen nach Geschlecht und Einkommen

Diese Empfehlung kann mithilfe der beiden Merkmale «Geschlecht» und «Einkommen» etwas konkretisiert werden. Bei einer Unterscheidung zwischen den beiden Geschlechtern und drei Einkommensgruppen ergeben sich insgesamt sechs Untergruppen (vgl. **Tab. 2**). Auf diese Weise lassen sich die folgenden Thesen veranschaulichen:
- In der traditionellen sozialepidemiologischen

Tabelle 2: Geschlecht und sozioökonomischer Status.

	Geschlecht		
	Frauen	Männer	
Einkommen			
– hoch	a	b	c
– mittel	d	e	f
– niedrig	g	h	i
	j	k	

Forschung besteht die Gefahr, dass nur die vertikale soziale Ungleichheit betrachtet wird (die Unterscheidung zwischen den Feldern c, f und i).
- In der Frauen-Gesundheitsforschung besteht die Gefahr, dass nur die horizontale gesundheitliche Ungleichheit betrachtet wird (die Unterscheidung zwischen den Feldern j und k).
- Erst durch die Verbindung zwischen der vertikalen und der horizontalen sozialen Ungleichheit können die Personengruppen gefunden und charakterisiert werden, bei denen die gesundheitlichen Belastungen besonders groß sind. Wichtig ist vor allem die Frage, auf welche Untergruppen (a, b, d, e, g, h) sich die Bemühungen um eine Verbesserung des Gesundheitszustandes konzentrieren sollten und welche spezifischen Interventions-Maßnahmen in diesen Untergruppen durchgeführt werden können.

Die Tabelle soll lediglich das allgemeine Konzept veranschaulichen. Es ist selbstverständlich nicht ausreichend, sich nur auf jeweils ein Merkmal der vertikalen bzw. der horizontalen sozialen Ungleichheit zu beschränken. Die vertikale soziale Ungleichheit lässt sich durch Merkmale wie Bildung, beruflicher Status, Einkommen und Vermögen beschreiben und die horizontale soziale Ungleichheit durch Merkmale wie Geschlecht, Alter, Nationalität und Familienstand. Je mehr dieser Merkmale einbezogen werden, umso größer ist die Möglichkeit, Personengruppen mit einer besonders großen gesundheitlichen Belastung charakterisieren zu können.

4.2 Bildung weiterer Untergruppen

Der Bildung von immer kleineren Untergruppen sind jedoch Grenzen gesetzt. In dem obigen

Beispiel werden sechs Untergruppen unterschieden. Wenn zudem fünf Altersgruppen gebildet werden, ergeben sich schon 30 Untergruppen. Jede weitere Unterteilung (z. B. nach Einkommensgruppen und Nationalität) führt zu einem drastischen Anstieg bei der Anzahl der Untergruppen. Im Extremfall befinden sich dann in jeder Untergruppe nur noch sehr wenige Personen (und häufig auch gar keine mehr).

Auf diese Weise würde sich die sozialepidemiologische Forschung selbst ad absurdum führen. Die Sozialepidemiologie basiert auf einem bevölkerungsbezogenen Ansatz, hier stehen also die gesundheitlichen Probleme im Vordergrund, die vielen Menschen in der gleichen sozialen Lage gemeinsam sind. Der Blick für diese gleiche soziale Lage geht jedoch verloren, wenn nur noch die ganz persönliche soziale Lage jedes Einzelnen im Vordergrund steht. Es kommt also darauf an, die richtige Balance zu finden. Auf der einen Seite muss die soziale Lage möglichst differenziert erfasst werden, da nur so die besonders belasteten Personengruppen gefunden und die Ursachen ihrer Belastung analysiert werden können. Auf der anderen Seite muss das Gemeinsame bei den besonders belasteten Personengruppen erkennbar bleiben.

Eine Lösung dieses Dilemmas kann hier nicht präsentiert werden, dazu bedarf es einer breiteren wissenschaftlichen Diskussion. Unbestreitbar ist jedoch, dass das Merkmal «Geschlecht» so grundlegende Unterschiede beim Gesundheitszustand und bei den gesundheitlichen Belastungen ausdrückt, dass es bei jeder sozialepidemiologischen Analyse berücksichtigt werden sollte. Es besitzt zudem nur zwei Ausprägungen; durch die Unterscheidung zwischen Frauen und Männern wird die Anzahl der Untergruppen also nur relativ gering erhöht. Unbestreitbar ist ebenfalls, dass der sozioökonomische Status einen zentralen Einfluss auf den Gesundheitszustand und die gesundheitlichen Belastungen ausübt und dass auch dieses Merkmal bei jeder sozialepidemiologischen Analyse berücksichtigt werden sollte. Etwas konkreter formuliert lauten die Fragen demnach:
- Wie kann der sozioökonomische Status erfasst werden, ohne zu viele Untergruppen bilden zu müssen?
- Welche weiteren Merkmale der vertikalen und/oder horizontalen sozialen Ungleichheit sollten einbezogen werden außer Alter, Geschlecht und sozioökonomischer Status?

4.3 Lebensstile

Die Gefahr der Bildung von zu kleinen Gruppen wird besonders deutlich bei der Lebensstil-Forschung. In der soziologischen Diskussion wird seit mehreren Jahren versucht, die Komplexität der sozialen Struktur detaillierter zu erfassen, als dies mit den traditionellen Konzepten der sozialen Ungleichheit möglich ist. Hintergrund dieser Bemühungen ist die These, dass die Unterteilung in hierarchisch geordnete soziale Schichten zunehmend an Bedeutung verliert. Um die Komplexität der sozialen Ungleichheit erfassen zu können, wurden die Begriffe «soziale Lage», «soziales Milieu» und «Lebensstil» geprägt. Sie lassen sich wie folgt definieren (Hradil 1994):
- Soziale Lage: Kombination vorteilhafter und unvorteilhafter Lebensbedingungen,
- Soziales Milieu: Kombination von Werthaltungen und Einstellungen,
- Lebensstil: Kombination von Verhaltensmustern.

Unterschiede in der sozialen Lage, im sozialen Milieu und im Lebensstil können als Formen der sozialen Ungleichheit angesehen werden. Gemeinsam mit den traditionellen Schichtmerkmalen (Bildung, beruflicher Status und Einkommen) kann so eine sehr feine Differenzierung der sozialen Struktur vorgenommen werden. In Abhängigkeit von der sozialen Lage, vom sozialen Milieu und/oder vom Lebensstil lassen sich beispielsweise innerhalb einer Bildungsgruppe viele Untergruppen differenzieren. Der Prozess der feineren Untergliederung lässt sich fast beliebig fortsetzen. Die Anzahl der Lebensbedingungen, aus der sich eine soziale Lage zusammensetzt, ist nahezu unbegrenzt, und jede Lebensbedingung kann Ausgangspunkt für eine neue Gruppenbildung sein. Ähnlich ist es auch beim sozialen Milieu und beim Lebensstil: Es gibt keine Grenze für die Bildung von Untergruppen, und im Extremfall besteht jede Gruppe nur aus einer einzigen Person.

4.4 Gender-Bias, Sozialstatus-Bias und weitere Verzerrungen

Die grundlegende methodische Anforderung an jede epidemiologische Studie lautet: Vermeidung bzw. Minimierung eines Bias. Ein Bias (eine Verzerrung oder Verfälschung des Ergebnisses durch eine nicht angemessene Methode) kann auf vielfältige Art und Weise entstehen. Die Fehler können in jeder Phase einer Studie auftreten, angefangen von der Auswahl der zu erhebenden Merkmale bis hin zur statistischen Auswertung und zur Diskussion der Ergebnisse. Es ist kaum möglich, alle potenziellen Fehlerquellen im Blick zu behalten. Einige sind jedoch von so zentraler Bedeutung, dass sie in jeder epidemiologischen Studie beachtet und weitgehend ausgeschaltet werden sollten, und dazu gehören sowohl der Gender-Bias als auch der Sozialstatus-Bias. Dabei geht es nicht um ein Entweder-oder, sondern um ein Sowohl-als-auch. Alle Fehlerquellen sollten so weit wie möglich gemeinsam vermieden werden.

Es ist bereits oben darauf hingewiesen worden, wie groß die Gefahr eines Gender-Bias ist und wie diese Gefahr verringert werden kann. Auch und vor allem als Sozialepidemiologe kann man sich nur wünschen, dass diese Bemühungen erfolgreich sind und zu einem weitgehenden Verschwinden des Gender-Bias führen. In Bezug auf den Sozialstatus-Bias sind wir dagegen noch relativ weit entfernt von einer intensiven Diskussion der sich daraus ergebenden verzerrten Wahrnehmung. Es lassen sich z. B. die beiden folgenden Ausprägungen dieses Bias unterscheiden:

- In einer Studie wird nicht oder nur ungenügend berücksichtigt, dass sozioökonomische Unterschiede beim Gesundheitszustand vorhanden sind.
- Die Konzeption einer Studie und/oder die Interpretation ihrer Ergebnisse erfolgen einseitig aus Sicht der Mittelschicht.

Bei der Analyse gesundheitlicher Ungleichheiten gibt es selbstverständlich nicht nur den Gender-Bias und den Sozialstatus-Bias. Wichtig ist auch der regionale Bias: Die Diskussion über das Thema «Armut und soziale Benachteiligung» bezieht sich zumeist auf die besonders betroffenen Bevölkerungsgruppen wie Arbeitslose, Erwerbstätige mit niedriger beruflicher Qualifikation oder allein Erziehende (Hanesch et al. 2000). Dabei wird nach wie vor nur selten beachtet, dass sich diese Bevölkerungsgruppen in bestimmten Regionen bzw. Stadtgebieten konzentrieren. So wird in der Diskussion über das Problem zunehmender Armut bei Kindern und Jugendlichen nur selten darüber nachgedacht, in welchen Stadtgebieten sich dieses Problem häuft und durch welche Merkmale des Stadtgebietes die soziale Benachteiligung noch verschärft wird (Breitfuss/Dangschat 2001). Umgekehrt wird auch bei den kommunalpolitischen Programmen für soziale Brennpunkte oder für Stadtteile mit besonderem Erneuerungsbedarf nur selten ein expliziter Bezug zur Gesundheit der Stadtteilbewohner hergestellt. Kommunalpolitische Maßnahmen für benachteiligte Stadtgebiete gehören jedoch ohne Frage zu den zentralen Aufgaben der Gesundheitsförderung (Mielck 2002). Trotz dieser engen Überlappung werden die beiden Bereiche «Kommunalpolitik» und «Gesundheitsförderung» jedoch noch häufig getrennt diskutiert (Boschek/Kügler 2001; Trojan 2001).

5. Zusammenfassung und Ausblick

Die Frauen-Gesundheitsforschung hat auch und gerade der Sozialepidemiologie einen immens wichtigen Impuls verliehen, indem alte Denkfehler aufgedeckt und neue theoretische Ansätze entwickelt worden sind. Die Vernachlässigung frauenspezifischer gesundheitlicher Belastungen und Ressourcen ist zweifellos auch für die wissenschaftliche Diskussion ein großer Hemmschuh gewesen. Ebenfalls erheblich an Aufmerksamkeit gewonnen hat die Frage, wie stark der sozioökonomische Status mit dem Gesundheitszustand zusammenhängt; hier ist jedoch erheblich weniger Kreativität und Produktivität entwickelt worden als in der Frauen-Gesundheitsforschung. Diese Diskrepanz lässt sich vermutlich relativ einfach erklären: Aufgrund der eigenen Betroffenheit der Gesundheitsforscherinnen ist die Frauen-Gesundheitsforschung mit einem großen Potenzial an Engagement und Wissen ausgestattet; für die untere soziale Schicht gibt es jedoch (noch) keine vergleichbar starke Lobby.

Die Erkenntnis, dass bei sozialepidemiologischen Analysen immer nach Alter und Geschlecht unterschieden werden muss, ist so alt und so unbestritten, dass es manchmal verwundert, warum nicht schon viel früher eine intensive wissenschaftliche Diskussion über die geschlechtsspezifischen gesundheitlichen Belastungen geführt wurde. Offenbar bedurfte es der Frauenbewegung, um diesen lange überfälligen Entwicklungsschritt zu gehen. Es wäre jedoch falsch, wenn sich das Thema «Frauengesundheit» vor allem durch Abgrenzung vom Thema «Männergesundheit» definieren würde. Im Zentrum steht die Frage, wie der Gesundheitszustand in besonders belasteten Bevölkerungsgruppen verbessert werden kann, und dabei spielt das Geschlecht selbstverständlich eine entscheidende Rolle, sowohl bei Frauen als auch bei Männern.

Die zentralen Aussagen dieses Beitrages lassen sich wie folgt zusammenfassen:
- Bei der Mortalität zeigt sich zumeist eine große gesundheitliche Ungleichheit zu Ungunsten der Männer; bei der Morbidität ist dagegen kein so klarer Unterschied vorhanden. Das Ausmaß dieser geschlechtsspezifischen Unterschiede in Mortalität und Morbidität ist abhängig vom Alter und vom sozioökonomischen Status.
- Frauen und Männer sind von unterschiedlichen gesundheitlichen Belastungen betroffen, und sie verfügen über unterschiedliche gesundheitliche Ressourcen. Es sollte daher bei allen gesundheitlichen Belastungen und Ressourcen nach geschlechtsspezifischen Unterschieden gesucht werden.
- Bei Mortalität und Morbidität zeigt sich zumeist eine große gesundheitliche Ungleichheit zu Ungunsten der unteren sozialen Schicht. Das Ausmaß dieser gesundheitlichen Ungleichheit ist abhängig vom Alter und vom Geschlecht.
- Die Personen aus unterschiedlichen sozialen Schichten sind von unterschiedlichen gesundheitlichen Belastungen betroffen, und sie verfügen über unterschiedliche gesundheitliche Ressourcen. Es sollte daher bei allen gesundheitlichen Belastungen und Ressourcen nach schichtspezifischen Unterschieden gesucht werden.

Es ist wichtig, bei den Analysen zum Thema «geschlechtsspezifischer Gesundheitszustand» stärker als bisher auf die sozioökonomischen Unterschiede zu achten, ebenso wie umgekehrt bei den Analysen zum Thema «schichtspezifischer Gesundheitszustand» die geschlechtsspezifischen Unterschiede noch stärker berücksichtigt werden müssen. Mit anderen Worten: Die Arbeiten zur gesundheitlichen Ungleichheit sollten sowohl Geschlechts-sensitiv als auch Sozialschicht-sensitiv sein. Einerseits sollten die theoretischen Ansätze daraufhin überprüft werden, ob sie für beide Geschlechter und für alle Sozialschichten gültig sind. Andererseits sollten die empirischen Analysen so weit wie möglich für die verschiedenen Untergruppen (Frauen aus der oberen Sozialschicht, Frauen aus der unteren Sozialschicht, Männer aus der oberen Sozialschicht, Männer aus der unteren Sozialschicht etc.) durchgeführt werden.

Dabei darf jedoch nicht übersehen werden, dass der sozioökonomische Status und das Geschlecht nur zwei (wenn auch besonders wichtige) Merkmale der sozialen Lage sind. Andere Merkmale wie Familienstand, Nationalität und Wohnort können ebenfalls einen großen Einfluss auf den Gesundheitszustand ausüben. Das ethische Ziel der sozialepidemiologischen Forschung lässt sich wie folgt formulieren: Alle Menschen sollen unabhängig von ihrer sozialen Lage die gleiche Chance erhalten, gesund zu bleiben beziehungsweise zu werden. Gesucht werden konkrete und umsetzbare Vorschläge, die dazu beitragen können, dieses Ziel so weit wie möglich zu erreichen. Je differenzierter die soziale Lage erfasst wird, umso eher werden sich zielgruppenspezifische Interventionsmaßnahmen ableiten lassen.

Literatur

Arbeitskreis Frauen und Gesundheit im Norddeutschen Forschungsverbund Public Health (Hrsg.) (1998). *Frauen und Gesundheit(en) in Wissenschaft, Praxis und Politik.* Bern, Göttingen.

Arber, S. (1989). «Gender and class inequalities in health: understanding the differentials». In: Fox, J. (ed.). *Health inequalities in European countries.* London, S. 250–278.

Babitsch, B. (1998). «Soziale Ungleichheit und Gesundheit bei Frauen in Westdeutschland». In: Ahrens, W., Bellach, B. M., Jöckel, K. H. (Hrsg.). *Messung soziodemographischer Merkmale in der Epidemiologie.* Robert Koch-Institut, RKI Schriften, 1/98, Berlin, S. 95–112.

Babitsch, B., Maschewsky-Schneider, U. (1999). «Armut und Gesundheit bei Frauen». In: Franke, M., Geene, R., Luber, E. (Hrsg.) (1999). *Armut und Gesundheit.* Gesundheit Berlin e. V.; Materialien zur Gesundheitsförderung. Bd. 1. Berlin, S. 75–76.

Babitsch, B. (2000). «Soziale Lage, Frauen und Gesundheit». In: Helmert, U., Bammann, K., Voges, W., Müller, R. (Hrsg.) (2000). *Müssen Arme früher sterben? Soziale Ungleichheit und Gesundheit in Deutschland.* Weinheim und München, S. 135–158.

Begenau, J. (1999). «Gesundheitliche Belastungen und Krankheitsbewältigung bei Frauen». In: Franke, M., Geene, R., Luber, E. (Hrsg.) (1999). *Armut und Gesundheit.* Gesundheit Berlin e. V.; Materialien zur Gesundheitsförderung. Bd. 1. Berlin, S. 77–82.

Behörde für Arbeit, Gesundheit und Soziales (Hrsg.) (2001). *Frauen und Gesundheit. Empfehlungen für die Verbesserung der Frauengesundheit in Hamburg.* Eigenverlag, Hamburg.

Berkman, L., Kawachi, I. (Hrsg.) (2000). «A historical framework for social epidemiology». In: Berkman, L., Kawachi, I. (eds.). *Social Epidemiology.* New York, S. 3–12.

Boschek, H. J., Kügler, K. J. (2001). «Kommunale Gesundheitspolitik als Forschungsfeld von Public Health und Sozialwissenschaften». *Das Gesundheitswesen,* 63, Sonderheft 1, S. 63–67.

Breitfuss, A., Dangschat, J. S. (2001). «Sozialräumliche Aspekte der Armut im Jugendalter». In: Klocke, A., Hurrelmann, K. (Hrsg.) (2001). *Kinder und Jugendliche in Armut.* 2., vollst. überarb. Aufl. Opladen, S. 120–139.

Bulmahn, Th. (1997). «Soziostruktureller Wandel: soziale Lagen, Erwerbsstatus, Ungleichheit und Mobilität». In: Zapf, W., Habich, R. (Hrsg.). *Wohlfahrtsentwicklung im vereinten Deutschland. Sozialstruktur, sozialer Wandel und Lebensqualität.* Berlin, S. 25–49.

Cameron, E., Bernardes, J. (1998). «Gender and disadvantage in health: men's health for a change». *Sociology of Health & Illness,* 20, S. 673–693.

Doyal. L. (2000). «Gender equity in health: debates and dilemmas». *Soc Sci Med.* 51, S. 931–939.

Eichler, M., Fuchs, J., Maschewsky-Schneider, U. (2000). «Richtlinien zur Vermeidung von Gender-Bias in der Gesundheitsforschung». *Zeitschrift für Gesundheitswissenschaften,* 8, S. 293–310.

Faltermaier, T. (2001). «Männer, Gesundheit, Gesundheitsförderung: Eine vernachlässigte Perspektive». *Impulse – Newsletter zur Gesundheitsförderung der Landesvereinigung für Gesundheit Niedersachsen,* 30, S. 1–2.

Franke, M., Geene, R., Luber, E. (Hrsg.) (1999). *Armut und Gesundheit.* Gesundheit Berlin e. V.; Materialien zur Gesundheitsförderung. Bd. 1. Berlin.

Frerichs, P. (1997). *Klasse und Geschlecht. Arbeit. Macht. Anerkennung. Interessen.* Opladen.

Geene, R., Gold, C. (Hrsg.) (2000). *Gesundheit für Alle! Wie können arme Menschen von kurativer und präventiver Gesundheitsversorgung erreicht werden?* Gesundheit Berlin e. V.; Materialien zur Gesundheitsförderung. Bd. 4. Berlin.

Geißler, R. (1996). «Kein Abschied von Klasse und Schicht. Ideologische Gefahren der deutschen Sozialstrukturanalyse». *Kölner Zeitschrift für Soziologie und Sozialpsychologie,* 48, S. 319–338.

Gottschall, K. (2000). *Soziale Ungleichheit und Geschlecht. Kontinuitäten und Brüche, Sackgassen und Erkenntnispotenziale im deutschen soziologischen Diskurs.* Opladen.

Habich, R., Noll, H. H. (Hrsg.) (1999). «Objektive Lebensbedingungen und subjektives Wohlbefinden im vereinten Deutschland». In: Statistisches Bundesamt (Hrsg.) (1999). *Datenreport 1999.* Bundeszentrale für politische Bildung. München, S. 413–612.

Hanesch, W., Krause, P., Bäcker, G. (2000). *Armut und Ungleichheit in Deutschland. Der neue Armutsbericht der Hans-Böckler-Stiftung, des DGB und des Paritätischen Wohlfahrtsverbands.* Reinbek.

Heinrich, J., Mielck, A., Schäfer, I., Mey, W. (2000). «Social inequality and environmentally-related diseases in Germany. Review of empirical results». *Sozial- und Präventivmedizin,* 45, S. 106–118.

Helmert, U., Bammann, K., Voges, W., Müller, R. (Hrsg.) (2000). *Müssen Arme früher sterben? Soziale Ungleichheit und Gesundheit in Deutschland.* Weinheim und München.

Hradil, S. (1994). «Neuerungen in der Ungleichheitsanalyse und die Programmatik künftiger Sozialepidemiologie». In: Mielck, A. (Hrsg.). *Krankheit und soziale Ungleichheit. Ergebnisse der sozialepidemiologischen Forschung in Deutschland.* Opladen, S. 375–392.

Klocke, A., Hurrelmann, K. (Hrsg.) (2001). *Kinder und Jugendliche in Armut.* 2., vollst. überarb. Aufl. Opladen.

Kolip, P. (1998). «Frauen und Männer». In: Schwartz, F. W., Badura, B., Leidl, R., Raspe, H., Siegrist, J.

(Hrsg.). *Das Public Health Buch*. München et al., S. 506–516.

Kußmaul, B., Döring, A., Stender, M., Winkler, G., Keil, U. (1995). «Zusammenhang zwischen Ernährungsverhalten und Bildungsstand: Ergebnisse der Ernährungserhebung 1984/85 des MONICA-Projektes Augsburg». *Z Ernährungswiss*, 34, S. 177–182.

Laaser, U., Gebhardt, K., Kemper, P. (Hrsg.) (2000). *Gesundheit und soziale Benachteiligung*. Lage.

Maschewsky-Schneider, U. (1997). *Frauen sind anders krank. Zur gesundheitlichen Lage von Frauen in Deutschland*. Weinheim, München.

Maschewsky-Schneider, U., Hinze, L., Kolip, P., Scheidig, C. (2001). «Frauen- und geschlechtsspezifische Gesundheitsforschung in der DGSMP». *Das Gesundheitswesen*, 63, Sonderheft 1, S. 89–92.

Mielck, A. (2000a). *Soziale Ungleichheit und Gesundheit: Empirische Ergebnisse, Erklärungsansätze, Interventionsmöglichkeiten*. Bern et al.

Mielck, A. (2000b). «Fortschritte bei der Erklärung von gesundheitlicher Ungleichheit und bei der Entwicklung von Interventionsmaßnahmen (Editorial)». *Zeitschrift für Gesundheitswissenschaften*, 8, S. 194–197.

Mielck, A. (2001). «Armut und Gesundheit bei Kindern und Jugendlichen: Ergebnisse der sozialepidemiologischen Forschung in Deutschland». In: Klocke, A., Hurrelmann, K. (Hrsg.) (2001). *Kinder und Jugendliche in Armut*. 2., vollst. überarb. Aufl. Opladen, S. 230–253.

Mielck, A. (2002). «Soziale Ungleichheit und Gesundheit: Die regionale Konzentration eines gesamtgesellschaftlichen Problems». In: Mielck, A., Abel, M., Heinemann, H., Stender, K.-P. (Hrsg.). *Auf dem Weg: ‹Gesunde Städte› – Projekte zur Chancengleichheit*. Lage, S. 41–67.

Mielck, A., Bloomfield, K. (Hrsg.) (2001a). *Sozialepidemiologie. Einführung in die Grundlagen, Ergebnisse und Umsetzungsmöglichkeiten*. Weinheim.

Mielck, A., Bloomfield, K. (2001b). «Einführung». In: Mielck, A., Bloomfield, K. (Hrsg.) (2001a). *Sozialepidemiologie. Einführung in die Grundlagen, Ergebnisse und Umsetzungsmöglichkeiten*. Weinheim.

Ministerium für Frauen, Jugend, Familie und Gesundheit des Landes Nordrhein-Westfalen (Hrsg.) (2000). *Gesundheit von Frauen und Männern*. Bielefeld.

Schmeiser-Rieder, A., Kunze, M. (1999). *Wiener Männergesundheitsbericht. Magistratsabteilung für Angelegenheiten der Landessanitätsdirektion*. Wien.

Statistisches Bundesamt (Hrsg.) (1999). *Datenreport 1999*. Bundeszentrale für politische Bildung. München.

Trojan, A. (2001). «Soziale Stadtentwicklung und Armutsbekämpfung als Gesundheitsförderung». *Das Gesundheitswesen*, 63, Sonderheft 1, S. 43–47.

v.d.Knesebeck, O. (2000). «Sozialer Status und subjektive Gesundheit im Alter». *Zeitschrift für Gesundheitswissenschaften*, 8, S. 262–272.

Der Einfluss von Familien- und Erwerbsarbeit auf die Gesundheit

Marianne Resch

1. Einleitung

Arbeit hat eine zentrale Bedeutung für die Gesundheit und das Wohlbefinden des Menschen. Diese Aussage ist weitgehend unbestritten, wird jedoch überwiegend auf den Zusammenhang von Berufstätigkeit und Gesundheit beschränkt. In diesem Beitrag sollen die Erwerbsarbeit *und* die Familienarbeit als Einflussfaktoren auf die Gesundheit diskutiert werden. Aufgegriffen wird damit ein Thema, das mit weiteren Kennzeichnungen wie z. B. doppelter Lebensentwurf, Vereinbarkeit von Beruf und Familie, Doppel- oder Mehrfachbelastung usw. vielfältig umschrieben wird. Ansätze und Studien in diesem Bereich weisen jedoch häufig systematische Lücken auf. Dies soll einleitend an zwei Punkten deutlich gemacht werden.

Im zweiten Abschnitt werden verschiedene Forschungsansätze im Bereich Arbeit und Gesundheit vorgestellt. Erweiterungen im Hinblick auf die Analyse der Familienarbeit sind Gegenstand des dritten Abschnittes. Das Zusammenwirken der Arbeitsbereiche Beruf und Familie wird im vierten Abschnitt behandelt. Diese Überlegungen sind Grundlage, um Fragen geschlechtsspezifischer Arbeitsteilung und ihrer Folgen aufzugreifen.

1.1 Familie und Beruf – ein Frauenproblem?

Das Thema «Familie und Beruf» wird bis heute eher als ein «Frauenthema» angesehen: Veröffentlichungen hierzu behandeln zumeist vorrangig die Arbeits- und Lebenssituation berufstätiger Mütter; empirische Untersuchungen beziehen sich überwiegend auf rein weibliche Stichproben oder stellen «frauenspezifische» Fragen, die sich scheinbar exklusiv auf den weiblichen Lebenszusammenhang richten (vgl. z. B. Brüderl/Paetzold 1992; Fooken/Lind 1994). Zu Letzterem gehören etwa die Frage nach Unterschieden des gesundheitlichen Zustands von berufstätigen Frauen im Vergleich mit dem von Hausfrauen oder die Frage nach den Erwerbsmotiven von Müttern sowie nach möglichen Auswirkungen mütterlicher Erwerbstätigkeit auf die kindliche Entwicklung. Demgegenüber finden sich in Untersuchungen mit Männern allenfalls Vergleiche des Gesundheitsbefindens zwischen verschiedenen Berufsgruppen oder zwischen Berufstätigen und Erwerbslosen. Fragen nach dem besonderen Erwerbsmotiv von Männern oder nach den Folgen einer kontinuierlichen Berufstätigkeit der Väter für ihre Kinder werden in der Regel nicht gestellt.

Wenn für Frauen und Männer verschiedene Fragen gestellt werden, so können die Forschungsergebnisse die Annahme von Geschlechterdifferenzen bestärken, was wiederum zur Rechtfertigung weiterer Unterschiede in den untersuchten Fragestellungen herangezogen wird. Eichler (1998) bezeichnet ein solches Vorgehen als doppelten Bewertungsmaßstab und verweist darauf, dass dies zu geschlechtsspezifischen Verzerrungseffekten (Gender-Bias) führen kann.

Ein doppelter Bewertungsmaßstab bei der Untersuchung der Folgen von Arbeit wurde bereits 1979 von Feldberg und Glenn kritisiert. Sie zeigen auf, dass in vielen vorliegenden Ansätzen

Frauen als besondere Gruppe im Erwerbsleben dadurch gekennzeichnet werden, dass sie nicht nur im Betrieb, sondern auch zu Hause arbeiten. Für Männer gilt dies nicht. Implizit oder explizit wird davon ausgegangen, dass die Familiensituation und damit verbundene Aufgaben das arbeitsbezogene Befinden der Frauen beeinflussen, nicht jedoch das der Männer. Im Resultat gibt es zwei unterschiedliche Modelle zur Erklärung der Wirkungen von Arbeit – ein Job-Modell und ein Gender-Modell. Im Job-Modell wird davon ausgegangen, dass die konkreten Arbeitsbedingungen einen wesentlichen Einfluss auf das Befinden, die psychische Gesundheit oder die Arbeitszufriedenheit haben. Unterschiede in diesen Aspekten werden somit in erster Linie über Umstände der Arbeit selbst erklärt. Im Gender-Modell wird demgegenüber vor allem auf außerberufliche Faktoren, insbesondere die Geschlechts- und Familienrolle, rekurriert. Die konkrete Familiensituation, persönliche Eigenschaften und familienorientierte Erwartungen sind nach diesem Modell sehr viel bedeutender als die konkreten Bedingungen am Arbeitsplatz.

Man mag die Unterscheidung der beiden Modelle als weitere Bestätigung der geschlechtlichen Arbeitsteilung nehmen, die den Frauen primär die Familie und den Männern die Berufswelt zuweist. Theoretisch wie methodisch ist allerdings eine isolierte Betrachtung des weiblichen wie des männlichen Lebenszusammenhangs nicht sinnvoll. Sie lässt offen, ob die für das eine Geschlecht als bedeutsam angesehenen Situationsmerkmale bei dem jeweils anderen Geschlecht nicht vorhanden sind oder ob sie lediglich anders wirken. Ist beispielsweise der Gesundheitszustand berufstätiger Mütter auf die im Vergleich zu Männern höhere Belastung durch die Familie zurückzuführen oder fehlt es ihnen an – bei Vätern eventuell vorhandenen – adäquaten Bewältigungsstrategien im Umgang mit der so genannten Doppelrolle?

Die empirischen Belege für geschlechtsspezifische Auswirkungen der Arbeitsbedingungen sind zudem mehr als dürftig. Insbesondere fehlt es an vergleichenden oder vergleichbaren Untersuchungen zwischen Frauen und Männern. Die Untersuchungen, die Vergleiche zulassen, belegen das Gender-Modell keineswegs. Der Einfluss der außerberuflichen Faktoren wird häufig überschätzt (vgl. kritisch hierzu z. B. Karasek et al. 1987). Dies gilt auch für die Annahme geschlechtsspezifischer Unterschiede. Bereits seit Ende der Siebzigerjahre liegen Studien vor, in denen über keine bedeutsamen Unterschiede zwischen Frauen und Männern in den Auswirkungen der Erwerbsarbeit auf die psychosoziale Gesundheit und die Persönlichkeitsentwicklung berichtet wird (z. B. Miller et al. 1979). In die gleiche Richtung verweisen die Ergebnisse einer von Sonnentag (1996) veröffentlichten Metaanalyse: Die in neueren Studien gefundenen Zusammenhänge zwischen Arbeitsbedingungen und psychischem Befinden unterscheiden sich zwischen Frauen und Männern nicht wesentlich.

Die Verwendung eines Job-Modells für die Untersuchung männlicher Lebenssituationen und eines Gender-Modells für die Analyse des weiblichen Lebenszusammenhangs ist also weder durch empirische Ergebnisse zu begründen noch theoretisch sinnvoll. Stattdessen ist zu fordern, dass die für die Gesundheit relevanten Merkmale bei der Untersuchung von Männern wie Frauen auf Grundlage eines (einheitlichen) theoretischen Modells erhoben werden. Erst danach lässt sich fragen, welche dieser Bedingungen eher im weiblichen und welche eher im männlichen Lebenszusammenhang anzutreffen sind, mit welchen Auswirkungen sie verbunden sein können und ob sich Frauen und Männer im Umgang mit bestimmten Bedingungen unterscheiden.

1.2 Alles eine Frage der zeitlichen Belastung?

Eine zweite Einschränkung des Blicks auf das Thema «Familie und Beruf» betrifft die Konzentration auf negative Folgen des so genannten doppelten Lebensentwurfs berufstätiger Eltern. Die Rede ist überwiegend von Doppel- oder Mehrfachbelastung, gefragt wird nach Rollenkonflikten und Problemen der Vereinbarung. Im Vordergrund stehen hierbei der Aspekt zeitlicher Überlastung sowie die Zahl der eingenommenen Rollen. Dies ist zunächst angesichts vorliegender Untersuchungen auch nahe liegend: Insbesondere berufstätige Mütter – das ist durch Zeitbudgetstudien hinreichend belegt – müssen ein enormes Arbeitspensum leisten, sie haben kaum Zeit für sich selbst und verzichten zum Teil auf ausreichend Schlaf, um den verschiedenen Pflichten gerecht zu werden (vgl. z. B. Blanke et al. 1996).

Die Untersuchung solcher quantitativer Überforderung und ihrer Folgen sollte jedoch nicht den Blick auf qualitative Merkmale der verschiedenen Rollen bzw. Aufgabenbereiche verstellen. Eine Beschränkung auf zeitliche Aspekte des doppelten Lebensentwurfs läuft Gefahr, Vorteile und potenzielle positive Faktoren der Erwerbsarbeit zu übersehen, beispielsweise die Gelegenheit zum Erwerb von Kompetenzen, die Erfahrung von Kooperation sowie die Möglichkeiten zur Gewinnung von Selbstvertrauen (zu der Gegenüberstellung eines Job-Stress-Modells und eines Health-Benefits-Modells vgl. Sorensen/Verbrugge 1987). Zudem wird argumentiert, dass das Innehaben vielfältiger Rollen nicht nur zeitliche Konflikte in sich birgt, sondern zugleich die Chancen für die Entwicklung von Selbstbewusstsein oder den Erhalt sozialer Unterstützung steigern könne. Letzterer Gedanke entspricht dem so genannten Role-Expansion-Modell (Sorensen/Verbrugge 1987).

Auch ein Blick in vorliegende Untersuchungen zeigt, dass die Annahme einer quantitativen (Rollen-) Überforderung berufstätiger Frauen nicht eindeutig belegt ist. Überblicksartikel zu Untersuchungen der Gesundheit von Frauen berichten hierzu inkonsistente Ergebnisse. In den meisten Fällen zeigt sich, dass berufstätige Frauen bessere Gesundheitswerte aufweisen als Hausfrauen; in einigen Studien werden sie jedoch als Gruppe mit dem höchsten Krankheitsrisiko ausgewiesen (zum Überblick vgl. z. B. Kuhlmann 1996, S. 38ff.). Die Inkonsistenz ist unter anderem auf methodische Probleme zurückzuführen. So wird z. B. in den Untersuchungen allzu häufig auf eine Erfassung verschiedener Aspekte der konkreten Arbeitsbedingungen verzichtet. Sowohl zwischen Berufsgruppen als auch innerhalb einer Berufsgruppe lassen sich jedoch sehr unterschiedliche Belastungskonstellationen finden.

Methodische Lücken bei der Erhebung der konkreten Arbeitsbedingungen finden sich in noch verstärktem Umfang bei der Untersuchung des Arbeitsbereichs Familie. Auch hier müsste – wie im Fall des Berufes – nach den konkreten Bedingungen im Haushalt gefragt werden. Die Arbeitssituation und damit verknüpfte Belastungen in einem gut ausgestatteten Haushalt mit einem kleinen Kind sind offensichtlich andere als in einem Haushalt, in dem mehrere Kinder leben, Betreuung und Erziehung überwiegend von einer Person allein geleistet werden und kaum finanzielle und zeitliche Ressourcen vorhanden sind. Verschiedene Autorinnen fordern daher auch, in der Analyse der Wirkungen multipler Rollen sehr viel differenzierter auf die Qualität der verschiedenen Rollen einzugehen (z. B. Noor 1995; Baruch/Barnett 1986 sowie Abschnitt 3).

Es gibt nun eine Vielzahl potenzieller Qualitätsmerkmale von Arbeit. Der folgende Abschnitt geht daher – nach einer kurzen Einführung und Kennzeichnung verschiedener Zugänge zu dem Thema – exemplarisch auf ein arbeitspsychologisches Konzept ein, in dessen Rahmen Kriterien gesundheitsgerechter Arbeit ableitbar sind.

2. (Erwerbs-) Arbeit und Gesundheit

Wenn im Kontext beruflicher Arbeit das Thema Gesundheit angesprochen wird, werden häufig in der Person liegende Faktoren sowie Fehl- oder Risikoverhalten genannt, wie z. B. schlechte Ernährung, Bewegungsmangel oder Alkoholkonsum. Berücksichtigt man jedoch Ergebnisse der sozialepidemiologischen Forschung, können Ursachen für Krankheit oder Gesundheit nicht (nur) in der Person und ihren Verhaltensweisen gesucht werden.

> Sozialepidemiologische Studien über den Einfluss der Arbeit auf die Gesundheit der Beschäftigten gehen davon aus, dass sich in der Erwerbsarbeit ‹strukturierte Realitäten› identifizieren lassen, […] mit denen die Beschäftigten konfrontiert sind, mit denen sie umgehen oder die sie ertragen müssen und die sich entweder positiv oder negativ auf ihr seelisches Befinden und ihren körperlichen Zustand auswirken. (Badura 1993, S. 23)

Die Analyse, Bewertung und Gestaltung von gesundheitsbeeinträchtigenden bzw. -förderlichen

Arbeitsbedingungen ist daher ein wichtiger Beitrag zum Verständnis von und zur Förderung der Gesundheit.

Forschungen hierzu finden sich – jenseits der bereits genannten Sozialepidemiologie – in verschiedenen weiteren Disziplinen, z. B. in der Arbeits- oder Sozialmedizin, in der Soziologie, der Arbeitspsychologie oder in der Arbeitswissenschaft. An dieser Stelle kann kein Überblick über Konzepte und Beiträge der verschiedenen Disziplinen gegeben werden, sondern es sollen aus arbeitspsychologischer Sicht verschiedene Ansätze zur Untersuchung des Einflusses der Arbeit auf die Gesundheit aufgezeigt werden (für einen Überblick vgl. z. B. Schabracq et al. 1996; Mohr/Udris 1997).

2.1 Untersuchung physischer und psychosozialer Belastungsfaktoren

Traditionelles Ziel des betrieblichen Arbeits- und Gesundheitsschutzes ist die Suche und Beseitigung oder Veränderung solcher Faktoren der Arbeit, die zu vorübergehenden oder dauerhaften Krankheiten sowie zu Einschränkungen der Berufs- und Erwerbsfähigkeit führen. Vorrangig werden hier äußere bzw. *physische Faktoren* in der Arbeitsumgebung berücksichtigt, die auf den arbeitenden Menschen einwirken, z. B. in Form spezieller muskulärer, nervlicher oder somatischer Anforderungen, oder ihn sogar schädigen können.

Bezug genommen wird hierbei meist auf das klassische arbeitswissenschaftliche Belastungs-Beanspruchungskonzept (Rohmert/Rutenfranz 1975). In diesem Konzept wird unterschieden zwischen äußerlich beobachtbaren Belastungen in der Arbeit und deren Wirkungen auf den arbeitenden Menschen. Letztere werden als Beanspruchung bezeichnet. Der Grundgedanke dieses Modells besagt, dass das Ausmaß der Beanspruchung durch die Höhe der Belastungen sowie durch individuelle Eigenheiten des arbeitenden Menschen bestimmt wird.

Von großer Bedeutung ist dieses Konzept für die Festlegung von Richtwerten oder Normen zur Intensität oder Einwirkungsdauer bestimmter Umgebungsbedingungen und damit zur arbeitswissenschaftlichen Gestaltung von Arbeitssystemen. Kritisiert wurde es u. a. im Hinblick darauf, dass sowohl Wechselwirkungen zwischen Belastungen und Personen als auch potenzielle Bewältigungsmöglichkeiten im Umgang mit vorhandenen Belastungen vernachlässigt werden. Inzwischen liegen verschiedene Erweiterungen des klassischen Belastungs-Beanspruchungskonzeptes vor (z. B. Rohmert 1984), die einige der vorgetragenen Kritikpunkte aufzugreifen versuchen.

Ein zentraler Gesichtspunkt der Diskussion um die Grenzen des Belastungs-Beanspruchungskonzeptes betrifft die Forderung, neben physischen Einflussgrößen auch psychosoziale Faktoren bzw. psychologisch relevante Merkmale der Arbeitssituation einzubeziehen. Diese Forderung steht ganz in der Tradition der in den Siebzigerjahren begonnenen Forschungsarbeiten zur «industriellen Psychopathologie» (Frese et al. 1978). Hierbei wurde eine Vielzahl pathogener Bedingungen identifiziert, die in der Arbeitssituation begründet liegen und mit Einschränkungen des Wohlbefindens, psychosomatischen Beschwerden oder auch manifesten Krankheiten einhergehen. Zu solchen potenziellen Belastungen oder Stressoren in der Arbeit zählen beispielsweise quantitative Überforderung bzw. Zeitdruck, Schichtarbeit, soziale Konflikte, Arbeitsplatzunsicherheit oder Monotonie (einen Überblick geben z. B. Udris/Frese 1999). Sie können sich aus der Aufgabenstellung, aus der Arbeitsorganisation oder aus den sozialen Beziehungen am Arbeitsplatz ergeben. Häufig handelt es sich hierbei nicht um große und einschneidende Ereignisse, sondern um kleinere und alltägliche Reibereien bzw. Ärgernisse.

Inzwischen liegen zahlreiche Studien vor, in denen von substanziellen Zusammenhängen zwischen den genannten Stressoren und Gesundheits- bzw. Krankheitsindikatoren berichtet wird – weniger häufig finden sich hingegen methodisch gründlich durchgeführte Längsschnittstudien, die eine Überprüfung von Hypothesen über Ursache-Wirkungsbeziehungen erlauben (vgl. Leitner 1997; Zapf et al. 1996).

Erklärt werden die Befunde meist unter Bezugnahme auf so genannte transaktionale Konzepte in der Tradition des bekannten Stressmodells von Lazarus (vgl. Lazarus/Launier 1981). Demnach spielen psychische Verarbeitungsprozesse für das Stressgeschehen eine entscheidende Rolle: In einer ersten Beurteilung (primäre Bewertung) wird ein Ereignis bzw. eine Situation durch die Person als mehr oder weniger bedeutsam für ihr Wohlergehen eingestuft. Die sekundäre Bewertung betrifft die Einschätzung der individuellen Bewältigungsfähigkeiten sowie der situativen Bewältigungsmöglichkeiten. Beide Prozesse beeinflussen die Wirkung potenzieller Stressoren auf den Menschen.

Kritisiert wurde an diesem Konzept, dass nicht entscheidbar ist, unter welchen Bedingungen welche Bewertungen und entsprechende Stressreaktionen zu erwarten sind. Da kein Kriterium benannt wird, anhand dessen man Stressoren bestimmen könnte, resultiert ein zirkuläres Verständnis von Stress (vgl. z. B. Dunckel 1985, S. 28ff.). Gerade für die Untersuchung potenziell belastender Bedingungen am Arbeitsplatz ist dies jedoch ein einschneidender Mangel, da in diesem Bereich – z. T. unabhängig von den jeweiligen Beschäftigten – die Frage zu beantworten ist, welche Aspekte für die Mehrzahl der arbeitenden Menschen zu Gesundheitsbeeinträchtigungen führen. Um hier der Gefahr eines Zirkelschlusses zu entgehen, definiert z. B. Greif (1991) Stressoren als hypothetische Faktoren, die mit erhöhter Wahrscheinlichkeit Stress oder Stressempfindungen auslösen, und schlägt als eine mögliche Forschungsstrategie vor, dass solche hypothetischen Stressoren explizit vor Beginn der Untersuchung festgelegt und anschließend empirisch überprüft werden sollten (ebd., S. 13). Eine theoriegeleitete Identifikation von potenziellen Stressoren ist unter Bezugnahme auf handlungstheoretische Überlegungen möglich. Diese beinhalten allgemeine Annahmen über menschliches Handeln und eine daraus abgeleitete Beurteilung der gegebenen Arbeitsbedingungen als diesem Handeln mehr oder weniger angemessen. Hierauf wird in Abschnitt 2.3 eingegangen.

2.2 Untersuchung belastender und entlastender Einflussfaktoren

Forschungen in der Tradition des Belastungs-Beanspruchungsmodells sowie der Stresstheorien akzentuieren die Frage nach der Pathogenese, d. h. gesucht werden Bedingungen und Ereignisse, die Menschen krank machen. Seit einiger Zeit wird demgegenüber eine verstärkte Untersuchung von entlastenden und gesundheitsförderlichen Merkmalen gefordert. Gefragt werden soll danach, warum Menschen trotz Belastungen nicht krank werden und über welche Möglichkeiten sie verfügen, um ihre Gesundheit zu erhalten. Als Ausgangspunkt dieses Wechsels von einer pathogenetischen Fragestellung zu einer Analyse der Salutogenese gelten die Arbeiten von Antonovsky (1979, 1997). Begleitet wird dieser Wechsel von einer Diskussion über erforderliche Erweiterungen des Gesundheitsbegriffs, um Gesundheit nicht mehr nur als Abwesenheit von Krankheit und Gebrechen zu betrachten, sondern positiv zu bestimmen. Ein solches weiter gehendes Verständnis von Gesundheit beinhaltet Aspekte wie die Entfaltung der eigenen Fähigkeiten und die Führung eines gesellschaftlich wie wirtschaftlich erfüllten Lebens. Betont wird hiermit zugleich der Prozesscharakter von Gesundheit (zur Diskussion über den Gesundheitsbegriff vgl. z. B. Faltermaier 1994 sowie Greiner 1998).

Folgt man der salutogenetischen Frage, so gilt es nach Ressourcen im Umgang mit Stressoren oder Belastungen zu suchen. Hierbei wird in der Regel zwischen inneren (personalen) und äußeren (organisationalen) Faktoren unterschieden. Zu den bekanntesten inneren Ressourcen zählt das auf Antonovsky zurückgehende Konzept eines Kohärenzgefühls («sense of coherence»). Ihm entspricht eine allgemeine Überzeugung, in der das Ausmaß der Zuversicht gegenüber den eigenen Lebensumständen zum Ausdruck kommt. Diese Zuversicht betrifft die Aspekte der Verstehbarkeit, der Bewältigbarkeit sowie der Sinnhaftigkeit der Anforderungen und Ereignisse, mit denen ein Individuum konfrontiert ist. Neben solchen «kognitiven Überzeugungssystemen» werden noch «situationskonstante, aber zugleich flexible gesundheitserhaltende und Gesundheit wiederherstellende Handlungsmuster» (Udris/Rimann 2000, S. 132) als interne Gesundheitsressourcen genannt.

Äußere Ressourcen werden als situative Bedingungen gefasst, auf die ein Individuum bei Bedarf zurückgreifen kann, um die eigene Gesundheit zu erhalten oder wiederherzustellen. Aufgeführt werden hierbei vor allem der Spielraum für eigene Entscheidungen sowie die soziale Unterstützung bei der Arbeit. Ressourcenkonzepte sind zunehmend populär geworden –

ungeklärt ist jedoch bis heute die konzeptionelle und operationale Trennung zwischen inneren Ressourcen und Gesundheit einerseits sowie zwischen äußeren Ressourcen, Anforderungen und Belastungen der Situation andererseits. Die von vielen Autoren betonte mildernde bzw. «abpuffernde» Wirkung von Ressourcen unterstreicht die Notwendigkeit einer differenzierten Situations- bzw. Tätigkeitsanalyse zur Untersuchung des Zusammenhangs von Arbeit und Gesundheit. Die Frage jedoch, ob ein bestimmtes Tätigkeitsmerkmal – wie z. B. der Entscheidungsspielraum oder die Kommunikationsmöglichkeiten am Arbeitsplatz – direkt positive Effekte auf die Gesundheit hat oder indirekt als Ressource im Umgang mit Belastungen wirkt, lässt sich vor dem Hintergrund der vorliegenden Konzepte nicht eindeutig entscheiden.

Mit der Ausweitung auf salutogenetische Fragestellungen ergeben sich Bezüge zu der Forschungstradition, in der die Frage nach der Persönlichkeitsförderlichkeit von Arbeit im Vordergrund steht (vgl. z. B. Volpert 1979). Die Suche nach möglichen Ressourcen zum Erhalt und zur Förderung der Gesundheit lässt sich unmittelbar mit den Bemühungen um eine Humanisierung des Arbeitslebens verbinden. Letztere integrieren Fragen des Gesundheitsschutzes und das Anliegen der Gesundheitsförderung. So definiert Ulich (1984) human gestaltete Arbeitstätigkeiten als solche, die

> die psychophysische Gesundheit der Arbeitstätigen nicht schädigen, ihr psychosoziales Wohlbefinden nicht – oder allenfalls vorübergehend – beeinträchtigen, ihren Bedürfnissen und Qualifikationen entsprechen, individuelle und/oder kollektive Einflussnahme auf Arbeitsbedingungen und Arbeitssysteme ermöglichen und zur Entwicklung ihrer Persönlichkeit im Sinne der Entfaltung ihrer Potenziale und Förderung ihrer Kompetenzen beizutragen vermögen. (S. 915)

Im folgenden Abschnitt wird auf eine konzeptionelle Unterscheidung von Anforderungen und Belastungen eingegangen, die im Kontext der zuletzt genannten Forschungstradition – speziell der arbeitspsychologischen Handlungsregulationstheorie – ausgearbeitet wurde. Hiermit wird nicht nur genauer spezifiziert, was unter Belastung zu verstehen ist, sondern es werden ausgehend von allgemeinen Überlegungen zum menschlichen (Arbeits-) Handeln diejenigen Merkmale bestimmt, die als Stärken des Menschen gelten und die entsprechend in der Arbeit – einem der bedeutsamsten Tätigkeitsbereiche des Menschen – geschützt, gefordert und gefördert werden sollten. Vor diesem Hintergrund lassen sich Kriterien gesundheitsgerechter Arbeit benennen, die nicht nur für die Untersuchung der Erwerbsarbeit von Bedeutung sind.

2.3 Unterscheidung von Anforderungen und Belastungen in der Arbeit

In der Arbeitspsychologie finden sich seit langem verschiedene Bemühungen um die Formulierung einer Psychologie des Handelns und seiner Regulation, die als allgemeinpsychologische Fundierung dienen sollen (einen Überblick gibt z. B. Volpert 1987). Für diese Forschungsrichtung hat sich der Begriff «Handlungsregulationstheorie» eingebürgert; unter «Regulation» werden dabei «die psychischen Prozesse der Formung und Lenkung von Handlungen» verstanden (Volpert 1987, S. 5).

Ausgegangen wird hierbei von einem bestimmten Menschenbild. Kurz gesagt zeichnet sich der Mensch nach dieser Vorstellung dadurch aus, dass er die Fähigkeit hat, komplexe Ziele längerfristig zu verfolgen. Hierbei kann er flexibel mit sich ständig verändernden und z. T. neuen Bedingungen umgehen. Zudem ist er in der Lage, mit anderen Menschen zu interagieren und sich in seinem Handeln mit ihnen abzustimmen. In diesem Prozess entwickelt sich der Mensch zugleich weiter.

Entsprechend wird angenommen, dass eine Arbeit, die diese menschlichen Fähigkeiten abverlangt oder fordert, sie zugleich *fördert* und damit positiv zur Entwicklung des arbeitenden Menschen beiträgt. Umgekehrt: Verlangt eine Arbeit kaum eigene Überlegungen und Zielsetzungen, wird vorgeschrieben, was zu tun ist, und hierbei mit niemandem zusammengearbeitet, so liegen wichtige menschliche Kompetenzen brach und es besteht die Gefahr, dass diese verkümmern.

Die beschriebenen menschlichen Fähigkeiten sind nicht nur zur Bewältigung von Arbeitsaufgaben erforderlich, sondern auch dazu, den eigenen Alltag zu strukturieren, auftretende Probleme zu bewältigen und neue Tätigkeitsfelder zu erschließen. Unter diesem Gesichtspunkt kann ein Mangel an Herausforderung in der Erwerbsarbeit der Einstieg in einen Teufelskreis sein, in dem auch der Alltag außerhalb des Berufes zunehmend restriktiver wird, neue Situationen vermieden werden und sich in immer geringerem Maße – d. h. weder im Beruf noch außerhalb – Lern- und Entwicklungsmöglichkeiten ergeben.

Von solchen positiv zu wertenden Anforderungen sind psychische Belastungen in der Arbeit zu unterscheiden: Im Laufe des Arbeitstages treten immer wieder Ereignisse auf, die den Arbeitenden stören bzw. bei seiner Zielverfolgung behindern. Solche Behinderungen können ungünstige Umgebungsbedingungen sein, aber auch arbeitsorganisatorische Probleme wie Zeitdruck, Unterbrechungen, unvollständige Informationen oder unzureichende Arbeitsmittel. Stehen betrieblicherseits keine Ressourcen zum Umgang mit solchen behindernden Ereignissen zur Verfügung, geraten die Durchführungsbedingungen einer Arbeitstätigkeit in Widerspruch zur Zielerreichung. Die arbeitende Person muss beispielsweise Zusatzaufwand leisten, um ihre Aufgabe trotz der Hindernisse sachgerecht zu erledigen. Auf längere Sicht führt dies zu einer Überbeanspruchung menschlicher Leistungsfähigkeit. Aufgabenbezogene Belastungen in dem hier erläuterten Sinne stellen somit *Risiken für die Gesundheit* der Beschäftigten dar (vgl. hierzu ausführlicher Oesterreich et al. 2000; zu der generellen Auffassung von Belastung als Widerspruch oder Diskrepanz vgl. z. B. Semmer 1984).

Um die Wirkungen von Anforderungen und Belastungen genauer zu beschreiben, bedarf es der Unterscheidung von positiven und negativen Aspekten der Gesundheit. Zu Letzteren zählen chronische Krankheiten oder Schädigungen, aber auch vorübergehende Erkrankungen, psychosomatische Beschwerden sowie Beeinträchtigungen des Wohlbefindens. Um darüber hinaus positive Aspekte von Gesundheit zu erfassen, schlagen z. B. Ducki und Greiner (1992) vor, Gesundheit als Erhalt *und* dauerhafte Entwicklung von Handlungsfähigkeit zu verstehen. Für Letztere spielt die Fähigkeit, langfristige Ziele zu verfolgen, dabei stabil-flexibel mit den jeweiligen Umweltbedingungen umzugehen sowie körperliche Prozesse und Handlungen zu integrieren, eine zentrale Rolle (vgl. auch Ducki 2000).

Psychische Belastungen erhöhen das Risiko für Gesundheitsbeeinträchtigungen und -schädigungen, d. h. sie beeinflussen negative Aspekte der Gesundheit. Psychische Anforderungen hingegen tragen dazu bei, dass menschliche Potenziale bzw. Handlungsfähigkeiten erhalten und weiterentwickelt werden, d. h. sie leisten einen Beitrag zur Förderung der positiven Aspekte von Gesundheit. Da das Ausmaß von Belastungen einerseits und das Ausmaß von Anforderungen andererseits verschiedene Wirkungen haben, wird in dem Konzept «Anforderung/Belastung» (Oesterreich 1999) betont, dass diese konzeptionell klar voneinander unterschieden werden müssen: «Es handelt sich dabei nicht um gegensätzliche Pole einer Dimension, sondern vielmehr um zwei voneinander unabhängige Dimensionen, deren Verwechslung Ursache unplausibler Resultate oder verfehlter Arbeitsgestaltung sein kann» (Leitner 1999a, S. 80).

Die Suche nach Merkmalen von Arbeitsbedingungen, die einen Beitrag zur Gesundheitsstabilisierung und -förderung leisten, ist vielen Ansätzen gemein, die man der handlungsregulationstheoretischen Forschungstradition zurechnen kann (vgl. z. B. Hacker 1991; Greif et al. 1991). In diesem Abschnitt wurde darüber hinaus eine Unterscheidung erläutert zwischen Anforderungen als gesundheitsfördernder Aspekt von Arbeit und – im Kontrast dazu – bestimmten Handlungsbeschränkungen, die Quelle von Belastungen sind und gesundheitsbeeinträchtigend oder sogar -schädigend wirken können. Die strikte Unterscheidung[1] sowie die Annahme unterschiedlicher Wirkungen von Anforderungen und Belastungen ist kennzeichnend für das Konzept «Anforderung/Belastung», für das in den letzten Jahren umfangreiche empirische Belege vorgelegt wurden (z. B. Leitner 1999b; zu einer ausführlichen Diskussion des Konzepts «An-

---

1 Eine solche Unterscheidung findet sich auch in Ansätzen anderer Forschungstraditionen, etwa im angloamerikanischen Raum bei Karasek und Theorell (1990).

forderung/Belastung» im Vergleich mit anderen Erklärungsmodellen für den Zusammenhang von Arbeit und Gesundheit vgl. Oesterreich 1999).

Die in diesem Abschnitt ausgeführten Konzeptionen bieten Ansatzpunkte, die eingangs genannten Lücken bei der Untersuchung von Beruf und Familie als Einflussfaktoren der Gesundheit zu schließen. Die Suche nach Ressourcen sowie die Unterscheidung von Anforderungen und Belastungen erlauben es, gesundheitsbeeinträchtigende sowie -förderliche Bedingungen zu identifizieren, so dass die Analyse nicht auf den Aspekt zeitlicher Doppelbelastung begrenzt bleibt. Zudem werden – wie es z. B. Pugliesi (1995) für die Untersuchung des Effekts der Berufstätigkeit auf die Gesundheit von Frauen fordert – Dimensionen der Gesundheit unterschieden, die nicht gleichermaßen von Anforderungen und Belastungen in der Arbeit beeinflusst werden. Im folgenden Abschnitt wird aufgezeigt, dass die Übertragung dieser Überlegungen auf den Arbeitsbereich Haushalt und Familie sinnvoll ist, jedoch theoretischer Erweiterungen bedarf.

3. Arbeitsplatz Haushalt und Familie

Die Frage nach den Auswirkungen der Arbeit in Haushalt und Familie auf die Gesundheit wurde in der Arbeitspsychologie bis vor einigen Jahren fast vollständig ausgeklammert (vgl. kritisch hierzu z. B. Resch et al. 1997; Richter 1997). Damit verbunden war die Gleichsetzung von Arbeit mit Erwerbsarbeit, mit welcher den unbezahlten Tätigkeiten häufig der Arbeitscharakter pauschal abgesprochen wird. Diskussionen um die «Zukunft der Arbeitsgesellschaft», um flexiblere und kürzere Erwerbsarbeitszeiten sowie um die Erosion des «Normalarbeitsverhältnisses» (d. h. einer tariflich abgesicherten Vollzeitstelle mit täglich festen Arbeitszeiten) sind einige der aktuellen Anlässe, diese Eingrenzung des Gegenstands Arbeit zu hinterfragen (vgl. z. B. Ulich 2000).

Eine Untersuchung der Familienarbeit setzt jedoch voraus, dass die Besonderheit dieses Arbeitsbereichs hinreichend reflektiert wird. Die mit einer Ausweitung arbeitswissenschaftlicher Analysen auf diesen Bereich verbundenen offenen Fragen betreffen zunächst vor allem die Abgrenzung von Arbeit und anderen menschlichen Tätigkeiten: Will man z. B. etwas über mögliche Belastungen der Familienarbeit aussagen, so muss theoretisch wie empirisch geklärt werden, auf welche Teile des Handelns außerhalb der beruflichen Arbeit man sich hierbei bezieht. So wird eine Beurteilung von täglichen Aufgaben, wie Aufräumen, Betreuung eines kleinen Kindes oder Wäsche waschen, anders ausfallen als die Einschätzung einer Tätigkeit wie das Erstellen und Archivieren von Familienfilmen oder einer gemeinsamen Urlaubsreise. Darüber hinaus sind – folgt man den einleitend ausgeführten Überlegungen – methodische Anforderungen an eine Untersuchung der konkreten Arbeit zu stellen, die über eine bloße Erfassung von Haushaltsgröße oder Kinderzahl hinausgehen. Beide Punkte werden im Folgenden kurz ausgeführt.

3.1 Ein erweiterter Arbeitsbegriff

Häufig wird Arbeit – implizit oder explizit – durch typische Merkmale der Erwerbsarbeit gekennzeichnet. Zu solchen Merkmalen zählen die Bezahlung oder die Ableistung von Arbeit in Betrieben und Verwaltungen. Mit dieser Kennzeichnung ist jedoch lediglich eine Unterscheidung zwischen Erwerbsarbeit als bezahlter Arbeit und unbezahlten Tätigkeiten, nicht jedoch allgemein zwischen (bezahlter oder unbezahlter) Arbeit und anderen Tätigkeiten möglich.

Erweiterungen des Arbeitsbegriffs finden sich jedoch mittlerweile in verschiedenen Beiträgen. So spricht z. B. Ulich (1998) von Arbeit «als einer Tätigkeit, durch deren Ausführung der oder die Arbeitstätige zur Schaffung materieller oder immaterieller Werte für sich und/oder andere beiträgt» (S. 1). Arbeitstätigkeiten werden als gesellschaftlich notwendige Tätigkeiten gekennzeichnet, «welche dem Zwecke dienen, in Auseinandersetzung mit materiellen Gegebenheiten das Über- und Wohlleben menschlicher Gemeinschaften zu sichern» (Volpert 1992, S. 121).

Um die einleitend gestellte Frage zu klären, welche Teile des Alltagshandelns zur Familienarbeit gehören und welche nicht, reicht eine solche Benennung allgemeiner Kennzeichen von Arbeit allerdings nicht aus. Erforderlich sind eindeutige

Kriterien, mit deren Hilfe zwischen Arbeit und anderen menschlichen Tätigkeiten unterschieden werden kann. Hierfür liegt mit dem Verfahren AVAH (Resch 1999; AVAH steht für «Analyse von Arbeit im Haushalt») ein Ansatz vor. Grundlage sind zwei spezifische Abgrenzungskriterien, die – einzeln oder kombiniert – Arbeitstätigkeiten von anderen Aktivitäten unterscheiden: Das erste Kriterium betrifft den Aspekt von Arbeit als einer Tätigkeit mit weitgesteckter Zielsetzung. In der Arbeit wird vorausschauend ein Ergebnis geschaffen, das in der Zukunft von der arbeitenden Person konsumiert wird, d. h. Grundlage für eine andere Tätigkeit der arbeitenden Person ist. Das zweite Kriterium bezieht sich auf den kooperativen Aspekt von Arbeit. In ihr wird ein Ergebnis erzeugt, das (auch) von anderen genutzt wird, d. h. Grundlage für die Tätigkeiten anderer Personen ist.

Abhandlungen zum Arbeitsbegriff sind zahlreich und mögen auf den ersten Blick überflüssig erscheinen. Die Eingrenzung von Familienarbeit als Teil der Tätigkeiten außerhalb der Erwerbsarbeit ist in der Tat nur ein erster Schritt der Analyse. Sie bildet jedoch die Voraussetzung, um die hier gestellte Frage nach gesundheitsrelevanten Merkmalen der Familienarbeit untersuchen zu können.

3.2 Untersuchung von Tätigkeitsmerkmalen im Familienhaushalt

Einleitend wurde bereits darauf verwiesen, dass die Erhebung der konkreten Arbeitsbedingungen in Haushalt und Familie methodische Lücken aufweist. Viele Untersuchungen beschränken sich darauf, Anforderungen des Familienbereichs durch die Zahl sowie das Alter der Kinder zu bestimmen und gegebenenfalls noch danach zu fragen, wer die Hauptverantwortung für die materielle Hausarbeit – wie Kochen, Putzen usw. – trägt (z. B. Lennon/Rosenfield 1992). Hierbei wird häufig unterstellt, dass die Ausprägungen dieser Merkmale direkte Rückschlüsse auf die Höhe der Belastungen erlauben[2], etwa in der Weise, dass mit der Zahl der Kinder die Belastungen steigen oder dass jüngere Kinder belastender seien als ältere Kinder. Die vorliegenden empirischen Ergebnisse sind jedoch nicht eindeutig (vgl. Cramm et al. 1998). So können z. B. ältere Geschwister Betreuungsaufgaben übernehmen, so dass die Versorgung mehrerer Kinder nicht notwendig mehr Zeit kostet als die eines Einzelkindes. In Haushalten mit älteren Kindern können ganz unterschiedliche Aufgaben auftreten. In manchen Fällen kann der Umgang mit den Problemen Jugendlicher durchaus einen vergleichbaren Zeitaufwand haben wie die Betreuung eines Kleinkindes – von den damit verbundenen Sorgen und Unsicherheiten ganz abgesehen. Zudem wird übersehen, dass in einer steigenden Anzahl von Haushalten pflegebedürftige Familienangehörige versorgt werden. Die genannten Erhebungen sind also – hierauf verweisen einige der hier genannten Studien selbst (z. B. Lennon/Rosenfield 1992, S. 324f.) – zu grob, um als Indikatoren für Belastungen herangezogen werden zu können.

Will man Wirkungen der Familienarbeit auf die Gesundheit untersuchen, bedarf es somit ebenso sorgfältiger Tätigkeitsanalysen wie für den Bereich der Erwerbsarbeit. Das AVAH-Verfahren erlaubt es, auf Grundlage der bereits genannten Arbeitskriterien die in einem Haushalt geleistete Arbeit einzugrenzen und genauer zu kennzeichnen: So wird z. B. danach gefragt, wie langfristig die mit der Tätigkeitsausführung verbundenen Entscheidungs- und Planungsprozesse sind. Weitere Merkmale betreffen die zeitliche Flexibilität, die Kooperationsform und die Gebundenheit des Handelns an den Aktivitätsfluss einer anderen Person («Betreuungsintensität»). Damit wird es möglich, Familienarbeit im Hinblick auf Merkmale wie z. B. den Zeit- und Entscheidungsspielraum zu untersuchen, deren Bedeutung im Bereich der beruflichen Arbeit unbestritten ist – eine Forderung, die sich bereits aus den frühen Untersuchungen von Oakley (1978) sowie Miller et al. (1979) ableiten lässt.

Vergleichbare Untersuchungen der zur Familienarbeit gehörenden Tätigkeiten sind bis heute jedoch kaum zu finden. Das AVAH-Verfahren bietet einen ersten Ansatzpunkt, bedarf aber der Erweiterung etwa im Hinblick auf die Erfassung

---

2 Dieser Schluss wird allerdings in der Regel nur für Untersuchungen mit Frauen gezogen, da angenommen wird, dass diese hauptsächlich für die Betreuung und Versorgung von Kindern zuständig sind.

belastender Faktoren. Zudem sind solche Untersuchungen zeitaufwändig – etwa im Vergleich mit einer Fragebogenerhebung. Dennoch erlauben erst Tätigkeitsanalysen dieser Art, die Frage nach dem Zusammenhang von Arbeit und Gesundheit zu beantworten: Zunächst müssen die Arbeitstätigkeiten, die in einem Haushalt anfallen, bestimmt und im Hinblick auf für die Gesundheit relevante Kriterien bewertet werden. Erst vor diesem Hintergrund lassen sich verschiedene Haushalte und die von verschiedenen Personen übernommenen Arbeiten miteinander vergleichen und Auswirkungen auf die Gesundheit untersuchen. Darüber hinaus gilt, wie bereits ausgeführt, dass die Prüfung von Ursache-Wirkungshypothesen Längsschnittstudien voraussetzen. Solche Analysen finden sich – wenn überhaupt – nur auf Grundlage einer groben Kennzeichnung des Familienbereichs, etwa durch die Zahl und das Alter der Kinder (z. B. Cramm et al. 1998).

4. Der Einfluss von Familie und Beruf

Wenn man die Frage stellt, wie sich eine Kombination von Erwerbsarbeit und Familienarbeit auf die Gesundheit auswirkt, muss zunächst die Qualität der Arbeitsbedingungen innerhalb der einzelnen Bereiche untersucht werden. Die Analyse der gesamten Arbeit setzt somit eine theoretisch begründete und methodisch sorgfältige Erfassung von gesundheitsrelevanten Merkmalen in *beiden* Bereichen voraus – die in dem vorangegangenen Abschnitt für die Familienarbeit aufgezeigten offenen Probleme einer solchen Erhebung stellen sich also erneut.

Hinzu tritt die Untersuchung des spezifischen Zusammenspiels von Belastungen, Anforderungen oder Ressourcen in Familie und Beruf. Zu berücksichtigen ist z. B. das Nachwirken bestimmter beruflicher Belastungen im Familienbereich und umgekehrt, etwa durch die Analyse von Erholungsverläufen und möglichen Störungen. Auf die Untersuchung dieses Zusammenwirkens wird in Abschnitt 4.1. eingegangen. Abschnitt 4.2. greift die Frage nach der Koordinierung der verschiedenen Arbeitsbereiche auf.

4.1 Zusammenwirken von Familie und Beruf

Veröffentlichungen zum Thema Frauen und Arbeit heben die Notwendigkeit hervor, Familie und Beruf gemeinsam zu untersuchen. Verwiesen wird u. a. auf Interaktionseffekte zwischen Merkmalen der beruflichen Arbeit und der familiären Situation, deren Berücksichtigung wesentlich zum Verständnis des Zusammenhangs von Stress und Gesundheit bei Frauen, aber auch bei Männern beitrage (z. B. Barnett/Marshall 1991, S. 122ff.).

Der Grundgedanke ist nicht neu: Bereits für die Untersuchung der beruflichen Arbeit wird seit langem darauf verwiesen, dass das Zusammenwirken mehrerer Belastungen bzw. Stressoren zu spezifischen Effekten führen kann (vgl. z. B. Dunckel 1985). Bis heute fehlen jedoch ausreichend theoretische wie empirische Beiträge zu der Frage, in welcher Weise – indifferent, additiv, kompensierend oder potenzierend – verschiedene Belastungsfaktoren zusammenwirken.

Zur Bewertung der Gesamtbelastung gehört zudem die Frage nach dem Volumen der insgesamt geleisteten Arbeit. Eine erste Abschätzung erlauben Zeitbudgetstudien, die übereinstimmend insbesondere die zeitliche Inanspruchnahme berufstätiger Mütter kleiner Kinder belegen (z. B. Blanke et al. 1996). Um die Überforderung menschlicher Leistungsfähigkeiten durch ein Zuviel an Arbeit genauer zu untersuchen, ist eine Analyse der Zeitverläufe von Arbeits- und Erholungsphasen sinnvoll. Ein Ansatz hierzu findet sich im Konzept der «24-Stunden-Belastung», mit dem die tägliche Belastung durch produktive Arbeit erfasst werden soll (Richter 1997). Bezug genommen wird hierbei auf den in Schweden entwickelten Total-Work-Load-Ansatz (Frankenhaeuser 1991), der Erwerbs- und Haushaltsarbeit, Pflege, Betreuung und soziale Hilfeleistungen als Gesamtarbeit begreift und das damit verbundene Stressgeschehen in den Blick nimmt.

Eine Zusammenschau der Arbeitsbereiche ist nun nicht nur für die Untersuchung von Belastungsfaktoren, sondern auch für die Analyse gesundheitsförderlicher Aspekte sinnvoll. So ist die Existenz einzelner Aufgaben mit geringen Anforderungen etwa im Bereich des Haushalts oder die Bedeutung der oben genannten «Familienprojekte» im Gesamtkontext weiterer beruflicher Aufgaben mit hohen Anforderungen anders zu beurteilen als in der Kombination mit restriktiven und anforderungsarmen Aufgaben. Lennon und Rosenfield (1992) zeigen beispielsweise, dass der Umfang familiärer Aufgaben (gemessen an der Zahl der Kinder) nur bei Frauen mit geringer Kontrolle im Beruf mit negativer Beanspruchung einher geht. Letztlich stellt sich auch hier die Frage nach dem Zusammenwirken von Anforderungen und Ressourcen in verschiedenen Lebensbereichen. Zu ihrer Beantwortung fehlt es bis heute an umfassenden Untersuchungen, in denen Instrumente eingesetzt werden, die eine vergleichende Erhebung und Bewertung von Merkmalen der Arbeitsstrukturen sowohl im Beruf als auch in der Familie erlauben.

4.2 Koordinierung von Familie und Beruf

Wenn die gesamte Arbeit analysiert wird, ist noch ein weiterer Gesichtspunkt zu berücksichtigen, der sich auf die Koordinierung verschiedener Aufgaben bezieht. Für den Bereich der Familienarbeit wird die erforderliche Koordination der eigenen Arbeiten, aber auch die Abstimmung der Zeitpläne und Tätigkeiten der Familienmitglieder häufig als ein positives Merkmal hervorgehoben. Anforderungen dieser Art stellen sich in ähnlicher Weise, wenn man einer beruflichen Arbeit nachgeht und diese mit der Erledigung familiärer Aufgaben verbinden muss. Hier spielt vor allem die Frage der Planbarkeit der Übergänge zwischen Aufgabenfeldern eine Rolle, die von der Zeitautonomie im Bereich der Erwerbs- und der Hausarbeit sowie der Eigendynamik der entsprechenden Aufgaben beeinflusst wird. Die Koordinierung verschiedener Tätigkeiten kann Entwicklungschancen bieten, sie kann aber auch mit permanentem Zeitdruck einher gehen. Eine Untersuchung dieser Prozesse im Hinblick auf förderliche und hinderliche Aspekte der Arbeit (im Sinne der eingeführten Unterscheidung zwischen Anforderungen und Belastungen) steht bis heute aus.

In verschiedenen Ansätzen wird allein dem Wechsel von Arbeitsformen positive Wirkung zugesprochen. Angenommen wird beispielsweise, dass die Einbindung von Frauen in multiple Rollen (als Mutter, Hausfrau und erwerbstätige Frau) wegen der damit verbundenen Kontrasterfahrungen sowie kompensatorischer Wirkungen positive Effekte hat. Allerdings liegen kaum Befunde vor, die eine einfache positive Wirkung des – ggf. kontrastreichen – Wechsels zwischen Beruf und Familie stützen. So bedürfen Übergänge zwischen Bereichen, die sehr unterschiedlich strukturiert sind, ihrer eigenen Zeit, die gerade berufstätigen Eltern häufig nicht zur Verfügung stehen. Ein Hinweis hierfür findet sich in einer Untersuchung von Becker-Schmidt et al. (1983). Die von den Autorinnen befragten Frauen arbeiteten in der Fabrik meist im Akkord und hatten zu Hause kleine Kinder zu versorgen. In den Interviews wurde immer wieder die Widersprüchlichkeit der in den verschiedenen Bereichen geforderten Verhaltensweisen angesprochen. In der Fabrik gilt es, durch effizientes Arbeiten «Zeit zu gewinnen» – zu Hause im Umgang mit kleinen Kindern ist dagegen Geduld und «Zeit verlieren können» gefragt. Unter bestimmten Umständen mag man diesen oder andere Unterschiede als angenehmen Kontrast erleben. Häufig gelingt die Umstellung allerdings nicht reibungslos.

Eine genaue Untersuchung solcher Prozesse sowie eine Zusammenschau von Beruf und Familie auf Grundlage sorgfältiger Tätigkeitsanalysen können zu einem besseren Verständnis der Situation berufstätiger Mütter und Väter beitragen. Die häufig (nur für Frauen) gestellte Frage, ob die Gleichzeitigkeit von Familie und Beruf der Gesundheit und dem Wohlbefinden schade oder nütze, lässt sich – folgt man den hier vorgetragenen Überlegungen – kaum *allgemein* beantworten.

Die bisherigen Ausführungen zum Zusammenhang von Familie, Beruf und Gesundheit sind zu ergänzen um eine geschlechtsspezifische Perspektive. Frauen und Männer sind in den beiden Arbeitsbereichen sowohl horizontal – in Bezug auf die verschiedenen Tätigkeitsfelder – als auch vertikal – in Bezug auf die verschiedenen Hierarchiestufen – nicht gleichermaßen vertreten. Zu berücksichtigen sind somit strukturelle Unterschiede in den Arbeits- und Lebenssituationen der Geschlechter.

5. Geschlechtsspezifischer Arbeitsmarkt

Bereits 1981 kennzeichnete Beck-Gernsheim die Teilung der Arbeit zwischen Frauen und Männern als «geschlechtsspezifischen Arbeitsmarkt». Auch wenn sich einzelne Details gewandelt haben, sind folgende strukturelle Merkmale bis heute kennzeichnend (vgl. z. B. Raehlmann 1997): Im Vergleich zu Männern sind Frauen auf nur wenige Tätigkeitsfelder konzentriert. 52 % aller Frauen arbeiten in nur fünf Berufsgruppen (d. h. im Büro-, Verkaufs-, Gesundheits-, Schönheits- und Reinigungsbereich). Ein weiteres Merkmal des geschlechtsspezifischen Arbeitsmarkts betrifft die Tatsache, dass Frauen in niedrigeren beruflichen Positionen zu finden sind, häufig unterhalb ihrer Qualifikation, ohne Weiterbildungs- und Aufstiegschancen, sowie mit höheren Beschäftigungsrisiken als Männer. Die «typisch weiblichen» Tätigkeitsfelder sind zudem durch niedriges Einkommen und geringen sozialen Status gekennzeichnet. Zur geschlechtlichen Teilung der Arbeit gehört des Weiteren, dass die *unbezahlte* Arbeit ungleich verteilt ist. Frauen tragen die Hauptlast und -verantwortung der im privaten Bereich anfallenden Pflichten und Aufgaben, unabhängig davon, ob sie erwerbstätig sind oder nicht.

Die allgemeinen Überlegungen zum Zusammenhang von Familie, Beruf und Gesundheit sind vor diesem Hintergrund zu konkretisieren. Darüber hinaus gibt es Hinweise, dass die *spezifischen* Bedingungen weiblicher Berufsarbeit im Hinblick auf ihre gesundheitlichen Effekte als problematisch einzuschätzen sind. Im Folgenden soll dies exemplarisch verdeutlicht werden.

5.1 Frauenerwerbsarbeit und Gesundheit

In der Industrie ist die Bezeichnung «Frauenarbeit» ein Synonym für einfache, anspruchslose Tätigkeiten – auch wenn sie von Männern ausgeführt werden. Dies gilt in ähnlicher Weise für so genannte «hausarbeitsnahe» Berufe, d. h. Arbeitsplätze, deren Arbeitsinhalt als «typisch weibliche Tätigkeit» oder «hausarbeitsnahe Tätigkeit» bezeichnet wird. Klassische Beispiele hierfür sind das Reinigungsgewerbe sowie die Krankenpflege. Reinigungsarbeiten werden aufgrund der angeblichen Gemeinsamkeiten mit dem alltäglichen Staubwischen oder dem Hausputz als einfach und die erforderliche Qualifikation als gering eingeschätzt. Verbunden hiermit ist die Vorstellung, solche anforderungsarmen Tätigkeiten seien kaum und gar nicht belastend, sowie eine unterschiedliche Bewertung der für Frauen- und für Männerarbeit typischen Anforderungs- und Belastungsmerkmale.

Diesem Bild der «leichten Frauenarbeit» stehen jedoch empirische Ergebnisse entgegen, nach denen typische Frauenarbeitsplätze häufig hohe Belastungen aufweisen (z. B. Haynes 1991). In einer Studie in der Elektroindustrie erwiesen sich die Frauenarbeitsplätze sowohl in physischer als auch in psychischer Hinsicht als die mit der höchsten Belastung, verglichen etwa mit den überwiegend von Männern ausgeführten Tätigkeiten der Materialbereitstellung, der Maschinen- und Anlagenführung (Moldaschl 1991).

Als besonders belastend werden auch die als «typisch weiblich» geltenden Pflege- und Sorgetätigkeiten eingestuft. Pflege ist direkter Dienst am und für andere Menschen, also «Dienst am Nächsten» oder auch «Liebesdienst». Rieder (1999) zeigt hierfür auf, dass mit der Organisation dieses «Liebesdienstes» als Lohnarbeit spezifische Belastungen verbunden sind. Diese ergeben sich nicht direkt aus der Arbeitsorganisation, sondern aus dem Widerspruch zwischen dem gesellschaftlich vermittelten Leitbild der Krankenpflege als Dienst (weniger als Beruf) und den Arbeitsbedingungen, etwa in einem Pflegeheim, die die Umsetzung dieses Leitbildes erschweren oder unmöglich machen.

Dieser – hier nur kurz skizzierte – Grundgedanke erscheint bedenkenswert, um Belastungen in frauentypischen Tätigkeitsfeldern zu erfassen. Vereinfacht ausgedrückt leisten demnach insbesondere Frauen in helfenden Berufen scheinbar freiwillig Gratisarbeit und haben selbst Anteil an der Herstellung von Belastungskonstellationen. Diese spezifischen Belastungen sind jedoch nicht zu personalisieren, sondern vor dem Hintergrund der gesellschaftlichen Leitbilder bestimmter personenbezogener Dienste und von Weiblichkeit, ihren Folgen für die berufliche Identität von Frauen und den konkreten Arbeitsbedingungen zu erklären.

Unterschiede zwischen Frauen- und Männerarbeit betreffen auch die Positivmerkmale von Arbeit. Frauen sind an Arbeitsplätzen überrepräsentiert, die durch geringe Qualifikations- und Anforderungsstrukturen gekennzeichnet sind. Sie arbeiten also häufiger unter Arbeitsbedingungen, die Defizite in den Merkmalen aufweisen, die als Ressourcen im Umgang mit Belastungen angesehen oder direkt als gesundheitsförderlich eingestuft werden (vgl. z. B. Pugliesi 1995; Lüders/Resch 2000).

Die geschlechtsspezifische Arbeitsteilung beinhaltet nicht nur die Zuweisung von Frauen und Männern zu unterschiedlichen Segmenten des Arbeitsmarkts. Es gibt Berufe, in denen beide Geschlechter in inhaltlich ähnlichen Bereichen beschäftigt sind, in denen sich dennoch strukturelle Unterschiede zwischen Frauen- und Männerarbeit finden lassen. So zeigen Lüders und Resch (1995) anhand einer Untersuchung in Industrieverwaltungen, dass auch dann, wenn Frauen und Männer im gleichen Tätigkeitsfeld und auf vergleichbarer Hierarchiestufe arbeiten, Unterschiede in den gestellten psychischen Anforderungen zu finden sind: Die von den Frauen ausgeführten Arbeitstätigkeiten bieten weniger Chancen zu persönlicher Weiterentwicklung und zur Entwicklung von Selbstvertrauen in die eigenen Fähigkeiten als die von Männern ausgeführten Tätigkeiten. Dieses Ergebnis unterstreicht die Notwendigkeit, die jeweiligen Arbeitsbedingungen differenziert zu analysieren und es nicht bei einer groben Kennzeichnung etwa des beruflichen Status zu belassen. Andernfalls läuft man Gefahr, strukturelle Unterschiede zu übersehen und geschlechtsspezifische Unterschiede in der Wirkung von Arbeit vorschnell den Personen zuzuschreiben (vgl. kritisch hierzu auch Pugliesi 1995).

5.2 Geschlechtliche Arbeitsteilung im Haushalt

Auf die ungleiche Verteilung der unbezahlten Familienarbeit zwischen den Geschlechtern war bereits verwiesen worden. Zu fragen ist darüber hinaus, ob auch hier – wie in der Erwerbsarbeit – Belastungen, Ressourcen und Anforderungen ungleich verteilt sind.

Aus Zeitbudgetstudien weiß man, dass Frauen und Männer sich in unterschiedlichen Feldern der Familienarbeit beteiligen (z. B. Blanke et al. 1996). In einer Studie von Frankenhaeuser (1991) sind es gerade die Unterschiede in den übernommenen Familienpflichten sowie die damit mehr oder weniger verbundenen Erholungsmöglichkeiten, die zu geschlechtsspezifischen Unterschieden im Gesundheitszustand beitragen. Hinweise darauf, dass sich die von den Geschlechtern übernommenen Aufgaben auch im Hinblick auf ihre Qualität unterscheiden, finden sich z. B. bei Resch (1999, S. 182ff.): So gehen Männer innerhalb der Familienarbeit mehr Tätigkeiten nach, die mit langfristigen Zielstellungen verbunden sind (z. B. im Bereich handwerklicher Aufgaben). Sie sind zudem in deutlich höherem Maße in kooperatives Arbeiten eingebunden als Frauen. Für Letztere ist es eher typisch, dass sie Familien- und Haushaltsaufgaben in Einzelarbeit sowie in alleiniger Verantwortung übernehmen. Diese unterschiedliche Verantwortungsteilung in Bezug auf die familiären Aufgaben kann mit einem Mangel an Ressourcen – etwa in Form sozialer Unterstützung – verknüpft sein. Hiermit korrespondiert, dass Frauen berufsbedingte Konflikte bei der Bewältigung von Familienaufgaben als persönliches Problem oder sogar individuelles Versagen empfinden, während Männer ihr Engagement in der Familie als zusätzliche Leistung wahrnehmen, die im Konfliktfall auch reduziert oder unterlassen werden kann. Tätigkeitsanalysen der Familienarbeit können auch dazu beitragen, solche strukturellen Unterschiede und ihre individuellen Bewertungen genauer zu bestimmen.

6. Ausblick

Die traditionelle Arbeitsteilung, die Frauen den Familienbereich und Männern den beruflichen Bereich zuweist, ist in den letzten Jahren vor allem aufgrund des geänderten Erwerbsverhaltens von Frauen in Umbruch geraten. Allerdings ist der Zunahme weiblicher Erwerbstätigkeit bislang keine spürbare höhere Beteiligung der Männer an der Familienarbeit gefolgt. Vor dem Hintergrund der zählebigen geschlechtlichen Arbeitsteilung ist es nicht verwunderlich, dass die meisten Beiträge zum Thema «Beruf und Familie» für und von Frauen thematisiert werden.

Die Forderung nach einer Untersuchung der Gesamtarbeit ist jedoch nicht auf Untersuchungen über Frauen zu beschränken. Sie gilt genauso für Untersuchungen mit Männern, auch wenn ihre Teilhabe an den Bereichen unterschiedlich ausfällt.

Für die Analyse des Zusammenhangs von Erwerbsarbeit und Gesundheit besteht inzwischen weitgehend Einigkeit darüber, dass negative wie positive Auswirkungen zu berücksichtigen sind. Entsprechend ist für die Analyse der Situation berufstätiger Eltern zu fordern, dass gesundheitsbeeinträchtigende sowie -förderliche Aspekte der «doppelten» Arbeit in Familie und Beruf einzubeziehen sind. Hierfür reicht eine grobe Kennzeichnung etwa des Berufs- oder Familienstandes ebenso wenig aus wie die rein quantitative Betrachtung der Arbeitszeit oder die Zahl der eingenommenen Rollen. Erforderlich ist vielmehr, dass – ausgehend von einem erweiterten Arbeitsbegriff – Beruf *und* Familie als Arbeitsbereich gefasst und im Hinblick auf verschiedene gesundheitsrelevante Merkmale analysiert werden. Vorliegende Untersuchungen zur Wirkung von Beruf und Familie auf die Gesundheit sowie möglicher geschlechtsspezifischer Unterschiede verwenden überwiegend relativ grobe Indikatoren zur Kennzeichnung der Arbeit in den jeweiligen Bereichen. Hier sind methodische Differenzierungen – wie sie für den Erwerbsbereich bereits vorliegen – erforderlich. Zudem wird in diesem Beitrag eine bestimmte Reihenfolge der Untersuchung vorgeschlagen: Zunächst ist die Wirkung bestimmter Arbeitsbedingungen für Frauen wie für Männer zu erfassen und hieran anknüpfend sind strukturelle Unterschiede in den Arbeitssituationen zu berücksichtigen. Erst auf dieser Grundlage ist in einem zweiten Schritt zu prüfen, ob sich geschlechtsspezifische Unterschiede in der Bewertung und im Umgang mit den jeweiligen Bedingungen finden.

Literatur

Antonovsky, A. (1979). *Health, Stress and Coping*. San Francisco.

Antonovsky, A. (1997). *Salutogenese. Zur Entmystifizierung der Gesundheit*. Tübingen.

Badura, B. (1993). «Gesundheitsförderung durch Arbeits- und Organisationsgestaltung – Die Sicht des Gesundheitswissenschaftlers». In: Pelikan, J. M., Demmer, H., Hurrelmann, K. (Hrsg.). *Gesundheitsförderung durch Organisationsentwicklung*. Weinheim, S. 20–33.

Barnett, R. C., Marshall, N. L. (1991). «The Relationship between Women's Work and Family Roles and Their Subjective Well-Being and Psychological Distress». In: Frankenhaeuser, M., Lundberg, U., Chesney, M. (Hrsg.). *Women, work and health. Stress and Opportunities*. New York, S. 111–136.

Baruch, G. K., Barnett, R. (1986). «Role Quality, Multiple Role Involvement and Psychological Well-Being in Midlife Women». *Journal of Personality and Social Psychology*, 51 (3), S. 578–585.

Becker-Schmidt, R., Brandes-Erlhoff, U., Rumpf, M., Schmidt, B. (1983). *Arbeitsleben – Lebensarbeit. Konflikte und Erfahrungen von Fabrikarbeiterinnen*. Bonn.

Beck-Gernsheim, E. (1981). *Der geschlechtsspezifische Arbeitsmarkt. Zur Ideologie und Realität von Frauenberufen*. 2. Aufl. Frankfurt.

Blanke, K., Ehling, M., Schwarz, N. (Hrsg.) (1996). *Zeit im Blickfeld. Ergebnisse einer repräsentativen Zeitbudgeterhebung*. Stuttgart, S. 15–69.

Brüderl, L., Paetzold, B. (Hrsg.) (1992). *Frauenleben zwischen Beruf und Familie. Psychosoziale Konsequenzen für Persönlichkeit und Gesundheit*. Weinheim.

Cramm, C., Blossfeld, H.-P., Drobnic, S. (1998). «Die Auswirkungen der Doppelbelastung durch Familie und Beruf auf das Krankheitsrisiko von Frauen». *Zeitschrift für Soziologie*, 5, S. 341–357.

Dunckel, H. (1985). *Mehrfachbelastungen am Arbeitsplatz und psychosoziale Gesundheit*. Frankfurt.

Ducki, A. (2000). *Diagnose gesundheitsförderlicher Arbeit. Eine Gesamtstrategie zur betrieblichen Gesundheitsanalyse*. Zürich.

Ducki, A., Greiner, B. (1992). «Gesundheit als Entwicklung von Handlungsfähigkeit – Ein arbeitspsychologischer Baustein zu einem allgemeinen Gesundheitsmodell». *Zeitschrift für Arbeits- und Organisationspsychologie*, 36, S. 184–189.

Eichler, M. (1998). «Offener und verdeckter Sexismus. Methodisch-methodologische Anmerkungen zur Gesundheitsforschung». In: Arbeitskreis Frauen und Gesundheit im Norddeutschen Forschungsverbund Public Health (Hrsg.). *Frauen und Gesundheit(en) in Wissenschaft, Praxis und Politik*. Bern, S. 34–49.

Faltermaier, T. (1994). *Gesundheitsbewusstsein und Gesundheitshandeln. Über den Umgang mit Gesundheit im Alltag.* Weinheim.

Feldberg, R. L., Glenn, E. N. (1979). «Male and Female: Job versus Gender Models in the Sociology of Work». *Social Problems,* 26, S. 524–538.

Frankenhaeuser, M. (1991). «The Psychophysiology of Sex Differences as Related to Occupational Status». In: Frankenhaeuser, M., Lundberg, U., Chesney, M. (Hrsg.). *Women, work and health. Stress and Opportunities.* New York, S. 39–61.

Fooken, I., Lind, I. (1994). *Vielfalt und Widersprüche weiblicher Lebensmuster. Frauen im Spiegel sozialwissenschaftlicher Forschung.* Frankfurt/M.

Frese, M., Greif, S., Semmer, N. (Hrsg.) (1978). *Industrielle Psychopathologie.* Bern.

Greif, S. (1991). «Stress in der Arbeit – Einführung und Grundbegriffe». In: Greif, S., Bamberg, E., Semmer, N. (Hrsg.). *Psychischer Stress am Arbeitsplatz.* Göttingen, S. 1–28.

Greif, S., Bamberg, E., Semmer, N. (Hrsg.) (1991). *Psychischer Stress am Arbeitsplatz.* Göttingen.

Greiner, B. (1998). «Der Gesundheitsbegriff». In: Bamberg, E., Ducki, A., Metz, A.-M. (Hrsg.). *Handbuch Betriebliche Gesundheitsförderung.* Göttingen, S. 39–55.

Hacker, W. (1991). «Aspekte einer gesundheitsstabilisierenden und -fördernden Arbeitsgestaltung». *Zeitschrift für Arbeits- und Organisationspsychologie,* 35, S. 48–58.

Haynes, S. G. (1991). «The effect of Job Demands, Job Control, and New Technologies on the Health of Employed Women: A Review». In: Frankenhaeuser, M., Lundberg, U., Chesney, M. (Hrsg.). *Women, work and health. Stress and Opportunities.* New York, S. 157–169.

Karasek, R., Theorell, T. (1990). *Healthy work. Stress Productivity, and the Reconstruction of Working Life.* New York.

Karasek, R., Gardell, B., Lindell, J. (1987). «Work and non-work correlates of illness and behaviour in male and female Swedish white collar workers». *Journal of occupational behaviour,* 8, S. 187–207.

Kuhlmann, E. (1996). *Subjektive Gesundheitskonzepte. Eine empirische Studie mit Professorinnen und Professoren.* Münster.

Lazarus, R. S., Launier, R. (1981). «Stressbezogene Transaktionen zwischen Person und Umwelt». In: Nitsch, J. R. (Hrsg.). *Stress: Theorien, Untersuchungen, Maßnahmen.* Bern, S. 213–259.

Leitner, K. (1997). «Längsschnittstudien». In: Luczak, H., Volpert, W. (Hrsg.). *Handbuch Arbeitswissenschaft.* Stuttgart, S. 117–121.

Leitner, K. (1999a). «Kriterien und Befunde zu gesundheitsgerechter Arbeit – Was schädigt, was fördert die Gesundheit?» In: Oesterreich, R., Volpert, W. (Hrsg.). *Psychologie gesundheitsgerechter Arbeitsbedingungen. Konzepte, Ergebnisse und Werkzeuge zur Arbeitsgestaltung.* Bern, S. 63–124.

Leitner, K. (1999b). *Psychische Belastungen in der Büroarbeit.* Berlin.

Lennon, M. C., Rosenfield, S. (1992). «Women and Mental Health: The Interaction of Job and Family Conditions». *Journal of Health and Social Behavior,* 33, S. 316–327.

Lüders, E., Resch, M. (1995). «Betriebliche Frauenförderung durch Arbeitsgestaltung». *Zeitschrift für Arbeitswissenschaft,* 4, S. 197–204.

Lüders, E., Resch, M. (2000). «Gruppenbild mit Dame? Frauen in kooperativen Arbeitsstrukturen». In: Nordhause-Janz, J., Pekruhl, U. (Hrsg.). *Arbeit in neuen Strukturen? Partizipation, Kooperation, Autonomie und Gruppenarbeit in Deutschland.* München, S. 69–101.

Moldaschl, M. (1991). *Frauenarbeit oder Facharbeit? Montagerationalisierung in der Elektroindustrie II.* Frankfurt/M.

Miller, J., Schooler, C., Kohn, M. L., Miller, K. A. (1979). «Women and work: The Psychological Effects of Occupational Conditions». *American Journal of Sociology,* 85, S. 66–94.

Mohr, G., Udris, I. (1997). «Gesundheit und Gesundheitsförderung in der Arbeitswelt». In: Schwarzer, R. (Hrsg.). *Gesundheitspsychologie.* 2. Aufl. Göttingen, S. 553–573.

Noor, N. M. (1995). «Work and family roles in relation to women's well-being: A longitudinal study». *British Journal of Social Psychology,* 34, S. 87–106.

Oakley, A. (1978). *Soziologie der Hausarbeit.* Frankfurt/M.

Oesterreich, R. (1999). «Konzepte zu Arbeitsbedingungen und Gesundheit – Fünf Erklärungsmodelle im Vergleich». In: Oesterreich, R., Volpert, W. (Hrsg.). *Psychologie gesundheitsgerechter Arbeitsbedingungen. Konzepte, Ergebnisse und Werkzeuge zur Arbeitsgestaltung.* Bern, S. 141–215.

Oesterreich, R., Leitner, K., Resch, M. (2000). *Analyse psychischer Anforderungen und Belastungen in der Produktionsarbeit. Das Verfahren RHIA/VERA-Produktion.* Göttingen.

Pugliesi, K. (1995). «Work and Well-Being: Gender Differences in the Psychological Consequences of Employment». *Journal of Health and Social Behavior,* 36, S. 51–71.

Raehlmann, I. (1997). «Geschlecht». In: Luczak, H., Volpert, W. (Hrsg.). *Handbuch Arbeitswissenschaft.* Stuttgart, S. 296–299.

Resch, M. (1999). *Arbeitsanalyse im Haushalt. Erhebung und Bewertung von Tätigkeiten außerhalb der Erwerbsarbeit mit dem AVAH-Verfahren.* Zürich.

Resch, M., Bamberg, E., Mohr, G. (1997). «Von der Erwerbsarbeitspsychologie zur Arbeitspsychologie».

In: Udris, I. (Hrsg.). *Arbeitspsychologie für morgen*. Heidelberg, S. 37–52.

Richter, P. (1997). «Arbeit und Nichtarbeit: Eine notwendige Perspektivenerweiterung in der Arbeitspsychologie». In: Udris, I. (Hrsg.). *Arbeitspsychologie für morgen*. Heidelberg, S. 17–36.

Rieder, K. (1999). *Zwischen Lohnarbeit und Liebesdienst. Belastungen in der Krankenpflege*. Weinheim.

Rohmert, W. (1984). «Das Belastungs-Beanspruchungs-Konzept». *Zeitschrift für Arbeitswissenschaft*, 38, S. 193–200.

Rohmert, W., Rutenfranz, J. (1975). *Arbeitswissenschaftliche Beurteilung der Belastung und Beanspruchung an unterschiedlichen industriellen Arbeitsplätzen*. Bonn.

Schabracq, M., Winnubst, J., Cooper, C. (Hrsgs.) (1996). *Handbook of work and health psychology*. Chichester.

Semmer, N. (1984). *Stressbezogene Tätigkeitsanalyse. Psychologische Untersuchungen von Stress am Arbeitsplatz*. Weinheim.

Sonnentag, S. (1996). «Arbeitsbedingungen und psychisches Befinden bei Frauen und Männern. Eine Metaanalyse». *Zeitschrift für Arbeits- und Organisationspsychologie*, 3, S. 118–126.

Sorensen, G., Verbrugge, L. M. (1987). «Women, Work, and Health». *Annual Review of Public Health*, 8, S. 235–251.

Udris, I., Frese, M. (1999). Belastung und Beanspruchung. In: Hoyos, C. G., Frey, D. (Hrsg.). *Arbeits- und Organisationspsychologie*. Weinheim, S. 429–445.

Udris, I., Rimann, M. (2000). «Das Kohärenzgefühl: Gesundheitsressource oder Gesundheit selbst?» In: Wydler, H., Kolip, P., Abel, T. (Hrsg.). *Salutogenese und Kohärenzgefühl*. Weinheim, S. 129–147.

Ulich, E. (1984). «Psychologie der Arbeit». In: *Management-Enzyklopädie*, Bd. 7. Landsberg, S. 914–929.

Ulich, E. (1998). *Arbeitspsychologie*. 4. überarb. u. erw. Aufl. Zürich.

Ulich, E. (2000). «Arbeit». In: Straub, J., Kochinka, A., Werbik, H. (Hrsg.). *Psychologie in der Praxis. Anwendungs- und Berufsfelder einer modernen Wissenschaft*. München, S. 419–454.

Volpert, W. (1979). «Der Zusammenhang von Arbeit und Persönlichkeit aus handlungspsychologischer Sicht». In: Groskurth, P. (Hrsg.). *Arbeit und Persönlichkeit. Berufliche Sozialisation in der arbeitsteiligen Gesellschaft*. Reinbek, S. 21–46.

Volpert, W. (1987). «Psychische Regulation von Arbeitstätigkeiten». In: Kleinbeck, U., Rutenfranz, J. (Hrsg.). *Arbeitspsychologie*. Enzyklopädie der Psychologie, Themenbereich D. Serie III. Bd. 1. Göttingen, S. 1–42.

Volpert, W. (1992). *Wie wir handeln – was wir können. Ein Disput als Einführung in die Handlungspsychologie*. Heidelberg.

Zapf, D., Dormann, C., Frese, M. (1996). «Longitudinal studies in organizational stress research: A review of the literature with reference to methodological issues». *Journal of Occupational Health Psychology*, 1, S. 145–169.

Private Lebensformen, Mortalität und Gesundheit

François Höpflinger

1. Einleitung und Fragestellungen

«Verheiratete leben gesünder und länger als Nichtverheiratete, und von den positiven Wirkungen einer Ehe profitieren primär die Männer.» So der Kern einer Jahrzehnte alten These, welche aufgrund ihres ehefreundlichen Charakters bei manchen ForscherInnen unweigerlich wissenschaftliche Skepsis auslöst. Bedeutsame Unterschiede von Mortalität, Morbidität und Gesundheitsindikatoren je nach Zivil- bzw. Familienstand – seit Jahrzehnten in unterschiedlichen Kontexten beobachtet – lassen sich nicht verneinen, aber ihre Interpretation ist heikel und umstritten. Dafür verantwortlich ist vor allem die Tatsache, dass die Beziehungen zwischen Lebensformen, Geschlechterrollen und Gesundheitsfaktoren nicht nur in einer Richtung verlaufen. Beobachtbar sind sowohl Auswirkungen gesundheitlicher Faktoren auf die Wahl einer Lebensform als auch Auswirkungen einer Lebensform auf gesundheitliches Verhalten und Befinden.

In diesem Beitrag soll ein kritisches Auge auf postulierte, beobachtete und interpretierte (Wechsel-) Beziehungen zwischen privaten Lebensformen, Mortalität und Gesundheitsindikatoren geworfen werden. Vier Fragestellungen stehen im Vordergrund:

1. Inwiefern lassen sich bedeutsame Unterschiede in der Mortalität, Morbidität und selbsteingeschätzten Gesundheit zwischen Männern und Frauen in unterschiedlichen Lebensformen festhalten?
2. Wie lassen sich diese Unterschiede – falls vorhanden – beurteilen und interpretieren? Inwiefern beeinflussen Gesundheitsfaktoren die private Lebensform von Frauen und Männern, und inwiefern wirken sich umgekehrt unterschiedliche Lebensformen auf die physische und psychische Gesundheit von Frauen und Männern aus?
3. Inwiefern lassen sich bei den (Wechsel-) Beziehungen zwischen Lebensform, Mortalität und selbsteingeschätzter Gesundheit konsistente geschlechtsspezifische Differenzen beobachten?
4. In welchem Maße prägen geschlechtsspezifische Unterschiede der Lebenserwartung umgekehrt die Lebensformen von Frauen und Männern?

Im folgenden Abschnitt werden mögliche Einschränkungen empirischer Studien und unterschiedliche Erklärungsmuster kurz aufgeführt (da die Einschätzung empirischer Ergebnisse ohne Berücksichtigung alternativer Erklärungsansätze problematisch bleibt). Danach werden aggregierte soziodemographische Beobachtungen zur (altersspezifischen) Mortalität und Lebenserwartung nach Familien- bzw. Zivilstand aufgeführt. Soziodemographische Analysen zeigen häufig deutliche Unterschiede der Mortalitätsraten je nach Familienstand. Aufgrund ihres aggregierten Niveaus sind diese Unterschiede allerdings meist nicht eindeutig interpretierbar. Im vierten Abschnitt werden Ergebnisse individueller Erhebungen zum Zusammenhang von privater Lebensform und selbsteingeschätzter Gesundheit mit einer Schwerpunktsetzung auf

Längsschnittbeobachtungen aufgeführt. Der fünfte Abschnitt vertieft die bisherige Analyse, und neben formalen Lebensformen werden die damit verbundenen Rollenkonfigurationen einbezogen. Im sechsten Abschnitt wird umgekehrt danach gefragt, inwieweit geschlechtsspezifische Unterschiede der Lebenserwartung die Lebensformen von Männern und Frauen bestimmen. Sachgemäß werden dabei primär Wohn- und Lebensverhältnisse in späteren Lebensphasen angesprochen.

2. Häufige Einschränkungen empirischer Studien und unterschiedliche Erklärungsmuster – eine Mahnung zur Vorsicht

Die Ergebnisse verschiedener Studien zum Verhältnis von Lebensformen und Mortalität bzw. Morbidität werden durch methodische Differenzen beeinflusst. Da soziodemographische Analysen – basierend auf allgemeinen Mortalitätsdaten – Personen in privaten und institutionellen Haushalten umfassen, sind hier familienstandsspezifische Mortalitätsdifferenzen generell stärker als bei Erhebungen, welche nur Personen in Privathaushalten einbeziehen. Auch Unterschiede der erfassten Altersgruppen sind relevant, da selektive, protektive oder ereignisorientierte Effekte je nach Alter bzw. Lebensphase variieren. Angesichts der unterschiedlichen Häufigkeit und Bedeutung verschiedener Lebensformen – wie Alleinleben, Ehe und Partnerschaft, Ein-Eltern-Familien usw. – in unterschiedlichen Kontexten und Zeitperioden sind in diesem Themenbereich auch bedeutsame Kontext- und Kohorteneffekte zu erwarten. Die Bedeutung der Ehe als Institution hat sich verringert, und die Unterschiede zwischen formalem Zivilstand und faktischer Lebensweise sind durch die Ausbreitung nichtehelicher Partnerschaften gewachsen (vgl. Klein/Lauterbach 1999). Wandlungen in der Rolle der Frau und der Rückgang der Zahl und des Anteils vollberuflicher Hausfrauen lassen auch bezüglich geschlechtsspezifischer Unterschiede klare Kohorteneffekte erwarten.

Viele Studien zum Thema «Lebensform, Mortalität und Gesundheit» leiden darunter, dass nur grobe, oftmals formal definierte Gruppen miteinander verglichen werden (können), z. B. Verheiratete vs. Nichtverheiratete. Dies wirft das methodische Problem auf, dass die nicht erfassten Intragruppen-Differenzen bedeutsamer sind als die Intergruppen-Differenzen. Ein statistisch bedeutsamer Unterschied zwischen Verheirateten und Nichtverheirateten kann entweder einen generellen Unterschied bei der Mehrheit der beiden Gruppen reflektieren oder – inhaltlich von völlig anderer Bedeutung – innerhalb einer Kategorie (Nichtverheiratete) befindet sich eine kleine Gruppe mit stark erhöhten Risiken, wogegen sich für die Mehrheit beider Gruppen keine Differenzen ergeben. Statistisch zeigt sich, dass das höhere Mortalitätsrisiko von ledigen und geschiedenen Personen umso markanter ausfällt, je kleiner diese zwei Gruppen sind (Hu/Goldman 1990, S. 246); ein Hinweis darauf, dass die interne Homogenität bzw. Heterogenität von Gruppierungen ein bedeutsames Element darstellt. Dieser Punkt ist auch zentral, wenn es um geschlechtsspezifische Differenzen der Mortalitäts- und Morbiditätsrisiken nach Lebensform geht, da namentlich in höheren Altersgruppen der Anteil an Alleinlebenden und Nichtverheirateten bei den Frauen deutlich höher liegt als bei den Männern (vgl. Höpflinger 1994). Allzu grobe Kategorisierungen können deshalb dazu führen, dass geschlechtsspezifische Differenzen statistisch verdeckt bleiben.

Wenn festgestellt wird, dass verheiratete Männer und Frauen sich gesünder fühlen und länger leben als nichtverheiratete Männer und Frauen gleichen Alters, können zumindest vier Erklärungselemente herangezogen werden:

Gesundheitliche Faktoren

Erstens können gesundheitliche Faktoren die Haushalts- und Lebensform bestimmen oder zumindest beeinflussen: Körperliche, psychische oder geistige Behinderungen erhöhen bei jüngeren und älteren Menschen die Wahrscheinlichkeit, in einem institutionellen Haushalt zu leben (Spital, Behindertenheim, Alters- und Pflegeeinrichtung). Namentlich bei institutionellen Pflegewohnformen sind gesundheitliche Faktoren entscheidend, selbst wenn etwa die Heimeinweisung älterer Menschen auch von sozioökonomischen und familialen Faktoren (Einkommen, Vorhandensein von (Ehe-) PartnerIn und Kindern u. a.) beeinflusst wird (vgl. Freedman 1996; Klein/Salaske 1994; Klein 1998).[1] Biologische Faktoren und gesundheitliche Einschränkungen können zu Unfruchtbarkeit und damit zu Kinderlosigkeit führen, was statistisch in einer höheren Mortalität von Kinderlosen zum Ausdruck kommen kann (vgl. Doblhammer-Reiter 1996; Weatherall et al. 1994). Bei Pflege- und Adoptionsfamilien sind behördliche Vorstellungen bezüglich einer «gesunden Familie» zentrale Entscheidungskriterien zur Fremdplatzierung von Kindern (vgl. Kaiser 1993; Rosenberg/Steiner 1991). Frauen und Männer mit höheren sozialen, finanziellen, psychischen und gesundheitlichen Ressourcen haben mehr Chancen, eine Partnerschaft einzugehen. Gleichzeitig haben sie nach einer Eheauflösung mehr Chancen eine neue Partnerschaft aufzunehmen als Personen mit geringeren Ressourcen. Wenn die Heiratsquoten gesunder Personen höher liegen als diejenigen erkrankter bzw. behinderter Menschen, erhöhen sich statistisch gesehen auch die Mortalitäts- und Morbiditätsdifferenzen zwischen Verheirateten und Nichtverheirateten.

Solche selektiven Mechanismen werden in der Forschungsliteratur häufig zur Erklärung zivilstandsspezifischer Mortalitäts- und Morbiditätsdifferenzen angeführt (*Selektionsthese*). Tatsächlich lassen sich immer wieder Selektionseffekte festhalten: Ungesunde Verhaltensweisen, wie hoher Alkoholkonsum oder Übergewicht, reduzieren nach einigen Studien die Heiratschancen (vgl. Fu/Goldman 1994; Kiernan 1988). Gleichzeitig erhöhen solche Faktoren das Risiko einer Eheauflösung. Alkoholismus beispielsweise kann zur Verkürzung des Lebens und zur Verkürzung der Ehedauer (durch Scheidung) beitragen, und die Sterblichkeit geschiedener deutscher Männer aufgrund chronischer Lebererkrankung und Leberzirrhose – meist durch übermäßigen Alkoholkonsum verursacht – ist viermal so hoch wie bei verheirateten Männern (vgl. Höhn/Pollard 1992, S. 416).

Selektionseffekte können die statistischen Beziehungen zwischen Ehe bzw. Partnerschaft und geringeren Mortalitätsraten zumindest verstärken. Nicht ausgeschlossen ist allerdings auch die Möglichkeit einer gewissen negativen Selektion der Heiratswilligen, wie in einer amerikanischen Panelstudie (1984–1990) sichtbar wurde: Neben positiven Selektionseffekten zeigten sich insofern negative Selektionseffekte, als in dieser Studie relativ ungesunde Männer häufiger erneut heirateten, um von den erwarteten protektiven Wirkungen einer Partnerschaft zu profitieren[2] (vgl. Lillard/Panis 1996).

Positive – und in einigen Sondersituationen negative – Selektionseffekte sind unzweifelhaft relevante Erklärungsfaktoren familienstandsspezifischer Mortalitäts- und Morbiditätsunterschiede. Allerdings vermögen Selektionseffekte allein die beobachteten familienstandsspezifischen Unterschiede von Mortalität und Morbidität im Allgemeinen kaum vollständig zu erklären.

Spezifische Lebens- und Familienformen

Zweitens können spezifische Lebens- und Familienformen das Mortalitäts- und Morbiditätsrisiko sowie die selbsteingeschätzte Gesundheit kausal beeinflussen: Eine stabile Partnerschaft bzw. eine Ehebeziehung kann protektive Wirkungen aufweisen, sei es infolge erhöhten Wohlbefindens aufgrund sozialer und emotionaler Unterstützung und sozioökonomischer Absicherung, sei es als Folge eines geregelten Lebens und risikovermindernder Verhaltensweisen innerhalb einer Familie oder sei es aufgrund einer besseren gesundheitlichen Versorgung und Pflege im Erkrankungsfall (*Protektionsthese*). Das geringere Mortalitäts- und Morbiditätsrisiko von Verheirateten wird in entsprechenden Diskussionen häufig mit einem geregelten Leben

---

1 Viele empirische Erhebungen zum Verhältnis von Familienstand und Mortalität bzw. Morbidität beschränken sich explizit auf private Haushalten. Bei aggregierten demographischen Analysen von zivilstandsspezifischen Mortalitätsraten sind dagegen meist auch Personen in institutionellen Haushalten einbezogen, was – da faktisch mehrheitlich nichtverheiratete Frauen und Männer in Pflegeeinrichtungen u.ä leben – die Mortalitätsraten der Nichtverheirateten erhöht.

2 Und tatsächlich profitierten in der Panelstudie von Lillard und Panis (1996) namentlich geschiedene Männer über 50 Jahre gesundheitlich von einer Wiederverheiratung.

der Verheirateten, einem vergleichsweise gesunden Lebensstil, emotionaler Ausgeglichenheit und Unterstützung durch den Partner bzw. die Partnerin in Verbindung gebracht (vgl. etwa Trovato/Lauris 1989; Waite 1995; Waite/Gallagher 2000). Die These einer protektiven und gesundheitsfördernden Wirkung der Ehe ist eine traditionsreiche These, welche seit Farr (1858) immer wieder betont wurde. Tradition hat auch die These, dass Männer stärker von der Ehe profitieren als Frauen, deren Rolle traditionellerweise auf die Unterstützung des Mannes gerichtet sei (vgl. Gove 1972). Inwiefern diese Behauptung (noch) berechtigt ist, wird später genauer untersucht. Für eine differenzierte Betrachtung der Protektionsthese entscheidend ist sicherlich die Unterscheidung zwischen den Wirkungen einer Ehebeziehung bzw. einer Partnerschaft auf das Erkrankungsrisiko und auf die Chancen einer Gesundung nach einer Erkrankung: Eine Partnerbeziehung kann einerseits aufgrund eines präventiven Lebensstils, eines risikoarmen Verhaltens oder hohen psychischen Wohlbefindens das Erkrankungsrisiko reduzieren. Andererseits kann eine partnerschaftliche Betreuung, Versorgung und Pflege die Gesundungschancen nach einer Erkrankung signifikant verbessern.

Positive gesundheitliche Effekte einer Ehe – sofern tatsächlich nachweisbar – können zur ideologischen Legitimation traditioneller Eheformen missbraucht werden. Entscheidend ist deshalb eine differenzierte Betrachtung der sozialen und emotionalen Gegebenheiten unterschiedlicher Ehen (ein Punkt, der bei aggregierten Analysen zivilstandsspezifischer Mortalitätsraten kaum möglich ist).

Belastungsfaktoren und lebenskritische Ereignisse

Drittens kann argumentiert werden, dass nicht die (formale) Lebens- und Familienform gesundheitsbestimmend ist, sondern die mit spezifischen Lebens- und Familienformen assoziierten Belastungsfaktoren und lebenskritischen Ereignisse: Gemäß dieser Interpretation ist es weder der Zivilstand an sich noch das Vorhandensein bzw. Fehlen eines Partners, welche gesundheitsfördernd oder gesundheitsschädigend wirken, sondern die damit verknüpften kritischen Lebensereignisse (*ereignisorientierte Interpretation*). Gewalttätige oder disruptive Partnerbeziehungen können sich ebenso negativ auswirken (vgl. Segrin 1998) wie Vereinsamung und fehlende soziale Integration aufgrund des Fehlens eines Partners.

> Marriages involve support and conflict, mutuality and hostility, and gratification and frustration. The same ties with spouses that are the most important positive sources of well-being are also the most critical negative determinants of distress. (Horwitz et al. 1997, S. 134)

Die Wirkungen einer Ehe sind so betrachtet weniger institutionell als beziehungsbezogen zu interpretieren. Zivilstandsspezifische Mortalitätsdifferenzen – etwa zwischen Verheirateten und Geschiedenen oder Verwitweten – können gemäß dieser Interpretation weniger die protektive Wirkung einer Ehebeziehung bzw. der Eheinstitution reflektieren als die (eventuell nur kurzfristigen) negativen gesundheitlichen Konsequenzen lebenskritischer Ereignisse, wie sie eine Scheidung und vor allem eine Verwitwung darstellen. So ist vor allem die erste Zeit nach einer Verwitwung durch eine erhöhte Anfälligkeit für Erkrankungen (etwa kardiovaskulärer Art) gekennzeichnet (vgl. Lopez 1988). Scheidung wie Verwitwung können zu erhöhter Selbstmordhäufigkeit beitragen usw. Entscheidender Faktor ist gemäß dieser Interpretation nicht die Lebensform, sondern die lebenskritische Transition. Die geringere Mortalität der Verheirateten reflektiert in dieser Perspektive primär die Tatsache, dass diese Gruppe insgesamt gesehen weniger von lebenskritischen Transitionen berührt wird, wogegen die Gruppe der Geschiedenen und Verwitweten definitionsgemäß eine lebenskritische Transition erfahren haben. Die gesellschaftspolitischen Konsequenzen einer solchen Interpretation gehen nicht – wie bei der Protektionsthese – in Richtung einer grundsätzlichen Förderung der Ehe bzw. stabiler, institutionalisierter Partnerschaften, sondern in Richtung einer risikomindernden Betreuung von Frauen und Männern nach lebenskritischen Ereignissen (in oder außerhalb von Ehe und Partnerschaft).

Intervenierende Drittfaktoren

Viertens können Mortalitäts- und Morbiditätsdifferenzen zwischen Personen in unterschiedlichen Lebensformen durch intervenierende Drittfaktoren bestimmt sein (wie soziale Schichtzugehörigkeit, Bildungsniveau, Einkommen, ethnische Gruppe, religiöse Werthaltungen usw.). Tatsächlich reduzieren sich zivil- und familienstandsspezifische Mortalitäts- und Gesundheitsdifferenzen umso mehr, je mehr Variablen mitkontrolliert werden. Die Reststärke der familienstandsspezifischen Unterschiede hängt im Einzelnen von der Art und der Zahl der kontrollierten Drittfaktoren ab. Insofern (verheiratete) Paare beispielsweise höhere Einkommens- und Vermögenswerte und ein geringeres Armutsrisiko aufweisen als etwa Alleinstehende oder Geschiedene können entsprechende Mortalitätsunterschiede auf unterschiedliche sozioökonomische Rahmenbedingungen zurückgeführt werden. So wurde in der Panelanalyse von Lillard und Waite (1995) sichtbar, dass die mit einer Ehe assoziierte verbesserte wirtschaftliche Lage bei Frauen – allerdings nicht bei Männern – einen bedeutenden Teil der geringeren Mortalität erklärte.[3]

Die vier Erklärungselemente schliessen sich gegenseitig nicht aus, sondern sie können je nach Kontext, sozialer Gruppe und Geburtskohorten in unterschiedlicher Stärke gemeinsam zu aggregierten Mortalitätsunterschieden je nach Familienstand und Lebensform beitragen. Namentlich die Selektions- und die Protektionsthese sind nicht zwei exklusive Erklärungselemente, sondern selektive und protektive Effekte können – wie Goldman (1993) in einem Grundsatzbeitrag verdeutlicht – interaktiv verknüpft sein, etwa wenn soziale Selektionseffekte in die Ehe, wie schichtmäßige Homogamie der Partner, die protektiven Wirkungen verstärken. Auch die gesundheitsschädigenden Wirkungen lebenskritischer Transitionen können je nach der Interaktion selektiver und protektiver Faktoren variieren.

3. Altersspezifische Mortalität und Lebenserwartung nach Familienstand – soziodemographische Analysen

Angesichts der Entinstitutionalisierung der Ehe und einer erhöhten Akzeptanz nichtehelicher Lebensformen wäre eine Abschwächung familienstandsspezifischer Mortalitätsdifferenzen zu erwarten. Diese Vermutung lässt sich allerdings nicht eindeutig belegen. Das Erstaunliche ist eher, wie durchgehend zivilstandsspezifische Mortalitätsunterschiede zu beobachten sind. Internationale Vergleiche deuten darauf hin, dass solche Unterschiede – wenn auch in spezifischer Stärke – in allen hoch entwickelten Ländern auftreten, wobei die Übersterblichkeit nichtverheirateter Männer meist stärker ist als diejenige nichtverheirateter Frauen (vgl. Hu/Goldman 1990). Eine für England und Wales durchgeführte Analyse von Mortalitätsdaten von 15- bis 74-jährigen Personen lässt für die gesamte Zeitperiode von 1911 bis 1993 ein konsistent geringeres Mortalitätsrisiko der Verheirateten erkennen, wobei auch in dieser Studie die zivilstandsspezifischen Mortalitätsdifferenzen bei Männern durchgehend ausgeprägter sind als bei Frauen (vgl. Murphy 1996). Dieses konstante Muster trotz enormer Veränderungen der Todesursachen, der Bevölkerungsstruktur und der Bedeutung der Ehe als Institution ist erstaunlich (selbst wenn anzunehmen ist, dass auch das hoch aggregierte Datenniveau mitverantwortlich ist). Einige periodenspezifische Veränderungen zeigen sich insofern, als zeitweise die Ledigen, zeitweise aber auch die Geschiedenen und Verwitweten das höchste Mortalitätsrisiko aufweisen. Eine Analyse der Lungenkrebsmortalität der letzten Jahrzehnte lässt im Übrigen die Spätwirkung zivilstandsspezifisch geprägten Rauchverhaltens erkennen:

---

3 Allerdings können wirtschaftliche und finanzielle Besserstellung auch als Element der protektiven Wirkung einer Ehe interpretiert werden, und so gesehen wären höheres Haushaltseinkommen und geringeres Armutsrisiko einer Ehe inhärente Vorteile dieser Lebensform.

Tabelle 1: Relative altersspezifische Sterbeziffern von Männern und Frauen nach Familienstand 1961 und 1986 (BRD) sowie 1994 (Deutschland, alte und neue Bundesländer) bezogen auf die (altersspezifischen) Sterbeziffern der Bevölkerung insgesamt. Berechnet nach Gärtner (1990, Tab. 1, S. 57) für 1961 und 1986 sowie Demographic Yearbook (1996; vgl. United Nations 1998, S. 758) für 1994.

Männer	ledig			verheiratet		
	1961	1986	1994	1961	1986	1994
25–34 Jahre	1,4	1,3	1,3	0,8	0,7	0,7
35–44 Jahre	2,0	1,7	1,9	0,9	0,7	0,7
45–54 Jahre	1,5	1,9	2,0	0,9	0,8	0,8
55–64 Jahre	1,2	1,5	1,6	0,9	0,9	0,9
	geschieden			verwitwet		
	1961	1986	1994	1961	1986	1994
25–34 Jahre	2,4	1,9	2,1	(3,7)[1]	(3,0)	(3,8)
35–44 Jahre	2,5	2,2	2,3	2,9	3,0	2,3
45–54 Jahre	1,9	2,2	2,0	1,7	2,1	2,0
55–64 Jahre	1,5	2,0	1,8	1,4	2,7	1,8
Frauen	ledig			verheiratet		
	1961	1986	1994	1961	1986	1994
25–34 Jahre	1,5	1,3	1,2	0,9	0,8	0,8
35–44 Jahre	1,5	1,5	1,4	0,9	0,8	0,8
45–54 Jahre	1,3	1,5	1,6	0,9	0,9	0,8
55–64 Jahre	1,1	1,4	1,5	0,9	0,9	0,8
	geschieden			verwitwet		
	1961	1986	1994	1961	1986	1994
25–34 Jahre	2,1	1,9	1,6	2,3	(4,0)	(3,6)
35–44 Jahre	1,5	1,9	1,6	1,1	1,8	1,8
45–54 Jahre	1,3	1,6	1,4	0,9	1,5	1,5
55–64 Jahre	1,2	1,4	1,4	1,1	1,3	1,5

1 Zahlen in Klammern: nur wenige Sterbefälle (35–50).

For women (lung cancer) mortality was always lower amongst the single, then the married, and the worst for widowed and divorced (which cross over in the 1980's so that the widowed now fare the worst). For men the picture is different, with the married having the lowest mortality almost throughout, then the single, with the widowed and divorced the worst, with the same cross over in the 1980's as for women so that widowers now fare the worst also. (Murphy 1996, S. 307)

Im Folgenden möchte ich mich auf (bundes-)deutsche Daten und Analysen konzentrieren, um Ergebnisse entsprechender soziodemographischer Analysen auf der Grundlage eines gemeinsamen gesellschaftlichen Kontexts vergleichen zu können.

Eine für die Bundesrepublik Deutschland 1961 durchgeführte Sonderauszählung von Mortalitätsdaten (Leutner 1967) ließ klare zivilstandsspezifische Mortalitätsdifferenzen erkennen, mit besonders hohen Mortalitätsrisiken für geschiedene Frauen und Männer sowie für verwitwete Männer. Eine von Gärtner (1990) für das Jahr 1986 durchgeführte Vergleichsanalyse ließ sowohl bedeutsame Wandlungen der Mortalität – mit starker Senkung der altersspezifischen Sterberaten – als auch signifikante Veränderungen der Familienstandsstrukturen erkennen. Gleichwohl «ist die hohe Übersterblichkeit der Männer in allen Altersgruppen und für alle Familienstände erhalten geblieben. In Bezug auf die Sterblichkeit nach dem Familienstand besteht für Männer nach wie vor das anfangs erwähnte Muster, für Frauen gilt dies jedoch nur noch in der generellen Unterscheidung nach Verheirateten und Nichtverheirateten» (Gärtner 1990, S. 60–61). Die in **Tabelle 1** aufgeführten relativen Sterbeziffern illustrieren, dass auch in den 1990er-Jahren analoge familienstandsspezifische Unterschiede zu beobachten waren.

Während 1961 vor allem jüngere Geschiedene – und hier namentlich Männer – eine klare Übersterblichkeit aufwiesen, sind die altersmäßigen Differenzen 1986 und 1994 weniger ausgeprägt, wahrscheinlich als Folge einer «Normalisierung» des Scheidungsrisikos. Bei den unter 45-jährigen Personen haben sich die geschlechtsspezifischen Mortalitätsdifferenzen der Geschiedenen teilweise verringert. Sie haben sich hingegen bei den über 45-jährigen Personen teilweise verstärkt. Dies kann mit geschlechtsspezifischen Variationen der Wiederverheiratungsquoten bei den über 45-Jährigen zusammenhängen, wobei vor allem Männer mit höheren sozialen, wirtschaftlichen und physischen Ressourcen eine zweite Partnerschaft eingehen (wodurch sich eine negative Selektion älterer geschiedener Männer ergibt). Gleichzeitig können «späte Scheidungen», d. h. Scheidungen nach langer Ehedauer, speziell Männer vor soziale und emotionale Probleme stellen, sofern sie den Partnerverlust nicht durch eine erneute Partnerin zu kompensieren vermögen. Frauen berichten dagegen bei «später Scheidung» eher von einer Verbesserung vorhergehender gesundheitlicher Probleme (vgl. Fooken 1996, 1999).

Bei den Verwitweten sind die geschlechtsspezifischen Unterschiede durchgehend ausgeprägt, und verwitwete Männer weisen ein klar höheres Mortalitätsrisiko auf als verwitwete Frauen. Ein Selektionseffekt kann nicht ausgeschlossen werden, weil gesunde und ressourcenreiche Witwer eher eine neue Ehe eingehen (und damit aus der Gruppe der Verwitweten ausscheiden) als kranke und ressourcenarme Witwer. Gleichzeitig gibt es klare Hinweise dafür, dass Männer – als Gruppe mit generell geringerem Verwitwungsrisiko als Frauen – von einer Verwitwung negativer betroffen werden. So wird in der deutschen Arbeiterrenten- und Angestelltenversicherung eine klar reduzierte Restlebenserwartung verwitweter Männer sichtbar, während eine Verwitwung bei Frauen diesbezüglich keinen Effekt zeigt (vgl. Brähler et al. 2000, Tab. 5). Interessant ist auch die Beobachtung, dass das Mortalitätsrisiko bei Männern – und 1986–1994 auch bei Frauen[4] – speziell bei einer Verwitwung in jungen Jahren – oft als Folge von Unfällen, unerwarteten Krankheiten usw. – erhöht ist. Inwiefern die Verwitwungsdauer mitspielt, muss offen bleiben. Es ist jedoch offensichtlich, dass in den jüngeren Altersgruppen die durchschnittliche Verwitwungsdauer geringer ist als in den älteren Altersgruppen. Die Abnahme der relativen Übersterblichkeit in den höheren Altersgruppen kann damit auch Prozesse der Bewältigung eines kritischen Lebensereignisses widerspiegeln.

Eine Aufgliederung der zivilstandsspezifischen Mortalität nach Todesursachen vermittelt zusätzliche Informationen (vgl. Höhn/Pollard 1992, S. 417): Die Todesfälle durch Verkehrsunfälle sind bei nichtverheirateten Frauen, aber vor allem bei nichtverheirateten Männern überdurchschnittlich; ein Hinweis auf familienstandsspezifische Unterschiede des Risikoverhaltens. Auch die Selbstmordraten sind bei Verheirateten am geringsten. Hohe Selbstmordziffern zeigen sich bei jüngeren Witwern. Aber auch bei ledigen und geschiedenen Männern liegen die Selbstmordziffern deutlich über der Ziffer verheirateter Männer. Bei Scheidung und Verwitwung kommt darin auch die negative Bewältigung eines lebenskritischen Ereignisses zum Ausdruck. Die Todesfälle aufgrund chronischer Lebererkrankung sowie Leberzirrhose betragen

---

4 Bei den Frauen von 1961 ist die Sterblichkeit der über 35-jährigen Witwen nur wenig höher als diejenige der verheirateten Frauen. Darin widerspiegeln sich «Kriegseffekte», da 1961 diese Altersgruppen auch langjährige «Kriegswitwen» enthielten.

bei geschiedenen und verwitweten Männern ein Vierfaches jener verheirateter Männer, aber auch bei ledigen Männern sind höhere Werte feststellbar. Analoge Differenzen zeigen sich bei Frauen, wenn auch auf tieferem Niveau. Neben selektiven Prozessen (chronische TrinkerInnen heiraten seltener oder werden eher geschieden) können solche Unterschiede negative Copingstrategien nach einer Scheidung oder Verwitwung sowie ein unterschiedliches Gesundheitsverhalten verheirateter und unverheirateter Personen reflektieren. Auch vorzeitige Todesfälle durch Kreislauferkrankungen variieren deutlich nach Geschlecht wie Zivilstand, wobei die Verheirateten durchweg die geringsten Ziffern aufweisen. Bei den Todesfällen durch Lungenkrebs – weitgehend mit früherem Rauchverhalten in Zusammenhang stehend – sind die Unterschiede nach Familienstand dagegen weniger ausgeprägt als für alle Todesursachen insgesamt.

Amtliche Mortalitätsstatistiken weisen den großen Nachteil auf, dass sie zu wenig differenziert sind, um die Daten in eindeutiger Weise interpretieren zu können. Zudem erlauben sie meist keine Kontrolle intervenierender Variablen (soziale Schicht, Lebensstil, Gesundheitsverhalten).

Um genauere Hinweise auf Zusammenhänge zwischen Familienstand und Gesundheitsverhalten zu erhalten, benützten Höhn und Pollard (1992) gesundheitsbezogene Verhaltensdaten aus einer 1988 durchgeführten deutschen Studie von unverheirateten Frauen und Männern. Die Verknüpfung dieser Erhebung mit bevölkerungsstatistischen Daten von 1986 erlaubt differenzierte Aussagen für Ledige, Geschiedene und Verwitwete im Alter zwischen 35 und 54 Jahren. Dabei ergaben sich drei Hauptbeobachtungen: Erstens waren nicht nur die relativen Sterblichkeitswerte bei Frauen und Männern, welche mit einem Partner zusammenlebten, unabhängig vom formalen Zivilstand, am geringsten, sondern auch die Gesundheitspflege-Pluspunkte waren am höchsten, «was darauf hindeutet, dass das gemeinschaftliche Leben in der Tat zu einem gesünderen Lebensstil ermutigt» (Höhn/Pollard 1992, S. 431). Die Sterblichkeitsraten variierten zweitens bei den Frauen weniger als bei den Männern, sei es, weil primär Männer von einer Partnerschaft profitieren, sei es aber auch, weil Frauen unabhängiger von sozialen und familialen Rahmenbedingungen gesundheitsbewusst leben. Drittens zeigten sich Unterschiede je nach Verweildauer im betreffenden Familienstand: Bei geschiedenen Frauen und Männern trat mit zunehmender Dauer dieses Familienstands eine Verschlechterung der Gesundheitspflege ein; wahrscheinlich sowohl das Resultat von Selektion (weniger Wiederverheiratungen von Personen mit schlechter Gesundheitspflege) als auch die Folge der Herausbildung einer weniger gesunden Lebensweise von Personen, die geschieden bleiben. Verwitwete Personen hingegen lebten primär direkt nach dem Partnerverlust besonders ungesund (was eine ereignisorientierte Interpretation stützt).

Die Bedeutung einer Partnerbeziehung zeigt sich nicht nur bei jüngeren Erwachsenen, sondern sie lässt sich auch bei älteren Frauen und Männern feststellen. Dies illustriert eine Längsschnittstudie bei 55- bis 74-jährigen Männern und Frauen aus der Region Augsburg: Für allein stehende Männer war die altersstandardisierte Mortalitätsrate mit 437,3 beinahe doppelt so hoch wie für Männer mit (Ehe-) Partnerin (253,3). Allein stehende Frauen unterschieden sich hingegen in den Mortalitätsraten nur geringfügig von Frauen mit Partner (121,6 vs. 80,7). In dieser Studie wurde ein enger Zusammenhang mit sozialer Integration (Index enger Beziehungen) deutlich: Männer mit geringer sozialer Integration hatten ein um den Faktor 1,6 höheres Sterberisiko (adjustiert nach Alter und gesundheitlicher Selbsteinschätzung) als Männer mit (sehr) vielen engen Beziehungen. Sozial schlecht integrierte Frauen wiesen ebenfalls ein höheres Sterberisiko auf als Frauen mit (sehr) vielen engen Beziehungen (vgl. Bauman et al. 1998).

Inwiefern die familienstandsbezogenen Unterschiede durch Drittfaktoren (Bildung, Schichtfaktoren, Einkommenslage u. a.) beeinflusst werden, lässt sich auf der Basis der bisher präsentierten Studien nicht festlegen. Spezielle Auswertungen der Daten des sozioökonomischen Panels (SOEP) durch Klein (1993a, 1993b) erlauben eine genauere Kontrolle, ob familienstandsspezifische Mortalitätsdifferenzen nicht einfach wirtschaftliche und soziale Drittfaktoren widerspiegeln. Tatsächlich bestätigt diese Studie, dass auch nach Kontrolle sozioöko-

Tabelle 2: Lebenserwartung von Männern und Frauen nach Familienstand nach Kontrolle von Geburtsjahr, Kriegseffekten, Schichtzugehörigkeit und Konfession. Datenbasis: Sozioökonomisches Panel 1986 (Bundesrepublik Deutschland). Quelle: Klein (1993a, S. 112).

	Mittlere Lebenserwartung kontrolliert	
	Männer	Frauen
dauerhaft zusammenlebend	71,1	82,2
ab 60. Lebensjahr verwitwet	67,8	77,1
geschieden ohne neue Partnerschaft	59,8	75,0

nomischer und soziohistorischer Rahmenbedingungen

> stabile Lebensgemeinschaften die Lebenserwartung verlängern: Sowohl die Verwitwung wie auch die Scheidung tragen zu einer nicht unbeträchtlichen Erhöhung des Mortalitätsrisikos bei. Obwohl die dahinterstehenden Mechanismen nicht völlig geklärt werden konnten, ist zumindest die Verkürzung der Lebenserwartung nach Verwitwung als Hinweis zu interpretieren, dass nicht (nur) Selektionseffekte für das geringere Mortalitätsrisiko in stabilen Partnerschaften verantwortlich sind. (Klein 1993a, S. 112)

Tabelle 2 illustriert die kontrollierte Lebenserwartung von Männern und Frauen nach Familienstand. Bei Männern führt Verwitwung (ohne Wiederheirat) zu einer Erhöhung des Mortalitätsrisikos auf das 1,5fache, während geschiedene Männer einem 2,1fach so hohen Mortalitätsrisiko ausgesetzt sind wie Verheiratete. Auch unter den Frauen haben die Geschiedenen (1,7fach) und Verwitweten (1,7fach) ein höheres Mortalitätsrisiko als die Verheirateten.

> Trotzdem bestehen interessante Unterschiede zu Männern: Zum einen tragen verwitwete und geschiedene Frauen etwa dieselbe Risikoerhöhung, während geschiedene Männer stärker gefährdet sind als Verwitwete. Zum anderen ist für Frauen die Risikozunahme durch Scheidung geringer als für Männer. (Klein 1993b, S. 724–725)

Bezüglich der Verwitwung ist zu berücksichtigen, dass die Frauen wegen des Altersunterschieds zwischen den Ehegatten beim Tod des Partners im Durchschnitt jünger sind als die Männer. Zusätzlich bleiben sie wegen der höheren Lebenserwartung länger verwitwet. Beide Faktoren führen dazu, dass sich die Verwitwung bei Frauen insgesamt stärker auf die Lebenserwartung auswirkt als bei Männern (selbst wenn direkt nach einem Partnerverlust die Männer stärker betroffen sind).

Eine interessante und in mancherlei Hinsicht wegweisende Weiterführung der bisherigen Analysen – ebenfalls auf der Grundlage des sozioökonomischen Panels – führte Klein (1999) kürzlich durch: Er nahm die Unterscheidung zwischen gesamter und behinderungsfreier (aktiver) Lebenserwartung[5] auf, und erstmals für Deutschland präsentiert er empirische Ergebnisse zu den sozialen Determinanten aktiver Lebenserwartung (d. h. Lebenserwartung ohne gesundheitliche Handlungs- und Leistungseinschränkungen). Seine Analyse sozialer Determinanten aktiver Lebenserwartung ermöglicht es, festgestellte soziale Unterschiede der Mortalität besser zu verstehen. So gibt beispielsweise erst eine Differenzierung zwischen Erkrankungsrisiko und Gesundungschancen Auskunft darüber, ob ein präventiver Lebensstil oder die Pflege durch die Partnerin familienstandsspezifische Mortalitätsunterschiede bestimmt. Was Familienstandseffekte betrifft, lässt sich postulieren, dass ein geregeltes Leben der Verheirateten, ein vergleichsweise gesunder Lebensstil und emotionale Ausgeglichenheit prophylaktisch wirken. Dies dürfte vor allem beim Erkrankungs- und

---

[5] Zum Konzept der behinderungsfreien Lebenserwartung u. a.: Bisig/Gutzwiller (1994); Crimmins et al. (1996); Manton et al. (1993); WHO (2000, Tab. 5).

Tabelle 3: Gesamte und aktive Restlebenszeit bei 40-jährigen Frauen und Männern nach Einkommen, Bildung und Familienstand (nach Klein 1999, Tab. 4a und 4b, S. 459–460, basierend auf gepoolten Daten des sozioökonomischen Panels, BRD 1984–1988).

			40-jährige Männer		40-jährige Frauen	
		Restlebenserwartung	total	aktiv[1]	total	aktiv[1]
Einkommen[2] tief						
Bildung[3]	tief	nicht verheiratet	31,9	26,7	34,8	26,6
		verheiratet	33,7	26,8	38,6	29,8
Bildung	hoch	nicht verheiratet	36,1	32,0	37,9	29,9
		verheiratet	37,7	32,2	42,3	33,7
Einkommen hoch						
Bildung	tief	nicht verheiratet	32,3	26,3	37,9	31,0
		verheiratet	34,5	26,2	40,7	33,8
Bildung	hoch	nicht verheiratet	37,3	32,2	41,9	35,0
		verheiratet	39,0	32,2	45,0	38,0

1 aktive Lebenserwartung: Lebensjahre ohne gesundheitliche Funktionseinschränkungen.
2 Einkommen tief: halber Durchschnitt des Äquivalenzeinkommens; Einkommen hoch: doppelter Durchschnitt des Äquivalenzeinkommens.
3 Bildung tief: maximal Hauptschulabschluss; Bildung hoch: mindestens Realschulabschluss.

Mortalitätsrisiko der gesunden Bevölkerung sichtbar werden. Dagegen dürfte sich die Unterstützung durch einen Partner bzw. eine Partnerin vor allem auf den Krankheitsfall beziehen. Dies dürfte primär die Gesundungschancen und das Mortalitätsrisiko der gesundheitlich eingeschränkten Bevölkerung beeinflussen (vgl. Klein 1999, S. 450). Basierend auf Angaben zur subjektiven Einschätzung gesundheitlich bedingter Alltagseinschränkungen[6] von in Privathaushalten lebenden Personen wurden die an der aktiven Lebenserwartung beteiligten Prozesse (Erkrankungsprozesse, Gesundungsprozesse, Mortalität) differenziert. Die vorhandenen Daten erlaubten allerdings nur eine dichotome Zuordnung von Familienständen (verheiratet zusammenlebend vs. andere Familienstände). Insgesamt

zeigt sich, dass Frauen im Allgemeinen nicht nur eine höhere Lebenserwartung, sondern auch eine höhere aktive Lebenserwartung haben. Hiervon ausgenommen ist jedoch die am stärksten benachteiligte Bevölkerungsgruppe mit geringem Einkommen, maximal Hauptschulabschluss und ohne Ehepartner. In dieser Gruppe ist die aktive Lebenserwartung von Männern und Frauen nahezu ausgeglichen, und nur die Gesamtlebenserwartung – d. h. die passive Lebenserwartung von Frauen ist höher. (Klein 1999, S. 461)

Zwar bestätigt sich auch in dieser Studie (nach Kontrolle von Alter, Bildung und Einkommen) der positive Effekt einer Partnerbeziehung auf die gesamte Lebenserwartung (vgl. **Tab. 3**), die Aufgliederung nach aktiver und inaktiver Bevölkerung lässt jedoch Beziehungen erkennen, die quer zu anderen Studienergebnissen stehen. So existiert bezüglich des Mortalitätsrisikos bei Männern nur in der inaktiven Bevölkerung und bei Frauen nur in der aktiven Bevölkerung ein statistisch bedeutsamer Zusammenhang:

6 Ein mögliches Problem subjektiv eingeschätzter Funktionseinschränkungen liegt darin, dass deren Wahrnehmung ebenfalls mit geschlechts- und familienspezifisch geprägten Alltagsanforderungen zusammenhängen können.

Während offenbar bei Frauen ein geregeltes Leben der Verheirateten, ein vergleichsweise gesunder Lebensstil und emotionale Ausgeglichenheit prophylaktisch wirken, gibt bei Männern die Unterstützung durch die Partnerin im Krankheitsfall den Ausschlag für ein längeres Leben der Verheirateten. Die hier im Unterschied zu traditionellen Mortalitätsanalysen vorgenommene Differenzierung nach dem Gesundheitszustand zeigt, dass bei Männern und Frauen unterschiedliche Mechanismen auf das Mortalitätsrisiko einwirken. Dieser Unterschied hängt eng mit der traditionellen Arbeitsteilung in der Familie zusammen: Verheiratete Frauen, deren Rolle traditionellerweise auch auf die Unterstützung des Mannes gerichtet ist, profitieren im Krankheitsfall weniger von der Ehe als verheiratete Männer. Demgegenüber sind verheiratete Männer, deren Rolle traditionellerweise auf die Erwerbstätigkeit gerichtet ist, stärker auf den Einkommenserwerb verpflichtet und profitieren bei Gesundheit und Erwerbsfähigkeit weniger von der Ehe als verheiratete Frauen.

Betrachtet man auch den Einfluss des Familienstands auf das Morbiditätsrisiko, so unterliegen verheiratete Männer einem höheren (sic!) Erkrankungsrisiko als unverheiratete, während bei Frauen keine statistisch signifikanten Familienstandseffekte existieren. Im Hinblick auf traditionelle Arbeitsteilung in der Familie lässt sich auch dieser Befund mit einer stärkeren Erwerbsverpflichtung verheirateter Männer und mit besserer familialer Pflege in Verbindung bringen. Zusammenfassend ist festzuhalten, dass die auf Gove (1972) zurückgehende These einer geschlechtsspezifisch unterschiedlichen Wirkung des Familienstands zwar zutrifft; die pauschale Hypothese, dass Männer stärker von der Ehe profitieren als Frauen, erscheint aber zu undifferenziert. (Klein 1999, S. 457–458)

Während verheiratete Männer somit primär im Krankheitsfall (aufgrund höherer Gesundungschancen) ein geringeres Mortalitätsrisiko aufweisen, bewirkt die Ehe bei Frauen nach dieser Studie eher im aktiven Gesundheitszustand ein verringertes Mortalitätsrisiko. Da die aktive Lebenserwartung von Frauen insgesamt höher liegt als diejenige von Männern (vgl. auch WHO 2000, Tab. 5), ist der Gesamteffekt einer langjährigen Partnerschaft bei Frauen insgesamt stärker als bei Männern. Oder in anderen Worten: Selbst wenn – wie dies andere Studien häufig aufzeigen – Männer kurzfristig stärker als Frauen von einer festen Partnerbeziehung profitieren, können die gesamten Lebenserwartungseffekte einer Partnerschaft bei Frauen – aufgrund ihrer insgesamt längeren (aktiven) Lebenserwartung – stärker sein.

4. Selbsteingeschätzte Gesundheit nach Lebens- und Familienform

Die bisher präsentierten soziodemographischen Studienergebnisse leiden daran, dass erstens – mit Ausnahme der Studie von Klein (1999) – nur das Mortalitätsrisiko, ein objektiver, aber stark aggregierter Output-Faktor, berücksichtigt wird. Zweitens werden oftmals nur grobe (zivilstandsorientierte) Lebensformkategorien unterschieden. Im Folgenden sollen Studien zur Lebensform und selbsteingeschätzten Gesundheit einbezogen werden, welche zusätzliche Differenzierungen und Interpretationen erlauben; sei es, weil sie auf Längsschnittbeobachtungen beruhen; sei es, weil sie konkretere Lebens- und Familienformen berücksichtigen.

Im Allgemeinen zeigen sich bei der selbsteingeschätzten Gesundheit den Mortalitätsrisiken analoge familienstandsspezifische Unterschiede, wenn auch diese Unterschiede oft weniger ausgeprägt sind[7] (vgl. Burman/Margolin 1992; Goldman et al. 1995; Waite/Gallagher 2000; Waldron et al. 1996). Dabei ist zu erkennen, dass Heirat und Elternschaft die Häufigkeit einer Reihe gesundheitsgefährdender Verhaltensweisen, wie übermäßigen Alkoholkonsum, Trunkenheit am Steuer, Drogenkonsum u. a., reduzieren (vgl. Umberson 1987; Waite 1995). Teilweise wird allerdings beobachtet, dass sich die positiven Zu-

---

7 Dies kann methodische Gründe haben (wie Beschränkung von Befragungsdaten auf Personen in Privathaushalten, Unterrepräsentation von Personen kurz vor, während oder kurz nach lebenskritischen Ereignissen u. a.

sammenhänge zwischen Partnerbeziehung bzw. Ehe und subjektiver Gesundheit abschwächen oder gar verwischen, wenn erwerbstätige Frauen verglichen werden (Waldron et al. 1996). Auch eheliche Probleme scheinen sich bei erwerbstätigen Ehefrauen weniger negativ auszuwirken als bei nichterwerbstätigen Frauen (Kandel et al. 1985). Erwerbstätigkeit weist generell eine zentrale intervenierende Bedeutung auf; ein Aspekt, der im nächsten Abschnitt detaillierter untersucht werden soll.

Im Rahmen einer 1995 durchgeführten US-Erhebung zum mittleren Erwachsenenalter war zwar das Wohlbefinden mit dem Ehestatus – namentlich bei Männern – positiv assoziiert, die selbsteingeschätzte Gesundheit erwies sich jedoch weniger mit dem formalen Familienstand als mit Belastungen der familialen wie auch der freundschaftlichen Sozialbeziehungen verknüpft (Marmot et al. 1998). Soziale Unterstützung, soziale Integration wie auch soziale Kontrolle sind im Allgemeinen bedeutsamere Einflussfaktoren als die formale Familienstruktur, wie schon in der klassischen Studie von Berkman und Syme (1979) sichtbar wurde.[8] In analoger Weise sind familiale Prozesse und Interaktionen relevanter als die familiale Zusammensetzung (wie biologische vs. soziale Elternschaft, Erst- vs. Zweitfamilie usw.) (vgl. Eastman 1989). Unabhängig von der Familienkonstellation weisen problematische Sozial- und Partnerbeziehungen negative Folgen auf. Die These, dass Frauen stärker als Männer von negativen Netzwerk-Ereignissen (Kessler/McLeod 1984) berührt werden – etwa bezüglich depressiver Symptome –, wird allerdings empirisch nicht durchgehend unterstützt.

Umberson et al. 1996 fanden diesbezüglich wenig geschlechtsspezifische Unterschiede, wohingegen in einer US-Längsschnittstudie festgestellt wurde, dass sich bei jüngeren Erwachsenen Partnerschaftsprobleme, aber auch Konflikte mit Verwandten negativer auf die psychische Gesundheit von Frauen als von Männern auswirkten (Horwitz et al. 1997). Bei dieser Stichprobe junger Erwachsener (bei der vierten Befragung 25 bis 31 Jahre alt) erwies sich im Übrigen die soziale Unterstützung durch FreundInnen für die psychische Gesundheit als ebenso bedeutsam wie die Unterstützung durch Partner bzw. Partnerin. Längsschnittbeobachtungen älterer Menschen lassen ihrerseits erkennen, dass gute intergenerationelle Kontakte zu den (erwachsenen) Kindern speziell das Mortalitätsrisiko verwitweter Frauen und Männer reduzieren (Bengtson/Giarrusso 1995; Silverstein/Bengtson 1991). Der traditionelle Fokus auf Partnerbeziehungen bei den meisten Studien zum Thema «Lebensform und Gesundheit» erweist sich daher als klare Einschränkung.

Sachgemäß steht zu erwarten, dass bestimmte Lebens- und Familienkonstellationen eher negative gesundheitliche Folgen aufweisen. Beispielsweise haben sehr frühe Heirat und Elternschaft (Teenage-Mütter) bei Frauen eher negative als positive gesundheitliche Konsequenzen, auch aufgrund der bei vorzeitiger Heirat und Elternschaft auftretenden Einschränkungen von Ausbildung und beruflichem Fortkommen (vgl. Mathers 1996; Waldron et al. 1998). Diverse Studien belegen klar die negativen Effekte einer ehelichen bzw. familialen Lebenskrise, wie z. B. einer Ehescheidung.

Diverse Untersuchungen stellen negativere gesundheitliche Scheidungsfolgen für Männer als für Frauen fest (Hu/Goldman 1990; Wethington et al. 1987; Guttmann 1989). Gemäß Jacobs (1982) sind geschiedene Männer vor allem in den ersten sechs Monaten nach der Scheidung unfall- und suizidgefährdeter sowie häufiger depressiven Stimmungen unterworfen. In einer schweizerischen Studie geschiedener Väter (ohne Sorgerecht) wurde einerseits deutlich, dass es ihnen psychisch weitaus besser ging, wenn sie erneut auf eine feste Partnerin zurückgreifen konnten. Andererseits belasteten konflikthafte Scheidungen auch noch Jahre danach die Gesundheit geschiedener Väter. Dabei war weniger entscheidend, wie strittig und ereignisreich die Zeit der Scheidung objektiv war, sondern langfristig gesundheitsschädigend erwies sich primär «ein hilfloses Copingverhalten während der Scheidung, d. h. das subjektive Erleben,

---

8 Zur theoretischen Begründung der Zusammenhänge zwischen sozialen Belastungen, sozialer Unterstützung und Gesundheit sowie der theoretischen Modellvorstellungen (direkte Effekte, indirekte Effekte im Sinne der Stress-Puffer-These) vgl. Meyer (2000).

nichts bewirken zu können. Hilfloses Coping ist in gleichem Ausmaß mit erhöhten psychischen und körperlichen Beschwerden verbunden.» (Meyer et al. 1999, S. 249).

Forscherinnen betonen hingegen die durch schwerwiegende sozioökonomische Benachteiligungen geschiedener Frauen bedingten psychosozialen und gesundheitlichen Einschränkungen allein erziehender Mütter (vgl. Clarke-Stewart/Bailey 1989; Napp-Peters 1995; Riehl-Emde 1992). Das höhere Armutsrisiko von Frauen nach einer Scheidung trägt dazu bei, dass Einkommensindikatoren sich bei Frauen gesundheitsrelevanter auswirken als bei Männern (Meyer et al. 1997). Wirtschaftliche Absicherung und gute soziale Netzwerke sind gerade bei allein erziehenden Frauen zentrale intervenierende Faktoren (vgl. Kunz/Kunz 1995). Die geschlechtsspezifischen Unterschiede der Scheidungsfolgen – da mit sozialpolitischen Rahmenbedingungen verknüpft – variieren allerdings kontextspezifisch. So ist etwa das Armutsrisiko allein erziehender Mütter in der Schweiz deutlich geringer als in den USA, aber in beiden Ländern weisen primär die sozioökonomisch und sozial benachteiligten allein Erziehenden leichte psychische Störungen auf (Budowski et al. 1999). Diejenigen allein Erziehenden, welche ihre Selbstständigkeit positiv bewerteten, wiesen hingegen einen klar besseren Gesundheitszustand auf als die übrigen allein Erziehenden. Bei selbstbewussten allein erziehenden Müttern zeitigte soziale Unterstützung keinen positiven Einfluss auf die Gesundheit, da soziale Unterstützung bei dieser Gruppe von Frauen die ihnen wichtige Autonomie gefährdete (Fischer 1998; vgl. auch Niepel 1994a, 1994b). Die bei vielen Studien implizit getroffene Annahme gruppeninterner Homogenität – etwa bei Geschiedenen, allein Erziehenden, aber auch bei Fortsetzungsfamilien, Migrationsfamilien, binationalen Familien usw. – erweist sich bei genauer Analyse als verhängnisvolle Illusion, welche zu allzu generalisierten Folgerungen über die positiven gesundheitlichen Effekte sozialer Beziehungen führen (vgl. dazu auch Rook 1992). Die aggregiert beobachteten familienstandsspezifischen Gesundheitsdifferenzen treffen im Allgemeinen nur für spezifische Subgruppen innerhalb breiter (oft formal definierter) Familienkonstellationen zu.

5. Rollenkonfigurationen und Gesundheit – Thesen und Beobachtungen

Rollentheoretisch ausgerichtete Studien, welche die Wirkungen unterschiedlicher familial-beruflicher Rollenkonfigurationen bzw. unterschiedlicher familialer, sozialer und beruflicher Rollenbelastungen auf gesundheitliche Faktoren berücksichtigen, erlauben differenziertere Aussagen (zu den theoretischen Grundlagen solcher Ansätze bezüglich Gesundheit, vgl. Meyer 2000). Die überwiegende Mehrheit der rollentheoretisch orientierten empirischen Studien konzentriert sich auf Frauen, etwa um die Folgen familial-beruflicher Rollenkombinationen zu überprüfen. Entsprechend beziehen sich konsolidierte Forschungsergebnisse – wie sie in **Tabelle 4** zusammengefasst sind – primär auf Frauen.

Im Allgemeinen bestätigen auch die rollentheoretisch orientierten Längsschnittstudien eine positive gesundheitliche Wirkung einer (ehelichen) Partnerbeziehung wie auch einer Erwerbstätigkeit von Frauen, wogegen die gesundheitlichen Wirkungen von Mutterschaft entweder nicht signifikant oder negativ ausfallen (vgl. u.a. Barnett 1993; Burman/Margolin 1992; Goldman et al. 1995; Hibbard/Pope 1991; Ross/Mirowsky 1995; Waldron et al. 1998). Empirische Studien unterstützen vielfach auch die These, dass sich multiple Rollenkonfigurationen gesundheitlich eher positiv auswirken (vgl. Moen et al. 1992). In einer schweizerischen Studie wiesen beispielsweise die «Trirollen-Frauen» (berufstätig mit Elternrolle und Partner) die beste Gesundheit aller Frauen auf: «Sie haben wenig psychische Störungen, die geringsten Alltagsbeschwerden aller Rollenkonfigurationstypen (einschließlich der männlichen), sind selten arbeitsunfähig und gehen am seltensten zum Arzt.» (Meyer 2000, S. 255). Analoges wurde auch bei Trirollen-Männern (berufstätig mit Elternrolle und Partnerin) festgestellt: «Die durchschnittlich gute Gesundheit trotz sehr hohem Alltagsstress lässt den Schluss zu, dass Trirollenväter ihren Stress gut bewältigen können und weitgehend als Stimulation und Leistungsmotivation erleben.» (Meyer 2000, S. 253). Mehr-

Tabelle 4: Weibliche Rollenkonfigurationen und physische Gesundheit – Zusammenfassende Darstellung von Thesen und Ergebnissen aus Längsschnittvergleichen (adaptierte und ergänzte Version nach Waldron et al. 1998, S. 217).

These	Bisherige Forschungsergebnisse aus Längsschnittstudien[1]
Rollenakkumulations-Thesen: – Positive Wirkung einer Ehe – Positive Wirkung von Erwerbstätigkeit – Positive Wirkung von Mutterschaft – Positive Wirkung multipler Rollen	 +/0 +/0 0/+ +/0
Rollensubstitutions-These: Erwerbstätigkeit weniger positiv für verheiratete Frauen	 +/0
Thesen komplementärer Rollenkonfigurationen: – (Ehel.) Partnerschaft positiver für Mütter – Mutterschaft weniger negativ für erwerbstätige Frauen	 0 0/+
Rollenstress-Thesen: Rollenkombinations-Stress-These – Mutterschaft negativer für erwerbstätige Frauen Quantitative Rollenbelastungs-Thesen – Negative Wirkung langer Arbeitszeiten – Negative Wirkungen mit Kinderzahl steigend – Negative Wirkung von Dauer und Intensität der Angehörigenpflege	 0 0 0/+ +/0

1   +   Postulierter Zusammenhang wird allgemein und durchgehend beobachtet.
    +/0 Postulierter Zusammenhang meist festgestellt, aber bedeutsame Ausnahmen.
    0/+ Postulierter Zusammenhang allgemein verworfen, aber mit bedeutsamen Ausnahmen.
    0   Postulierter Zusammenhang durchgehend nicht eindeutig beobachtbar.

fachrollen werden – trotz oft erhöhter Arbeitsbelastung – häufig als bereichernd und sozial unterstützend erfahren, abgesehen davon, dass eine Rollendiversität wirtschaftliche und soziale Risiken streut. Allerdings variiert die Bewältigung multipler Rollen je nach den sozialen, psychischen und wirtschaftlichen Ressourcen. So wurde in einer deutschen Herz-Kreislauf-Präventionsstudie bei Frauen im Alter zwischen 25 und 53 Jahren deutlich, dass vor allem berufsadäquat ausgebildete erwerbstätige Mütter die geringsten psychosomatischen Beschwerden zeigten und am wenigsten Psychopharmaka konsumierten (vgl. Borchert/Collatz 1992).

Interaktive Effekte sind oft in der Richtung zu beobachten, dass die positive Wirkung einer Berufsrolle bei verheirateten Frauen geringer ist als bei unverheirateten Frauen bzw. dass umgekehrt eine Partnerschaft sich bei erwerbstätigen Frauen gesundheitlich weniger stark auswirkt als bei nichterwerbstätigen Frauen (wie es die Rollensubstitutions-These postuliert). Die These komplementärer Rollenkonfigurationen – namentlich bezüglich der Mutterrolle – scheint dagegen empirisch weniger bestätigt zu sein. Auch die These, dass eine familial-berufliche Doppelrolle an sich – ohne Kontrolle sozialer Selektionsprozesse und wirtschaftlicher Hintergründe – gesundheitlich negative Folgen aufweist, findet wenig empirische Unterstützung. Dies gilt auch für die Vermutung, dass lange Arbeitszeiten und hohe Kinderzahl an sich negative Folgen aufweisen (vgl. Waldron et al. 1998).

Die demographische Alterung – in Kombination mit geschlechtsspezifischen Ungleichheiten der familialen Rollenverteilung – rückt gegenwärtig die Rollenbelastungen durch Angehörigenpflege (namentlich Pflege dementer Partner oder Angehöriger) ins Zentrum. Für Frauen kann sich daraus in späteren Lebensphasen ein «zweiter familial-beruflicher Vereinbarkeitskonflikt» ergeben (Dallinger 1996, 1998). Intensive Pflegesituationen können die Gesundheit der pflegenden Angehörigen beeinträchtigen. Dies gilt namentlich bei der Pflege dementieller Angehöriger. Angehörige pflegen einen dementen Patienten oft solange, bis die Belastungen ihre Kräfte übersteigen. Damit steigt das Risiko, dass betreuende Angehörige erkranken und zu «hidden patients» werden. Emotionale Störungen mit Symptomen von Angst, Depression und Erschöpfung sind bei pflegenden Angehörigen häufig beobachtbar (vgl. Fisher/Lieberman 1994; Grässel 1998; Meier 1998; Zarit et al. 1985). Ein in der italienischsprachigen Schweiz durchgeführter Vergleich mit einer Normalpopulation von 35- bis 64-jährigen Personen ließ erkennen, dass vor allem Männer, welche sich intensiv um einen dementen Angehörigen (meist demente Ehefrau) zu kümmern haben, ein deutlich höheres Risiko depressiver Symptome aufwiesen. Hingegen wurde das Befinden von Frauen in dieser Studie durch eine Pflegesituation weniger stark beeinträchtigt (vgl. Domenighetti 1995). Geschlechtsspezifische Rollenzuordnungen in Kombination mit geschlechtsspezifischen Differenzen der Lebenserwartung führen jedoch weiterhin dazu, dass unbezahlte familiale Pflege primär Frauen gesundheitlich belastet (vgl. Höpflinger/Stuckelberger 1999; Künemund 2000).

Rollentheoretische Ansätze und rollenkonfigurativ angelegte Studien vermögen die aggregierten Morbiditäts- und Mortalitätsstudien in wesentlichen Bereichen zu ergänzen, indem sie formal definierte und intern heterogene Familienstandsgruppen differenzieren. Damit lassen sich die Mechanismen genauer analysieren, welche auf aggregierter Ebene zu familienstandsspezifischen Gesundheits- und Mortalitätsdifferenzen führen. Die auf aggregierter Datenebene gefundenen Zusammenhänge werden zwar durch solche Studien nicht verneint, aber mit konkreten sozialen Rollenelementen verknüpft. Ein zentrales Ergebnis ist die Beobachtung, dass gesundheitliches Wohlbefinden und komplexe Rollenkonfigurationen sich keineswegs ausschließen. Multiple Rollenkonfigurationen scheinen sich gesundheitlich eher positiv als negativ auszuwirken, zumindest bei Frauen und Männern mit hohen sozialen, ökonomischen und psychischen Ressourcen.

6. Geschlechtsspezifische Unterschiede der Lebenserwartung – und die Folgen für Lebensformen in späteren Lebensphasen

In der bisherigen Analyse des Verhältnisses von privater Lebensform, gesundheitlichem Befinden und Mortalität wurden immer wieder geschlechtsspezifische Unterschiede sichtbar, allerdings sind die Ergebnisse alles andere als konsistent. Zwar wirken sich familien- und lebenskritische Ereignisse (wie Scheidung, Verwitwung, aber auch die Pflege eines dementen Partners) teilweise negativer auf Männer als auf Frauen aus, aber die klassische These, wonach Männer von einer (ehelichen) Partnerschaft stärker profitieren als Frauen, erweist sich als zu generell. Viele der angeführten geschlechtsspezifischen Unterschiede bezüglich der Wirkung familialer Lebensformen auf Gesundheit bzw. Mortalität sind zudem gradueller Art.

Auf der anderen Seite existiert ein Zusammenhang zwischen Mortalität, Gesundheit und Lebensform, der generell und markant ausfällt, namentlich in späteren Lebensphasen (vgl. Höpflinger 2000a): Die bekannte Tatsache, dass Frauen länger leben als Männer, in Kombination mit geschlechtsspezifischen Differenzen des Heirats- und Wiederverheiratungsverhaltens (Männer heiraten zumeist eine jüngere Frau, und sie gehen in allen Altersgruppen häufiger eine neue Partnerschaft ein) führen in späteren Lebensphasen zu einem klaren Auseinanderfallen männlicher und weiblicher Lebensformen: Frauen leben in höheren Altersgruppen häufiger in Einpersonenhaushalten als gleichaltrige Männer. Weibliche Langlebigkeit und traditionelle Normen der Partnerwahl sind auch dafür verantwortlich, dass Verwitwung vorwiegend ein Frauenschicksal darstellt, wie die in **Tabelle 5** angeführten Angaben illustrieren.[9]

Entsprechend sind mehrheitlich Frauen von

---

9 Die bei deutschen Frauen im Vergleich zur Schweiz höheren Anteile an Verwitweten reflektieren sowohl Effekte kontextspezifischer Lebenserwartung als auch – namentlich bei älteren Frauen – ein unterschiedliches Kohortenschicksal deutscher und schweizerischer Frauen.

Tabelle 5: Anteil verwitweter Frauen und Männer an jeweiliger Altersgruppe (nach Backes/Clemens 1998, S. 44; Höpflinger 2000b, S. 82).

Altersgruppe		60–64	65–69	70–74	75–79	80+
Frauen						
	Deutschland 1995	18,7 %	29,5 %	44,1 %	60,9 %	78,9 %
	Schweiz 1996	14,6 %	23,7 %	35,2 %	47,9 %	66,0 %
Männer						
	Deutschland 1995	4,4 %	7,5 %	11,8 %	17,7 %	39,2 %
	Schweiz 1996	3,2 %	5,5 %	8,7 %	14,4 %	31,0 %

den negativen Folgen dieses lebenskritischen Ereignisses betroffen, selbst wenn nach einigen Studien Männer eine Verwitwung weniger leicht bewältigen als gleichaltrige Frauen (vgl. Groupe «Sol» 1996). Geschlechtsspezifische Unterschiede in der Prävalenz depressiver Symptome bei älteren Menschen reduzieren sich entsprechend deutlich, wenn Verwitwung als Ereignis mitkontrolliert wird (vgl. Mirowsky/Ross 1992).

Die Kombination von geschlechtsspezifisch unterschiedlicher Lebenserwartung und geschlechtsspezifisch geprägtem Partnerschaftsverhalten wirkt sich in markanter Form auch auf die familialen Generationenbeziehungen aus: Da Frauen länger leben und früher heiraten als Männer, ist die gemeinsame Lebenszeit von Kindern mit ihrer Mutter länger als diejenige mit dem Vater (vgl. Lauterbach 1995). In analoger Weise können Kinder im Allgemeinen länger mit Großmüttern als mit Großvätern aufwachsen. Die «matrilineare Prägung» familialer Generationenbeziehungen wird durch familiale Rollenmuster verstärkt. So sind im Allgemeinen die engsten intergenerationellen Beziehungen diejenigen zwischen Müttern und Töchtern, wogegen die flüchtigsten Beziehungen zwischen Söhnen und Vätern auftreten (vgl. Szydlik 2000).

Geschlechtsspezifische Unterschiede im Risiko- und Gesundheitsverhalten – in Kombination mit geschlechtsspezifischen Unterschieden von Ehe- und Partnerschaftsverhalten – führen somit in späteren Lebensphasen zu einem markanten Auseinanderfallen weiblicher und männlicher Lebensformen und intergenerationeller Beziehungsstrukturen. Während in frühen Lebensphasen eher die familienstandsspezifischen Gesundheits- und Mortalitätsunterschiede dominieren, wird in späteren Lebensphasen eher die umgekehrte Wirkung geschlechtsspezifischer Mortalität auf die Lebensformen bedeutsam.

7. Hauptfolgerungen – eine vorläufige Bilanz

Bedeutsame Unterschiede in der Datenbasis und den kontrollierten Drittvariablen sowie eine oft grobe Kategorisierung von Lebens- bzw. Familienstandsformen bei manchen Studien erschweren es, zu konsolidierten Aussagen zu gelangen. Trotz aller Vorbehalte lassen sich dennoch einige allgemeine Feststellungen formulieren:

1. Aggregierte soziodemographische Daten lassen durchgehend bedeutsame familienstandsspezifische Mortalitätsdifferenzen erkennen. Zeitvergleiche zeigen teilweise eine angesichts stattgefundener gesellschaftlicher Wandlungen erstaunliche Kontinuität solcher Mortalitätsdifferenzen. Familienstandsspezifische Mortalitätsdifferenzen sind bei Männern tendenziell ausgeprägter als bei Frauen.
2. Die aggregiert feststellbaren familienstandsspezifischen Gesundheits- und Mortalitätsdifferenzen betreffen im Allgemeinen jedoch nur (spezifische) Subgruppen innerhalb breiter – oft formal definierter – Familienstandsgruppen.
3. Prozesse sozialer Selektion sind unzweifelhaft bedeutsame Erklärungselemente. Sie genügen jedoch im Allgemeinen nicht zur vollständi-

gen Erklärung familienstandsspezifischer Mortalitätsdifferenzen. Institutionelle, rollen- und ereignisbezogene Faktoren sind in vielen Fällen ebenfalls relevant.

4. Die vorliegenden Studien weisen relativ konsistent in Richtung einer protektiven, gesundheitsfördernden Wirkung langjähriger (ehelicher) Partnerschaften. Dies gilt namentlich auch bezüglich einer Erhöhung der Gesundungschancen nach einer Erkrankung. Die These, dass Männer von einer protektiven Wirkung einer (ehelichen) Partnerschaft stärker profitieren als Frauen, lässt sich hingegen in dieser generellen Form nicht belegen.

5. Zumindest in einigen Studien wird sichtbar, dass soziale Unterstützung durch andere Bezugspersonen (Angehörige, FreundInnen) ebenso bedeutsam sein kann wie eine partnerschaftliche Unterstützung, so dass sich der traditionelle Fokus vieler Studien auf Partnerbeziehungen als zu eng erweist.

6. Eine Familienauflösung (Scheidung, Verwitwung), aber auch familiale Pflege zeitigt – unter Voraussetzung gleicher wirtschaftlicher Absicherung – bei Männern kurz- bis mittelfristig tendenziell negativere gesundheitliche Konsequenzen als bei Frauen. Bei Frauen ergeben sich gesundheitliche Probleme oft eher als Folgen mangelnder wirtschaftlicher Absicherung nach einer Familienauflösung.

7. Rollentheoretisch orientierte Längsschnittbeobachtungen weisen gegenwärtig primär in die Richtung, dass sich multiple Rollenkonfigurationen (z. B. familial-berufliche Rollenkombinationen) bei Frauen gesundheitlich eher positiv auswirken. Ob dies bei Männern ebenso der Fall ist, lässt sich aufgrund der aktuellen Forschungslage höchstens vermuten.

8. Geschlechtsspezifische Unterschiede in der Lebenserwartung wie auch im Partnerschafts- bzw. Heiratsverhalten führen in späteren Lebensjahren umgekehrt zu einem markanten Auseinanderfallen der Lebensformen und der intergenerationellen Beziehungen von Frauen und Männern.

Literatur

Backes, G. M., Clemens, W. (1998). *Lebensphase Alter. Eine Einführung in die sozialwissenschaftliche Alternsforschung*. Weinheim.

Barnett, R. C. (1993). «Multiple roles, gender, and psychological distress». In: Goldberger, L., Breznitz, S. (Hrsg.). *Handbook of Stress: Theoretical and clinical aspects*. 2. Aufl. New York, S. 427–445.

Baumann, A., Filipiak, B., Stieger, J., Löwel, H. (1998). «Familienstand und soziale Integration als Prädiktoren der Mortalität: Eine 5-Jahres-Follow-up-Studie an 55- bis 74-jährigen Männern und Frauen in der Region Augsburg». *Zeitschrift für Gerontologie und Geriatrie*, 31 (3), S. 184–192.

Bengtson, V. L., Giarrusso, R. (1995). «Effets à long terme du lien filial. Une enquête longitudinale de l'Université de Californie du Sud». In: Attias-Donfut, C. (Hrsg.). *Les solidarités entre générations. Vieillesse, familles, état*. Paris, S. 83–95.

Berkman, L. F., Syme, S. L. (1979). «Social networks, host resistance, and mortality: A nine-year follow-up study of Alameda County residents». *American Journal of Epidemiology*, 109, S. 186–204.

Bisig, B., Gutzwiller, F. (1994). «Konzept des Indikators ‹Behinderungsfreie Lebenserwartung›». In: Imhof, A. E., Weinknecht, R. (Hrsg.). *Erfüllt leben – in Gelassenheit sterben. Geschichte und Gegenwart*. Berlin, S. 197–206.

Borchert, H., Collatz, J. (1992). «Empirische Analysen zu weiblichen Lebenssituationen und Gesundheit». In: Brüderl, L., Paetzold, B. (Hrsg.). *Frauenleben zwischen Beruf und Familie*. Weinheim, S. 189–209.

Brähler, E., Goldschmidt, S., Kupfer, J. (2000). «Männer und Gesundheit». www.uni-leipzig.de/˜medpsy/maenner/maenner.html.

Budowski, M., Hanson, T. L., Suter, C. (1999). «Living conditions of single mothers in Zurich, Switzerland and Urban United States». In: Maeder, C., Burton-Jeangros, C., Haour-Knipe, M. (Hrsg.). *Gesundheit, Medizin und Gesellschaft. Beiträge zur Soziologie der Gesundheit*. Zürich, S. 256–287.

Burman, B., Margolin, G. (1992). «Analysis of the association between marital relationship and health problems: An international perspective». *Psychological Bulletin*, 112, S. 39–63.

Clarke-Stewart, K. A., Bailey, B. L. (1989). «Adjusting to divorce: Why do men have it easier?» *Journal of Divorce*, 132, S. 75–94.

Crimmins, E. M., Hayward, M. D., Saito, Y. (1996). «Differentials in active life expectancy in the older population of the United States». *Journal of Gerontology: Social Science*, 51B, S. 111–120.

Dallinger, U. (1996). «Pflege und Beruf – ein neuer Vereinbarkeitskonflikt in der späten Familienphase. Ein Literatur- und Forschungsüberblick». *Zeitschrift für Familienforschung*, 8 (2), S. 6–42.

Dallinger, U. (1998). «Der Konflikt zwischen familiärer Pflege und Beruf als handlungstheoretisches Problem». *Zeitschrift für Soziologie*, 27 (2), S. 94–112.

Doblhammer-Reiter, G. (1996). *Soziale Ungleichheit vor dem Tod. Zum Ausmaß sozioökonomischer Unterschiede der Sterblichkeit in Österreich, Demographische Informationen 1995/96*. Wien, S. 71–81.

Domenighetti, G. (1995). *Bilancio sullo stato di salute della popolazione del cantone Ticino: la salute dei ticinesi*. Bellinzona.

Eastman, M. (1989). *Family – the vital factor*. Melbourne.

Farr, W. (1858). «The influence of marriage on the mortality of the French people». In: Hastings, G. W. (Hrsg.). *Transactions of the National Association for the Promotion of Social Sciences*. London, S. 504–513.

Fischer, S. (1998). «Soziale Unterstützung und Belastung bei allein erziehenden Frauen: Was erhält sie gesund – was macht sie krank? Eine Sekundäranalyse des SUGES-Teilprojektes ‹Soziale Unterstützung und Gesundheit bei allein Erziehenden in der Stadt Zürich›». *Lizenziatsarbeit* am Soziologischen Institut der Universität Zürich (mimeo.).

Fisher, L., Liebermann, M. A. (1994). «Alzheimer's disease: The impact of the family on spouses, offspring, and inlaws». *Family Process*, 33, S. 305–325.

Fooken, I. (1996). «Scheidung nach der Silberhochzeit: ‹Spätes Trauma› oder ‹späte Freiheit›?» *Kongressbericht DGP 1996*. www.hogrefe.de/buch/online/kongress_40/28.htm.

Fooken, I. (1999). «Scheidung im ‹leeren Nest› – Seelische Gesundheit und Eltern-Kind-Beziehung bei ‹spät› geschiedenen Vätern und Müttern». In: Sander, E. (Hrsg.). *Trennung und Scheidung. Die Perspektive betroffener Eltern*. Weinheim, S. 170–193.

Freedman, V. (1996). «Family structure and the risk of nursing home admission». *Journal of Gerontology: Social Science*, 51B, S. 61–69.

Fu, H., Goldman, N. (1994). «Are healthier people more likely to marry? An event history analysis based on the NLSY». *Working Paper* 94-5. Washington: Office of Population Research.

Gärtner, K. (1990). «Sterblichkeit nach dem Familienstand». *Zeitschrift für Bevölkerungswissenschaft*, 16, S. 53–66.

Goldman, N. (1993). «Marriage selection and mortality pattern: Inferences and fallacies». *Demography*, 30, S. 189–208.

Goldman, N., Korenman, S., Weinstein, R. (1995). «Marital status and health among the elderly». *Social Science and Medicine*, 40, S. 1717–1730.

Gove, W. (1972). «The relationship between sex roles, marital status, and mental illness». *Social Forces*, 51, 34–44.

Grässel, E. (1998). *Belastung und gesundheitliche Situation der Pflegenden. Querschnittsuntersuchung zur häuslichen Pflege bei chronischem Hilfs- oder Pflegebedarf im Alter*. Egelsbach.

Groupe ‹Sol› de l'Université du 3e âge de Genève (1996). *Vivre sans elle. Le veuvage au masculin*. Genf.

Guttmann, J. (1989). «The divorced father: A review of the issues and the research». *Journal of Comparative Family Studies*, 20, S. 247–261.

Hibbard, J. H., Pope, C. R. (1991). «Effect of domestic and occupational roles on morbidity and mortality». *Social Science and Medicine*, 12, S. 805–811.

Höhn, C., Pollard, J. H. (1992). «Persönliche Gewohnheiten und Verhaltensweisen und Sterblichkeitsunterschiede nach dem Familienstand in der Bundesrepublik Deutschland». *Zeitschrift für Bevölkerungswissenschaft*, 18, S. 415–433.

Höpflinger, F. (1994). *Frauen im Alter – Alter der Frauen*. Zürich (2. akt. Aufl. 1997).

Höpflinger, F. (2000a). «Auswirkungen weiblicher Langlebigkeit auf Lebensformen und Generationenbeziehungen». In: Perrig-Chiello, P., Höpflinger, F. (Hrsg.). *Jenseits des Zenits. Frauen und Männer in der zweiten Lebenshälfte*. Bern, S. 61–74.

Höpflinger, F. (2000b). «Lebenslagen im Alter aus der Sicht der Schweiz». In: Backes, G. M., Clemens, W. (Hrsg.). *Lebenslagen im Alter. Gesellschaftliche Bedingungen und Grenzen*. Opladen, S. 75–91.

Höpflinger, F., Stuckelberger, A. (1999). *Demographische Alterung und individuelles Altern*. Zürich (2. Aufl. 2000).

Horwitz, A. V., McLaughlin, J., Raskin White, H. (1997). «How the negative and positive aspects of partner relationships affect the mental health of young married people». *Journal of Health and Social Behavior*, 39, S. 124–136.

Hu, Y., Goldman, N. (1990). «Mortality differentials by marital status: An international comparison». *Demography*, 27, S. 233–50.

Kaiser, P. (1993). «Pflegefamilien im Netzwerk der Systeme». *Zeitschrift für Familienforschung*, 5, S. 5–41.

Kandel, D. B., Davies, M., Raveis, V. H. (1985). «The stressfulness of daily social roles for women: Marital, occupational, and household roles». *Journal of Health and Social Behavior*, 26, S. 64–78.

Kessler, R. C., McLeod, J. D. (1984). «Sex differences in vulnerability to network events». *American Sociological Review*, 49, S. 620–631.

Kiernan, K. (1988). «Who Remains Celibate?» *Journal of Biosocial Sciences*, 20, S. 253–263.

Klein, T. (1993a). «Familienstand und Lebenserwartung. Eine Kohortenanalyse für die Bundesrepublik Deutschland». *Zeitschrift für Familienforschung*, 5, S. 99–114.

Klein, T. (1993b). «Soziale Determinanten der Lebenserwartung». *Kölner Zeitschrift für Soziologie und Sozialpsychologie*, 45 (4), S. 712–730.

Klein, T. (1998). «Der Heimeintritt alter Menschen und Chancen seiner Vermeidung. Ergebnisse einer Repräsentativerhebung in den Einrichtungen der stationären Altenhilfe». *Zeitschrift für Gerontologie und Geriatrie*, 31, S. 407–416.

Klein, T. (1999). «Soziale Determinanten der aktiven Lebenserwartung». *Zeitschrift für Soziologie*, 28 (6), S. 448–464.

Klein, T., Lauterbach W. (Hrsg.) (1999). *Nichteheliche Lebensgemeinschaften. Analysen zum Wandel partnerschaftlicher Lebensformen*. Opladen.

Klein, T., Salaske, I. (1994). «Determinanten des Heimeintritts im Alter und Chancen seiner Vermeidung. Eine Längsschnittuntersuchung für die Bundesrepublik Deutschland». *Zeitschrift für Gerontologie*, 27, S. 442–455.

Künemund, H. (2000). «Pflegetätigkeiten in der zweiten Lebenshälfte – Verbreitung und Perspektiven». In: Backes, G., Clemens, W. (Hrsg.). *Lebenslagen im Alter. Gesellschaftliche Bedingungen und Grenzen*. Opladen, S. 215–229.

Kunz, J., Kunz, P. R. (1995). «Social support during the process of divorce: It does make a difference». *Journal of Divorce and Remarriage*, 24 (3-4), S. 111–119.

Jacobs, J. (1982). «The effect of divorce on fathers: An overview of the literature». *American Journal of Psychiatry*, 139, S. 1235–1241.

Lauterbach, W. (1995). «Die gemeinsame Lebenszeit von Familiengenerationen». *Zeitschrift für Soziologie*, 24 (1), S. 22–41.

Leutner, R. (1967). *Sterblichkeit nach dem Familienstand: Eine statistische Analyse der Todesursachen für die Bevölkerung der Bundesrepublik Deutschland*. Hamburg.

Lillard, L. A., Panis, C. W. A. (1996). «Marital status and mortality: The role of health». *Demography*, 33, S. 313–327.

Lillard, L. A., Waite, L. J. (1995). «‹Til death do us part›: Marital disruption and mortality». *American Journal of Sociology*, 100, S. 1131–1156.

Lopez, M. J. (1988). *Conjugal Bereavement in Elderly People: Psychosocial factors affecting health under a psychoimmunological perspective*. Genf: World Health Organisation, Division of Mental Health.

Manton, K. G., Stallard, E., Liu, R. (1993). «Forecasts of active life expectancy: Policy and fiscal implications». *The Journal of Gerontology*, 48, Special Issue, S. 11–26.

Marmot, M. G., Fuhrer, R., Ettner, S. L., Marks, N. L., Bumpass, L. L., Ryff, C. D. (1998). «Contribution of psychosocial factors to socioeconomic differences in health». *The Milbank Quarterly*, 76 (3). Internet: www.milbank.org/quarterly/763feat.html.

Mathers, C. (1996). «Health differentials among young Australian adults». *Health Monitoring Series*, 4, Canberra: Australian Institute of Health and Welfare.

Meier, D. (1998). «Belastung und Bedürfnisse von Familienangehörigen, die demente Patienten betreuen». In: Spitex Verband Schweiz (Hrsg.). *Spitex im Trend – Trends für Spitex/ Aide et soins à domicile – profils d'avenir*. Bern, S. 305–311.

Meyer, P. C. (2000). *Rollenkonfigurationen, Rollenfunktionen und Gesundheit. Zusammenhänge zwischen sozialen Rollen, sozialem Stress, Unterstützung und Gesundheit*. Opladen.

Meyer, P. C., Decurtins, L., Niklowitz, M. (1997). «Geschiedene Väter: Lebensformen, soziale Unterstützung und Gesundheit». *Schlussbericht des Forschungsprojektes GeVaP*. Psychiatrische Universitätsklinik Zürich.

Meyer, P. C., Decurtins, L., Niklowitz, M. (1999). «Auswirkungen konfliktiver Scheidungen auf die Gesundheit geschiedener Väter». In: Maeder, C., Burton-Jeangros, C., Haour-Knipe, M. (Hrsg.). *Gesundheit, Medizin und Gesellschaft. Beiträge zur Soziologie der Gesundheit*. Zürich, S. 238–255.

Mirowsky, J., Ross, C. E. (1992). «Age and depression». *Journal of Health and Social Behavior*, 33, S. 187–205.

Moen, P., Dempster-McClain, D., Williams R. M. (1992). «Successful aging: A life-course perspective on women's multiple roles and health». *American Journal of Sociology*, 97, S. 1612–1638.

Murphy, M. (1996). «Marital status and mortality: An epidemiological viewpoint». *Zeitschrift für Bevölkerungswissenschaft*, 21 (3), S. 303–317.

Napp-Peters, A. (1995). «Armut von allein Erziehenden». In: Bieback, K.-J., Milz, H. (Hrsg.). *Neue Armut*. Frankfurt/M., S. 107–121.

Niepel, G. (1994a). *Allein Erziehende: Abschied von einem Klischee*. Opladen.

Niepel, G. (1994b). *Soziale Netze und soziale Unterstützung allein erziehender Frauen*. Opladen.

Riehl-Emde, A. (1992). «Ehescheidung und ihre Folgen». *Familiendynamik*, 17, S. 415–432.

Rook, K. S. (1992). «Detrimental aspects of social relationships: Taking stick of an emerging literature». In: Veiel, H. O. F., Baumann, U. (Hrsg.). *The meaning and measurement of social support*. New York.

Rosenberg, H., Steiner, M. (1991). *Paragrafenkinder: Erfahrungen mit Pflege- und Adoptivkindern*. Reinbek.

Ross, C. E., Mirowsky, J. (1995). «Does employment affect health?» *Journal of Health and Social Behavior*, 36, S. 230–243.

Segrin, C. (1998). «Disrupted interpersonal relationships and mental health problems». In: Spitzberg, B. H., Cupach, W. R. (Hrsg.). *The Dark Side of Close Relationships*. Makwah, NJ, London, S. 327–365.

Silverstein, M., Bengtson, V. L. (1991). «Do close parent-child relations reduce the mortality risk of older parents? A test of the direct and buffering effects of intergenerational affection». *Journal of Health and Social Behavior*, 32, S. 382–395.

Szydlik, M. (2000). *Lebenslange Solidarität? Generationenbeziehungen zwischen erwachsenen Kindern und Eltern*. Opladen.

Trovato, F., Lauris, G. (1989). «Marital status and mortality in Canada: 1951–1981». *Journal of Marriage and the Family*, 51, S. 907–922.

Umberson, D. (1987). «Family status and health behaviors: Social control as a dimension of social integration». *Journal of Health and Social Behavior*, 28, S. 306–319.

Umberson, D., Chen, M. D., House, J. S., Hopkins, K., Slaten, E. (1996). «The effect of social relationships on psychological well-being: Are men and women really so different?» *American Sociological Review*, 61, S. 837–857.

United Nations (1998). *Demographic Yearbook 1996*. New York: United Nations – Departement of Economic and Social Affairs.

Waite, L. (1995). «Does marriage matter?» *Demography*, 32, S. 483–507.

Waite, L., Gallagher, M. (2000). *The case for marriage: Why married people are happier, healthier, and better off financially*. New York.

Waldron, I., Hughes, M. E., Brooks, T. L. (1996). «Marriage protection and marriage selection: Prospective evidence for reciprocal effects of marital status and health». *Social Science and Medicine*, 43, S. 113–123.

Waldron, I., Weiss, C. C., Hughes, M. E. (1998). «Interacting effects of multiple roles on women's health». *Journal of Health and Social Behavior*, 39, S. 216–236.

Weatherall, R., Joshi, H., Macran, S. (1994). «Double burden or double blessing? Employment, motherhood, and mortality in the Longitudinal Study of England and Wales». *Social Science and Medicine*, 38, S. 285–297.

Wethington, E., McLeod, J. D., Kessler, R. C. (1987). «The importance of life events for explaining sex differences in psychological distress». In: Barnett, R. C., Biener, L., Baruch, G. K. (Hrsg.). *Gender and stress*. New York, S. 44–156.

World Health Organisation (2000). *The World Health Report 2000*. Genf.

Zarit, S. H., Orr, N. K., Zarit, J. M. (1985). *The hidden victims of Alzheimer's disease: Families under stress*. New York.

Physikalische Umwelt und Gesundheit

Helga Stopper und Maximilian Gertler

Unter Umwelt und Umwelteinflüssen werden in der Medizin allgemeine Rahmenbedingungen der menschlichen Gesundheit bezeichnet. Diese schließen u. a. den Bereich der Arbeitsmedizin, der allgemeinen Hygiene, sozialmedizinische Faktoren, den medizinischen Kontext von (gewalttätiger) Fremdeinwirkung, toxikologische Aspekte und auch «die Umweltmedizin» ein. Durch das Adjektiv «physikalisch» wird der Begriff Umwelt hier auf Einflüsse begrenzt, die unabhängig von sozialen Zusammenhängen sind. Die so genannten sozialen Rollen von Frauen und Männern und deren medizinische Bedeutung werden in anderen Kapiteln erörtert. An dieser Stelle werden Umweltbedingungen aufgezeigt, die gewissermaßen aus der biologischen Ausgangssituation, Mann oder Frau zu sein, resultieren. Parallel dazu wird diskutiert, inwiefern Männer und Frauen quantitativ und qualitativ unterschiedlich sensibel für gesundheitsschädliche Einflüsse sind. Im Zentrum stehen die verhaltensbedingte Risikoexposition, die Verstoffwechselung von Medikamenten, Einflussfaktoren auf das Immunsystem sowie umweltbezogene Befindlichkeitsstörungen und Syndrome. Außerdem wird die Problematik der reproduktiven Gesundheit von Männern und Frauen aufgegriffen und die seit geraumer Zeit an Bedeutung zunehmenden so genannten Umwelthormone und deren geschlechtsspezifische Wirkungen erläutert.

1. Verhaltensbedingte Risikoexposition

Betrachtet man die Umwelt differenziert als äußeren Einflussfaktor auf die Gesundheit von unterschiedlichen Personen oder Personengruppen, muss auch beachtet werden wie diese Umwelt vom Individuum selbst beeinflusst bzw. gewählt wird. So sind hier u. a. gesundheitlich relevante Verhaltensmuster auf weibliches und männliches Risikopotenzial hin zu überprüfen. Beispielsweise lässt sich die Ernährungsweise in einem unmittelbaren, individuellen Zusammenhang zur Gesundheit des oder der Einzelnen betrachten.

1.1 Ernährung

Die höhere Lebenserwartung verheirateter Männer im Vergleich zu Unverheirateten und Verwitweten wird auch als ein Zeichen ungesünderer Ernährung von Männern interpretiert (Martikainen/Valkonen 1996; Shye et al. 1995). Nach Untersuchungen von Pudel und Westenhöfer interessieren sich Frauen wesentlich häufiger (51 % vs. 29 %) für Ernährungsfragen. Wert legen sie dabei nicht nur auf Geschmack, sondern besonders auf Fettarmut, Vitamine, Abwechslung und Kaloriengehalt. Jede zweite Frau und jeder vierte Mann hat mindestens einmal eine «Schlankheitsdiät» durchgeführt (Pudel/Ellrott 1995).

Nach den Empfehlungen der Deutschen Gesellschaft für Ernährung (DGE) nehmen die und der Durchschnittsdeutsche nach wie vor täglich einen zu hohen Kalorienanteil in Form von Fett auf. Daneben verzehren sie zu viel Kristallzucker, zu viel Salz und bei weitem nicht genug Kalzium. Frauen nehmen täglich etwa 77 % der Energiemenge auf, die sich Männer zuführen, verzehren dementsprechend von den meisten Nahrungsmittelarten in absoluten Mengen weniger, bei Fleisch und tierischem Fett unproportional weniger als Männer. Hingegen nehmen Frauen über alle Altersklassen im Durchschnitt täglich ca. 207 g, Männer nur 193 g Obst und Gemüse auf. Gemessen an Körpergröße und Gewicht ist dies ein deutlicher Unterschied (Heseker et al. 1995). Relativ gering fällt der Unterschied beim Genuss von Süßwaren aus, im Durchschnitt werden über alle Altersklassen von Männern ca. 23 und von Frauen ca. 21,6 g pro Tag verzehrt, was den Empfehlungen der DGE entsprechend einen relativ höheren Konsum der Frauen ausmacht. Schon bei Jungen findet man den Vorzug von Salz, Fett und Zucker, während Mädchen mehr Obst und Gemüse verzehren. Später nehmen Männer mehr Fleisch, Brot, Alkohol und Süßwaren auf. Obst und Joghurt werden dagegen von Frauen bevorzugt (Block et al. 1988). Auch die Art und Weise der Zubereitung scheint am Gesamtbild nicht unbeteiligt. Männer schätzen scharf angebratenes und gegrilltes Fleisch, das als eher risikoreich, z. B. für die Entwicklung von Darmkrebs eingeschätzt wird (Glomp 1997).

Die Versorgung der deutschen Bevölkerung mit Mineralstoffen gilt im Allgemeinen als gesichert. Eine Ausnahme bildet die Jodversorgung. Nach den Kriterien der WHO gilt Deutschland als Jodmangelgebiet. Die Prävalenz von Jodmangelstrumen wird mit 30 % angegeben, wobei die Erkrankung bei Frauen etwa viermal häufiger als bei Männern auftritt, obwohl deren Jodversorgung, gemessen an der Urinausscheidung besser ist (Gesundheitsbericht 1998). Dieser augenscheinliche Widerspruch könnte mit der höheren Prävalenz autoimmuner (Schilddrüsen-) Erkrankungen zusammenhängen. Ein positiver Aspekt der Ernährung der Männer lässt sich bei der Aufnahme von Kalzium finden. Vermutlich durch den höheren Konsum von Tierprodukten kommen diese den empfohlenen Aufnahmemengen näher als Frauen. Dieser Umstand ist tatsächlich nicht befriedigend, da Frauen, speziell in jungen Jahren, einen hohen «Vorrat» an Kalzium aufbauen sollten. Während des Knochenwachstums werden von der DGE 1000-1200 mg Kalzium pro Tag empfohlen, für schwangere und stillende Frauen sogar bis zu 1300 mg. Nach dem Ernährungsbericht der DGE für die Bundesrepublik Deutschland liegt die durchschnittliche Kalziumzufuhr bei Frauen bei nur 691 mg. Diese Unterversorgung ist also doppelt schwerwiegend, da zu der geringeren Aufnahme noch der größere Bedarf kommt. Auch bei der Eisenaufnahme ist die Versorgungslage der Männer besser, allerdings zeigt lediglich die Untergruppe der 18- bis 24-jährigen Frauen eine deutliche Unterversorgung (Pudel/Ellrott 1995). Für die Versorgung mit Vitaminen ist der gesteigerte Bedarf schwangerer Frauen, besonders an Folsäure, zu beachten (Schneider et al. 1995). Junge Frauen sind nach den Untersuchungen von Pudel und Ellrott unzureichend mit Vitamin B_{12} versorgt.

In Bezug auf Körpergewicht und Gesamtaufnahme verzehren Frauen deutlich mehr Nahrungsmittel pflanzlicher und Männer mehr Nahrungsmittel tierischer Herkunft. Dies ist insofern interessant, als sich die (rückstandsbildenden) Fremd- und Schadstoffe in diesen Lebensmittelgruppen unterscheiden. In Obst und Gemüse lassen sich als rückstandsbildende Fremd- und Schadstoffe insbesondere Pestizide und Düngemittel nachweisen (Mersch-Sundermann 1999). Zur (Über-) Produktion von Tieren, Milch und Eiern wurden in Deutschland 1990 offiziell 500 Mio. DM für Tierarzneimittel ausgegeben, daneben werden als so genannte Futtermittelzusatzstoffe dem Tierfutter Leistungsförderer beigemengt. Des Weiteren kommen in der Produktion tierischer Nahrungsmittel Psychopharmaka, synthetische Wachstumsförderer, Hormonpräparate und beträchtliche Mengen Antibiotika zum Einsatz. Vermutlich werden illegal immer noch Sexualhormone und Sympathomimetika als Mastmittel angewandt (Mersch-Sundermann 1999). Die Restkonzentrationen dieser Substanzen im Nahrungsfleisch sind natürlich gering, ihre ökotoxikologische Wirkung ist aber schwierig einzuschätzen.

Die Bedeutung einer falschen Ernährung für die niedrigere Lebenserwartung von Männern ist nicht zu unterschätzen, da diese u. a. durch eine relativ hohe Mortalität vergleichsweise junger Männer durch cerebro- und kardiovaskuläre Ereignisse zu Stande kommt, deren Genese auch durch ungesunde Lebensführung, inklusive ungünstiger Ernährung beeinflusst ist.

1.2 Alkoholkonsum

Die gesundheitlichen, sozialen und volkswirtschaftlichen Folgen des Alkoholkonsums für die Gesellschaft sind ausgesprochen vielschichtig. Sie werden im Kapitel über Suchtkrankheiten ausführlich besprochen, lassen aber auch diesen Abschnitt nicht unberührt.

Eine Menge von bis zu 20 g Alkohol pro Tag wird als mäßiger, von mehr als 40 g pro Tag als starker Alkoholkonsum eingestuft. Es lässt sich ein deutlich höherer Konsum der Männer, bei wachsendem Anteil der Frauen, erkennen. Etwa 15 % der Männer sind mit einem starken Alkoholkonsum als gesundheitlich gefährdet anzusehen, etwa die Hälfte von ihnen gibt an, mehr als 60 g Alkohol täglich zu sich zu nehmen. Der Anteil der «Totalabstinenzler» ist bei den Frauen etwa doppelt so groß wie bei den Männern: 30 % gegenüber 15 %. Immerhin geben ungefähr 60 % der Frauen einen Konsum von 1 bis 20 g Alkohol pro Tag an, bei den Männern sind es ungefähr 50 %. Mehr als 40 g Alkohol täglich zu trinken, geben noch fast 5 % der Frauen an (Gesundheitsbericht 1998; siehe auch den Beitrag von Bischof und John in diesem Band).

Es bedarf kaum wissenschaftlicher Untersuchung um festzustellen, dass Alkohol auf Frauen akut einen anderen, meist stärker berauschenden, Einfluss hat als auf Männer. Ob Frauen aber auch tatsächlich empfindlicher für die toxischen Wirkungen sind und ob dies Bedeutung für die Folgen chronischen Missbrauchs hat, wurde in zahlreichen Untersuchungen analysiert, und es wurde nach biologischen Erklärungen gesucht (Iimuro et al. 1997; Lieber 2000). Tatsächlich erreichen Frauen im Vergleich zu Männern schneller höhere Blutalkoholkonzentrationen (BAK), da sie im Durchschnitt über weniger Körperwasser verfügen. Der Verteilungsraum ist kleiner, die Giftkonzentrationen ist größer. Auch die Metabolisierung von Alkohol ist weitgehend erforscht. Offenbar setzen nicht nur «trainierte» Konsumenten Alkohol schneller um (Mumenthaler et al. 2000), sondern Frauen verfügen bei ähnlichen Trinkgewohnheiten wie Männer auch über Kapazitäten, Alkohol schneller zu metabolisieren (Cole-Harding/Wilson 1987; Thomasson 1995). Als Mechanismen werden Unterschiede in der Aktivität der gastralen Alkoholdehydrogenase, einem Enzym, das ca. 10 bis 15 % des resorbierten Alkohols schon in der Magenschleimhaut abbaut, die Alkoholresorption im Magen und hormonelle Ursachen angeführt (Gill 1997; Frezza et al. 1990; Levitt et al. 1997; Mezey 2000; Mumenthaler et al. 1999). Frauen entwickeln schneller Leberschäden und bekommen mit höherer Wahrscheinlichkeit alkoholinduzierte Hepatitis oder sterben an Zirrhose (Lieber 1994; Tuyns/Pequignot 1984; Van Thiel/Gavaler 1988; Van Thiel 1991). Tierversuche bestätigen dies (Iimuro et al. 1997). Auch haben Frauen ein höheres Risiko, eine «Alkoholische Kardiomyopathie» zu entwickeln (Urbano-Marquez et al. 1995). Insgesamt muss davon ausgegangen werden, dass Frauen früher unter den Folgen chronischen Alkoholmissbrauchs leiden als Männer.

Seit einigen Jahren erregen Studien, in denen auf gesundheitsförderliche Aspekte moderaten Alkoholkonsums hingewiesen wird, öffentliche Aufmerksamkeit. Grundsätzlich ist dieser Ansatz wissenschaftlich belegt und anerkannt, allerdings werden Einschränkungen gemacht. Unterschiedliche Studienergebnisse in Abhängigkeit von der jeweiligen Studienpopulation weisen darauf hin, dass die Erkenntnisse nicht ohne weiteres zu pauschalisieren sind. Jeder Mensch besitzt ein eigenes Risikopotenzial für bestimmte Krankheiten, das durch Alkohol beeinflusst werden kann. Mit Blick auf eine geschlechtervergleichende Fragestellung sollte beachtet werden, dass die empfohlene «mäßige» Alkoholmenge für Frauen geringer zu bemessen ist als für Männer. Zusätzlich ist schon ein relativ geringer Alkoholkonsum bei Frauen mit einer höheren Brustkrebsprävalenz assoziiert (Smith-Warner et al. 1998). Dies könnte damit zusammenhängen, dass Alkohol den Estradiolspiegel beeinflusst (Reichman et al. 1993). Kardiovaskulär protektive Effekte konnten in mehreren Studien nur für Frauen nach der Menopause und/oder mit vorliegenden Risikofaktoren für thrombovaskuläre Ereignisse wie Schlaganfall oder Herzinfarkt belegt werden (Seitz 2000). Erst kürzlich wurde gezeigt, dass mäßiger Alkoholkonsum vor allem bei Männern mit niedrigen Konzentrationen bestimmter Entzündungsmarker einhergeht. Auch in diesem Bereich ist ein protektiver Effekt des Alkohols denkbar (Imhof et al. 2001). Zusammenfassend ist für Frauen mit mäßigem Alkoholkonsum vermutlich von einem niedrigeren Benefit, bei höherem Risiko für andere Erkrankungen, auszugehen.

1.3 Tabakkonsum und Passivrauchen

Die Bedeutung des Rauchens als gesundheitsschädigendes Risikoverhalten kann nicht hoch genug eingeschätzt werden. Nach dem Gesundheitsbericht der Bundesregierung von 1998 hat kein anderes Verhalten einen vergleichbar starken Einfluss auf die Gesamtsterblichkeit. Auch weltweit dürfte der Tabakkonsum einer der bedeutsamsten Einflussfaktoren auf die menschliche Gesundheit sein. Im Tabakrauch sind ca. 3800 chemische Bestandteile enthalten, von denen ein Großteil mutagen und kanzerogen ist. Insgesamt rauchen in Deutschland etwa 36 % der Männer und etwa 22 % der Frauen über 15 Jahren. Seit geraumer Zeit gleicht sich der Anteil rauchender Frauen an den der Männer an. Wenn man die einzelnen Altersgruppen betrachtet, stellt man bei den Männern unter dreißig und über 49 Jahren einen deutlichen Trend weg vom Rauchen fest. So ist der Anteil der Raucher bei den jungen Männern zwischen 20 und 24 Jahren von 1978 bis 1995 von ca. 56 % auf ca. 40 % gesunken; bei den 60- bis 64-jährigen von ca. 45 % auf ca. 25 %. Bei den Frauen lässt sich eine ähnliche Entwicklung nur in den jüngsten Altersgruppen, unter 25 Jahren, finden. Insgesamt geben weniger Frauen das Rauchen im Laufe ihres Lebens auf. Heute liegt der Beginn des Rauchens bei Männern und Frauen bei ca. 17 Jahren. Die Gefährlichkeit des Rauchens steigt mit der Konsummenge. Als starker Raucher wird bezeichnet, wer täglich mehr als 20 Zigaretten raucht. Dies trifft auf rund 6 % der Männer und 2 % der Frauen zu (Gesundheitsbericht 1998).

Frauen sind häufiger unfreiwillig Tabakrauch exponiert (Kauffmann et al. 1983), meist sind die Verursacher dabei die eigenen Ehemänner. Die meisten Studien über das Gefährdungspotenzial des Passivrauchens machen sich diesen Umstand zu Nutze und vergleichen das Risikopotenzial nichtrauchender Ehefrauen von Rauchern und Nichtrauchern. Eine hohe Exposition besteht mitunter auch am Arbeitsplatz (Miller 1990). Nach einer ausführlichen Stellungnahme der Deutschen Gesellschaft für Pharmakologie und Toxikologie von 1995 (Bock 1995) ist von einem gesundheitsgefährdenden und kanzerogenen Potenzial des Passivrauchens auszugehen. Eine aktuellere Übersicht von Wichmann und Becher bestätigt diese Auffassung (Wichmann/ Becher 1999). Durchschnittlich wird ein um 30 bis 40 % erhöhtes Lungenkrebsrisiko für exponierte Ehefrauen angegeben. In der Regel findet sich auch eine Dosisabhängigkeit der Wirkung. Tabakrauch hat offensichtlich schon bei relativ geringer Exposition eine überproportional starke Wirkung auf die Koronargefäße. Eine Studie über das kardiovaskuläre Risiko rauchender Frauen, die 1987 im New England Journal of Medicine veröffentlicht wurde, ergab eine Erhöhung des relativen KHK-Risikos um den Faktor 2,4 bei einem Konsum von nur ein bis vier Zigaretten pro Tag (Willett et al. 1987). Die Beschwerden bei Passivrauchexposition werden gerne mit denen von Leichtrauchern (< 10 Zig./Tag) verglichen (Camilli et al. 1987).

Ob Passivrauchen für den Anstieg der Prävalenz von Allergien mitverantwortlich ist, ist Bestandteil aktueller Forschung, eine Beteiligung erscheint aber wahrscheinlich (Bock 1995; Greer et al. 1993).

1995 starben in Deutschland 37 147 Menschen an Lungenkrebs, fast 80 % davon waren Männer (Gesundheitsbericht 1998). Dass der Lungenkrebs vor allem eine Erkrankung der Männer ist, wird zunächst auf deren höheren Tabakkonsum zurückgeführt. Nach einigen europäischen Studien ist die relative Lungenkrebsinzidenz unter männlichen und weiblichen Rauchern entweder gleich groß oder unter den Männern höher. Dies wird von den entsprechenden Autoren als ein Hinweis auf eine höhere Empfindlichkeit der Männer für Tabakrauchkarzinogene interpretiert (Haenszel und Taeuber 1964; Hammond 1966; Kreuzer et al. 2000). Die Mehrzahl der jüngeren Studien hingegen lassen kaum einen Zweifel an einer höheren Empfindlichkeit von Frauen zu (Brownson et al. 1992; Harris et al. 1993; McDuffie et al. 1991; Osann et al. 1993; Risch et al. 1993; Zang/Wynder 1996). In verschiedenen laborexperimentellen Untersuchungen wurden physiologische bzw. genetische Faktoren gefunden, die offenbar mit einer größeren Tabakrauchsensibilität der Frauen in Verbindung stehen. So ist eine bei Frauen niedrigere Plasmaclearance für Nikotin beschrieben worden (Beckett et al. 1971). Nikotin ist Vorläufer tabakspezifischer Kanzerogene. Geschlechtsunterschiede im Fremdstoffwechsel könnten mitverantwortlich für unterschiedlich gute Entgiftung von Tabakrauchkarzinogenen oder die Empfindlichkeit für Lungenkrebs insgesamt sein (Mollerup et al. 1999; Ryberg et al. 1994).

Die Bindung von Fremdstoffmolekülen an die menschliche Erbsubstanz, so genannte DNA-Addukte, sind in den Lungen weiblicher Lungenkrebspatienten bei vergleichbar hohem Tabakkonsum in signifikant höherer Konzentration als bei männlichen Erkrankten nachgewiesen worden (Haugen et al. 2000; Mollerup et al. 1999; Ryberg et al. 1994). Bei Frauen zeigten sich signifikant höhere Adduktlevel pro Pack-Year (Pack-Year = Anzahl der pro Tag gerauchten Schachteln multipliziert mit der Zeit in Jahren) (Haugen et al. 2000). Darüber hinaus wurde in Tumoren von Frauen eine höhere Frequenz bestimmter Mutationen im p53-Gen, dem am häufigsten in menschlichen Tumoren mutierten Tumorsupressorgen, gefunden. Dies wird als eine mögliche Ursache höherer Empfindlichkeit für Lungenkrebs durch Rauchen interpretiert (Kure et al. 1996).

Für bestimmte Kombinationen erblicher Veränderungen in Stoffwechselenzymen wurde eine signifikante Erhöhung des Risikos für Lungenkrebs bei Tabakrauchexposition gezeigt (Kawajiri et al. 1993). Diese Risikoerhöhung ist wesentlich stärker bei Frauen ausgeprägt (Dresler et al. 2000), was wiederum mit dem weiblichen Sexualhormon Östrogen in Zusammenhang gebracht wird, da dieses auch durch die entsprechenden Enzyme metabolisiert wird (Taioli/Wynder 1994). Schon lange bekannt ist, dass die Kombination hoher Östrogenspiegel mit Tabakkonsum für die Entwicklung von Adenokarzinomen der Lunge, der bei Frauen häufigere histologische Krebstyp, förderlich ist. Weitere Indizien dafür sind sowohl eine Hemmung des Östrogenabbaus durch Rauchen (Baron et al. 1990) als auch der Nachweis von Östrogenrezeptoren auf Lungenkrebszellen (Cagle et al. 1990). Auch ist mehrfach auf ein höheres Lungenkrebsrisiko bei Frauen unter bzw. nach postmenopausaler Östrogensubstitution hingewiesen worden (Adami et al. 1989; Taioli/Wynder 1994).

Für verschiedene Krebsformen, wie Brust-, Prostata- und Magenkarzinome, ist eine proliferative Wirkung so genannter Bombesinpeptide (Gewebshormone), darunter auch des so genannten Gastrin-releasing-Peptids (GRP), gezeigt worden (Bold et al. 1998; Bologna et al. 1989; Milovanovic et al. 1992; Nelson et al. 1991; Pagani et al. 1991; Yano et al. 1992). Auch für Kleinzellige (KZLK) und Nicht-Kleinzellige Lungenkarzinome (NKZLK) ist die Bedeutung von GRP als Wachstumsfaktor dokumentiert (Cuttitta et al. 1985; Cuttitta et al. 1985; Siegfried et al. 1997). Shriver et al. haben einen Zusammenhang zwischen dem zellulären Rezeptor für GRP und einem höheren Lungenkrebsrisiko von Frauen beschrieben (Shriver et al. 2000). Der GRP-Rezeptor ist auf dem X-Geschlechtschromosom kodiert und das Gen entgeht der normalerweise üblichen Inaktivierung des zweiten X-Chromosoms der Frau, was zu einer höheren Empfänglichkeit der Frauen für tabakrauchassoziierten Lungenkrebs beitragen könnte. Zusätzlich wird die Aktivierung der Synthese von Rezeptoren durch Rauchen gesteigert und tritt bei Frauen schon nach geringerer Exposition ein als bei Männern (Shriver et al. 2000).

Außer für verschiedene Karzinome der Lunge ist das Rauchen auch als Risikofaktor für andere Krebsarten bekannt. Für Mundhöhlenkrebs ist eine höhere Prävalenz unter Frauen bei gleicher Tabakanamnese festgestellt worden (Muscat et al. 1996).

1.4 Kosmetika

Frauen und Männer nutzen kosmetische Produkte in unterschiedlichem Maße. Insbesondere Parfüms, Haarfärbemittel und Make-up werden überwiegend von Frauen genutzt. Der Bereich der Kosmetik ist ein Tummelplatz zahlreicher unterschiedlicher chemischer Substanzen, die den menschlichen Körper leider nicht nur schöner, sondern auch krank machen können. Die geschlechtsspezifischen Nutzungsmuster und die unterschiedliche Empfindlichkeit für die in kosmetischen Produkten enthaltenen Substanzen haben eine geschlechtsspezifische Gefährdung zur Folge.

Gut untersucht ist dabei die Bedeutung intensiver Anwendung von Haarfärbemitteln. Im Gegensatz zu anderen Kosmetika darf in Haarfärbemitteln alles enthalten sein, was nicht eindeutig verboten ist. Die Zeitschrift Öko-Test befand im Jahre 2000 alle 55 getesteten Produkte als «nicht empfehlenswert», denn alle enthielten aromatische Amine (Öko-Test-Verlag 2000). Mit aktuellen Ergebnissen zur krebserzeugenden Wirkung von Haarfärbemitteln dient eine große epidemiologische Studie von Gago-Dominguez et al., die im Dezember 2000 im International Journal of Cancer veröffentlicht wurde. Es wurde festgestellt, dass der langjährige Gebrauch von Haarfärbemitteln, jedoch nicht von Tönungen, das Risiko an einem Urothelkarzinom in der Blase zu erkranken, signifikant erhöht. Für die Studienpopulation wurde geschlossen, dass 19 % der Blasenkrebsfälle bei Frauen auf Haarfarben zurückzuführen sind. Außerdem wurde gezeigt, dass mehr als zehnjährige Arbeit in der Frisörbranche als ein Risikofaktor für Blasenkrebs anzusehen ist (Gago-Dominguez et al. 2001).

Eine in den letzten Jahren viel beachtete Substanzgruppe ist die der synthetisch hergestellten Nitromoschusverbindungen, die als Duftstoffe in Seifen, Parfumes, Kosmetika und Waschmitteln Verwendung finden. Es handelt sich um persistente Verbindungen, die inzwischen in der Umwelt weit verbreitet sind. Sie reichern sich im Fettgewebe an, werden daher auch in der Nahrungskette bis an den Menschen weitergegeben und finden sich längst in menschlichem Fettgewebe, Blutproben und Muttermilch.

Früher war Moschus-Ambrett die am häufigsten verwendete Substanz dieser Klasse, bis sich herausstellte, dass es nervenschädigend ist und gesteigerte Lichtempfindlichkeit hervorruft (Wisneski et al. 1994). In den Neunzigerjahren wurde dann als Nachfolgesubstanz Moschus-Xylol eingesetzt, das sich in Studien und Tierversuchen in den letzten Jahren ebenfalls als bedenklich, wenn auch als nicht akut gefährlich herausgestellt hat (Kafferlein et al. 1998). Inzwischen verzichtet die Industrie weitgehend auf Moschus-Xylol.

2. Brustimplantate

Wiederholt sind Brustimplantate als Auslöser unterschiedlicher Erkrankungen diskutiert worden. Etwa 11 000 der jährlich 13 000 in Deutschland eingesetzten Brustimplantate, die keineswegs mehr nur noch aus Silikon bestehen, finden bei Frauen nach krebsbedingten Amputationen Anwendung, die Übrigen werden überwiegend aus rein kosmetischen Gründen implantiert (Olbrisch 1997). Derzeit wird davon ausgegangen, dass die Mehrheit der gegen diese Präparate in Ermangelung wissenschaftlich belegter Gefahren vorgebrachten Vorwürfe nicht die subjektive Verbesserung der Lebensqualität der Patientinnen aufwiegen. Dennoch muss darauf hingewiesen werden, dass lokale Folgeerscheinungen wie z. B. Kapselfibrosen auftreten und eine Explantation notwendig machen können. Auch ist beschrieben worden, dass Füllmaterial aus Implantaten ausgetreten ist («Silicone-Bleeding») (Brown et al. 2000). Es gab Hinweise auf einen geringen, aber signifikanten Zusammenhang von Silikonimplantaten und autoimmun-verursachten Kollagenosen (engl.: «Connective Tissue Disease») (Hennekens et al. 1996). Nach einer im New England Journal of Medicine veröffentlichten Metaanalyse von zwanzig Studien haben jedoch sowohl die US-Arzneimittelbehörde (FDA) als auch die deutsche Gesellschaft für Senologie (Senologie ist die Lehre von den weiblichen Brustdrüsen) im Jahr 2000 bekannt gegeben, dass es nach aktueller Datenlage keinen erwiesenen Zusammenhang zwischen Silikonimplantaten und Autoimmun- oder Bindegewebserkrankungen gebe (Janowsky et al. 2000).

3. Toxikokinetik und Fremdstoffmetabolismus

Im Folgenden steht nicht der geschlechtsspezifische Gebrauch von Medikamenten im Vordergrund (siehe hierzu die Beiträge von Bischof und John sowie Glaeske in diesem Band), vielmehr sollen die geschlechtsspezifische Aufnahme und Verarbeitung von Medikamenten betrachtet werden. Das «Schicksal» eines Medikaments bzw. eines Giftstoffs im menschlichen Körper wird durch physiologische Prozesse bestimmt, deren Zusammenwirken als Pharmako- bzw. Toxikokinetik bezeichnet wird. Wesentliche Teilabläufe sind dabei die Aufnahme und Verfügbarkeit, die Verteilung, die «Verstoffwechselung» und schließlich die als Elimination bezeichnete Ausscheidung der Substanz.

3.1 Aufnahme und Verteilung

Die gastrointestinale Resorption von Medikamenten ist bei Männern und Frauen nicht immer gleich (Kando et al. 1995). So ist eine schnellere Absorption von Aspirin® bei Frauen gezeigt worden (Aarons et al. 1989). Unterschiede der männlichen und weiblichen Körperkonstitution können sich auf die Pharmako- und Toxikokinetik auswirken. Frauen besitzen in der Regel eine niedrigere Körpermasse und erreichen so durch dieselbe Dosierung oft eine höhere Arzneimittelkonzentration im Blut. Der Körper der Frau verfügt über einen höheren Fettanteil, was das Verteilungsvolumen für einzelne Fremdstoffe beeinflussen kann.

Der Verteilungsraum des Alkohols ist das Körperwasser, dessen Menge bei Frauen geringer ist. Folge ist ein schnellerer Anstieg der Konzentration (Harris et al. 1995). Bei der Einlagerung lipophiler Stoffe ins Fettgewebe können Kumulationseffekte eintreten und darauf folgend auch rasche Freisetzungen z. B. bei Diäten erfolgen. Frauen haben einen höheren zerebralen Blutfluss, was den Wirkungseintritt von Medikamenten oder Giften mit diesem Ziel begünstigen kann (Gur et al. 1982).

Medikamente werden zumeist an Proteine gebunden im Blut transportiert, stehen in dieser gebundenen Form aber nicht für die Interaktion mit einem Rezeptor oder anderen Zielstrukturen zur Verfügung.

Als wichtiges Transportprotein dient das Glykoprotein AAG dessen Konzentration von Östrogen gesenkt wird. Tatsächlich finden sich auch niedrigere AAG-Konzentrationen bei Frauen. Daraus könnte eine höhere Bioverfügbarkeit der entsprechenden zu bindenden Wirkstoffe im weiblichen Blut resultieren. Ähnliche Unterschiede lassen sich auch für das kortikoidbindende und das sexualhormonbindende Protein zeigen (Harris et al. 1995; Wilson 1984).

3.2 Biotransformation

Cytochrom-P-450-Enzyme haben eine wesentliche Bedeutung für den Um- und Abbau von Fremdstoffen. Sie sind an Reaktionen beteiligt, die besonders für die Elimination, also die Ausscheidung von Fremdstoffen, wichtig sind, und werden zahlreichen Unterfamilien zugeordnet. Die verschiedenen Isoenzyme dieser Unterfamilien sind jeweils unterschiedlich stark am Metabolismus einzelner Substanzen oder Stoffgruppen beteiligt und in verschiedenen ethnischen Populationen, aber auch geschlechtsspezifisch, unterschiedlich aktiv. Das Isoenzym CYP3A4, das wesentlich für den Umbau von über 50 % der therapeutischen Substanzen ist und ca. 60 % der Cytochromenzyme in der Leber und 70 % im Darmepithel ausmacht, wird im weiblichen Organismus stärker exprimiert als im männlichen (Harris et al. 1995; Beierle et al. 1999). Unter den entsprechenden Medikamenten finden sich u. a. Antibiotika (Watkins et al. 1992), Kortikoide, Benzodiazepine (Kirkwood et al. 1991), Antiarrhythmika und Immunsuppressiva (Kahan et al. 1986). Im Einzelnen sind mögliche Konsequenzen aber schwer einzuschätzen, da viele Medikamente Substrat unterschiedlicher Enzymsysteme sind. Über ähnliche Tendenzen bei anderen CYP-Isoenzymen existieren zahlreiche weitere Angaben (Tanaka 1999). Als klinisches Beispiel lässt sich das Arzneimittel Tirilazad anführen. Für dieses Medikament, das bei Subarachnoidalblutungen (SAB), heftigen, hochgefährlichen Hirnblutungen, eingesetzt wird, werden deutliche Geschlechtsunterschiede im Stoffwechsel berichtet. Auch bei Berücksichtigung unterschiedlichen Körpergewichts wurde für Frauen eine 60 % höhere Clearance des Wirkstoffes und entsprechend niedrigere Blutkonzentrationen festgestellt (Hulst et al. 1994). Die exakten Ergebnisse sind aufgrund von Analysemängeln zwar nicht unwidersprochen geblieben, scheinen aber für diese von der CYP3A4-Cytochromoxidase transformierte Substanz grundsätzlich richtig zu sein. Nach von Fleishaker et al. 1996 veröffentlichten klinischen Daten reduziert Tirilazad bei Männern die Mortalität nach einer SAB signifikant, während bei Frauen nur minimale Effekte festgestellt worden sind (Fleishaker et al. 1996).

Zahlreiche Untersuchungen zu Biotransformation und Stoffwechsel sind mit Tierversuchen, oft an Ratten, durchgeführt worden. Ob sich die dabei häufig beschriebenen Geschlechtsunterschiede auf den Menschen übertragen lassen, ist umstritten (Harris et al. 1995; Mugford/Kedderis 1998). Die Konjugationsaktivität, also der Vorgang, Abbauprodukte durch Verbindung mit wasserlöslichen Molekülen leichter ausscheidbar zu machen, scheint bei Männern insgesamt stärker zu sein. Bedeutung hat diese Phase-II-Reaktion z. B. für den Abbau und die Elimination von Paracetamol (Harris et al. 1995; Miners et al. 1983).

3.3 Elimination/Exkretion

Die Ausscheidung über die Niere ist ein Hauptweg der Elimination von Fremdstoffen aus dem Körper in den Urin, sie setzt sich zusammen aus den Prozessen glomeruläre Filtration (GFR), tubuläre Sekretion und tubuläre Reabsorption, welche wiederum von verschiedenen physiologischen Teilparametern wie pH-Wert, renalem Blutfluss u. a. beeinflusst werden. Im Allgemeinen ist die GFR, also die pro Zeiteinheit dem Blut abgepresste Flüssigkeitsmenge, bezogen auf die jeweilige Körperoberfläche bei Männern größer als bei Frauen (Levey 1991; Wright et al. 1997). Allerdings ist dieser Parameter auch stark mit dem individuellen Körpergewicht korreliert und ist vermutlich stärker damit in Zusammenhang zu sehen als mit speziellen Geschlechtsunterschieden. Für verschiedene Wirkstoffe sind Geschlechtsunterschiede der Elimination über die Niere untersucht, meist sind aber auch andere Faktoren wie z. B. das Alter mitbestimmend. Insgesamt werden von den meisten Autorinnen und Autoren die Unterschiede der Geschlechter in der Pharmakokinetik als wenig klinisch relevant betrachtet (Harris et al. 1995; Wright et al. 1997; Ho et al. 1985; Marathe et al. 1997; Thummel et al. 1996; Yukawa et al. 1992; Yukawa et al. 1997). Die Bedeutung in der Toxikokinetik nach Fremdstoffexposition ist jedoch noch kaum untersucht.

4. Immunsystem

Ein weiteres wichtiges Interaktionsfeld von Körper und Umwelt bilden neben den fremdstoffabbauenden Enzymen der Organe des Gastrointestinaltrakts die verschiedenen, über den ganzen Körper verteilten Strukturen des menschlichen Immunsystems. Zahlreiche Pathologien stehen in unmittelbarem Zusammenhang mit Funktionen des Immunsystems bzw. sind Folgen von Regulationsstörungen. Während «Unterfunktionen» eher durch infektiöse oder neoplastische Geschehen gekennzeichnet sind, kann man Autoimmunkrankheiten (AIK) und Allergien stark vereinfacht als «Überfunktionen» bezeichnen. Beides muss auch in einem umweltmedizinischen Kontext betrachtet werden.

4.1 Allergien und Überempfindlichkeitsreaktionen

Die Bedeutung von Umweltfaktoren im Vergleich zu intrinsischen Faktoren, wie familiärer Prädisposition (Atopie), ist für die Entwicklung allergischer Erkrankungen schwierig zu beurteilen und vermutlich individuell verschieden. Die beiden Hauptmanifestationsorte allergischer bzw. atopischer Erkrankungen sind die Haut und die Atemwege (Schleimhäute), also Grenzzonen von Körper und Umwelt.

Die wichtigsten Krankheitsbilder an der Haut sind das atopische Ekzem (Neurodermitis), das allergische Kontaktekzem, die Urtikaria (Nesselsucht) und die Arzneimittelekzeme. Im Bereich der Atemwege werden als allergische Reaktionen Formen von Asthma, Heuschnupfen und Alveolitis am häufigsten diagnostiziert (Gesundheitsbericht 1998). Verschiedene Luftschadstoffe stehen in Verdacht, an der Auslösung bzw. an der Exazerbation vorhandener allergischer Erkrankungen beteiligt zu sein. Dabei können Schadstoffe aus dem Straßenverkehr und der Industrie eine Rolle spielen. Es werden die Einflüsse von Schwebstaub, Ozon, Stickoxyden und Schwefeldioxyd besonders auf den kindlichen Respirationstrakt diskutiert (Behrendt et al. 1997; Jorres et al. 1996; Mutius 1998; Nicolai et al. 1997; Ring et al. 1999). Leider sind dabei viele Faktoren unzureichend gut zu beurteilen. Verkehrsbelastungen sind individuell nur schwer einzuschätzen. Ebenso ist es problematisch, mögliche Interaktionen zwischen Temperatur, Luftfeuchtigkeit und Schadstoffen zu erfassen. Zusätzlich liegt ja meist eine Exposition gegenüber Gemischen aus unterschiedlichen Schadstoffen vor. Epidemiologisch wurde in Ost-West-Vergleichen eine niedrigere Asthmaprävalenz unter ostdeutschen Kindern gezeigt, obwohl der Grad der Luftverschmutzung in bestimmten Industrieregionen der DDR höher war als in Westdeutschland. Es gibt Hinweise darauf, dass die Asthmaprävalenz in den fünf neuen Ländern seit geraumer Zeit steigt, obwohl sich die Luftqualität verbessert hat. Verringert hat sich allerdings die Zahl der Kinder, die schon früh in Krippen aufwachsen und dort vermutlich eine größere «immunisierende» Allergenexposition erfahren als Kinder, die als Einzelkinder aufwachsen und ein statistisch höheres Risiko haben, später unter Allergien zu leiden (Nicolai et al. 1997; Mutius 1998).

Von besonderem Interesse sind die sehr kleinen Allergene, welche nur durch Bindung an ein körpereigenes Protein (Hapten) eine klassische allergische Reaktion hervorrufen können. Ein solcher Mechanismus wird auch für die asthmabegünstigende Wirkung frühkindlichen Passivrauchens als denkbar erwogen (Bock 1995; Wichmann 1999).

Das Asthma bronchiale ist die häufigste chronische Erkrankung im Kindesalter (Gesundheitsbericht 1998). Eine Prävalenz von 10% unter Schulkindern erscheint realistisch, dabei sind Jungen häufiger betroffen als Mädchen. In der Pubertät bessern sich häufig die Symptome, leichte Beschwerden gehen oft vollständig zurück. Beim Asthma im Erwachsenenalter dreht sich das Geschlechterverhältnis interessanterweise um, und mehr Frauen als Männer erkranken bzw. bleiben krank (Mutius 1998; Kelly et al. 1987). Bisher gibt es keine abschließende Erklärung für diese Entwicklung. Vermutlich ist der Rückgang der Asthmasymptomatik bei Jungen Resultat einer verminderten immunologischen Aktivität, die wiederum Folge einer veränderten hormonellen Lage zugunsten der Androgene ist, während bei erwachsenen Frauen möglicherweise immunmodulatorische Wirkungen des Östrogens zum Tragen kommen (Mutius 1998). Auch der Heuschnupfen, die atopische Dermatitis und die atopische Sensibilisierung, also der Nachweis spezifischer IgE-Antikörper sind bei Jungen häufiger nachweisbar (Mutius 1998). Hinterfragt man die höhere Asthmaprävalenz bei Jungen, muss man feststellen, dass diese insgesamt häufiger Atemwegserkrankungen haben und Untersuchungen zufolge mit durchschnittlich kleineren Atemwegen geboren werden (Eliasson et al. 1986; Skobeloff et al. 1992; Doershuk et al. 1974; Pagtakhan et al. 1984). Dies drückt sich auch in einem schwächeren «forcierten expiratorischen Flow» (FEF), einer Messgröße der Kapazität der Luftwege, aus (Wall et al. 1984). Solche Vorraussetzungen begünstigen natürlich auch das Auftreten eines «Wheezing», wie das pfeifende Atemgeräusch als klassisches Symptom obstruktiver Atemwegsbeschwerden bezeichnet wird. Derartiges könnte auch zu vorschnellen Asthmadiagnosen beitragen (Martinez et al. 1988).

Über die Wirkungen von Hormonen auf das Immunsystem existieren bereits viele Erkenntnisse. Diesen zufolge scheint das Östrogen, aber auch die anderen Sexualhormone, von der Adoleszenz an für die immunologische Gesundheit der Frauen von großer Bedeutung zu sein. Eine aktuelle Übersicht über beobachtete Zusammenhänge von Sexualhormonen und Asthma findet sich bei Balzano et al. (2001). Vielfach wurde beobachtet, dass die Erkrankung durch Menstruation, Schwangerschaft und Menopause beeinflusst wird. Ebenso wurden verschiedene regulierende Einflüsse des Östrogens auf allergische Prozesse in vitro gezeigt (Balzano et al. 2001).

4.2 Autoimmunkrankheiten (AIK)

Der Begriff der Autoimmunkrankheiten (AIK) ist als ähnlich vielschichtig zu betrachten wie der der Allergien. Autoimmunpathologie bedeutet sehr grob ausgedrückt, dass das Immunsystem körpereigene Strukturen als fremdes Material betrachtet und bekämpft. Oft ist ein solcher Prozess durch das Vorhandensein spezifischer Antikörper (AK) gekennzeichnet. Allerdings kennt man für die wenigsten Krankheiten das jeweils betroffene Antigen. Von dessen ursprünglicher Funktion ist dann oft das Bild der Erkrankung geprägt. Dementsprechend werden die Autoimmunerkrankungen in organspezifische, systemische und intermediäre Formen eingeteilt. Als beispielhafte Erkrankungen des ersten Typs lassen sich die Thyreotoxikose (Basedowsche Erkrankung), die Myasthenia Gravis (AK gegen Rezeptoren der «Nervenleitung») und die Entstehung des Diabetes mellitus Typ 1 nennen. Typische systemische Autoimmunopathien sind die verschiedenen Erkrankungen des rheumatischen Formenkreises und der Systemische Lupus Erythematodes (SLE). Insgesamt sind etwa 80 bis 100 Autoimmunkrankheiten bekannt.

Es gibt offenbar eine starke genetische Komponente für die Prädisposition für Autoimmunerkrankungen. Manche Patientinnen und Patienten leiden unter mehreren Krankheiten, in einzelnen Familien grassieren bestimmte Erkrankungstypen. Eine der verbreitetsten Gemeinsamkeiten der verschiedenen Formen ist die Tatsache, dass Frauen meist deutlich häufiger betroffen sind. Sichere und genaue quantitative Angaben können nur für einzelne Krankheiten gemacht werden. Zusammenfassend kann man aber von etwa sieben bis acht Frauen auf zehn Erkrankte ausgehen. Die Bedeutung der «physikalischen Umwelt» als Risikofaktor oder gar Auslöser dieser Krankheiten ist dabei unterschiedlich zu bewerten, muss aber nicht zuletzt angesichts steigender Prävalenzen zahlreicher Autoimmunerkrankungen weiter erforscht werden. Es werden «idiopathische» Autoimmunerkrankungen von autoimmunen Syndromen oder «Autoimmune-like Diseases», die mit bestimmten Fremdstoffen assoziiert sind bzw. von diesen ausgelöst werden, ohne dass die üblichen Antikörper vorhanden sind, unterschieden (Bigazzi 1997). Die Liste der in diesem Zusammenhang aufgefallenen Stoffe ist sehr lang und wächst ständig. Relativ häufige Beispiele für die Auslösung eines Lupus-Erythematodes-ähnlichen Syndroms sind das Antiarrhythmikum Procainamid mit einer Inzidenz von 10 bis 20 % sowie das Diuretikum Hydralazid mit einer von Inzidenz 5 bis 20 %. Hier ist von einem SLE-like-Syndrom zu sprechen, denn es fehlen die Antikörper gegen native DNS und eine Nierenbeteiligung, wie sie für einen «idiopathischen» Systemischen Lupus Erythematodes (SLE) typisch sind. Dagegen können Penicillinamin und Interferon-alpha ein SLE-like-Syndrom induzieren, bei dem sich Antikörper gegen Zellkernbestandteile finden und dermale Komplement- und Immunglobulinablagerungen sowie renale Schädigungen auftreten, wie sie in der Pathophysiologie des «echten» SLE vorkommen (Bigazzi 1997). Besonders für diese «Pseudosyndrome» gilt, dass deren Auftreten häufig zeitlich an die Exposition gegenüber dem auslösenden Agens gekoppelt ist und nicht zwangsläufig die Entwicklung einer chronischen Autoimmunerkrankung zufolge hat (Bigazzi 1997). Relativ bekannt wurde 1981 das «Toxic Oil Syndrome» (TOS). Nach dem Konsum gepanschten Rapsöls starben annährend eintausend Menschen. Bei ca. 20 000 kam es in der Frühphase der Erkrankung zu Störungen des Gefäßendothels sowie zu Fieber, Ausschlag, bestimmten Lungenerkrankungen, Gelenkschmerzen und anderen Symptomen, jedoch mit nachfolgender Erholung. Nach zwei bis vier Monaten traten bei ca. 15 % der Erkrankten schwere Spätwirkungen mit peripheren Polyneuropathien, entzündlichen Muskelerkrankungen sowie verschiedene rheumatische Syndrome auf (Gallardo et al. 1994; Gomez de la Camara et al. 1998; D'Cruz 2000). Es existieren epidemiologische Hinweise auf eine höhere Empfindlichkeit und eine höhere Mortalität unter Frauen (Gomez de la Camara et al. 1998).

Es sind auch Autoimmunantworten beschrieben worden, die sich weniger systemisch auswirken, sondern gegen konkrete Gewebe oder Organe gerichtet sind. Relativ häufig sind autoimmun verursachte Thrombozytopenien (Mangel an Blutplättchen), die durch eine große Zahl von Medikamenten, wie z.B. verschiedene Antibiotika, Heparin und Gold verursacht werden können. Ferner werden verschiedene autoimmune Schilddrüsenentzündungen durch körperfremde Substanzen ausgelöst (Trip et al. 1991).

Aufgrund der deutlich höheren Prävalenz bei Frauen wird schon seit geraumer Zeit die Bedeutung der Sexualhormone untersucht. Sehr grob formuliert sind dabei mehrfach verstärkende Effekte des Östrogens und des Prolaktins und eher hemmende des Testosterons auf die Entwicklung autoimmuner Phänomene gezeigt worden (Cutolo et al. 1995; Cutolo/Wilder 2000; Ahmed/Talal 1990).

Ein weiterer Erklärungsansatz für die bei Frauen wesentlich größere Empfänglichkeit für Autoimmunerkrankungen wurde erst kürzlich von Nelson (2001) vorgeschlagen. Die Forscher vermuten, dass fetale Zellen, die im Rahmen einer Schwangerschaft in das Blut der Mutter gelangt sind, eine Schlüsselrolle bei der Entstehung zumindest einzelner Autoimmunkrankheiten spielen. Nelson fand im Blut ihrer Patientinnen einen überraschend hohen Anteil fetaler Zellen. Er lag bis zu 30-mal höher als bei gesunden Frauen. Solche Zellen, die vom Immunsystem nicht sinnvoll als fremd oder eigen zugeordnet werden können, könnten an der Entwicklung von Reaktionen gegen körpereigenes Gewebe beteiligt sein (Nelson 2001).

5. Umweltbezogene Befindlichkeitsstörungen und Syndrome

Zunehmend werden Diagnosen gestellt, die schon seit langem in medizinischer Fach- und Laienpresse als «Umweltkrankheiten» präsentiert und diskutiert werden. Die Vielfalt der Bezeichnungen und Diagnosen ist ähnlich groß wie die der Meinungen über Bedeutung und Genese dieser verschiedenen Symptomkomplexe. Ätiologisch werden chemisch-industrielle Belastungen als ursächlich verdächtigt. Ob die verschiedenen Beschwerdebilder tatsächlich durch ökologische Belastungen und/oder eine besondere individuelle Empfindlichkeit hervorgerufen werden oder ob sie eher dem psychosomatischen Formenkreis zuzuordnen sind, ist seit Jahren Gegenstand kontroverser Diskussionen. Mit Sicherheit ist es ebenso wenig sinnvoll die Patientinnen und Patienten primär zu «psychiatrisieren» wie ihnen unkritisch zweifelhafte «Umweltdiagnosen» zuzuweisen, deren Kontext in weiten Teilen aus losen Indizien besteht, die Patientinnen und Patienten aber zu unangemessenem Handeln verleiten kann (Umzug, Neumöblierung der Wohnung, Wechsel des Arbeitsplatzes o. Ä.).

Relativ häufig genannt werden das «Multiple Chemical Sensitivity Syndrome» (MCS-Syndrom) bzw. die «Idiopathic Environmental Intolerances» (IEI), das «Chronic Fatigue Syndrome» (CFS), das Fibromyalgiesyndrom (FMS) und das «Sick Building Syndrome» (SBS). Epidemiologisch wurden höhere Prävalenzen bestimmter Symptomkomplexe in einzelnen ethnischen Gruppen und in unterschiedlichen Bildungs- und Einkommensschichten gefunden. Besonders auffällig ist ein deutlich häufigeres Auftreten aller Formen bei Frauen (Bell et al. 1993; Bell et al. 1995; Bullinger et al. 1999; Gunn et al. 1993; Jason et al. 1999; Jason et al. 2000; Steele et al. 1998).

Von Mark R. Cullen, einem Mediziner aus Yale, wurde 1987 der Begriff der «Multiple Chemical Sensitivity» eingeführt (Cullen 1987). Die Symptome werden durch wahrnehmbare Exposition gegenüber einer Vielzahl chemisch nicht verwandter Stoffe ausgelöst. Die tatsächlichen Konzentrationen der Stoffe liegen weit unterhalb des so genannten «no observed adverse effect level» (NOAEL), der Schwelle unterhalb derer eben noch keine schädliche oder belästigende Wirkung bei der Normalbevölkerung festgestellt werden kann (Cullen 1987). Cullen hat in seinem Bericht angegeben, dass Frauen zwei- bis dreimal häufiger betroffen sind. Auch in einer umfangreichen epidemiologischen Erhebung von Kreutzer et al. vom staatlichen Environmental Health Branch in Kalifornien ist eine signifikant höhere Prävalenz unter Frauen beschrieben worden. Dabei fällt auf, dass 7,7 % der Frauen und 4,5 % der Männer berichteten, unter einer vom Arzt diagnostizierten Sensibilität («environmental illness or MCS») zu leiden. Mehr als doppelt so viele Frauen (16 %) wie Männer (6,9 %) gaben an, dass sie sich selbst für allergisch oder überempfindlich gegenüber gewöhnlichen, z. B. in Seifen, Parfüms, Haushaltsmitteln oder Farben befindlichen Chemikalien halten (Kreutzer et al. 1999). Jede sechste Frau in Kalifornien nimmt also an, unter industriellen Chemikalien in ihrer Umgebung zu leiden.

Das so genannte «Sick Building Syndrome» oder auch «Indoor Pollution Syndrome» (SBS) und andere untereinander verwandte Syndrome – «Building-related Environmental Complaints» (BREC) und «Building-related Symptoms» (BRS) –, haben gemein, dass die beschriebenen Beschwerden, trockene und gereizte Schleimhäute, brennende Augen sowie Kopfschmerzen, Müdigkeit u. v. m., in einem Bezug zu einem bestimmten Gebäude, oft dem Arbeitsplatz, stehen. Die Auslösung des SBS wird von einer größeren Anzahl von Personen mit dem Aufenthalt in bestimmten Gebäuden oder Räumlichkeiten in Verbindung gebracht, nach dem Verlassen des Gebäudes verschwinden oder bessern sich die Symptome. Bullinger et al. haben 1999 Daten einer großen deutschen SBS-Studie «ProKlimA» analysiert und bestätigen, dass Frauen häufiger über sensorische Störungen und körperliche Beschwerden sowie über ein negatives Raumklima klagen (Bullinger et al. 1999).

Beim «Chronic Fatigue Syndrome» liegt definitionsgemäß eine mehr als sechs Monate anhaltende Beeinträchtigung der körperlichen und geistigen Leistungsfähigkeit um mehr als 50%, die nicht durch eine bereits bekannte medizinische Ursache erklärt werden kann, vor. Verschiedene Haupt- und Nebenkriterien sind definiert worden (Fukuda et al. 1994; Holmes et al. 1988). Dazu zählen u. a. Schmerzen, Angststörungen und Depressionen, ferner darf die Erschöpfung nicht durch Bettruhe behebbar sein. Es gibt Überschneidungen mit dem Fibromyalgiesyndrom, das auch etwas bizarr als Weichteilrheumatismus und generalisierte Tendomyopathie bezeichnet wird. Dies ist gekennzeichnet durch ausgeprägte, generalisierte Myalgien (Muskelschmerzen) in Verbindung mit definierten Schmerzpunkten («tender points»). Zusätzlich können Müdigkeit, Dysmenorrhoe, Kopfschmerzen, Herzrhythmusstörungen, Reizblase u. v. m. auftreten. Bei CFS- und FMS-Patienten sollen Autoantikörper gegen Serotonin, Gangliosiside und Phospholipide gehäuft vorkommen (Berg/Klein 1994). Manche Autoren beschreiben CFS und FMS als ein und dieselbe Erkrankung. Von CFS ist bekannt, dass entsprechende Symptome wesentlich häufiger von Frauen beschrieben werden (Schwenk 1999). Auch in einer großen Bevölkerungsstudie, die 1999 von Jason et al. veröffentlicht wurde und verhältnismäßig hohe Prävalenzraten hervorbrachte, stellten die Autoren eine deutlich höhere Prävalenz unter Frauen fest (Jason et al. 1999). In einer Übersichtsarbeit von Nasterlack wird von einem für CFS zwei- bis dreimal höheren und für FMS siebenmal höheren Erkrankungsrisiko für Frauen gesprochen (Nasterlack 1998).

6. Fertilität

Keine Thematik steht so unmittelbar im Zentrum einer Auseinandersetzung über Umwelt und geschlechtsspezifische Gesundheitsaspekte wie die exogen beeinflusste Fortpflanzungsfähigkeit des Menschen. Zahlreiche chemische Substanzen in der menschlichen Umwelt sind als toxisch für die ebenso komplizierte wie empfindliche Fruchtbarkeit des Menschen anzusehen. Die Erbanlagen von Männern und Frauen sind insofern grundlegend unterschiedlich empfindlich, als die weiblichen Stammzellen jahrzehntelang als ein schon vorgeburtlich vorhandener Pool ruhen, während sich die männlichen Spermatogonien permanent teilen. Jedes zerstörte weibliche Primordialfollikel ist also unwiederbringlich verloren. Subtotale Keimzellschädigungen beim Mann sind hingegen vollständig reversibel. Andererseits sind Gewebe mit hoher Teilungsfrequenz sehr anfällig gegenüber Einflüssen, die den empfindlichen Ablauf der Zellteilung stören. Dazu gehören neben ionisierender Strahlung vor allem Medikamente wie Zytostatika. Ferner sind verschiedene Industriechemikalien gefährlich (Hanf 1999).

Als potenziell gametotoxisch gelten auch polyzyklische Aromate (Tabakrauch), polyzyklische Kohlenwasserstoffe und Schwermetalle wie Cadmium, Blei oder Quecksilber. Grundsätzlich lässt sich feststellen, dass eine Vielzahl von Fremdstoffen als möglicherweise fertilitätsschädigend eingestuft wird, häufig mangelt es aber an wissenschaftlichen Untersuchungen und Belegen. Viele Resultate stammen aus Tierversuchen (Kristensen et al. 1995; Vahakangas et al. 1985).

Gesicherte Daten liegen für Alltags- und Genussgifte wie Alkohol und Nikotin vor. So findet sich eine deutliche Geschlechtsspezifität der reproduktionstoxikologischen Bedeutung des Tabakkonsums. In neueren Studien konnte, im Gegensatz zu älteren Resultaten, kein Einfluss väterlichen Rauchens auf die «time to pregnancy» («ttp») festgestellt werden (Florack et al. 1994; Joffe/Li 1994). Für rauchende Frauen hingegen wurde gezeigt, dass sich die «ttp» durch mütterliches Rauchen, zumindest oberhalb einer Menge von zehn Zigaretten am Tag, verdoppeln kann (Joffe/Li 1994; Alderete et al. 1995).

Bei Untersuchungen der Follikelflüssigkeit ist vor allem der Nikotinmetabolit Cotinin gefunden worden, es scheinen aber auch allgemeine Folgen des Rauchens wie die verminderte periphere Durchblutung eine Rolle zu spielen. Raucherinnen gelangen durchschnittlich früher in die Menopause als Nichtraucherinnen (Mattison 1982). Es gibt Hinweise auf eine Beeinträchtigung der männlichen und weiblichen Fertilität in der Nachkommenschaft von Müttern, die während der Schwangerschaft geraucht haben (Wilcox et al. 1995; Vahakangas et al. 1985). Für Alkohol sind spezifisch die Fertilität beeinträchtigenden Wirkungen nicht bekannt (Zaadstra et al. 1994). Sekundär, z. B. infolge anderer alkoholbedingter Erscheinungen, wie einem mangelhaften Östrogenabbau in der insuffizient arbeitenden Leber, sind Störungen der Fertilität durchaus denkbar.

6.1 Umwelthormone

Die möglicherweise durch Umwelteinflüsse gefährdete Fortpflanzungsfähigkeit des Menschen ist spätestens seit dem 1992 im BMJ veröffentlichten Artikel «Evidence for decreasing quality of semen during past 50 years» (Carlsen et al. 1992) Thema sowohl wissenschaftlicher Forschung als auch der Laienpresse. Carlsen und Mitarbeiter beschrieben damals eine derart sinkende Spermiendichte im menschlichen Ejakulat, dass bei weiterem Fortgang dieser Entwicklung die menschliche Fortpflanzungsfähigkeit etwa im Jahr 2060 zum Erliegen käme (Carlsen et al. 1992). 1996 erschien das viel beachtete Buch von Theodora Colburn «Our stolen Future» («Die bedrohte Zukunft»), in dem die Umweltverschmutzung mit hormonell wirksamen Stoffen für Fortpflanzungsprobleme in der Tierwelt und beim Menschen verantwortlich gemacht wird.

Mittlerweile wird sich in umfangreicher endokrinologischer, toxikologischer und epidemiologischer Forschung dem Thema gewidmet. Neben männlicher Unfruchtbarkeit werden neoplastische, immunologische und neurologische Folgen untersucht. Ebenso ist die Liste fraglicher Substanzen rasant gewachsen. Man unterscheidet grundsätzlich Stoffe industrieller und pflanzlicher Herkunft.

Zahlreiche Beobachtungen aus der Tierwelt lieferten die Grundlage für die aktuelle Diskussion. Zwei Beispiele sollen hier stellvertretend die Problematik veranschaulichen. So stellte man Ende der Achtzigerjahre im Zürcher Zoo fest, dass die Fortpflanzung der bis dahin recht gut züchtenden Humboldtpinguinkolonie stetig zurückging. Eine Analyse ergab 1991 eine starke Belastung der Eier mit Polychlorierten Biphenylen (PCBs), einer Gruppe hormonwirksamer Industriechemikalien. Nachdem die Fütterung von Sprotten und Makrelen aus küstennahen, hochbelasteten Gewässern auf hochseegefangene Heringe umgestellt wurde, erholte sich die Fortpflanzungsleistung der Pinguinkolonie (Isenbügel 1996).

Einen frühen Hinweis auf die Wirksamkeit pflanzlicher, hormonartiger Substanzen erhielt man zu Beginn der Siebzigerjahre. Damals waren australische Schafherden durch eine mangelhafte Fruchtbarkeit aufgefallen – «Clover Disease». Untersuchungen ergaben, dass in «Rotem Klee», der auf den entsprechenden Weiden verbreitet war, natürliche Inhaltsstoffe zu finden waren, die östrogenartige Wirkungen zeigen (Adams 1990).

Eine der ersten großen Erfahrungen und gesicherte Erkenntnisse mit dem Einfluss von Fremdöstrogenen auf Entwicklungsprozesse beim Menschen wurden mit dem Medikament Diethystilbestrol (DES) gewonnen. DES ist ein sehr potentes, synthetisches Östrogen und wurde ab den 1930er Jahren Frauen zur Vermeidung von Fehlgeburten verabreicht. Aus diesem Grunde liegt eine Fülle gut dokumentierter Daten über die genaue Exposition einer großen Anzahl Frauen und deren Nachkommen vor (Bibbo et al. 1978; Golden et al. 1998; Whitehead 1981). Die Dosierung wurde im Laufe der Schwangerschaft auf bis zu 100 mg gesteigert. Offenbar bestanden erhebliche Unterschiede in der Dosierungspraxis einzelner Kliniken (Heinonen 1973). In den Sechzigerjahren geriet das Mittel in Verdacht, teratogen wirksam zu sein. Bei Töchtern von mit DES behandelten Frauen traten vaginale Adenosen und seltene Adenokarzinome in der Vagina und an der Cervix Uteri auf (Herbst et al. 1971; Bibbo et al. 1977). Ferner fielen Abnormalitäten des Genitaltraktes auf (Gill et al. 1977; Leary et al. 1984; Whitehead 1981; Wilcox et al. 1995). In Tierversuchen wurde die fruchtschädigende Qualität nachgewiesen (McLachlan et al. 1975; Newbold et al. 1985). Bei Männern, die in-utero DES exponiert waren, ist meist nur eine geringe Verminderung der Spermiendichte, wohl aber der «Spermienqualität» festgestellt worden (Gill et al. 1977; Degen et al. 1999). Bei Frauen mit DES-Anamnese war die Fruchtbarkeit erst bei so hoher Exposition beeinträchtigt, dass auch das Risiko von Missbildungen am Genitale erhöht war. Daher ist für Frauen eine isolierte Steigerung von Unfruchtbarkeit durch exogene Östrogene eher nicht anzunehmen. Die Brustkrebsinzidenz unter diesen Frauen kann noch nicht abschließend bewertet werden, da viele der betroffenen Frauen noch nicht das Alter des höchsten Risikos erreicht haben. Bei den Müttern, die DES einnahmen ist in einigen Studien ein geringfügig erhöhtes Brustkrebsrisiko gezeigt worden (Greenberg et al. 1984).

6.2 Synthetische Umwelthormone

Zu den synthetischen Substanzen gehören unterschiedliche, industrielle Produkte, Neben- und Abfallprodukte sowie deren Metabolite. Die chemische Breite und das eigentliche Einsatzspektrum der verschiedenen Stoffe ist allerdings ausgesprochen groß. So sind Pestizide wie Dicofol, Endosulfan, Kepon und auch das schon anderweitig umweltmedizinisch auffällig gewordene Lindan darunter (Greim 1998; Degen et al. 1999). Gerade von Pestiziden ist eine ausgeprägte Stabilität und damit Persistenz in der Umwelt bekannt, dies ermöglicht Akkumulation und Anreicherung in der Nahrungskette. Des Weiteren kommen die heute verbotenen, aber noch in der Umwelt vorhandenen polychlorierten Biphenyle (PCB) sowie Alkylphenole (Detergentien), Phtalate (Weichmacher in Plastik) und eine Vielzahl anderer Chemikalien hinzu (Degen et al. 1999). Darunter ist in erster Linie der Kunststoffbestandteil Bisphenol A (BPA), der vielfach in Innenbeschichtungen von Konservendosen und Getränkebehältern (Polycarbonat-Flaschen) verwendet wird, in die öffentliche Diskussion und auch ins Visier des Umweltbundesamtes geraten. Vor allem die Verwendung in «Baby-Flaschen» wird kritisiert, da der Säuglingsorganismus vermutlich besonders empfindlich ist.

6.3 Phytoöstrogene

Neben den industriell erzeugten und durch menschliches «Verschulden» in die Biosphäre gelangten Substanzen sind auch schon lange Substanzen pflanzlicher Herkunft bekannt, die mit hormonartig vermittelten Wirkungen in Verbindung gebracht werden und deren Interaktion mit dem Östrogenrezeptor nachgewiesen ist. Es sind heute ca. 200 verschiedene Stoffe bekannt. Gerne zählt man auch die so genannten Mykoöstrogene, z. B. Zearalenon, hinzu, fasst also die nicht anthropogen in die Umwelt gelangten Stoffe etwas zusammen. Abhängig von der Art der Ernährung werden nicht unerhebliche Mengen von Phytoöstrogenen, bis zum Milligrammbereich pro Tag, aufgenommen (Degen et al 1999). Da Soja hormonell wirksame Isoflavone enthält, hat die Beobachtung, dass in vielen Regionen, wie in Südostasien, in denen Soja ein wichtiges Grundnahrungsmittel ist, deutlich weniger Brustkrebsfälle auftreten, intensive Untersuchungen einer möglichen hormonell vermittelten kanzeroprotektiven Wirkung zur Folge gehabt (Adlercreutz 1995). Möglicherweise wird durch eine «Blockade» vorhandener Östrogenrezeptoren durch schwach wirksame Liganden ein protektiver Effekt erreicht. Auch könnte eine mit der Aufnahme der Stoffe verbundene vorbeugende Zyklusverlängerung eine Rolle spielen (Adlercreutz 1995; Adlercreutz/Mazur 1997; Cassidy 1996). Es werden aber auch andere kanzeroprotektive Effekte, wie z. B. eine frühere Ausdifferenzierung des Brustdrüsengewebes, angenommen (Adlercreutz/Mazur 1997).

In alkoholischen Getränken wie Bier und Rotwein befinden sich die Phytoestrogene ß-Sitosterol und Biochanin A (Gavaler et al. 1995). Sie könnten an der äußerlichen Feminisierung von männlichen Alkoholikern mit Leberzirrhose beteiligt sein.

Interessant ist, dass bei einer Ernährung von Säuglingen mit Kuhmilchallergie eine Sojamilch-Ersatznahrung zu sehr hohen Blutspiegeln an Phytoöstrogenen führt, aber bisher weder günstige noch ungünstige Folgen einer solchen Ernährung beschrieben sind. Gezielte Untersuchungen sind erst jetzt begonnen worden.

Kanzerogene Wirkungen auf Brustdrüsengewebe durch tatsächlich gemessene Konzentrationen der Umwelthormone werden stark bezweifelt, können aber auch nicht pauschal ausgeschlossen werden (Davidson 1998).

Die endokrine Situation, auf die exogene östrogenartige Disruptoren beim Mann treffen, ist natürlich grundsätzlich anders. Erstens fehlt eine vergleichbare Dynamik der Hormonspiegel und zweitens ist die Konzentration des endogenen Östrogens viel geringer. Es wäre z. B. denkbar, dass beim Mann mit geringeren endogenen Östrogenspiegeln freie Rezeptoren durch Fremdöstrogen besetzt werden. Mit anderen Worten: Es liegt nahe, dass die bei Männern und Frauen unterschiedlichen endokrinen Vorraussetzungen für sexualhormonartige Wechselwirkungen von Fremdstoffen unterschiedliche Bedeutung haben.

Weiter gibt es natürlich auch hormonabhängiges Gewebe beim Mann. Das Keimepithel und bestimmte Zelltypen der Prostata stehen vor allem unter dem Einfluss von Testosteron. Die antiandrogenen Wirkungen verschiedener Umwelthormone sind also auf jeden Fall für eine Veränderung der männlichen Fertilität als mitverantwortlich in Betracht zu ziehen. Da bekanntlich das Östrogen eine phylogenetische (entwicklungsgeschichtliche) und biochemische Fortentwicklung des Testosterons ist, sind Kreuzreaktivitäten an den Rezeptoren denkbar.

Das Prostatakarzinom gewinnt in den Industrieländern immer noch an Bedeutung. Trotz verbesserter Diagnostik und Operabilität spielt es eine wichtige Rolle als Krebs des «mittelalten» und hochbetagten Mannes. Die Zunahme der Inzidenz ist sicherlich auch in einem Zusammenhang mit der Entwicklung der Altersstruktur in der westlichen Gesellschaft zu sehen. In diesem Zusammenhang fällt allerdings besonders eine ähnliche geografische Verteilung der Mortalität, wie sie für das Mammakarzinom beschrieben worden ist, auf. Die Inzidenz ist in Japan zwar ähnlich hoch wie in Europa, die Mortalität bei höherer Lebenserwartung der Männer aber vergleichsweise klein (Adlercreutz/Mazur 1997). 1991 veröffentlichten Adlercreutz et al. Daten über eine hohe renale Exkretion von Isoflavonoiden bei japanischen Männern, die mit niedriger Prostatamortalität korreliert ist (Adlercreutz et al. 1991). In anderen epidemiologischen Studien ist gezeigt worden, dass Fett und Fleischkonsum im Gegensatz zu Ernährung, die reich an Getreide, Hülsenfrüchten und Tofu ist, mit Prostatakrebs stärker assoziiert sind (Beeson et al. 1989; Severson et al. 1989). Auch steigt die gutartige Vergrößerung der Prostata bei japanischen Männern nicht in dem Maße mit dem Alter an, wie das bei europäischen Männern der Fall ist (Oesterling et al. 1995). In-vitro wurde gezeigt, dass Genistein und dessen Vorläufer Biochanin A sowohl androgenrezeptorabhängige als auch androgenrezeptorunabhängige Proliferation von Prostatagewebe hemmen (Peterson/Barnes 1993; Rokhlin/Cohen 1995). In Bezug auf die In-utero-Exposition gegenüber DES wird die Entwicklung von Prostatakrebs als einem Krebs des Alters erst dann zu beurteilen sein, wenn die Söhne der mit DES behandelten Mütter in das Alter des hohen Risikos kommen.

Für den Hodenkrebs ist ein dramatischer Anstieg der Inzidenz, der nicht nur durch verbesserte Diagnostik erklärt werden kann, über die vergangenen Jahrzehnte festzustellen (Golden et al. 1998). Da selbst In-utero-Exposition gegenüber DES kein Risikofaktor war, ist ein Zusammenhang mit schwach wirksamen Umweltöstrogenen ebenfalls nicht wahrscheinlich (Golden et al. 1998).

7. Schlussbemerkung

Die Feststellung, dass Umweltstoffe in endokrine Regulationsmechanismen bei Tieren und Menschen eingreifen können, scheint eine Gefahr heraufzubeschwören. Betrachtet man hingegen kritisch die messbaren Daten über Wirkungsweise, Dosisabhängigkeit und Qualität möglicher Exposition, verliert die vermeintliche Bedrohung ihren Schrecken. Um das tatsächliche Risiko abschließend beurteilen zu können, bedarf es allerdings weiterer Erforschung der Zusammenhänge.

Dies gilt generell auch für die in diesem Kapitel zusammengestellten Fakten über geschlechtsspezifische Auswirkungen von «physikalischen» Umwelteinflüssen. Die hier beschriebenen Befunde ergaben sich in überwiegender Menge als «Nebeninformation» anderer Arbeiten, waren jedoch bisher sehr selten hauptsächlicher

Gegenstand von Untersuchungen. Das Interesse an der Frage geschlechtsspezifischer Gesundheitsbelastung durch Umwelteinflüsse scheint jedoch geweckt, und es ist zu hoffen, dass in Zukunft differenzierte Forschungsarbeiten das Thema beleuchten werden.

Literatur

Aarons, L., Hopkins, K. et al. (1989). «Route of administration and sex differences in the pharmacokinetics of aspirin, administered as its lysine salt». *Pharm Res*, 6 (8), S. 660–666.

Adami, H. O., Persson, I. et al. (1989). «Risk of cancer in women receiving hormone replacement therapy». *Int J Cancer*, 44 (5), S. 833–839.

Adams, N. R. (1990). «Permanent infertility in ewes exposed to plant oestrogens». *Aust Vet J*, 67 (6), S. 197–201.

Adlercreutz, H. (1995). «Phytoestrogens: epidemiology and a possible role in cancer protection». *Environ Health Perspect*, 7, S. 103–112.

Adlercreutz, H., Honjo, H. et al. (1991). «Urinary excretion of lignans and isoflavonoid phytoestrogens in Japanese men and women consuming a traditional Japanese diet». *Am J Clin Nutr*, 54 (6), S. 1093–1100.

Adlercreutz, H., Mazur, W. (1997). «Phyto-oestrogens and Western diseases». *Ann Med*, 29 (2), S. 95–120.

Ahmed, S. A., Talal, N. (1990). «Sex hormones and the immune system – Part 2. Animal data». *Baillieres Clin Rheumatol*, 4 (1), S. 13–31.

Alderete, E., Eskenazi, B. et al. (1995). «Effect of cigarette smoking and coffee drinking on time to conception». *Epidemiology*, 6 (4), S. 403–408.

Balzano, G., Fuschillo, S. et al. (2001). «Asthma and sex hormones». *Allergy*, 56 (1), S. 13–20.

Baron, J. A., La Vecchia, C. et al. (1990). «The antiestrogenic effect of cigarette smoking in women». *Am J Obstet Gynecol*, 162 (2), S. 502–514.

Beckett, A. H., Gorrod, J. W. et al. (1971). «The analysis of nicotine-1'-N-oxide in urine, in the presence of nicotine and cotinine, and its application to the study of in vivo nicotine metabolism in man». *J Pharm Pharmacol*, 23 (1), S. 55S–61S.

Beeson, W. L., Mills, P. K. et al. (1989). «Chronic disease among Seventh-day Adventists, a low-risk group. Rationale, methodology, and description of the population». *Cancer*, 64 (3), S. 570–581.

Behrendt, H., Becker, W. M. et al. (1997). «Air pollution and allergy: experimental studies on modulation of allergen release from pollen by air pollutants». *Int Arch Allergy Immunol*, 113 (1-3), S. 69–74.

Beierle, I., Meibohm, B. et al. (1999). «Gender differences in pharmacokinetics and pharmacodynamics». *Int J Clin Pharmacol Ther*, 37 (11), S. 529–547.

Bell, I. R., Peterson, J. M. et al. (1995). «Medical histories and psychological profiles of middle-aged women with and without self-reported illness from environmental chemicals». *J Clin Psychiatry*, 56 (4), S. 151–160.

Bell, I. R., Schwartz, G. E. et al. (1993). «Self-reported illness from chemical odors in young adults without clinical syndromes or occupational exposures». *Arch Environ Health*, 48 (1), S. 6–13.

Berg, P. A., Klein, R. (1994). «The fibromyalgia syndrome. A neuroendocrinological autoimmune disease?». *Dtsch Med Wochenschr*, 119 (12), S. 429–435.

Bibbo, M., Gill, W. B. et al. (1977). «Follow-up study of male and female offspring of DES-exposed mothers». *Obstet Gynecol*, 49 (1), S. 1–8.

Bibbo, M., Haenszel, W. M. et al. (1978). «A twenty-five-year follow-up study of women exposed to diethylstilbestrol during pregnancy». *N Engl J Med*, 298 (14), S. 763–767.

Bigazzi, P. E. (1997). «Autoimmunity caused by xenobiotics». *Toxicology*, 119 (1), S. 1–21.

Block, G., Rosenberger, W. F. et al. (1988). «Calories, fat and cholesterol: intake patterns in the US population by race, sex and age». *Am J Public Health*, 78 (9), S. 1150–1155.

Bock (1995). *Gesundheitsgefährdung durch Passivrauchen.* Beratungskommission Toxikologie der DGPT.

Bold, R. J., Kim, H. J. et al. (1998). «A human gastric cancer cell line possesses a functional receptor for gastrin-releasing peptide». *Cancer Invest*, 16 (1), S. 12–17.

Bologna, M., Festuccia, C. et al. (1989). «Bombesin stimulates growth of human prostatic cancer cells in vitro». *Cancer*, 63 (9), S. 1714–1720.

Brown, S. L., Middleton, M. S. et al. (2000). «Prevalence of rupture of silicone gel breast implants revealed on MR imaging in a population of women in Birmingham, Alabama». *AJR Am J Roentgenol*, 175 (4), S. 1057–1064.

Brownson, R. C., Chang, J. C. et al. (1992). «Gender and histologic type variations in smoking-related risk of lung cancer». *Epidemiology*, 3 (1), S. 61–64.

Bullinger, M., Morfeld, M. et al. (1999). «The sick-building-syndrome – do women suffer more?» *Zentralbl Hyg Umweltmed*, 202 (2-4), S. 235–241.

Cagle, P. T., Mody, D. R. et al. (1990). «Estrogen and progesterone receptors in bronchogenic carcinoma». *Cancer Res*, 50 (20), S. 6632–6635.

Camilli, A. E., Burrows, B. et al. (1987). «Longitudinal changes in forced expiratory volume in one second in adults. Effects of smoking and smoking cessation». *Am Rev Respir Dis*, 135 (4), S. 794–799.

Carlsen, E., Giwercman, A. et al. (1992). «Evidence for decreasing quality of semen during past 50 years [see comments]». *BMJ*, 305 (6854), S. 609–613.

Cassidy, A. (1996). «Physiological effects of phytooestrogens in relation to cancer and other human health risks». *Proc Nutr Soc*, 55 (1B), S. 399–417.

Colburn, T. (1996). *Our Stolen Future*. London.

Cole-Harding, S., Wilson, J. R. (1987). «Ethanol metabolism in men and women». *J Stud Alcohol*, 48 (4), S. 380–387.

Cullen, M. R. (1987). «Multiple chemical sensitivities: summary and directions for future investigators». *Occup Med*, 2 (4), S. 801–804.

Cullen, M. R. (1987). «The worker with multiple chemical sensitivities: an overview». *Occup Med*, 2 (4), S. 655–661.

Cutolo, M., Sulli, A. et al. (1995). «Estrogens, the immune response and autoimmunity». *Clin Exp Rheumatol*, 13 (2), S. 217–226.

Cutolo, M., Wilder, R. L. (2000). «Different roles for androgens and estrogens in the susceptibility to autoimmune rheumatic diseases [In Process Citation]». *Rheum Dis Clin North Am*, 26 (4), S. 825–839 (MEDLINE record in process).

Cuttitta, F., Carney, D. N. et al. (1985). «Autocrine growth factors in human small cell lung cancer». *Cancer Surv*, 4 (4), S. 707–727.

Cuttitta, F., Carney, D. N. et al. (1985). «Bombesin-like peptides can function as autocrine growth factors in human small-cell lung cancer». *Nature*, 316 (6031), S. 823–826.

Davidson, N. E. (1998). «Environmental estrogens and breast cancer risk». *Curr Opin Oncol*, 10 (5), S. 475–478.

D'Cruz, D. (2000). «Autoimmune diseases associated with drugs, chemicals and environmental factors». *Toxicol Lett*, 112-113 (10), S. 421–432.

Degen G. et al. (1999). «Hormonell aktive Substanzen in der Umwelt: Xenoöstrogene». Stellungnahme der Beratungskommission der Sektion Toxikologie der DGPT, Deutsche Gesellschaft für Pharmakologie und Toxikologie. Dortmund.

Doershuk, C. F., Fisher, B. J. et al. (1974). «Specific airway resistance from the perinatal period into adulthood. Alterations in childhood pulmonary disease». *Am Rev Respir Dis*, 109 (4), S. 452–457.

Dresler, C. M., Fratelli, C. et al. (2000). «Gender differences in genetic susceptibility for lung cancer». *Lung Cancer*, 30 (3), S. 153–160.

Eliasson, O., Scherzer, H. H. et al. (1986). «Morbidity in asthma in relation to the menstrual cycle». *J Allergy Clin Immunol*, 77 (1 Pt 1), S. 87–94.

Fleishaker, J. C., Pearson, L. K. et al. (1996). «Gender does not affect the degree of induction of tirilazad clearance by phenobarbital». *Eur J Clin Pharmacol*, 50 (1-2), S. 139–145.

Florack, E. I., Zielhuis, G. A. et al. (1994). «Cigarette smoking, alcohol consumption, and caffeine intake and fecundability». *Prev Med*, 23 (2), S. 175–180.

Frezza, M., di Padova, C. et al. (1990). «High blood alcohol levels in women. The role of decreased gastric alcohol dehydrogenase activity and first-pass metabolism». *N Engl J Med*, 322 (2), S. 95–99.

Fukuda, K., Straus, S. E. et al. (1994). «The chronic fatigue syndrome: a comprehensive approach to its definition and study. International Chronic Fatigue Syndrome Study Group». *Ann Intern Med*, 121 (12), S. 953–959.

Gago-Dominguez, M., Castelao, J. E. et al. (2001). «Use of permanent hair dyes and bladder-cancer risk». *Int J Cancer*, 91 (4), S. 575–579.

Gallardo, S., del Pozo, V. et al. (1994). «Immunological basis of toxic oil syndrome (TOS)». *Toxicology*, 93 (2-3), S. 289–299.

Gavaler, J. S., Rosenblum, E. R. et al. (1995). «The phytoestrogen congeners of alcoholic beverages: current status». *Proc Soc Exp Biol Med*, 208 (1), S. 98–102.

Gesundheitsbericht für Deutschland (1998). Statistisches Bundesamt. Wiesbaden.

Gill, J. (1997). «Women, alcohol and the menstrual cycle». *Alcohol Alcohol*, 32 (4), S. 435–441.

Gill, W. B., Schumacher, G. F. et al. (1977). «Pathological semen and anatomical abnormalities of the genital tract in human male subjects exposed to diethylstilbestrol in utero». *J Urol*, 117 (4), S. 477–480.

Glomp, I. (1997). «Vitaminpillen können Gemüse nicht ersetzen». *Dt Ärztebl*, 94 (5), A-216.

Golden, R. J., Noller, N. L. et al. (1998). «Environmental endocrine modulators and human health: an assessment of the biological evidence». *Crit Rev Toxicol*, 28 (2), S. 109–227.

Gomez de la Camara, A., Posada de la Paz, M. et al. (1998). «Health status measurement in Toxic Oil Syndrome». *J Clin Epidemiol*, 51 (10), S. 867–873.

Greenberg, E. R., Barnes, A. B. et al. (1984). «Breast cancer in mothers given diethylstilbestrol in pregnancy». *N Engl J Med*, 311 (22), S. 1393–1398.

Greer, J. R., Abbey, D. E. et al. (1993). «Asthma related to occupational and ambient air pollutants in nonsmokers». *J Occup Med*, 35 (9), S. 909–915.

Greim, H. (1998). *Hormonähnlich wirkende Stoffe in der Umwelt – Einführung und Sachstand*. Oberschleißheim: Beratergremium für Altstoffe.

GSF – Forschungszentrum für Umwelt und Gesundheit, GMBH. Institut für Toxikologie. Ingolstädter Landstraße 1. D-85764 Neuherberg.

Gunn, W. J., Connell, D. B. et al. (1993). «Epidemiology of chronic fatigue syndrome: the Centers for Disease Control Study». *Ciba Found Symp*, 173 (4), S. 83–93; Diskussion: S. 93–101.

Gur, R. C., Gur, R. E. et al. (1982). «Sex and handedness differences in cerebral blood flow during rest and cognitive activity». *Science*, 217 (4560), S. 659–661.

Haenszel, W., Taeuber, K. (1964). «Lung cancer mortality as related to residence and smoking histories». *Journal of the National Cancer Institute*, 32, S. 803–838.

Hammond, E. C. (1966). «Smoking in relation to the death rates of one million men and women». *Natl Cancer Inst Monogr*, 19 (2), S. 127–204.

Hanf, V. (1999). *Umwelt und Sterilität*. Stuttgart.

Harris, R. E., Zang, E. A. et al. (1993). «Race and sex differences in lung cancer risk associated with cigarette smoking». *Int J Epidemiol*, 22 (4), S. 592–599.

Harris, R. Z., Benet, L. Z. et al. (1995). «Gender effects in pharmacokinetics and pharmacodynamics». *Drugs*, 50 (2), S. 222–239.

Haugen, A., Ryberg, D. et al. (2000). «Gene-environment interactions in human lung cancer». *Toxicol Lett*, 112-113 (8), S. 233–237.

Heinonen, O. P. (1973). «Diethylstilbestrol in pregnancy. Frequency of exposure and usage patterns». *Cancer*, 31 (3), S. 573–577.

Hennekens, C. H., Lee, I. M. et al. (1996). «Self-reported breast implants and connective-tissue diseases in female health professionals. A retrospective cohort study». *JAMA*, 275 (8), S. 616–621.

Herbst, A. L., Ulfelder, H. et al. (1971). «Adenocarcinoma of the vagina. Association of maternal stilbestrol therapy with tumor appearance in young women». *N Engl J Med*, 284 (15), S. 878–881.

Heseker, H., Hartmann, S. et al. (1995). «An epidemiologic study of food consumption habits in Germany». *Metabolism*, 44, Suppl. 2, S. 10–13.

Ho, P. C., Triggs, E. J. et al. (1985). «The effects of age and sex on the disposition of acetylsalicylic acid and its metabolites». *Br J Clin Pharmacol*, 19 (5), S. 675–684.

Holmes, G. P., Kaplan, J. E. et al. (1988). «Chronic fatigue syndrome: a working case definition». *Ann Intern Med*, 108 (3), S. 387–389.

Hulst, L. K., Fleishaker, J. C. et al. (1994). «Effect of age and gender on tirilazad pharmacokinetics in humans». *Clin Pharmacol Ther*, 55 (4), S. 378–384.

Iimuro, Y., Frankenberg, M. V. et al. (1997). «Female rats exhibit greater susceptibility to early alcohol-induced liver injury than males». *Am J Physiol*, 272 (5 Pt 1): G1186–1194.

Imhof, A., Froehlich, M. et al. (2001). «Effect of alcohol consumption on systemic markers of inflammation». *The Lancet*, 357, S. 763–767.

Isenbügel, E. (1996). *Humboldtpinguine im Zoo: Schadstoffe im Futterfisch beeinflussen die Fortpflanzungsfähigkeit*. Zürich.

Janowsky, E. C., Kupper, L. L. et al. (2000). «Meta-analyses of the relation between silicone breast implants and the risk of connective-tissue diseases». *N Engl J Med*, 342 (11), S. 781–790.

Jason, L. A., Richman, J. A. et al. (1999). «A community-based study of chronic fatigue syndrome». *Arch Intern Med*, 159 (18), S. 2129–2137.

Jason, L. A., Taylor, R. R. et al. (2000). «Chronic fatigue syndrome, fibromyalgia, and multiple chemical sensitivities in a community-based sample of persons with chronic fatigue syndrome-like symptoms». *Psychosom Med*, 62 (5), S. 655–663.

Joffe, M., Li, Z. (1994). «Male and female factors in fertility». *Am J Epidemiol*, 140 (10), S. 921–929.

Jorres, R., Nowak, D. et al. (1996). «The effect of ozone exposure on allergen responsiveness in subjects with asthma or rhinitis». *Am J Respir Crit Care Med*, 153 (1), S. 56–64.

Kafferlein, H. U., Goen, T. et al. (1998). «Musk xylene: analysis, occurrence, kinetics, and toxicology». *Crit Rev Toxicol*, 28 (5), S. 431–476.

Kahan, B. D., Kramer, W. G. et al. (1986). «Demographic factors affecting the pharmacokinetics of cyclosporine estimated by radioimmunoassay». *Transplantation*, 41 (4), S. 459–464.

Kando, J. C., Yonkers, K. A. et al. (1995). «Gender as a risk factor for adverse events to medications». *Drugs*, 50 (1), S. 1–6.

Kauffmann, F., Tessier, J. F. et al. (1983). «Adult passive smoking in the home environment: a risk factor for chronic airflow limitation». *Am J Epidemiol*, 117 (3), S. 269–280.

Kawajiri, K., Nakachi, K. et al. (1993). «The CYP1A1 gene and cancer susceptibility». *Crit Rev Oncol Hematol*, 14 (1), S. 77–87.

Kelly, W. J., Hudson, I. et al. (1987). «Childhood asthma in adult life: a further study at 28 years of age». *Br Med J (Clin Res Ed)*, 294 (6579), S. 1059–1062.

Kirkwood, C., Moore, A. et al. (1991). «Influence of menstrual cycle and gender on alprazolam pharmacokinetics». *Clin Pharmacol Ther*, 50 (4), S. 404–409.

Kreutzer, R., Neutra, R. R. et al. (1999). «Prevalence of people reporting sensitivities to chemicals in a population-based survey». *Am J Epidemiol*, 150 (1), S. 1–12.

Kreuzer, M., Boffetta, P. et al. (2000). «Gender differences in lung cancer risk by smoking: a multicentre case-control study in Germany and Italy». *Br J Cancer*, 82 (1), S. 227–233.

Kristensen, P., Eilertsen, E. et al. (1995). «Fertility in mice after prenatal exposure to benzo[a]pyrene and inorganic lead». *Environ Health Perspect*, 103 (6), S. 588–590.

Kure, E. H., Ryberg, D. et al. (1996). «p53 mutations in lung tumours: relationship to gender and lung DNA adduct levels». *Carcinogenesis*, 17 (10), S. 2201–2205.

Leary, F. J., Resseguie, L. J. et al. (1984). «Males exposed in utero to diethylstilbestrol». *JAMA*, 252 (21), S. 2984–2989.

Levey, A. S. (1991). *Laborator assessment of renal disease: clearance, urinanlysis and renal biopsie*. Philadelphia.

Levitt, M. D., Li, R. et al. (1997). «Use of measurements of ethanol absorption from stomach and intestine to assess human ethanol metabolism». *Am J Physiol*, 273 (4 Pt 1), G951–957.

Lieber, C. S. (1994). «Susceptibility to alcohol-related liver injury». *Alcohol Alcohol Suppl*, 2 (11), S. 315–326.

Lieber, C. S. (2000). «Ethnic and gender differences in ethanol metabolism». *Alcohol Clin Exp Res*, 24 (4), S. 417–418.

Marathe, P. H., Greene, D. S. et al. (1997). «The effects of age and gender on the single dose pharmacokinetics of avitriptan administered to healthy volunteers». *J Clin Pharmacol*, 37 (10), S. 937–945.

Martikainen, P., Valkonen, T. (1996). «Mortality after the death of a spouse: rates and causes of death in a large Finnish cohort». *Am J Public Health*, 86 (8 Pt 1), S. 1087–1093.

Martinez, F. D., Morgan, W. J. et al. (1988). «Diminished lung function as a predisposing factor for wheezing respiratory illness in infants». *N Engl J Med*, 319 (17), S. 1112–1117.

Mattison, D. R. (1982). «The effects of smoking on fertility from gametogenesis to implantation». *Environ Res*, 28 (2), S. 410–433.

McDuffie, H. H., Klaassen, D. J. et al. (1991). «Men, women and primary lung cancer—a Saskatchewan personal interview study». *J Clin Epidemiol*, 44 (6), S. 537–544.

McLachlan, J. A., Newbold, R. R. et al. (1975). «Reproductive tract lesions in male mice exposed prenatally to diethylstilbestrol». *Science*, 190 (4218), S. 991–992.

Mersch-Sundermann, V. (1999). *Fremd- und Schadstoffe in Lebensmitteln*. Stuttgart.

Mezey, E. (2000). «Influence of sex hormones on alcohol metabolism». *Alcohol Clin Exp Res*, 24 (4), S. 421.

Miller, G. H. (1990). «The impact of passive smoking: cancer deaths among nonsmoking women». *Cancer Detect Prev*, 14 (5), S. 497–503.

Milovanovic, S. R., Radulovic, S. et al. (1992). «Inhibition of growth of PC-82 human prostate cancer line xenografts in nude mice by bombesin antagonist RC-3095 or combination of agonist [D-Trp6]-luteinizing hormone-releasing hormone and somatostatin analog RC-160». *Prostate*, 20 (4), S. 269–280.

Miners, J. O., Attwood, J. et al. (1983). «Influence of sex and oral contraceptive steroids on paracetamol metabolism». *Br J Clin Pharmacol*, 16 (5), S. 503–509.

Mollerup, S., Ryberg, D. et al. (1999). «Sex differences in lung CYP1A1 expression and DNA adduct levels among lung cancer patients». *Cancer Res*, 59 (14), S. 3317–3320.

Mugford, C. A., Kedderis, G. L. (1998). «Sex-dependent metabolism of xenobiotics». *Drug Metab Rev*, 30 (3), S. 441–498.

Mumenthaler, M. S., Taylor, J. L. et al. (1999). «Effects of menstrual cycle and female sex steroids on ethanol pharmacokinetics». *Alcohol Clin Exp Res*, 23 (2), S. 250–255.

Mumenthaler, M. S., Taylor, J. L. et al. (2000). «Ethanol pharmacokinetics in white women: nonlinear model fitting versus zero-order elimination analyses». *Alcohol Clin Exp Res*, 24 (9), S. 1353–1362.

Muscat, J. E., Richie, J. P. et al. (1996). «Gender differences in smoking and risk for oral cancer». *Cancer Res*, 56 (22), S. 5192–5197.

Mutius, E. von (1998). *Epidemiologie der Allergologie*. Berlin u. a.

Nasterlack, M. (1998). «MCS, CFS, FMS, SBS and other ‹modern› illnesses». *Versicherungsmedizin*, 50 (3), S. 99–103.

Nelson, L. (2001). «Zellen von Ungeborenen können Autoimmunkrankheiten bei werdenden Müttern fördern». Conference of the American Association for the Advancement of Science. *Bild der Wissenschaft. Online Version*.

Nelson, J., Donnelly, M. et al. (1991). «Bombesin stimulates proliferation of human breast cancer cells in culture». *Br J Cancer*, 63 (6), S. 933–936.

Newbold, R. R., Bullock, B. C. et al. (1985). «Lesions of the rete testis in mice exposed prenatally to diethylstilbestrol». *Cancer Res*, 45 (10), S. 5145–5150.

Newbold, R. R., Bullock, B. C. et al. (1985). «Progressive proliferative changes in the oviduct of mice following developmental exposure to diethylstilbestrol». *Teratog Carcinog Mutagen*, 5 (6), S. 473–480.

Nicolai, T., Bellach, B. et al. (1997). «Increased prevalence of sensitization against aeroallergens in adults in West compared with East Germany». *Clin Exp Allergy*, 27 (8), S. 886–892.

Öko-Test-Verlag (2000). «Ganz schön haarig». *Öko-Test*, 1, 2000.

Oesterling, J. E., Kumamoto, Y. et al. (1995). «Serum prostate-specific antigen in a community-based population of healthy Japanese men: lower values than for similarly aged white men». *Br J Urol*, 75 (3), S. 347–353.

Olbrisch R. R. (1997). «Silikon ist einer der bestuntersuchten Stoffe». *Deutsches Ärzteblatt*, 94 (19), A1254–A1255.

Osann, K. E., Anton-Culver, H. et al. (1993). «Sex differences in lung-cancer risk associated with cigarette smoking». *Int J Cancer*, 54 (1), S. 44–48.

Pagani, A., Papotti, M. et al. (1991). «Expression of the

gastrin-releasing peptide gene in carcinomas of the breast». Int J Cancer, 47 (3), S. 371–375.

Pagtakhan, R. D., Bjelland, J. C. et al. (1984). «Sex differences in growth patterns of the airways and lung parenchyma in children». J Appl Physiol, 56 (5), S. 1204–1210.

Peterson, G., Barnes, S. (1993). «Genistein and biochanin A inhibit the growth of human prostate cancer cells but not epidermal growth factor receptor tyrosine autophosphorylation». Prostate, 22 (4), S. 335–345.

Pudel, V., Ellrott, T. (1995). «Nutrition behavior in Germany». Internist (Berl), 36 (11), S. 1032–1039.

Reichman, M. E., Judd, J. T. et al. (1993). «Effects of alcohol consumption on plasma and urinary hormone concentrations in premenopausal women». J Natl Cancer Inst, 85 (9), S. 722–727.

Ring, J., Kramer, U. et al. (1999). «Environmental risk factors for respiratory and skin atopy: results from epidemiological studies in former East and West Germany». Int Arch Allergy Immunol, 118 (2-4), S. 403–407.

Risch, H. A., Howe, G. R. et al. (1993). «Are female smokers at higher risk for lung cancer than male smokers? A case-control analysis by histologic type». Am J Epidemiol, 138 (5), S. 281–293.

Rokhlin, O. W., Cohen, M. B. (1995). «Differential sensitivity of human prostatic cancer cell lines to the effects of protein kinase and phosphatase inhibitors». Cancer Lett, 98 (1), S. 103–110.

Ryberg, D., Hewer, A. et al. (1994). «Different susceptibility to smoking-induced DNA damage among male and female lung cancer patients». Cancer Res, 54 (22), S. 5801–5803.

Schneider, R., Eberhardt, W. et al. (1995). «Vitamin intake and vitamin status in Germany». Bibl Nutr Dieta, 44 (52), S. 116–127.

Schwenk, M. (1999). Chronic Fatigue Syndrome. Stuttgart.

Seitz, K. (2000). «Wie viel Alkohol macht krank?» Deutsches Ärzteblatt, 97 (22), A1538–A1541.

Severson, R. K., Nomura, A. M. et al. (1989). «A prospective study of demographics, diet, and prostate cancer among men of Japanese ancestry in Hawaii». Cancer Res, 49 (7), S. 1857–1860.

Shriver, S. P., Bourdeau, H. A. et al. (2000). «Sex-specific expression of gastrin-releasing peptide receptor: relationship to smoking history and risk of lung cancer». J Natl Cancer Inst, 92 (1), S. 24–33.

Shye, D., Mullooly, J. P. et al. (1995). «Gender differences in the relationship between social network support and mortality: a longitudinal study of an elderly cohort». Soc Sci Med, 41 (7), S. 935–947.

Siegfried, J. M., DeMichele, M. A. et al. (1997). «Expression of mRNA for gastrin-releasing peptide receptor by human bronchial epithelial cells. Association with prolonged tobacco exposure and responsiveness to bombesin-like peptides». Am J Respir Crit Care Med, 156 (2 Pt 1), S. 358–366.

Skobeloff, E. M., Spivey, W. H. et al. (1992). «The influence of age and sex on asthma admissions». JAMA, 268 (24), S. 3437–3440.

Smith-Warner, S. A., Spiegelman, D. et al. (1998). «Alcohol and breast cancer in women: a pooled analysis of cohort studies». JAMA, 279 (7), S. 535–540.

Steele, L., Dobbins, J. G. et al. (1998). «The epidemiology of chronic fatigue in San Francisco». Am J Med, 105 (3A), 83S–90S.

Taioli, E., Wynder, E. L. (1994). «Re: Endocrine factors and adenocarcinoma of the lung in women». J Natl Cancer Inst, 86 (11), S. 869–870.

Tanaka, E. (1999). «Gender-related differnces in pharmacokinetics and their clinical significance». Journal of Clinical Pharmacology and Therapeutics, 24, S. 339–346.

Thomasson, H. R. (1995). «Gender differences in alcohol metabolism. Physiological responses to ethanol». Recent Dev Alcohol, 12 (6), S. 163–179.

Thummel, K. E., O'Shea, D. et al. (1996). «Oral first-pass elimination of midazolam involves both gastrointestinal and hepatic CYP3A-mediated metabolism». Clin Pharmacol Ther, 59 (5), S. 491–502.

Trip, M. D., Wiersinga, W. et al. (1991). «Incidence, predictability, and pathogenesis of amiodarone-induced thyrotoxicosis and hypothyroidism». Am J Med, 91 (5), S. 507–511.

Tuyns, A. J., Pequignot, G. (1984). «Greater risk of ascitic cirrhosis in females in relation to alcohol consumption». Int J Epidemiol, 13 (1), S. 53–57.

Urbano-Marquez, A., Estruch, R. et al. (1995). «The greater risk of alcoholic cardiomyopathy and myopathy in women compared with men». JAMA, 274 (2), S. 149–154.

Vahakangas, K., Rajaniemi, H. et al. (1985). «Ovarian toxicity of cigarette smoke exposure during pregnancy in mice». Toxicol Lett, 25 (1), S. 75–80.

Van Thiel, D. H. (1991). «Gender differences in the susceptibility and severity of alcohol-induced liver disease». Alcohol Alcohol Suppl, 1 (11), S. 9–18.

Van Thiel, D. H., Gavaler, J. S. (1988). «Ethanol metabolism and hepatotoxicity. Does sex make a difference?» Recent Dev Alcohol, 6, S. 291–304.

Wall, M. A., Misley, M. C. et al. (1984). «Partial expiratory flow-volume curves in young children». Am Rev Respir Dis, 129 (4), S. 557–562.

Watkins, P. B., Turgeon, D. K. et al. (1992). «Comparison of urinary 6-beta-cortisol and the erythromycin breath test as measures of hepatic P450IIIA (CYP3A) activity». Clin Pharmacol Ther, 52 (3), S. 265–273.

Whitehead, E. D. (1981). «DES story; review and report». N Y State J Med, 81 (6), S. 869, 989.

Wichmann, J., Becher, H. (1999). «Gesundheitliche Risiken durch Passivrauchen – Bewertung der epidemiologischen Daten». *Umweltmedizin in Forschung und Praxis*, 4, S. 28–42.

Wilcox, A. J., Baird, D. D. et al. (1995). «Fertility in men exposed prenatally to diethylstilbestrol». *N Engl J Med*, 332 (21), S. 1411–1416.

Willett, W. C., Green, A. et al. (1987). «Relative and absolute excess risks of coronary heart disease among women who smoke cigarettes». *N Engl J Med*, 317 (21), S. 1303–1309.

Wilson, K. (1984). «Sex-related differences in drug disposition in man». *Clin Pharmacokinet*, 9 (3), S. 189–202.

Wisneski, H. H., Yates, R. L. et al. (1994). «Determination of musk ambrette in fragrance products by capillary gas chromatography with electron capture detection: interlaboratory study». *J AOAC Int*, 77 (6), S. 1467–1471.

Wright, C. E., Sisson, T. L. et al. (1997). «Steady-state pharmacokinetic properties of pramipexole in healthy volunteers». *J Clin Pharmacol*, 37 (6), S. 520–525.

Yano, T., Pinski, J. et al. (1992). «Stimulation by bombesin and inhibition by bombesin/gastrin-releasing peptide antagonist RC-3095 of growth of human breast cancer cell lines». *Cancer Res*, 52 (16), S. 4545–4547.

Yukawa, E., Honda, T. et al. (1997). «Population-based investigation of relative clearance of digoxin in Japanese patients by multiple trough screen analysis: an update». *J Clin Pharmacol*, 37 (2), S. 92–100.

Yukawa, E., Mine, H. et al. (1992). «Digoxin population pharmacokinetics from routine clinical data: role of patient characteristics for estimating dosing regimens». *J Pharm Pharmacol*, 44 (9), S. 761–765.

Zaadstra, B. M., Looman, C. W. et al. (1994). «Moderate drinking: no impact on female fecundity». *Fertil Steril*, 62 (5), S. 948–954.

Zang, E. A., Wynder, E. L. (1996). «Differences in lung cancer risk between men and women: examination of the evidence». *J Natl Cancer Inst*, 88 (3-4), S. 183–192.

wählt, die breiter ist: «Als Misshandlung begreifen wir jeden Angriff auf die körperliche und seelische Integrität eines Menschen unter Ausnutzung einer gesellschaftlich vorgeprägten relativen Machtposition»; damit bezog sie «sowohl das Machtverhältnis Mann/Frau wie auch das Machtverhältnis Erwachsene/Kind ein» (Hagemann-White et al. 1981, S. 24). Der feministische Gewaltbegriff hat also dafür Raum gehabt, die körperliche oder sexuelle Misshandlung eines Jungen durch seine Mutter zu erfassen oder auch – außerhalb der Familie – die Ausnutzung einer Machtposition als LehrerIn, TherapeutIn oder VereinstrainerIn als Gewalt zu benennen. Dennoch ist dies wenig geschehen; immer wieder trat die Sorge auf, die Unterstützung für Frauen könnte gefährdet werden, wenn Männer nicht mehr (nur) als Täter gesehen werden.

Der Preis, den Männer für ihren Machterhalt zahlen müssen, kommt in der Frauenperspektive nicht in den Blick, insbesondere auch nicht das Stigmatisieren und Diskriminieren der von herrschenden Normalitätsvorstellungen «abweichenden» Männlichkeiten.

Eine analoge gesellschaftliche Kraft, die den Skandal männlicher Opfererfahrungen als soziales Problem aufdecken und daraus gesellschaftspolitische Folgerungen ableiten könnte, ist noch immer nicht in Sicht. Die Verstrickung der männlichen Geschlechtsgenossen in die herrschenden patriarchal-kapitalistischen Verhältnisse wirkt einer Solidarisierung von Männern entgegen.

2.2 «Männliche Opfer» – ein kulturelles Paradox

Die gesellschaftliche Normalität der hegemonial organisierten Männergesellschaft bildet den strukturellen Hintergrund dafür, warum und wie männliche Opfer[1] produziert werden, wie mit ihnen umgegangen wird und wie diese sich selbst sehen. Die männliche Form der Weltaneignung beruht auf Herrschaft und Kontrolle und vermittelt sich in einem verhängnisvollen patriarchalen Kulturbegriff. In immer neuen Variationen dreht sich dieser um Unterwerfung, Aneignung, Sich-Erheben über ein Gegebenes oder um gewaltsame Veränderung eines Gegebenen (Meier-Seethaler 1988, S. 507). Unter den bestehenden Herrschaftsverhältnissen, auf der Basis der kapitalistischen Marktwirtschaft, entwickelte sich eine «Siegerkultur», die in das System der «hegemonialen Männlichkeit» (Connell 1999) eingebunden ist. Ideologisch abgesichert durch die Formel von «individueller Leistung und individuellem Erfolg» herrscht das «Recht des ökonomisch Erfolgreichen». Als Ergebnis bleiben wenige Sieger und viele Verlierer übrig. Die «Unterlegenen» werden stigmatisiert. Auch Männer (nicht nur Frauen) sind unter diesen gesellschaftlichen Verhältnissen der Verfügbarkeit strukturell ausgesetzt. Doch in jener Logik stellt der Begriff des «männlichen Opfers» ein kulturelles Paradox dar. Entweder ist jemand ein Opfer *oder* er ist ein Mann. Beide Begriffe werden als unvereinbar gedacht. Markant formulierte Ende der Achtzigerjahre eine der ersten Aktivistinnen gegen sexuellen Missbrauch an Kindern, Ursula Enders, die den Missbrauch von Jungen bereits in einem frühen Stadium mit in ihre Untersuchungen einschloss, in kritisch-ironischer Zuspitzung: «Jungen sind keine Opfer! Opfer sind weiblich!» (Enders 1990, S. 248).

Männer sind mindestens ebenso viel Gewalt ausgesetzt wie Frauen. Die Erfahrung des Opferwerdens gehört zu jedem «normalen» Männerleben. Niederlage, Erniedrigung oder Demütigung sind «tägliche Unterwerfungserfahrungen unter die Übermacht vor allem anderer Männer» (Scheskat 2000, S. 226). Die verschiedenen Lebensbereiche, in welchen Männer vorwiegend Opfererfahrungen machen bzw. gemacht haben, verlaufen entlang der für ihre Entwicklung relevanten Sozialisationsinstanzen wie Herkunftsfamilie, Schule, Kirche, Gleichaltrigengruppe, Verein, Bundeswehr, Partnerschaft, Beruf. Deren offener Lehrplan lautet: «Männer werden systematisch dazu konditioniert, Schmerzen zu ertragen.» (Keen 1992, S. 57). Sie lernen damit, ihre

---

1 Gegen die Verwendung des polarisierenden Opferbegriffs wird eingewendet, dass seine Konturen verwischt werden, eine Inflation des Opferbegriffs («Jeder Mann ist ein Opfer»; «Wir alle sind Opfer dieser gesellschaftlichen Verhältnisse») den Begriff entwertet und als Legitimation für männliche Täterschaft dienen kann. Und kein Mensch ist nur Opfer, jedenfalls in der Perspektive seines gesamten Lebens. In den USA wird von «Überlebenden» gesprochen.

Empfindungen von Leiden zu verbergen. «Schon als Kinder werden wir zu Opfern, irgendwann einmal, ganz früh. Zugleich dürfen wir das nicht zugeben, denn Opfer sein gilt als Beweis, dass wir es als Kind nicht richtig gemacht haben.» (Gruen 1992, S. 50).

2.3 Frauen als Opfer: leidensfähig und rein

Die Sensibilisierung des öffentlichen Bewusstseins für Gewalterfahrungen von Frauen ist erstaunlich schnell vor sich gegangen. Das gilt insbesondere für Gewalt in der Ehe und in eheähnlichen Beziehungen, die in der Bundesrepublik Mitte der Siebzigerjahre erstmals durch die engagierte Öffentlichkeitsarbeit und die praktischen Hilfsangebote der Frauenbewegung sichtbar wurde. Die ersten beiden autonomen Frauenhäuser wurden 1976 in Berlin und Köln eröffnet; 1978 fand das erste überregionale Treffen statt, 1979 zählten Dagmar Ohl und Ursula Rösener schon 84 Frauenhäuser und Frauenhausinitiativen in der Bundesrepublik (Ohl/Rösener 1979, S. 203); es konnte zu Recht von einer Frauenhausbewegung gesprochen werden. Bei sexueller Gewalt ging die Etablierung von Hilfsangeboten langsamer voran. Obwohl engagierte Gruppen in vielen Städten und Gemeinden einen «Notruf für vergewaltigte Frauen» bekannt machen, werden Anrufende häufig per automatischer Ansage auf begrenzte Telefonsprechzeiten hingewiesen. Eine Bestandsaufnahme in Niedersachsen 1991 machte deutlich, dass landesweit kein Notruf eine fest angestellte Mitarbeiterin hatte und nur wenige überhaupt Öffnungszeiten bereithielten (Hagemann-White et al. 1997). Dennoch: Im Hinblick auf Vergewaltigung haben Polizei und Justiz inzwischen differenzierte Ansätze entwickelt, um die betroffenen Frauen ernst zu nehmen und mit mehr Respekt zu behandeln, z. B. das Recht der Frau, bei einer Anzeige von einer weiblichen Polizeibeamtin befragt zu werden, die Begrenzung von Fragen nach dem «sexuellen Vorleben» im Gericht und schließlich 1997 die Anerkennung von verschiedenen Formen der sexuellen Verletzung und Erniedrigung als Vergewaltigung, bei Streichung der «ehelichen Ausnahme» aus dem Gesetzbuch (Helfferich et al. 1977; Heynen 2000).

Inzwischen gibt es annähernd 400 Frauenhäuser, die Beratung und Hilfe für misshandelte Frauen und deren Kinder anbieten. Jährlich suchen etwa 45 000 Frauen dort Schutz vor fortgesetzter Misshandlung und Bedrohung. Wo sie Geborgenheit und Vertrauen erwarteten, haben diese Frauen wiederholte seelische und körperliche Verletzungen erlitten und zum Schluss keinen anderen Rat gewusst, als aus den eigenen vier Wänden zu flüchten. Aus Beratungsarbeit und Forschung haben wir differenzierte Erkenntnisse über die Grundmuster, die Dynamik und die Auswirkungen häuslicher Gewalt gewonnen; das Problem reicht allerdings viel weiter in die Gesellschaft hinein als das, was in Krisenunterkünften sichtbar wird (Egger et al. 1995; Brückner 1998). Die Erkenntnisse aus Praxis und Forschung werden in der Ausbildung an den Fachhochschulen für Sozialarbeit vermittelt. Die Frauenhäuser als Orte von Schutz und Hilfe, die jede Frau nach eigener Entscheidung aufsuchen darf, wenn sie sich von Gewalt bedroht fühlt, sind aus dem sozialen Netz der Bundesrepublik nicht mehr wegzudenken.

Diese Entwicklung spiegelt zwar den Erfolg einer sozialen Bewegung, sie entsprach aber auch der kulturellen Selbstverständlichkeit, dass Frauen «von Hause aus» als mögliche Opfer gesehen werden und sich selbst zu sehen lernen. Bei körperlichen Auseinandersetzungen gilt für Mädchen und Frauen ein Anspruch auf Schonung oder Schutz, sie werden seltener hart angefasst als Jungen und Männer, können sich aber weniger verteidigen: Die alltägliche Annahme, dass die Frau, wenn sie nachts unterwegs ist, einen männlichen Beschützer braucht, impliziert schon, dass sie – wenn es denn brisant wird – das Opfer sein wird. Sexuelle Annäherungen und kleine Zugriffe auf den Körper einer Frau gelten als harmlos, solange nicht erkennbar ist, dass sie mit einem anderen Mann geht, der diese Verfügungsrechte hat. Die herrschende Konstruktion der Heterosexualität in den Köpfen der meisten, auch jüngeren Menschen sieht heute noch vor, dass der Mann das aktive Begehren hat und die Initiative ergreifen muss, die Frau sich aber darauf einrichtet, attraktiv zu sein, Begehren auf sich zu ziehen; er nimmt, sie wird genommen. «Es ist für Frauen und Mädchen prinzipiell ungeklärt, welches Recht sie auf sich selbst, ihre Fähigkeiten und ihren Körper und welches Recht andere (Mann, Kinder, Eltern) auf sie haben», schreibt Margrit Brückner (1993, S. 49). Die Kehrseite dieser Konstruktion, wonach Männlichkeit sich in erfolgreicher Verfügung über Frauen erweisen muss, verwehrt auch Männern ein «Vertrauensverhältnis zum eigenen Körper» (ebd., S. 50). Frauen sind sich oft unsicher, wie weit körperliche Übergriffe gehen dürfen und wo Gewalttätigkeit beginnt. Gerade deshalb sind allerdings die Scham- und Schuldgefühle besonders groß, wenn Frauen von einem Mann aus dem engeren persönlichen Lebenskreis geschlagen oder sexuell erniedrigt werden.

Denn obwohl das klassische Bild des Opfers eine Frau ist, verdient sie derselben Tradition folgend vor allem dann unser Mitgefühl und unsere Hilfe, wenn sie lange schuldlos leidet. Brückner (1983, 1987) hat feinsinnig herausgearbeitet, wie die parteilich engagierten Helferinnen ebenso wie die misshandelten Frauen selbst diesem Bild der duldenden Leidensfähigkeit und der Reinheit nachhängen. Stellt sich im Frauenhaus z. B. heraus, dass eine betroffene Frau aufbrausend handgreiflich wird, hinterhältig und gemein gegenüber einer anderen Bewohnerin oder grob und verletzend mit ihren Kindern umgeht, so ist die Enttäuschung oft groß. Hat die vergewaltigte Frau nachts im Wirtshaus Gesellschaft gesucht und dann auch noch den neuen Bekannten zu sich in die Wohnung gelassen, beginnen Zweifel, ob sie nicht auch Schuld an der folgenden gewaltsamen Sexualität hatte. Die Frau darf als Opfer öffentlich erscheinen und anerkannt werden, wenn sie ihr Leid deutlich zeigt und im doppelten Sinne reines Opfer ist: frei von Verstrickung bei der Entstehung des Gewaltübergriffs, aber auch: nichts anderes als Opfer (Klein-Schonnefeld 1997). In dieser Gestalt wird eine Frau als Betroffene sexueller oder häuslicher Gewalt inzwischen fast täglich im Fernsehen mit Sympathie dargestellt.

Nicht nur auf der persönlichen Ebene ist die Gleichstellung von Frau mit Opfer eine schwierige Angelegenheit. Frauen haben Projekte entwickelt und Einrichtungen geschaffen, um Opfer oder Überlebende von ehelicher Misshandlung, Vergewaltigung, sexuellem Missbrauch in der Kindheit, sexueller Diskriminierung oder Frauenhandel zu beraten, sie bei der Wahrnehmung ihrer Rechte zu bestärken und politisch darauf hinzuwirken, den Betroffenen mehr Ressourcen zu verschaffen und deren Rechte auszubauen. Frauenbeauftragte und Frauenministerien haben sich für diese Projekte in Politik und Öffentlichkeit eingesetzt. Derweil ist die männliche Gewalttätigkeit zum Arbeitsgebiet für (oft männliche) Fachkräfte geworden: Kriminologen, Gesundheitsfachkräfte, Sozialarbeiter, Psychologen, sogar Theater-Regisseure veranstalten Events, entwerfen Projekte und Programme, um potenziell gewaltbereite Jugendliche sozial zu integrieren und deren Neigung zur Gewalttätigkeit zu dämpfen und zu zivilisieren. Diese Akteure finden Fürsprecher und Bündnispartner in den Sozial-, Justiz- und Innenressorts, in den Präventionsräten der Kommunen und in Institutionen der Jugendarbeit. In dieser Arbeitsteilung – Männer kümmern sich um potenzielle Täter, Frauen kümmern sich um schon betroffene Opfer – stellen alle Beteiligten kollektiv eine Gleichung her, derzufolge Männer Täter sein müssen, weil Täter Männer sind, und Frauen Opfer sein müssen, weil einzig Frauen wirkliche Opfer sein können. Für beide Geschlechter gilt, dass nur eine halbierte Wirklichkeit wahrgenommen werden kann.

3. Opfererfahrungen von Jungen und Mädchen

Sowohl Mädchen wie auch Jungen machen Erfahrungen mit körperlicher, emotionaler und sexueller Gewalt in verschiedenen Formen. Sie haben nur sehr begrenzte Möglichkeiten, sich dagegen zur Wehr zu setzen oder eigenständig Hilfe zu suchen, denn es gilt noch das Recht der Erwachsenen, für das Kind zu beurteilen, was gut für es ist. Vor allem bei Gewalt innerhalb der Institutionen, denen Kinder gesellschaftlich anvertraut werden – der Familie, der Schule – können Kinder oft nicht erkennen, dass es überhaupt andere Lebens- und Umgangsweisen gibt, die für sie weniger schmerzhaft wären; vor allem kleine Kinder müssen glauben, das Leben sei einfach so, wie sie es erfahren. Oft haben sie weder das Recht, «nein» zu sagen, noch die reale Möglichkeit, sich dem Übergriff zu entziehen. Innerhalb dieser Grundsituation scheint Gewalt für Mädchen und für Jungen in typischer Weise unterschiedlich ausgeprägt zu sein.

3.1 Eine schwierige Datenlage

Generell ist es schwierig, das Ausmaß und die Verbreitung von Gewalt an Mädchen und Jungen in seriösen Zahlen zu fassen. Prävalenzangaben sind abhängig von der verwendeten Definition. Eine enge Definition führt zu niedrigeren Resultaten als eine weite. Da die wissenschaftliche Literatur auf sehr unterschiedliche Definitionen zurückgreift, folgt daraus, dass es keine einheitlichen und einfach vergleichbaren Angaben von Kindesmisshandlung geben kann. Zum Teil divergieren die Ergebnisse von Studien erheblich (Julius/Boehme 1997, S. 27ff.; Bange 2001, S. 24; Amann/Wipplinger 1998, S. 56ff.).

Honig (1992, S. 392) referiert einen Literaturbericht von Finkelhor zur Methodologie und den Ergebnissen von 19 Studien zu «Child Sexual Abuse», die früheste aus dem Jahre 1929. Es fällt die breite Streuung der Ergebnisse auf, wofür u. a. Unterschiede der operationalen Definition, bei der Zusammenstellung der Untersuchungspopulationen und bei der Durchführung der Studien verantwortlich sind:

- Was sind «Kinder» im Sinne des «sexuellen Missbrauchs»?
- Wird sexueller Missbrauch von Erwachsenen ausgeübt? Welcher Altersunterschied wird angesetzt?
- Werden nur erzwungene oder auch konsensuelle Handlungen einbezogen?
- Welche Handlungen sind gemeint?
- Wird nur inner- oder auch außerfamiliäres Geschehen einbezogen?
- Wie ist die Untersuchungsgruppe strukturiert?
- Wie sorgfältig sind die Fragen formuliert? Wie gut sind die Interviewer geschult? Wie angemessen wird die Befragungssituation gestaltet?

Zu dieser Variation in den Definitionen kommt hinzu, dass die meisten Untersuchungen auf der rückblickenden Aussage von heute Erwachsenen beruhen; es gibt große Unterschiede in der Fähigkeit und Bereitschaft, solche Erlebnisse zu berichten, je nachdem, wie weit das Geschehen zeitlich zurückliegt und welche Verarbeitungsmöglichkeiten die Befragten hatten.

Die einzigen verlässlichen Zahlen bietet die Polizeiliche Kriminalstatistik (PKS). Diese wird aufgrund der Strafgesetze in der Bundesrepublik Deutschland in Form der polizeilichen Strafverfolgungsstatistik des Bundeskriminalamtes und der Strafvollzugstatistik des Statistischen Bundesamtes erstellt. Datenerhebung, Dunkelfeldforschung und die Aussagekraft von Kriminalstatistiken sind jedoch nicht unproblematisch, weil die PKS eine Verdachtsstatistik ist:

Die Zahlen sind das Ergebnis eines institutionalisierten Prozesses der Wahrnehmung, Interpretation und Bewertung, in dem eine soziale Realität zum ‹Delikt› wird; die formellen Maßstäbe, an denen sich dieser Prozess orientieren soll, sind in den entsprechenden Straftatbeständen definiert. Die PKS ist ein Arbeitsnachweis der Polizei, ein Dokument der Kriminalitätsverwaltung. Es wäre falsch zu sagen, dass die Kriminalstatistik die soziale Wirklichkeit der sexuellen Ausbeutung von Kindern ‹spiegelt›. (Honig 1992, S. 365 f.; exemplarisch hierzu Baurmann 1991a, 1991b)

Misshandlung und Missbrauch an Kindern sind grundsätzlich schwer nachweisbar, da diese meist im Bereich der Kernfamilie geschehen. Viele Kinder machen keine Aussagen, da sie Angst vor weiteren Verletzungen oder dem Zerfall der Familien haben und die öffentliche Brandmarkung der gesamten Familie fürchten. Geschätzt wird, dass nur 5 % der Fälle überhaupt zur Anzeige kommen (Schneider 1997, S. 671) und folglich ist die Dunkelziffer erheblich.

Über die Unterscheidung unterschiedlicher Formen der Gewalt an Kindern gibt es Kontroversen in der Literatur, die insbesondere mit der Einschätzung der jeweiligen Familiendynamik und dem Täterbild zusammenhängen (Hagemann-White et al. 1997; Brockhaus/Kolshorn 1993). Während physische Misshandlung und Vernachlässigung seit dem Aufkommen des neuen Kinderschutzansatzes der Siebzigerjahre vor allem unter dem Aspekt der Überforderung der Eltern («Hilfe statt Strafe», Zenz 1979, S. 49ff.) gesehen wurde, betonte die Fachliteratur zum sexuellen Missbrauch die Planmäßigkeit des Vorgehens und die Verheimlichung auch innerhalb der Familie (Heiliger 2000); die jeweils spezifischen Einrichtungen und ihre unterschiedlichen Arbeitsansätze vermitteln den Eindruck, als handele es sich um grundlegend unterschiedliche Problemlagen und auch Täter. Inzwischen wurde mehrfach belegt, dass es in erheblichem Maße Vermischungen gibt und Kinder auch mehrfach auf unterschiedliche Weise viktimisiert werden können (z. B. Richter-Appelt 1995; Wetzels 1997). Der Übersichtlichkeit halber und aufgrund der Datenlage unterscheiden wir im Folgenden zwischen Kindesmisshandlung (einschließlich Vernachlässigung), außerhäuslicher Gewalterfahrungen und sexueller Gewalt/Missbrauch.

3.2 Physische und psychische Misshandlung

Innerhalb der Familie erleiden sehr viele Jungen und Mädchen *Kindesmisshandlung*. Diese findet auf einer psychischen und physischen Ebene statt, häufig gibt es fließende Übergänge und Mischformen zwischen beiden. Hierunter fallen Vernachlässigung und Verwahrlosung, körperliche Misshandlung, psychische Misshandlung, aber auch Totschlag und Mord.

Auf der Grundlage der Daten aus einer Repräsentativerhebung des Kriminologischen Forschungsinstituts Niedersachsen (KFN) von 1992 stellt Peter Wetzels fest:

> Etwa drei Viertel der Befragten haben in ihrer Kindheit ‹körperliche Züchtigung› seitens ihrer Eltern erfahren. Häufiger als selten waren 38,4 % betroffen. Ungefähr ein Zehntel war Opfer ‹elterlicher Misshandlungen›. Männer waren in ihrer Kindheit häufiger als Frauen Opfer elterlicher körperlicher Gewalt. (Wetzels 1997, S. 171)

Schwerwiegende und relativ häufige Bestrafungen finden sich bei 10 bis 15 % der deutschen Eltern (Engfer 2000, S. 27). Schwerste Formen der Gewalt erleben 10,6 % der untersuchten Alterskohorten (Wetzels 1997, S. 146). «Männliches Geschlecht kann als Risikofaktor für Misshandlung aufgefasst werden, wenn wie in der Literatur üblich, Misshandlungsfälle auf Bevölkerungsdaten bezogen werden.» (Frank 1995, S. 117).

Zusammenfassend resümiert Petri (1989, S. 19): Die Häufigkeit von Kindesmisshandlung nimmt mit der Höhe des Alters der Eltern, der Anzahl der Geschwister, dem sinkenden Bildungsgrad, der niedrigen sozialen Schichtzugehörigkeit, politischem Konservatismus, katholischer Religionszugehörigkeit und dem Anomiegrad ethnischer Minderheiten zu.

Zu den *außerfamiliären Formen von Gewalt* an Jungen gehören die erheblichen alltäglichen Gewaltübergriffe, denen Jungen ausgesetzt sind. Außerfamiliäre Gewalt greift in literarischer Weise Robert Musils «Die Verwirrungen des Zöglings Törleß» (1906) auf. Der Terror unter den Schülern eines Jungeninternats umfasst die Rohheit der Umgangsformen, Demütigungen und die Absicht auszuprobieren, wie weit man dabei gehen kann, einem ausgesuchten Opfer abgestufte körperliche und seelische Qualen zuzufügen. Ähnlich auch Georges-Arthur Goldschmidt, der in seinem autobiografischen Roman «Die Absonderung» seine Geschichte als elfjähriger deutsch-jüdischer Junge beschreibt. Seine Eltern bringen ihn in den Dreißigerjahren in einem Kinderheim in Savoyen unter, wo die Mitschüler ihn hänseln, schlagen und missbrauchen. Es geht dabei um die Erfahrung individueller Angst und des Ausgeliefertseins (Goldschmidt 1997).

Im Herbst 1995 wurden 3540 Schülerinnen und Schüler aller Schulformen im Alter von 11 bis 17 Jahren in Hessen nach ihren Gewalterfahrungen befragt (Tillmann et al. 2000). Durchgängig haben Jungen bei Tätern wie Opfern ein deutliches Übergewicht in den Gewalthäufigkeiten. Überdurchschnittlich hoch ist die Gewaltbereitschaft in Sonderschulen. Zwischen 2 und 5 % aller befragten SchülerInnen gaben an, mehrmals wöchentlich bedroht oder massiv geprügelt worden zu sein. Fast 40 % waren im Verlauf des Schuljahres geschlagen worden, bei Gymnasiasten betrug dieser Anteil rund 9 %. Daneben gibt es vielfache unspektakuläre Schlägereien, psychische Angriffe, insbesondere verbale Aggressionen (vgl. auch Hurrelmann et al. 1995).

In einer Analyse der Viktimisierungsraten für Jungen und Mädchen anhand der Daten der oben genannten bundesweiten Erhebung des KFN aus dem Jahre 1992 wird aufgezeigt, dass Jungen bedeutend häufiger Opfer von außerhäuslichen Gewaltdelikten werden. So waren 32,9 % der Jungen gegenüber 17,0 % der Mädchen in diesem Zeitraum mindestens einmal

Opfer. Die Opferrate der Jungen ist damit etwa doppelt so hoch wie jene der Mädchen. Bei Raub, räuberischer Erpressung sowie Körperverletzungsdelikten sind die geschlechtsbezogenen Unterschiede besonders deutlich ausgeprägt. So waren Jungen etwa dreimal häufiger Opfer eines Raubes als Mädchen und viermal häufiger Opfer einer räuberischen Erpressung (Pfeiffer et al. 1999, S. 61f.).

3.3 Sexueller Missbrauch und Ausbeutung

Misshandlung ist häufig mit *sexueller Ausbeutung und sexuellen Gewaltübergriffen* verbunden. Der sexuelle Missbrauch kann aber auch ohne Misshandlung stattfinden; hiervon sind in erster Linie Mädchen betroffen (ebd.; vgl. auch Brockhaus/Kolshorn 1993). Übergriffe finden häufig außerhäuslich statt (Amann/Wipplinger 1998; Schneider 1999) u. a. im Rahmen von Sportaktivitäten (Engelfried 1997). Trotz hoher Dunkelziffer sprechen bisherige Forschungsergebnisse dafür, dass sexuelle Gewalt bei Mädchen gehäuft innerhalb der Familie stattfindet, während Jungen häufiger außerhalb der Familie zum Opfer werden (Van Outsem 1993; Lew 1993; Van den Broeck 1993; Gloer/Schmideskamp-Böhler 1990; Bange/Enders 1996). Sexuelle Gewaltübergriffe können durch fremde Täter erfolgen, aber auch durch Autoritäts- und Vertrauenspersonen oder durch gleichaltrige oder ältere Jugendliche.

Honig (1992, S. 393f.) referiert eine nordamerikanische Studie, derzufolge 40 % der Jungen ihre Erfahrung mit sexueller Ausbeutung außerhalb der Familie – also eher im öffentlichen Bereich – machten (bei Mädchen sind es 21 %). «Für Jungen besteht im Vergleich zu Mädchen eine höhere Wahrscheinlichkeit, von einer Frau, von einem Nicht-Familienangehörigen oder einer fremden Person missbraucht zu werden.» (Küssel et al. 1993, S. 279).

Zwei Drittel der männlichen Opfer berichten von versuchter und/oder realisierter Penetration (im Vergleich: bei Mädchen die Hälfte). Die Rechtsmedizinerin Trube-Becker sagte in einem Interview: «Der After spricht Bände.»[2] Ein knappes Fünftel aller Übergriffe wurde bei beiden Geschlechtern mit körperlicher Gewaltanwendung erzwungen. Mehr als 40 % der Männer hatten über ihre Erfahrungen noch nie mit jemanden gesprochen (Honig 1992, S. 393f.).

Bange wertete zahlreiche deutsche und internationale Studien aus und kommt für Deutschland zu dem Schluss,

> dass 10 bis 15 % der Frauen und 5 bis 10 % der Männer bis zum Alter von 14 bis 16 Jahren mindestens einmal einen unerwünschten oder durch die ‹moralische› Übermacht einer deutlich älteren Person oder durch Gewalt erzwungenen sexuellen Körperkontakt erlebt haben. (Bange 2001, S. 26f.; Boehme 2000, S. 167ff.)[3]

Pädosexualität ist eine Form der sexuellen Ausbeutung von Kindern und stellt eine besonders subtile Art häufig gleichgeschlechtlicher und generationenübergreifender Grenzübergriffe dar. Oftmals wird die vorrangige sexuelle Befriedigung der überwiegend männlichen Täter mit der Begrifflichkeit Päd*ophilie* als «Kinderliebe» versehen. In Wirklichkeit handelt es sich um Pädo*sexualität* (Bange 2000b, S. 81ff.; Harten 1995; Schuh/Killias 1991). Dabei wird die «Sprache der Zärtlichkeit» mit der «Sprache der Leidenschaft» verwechselt. Ferenczi (1933/1972) nannte dies eine «Sprachverwirrung zwischen dem Erwachsenen und dem Kind»; der Erwachsene deutet das Zärtlichkeitsbedürfnis des Kindes als Rechtfertigung für die Befriedigung eigener leidenschaftlicher Begierden; aufgrund des Entwicklungsstandes stellt dies in aller Regel eine (traumatische) Überflutung des Kindes dar. In einer von der Deutschen Forschungsgemeinschaft geförderten Studie «Phänomenologie sexueller Kontakte zwischen Erwachsenen und Kindern» wird diese Verwirrung in einer auch wissenschaftlich fragwürdigen Verharmlosung und Rechtfertigung sexuellen Begehrens von erwachsenen Männern gegenüber Kindern dokumentiert (Lautmann 1994; Amendt 1999).[4]

---

2 Interview im Beitrag «Sexueller Missbrauch an Jungen» in der ARD-Sendung *Report* am 14.5.1991.

3 Je nach Eingrenzung schwanken die sexuellen Missbrauchserfahrungen für Männer zwischen 2,0 % und 7,3 %, für Frauen zwischen 6,2 % und 18,1 % (Wetzels 1997, S. 171).

4 Siehe auch: Konrad Adam: «Komm jetzt – du hast mich doch lieb! Was Pädophile wollen und was die Deutsche Forschungsgemeinschaft fördert», in: *Frankfurter Allgemeine Zeitung*, 13.1.1998.

Sexuelle Gewalterfahrungen spielen eine wichtige Rolle auf dem Weg zur *Prostitution von Jungen ebenso wie von Mädchen* (Bader/Lang 1991; Bange 1990; Lukas 1999; Schneider 1997; Gallwitz/Manske-Herlyn 1999; Leopold/Steffan 1997), die teilweise außerhalb Deutschlands im Rahmen von Sextourismus praktiziert wird (Launer 1993; Lukas 1999; O'Grady 1997; Bange 1990, S. 33f.; Rush 1981). In der alten Bundesrepublik gab es laut Schätzungen ca. 10 000 bis 15 000 Jungen, die sich prostituierten (Bange 1990, S. 33). Bange verweist auch auf eine nordamerikanischen Studie, derzufolge 24 von 28 Strichjungen in ihrer Kindheit durch Erwachsene oder ältere Jugendliche zum Sex gezwungen worden sind. Bei Gewaltübergriffen wird oftmals von der Mitschuld dieser sich prostituierenden Jungen ausgegangen; Mädchen werden als «frühreif», Jungen als «homosexuell» wahrgenommen und die Gewalt in ihrer Situation damit verleugnet. Eine Befragung von 260 Frauen, die in der Prostitution tätig waren oder sind, ergab einen Anteil von 50%, die vor dem 18. Lebensjahr sexuelle Gewaltübergriffe, mehrheitlich innerhalb der Familie, erfahren hatten (Leopold/Steffan 1997); dies bestätigt den Eindruck aus kleineren qualitativen Studien, dass Gewalterfahrungen in der Kindheit oft ursächlich den Weg in die Prostitution bestimmen. Vergleichbare Daten für männliche Prostituierte liegen nicht vor.

Florence Rush (1981) machte bereits Anfang der Achtzigerjahre auf in den USA bestehende Händlerringe erwachsener Männer aufmerksam, die sich an dem weltweiten Geschäft mit *Kinderpornografie* beteiligen. Mehr als 80% des in Deutschland kommerziell erhältlichen Materials zeigt Kinder aus der Dritten Welt (Gallwitz/Manske-Herlyn 1999). Die Präferenz der Kunden scheint sich zu orientieren an dem Motto «Je ungewöhnlicher, desto sehenswerter». In letzter Zeit werden zunehmend kinderpornografische Darstellungen im Internet aufgedeckt (Enders 2001b; Lukas 1999; Gallwitz/Manske-Herlyn 1998). Zudem werden pornografische Aufnahmen bei Missbrauch im sozialen Nahraum hergestellt und eingesetzt.

Eine zunächst religiös und im 19. und 20. Jahrhundert teilweise auch versuchsweise medizinisch legitimierte Form von gewalttätigen Verletzungen ist die so genannte *Beschneidung*. In Australien, Kanada und vor allem in den USA, aber auch in Ländern der Dritten Welt wurden und werden Jungen «präventiv» beschnitten. In den USA waren in den Siebzigerjahren bis zu 90%, 1994 noch ca. 60% aller neugeborenen Jungen davon betroffen. Inzwischen gibt es vor allem in verschiedenen englischsprachigen Ländern Selbsthilfegruppen und Organisationen[5], welche die männliche Beschneidung (ebenso wie auch die weibliche Beschneidung) als sexuelle Verstümmelung mit fatalen Folgen für die Betroffenen kritisieren und bekämpfen. Mit immer wieder neuen und sich hartnäckig haltenden Mythen wurde und wird versucht, die nichtreligiösen «routinemäßigen» Genitalverstümmelungen von männlichen Neugeborenen und Kindern zu begründen. Ein zentrales Motiv war zunächst der Versuch, die Selbstbefriedigung von Jungen zu kurieren bzw. «einzudämmen».[6]

Die Genitalverstümmelung von Mädchen und Jungen unterscheidet sich in der Form und insbesondere hinsichtlich der Folgen. Festzuhalten bleibt, dass beides Eingriffe in die körperliche Integrität von Menschen und beides Verstümmelungen sind (Lenz 2000, S. 32f.). Um eine spezielle Variante der Genitalverstümmelung handelt es sich bei der medizinischen Zurichtung von hermaphroditisch[7] geborenen Kindern.

---

5 So z. B. in den USA: The National Organization of Circumcision Information Resource Centers (NOCIRC), PO Box 2512, San Anselmo, CA und The National Organization to Halt the Abuse and Routine Mutilation of Males (NOHARMM), PO Box 460795, San Francisco, CA. In Deutschland gibt es eine Selbsthilfegruppe für beschnittene Männer. Deren Anschrift lautet: NORM, Postfach 10 26 27, 40017 Düsseldorf.

6 Eine Darstellung und Kritik dieser Mythen über routinemäßige männliche Genitalverstümmelung ist beispielsweise zu finden bei Milos/Macris (1992) sowie Fleiss (1997). Einen prägnanten historischen Artikel darüber, wie Beschneidung zur medizinischen Praxis wurde, bietet Gollaher (1994).

7 Ein Hermaphrodit ist ein biologisch nicht eindeutig einem Geschlecht zuordenbarer Mensch (vgl. www.aggpg.de).

4. Geschlechtsspezifische Zumutungen – das «Kontinuum der Gewalt» im Frauenalltag

Die große Vielfalt von häuslicher und sexualisierter Gewalt hat dazu beigetragen, den Skandal ihrer Alltäglichkeit vor Augen zu halten. Verschiedene Formen und soziale Kontexte von Gewalt gegen Frauen und gegen Mädchen wurden nacheinander «entdeckt» und zum öffentlichen Thema gemacht. Oft haben engagierte Gruppen oder auch Fachkräfte einen spezifischen Problemkreis dokumentiert, Erfahrungsberichte von Betroffenen veröffentlicht und Maßnahmen der Hilfe, des Schutzes vor weiterer Gewalt und dann auch der Prävention eingefordert, die sich z. T. auch etablieren konnten. Dabei machten sie sich die Neigung der Medien zu Nutze, über skandalöse Neuigkeiten zu berichten. Immer wieder wurde «das Schweigen gebrochen», die Frauenpolitik und die Fachwelt sprachen über die neu erkannten Probleme: Gewalt in der Ehe, Vergewaltigung, sexuelle Belästigung am Arbeitsplatz, Frauenhandel, sexueller Missbrauch in der Kindheit, Sextourismus in der Dritten Welt, Ausbeutung von Prostituierten, genitale Verstümmelung von Mädchen, sexuelle Übergriffe durch Therapeuten oder Pfarrer, Vergewaltigung im Krieg und als Mittel «ethnischer Säuberung», geschlechtsspezifische Gewalt als Asylgrund (Janshen 1991; Godenzi 1996; Hagemann-White et al. 1997). Mit dem übergreifenden Konzept: «Gewalt gegen Frauen in einer patriarchalen Gesellschaft» wurde aber zugleich Kontinuität in dieser Auseinandersetzung gestiftet, ohne die es weder zum nachhaltigen Bewusstseinswandel noch zur Herausbildung professioneller Kompetenz bei der Hilfe für die Einzelnen hätte kommen können (Corrin 1996; Hagemann-White et al. 1997).

4.1 Die Alltäglichkeit der Gewalt

Gewalt im Geschlechterverhältnis ist eingewoben im Alltag von Frauen und hat viele Formen, findet viele Gelegenheiten und Anlässe. Leichtere und auch schwere sexuelle Übergriffe werden häufig außerhalb der Wohnung erlebt: auf der Arbeitsstelle, unterwegs, im Sportverein, beim Schützenfest; es wird ungern darüber gesprochen oder daran erinnert. Frauen werden im Zusammenleben mit gewalttätigen Männern nicht erst durch Schläge verletzt, sondern auch durch psychische Gewalt; dazu zählen z. B. zermürbende Demütigungen, erzwungene Schlaflosigkeit, ständige Überwachung und Kontrolle (Einsperren), Misstrauen und Eifersucht, regelmäßige Herabsetzung vor den Kindern oder im Bekanntenkreis. Wir wissen inzwischen, dass es misshandelnde Ehemänner in allen sozialen Schichten gibt, dass manche sich vorher betrinken, andere wiederum nicht; dass manche betroffene Frauen schon in der Kindheit nichts anderes als Gewalt kennen gelernt haben, andere hingegen gerade deshalb hilflos und ratlos reagieren, weil ihnen physische Gewalt so fremd ist, dass sie keine Erklärung dafür finden und sich unendlich schämen (Hagemann-White et al. 1981; Nini et al. 1994; Godenzi 1996). Wir wissen, dass die meisten Vergewaltigungen im Rahmen einer Bekanntschaft begangen werden, nicht als Überfall eines völlig fremden Mannes, aber auch, dass es oft sehr kurze Bekanntschaften sind, oder anders gesagt: dass die zu sexueller Gewalt bereiten Männer eine harmlos wirkende Bekanntschaft anknüpfen, um günstige Bedingungen für den Gewaltakt zu schaffen.

Die Geschichte der Bewusstwerdung der Gewalt im östlichen Teil Deutschlands ist eine andere. Auch dort kamen physische Gewalt in Beziehungen und sexuelle Gewalt häufig vor, aber die Bandbreite unterschiedlicher Aspekte des Problems brach auf einmal und von sexualisierenden Medien begleitet in die Öffentlichkeit ein. Frauen hatten es in der DDR wesentlich leichter, sich scheiden zu lassen, aber wesentlich schwerer, eine eigene Wohnung zu beziehen. Sie standen durch Erwerbstätigkeit auf eigenen Füßen und hatten soziale Kontakte, aber die Überwachung im persönlichen Lebensbereich durch die Betriebe war keineswegs willkommen und konnte sich, wurde das Problem dort bekannt, auch gegen die Frau wenden (Schröttle 1999). Kriminalität auf der Straße war vor 1989 kein Angstthema, wie für Frauen im Westen; aber eine Vergewaltigung innerhalb der Nachbarschaft oder der Betriebseinheit wurde meist rasch zugedeckt und die Schuld der Frau zugeschrieben.

Dass es in der Bundesrepublik erst seit 1997

rechtlich den Tatbestand der Vergewaltigung in der Ehe überhaupt gibt, verweist auf eine noch mächtige Tradition, die dem Mann die sexuelle Verfügung über die Frau ohne ihr Einverständnis und gegen ihren Willen zubilligt. Das «Züchtigungsrecht» des Ehemannes – sein Recht, durch Schläge eine Frau erzieherisch in die von ihm für richtig gehaltene Rolle einzuweisen und zu disziplinieren – ist schon länger außer Kraft; die Forschung lässt jedoch erkennen, dass misshandelnde Männer nicht selten solche Vorstellungen hegen (Honig 1986). Sie treffen damit immer weniger auf Akzeptanz im gesellschaftlichen Umfeld, wenn Frauen das Ansinnen der Unmündigkeit zurückweisen und Hilfe suchen.

4.2 Wann ist der Zugriff Gewalt?

Weniger Verständnis finden Frauen, wenn sie Gewalterfahrungen mitteilen, die (juristisch) uneindeutig sind. Diese Erlebnisse sind allerdings nicht nur aufgrund ihres oft verletzenden Charakters wichtig, sondern auch, weil sie den Kontext bilden, in dem bedrohliche oder zugespitzte Situationen interpretiert werden. Liz Kelly (1988) hat den Begriff «Kontinuum von Gewalt» geprägt, um diesen Kontext und seine Wirkung zu beschreiben. So erleben Frauen in den Medien Gewaltdarstellungen, die ihnen vermitteln, dass sie als Frauen einer sexuellen Bemächtigung anheim fallen können, und die bestimmte Situationen oder auch Männer als risikoreich und gefährlich kennzeichnen: Parkgaragen z. B. werden im Fernsehen oft und eindringlich als Orte für Überfälle präsentiert. Frauen erleben auch real, dass ihnen z. B. auf der Straße unter dem Zuruf sexueller Absichten nachgegangen wird, ohne sicher einschätzen zu können, wie lange und mit welchen Handlungen die Verfolgung weitergehen wird. Mädchen werden auf dem Schulweg oder in den Pausen überrumpelt, umzingelt, es wird ihnen die Hose heruntergezogen oder die Brust betatscht. Frauen müssen sich mit sexuellen Zudringlichkeiten am Arbeitsplatz auseinandersetzen, zu Hause dringen, manchmal wiederholt, sexuell aggressive Telefonanrufe in ihre Wohnung ein. Das alles gehört zur Normalität, worüber eine vernünftige Frau sich nicht über Gebühr aufregen soll, wenn sich am Ende herausstellt, dass die Situation nicht eskaliert, denn es ist dann ja «nichts passiert».

Gerade sexualisierte Gewalt besteht nicht in vereinzelten Handlungen, deren Bedeutung und Wirkung sich aus einer «Tatbeschreibung» ergeben. Begebenheiten unterhalb der Schwelle des Eindringens in den Körper stufen Frauen oft rückblickend als belanglos ein, jedoch nehmen sie solche Erlebnisse in einem Raum möglicher Übergriffe wahr, der mal mehr, mal weniger ins Bewusstsein kommt. Die allermeisten Frauen wurden mindestens einmal in ihrem Leben zu einer sexuellen Intimität gedrängt, die sie nicht wollten. Wenn eine Frau oder ein Mädchen tatsächlich dazu gebracht wird, gegen ihren Willen sexuelles Eindringen zuzulassen oder sexuelle Handlungen auszuführen, sind die negativen Folgen für ihr Selbstwertgefühl, ihre Sexualität und ihr Wohlbefinden im eigenen Körper oft nachhaltig, auch wenn keine physische Gewalt angewendet wurde, um das Ziel zu erreichen – ja vielleicht gerade dann.

Im Bewusstsein dieser Zusammenhänge hat es für die Auseinandersetzung mit Gewalterfahrungen von Frauen an Bedeutung verloren, einzelne Übergriffe und typische Tatorte aufzuzählen. Viel wichtiger ist es, einerseits die strukturelle «Verletzungsoffenheit» der weiblichen Position zu verstehen, andererseits Mädchen und Frauen zu ermutigen und ihnen Raum zu geben, den lebensgeschichtlichen Zusammenhang von Verunsicherung, Verletzbarkeit und erlittenen Gewalthandlungen selbst zu erkennen und zu benennen, um den Weg zur Bewältigung und Heilung zu finden (vgl. z. B. Weissman 1994; Büttner 1997; Heynen 2000). Der Gewaltcharakter einer Erfahrung ergibt sich aus dem Erleben, ausgeliefert zu sein. Das bedeutet nicht, wie es in manchen eher polemischen Schriften zu Gewalt gegen Frauen oft erschien, dass alles, was Frauen kränkt oder ärgert, als «Gewalt» zu qualifizieren ist: Das würde den Gewaltbegriff so aufblähen, dass er keine Bedeutung mehr hätte. Es bedeutet vielmehr, dass nur die betroffene Person auf dem Hintergrund ihrer Geschichte uns sagen kann, inwiefern sie eine Chance hatte den weiteren Verlauf zu beeinflussen.

Der Sinn für diese Verflechtung zwischen Gewalt und Alltag scheint noch heute meist geschlechtsspezifisch ausgeprägt zu sein. So bemüht sich Hans-Christian Harten, die Grenzen dessen zu bestimmen, was «sexuelle Gewalt» heißen kann, um der inflationären Verwendung des Begriffs entgegenzuwirken. Er versucht es mit einer definitorischen Unterscheidung zwischen Konflikten, Belästigung und Gewalt und schreibt:

> Belästigungssituationen [enthalten] immer provokative und aggressive Momente, von denen Frauen sich verletzt fühlen können, aber sie lassen ihnen immer noch die Möglichkeit, sich solchen Situationen zu entziehen und ‹nein› zu sagen. [...] *In sexuellen Gewaltsituationen wird Frauen die Möglichkeit genommen, sich dem Zugriff eines Mannes zu entziehen.* (Harten 1995, S. 11, Hervorh. i.O.)

Gedanklich ist dies eine überzeugende Unterscheidung, sie geht aber an der Realität sehr vieler Frauen vorbei.[8] Denn zum einen können Frauen vielfach nicht einschätzen, ob der Mann die offene oder latente Drohung wahr machen kann, zum anderen setzt diese nüchterne Einschätzung voraus, dass die Frau nicht durch frühere Gewalterfahrungen, durch Angstfantasien oder durch ein auf andere Weise verunsichertes Selbstwertgefühl daran gehindert ist, dem sich aufdrängenden Mann klar und deutlich entgegenzutreten. Dies alles kann ein Beobachter von außen, der die «Belästigung» registriert, im Regelfall nicht wissen, weil der Alltag von Frauen in geschlechtsspezifischer Weise durch die kulturelle Zumutung ihrer Verfügbarkeit für Männer geprägt ist. Die Möglichkeit, sich zu entziehen und «nein» zu sagen, müssen Frauen sich in der Regel erarbeiten, sie wird ihnen nicht in die Wiege gelegt, und jede konkrete Verletzungserfahrung erschwert diese Entwicklung. In dieser Hinsicht unterscheiden sich die Gewalterfahrungen von Frauen und von Männern wohl doch und vielleicht eher in den Qualitäten als in der Quantität. Statt sich darüber zu streiten, wer «mehr» oder «häufiger» Gewalt erleidet, wäre es produktiver zu erkennen, wie die Gewalterfahrungen jeweils sind.

5. Geschlechtsspezifische Zumutungen: Männliche Opfer, das verdrängte offene Geheimnis

Gewalt gegen Männer tritt in verschiedenen Facetten auf. Mit der Aufschlüsselung dieser Erscheinungsformen bietet sich die Chance, das weite Feld männlicher Gewalterfahrungen zunächst einmal sichtbar und damit auch fassbar zu machen. Allerdings ist die Forschungslage hierzu völlig unzureichend: Es gibt weder originäre Empirie noch eine Theoriebildung. Dies ist ein gesellschaftsstruktureller Ausdruck der Tabuisierung der männlichen Gewalterfahrungen in den männlichkeitsdominierten Verhältnissen. Der folgende Abschnitt kann daher nur als eine grobe Skizze gelesen werden, die weiterführende, vertiefende und klärende Studien anstoßen will.

5.1 Gewalt im männlichen Alltag

Männer als Opfer von Körperverletzungen
Männer sind mehrheitlich die in der Kriminalstatistik ausgewiesenen Täter und mehrheitlich auch die Opfer von Gewalttaten (ca. 70%). Bei Körperverletzungen überwiegt der Männeranteil in allen Altersklassen. Die oben erwähnte repräsentative Opferbefragung des KFN aus dem Jahre 1992 hat ergeben: «Für Gewaltdelikte weisen danach 16- bis 24-jährige Männer die höchsten Opferraten auf.» (Pfeiffer et al. 1999, S. 6). Nicht erfasst werden in solchen Haushaltsumfragen allerdings diejenigen, die nicht sesshaft sind oder (z. B. infolge von Armut oder Behinderung) aus dem Rahmen der Normalität herausfallen; dies betrifft, vor allem in bestimmten Regionen Deutschlands, einen steigenden Anteil der Männer (Bohle 1997). Als wehrlose Versager

---

8 An späterer Stelle macht Harten darauf aufmerksam, dass sexuelle Aggressionen am Arbeitsplatz in strukturelle Gewaltverhältnisse eingelagert sein können und dass man, um dies zu beurteilen, die soziale Situation kennen müsste (Harten 1995, S. 19–20). Dennoch herrscht in seinem Buch die Annahme vor, objektiv bestimmen zu können, ob eine Frau eine bestimmte Art aggressiver sexueller Annäherung hätte abwehren können.

angesehene Männer sind oft besonders brutaler Gewalt ausgesetzt (Nimtz-Köster 1999). Ein Sonderfall der Verletzung der körperlichen Integrität sind schließlich Entführungen und Erpressungen (Reemtsma 1997).

Männer als Opfer sexueller Gewalt
Männer sind auch sexuellen Angriffen ausgesetzt, denen selten eine spezifisch homosexuelle Orientierung zu Grunde liegt. Bereits in den Siebzigerjahren waren bei 4 bis 8 % aller aktenkundigen sexuellen Vergewaltigungen Männer die Opfer (Harten 1995, S. 66f.; vgl. hierzu auch Gregory/Lees 1999; McMullen 1990). Häufig handelt es sich dabei um eine gewalttätige patriarchale Machtdemonstration, die sich insbesondere um die Frage dreht, wer wen (anal) penetriert. Einem gedemütigten männliche Opfer wird zumeist eine Mitschuld unterstellt: Es hätte sich ja (als «richtiger» Mann) wehren können und vielleicht ist er ein (verkappter) Schwuler, der sich nur ziert. Wichtig in diesem Zusammenhang ist, dass erst mit der geschlechtsneutralen Änderung des § 178 StGB im Jahre 1997 die anale oder orale Penetration eines Mannes juristisch überhaupt als Vergewaltigung angesehen wird. Bis dahin galten Männer als nicht vergewaltigbar, da eine Vergewaltigung als genital-vaginale Penetration bestimmt wurde.[9]

Darüber hinaus sind machtmissbrauchende sexuelle Gewaltübergriffe durch medizinisches Personal an Männern dokumentiert (z. B. die sexuelle Vergewaltigung eines männlichen Patienten durch einen Urologen; Kranich 1995, S. 38ff.; vgl. hierzu auch Becker-Fischer 1997). Inwieweit HIV-Infektionen durch sexuelle Vergewaltigungen hervorgerufen werden, wird im deutschen Sprachraum bislang so gut wie nicht thematisiert (vgl. hierzu englischsprachige Veröffentlichungen von King 1992; Osterholm et al. 1987; Hillman et al. 1990).

Männer als Opfer in der Arbeitswelt
Wenn Arbeitsverhältnisse so gestaltet sind, dass es an Respekt für die Würde der Person, an Schutz für die Gesundheit und Anerkennung für die Leistungen ernsthaft mangelt, lässt sich von struktureller Gewalt sprechen. Frauen und Männer sind auf unterschiedliche Weise durch solche Arbeitsverhältnisse belastet. Es sind bestimmte «Klassen» von Belastungen, die jeweils Männern und Frauen als unbedenklich zugemutet werden, so dass z. B. Möbelpacker mit 35 Jahren Rückenschäden haben, aber Datentypistinnen Sehnenscheidenentzündungen und Augenprobleme. Ausbeuterisch wird von den stereotypen Erwartungen an die Geschlechter Gebrauch gemacht[10], um deren Einverständnis in die eigene Schädigung zu gewinnen (Männer im Stahlwerk verweigern den Gebrauch der Schutzbekleidung, um nicht «Weiber» zu sein, Frauen verzichten auf Pausen am PC, weil man ihnen das Gefühl gibt, gebraucht zu werden – beides ist in anderen Formen in der Pflege zu beobachten).

In Zeiten der rasanten Veränderungen der männlichkeitsdominierten Arbeitsgesellschaft und der Auflösung des *Normalarbeitsverhältnisses* werden Männer an ihrer Achillesferse getroffen: die zentrale Definition eines männlichen Lebens über Erwerbsarbeit verliert ihre Grundlage, wenn Erwerbsarbeit gesellschaftlich zunehmend entwertet wird bzw. ganz wegfällt (Schnack/Gesterkamp 1998; Mäder 1999). Die soziale Spaltung zwischen Gewinnern und Verlierern dieser Entwicklungen verschärft sich. Marginalisierte Männlichkeit unterliegt der Tendenz zur Verelendung.

Ein spezielles Problemfeld sind die im Rahmen der Arbeitswelt praktizierten hegemonialen Demütigungsrituale, die dazu führen, dass nicht nur Frauen, sondern auch Männer Mobbing ausgesetzt sind. Leymann stellte bereits im Rahmen seiner Studien in den Achtzigerjahren fest, dass ca. 80 % aller Mobbingattacken von Männern gegen andere Männer gerichtet sind (Leymann 1993, S. 134). Daneben sind Männer auch körperlichen und *sexuellen Übergriffen* ausge-

9 Im englischen Recht wird die anale Vergewaltigung eines Mannes geringer bestraft als die vaginale Vergewaltigung einer Frau (King 1992, S. 1). «Male rape or non-consensual buggery of men by men is probably one of the most underreported serious crimes in Britain.» (Gregory/Lees 1999, S. 116).
10 Arbeiter, die in typischen Männerberufen gesundheitlichen Belastungen ausgesetzt sind, sind z. B. Straßenteerarbeiter, Hüttenarbeiter, Dachdecker, Feuerwehrmann. Eine Tätigkeit wird umso eher an einen Mann vergeben, je gefährlicher, anstrengender, riskanter und körperlich schwerer sie ist (Bründel/Hurrelmann 1999, S. 120).

setzt (Kimpling 2000, S. 301ff.; vgl. auch Leymann 1993). Eine im Jahre 1991 erstellte bundesweite Studie «Sexuelle Belästigung am Arbeitsplatz» des Bundesministeriums für Familie, Senioren, Frauen und Jugend befragte ca. 4200 Frauen nach ihren Erfahrungen von sexueller Belästigung. Im Rahmen einer Betriebsbefragung wurden zudem 265 männliche Beschäftigte nach ihrem Problemverständnis und ihrer Definition von sexueller Belästigung, männlicher Zeugenschaft von Belästigung und eigenen Belästigungserfahrungen gefragt. 19 % der Männer berichteten ausführlich von selbst erlebten sexuellen Belästigungen im Betrieb (Holzbecher et al. 1990, S. 212).

5.2 Gewalt in der Familie

Männer als Opfer in heterosexuellen Intimbeziehungen

In einer Auswertung verschiedener zumeist nordamerikanischer empirischer Studien über Gewalt in Partnerschaften kommt Gemünden zu folgendem Schluss: «Insgesamt kann es als einigermaßen gesichert angesehen werden, dass etwa so viele Frauen wie Männer gegen den Partner Gewalt anwenden.» (Gemünden 1996, S. 283) Die eingesetzten Mittel und deren Auswirkungen differierten des Öfteren. Tendenziell seien Männer mehr psychologisch-verbalem Druck, Frauen mehr der realisierten oder angedrohten Gewalt ausgesetzt. Im Einzelfall könne dies allerdings auch umgekehrt sein. Bei erzwungener sexueller Gewalt in Partnerschaften nannten in einer der Studien 13,5 % der befragten Frauen und 6,8 % der befragten Männer entsprechende Vorfälle (vgl. hierzu auch Harten 1995, S. 65; Habermehl 1989).

Repräsentative Zahlen über die Häufigkeit von Gewalterfahrungen im Erwachsenenalter gibt es für die Bundesrepublik noch nicht. Die Untersuchung des Kriminologischen Forschungsinstituts Niedersachsen (Wetzels et al. 1995) hat lediglich danach gefragt, ob irgend eine Person in der Familie oder im Haushalt körperliche Aggressionshandlungen wie z. B. Schläge oder Tritte ausgeübt hat: das können Partner gewesen sein, aber auch Geschwister, Eltern oder eigene Kinder. Im Bereich sexueller Gewalt wurde nach dem durch Gewalt erzwungenen Beischlaf (oder beischlafähnlichen Handlungen) gefragt und diese Frage ausschließlich an Frauen gerichtet.

Eine Vorstellung von der Verbreitung der geschlechtsbezogenen Gewalt geben ausländische Studien. Zahlen aus den USA sind nicht ohne weiteres auf Europa zu übertragen, da dort sowohl die Verbreitung von Waffen wie auch die Wertschätzung für aggressive individuelle Durchsetzungsfähigkeit weitaus größer und das soziale Netz für Menschen in extrem belasteten sozialen Lagen (Häufung von Stressoren) lückenhaft bis nicht existent ist. Differenzierte Studien auf dem europäischen Kontinent haben ihre Fragebögen zumeist bewusst auf Frauen ausgerichtet; sie konnten dabei auf einen größeren Bestand qualitativer Forschung zurückgreifen, um die Bereitschaft zur Offenbarung bei diesem sensiblen Thema zu fördern. Eine entsprechende Forschungslage gibt es für Männer noch nicht.

Bei der repräsentativen Befragung von Frauen in Finnland (Heiskanen/Piispa 1998) gaben 22 % aller mit einem Mann zusammenlebenden Frauen an, dass er sie geschlagen oder mit Schlägen gedroht hat. Es ist jedoch nicht zu erkennen, wie schwerwiegend diese Angriffe waren und bei welchem Anteil der Paare auch eine gegenseitige Form der Auseinandersetzung beschrieben wird. Von den Frauen, die schon eine frühere Beziehung zu einem Mann hatten, berichteten 50 %, dass er gewalttätig gewesen war. Dabei ging die Gewalt in einem Drittel der Fälle weiter, auch nachdem sich die Frau getrennt hat.

In ihrer niederländischen Studie hat Renée Römkens (1997) eine empirisch abgesicherte Unterscheidung des Schweregrades der Übergriffe entwickelt und verschiedene Aggressionsmuster unterschieden. In Anlehnung an ihren Ergebnissen erscheint die Schätzung gerechtfertigt, dass etwa ein Zehntel aller Frauen in einer Ehe oder festen Beziehung Gewalt in dem Sinne erlebt, dass sich Angriffe wiederholen und als bedrohlich erlebt werden, der Frau mittel- bis langfristig Schaden an Leib und Gesundheit droht und sie ihre Lage nur sehr schwer verändern oder verlassen kann. Bei dieser Schätzung ist davon auszugehen, dass Unterschiede je nach Land, Region und sozialem Milieu sowohl in Art und Ausmaß als auch in der Verbreitung von Gewalt bestehen.

Alte Männer als Opfer innerfamiliärer Gewalt

Es besteht eine erhöhte Gefahr von Misshandlungen, wenn Männer alt und gebrechlich werden. Alte, uneingelöste Rechungen zwischen den Partnern können beglichen werden. In verschiedenen Erhebungen wurde festgestellt, dass in Paarbeziehungen zwischen alten Menschen Männer etwa gleich oft wie Frauen Opfer interpersonaler Gewalt werden (Godenzi 1996, S. 168; Dieck 1987; Eastman 1985; Fattah 1993).

Männer als Opfer von häuslicher Gewalt in gleichgeschlechtlichen Beziehungen

Dies wird bislang so gut wie nicht thematisiert und häufig durch vielerlei Mythen und Vorurteile verdeckt. In einem Anti-Gewalt-Projekt in San Francisco wird vermutet, dass in 50 % aller schwulen Beziehungen Männer zu Opfern häuslicher Gewalt werden (Finke 2000, S. 135ff.; Christen 1999).

5.3 Gewalt als Mittel sozialer Ausgrenzung und Vernichtung

Schwule als Opfer

Grundlage der Gewalt gegen Schwule ist eine homosexuellenfeindliche Einstellung in der patriarchalischen Gesellschaft (vgl. Finke 1993).[11] Die kulturelle Tabuisierung von körperlicher Intimität und Nähe zwischen Männern führt zu Homophobie als «normalem» Bestandteil traditioneller männlicher Identität. Gekoppelt mit kultureller und sozialer Verunsicherung führt diese zum Hass auf und zur Gewalt gegen die «fremde» Minderheit. Körperverletzungen und Erpressung durch gewalttätige Männer, die oft aus sehr patriarchalen Milieus stammen, sind die häufigsten Gewaltformen (Krahé et al. 1999; Ahlers 2000).

Männliche Ausländer als Opfer

Die seit der Wiedervereinigung und unter dem Vorzeichen der Globalisierung gestiegene Massenarbeitslosigkeit hat dazu geführt, auch in der «gesellschaftlichen Mitte» Ausländern wieder stärker die Sündenbockfunktion zuzuweisen.

Die gewachsene Ausländerfeindlichkeit hat zu einer Zunahme von Gewalt geführt. 1995 waren 63,7 % der Opfer von registrierten ausländerfeindlichen Übergriffen männlich (vgl. Blatz 1996; Strobl 1996).

Männer als Opfer im Gefängnis

Im Gewaltsystem Gefängnis tritt die gewalttätige Schlagseite herrschender Männeridentität offen und krass zu Tage. Häufig finden in Gefängnissen, deren Insassen zu ca. 95 % männlichen Geschlechts sind, gewalttätige und sexuelle Übergriffe statt, ohne dass sie geahndet würden (Duerr 1993; Bereswill 1999; Gilligan 1996; NN 1996; Wacquant 2000; Toch 1997).

Männer als Opfer in Heimen und geschlossenen Anstalten

In sozialen und pädagogischen Institutionen, die eigentlich das Wohl und den Schutz von bedürftigen Kindern und (behinderten oder alten) Erwachsenen zur Aufgabe haben, geschehen zahlreiche Übergriffe. So scheinen manche Heime (vom Wohnheim über die Behinderteneinrichtung bis zur Psychiatrie) ein gefährdender Ort zu sein, was die Wahrung der körperlich-seelischen Integrität ihrer Schützlinge angeht (Blinkle 2000, S. 92ff.; Thiersch 1998; Dießenbacher 1988).

Männer als Opfer in Kriegen

Kriege im abendländischen Verständnis waren und sind Inszenierungen, in denen eine unmittelbare Konfrontation zwischen Gruppen von Männern stattfindet. Während der kriegerischen Auseinandersetzungen im ehemaligen Jugoslawien gab es seit 1992 Massenvergewaltigungen an Frauen. Daneben wurden auch Männer massakriert, anal vergewaltigt und sexuell missbraucht, was kaum eine öffentliche Aufmerksamkeit hervorrief (FAZ vom 16. 6. 1995, S. 6). Dahinter verbirgt sich die Regel: «Im Kriege sprach und spricht man von ‹Verlusten›, wenn von gefallenen Männern die Rede ist, die ‹Opfer› sucht man bei Frauen, Kindern und Alten in der Zivilbevölkerung.» (Böhnisch 2000,

---

[11] Homosexualität ist für Connell eine «Schlüsselform der untergeordneten Männlichkeit».

S. 70). Auch in «Friedenszeiten» ist männliche Mentalität in allererster Linie eine Kriegermentalität (Keen 1992). Die Folge ist, dass auch innerhalb der militärischen Zwangsgemeinschaften hegemoniale Übergriffe, Demütigungen und Vergewaltigungen stattfinden (Friedrich 1991).

Männliche Folteropfer
Als Erpressungsmethode ist Folter uralt und wurde jahrhundertelang in Strafprozessen angewendet («peinliche Befragung»). Insbesondere in totalitären Staaten, aber auch der Türkei und in Russland wird Folter gegenwärtig immer noch praktiziert. Um Aussagen zu erzwingen, werden den Opfern vorsätzlich große körperliche oder seelische Schmerzen oder Leiden zugefügt. Dabei werden oft Methoden angewandt, die besonders erniedrigend sind, u. a. der quälende Zugriff auf die Geschlechtsorgane bei Frauen und bei Männern. Gegenwärtige Schätzungen bewegen sich weltweit zwischen 1,6 und 5 Mio. Folteropfer (Skierka 1998, S. 37; Graessner et al. 1996; Drees 1996).

6. Tabuisierte Wahrnehmung von männlichen Opfern

Betroffene Männer und auch die wenigen für diese Problematik offenen Helfer (Ärzte, Psychologen, Pädagogen, Sozialarbeiter) berichten immer wieder von erheblichen Widerständen hinsichtlich der Wahrnehmung männlicher Opfern.

Die überwiegende Zahl des sozialen, pädagogischen, therapeutischen, juristischen und medizinischen Fachpersonals verharmlost (noch) die an Jungen und Männern begangenen gewalttätigen Übergriffe oder weigert sich, diese überhaupt wahrzunehmen. Z. B. berichten die vereinzelten männlichen Opfer sexueller Vergewaltigungen, die das Schweigen brechen, von wiederholten negativen Erfahrungen bei Ärzten[12], die verheerende sekundäre Traumatisierungen hinterlassen («Ich bin so unheilbar krank, dass mir nicht einmal Ärzte helfen können»).

Männliche Opfer scheinen Beratern und Therapeuten Angst zu machen, weil sie eine dunkle Seite des Helfers berühren: die eigene Erfahrung des Sich-zur-Verfügung-Stellens. Die Helfer wollen die Opfer nicht sehen, weil sie selbst nicht mit ihrer eigenen schwachen – als *weiblich* denunzierten – Seite gesehen werden wollen (Peichl 2000, S. 307ff.). Auf der Wahrnehmungsebene fordert das Opfer nämlich vom Helfer, dass dieser sich mit den eigenen Erfahrungen des Opferseins und der vermeintlichen «Schwäche» auseinandergesetzt hat. Und dieser schmerzliche Prozess stellt mit großer Wahrscheinlichkeit das eigene Verständnis von Männlichkeit tief gehend in Frage.

Speziell in der Schulmedizin hat die Wirkung der Geschlechterstereotype strukturell-historische Gründe, die sich aus der Entwicklung der Schulmedizin als Männerdomäne und der parallelen Entwicklung des neuzeitlichen Männlichkeitsverständnisses ergeben (Lenz 1998b). Ausdruck der traditionellen Männerrolle ist das Streben nach Macht, Dominanz und Status. Diese drei Aspekte sind unter Männern von herausragender Bedeutung. Das männliche Verständnis von Wettbewerb und Leistung missachtet den vermeintlichen «Verlierer» und orientiert sich ausschließlich am individuellen Nutzen des Gewinners.

> Männer schrecken vor Ausbeutung, Gewalt und Aggression oft nicht zurück, wenn es gilt, Status und Position zu sichern. Sie schwören auf Vernunft, Logik und Intelligenz und versuchen die Welt in kopflastige Kategorien zu zwängen. Der Umgang unter Männern unterliegt an Hierarchien orientierten Regeln speziell im Berufsbereich und Arbeitsbereich. (Schmitz 1994, S. 821f.)

Sind Helfer und Opfer männlichen Geschlechts, wirkt die kulturspezifische Homophobie, d. h. die nicht integrierten eigenen Anteile gleichge-

---

12 So wurde einem jungen Mann nach erheblichen psychosomatischen Reaktionen auf einen mehrjährigen analen Missbrauch von den behandelnden sechs männlichen Ärzten (u. a. Hausarzt, Hautarzt, Internist, Psychiater) keine angemessene ärztliche Diagnose («Sexueller Missbrauch») zuteil. Stattdessen wurde ihm empfohlen, zukünftig Baumwollunterhosen zu tragen und Beruhigungsmittel einzunehmen (Lenz 1996, S. 40ff.).

schlechtlicher Zuwendung zwischen Männern, verschärfend (Lenz 1999, S. 117ff.). Die geschlechtsspezifische Helferdynamik führt dazu, dass es männlichen Helfern leichter zu fallen scheint, mit missbrauchten Mädchen und männlichen Tätern als mit gleichgeschlechtlichen Opfern zu arbeiten (Bange 2000b, S. 285ff.). Zudem werden die meisten Fälle männlicher Opfer von Frauen aufgedeckt, die in sozial-therapeutischen Einrichtungen arbeiten.

Die Tabus gegenüber männlichen Opfern finden sich – was im ersten Augenblick staunen lässt – auch bei den «neuen» und «bewegten» Männern. In sozialarbeiterisch tätigen Männerprojekten liegt der Fokus eindeutig auf der Arbeit mit männlichen Tätern. Bei dem Streit mit dem Berliner Senat im Sommer 2000 um die weitere Finanzierung des Männerprojektes «Mannege» war die Argumentation der Befürworter nur auf die Täterprophylaxe abgestellt.[13] Obwohl ein ganzer Arbeitsbereich der Einrichtung auch mit männlichen Opfern arbeitet, blieb diese wichtige Arbeit in der öffentlichen Auseinandersetzung verborgen. Die Verletzungen von Männern scheinen (noch) nicht politikfähig zu sein.

In den noch spärlichen Ansätzen von Männerforschung interessieren männliche Gewaltopfer und männliche Opfer von sexuellem Missbrauch nicht. Die gegenwärtig in kirchlichen Kreisen sehr angesehene Männerstudie «Männer im Aufbruch» von Zulehner und Volz (1998) geht auf die Gewalterfahrungen, Grenzverletzungen, Übergriffe und Demütigungen, denen Männer ausgesetzt sind, nicht ein. Deren Not kommt in dieser Studie nicht vor. Zumindest was diesen Bereich der Wirklichkeit von Männern angeht, wird eine so verstandene Männerforschung ihrem Anspruch, die Lebenswirklichkeit und die Bedürfnisse von Männern darzustellen, nicht gerecht. Eher verschleiert sie diese und bedient tradierte Geschlechterkonstrukte. Die durch Gewaltübergriffe bei Männern hervorgerufene Not hat darin keinen Platz. Auch in der gerade aufkeimenden Männergesundheitsforschung (BAGS 1998) bleiben die männlichen Gewalterfahrungen ausgeklammert.

Eine mögliche Erklärung für diese nicht überwundene Geschlechtsblindheit lautet: Auch die «neuen» Männer sind traditionell sozialisierte Männer und identifizieren sich – in etwas anderem Outfit – mit dem hegemonialen Männlichkeitsmodell, das sich über Gewalttätigkeit definiert (Böhnisch/Winter 1993, S. 126), ohne dass dies grundlegend in Frage gestellt und dessen blinde Flecken überwunden würden. Passivität und Opfersein ist ein radikales Infragestellen von Mannsein. Solange die «neuen» Männer gegen (männliche) Täter und für weibliche Opfer kämpfen, sind sie aktive Beschützer – der Frauen. Sie bleiben damit aktiv – und können dadurch ihre eigenen Erfahrungen von «Sich-zur-Verfügung-Stellen, Ausgeliefertsein und Opfersein» weiterhin verdrängen: Lieber Märtyrer (oder Held) als Opfer sein.[14] Zu fragen ist, in welchem Auftrag die «neuen» Männer eigentlich handeln.

7. Gesundheitliche Folgen

Für abgesicherte Aussagen zu den Folgen von Kindesmisshandlung und sexuellem Missbrauch bedarf es einer intensiven Klärung der methodischen Grundlagen der vorliegenden Studien. Insbesondere geht es um die Definition der Missbrauchsart, die Auswahl und Repräsentativität der Stichproben, die fehlenden Vergleichsgruppen, die unzulänglichen Messinstrumente und ethische Probleme. Diese Reflexion geschieht bislang jedoch kaum, so dass Fehlinterpretationen und Spekulationen gang und gäbe sind (Bange/Deegener 1996, S. 59).

Amelang und Krüger (1995, S. 130ff.) unterscheiden Auswirkungen bei Kindesmisshandlung und -vernachlässigung hinsichtlich der kognitiven Entwicklung (u. a. geistige Behinderungen, Gehirnschädigungen, retardierte intellektuelle Entwicklung) und der sozial-emotionalen Entwicklung (Entwicklungsverzögerungen im Persönlichkeits- und Verhaltensbereich, insbesondere auch hinsichtlich des Selbstwertgefühls und der Aggressivität).

---

13 Julia Naumann: «Männer ohne Mannege», in: *taz-Berlin*, 16.3.2000, S. 19 und Leserbrief zur Streichung der Gewaltarbeit bei Mannege e. V. Berlin, in: *Switchboard*, 12. Jg., H. 135, 2000, S. 20.
14 Diesen Hinweis verdanken wir Willi Walter.

7.1 Folgen der Gewalt für die Gesundheit von Jungen und Männern

Die Auswirkungen sexueller Ausbeutung von Jungen unterscheiden sich nur wenig von denen des sexuellen Übergriffs an Mädchen.

> In denjenigen Studien, die nicht allzu lange nach Aufdeckung des sexuell-emotionalen Missbrauchs durchgeführt wurden, wurden bei Jungen die gleichen durch emotionalen Stress ausgelösten Auffälligkeiten wie bei Mädchen gefunden: Ängste, Schlafstörungen und Verwirrung. [...] [In einer Studie wurde festgestellt] dass Jungen etwas mehr zu nach außen gerichteten Verarbeitungsformen neigen als Mädchen, die ihre Verletzungen eher nach innen wenden. Ansonsten gab es keine großen Unterschiede. (Bange/Deegener 1996, S. 36)[15]

Kurzfristige Reaktionen (in den ersten zwei Jahren) sind Schreck, Angst, Wut, Feindseligkeit, Depression und altersunangemessenes sexuelles Verhalten. Vor allem bei männlichen Kindern kommen Angst vor Homosexualität, eine aggressive Selbstbehauptung gegenüber anderen und ein Agieren der Viktimisierungserfahrung in der Rolle des Täters gegenüber anderen Kindern vor. Auch weibliche Kinder und Jugendliche agieren aggressiv oder als Täterinnen in der Folge erlittener sexueller Gewalt (Elliott 1995); nur die Angst vor Homosexualität ist seltener, weil sie seltener vom gleichen Geschlecht viktimisiert werden.

Erst in den letzten Jahren entsteht eine Diskussion darüber, wie Kinder als Mitbetroffene einer Misshandlungsbeziehung Schaden nehmen, auch wenn sie selbst keine Schläge erfahren.[16] Es ist für ein Kind zutiefst beängstigend zu erleben, dass die Mutter vom Vater bedroht oder geschlagen wird, und es kann in einer solchen Situation sich an keinen der beiden Elternteile wenden, um beruhigt zu werden. Tendenziell geschlechtsdifferente psychische und psychosomatische Folgen wurden schon frühzeitig aus der Frauenhauspraxis berichtet (Hagemann-White et al. 1981); inzwischen gibt es im Ausland eine langsam wachsende Fachliteratur zu dieser Art von Traumatisierung (Peled et al. 1995; Graham-Bermann/Levendosky 1998).

Längerfristige Auswirkungen von Gewalt sind nicht immer leicht als solche erkennbar, z. T. nicht einmal für die Betroffenen selber, wenn sie an Symptome und Beschwerden leiden. In einer Studie wurden 13 Männer im Alter von 23 bis 67 Jahren zu biografischen Erfahrungen von Misshandlung, Vernachlässigung und sexuellem Missbrauch in der Kindheit und Jugendzeit befragt (Lenz 1996). Alle Interviewpartner litten unter der starken Isolation hinsichtlich der Übergriffe («Ich bin der Einzige, der solche Probleme hat!»). Folgende gesundheitliche Auswirkungen kamen in den Interviews zur Sprache:

- Alkoholmissbrauch (Suchtverhalten) bei der Mehrzahl der betroffenen Männer (einer von ihnen starb mit 55 Jahren – kurze Zeit nach dem Interview – an Leberkoma);
- Essstörungen;
- Selbstmordversuche;
- selbstdestruktives Verhalten (z. B. selbst zugefügte Penisverletzungen);
- Asthmaanfälle;
- psychosomatische Symptomatik aufgrund eines analen Missbrauchs: Geruchshalluzinationen (schlechtes Riechen); von sechs (männlichen) Ärzten wurde der «sexuelle Missbrauch» nicht identifiziert, was eine erhebliche sekundäre Viktimisierung zur Folge hatte;
- aggressives Verhalten gegenüber anderen;
- sexuelle Probleme: unterdrücktes gleichgeschlechtliches Coming-out und Angst vor sexueller Erfahrung (ein Interviewter hatte mit 35 weder sexuelle Erfahrungen mit dem eigenen noch mit dem anderen Geschlecht);
- starke Selbstwertprobleme.

---

15 Deegener verweist darauf, dass es eventuell spezieller Messverfahren bedarf, die auf die unterschiedlichen Erfahrungen der Geschlechter abgestimmt sind.

16 Im Rahmen der wissenschaftlichen Begleitung des Berliner Interventionsprojekts gegen häusliche Gewalt (Kavemann et al. 2000) wurde 1999 der international besetzte Workshop «Kinder und häusliche Gewalt» veranstaltet (siehe www.wibig.uni-osnabrueck.de) und für die Übersetzung einer schwedischen Broschüre gesorgt; seither ist ein zunehmendes Interesse in der Fachöffentlichkeit zu verzeichnen.

7.2 Gewalt als verborgener Hintergrund bei Gesundheitsproblemen von Frauen

Gewalterfahrungen wurden lange Zeit auch bei Frauen nicht als gesundheitliche Schädigung wahrgenommen, besonders in Deutschland. Den feministischen Psychotherapeutinnen in den USA ist es wesentlich früher gelungen, das Konzept eines «Rape Trauma Syndrome» (Holmstrom/Burgess 1978) in der psychologischen Fachliteratur und schließlich 1987 im diagnostischen Manual DSM III-R zu verankern (Koss/Harvey 1991). Auf diesem Wege wurde die Vergewaltigung auch in der deutschen klinischen Psychologie und Psychiatrie als Trauma anerkannt und deren Auswirkungen als «Posttraumatische Belastungsstörung» verstanden (Feldmann 1991; Kretschmann 1993). Die Erkenntnisse gelangten vor allem durch Übersetzung des Buches von Judith Herman (1994) in die deutsche Diskussion. Seit kurzem ist die Psychotraumatologie zu einem Gebiet lebhaftester Aufmerksamkeit innerhalb der Psychiatrie geworden (z. B. Fischer/Riedesser 1998). Diese Diskussion hat sich allerdings sehr stark auf das Trauma als besonders tiefe seelische Erschütterung und auf die Posttraumatische Belastungsstörung (PTBS) konzentriert und damit den Bezug zur großen Bandbreite alltäglicher Gewalterfahrungen teilweise verloren.[17]

Seit Mitte der Achtzigerjahre hatten vereinzelte Psychotherapeutinnen und Ärztinnen in der Bundesrepublik begonnen, die Berichte von Patientinnen über sexualisierte Gewalt ernst zu nehmen – zu einer Zeit, da in der Psychotherapie und Psychiatrie solche Mitteilungen regelmäßig als Fantasien abgetan wurde (Reddemann 2001, S. 9). Es waren vor allem Frauen, bei denen die Traumatisierung erkennbar wurde, falls die Ärztin oder Psychotherapeutin dafür offen war; inzwischen allerdings, so Reddemann, kommen zunehmend auch Männer. Behutsam wurden in einigen Kliniken und Praxen therapeutische Methoden gefunden, die Spuren und Symptome sexueller Gewalterfahrungen, sei es in der Kindheit, sei es aktuell, zu erkennen und angemessen und hilfreich damit umzugehen. Beispiele solcher Praxisansätze werden im Frauengesundheitsbericht der Bundesregierung (Verbundprojekt 2001) dargestellt.

Aus dieser klinischen Erfahrung vor allem mit Frauen werden als Folgewirkungen von sexueller Gewalt in der Kindheit typische psychosomatische Beschwerdekomplexe beschrieben, insbesondere
1. Unterleibsbeschwerden, -erkrankungen, -operationen
2. Essstörungen
3. Atemstörungen.

Typische seelische Symptombereiche sind:
1. Angst, Panik
2. Selbstverletzung und Selbstbeschädigung bis hin zum Suizid
3. Beziehungs- und Kommunikationsstörungen, einschließlich Sprech- und Sprachstörungen (Olbricht 1997).

Auf Missbrauchs- und Misshandlungserfahrungen als Faktor bei psychischen Erkrankungen von Frauen machte schon Nel Draijer (1990) aufmerksam. Ulrich Sachsse berichtet, dass selbstverletzendes Verhalten zwischen drei- und zehnmal so häufig bei Frauen wie bei Männern vorkommt; er vermutet als Ursache, dass Mädchen häufiger Opfer sexuellen Missbrauchs werden (Sachsse 1996, S. 37). Möglich ist aber auch, dass die Tendenz zur Selbstverletzung nach sexuellen Gewalterfahrungen verborgen bleibt, weil sie in der männlichen Ausprägung eher als

---

[17] Diese neuere Fachliteratur verschweigt gerne die Vorleistungen der feministischen Gewaltdiskussion und der frauenspezifischen Ansätze, als habe die Psychiatrie Mitte der Neunzigerjahre aus sich heraus «das Phänomen» entdeckt. Im Manual «Therapie der posttraumatischen Belastungsstörungen» von Andreas Maercker (1997) wird sexuelle Gewalt erst unter «spezifischen Traumagruppen» zum Thema, sprachlich wird durchgehend die männliche Form verwendet, von der es einleitend heißt, damit sei ein geschlechtsneutraler Gebrauch beabsichtigt. Damit wird aber auch – und vielleicht ist dies ein Motiv? – vermieden, Männer in ihrer Geschlechtsexistenz als Opfer zu benennen. In den Fallbeispielen erleiden Männer politische Gefangenschaft, ein Verkehrs- und ein Flugzeugunglück, Folter und Krieg, Frauen erleiden Vergewaltigung (mehrere Fälle) einen Autounfall und den Herzinfarkt des Ehemannes. So wird der soziale Nahraum ausschließlich für Frauen als Ort der Gefahr und der Gewalt konstruiert.

«hartes» Risikoverhalten in Erscheinung tritt (Helfferich 1994).

In einem umfassenden Handbuch zu den Folgen früher Traumatisierung haben Ulrich Egle et al. (2000) den aktuellen Wissensstand in der Psychiatrie und psychosomatischen Medizin über Krankheitsbilder in der Folge von sexuellem Missbrauch, Misshandlung und Vernachlässigung dargestellt. Dabei wird teilweise unterschieden nach den spezifischen Wirkungen sexueller im Unterschied zu körperlicher Gewalt (z. B. bei chronischen Unterleibsschmerzen und bei Depression im Erwachsenenalter), andere Kapitel legen den Akzent auf das Trauma, das bei unterschiedlichen Formen der Gewalt sich ähnlich auswirken kann (wie bei dissoziativen und Borderline-Störungen). Offenbar ist es noch zu früh, um spezifische Zusammenhänge mit Sicherheit zu erkennen; wahrscheinlich hängt die Art der Folgeerkrankung immer auch von den konkreten Bedingungen ab. Auch Ranjan Roy (1998) zeigt anhand der Erfahrungen einer Schmerzklinik in Kanada auf, dass chronische Schmerzen ihre Ursache in früh erlittener Misshandlung (physisch oder sexuell) oder Vernachlässigung haben können, stellt aber auch Zusammenhänge zwischen Schmerzsymptomatik und aktueller Misshandlung in der Ehe dar.

Über die gesundheitliche Lage von Frauen, die aktuell in einer Gewaltsituation leben, gibt es wenig eigenständige deutsche Literatur (Hagemann-White 1998; Verbundprojekt 2001). Ausländische Studien (v. a. aus den USA und dort insbesondere aus der Pflegeforschung) verweisen darauf, dass misshandelte Frauen besonders häufig abends oder am Wochenende in der Notaufnahme zur medizinischen Versorgung erscheinen: mit Verletzungen am Kopf, im Gesicht oder am Ober- oder Unterleib. Sie ziehen sich aus sozialen Beziehungen zurück, haben z. B. starke Ängste ohne erkennbaren Anlass. Somatische Beschwerden sind Kopfschmerzen, Schlaflosigkeit, Würgegefühle im Hals, Hyperventilation, Magen-Darm-Störungen, Schmerzen in der Brust, im Rücken oder im Unterleib. Als psychische Folgen einer gewaltförmigen Beziehung werden genannt: ausgeprägte oder extreme Schüchternheit, Angst, Verlegenheit, ausweichende Reaktionen, Schreckhaftigkeit, Passivität, häufiges Weinen, Drogen- bzw. Alkoholmissbrauch (Schornstein 1997; Campbell/Landenburger 1995). Zu den typischen Symptomen kommt auch die besondere Dynamik von Misshandlung hinzu. Vielfach besteht das Risiko gesteigerter Gewalt oder Tötung, wenn bei der Behandlung von Verletzungen die häusliche Gewaltsituation bekannt wird oder die Frau sich trennt: ÄrztInnen und Krankenhäuser müssen in diesen Fällen auch für den Schutz der Patientin sorgen.

8. Die Bedeutung für das Gesundheitswesen und die Gesundheitsberufe

Ein Perspektivenwechsel ist notwendig, zu dem auch eine spezifische Sensibilisierung für Gewaltübergriffe gehört, die gegen Jungen und Männer gerichtet sind. Im Zentrum einer solch veränderten Sichtweise steht, dass die noch verborgene Problemstellung männlicher Opfererfahrungen überhaupt als soziale Problemlage wahrgenommen und damit in ihrer gesundheitlichen und gesundheitspolitischen Brisanz anerkannt wird.

So werden bislang weder die um sieben Jahre kürzere Lebensdauer von Männern noch die gesundheitlichen Schäden, die auf Gewaltanwendungen zurückgehen, als sozial- bzw. gesellschaftspolitisch relevant angesehen. Es wird geschätzt, dass ein Fünftel der Krankheitstage von Frauen darin ihre Ursache haben (nach einer Studie der Weltbank, siehe: *taz* vom 26.8.1994). Die Vermutung liegt nahe, dass dieser Anteil bei Männern größer sein dürfte, weil sie häufiger Opfer von Körperverletzungen sind.

Gegenwärtig wird im gesamten Feld der gesundheitlichen Versorgung verstärkt über Qualitätsmaßstäbe und -sicherung diskutiert. In dieser Diskussion spielen die Erkenntnisse der vergangenen 25 Jahre über geschlechtstypische Lebenslagen und Lebensbelastungen nur eine geringe, die über die Verbreitung von Gewalt in der Familie und im Alltag so gut wie gar keine Rolle. Sowohl für die Medizin als auch für alle anderen Gesundheitsberufe ist jedoch professionelle Kompetenz im Umgang mit den Folgen von Gewalterfahrungen eine grundlegende Anforderung. Da aber Gewalthandeln und Gewalterleiden eng mit der gesellschaftlich und kulturell geformten Geschlechtlichkeit verwoben sind, gehört zum Erwerb einer solchen Professionalität eine Auseinandersetzung mit der Wirkung von Geschlechterkonstrukten, die sowohl in der Ausbildung als auch in der Weiterbildung bislang fehlt. So müssen an dieser Stelle die Schlussfolgerungen für die Praxis im Gesundheitsbereich notgedrungen appellativ bleiben.

Zu einer geschlechtsspezifisch qualifizierten medizinischen Wissenschaft und Heilkunst reicht es nicht aus, auf die biologisch unterschiedlichen Geschlechtsmerkmale zu verweisen. Die punktuell entwickelten Ansätze einer psychosomatischen Frauenheilkunde haben einen guten Anfang gemacht, sich aber noch lange nicht wirklich etabliert. Eine Männerheilkunde (Andrologie), die ihre Bezeichnung auch wirklich verdient, müsste sich neben der organisch-biologischen Ebene auch der psychosozialen Ebene männlicher Existenzweise zuwenden. Erst auf dieser Grundlage ist überhaupt Aufmerksamkeit für verletzende Grenzüberschreitungen und deren Wirkungen zu erwarten. Gewaltübergriffe durch medizinisches Personal an Patienten ebenso wie an Patientinnen müssen zudem geächtet und als unvereinbar mit dem heilberuflichen Selbstverständnis erklärt werden.

Die Wirkung stereotyper Imaginationen von Männlichkeit und Weiblichkeit ist in der medizinischen Diagnose und Therapie belegt (Brähler/Felder 1992, S. 10ff.; Conen/Kuster 1988, S. 167–172). Diese erstreckt sich nicht nur auf Ärzte, sondern auf alle Gesundheitsberufe. Zu wenig wurde dabei beachtet, wie die Überidentifikation des medizinischen Personals mit dem tradierten Männlichkeitsstereotyp in Verbindung mit einer gleichzeitigen Verdrängung der männlichen Opferseite steht. Ohne ein Bewusstwerden des latenten Herren-Sklaven-Verhältnisses der Männer untereinander und der in der Klient-Helfer-Beziehung wirkenden – aus der geschlechtsspezifischen Helferdynamik sich ergebenden – unbewussten Abwehrmechanismen, findet die verborgene Not männlicher Patienten keine angemessene «Behandlung». Hierfür erweisen sich entsprechende Weiterbildungen für das Personal – beispielsweise in der Krankenpflege – als unentbehrlich. In der Krankenpflege gibt es die so genannten ATLs (Aktivitäten des täglichen Lebens). Eine davon heißt «Frausein – Mannsein» (Juchli 1997). Bei Aufnahmegesprächen von Patienten bleibt diese Kategorie oftmals auf das Ankreuzen bei Mann/Frau und eine Klärung der Frage beschränkt, ob der Patient von einer gleich- oder gegengeschlechtlichen Person gewaschen werden will. Für das nicht geschlechtsbewusst geschulte Pflegepersonal schwingt bei diesem Punkt zumeist eine gewisse Peinlichkeit mit. Die Chancen dieser existenzerhellenden (und damit krankheitsverstehenden) Perspektive wird zumeist noch nicht genutzt, weil sie nicht systematisch erfasst werden und deren Bedeutung noch nicht erkannt wird.

Zwar gibt es inzwischen spezialisierte Einrichtungen, Konzepte und Erfahrungen, mit deren Hilfe auf offenbare Gewalterfahrungen eingegangen werden kann, insbesondere wenn sexuelle Gewalt an Kindern erkannt worden ist (z. B. KiZ 1999; Enders 2001b), aber nur rudimentäre Ansätze, eine Aufmerksamkeit für einen möglichen Gewalthintergrund zu entwickeln, wenn das Gesundheitsproblem nicht explizit in diesem Zusammenhang präsentiert wird. Hier können nur einige Beispiele genannt werden.

Suchtkliniken und psychiatrische Einrichtungen müssen lernen zu erkennen, dass ein Großteil der – zum Teil jugendlichen – männlichen Patienten auch sexuelle Gewaltgeschichten mitbringen, die noch nie einem anderen Menschen mitgeteilt worden sind (Lenz 1996, S. 20ff.). Dieser Hintergrund wurde zwar für Frauen früher als für Männer aufgezeigt, aber ohne die Suchthilfe wirksam zu erreichen. «Gewalt», schrieb Irmgard Vogt 1993, «hat bislang keinen Platz im Diskurs über Sucht» (Vogt 1993, S. 15); das Thema Gewalt müsse Eingang finden in die Aus-, Fort- und Weiterbildung der Suchtkrankenhilfe. Ähnliches fordern Ute Enders-Dragässer und Brigitte Sellach für die stationäre Psychiatrie, die auf vielfältige Weise mit Gewaltauswirkungen zu tun hat, ohne diese zu berücksichtigen; und sie verweisen auf die Chance, dass ein geschlechtsdifferenzierender Ansatz mit Sensibilisierung für Gewalt auch Männern die Chance einräumen kann, eigene Opfererfahrungen zu thematisieren (Enders-Dragässer/Sellach 1998, S. 39). Ganz allgemein sind die gesundheitlichen Auswirkungen von Gewalterfahrungen (u. a. psychosomatische Symptome wie Alkoholmissbrauch, Essstörungen, Schlafstörungen, chronische Schmerzen, Verdauungsprobleme, Selbstdestruktion, Selbstmord) nur im Zusammenhang zu verstehen und zu therapieren (Wildwasser 1993; Stark/Flitcraft 1996; Roy 1998; Egle et al. 2000).

Die vordergründige Fixierung der Jugendpsychiatrie (Frank 1995) und der forensischen Medizin auf das aggressive Verhalten ihrer männlichen Klientel ist zu Gunsten einer Sensibilisierung für deren Opferseite zu erweitern. Dies bedeutet insbesondere für das Klinikpersonal, sich auch mit den alltäglichen gewalttätigen und sexuellen Übergriffen zwischen Insassen von geschlossenen Einrichtungen der Psychiatrie auseinanderzusetzen und nicht wegzuschauen.

Männer mit Organverlusten nach Unfällen und Erkrankungen bedürfen einer nicht nur somatischen Reparatur, sondern auch einer angemessenen psychischen Betreuung – gerade auch hinsichtlich ihres eigenen Verständnisses von Männlichkeit. Dabei ist insbesondere auf die Scham der Patienten angemessen einzugehen.

In der Gesundheitsbildung und der Gesundheitsforschung ist die geschlechtsdifferenzierte Betrachtung von Lebenszusammenhängen ein langsam aktueller werdendes Thema (Hurrelmann/Laaser 1998; Schmeiser-Rieder/Kunze 1999; LSW 1998a, 1998b). Während in der Diskussion von Frauengesundheit schon seit längerem der Lebensweltbezug als zentral gilt (Verbundprojekt 2001), muss bei Männergesundheit noch darauf geachtet werden, den Bildungs- bzw. Forschungsgegenstand von Männlichkeit und Gesundheit nicht nur im Sinne einer funktionalen Modernisierung zu definieren, sondern konsequent den Fokus auf die schmerzlichen Gewalterfahrungen der männlichen Patienten in den verschiedensten Lebensbereichen zu richten (Lenz 1998b; S. 139ff.).

In der frauenorientierten Versorgung werden zunehmend Kenntnisse über die Verbreitung sexueller und häuslicher Gewalt berücksichtigt; daraus wird u. a. gefolgert, dass jede Patientin das Recht habe, Therapie oder Behandlung durch weibliche Fachkräfte zu wählen, ohne dies besonders begründen zu müssen. Auch bei Gruppentherapie oder bei körperbezogenen Behandlungen (z. B. Physiotherapie) bieten einige Kliniken die Option, unter Frauen zu sein. Damit wird der Tatsache Rechnung getragen, dass Frauen nicht selten Gewalt durch Männer erfahren haben und in der besonders offenen und verletzbaren Situation der Klinik männliche Nähe als starke Belastung empfinden können (Verbundprojekt 2001, S. 602ff.). Das entsprechende Recht für Männer wurde bislang noch nicht einmal artikuliert. Es ist auch heikel, denn Männer erleiden eher Gewalt durch Angehörige des eigenen Geschlechts, und öfter als bei Frauen können männliche Opfererfahrungen zur Folge haben, dass der Betroffene sich eher bei einer Person des anderen Geschlechts sicher fühlt als unter Männern. Geschlechtsübergreifend sollte das PatientInnenrecht auf umfassenden Schutz verankert werden, damit es während einer Behandlung weder zu erneuten Übergriffen noch zu einer psychischen Überforderung durch Erneuerung einer Traumasituation kommen kann.

Gewalterfahrungen können traumatisch sein, sind es aber keineswegs immer; es gibt auch lebensweltbezogene Bewältigungsstrategien (Heynen 2000). Die Sensibilisierung für Gewalt in der gesundheitlichen Versorgung muss beide Möglichkeiten berücksichtigen. Auf der einen Seite müssen medizinische, pflegerische und andere behandelnde Fachkräfte lernen, durch eigenes, ruhiges Ansprechen des Themas Gewalt ihre Offenheit für Mitteilungen von Opfererfahrungen zu signalisieren. Hier müssen insbesondere männliche Ärzte und Fachkräfte die Fähigkeit kultivieren, unter Männern über Vulnerabilität, Ängste und Leiden zu sprechen (Verbundprojekt 2001, S. 585). Zugleich ist aber davon auszugehen, dass auch in einem Vertrauensverhältnis zwischen Patient/in und Arzt/Ärztin Gewalterfahrungen sehr lange – auch über Jahre hinweg – unausgesprochen bleiben können. Im Umgang mit dem Trauma gilt das Prinzip: Stabilisierung geht vor Aufdeckung, und in nicht wenigen Fällen wird eine Aufdeckung nur partiell gelingen (Hilsenbeck 1997; Reddemann 2001). Die Schlussfolgerung aus diesen Erkenntnissen kann nur sein, jede Patientin und jeden Patienten so zu behandeln, dass kein Schaden entsteht, wenn unerkannte Gewalterfahrungen den Hintergrund der aktuellen gesundheitlichen Probleme bilden. In Anbetracht auch vorsichtiger Prävalenzschätzungen sollte ärztliches ebenso wie pflegerisches Handeln von dem Bewusstsein geleitet werden, in der Praxis jeden Tag mindestens eine Frau und einen Mann zu sehen, dessen Leben nachhaltig durch Gewalt beeinträchtigt wurde.

Ein langer Weg liegt vor uns, bis Mädchen und Jungen, Frauen und Männern die gleiche Würde und Unverletzlichkeit ihrer Person zugebilligt werden.

Literatur

Ahlers, C. J. (2000). «Gewaltdelinquenz gegen sexuelle Minderheiten. Eine Analyse von 670 Gewalttaten gegen homosexuelle Männer in Berlin». In: Sozialwerk des Lesben- und Schwulenverbandes – LSVD (Hrsg.). *Hass-Verbrechen. Neue Forschung und Positionen zu antihomosexueller Gewalt.* Köln, S. 25–156.

Amann, G., Wipplinger, R. (Hrsg.) (1998). *Sexueller Missbrauch. Überblick zu Forschung, Beratung und Therapie. Ein Handbuch.* 2. Aufl. Tübingen.

Amelang, M., Krüger, C. (1995). *Misshandlung von Kindern. Gewalt in einem sensiblen Bereich.* Darmstadt.

Amendt, G. (1999). *Vatersehnsucht. Annäherung in elf Essays.* Bremen.

Arbeitskreis Frauengesundheit in Medizin, Psychotherapie und Gesellschaft e. V. (Hrsg.) (1997). *Wege aus Ohnmacht und Gewalt: Frauengesundheit zwischen Menschenrechten und Grenzverletzung.* Dokumentation der 3. Arbeitstagung des AKF 9.–10.11.1996 in Bad Pyrmont. Bünde.

Bader, B., Lang, E. (Hrsg.) (1991). *Stricher-Leben.* Hamburg.

BAGS – Behörde für Arbeit, Gesundheit und Soziales Hamburg (Hrsg.) (1998). *MännerGesundheit. Dokumentation der Tagungsreihe 1997.* Hamburg: Universität Hamburg.

Bange, D. (1990). «Jungenprostitution». *Pädextra und demokratische Erziehung,* 11, S. 33–38.

Bange, D. (2000 a). «Sexueller Missbrauch an Jungen: Wahrnehmungstabus bei Männern in der sozialen Arbeit und in der Sozialverwaltung». In: Lenz, H.-J. (Hrsg.). *Männliche Opfererfahrungen. Problemlagen und Hilfeansätze in der Männerberatung.* Weinheim, München, S. 285–300.

Bange, D. (2000 b). «Pädosexualität ist sexueller Missbrauch». In: Lenz, H.-J. (Hrsg.). *Männliche Opfererfahrungen. Problemlagen und Hilfeansätze in der Männerberatung.* Weinheim, München, S. 81–91.

Bange, D. (2001). «Das alltägliche Delikt: Sexuelle Gewalt gegen Mädchen und Jungen. Zum aktuellen Forschungsstand». In: Enders, U. (Hrsg.). *Zart war ich, bitter war's. Handbuch gegen sexuellen Missbrauch.* Köln, S. 21–26.

Bange, D., Deegener, G. (1996). *Sexueller Missbrauch an Kindern. Ausmaß, Hintergründe, Folgen.* Weinheim.

Bange, D., Enders, U. (1996). *Auch Indianer kennen Schmerz. Sexuelle Gewalt gegen Jungen.* Köln.

Baurmann, M. C. (1991). «Die offene, heimliche und verheimlichte Gewalt von Männern gegen Frauen sowie ein Aufruf an Männer, sich gegen Männergewalt zu wenden». In: Janshen, D. (Hrsg.). *Sexuelle Gewalt. Die alltägliche Menschenrechtsverletzung.* Frankfurt/M., S. 223–252.

Becker-Fischer, M., Fischer, G. (1997). *Sexuelle Übergriffe in Psychotherapie und Psychiatrie.* Schriftenreihe des BMFSFJ. Bd. 107. Unter Mitarbeit v. C. Heyne u. G. Jerouschek (Hrsg.). Freiburg.

Bereswill, M. (1999). *Gefängnis und Jugendbiografie. Qualitative Zugänge zu Jugend, Männlichkeitsentwürfen und Delinquenz.* KFN-Forschungsberichte. Bd. 78. Hannover.

Blatz, B. (1996). «Ausländerinnen und Ausländer als Opfer von Straftaten». *Forum Loccum,* 2, S. 31.

Blinkle, R. (2000). «Gewalterfahrungen eines ‹geistig behinderten› Mannes». In: Lenz, H.-J. (Hrsg.). *Männliche Opfererfahrungen. Problemlagen und Hilfeansätze in der Männerberatung.* Weinheim, München, S. 92–102.

Böhnisch, L. (2000). «Männer als Opfer – ein paradigmatischer Versuch». In: Lenz, H.-J. (Hrsg.). *Männliche Opfererfahrungen. Problemlagen und Hilfeansätze in der Männerberatung.* Weinheim, München, S. 70–80.

Böhnisch, L., Winter, R. (1993). *Männliche Sozialisation. Bewältigungsprobleme männlicher Geschlechtsidentität im Lebenslauf.* Weinheim, München.

Bohle, H. H. (1997). «Armut trotz Wohlstand». In: Heitmeyer, W. (Hrsg.). *Was treibt die Gesellschaft auseinander? Bundesrepublik Deutschland: Auf dem Weg von der Konsens- zur Konfliktgesellschaft.* Bd. 1. Frankfurt/M., S. 118–155.

Bowker, L. H. (Hrsg.) (1997). *Masculinity and Violence. Research on men und masculinity series.* Bd. 10. Thousand Oaks, London, New Dehli.

Brähler, E., Felder, H. (Hrsg.) (1992). *Weiblichkeit, Männlichkeit und Gesundheit.* Opladen.

Brockhaus, U., Kolshorn, M. (1993). *Sexuelle Gewalt gegen Mädchen und Jungen.* Frankfurt/M.

Brückner, M. (1983). *Die Liebe der Frauen. Über Weiblichkeit und Misshandlung.* Frankfurt/M.

Brückner, M. (1987). *Die janusköpfige Frau: Lebensstärken und Beziehungsschwächen.* Frankfurt/M.

Brückner, M. (1993). «Einbettung von Gewalt in die kulturellen Bilder von Weiblichkeit und Männlichkeit». *Zeitschrift für Frauenforschung,* 11 (1-2), S. 47–56.

Brückner, M. (1998). *Wege aus der Gewalt gegen Frauen und Mädchen.* Frankfurt/M.

Bründel, H., Hurrelmann, K. (1999). *Konkurrenz, Kar-*

riere, Kollaps. Männerforschung und der Abschied vom Mythos Mann. Stuttgart.

Büttner, M. (1997). *Weibliche Biographie und Gewalterfahrung in Paarbeziehungen, Integrationschancen subjektiver Bewältigungs- und Präventionsstrategien. Siegener Frauenforschungsreihe.* Bd. 5. Frankfurt/M.

Campbell, J. C., Landenburger, K. (1995). «Violence against women». In: Fogel, C. I., Woods, N. F. (Hrsg.). *Women's Health Care. A comprehensive handbook.* Thousand Oaks, London, New Dehli, S. 407–425.

Christen, U. (1999). *Gewalt in homosexuellen Beziehungen. Eine Untersuchung des psychosozialen Beratungsangebots in drei Schweizer Städten.* Bern.

Conen, D., Kuster, M. (1988). «Geschlechts- oder symptomspezifisches Verhalten männlicher Assistenzärzte». *Sozial- und Präventivmedizin*, 3, S. 167–172.

Connell, R. W. (1995). «The bic picture. Formen der Männlichkeit in der neueren Weltgeschichte». *Widersprüche*, 56-57, S. 23–45.

Connell, R. W. (1999). *Der gemachte Mann. Konstruktion und Krise von Männlichkeiten.* Opladen.

Corrin, C. (Hrsg.) (1996). *Women in a violent world. Feminist analyses and resistance across «Europe».* Edinburgh.

Dieck, M. (1987). «Gewalt gegen ältere Menschen im familialen Kontext. Ein Thema der Forschung, der Praxis und der öffentlichen Information»: *Zeitschrift für Gerontologie und Geriatrie*, 5, S. 305–313.

Dießenbacher, H. (1988). «Gewalt gegen Alte. Über Vernachlässigungs-, Misshandlungs- und Tötungsrisiken in Einrichtungen der Altenpflege. In: Göckenjan, G., Kondratowitz, H.-J. von (Hrsg.). *Alter und Alltag.* Frankfurt/M., S. 372–385.

Draijer, N. (1990). «Die Rolle von sexuellem Missbrauch und körperlicher Misshandlung in der Ätiologie psychischer Störungen bei Frauen». *System Familie*, 3, S. 59–73.

Drees, A. (1996). *Folter: Opfer, Täter, Therapeuten.* Gießen.

Duerr, H. P. (1993). *Obszönität und Gewalt. Der Mythos vom Zivilisationsprozess.* Frankfurt/M.

Eastman, M. (1985). *Gewalt gegen alte Menschen.* Freiburg.

Egger, R., Fröschl, E., Lercher, L., Logar, R., Sieder, H. (1995). *Gewalt gegen Frauen in der Familie.* Wien.

Egle, U. T., Hoffmann, S. O., Joraschky, P. (2000). *Sexueller Missbrauch, Misshandlung, Vernachlässigung. Erkennung und Therapie psychischer und psychosomatischer Folgen früher Traumatisierungen.* 2. vollst. akt. u. erw. Aufl. Stuttgart, New York.

Elliott, M. (Hrsg.) (1995). *Frauen als Täterinnen: Sexueller Missbrauch an Mädchen und Jungen.* Ruhnmark.

Enders, U. (1990). «Ein Indianer kennt keinen Schmerz! oder: Der blinde Fleck der Therapeuten». In: Enders, U. (Hrsg.). *Zart war ich, bitter war's. Sexueller Missbrauch an Mädchen und Jungen. Erkennen – Schützen – Beraten.* Köln, S. 248–251.

Enders, U. (Hrsg.) (2001a). *Zart war ich, bitter war's. Handbuch gegen sexuellen Missbrauch.* Köln.

Enders, U. (2001b). «Sexuelle Ausbeutung von Mädchen und Jungen im Rahmen von Pornoproduktionen». *Deutsche Jugend*, 49 (2), S. 76–82.

Enders-Dragässer, U., Sellach, B. (Hg.) (1998). *Frauen in der stationären Psychiatrie. Ein interdisziplinärer Bericht.* Lage.

Engelfried, C. (Hrsg.) (1997). *Auszeit. Sexualität, Gewalt und Abhängigkeiten im Sport.* Frankfurt/M., New York.

Engfer, A. (2000). «Gewalt gegen Kinder in der Familie». In: Egle, U. T.; Hoffmann, S. O., Joraschky, P. (Hrsg.). *Sexueller Missbrauch, Misshandlung, Vernachlässigung. Erkennung und Therapie psychischer und psychosomatischer Folgen früher Traumatisierungen.* Stuttgart, New York, S. 23–39.

Fattah, E. A. (1993). *Internationaler Forschungsstand zum Problem «Gewalt gegen alte Menschen» und Folgen von Opfererfahrungen.* KFN-Forschungsberichte. Bd. 10. Hannover.

FAZ (1995). «Befriedigung durch Quälen. Ärzte berichten über Grausamkeiten im Balkan-Krieg». *Frankfurter Allgemeine Zeitung*, 16.6.1995.

Feldmann, H. (1991). *Vergewaltigung und ihre psychischen Folgen: ein Beitrag zur posttraumatischen Belastungsreaktion.* Stuttgart.

Ferenczi, S. (1972). «Sprachverwirrung zwischen den Erwachsenen und dem Kind» (1933). In: Ders. *Schriften zur Psychoanalyse.* Bd. 2, hrsg. v. Michael Balint, Frankfurt/M., S. 303–313

Finke, B. (1993). *Das Schwule Überfalltelefon Berlin.* Jahresbericht 1993. Berlin.

Finke, B. (2000). «Schwule als Opfer von ‹häuslicher Gewalt›». In: Lenz, H.-J. (Hrsg.). *Männliche Opfererfahrungen. Problemlagen und Hilfeansätze in der Männerberatung.* Weinheim, München, S. 135–148.

Finkelhor, D. (1990). *A sourcebook on child sexual abuse.* Newbury Park, London, New Delhi.

Fischer, G., Riedesser, P. (1998). *Lehrbuch der Psychotraumatologie.* Stuttgart.

Fleiss, P. M. (1997). «The Case Against Circumcision». *Mothering: The Magazine of Natural Family Living*, Winter 1997, S. 36–45.

Frank, R. (1995). *Kinderärztlich/kinderpsychiatrische Untersuchungen an misshandelten und vernachlässigten Kindern und deren Familien. Eine retrospektive Untersuchung an einer Kinderklinik.* Ludwig-Maximilians-Universität München, Institut für Kinder- und Jugendpsychiatrie und Psychotherapie. Habilitation. Als Manuskript gedruckt.

Friedrich, E. (1991). *Krieg dem Kriege. Guerre à la*

Guerre! War against War! Oorlog aan den Oorlog! Frankfurt/M.
Gallwitz, A., Manske-Herlyn, B. (Hrsg.) (1999). *Kinderpornographie. Entwicklung von Gegenstrategien zur Verbesserung der Situation betroffener Kinder.* Villingen-Schwenningen: Eigenverlag.
Gemünden, J. (1996). *Gewalt gegen Männer in heterosexuellen Intimpartnerschaften. Ein Vergleich mit dem Thema Gewalt gegen Frauen auf der Basis einer kritischen Auswertung empirischer Untersuchungen.* Marburg.
Gilligan, J. (1996). *Violence: reflections on a national epidemic.* New York.
Gloer, N., Schmideskamp-Böhler, I. (1990). *Verlorene Kindheit. Jungen als Opfer sexueller Gewalt.* München.
Godenzi, A. (1996). *Gewalt im sozialen Nahraum.* Basel, Frankfurt/M.
Goldschmidt, G.-A. (1997). *Die Absonderung. Erzählung.* Frankfurt/M.
Gollaher, D. L. (1994). «From ritual to science: the medical transformation of circumcision in America». In: *Journal of Social History*, 28 (1), S. 5–36).
Graessner, S., Gurris, N., Pross, C. (Hrsg.) (1996). *Folter. An der Seite der Überlebenden. Unterstützung und Therapie.* München.
Graham-Bermann, S. A., Levendosky, A. A. (1998). «Traumatic Stress Symptoms in Children of Battered Women». *Journal of Interpersonal Violence*, 13 (1-2).
Gregory, J., Lees, S. (1999). *Policing sexual assault.* London, New York.
Gruen, A. (1992). *Der Verrat am Selbst.* München.
Günther, R., Kavemann, B., Ohl, D., Thürmer-Rohr, C. (1991). *Modellprojekt Beratungsstelle und Zufluchtswohnung für sexuell missbrauchte Mädchen von «Wildwasser» – Arbeitsgemeinschaft gegen Sexuellen Missbrauch an Mädchen e. V. Abschlussbericht der wissenschaftlichen Begleitung.* Stuttgart.
Habermehl, A. (1989). *Gewalt in Familien.* Hamburg. Als Manuskript gedruckt.
Hagemann-White, C. (1995). «Was tun? Gewalt in der Sexualität verbieten? Gewalt entsexualisieren?» In: Düring, S., Hauch, M. (Hrsg.). *Heterosexuelle Verhältnisse.* Stuttgart, S. 145–159.
Hagemann-White, C. (1998). «Gewalt gegen Frauen und Mädchen – welche Bedeutung hat sie für die Frauengesundheit?» In: Arbeitskreis Frauen und Gesundheit im Norddeutschen Verbund Public Health (Hrsg.). *Frauen und Gesundheit(en) in Wissenschaft, Praxis und Politik.* Bern, S. 142–154.
Hagemann-White, C., Kavemann, B., Kootz, J., Weinmann, U., Wildt, C., Burgard, R., Scheu, U. (1981). *Hilfen für misshandelte Frauen. Abschlussbericht der wissenschaftlichen Begleitung des Modellprojekts Frauenhaus Berlin.* Schriftenreihe des BMFJG. Bd. 124. Stuttgart.

Hagemann-White, C., Kavemann, B., Ohl, D. (1997). *Parteilichkeit und Solidarität: Praxiserfahrungen und Streifragen zur Gewalt im Geschlechterverhältnis.* Bielefeld.
Harten, H.-C. (1995). *Sexualität, Missbrauch, Gewalt. Das Geschlechterverhältnis und die Sexualisierung von Aggressionen.* Opladen.
Heiliger, A. (2000). *Täterstrategien und Prävention. Sexueller Missbrauch an Mädchen innerhalb familialer und familienähnlicher Strukturen.* München.
Heiskanen, M., Piispa, M. (1998). *Faith, hope, battering: A survey of men's violence against women in Finland.* Helsinki.
Helfferich, C. (1994). *Jugend, Körper und Geschlecht.* Opladen.
Helfferich, C., Hendel-Kramer, A., Tov, E., Troschke, J. von (1997). *Anlaufstelle für vergewaltigte Frauen. Abschlussbericht der wissenschaftlichen Begleitforschung.* Schriftenreihe des BMFSFJ. Bd. 146. Stuttgart.
Herman, J. L. (1994). *Die Narben der Gewalt: traumatische Erfahrungen verstehen und überwinden.* München.
Heynen, S. (2000). *Vergewaltigt.* Weinheim.
Hillman, R.J., Tomlinson, D., McMillan, A. (1990). «Sexual assault of men: a series». *Genitourinary Medicine*, 66, S. 247–250.
Hilsenbeck, P. (1997). «Traumatherapie – mit Mut und Achtsamkeit». In: Arbeitskreis Frauengesundheit in Medizin, Psychotherapie und Gesellschaft e. V. (Hrsg.). *Wege aus Ohnmacht und Gewalt: Frauengesundheit zwischen Menschenrechten und Grenzverletzung.* Dokumentation der 3. Arbeitstagung des AKF 9.–10.11.1996 in Bad Pyrmont. Bünde, S. 45–74.
Holmstrom, L. L., Burgess, A. W. (1978). *The victim of rape, institutional reactions.* New York.
Holzbecher, M., Braszeit, A., Müller, U., Plogstedt, S. (1990). *Sexuelle Belästigung am Arbeitsplatz.* Schriftenreihe des BMJFFG. Bd. 260, Stuttgart.
Honig, M.-S. (1992). *Verhäuslichte Gewalt. Sozialer Konflikt, wissenschaftliche Konstrukte, Alltagswissen, Handlungssituationen. Eine Explorativstudie über Gewalthandeln von Familien.* Mit einem Nachwort zur Taschenbuchausgabe 1992: Sexuelle Ausbeutung von Kindern. Frankfurt/M. (Originalausgabe 1986).
Hurrelmann, K., Laaser, U. (Hrsg.) (1998). *Gesundheitswissenschaften. Handbuch für Lehre, Forschung und Praxis.* Neuaufl. Weinheim, München (Originalausgabe Basel 1993).
Hurrelmann, K., Palentin, C., Wilken, W. (Hrsg.) (1995). *Anti-Gewalt-Report.* Weinheim, München.
Janshen, D. (Hrsg.) (1991). *Sexuelle Gewalt. Die alltägliche Menschenrechtsverletzung.* Frankfurt/M.
Juchli, L. (1997). *Pflege. Praxis und Theorie der Ge-*

sundheits- und Krankenpflege. 8. Aufl. Stuttgart, New York.
Julius, H., Boehme, U. (1997). *Sexuelle Gewalt gegen Jungen. Eine kritische Analyse des Forschungsstandes.* Göttingen.
Kade, S. (1994). *Altersbildung – Lebenssituation und Lernbedarf.* Frankfurt/M.
Kavemann, B., Leopold, B., Schirrmacher, G., Hagemann-White, C. (2000). *Modelle der Kooperation gegen häusliche Gewalt.* Schriftenreihe des BMFSFJ. Bd. 193. Stuttgart.
Keen, S. (1992). *Feuer im Bauch. Über das Mann-Sein.* Hamburg.
Kelly, L. (1988). *Surviving sexual violence.* Minneapolis.
Kimpling, D. (2000). «Der missbrauchte Mann im Kontext von Psychiatrie und Beratung. Fragmentarische Betrachtungen». In: Lenz, H.-J. (Hrsg.). *Männliche Opfererfahrungen. Problemlagen und Hilfeansätze in der Männerberatung.* Weinheim, München, S. 301–306.
King, M. B. (1992). «Male sexual assault in the community». In: Mezey, G. C., King, M. B. (Hrsg.). *Male Victims of Sexual Assault.* Oxford, New York, Tokyo, S. 1–12.
KiZ – Kind im Zentrum (Hrsg.) (1999). *Wege aus dem Labyrinth. Erfahrungen mit familienorientierter Arbeit zu sexuellem Missbrauch. 10 Jahre Kind im Zentrum.* Berlin.
Klein-Schonnefeld, S. (1997). «Gewalt im Alltag: erkennen und verändern». In: Arbeitskreis Frauengesundheit in Medizin, Psychotherapie und Gesellschaft e. V. (Hrsg.). *Wege aus Ohnmacht und Gewalt: Frauengesundheit zwischen Menschenrechten und Grenzverletzung.* Dokumentation der 3. Arbeitstagung des AKF 9.–10.11.1996 in Bad Pyrmont. Bünde, S. 17–43.
Koss, M. P., Harvey, M. R. (1991). *The Rape Victim. Clinical and community interventions.* 2. Aufl. Newbury Park.
Krahé, B., Scheinberger-Olwig, R., Waizenhöfer, E. (1999). «Sexuelle Aggression zwischen Jugendlichen: Eine Prävalenzerhebung mit Ost-West-Vergleich». *Zeitschrift für Sozialpsychologie,* 30 (2-3), S. 165–178.
Kranich, C. (1995). *Männer vergewaltigen Männer. Grundlagen – Interviews – Praxisbezug.* Fachhochschule München. Als Manuskript gedruckt.
Kretschmann, U. (1993). *Das Vergewaltigungstrauma: Krisenintervention und Therapie mit vergewaltigten Frauen.* Münster.
Küssel, M., Nickenig, L., Fegert, J. (1993). «‹Ich hab' auch nie etwas gesagt› – Eine retrospektiv-biographische Untersuchung zum sexuellen Missbrauch an Jungen». *Praxis der Kinderpsychologie und Kinderpsychiatrie,* 42, S. 278–284.

Launer, E. (1993). *Zum Beispiel Sextourismus.* Göttingen.
Lautmann, R. (1994). *Die Lust am Kind. Porträt des Pädophilen.* Bielefeld.
Lenz, H.-. (1996). *Spirale der Gewalt. Jungen und Männer als Opfer von Gewalt.* Berlin.
Lenz, H.-J. (1998a). «Wozu geschlechtsspezifische Ansätze in der Gesundheitsbildung?» In: Landesinstitut für Schule und Weiterbildung/GesundheitsAkademie (Hrsg.). *Die Gesundheit der Männer ist das Glück der Frauen? Chancen und Grenzen geschlechtsspezifischer Gesundheitsarbeit.* Frankfurt/M., S. 139–147.
Lenz, H.-J. (1998b). «Die besondere Situation von Männern im Medizin- und Gesundheitssystem». In: Landesinstitut für Schule und Weiterbildung (Hrsg.). *Frauen, Männer und Gesundheit. Zur Notwendigkeit einer geschlechterorientierten und emanzipatorischen Gesundheitsbildung.* Soest, S. 61–65.
Lenz, H.-J. (1999). «Männer als Opfer – ein Paradox? Männliche Gewalterfahrungen und ihre Tabuisierung bei Helfern». *Organisationsberatung – Supervision – Clinical Management,* 6 (2), S. 117–129.
Lenz, H.-J. (2000). «‹…und wo bleibt die solidarische Kraft für die gedemütigten Geschlechtsgenossen?› Männer als Opfer von Gewalt – Hinführung zu einer (noch) verborgenen Problemstellung». In: Lenz, H.-J. (Hrsg.). *Männliche Opfererfahrungen. Problemlagen und Hilfeansätze in der Männerberatung.* Weinheim, München, S. 19–69.
Leopold, B., Steffan, E. (1997). *Dokumentation zur rechtlichen und sozialen Situation von Prostituierten in der Bundesrepublik Deutschland.* Schriftenreihe des BMFSFJ. Bd. 143. Stuttgart.
Lew, M. (1993). *Als Junge missbraucht. Wie Männer sexuelle Ausbeutung in der Kindheit verarbeiten können.* München.
Leymann, H. (1993). *Mobbing. Psychoterror am Arbeitsplatz und wie man sich dagegen wehren kann.* Reinbek.
Landesinstitut für Schule und Weiterbildung/GesundheitsAkademie (Hrsg.) (1998 a). *Die Gesundheit der Männer ist das Glück der Frauen? Chancen und Grenzen geschlechtsspezifischer Gesundheitsarbeit.* Frankfurt/M., S. 139–147.
Landesinstitut für Schule und Weiterbildung (Hrsg.) (1998 b). *Frauen, Männer und Gesundheit. Zur Notwendigkeit einer geschlechterorientierten und emanzipatorischen Gesundheitsbildung.* Soest, S. 61–65.
Lukas, K. (1999). *Missbrauchte Kinder. Die Globalisierung der Perversion.* Wien.
Mäder, U. (1999). *Solidarische Gesellschaft. Was tun gegen Armut, Arbeitslosigkeit, Ausgrenzung?* Berlin.
Maercker, A. (1997). *Therapie der posttraumatischen Belastungsstörungen.* Berlin, Heidelberg.

McMullen, R. (1990). *Male Rape: Breaking the silences on the last taboo*. London.
Meier-Seethaler, C. (1988). *Ursprünge und Befreiungen. Eine dissidente Kulturtheorie*. Zürich.
Milos, M. F., Macris, D. (1992). «Circumcision: A Medical or a Human Rights Issue?» *Journal of Nurse-Midwifery*, 37 (2) (Suppl.).
Musil, R. (1990). *Die Verwirrungen des Zöglings Törless*. Reinbek.
Nimtz-Köster, R. (1999). «Ich wurde untragbar». *Der Spiegel*, H. 11, S. 264–268.
Nini, M., Bentheim, A., Firle, M., Nolte, I., Schneble, A. (1994). *Abbau von Beziehungsgewalt als Konfliktlösungsmuster. Abschlussbericht*. Schriftenreihe des BMFSFJ. Bd. 102. Stuttgart.
NN (1996). «‹Fast Totschlag›. Den Mithäftling 60 Stunden gefoltert». *Nürnberger Nachrichten*, 17./18.2.1996.
O'Grady, R. (1997). *Die Vergewaltigung der Wehrlosen. Kinderprostitution und Sextourismus*. Bad Honnef.
Ohl, D., Rösener, U. (1979). *Und bist du nicht willig ... so brauch ich Gewalt. Ausmaß und Ursachen von Frauenmisshandlung in der Familie*. Frankfurt/M.
Olbricht, I. (1997). «Folgen sexueller Traumatisierung für die seelische Entwicklung und das Körpergefühl der Frau». In: Arbeitskreis Frauengesundheit in Medizin, Psychotherapie und Gesellschaft e. V. (Hrsg.). *Wege aus Ohnmacht und Gewalt: Frauengesundheit zwischen Menschenrechten und Grenzverletzung*. Dokumentation der 3. Arbeitstagung des AKF 9.–10.11.1996 in Bad Pyrmont. Bünde, S. 100–113.
Osterholm, M. T., MacDonald, K. L., Danila, R. (1987). «Sexually transmitted diseases in victims of sexual assault». *New England Journal of Medicine*, 316, S. 10–24.
Peichl, J. (2000). «Männliche Opfererfahrungen: Rollenklischees und Wahrnehmungsblockaden aus der Sicht eines Psychoanalytikers». In: Lenz, H.-J. (Hrsg.). *Männliche Opfererfahrungen. Problemlagen und Hilfeansätze in der Männerberatung*. Weinheim, München, S. 307–314.
Peled, E., Jaffe, P., Edleson, J. L. (1995). *Ending the Cycle of Violence. Community response to Children of Bettered Women*. London.
Petri, H. (1989). *Erziehungsgewalt*. Frankfurt/M.
Pfeiffer, C., Delzer, I., Enzmann, D. (1999). *Ausgrenzung, Gewalt und Kriminalität im Leben junger Menschen. Kinder und Jugendliche als Opfer und Täter*. Hannover.
Reddemann, L. (2001). *Imagination als heilsame Kraft. Zur Behandlung von Traumafolgen mit ressourcenorientierten Verfahren*. Stuttgart.
Reemtsma, J. P. (1997). *Im Keller*. Reinbek.
Richter-Appelt, H. (1995). «Sexuelle Traumatisierungen und körperliche Misshandlungen in der Kindheit. Geschlechtsspezifische Aspekte». In: Düring, S., Hauch, M. (Hrsg.). *Heterosexuelle Verhältnisse*. Stuttgart, S. 56–76.
Römkens, R. (1997). «Prevalence of wife abuse in the Netherlands: combining quantitative and qualitative methods in survey research». *Journal of Interpersonal Violence*, 12, S. 99–125.
Roy, R. (1998). *Childhood abuse and chronic pain, a curious relationship?* Toronto.
Rush, F. (1981). *Das bestgehütete Geheimnis: sexueller Kindesmissbrauch*. Berlin.
Sachsse, U. (1996). *Selbstverletzendes Verhalten. Psychodynamik-Psychotherapie. Das Trauma, die Dissoziation und ihre Behandlung*. 3. Aufl. Göttingen, Zürich.
Scheskat, T. (2000). «Opfererfahrungen und Transformation in der Beratung und Therapie mit Männern». In: Lenz, H.-J. (Hrsg.). *Männliche Opfererfahrungen. Problemlagen und Hilfeansätze in der Männerberatung*. Weinheim, München, S. 225–235.
Schmeiser-Rieder, A., Kunze, M. (1999). *Wiener Männergesundheitsbericht*. Wien.
Schmitz, J. (1994). «Psychologie des Mannes». In: Grubitzsch, S., Rexilius, G. (Hrsg.). *Psychologische Grundbegriffe. Mensch und Gesellschaft in der Psychologie. Ein Handbuch*. Reinbek, S. 820–824.
Schnack, D., Gesterkamp, T. (1998). *Hauptsache Arbeit? Männer zwischen Beruf und Familie*. Reinbek.
Schneider, S. (1997). *Prostitutionstourismus in Thailand. Modernisierung auf Abwegen*. Würzburg.
Schneider, H. J. (1999). «Die Opferperspektive bei sexuellem Missbrauch an Kindern». *Kindesmisshandlung und -vernachlässigung*, 2 (2), S. 91–111.
Schornstein, S. L. (1997). *Domestic violence and health care. What every professional needs to know*. Thousand Oaks, London, New Delhi.
Schröttle, M. (1999). *Politik und Gewalt im Geschlechterverhältnis: eine empirische Untersuchung über Ausmaß, Ursachen und Hintergründe von Gewalt gegen Frauen in ostdeutschen Paarbeziehungen vor und nach der deutsch-deutschen Vereinigung*. Bielefeld.
Schuh, J., Killias, M. (Hrsg.) (1991). *Sexualdelinquenz*. Chur.
Skierka, V. (1998). «Wer der Folter erlag». *Spiegel special*, H. 7, S. 36–38.
Stark, E., Flitcraft, A. (1996). *Women at risk: Domestic violence and women's health*. Thousand Oaks, London, New Delhi.
Strobl, R. (1996). *«So wie früher konnte es dann nicht mehr sein». Soziale Folgen von Opfererfahrungen der türkischen Minderheit in Deutschland*. KFN-Forschungsberichte. Bd. 51. Hannover.
Teubner, U., Becker, I., Steinhage, R. (1983). *Untersuchung «Vergewaltigung als soziales Problem – Notruf und Beratung für vergewaltigte Frauen»*. Stuttgart.
Thiersch, H. (Hrsg.) (1998). *Leistungen und Grenzen von Heimerziehung. Ergebnisse einer Evaluations-*

studie stationärer und teilstationärer Erziehungshilfen. Schriftenreihe des BMFSFJ. Bd. 170. Stuttgart.

Tillmann, K.-J., Holler-Nowitzki, B., Holtappels, H. G. (2000). *Schülergewalt als Schulproblem. Verursachende Bedingungen, Erscheinungsformen und pädagogische Handlungsperspektiven.* 2. Aufl. Weinheim.

Toch, H. (1997). «Hypermasculinity and Prison Violence». In: Bowker, L. H. (Hrsg.). *Masculinity and Violence.* Thousand Oaks, London, New Delhi, S. 168–178.

Van den Broeck, J. (1993). *Verschwiegene Not: Sexueller Missbrauch an Jungen.* Zürich.

Van Outsem, R. (1993). *Sexueller Missbrauch an Jungen. Forschung, Praxis, Perspektiven.* Ruhnmark.

Verbundprojekt Frauengesundheit in Deutschland (2001). *Bericht zur gesundheitlichen Situation von Frauen in Deutschland. Eine Bestandsaufnahme unter Berücksichtigung der unterschiedlichen Entwicklung in West- und Ostdeutschland.* Schriftenreihe des BMFSFJ. Bd. 209. Stuttgart.

Vogt, I. (1993). *Gewaltsame Erfahrungen, «Gewalt gegen Frauen» als Thema in der Suchtkrankenhilfe.* Bielefeld.

Wacquant, L. (2000). *Elend hinter Gittern.* Konstanz.

Weissman, S. (1994). *Überlebenskünstlerinnen. Lebenswege sexuell missbrauchter Frauen.* Pfaffenweiler.

Wetzels, P. (1997). *Gewalterfahrungen in der Kindheit: Sexueller Missbrauch, körperliche Misshandlung und deren langfristige Konsequenzen.* Baden-Baden.

Wetzels, P., Greve, W., Mecklenburg, E., Bilsky, W., Pfeiffer, C. (1995). *Kriminalität im Leben alter Menschen. Eine altersvergleichende Untersuchung von Opfererfahrungen, persönlichem Sicherheitsgefühl und Kriminalitätsfurcht.* Schriftenreihe des BMFSFJ. Bd. 105. Stuttgart.

Wildwasser e. V. Berlin (Hg.) (1993). *Wir haben schon viel erreicht! 10 Jahre Wildwasser e. V. Berlin.* Berlin.

Wirtz, U. (1990). *Seelenmord. Inzest und Therapie.* Stuttgart.

Zenz, G. (1979). *Kindesmisshandlung und Kindesrechte. Erfahrungswissen, Normstruktur und Entscheidungsrationalität.* Frankfurt/M.

Zulehner, P. M., Volz, R. (Hrsg.) (1998). *Männer im Aufbruch: wie Deutschlands Männer sich selbst sehen und Frauen sie sehen.* Ostfildern.

6 Geschlechtsspezifische Inanspruchnahme des Versorgungssystems

Geschlechtsspezifische Inanspruchnahme von Prävention und Krankheitsfrüherkennung

Petra Kolip und Frauke Koppelin

1. Einleitung

Die geringere Inanspruchnahme medizinischer Vorsorgeuntersuchungen und das höhere Ausmaß gesundheitsriskanten Verhaltens in der männlichen Bevölkerung wurden als Hauptgründe für die geringere Lebenserwartung der Männer in industrialisierten Ländern identifiziert (Kolip 1998). In diesem Beitrag werden geschlechtsspezifische Muster der Inanspruchnahme präventiver Leistungen analysiert und die Gründe hierfür beleuchtet. Wir konzentrieren uns dabei auf zwei Beispiele, zum einen auf geschlechtersensible Suchtprävention im Jugendalter, zum anderen auf das Mammographie-Screening als Beispiel für ein Angebot, das zwar frauenspezifisch, aber nicht frauengerecht ist. Unter Prävention werden dabei solche Maßnahmen verstanden, die ihren Ausgangspunkt an spezifischen Krankheiten und Störungen nehmen und sich am Risikofaktorenmodell orientieren (vgl. Laaser/Hurrelmann 1998). Prävention versucht, die Faktoren zu identifizieren und zu beeinflussen, die die Wahrscheinlichkeit für das Auftreten einzelner Krankheiten erhöhen. Gesundheitsförderung im Sinne des Gesundheitsförderungsparadigmas der Weltgesundheitsorganisation meint hingegen solche Maßnahmen, die unspezifisch wirken und Ressourcen und Schutzfaktoren fördern wollen (zur Differenzierung siehe Laaser/Hurrelmann 1998; Trojan 2002; Franzkowiak/Sabo 1993).

Wir orientieren uns im folgenden Beitrag an der Differenzierung von Laaser und Hurrelmann (1998), die Präventionsstrategien hinsichtlich des Interventionszeitpunkts kategorisieren: Primäre Prävention hat das Ziel, Krankheiten zu verhüten, sekundäre Prävention setzt im Krankheitsfrühstadium an und will die Krankheitsauslöser beeinflussen («Kuration», «Frühbehandlung»), und tertiäre Prävention will nach akuter Krankheitsbehandlung Folgekrankheiten vermeiden («Rehabilitation»). Früherkennungsmaßnahmen und Screening-Untersuchungen, wie z. B. die Krebsfrüherkennung und die Gesundheitsuntersuchung zur Früherkennung von Krankheiten ab dem 36. Lebensjahr (»Gesundheits-Check-up«), sind damit den sekundären Präventionsmaßnahmen zuzurechnen, denn es ist ihr Ziel, die ersten Anzeichen für Krankheiten in einem Stadium zu entdecken, in dem die Heilungschancen gut sind.

In diesem Beitrag werden zunächst einige empirische Befunde zur geschlechtsspezifischen Inanspruchnahme und Wirkung von Präventionsmaßnahmen dargestellt, ehe anschließend zwei ausgewählte Interventionsbereiche – geschlechtersensible Suchtprävention im Jugendalter sowie Mammographie-Screening – näher beleuchtet werden. Abschließend werden wir einige Problembereiche diskutieren und Ansatzpunkte für geschlechtssensible Präventionsmaßnahmen benennen.

2. Empirische Gründe für eine geschlechtsspezifische Differenzierung

Für eine geschlechtsspezifische Betrachtung der Prävention sprechen zahlreiche empirische und theoretische Gründe, von denen die wesentlichsten im Folgenden kurz skizziert werden.

2.1 Geschlechtsunterschiede im gesundheitlichen Risikoverhalten

Geschlechtsunterschiede im gesundheitsriskanten Verhalten sind vielfach belegt und werden als eine Hauptursache für die kürzere Lebenserwartung der männlichen Bevölkerung diskutiert (Lopez 1983; Waldron 2000; Kolip 1998). Das Geschlecht ist eine der wichtigsten soziodemographischen Variablen, die zu Unterschieden im gesundheitsrelevanten Verhalten beiträgt (Felton et al. 1997). Für die meisten Bereiche lässt sich ein riskanteres Verhalten der Männer feststellen: Sie konsumieren häufiger Tabakprodukte (Junge/Nagel 1999), zeigen in Bezug auf Alkohol häufiger riskante Konsummuster (Bundesministerium für Gesundheit 2000; Kraus/Bauernfeind 1998; Mensink et al. 1999), verhalten sich im Straßenverkehr riskanter (Abdel-Aty/Abdelwahab 2000; Douglas et al. 1997; Marthiens/Schulze 1989; Stillion 1985), ernähren sich – bezogen auf die Nahrungsinhalte – ungesünder (Felton et al. 1997; Wardle et al. 1997) und schützen sich schlechter vor UV-Strahlung (McCarthy et al. 1999). Lediglich in drei Bereichen verhalten sich Frauen riskanter. Zum einen treiben sie seltener als Männer ausreichend intensiv Sport (Mensink 1999; siehe auch Caspersen et al. 2000 sowie für internationale Vergleichsdaten Felton et al. 1997): Nach den Ergebnissen des Bundes-Gesundheitssurveys, der 1998 als Repräsentativbefragung von 7124 Personen im Alter zwischen 18 und 79 Jahren durchgeführt wurde und die umfassendste aktuelle Datenbasis für Deutschland darstellt, treiben nur 10,5 % der 18- bis 79-jährigen Männer und 5,1 % der Frauen pro Woche mehr als vier Stunden Sport, 13,0 % der Männer und 10,3 % der Frauen sind zwischen zwei und vier Stunden sportlich aktiv (Mensink 1999). Zum anderen nehmen Frauen häufiger psychoaktive Medikamente ein. So geben 5,2 % der 46- bis 79-jährigen westdeutschen und 6,1 % der ostdeutschen Frauen an, täglich stimmungsaufhellende Medikamente einzunehmen (Männer Ost: 1,8 %, Männer West: 2,5 %; Knopf/Melchert 1999; siehe auch Kraus/Bauernfeind 1998). Auch die Einnahmeraten von Beruhigungs- und Schlafmitteln liegen bei den Frauen höher. Hierfür ist vor allem eine geschlechtsspezifische Verordnungspraxis verantwortlich zu machen, da Frauen häufiger Medikamente mit Abhängigkeitspotenzial (vor allem aus der Gruppe der Benzodiazepine) verschrieben bekommen (Glaeske 1999). Und schließlich zeigen vor allem junge Frauen restriktive Formen des Essverhaltens (regelmäßige Diäten), die u. U. zu Essstörungen führen können (Wardle et al. 1997; Kolip 1997).

Diese Geschlechtsunterschiede lassen sich bereits in der Adoleszenz beobachten (für einen Überblick mit internationalen Vergleichszahlen siehe Kolip/Schmidt 1999) und legen deshalb eine präventive Intervention bereits im Kindes- und Jugendalter nahe (siehe auch den Beitrag von Settertobulte in diesem Band).

Gesundheitspsychologinnen und -psychologen haben komplexe Modelle entwickelt, die die Einflussfaktoren auf gesundheitsrelevantes Verhalten analysieren und Ansatzpunkte für Präventionsmaßnahmen benennen (für einen Überblick siehe Schwarzer 1997). Die Veränderung des individuellen Verhaltens ist allerdings relativ kompliziert, da es im Kontext der sozialen und ökonomischen Lebensbedingungen zu sehen ist und den kulturell geprägten und geschlechtlich aufgeladenen (gendered) Umgang mit dem Körper widerspiegelt (exemplarisch für das Beispiel Frauen und Sport: Vertinsky 1998).

2.2 Inanspruchnahme von Vorsorge- und Früherkennungsuntersuchungen

Männer verhalten sich nicht nur gesundheitsriskanter, sie nehmen auch seltener als Frauen medizinische Vorsorgeuntersuchungen in Anspruch, und sie sind kritischer gegenüber solchen Untersuchungen eingestellt (Bellas et al. 2000; Munley et al. 1999). Für Deutschland lässt sich zeigen, dass im Jahre 1997 in den alten Bundesländern 51,1 % der anspruchsberechtigten Frauen, aber nur 17,2 % der Männer die Krebsfrüherkennungsuntersuchung[1] in Anspruch genommen haben, in den neuen Bundesländern 49,1 % der Frauen und 13,1 % der Männer.[2]

Während in der Gruppe der Frauen die Inanspruchnahmeraten seit 1985 um 20 % gesteigert werden konnen, fällt die Steigerung bei den Männern mit 6 % wesentlich geringer aus (Bundesministerium für Gesundheit 1999). Deutlich ist ein Alterstrend zu beobachten: Bei den Männern steigen die berichteten Inanspruchnahmeraten von 13,8 % bei den 45- bis 49-Jährigen auf 28,9 % bei den 65- bis 69-Jährigen. Bei den Frauen steigen die Raten von 22,1 % bei den 20- bis 24-Jährigen auf über 40 % bei den 25- bis 29-Jährigen, um dann auf dieser Höhe (zwischen 42,4 und 46,7 %) bis zum 54. Lebensjahr zu stagnieren. Danach fallen die Inanspruchnahmeraten kontinuierlich ab. Dieser Rückgang deckt sich mit der Entwicklung, die sich anhand der bei den Krankenkassen abgerechneten Untersuchungen beobachten lässt: Danach sinkt ab dem 55. Lebensjahr bei Frauen die Bereitschaft, an der Krebsvorsorge teilzunehmen, ab dem 70. Lebensjahr liegen ihre Inanspruchnahmeraten sogar unter denen der Männer (Statistisches Bundesamt 1998). Frauen nehmen also vor allem in den Jahren reproduktiver Aktivität die Krebsfrüherkennungsuntersuchung in Anspruch. In den Altersgruppen, in denen die Krebserkrankungen dann häufiger werden, werden Früherkennungsuntersuchungen seltener.

1989 wurde eine weitere Früherkennungsuntersuchung gesetzlich verankert. Seit diesem Zeitpunkt haben Männer und Frauen ab dem 36. Lebensjahr die Möglichkeit, alle zwei Jahre eine Gesundheitsuntersuchung zur Früherkennung von Herz-Kreislauf-Krankheiten, Nierenerkrankungen und Diabetes mellitus in Anspruch zu nehmen. Etwa ein Viertel der Anspruchsberechtigten hat 1997 an dieser Untersuchung teilgenommen, die Raten liegen hier bei den Männern interessanterweise mit 26,7 % etwas höher als bei den Frauen (24,5 %; Kahl et al. 1999).

Mit dieser geringeren Nutzung der Früherkennungsuntersuchungen und der geringeren Rate von Arztbesuchen geht auch eine schlechtere Kenntnis des eigenen Risikoprofils einher. So geben im Bundes-Gesundheitssurvey[3] 17,1 % der Männer, aber nur 14,8 % der Frauen an, nicht zu wissen, ob der Cholesterinspiegel erhöht ist ($p < 0,01$), 7,0 % der Männer und 4,3 % der Frauen wissen nicht, ob sie einen erhöhten Blutdruck haben ($p < 0,001$).

Männer gehen nicht nur seltener für Früherkennungsuntersuchungen zum Arzt, auch bei bereits aufgetretenen Symptomen nehmen sie seltener das medizinische Versorgungssystem in Anspruch. So gehen nur 35 % der Männer zum Arzt, wenn sie Schmerzen im Brustkorb wahrnehmen (Statistisches Bundesamt 1998).

2.3 Inanspruchnahme von Präventionsmaßnahmen

Frauen nehmen nicht nur häufiger als Männer Früherkennungsuntersuchungen in Anspruch, sie nutzen auch mehr als Männer das Angebot

---

1 Gesetzlich krankenversicherte Frauen können ab dem 20. Lebensjahr jährlich eine Früherkennungsuntersuchung des Genitales in Anspruch nehmen. Ab dem 30. Lebensjahr werden zusätzlich die Brust und die Haut untersucht, ab dem 45. Lebensjahr ist eine Untersuchung des Rektums und des übrigen Dickdarms eingeschlossen. Eine Früherkennungsuntersuchung für Krebserkrankungen des Dickdarms, der Prostata, der äußeren Geschlechtsorgane und der Haut können Männer von Beginn des 45. Lebensjahres in Anspruch nehmen.

2 Diese Angaben beruhen auf den Abrechnungen der Krankenkassen. Befragungsstudien, wie z.B. der Bundes-Gesundheitssurvey 1998, kommen zu divergierenden Ergebnissen: Danach geben nur 36,5 % der Frauen, aber 22,6 % der Männer an, eine Krebsfrüherkennungsuntersuchung in Anspruch genommen zu haben. Die Gründe für diese Divergenz sind unklar, vermutlich tragen bei Frauen und Männern unterschiedliche Faktoren dazu bei. Möglicherweise werden Frauen bei einem gynäkologischen Routinebesuch nicht darüber informiert, dass eine Krebsfrüherkennungsuntersuchung durchgeführt wird. Bei Männern hingegen ist zu vermuten, dass sie mit einer Tendenz zur sozialen Erwünschtheit antworten, aus der ein Overreporting resultiert. Für den Hinweis auf diesen Widerspruch und Erklärungsansätze bedanken wir uns bei Dr. Bettina Schmidt.

3 Die folgenden Angaben beziehen sich auf eine Auswertung des Bundes-Gesundheitssurveys 1998, der den Autorinnen vom Robert Koch-Institut, Berlin, als Public Use File zur Verfügung gestellt wurde. Zur Konzeption des Surveys und ersten Ergebnissen siehe Bundes-Gesundheitssurvey (1998).

Tabelle 1: Teilnahme an gesundheitsfördernden Maßnahmen in den vergangenen zwölf Monaten nach Alter und Geschlecht in Prozent (Bundesgesundheitssurvey 1998; eigene Berechnungen).

	20–29 M	F	30–39 M	F	40–49 M	F	50–59 M	F	60–69 M	F	70–79 M	F
Gewichtsreduktion	0,8	2,1	0,5	2,7[3]	1,0	2,5[1]	1,0	2,1	1,2	1,1	0,4	0,3
Ernährung	0	1,6[2]	0,7	3,2[3]	1,3	3,8[2]	2,1	1,8	2,2	2,6	1,7	0,6
Rücken	2,4	7,4[3]	2,6	7,9[3]	5,6	10,9[3]	6,8	10,0[1]	5,1	5,9	1,7	3,8
Stress/Entspannung	0,4	2,3[2]	2,0	4,4[3]	1,9	5,6[3]	2,2	4,3[1]	0,6	1,1	0	0,6

1 $p < 0{,}05$; 2 $p < 0{,}01$; 3 $p < 0{,}001$

von Präventionsmaßnahmen (Kahl et al. 1999). Frauen besuchen häufiger Kurse zur Entspannung oder Stressbewältigung, zur Wirbelsäulengymnastik sowie zur gesunden Ernährung und Gewichtsreduktion. Besonders große Unterschiede im Nutzungsverhalten sind im Ernährungsbereich zu beobachten, geringere Unterschiede zeigen sich in substanzbezogenen Präventionsangeboten (z. B. Rauchentwöhnung; Rohe 1998; Hinze et al. 1999; Kirschner et al. 1995). Die Geschlechtsunterschiede sind bis zum 60. Lebensjahr zu beobachten, danach sind die Nutzungsraten der Frauen auf ähnlich niedrigem Niveau wie jene der Männer (vgl. **Tab. 1**).

Diese Befunde verweisen zum einen auf das höhere Verantwortungsgefühl von Frauen gegenüber dem eigenen Körper, zum anderen zeigen sie, dass sich auch in der Nutzung von Präventionsmaßnahmen das Geschlechterverhältnis reproduziert, etwa beim höheren Interesse von Frauen an Ernährungsthemen, das von den Anbieterinnen und Anbietern auch gezielt angesprochen wird. Die Befunde zeigen auch, dass sich die Angebote der Träger von Präventionsmaßnahmen (Krankenkassen, Bildungseinrichtungen) – thematisch und organisatorisch – an einer weiblichen Klientel orientieren (Wohlfahrt 1998). Dies wirft die Frage nach einem zielgruppenspezifischen Zuschnitt von Gesundheitsangeboten auf, denn das mangelnde Interesse von Männern an solchen Angeboten wird vielfach beklagt. Frauen lassen sich offenbar leichter für Gesundheitsthemen gewinnen, die Angebote zementieren aber das Geschlechterverhältnis, indem sie Frauen auf die Rolle derjenigen verweisen, die sorgsam im Umgang mit ihrem Körper sind und sich für gesundheitliche Belange (auch im Sinne einer Verantwortlichkeit für die restlichen Familienmitglieder) interessieren (Wülfing 1998). Männer hingegen fühlen sich von den Angeboten wenig angesprochen. Im Sinne einer zielgruppenspezifischen Ausrichtung der Präventionsangebote steht eine Entwicklung männerorientierter Konzepte bislang noch aus.

Zusammenfassend lässt sich festhalten, das sich Männer und Frauen sowohl im gesundheitlichen Risikoverhalten als auch in der Inanspruchnahme medizinischer und präventiver Leistungen unterscheiden. Die Gründe hierfür sind bislang noch kaum untersucht, geschweige denn in ein umfassendes Modell integriert. Gleichwohl zeigen die Daten, dass im Sinne einer zielgruppenspezifischen Ausrichtung eine geschlechtsspezifische Differenzierung der Präventionsangebote notwendig ist. Zum anderen weisen sie darauf hin, dass auch jene Angebote, die sich ausschließlich an ein Geschlecht richten, den Motiven und Bedürfnissen dieser Gruppe Rechnung tragen müssen. Wir wollen im Folgenden an einigen Beispielen aufzeigen, inwieweit solche Überlegungen bislang Eingang in die Konzeption von Präventions- und Früherkennungsprogrammen in Deutschland gefunden haben und wie eine solche Differenzierung und Spezifizierung möglicherweise aussehen könnte.

3. Ausgewählte Felder der Prävention und Früherkennung

In diesem Abschnitt wollen wir einige Präventionsfelder beleuchten. Wir beginnen mit einem Beispiel aus der primären Prävention und zeichnen anhand der Suchtprävention nach, inwieweit geschlechtsspezifische Aspekte hier eine

Rolle spielen und welche neuen Ansätze, die das Geschlechterverhältnis in den Vordergrund stellen, erkennbar sind. Am Beispiel Mammographie-Screening wollen wir anschließend den Nutzen und die Risiken von Screening-Untersuchungen aufzeigen. Während mit dem ersten Beispiel ein geschlechterdifferenzierender Ansatz dargestellt wird, konzentriert sich das zweite Beispiel auf weibliche Zielgruppen. Bislang gibt es kaum ausgereifte Präventionskonzepte, die sich an männliche Zielgruppen richten. Zwar finden sich in den Editorials medizinischer und gesundheitswissenschaftlicher Fachzeitschriften immer wieder Hinweise darauf, dass hier ein Entwicklungsbedarf besteht (z. B. im Aufruf für eine «Prostata Awareness Week»[4] oder in der Anregung, niedergelassene Ärzte mögen junge Männer zwischen 20 und 40 Jahren zur Hoden-Selbstuntersuchung anhalten[5]), konkrete Konzepte, um z. B. die geringe Inanspruchnahme der Krebsvorsorgeuntersuchung durch Männer zu erhöhen, fehlen bislang.

3.1 Geschlechtsspezifische und geschlechtersensible Ansätze der Prävention im Jugendalter

Die aufgezeigten Geschlechtsunterschiede im gesundheitsriskanten und gesundheitsförderlichen Verhalten lassen sich bereits im Jugendalter beobachten: Mädchen und Jungen unterscheiden sich zwar nur wenig in den Motiven, mit dem Substanzkonsum zu beginnen, den habitualisierten Konsummustern liegen aber unterschiedliche Motive zu Grunde und auch die riskanten Formen des Konsums nehmen jeweils einen geschlechtsspezifischen Verlauf. Während Jungen vor allem durch externalisierendes Risikoverhalten auffallen (z. B. erhöhten Alkoholkonsum, riskantes Verkehrsverhalten), zeigen Mädchen eher internalisierendes Problemverhalten (riskantes Ess- und Diätverhalten, Medikamentenkonsum; vgl. Kolip 1997; Helfferich 1994a; siehe auch den Beitrag von Settertobulte in diesem Band). JugendgesundheitsforscherInnen haben deshalb seit den Achtzigerjahren darauf hingewiesen, dass Präventionskonzepte diese Unterschiede aufgreifen müssen. Sie haben betont, dass gesundheitlichem Risikoverhalten eine zentrale Funktion bei der Bewältigung – geschlechtsspezifisch differenzierter – normativer Entwicklungsaufgaben zukommt und Präventionsprogramme nur dann erfolgreich sind, wenn sie «funktionale Äquivalente» anbieten (z. B. Silbereisen/Kastner 1985). Trotz dieser offensichtlichen Geschlechtsunterschiede wurden allerdings bislang kaum Präventionsangebote entwickelt, die diese Differenzen reflektieren bzw. diese sogar in das Zentrum ihrer Angebote rücken.[6] Dies ist umso erstaunlicher, als auch die Erfahrungen z. B. mit

---

4 Prostatakrebs ist nach Lungenkrebs die zweithäufigste Krebserkrankung bei Männern, bei den Todesfällen liegt der Prostatakrebs an dritter Stelle der Krebstodesfälle (www.rki.de). Es ist vor allem eine Erkrankung des höheren Lebensalters. Der Tumor wächst in der Regel langsam und führt in vielen Fällen nicht zum Tode: 30 % der über 70-Jährigen und 50 bis 60 % der über 90-Jährigen haben ein latentes Prostatakarzinom, das erst durch eine Obduktion entdeckt wird. Im Rahmen der Krebsfrüherkennung wird eine Tastuntersuchung durchgeführt; die Anzahl der durch die Früherkennung entdeckten Tumore hat sich in den vergangenen 30 Jahren allerdings nicht verändert (Statistisches Bundesamt 1998). Der Wert des Tests auf das prostataspezifische Antigen (PSA-Test) wird – vor allem aufgrund der hohen falsch-positiven Diagnosen – kontrovers diskutiert, da ein erhöhter PSA-Wert (Tumormarker) auch bei gutartigen Erkrankungen und Entzündungen auftritt und durch den Test zahlreiche latente Tumore entdeckt werden, die zu unnötigen medizinischen Folgebehandlungen (Biopsie, evtl. weitere Operationen) führen (Gambert 2001; Gerard/Frank-Stromborg 1998; McGregor et al. 1998; Moss/Melia 1998).

5 Hodenkrebs ist zwar eine Krebserkrankung, die im gesamten Mortalitätsspektrum eine nachrangige Rolle spielt, er ist aber die häufigste Tumorerkrankung bei Männern zwischen dem 20. und 40. Lebensjahr. Der Tumor äußert sich durch eine schmerzlose Vergrößerung der Hoden, die ertastet werden kann. Da bei frühzeitiger Behandlung dieses schnell wachsenden Tumors die Überlebenschance 90 % beträgt, wird eine monatliche Selbstuntersuchung – analog der Brustselbstuntersuchung bei Frauen – empfohlen (National Cancer Institute 1990). Bislang führen nur wenige Männer diese Selbstuntersuchung durch (Katz et al. 1995), und es fehlen Konzepte, Männer für diese Früherkennungsuntersuchung zu gewinnen (Mormann 2000).

6 Dies gilt zumindest für die Maßnahmen, die im Rahmen des Präventionsdiskurs entwickelt wurden. In anderen Bereichen, z. B. in der Jugendarbeit, die einen engen Bezug zu den Themenkom-

schulischen Präventionsangeboten einen geschlechtsspezifischen Ansatz nahe legen. Moderne Suchtpräventionsprogramme haben sich schon seit gerau-mer Zeit vom Abschreckungsparadigma gelöst und verbinden drogen- und suchtspezifische Elemente mit Modulen, die die Steigerung von Lebenskompetenzen (z. B. sozialen Kompetenzen wie Fähigkeiten zur Kontaktaufnahme und Kommunikationsfähigkeiten, Stressbewältigungs- und Copingstrategien) zum Ziel haben (zur Wirksamkeit dieses Ansatzes siehe z. B. Tobler/Stratton 1997). Studien, die diese Programme evaluieren, zeigen – sofern sie überhaupt das Augenmerk auf geschlechtsspezifische Programmeffekte legen (Leppin et al. 1999) –, dass Mädchen von diesen Angeboten stärker profitieren als Jungen. So berichten Jerusalem und Mittag (1997) langfristige positive Effekte eines Interventionsprogramms für Alkoholkonsum nur für die Gruppe der Schülerinnen, während sich bei Jungen keine Effekte auf die Einstellung und den Konsum von Alkohol feststellen lassen. Auch Leppin et al. (1999) können zeigen, dass ein schulisches, an der Lebenskompetenz orientiertes Programm zwar bei den Mädchen, nicht aber bei den Jungen den Einstieg in den Alkoholkonsum verzögern kann. Dennoch findet eine geschlechtsspezifische Differenzierung der schulischen Suchtprävention bislang kaum statt, u. a. mit der Begründung, dass dies zu aufwändig sei. Geschlechterdifferenzierende Maßnahmen für Jugendliche lassen sich bislang nur in zwei Bereichen aufzeigen: innerhalb der Schule im Bereich Sexualerziehung/AIDS-Prävention (Hilgers 1995) und außerhalb der Schule in der freien Jugendarbeit. Diese ist bereits vor 20 Jahren dazu übergegangen, mädchenspezifische Angebote zu entwickeln (Fromm/Proissl 1996), die mittlerweile durch jungenspezifische ergänzt wurden (Sielert 1993). Obwohl die Mädchen- bzw. Jungenarbeit sich nicht als Gesundheitsförderung versteht, rückt sie dennoch häufig den Umgang mit dem Körper in das Zentrum des Interesses (Helfferich 1994b). Schulische Prävention, insbesondere dann, wenn sie sich dem Lebenskompetenzansatz verpflichtet fühlt, könnte hier zahlreiche Anregungen für die Konzeptentwicklung erhalten, wenn die professionellen Felder stärker auf Kooperation ausgerichtet wären.

Franzkowiak et al. (1998) zeigen auf, dass sich in den vergangenen 15 Jahren die Situation geändert hat. Neben geschlechtsspezifischen Angeboten im Sinne einer zielgruppenspezifischen Arbeit in geschlechtshomogenen Gruppen finden sich – zwar noch zaghaft, aber dennoch zunehmend – Konzepte, die das Geschlechterverhältnis thematisieren (geschlechtsbezogene Suchtprävention; vgl. auch Schofield et al. in diesem Band). Ein Beispiel hierfür ist die im Jugendamt der Stadt Nürnberg entwickelte und in der Schweiz modifizierte Ausstellung zur geschlechtsspezifischen Suchtprävention «boys and girls», die durch ein Praxismanual für den Unterricht ergänzt wird (SFA o. J.). Die Ausstellung animiert Jugendliche dazu, sich mit den bestehenden Rollenbildern auseinander zu setzen und unterstützt sie bei der eigenen Identitätsbildung. Mit Themen wie Sexualität und Beziehung, Mode, Familie und Beruf greift «boys and girls» zentrale Fragen auf, mit denen sich Jugendliche beschäftigen und regt zu einer geschlechtsspezifischen Diskussion an. Neben geschlechtshomogenen Elementen finden sich auch Themen, die die Beziehung der Geschlechter («Anmache», «Liebe») in den Vordergrund rücken. Noch sind diese Ansätze zu neu als dass bereits Evaluationsergebnisse vorliegen könnten, auf qualitativ-theoretischer Ebene ist diese Entwicklung aber zu begrüßen.

3.2 Krebsfrüherkennung: Kontroverse zum Mammographie-Screening

Krebsfrüherkennungsuntersuchungen wurden 1970 in Deutschland eingeführt mit dem Ziel, präventiv-medizinische Maßnahmen in der Krankenversicherung zu etablieren. Sie dienen nicht der Verhinderung von Krankheiten sondern der Früherkennung von Krebserkrankungen, möglichst in einem Vorstadium ohne klini-

plexen Körper und Gesundheit haben, ist ein geschlechtersensibles Angebot schon lange etabliert und anerkannt. Vor allem in der parteilichen Mädchenarbeit wurden Materialien für eine geschlechtersensible Auseinandersetzung mit dem Körper und eine mädchenadäquate Ressourcenstärkung entwickelt (Helfferich 1994b, 1995). Der Präventionsdiskurs wird aber nur selten mit jenem der Mädchen- bzw. Jungenarbeit zusammengeführt, obwohl beide Bereiche hiervon profitieren könnten.

sche Symptomatik. Obwohl die Inanspruchnahmeraten relativ niedrig liegen, gilt der Wert der Krebsfrüherkennungsmaßnahmen in der Bevölkerung als weitgehend unbestritten: Krankheiten sollen zu einem Zeitpunkt entdeckt werden, zu dem noch eine Chance auf Heilung besteht. In der fachwissenschaftlichen Literatur wird diese Einschätzung allerdings nicht uneingeschränkt geteilt, wie wir am Beispiel des Mammographie-Screenings zeigen wollen (zur generellen Problematik der Prävention und Früherkennung von Krebserkrankungen siehe auch den Beitrag von Borgers in diesem Band).

Rund 46 000 Frauen erkranken laut der Arbeitsgemeinschaft Bevölkerungsbezogener Krebsregister in Deutschland (ABKD 1999) jährlich an Brustkrebs. Der Brustkrebs ist die häufigste Krebserkrankung bei Frauen. Bösartige Neubildungen der Brustdrüse machen mit einem Anteil von 26,4 % den Hauptteil der neu auftretenden Krebserkrankungen von Frauen aus.[7] Der Brustkrebs stellt mit einem Anteil von 17,9 % an allen Krebssterbefällen auch die häufigste Krebstodesursache für Frauen in Deutschland dar. Mit zunehmendem Lebensalter steigt das Risiko, an Brustkrebs zu erkranken, deutlich an. Gegenwärtig beträgt das mittlere Erkrankungsalter 63,5 Jahre (ABHD 1999). Ein Blick auf die Länder der EU zeigt deutliche Unterschiede. Die Niederlande und die skandinavischen Länder Dänemark, Finnland und Schweden haben die höchsten Raten, die niedrigsten finden sich in den südeuropäischen Ländern Spanien, Griechenland und Portugal. Deutschland finden wir im Mittelbereich der länderspezifischen Inzidenzen.

Es lassen sich unterschiedliche Risikofaktoren für den Brustkrebs benennen.[8] Als gesichert können sowohl genetische Faktoren (familiäre Vorbelastung bzw. Identifizierung der Brustkrebsgene BRCA1 und BRCA2; vgl. McPherson et al. 2000), hormonelle und reproduktive Faktoren wie auch ionisierende Strahlungen (DKFZ 2000; Storm et al. 1992; ABKD 1999) angesehen werden. Zu den hormonabhängigen Risikofaktoren zählen frühe Menarche, späte Menopause, Kinderlosigkeit bzw. späte Geburt des ersten Kindes, kurze Stillzeiten und die Hormon-Ersatztherapie (Greiser et al. 2000). In der Diskussion sind weitere Risikofaktoren, wie z. B. Alkoholkonsum, Übergewicht, Ernährung, elektromagnetische Felder und Insektizidbelastung, deren Einfluss aber noch nicht hinreichend geklärt ist (vgl. Giersiepen/Greiser 2001; Gerber 2001).

Die Faktoren, die ursächlich an der Entstehung des Brustkrebses beteiligt sind, sind kaum der primären Prävention zuzuführen bzw. hierfür überhaupt nicht zugänglich (vgl. auch Becker 2001). Die Möglichkeiten der sekundären Prävention im Sinne einer Krebsfrüherkennung gestalten sich aber günstiger.[9] Mit der Krebsfrüherkennung ist die Chance gegeben, den Tumor zu einem Zeitpunkt zu diagnostizieren, an dem die Prognosen für eine Genesung günstig sind bzw. die Überlebenszeit nach Diagnosestellung erhöht wie auch die Lebensqualität verbessert werden können (Giersiepen/Greiser 2001). Im Vergleich zu anderen Krebsarten ist die Überlebenswahrscheinlichkeit beim Brustkrebs mit 73 % in den ersten fünf Jahren nach Diagnosestellung für die betroffenen Frauen vergleichsweise günstig (Magenkarzinom 28 %, Lungenkrebs 17 %).

Eine bedeutende Methode der Brustkrebsfrüherkennung stellt die Mammographie dar. Sie ist in der Lage, Karzinome bereits in einem früheren Stadium (bei einer Größe von 2 mm) zu erkennen. Weitere Methoden sind u. a. die Inspektion, die Palpation (Abtasten), die Anleitung zur

---

7 Zum Vergleich: Der Anteil des Dickdarm- und Mastdarmkrebses an Krebserkrankungen liegt bei Frauen bei 15,9 %, des Gebärmutterkörpers bei 5,8 %, des Eierstocks bei 4,7 %, des Gebärmutterhalses bei 3,3 %. Leukämien und Lymphome haben einen Anteil von 9,6 %. Bei Männern ist der Lungenkrebs mit einem Anteil von rund 17,1 % die häufigste Krebsform. Bei Frauen mit 5,1 % hingegen nur die fünfthäufigste Krebsform.

8 Einen zusammenfassenden Überblick über die Risikofaktoren des Brustkrebses geben Giersiepen und Greiser (2001), Gerber (2001) und BMFSFJ (2001).

9 Dabei ist zu beachten, dass eine «Vorsorge» im Sinne einer Vermeidung der Erkrankung durch die Einführung der Früherkennungsprogramme nicht existiert. Es handelt sich bei allen Angeboten um eine reine Früherkennung bzw. Aufdeckung einer bereits vorhandenen Erkrankung, in der Regel bei Frauen, die noch keine Symptome spüren (siehe hierzu auch die Begriffsklärung in der Einleitung dieses Beitrages).

Brustselbstuntersuchung, die Sonographie und die Magnetresonanz-Mammographie.

Obwohl die Qualität der Mammographien in Deutschland immer wieder im Zentrum der Kritik steht (vgl. hierzu Koch 2000), ist eine flächendeckende Qualitätssicherung unter Berücksichtigung der seit acht Jahren existierenden Europäischen Qualitätsrichtlinien zum Mammographie-Screening (vgl. hierzu deWolf/Perry 1996) nicht in Sicht. Obwohl sich die EU-Leitlinien im engeren Sinne auf die Einführung von Screenings beziehen, können die ihnen zu Grunde liegenden Qualitätsaspekte auch für die Einführung einer qualitätsgesicherten Mammographie in der Gesetzlichen Krankenversicherung als Teil der Früherkennung Verwendung finden.

Die Mammographie ist gegenwärtig nur bei familiärer Vorbelastung oder akutem Verdacht auf Brustkrebs und zur weiteren diagnostischen Abklärung Bestandteil der von der GKV finanzierten Leistungen. Die bundesweite Einführung eines im Rahmen der Kassenleistungen finanzierten Mammographie-Screenings soll im Rahmen von Modellprojekten in den Regionen Weser-Ems, Bremen und Wiesbaden geprüft werden. Allerdings liegen dem Bundestag parallel zum Beginn der Modellprojekte bereits Anträge zweier Bundestagsfraktionen vor, gemäß der EU-Richtlinien mit einer bundesweiten Einführung des Brustkrebs-Screenings umgehend zu beginnen. Mit der Durchführung der Modellprojekte wird, wie auch mit allen anderen bisherigen Screening-Programmen (z. B. in den Niederlanden (vgl. LETB 2000); in Schweden, England, Amerika oder Kanada (zusammenfassend in Schreer 2001; Gøtzsche/Olsen 2000)) die Reduktion der Brustkrebsmortalität verfolgt. Die Ergebnisse der bereits auswertbaren Studien haben sehr unterschiedliche Effekte auf die Senkung der Mortalität gezeigt. Befürworter des Screenings orientieren sich an den Ergebnissen der Studien, die eine Senkung der Mortalität (von durchschnittlich einem Drittel) ergeben haben. In den Niederlanden hofft man gegenwärtig, die prognostizierte Moralitätssenkung von 16 bis 17 % im Jahre 2003 durch das landesweite Screening-Programm zu erreichen (LETB 2000).

Doch der Wert des Mammographie-Screenings ist in Fachkreisen umstritten und wird gegenwärtig kontrovers diskutiert (z. B. Meyer 2000; Koch 2000; Koppelin et al. 2001; Becker 2001; Gøtzsche/Olsen 2000; vgl. auch «Der Radiologe», H. 4, 2001). Methodische Mängel an den acht auswertbaren Studien wurden vor allem durch die Metaanalyse von Gøtzsche/Olsen (2000) in die Diskussion gebracht, die vor dem Hintergrund ihrer Arbeit den Wert des Mammographie-Screenings in Frage stellten.[10]

Das Ziel eines qualitätsgesicherten Mammographie-Screenings, die Brustkrebssterblichkeit zu senken, erscheint vor dem Hintergrund der hohen Neuerkrankungsraten plausibel. In vielen Ländern (z. B. in Deutschland, Finnland, Großbritannien, Niederlande, Schweden, Kanada und USA) führte der Anstieg bzw. die gleich bleibend hohe Rate der *Neuerkrankungen* zu Besorgnis und erzeugte einen gesundheitspolitischen Handlungsdruck. Berücksichtigt man allerdings, dass in den selben Ländern parallel ein mehr oder weniger ausgeprägter Rückgang der Brustkrebs*mortalität* zu beobachten ist, wird der mit dem Screening intendierte Effekt der Mortalitätsreduktion relativiert (Becker 2001). Für den Anstieg der Inzidenz können verschiedene Erklärungsfaktoren herangezogen werden. Eine Zunahme der Risikofaktoren als Erklärung scheint hier nicht weit reichend genug. Sowohl die vermehrte Einführung von Früherkennungsprogrammen wie auch das zu beobachtende «wilde» Screenen (wie z. B. in Ländern wie Deutschland, in denen die Mammographie nicht zum festen Bestandteil des Früherkennungsprogramms gehört), sind Faktoren, die einen Anstieg der Inzidenz artifiziell verursachen. Auch die Möglichkeiten, die mit einer besseren Therapie verknüpft sind (z. B. auch durch eine adjuvante Therapie durch die Gabe von Tamoxifen), tragen zu einer Mortalitätssenkung bei und dürfen bei der Bewertung der Screening «Effekte nicht unberücksichtigt bleiben.

10 Im Zentrum der Kritik stehen methodische Mängel bei sechs der acht berücksichtigten Studien: Hier habe die Randomisierung ungleiche Gruppen, bezogen auf das Alter und den sozioökonomischen Status, ergeben. Die durchgeführte Metaanalyse mit den Daten der beiden Studien, die eine adäquate Randomisierung aufwiesen, habe hingegen keine signifikante Senkung der Brustkrebssterblichkeit bzw. Gesamtsterblichkeit gezeigt.

- Identifizierung und Einladung aller in Betracht kommenden Frauen
- Objektive Information der Anspruchsberechtigten, um eine informierte Entscheidung jeder einzelnen Frau über die freiwillige Teilnahme zu ermöglichen
- Maximierung der Teilnahmerate durch Sicherstellung eines effizienten Screening-Programms, das von den Frauen mit Sympathie aufgenommen wird
- Sicherstellung einer höchstmöglichen Qualität der Mammographien und Befundung durch angemessen ausgebildetes und erfahrenes Personal
- Sicherung einer zügigen und effektiven Abklärungsdiagnostik und Therapie
- Minimierung der nachteiligen Auswirkungen des Screenings bei gleich bleibender Optimierung der Krebserkennung
- Sicherstellung einer angemessenen Ausbildung und regelmäßigen Weiterbildung aller direkt am Screening beteiligten Berufsgruppen
- Laufende Überwachung der Ergebnisse aller Schritte des Screening-Prozesses
- Durchführung regelmäßiger Audits aller Programmaktivitäten mit einer geeigneten Rückkopplung
- Sicherstellung eines kosteneffizienten Programms

Abbildung 1: Europäische Leitlinien zum qualitätsgesicherten Mammographie-Screening (nach Junkermann et al. 2001, S. 330).

Die Europäische Union empfiehlt in ihren Leitlinien die Einführung von Screening-Programmen für so genannte symptomlose Frauen ab 50 Jahren mit einem Scrennning-Intervall von zwei Jahren. Innerhalb der EU haben bereits einige Länder die Empfehlungen aufgegriffen und mammographiegestützte Früherkennungsprogramme in hierfür speziell eingerichteten Zentren durchgeführt (England, Niederlande, Finnland, Schweden). Bei einem Screening geht es schlicht gesagt um die Entdeckung des Mammakarzinoms, das noch heilbar ist, d. h. also um Tumore, die noch keinerlei Metastasierungen aufweisen (Dronkers et al. 1999). Dabei bietet die Mammographie bei den meisten Karzinomen die Möglichkeit, diese deutlich früher als mit anderen Verfahren (z. B. Palpation) erkennen zu können. Die Vorverlagerung der Diagnose und der damit mögliche Zeitgewinn («lead time») kann als Kern des mammographischen Screenens betachtet werden. Der Gewinn an Zeit steht für die Verlängerung der Lebenszeit bei Frauen mit einem Mammakarzinon sowie eine potenzielle Verbesserung der Lebensqualität.

Grundsätze eines qualitätsgesteuerten Mammographie-Screening-Programms lassen sich unter den Aspekten einer primär technischen Qualitätssicherung, der Doppelbefundung durch besonders ausgebildete RadiologInnen und des Einsatzes von Radiologisch-Medizinisch-Technischen-AssistentInnen wie auch der Sicherstellung einer zügigen Abklärungsdiagnostik und Therapie zusammenfassen. Ein zentrales Moment ist die laufende Überprüfung aller Ergebnisse im Screening-Prozess und deren Rückkopplung sowie der Aufbau von Referenzzentren (vgl. **Abb. 1**). Ein weiteres Spezifikum der Screening-Programme ist, dass sie in der Regel außerhalb des normalen Versorgungssystems angesiedelt sind.

Abgesehen davon, dass das Ziel, mit der Einführung eines Screening-Programms die Brustkrebssterblichkeit zu senken, scheinbar nicht erreicht werden kann, lassen sich weitere Aspekte innerhalb einer Nutzen-Risikoabwägung benennen, die zu einer massiven Kritik gegen ein Mammographie-Screening geführt haben.

Im Zentrum der Kritik steht die Notwendigkeit der Informationsvermittlung, die mit der Forderung nach einer informierten PatientInnen- und KonsumentInnen-Entscheidung in Verbindung zu bringen ist. Wissenschaftliche Daten sollen so dargestellt werden, dass sie für den Laien bewertbar und interpretierbar sind und eine objektive Einschätzung über den möglichen eigenen Nutzen im Verhältnis zum Aufwand erlaubt. Der für das Mammographie-Screening proklamierte Nutzen, die Brustkrebssterblichkeit um 20 bis 30 % zu senken, führt, so die KritikerInnen, zu einem falschen Bild. Wird diese Information nicht in relativen Prozentziffern, sondern in absoluten Zahlen und unter Berücksichtigung des Aufwandes dargestellt, liest sich der Nutzen längst nicht mehr so optimistisch: «Durch Mammographie-Screening über zehn Jahre hat von 1000 Frauen eine Frau insofern einen Nutzen, als dass sie in dieser Zeit nicht an Brustkrebs stirbt» (Nyström et al. 1996, nach Mühlhauser 2001). Von diesen 1000 Frauen haben 999 also keinen Nutzen. Sie wären auch ohne Screening nicht an Brustkrebs gestorben (996 Frauen) oder sterben trotzdem an Brustkrebs (3 Frauen) (Mühlhauser 2001).

Da es bisher kein perfektes Früherkennungsprogramm mit hundertprozentiger Sensitivität und hundertprozentiger Spezifität gibt, liegen Nutzen und Schaden dicht beisammen.[11] In der Logik des Screening-Ansatzes sind deshalb auch entsprechende falsch positive und falsch negative Befunde einkalkuliert. Für die Frauen, die ein Screening-Programm durchlaufen, heißt dies, dass sie ungerechtfertigterweise zur weiteren Abklärung einbestellt werden oder ihr Tumor übersehen wird. Dass nicht alle Tumore erkannt werden, ist eine bekannte Tatsache.[12] Psychische Belastung in Folge eines falschen Verdachts oder eine trügerische Sicherheit sind negative Begleiterscheinungen. Auch die Auswirkungen der so genannten Überdiagnose, wenn bei Frauen ein Carcinoma in situ entdeckt wird, das im Laufe ihres Lebens nie auffällig geworden wäre, sind hier zu nennen. Angst, Verunsicherung, unnötige medizinische Eingriffe und Folgeuntersuchungen, die auch mit einer weiteren Strahlenbelastung einhergehen, sowie Einbußen in der Lebensqualität schließen sich hier an.

Die Einführung eines qualitätsgesicherten Mammographie-Screenings kann für eine Senkung der Brustkrebssterblichkeit keine zentrale Zielgröße mehr sein. Vielmehr sollte der Qualität des gesamten Programms von der Früherkennung bis zur Therapie mehr Augenmerk geschenkt werden (Becker 2001). Obendrein orientiert sich Qualitätssicherung in puncto Mamma-Screening ausschließlich an technischen Standards. Eine subjektive Perspektive der betroffenen Frauen, die zum Screening eingeladen werden und dieses durchlaufen, ihr Erleben der mit der Reihenuntersuchung verknüpften individuellen Ängste, aber auch Hoffnungen hinsichtlich der vermeintlichen Sicherheit und der in Aussicht gestellten besseren Heilungschancen, fand bisher wenig Eingang bei der Strukturierung und Organisation der Screening-Projekte. Die Medizintechnikzentrierung hat unter dem Label der Qualitätssicherung einen höheren Stellenwert als frauengerechte Diagnose- und Versorgungskonzepte. Eine Bezugnahme auf individuellen Bedarf und Bedürfnisse bei der Ausgestaltung solcher Früherkennungsprogramme könnte auch helfen, die Akzeptanz der Zielgruppe gegenüber solchen Maßnahmen zu erhöhen. Hierzu zählt auch, anstelle der derzeit üblichen Strategien der Angstverbreitung, Verunsicherung und Entmündigung, eine informierte PatientInnen- und KonsumentInnen-Entscheidung zu fördern und die hierfür notwendigen Vorraussetzungen zu schaffen. Die Motive und Einstellungen der Frauen zur Mammographie sind sehr unterschiedlich (Dierks 1998, 2001). Bei der Umsetzung von mammographiegestützten Früherkennungsprogrammen sollte darauf Bezug genommen werden.

4. Ausblick

Die in Abschnitt 2 dargestellten empirischen Befunde zeigen, dass sich Frauen und Männer in nahezu allen Bereichen gesundheitlichen Risiko- und Schutzverhaltens unterscheiden. Neben diesen empirischen Gründen legen aber auch theoretische Überlegungen eine geschlechtersensible Betrachung und Konzeptentwicklung nahe. Bisherige Programme und Maßnahmen gehen

---

11 Hundertprozentige Sensitivität bedeutet, dass alle Erkrankten bei der durchgeführten Untersuchung korrekt entdeckt werden, hundertprozentige Spezifität hingegen drückt aus, dass alle gesunden Frauen auch einen unauffälligen Befund erhalten. Weitere Erläuterungen hierzu finden sich in Giersiepen und Greiser (2001) und in Dronkers et al. (1999).
12 Vgl. hierzu Junkermann et al. (2001).

nach wie vor zu sehr von einer biologischen und mechanistischen Sicht aus und berücksichtigen nur wenig die – geschlechtsspezifisch differierenden – sozialen und kulturellen Rahmenbedingungen präventiven Handelns sowie die ebenfalls mit dem Geschlecht variierenden psychologischen Motivlagen. Dabei ist es offensichtlich, dass geschlechtsspezifisch differierende Sozialisationsfaktoren, Lebensweisen und Lebenswelten zu einem unterschiedlichen Umgang mit dem Körper beitragen. Präventionsmaßnahmen müssen sich deshalb von einem biomedizinischen Blick lösen und geschlechtersensibel die Rahmenbedingungen für Präventionsmaßnahmen untersuchen. Im Hinblick auf die Konzeption von Früherkennungsmaßnahmen, die sich primär auf die gesundheitliche Lage eines Geschlechts beziehen, sollte auf die Bedürfnisse und Vorstellungen der jeweiligen Zielgruppe Bezug genommen werden. Die Kontroverse um das Mammographie-Screening hat gezeigt, dass die Interessen der Betroffenen bislang bei solchen Maßnahmen keine nennenswerte Berücksichtigung finden. Für die Ausgestaltung geschlechtergerechter Früherkennungsprogramme scheint eine Integration dieser zielgruppenspezifischen Belange aber essenziell zu sein und sollte bei der Formulierung zukünftiger Maßnahmen beachtet werden. Dies verweist insgesamt auf die Notwendigkeit, die Auswirkungen, die mit der Einführung von präventiven Maßnahmen verbunden sind, für die Geschlechter getrennt zu reflektieren und die Ergebnisse der Analyse in den weiteren Entwicklungsprozess einzubinden.

Der Ansatz des Gender Mainstreaming kann hier konzeptionell bereichernd wirken (siehe hierzu auch den Beitrag von Kuhlmann in diesem Band). Gender Mainstreaming, zunächst als politisches Prinzip formuliert, beschreibt das Konzept, dass alle politischen Vorhaben daraufhin überprüft werden, welchen Einfluss sie auf das Verhältnis der Geschlechter und auf die Gleichstellung haben. Die Berücksichtigung des Geschlechts soll selbstverständlich werden und so dauerhaft zur Gleichstellung beitragen. Übertragen auf den vorliegenden Zusammenhang bedeutet der Ansatz, dass alle Präventionsmaßnahmen dahingehend untersucht werden, inwieweit sie zu einem Abbau der gesundheitlichen Ungleichheit der Geschlechter beitragen. Dies schließt eine Beantwortung der Fragen ein, an welchen Punkten überhaupt eine gesundheitliche Ungleichheit zu beobachten ist, welche Zielgruppen sich aus dieser Beobachtung gegebenenfalls ableiten lassen und in welcher Weise dann die Zielgruppen durch spezifische Präventionsmaßnahmen zu erreichen sind. Greift man das Beispiel der geringen Inanspruchnahme gesundheitlicher Vorsorgeuntersuchungen durch Männer heraus und definiert die Steigerung der Nutzungsrate als Ziel – worüber sich angesichts der Kosten-Nutzenrelation sehr wohl streiten ließe, wie das Beispiel Mammographie-Screening gezeigt hat – so wäre zu fragen, welche Barrieren bislang einer breiten Nutzung entgegenstehen und wie diese Hindernisse abgebaut werden könnten. Ein gendersensibler Blick würde recht schnell deutlich machen, dass hier strukturelle und psychosoziale Faktoren ineinander greifen. So ist die Teilnahme an Früherkennungsuntersuchungen und Präventionsmaßnahmen einerseits nicht mit Männlichkeitsvorstellungen vereinbar (Sieverding 1997) – nicht zuletzt deshalb, weil z. B. Gesundheitsförderungsangebote meist das weibliche Geschlechtsstereotyp bedienen (vgl. Wülfing 1998). Andererseits sind Männer aufgrund ihrer stärkeren Eingebundenheit in Erwerbsarbeit häufig nicht in der Lage, Termine zur Vorsorge wahrzunehmen, wenn sie sich mit den Arbeitszeiten decken. Die Integration von Präventions- und Früherkennungsmaßnahmen in die Arbeitswelt könnte einen Beitrag zum Abbau dieser strukturellen Barrieren leisten, sofern sie durch weitere Maßnahmen begleitet sind.

Literatur

Abdel-Ati, M. A., Abdelwahab, H. T. (2000). «Exploring the relationship between alcohol and the driver characteristics in motor vehicle accidents». *Accident Analysis and Prevention,* 32, S. 473–482.

ABKD (1999). *Arbeitsgemeinschaft Bevölkerungsbezogener Krebsregister in Deutschland: Krebs in Deutschland: Häufigkeiten und Trends.* 2. akt. Aufl. Saarbrücken. http://yellow-fever.rki.de/gbe/krebs/broschuere2/broschuere2.HTMV

Becker, N. (2001). «Entwicklung der Inzidenz und Mortalität an Brustkrebs». *Der Radiologe,* 41, S. 337–343.

Becker, N., Wahrendorf, J. (1998). *Krebsatlas der Bundesrepublik Deutschland 1981–1990.* 2. Aufl. Berlin.

Bellas, P. A., Asch, S. M., Wilkes, M. (2000). «What students bring to medical school: Attitudes toward health promotion and prevention». *American Journal of Preventive Medicine,* 18, S. 242–248.

Bundes-Gesundheitssurvey 1998. Das Gesundheitswesen, 61, Sonderheft 2. Stuttgart.

Bundesministerium für Familie, Senioren, Frauen und Jugend (2001). *Bericht zur gesundheitlichen Situation von Frauen in Deutschland. Eine Bestandsaufnahme unter Berücksichtigung der unterschiedlichen Entwicklung in West- und Ostdeutschland.* Schriftenreihe des Ministeriums. Bd. 209. Stuttgart.

Bundesministerium für Gesundheit (2000). *Alkoholkonsum und alkoholbezogene Störungen in Deutschland.* Baden-Baden.

Bundesministerium für Gesundheit (1999). *Daten des Gesundheitswesens. Ausgabe 1999.* Baden-Baden.

Caspersen, C. J., Pereira, M. A., Curran, K. M. (2000). «Changes in physical activity patterns in the United States by sex and cross-sectional age». *Medicine and Science in Sports and Exercise,* 32, S. 1601–1609.

Dierks, M.-L. (1998). «Subjektive Theorien von Frauen zur Brustkrebs-Früherkennung – Konsequenzen für die gesundheitliche Aufklärung». In: Arbeitskreis Frauen und Gesundheit im Norddeutschen Forschungsverbund Public Health (Hrsg.). *Frauen und Gesundheit(en) in Wissenschaft, Praxis und Politik.* Bern, S. 248–263.

Dierks, M.-L. (2001). «Brustkrebs-Früherkennung: Einstellungen und Motive von Frauen zur Mammographie». In: Koppelin, F. et al. (Hrsg.). *Die Kontroverse um die Brustkrebs-Früherkennung.* Bern, S. 109–116.

DKFZ (2000). «Deutsches Krebsforschungszentrum: Krebsatlas im Internet: Brustkrebs. Version 09.03.2000». www.dkfz-heidelberg.de.

Dronkers, D. J., Hendriks, J. H. C. L., Robra, B.-P., Verbeek, A. L. M. (1999). «Screening auf Mammakarzinom». In: Dronkers, D. J., Hendriks, J. H. C. L, Holland, R., Rosenbusch, G. (Hrsg.). *Radiologische Mammadiagnostik.* Stuttgart, S. 240–254.

Douglas, K. A., Collins, J. L., Warren, C., Kann, L., Gold, R., Clayton, S., Ross, J. G., Kolbe, L. J. (1997). «Results from the 1995 National College Health Risk Behavior Survey». *Journal of American College Health,* 46, S. 55–66.

Felton, G. M., Parsons, M. A., Bartoces, M. G. (1997). «Demographic factors: Interaction effects on health-promoting behavior and health related factors». *Public Health Nursing,* 14, S. 361–367.

Franzkowiak, P., Helfferich, C., Weise, E. (1998). *Geschlechtsbezogene Suchtprävention. Praxisansätze – Theorieentwicklung – Definitionen.* Köln: Bundeszentrale für gesundheitliche Aufklärung.

Franzkowiak, P., Sabo, P. (Hrsg.) (1993). *Dokumente der Gesundheitsförderung.* Mainz.

Fromm, A., Proissl, E. (1996). *Laut-stark und hochhinaus. Ideenbuch zur mädchenspezifischen Suchtprävention.* München.

Gambert, S. R. (2001). «Prostate cancer. When to offer screening in the primary care setting». *Geriatrics,* 56, S. 29–31.

Gerard, M. J., Frank-Stromborg, M. (1998). «Screening for prostate cancer in asymptomatic men: clinical, legal, and ethical implications». *Oncological Nursing Forum,* 25, S. 1561–1569.

Gerber, B. (2001). «Einfluss von Umwelt, Ernährung und Lebensstil auf das Brustkrebsrisiko». *Deutsches Ärzteblatt,* 98 (24), A1612–1619.

Giersiepen, K., Greiser, E. (2001). «Epidemiologie und Risikofaktoren des Brustkrebses». In: Koppelin, F. et al. (Hrsg.). *Die Kontroverse um die Brustkrebs-Früherkennung.* Bern, S. 65–78.

Glaeske, G. (1999). «Medikamentengebrauch und Abhängigkeit bei Frauen in Deutschland». In: Gesundheitsamt der Stadt Münster (Hrsg.). *Frauen und Medikamente – Gebrauch oder Missbrauch.* Gesundheitsberichte Bd. 9, S. 21–39.

Greiser, E., Günther, J., Niemeyer, M., Schmacke, N. (2000). *Weibliche Hormone – Ein Leben lang. Mehr Schaden als Nutzen?* Bonn: Wissenschaftliches Institut der AOK (WIdO), Bremer Institut für Präventionsforschung und Sozialmedizin (BIPS).

Gøtzsche P. C., Olsen, O. (2000). «Is screening for breast cancer with mammography justifable?» *The Lancet,* 355, S. 129–134.

Helfferich, C. (1994a). *Jugend, Körper und Geschlecht. Auf der Suche nach sexueller Identität.* Opladen.

Helfferich, C. (1994b). «‹Gesundheit, langes Leben und viele Kinderchen.› Geschlechtsrollen als Thema der Gesundheitsförderung und Suchtprävention im Jugendalter». In: Kolip, P. (Hrsg.). *Lebenslust und Wohlbefinden. Beiträge zur geschlechtsspezifischen Jugendgesundheitsforschung.* Weinheim, S. 163–175.

Helfferich, C. (1995). «Ansätze geschlechtsbezogener Suchtprävention im Jugendalter». In: Kolip, P., Hurrelmann, K., Schnabel, P.-E. (Hrsg.). *Jugend und Gesundheit. Interventionsfelder und Präventionsbereiche*. Weinheim, S. 135–156.

Hilgers, A. (1995). *Richtlinien und Lehrpläne zur Sexualerziehung*. Köln: Bundeszentrale für gesundheitliche Aufklärung.

Hinze, L., Samland, A., Swart, E. (1999). «Umfang und Motive der Nutzung von Gesundheitsförderungskursen durch Frauen und Männer». In: DGPH – Deutsche Gesellschaft für Public Health (Hrsg.). *Public-Health-Forschung in Deutschland*. Bern, S. 210–213.

Jerusalem, M., Mittag, W. (1997). «Schulische Gesundheitsförderung: Differenzielle Wirkungen eines Interventionsprogramms». *Unterrichtswissenschaft*, 25, S. 133–150.

Junkermann, H., Becker, N., Peitgen, H.-O. (2001). «Konzept und Durchführung der Modellprojekte für Mammographie-Screening in Deutschland». *Der Radiologe*, 41, S. 328–336

Junge, B., Nagel, M. (1999). «Das Rauchverhalten in Deutschland». *Das Gesundheitswesen*, 61, Sonderheft 2, S. 121–125.

Kahl, H., Hölling, H., Kamtsiuris, P. (1999). «Inanspruchnahme von Früherkennungsuntersuchungen und Maßnahmen zur Gesundheitsförderung». *Das Gesundheitswesen*, 61, Sonderheft 2, S. 163–168.

Katz, R. C., Meyers, K., Wals, J. (1995). «Cancer awareness and self-examination practices in young men and women». *Journal of Behavioral Medicine*, 18, S. 377–384.

Kirschner, W., Radoschewski, W., Kirschner, R. (1995). *§20 SGB V Gesundheitsförderung, Krankheitsverhütung. Untersuchung zur Umsetzung durch die Krankenkassen*. Sankt Augustin.

Koch, K. (2000). «Mammographie. Kontroverse um das Screening». *Deutsches Ärzteblatt*, 97, A2760–2765.

Kolip, P. (1997). *Geschlecht und Gesundheit im Jugendalter. Die Konstruktion von Geschlechtlichkeit über somatische Kulturen*. Opladen.

Kolip, P. (1998). Frauen und Männer. In: Schwartz, F.-W., Badura, B., Leidl, R., Raspe, H., Siegrist, J. (Hrsg.). *Das Public Health Buch. Gesundheit und Gesundheitswesen*. München, S. 506–516.

Kolip, P., Schmidt, B. (1999). «Gender and Health in Adolescence». *WHO Policy Series «Health Policy for Children and Adolescents»*. Issue 2. Kopenhagen: WHO Europe. http://www.who.dk/HBSC/hbsc%20page.htm.

Koppelin, F., Müller, R., Keil, A., Hauffe, U. (Hrsg.) (2001). *Die Kontroverse um die Brustkrebs-Früherkennung*. Bern.

Knopf, H., Melchert, H.-U. (1999). «Subjektive Angaben zur täglichen Anwendung ausgewählter Arzneimittelgruppen – Erste Ergebnisse des Bundes-Gesundheitssurveys 1998». *Das Gesundheitswesen*, 61, Sonderheft 2, S. 151–157.

Kraus, L., Bauernfeind, R. (1998). «Repräsentativerhebung zum Gebrauch psychoaktiver Substanzen bei Erwachsenen in Deutschland». *Sucht*, 44, Sonderband, S. 3–82.

Laaser, U., Hurrelmann, K. (1998). «Gesundheitsförderung und Krankheitsprävention». In: Hurrelmann, K., Laaser, U. (Hrsg.). *Handbuch Gesundheitswissenschaften*. Neuausgabe. Weinheim, S. 395–424.

Leppin, A., Pieper, E., Szirmak, Z., Freitag, M., Hurrelmann, K. (1999). «Prävention auf den zweiten und dritten Blick: Differenzielle Effekte eines kompetenzorientierten Suchtpräventionsprogramms». In: Kolip, P. (Hrsg.). *Programme gegen Sucht. Internationale Ansätze zur Suchtprävention im Jugendalter*. Weinheim, S. 215–234.

LETB (2000). *Landelijk Evaluatie Team voor bevolkerungsonderzoek naar Borstkanker in Nederland VIII*. Rotterdam.

Lopez, A. D. (1983). «The sex mortality differential in developed countries». In: Lopez, A. D., Ruzicka, L. T. (Hrsg.). *Sex differentials in mortality*. Canberra: Department of Demography, Australian National University.

Marthiens, W., Schulze, H. (1989). *Analyse nächtlicher Freizeitunfälle junger Fahrer (Disco-Unfälle). Berichte zu den Forschungsprojekten 8734 und 8734/2 der Bundesanstalt für Straßenwesen*. Bergisch Gladbach: Bundesanstalt für Straßenwesen.

McCarthy, E. M., Ethridge, K. P., Wagner, R. F. jr. (1999). «Beach holiday sunburn: the sunsreen paradox and gender differences». *Cutis – Cutaneous Medicine for the Practitioner*, 64, S. 37–42.

McGregor, M., Hanley, J. A., Boivin, J. F., McLean, R. G. (1998). «Screening for prostate: estimation the magnitude of overdetection». *Canadian Medical Association Journal*, 159, S. 1368–1372.

McPherson, K., Steel, C. M., Dixon, J. M. (2000). «ABC of breast diseases. Breast cancer-epidemiology, risk factors, and genetics». *British Medical Journal*, 321, S. 624–628.

Mensink, G. B. M. (1999). «Körperliche Aktivität». *Das Gesundheitswesen*, 61, Sonderheft 2, S. 126–131.

Mensink, G. B. M., Thamm, M., Haas, K. (1999). «Die Ernährung in Deutschland 1998». *Das Gesundheitswesen*, 61, Sonderheft 2, S. 200–206.

Meyer, R. (2000) «Brustkrebs-Screening. Die Debatte bleibt ungelöst». *Deutsches Ärzteblatt*, 97, C-964.

Morman, M. T. (2000). «The influence of fear appeals, message design, and masculinity on men's motivation to perform the testicular self-exam». *Journal of Applied Communication Research*, 28, S. 91–116.

Moss, S. M., Melia, J. (1998). «Screening for prostate cancer: the current position». *British Medical Bulletin*, 54, S. 791–805.

Mühlhauser, I. (2001). «Mammographie-Screening – Informierte Entscheidung statt verzerrter Information». In: Koppelin, F. et al. (Hrsg.) *Die Kontroverse um die Brustkrebs-Früherkennung*. Bern, S. 79–90.

Munley, G. A., McLoughlin, A., Forrester, J. J. (1999). «Gender differences in health-check attendance and intention in young adults: An application of the health belief model». *Behaviour Change*, 16, S. 237–245.

National Cancer Institut (1990). «Testicular Cancer: Research Report». *NIH Publication*, 90-654. Bethesda.

Nyström, L., Larsson, L. G., Wall, S. et al. (1996). «An overview of the Swedish randomised mammography trials: total mortality pattern and the representivity of the study cohorts». *Journal of Medical Screening*, 3, S. 85–87.

Rohe, E. (1998). «Eine empirische Untersuchung zu geschlechtsspezifischen Differenzen im Hinblick auf Krankschreibung und Inanspruchnahme von Präventionsangeboten». In: GesundheitsAkademie – Landesinstitut für Schule und Weiterbildung NRW (Hrsg.). *Die Gesundheit der Männer ist das Glück der Frauen? Chancen und Grenzen geschlechtsspezifischer Gesundheitsarbeit*. Frankfurt/M., S. 99–112.

Schreer, I. (2001). «Auswertung der bisherigen Mammographie-Srceening-Studien in Europa und in Nordamerika». *Der Radiologe*, 41, S. 344–351.

Schwarzer, R. (Hrsg.) (1997). *Gesundheitspsychologie. Ein Lehrbuch*. 2. überarb. u. erw. Aufl. Göttingen.

Sielert, U. (1993). *Jungenarbeit. Praxishandbuch für die Jugendarbeit*. Teil 2. 2. Aufl. Weinheim.

Silbereisen, R. K., Kastner, P. (1985). «Jugend und Drogen: Entwicklung von Drogengebrauch – Drogengebrauch als Entwicklung?» In: Oerter, R. (Hrsg.), *Lebensbewältigung im Jugendalter*. Weinheim, S. 192–219.

Sieverding, M. (1997). «Die Bedeutung von Prototype-Matching für präventives Verhalten: Ist die Teilnahme an Stressbewältigungskursen ‹unmännlich›?» *Zeitschrift für Gesundheitspsychologie*, 5, S. 272–289.

SFA – Schweizerische Fachstelle für Alkohol- und andere Drogenprobleme (Hrsg.) (o. J.). *boys & girls. Praxismanual zur geschlechtsspezifischen Suchtprävention*. Lausanne.

Statistisches Bundesamt (Hrsg.) (1998). *Gesundheitsbericht für Deutschland*. Stuttgart.

Stillion, J. M. (1985). *Death and the sexes. An examination of differential longevity, attitudes, behaviors, and coping skills*. Washington.

Storm, H. H., Andersson, M., Boice, J. D., Blettner, M., Stovall, M., Mouridsen, H. T. et al. (1992). «Adjuvant radiotherapy and risk of contralateral breast cancer». *Journal of the National Cancer Institut*, 84, S. 1245–1250.

Tobler, N. S., Stratton, H. S. (1997). «Effectivness of school-based drug prevention programs: A meta-analysis of the research». *The Journal of Primary Prevention*, 18, S. 71–128.

Trojan, A. (2002). «Prävention und Gesundheitsförderung». In: Kolip, P. (Hrsg.). *Einführung in die Gesundheitswissenschaften*. Weinheim, S. 195–228.

Vertinsky, P. (1998). «‹Run, Jan, run›: Central tensions in the current debate about enhancing women's health through exercise». *Women & Health*, 27, S. 81–111.

Waldron, I. (2000). «Trends in gender differences in mortality: Relationships to changing gender differences in behaviour and other causal factors». In: Annandale, E., Hunt, K. (Hrsg.). *Gender inequalities in health*. Buckingham, S. 150–181.

Wardle, J., Steptoe, A., Bellisle, F., Davou, B., Reschke, K., Lappalainen, R., Fredrikson, M. (1997). «Health dietary practices among european students». *Health Psychology*, 16, S. 443–450.

Winter, R., Neubauer, G. (1998). *Kompetent, authentisch und normal? Aufklärungsrelevante Gesundheitsprobleme, Sexualaufklärung und Beratung von Jungen*. Köln: Bundeszentrale für gesundheitliche Aufklärung.

Wohlfahrt, U. (1998). «Geschlechtsspezifisch orientierte Gesundheitsbildung? Ergebnisse einer Programmanalyse». In: GesundheitsAkademie – Landesinstitut für Schule und Weiterbildung NRW (Hrsg.). *Die Gesundheit der Männer ist das Glück der Frauen? Chancen und Grenzen geschlechtsspezifischer Gesundheitsarbeit*. Frankfurt/M., S. 121–132.

deWolf, C. J. M, Perry, N. M. (1996). *European guidelines for quality assurance in mammogaphy screening*. 2. Aufl. Europäische Kommission.

Wülfing, U. (1998). «Zum Sinn und Unsinn geschlechtsspezifischer Gesundheitsarbeit». In: GesundheitsAkademie – Landesinstitut für Schule und Weiterbildung NRW (Hrsg.). *Die Gesundheit der Männer ist das Glück der Frauen? Chancen und Grenzen geschlechtsspezifischer Gesundheitsarbeit*. Frankfurt/M., S. 113–120.

Geschlechtsspezifische Inanspruchnahme in der Rehabilitation

Ulrike Worringen und Andrea Benecke

Frauen und Männer werden von Ärztinnen und Ärzten unterschiedlich behandelt (Brähler/Felder 1992). Frauen werden häufiger Medikamente verschrieben, sie berichten häufiger über psychische und vegetative Beschwerden als Männer und sie gehen häufiger zum Arzt. Die Diagnostik und Behandlung von Frauen in Akutkrankenhäusern verläuft weniger invasiv (vgl. Brezinka 1995; Maschewsky-Schneider 1997; Mittag/Horres-Sieben 2001). Treffen entsprechende Unterschiede auch für die medizinische Rehabilitation zu?

Geschlechtsspezifische Unterschiede in der Rehabilitation werden seit einigen Jahren systematisch untersucht (vgl. Benecke-Timp et al. 1997, Schröder 2000, Vogel et al. 1998, Worringen/Zwingmann 2001). Die Darstellung geschlechtsspezifischer Inanspruchnahme und Behandlung in der medizinischen Rehabilitation konzentriert sich im Folgenden auf das Versorgungssystem der Sozialversicherung.

1. Das bundesdeutsche Rehabilitationssystem

Medizinische Rehabilitation wird derzeit in Deutschland in über tausend stationären, teilstationären und ambulanten Einrichtungen (Buschmann-Steinhage 1996) durchgeführt. Die Rehabilitationsmaßnahmen werden von den gesetzlichen Rentenversicherungsträgern wie auch – zu einem geringerem Anteil – von den Krankenkassen, Unfall- und Berufsgenossenschaften und Sozialhilfeträgern geleistet.

In der medizinischen Rehabilitation werden alle Formen von – zumeist chronischen – Erkrankungen (z. B. Herz-Kreislauf-Erkrankungen, orthopädische und rheumatologische Erkrankungen, Tumorerkrankungen, Stoffwechsel- und Atemwegserkrankungen) behandelt. Ein spezifisches Aufgabengebiet ergibt sich aus der Rehabilitation von psychosomatischen, psychiatrischen, neurologischen und Abhängigkeitserkrankungen.

Maßnahmen der medizinischen Rehabilitation dienen der Verbesserung, dem Erhalt oder der Wiederherstellung von Gesundheit und Leistungsfähigkeit in Alltag und Berufsleben. Sie haben die Aufgabe, bei der Bewältigung einer chronischen Krankheit und beim Umgang mit Krankheitsfolgen sowohl auf die somatische, psychologische als auch soziale Ebene einzuwirken.

Die Durchführung von medizinischer Rehabilitation entwickelte sich in der Bundesrepublik Deutschland nach 1945 maßgeblich unter der Schirmherrschaft der Rentenversicherung, da sie bei festgestellter Erwerbsunfähigkeit Rentenleistungen aufzubringen hat. Die medizinische Rehabilitation der Sozialversicherung zielt daher darauf ab, die Erwerbsfähigkeit ihrer Versicherten zu erhalten oder gegebenenfalls wieder herzustellen (vgl. Héon-Klin/Raspe 1999; Röckelein 2001). Mit der Durchführung einer medizinischen oder beruflichen Rehabilitation soll nach der Devise «Rehabilitation vor Rente» eine Frühberentung bei (chronischer) Krankheit oder Behinderung abgewendet oder ihr Eintritt verzögert werden. Medizinische Rehabilitations-

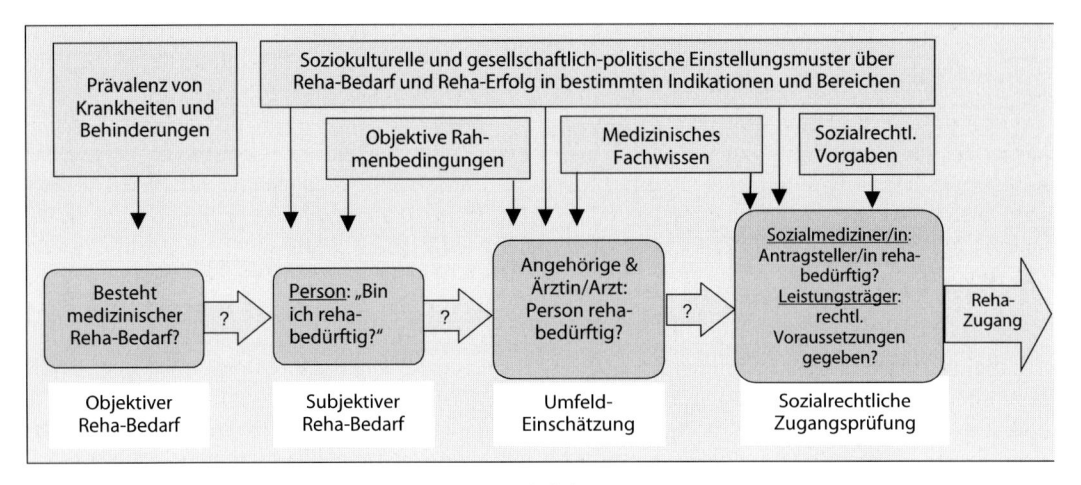

Abbildung 1: Gestufter Entscheidungsprozess beim Rehabilitationszugang.

maßnahmen anderer Leistungsträger dienen dagegen in erster Linie der Wiederherstellung der Gesundheit bzw. Abwendung von Pflegebedürftigkeit oder der sozialen Eingliederung. Die Wiederherstellung der Arbeitsfähigkeit stellt bei diesen Maßnahmen nicht die primäre Zielgröße dar. Rehabilitative Leistungen sind hier ein Mittel der «Krankenbehandlung». Ein frauenspezifischer Versorgungszweig der medizinischen Rehabilitation stellen die Rehabilitationseinrichtungen für Mütter (mit Kindern) dar (vgl. Arnold-Kerri/Collatz 2001).

2. Zugang zur Rehabilitation

Bei der Darstellung des Zugangs zur Rehabilitation konzentrieren wir uns auf denjenigen zur medizinischen Rehabilitation der Rentenversicherung. Er ist geprägt durch eine Begutachtung durch den sozialmedizinischen Dienst der zuständigen Rentenversicherung. Die Begutachtung kann persönlich oder auf Aktengrundlage erfolgen. Voraussetzung ist ein Rehabilitationsantrag, der vom Versicherten schriftlich gestellt werden muss und dem eine ärztliche Stellungnahme des behandelnden Arztes beigefügt ist.

Der Rehabilitationszugang lässt sich als ein mehrfach gestufter Entscheidungsprozess beschreiben (vgl. **Abb. 1**), wobei die Frage nach geschlechtstypischen Unterschieden bei jeder einzelnen Stufe zu stellen ist.

Auf der ersten Stufe ist zu fragen, ob eine Person sich selbst als rehabilitationsbedürftig einstuft, da, wie beschrieben, nur die Person eine Rehabilitationsmaßnahme erhält, die diese selbst beantragt.

Die persönliche Entscheidung, einen Rehabilitationsantrag zu stellen, hängt von einer Vielzahl subjektiver Bewertungsprozesse ab, die in den Jahren 1996 und 1997 in verschiedenen Versichertenbefragungen näher untersucht wurden (vgl. Barth et al. 1989; Überblick Maier-Riehle/Schliehe 1999; Strittmater et al. 1997; Vömel 1997). Zu einem massiven Antragsrückgang führte die Verabschiedung des Spargesetzes zur Regulierung der Ausgaben für Rehabilitation. Arbeitsplatzbezogene Faktoren sowie die erhöhte Selbstbeteiligung sind die häufigsten Barrieren im Rahmen der Antragstellung (Maier-Riehle/Schliehe 1999). Es stellt sich gerade für Frauen auch die Frage, ob eine Haushaltshilfe in Anspruch genommen werden kann, wenn Angehörige zu betreuen sind.

Auf der nächsten Stufe – die nicht in jedem Fall notwendig folgt, gelegentlich auch zeitlich vor der ersten liegt – wird die potenziell rehabilitationsbedürftige Person mit ihren Angehörigen und zumeist auch mit ihrem Hausarzt bzw. ihrer Hausärztin über den geplanten Rehabilitationsantrag sprechen. In Einzelfällen kann dies auch der Arbeitgeber sein, der Medizinische Dienst der Krankenversicherung oder die Krankenversicherung selbst. Möglicherweise werden diese den potenziellen Antragsteller auch erst auf die Idee bringen, einen Rehabilitationsantrag zu stellen bzw. ihn entsprechend motivieren.

Die Einflüsse auf dieser Stufe werden sich zunächst aus der Beurteilung des Gesundheitszustandes der Person und der Bewertung der Einflussmöglichkeiten von Rehabilitationsmaßnahmen auf diesen Zustand herleiten. Sie werden von persönlichen Erfahrungen mit Rehabilitation, aber auch durch die bereits zuvor bestimmten Einschätzungen des Wertes von Rehabilitationsleistungen und des Nutzens für bestimmte Personen (-gruppen) beeinflusst sein (vgl. z. B. Corbin 1996; Schott 1996). Hier sind also erneut gesellschaftlich bedingte Meinungsbilder relevant, die natürlich auch mit Bezug auf eine spezifische Lebenssituation der RehabilitandInnen unterschiedliche Einflüsse haben können.

Von besonderer Bedeutung ist in diesem Zusammenhang die Tatsache, dass der gesetzliche Rehabilitationsauftrag des mit Abstand größten Rehabilitationsträgers, der gesetzlichen Rentenversicherung, sich vom Ziel der Vermeidung von Erwerbsunfähigkeit herleitet. Gegenwärtig ist für Frauen und Männer eine ungleiche Beteiligung auf dem Arbeitsmarkt festzustellen, und ebenso zeigt sich, dass Frauen häufig «freiwillig» in die «stille Reserve» abwandern und sich häuslichen und familiären Aufgaben widmen (Niehaus 1997). In diesen Fällen besteht, auch wenn im Einzelfall noch keine Erwerbsunfähigkeit definiert wird, aus Sicht der Beteiligten natürlich keine Veranlassung, eine medizinische Maßnahme zur Wiedergewinnung der Erwerbsfähigkeit zu erlangen – diese ist ja gar nicht gefährdet, zumindest nicht aus medizinischen Gründen.

Auf der dritten Stufe wird der Antrag der Person auf Rehabilitationsleistungen beim zuständigen Rehabilitationsträger bearbeitet und daraufhin geprüft, ob die versicherungsrechtlichen und medizinischen Voraussetzungen für die Inanspruchnahme und Durchführung von Rehabilitationsleistungen gegeben sind. Hinsichtlich der medizinischen Rehabilitationsleistungen für den Bereich der Rentenversicherung heißt das: Es muss festgestellt werden, dass die Person in ihrer Erwerbsfähigkeit, das heißt der Leistungsfähigkeit im Erwerbsleben, gemindert oder von Minderung erheblich bedroht ist und dass zu erwarten ist, dass diese Minderung oder die erhebliche Bedrohung durch die Rehabilitationsmaßnahme voraussichtlich zu reduzieren ist.

Auch auf dieser Stufe fließen bei der sozialmedizinischen Beurteilung natürlich wiederum zahlreiche Bewertungen ein, bei denen ein geschlechtsspezifischer Bias denkbar ist. So ist die Beurteilung der Leistungsfähigkeit im Erwerbsleben bei Frauen, die möglicherweise zurzeit gar nicht im Beruf stehen und auch nicht arbeitslos gemeldet sind, aber als so genannte «stille Reserve» z. B. Hausfrauen-, Pflege- und/oder Erziehungsarbeit leisten, nur schwer vorzunehmen. Es ist bekannt, dass Frauen beim Arzt öfter psychische Probleme und vegetative Symptome angeben, während Männer über somatische Beschwerden berichten (Felder/Brähler 1992), welche im traditionellen Medizinbetrieb wiederum häufig «ernster» genommen und unter Umständen eher als Indikation für eine Rehabilitationsmaßnahme anerkannt werden. Und wenn eine Rehabilitationsmaßnahme für Frauen in Frage kommt, wird ihnen eventuell aufgrund der geschilderten, eher psychischen-vegetativen Symptome eine psychosomatische Rehabilitation vorgeschlagen.

Neben den bisher nur exemplarisch genannten denkbaren geschlechtsspezifischen Einflüssen auf den Reha-Zugangsprozess auf den verschiedenen Stufen sind auch *komplexe Interaktionseffekte* der verschiedenen Stufen des Zugangsprozesses zu erwarten, beispielsweise in dem Sinne, dass die stark am Berufsleben orientierte Konzeption des Rehabilitationsauftrags der Rentenversicherung dazu führt, dass die Selbstbewertung von Frauen als rehabilitationsbedürftig seltener vorgenommen wird, wenn sie nicht im Beruf stehen. Eine deutliche Diskrepanz von gesundheitlicher Belastung und der Selbsteinschätzung als rehabilitationsbedürftig beschreiben Bürger und Morfeld (1999) für Versicherte aus unteren sozialen Schichten.

3. Rehabilitationsbedarf

Neben den Prozessen, die unmittelbar mit der Antragstellung und der Einschätzung von persönlichem Rehabilitationsbedarf zusammenhängen, lässt sich die Frage nach dem objektiven

Rehabilitationsbedarf stellen, das heißt die epidemiologische Frage, ob Frauen und Männer in gleichem Umfang von reha-indikativen Einschränkungen betroffen sind (vgl. Héon-Klin/Raspe 2000). Diese ist kaum zu beantworten, da die «Rehabilitationsbedürftigkeit» zumeist messtheoretisch als latentes Konstrukt aufgefasst wird (Hansmeier et al. 1999), welches durch unterschiedliche Einzelparameter wie körperlich/organische Funktionseinschränkungen, Fähigkeitseinschränkungen in den verschiedenen Bereichen der Leistungsfähigkeit oder soziale Benachteiligung als Folge dieser Einschränkungen lediglich zu erschließen ist. Das Konzept der Internationalen Klassifikation der Funktionseinschränkungen («impairments»), Fähigkeitsstörungen («disabilities») und Benachteiligungen («handicaps») gibt zwar ein brauchbares theoretisches Gerüst zur Differenzierung der Begriffsebenen dieses Konstrukts, löst aber das Problem der Operationalisierung des Begriffs bislang nur in Ansätzen (vgl. Gerdes/Weis 2000; Matthesius et al. 1995). Hier entsteht auch das Problem, dass Rehabilitationsbedürftigkeit eigentlich nur ein sozialmedizinischer Hilfsbegriff ist, der dazu dient, die (möglicherweise geschlechtsspezifisch unterschiedlich auszufüllenden) gesetzlichen Anforderungen an die «persönlichen Voraussetzungen» des Rehabilitationszugangs zu definieren – welcher wiederum je nach Leistungsträger in Teilen voneinander abweicht.

Die meisten Studien zum Rehabilitationsbedarf nehmen keine geschlechtsspezifische Datenauswertung vor. In einer der wenigen geschlechtsdifferenzierenden Auswertungen an fast 5000 Versicherten einer Arbeiterrentenversicherung stellt Bürger (2001) jedoch fest, dass sich keine Unterschiede bezüglich der subjektiven Rehabilitationsbedürftigkeit bei Frauen und Männern finden. Dies deckt sich mit den Ergebnissen einer von Worringen (1998) durchgeführten Reanalyse der IRES-Daten («Indikatoren des Reha-Status», Gerdes/Jäckel 1992). Jedoch sprechen diese Daten für mögliche Zugangsbarrieren bei Frauen. Denn während sich in der Allgemeinbevölkerung keine geschlechtsspezifischen Unterschiede hinsichtlich der subjektiven Rehabilitationsbedürftigkeit identifizieren ließen, schätzten sich dagegen Frauen der Arbeiterrentenversicherung bei Antritt der Rehabilitation deutlich rehabilitationsbedürftiger ein als Männer. Es ist somit denkbar, dass Frauen der Arbeiterrentenversicherung erst später und bei höherer Belastung als Männer einen Zugang zur Rehabilitationsmaßnahme finden.

Bürger (2001) überprüfte in seiner Untersuchung die subjektive Rehabilitationsbedürftigkeit auch an zur Verfügung stehenden objektiven Kriterien (z. B. Arbeitsunfähigkeitszeiten, Vorliegen einer chronischen Erkrankung) und fand keine geschlechtsspezifischen Unterschiede. Fragt man allerdings nach möglichen Barrieren, die einer Antragstellung im Weg stehen könnten, zeigt sich, dass sich Frauen von familiären und häuslichen Verpflichtungen abhalten lassen, welche nach Bürger wesentlich mit der Anzahl der im Haus lebenden Kinder korrelieren. Frauen lassen sich auch davon abhalten einen Antrag zu stellen, wenn sie befürchten, dass durch die Rehabilitation ihre Partnerschaft gefährdet sein könnte. Männer dagegen beantragen eine Rehabilitation vor allem dann nicht, wenn sie annehmen, dass eine Inanspruchnahme ihren Arbeitsplatz gefährden könnte.

4. Inanspruchnahme von Rehabilitationsleistungen

Gemäß dem Gleichberechtigungsgebot des Grundgesetzes müssen Männer und Frauen gleiche Zugangsmöglichkeiten zur Rehabilitation haben, sofern die versicherungsrechtlichen und persönlichen Voraussetzungen erfüllt sind. Hier lassen sich jedoch strukturelle Unterschiede finden zwischen Frauen und Männern (vgl. Worringen/Zwingmann 2001), denn trotz der derzeitigen Deregulierung und Individualisierung von Berufsbiografien, der Favorisierung von partnerschaftlichen Modellen der Familienführung, der besseren beruflichen Qualifizierung von Frauen und gestiegener Frauenerwerbstätigkeit sind grundsätzliche Strukturunterschiede zwischen Frauen- und Männererwerbsarbeit geblieben. Frauen arbeiten wesentlich häufiger als Männer in Teilzeitarbeit und sind nach wie vor hauptverantwortlich für Haus- und Familienarbeit. So arbeiteten in Westdeutschland 1994 insgesamt 84 % der Männer und 34 % der Frauen in einer Vollzeitbeschäftigung (Sozioökonomischer Panel 1994, Berechnung nach Schulze Buschoff 1995), 1 % der Männer und 21 % der Frauen waren teilzeitbeschäftigt.

Bei Befragungen deckt sich die relative Verteilung der realen Arbeitszeit bei Männern und Frauen mit der präferierten Arbeitszeit. Männer wünschen auch keine Teilzeitarbeit, um mehr Haus- oder Familienarbeit zu übernehmen (91 % der Männer mit Kindern unter 16 Jahren sind vollzeitbeschäftigt). Wenn sie Teilzeitarbeit wünschen, tun sie dies aus Freizeitinteresse (79 % der Männer ohne Kinder unter 16 Jahren arbeiten in Vollzeit).

Die unterschiedlichen sozialen Realitäten von Frauen und Männern finden sich auch in absoluten Leistungen der sozialen Sicherung wie z. B. der Rentenzahlung wieder. Die Regelaltersrente ist für Männer etwa doppelt so hoch wie für Frauen. So erhielt ein Mann im Jahr 1998 eine durchschnittliche Regelaltersrente in Höhe von 1865 DM, eine Frau erhielt durchschnittlich 899 DM.

Ursachen für diese Geschlechtsunterschiede sind neben den genannten unterschiedlichen Beschäftigungsstrukturen und dem unterschiedlichen Lohnniveau vor allem die Nichterwerbszeiten in den Erwerbsbiografien der Versicherten. Nach einer Analyse der Gründe für die Lücken in der Versichertenbiografie (VDR 1996) stehen an erster Stelle für 73 % der Frauen Nichterwerbszeiten aufgrund von Haushaltsführung mit Kindern. Haushaltsführung mit Kindern ist jedoch nur für sehr wenige Männer (0,5 %) ein Grund, um die Erwerbsarbeit zu unterbrechen oder aufzugeben. Der gleiche Befund zeigt sich auch für Haushaltsführung ohne Kinder (28 % vs. 0,1 %) und Pflege von Angehörigen (9 % vs. 0,5 %). Haus- und Familienarbeit sind also nur für Frauen ein Grund, die Erwerbsarbeit zu unterbrechen oder aufzugeben, für Männer nicht. Für die Faktoren Arbeitslosigkeit, Schule, Krankheit und Minderung der Erwerbsfähigkeit (MDE), die ebenfalls zu Lücken in der Erwerbsbiografie führen, gilt hingegen, dass sie als Gründe für Nichterwerbszeiten für Männer und Frauen ähnliche Bedeutung besitzen (Arbeitslosigkeit 52 % vs. 50 %; Schule 27 % vs. 2 %; Krankheit 16 % vs. 25 %; MDE 18 % vs. 2 %).

Diesen strukturellen Unterschieden wird sowohl in der rehabilitativen Versorgung, in der rehabilitationswissenschaftlichen Forschung als auch in den Verwaltungsdaten bislang wenig Beachtung geschenkt. In den häufig verwendeten soziodemographischen Kerndaten (Deck/Röckelein 1998) finden sich meist nur wenige Fragen zu den Bereichen Haushalt und Familie. Neben allgemeinen Angaben zu Alter, Geschlecht und Nationalität wird für die Lebensbereiche Haushalt und Familie oft nur der Familienstand und die Anzahl der im Haushalt lebenden Personen und Kinder erhoben. Hier fehlen direkte Fragen nach Art und Umfang der erbrachten Leistung vollständig. Umfang und Art der Erwerbsarbeit hingegen werden differenzierter mit Fragen nach der Schul- und Berufsausbildung, aktueller Erwerbstätigkeit, beruflicher Stellung, monatlichem Einkommen und einer Berufsklassifizierung erfasst.

In einer Studie des Rehabilitationswissenschaftlichen Forschungsverbunds Bayern (Worringen et al. 2001) ließen sich bei Rehabilitationsantragstellern (n = 112) mit wenigen ergänzenden Items zum soziodemographischen Datensatz Unterschiede in Bezug auf die Partizipation in Haus- und Familienarbeit nachweisen. Während fast alle Frauen Haus- und Familienarbeit leisteten, waren nur 60 % der Männer in diesen Bereichen tätig. Leisteten Männer Haus- und Familienarbeit, wurden sie dabei fast immer durch ihre Partnerin unterstützt. Dagegen leisteten ein Viertel der Frauen die Hausarbeit und die Hälfte der Frauen die Familienarbeit alleine. Auch gemessen am täglichen Zeitaufwand leisteten Frauen mehr Haus- und Familienarbeit. Während nur wenige Männer täglich mehr als drei Stunden mit Arbeiten in Haushalt und Familie verbrachte, wendeten ein Teil der Frauen bis sechs Stunden und mehr pro Tag dafür auf. Selbst bei Vollzeit-Erwerbstätigkeit blieb dieser Unterschied zwischen Frauen und Männern bestehen. Einschränkend ist jedoch zu berücksichtigen, dass in der untersuchten Stichprobe nur ein Viertel aller Personen angaben, Familienarbeit zu leisten. Den Ergebnissen zur Familienarbeit liegen somit nur kleine Fallzahlen zu Grunde, die an einer größeren Stichprobe zu validieren sind. Eine weitere Einschränkung stellt die Altersstruktur der untersuchten Personengruppe dar. Die Mehrheit der Personen ist zwischen 50 und 62 Jahre alt. Für Personen in dieser Altersklasse ist anzunehmen, dass Kinder den Haushalt verlassen haben und die Versorgungsrate pflegebedürftiger Angehöriger (insbesondere des Ehepartners) noch nicht ihren Höchstwert erreicht hat.

Laut Röckelein (2001), die die Verwaltungsdaten der gesetzlichen Rentenversicherung untersuchte, weist die Versorgung der gesetzlich Rentenversicherten im Ganzen betrachtet keine wesentlichen geschlechtsspezifischen Unterschiede auf. Frauen erhalten etwas mehr Rehabilitationsleistungen als Männer (bezogen auf 1000 Pflichtversicherte). Dabei muss nach Röckelein allerdings berücksichtigt werden, dass ein Teil der Frauen aufgrund der fehlenden Erwerbstätigkeit keinen Anspruch auf Rehabilitation durch die Rentenversicherung hat und daher der Versorgungsgrad bei Frauen sogar noch höher eingeschätzt werden kann. Vergleicht man die Inanspruchnahme von Leistungen nach Indikationen, so findet man geschlechtsspezifische Unterschiede. So überwiegt z. B. der Männeranteil bei Herz-Kreislauf-, Stoffwechsel- und Abhängigkeitserkrankungen, Frauen nehmen häufiger als Männer Rehabilitationen bei psychosomatischen Erkrankungen und nach Krebserkrankungen wahr.

Da Rehabilitationsleistungen der Rentenversicherungsträger nur Erwerbstätigen gewährt werden, bei denen die Erwerbstätigkeit aus gesundheitlichen Gründen gefährdet scheint, können Frauen, die sich ganz der Haus- und Familienarbeit widmen, wie bereits oben beschrieben, keine Rehabilitationsleistungen in Anspruch nehmen. Für sie sind dann die Krankenversicherungen zuständig. Durch die verschiedenen Zuständigkeiten und die getrennte Datenerhebung der Sozial- und Krankenversicherungsträger wird die Einschätzung der tatsächlichen geschlechtsspezifischen Inanspruchnahme erschwert.

Zusammenfassend kann jedoch festgestellt werden, dass es bei der Inanspruchnahme von Rehabilitationsmaßnahmen insgesamt keine Benachteiligung von Frauen gibt. Zwar unterscheiden sich die Zahlen geschlechtsspezifisch bei einzelnen Indikationen (z. B. bei psychosomatischen Rehabilitationsmaßnahmen (vgl. Dinger-Broda/Broda 1997), bei Maßnahmen im Falle von Stoffwechselerkrankungen (vgl. Benecke 1998) oder bei Herz-Kreislauf-Erkrankungen (Härtel 1999). Ob dies allerdings als strukturelle Benachteiligungen oder als Ergebnis unterschiedlicher Bedarfslagen zu sehen ist, bleibt zurzeit offen. Hier fehlen vor allem geschlechtssensitive Messinstrumente, um den Rehabilitationsbedarf zu objektivieren. Nur so könnte festgestellt werden, ob es für Populationsstichproben in den verschiedenen Krankheitsgruppen mit gleichem Rehabilitationsbedarf eine geschlechtsspezifisch unterschiedliche Inanspruchnahme gibt. Sicher scheint, dass die Zugangshemmnisse geschlechtsspezifisch variieren und dass Aufklärung über Hilfen z. B. im Haushalt wichtig wäre, um Frauen die Entscheidung für eine Rehabilitationsmaßnahme zu erleichtern.

5. Therapieprogramme medizinischer Rehabilitation

Grundsätzlich stehen alle rehabilitativen Versorgungseinrichtungen Männern und Frauen in gleicher Weise offen, wenn sie die versicherungsrechtlichen und persönlichen Voraussetzungen erfüllen. Das Rahmenkonzept der medizinischen Rehabilitation der Rentenversicherung (VDR 1992), das der Rehabilitation explizit ein biopsychosoziales Modell von Gesundheit und Krankheit zu Grunde legt, und an dem sich auch andere Leistungsträger bei der Durchführung medizinischer Rehabilitationsmaßnahmen orientieren, umfasst die

1. Durchführung rehabilitationsbezogener Diagnostik,
2. Erstellung eines Rehabilitationsplans,
3. Information und Beratung von Patienten und ihren Angehörigen,
4. Optimierung der medizinischen Therapie und Durchführung von physikalischen, psychologischen und anderen Therapiemaßnahmen,
5. Förderung einer angemessenen Einstellung zur Erkrankung und eines adäquaten Umgangs mit der Erkrankung,
6. Verhaltensmodifikation mit dem Ziel der Ausbildung eines krankheitsadäquaten Er-

nährungs-, Bewegungs- und Freizeitverhaltens,
7. sozialmedizinische Beurteilung der Leistungsfähigkeit der Rehabilitandin bzw. des Rehabilitanden sowie die Planung weiterführender Maßnahmen nach dem Rehabilitationsaufenthalt.

Da in der Regel bereits bei Antritt der Rehabilitationsmaßnahme eine chronische Erkrankung vorliegt, lassen sich Maßnahmen der medizinischen Rehabilitation der Sekundär- bzw. Tertiärprävention zuordnen. Einen zentralen Stellenwert nimmt dabei die Gesundheitsförderung ein, die auch indikationsübergreifend erfolgt (VDR 2000). Aus der Perspektive der Rehabilitanden liegt der Wert der medizinischen Rehabilitation in der umfassenden Betreuung durch ein multidisziplinäres Behandlungsteam. Sie wird als wichtige Ergänzung zur hausärztlichen Versorgung betrachtet (vgl. Maier-Riehle/Schliehe 1999).

Zunehmend werden neben der umfassenden medizinischen, psychologischen, sozialpädagogischen und physiotherapeutischen Betreuung berufliche Inhalte in medizinische Rehabilitationsprogramme integriert, um dem gesetzlichen Auftrag des Erhalts von Erwerbsfähigkeit zu genügen. Diese Entwicklung kommt in erster Linie den Erwartungen und Bedürfnissen der männlichen Rehabilitanden entgegen (Bürger/Buschmann-Steinhage 2000). Sie erhoffen sich in der Vielzahl «eine Steigerung bzw. Wiederherstellung ihrer beruflichen Leistungsfähigkeit» durch die Rehabilitationsmaßnahme (Bürger 2001; Faller 2001). Unter veränderten Arbeitsmarktbedingungen nehmen die Probleme der Arbeitslosigkeit oder befürchteten Arbeitslosigkeit gerade bei älteren Rehabilitanden zu (vgl. Hansmeier/Karoff 2000). Bis zum Eintritt der chronischen Erkrankung war ihre Berufsbiografie im Normalfall gekennzeichnet durch Vollzeitbeschäftigung. Auch bei partnerschaftlicher Eheführung nahm bei ihnen der Leistungsbereich Haus- und Familienarbeit einen untergeordneten Stellenwert ein. Direkte «Ausweichmöglichkeiten» bei chronischer Erkrankung in die «stille Reserve» stellen sich für die Männer seltener als für die Frauen, da sie zumeist ihr Leben lang «Hauptenährer» der Familie waren.

Der Verlust oder drohende Verlust des Arbeitsplatzes ist dabei neben finanziellen Einschränkungen auch mit einer starken Bedrohung des Selbstwertgefühls verknüpft.

Tritt im weiblichen Lebenslauf eine chronische Krankheit auf, sind hinsichtlich des Stellenwerts von Berufstätigkeit und Haus- und Familienarbeit größere Variabilitäten zu verzeichnen. Jahn et al. (1998) arbeiten auf der Grundlage umfangreicher empirischer Studien diesbezüglich vier Modelle weiblicher Lebensläufe heraus. Sie unterscheiden erwerbstätige Frauen ohne Kinder, Familienfrauen ohne Erwerbsarbeit und Frauen, die hinsichtlich der Vereinbarkeit von Kindern und Erwerbsarbeit entweder beide Lebensentwürfe parallel laufen lassen oder in Phasen nacheinander leben.

Es zeigen sich bei dieser Differenzierung Trends innerhalb der Altersgruppen (Kohorteneffekte) hinsichtlich des Anteils der Erwerbstätigkeit im Lebenslauf. Auch das Bildungsniveau als Indikator für die soziale Schicht spielt bei der Zuordnung zu einem der Gestaltungsmodelle eine Rolle. Die Hälfte der älteren Frauen (60- bis 74-Jährige) vereinbaren Familie und Erwerbstätigkeit in ihrer Lebensform. Das Phasenmodell überwiegt in dieser Gruppe. Bei den Frauen im mittleren Lebensalter (45- bis 59-Jährige) nimmt die Häufigkeit der beiden Vereinbarungsmodelle bereits um 20 % zu. Dabei wird in dieser Gruppe stärker die Gleichzeitigkeit von Familie und Erwerbstätigkeit gelebt. Bei den jüngeren Frauen (30- bis 44-Jährige) ist der Anteil der Frauen ohne Kinder höher als bei den älteren Frauen (34 % vs. 12 %). Jedoch kann davon ausgegangen werden, dass bei den jüngeren Frauen die Familienplanung noch nicht abgeschlossen ist, so dass sich unter Umständen die Verteilung der Lebensformen in der Gruppe der jüngeren Frauen mit zunehmendem Alter dem der Frauen der mittleren Altersgruppe angleichen wird. In der Gruppe der jüngeren Frauen sind nur noch 13 % nicht erwerbstätig. In der Gruppe der älteren Frauen ist dies noch ein Drittel.

Bei den jüngeren Frauen unterscheiden sich diejenigen, die Familie und Erwerbsarbeit vereinbaren, hinsichtlich eines höheren Bildungsniveaus gegenüber den Frauen, die keiner Erwerbsarbeit nachgehen. Dieser Unterschied findet sich nicht bei den älteren Frauen. In dieser Gruppe haben kinderlose Frauen einen höheren Bildungsstatus.

In der Gruppe der jüngeren, nicht erwerbstätigen Frauen finden sich häufiger Gesundheitsstörungen und Erkrankungen. Die Frauen gehen häufiger zum Arzt und nehmen mehr Medikamente ein als die erwerbstätigen Frauen (vgl. Borchert/Collatz 1992; Maschewsky-Schneider 1997). In geringerem Maße zufrieden mit ihrem Wohlbefinden sind auch jüngere Frauen, die gleichzeitig die Familie versorgen und berufstätig sind. Sie klagen beispielsweise über ein regelmäßiges Schlafdefizit (Jahn et al. 1998) und sind bei anhaltender Nacht- oder Schichtarbeit ggf. durch Frühberentung bedroht (Clemens 1992, zitiert nach Häussler et al. 1995). Sie realisieren die Gleichzeitigkeit von Erwerbs- und Familienarbeit wohl durch die Ausdehnung des Arbeitstages.

Besonders belastet durch Berufstätigkeit sind bei den erwerbstätigen Frauen diejenigen mit geringer Bildung und entsprechend schlechten Arbeitsbedingungen (vgl. Borchert/Collatz 1992; Häussler et al. 1995; Resch 1998). Dies trifft aber in gleichem Maße für Männer der unteren sozialen Schicht zu (vgl. Bürger/Morfeld 1999).

Der plötzliche Eintritt oder die langsame Entwicklung einer chronischen Erkrankung kann demnach bei Frauen auf andere Ausgangsbedingungen als bei Männern treffen. Die therapeutischen Angebote während der Rehabilitationsmaßnahme sind in der Regel jedoch nicht auf diese unterschiedlichen Lebensrealitäten ausgerichtet. Geschlechtsspezifischen Erwartungen und Zielen kann somit nur in Ansätzen Rechnung getragen werden, indem Frauen und Männer das therapeutische Angebot individuell unterschiedlich nutzen und bewerten. Erfahrungen mit spezifischen Angeboten für Frauen in der allgemeinen medizinischen Rehabilitation berichten Vogelsang (1997) im Bereich der Abhängigkeitserkrankungen und Dinger-Broda (2001) im Bereich der Gesundheitsförderung in der psychosomatischen Rehabilitation. Hier steht jeweils die Förderung eines positiven weiblichen Selbstbildes im Mittelpunkt der Intervention.

Bei einzelnen Indikationen, bei denen Männer und Frauen von unterschiedlichen Einschränkungen betroffen sind, werden auch innerhalb der Patientenschulung so genannte «Männer-» und «Frauenrunden» angeboten, z. B. bei der Rehabilitation von Diabetikern. In den Männerrunden werden Ursachen und Therapiemöglichkeiten bei erektiler Dysfunktion (einer Folgeerkrankung des Diabetes) und die damit einhergehenden Belastungen thematisiert, in den Frauenrunden dagegen geht es um die Wahrscheinlichkeit der Vererbung der Krankheit und um Aufklärung über Vorsichtsmaßnahmen bei Schwangerschaften, was vor allem jüngere Typ-1-Diabetikerinnen betrifft. Hier liegt die Sinnhaftigkeit eines geschlechtsspezifischen Angebots auf der Hand, allerdings ist es auch eher die Ausnahme, betrachtet man die Rehabilitationsmaßnahmen in Gänze.

Korsukéwitz et al. (2001) stellten an einer Stichprobe von 327 weiblichen und 1246 männlichen Rehabilitanden der Angestelltenversicherung fest, dass sich Frauen und Männer im Ganzen nicht in der Bewertung einzelner Therapieelemente in der kardiologischen Rehabilitation unterschieden. Die weiblichen Rehabilitandinnen waren jedoch sowohl mit der psychologischen Betreuung als auch mit der Unterstützung, die zur Bewältigung krankheits- und behinderungsbedingter Probleme im privaten und beruflichen Bereich von Seiten der Klinik geboten wurde, weniger zufrieden als die männlichen Rehabilitanden. Auch die in der stationären Rehabilitation gegebenen Verhaltensempfehlungen für den beruflichen, den häuslichen und Freizeitbereich wurden von den Frauen als weniger nützlich bewertet. Die größere Unzufriedenheit der Frauen ist möglicherweise der geringen Berücksichtigung weiblicher Lebensrealitäten und Leistungsanforderungen in bisherigen Behandlungsansätzen der kardiologischen Rehabilitation zuzuschreiben. Hier zeigt sich ein wesentliches Defizit bisheriger Behandlungskonzepte für Frauen in der Rehabilitation, das bereits unter dem Aspekt der Doppel- und Mehrfachbelastung berufstätiger Frauen weiter oben angesprochen wurde. Die geringfügige psychologische Betreuungsmöglichkeit in der stationären Rehabilitation, die vor dem Hintergrund eines Stellenschlüssels von einem psychologischen Mitarbeiter auf hundert Rehabilitanden zu betrachten ist, wird von den Frauen stärker erlebt als von den Männern. Frauen haben offensichtlich ein größeres Bedürfnis als Männer, über ihre Erkrankung und deren Bewältigung mit Experten zu sprechen.

Im Folgenden wird zu einigen Indikations- und Versorgungsbereichen, zu denen geschlechtsspezifische Untersuchungen vorliegen, ein Überblick zum Stand des Wissens gegeben:

Psychosomatische Rehabilitation
Diese Form der Rehabilitation wird häufiger von Frauen als von Männern genutzt (VDR 2000). Dies mag damit zusammenhängen, dass Frauen auch bei Arztbesuchen häufiger von psychischen und vegetativen Beschwerden berichten (s. o.). Daneben ist gesichert, dass die Prävalenzen psychischer Störungen bei Frauen in der Gesamtpopulation höher sind als bei Männern. z. B. leiden 4 bis 7 % der deutschen Frauen und 2 bis 3 % der Männer an Depressionen, von Panikattacken sind Frauen doppelt so häufig wie Männer betroffen und das Verhältnis bei spezifischen Phobien liegt bei 1,9:1 bis 4:1 (Frauen:Männer) in verschiedenen Untersuchungen. Bei Essstörungen wie Anorexia nervosa oder Bulimia nervosa sind die Unterschiede noch eklatanter: 95 % der an Anorexie und 99 % der an Bulimie erkrankten Personen sind Frauen (Margraf 1996). Insofern scheint eine höhere Inanspruchnahme psychosomatischer Rehabilitationsleistungen von Frauen folgerichtig.

Dinger-Broda und Broda (1997) zeigen in einer Reanalyse von Daten aus einer größeren unizentrischen Studie (n = 593) an LVA-Versicherten, dass es im Vergleich der Geschlechter unterschiedliche Problemlagen gibt. Frauen zeigen sich sowohl durch Probleme im familiären, partnerschaftlichen als auch beruflichen Bereich belastet, Männer überwiegend im beruflichen Bereich. Sie stellten weiter fest, dass Frauen andere Ressourcen nutzen als Männer. Diesen unterschiedlichen Belastungen und Ressourcen wird in der psychosomatischen Rehabilitation im Allgemeinen allerdings kein unterschiedliches Konzept entgegengestellt, sondern die Patienten und Patientinnen nehmen an einem Standardtherapieprogramm teil, das sich «an der Symptomatik und an Defiziten orientiert» (Dinger-Broda/Broda 1997, S. 11).

Betrachtet man die Ergebnisse der Rehabilitation (erhoben in einer Katamneseerhebung ein bis fünf Jahre nach der stationären Behandlung), so zeigt sich, dass die Frauen das Rehabilitationsergebnis besser beurteilen als Männer. Auch wesentliche Therapieelemente werden von ihnen besser und hilfreicher beurteilt. Dinger-Broda und Broda stellen die These auf, dass sich das therapeutische Angebot eher an den Bedürfnissen der Frauen orientiert, da eventuell verbale Interventionen den Bewältigungsstrategien der Frauen näher kommen bzw. das Angebot wenig praktische Hilfen für die Bewältigung von Problemen am Arbeitsplatz (unter denen vor allem die Männer leiden) bietet. Dabei ist natürlich zu bedenken, dass die Handlungsspielräume in der Arbeitswelt für den Einzelnen häufig eher gering sind und eventuell daher die Rehabilitation als wenig hilfreich von den Männern angesehen wird.

In einer von Zielke (1993) durchgeführten Studie an drei psychosomatischen Rehabilitationskliniken mit Patienten der Betriebskrankenkassen zeigte sich, dass die Frauen langfristig von der Rehabilitationsmaßnahme besser profitierten als Männer. Zwar verbesserten sich die Werte im Vergleich vor und nach der Rehabilitation, z. B. in Bezug auf Depressionen, in verschiedenen Persönlichkeitsbereichen oder bei funktionellen Störungen bei beiden Geschlechtern, allerdings verbesserten sie sich bei Frauen noch einmal im Katamnesezeitraum, während sich bei den Männern nach der Entlassung keine Verbesserung mehr ergab. Zielke schließt daraus, dass Frauen durch das Erproben neu gelernter Verhaltensweisen noch einmal einen Schub in Richtung einer Verbesserung der Symptomatik erhalten. Allerdings ist dabei zu bedenken, dass z. B. bei den funktionellen Beschwerden die Ausgangswerte der Frauen deutlich über denen der Männer lagen. Bei starken Verbesserungen der Frauen und geringeren Verbesserungen der Männer hatten sich so die Werte lediglich etwas angenähert.

Kardiologische Rehabilitation
In diesem Bereich fand in den letzten Jahren mehr geschlechtsspezifische Forschung statt, so dass hier fundiertere Äußerungen möglich sind (vgl. Härtel 2000; Mittag/Horres-Sieben 2001).

Frauen erleiden ca. ein Jahrzehnt später als Männer eine koronare Herzerkrankung und haben eine höhere Sterblichkeit, die auch nach statistischen Alterskorrekturen erhalten bleibt (Keck/Budde 1998a). Als Gründe hierfür werden diskutiert, dass Frauen später mit Beschwerden zum Arzt gehen, bei Untersuchungen eher unspezifische Symptome nennen, dass Ärzte die Angina-pectoris-Symptomatik bei Frauen eher unterschätzen, dass weniger invasive Untersuchungen bei Frauen durchgeführt werden und dass Frauen, die einen Herzinfarkt erleiden, vorher schon kränker waren, bzw. mehr Vorerkrankungen hatten als Männer (Brezinka 1995; Härtel 1999; Ladwig/Marten-Mittag 1999).

Härtel (1999) stellt fest, dass, verglichen mit der Prävalenz in der Bevölkerung, weniger Frauen eine medizinische Rehabilitationsmaßnahme oder Anschlussheilbehandlung (AHB) nutzen. Dies ist nicht nur in Deutschland der Fall, sondern auch in anderen Staaten. Gründe liegen in den Zugangswegen (die Voraussetzungen für die Inanspruchnahme der Rentenversicherung müssen gegeben sein, s. o.), im Fehlen von ärztlichen Empfehlungen bei ambulanten Rehabilitationen (Müller-Fahrnow 1996) oder von Voraussetzungen für die nötige Mobilität, z. B. ein eigenes Auto. Die Versorgung von Kindern oder zu pflegenden Angehörigen hindert ebenfalls vor allem jüngere und ältere Frauen, an einer Rehabilitationsmaßnahme teilzunehmen (Brezinka/Kittel 1995). Als gesichert bezeichnet es Härtel (1999) weiterhin, dass Frauen, wenn sie dann eine ambulante Rehabilitation beginnen, diese häufiger abbrechen, was in den meisten Fällen wiederum auf soziale Faktoren zurückzuführen sei, z. B. auf familiäre Verpflichtungen, die Versorgung von Angehörigen etc. Keck und Budde (1998a) berichten auf Grundlage ihrer Ergebnisse einer konsekutiven Längsschnittstudie, dass Frauen, die eine Anschlussheilbehandlung in Anspruch nahmen, im Schnitt älter und weniger belastbar waren. Sie hatten auch häufiger eine Herzklappenoperation hinter sich gebracht. Diese Faktoren sind zum Teil die Erklärung dafür, dass weniger Frauen in die AHB kommen. Betrachtet man die ambulante Nachbetreuung nach der stationären Maßnahme in Form des Besuchs einer ambulanten Herzgruppe, so zeigt sich, dass Frauen diese signifikant weniger häufig aufsuchen. Wiederum werden dafür familiäre Verpflichtungen verantwortlich gemacht (Keck/Budde 1998b). Außerdem fühlen sich Frauen als Minderheit in diesen Gruppen eventuell nicht so wohl, zumal sich das Programm der Gruppen eher an männlichen Bedürfnissen orientiert.

Rehabilitation bei Stoffwechselerkrankungen

In einer größeren Untersuchung an Patienten mit Diabetes mellitus, die eine Rehabilitationsmaßnahme an einer spezialisierten BfA-Klinik durchführten, zeigte sich, dass deutlich weniger Frauen als Männer (besonders auffällig war der Unterschied bei Typ-2-Diabetikern) eine Rehabilitation in Anspruch nahmen, was vor dem Hintergrund etwa gleicher Prävalenzzahlen etwas überrascht (Benecke 1998), aber anhand der Statistiken des Verbands Deutscher Rentenversicherungsträger (z. B. VDR 1997) nachgewiesen werden kann. Daneben gibt die oben genannte Studie Hinweise darauf, dass Frauen mit signifikant schlechteren Stoffwechselwerten (Hb-A$_1$, ein Wert, der die Blutzuckereinstellung der letzten sechs bis acht Wochen widerspiegelt) in die Klinik kommen. Dies kann so interpretiert werden, dass Frauen womöglich länger warten und höhere Belastungen in Kauf nehmen, bis sie eine solche Maßnahme für sich in Anspruch nehmen. Aus den Daten geht leider nicht hervor, ob hierfür ebenfalls wieder häusliche Verpflichtungen verantwortlich sind. Da es sich lediglich um eine einzige, unizentrische Untersuchung in diesem Bereich handelt, können die Ergebnisse nicht verallgemeinert werden. Gerade bei Typ-2-Diabetikern könnten allerdings weitere Untersuchungen aufschlussreich sein.

Rehabilitation bei Suchterkrankungen

Die Deutsche Hauptstelle für Suchtgefahren (Vogelsang 1997) berichtet, dass ca. zwei Drittel der Menschen, die regelmäßig Alkohol in schädlichen Mengen zu sich nehmen, und dass etwa die Hälfte derjenigen, die illegale Drogen konsumieren, männlichen Geschlechts sind. Ca. 90 % der Glücksspielsüchtigen sind Männer. Frauen dagegen stellen die überwiegende Mehrheit derjenigen, die medikamentenabhängig sind. Frauen sind allerdings in den Suchttherapien demgegenüber deutlich unterrepräsentiert. Der Anteil von Patientinnen in stationären Entwöhnungseinrichtungen liegt bei ca. 19 %, in ambulanten Einrichtungen bei 30 %. Großen Stellenwert in der stationären Behandlung nehmen Gruppensitzungen ein, an denen beide Geschlechter zusammen teilnehmen. Oft hat dies organisatorische Gründe: Weil Frauen in der Minderzahl sind, können oft keine «reinen Frauengruppen» zusammengestellt werden. Vogelsang (1997) berichtet, dass eine Trennung der Geschlechter allerdings häufig sinnvoll ist, zumindest als zusätzliches Angebot zu gemischtgeschlechtlichen Gruppen, da sich Frauen in der Nutzung des Suchtmittels und der Bewertung des Konsums von Männern unterscheiden. Des Weiteren reagiert das soziale Umfeld auf süchtige Männer und Frauen unterschiedlich. So nutzen Frauen die Droge vor allem, um sich gesellschaftlich besser anpassen zu können. Sie sind eher depressiv, selbstunsicher, haben dependente Persönlichkeitsanteile und trinken vor allem um der Wirkung willen, die sie offener und sicherer erscheinen lässt. Die Einnahme des Suchtmittels erfolgt häufig auch, um den verschiedenen Rollen perfekt gerecht zu werden, was ohne Suchtmittel aufgrund der ständigen Überforderung nicht gelingen würde. So soll die Funktionsfähigkeit erhalten bleiben. Geselligkeits- und Genusstrinken spielt eine deutlich kleinere Rolle als bei Männern. Frauen leben häufiger in zerrütteten Ehen, die Partner sind oft unterdrückend. Abhängige Frauen haben überdurchschnittlich häufig physische, psychische und sexuelle Gewalterfahrungen gemacht (Vogelsang 1997).

Vor diesem Hintergrund ist es sinnvoll, Frauen auch in gleichgeschlechtlichen Gruppen zu therapieren. Gerade dependente Frauen kommen in gemischten Gruppen, in denen sie womöglich auch noch in der Minderheit sind, wenig zu Wort. Ängste vor den Männern sind vor dem Hintergrund der Missbrauchserfahrungen verständlich und tragen dazu bei, dass sich Frauen weiter zurückziehen. Therapeutische Zielrichtung ist es unter anderem, in einer vertrauensvollen Umgebung die Würde der Frauen zu achten und ihr Selbstwertgefühl zu stärken. Sie sollen sich vom Prinzip der Passivität abwenden und Verantwortung für sich selbst übernehmen, was auch beinhaltet, eigene Grenzen zu akzeptieren. Genuss und körperbewusste Verhaltensweisen sollen gefördert werden. Dies gelingt besser in einer gleichgeschlechtlichen Gruppe. Das Therapiekonzept wird von den Frauen sehr geschätzt und positiv bewertet. Zu wünschen wäre, dass entsprechende geschlechtsspezifische Angebote an Suchtkliniken in die Standardbehandlung mit aufgenommen würde.

Rehabilitation im Rahmen des Müttergenesungswerkes (Mutter-Kind-Kuren)

Wie oben beschrieben, fallen häufig gerade Erziehende von kleinen Kindern, die wegen der Haus- und Familienarbeit einer Erwerbstätigkeit nicht nachgehen, durch die sozialen Maschen der einzelnen Versicherungsträger. Aber gerade sie sind durch eine höchst anspruchsvolle Arbeit in Haus und Familie (ständige Einsatzbereitschaft, kaum Entlastung, wenig/kein Urlaub) sehr belastet, sollen verschiedenen Rollen gerecht werden und geraten leicht durch den isolierten «Arbeitsplatz» in eine soziale Isolation, die wiederum belastend wirkt. Bis auf wenige Ausnahmen arbeiten unter diesen Konditionen nur Frauen. Wenn Mütter erwerbstätig sind, entstehen dadurch zusätzliche Anforderungen, z. B. organisatorischer Art. Auch wenn hier dann der Rentenversicherungsträger theoretisch zuständig wäre für die Durchführung der stationären Maßnahme, ergibt sich sehr oft das Problem, dass Kinder nicht mit in die Einrichtungen genommen werden dürfen. Neben der meist nicht bekannten Möglichkeit der Haushaltshilfe für die Zeit der Abwesenheit, ist es für viele Mütter mit kleinen Kindern undenkbar, diese für mehrere Wochen in fremder Obhut zu lassen.

In diesen Fällen kann das Müttergenesungswerk (MGW) helfend eingreifen. Fünf Trägergruppen haben sich hier zusammengeschlossen: die katholische und evangelische Arbeitsgemeinschaft für Müttergenesung, das Deutsche Rote Kreuz, die Arbeiterwohlfahrt und der Deutsche Paritätische Wohlfahrtsverband. Sie belegen 132 Einrichtungen, davon 29 Mütterkurhäuser und 103 Mutter-Kind-Kurhäuser (Franck 1998). Es werden verschiedene Angebote der Vor- und Nachsorge vorgehalten. Nach Daten des Müttergenesungswerkes 1991 wurden insgesamt 62 000 stationäre Maßnahmen durchgeführt, davon ca. 45 % für Kinder, die mit ihrer Mutter aufgenommen wurden. Trotz einer erheblichen Ausweitung der Anzahl der durchgeführten Rehabilitationen ist nach Collatz et al. (1996) der Bedarf lange nicht gedeckt. Anlass für eine Aufnahme in einer dem MGW angeschlossenen Klinik können somatische und psychische Beschwerden sein, ebenso soziale Belastungen mit damit verbundener Überforderung. Dies gilt ebenso für Kinder, die ebenfalls zunehmend belastet sind. Nicht außer Acht gelassen werden darf dabei das häufige Wechselspiel der Belastungen von Müttern und Kindern. Arnhold-Kerri/Collatz (2001) beschreiben ein Leitsyndrom, das sich im Kern durch schwere Erschöpfungszustände bis hin zu Depressionen auszeichnet und von multiplen Befindlichkeitsstörungen und somatoformen Erkrankungen begleitet wird.

In der Versorgung der Mütter wird Wert darauf gelegt, dass in allen Therapiebereichen weibliche Therapeuten zur Verfügung stehen, bei mehrfach besetzten Positionen werden auch männliche Therapeuten eingestellt. Ein interdisziplinäres Team führt die Behandlung durch, in Einrichtungen für Kinder sind auch Heilpädagoginnen angestellt. Die Abwesenheit von Männern als Patienten ist gewollt, damit die Frauen in diesem «geschützten» Rahmen über ihre Partnerschaften, Erfahrungen, auch Gewalterfahrungen nachdenken können (Franck 1998). Nach ersten Effektivitätsanalysen von Arnhold-Kerri und Collatz (2001) zeigt diese geschlechtsspezifische Behandlung gute Erfolge. Die Erschöpfungszustände der Mütter und die damit zusammenhängenden körperlichen Beschwerden werden reduziert, Veränderungen im Erziehungsverhalten der Mütter wirken darüber hinaus positiv auf die Gesundheit und die Entwicklungsmöglichkeiten der Kinder.

Neben den Einrichtungen des Müttergenesungswerkes gibt es vereinzelt auch Mutter-Kind-Behandlungen in psychosomatischen Kliniken. Nübling et al. (1998) berichten über Ergebnisse einer Untersuchung an Müttern, die in einer solchen Einrichtung behandelt wurden. Die Kinder wurden in einem Klinikkindergarten betreut, aber nicht mitbehandelt. Nur dieses Angebot ermöglichte es nach Angaben der Mütter, eine stationäre Rehabilitation in Anspruch zu nehmen. Im Vergleich zu anderen, in der Klinik behandelten Frauen, waren die Mütter deutlich mehr belastet. Es zeigte sich auch, dass es für die Kliniken eine große Umstellung bedeutet, wenn sie solch ein Angebot machen wollen: Viele Frauen bemängelten die anfangs noch wenig kindgerechte Ausstattung der Klinik sowie das Freizeitangebot und das Essen für Kinder. Grundsätzlich sind solche zusätzlichen Angebote für Mütter zu begrüßen, da sie sonst, wie schon erwähnt, häufig eine stationäre Maßnahme nicht in Anspruch nehmen würden.

Rehabilitation unspezifischer Rückenschmerzen

Deck (2001) untersuchte geschlechtsspezifische Aspekte auf der Basis empirischer Analysen längsschnittlicher Befragungsdaten von Rückenschmerzpatienten zwischen 18 und 55 Jahren. Die Autorin analysierte Geschlechtsunterschiede hinsichtlich des Gesundheitszustands zu Rehabilitationsbeginn, rehabilitationsbezogener und zukunftsgerichteter Erwartungen, der Kurzzeit- und Langzeiteffekte sowie hinsichtlich möglicher Prädiktoren für den Rehabilitationserfolg. Die Ergebnisse zeigen, dass Frauen eine ungünstigere Ausgangssituation aufweisen und zu Rehabilitationsbeginn ein stärkeres Entlastungsbedürfnis äußern, am Ende der Rehabilitationsmaßnahme etwas stärker profitieren und nach einem Jahr einen etwas geringeren Rückgang der Effekte hinnehmen müssen. Beim grundsätzlichen Erfolgsverlauf, bei zukunftsgerichteten Erwartungen und bei den Prädiktoren des Rehabilitationserfolgs hingegen überwiegen die Ähnlichkeiten von Frauen und Männern.

6. Zusammenfassung

Frauen unterscheiden sich – wie in anderen Bereichen von Gesundheit und Krankheit – auch in der Rehabilitation von Männern: Geschlechtsspezifische Unterschiede zeichnen sich vor allem ab bei den versicherungsrechtlichen Voraussetzungen und den psychosozialen Barrieren für den Zugang zu Rehabilitationsleistungen, beim Indikationsspektrum, teilweise beim subjektiven Gesundheitszustand zu Rehabilitationsbeginn sowie bei der Passung von Rehabilitationsangeboten einerseits und geschlechtsspezifischen Belastungen und Präferenzen andererseits. Wenig berücksichtigt wird in bisherigen Ansätzen der Rehabilitation sowohl die Bedeutung struktureller Unterschiede bei Frauen- und Männererwerbsarbeit als auch die geschlechtsdifferenzierende Partizipation in Haus- und Familienarbeit, die die unterschiedlichen psychosozialen Belastungen wie die entsprechenden rehabilitationsbezogenen Erwartungen von Frauen und Männern offensichtlich begründen.

Literatur

Arnold-Kerri, S., Collatz, J. (2001). «Neue Ansätze zur Qualitätssicherung von Präventions- und Rehabilitationseinrichtungen für Mütter und Kinder». In: Worringen, U., Zwingmann, Ch. (Hrsg.). *Rehabilitation weiblich – männlich. Geschlechtsspezifische Rehabilitationsforschung.* Weinheim.

Barth, M., Koch, U., Hoffmann-Markwald, W., Wittmann, W., Potreck-Rose, F. (1989). «Die Inanspruchnahme medizinischer Maßnahmen zu Rehabilitation – Die Sichtweise der Experten». *Deutsche Rentenversicherung*, 8-9, S. 514–529.

Benecke, A. (1998). «Geschlechtsspezifische Aspekte bei der Rehabilitation von Patienten mit Diabetes mellitus am Beispiel einer BfA-Klinik». *Praxis Klinische Verhaltensmedizin und Rehabilitation*, 11 (43), S. 37–43.

Benecke-Timp, A., Vogel, H., Worringen, U. (1997). «Geschlechtsspezifische Aspekte in der Rehabilitation. Einführung in den Themenschwerpunkt». *Praxis Klinische Verhaltensmedizin und Rehabilitation*, 40, S. 3–6.

Borchert, H., Collatz, J. (1992). «Empirische Analysen zu weiblichen Lebenssituationen und Gesundheit». In: Brüderl, L., Paetzold, B. (Hrsg.). *Frauenleben zwischen Beruf und Familie. Psychosoziale Konsequenzen für Persönlichkeit und Gesundheit.* Weinheim.

Brähler, E., Felder, H. (Hrsg.) (1992). *Weiblichkeit, Männlichkeit und Gesundheit. Medizinpsychologische und psychosomatische Untersuchungen.* Opladen.

Brezinka, V. (1995). «Ungleichheit bei Diagnostik und Behandlung von Frauen mit koronarer Herzkrankheit. Eine Übersicht». *Zeitschrift für Kardiologie*, 84, S. 99–104.

Brezinka, V., Kittel, F. (1995). «Psychosocial factors of coronary heart disease in women: a review». *Social Science and Medicine*, 42, S. 1351–1365.

Bürger, W. (2001). «Gibt es geschlechtsspezifische Benachteiligungen bei der Inanspruchnahme von medizinischer Rehabilitation?» In: Worringen, U., Zwingmann, Ch. (Hrsg.). *Rehabilitation weiblich – männlich. Geschlechtsspezifische Rehabilitationsforschung.* Weinheim.

Bürger, W., Buschmann-Steinhage, R. (2000). «Rehabilitative Angebotsformen». In: Bengel, J., Koch, U. (Hrsg.). *Grundlagen der Rehabilitationswissenschaften.* Berlin.

Bürger, W., Morfeld, M. (1999). «Gibt es schichtspezifische Benachteiligungen bei der Inanspruchnahme medizinischer Reha-Maßnahmen?» *Die Rehabilitation*, 38, Suppl. 2, S. 134–141.

Buschmann-Steinhage, R. (1996). «Einrichtungen der Rehabilitation und ihre Aufgaben». In: Delbrück, H., Haupt, E. (Hrsg.). *Rehabilitationsmedizin. Therapie- und Betreuungskonzepte bei chronischen Krankheiten.* München.

Collatz, J., Borchert, H, Brandt, A., Titze, I. (1996). *Effektivität, Bedarf und Inanspruchnahme von medizinischen und psychosozialen Versorgungseinrichtungen für Frauen und Mütter mit Kindern.* Schriftenreihe des BMFSFJ. Bd. 126. Stuttgart.

Corbin, J. (1996). «A Biographical and Medical Process». In: Schott, T., Badura, B., Schwager, H.-J., Wolf, P., Wolters, P. (Hrsg.). *Neue Wege in der Rehabilitation.* Weinheim.

Dinger-Broda, A. (2001). «Frauenspezifische Versorgungsangebote in der psychosomatischen Rehabilitation». In: Worringen, U., Zwingmann, Ch. (Hrsg.). *Rehabilitation weiblich – männlich. Geschlechtsspezifische Rehabilitationsforschung.* Weinheim.

Dinger-Broda, A., Broda, M. (1997). «Geschlechtsspezifische Unterschiede in der psychosomatischen Rehabilitation». *Praxis Klinische Verhaltensmedizin und Rehabilitation*, 40, S. 7–12.

Deck., R. (2001). «Geschlechtsspezifische Aspekte in der Rehabilitation unspezifischer Rückenschmerzen». In: Worringen, U., Zwingmann, Ch. (Hrsg.). *Rehabilitation weiblich – männlich. Geschlechtsspezifische Rehabilitationsforschung.* Weinheim.

Deck, R., Röckelein, E. (1998). «Zur Erhebung soziodemographischer und sozialmedizinischer Indikatoren in den rehabilitationswissenschaftlichen Forschungsverbünden». *DRV*, 16, S. 84–99.

Faller, H. (2001). «Erwartungen von Rehabilitanden im Hinblick auf Prozess und Ergebnis ihrer Rehabilitation». *DRV*, 26, S. 197–199.

Felder, H., Brähler, E. (1992). «Weiblichkeit, Männlichkeit und Gesundheit». In: Brähler, E., Felder, H. (Hrsg.). *Weiblichkeit, Männlichkeit und Gesundheit.* Stuttgart.

Franck, M. (1998). «Rehabilitation und Prävention in Einrichtungen des Müttergenesungswerkes». *Praxis Klinische Verhaltensmedizin und Rehabilitation*, 43, S. 44–49.

Gerdes, K., Weis, J. (2000). «Zur Theorie der Rehabilitation». In: Bengel, J., Koch, U. (Hrsg.). *Grundlagen der Rehabilitationswissenschaften*. Berlin.

Gerdes, K., Jäckel, W. H. (1992). «‹Indikatoren des Reha-Status (IRES)› – Ein Patientenfragebogen zur Beurteilung von Rehabilitationsbedürftigkeit und -erfolg». *Die Rehabilitation*, 31, S. 73–79.

Hansmeier, T., Karoff, M. (2000). «Partizipation von chronisch Kranken und Behinderten am Erwerbsleben». In: Bengel, J., Koch, U. (Hrsg.). *Grundlagen der Rehabilitationswissenschaften*. Berlin.

Hansmeier, T., Vogt, K., Spyra, K., Müller-Fahrnow (1999). «Zum Begriff und zur Messbarkeit der Rehabilitationsbedürftigkeit – Ein Rahmenkonzept für einen mehrdimensionalen Untersuchungsansatz». *Die Rehabilitation*, 38, Suppl. 2, S. 86–92.

Härtel, U. (1999). «Geschlechtsspezifische Prädiktoren der Inanspruchnahme kardiologischer Rehabilitation aus epidemiologischer Sicht». *Die Rehabilitation*, 38, Suppl. 2, S. 142–147.

Härtel, U. (2000). «Geschlechtsspezifische Aspekte in der Rehabilitation: Das Beispiel koronare Herzkrankheit». In: Bengel, J., Koch, U. (Hrsg.). *Grundlagen der Rehabilitationswissenschaften*. Berlin.

Häussler, B., Meyer, S., Müller, P., Reschke, P., Schulze, E., Staffeldt, T. (1995). *Lebenserwartungen erwerbstätiger Frauen*. Forschungsprojekt im Auftrag des BMA. Bundesministerium für Arbeit und Sozialforschung (Hrsg.) Bonn: Forschungsbericht Sozialforschung 242.

Héon-Klin, V., Raspe, H. (2000). «Zur Epidemiologie der Rehabilitationsbedürftigkeit». In: Bengel, J., Koch, U. (Hrsg*.*). *Grundlagen der Rehabilitationswissenschaften*. Berlin.

Jahn, I., Maschewsky-Schneider, U., Babitsch, B., Bammann, B. (1998). «Zur Bedeutung der Eingebundenheit von Frauen in Erwerbs-, Haus- und Familienarbeit für ihre Gesundheit. Ergebnisse aus einer Befragungsstudie in Bremen». In: Arbeitskreis Frauen und Gesundheit im Norddeutschen Forschungsverbund Public Health (Hrsg*.*). *Frauen und Gesundheit(en) in Wissenschaft, Praxis und Politik*. Bern.

Keck, M., Budde, H. G. (1998a). «Nachsorgeverhalten und soziale Situation von Patientinnen nach stationärer kardiologischer Rehabilitation». *Herz/Kreislauf*, 30 (11), S. 394–399.

Keck, M., Budde, H. G. (1998b). «Soziale Situation, Nachsorgeverhalten und Befinden chronisch herzkranker Frauen nach stationärer kardiologischer Rehabilitation». *Praxis Klinische Verhaltensmedizin und Rehabilitation*, 40, S. 7–12.

Korsukéwitz, C., Klosterhuis, H., Winnegfeld, M., Beckmann, U. (2001). «Frauen sind anders – auch in der Rehabilitation? – Geschlechtsspezifische Aspekte der medizinischen Rehabilitation». *Deutsche Angestelltenversicherung*, 1, S. 7–15.

Ladwig, K.-H., Marten-Mittag, B. (1999). «Geschlechtsdifferenzen in der Wahrnehmung von Symptomen bei der koronaren Herzerkrankung». *Herz/Kreislauf*, 31 (7-8), S. 296–303.

Maier-Riehle, B., Schliehe, F. (1999). «Rehabilitationsbedarf und Antragsverhalten». *Die Rehabilitation*, 38, Suppl. 2, 100–115.

Margraf, J. (Hrsg.) (1996). *Lehrbuch der Verhaltenstherapie*. Berlin.

Maschewsky-Schneider, U. (1997). *Frauen sind anders krank. Zur gesundheitlichen Lage der Frauen in Deutschland*. Weinheim.

Matthesius, R.-G., Jochheim, K.-A., Barolin, G. S., Heinz, C. (Hrsg.) (1995). *Internationale Klassifikation der Schädigungen, Fähigkeitsstörungen und Beeinträchtigungen der World Health Organisation/WHO*. Berlin.

Mittag, O., Horres-Sieben, B. (2001). «Geschlechtsspezifische Unterschiede in der kardiologischen Rehabilitation: Überblicksarbeit». In: Worringen, U., Zwingmann, Ch. (Hrsg.). *Rehabilitation weiblich – männlich. Geschlechtsspezifische Rehabilitationsforschung*. Weinheim.

Müller-Fahrnow, W. (1996). *Sozial- und versorgungsepidemiologische Ansätze zur Kritik am System der medizinischen Rehabilitation*. Habilitationsschrift. Freie Universität Berlin.

Niehaus, M. (1997). «Geschlechtsspezifische Aspekte in der Rehabilitation: Annäherungen an einen vernachlässigten Forschungsbereich am Beispiel der beruflichen Rehabilitation». *Praxis Klinische Verhaltensmedizin und Rehabilitation*, 40, S. 13–18.

Nübling, R., Kieser, J, Puttendörfer, J., Schmidt, J. (1998). «Mutter-Kind-Behandlungen in einer psychosomatischen Klinik». *Prävention-Rehabilitation*, 10 (1), S. 20–31.

Resch, M. (1998). «Frauen, Arbeit und Gesundheit». In: Arbeitskreis Frauen und Gesundheit im Norddeutschen Forschungsverbund Public Health (Hrsg.). *Frauen und Gesundheit(en) in Wissenschaft, Praxis und Politik*. Bern.

Röcklein, E. (2001). «Geschlechtsspezifische Inanspruchnahme von Rehabilitationsleistungen der Rentenversicherung und Bedeutung geschlechtsspezifischer Rehabilitationsforschung». In: Worringen, U., Zwingmann, Ch. (Hrsg.). *Rehabilitation weiblich – männlich. Geschlechtsspezifische Rehabilitationsforschung*. Weinheim.

Schott, T. (1996). «‹Reha vor Rente›? – Zur Bedeutung der persönlichen Einstellung für die Wiederaufnahme der Arbeit». In: Schott, T., Badura, B., Schwager, H.-J., Wolf, P., Wolters, P. (Hrsg.). *Neue Wege in der Rehabilitation*. Weinheim.

Strittmatter, R., Bengel, J., Brombacher, C., Landerer, U. (1997). Die Inanspruchnehmerinnen von Mutter-Kind-Kuren. *Die Rehabilitation*, 36, S. 176–184.

Schröder, A. (2000). «Männer und Frauen in der Rehabilitation». *Zeitschrift für Medizinische Psychologie*, 1, S. 37–41.

Schulze Buschoff, K. (1995). *Familie und Erwerbsarbeit in der Bundesrepublik. Rückblick, Stand der Forschung und Design einer Lebensformtypologie.* Wissenschaftszentrum Berlin für Sozialordnung (WZB), Berlin.

Verband Deutscher Rentenversicherungsträger (2000). *Aktiv Gesundheit fördern. Gesundheitsbildungsprogramm der Rentenversicherung für die medizinische Rehabilitation.* Stuttgart.

Verband Deutscher Rentenversicherungsträger (1997). *VDR-Statistik Rehabilitation 1994/1995.* Frankfurt/M.: Selbstverlag.

Verband Deutscher Rentenversicherungsträger (1996). *Statistisches Jahrbuch.* Frankfurt/M.: Selbstverlag.

Verband Deutscher Rentenversicherungsträger (1992). *Bericht der Reha-Kommission.* Frankfurt/M.: Selbstverlag.

Vömel, U. (1997). «Die Zuzahlungen bei medizinischen Leistungen zur Rehabilitation – ein Beitrag zur Vereinheitlichung». *Die Rehabilitation*, 36 (3), S. 148–151.

Vogel, H., Worringen, U., Benecke, A. (1998). «Heiße Luft oder die Spitze eines Eisberges? Die Frage der Geschlechtsspezifität in der Rehabilitationsforschung – Einführung in den Themenschwerpunkt». *Praxis Klinische Verhaltensmedizin und Rehabilitation*, 43, S. 3–5.

Vogelsang, M. (1997). «Frau und Abhängigkeit. Ein handlungsorientiertes Gruppenmodell». *Praxis Klinische Verhaltensmedizin und Rehabilitation*, 40, S. 34–39.

Worringen, U. (1998). «Geschlechtsspezifische Aspekte der Rehabilitationsbedürftigkeit in der medizinischen Rehabilitation. Eine Re-Analyse der IRES-Daten». *Praxis Klinische Verhaltensmedizin und Rehabilitation*, 43, S. 32–36.

Worringen, U., Benecke, A., Gerlich, C., Frank, S. (2001). «Erfassung von Haus- und Familienarbeit in der Rehabilitationsforschung». In: Worringen, U., Zwingmann, Ch. (Hrsg.). *Rehabilitation weiblich – männlich. Geschlechtsspezifische Rehabilitationsforschung.* Weinheim.

Worringen, U., Zwingmann, Ch. (2001). «Zur Einführung: Geschlechtsspezifische Rehabilitationsforschung in Deutschland». In: Worringen, U., Zwingmann, Ch. (Hrsg.). *Rehabilitation weiblich – männlich. Geschlechtsspezifische Rehabilitationsforschung.* Weinheim.

Zielke, M. (1993). *Wirksamkeit stationärer Verhaltenstherapie.* Weinheim.

Auffälligkeiten der geschlechtsspezifischen Versorgung in der GKV
Wie groß ist der kleine Unterschied?

Gerd Glaeske

In Deutschland sind rund 71,5 Mio. Menschen in einer gesetzlichen Krankenversicherung (GKV) versichert, 33,5 Mio. Männer und 38 Mio. Frauen. Und allen, ob Jung oder Alt, ob Männern oder Frauen, steht nach dem 5. Sozialgesetzbuch (SGB V) die gleiche Krankenbehandlung zu, «wenn sie notwendig ist, um eine Krankheit zu erkennen, zu heilen, ihre Verschlimmerung zu verhüten oder Krankheitsbeschwerden zu lindern» (§ 27 SGB V). In den §§ 2, 12 und 70 des SGB V ist auch die Qualität, die Humanität und die Wirtschaftlichkeit der Leistungen angesprochen, die von den Ärztinnen und Ärzten erbracht werden. So heißt es zusammenfassend im § 70:

> Die Krankenkassen und die Leistungserbringer haben eine bedarfsgerechte, dem allgemein anerkannten Stand der medizinischen Erkenntnisse entsprechende Versorgung der Versicherten zu gewährleisten. Die Versorgung muss ausreichend und zweckmäßig sein, darf das Maß des Notwendigen nicht überschreiten und muss in der fachlich gebotenen Qualität sowie wirtschaftlich erbracht werden. Die Krankenkassen und die Leistungserbringer haben durch geeignete Maßnahmen auf eine humane Krankenbehandlung ihrer Versicherten hinzuwirken.

Finanziert wird diese medizinische Versorgung in der GKV über Beitragszahlungen aus den Arbeitsentgelten der abhängig beschäftigten Menschen; angehörige Versicherte ohne eigenes Einkommen werden mitversichert, was für viele Frauen in der GKV gilt. Insgesamt geht man nämlich in Deutschland von rund 36 Mio. Beschäftigungsverhältnissen aus, davon entfallen 21 Mio. auf Männer und 15 Mio. auf Frauen. Dabei ist jedoch der geschlechtsspezifische Unterschied zwischen einer Voll- und Teilzeitbeschäftigung auffällig: 81 % der Beschäftigungsverhältnisse entfallen auf eine Vollzeittätigkeit, in der geschlechterspzifischen Verteilung 93,5 % für die Männer und 64,5 % für die Frauen. Eine Teilzeitbeschäftigung nehmen dagegen mehr Frauen wahr: 28,1 % gegenüber 3,4 % bei den Männern. Im Gesundheitswesen ist diese geschlechtsspezifische Verteilung übrigens auffällig anders: Hier gibt es rund 4 Mio. Beschäftigungsverhältnisse (11,2 % aller Erwerbstätigen), vor allem Vollzeittätigkeiten, davon entfallen zwei Drittel auf Frauen und ein Drittel auf Männer (Statistisches Bundesamt 1998).

Die Leistungsausgaben in der GKV betrugen 1999 rund 255 Mrd. DM, im Schnitt etwa 3200 DM pro Versicherten. Wenn man die durchschnittlichen Ausgaben geschlechtsspezifisch vergleicht, fallen Unterschiede auf: So verursachen Frauen in der ambulanten Versorgung und in der Arzneimittelversorgung durchweg höhere Ausgaben als Männer. Erst bei den über 74-Jährigen tritt eine Umkehrung dieser Relation ein. Im stationären Bereich liegen die Ausgaben für die Männer ab einem Alter von 45 Jahren über denen für die Frauen. Der deutlichste Ausgabenunterschied zwischen Männern und Frauen liegt übrigens im Alter zwischen 24 und 30 Jahren: Hier verursachen Männer Ausgaben von etwa 1100 bis 1400 DM, Frauen etwa 2200 bis 3000 DM – sicherlich Folge der Krankenhausaufenthalte wegen der Geburt von Kindern. Ab dem 57. Lebensjahr liegen die Ausgaben für Männer dann immer über denen der Frauen, bis zu diesem Alter war es umgekehrt – mit Ausnahme der ersten 10 Lebensjahre: Hier fallen mehr Kosten für die Jungen an, wahrscheinlich wegen der höheren Aufmerksamkeit, die ihnen bei Krankheiten geschenkt wird und die zu häufigeren Arztbesuchen als bei Mädchen führt. Im Alter steigen die Ausgaben übrigens unterschiedlich in den alten und neuen Bundesländern an: Sie reichen bei den 90-Jährigen in den alten Bundesländern bis 9500 DM für die Frauen und rund 10 000 DM für die Männer, in den neuen Bundesländern bis an 7100 DM für die Frauen und 7500 DM für die Männer (VdAK/AEV 2001).

1. Bekannte Defizite in der Versorgungsqualität

Evaluationen der medizinischen Versorgung stellen immer wieder in Frage, ob die Grundsätze von Qualität und bedarfsgerechter Versorgung wirklich allgemein berücksichtigt und die Beiträge der Versicherten effizient eingesetzt werden. Es kann nämlich gar kein Zweifel daran bestehen, dass in unserem medizinischen Versorgungssystem Behandlungen erbracht werden, die nur durch falsch gesetzte Anreize aus den geltenden Gebührensystemen und einem gewinnorientierten Interesse der Leistungsanbieter zu erklären sind. Insgesamt werden die Ausgaben für unnötige oder fragwürdige medizinische Leistungen auf rund 10 % aller Ausgaben geschätzt, also auf rund 25 Mrd. DM. Diese finanziellen Fehlallokationen kommen z. B. durch die mangelnde Verzahnung des ambulanten und stationären Bereichs zustande: Doppeluntersuchungen und nicht notwendige diagnostische oder auch therapeutische Interventionen sind an der Tagesordnung. Mit einem Bedarf von notwendigen Gesundheitsleistungen haben die im Folgenden aufgeführten Versorgungsbeispiele wenig zu tun – dennoch gehen sie auf Entscheidungen von Ärztinnen und Ärzten zurück, nicht auf die Nachfrage von Patienten, die nichtsdestoweniger unnötig belastet werden – sowohl finanziell als auch körperlich und psychisch. Schließlich bedeutet jede unnötige Behandlung eine vermeidbare Statuspassage eines Bürgers zum Patienten und eine inadäquate Behandlung die unnötige Verlängerung des Krankheitszustandes. Einige Beispiele, die auch auf geschlechtsspezifische Unterschiede in der Versorgung hinweisen, sollen hier genannt werden (Die Ersatzkasse 2000):

- Es besteht im Wesentlichen Konsens darüber, dass ein erheblicher Anteil der in Deutschland durchgeführten Röntgenuntersuchungen überflüssig sind, Schätzungen reichen bis zu 50 %. Dies gilt auch für Sonographien (Ultraschalluntersuchungen) während der Schwangerschaft («Babyfotos»). Bei Schwangerschaften ohne erkennbare Risiken sind zwei bis drei Sonographien ausreichend, die doppelte Anzahl, auch z. T. privat abgerechnet, sind allerdings üblich.
- Seit 1993 existiert eine Empfehlung der Deutschen Gesellschaft für Endokrinologie (Sektion Schilddrüse) zur sinnvollen Untersuchung von Schilddrüsenerkrankungen, die bei Frauen deutlich häufiger als bei Männern vorkommen. Dieser Empfehlung wird bis heute auf breiter Basis nicht gefolgt, was eine erhebliche Überversorgung in diesem speziellen Bereich vor allem zu Lasten der Frauen zur Folge hat.
- Beklagt wird eine Fehlbelegung im stationären Sektor durch medizinisch nicht begründete Krankenhausaufnahmen. Bei mehr als 20 % aller Patienten, die vollstationär im Krankenhaus behandelt wurden, wäre die Aufnahme aus medizinischer Sicht vermeidbar gewesen. Der Anteil der Fehlbelegung lag in der inneren Medizin bei durchschnittlich 20 % und in der Gynäkologie bei 15 %. Die Kranken hätten z. B. ambulant oder teilstationär behandelt werden können – so das Ergebnis einer Untersuchung von rund 64 000 Behandlungsfällen aus 40 Krankenhäusern in elf Bundesländern.
- Im Rahmen eines Modellprojektes des Bundesgesundheitsministeriums zur Qualitätssicherung in der operativen Gynäkologie gelangten unabhängige Wissenschaftler zu dem Schluss, dass mindestens 25 % der in den 44 beteiligten Krankenhäusern vorgenommenen Eierstock- und Eileiteroperationen unnötig waren.

- Als Beispiel für eine ungenügende Qualitätssicherung in der Krankenhaushygiene kann gelten, dass bei 5,4 % der Operationen eine nicht benötigte Antibiotikagabe vorgenommen wurde. Andererseits wurden bei 20,6 % der Darmoperationen eine indizierte Antibiotikagabe unterlassen, ebenfalls bei 48 % der Gebärmutterentfernungen – eine Nachlässigkeit, die sich zu Lasten der operierten Frauen auswirken kann.
- Zum Nachteil von Frauen werden auch verfügbare schonende Möglichkeiten medizinischer Eingriffe offensichtlich aus ökonomischem Interesse auffällig selten genutzt. So ist bekannt, dass ein Schwangerschaftsabbruch mithilfe des Arzneimittels Mifegyne (Wirkstoff Mifepriston, RU 486) sehr viel nebenwirkungs- und komplikationsärmer vorgenommen werden kann als mit einer operativen Methode (z. B. im Vergleich zum Absaugen oder zu einer Ausschabung). Dennoch wurde diese medikamentöse Möglichkeit im Rahmen der etwa 131 000 legalen Abtreibungen im Jahre 1999 nur etwa 3000-mal vorgenommen. Einer der wichtigsten Gründe: Für einen medikamentös eingeleiteten Abbruch bekommen Ärztinnen und Ärzte zwischen 300 und 400 DM, wovon etwa 150 bis 170 DM auf das Arzneimittel entfallen, für einen operativen Eingriff zwischen 800 und 1200 DM. Letzterer dauert etwa zwei Stunden in einer Praxis, bei der medikamentös gestützten Behandlung müssen die Frauen drei bis vier Stunden in der Praxis unter Beobachtung bleiben.
- Eine bessere Versorgung muss auch bei der Behandlung von Diabetes angemahnt werden, unter der mehr Frauen als Männer leiden. Nach wie vor werden nur bei rund der Hälfte der Patienten regelmäßig Untersuchungen des $Hb-A_{1c}$-Wertes durchgeführt, der als wichtigster Parameter für eine normoglykämische Einstellung gilt, ebenso selten Untersuchungen des Augenhintergrundes, des Fußpulses und der Nierenfunktion. Dabei sind diese diagnostischen Hinweise erforderlich, um den schwer wiegenden Spätfolgen wie Blindheit, diabetischer Angiopathie und Neuropathie mit der Spätfolge der Amputation sowie diabetischer Nephropathie mit der Spätfolge der Dialysepflichtigkeit vorzubeugen. Rund 28 000 Amputationen pro Jahr, 1600 Erblindungen und 1500 bis 2000 neue Dialysefälle pro Jahr gehen zurück auf nicht ausreichend behandelte und betreute Diabetes-Patienten.

2. Geschlechtsspezifischer Arzneimittelverbrauch

2.1 Kosten und Mengen

Besonders eindrucksvoll fallen die geschlechtsspezifischen Unterschiede in der Arzneimittelversorgung aus. Die Analyse der Verordnungen, die zu Lasten der GKV verschrieben werden, zeigt für das Jahr 1999, dass etwa elf Verordnungen pro Versicherten mit rund 390 Tagesdosierungen anfallen (eine Tagesdosierung entspricht der empfohlenen Arzneimittelmenge pro Tag, also z. B. 3 x 2 Tabletten), allerdings mit starken Unterschieden im Hinblick auf Alter und Geschlecht. Frauen bekommen 454 Tagesdosierungen, Männer 315 – ein Unterschied von 44 %. Frauen, so die Statistiken weiter, bekommen fast die doppelte Menge an Psychopharmaka, während der Geschlechterunterschied etwa bei den Hustenmitteln gering ausfällt (Schwabe/Paffrath 2001). Untersuchungsergebnisse zeigen, dass die hohen Verordnungsmengen bei Frauen auf häufigere Konsultationen bei Ärztinnen und Ärzten zurückzuführen sind, wohl auch, weil viele weibliche biografische Stationen im Rahmen der medizinischen Versorgung als Krankheit umdefiniert werden und ein Besuch bei der Ärztin oder beim Arzt erforderlich erscheint. Dies gilt für die erste Menstruation ebenso wie für die Zeit der Schwangerschaft oder die Menopause (Kolip 2000). Bezogen auf den einzelnen Arztbesuch ist die Verordnungsmenge dagegen eher gleich verteilt. Eine Analyse zu diesem Befund zeigte aber letztlich, dass etwa 73 % aller Arztbesuche von Frauen vorgenommen werden (Schoettler 1992).

In eigenen Untersuchungen (www.GEK.de/Information/Arzneimittelstudie) wurde die geschlechtsspezifische Inanspruchnahme vor allem der Arzneimitteltherapie auf der Basis von Daten der Gmünder Ersatzkasse (GEK) analysiert. Zur Gmünder Ersatzkasse gehören rund

Tabelle 1: Allgemeine Kennzahlen der GEK-Arzneimitteldaten der Jahre 1999–2000.

	1999	2000
Gesamtzahl der Versicherten	1.454.499	1.427.729
– Männer	849.155 (58,4 %)	821.738 (57,6 %)
– Frauen	605.344 (41,6 %)	605.991 (42,4 %)
Durchschnittsalter	34,2 Jahre	34,8 Jahre
– Männer	35,3 Jahre	35,8 Jahre
– Frauen	32,8 Jahre	33,4 Jahre
Anzahl der Verordnungen (Packungen)	10.537.397	10.215.389 (–3,06 %)
– Männer	5.057.668 (50,9 %)	5.188.165 (51,0 %)
– Frauen	4.787.360 (49,1 %)	5.027.224 (49,0 %)
Gesamtausgaben für Arzneimittel	449.270.639,64 DM	473.870.214,57 DM (+ 5,48 %)
– Männer	256.231.357,94 DM (57,0 %)	269.453.656,56 DM (56,9 %)
– Frauen	193.039.281,70 DM (43,0 %)	204.416.558,01 DM (43,1 %)
Verordnungen (Packungen) pro 100 Versicherte	725	715 (–1,38 %)
– Männer	635	631
– Frauen	850	830
Ausgaben pro 100 Versicherte	30.888,34 DM	33.190,49 DM (+ 7,45 %)
– Männer	30.174,86 DM	32.790,70 DM (+ 8,67 %)
– Frauen	31.889,19 DM	33.732,61 DM (+ 5,78 %)

1,45 Mio. Versicherte. Sie betreut im Schnitt etwas jüngere Versicherte als der Durchschnitt in der gesamten gesetzlichen Krankenversicherung (GKV): Das Durchschnittsalter liegt in der GEK bei 34,8 Jahren (2000), in der GKV bei rund 41,4 Jahren. Außerdem ist im Gegensatz zur GKV der Frauenanteil an den Gesamtversicherten niedriger: Er liegt in der GEK bei rund 41,6 % (1999), in der GKV bei 53,1 % (1999).

Tabelle 1 zeigt bei relativ gleich bleibenden Versichertenzahlen einen deutlichen Anstieg der Ausgaben für die Arzneimittelversorgung von 1999 zu 2000 um rund 5,5 %. Diese Steigerung wird noch etwas höher, wenn die Werte pro hundert Versicherte betrachtet werden: Hier steigen die Ausgaben sogar um 7,45 % im Schnitt an. Wenn dann gleichzeitig die verordneten Packungsmengen sinken (–3,1 %), bedeutet dies letztlich, dass sich die Kosten pro Verordnung erhöht haben – ein Hinweis darauf, dass sich das Preisniveau der gesamten Arzneimittelversorgung erhöht haben muss.

Auffällig sind auch hier die geschlechtsspezifischen Unterschiede in den verordneten Mengen: So erhalten Frauen etwa 30 % mehr Arzneiverordnungen als Männer, etwa 8,4 Packungen pro Jahr gegenüber 6,3 Packungen. Auffällig ist ebenfalls, dass sich die Durchschnittskosten für Arzneimittel bei Frauen und Männern deutlich unterscheiden: Während pro verordneter Packung bei Männern Ausgaben von 47,52 DM im Jahre 1999 und 51,97 DM im Jahre 2000 entfielen, sind die entsprechenden Ausgabenwerte bei Frauen mit 37,52 DM bzw. 40,64 DM deutlich niedriger. Der Ausgabendurchschnitt liegt übrigens bei 42,60 DM bzw. bei 46,42 DM. Wegen der höheren Verordnungsmengen sind zwar Frauen die etwas teureren Versicherten als Männer, pro verordneter Packung wird aber deutlich weniger ausgegeben.

Bemerkenswert ist auch, dass der Anteil der Versicherten, der überhaupt Arzneimittel von einem Arzt oder einer Ärztin bekommt, nach Alter und Geschlecht unterschiedlich ist. Während dieser Anteil z. B. im Alter bis 10 Jahren noch relativ ähnlich ausfällt, ja die Jungen sogar geringfügig häufiger Arzneimittel erhalten, verändert sich dieses Verteilungsmuster ab dem 10. bis zum 60. Lebensjahr deutlich (vgl. **Tab. 2**).

Es zeigt sich nämlich, dass Frauen in den meisten Altersgruppen eine gering bis deutlich ausgeprägt höhere Inanspruchnahme bei der

Tabelle 2: Versicherte nach Alter, Geschlecht und Prozentanteil bei der Inanspruchnahme von Arzneimittelverordnungen (Glaeske, Janhsen 2001).

Alter/Geschlecht	Versichertenanzahl 1999	Versicherte mit Arzneimitteln	Versichertenanzahl 2000	Versicherte mit Arzneimitteln
0 bis unter 10 Jahre				
Alle	174.343	154.870 (88,8 %)	163.995	146.198 (89,1 %)
Männlich	89.121	79.263 (88,9 %)	83.953	74.857 (89,2 %)
Weiblich	85.222	75.607 (88,7 %)	80.042	71.341 (89,1 %)
10 bis unter 20 Jahre				
Alle	199.806	158.888 (79,5 %)	200.299	138.777 (69,3 %)
Männlich	102.687	77.448 (75,4 %)	102.540	67.446 (65,8 %)
Weiblich	97.119	81.440 (83,9 %)	97.759	71.331 (73,0 %)
20 bis unter 30 Jahre				
Alle	207.629	144.623 (69,7 %)	196.177	135.728 (69,2 %)
Männlich	122.441	76.727 (62,7 %)	112.349	76.594 (68,2 %)
Weiblich	85.188	67.896 (79,7 %)	83.828	59.134 (70,4 %)
30 bis unter 40 Jahre				
Alle	337.956	249.414 (73,8 %)	317.042	229.783 (72,5 %)
Männlich	206.155	144.331 (70,0 %)	188.913	136.369 (72,2 %)
Weiblich	131.801	105.083 (79,7 %)	128.129	93.414 (72,9 %)
40 bis unter 50 Jahre				
Alle	244.432	186.886 (76,5 %)	246.793	163.467 (66,2 %)
Männlich	150.174	110.139 (73,3 %)	148.822	99.125 (66,6 %)
Weiblich	94.258	76.747 (81,4 %)	97.971	64.342 (65,7 %)
50 bis unter 60 Jahre				
Alle	149.147	125.725 (84,3 %)	150.002	114.061 (76,0 %)
Männlich	95.741	78.304 (81,8 %)	95.031	72.571 (76,4 %)
Weiblich	53.406	47.421 (88,8 %)	54.971	41.490 (75,5 %)
60 bis unter 70 Jahre				
Alle	91.497	81.793 (89,4 %)	100.150	71.183 (71,1 %)
Männlich	56.422	50.058 (88,7 %)	61.633	44.453 (72,1 %)
Weiblich	35.075	31.735 (90,5 %)	38.517	26.730 (69,4 %)
70 bis unter 80 Jahre				
Alle	39.708	37.579 (94,6 %)	42.002	33.089 (78,8 %)
Männlich	22.351	21.057 (94,2 %)	23.696	18.300 (77,2 %)
Weiblich	17.357	16.522 (95,2 %)	18.306	14.789 (80,8 %)
80 bis unter 90 Jahre				
Alle	8.619	8.484 (98,4 %)	9.850	7.032 (71,4 %)
Männlich	3.625	3.573 (98,6 %)	4.302	2.878 (66,9 %)
Weiblich	4.994	4.911 (98,3 %)	5.548	4.154 (74,9 %)
Über 90 Jahre				
Alle	1.262	1.165 (92,3 %)	1.419	832 (58,6 %)
Männlich	438	411 (93,8 %)	499	281 (56,3 %)
Weiblich	824	798 (96,8 %)	920	551 (59,9 %)
Gesamt				
Alle	1.454.499	1.149.763 (79,0 %)	1.427.729	1.040.150 (72,9 %)
Männlich	849.155	641.483 (75,5 %)	821.738	592.874 (72,1 %)
Weiblich	605.344	508.280 (84,0 %)	605.991	447.276 (73,8 %)

Tabelle 3: Arztkontakte der Patienten, die Rezepte im Jahr 2000 – nicht nur für Arzneimittel erhielten (n = 1 135 949) (Glaeske, Janhsen 2001).

Anzahl der Ärzte	Anzahl Versicherte (% von allen)	Männer (% von allen)	Frauen (% von allen)
	1.135.949 (100 %)	619.684 (100 %)	516.265 (100 %)
1	460.109 (40,6 %)	284.240 (45,9 %)	175.869 (34,1 %)
2	329.189 (28,9 %)	180.140 (29,1 %)	149.049 (28,9 %)
3	181.697 (16,1 %)	88.271 (14,2 %)	93.416 (18,1 %)
4	89.395 (8,0 %)	38.825 (6,3 %)	50.570 (9,8 %)
5	41.279 (3,7 %)	16.401 (2,6 %)	24.878 (4,8 %)
6 +	27.876 (2,6 %)	11.807 (1,9 %)	23.087 (4,3 %)

Arzneimittelversorgung haben als Männer. Dies steht auch im Zusammenhang mit der Kontakthäufigkeit im System (vgl. **Tab. 3**): Danach haben etwa ein Drittel aller Patientinnen und Patienten, die im Jahre 2000 ein Rezept erhielten, nur einen einzigen Arzt konsultiert, weitere 30 % zwei Ärzte, weitere 15 % drei Ärzte. Weitere 15 % gehen zu vier oder fünf Ärzten, danach folgen die restlichen 5 % mit deutlich mehr Ärzten, die besucht werden. Vor allem bei der Kontaktaufnahme mit mehreren Ärztinnen und Ärzten liegen Frauen deutlich «vorn».

Dies ist sicherlich einer der Gründe dafür, dass auch die Anzahl der verordneten Arzneimittel für Frauen höher als für Männer ausfällt – schließlich endet in Deutschland nahezu jeder Arztkontakt mit der Verordnung eines Arzneimittels.

2.2 Geschlechtsspezifische Auffälligkeiten in der Qualität der Arzneimittelversorgung

Daten aus der Gesamt-GKV mit Aufstellungen nach Geschlecht, Alter und Menge zeigen, welche Arzneimittel in deutlich höherem Umfang für Frauen verordnet werden und wie es um die Verordnungsqualität dieser Arzneimitteltherapie bestellt ist. So wurden im Rahmen der gesetzlichen Krankenversicherung (GKV) 1999 rund 800 Mio. einzelne Arzneimittelpackungen für die rund 72 Mio. GKV-Versicherten verordnet, im Schnitt also etwa elf Packungen mit 360 definierten Tagesdosierungen (DDD). Mit dem Alter steigt diese Menge jedoch deutlich an, die 85- bis 90-jährigen Versicherten erhalten im Schnitt 40 Packungen mit 1402 Tagesdosierungen. So kommt es, dass die Versicherten mit einem Lebensalter ab 60 Jahren zwar lediglich 22,5 % der Gesamtpopulation aller GKV-Versicherten darstellen, dass sie aber 47 % aller verordneten Arzneimittel auf sich vereinigen. Der Arzneimittelkonsum steigt also überproportional mit dem Alter an. Im Vergleich mit Männern erhalten Frauen derselben Altersklasse, mit Ausnahme der über 90-Jährigen, immer mehr Arzneimittel verordnet, teilweise bis zu 20 % mehr, während die Kosten der Arzneimitteltherapie, gerechnet in Kosten einer Tagesdosierung, für die Männer immer etwas höher liegen als für Frauen (Schwabe/Paffrath 1996). Die Unterschiede sind z. T. beträchtlich – bis zu 40 % im Alter zwischen 15 und unter 20 Jahren sowie etwa 30 % im Alter von 40 bis 44 Jahren (vgl. **Abb. 1**). Der Grund für diese Unterschiede liegt darin, dass die Arzneimittel für Männer häufiger spezifischen Indikationen folgen, in denen oftmals auch innovative und relativ teurere Wirkstoffe zur Anwendung kommen als in eher unspezifischen Indikationen, die vielfach mit alteingeführten Arzneimitteln behandelt werden und deshalb in der Zwischenzeit kostengünstiger angeboten werden. Auf typische Unterschiede der verordneten Mengen, z. B. bei den Thrombozytenaggregationshemmern, bei den Venenmitteln und insbesondere bei den Psychopharmaka, wird später ausführlich hingewiesen.

Frauen bekommen mehr und andere Arzneimittel als Männer verordnet. So zeigt sich mit 441 Tagesdosierungen im Durchschnitt bei den Frauen gegenüber 295 Tagesdosierungen bei den Männern eine um 50 % höhere Verordnungsmenge. Dies wird – zumindest zu einem Teil – bei der Analyse der für Frauen und Männer ver-

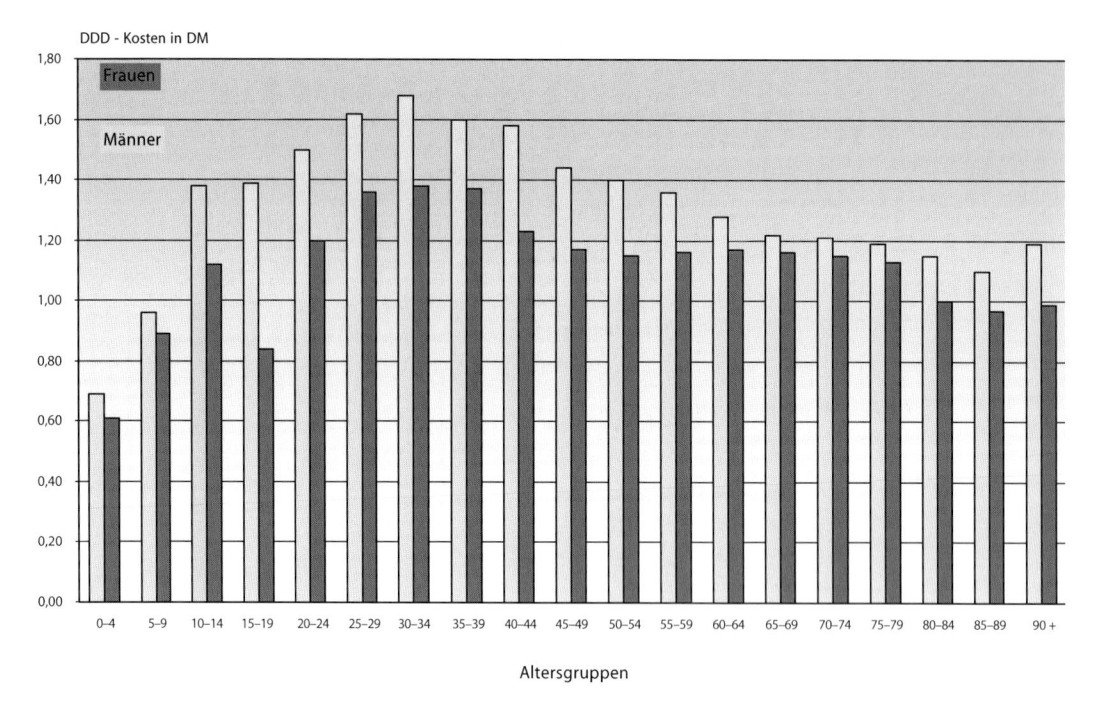

Abbildung 1: Kosten einer Tagesdosis nach Alter und Geschlecht 1996 (gesamtes Bundesgebiet, nach Schwabe/Paffrath 1996).

ordneten Arzneimittel erklärbar, hier zeigen sich nämlich deutliche geschlechtsspezifische Unterschiede (vgl. **Abb. 2**): Im Vordergrund stehen dabei die vergleichsweise hohen Mengen von Venenmitteln, Migränemitteln, Mitteln gegen niedrigen Blutdruck, Psychopharmaka sowie Schlaf- und Beruhigungsmitteln für Frauen, während Unterschiede bei Arzneimittelgruppen wie Husten- oder Koronarmitteln praktisch keine Bedeutung haben. Männer haben dagegen einen Mehrverbrauch an Lipidsenkern, Asthmamitteln, Gichtmitteln oder Urologika.

Viele der für Frauen häufiger verordneten Mittel gehören zu den so genannten umstrittenen Arzneimitteln, deren therapeutischer Wert eher in Frage gestellt wird und die vielfach als «Verlegenheitsverordnung» gelten. Venenmittel oder Mittel gegen niedrigen Blutdruck werden ebenso kritisch beurteilt wie die im europäischen Vergleich auffällig hohe Menge an Schilddrüsentherapeutika. Die Häufigkeit der Verordnung von Mineralstoffpräparaten ist dagegen als vorbeugende Behandlung einer Osteoporose (v. a. Kalzium-Präparate) erklärbar. Die Häufigkeit der Vitaminpräparate kommt wahrscheinlich durch die Verordnungshäufigkeit während der Schwangerschaft zustande, obwohl leider noch immer beklagt werden muss, dass gerade folsäurehaltige Mittel, die während der Schwangerschaft zur Vermeidung von Fehlbildungen (z. B. Spina bifida) dringend erforderlich sind, noch immer in ungenügender Menge verordnet werden. Der größte Teil der für Frauen verschriebenen Psychopharmaka und Schlafmittel, so haben unterschiedliche Studien immer wieder ergeben, kommt aus der Familie der Benzodiazepine, die in der Zwischenzeit zu derart niedrigen Preisen angeboten werden, dass es überhaupt nicht verwunderlich ist, wenn die Arzneimittelversorgung, insbesondere für Frauen im Alter um die 50 Jahre, deutlich kostengünstiger ist als für Männer – schließlich werden für Frauen in diesem Alter besonders häufig derartige Mittel verordnet.

2.3 Psychopharmaka und Abhängigkeit sind weiblich

Dass Frauen solche psychisch wirkenden Arzneimittel häufiger als Männer verschrieben bekom-

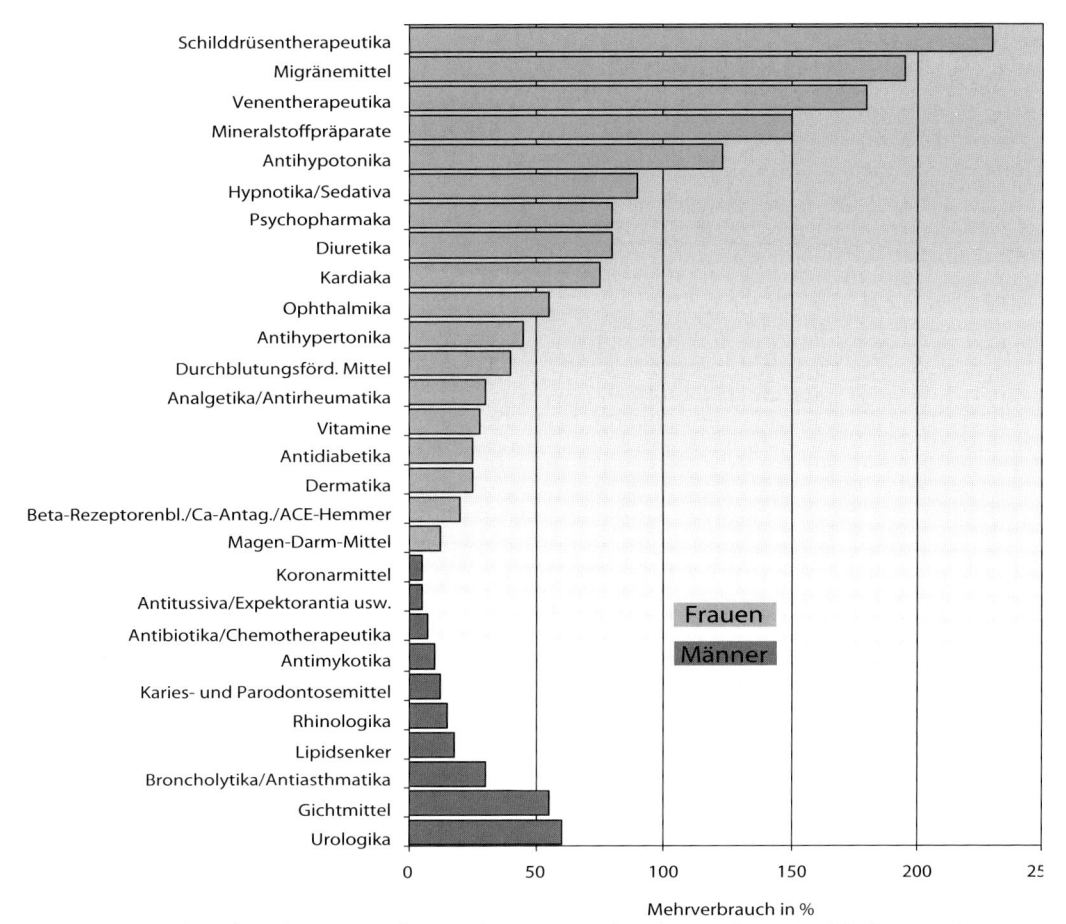

Abbildung 2: Mehrverbrauch an DDD je Versicherter gegenüber dem anderen Geschlecht 1995 (gesamtes Bundesgebiet, nach Schwabe/Paffrath 1996).

men, könnte zu der Formel verleiten, Männer litten an ihrem Körper, Frauen an ihrer Psyche. Das geschlechtsspezifisch diagnostizierte Krankheitsspektrum legt diese Gleichung nahe: Den häufigsten «männlichen» Diagnosen Herzinfarkt, Magen-Darm-Ulzera, Leberzirrhose oder Lungenkarzinom stehen als häufigste weibliche Diagnosen Neurosen, Organneurosen, psychogene Störungen, vegetative Dystonie, Nervosität, Schwäche, Depressivität und Schlafstörungen gegenüber. Da sich diese Verteilung aber nicht mit der «wahren» Verteilung von Krankheit in Einklang bringen lässt, werden drei wesentliche Hypothesen für die Erläuterung dieser Unterschiede herangezogen (siehe hierzu auch Franke et al. 1998):

- die «Women-are-expressive»-Hypothese, nach der Frauen eine höhere Sensibilität und Emotionalität gegenüber Krankheiten haben, daher häufiger eine Ärztin oder einen Arzt aufsuchen, die bei bestimmten Belastungssymptomen keinen anderen Rat wissen, als psychotrop wirkende Mittel zu verordnen;
- die Substitutionshypothese, nach der Frauen andere Bewältigungsstrategien als Männer haben: Stress, Angst und Alltagsprobleme werden von Frauen eher mit Medikamenten, von Männern eher mit Alkohol «heruntergeschluckt»;
- die Konvergenzhypothese, nach der der Medikamentenkonsum sinkt und vermehrt Alkohol im Rahmen der Berufstätigkeit genutzt wird («männlich dominierte Kultur»).

Diese geschlechtsspezifischen Arzneimittelcharakteristika sind aber ohne verordnende Ärztinnen und Ärzte nicht denkbar – die Reaktionsweise der Medizin auf bestimmte Symptome ist immer auch Voraussetzung für das Funktionieren dieses geschlechtsspezifischen Bewältigungssystems. Die auffällig häufiger für Frauen verordneten Arzneimittelgruppen sind daher auch einmal als Mittel zur Behandlung eines «Frauensyndroms» zusammengefasst worden, das sich aus Symptomen wie Nervosität, depressive Verstimmung, Schlafstörungen, Kopf- und Migräneschmerzen und Herz-Kreislauf-Störungen zusammensetzt. Obwohl vielfach differenzierende Kriterien zur Bestimmung des Krankheitswertes dieser Störungen oder Missbefindlichkeiten fehlen, werden Arzneimittel verordnet – als rasches Hilfsangebot einer angeblich kompetenten Medizin.

Bundesweit wurden Psychopharmaka, Hypnotika und Sedativa im Jahre 1999 52-Mio.-mal verordnet: Kosten für die gesetzliche Krankenversicherung 2,18 Mrd. DM (Glaeske 2001). Der größte Anteil dieser Verordnungen entfällt auf die so genannten Benzodiazepin-Derivate – die «Urmittel» waren das Libirum aus dem Jahre 1960 und das Valium aus dem Jahre 1963. Solche Benzodiazepin-Derivate sind – kurzfristig verordnet – nach wie vor Mittel der Wahl als Hypnotika, Muskelrelaxantien oder als Medikamente bei Angst- und Spannungszuständen. In diesen Anwendungsbereichen ist ihr Nutzen seit langen Jahren bestätigt. Ebenfalls seit vielen Jahren wird aber das Therapierisiko der Abhängigkeitsentwicklung im Sinne einer Low-dose-Abhängigkeit beschrieben, das dann beobachtet werden kann, wenn Ärztinnen und Ärzte Benzodiazepin-Derivate über Zeiträume von mehr als drei Monaten verordnen, zumal in Anwendungsgebieten wie Alltagsbelastungen, psychovegetatives Syndrom und Stress. Weder hierfür noch für die Unterhaltung einer bestehenden Abhängigkeit sind Benzodiazepin-Derivate zugelassen. In einer Untersuchung auf der Basis von Krankenkassendaten konnte festgestellt werden, dass ca. 1,2 Mio. Patienten diese Mittel kontinuierlich bekommen und an einer iatrogen induzierten Abhängigkeit leiden. Die fortgesetzte Verordnung dieser Mittel dient dann auch als Entzugsvermeidungsstrategie, da beim Absetzen der Mittel erhebliche Absetz- und Entzugsreaktionen wie Aggression oder Psychosen zu erwarten sind. Auffällig waren auch die Verordnungscharakteristika der Ärzte: Auf nur 8,7 % aller niedergelassenen oder 14,3 % der Benzodiazepin-verordnenden Ärzte, vor allem Praktiker und Internisten, entfielen bereits 46,3 % aller verordneten Tagesdosierungen für mehr als die Hälfte der hochversorgten Gruppe. Es kristallisiert sich damit eine kleine Gruppe von Ärzten heraus, die auffällig häufig und langfristig Benzodiazepin-Derivate an eine stabil anhängliche oder auch schon abhängige Patientenklientel verordnet («Benzodiazepin-Schwerpunktpraxen»).

Eine solche Verordnungsweise zeigt auch ein eingeschränktes Therapierepertoire der verordnenden Ärzte, die eine schnell rezeptierte Bewältigungsform als adäquate Lösung für Patientenprobleme empfindet. Auch die Indikation und das Therapieziel scheinen unklar definiert, wenn etwa drei Viertel aller Diagnosen, die als Begründung für die Anwendung von Benzodiazepinen dokumentiert sind, als nicht rational bezeichnet werden können.

Zwei Drittel der Langzeitpatienten sind Frauen, der größte Anteil älter als 60 Jahre. Die sonstigen unerwünschten Wirkungen, die mit einer solchen Dauerverordnung gerade für ältere Menschen verbunden sind (Gangunsicherheit, Reaktionsbeeinträchtigung, dadurch häufig Unfälle und Stürze mit Knochenbrüchen) zeigen, wie sich der potenzielle Nutzen von sinnvollen Arzneimitteln in sein Gegenteil verkehren kann, wenn die Verordnungsqualität durch den Arzt nicht ausreichend berücksichtigt wird. Noch immer entfallen nämlich 30 % aller verordneten Schlaf- und Beruhigungsmittel (Hypnotika und Sedativa) auf Benzodiazepin-Derivate mit langer Wirkdauer wie z. B. Flunitrazepam (u. a. in Rohypnol), Nitrazepam (u. a. in Radedorm) oder Flurazepam (u. a. in Dalmadorm). Gerade bei diesen Mitteln sind die Hang-over-Effekte am Morgen nach der Einnahme als Schlafmittel und das Risiko für Stürze besonders hoch. Die dauerhafte Verordnung solcher Mittel mit hohen Risiken für ältere Menschen, insbesondere für ältere Frauen, darf daher mit Fug und Recht als «chemische Gewalt gegen ältere Menschen» bezeichnet werden.

Tabelle 4: Indikationsgruppen mit auffälligen geschlechtsspezifischen Verordnungsmengen in der GEK (Glaeske, Janhsen 2001).

Indikations-gruppe	Gesamte Verordnungen	Gesamtkosten (DM)	Verordnungen für Männer	Kosten für Männer (DM)	Verordnungen für Frauen	Kosten für Frauen (DM)
Beta-Blocker	161.970	8.766.903,60	97.949	5.476.099,98	64.021	3.290.803,62
ACE-Hemmer	129.657	9.296.339,92	85.763	6.390.464,43	43.894	2.905.875,49
Antidepressiva, tri- u. tetracycl.	92.036	3.722.933,07	38.310	1.599.311,25	53.726	2.123.621,82
Tranquilizer	85.581	963.075,64	36.900	408.586,16	48.681	554.489,48
CSE-Hemmer	85.606	18.545.458,37	60.013	13.359.870,93	25.593	5.185.587,44
Ca-Antagonisten	77.654	4.616.193,50	51.146	3.132.081,41	26.508	1.484.112,09
Insuline	72.630	12.362.410,49	48.572	8.411.623,80	24.058	3.950.786,69
Thrombozytenaggregationshemmer	60.736	2.795.014,42	42.404	2.126.927,06	18.332	668.087,36
Sulfonylharnstoffe	52.848	1.801.974,74	34.912	1.224.169,41	17.936	577.805,33
Hypnotika	36.438	471.597,66	16.621	213.211,16	19.817	258.386,50
Serotonin-Wiederaufnahmehemmer	23.103	3.950.000,09	10.937	1.801.250,73	12.706	2.148.749,36

2.4 Diskrepanz zwischen Prävalenz und Behandlungshäufigkeit bei Frauen

Neben den auffälligen Unterschieden bei der Verordnung psychotrop wirkender Mittel konnten in eigenen Untersuchungen weitere Auffälligkeiten quantifiziert werden, die qualitative Behandlungsunterschiede auch im somatischen Bereich zeigten. Dabei stehen nicht solche Arzneimittelgruppen im Mittelpunkt, die wegen ihrer Wirkweise typischerweise für Frauen oder für Männer verordnet werden (z. B. Hormonpräparate einerseits und Urologika andererseits), sondern Produktgruppen, die sowohl für Männer wie für Frauen zur Anwendung kommen könnten. **Tabelle 4** zeigt solche Beispiele.

Diese indikationsbezogenen Daten liefern zumindest Anhaltspunkte dafür, dass auch unter Berücksichtigung des bei der GEK vorhandenen höheren Anteils männlicher Versicherter der Anteil ganz bestimmter Indikationsgruppen charakteristisch von der Geschlechtsrelation 60:40 (Männer:Frauen) abweicht, obwohl die Prävalenz der entsprechenden Krankheiten eine solch auffällige Verteilung nicht begründen kann. So ist z. B. bekannt, dass die Häufigkeit des Diabetes in Deutschland bei Männern bei 4,7 % und bei Frauen bei 5,6 % liegt (diese und alle folgenden Prävalenzdaten stammen aus dem Bundes-Gesundheitssurvey 1998, Zeitschrift «Gesundheitswesen», 61, 1999). Die höheren Prävalenzraten der Frauen spiegeln sich aber keineswegs in der Verteilung der Arzneimittelgruppen (z. B. Insuline, Sulfonylharnstoffe) wider. Die deutlichen Mengenunterschiede bei Mitteln, die u. a. zur Blutdrucksenkung angewendet werden (Beta-Blocker, Ca-Antagonisten und ACE-Hemmer), deuten zwar die höhere Häufigkeit der Erkrankung bei Männern an – die Prävalenz liegt für Männer bei 30,1 %, für Frauen bei 27 % –, ob die Unterschiede der Verordnungsmengen diesen relativ geringen Prävalenzunterschieden jedoch entsprechen, müsste untersucht werden. Besonders auffällig sind die Unterschiede in der Verordnungshäufigkeit der Thrombozytenag-

Tabelle 5: Anzahl der GEK-Versicherten mit Benzodiazepin-Verordnungen 2000. (Glaeske, Janhsen 2001)

Verordnete DDD-Mengen	Versicherten-Anzahl (% Gesamt)	Männlich	Weiblich
Gesamt	34.453 (2,41 %)	15.009 (1,83 %)	19.444 (3,21 %)
1 bis unter 90	28.017		
Alle Patientinnen und Patienten mit einem DDD-Anteil von über 90 DDD			
90 bis unter 180	3.014		
180 bis unter 360	2.042		
360 bis unter 720	1.025		
Über 720	355		
Alter und Geschlecht aller Patienten mit einem DDD-Anteil von über 90 DDD			
Gesamt	6.436	2.805	3.631
0 bis unter 10 Jahre	9	4	10
10 bis unter 20 Jahre	30	15	15
20 bis unter 30 Jahre	146	92	54
30 bis unter 40 Jahre	463	245	218
40 bis unter 50 Jahre	890	435	455
50 bis unter 60 Jahre	1.228	598	630
60 bis unter 70 Jahre	1.533	636	897
70 bis unter 80 Jahre	1.447	578	869
80 bis unter 90 Jahre	586	169	417
Über 90 Jahre	99	33	66

gregationshemmer, die typischerweise nach Herzinfarkt oder Schlaganfall zur Vorbeugung gegen eine erneute Thrombenbildung eingesetzt werden. Zwar ist die Prävalenz der Zustände nach Herzinfarkt in der Tat bei Männern deutlich höher (32,7 %:16,7 %), bei Frauen sind aber die Zustände nach Schlaganfall häufiger, so dass auch diese Verteilungsmuster genauer untersucht werden müssten, um eine Unterversorgung bei Frauen bei all den genannten Mitteln auszuschließen. Dies gilt auch für die CSE-Hemmer, die bei erhöhten Cholesterinspiegeln zur Vorbeugung von Gefäßschäden und nach Herzinfarkten und Schlaganfällen zur Vorbeugung erneuter Ereignisse verordnet werden.

Deutlich ist auch hier die überproportionale Verordnung von Tranquilizern, Antidepressiva und Schlafmitteln (Hypnotika) für Frauen. Da viele ältere Menschen solche Schlaf- und Beruhigungsmittel über lange Zeiträume verordnet bekommen haben, kommt eine Entwöhnung nur noch selten in Frage, da sie mit quälenden Entzugserscheinungen (Unruhe, Schlaflosigkeit, Psychosen, Delirien u. a.) verbunden sind. Aufgabe für die betreuenden Ärztinnen und Ärzte wäre es daher, die älteren Menschen kontrolliert mit der Weiterverordnung im Sinne einer Entzugsvermeidungsstrategie zu begleiten und z. B. besonders belastende Mittel, wie langwirksame Schlafmittel, durch Mittel zu ersetzen, die am nächsten Morgen nicht zu Hang-over-Effekten und damit zur Gefährdung der Gangsicherheit und Reaktionsfähigkeit führen: Schwere Stürze mit Hüftfrakturen oder Oberschenkelhalsbrüchen sind oftmals die Folgewirkung solcher Langzeitwirkungen von Schlafmitteln wie Dalmadorm, Mogadan, Radedorm oder Rohypnol.

Tabelle 6: GEK-Versicherte mit Benzodiazepin-Verordnungen in den Jahren 1999 und 2000. (Glaeske, Janhsen 2001)

	Nur Tranquilizer	Nur Hypnotika	Tranquilizer + Hypnotika	Sonstige	Gesamt
Gesamtzahl Versicherte	11.278	2.384	445	1.500	15.607
Männlich	4.762	1.098	200	663	6.723
Weiblich	6.516	1.286	245	837	8.884

3. Benzodiazepine – zu lange und zu hoch dosiert!

In einer Schwerpunktauswertung wurden alle Verordnungen von Benzodiazepin-haltigen Mitteln zusätzlich personenbezogen untersucht. Als Grenzdosierung für eine im Hinblick auf die Abhängigkeitsgefährdung problematische Langzeitversorgung wurden 90 definierte Tagesdosierungen angesetzt, sowohl isoliert für Tranquilizer und Schlafmittel wie auch als Summe beider Arzneimittelgruppen, wenn sie einer Person verordnet wurden. Die Menge von 90 DDD entspricht einem Verordnungszeitraum von 90 Tagen bzw. drei Monaten. Dieser Zeitraum wird allgemein bereits als Dauerverordnung angesehen, weil diese Mittel nach den vorliegenden Empfehlungen, außer in wenigen Fällen einer notwendigen psychiatrischen Behandlung, nur kurzfristig über zwei bis vier Wochen (ca. 14 bis 28 DDD) eingesetzt werden sollen, um eine Abhängigkeitsentwicklung zu vermeiden. Die Verteilungsmuster nach DDD-Mengen und die Anzahl der betroffenen Versicherten nach Geschlecht ist in **Tabelle 5** wiedergegeben. Dort zeigt sich, dass insgesamt 34 453 Patienten solche Mittel bekommen, rund 2,4 % aller Versicherten in der Untersuchungspopulation. Die geschlechtsspezifischen Anteile sind 1,8 % bei den Männern bzw. 3,2 % bei den Frauen. Der größte Anteil der Versicherten, nämlich 28 017 erhält die Mittel in einer Menge, die für weniger als 90 Tage ausreicht, 6436 aber in z. T. deutlich höheren Mengen, davon 355 immerhin in Dosierungen, die insgesamt für mehr als die doppelte Zeit reichen würden. Hier zeigt sich auch, dass der Frauenanteil ab dem 40. Lebensjahr überproportional ansteigt.

Tabelle 6 zeigt die Ergebnisse einer patientenbezogenen Auswertung über zwei Jahre. Danach haben 11 278 Patienten in beiden aufeinander folgenden Jahren Benzodiazepine als Tranquilizer verordnet bekommen, 2384 als Hypnotika und 445 gleichzeitig als Hypnotika und Tranquilizer. Dies deutet zumeist darauf hin, dass Ärztinnen und Ärzten oftmals nicht geläufig ist, hinter welchen Arzneimittelnamen sich die gleichen Wirkstoffgruppen verbergen – Hypnotika und Tranquilizer werden damit unabhängig davon, dass es sich um gleiche Wirkstoffgruppen handelt, als verschieden wirkende Arzneimittel angesehen.

Die Häufigkeit von Dauerverordnungen nimmt in diesem Arzneimittelbereich langsam ab – auch ein Erfolg der bereits jahrelang veröffentlichten Warnungen vor leichtfertig ausgestellten Rezepten mit Benzodiazepin-Derivaten. Erkennbar ist aber, dass vor allem Frauen im höheren Lebensalter solche Mittel bekommen – sie sind daher besonders von dem Problem der Arzneimittelabhängigkeit belastet. In den Altersklassen 50 bis 80 Jahre sind es bis zu 6 % der Frauen, die kontinuierlich solche Mittel bekommen, dagegen knapp 3 % der Männer. Die Arzneimittelabhängigkeit wird damit zu einem geschlechtsspezifischen Problem in der medizinischen Versorgung – in der überwiegenden Mehrzahl der Fälle iatrogen, das heißt durch ärztliche Verschreibung mitverursacht. Und bei etwa zwei Drittel der Patienten wird die Dauerverordnung von ein und demselben Arzt vorgenommen. Die «Beschaffung» von Arzneimitteln zur Aufrechterhaltung einer Abhängigkeit macht also kein «doctor hopping», ein Wandern von einem Arzt zum anderen, erforderlich. Um kein Missverständnis entstehen zu lassen: In klar beschreibbaren Indikationen sind diese Mittel kurzfristig unverzichtbar (z. B. bei Angst- und

Panikattacken oder als Muskelrelaxans vor Operationen), zur Dauerverordnung sind diese Mittel jedoch wegen ihres Abhängigkeitspotenzials ungeeignet.

4. Die medizinische Versorgung als Lebensbegleiterin für Frauen

Die medizinische Versorgung in der GKV ist geprägt von geschlechtsspezifischen Auffälligkeiten: Frauen sind zwischen dem 10. und 57. Lebensjahr im Vergleich zu Männern die teureren Patienten, sie haben häufiger Kontakt mit dem medizinischen System und bekommen deutlich mehr, aber billigere Arzneimittel. Diese Asymmetrien sind u. a. offenbar Folge der Aneignung weiblicher Lebensphasen durch die Medizin: Menstruation, Schwangerschaft, Zeiten von Lebensveränderungen, wenn Frauen nach dem Auszug der Kinder alleine zurückbleiben, oder auch die Meno- und Postmenopause sind «anfällig» für medizinische Interventionen, vielfach für Verordnungen von Psychopharmaka oder anderen Arzneimitteln, mit denen eher unspezifische Befindlichkeitsstörungen im Rahmen eines «Frauensyndroms» behandelt werden sollen. Notwendige Arzneimitteltherapien werden dagegen zurückhaltender als bei Männern eingesetzt, selbst wenn die Prävalenz bei Frauen deutlich höher ist. Die diagnostischen Assoziationen bei vielen Beschwerden von Frauen sind offenbar noch immer mit psychosomatisch bedingten Symptomen verbunden, während bei Männern mit den gleichen Beschwerden eher somatische Erkrankungen assoziiert werden. Dies kann bei Frauen zu auffälligen Nachteilen in der Behandlung führen – die späte Diagnose eines Herzinfarkts mit einem gegenüber Männern deutlich erhöhten Mortalitätsrisiko ist ebenso ein Beispiel für diesen Befund wie das deutlich höhere Risiko für eine Medikamentenabhängigkeit. Die derzeitig defizitäre Qualität der frauenspezifischen Versorgung muss verbessert werden, damit die Ungleichbehandlung in Diagnostik und Therapie nicht weiterhin als Gesundheitsrisiko für Frauen erhalten bleibt.

Literatur

Die Ersatzkasse (2000). Verbandszeitschrift des Verbandes der Angestellten-Krankenkassen. Sonderbeilage 10. Siegburg.
Franke, A., Elsesser, K., Sitzler, F., Algermissen, G., Kötter, S. (1998). *Gesundheit und Abhängigkeit bei Frauen: Eine salutogenetische Verlaufsstudie.* Cloppenburg.
Statistisches Bundesamt (Hrsg.) (1998). *Gesundheitsbericht für Deutschland*, Stuttgart.
Glaeske, G., Kellermann-Wachtel, P., Matthesius, G. (1999). Versorgung von Diabetes-Patienten. *Jahrbuch für kritische Medizin,* 31, S. 18–36.
Glaeske, G. (2001). «Psychotrope und andere Arzneimittel mit Abgängigkeitspotenzial». In: Deutsche Hauptstelle gegen die Suchtgefahren (DHS) (Hrsg.). *Jahrbuch Sucht.* Geesthacht, S. 63–79.
Glaeske, G., Janhsen, K. (2001). GEK-Arzneimittel-Report 2001. Bremen, Schwäbisch-Gmünd.
Kolip, P. (Hrsg.) (2000). *Weiblichkeit ist keine Krankheit.* Weinheim.
Schoettler, P. (1992). *Untersuchung der Verordnung von psychotropen Arzneimitteln und oralen Antidiabetika in der allgemeinärztlichen Praxis.* Dissertation, Universität Kiel.
Schwabe, U., Paffrath, D. (Hrsg) (1996). *Arzneiverordnungs-Report 1995.* Stuttgart.
Schwabe, U., Paffrath, D. (Hrsg.) (2001). *Arzneiverordnungs-Report 2000.* Berlin, Heidelberg.
VdAK/AEV – Verband der Angestellten-Krankenkassen/Arbeiter-Ersatzkassen-Verband (2001). *Ausgewählte Basisdaten des Gesundheitswesens.* Siegburg.

Geschlechtsspezifische Inanspruchnahme von Psychotherapie und Sozialer Arbeit

Bernhard Strauß, Johanna Hartung und Horst Kächele

1. Prolog

In einem wenig bekannten, aber fulminant geschrieben Werk skizzieren Appignanesi und Forrester die Rolle der Frauen bei der Entstehung der Psychoanalyse. «In der ersten Pionierzeit der Psychoanalyse waren es hauptsächlich Frauen, die einen wichtigen Beitrag zur Arzt-Patient-Beziehung leisteten» (Appignanesi/Forrester 1992, dt. 1996, S. 16). Die Psychoanalyse erscheint sowohl als Reaktion auf die «hysterische» Frau, deren Zustand symbolisch für das allgemeine Unbehagen stand, und andererseits als eine Reaktion auf die unerträgliche Lage der Frauen im ausgehenden 19. Jahrhundert.

Pointierend weisen die beiden Autoren, eine Frau und ein Mann, darauf hin, dass die Psychoanalyse zugleich einer der ersten Berufsstände wurde, in dem mehr bedeutende Theoretikerinnen und Praktikerinnen sich hervortaten als in jedem anderen vergleichbaren Beruf:

> In der Psychoanalyse war der Prozentsatz der professionell tätigen Frauen konstant höher als in anderen Berufen. 1940 waren 40 % der Analytiker in England Frauen; international gesehen waren es in den Dreißigerjahren bereits 30 %. Zwischen 1920 und 1980 waren in Europa durchschnittlich 27 % der Analytiker Frauen, während der durchschnittliche Prozentsatz in den USA, wo ein Medizinstudium verlangt wurde, bei 17 % lag. Zum Vergleich: In derselben Zeit lag der Anteil der Frauen in der Medizin bei 4 bis 7 % und in der Rechtswissenschaft bei 1 bis 5 %. (S. 17)

2. Geschlechtsunterschiede in der Prävalenz psychischer Störungen

In einem Plädoyer für eine geschlechtersensible Psychiatrie unterscheidet Riecher-Rösler (2000) Forschungsfelder, die für die Frage der Inanspruchnahme psychosozialer Versorgung von mittelbarer oder unmittelbarer Relevanz sind:

- Frauenspezifische psychische Erkrankungen im Rahmen der weiblichen Reproduktionsvorgänge
- Beeinflussung psychischer Erkrankungen durch den Menstruationszyklus, weibliche Sexualhormone sowie den weiblichen Lebenszyklus
- die geschlechtsunterschiedliche Verteilung psychosozialer Risikofaktoren
- Geschlechtsunterschiede in Häufigkeit, Verlauf und Symptomatik psychischer Erkrankungen
- Geschlechtsunterschiede in der Krankheitswahrnehmung
- Geschlechtsunterschiede im Bewältigungs- und Hilfesuchverhalten
- Besonderheiten der Psychopharmaka- und Psychotherapie bei Frauen (einschließlich des geschlechtsspezifischen Verhaltens von Therapeuten und Therapeutinnen).

Von besonderer Bedeutung für die Bewertung einer geschlechtsspezifischen Inanspruchnahme ist die Frage nach der geschlechtsabhängigen Häufigkeit psychischer Störungen, zu der mittlerweile (vgl. auch den Beitrag von Merbach et al. in diesem Buch) zahlreiche Informationen vorliegen.

Insgesamt gesehen werden in den westlichen Industrieländern[1] zwei Drittel der Kosten des Gesundheitswesens durch Frauen verursacht (Collins 1994, zitiert nach Riecher-Rösler 2000), die partiell auch durch Häufigkeitsunterschiede in psychischen Erkrankungen und Störungen mit bedingt sind.

Beispielsweise wurden in der Mannheimer Kohortenstudie zur Prävalenz psychischer Störungen (Schepank 1987), einer epidemiologischen Studie zur Häufigkeit psychogener Erkrankungen in einer Großstadtbevölkerung, 34 % der Frauen gegenüber 18 % der Männer als «Fälle» (Stichtagsprävalenz) klassifiziert. Alle Arten depressiver Störungen, Essstörungen, viele Angststörungen und posttraumatische Belastungsstörungen sowie Somatisierungsstörungen sind bei Frauen deutlich häufiger, ebenso Suizidversuche (im Gegensatz zu vollendetem Suizid). Allgemeiner sind «neurotische» Störungen bei Frauen häufiger, Persönlichkeitsstörungen (inkl. antisozialer Tendenzen) und Suchtkrankungen dagegen bei Männern (Übersichten bei Ernst 2001; Riecher-Rösler 2000).

Über die Zeit hinweg[2] erscheint die geschlechtsspezifische Inzidenz und Prävalenz von psychischen Störungen relativ konstant (Freund 1990) und etwa in einem Verhältnis von 2:1 von Frauen zu Männern, wenn alkoholbedingte und drogenbedingte Störungen sowie antisoziales Verhalten ausgenommen werden. Wenn die letztgenannten Störungen mit berücksichtigt werden, ergibt sich für die Lebenszeitprävalenzen psychischer Störungen auf der Basis größerer epidemiologischer Studien insgesamt ein geringer Überschuss aufseiten der Männer (Robins et al. 1985; Wittchen et al. 1991; Kessler et al. 1994; Bijl et al. 1998) oder nur unwesentlich geringere Erkrankungsraten von Männern gegenüber Frauen (Wittchen et al. 1998; Meyer et al. 2000; Übersicht bei Ernst 2001). Freund (1990) weist auf die Altersabhängigkeit der Prävalenzraten hin: Im Kindesalter und der frühen Jugend sind Jungen unter den Patienten mit psychischen Störungen überrepräsentiert, während ab dem späteren Jugendalter eine Umkehr des Geschlechterverhältnisses zu beobachten ist (vgl. auch Ernst 2001).

Die Ursachen der Geschlechtsunterschiede in epidemiologischen Studien, die für die Diskussion der Versorgungsrealität ebenfalls bedeutsam sind, dürften sehr vielfältig sein. Riecher-Rösler (2000) diskutiert die Folgenden:
- geschlechtsspezifische Verzerrungen bei der Datenerhebung und -interpretation bzw. Diagnosevergabe;
- ausgeprägtere Interozeption bei Frauen und Bereitwilligkeit, Hilfe zu suchen;
- mangelnde Ausrichtung des Behandlungsangebotes auf geschlechtsspezifische Bedürfnisse («gender-biased»);
- biologische (i. e. genetische, hormonelle) sowie psychosoziale Geschlechtsunterschiede (Entwicklungsunterschiede, geschlechtsspezifische Verteilung von Risikofaktoren wie Gewalt, Rollenkonflikte).

Ernst (2001) nennt zur Erklärung epidemiologisch dokumentierter Geschlechtsunterschiede neben der biologischen Begründung:
- eine Artefakthypothese (Vorurteile männlicher Ärzte und Psychologen),
- eine Stresshypothese (Stress durch die schlechtere soziale Position von Frauen),
- eine Hypothese der mangelnden sozialen Unterstützung von Frauen im Sinne einer «Isolierung von Hausfrauen und einer geringeren Einbettung von Frauen in kollegiale Netzwerke» (diese Hypothese gilt aber als weitgehend widerlegt),
- eine empirisch schlecht belegte Bewältigungshypothese (Neigung von Frauen, nach Belastungen eher dysphorisch zu reagieren) und
- eine Expressivitätshypothese (offenerer Emotionsausdruck bei Frauen).

---

1 In Ermangelung genauer Informationen zur Prävalenz psychischer Störungen und zu Inanspruchnahmedaten aus anderen Regionen der Welt bleiben die Ausführungen in diesem Beitrag hierauf beschränkt.
2 Die Mehrzahl der hier zitierten Daten stammen aus jüngerer Zeit. Es sei darauf verwiesen, dass Prävalenzraten spezifischer Störungen ebenso einem soziokulturellen Wandel unterworfen sind (z. B. Habermas 1990; Shorter 1997) wie die Forschungsinteressen bezüglich der Häufigkeit geschlechtsspezifischer psychischer Störungen (z. B. Thomas/Znaniecki 1927; Krohn 1978).

3. Inanspruchnahme von Psychotherapie

Geht man von den veröffentlichten Daten zur geschlechtsspezifischen Inanspruchnahme von Psychotherapie in den letzten zwei Jahrzehnten aus, dann ergibt sich ein relativ eindeutiges Bild: Eine häufigere Inanspruchnahme der Psychotherapie von Frauen beschrieb beispielsweise Dührssen (1982), eine – bezogen auf die Entwicklung und Chronifizierung psychischer Störungen – *frühere* Inanspruchnahme Kessler et al. (1981). Lin et al. (1996) geben für Kanada an, dass allgemeine und Fachdienste in einem Zeitraum von zwölf Monaten wegen psychischer Probleme häufiger von Frauen (9,7 %) als von Männern (5,8 %) beansprucht werden. Willi (1978) berichtet, dass bei Partnerschaftskrisen die Frauen häufiger die Initiative für die Aufnahme einer Paartherapie ergriffen. In der Mannheimer Kohortenstudie lehnten 63 % der dafür indizierten Frauen und 71 % der Männer ein Therapieangebot ab (Franz et al. 1993). Angaben des Verbandes der deutschen Rentenversicherungsträger (1993) zufolge entfielen im Jahre 1992 11 % der Behandlungen von Männern gegenüber 15 % der Behandlungen der Frauen in Reha-Einrichtungen auf psychische Erkrankungen.

Neben der Mannheimer Kohortenstudie gilt die Felduntersuchung von Dilling et al. (1984) immer noch als wichtige Quelle für Daten zur Inanspruchnahme von Psychotherapie. Die Studie wurde in kleinstädtischen und ländlichen Gemeinden in Oberbayern (Landkreis Traunstein) durchgeführt. Insgesamt gaben 9 % der Befragten an, wegen psychischer Beschwerden in einer psychiatrischen Institution behandelt worden zu sein, überwiegend erfolgte die Behandlung ambulant. Frauen – so die Studie – wurden mehr als doppelt so häufig ambulant psychiatrisch behandelt wie Männer. Bezüglich stationärer Behandlungen gab es allerdings kaum Unterschiede.[3] Die Frequenz von Arztbesuchen unterschied sich bei Frauen und Männern interessanterweise nicht erheblich, wenn die Betroffenen sowohl unter körperlichen als auch unter psychischen Beschwerden litten. Bei Vorliegen «nur» psychischer Probleme waren Frauen doppelt so häufig in Behandlung als Männer, und zwar unabhängig vom Alter.

Aus den vorliegenden Inanspruchnahmedaten wurden Indikatoren für die Versorgungslage abgeleitet, die beispielsweise Soeder et al. (2001) zusammenfassen. Nach Flisher et al. (1997) liegt der ungedeckte Versorgungsbedarf bei Jungen zwischen 9 und 17 Jahren mit 19,2 % höher als bei Mädchen gleichen Alters (15,3 %), was mit der oben beschriebenen altersspezifischen Prävalenz psychischer Störungen erklärbar sein mag. Für erwachsene Frauen ist nach Lehtinen et al. (1990) sowohl der ungedeckte (11,6 % gegenüber 8 % bei Männern) als auch der gedeckte Versorgungsbedarf (8 % gegenüber 6,5 %) höher zu beziffern.

Nach diesen Befunden nehmen Frauen also in unserer Zeit offenbar häufiger Psychotherapie in Anspruch als Männer; hierüber besteht nach neueren Angaben aus den verschiedensten Quellen Übereinstimmung. Die vielen Studien aus dem Bereich der Psychotherapieforschung beziehen sich meist auf Stichproben mit einem Geschlechterverhältnis von ca. zwei Drittel Frauen zu einem Drittel Männer (Bergin/Garfield 1994).

Bei genauer historischer Betrachtung scheint dies jedoch ein Phänomen zu sein, das erst seit den Siebzigerjahren deutlich hervortritt. Aus den Fünfziger- und Sechzigerjahren werden noch andere Verhältnisse geschildert.

Aus der noch jungen DDR berichteten Kleinsorge und Klumbies (1960) über eine Stichprobe von 1000 Fällen, die in der Jenaer Psychotherapie-Abteilung untersucht wurden:

> Von den 1000 Patienten waren 486 Männer und 514 Frauen. Das Verhältnis ist nahezu 1:1. Auch das geringe Überwiegen der Frauen bedeutet nicht, dass diese häufiger psychogen erkranken. Zwar beträgt ihr Anteil an den Psychotherapie-Patienten rund 51 %, dem

---

3 Im Bericht «Gesundheit von Frauen und Männern» des Ministeriums für Frauen, Jugend, Familie und Gesundheit NRW (2000) zeigten sich ebenfalls wenig ausgeprägte Geschlechtsunterschiede bezüglich der Krankenhausfälle infolge psychischer Krankheit im Jahr 1997. Allerdings ergab sich ein geschlechtsspezifischer Zusammenhang mit dem Lebenszyklus. So überwogen Frauen unter den Krankenhausfällen der Altersgruppe zwischen 40 und 75, während männliche Jugendliche (14 bis 19 Jahre) häufiger stationär behandelt wurden als altersgleiche Mädchen.

Tabelle 1: Ambulanzpatienten in der psychosomatischen Klinik Heidelberg (nach de Boor/Künzler 1963).

Alter	Männlich (%)	Weiblich (%)	Gesamt (%)
15–19	8	11	9
20–29	37	31	34
30–39	27	30	28
40–49	18	18	19
50 +	10	10	10

steht aber gegenüber ihr Anteil an der Gesamtbevölkerung von 55 %. Bei bloßen Schätzungen der Geschlechtsverteilung wird den Frauen häufig ein wesentlich höherer Anteil unter den Psychotherapiebedürftigen zugesprochen. Jedoch, Frauen tragen ihre seelischen Belastungen nur leichter und sinnfälliger vor. Der beherrschte und sachliche Ton des Mannes lässt psychische Grundlagen eines Krankheitszustandes ohne spezielle Befragung eher verkennen. (S. 434)

Bekanntermaßen bestanden bereits damals in der DDR andere sozialstrukturelle Bedingungen für Frauen als in der BRD (wesentlich höherer Anteil berufstätiger Frauen, «flächendeckende» Betreuung von Kleinkindern), weswegen der erwähnte Befund systemspezifisch sein könnte. Darauf, dass dem nicht so sein muss, verweist zumindest eine Studie aus dem Westen Deutschlands. Aus der Heidelberger Psychosomatischen Klinik haben de Boor und Künzler (1963) einen Erfahrungsbericht vorgelegt, der die sozialen Daten der untersuchten und behandelten Ambulanzpatienten auswertet: In ihrer Grundgesamtheit von 1639 Patienten finden sich 47 % weibliche und 53 % männliche Patienten: «In den Jahren 1950 bis 1954 überwogen unter den 20- bis 30-Jährigen die männlichen Patienten, während unter den Kranken im Alter von 30 bis 40 Jahren erheblich mehr Frauen zur Untersuchung kamen.» (S. 39).

Dieses Faktum fand sich im zweiten Lustrum der Untersuchung nicht mehr, weshalb wir nur eine geschlechtsdifferente Auflistung der Altersverteilung wiedergeben wollen (vgl. **Tab. 1**).

Aus dem Heidelberger Erfahrungsbericht lässt sich auch entnehmen, dass in den Jahren 1950 bis 1954 noch 52 % der Psychoanalysepatienten Männer waren; in den Jahren 1955 bis 1959 fiel der Männeranteil auf 45 % ab. Stattdessen zeichnete sich eine Entwicklung in der Indikationsstellung ab, die wir später auch in Ulm bestätigen sollten (Grünzig et al. 1977): Da bei dieser unausgelesenen Ambulanzstichprobe aus dem Jahr 1973 das initiale Geschlechterverhältnis zum Zeitpunkt des Erstinterviews noch 1:1 war, fällt umso mehr auf, dass jüngeren Frauen eher eine analytische Psychotherapie angeboten wurde, während ältere Männer eher mit einem einstündigen tiefenpsychologischen Verfahren behandelt wurden.

Neben Faktoren gesellschaftlichen und kulturellen Wandels, auf die weiter unten noch eingegangen wird, mag für den Befund eines ausgeglichenen Geschlechterverhältnisses vor 1970 auch die Tatsache verantwortlich sein, dass – zumindest in Westdeutschland – die Psychotherapie zum Zeitpunkt der Studien noch keine Kassenleistung darstellte, was möglicherweise andere Selektionsmechanismen (z. B. finanzielle Möglichkeiten) wirksam werden ließ.

Störungsspezifische Inanspruchnahme

Der im Zusammenhang mit der nordrhein-westfälischen Statistik zu den Krankenhaustagen infolge psychischer Störungen erwähnte Geschlechtsunterschied bei der erkrankungsabhängigen Inanspruchnahme muss relativiert werden: Trotz unterschiedlicher Prävalenz (s. o.) sind die Raten für die beiden Geschlechter bei Persönlichkeitsstörungen[4] etwa gleichverteilt, während die Fallzahl von Frauen bei endogenen Psychosen

---

4 Wie differenziert die Inanspruchnahme- und Prävalenzraten betrachtet werden müssen, lässt sich am Beispiel der Borderline-Persönlichkeitsstörung zeigen. Ausgehend von dem Befund, dass Borderlinepatienten in psychotherapeutischer Behandlung überwiegend weiblich sind, untersuchten Eckert et al. (1997) männliche Gefängnisinsassen mit dem «Diagnostischen Interview für Borderliner» (DIB). Die Studie zeigte eine hohe Rate (35 %) von Männern, die nach dem DIB als Borderlinepatienten einzustufen waren, die aber üblicherweise nicht in Institutionen der psychosozialen Versorgung, sondern – möglicherweise aufgrund der häufigen Komorbidität mit antisozialen Merkmalen – primär in Justizvollzugsanstalten landen.

um etwa 20 % erhöht ist. Deutliche Geschlechtsunterschiede gibt es bei neurotischen Störungen (hier sind Hospitalisierungen bei Frauen doppelt so häufig wie bei Männern). Die doppelte Fallzahl von Frauen im Hinblick auf Krankenhaustage bei gerontopsychiatrischen Störungen ist überwiegend mit dem höheren Altersdurchschnitt von Frauen in der Bevölkerung verknüpft. Schließlich kommt der Bericht zu dem Schluss, dass auch wegen psychosomatischer Störungen – trotz aller definitorischer Unklarheiten – durchschnittlich fast doppelt so viele Frauen wie Männer hospitalisiert werden.

Als ein wesentliches Forschungsfeld im Zusammenhang mit Geschlechterfragen in der Psychotherapie und Psychiatrie nennt Riecher-Rösler (2000) «frauenspezifische psychische Erkrankungen im Rahmen der weiblichen Reproduktionsvorgänge» (s. o.). Ähnlich wie bei Essstörungen, für die eine Extremverteilung der geschlechterabhängigen Prävalenz (ca. 95 % Frauen) zu einer entsprechenden Ausrichtung des Versorgungssystems geführt hat, gibt es eine geschlechtsspezifische Inanspruchnahme von Behandlungsangeboten bei psychischen Störungen im Kontext von Schwangerschaft, Geburt und Klimakterium (Brockington 2001; Bergant 2001; Banger 2001).

Es gibt aber im «Rahmen der Reproduktionsvorgänge» auch potenzielle Problemfelder, welche die Geschlechter in gleicher Weise betreffen und somit Aufschluss über die geschlechtsspezifische Inanspruchnahme psychosozialer Hilfen und deren Determinanten erlauben. Ein Beispiel hierfür ist die ungewollte Kinderlosigkeit oder Infertilität. Nach den neueren Angaben lassen sich die Ursachen für die Infertilität in etwa gleichem Maße bei Frauen und Männern ausmachen. Seit langem gilt die ungewollte Kinderlosigkeit als schwere Krise, in deren Folge mit psychischen Problemen unterschiedlicher Art zu rechnen ist. Entsprechend haben sich in den vergangenen Jahren zahlreiche spezifische psychosoziale Behandlungsangebote für kinderlose Frauen, Männer und Paare entwickelt. Betrachtet man die Erfahrungen mit der Inanspruchnahme dieser Angebote, dann zeigt sich eine deutliche Präferenz aufseiten der betroffenen Frauen, relativ häufig nehmen noch Paare die Angebote in Anspruch, während Männer ohne ihre Partnerin nur in seltenen Fällen psychosoziale Hilfe suchen. In einer eigenen Studie hierzu (Strauß 2000) zeigte sich, dass von insgesamt 33 Kurzzeittherapien für ungewollt Kinderlose 20 mit Frauen, 12 mit Paaren und nur eine einzige mit einem Mann durchgeführt wurde, was das Inanspruchnahmeverhalten unmittelbar reflektiert. Bei dem einzigen Mann handelte es sich um den Partner einer Frau, die sich im Rahmen einer Paarberatung von diesem getrennt hatte.

Dieser und ähnliche Befunde spiegeln für den Fall der ungewollten Kinderlosigkeit ein komplexes Gefüge geschlechtsspezifischer Faktoren von allgemeinem Inanspruchnahmeverhalten sowie der Verarbeitung und Kompensation kinderwunschbezogener psychischer Symptome wider, die wiederum mit geschlechtsrollenspezifischen Mustern verbunden sind. Viele Studien zeigen, dass Frauen – zumindest auf einer bewussten Ebene – erheblich mehr unter der ungewollten Kinderlosigkeit leiden und weniger Kompensationsmöglichkeiten für das damit verbundene erlebte Defizit zur Verfügung haben als ihre männlichen Partner.

4. Die andere Seite der Inanspruchnahme: Gibt es eine Femininisierung der Psychotherapie?

Im Prolog zu diesem Beitrag wurde darauf hingewiesen, dass die Psychoanalyse sowohl im Gegensatz zur damals bestehenden Psychotherapie als auch im Gegensatz zu anderen Disziplinen der Medizin Frauen von Anfang an vergleichsweise bessere Entwicklungsmöglichkeiten bot. Es gibt einige Indizien dafür, dass sich diese Entwicklung fortgesetzt hat.

Wirft man einen kursorischen Blick in die psychologischen Weiterbildungsinstitute, so lässt sich der Befund von Wittchen und Fichter (1980) belegen, dass sich die psychotherapeutische Profession zunehmend verweiblicht hat: Als ein Anzeichen dieser erheblichen gesellschaftlichen Veränderungen im Psychotherapiesektor werten wir z. B. einen Befund, den Kächele (2001) an den zum Kolloquium vorgestellten Ausbildungsfällen der Deutschen Psychoanalytischen Vereinigung

Tabelle 2: Vorgestellte Kolloquiumsfälle der DPV aus den Jahren 1989 bis 1999.

	Weibliche Patienten	Männliche Patienten	Gesamt
Weibliche Therapeuten	148	43	191
Männliche Therapeuten	110	54	164
Gesamt	258	97	355

(DPV) in den Neunzigerjahren aufzeigen kann. Von insgesamt 355 DPV-internen Fallberichten wurden 191 von weiblichen und 164 von männlichen Kandidaten verfasst (vgl. **Tab. 2**).

In den Neunzigerjahren bildet diese psychoanalytische Vereinigung zum einen mehr Frauen als Männer aus. Zum anderen wählen sich weibliche Kandidaten fast viermal so viele weibliche Patienten zur Darstellung ihrer Arbeit im Abschlusskolloquium; die männlichen Kandidaten präsentieren zum Kolloquium ebenfalls deutlich mehr weibliche Patienten, nämlich doppelt so häufig als sie männliche Patienten präsentieren. Natürlich sind das keine repräsentativen Stichproben, aber sie illustrieren eine deutliche Tendenz, auf die wir später noch weiter eingehen werden.

Quantitativ überwiegen Frauen mittlerweile auf dem Gebiet der Psychotherapie. Dies zeigt sich zum einen an den Statistiken einschlägiger Fort- und Weiterbildungsveranstaltungen, wie etwa den traditionsreichen Lindauer Psychotherapiewochen. In den letzten 15 Jahren entspricht dort das Verhältnis unter den Teilnehmerinnen etwa 2:1 (Frauen zu Männern; Cierpka, persönliche Mitteilung).

Die Frage nach dem Einfluss des Geschlechts auf den Prozess und das Ergebnis von Psychotherapien ist bis heute noch unzureichend geklärt (s. u.). Wie beispielsweise Cierpka et al. (1997) zeigen, gibt es noch deutliche Defizite in den Studien, die sich explizit mit Merkmalen von PsychotherapeutInnen beschäftigen (vgl. auch Beutler et al. 1994). In jüngster Zeit wurden mehrere Studien zu den persönlichen Merkmalen und Werten von Psychotherapeuten und Psychotherapeutinnen durchgeführt (siehe z. B. Orlinsky et al. 1999).

Eine Studie von Orlinsky et al. (1996) über 2300 Psychotherapeutinnen und Psychotherapeuten beispielsweise zeigt, dass die selbstbezogenen Ideale dieser Personen sich am häufigsten beschreiben lassen mit den Attributen «akzeptierend» (97 %), «engagiert, tolerant, warmherzig» (91 %) und «intuitiv» (86 %). Ähnlich bewerten die Befragten ihren realisierten persönlichen therapeutischen Stil, und zwar unabhängig von ihrer therapeutischen Grundorientierung. Die Autoren interpretieren diese Haltungen als wesentliche Grundlage für die Wirksamkeit der therapeutischen Beziehung als «kommunalen Faktor» in der Psychotherapie und vermuten, dass sie wie «eine Art archimedischer Hebel» Patienten dazu verhelfen könnten, sich auf ein «positives Annäherungsverhalten» hin zu verändern.

Aus einer geschlechtertheoretischen Perspektive lassen sich die Selbst- und Idealselbstbilder von Psychotherapeutinnen und Psychotherapeuten entsprechend dieser Studie als Attribute eines weiblichen Geschlechtsrollenstereotyps interpretieren (vgl. Rhode-Dachser 1985). So ist beispielsweise Ernst (2001) der Auffassung, dass es viele

> Bereiche spontanen Verhaltens gibt, in denen ein Geschlecht überwiegt: Frauen erscheinen wertkonservativer und rücksichtsvoller, und sie werden viel seltener gewalttätig. Sie sind stärker an Sprache und Beziehungen orientiert, stärker vom eigenen Körper fasziniert, aber auch selbstkritischer. Sie versuchen eher als Männer Krisen im Gespräch zu bewältigen. (S. 49)

5. Geschlechterkonstellationen in der Psychotherapie

Einige Befunde deuten darauf hin, dass die geschlechtsspezifische Inanspruchnahme von Psychotherapie nicht nur quantitativ, sondern auch qualitativ unterschiedlich ist. Auf der Basis einer Textanalyse von Patientenantworten auf die Eingangsfrage «Was führt sie zu uns?» wurden Geschlechtsunterschiede bereits an den ersten Sätzen deutlich (Grande et al. 1992). Die Autoren der Studie folgern: Frauen suchen Beziehung und sind enttäuscht, Männer fliehen Beziehung und negieren Enttäuschung. Frauen kranken an Beziehungsenttäuschung, Männer an Beziehungsarmut.

Offensichtlich zeigen sich im psychotherapeutischen Kontakt geschlechtsrollenspezifische Interaktionsmuster oder Geschlechtsrollen-Asymmetrien. Klöß (1988) konnte in einer semantisch-lexikalischen Analyse zeigen, in welch großem Ausmaß die Schilderung des psychoanalytischen Erstgesprächs (in den Abschlussberichten von weiblichen und männlichen Ausbildungskandidaten) Befunde der feministischen Linguistik (z. B. Trömmel-Plötz 1982) replizierten.

Als weiteren Ausdruck der Asymmetrie von Geschlechterrollen interpretiert Kottje-Birnbacher (1994) den Befund der Auswertung von publizierten Fallberichten, dass in der Konstellation Therapeut-Patientin viel häufiger Mitteilungen über erotische Übertragungen/Gegenübertragungen vorkämen, welche in der Konstellation Therapeutin-Patient kaum eine Rolle spielten.

Angesichts der deutlichen Unterschiede in der Inanspruchnahme und – zunehmend – im Angebot von Psychotherapie durch Frauen und Männer ist die Frage interessant, ob sich Therapieergebnisse in Abhängigkeit von der Geschlechterkonstellation unterscheiden. Hierzu liegen bislang nur wenige Studien vor. Für spezielle Störungsbilder, z. B. Essstörungen und Folgen sexuellen Missbrauchs scheinen viele Therapeuten der Auffassung zu huldigen, dass Therapeuten weiblichen Geschlechts sich für die Therapie mehr eigneten, allerdings liegen hierfür kaum ergebnisbezogene Daten vor.

Kolling und Mohr (1982) berichteten für gleichgeschlechtliche Dyaden günstigere Behandlungserfolge im Hinblick auf die Überwindung sozialer Unterlegenheitsgefühle. Stuhr und Wirth (1990) untersuchten verschiedene Konstellationen im Rahmen einer Zwölf-Jahres-Katamnese des Hamburger Kurzpsychotherapieprojekts. Patientinnen erinnerten in dieser Studie die männlichen Gesprächstherapeuten positiver (auch positiver als männliche Analytiker). Patientinnen ersterer Konstellation hatten zwölf Jahre nach Therapieende am häufigsten ihre damaligen Partnerbeziehungen aufrechterhalten, was die Autoren interessanterweise als positives Ergebniskriterium werten, bei den Männern waren dies jene Patienten, die bei einer Analytikerin in Behandlung waren. Braun und Grawe (1994) beschreiben Effekte von Interaktionen der Geschlechterkonstellationen in Psychotherapien mit interpersonalen Merkmalen der Patienten auf den subjektiven Therapieerfolg: Therapeutinnen kamen besser zurecht mit Patientinnen, die nach Kompetenz und Selbstständigkeit strebten, waren dagegen verunsichert und überfordert durch skeptische, misstrauische und gereizte Patientinnen. Die männlichen Therapeuten wurden ebenfalls durch misstrauische Frauen und Männer verunsichert und reagierten auf diese besonders konfrontativ. Mit hilflosen, abhängigen Männern konnten Therapeuten schlecht umgehen, während sie mit hilflosen, abhängigen Frauen gut zurecht kamen.

In einer Studie von 560 Patienten einer psychosomatischen Fachklinik überprüfte Schöck (1997) die Auswirkungen von Therapeut-Patient-Geschlechterkonstellationen auf verschiedene behandlungsrelevante Einschätzungen. Zusammengefasst zeigten sich in männlichen Dyaden eher Hinweise auf die Bagatellisierung der eigenen Probleme; die Patienten dieser Dyaden waren weniger zufrieden mit der Behandlung. Therapeuten von Patientinnen schienen sich von deren Leiden besonders angesprochen zu fühlen, waren aber mit dem Behandlungsergebnis seltener zufrieden und vermittelten den Frauen, die gehäuft in problematischen Partnerbeziehungen lebten, häufig Folgebehandlungen. Therapeutinnen von männlichen Patienten hielten deren Beschwerden häufiger für psychisch verursacht, die Patienten für wenig motiviert. Die männlichen Patienten vermittelten, sich von ihren Therapeutinnen weniger bedroht gefühlt zu haben, sich besser in die Patientenrolle eingefügt haben zu können. Gleichgeschlechtlich weibliche Dyaden schließlich waren gekennzeichnet durch eine größere Zufriedenheit der Therapeutinnen mit dem Behandlungsergebnis. Die Patientinnen dagegen bewerteten das Therapieergebnis kritischer als jene, die bei Männern in Behandlung waren.

6. Geschlechtsspezifische Inanspruchnahme Sozialer Arbeit

Ein markantes Merkmal Sozialer Arbeit, die Sozialpädagogik und Sozialarbeit umfasst (Böhnisch 1999; Chassé/von Wensierski 1999; Hartung 2000; Rauschenbach/Gängler 1992; Schilling 1994), ist die Diversität ihrer Handlungsfelder und Angebote.

6.1 Handlungsfelder und Angebote Sozialer Arbeit

Anknüpfend an soziale und personale Problemlagen zielen Angebote Sozialer Arbeit darauf, die Betroffenen in ihren Bewältigungskompetenzen zu stärken sowie ihre Fähigkeit und Bereitschaft, soziale Ressourcen zu aktivieren und in Anspruch zu nehmen, zu unterstützen (z. B. Erziehungsberatung, Beratung in Trennungs- und Scheidungssituationen, Sicherung des Kindeswohls bei drohender Vernachlässigung, Jugendberufshilfe, Angebote betreuten Wohnens, Straffälligenhilfe, soziale Aktivierung von Wohnungslosen, Bewältigung chronischer Erkrankung und Pflegebedürftigkeit, berufsbegleitende Dienste für behinderte und psychisch kranke Beschäftigte, Schuldnerberatung).

Zum anderen werden Angebote zur Entwicklungsförderung, zur Bildung und Erziehung entwickelt (z. B. in Kindergärten, Schulen, Freizeiteinrichtungen, Institutionen der Erwachsenenbildung, gemeindenahen Initiativen), die nicht notwendigerweise eine Problemlage voraussetzen, sondern angesichts der Anforderungen und Chancen lebenslangen Lernens das Entwicklungspotenzial der Zielgruppe und eine Kompetenzförderung anregen.

Bei Handlungsfeldern, in denen Soziale Arbeit an personalen oder sozialen Problemlagen der Zielgruppe ansetzt, kann unterschieden werden zwischen Angeboten, die von den Betroffenen freiwillig in Anspruch genommen werden und solchen, deren Inanspruchnahme eher im Rahmen drohender oder bereits eingetretener gesellschaftlicher Sanktionen steht. So können Eltern die im Kinder- und Jugendhilfegesetz (KJHG) angebotenen *Hilfen zur Erziehung* beispielsweise zur Abwehr eines drohenden Entzugs der elterlichen Sorge bei Gefährdung des Kindeswohls in Anspruch nehmen, obwohl sie bis dahin eine freiwillige Inanspruchnahme etwa von Familienberatung oder -therapie (z. B. aufgrund fehlender Problemeinsicht, Unkenntnis bezüglich bestehender Angebote, ungünstiger Kosten-Nutzen-Einschätzung, motivationaler Hemmungen und Ängste) ablehnten.

Spezifische Angebote Sozialer Arbeit zur Gesundheitsförderung (Brieskorn-Zinke/Köhler-Offierski 1997; Sting/Zurhorst 2000) können sowohl von gesundheitlichen Problemlagen ausgehen bzw. darauf abzielen, primärpräventiv psychische und somatische Beeinträchtigungen zu verhindern (z. B. Krankenhaussozialdienst, Suchtprävention), als auch – von einem positiven Gesundheitsverständnis ausgehend – dazu beitragen, Wohlbefinden, Lebensfreude sowie Aspekte psychischer und somatischer Gesundheit zu stärken (z. B. durch handlungs- und erlebnisorientierte Projekte zu gesunder Ernährung, Bewegung, Entspannung). Die Interventionen können sowohl personenbezogen, auf die Förderung gesundheitsrelevanter Verhaltensweisen (z. B. Stressbewältigungstraining) gerichtet sein, als auch auf die Förderung gesundheitsrelevanter Verhältnisse durch Gestaltung gesundheitsförderlicher Lern- und Lebensumwelten abzielen (z. B. Spielplatz-, Schulhof- und Wohngebietsgestaltung).

Entsprechend der Programmatik Sozialer Arbeit sollten ihre Angebote gekennzeichnet sein durch:
- Lebensweltorientierung, Alltagsrelevanz (Pantucek 1998);
- einen niedrigschwelligen Zugang;
- ein breites, flexibles, handlungsorientiertes Methodenrepertoire (Galuske 1998);
- Ressourcenorientierung, Empowerment (Herriger 1997; Nestmann 1999; Stark 1996);
- Interdisziplinarität und Vernetzung.

6.2 Geschlechtsspezifische Inanspruchnahme der Angebote Sozialer Arbeit

Die Geschlechterverteilung innerhalb der Beschäftigtengruppe im Bereich Sozialer Arbeit variiert zwischen den Arbeitsfeldern: Während beispielsweise 1994 in Kindertagesstätten der Frauenanteil bei 96 % lag (Schlattmann/Tietze 1999; Rauschenbach/Schilling 2001), betrug er in der Jugendarbeit 56 % (von Wensierski 1999). Geschlechtsspezifische Unterschiede in den verschiedenen Arbeitsfeldern Sozialer Arbeit sind allerdings mit dem jeweils geforderten Qualifikationsniveau konfundiert: Während beispielsweise von den im Jahre 1994 im Bereich der *Jugendhilfe* tätigen Männern zu 24 % über eine akademische sozialpädagogische Ausbildung verfügten (Fachhochschule/Universität), lag der entsprechende Anteil der Frauen bei knapp 7 % (Burkhardt 2001).

Die Zielgruppen Sozialer Arbeit sind ebenso vielfältig wie ihre Arbeitsfelder. Die Angebote können bereits geschlechtsspezifisch adressiert sein (z. B. Angebote für Mädchen oder Jungen in der offenen Jugendarbeit; Angebote für Frauen, die nach einer Phase der Familienarbeit wieder in den Beruf zurückkehren möchten) oder sich seitens der professionellen Anbieter an beide Geschlechter richten (z. B. Gesprächskreise für werdende Eltern, Erziehungsberatung, Sozialpädagogische Familienhilfe, Jugendberufshilfe, betriebliche Sozialarbeit, Unterstützung von Selbsthilfegruppen), wobei sie möglicherweise – entgegen der Intention der Anbieter – eher selten von Männern/Jungen oder Frauen/Mädchen in Anspruch genommen werden. Betrachtet man in Anlehnung an Wirth (1982, S. 8) die Inanspruchnahme «als vorgelagerte Stufe der Wirksamkeit» sozialer Dienstleistungen, lohnt es sich zu eruieren, inwieweit es gelingt, beide Zielgruppen zu motivieren und zu mobilisieren und damit zu einer «Verteilungsgerechtigkeit» personenbezogener sozialer Dienstleistungen beizutragen.

Frauen überwiegen bei der Nachfrage nach Beratung in Fragen von Schwangerschaftsproblemen und Familienplanung, Ehe- und Lebensberatung, obwohl auch Männer in die entsprechende Problematik involviert sind. Nach der «Bestandsaufnahme in der institutionellen Ehe-, Familien- und Lebensberatung» (Klann/Hahlweg 1994) ist der Anteil der Frauen doppelt so hoch wie der eine Beratung aufsuchender Männer. Beratungsanlässe sind Probleme in der aktuellen Partnerschaft und im unmittelbaren sozialen Umfeld sowie individuumsbezogene Probleme wie beispielsweise Ängste, Selbstunsicherheit, stimmungs- und emotionsbezogene Probleme, vegetative Beeinträchtigungen, Verlusterlebnisse, Zukunfts- und Existenzängste (Klann/Hahlweg 1994).

Nahezu umgekehrte Proportionen in der Geschlechterverteilung finden sich bei der Inanspruchnahme von Angeboten sozialpädagogisch begleiteter Maßnahmen zur beruflichen Qualifizierung benachteiligter Jugendlicher und junger Erwachsener (Bundesministerium für Bildung und Forschung 1999, 2001), worin sich nicht zuletzt geschlechtsrollenstereotype Akzentuierungen der gesellschaftlichen Bedeutung von Erwerbsarbeit bzw. Familienarbeit niederschlagen dürften. Männer überwiegen ebenfalls bei der Inanspruchnahme von Sucht- und Drogenberatung und bei der AIDS-Aufklärung und -Beratung (Ministerium für Arbeit, Gesundheit und Soziales des Landes Nordrhein-Westfalen 1998).

Angesichts der Vielfalt der Arbeitsfelder kann keine *generelle* Aussage über eine bevorzugte oder unzureichende geschlechtsspezifische Inanspruchnahme der Angebote Sozialer Arbeit gemacht werden. Auch eine bereichsspezifische Quantifizierung möglicher Diskrepanzen zwischen Bedarf und Inanspruchnahme gestaltet sich schwierig. Während bei psychischen Störungen epidemiologische Daten über die Erkrankungsrate (bei allen Bedenken bezüglich Gender-Bias) als Kennwerte für den Bedarf zur Verfügung stehen und diese als Bezugsgröße für den Vergleich mit der Inanspruchnahme von Psychotherapie dienen kann, ist der Bedarf für Angebote Sozialer Arbeit kaum objektiv zu quantifizieren.

Beratung – eine Querschnittsfunktion Sozialer Arbeit – kann definiert werden als kommunikativer Prozess, der das Ziel verfolgt, personale und soziale Ressourcen zu fördern (etwa Wissen, Einsichten, Einstellungen, Verhaltenskompetenzen, Fähigkeiten zur Nutzung informeller und professioneller sozialer Unterstützung), die die zu beratende Person befähigen, interne und externe Anforderungen, die ihre alltäglichen Bewältigungsroutinen überschreiten, zu bewältigen. Ob ein diesbezüglicher Bedarf vorliegt, ist weitgehend an die Einschätzung des Subjekts gebunden und kann durch diskursive Beurteilungen der sozialen Bezugsgruppe oder professioneller Anbieter sozialer Dienstleistungen – unter Rückgriff auf normative Standards und gesellschaftlich dominante Problemdefinitionen – allenfalls ansatzweise objektiviert werden. Ob sich also beispielsweise in den Daten zur Inanspruchnahme von Erziehungsberatung (nach § 27 Kinder- und Jugendhilfegesetz) – wonach im Jahre 1996 57 % der abgeschlossenen Beratungsfälle Jungen oder junge Männer waren und 43 % Mädchen oder junge Frauen (Menne 1999) – eine geschlechtsspezifische Problembelastung/«objektive» Beratungsbedürftigkeit oder eine geschlechterdifferenzierende Problemsensitivität der Eltern und/oder der Rat suchenden Jugendlichen niederschlägt, bleibt diskussionsbedürftig.

Die Erhebung von Daten bezüglich spezifischer Problemlagen, entsprechender sozialer Angebote und ihrer Inanspruchnahme (vgl. Böttcher et al. 2001) bildet eine wesentliche Voraussetzung, um Indikatoren für eine Diskrepanz zwischen Bedarf, Angebot und Inanspruchnahme zu entwickeln. Eine solche Diskrepanz – im Sinne einer Benachteiligung von Mädchen – hält beispielsweise die Sachverständigenkommission im 10. Kinder- und Jugendbericht (Bundesministerium für Familie, Senioren, Frauen und Jugend 1998) in der institutionalisierten Kinder-, Jugend- und Kulturarbeit für gegeben. An einer systematischen Datenerhebung und Dokumentation mangelt es allerdings noch in vielen Feldern Sozialer Arbeit.

6.3 Inanspruchnahme als Prozess

Im Zusammenhang mit einer konstatierten schichtspezifischen Ungleichheit der Inanspruchnahme sozialer Dienstleistungen stellte Wirth (1982) ein Stufenmodell vor, das den Prozess der Inanspruchnahme als idealtypische Abfolge von Stadien beschreibt, die in gewisser Weise als Selektionsstufen wirken, so dass Mittelschichtangehörige letztlich als Nutzer sozialer Dienstleistungen überrepräsentiert sind, obwohl bei Angehörigen unterer Sozialschichten eine höhere Problemanfälligkeit und -betroffenheit anzunehmen ist.

Überträgt man dieses Modell auf geschlechtsspezifische Differenzen in der Inanspruchnahme Sozialer Arbeit, wäre eine erste Selektion durch eine unterschiedliche subjektive Problemsensitivität von Männern bzw. Jungen und Frauen bzw. Mädchen bezüglich der Überforderung der eigenen Bewältigungsroutinen und -fähigkeiten sowie der potenziellen Beeinträchtigung kurz- und langfristiger Zielerreichung anzunehmen.

Die zweite Selektionsstufe bezieht sich auf die Bereitschaft, Angebote Sozialer Arbeit überhaupt als Handlungsalternative zur Problembewältigung in Betracht zu ziehen. Dies setzt zunächst die Kenntnis der Existenz dieser Angebote und der eigenen Anspruchsberechtigung voraus. Darüber hinausgehend wird die Person den antizipierten Nutzen bezüglich der Angemessenheit und Anwendbarkeit der zu erwartenden Hilfen, Empfehlungen und Anregungen in Relation zu den erwarteten «Kosten» (Zeitaufwand, Unsicherheit, Angst vor Kontrolle, Abwertung etc.) setzen. Überlegungen, inwiefern die soziale Bezugsgruppe eine Inanspruchnahme akzeptieren, begrüßen oder negativ sanktionieren würde (*normative Überzeugung* im Sinne des Modells des geplanten Handelns nach Ajzen 1991), dürften hinsichtlich der erwarteten immateriellen Kosten bedeutsam sein und je nach Art des Angebots geschlechtsspezifisch variieren.

Hat sich die Person zur Inanspruchnahme eines speziellen Angebots entschieden und nimmt sie mit der Institution Kontakt auf, werden ihre Fähigkeiten, ihr Anliegen wirksam zu artikulieren, für den weiteren Verlauf bedeutsam. Hier könnten geschlechtsspezifische Unterschiede bedeutsam werden. Darüber hinausgehend wirken seitens des Anbieters weitere Selektionsmechanismen, bei denen nicht zuletzt Eigeninteressen der Institution, etwa bezüglich der zu erwartenden Kooperationsbereitschaft und -fähigkeit der Person und der antizipierten Effizienz der sozialen Dienstleistung, wirksam werden. Auch hier wäre zu überprüfen, ob Anbieter Sozialer Arbeit geschlechtsspezifische Barrieren oder Anreize bezüglich der Inanspruchnahme schaffen.

Sind diese Selektionsphasen durchlaufen, beginnt das von Wirth als «Klientenphase» beschriebene Stadium, dessen Prozess- und Ergebnisqualität wesentlich durch eine gelungene Interaktion und Kooperation von KlientIn und SozialarbeiterIn bzw. SozialpädagogIn beeinflusst wird. Der für Klient und Klientin konkret erfahrene alltagsrelevante Nutzen und die *wahrgenommene Handlungskontrolle* (Ajzen 1991) und *Selbstwirksamkeitsüberzeugung* (Bandura 1994) wirken darauf ein, ob der Prozess fortgeführt oder abgebrochen bzw. bei späterem Beratungsbedarf erneut professionelle Hilfe in Erwägung gezogen wird. Im Interesse einer Optimierung der Klientenphase wäre zu reflektieren, inwiefern geschlechtsspezifische Effekte die Interaktions- und Kooperationsqualität beeinflussen und inwiefern erarbeitete Anregungen und Lösungen auf geschlechtsspezifisch unterschiedliche Lebenslagen, Anforderungen und Problemkonzeptualisierungen seitens der Betroffenen passen.

6.4 Förderung der «Verteilungsgerechtigkeit» der Angebote Sozialer Arbeit

Geschlechtsspezifische Rollenstereotype können als Gesundheitsrisiken wirken (Brähler/Felder 1999; Kolip 1994). Die gemäß einem männlichen Rollenstereotyp zugeschriebenen Ansprüche an die eigene Person, nämlich Probleme selbst, ohne Inanspruchnahme fremder Hilfen zu lösen, Unwohlsein ertragen zu können, die Illusion der eigenen Unverwundbarkeit sowie Kontrolle und Leistungsfähigkeit als Kern der männlichen Identität zu wahren, erschweren die Inanspruchnahme informeller und professioneller Hilfen. Auch das weibliche Geschlechtsrollenstereotyp, wonach Kranksein als einziger legitimer Grund zum Rückzug aus als überlastend erlebten Anforderungen in Familie und Beruf akzeptiert wird, ansonsten eher Durchhaltestrategien in der Fürsorglichkeit für andere und in der schnellen Bewältigung eigener Beschwerden und Befindlichkeitsbeeinträchtigungen erwartet werden, dürfte die Inanspruchnahme der auf die eigenen Interessen sowie längerfristigen Lebensentwürfe bezogenen Angebote erschweren. Die Attribution mangelnder Inanspruchnahme auf mögliche geschlechtsrollenstereotype Einstellungen der avisierten Zielgruppen muss allerdings in einem multifaktoriellen Erklärungsmodell relativiert werden, weitere Einflussfaktoren sind zu berücksichtigen.

So sind auch innerhalb der Geschlechtergruppen bedeutsame Unterschiede in den Lebensentwürfen, persönlichen Zielen, Belastungen, Bewältigungsfähigkeiten und einem entsprechenden Beratungs-, Anregungs- und Hilfebedarf anzunehmen. So weisen beispielsweise die im Rahmen der 13. Shell-Jugendstudie von Fritsche und Münchmeier (2000) referierten Befunde darauf hin, dass die Differenzen hinsichtlich der Wertorientierungen und Lebenskonzepte zwischen den Geschlechtergruppen teilweise geringer sind als die Differenzierungen innerhalb der Geschlechtergruppen. So beeinflussen die Nationalität der Herkunftsfamilie, das Alter und das Leben im Westen gegenüber dem im Osten Deutschlands innerhalb der Gruppe der Mädchen unter anderem das Ausmaß der Berufsorientierung, Familienorientierung und Mobilitätsbereitschaft in starker Weise.

Die Herausforderung für die Soziale Arbeit kann darin gesehen werden, Angebote, die entgegen der anzunehmenden Bedarfslage nur unzureichend von einer Geschlechtergruppe in Anspruch genommen werden, entsprechend der Programmatik Sozialer Arbeit (s. o.) unter einer geschlechtsspezifischen Perspektive näher in Augenschein zu nehmen:

Lebensweltorientierung, Alltagsrelevanz

- Wie sieht die Lebenswelt der avisierten Zielgruppe aus?
- Welche Bedürfnisse, Anliegen, Lebensentwürfe verfolgt sie?
- Wie sieht ihre subjektive Problemkonzeptualisierung aus?
- Welche Belastungen und Konflikte bedürfen der Bewältigung?
- Welches Wissen, welche Kompetenzen, welche instrumentellen Hilfen sind für ihre Alltagsbewältigung bedeutsam?

Niedrigschwelliger Zugang

Welche Merkmale der Institution erleichtern oder erschweren den Zugang der avisierten Zielgruppe? z. B.:

- der Bekanntheitsgrad der Institution und des speziellen Angebots,
- das Image der Institution in der sozialen Bezugsgruppe,
- die zeitliche Platzierung des Angebots,
- die räumliche Erreichbarkeit,
- der Anmeldemodus bzw. Modus der Kontaktaufnahme,

- Wartezeiten zwischen Kontaktaufnahme und kontinuierlichem Angebot,
- das Geschlecht der professionellen Helfer,
- die Rollenzuschreibung an die Inanspruchnehmenden (etwa als KlientIn bzw. HilfeempfängerIn, als Kunde oder Kundin sozialer Dienstleistungen oder als AkteurIn in einem auf Reziprozität angelegten Netzwerk).

Breites, flexibles, handlungsorientiertes Methodenrepertoire
- Welche Kenntnisse, Fähigkeiten, Interessen, Alltagsroutinen der avisierten Zielgruppe können vorausgesetzt und durch ein entsprechendes Methodenrepertoire angesprochen und weiter entwickelt werden?

Ressourcenorientierung, Empowerment
- Über welche spezifischen personalen und sozialen Ressourcen verfügt die avisierte Zielgruppe?
- Wie können diese Ressourcen (re-)aktiviert werden?

Interdisziplinarität und Vernetzung
- Welche Institutionen, Vereine, Initiativen, gemeindenahen Strukturen haben bereits einen Zugang zu der avisierten Zielgruppe?
- Wie können diese miteinander vernetzt Synergieeffekte entfalten?
- Wie können professionelle Angebote Sozialer Arbeit mit Segmenten des informellen sozialen Netzwerkes der avisierten Zielgruppe kooperieren?

Und nicht zuletzt: Welche Differenzierungen sind innerhalb der avisierten Geschlechtergruppe zu berücksichtigen?

7. Zusammenfassung

Nach neueren Daten erscheinen die Geschlechterverhältnisse bezüglich der Inanspruchnahme von Psychotherapie eindeutig: Etwa zwei Drittel der Patienten, die das psychotherapeutische Versorgungssystem in Anspruch nehmen, sind weiblichen Geschlechts. Diese Raten spiegeln zum einen die bestehenden Geschlechtsunterschiede in der Prävalenz besonders jener psychischen Störungen wider, die in der ambulanten und stationären Psychotherapie nach wie vor bevorzugt behandelt werden (i. e. depressive und Angststörungen, Essstörungen etc.). Ein deutlicher Trend zu einer wachsenden Inanspruchnahme von Psychotherapie durch Frauen, der sich etwa ab den Siebzigerjahren abzeichnet, geht allerdings auch einher mit einer weiteren Zunahme des Anteils von Frauen in der psychotherapeutischen Profession, weswegen wir die These vertreten, dass eine zunehmende Feminisierung des Berufsfeldes, die sich auch darin zeigt, dass die psychotherapeutische Identität in starkem Maße durch weibliche Attribute gekennzeichnet ist, eine erhöhte Inanspruchnahme von Psychotherapie durch Frauen begünstigt.

Bezüglich der Sozialen Arbeit verhält sich dies anders: Im Gegensatz zur Psychotherapie war das Angebot auf diesem Feld von Beginn an differenziert im Hinblick auf unterschiedliche Zielgruppen, in denen teilweise a priori die Geschlechterverteilungen sehr unterschiedlich sind. Die Arbeitsfelder determinieren dementsprechend auch die geschlechtsspezifische Inanspruchnahme. Dennoch gibt es Bereiche, in denen die «Verteilungsgerechtigkeit» bezüglich der Geschlechter nicht gewährleistet ist, was auch hier – wie in der Psychotherapie – vielfältige Ursachen hat. Betrachtet man die Inanspruchnahme Sozialer Arbeit als Prozess, dann lassen sich spezifische Bereiche definieren, die aus einer geschlechtsspezifischen Perspektive im Hinblick auf eine Förderung der Verteilungsgerechtigkeit in Zukunft genauer untersucht werden sollten.

Literatur

Ajzen, I. (1991). «The theory of planned behavior». *Organisational Behavior and Human Decision Processes*, 50, S. 179–211.

Appignanesi, L., Forrester. J. (1992). *Freuds Women*. London. (Dt. Ausgabe: Die Frauen Sigmund Freuds. München 1996).

Bandura, A. (1994). *Self-efficacy: The exercise of control*. New York.

Banger, M. (2001) «Affektive Störungen im Klimakterium». In: Riecher-Rösler, A., Rohde, A. (Hrsg.). *Psychische Erkrankungen bei Frauen*. Basel, S. 34–45.

Bergant, A. (2001) «Subjektive und objektive Geburtsbelastung». In: Riecher-Rösler, A., Rohde, A. (Hrsg.). *Psychische Erkrankungen bei Frauen*. Basel, S. 25–33.

Beutler, L. E., Machado, P. P., Allstetter-Neufeldt, S. (1994). «Therapist variables». In: A. E. Bergin, S. L. Garfield (Hrsg.). *Handbook of psychotherapy and behavior change*. 4. Aufl. New York, S. 229–269.

Bijl, R. V., Ravelli, A., van Zessen, G. (1998). «Prevalence of psychiatric disorders in the general populations». *Social Psychiatry and Psychiatric Epidemiology*, 33, S. 587–595.

Böhnisch, L. (1999). *Sozialpädagogik der Lebensalter*. Weinheim, München.

de Boor, C., Künzler, E. (1963). *Die psychosomatische Klinik und ihre Patienten*. Stuttgart.

Böttcher, W., Klemm, K., Rauschenbach, T. (Hrsg.) (2001). *Bildung und Soziales in Zahlen. Statistisches Handbuch zu Daten und Trends im Bildungsbereich*. Weinheim, München.

Brähler, E., Felder, H. (Hrsg.) (1999). *Weiblichkeit, Männlichkeit und Gesundheit. Medizinpsychologische und psychosomatische Untersuchungen*. Opladen.

Braun, U., Grawe, K. (1994). «Geschlechtsspezifische Beziehungsmuster in der Psychotherapie». Vortrag auf dem DGVT-Kongress in Berlin, 12.3.1994.

Brieskorn-Zinke, M., Köhler-Offierski, A. (1997). *Gesundheitsförderung in der Sozialen Arbeit*. Freiburg i. Br.

Brockington, I. (2001). «Die Psychiatrie der Mutterschaft». In: Riecher-Rösler, A., Rohde, A. (Hrsg.). *Psychische Erkrankungen bei Frauen*. Basel, 15–24.

Bundesministerium für Bildung und Forschung (Hrsg.) (1999). *Berufliche Qualifizierung benachteiligter Jugendlicher*. Bonn.

Bundesministerium für Bildung und Forschung (Hrsg.) (2001). *Berufsbildungsbericht 2001*. Bonn.

Bundesministerium für Familie, Senioren, Frauen und Jugend (Hrsg.) (1998). *Zehnter Kinder- und Jugendbericht. Bericht über die Lebenssituation von Kindern und die Leistungen der Kinderhilfen in Deutschland*. Bundestagsdrucksache 13/11368. Bonn.

Burkhardt, A. (2001). Mädchen und Frauen in Bildung und Wissenschaft. In: Böttcher, W., Klemm, K., Rauschenbach, T. (Hrsg.). *Bildung und Soziales in Zahlen. Statistisches Handbuch zu Daten und Trends im Bildungsbereich*. Weinheim, München, S. 303–330.

Chassé K. A., von Wensierski, H.-J. (Hrsg.) (1999). *Praxisfelder der Sozialen Arbeit*. Weinheim, München.

Cierpka, M., Orlinsky, D., Kächele, H., Buchheim, P. (1997). «Studien über Psychotherapeutinnen und Psychotherapeuten». *Psychotherapeut*, 42, S. 269–281.

Collins, J. B. (1994). «Women and the health care system». In: Youngkin, E. Q., Davis, M. S., Norwalk, C. T. (Hrsg.). *Women's health – a primary guide*. New York.

Dührssen, A. (1982). «Die Inanspruchnahme-Patienten von psychoanalytisch-psychosomatischen Polikliniken». *Zeitschrift für Psychosomatische Medizin*, 28, S. 1–13.

Eckert, J., Brodbeck, D., Jürgens, R., Landerschier, N., Reinhardt, F. (1997). «Borderline-Persönlichkeitsstörung und Straffälligkeit. Warum sind Borderline-Patienten meistens weiblich?» *Persönlichkeitsstörungen – Theorie und Therapie*, 4, S. 181–188.

Ernst, C. (2001). «Die bessere und die schlechtere Hälfte? Geschlechtunterschiede in der Prävalenz psychischer Krankheiten aus epidemiologischer Sicht». In: Riecher-Rösler, A., Rohde, A. (Hrsg.). *Psychische Erkrankungen bei Frauen*. Basel, S. 47–61.

Flisher A. J., Kramer, R. A., Grosser, R. C. et al. (1997). «Correlates of unmet need for mental health services». *Psychological Medicine*, 27, S. 1145–1154.

Franz, M., Dilo, K., Schepank, H., Reister, G. (1993). «Warum ‹Nein› zur Psychotherapie?» *Psychotherapie, Psychosomatik, Medizinische Psychologie*, 43, S. 278–285.

Freund, W. (1990). *Merkmale von Patienten einer psychotherapeutischen Ambulanz*. Dissertation, Universität Ulm.

Fritsche, Y., Münchmeier, R. (2000). «Mädchen und Jungen». In: Deutsche Shell (Hrsg.). *Jugend 2000*. Bd. 1. Opladen, S. 343–348.

Galuske, M. (1998). *Methoden der Sozialen Arbeit*. Weinheim, München.

Grande, T., Wilke, S., Nübling, R. (1992). «Symptomschilderungen und initiale Beziehungsangebote von weiblichen und männlichen Patienten in psychosomatischen Erstinterviews». *Zeitschrift für Psychosomatische Medizin*, 38, S. 31–48.

Grünzig, H., Kächele, H. et al. (1977). «Zur Selbstdiagnostik und Vorbehandlung neurotischer Patienten». *Psychotherapie, Psychosomatik, Medizinische Psychologie*, 27, S. 35–42.

Habermas, T. (1990). *Heißhunger. Historische Bedingungen der Bulimia nervosa*. Frankfurt/M.

Hartung, J. (2000). *Sozialpsychologie. Psychologie in der Sozialen Arbeit.* Bd. 3. Stuttgart.
Henning, K., Strauß, B. (2000). «Psychosomatik der ungewollten Kinderlosigkeit – Zum Stand der Forschung». In: Strauß, B. (Hrsg.). *Ungewollte Kinderlosigkeit.* Göttingen, S. 15–33.
Herriger, N. (1997). *Empowerment in der Sozialen Arbeit.* Stuttgart.
Kächele, H. (2001). «Frauen und Männer in der psychoanalytischen Ausbildung». *DPV-Info*, eingereicht.
Kessler, R. C., Brown, R. I., Broman, C. L. (1981). «Sex differences in psychiatric helpseeking». *Human Health and Social Behavior*, 22, S. 49–64.
Kessler, R. C., McGonagle, K. A., Zhao, S. et al. (1994). «Lifetime and 12-month prevalence of DSM-IIIR psychiatric disorders in the U.S.». *Archives of General Psychiatry*, 51, S. 8–19.
Klann, N., Hahlweg, K. (1994). *Bestandsaufnahme in der institutionellen Ehe-Familien- und Lebensberatung.* Schriftenreihe des BMFSFJ. Bd. 48.2. Opladen.
Kleinsorge, H., Klumbies, H. (1961). *Psychotherapie in Klinik und Praxis.* Jena.
Klöß, L. (1988). *Geschlechtstypische Sprachmerkmale von Psychoanalytikern.* Ulm.
Kolip, P. (Hrsg.) (1994). *Lebenslust und Wohlbefinden. Beiträge zur geschlechtsspezifischen Jugendgesundheitsforschung.* Weinheim, München.
Kolling, R., Mohr, G. (1982). Psychische Störungen bei Frauen. In: Mohr, G., Rommel, T., Rückert, M. (Hrsg.). *Frauen.* München, S. 47–72.
Kottje-Birnbacher, L. (1994). «Übertragungs- und Gegenübertragungsbereitschaften von Männern und Frauen». *Psychotherapeut*, 39, S. 33–39.
Krohn, A. (1978). *Hysteria, the elusive neurose.* New York.
Lehtinen, V., Joukaama, M., Jyrkinen, E. et al. (1990). «Need for mental health services of the adult population in Finland». *Acta Psychiatrica Scandinavica*, 81, S. 426–431.
Menne, K. (1999). «Erziehungs-, Ehe- und Familienberatung». In: Chassé, K. A., von Wensierski, H.-J. (Hrsg.). *Praxisfelder der Sozialen Arbeit.* Weinheim, München, S. 130–146.
Meyer, C., Rumpf, H. J., Hapke, U., Dilling, H., John, U. (2000). «Lebenszeitprävalenz psychischer Störungen». *Nervenarzt*, 71, S. 515–542.
Ministerium für Arbeit, Gesundheit und Soziales des Landes Nordrhein-Westfalen (Hrsg.) (1998). *Soziale Beratungseinrichtungen in Nordrhein-Westfalen.* Düsseldorf.
Nestmann, F. (1999). «Soziale Gerechtigkeit und Empowerment. Perspektiven des gemeindepsychologischen Modells». *Archiv für Wissenschaft und Praxis der sozialen Arbeit*, 30, S. 129–150.
Orlinsky, D. E., Willutzki, U., Meyerberg, J. et al. (1996). «Die Qualität der therapeutischen Beziehung. Entsprechen gemeinsame Faktoren in der Psychotherapie gemeinsamen Charakteristika von Psychotherapeutinnen?» *Psychotherapie, Psychosomatik, Medizinische Psychologie*, 46, S. 105–113.
Orlinsky, D. E., Ambühl, H., Botermans, J. F. et al. (1999). «The development of psychotherapists». *Psychotherapy Research*, 9, S. 231–277.
Pantucek, P. (1998). *Lebensweltorientierte Individualhilfe. Eine Einführung für soziale Berufe.* Freiburg i. Br..
Rauschenbach, T., Gängler, H. (Hrsg.) (1992). *Soziale Arbeit und Erziehung in der Risikogesellschaft.* Neuwied.
Rauschenbach, T., Schilling, M. (2001). «Soziale Dienste». In: Böttcher, W., Klemm, K., Rauschenbach, T. (Hrsg.). *Bildung und Soziales in Zahlen. Statistisches Handbuch zu Daten und Trends im Bildungsbereich.* Weinheim, München, 207–270.
Rhode-Dachser, C. (1985). *Expeditionen im dunklen Kontinent.* Heidelberg.
Riecher-Rösler, A. (2000). «Psychische Erkrankungen bei Frauen – einige Argumente für eine geschlechtersensible Psychiatrie und Psychotherapie». *Zeitschrift für Psychosomatische Medizin*, 46, S. 129–139.
Robins, L. N., Regier, D. A. (1991) (Hrsg.). *Psychiatric disorders in America.* New York.
Schepank, H, (1987). *Psychogene Erkrankungen der Stadtbevölkerung.* Heidelberg.
Schilling, J. (1994). *Soziale Arbeit. Entwicklungslinien der Sozialpädagogik/Sozialarbeit.* Neuwied.
Schlattmann, M., Tietze, W. (1999). «Früherziehung, Kindergarten und Kindertagesbetreuung». In: Chassé, K. A., von Wensierski, H.-J. (Hrsg.). *Praxisfelder der Sozialen Arbeit.* Weinheim, München, S. 19–32.
Schöck, E. (1997). *Geschlechtsunterschiede und Geschlechterbeziehung in Psychosomatik und Psychotherapie.* Med. Diss., Universität Kiel.
Shorter, E. (1997). *A history of psychiatry. From the era of the asylum to the age of prozac.* New York.
Soeder, U., Neumer, S., Rose, U., Türke, V., Becker, E. S., Margraf, J. (2001). «Zum Behandlungsbedarf bei psychischen Störungen junger Frauen». In: Riecher-Rösler, A., Rohde, A. (Hrsg.). *Psychische Erkrankungen bei Frauen.* Basel, S. 253–266.
Stark, W. (1996). *Empowerment. Neue Handlungskonzepte in der psychosozialen Praxis.* Freiburg i. Br.
Sting, S., Zurhorst, G. (Hrsg.) (2000). *Gesundheit und Soziale Arbeit. Gesundheit und Gesundheitsförderung in den Praxisfeldern Sozialer Arbeit.* Weinheim, München.
Strauß, B. (Hrsg.) (2000). *Ungewollte Kinderlosigkeit.* Göttingen.
Stuhr, U., Wirth, U. (1990). «Die Bedeutung des Therapeuten als inneres Objekt des Patienten». In:

Tschuschke, V., Czogalik, D. (Hrsg). *Psychotherapie – Welche Effekte verändern?* Heidelberg, S. 54–70.

Thomas, W., Znaniecki, F. (1927). *The Polish peasant in Europe and America.* New York.

Trömmel-Plötz, S. (1982). *Frauensprache – Sprache der Veränderung.* Frankfurt/M.

Verband der Deutschen Rentenversicherungsträger (1993). *VDR Statistik Rehabilitation.* Würzburg.

von Wensierski, H.-J. (1999). «Jugendarbeit». In: Chassé, K. A., von Wensierski, H.-J. (Hrsg.). *Praxisfelder der Sozialen Arbeit.* Weinheim, München, S. 33–48.

Wirth, W. (1982). *Inanspruchnahme sozialer Dienste. Bedingungen und Barrieren.* Frankfurt/M.

Wittchen, H. U., Fichter, M. M. (1980). *Psychotherapie in der Bundesrepublik. Materialien und Analysen zur psychosozialen und psychotherapeutischen Versorgung.* Weinheim, Basel.

Wittchen, H. U., Essau, C. A., von Zerssen, D., Krieg, J., Zaudig, M. (1991). «Life time and six month prevalence of mental disorders». *European Archives of Psychiatry and Clinical Neuroscience*, 241, S. 247–258.

Wittchen, H. U., Nelson, C. N. B., Lachner, G. (1998). «Prevalence of mental disorders and psychosocial impairments in adolescents and young adults». *Psychological Medicine*, 28, S. 109–126.

Geschlechtsspezifische Formen von Selbstvorsorge und Selbsthilfe

Dieter Grunow und Vera Grunow-Lutter

1. Selbsthilfe, Gesundheitsversorgung, Geschlechterverhältnis, Sozialstaatsmodell

1.1 Neubewertung der Selbsthilfe Anfang der 1980er-Jahre

Gesundheitsbezogene Selbsthilfe hat in Deutschland vor allem Ende der 1970er bis Mitte der 1980er-Jahre einen breiten Schub erhalten. Dabei spielten eine Reihe von Problemen der Gesundheitsversorgung im engeren Sinne und der Sozialstaatsentwicklung im Allgemeinen eine wichtige Rolle. Bei Ersterem ging es um die Kritik von Effektivitätsmängeln der auf somatische Krankheitsphänomene kurativ ausgerichteten Schulmedizin – vor allem unter Beachtung der wachsenden Anteile chronisch-degenerativer und psychischer Erkrankungen. Mit der Kritik an den Versorgungsmustern gingen Forderungen nach Berücksichtigung oder Neubewertung bestimmter Inhalte der Gesundheitsversorgung einher: eine stärkere Beachtung psychosomatischer Probleme; eine höhere Bewertung von Prävention im Sinne von individuellem Handeln und der Gestaltung von Lebensverhältnissen; die Hervorhebung von Patientenverantwortung, Patientenrechten oder gar «Empowerment» (Trojan 1986). Charakteristisch war deshalb u. a. die Entstehung von Selbsthilfegruppen (SHG) im Gesundheitswesen so wie die Organisation von Gesundheitstagen als Gegenveranstaltung zu den üblichen Ärztetagen.

Die große Aufmerksamkeit, die dadurch dem Thema Selbsthilfe geschenkt wurde, machte auch die bisher weitgehend verborgenen Formen[1] von Laienhandeln im Gesundheitssystem sichtbar. Selbsthilfe bedeutet in einem zunächst historisch begründeten Zusammenhang, dass soziale Dienstleistungen im weiteren Sinne zuallererst im Alltag der Gesellschaftsmitglieder von diesen selbst erbracht werden (müssen); vergleichbare Stichworte sind «Eigenarbeit» und «Selbstversorgung». Selbsthilfe wird von Individuen für sich selbst sowie für andere Personen – insbesondere in der Familie, aber auch in anderen primär-sozialen Netzen – geleistet (Verwandtschaft, Freundeskreis, Nachbarschaft, KollegInnen usw.). Solche meist wechselseitigen Hilfestellungen erfolgen informell und unentgeltlich im Alltag ohne professionelle Handlungsmuster in einem formal organisierten Kontext.

Bezieht man sich dabei auf Gesundheitsbelange, so findet Selbsthilfe statt
- als mehr oder weniger gesundheitsförderliches Handeln,
- als eigenständiges Bewältigungshandeln mit Blick auf Befindlichkeitsstörungen oder so genannte Bagatellerkrankungen,
- als begleitendes Bewältigungshandeln neben der medizinischen und psychischen Versorgung von Akuterkrankungen und
- als dauerhaftes Bewältigungshandeln bei chronischen Erkrankungen.

---

1 Vielleicht sollte es besser so formuliert werden: Die Dynamik und Dominanz der professionellen Krankenversorgung hatten das Laienhandeln entwertet und als entbehrlich deklariert.

1.2 Begriffe und Konzepte zur Erfassung von Selbsthilfefunktionen

Die «Wiederentdeckung» des Laienhandelns hat dementsprechend zu vielfältigen Forschungsfragen im Hinblick auf die Handlungsmuster und Wirkungszusammenhänge sowie die Funktionalität und Effektivität dieses Elements im Gesundheits- und Krankheitsgeschehen geführt. In Bezug auf die Prävention geht es um allgemeine Gesundheitsfunktionen alltäglichen Handelns (wie insbesondere Ernährung und Bewegung) oder auch um die gezielte Vermeidung von Handlungsmustern, die als Risikofaktoren für bestimmte Krankheitsbilder gelten (z. B. Rauchen, Stress, fetthaltige Ernährung). Dazu gehören aber auch so genannte «Puffer», die auf sozialer Einbindung und Kohäsion beruhen.

Im Sinne der Social-Support-Konzepte sind diese Faktoren für die Prävention und die Krankheitsbewältigung von Bedeutung. Ihre konkrete Wirksamkeit ist jedoch nur durch die Betrachtung der einzelnen Krankeitsbilder, der geschlechtspezifischen Betroffenheit und der Qualität der sozialen Netze im Detail zu erschließen. Hierzu wurden u. a. die Copingkonzepte entwickelt. Im Hinblick auf die alltägliche Bewältigung von Befindlichkeitsstörungen und Erkrankungen ist die Verfügbarkeit von Laienkapazität und -kompetenz von Bedeutung; im Folgenden wird dies zusammenfassend als Gesundheitsselbsthilfe (GSH) bezeichnet. Einbezogen ist auch das die medizinische Versorgung begleitende Laienhandeln. Hierfür wurden in der wissenschaftlichen Analyse ebenfalls spezifische Konzepte entwickelt: z. B. die Compliance- und Non-Compliance-Forschung, die von professionellen Anweisungen bzw. Empfehlungen ausgeht und die Forschung zum Thema «Ko-Produktion», die ein kooperatives Zusammenwirken von professioneller Fremdhilfe und Selbsthilfe – vor allem bei chronisch-degenerativen Erkrankungen – betont.

Diese Forschungsstrategien waren vor allem durch die Frage nach der «Bedeutung der sozialen Unterstützung» (Badura 1981) gegenüber der «Bedeutung der Medizin» (McKeown 1982) geprägt. Die Untersuchung geschlechtspezifischer Besonderheiten dieser alltagsbezogenen Selbsthilfemuster blieb dagegen im Hintergrund oder war von Fallanalysen ausgehend kaum zu systematisieren (Kickbusch 1981): Die Geschlechterdifferenzen «verlieren» sich u. a. in verschiedene Krankheitsbilder (die z. T. unterschiedliche geschlechtsspezifische Verteilungen und Verläufe aufweisen), Schichtunterschiede, Altersgruppenunterschiede, Variationen in der Struktur der sozialen Netze und ihrer Kohäsionsqualität (z. B. starke vs. schwache Bindungen).[2]

Gleichwohl zeigten schon die frühen Studien zu diesem Thema, dass die gesellschaftlich vermittelten Rollenmuster im Familienhaushalt (und Beruf) wesentlichen Einfluss auf geschlechtsspezifische Formen der GSH haben (Oakley 1978). Wichtig ist dabei vor allem, dass diese Aspekte in zwei Richtungen wahrgenommen werden: Zum einen geht es um die unterschiedliche Nutzbarkeit der sozialen Unterstützung – oder anders ausgedrückt: um die «Sekundärgewinne» (Parsons) aus der Krankheit, die zu einem «Recht» auf Betreuung, Abhängigkeit und Passivität verhelfen –, zum anderen geht es um die Belastungen, die aus der GSH für die HelferInnen resultieren, die ihnen aber unter Umständen zugleich eine Domäne im Familienhaushalt sichern.[3]

1.3 Selbsthilfe im Kontext der Sozialstaatsentwicklung

Die Entwicklungen der Siebziger- und Achtzigerjahre machten das Thema Selbsthilfe im Gesundheitswesen – wie oben erwähnt – auch zum Politikum. Dies ist teilweise auch heute noch kennzeichnend für bestimmte Aktivitäten vor allem von Selbsthilfegruppen (SHG)[4]: Sie sind teils nach innen (in die Gruppe bzw. für die Gruppenmitglieder), teils nach außen (im Hinblick auf die Versorgungslandschaft und die Po-

---

2 Für viele Studien wurden auch methodische Mängel konstatiert, die die Möglichkeiten des Geschlechter-Vergleichs einschränken (Kickbusch 1981, S. 322f.).
3 An dieser Stelle sei schon darauf hingewiesen, daß bei den folgenden Darstellungen eine solche Tiefenanalyse von Wirkungszusammenhängen nicht vorgenommen werden kann.
4 Die in diesem Zusammenhang entstandenen Gesundheitstage haben nach wenigen Jahren nicht mehr stattgefunden; ein neuer Versuch wurde im Jahr 2000 gestartet – so weit wir sehen ohne die damalige große Resonanz.

litik) gerichtet oder beides zugleich. Dazu trug auch die Tatsache bei, dass die zeitweilig sehr positive öffentliche Bewertung des SHG-Konzeptes viele Akteure veranlasste, sich ebenfalls als SHG zu deklarieren (so die Gewerkschaften oder die etablierten Wohlfahrtsverbände).[5]

Diese breite Diskussionsplattform hatte (und hat auch noch heute) allerdings den Vorteil, dass ein Bezug zu allgemeinen Aspekten der Wohlfahrtsentwicklung nahe gelegt wurde. Es zeigten sich vielfältige Überlappungen mit traditionellen Entwicklungspfaden der deutschen Sozialstaatsentwicklung im Spezifischen (z. B. Alkoholiker-SHG durch den Einfluss der Besatzungsmacht USA bereits in den Vierzigerjahren) und im Allgemeinen (z. B. die Selbsthilfeorientierung des Subsidiaritätsprinzips). Spätestens seit der industriellen Revolution mit ihrem wachsenden Arbeitskräftebedarf wird von einem Schrumpfen der im Alltag der Familienhaushalte verfügbaren sozialen Selbsthilfepotenziale gesprochen, was als «bedrohlich» angesehen wird und unter anderem ein Grund für die Entwicklung sozialstaatlicher Leistungssysteme ist. Dabei wurde allerdings die vorrangige Verpflichtung zur eigenverantwortlichen Lebensbewältigung gemäß des Subsidiaritätsprinzips ebenso wenig aufgegeben wie die seit langem für Deutschland typische Dualität kirchlicher bzw. verbandlicher und kommunaler bzw. staatlicher Hilfeleistungen im Notfall. Dies ist auch ein Grund dafür, dass in regelmäßigen Abständen eine Vergewisserung über den Status des gesellschaftlichen Selbsthilferepertoires sowie des mobilisierbaren Selbsthilfepotenzials stattfindet.[6]

Der typische, auch nach dem Zweiten Weltkrieg wieder installierte dienstleistungsbezogene «Wohlfahrtsmix» bestand also aus primär-sozialer Selbsthilfe, aus durch Wohlfahrtsverbände und anderen Institutionen mobilisierter Laienhilfe (meist mithilfe ehrenamtlicher HelferInnen) und aus organisierten professionellen Dienstleistungseinrichtungen. Ein Vergleich mit den USA und Schweden führt Häußermann und Siebel (1995, S. 62f.) zur Typisierung der westdeutschen Strukturen als «Modell des desintegrierten Sozialstaats», für das sie neben der Subsidiarität folgende Merkmale hervorheben: «hohe Transferzahlungen, die durch Produktivitätssteigerung der Industrie finanziert werden, die Ausgrenzung großer Teile der Bevölkerung aus dem Arbeitsmarkt und das Festhalten der Frauen im Haushalt» (Häußermann und Siebel 1995, S. 64).

Ein großer Teil der Konflikte um die Sozialstaatsentwicklung war und ist deshalb mit der Kritik an den einzelnen Segmenten und der Gesamtarchitektur des Wohlfahrtsmixes verbunden, was teilweise zu Grenzverschiebungen führt(e). Themen wie Verrechtlichung, Monetarisierung, Professionalisierung, Bürokratisierung, Verkirchlichung, Laiisierung bzw. Entprofessionalisierung und Feminisierung verweisen nicht nur allgemein auf Felder der Auseinandersetzung und Neugestaltung, sondern sie haben auch konkret Einfluss darauf, was Selbsthilfe in diesem Kontext beinhaltet, was – und vor allem wer – sie leisten soll und kann.

Im Folgenden werden nur diejenigen Diskussionslinien weiter berücksichtigt, die für das Thema des Beitrages von unmittelbarer Bedeutung sind und für die auch Übersichts-Daten zur Verfügung stehen. Eine Hervorhebung *gesundheitsbezogener* Selbsthilfe (GSH) fällt dabei leicht, weil dieses Thema im Rahmen der «Selbsthilfebewegung» der Achtzigerjahre besondere Bedeutung gewonnen hat. Bei der Berücksichtigung des Gesundheitsbezuges wird von einem umfassenden Gesundheitsbegriff (etwa im Sinne der WHO-Definition) ausgegangen. Allerdings muss schon hier darauf hingewiesen werden, dass die quantitativ erfassten Selbsthilfeaktivitäten sehr viel häufiger auf Beschwerden, Krankheiten und Krankheitsfolgen ausgerichtet sind als auf präventive Aspekte.[7]

---

5 Es ist deshalb kaum verwunderlich, dass alle neueren Darstellungen des Selbsthilfephänomens mit Sortierungen und Klassifikationen beginnen (müssen), um überhaupt zu nachvollziehbaren Beschreibungen und Interpretationen zu gelangen.

6 Gegenwärtig wird dies geradezu zum neuen «Staatsleitbild», dem «aktivierenden» Staat, stilisiert – allerdings weitgehend ohne Reflexion der geschlechtsspezifischen Lastenverteilung dieses «Modells».

7 Randständig bleibt in diesem Beitrag allerdings der Bezug zu der Gliederungsüberschrift «Inanspruchnahme des Versorgungssystems», weil GSH grundsätzlich nicht als Inanspruchnahme bezeichnet werden und z. T. sogar bedeuten kann, auf Inanspruchnahme des Gesundheitsversorgungssystems

Kann man insgesamt von einer zunehmend reichhaltiger werdenden Dokumentation von GSH sprechen, so gilt dies nicht in gleichem Maße für einen Vergleich von Frauen und Männern. Viele Studien und Dokumentationen befassen sich nicht systematisch mit dieser Frage. Insofern müssen die Studien bevorzugt werden, die einen solchen Vergleich auf hinreichend breiter Basis[8] erlauben – wobei im Einzelfall der Aktualität des Datenmaterials weniger Gewicht beigemessen wird.

Bevor eine Übersicht über die empirischen Befunde gegeben wird, sollen wichtige begriffliche Unterscheidungen hinsichtlich des Gegenstands vorgenommen werden, weil das Untersuchungsfeld GSH bisher wenig vereinheitlichte Konturen – geschweige denn standardisierte Indikatoren – aufweist.

2. Formen gesundheitsbezogener Selbsthilfe

Unter Beachtung unterschiedlicher sozialer Konfigurationen und Handlungsmuster lassen sich folgende Formen unterscheiden:

- *Individuelle, auf sich selbst bezogene Selbsthilfe* in Gesundheitsbelangen ist ein Bestandteil sozialer Alltäglichkeit. Nur wenige Personengruppen (z. B. Kleinkinder, psychisch Gestörte, mehrfach Behinderte) können ein derartiges Verhalten möglicherweise nicht praktizieren. Die ansonsten zu unterstellende Universalität dieses Phänomens gilt vor allem dann, wenn anerkannt ist, dass fast alles alltägliche Handeln gesundheitsbezogene Auswirkungen haben kann – also z. B. die Befindlichkeit beeinflussen kann. Die für die Analyse notwendigen Eingrenzungen von GSH lassen sich u. a. dadurch vornehmen, dass man dem Handeln ein bewusstes Gesundheitsmotiv zuschreibt: z. B. Sport treiben, um gesundheitlich fit zu sein und nicht, um an einem internationalen Wettbewerb teilnehmen zu können. Leichter als bei diesen auf die Gesundheitsförderung abzielenden Eingrenzungen gelingt es Selbsthilfe als Reaktion auf Befindlichkeitsstörungen und Krankheitssymptome zu erfassen. Individuelle GSH besteht also aus *bewusst* gesundheitsförderlichen sowie krankheitsbezogenen Handlungsmustern. Die große Bedeutung dieser Selbsthilfeform ergibt sich daraus, dass diese Aktivitäten in hohem Maße ohne Alternativen, also nicht auf dritte Personen übertragbar sind, sowie aus der Tatsache, dass selbst bei Alternativen – z. B. Inanspruchnahme von medizinischen Dienstleistungen – meist ein eigener Handlungsbeitrag als «Koproduktion» erforderlich ist.
- *Soziale, also interindividuelle Selbsthilfe* ist dadurch gekennzeichnet, dass zumindest eine weitere Person an den gesundheits- bzw. krankheitsbezogenen Aktivitäten beteiligt ist. Gemeint sind Personen aus dem sozialen Netzwerken Familie, Verwandtschaft, Freundeskreis, Nachbarschaft u. a. m. Die unterschiedliche soziale Distanz, die in den primärsozialen Netzen vorhanden ist, führt zu Variationen der Selbsthilfeintensität. Dies gilt vor allem hinsichtlich der eher universalistischen Hilfemuster in der Familie einerseits und den funktional-spezifischen Hilfemustern in anderen Gruppen (wie z. B. Nachbarschaft) andererseits. Von Bedeutung ist dabei, dass damit unterschiedliche Chancen für die Reziprozität von Hilfeleistungen verbunden sind. Häufig bleibt bei der Diskussion von sozialer Selbsthilfe die Tatsache unbeachtet, dass es nicht nur helfende Personen geben muss, sondern auch eine Annahmebereitschaft und Akzeptanz der Hilfe durch andere bzw. die hilfebedürften Personen.[9]
- *Gesundheitsselbsthilfegruppen* (GSHG) sind besondere Formen von individueller und interpersoneller Selbsthilfe, da sie speziell für den Zweck der Gesundheitsförderung bzw.

---

bewusst zu verzichten. Das Thema sehen wir in anderen Beiträgen dieses Teils des Buches abgedeckt.

8 Einzelfallstudien oder solche, die sich mit spezifischen Krankheitsbildern befassen, werden allenfalls am Rande erwähnt.

9 Das kann dadurch gefährdet sein, dass man sich nicht sicher ist, die «Reziprozitätsnorm» erfüllen zu können – z. B. indem eine Inanspruchnahme von Hilfe nicht durch eine Gegenleistung kompensiert wird. (vgl. Grunow-Lutter 1987). Dieses Problem, das vor allem in funktional spezifischen Netzen auftritt, wird z. B. im Rahmen von (informellen) Dienstleistungstauschringen gelöst.

der Krankheitsbewältigung entstehen und dabei gleiche Interessen und/oder gleiche Betroffenheit bei den teilnehmenden Personen betonen; dies gilt besonders für so genannte autonome Selbsthilfegruppen. Dies schließt aber nicht aus, dass sich aus GSHG Freundeskreise entwickeln, in denen der Gesundheitsbezug in den Hintergrund des Anlasses und der Aktivitäten tritt.

Individuelle und soziale Selbsthilfe sowie Selbsthilfegruppen sind gemeinsam durch *Laienhandeln* und *Informalität* ohne Erwerbszweck charakterisiert. Sie sind deshalb u.a. gegenüber formal organisierter, professioneller und kostenpflichtiger Fremdhilfe (durch ÄrztInnen, TherapeutInnen, SozialarbeiterInnen, Pflegekräfte, BeraterInnen usw.) abzugrenzen. Allerdings gibt es Überlappungen bei der so abgegrenzten Selbsthilfe und Fremdhilfe im Gesundheitssektor: z.B. wenn Personen mit medizinischer Fachausbildung im Familien- oder Freundeskreis vorhanden sind. Besonders die GSHG, die vielfach nicht nur für sich (ihre aktuellen Mitglieder), sondern auch für weitere Personen offen sind, im Einzelfall sogar Dienstleistungen für Dritte anbieten oder sich mit ihren Interessen in öffentliche Debatten einmischen, weisen Verzahnungen mit dem Gesundheitssystem (im Sinne organisierter professioneller Fremdhilfe) auf. Dabei kann der Impuls für diese Verzahnung sowohl von den Selbsthilfegruppen als auch vom Versorgungssystem ausgehen: z.B. indem die Krankenkassen bemüht sind, SHG für bestimmte Krankengruppen «vorzuhalten» oder indem sich niedergelassene Ärzte und Ärztinnen durch Einbindung von SHG (z.B. Sportgruppen für HerzinfarktpatientenInnen) entlasten (wollen).

Vor allem an der Schnittstelle zwischen Selbsthilfe und Fremdhilfe entstehen zumindest organisatorisch (oft auch professionell und finanziell) stärker verfestigte Strukturen, die allgemein als *Selbsthilfeorganisationen* bezeichnet werden. Sie bündeln Interessen von Patientengruppen, von Opfern «ärztlicher Kunstfehler», organisieren eigene (mehr oder weniger professionelle) Dienstleistungen, fördern SHG, mobilisieren so genannte «ehrenamtliche Helferinnen und Helfer». Die Entwicklung von Selbsthilfeorganisationen können unterschiedliche Ausgangspunkte nehmen. Besonders wichtig ist dabei die Unterscheidung zwischen einem Aufbau von unten nach oben (wie bei den SHG-Dachverbänden) oder von oben nach unten (wie bei vielen Wohlfahrtsverbänden, in die SHG eingebunden werden). Da die Wohlfahrtsverbände häufig auch Träger von Versorgungseinrichtungen des Gesundheitssystems sind (Pflegeheime, Krankenhäuser etc.) ist zumindest umstritten, ob sie dem Selbsthilfesegment zuzurechnen sind. Zu beachten ist dabei auch die Tatsache, dass in letzter Zeit vom «neuen Ehrenamt» und «neuer Subsidiarität» gesprochen wird. Dies verweist u.a. auf das Interesse der freiwilligen Helferinnen und Helfer an selbstgestalteter und selbstverantworteter Tätigkeit – was wiederum dem Charakter von Selbsthilfeprojekten näher kommt als dem von einem Wohlfahrtsverband vorgeplanten Hilfeeinsatz.

Die Unterscheidung von Handlungsfeldern im Hinblick auf Gesunderhaltung und Krankheitsbewältigung führt immer wieder zu der Frage nach dem *relativen Umfang der Selbsthilfe und der Fremdhilfe sowie ihrem relativen Beitrag zum Gesundheitsstatus einer Bevölkerung*. Letzteres ist häufig mit der Frage verbunden, ob die jeweils aufgewendeten Kosten angemessen sind.[10] Bei der Gegenüberstellung von Selbsthilfe/Prävention und Fremdhilfe/Kuration wird versucht, die relative Bedeutung der Lebensbedingungen (z.B. sauberes Wasser) und Lebensgewohnheiten (z.B. Ernährung) zur relativen Bedeutung der medizinischen Versorgung ins Verhältnis zu setzen, wobei Letzterem ein eher begrenzter Anteil an Bedeutung zugerechnet wird.[11] Auf diese Frage soll hier nicht näher eingegangen werden.

---

10 So zuletzt wieder durch das neueste Gutachten des Sachverständigenrates für die konzertierte Aktion im Gesundheitswesen von 2001. Auch der Vergleich zwischen der DDR und der BRD (im Rahmen der Vereinigung) hat die Frage provoziert, ob der ungleich höhere Aufwand für die Gesundheitsversorgung in der BRD sich irgendwie in der Gesundheit der Bevölkerung erkennbar niedergeschlagen hat.

11 Das zuvor erwähnte Gutachten weist darauf hin, dass internationale Studien dem Versorgungssystem einen Anteil zwischen 10% und 40% einräumen (vgl. Kurzfassung des Gutachtens, S. 12).

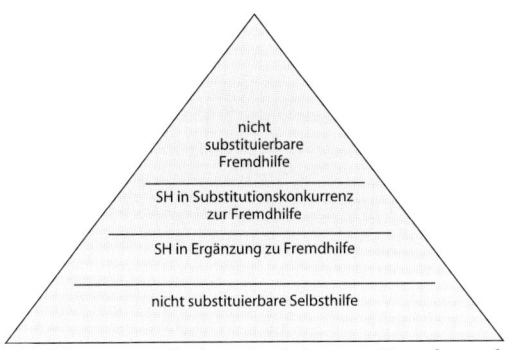

Abbildung 1: Substituierbarkeit von Fremd- und Selbsthilfe.

(Pyramide von oben nach unten: nicht substituierbare Fremdhilfe / SH in Substitutionskonkurrenz zur Fremdhilfe / SH in Ergänzung zu Fremdhilfe / nicht substituierbare Selbsthilfe)

Eine grobe Abschätzung der quantitativen Verbreitung von Selbsthilfe und Fremdhilfe reicht für die folgenden Ausführungen aus. Zunächst kann auf eine im Jahre 1981 selbst durchgeführte Studie verwiesen werden; dazu wird u. a. ausgeführt:

> Das quantitative Gewicht des Laienhandelns wird vielfach mit dem Hinweis ausgedrückt, dass etwa zwei Drittel bis drei Viertel der ‹Krankheitsepisoden› (oder wohl besser ‹Befindlichkeitsstörungen›) ohne professionelle Unterstützung von den Betroffenen und ihren Angehörigen im Alltag bearbeitet und bewältigt werden […]. Die aus den Gesundheitstagebüchern gewonnenen Ergebnisse legen uns sogar nahe, den Anteil der selbst bewältigten Befindlichkeitsstörungen mit 90 bis 95 % zu beziffern:
> – an 2033 der erfassten 6943 Personentage (d. h. Beobachtungstage, die jeweils auf einzelne Personen bezogen sind) tauchten bei Haushaltsmitgliedern akute Beschwerden bzw. Symptome auf;
> – an 656 der Beschwerdetage wurde unter Beteiligung anderer Personen etwas gegen die Beschwerden unternommen (32 % von 2033);
> – an 428 der Beschwerdetage (65 % von 656) war die beteiligte Person ein(e) Haushaltsangehörige(r);
> – an 64 dieser Tage (10 % von 656) war die beteiligte Person ein haushaltsfremder Laie;
> – an 66 dieser Tage (10 % von 656) war neben der beteiligten Person auch ein(e) Professionelle(r) des Medizinsystems beteiligt (in der weit überwiegenden Anzahl dieser Fälle handelt es sich um Personen, die wegen Schmerzen den Arzt aufsuchten).
> Legt man diese Zahlen zu Grunde, so ist die Gesundheitsselbsthilfe nicht nur die alltägliche, sondern auch die charakteristische und typische Reaktion auf Befindlichkeitsstörungen und akute Erkrankungen. Die Inanspruchnahme professioneller medizinischer Dienstleistungen ist dagegen das außergewöhnliche, seltene, alltagsüberschreitende Ereignis. Mehr noch als bei Akuterkrankungen trifft dies für die Gesunderhaltung bzw. für die primäre Prävention und in großen Teilen auch für den Umgang mit chronischen […] Erkrankungen zu. (Grunow 1986, S. 28 ff.)

Nicht zuletzt wegen der hohen Kosten der professionellen Fremdhilfe und der vermeintlich kostenlosen Selbsthilfe ist die Frage nach den Bereichen *wechselseitiger Substituierbarkeit* von großem Interesse (vgl. **Abb. 1**).

Das Beispiel der pflegerischen Versorgung lässt sich gut zur Illustration dieses Schaubilds nutzen. Dabei zeigt sich, dass jede konkrete Zuordnung von Handlungsmustern zu den vier Bereichen detaillierte Situationsanalysen erfordert. Das Segment nicht substituierbarer Selbsthilfe (unterste Ebene) und das Segment komplementärer Wechselbeziehungen (zweite Ebene von unten) sind oft größer als gedacht. Für Ersteres gilt, dass die Alltagsbewältigung trotz chronischer Erkrankung oder Behinderung zeitlich und sachlich nur sehr begrenzt durch Pflegedienste zu ersetzen ist. Für Letzteres lässt sich anführen, dass selbst wenn ein Beitrag von ambulanten Pflegediensten erbracht wird, die Betroffenen und ihre Angehörigen nicht selten aktiv mitwirken müssen. Auch die SHG sind hierfür ein Beispiel: Obwohl es viele autonome SHG gibt, können die meisten erst entstehen und dauerhaft wirken, wenn sie auf eine organisatorische und pädagogische Unterstützungsstruktur (z. B. in Form von SHG-Kontaktstellen) zurückgreifen können.

Der Entstehungs- und Leistungszusammenhang lässt sich also nicht hinreichend dadurch erschließen, dass man nur die individuellen Handlungsmuster oder Handlungsbereitschaften (z. B. für individuelle Selbsthilfe oder für ehrenamtliche Tätigkeit) erfasst. In gleicher Weise unzureichend ist die Vorstellung, man könne GSH durch Beschlüsse der Gesundheitsministerkonferenz (GMK) oder durch ärztliches Patiententraining (wie gegenwärtig für Diabetiker üblich) «erzeugen». Insofern ist die «Einsicht» des Sachverständigenrates in die Bedeutung der Selbsthilfe einerseits beachtenswert, andererseits aber wegen der engen Verknüpfung mit dem ärztlichen Handeln (der Patient als «Ko-Therapeut»), also mit der einseitigen Betonung des oben beschriebenen komplementären Segments, nicht völlig überzeugend:

> Erstmals hat der Rat den Nutzern des Systems ein eigenes, umfangreiches Kapitel gewidmet. Darunter versteht der Rat die Bürger, Versicherten und Patienten, die in unterschiedlichen Rollen dem Gesundheitssystem gegenüberstehen und durch ihr Wissen, ihre Einstellung und ihr Nutzungsverhalten wesentliche, aber bislang vernachlässigte Einflussgrößen bei der Steuerung des Systems und seiner Ergebnisse darstellen […]. Der Rat plädiert für eine bessere Partizipation der Betroffenen. (Sachverständigenrat 2001, Kurzfassung, S. 13)

3. Die Rolle von Frauen und Männern in der gesundheitsbezogenen Selbsthilfe

Mit der Analyse von SH im Gesundheitswesen sind verschiedene Interessen wissenschaftlicher und praktischer Art verbunden, so dass sowohl hinsichtlich der Begrifflichkeit (wie zuvor gezeigt) als auch hinsichtlich der empirischen Wissensbestände eine Vielfalt aber auch Lückenhaftigkeit besteht. Besonders wenig Aufmerksamkeit finden in der Regel die individuelle und soziale Selbsthilfe, die (fälschlicherweise) als selbstverständlich angesehen werden. Eine der wenigen Ausnahmen ist die Pflegetätigkeit – weil hier die Folgekosten des sozialen Selbsthilfeversagens unmittelbar berechenbar sind. Ausnahmen bilden auch spezielle Studien über die Bedeutung des «Social Support» für die Bewältigung spezifischer Krankheiten, weil eine Verkürzung der Genesungs- oder Rehabilitationsphase – insbesondere bei Berufstätigen – erhebliche Mittel einsparen hilft.[12]

Die SHG haben – ähnlich wie die «ehrenamtlichen HelferInnen» in Selbsthilfeorganisationen und Wohlfahrtsverbänden – immer wieder Aufmerksamkeit gefunden, weil man hofft, damit Fremdhilfe zu substituieren und Kosten zu sparen[13]. Insofern ist noch immer die Irritation groß, wenn SHG auch etwas kosten sollen.[14] Wenn Aussagen über die Leistungsbeiträge von GSH und SHG gemacht werden sollen, ist es jedoch notwendig, eine Kosten-Leistungs-Rechnung aufzustellen – ein Verfahren, das im Rahmen der Gesundheitsversorgung kaum praktiziert wird.[15] Insofern intervenieren konkrete Förderprogramme oder Gesetzgebungsinitiativen nicht selten in ungeklärtes oder zumindest nicht näher geklärtes Terrain.

Dies gilt vor allem auch für die faktischen oder gewünschten Rollen und Handlungsrepertoires von Frauen und Männern. Entweder gelten bestimmte Aktivitäten wie selbstverständlich als «Frauen-Domänen» – so z. B. die häusliche Kranken- und Altenpflege – oder die geschlechtsbezogenen Unterschiede werden gar nicht reflektiert. Insofern ist auch die Datenlage sowohl in der Breiten- als auch in der Tiefenstruktur[16] insgesamt wenig zufrieden stellend. Die folgende Darstellung benutzt deshalb «Bau-

---

12 Eine ungleiche Berücksichtigung von Krankheiten, die häufiger bei Männern bzw. Berufstätigen auftreten (z. B. Herzinfarkt) oder häufiger bei Frauen (z. B. chronische Polyarthritis) ist in diesem Zusammenhang wahrscheinlich (vgl. z. B.: Grunow et al. 1993; Ornish 1992).
13 Nach den Ergebnissen von Grunow et al. (1983) ist dies allenfalls indirekt der Fall, weil die Teilnahme an GSHG mit einer höheren Nutzung von Fremdhilfe einhergeht; möglicherweise führt dies aber zu einer effektiveren Krankheitsbekämpfung und damit insgesamt zu einer Kostendämpfung.
14 Vgl. z. B. die aktuelle Debatte um den § 20, Abs. 4 SGB V.
15 Vgl. dazu die kritische Kommentierung von Aufwand und Wirksamkeit des deutschen Gesundheitssystems durch den Sachverständigenrat im Gutachten 2001 (Kurzfassung, Abschnitt 2.4).
16 Mit Tiefe ist hier gemeint, dass die Fragen sowohl hinsichtlich individueller, psychischer oder physischer Dispositionen als auch hinsichtlich mikrosozialer Arrangements (Rollenmuster in Ehe, Familie und Haushalt) und gesellschaftlicher Normen-

steine» aus unterschiedlichen Sachzusammenhängen und Zeiträumen und bleibt im Wesentlichen deskriptiv.[17] Dabei bewegt sie sich vom informellen Kern der GSH zu den organisierten Mustern freiwilliger Hilfeleistungen sowie von der krankheitsbezogenen zur präventiven GSH.

Zugang 1: Zeitbudgetstudien
Ein häufig praktizierter Zugang zu alltäglichen Aktivitäten der Bevölkerung ist die Untersuchung des Zeitbudgets der Haushaltsmitglieder. An diesen Studien kann man u. a. einen Trend zu einem geringer werdenden durchschnittlichen Zeitaufwand für Erwerbstätigkeit nachweisen (1992 nur noch 3:14 Std. pro Tag gegenüber 4:30 Std. pro Tag 1966). Dadurch bleiben mehr Zeitressourcen für unbezahlte Arbeit (1992 durchschnittlich ca. 4 Std.) und für Freizeitaktivitäten (1992 durchschnittlich ca. 5:10 Std.) – beides Bereiche, in denen auch GSH angesiedelt sein kann (Grunow 1994, S. 22f.). Allerdings lösen die Zeitbudgetstudien die Aktivitätsinhalte nur sehr grob auf[18]: Im Hinblick auf die unbezahlte Arbeit wird u. a. die «Pflege und Betreuung von Personen» ausgewiesen, wofür durchschnittlich 27 Minuten pro Tag und Person festgestellt werden. Auch «Ehrenamt/soziale Hilfeleistungen» werden mit durchschnittlich neun Minuten pro Tag als Baustein erfasst. Insgesamt machen diese beiden Komponenten nur 14,4 % des Zeitbudgets für unbezahlte Arbeit aus. Allerdings könnten Teile der hauswirtschaftlichen Tätigkeiten – insbesondere Mahlzeitenzubereitung u. Ä. (durchschnittlich 2:10 Std.) – auch als Bezugspunkt für GSH genutzt werden. Ähnliches gilt für bestimmte Freizeitaktivitäten (wie z. B. Spiel und Sport: durchschnittlich 34 Minuten).

Beachtenswert sind diese Forschungen vor allem deshalb, weil sie u. a. auf geschlechtsspezifische Profile der Zeitverwendung eingehen:

> Unbezahlte Arbeit ist nach wie vor Frauensache. Diese Aussage wird durch die Ergebnisse der Zeitbudgeterhebung […] bestätigt. Vor allem mit hauswirtschaftlichen Tätigkeiten sind Frauen ab zwölf Jahren täglich mit über vier Stunden in der Hauptaktivität mehr als doppelt so lange beschäftigt wie Männer (1:45 Std.). Fast 83 % ihrer Zeit für unbezahlte Arbeit verwenden Frauen im Durchschnitt für hauswirtschaftliche Tätigkeiten, Männer dagegen nur 63 %. Bei den einzelnen zu den hauswirtschaftlichen Tätigkeiten gehörenden Aktivitäten sind die Unterschiede zwischen den Geschlechtern z. T. noch deutlich größer: So sind Männer mit der Wäschepflege täglich nur durchschnittlich drei Minuten beschäftigt, Frauen 39 Minuten. Auch in der Pflege und Betreuung von Kindern und Erwachsenen sind Frauen deutlich stärker eingebunden als Männer. Sie sind im Durchschnitt 37 Minuten täglich und Männer 16 Minuten dafür tätig. (Blanke et al. 1996, S. 72)

Männer sind etwas stärker im Bereich «Ehrenamt/soziale Hilfeleistungen» (s. u.) sowie im Bereich «handwerkliche Tätigkeiten» aktiv – abgesehen von einem doppelt so großen Umfang täglicher Erwerbstätigkeit (4:26 Std.; Frauen 2:11 Std.). Eine gewisse Nähe zu gesundheitsbezogenen Aktivitäten findet man auch im Zeitblock «persönlicher Bereich/physiologische Regeneration». Die geschlechtsspezifischen Differenzen sind hier aber relativ gering: Schlafen/Ausruhen (Männer 8:30 Std.; Frauen 8:47 Std.); Ausruhen/nichts tun (Männer 0:14 Std.; Frauen 0:19 Std.); Körperpflege (Männer 0:49 Std.; Frauen 0:57 Std.).

Zugang 2: GSH im Haushalt und von Haushaltsmitgliedern
Um die Quantität und Qualität der alltäglichen GSH näher zu bestimmen, muss man auf spezifischere empirische Studien zurückgreifen. Da diese sehr selten zu finden sind[19], wird noch einmal auf die oben schon erwähnte repräsentative

---

und Wertemuster (Opportunitätsstrukturen wohlfahrtsstaatlicher Arrangements; soziale Lagen) zu bearbeiten sind.
17 Das heißt, es bleibt im Wesentlichen bei einer Gegenüberstellung geschlechtsspezifischer Ausprägungen, die allenfalls um Hinweise zu erforderlichen Spezifikationen und Nachprüfungen ergänzt sind.
18 Alle im Folgenden zitierten Daten stammen von Blanke et al. 1996, S. 70ff.
19 Vgl. dazu zuletzt die Expertise zum «Stand der Selbsthilfeforschung in Deutschland» (Borgetto 2001).

Tabelle 1: Individuelle und soziale Gesundheitsselbsthilfe (n = 3712) (nach Grunow 1986).

	Erfahrungen vorhanden in %		Bereitschaft im Bedarfsfall in %		Ablehnung in %	
	Männlich	Weiblich	Männlich	Weiblich	Männlich	Weiblich
Individuelle Selbsthilfe[1]	74,1	79,0	18,7	14,4	7,1	5,0
Ich hole mir Info und Rat	64,9	60,7	21,0	23,1	13,6	15,1
Ich lasse mich von Familienmitgliedern praktisch unterstützen[1]	53,9	44,7	32,2	38,7	13,2	14,5
Ich bitte Nachbarn um Unterstützung (zur Alltagsbewältigung)[1]	6,8	10,4	28,7	33,1	63,6	55,4
Ich nehme an SHG teil	3,0	3,5	31,8	36,5	64,1	58,5
Ich unterstütze SH-Organisationen	16,0	15,4	37,0	37,3	46,5	45,7
Ich helfe kranken Familienmitgliedern[1]	56,2	69,5	33,6	22,5	10,0	7,4
Ich nehme Einfluss auf gesundheitsschädliches Verhalten Dritter	32,6	36,2	38,1	34,4	28,7	28,3
Ich führe dauerhafte Pflegetätigkeit bei Familienmitgliedern durch[1]	12,5	25,2	50,3	48,6	36,6	25,4
Ich unterstütze Nachbarn[1]	8,6	16,1	51,2	51,5	39,7	31,1

1 p < 0,1 %

Haushaltsuntersuchung von 1981 (Grunow et al. 1983) eingegangen. Zur relativen Bedeutung von gesundheitsförderlichen und krankheitsbezogenen Aktivitäten *in den Haushalten* (n = 2037) wird zusammenfassend Folgendes festgestellt:

> Besonders häufig liegen *Erfahrungen* mit folgenden krankheitsbezogenen Selbsthilfeaktivitäten vor: Besuche von kranken Haushaltsangehörigen im Krankenhaus (61 % der Haushalte); nicht-medikamentöse Selbstbehandlung (57 %) und besondere emotionale Zuwendung und Verständnis für die im Haushalt erkrankten Personen (49 %). Besonders selten werden dagegen angegeben: […] einschneidende Veränderungen von Lebensgewohnheiten, um die Genesung zu beschleunigen (19 %) und zukunftssichernde Maßnahmen für Kranke und Behinderte (%). […] Auch im Hinblick auf die *präventive* Selbsthilfe gibt es […] erhebliche Unterschiede im *Erfahrungs*horizont der Bevölkerung. Für die zehn beschriebenen Aktivitäten lässt sich zunächst feststellen, dass 87 % der befragten Haushalte die Hälfte der Items oder weniger angekreuzt haben; […] Besonders häufig erwähnt wurden: gezielte Maßnahmen zur Verhütung von Unfällen im Haushalt (52 % der Haushalte); gezielte Einführung besonderer Ernährungs- und Essgewohnheiten (50 %) und im Haushalt durchgeführte Selbstuntersuchungen (43 %). Besonders selten genannt wurden die folgenden präventiven Aktivitäten: Einführung besonderer hygienischer Maßnahmen zur Vermeidung spezifischer Krankheiten (21 % der Haushalte); selbst durchgeführte Kontrollen zentraler Körperfunktionen (26 %) und gegenseitige emotionale Hilfestellung und Unterstützung (31 %). (Grunow 1986, S. 25)

Eine solche haushaltsbezogene Analyse ist angesichts der Bedeutung sozialer SH wichtig. Sie zeigt das insgesamt verfügbare Wissen und Handlungsrepertoire, das sich beachtlich verkleinern kann, wenn die Haushaltsgröße schrumpft. Allerdings gilt auch: erst wenn man die *individuellen GSH-Erfahrungen* in den Mittelpunkt rückt, kann man nach geschlechtsspezifischen Handlungs- und Kompetenzmustern fragen. In derselben Studie wurden deshalb auch die Haushaltsmitglieder *einzeln* befragt (n = 3712). Dabei zeigten sich unterschiedliche Intensitäten der GSH in Abhängigkeit von der sozialen Distanz zwischen HilfeleisterIn und HilfenutzerIn: Je größer die Distanz ist, desto geringer wird die Mobilisierung von GSH. Das gilt sowohl für das Angebot als auch für die Nachfrage von Hilfe. In vielen GSH-Formen sind aber auch signifikante Unterschiede zwischen Männern und Frauen festzustellen. Am größten sind die Differenzen beim «Hilfe geben» (vgl. **Tab. 1**, unterer Teil):

Krankheitsbezogene, *individuelle* SH (für sich selbst) ist erwartungsgemäß das Handlungsmuster, für das die Bevölkerung über die meiste Erfahrung verfügt; Frauen geben sie etwas häufiger an als Männer. Dies mag damit zusammenhängen, dass Frauen (in derselben Studie) im Durchschnitt über mehr Befindlichkeitsstörungen und Krankheitsbeschwerden berichtet haben als Männer. Es kann aber auch sein, dass Frauen im Durchschnitt bei ihrer alltäglichen Krankheitsbewältigung öfter auf sich gestellt sind als Männer. Beachtenswert ist hierfür die unterschiedliche Inanspruchnahme von Hilfen durch Familienmitglieder. Hier ergibt die Befragung der Frauen einen deutlich geringeren Wert als die der Männer. Die häufigere Nutzung von nachbarschaftlicher Hilfe durch Frauen könnte eine Kompensation darstellen. Die Haupterklärung dürfte aber wohl darin liegen, dass die Männer nicht im gleichen Maße Hilfe anbieten wie Frauen – was dem unteren Teil der Tabelle zu entnehmen ist.

Nicht unbeachtet sollte bleiben, dass Frauen etwas häufiger angeben, dass sie sich nicht helfen lassen wollen. Es ist also nicht auszuschließen, dass Frauen etwas häufiger Schwierigkeiten haben, Hilfe anzunehmen als Männer. Zumindest bei einer Befragung von älteren Menschen (60 Jahre und älter) im Landkreis Kassel (DZA 1991, Kap. 5.3) wurde diese These bestätigt.[20] Zu dem feststellbaren Überhang von Hilfe*angeboten* gegenüber ihrer Nutzung tragen vor allem die Frauen bei, wie nicht nur die Ergebnisübersicht der vorangehenden Seite, sondern auch die einleitend schon zitierte Aktivitätserfassung durch Gesundheitstagebücher zeigt:

Betrachtet man die Verteilung aller aktuellen Anforderungen durch Krankheiten im Haushalt und im engeren Familienkreis, so zeigt sich, dass Männer und Frauen gleichermaßen häufig individuelle Selbstbehandlung ausüben; Frauen geringfügig häufiger ihrem Ehepartner helfen als umgekehrt; Frauen etwa doppelt so häufig wie Männer andere Haushaltsmitglieder im Krankheitsfall unterstützen. […]

In den Augen der Familienangehörigen gelten Frauen als bevorzugte Ansprechpartner. Fast doppelt so häufig werden Mütter gegenüber den Vätern, Töchter gegenüber den Söhnen, Schwestern gegenüber den Brüdern gewählt. Der ‹Vorsprung› der Frauen vergrößert sich beträchtlich, wenn man den Rangplatz, mit dem die Befragten ihre liebsten Helfer gekennzeichnet haben, in die Analyse einbezieht. Frauen werden nicht nur häufiger gewählt, sie rangieren auch prozentual an erster Stelle. (Forschungsverbund 1987, S. 33)

Besonders häufig werden die diesbezüglichen Beobachtungen mit Blick auf die häusliche Krankenpflege formuliert. Anders als bei den Zeitbudgetstudien und der zuvor zitierten GSH-Studie wird im Rahmen von Pflegeuntersuchun-

20 Beachtenswert ist auch das diesbezügliche Gesamtergebnis: Hilfe von anderen anzunehmen, bereitet 30 % der befragten älteren Menschen Schwierigkeiten; andere um einen Gefallen zu bitten, halten 45 % für sehr schwer oder ziemlich schwer. Dies belegt die oft übersehene Tatsache, dass soziale SH nicht nur Bereitschaft zur Hilfe, sondern auch zu ihrer Annahme erfordert.

Auch eine Gegenüberstellung der Ergebnisse von 1981 belegt dieses Phänomen: Unterstützung durch die Familie lehnen 14 % der Befragten ab, Hilfen für die Familie aber nur 8 % der Befragten; Unterstützung durch Freunde und Bekannte lehnen 42 % der Befragten ab, Unterstützung für Freunde und Bekannte würden aber nur 20 % verweigern; Unterstützung durch Nachbarn lehnen 59 % der Befragten ab, Unterstützung für Nachbarn würden aber nur 35 % der Befragten verweigern; Unterstützung durch Arbeitskollegen lehnen 59 % der Befragten ab, eine Hilfestellung für Arbeitskollegen würden aber nur 36 % verweigern (Grunow 1991, S. 219). Qualitative Detailanalysen zeigen, dass es durchaus schwierig sein kann, diese «Überhangpotenziale» zu nutzen (Grunow et al. 1984).

gen von *Hauptpflegepersonen* gesprochen. Nach der Studie von Infratest (Schneekloth/Potthoff 1993) verfügten von den 1,6 Mio. Personen mit Pflegebedarf 77 % über eine Hauptpflegeperson, von denen 83 % (!) weiblich sind und 80 % im selben Haushalt wohnen. Das Gutachten des Sachverständigenrates (2001) spezifiziert dies auf der Grundlage einer Infratest-Erhebung von 1998 folgendermaßen:

> Bei einem Drittel ist es die Partnerin (20 %) oder der Partner (12 %), bei einem weiteren Drittel ist es die Tochter (23 %) oder Schwiegertochter (10 %), und 13 % werden hauptsächlich von der Mutter (11 %) oder dem Vater (2 %) gepflegt. (S. 148)

Dabei sind jedoch nicht nur die Pflegepersonen, sondern auch die zu pflegenden Personen überwiegend weiblich (insbesondere ab einem Alter von 70 Jahren). Im Gutachten wird eine Rangfolge von Pflegekonstellationen beschrieben: 1. Frau pflegt eigene Mutter; 2. Frau pflegt Ehemann; 3. Frau pflegt Schwiegermutter – während Mann pflegt Frau und Mann pflegt Mutter die hinteren Rangplätze einnehmen.

Zugang 3: Bestandsaufnahme von Gesundheitsselbsthilfegruppen

Weit schwieriger zu überschauen als die Situation Pflegebedürftiger und ihrer Versorgung unter der weit überwiegenden Mitwirkung von Frauen ist die «Landschaft» der Gesundheitsselbsthilfegruppen (GSGH) – zu der u. a. auch die SHG für pflegende Familienangehörige gehören. Teilweise sind (autonome) SHG öffentlich gar nicht sichtbar, teilweise werden sie zwar öffentlich annonciert, haben sich u. U. aber schon zu einer Art Beratungsstelle gewandelt. Wie einleitend schon erwähnt, sind die GSHG am weitesten verbreitet – wobei krankheitsbezogene Anlässe eindeutig dominieren.[21] Dennoch ist eine quantitative Bestandsaufnahme auch hier schwierig.[22] Häufig wird von insgesamt etwa 50 000 bis 70 000 SHG in Deutschland gesprochen mit ca. einer Mio. TeilnehmerInnen; andere Schätzungen gehen sogar von 2,6 Mio. aus (ISAB 1996, S. 71ff.). Die oben gezeigten Befragungsergebnisse von 1981 zeigen ca. 3 % der Bevölkerung mit gesundheitsbezogener SHG-*Erfahrung*; die jeweils *aktuelle* Teilnahme an GSHG liegt danach aber deutlich niedriger (bei ca. 0,5 %); allerdings kann für einzelne Betroffenengruppen durchaus ein Spektrum von 2 bis 8 % (der relevanten Bezugsgruppe) erreicht werden. Beachtenswert bleibt aber auch die dezidierte Ablehnung von GSHG bei über 60 % der 1981 befragten Bevölkerung.

Über geschlechtsspezifische Unterschiede wird selten etwas ausgesagt.[23] Die oben aufgeführte Studie von 1981 zeigt, dass Frauen häufiger in SHG mitmachen. Für Einzelbereiche lässt sich dies bestätigen; so kommt eine Studie über die komplementäre Versorgung von PatientInnen mit chronischer Polyarthritis zu folgendem Ergebnis:

> Die Teilnehmerstruktur an Patientenselbsthilfegruppen zeigt eine Überrepräsentation der Frauen. Der Unterschied ist hochsignifikant. Auch im Bereich des Alters lassen sich signifikante Unterschiede feststellen: Patienten, die weder Mitglied einer Patientengruppe sind noch an Patientenfortbildungen teilnehmen, sind deutlich älter (57 Jahre) als die Patienten, die in beider Hinsicht aktiv sind (durchschnittlich 51 Jahre). […] die Schmerzintensität und die Ängstlichkeit [liefern] keinen Anhaltspunkt für die Beteiligung der Patienten an Modellmaßnahmen. (Ropers et al. 1990, S. 162)

Die Studie des ISAB (1996, S. 86ff.) zeigt für die neuen Bundesländer, dass 72 % der Frauen, aber nur 28 % der befragten Männer Interesse an SHG haben. Dieser große Kontrast gilt aber wohl eher für die konkrete Mitwirkung als für ehrenamtliches Management. Betrachtet man die übergeordneten SHG-Vereinigungen (also eher SH-Organisationen), so findet man in der Dokumentation der NAKOS (2000/2001) 163 weibliche und 108 männliche Ansprechpersonen für je spezifische SHG (-Segmente), die sich auf «Er-

---

21 Inzwischen gibt es eine sehr breite Palette von Krankheiten, für die es SHG gibt (Wohlfahrt/Breitkopf 1995, S. 126f.).
22 Vgl. zusammenfassend Wohlfahrt und Breitkopf (1995, S. 32f.).
23 Charakteristisch hierfür die im Übrigen sehr umfangreiche Studie von Wohlfahrt und Breitkopf (1996) über GSHG in Nordrhein-Westfalen.

krankungen und Behinderungen» beziehen. Frauenspezifische Gruppen (-segmente) sind mit neun wesentlich häufiger als männerspezifische Gruppen (-segmente) mit drei. Auch bei Gruppen, die mit Suchtproblemen, mit Ehe- und Familienproblemen oder mit Rechtsfragen im Gesundheitssystem (Patienten-/ Verbraucherrechte) zu tun haben, sind Frauen häufiger als Ansprechpersonen ausgewiesen.

Das zuletzt aufgeführte Ergebnis kann durch Begleituntersuchungen zur Inanspruchnahme von PatientInnen-Informationsstellen (im Jahre 2000 in Nordrhein-Westfalen) ergänzt werden. Hier fragten Frauen mit ca. 60 % überproportional häufig Informationen und Ratschläge nach. Frauen waren dabei besonders an Therapiefragen (einschließlich Leistungsanbietern) interessiert, Männer eher an Rechtsfragen, Kostenfragen und Beschwerdemöglichkeiten.[24]

Zugang 4: Individualbefragungen zum Vorsorge- und Gesundheitsverhalten

Wie gezeigt, wird die Aktivität in GSHG ebenso wie individuelle und soziale SH überwiegend durch Befindlichkeitsstörungen und Krankheiten veranlasst. Dieses Ergebnis ist z. T. jedoch eine Folge der Schwierigkeit, präventives Handeln präzise zu erfassen. Am ehesten kann präventives Verhalten noch mit der Frage nach der Nutzung von Früherkennungsuntersuchungen ermittelt werden. Generell gilt, dass (potenziell präventive) Aktivitäten ohne eine explizite Zuschreibung von Gesundheitsmotiven durch die Befragten häufiger vorkommen als Aktivitäten mit derartigen Zuschreibungen. Darüber hinaus ist zu berücksichtigen, dass offene Fragen zu weniger Hinweisen auf gesundheitsförderliches Handeln führen als geschlossene Fragen zu einzelnen Aktivitäten. So zeigte sich bei einer breit angelegten Bevölkerungsbefragung zum Gesundheitsverhalten (BzgA 1978), dass *spontan* 11,8 % der Befragten Krebsvorsorge erwähnten, 10,9 % ärztliche Untersuchungen und 4,8 % andere Vorsorgemaßnahmen. Bei einer gezielten Nachfrage nach Vorsorgeuntersuchungen sagten 60 % (!) der Befragten, dass sie sie in Anspruch genommen haben. Ähnliches war hinsichtlich der Selbstmedikation zu beobachten: Spontan genannt von nur 0,5 %, bei konkreter Nachfrage aber von 12,2 % der Befragten bestätigt. In der Studie wurden vielfältige spontan geäußerte Items faktorenanalytisch verdichtet. Dabei wurden vier Faktoren bestimmt:
1. Verzicht auf Tabak/Alkohol
2. aktive Gesunderhaltung (spezielle Sportaktivitäten, Vorsorgeuntersuchungen etc.)
3. allgemeines Sport treiben und
4. maßvolles Essen, Diät etc.

Männer und Frauen zeigten in diesen Aktivitäten unterschiedliche Schwerpunkte:

> Krebsvorsorge-Untersuchungen werden mehr als doppelt so häufig von Frauen genannt, auch ärztliche Untersuchungen nehmen Frauen häufiger in Anspruch als Männer. Für die Ernährungsgewohnheiten gilt Ähnliches: Frauen geben häufiger an, maßvoll zu essen, zu fasten oder eine Diät durchzuführen als Männer. Umgekehrt verhält es sich bei Genussmittelkonsum und bei sportlichen Aktivitäten. Mehr als doppelt so viele Männer versuchen, das Rauchen aufzugeben; auch auf Alkohol verzichten aus Gesundheitsgründen mehr Männer als Frauen (zu berücksichtigen ist hier allerdings, dass insgesamt mehr Männer rauchen und trinken). Sport als Mittel zur Gesunderhaltung wurde ebenfalls häufiger von Männern genannt. (Engfer/Grunow 1986, S. 143)

Die Ergebnisse des Bundes-Gesundheitssurveys 1998 zeigen durchweg vergleichbare Trends. Ein unmittelbarer Zeitvergleich ist allerdings nicht immer möglich. Im Hinblick auf das Vorsorgeverhalten (Kahl et al. 1999) sind die Männer im Hinblick auf einen Gesundheits-Check-up mit 26,7 % etwas aktiver als die Frauen (24,5 %). Deutlichere Unterschiede zeigen sich hier allerdings zwischen den Altersgruppen, der Schichtzugehörigkeit und den west- bzw. ostdeutschen Befragten. Wesentlich eindeutiger und zwar ähnlich wie schon 1978 zeigt sich die geschlechtsspezifische Nutzung von Krebsvorsorgeuntersuchungen (Männer 22,6 %; Frauen 36,5 %). Der zusammenfassende Bericht (Kahl et al. 1999, S. 165) stellt dazu allerdings fest, dass der Großteil der Risikopopulation weder bei den Männern noch bei den Frauen erreicht wird.

---

24 Auskunft von N. Wohlfahrt, EFHS Bochum.

Deutlich geringer fällt laut Survey die Teilnahme der Bevölkerung an gesundheitsfördernden Maßnahmen (in den letzten zwölf Monaten) aus: Insgesamt sind es nur 10,5 % der Befragten, dabei aber doppelt so viel Frauen (13,8 %) wie Männer (7 %). Am stärksten genutzt werden Kurse zur Rückenschule (44 %), Stressbewältigung und Entspannung (17 %), gesunde Ernährung (13 %), Gewichtsreduktion (10 %) sowie Raucher-, Alkohol- und Drogenentwöhnung (4 %).[25] Der Survey hat auch die üblichen Indikatoren zu gesundheitsförderlichem und gesundheitsschädigendem Verhalten erfasst (Junge/Nagel 1999). Diese haben den Vorteil einer gewissen Vergleichbarkeit über die Zeit. Der Anteil der RaucherInnen ist bei Männern (37,3 %) nach wie vor höher als bei Frauen (27,9 %). Seit 1990/92 ergibt sich aber bei Männern eine Abnahme von knapp 2 %, während bei den Frauen eine Zunahme von etwas mehr als 2 % zu verzeichnen ist. Beide Trends werden vor allem durch die Entwicklung in der ostdeutschen Bevölkerung hervorgerufen. Besonders dramatisch ist allerdings die Zunahme bei Frauen in den neuen Bundesländern: Der Anteil rauchender Frauen stieg bei den 25- bis 29-Jährigen von 38 % auf 45,7 % an und bei den 30- bis 39-Jährigen von 33,7 % auf 43,8 % – unseres Erachtens ein Hinweis darauf, dass die Neuorientierung nach der Vereinigung deutlich mehr Belastungen für Frauen (z. B. Arbeitslosigkeit) gebracht hat als für Männer.[26]

Im Hinblick auf den Alkoholkonsum gibt es nach wie vor deutliche Differenzen: Männer konsumieren mehr als dreimal so viel Alkohol wie Frauen (17,4 g gegenüber 5,2 g).

Auf der anderen Seite zeigen Frauen eine etwas größere Bereitschaft, durch regelmäßige Einnahme ergänzender Vitamin- und Mineralstoffpräparate (wenigstens einmal pro Woche) zur Gesundheit beizutragen (21,9 % gegenüber 17,9 %) (Mensink/Ströbel 1999, S. 133). Dies entspricht früheren Ergebnissen, wobei die geschlechtsspezifischen Unterschiede eher geringer geworden sind (Mensink/Ströbel 1999, S. 135). Dies trifft auch für die körperlichen Aktivitäten (gemessen an der Dauer und Häufigkeit freizeitsportlicher Betätigung) zu: Hier sind zwar immer noch mehr Männer aktiv (56,2 %) als Frauen (50,5 %), aber die Differenz hat sich seit dem Vergleichssurvey von 1991 verringert. Dabei wird die «gesundheitsrelevante Messlatte» von 2 Std. Sport pro Woche zugrundegelegt:

> Bezogen auf die Gesamtpopulation hat während dieser Jahre der Anteil der Männer, die sich mehr als 2 Std. pro Woche sportlich betätigen, um 4,0 % zugenommen, bei den Frauen sogar um 5,9 %. Jedoch ist auch der Anteil der Inaktiven unter den Männern um 2,3 % gestiegen, bei den Frauen hingegen um 3,5 % gesunken. (Mensink 1999, S. 129)

Diese verschiedenen Standardindikatoren zur gesundheitsförderlichen Lebensweise kulminieren u. a. in der Frage der Übergewichtigkeit – gemessen am Body-Mass-Index (kg/m^2). Das Kriterium von Übergewicht ($> 25\ kg/m^2$) trifft auf etwa die Hälfte der Frauen und auf ca. zwei Drittel der Männer zu. Bei Adipositas ($> 30\ kg/m^2$) sind es etwa 20 % bei beiden Teilgruppen (Bergmann/Mensink 1999). Im Vergleich zu Ergebnissen von 1990/92 zeigt sich eine ansteigende Tendenz – sowohl für Männer als auch für Frauen.[27] Eine entsprechende Teilbilanz der Auswertungen sieht daher folgendermaßen aus:

> Die Ernährung in Deutschland ist immer noch gekennzeichnet durch eine Überversorgung und einen zu hohen Anteil an Fett und Alkohol. Dies führt zusammen mit einer zu geringen körperlichen Aktivität dazu, dass Übergewicht immer noch ein großes gesundheitliches Problem darstellt. [...] Über 50 % der Frauen und sogar fast 70 % der Männer haben einen Body-Mass-Index (BMI) von über 25, was als leichtes Übergewicht betrachtet wird. Um die 20 % der Männer und Frauen sind stark übergewichtig (BMI > 30). (Mensink et al. 1999, S. 205)

In den meisten untersuchten Dimensionen gibt es eher eine Tendenz zur Konvergenz als zur Divergenz der Geschlechter, was aber unerklärt

---

25 Signifikante geschlechtsspezifische Unterschiede werden dafür nicht ausgewiesen.
26 Leider liefern die Surveyauswertungen keine Erklärungsansätze.
27 Hierbei sind allerdings wiederum Altersgruppenunterschiede sowie Unterschiede zwischen Ost und West zu beachten.

bleibt. Unseres Erachtens wird bei all den Untersuchungen die Tatsache zu wenig gewürdigt, dass es dabei vielfach um *soziales*, d. h. interpersonales Alltagshandeln geht, bei dem sich die beteiligten Personen wechselseitig beeinflussen.[28]

4. Zusammenfassung

Der Blick auf die empirischen Befunde zur GSH zeigt einen wenig systematischen Kenntnisstand: Teilweise fehlt es an etablierten Erhebungsgesichtspunkten[29], teilweise auch an repräsentativen Wiederholungsuntersuchungen. Die geschlechtsspezifischen Besonderheiten werden zwar häufig mitgeliefert, ohne dass aber ein Interpretationsansatz erkennbar ist. Dennoch lassen sich einige Ergebnisse zusammenfassen; das gilt zumindest für die Beschreibung von GSH-Aktivitäten, weniger für die Darstellung von Interpretationszusammenhängen.

1. Als alltägliche Selbstverständlichkeit lässt sich nur die *individuelle GSH* (für sich selbst) bezeichnen, die von mehr als drei Viertel der Bevölkerung im Hinblick auf Befindlichkeitsstörungen und gesundheitliche Beeinträchtigung praktiziert wird. Männer und Frauen unterscheiden sich hier nicht in großem Maße. Der etwas höhere Anteil von Frauen ist auf unterschiedliche Profile der gesundheitlichen Beeinträchtigung zurückzuführen.[30] Allerdings könnte auch die Tatsache eine Rolle spielen, dass Frauen mehr Schwierigkeiten haben, sich helfen zu lassen[31] oder auch keine geeigneten HelferInnen zur Verfügung stehen und sie deshalb «nur» individuelle GSH praktizieren.
2. Alle Formen der *sozialen GSH* sind bereits sehr viel weniger verbreitet als die individuelle GSH. Neben dem Anlass müssen spezifische interpersonale Arrangements bzw. Interaktionen zu Stande kommen. Dies ist offenbar am ehesten zwischen (Ehe-) Partnern und Familienmitgliedern möglich. Sehr viel selektiver ist die Einbeziehung anderer sozialer Netze (Freundeskreis, Nachbarschaft etc.). Das Vorhandensein und die Mobilisierbarkeit der Netze sind wichtige Bedingungen für soziale GSH. Anwesenheit und die Bereitschaft, Hilfe zu leisten und/oder sie anzunehmen, sind wichtige Aspekte von sozialer GSH, die durch geschlechtsspezifische Rollenmuster, Kompetenzen und Handlungsbereitschaften beeinflusst werden. Am deutlichsten sind die Unterschiede bei Hilfeleistungen für Haushalts- und Familienmitglieder, die nicht (Ehe-) Partner sind. Frauen sind hier sowohl im Sinne der Erwartungen (der Hilfebedürftigen) als auch im Sinne der faktischen Aufgabenverteilungen das «helfende Geschlecht» (Schmerl/Nestmann 1991). Dazu trägt bereits die durchschnittlich längere Aufenthaltszeit der Frauen im Haushalt bei; ob es aber zur sozialen GSH kommen kann, ist auch eine Frage der jeweiligen Haushaltskonfigurationen.[32]
3. Die Beobachtung, dass Frauen in der krankheitsbezogenen SH deutlich aktiver sind als Männer, führt zu der (bisher wenig beachteten) Frage nach Kompetenzunterschieden. Hier zeigt die Analyse von Phasen des Lebenszyklus, dass gesundheitsbezogene Kompetenzen durch die Versorgung und Erziehung von Kindern erworben werden, wobei die Frauen die dominierende Rolle spielen (Engfer/Grunow 1987).

Dabei handelt es sich nicht unbedingt nur um Learning by Doing. Bei einer Befragung in der Münchner Stadtverwaltung (n = 1382 Beschäftigte aller Dezernate) konnte u. a. gezeigt werden, dass Frauen ihr gesundheitsbezogenes Wissen höher einschätzen, dass das Thema «Gesundheit» stärker im KollegIn-

---

28 So zeigt eine Evaluationsstudie zum Gesundheitsförderungsprogramm der Techniker-Krankenkasse, dass die weit überwiegende Zahl von Angeboten von Paaren oder Familien wahrgenommen wurden (TK 1993).
29 Dies lässt sich mit dem Gesundheitssurvey von 1998 belegen, der keine gezielten GSH-Fragen enthält, aber vielfältige Items zu Ess- und Trinkgewohnheiten sowie zu sportlichen Aktivitäten.
30 Diese Art der GSH variiert eindeutig mit der Zahl der Beschwerden, die bei Frauen im Durchschnitt etwas höher liegen als bei Männern.
31 Dieses Kriterium muss jedoch insofern mit Vorsicht betrachtet werden, weil es u. U. um haushaltsbezogene Domänen der Hausfrauen geht, so dass bei erwerbstätigen Frauen diese Tendenz deutlich geringer ausgeprägt ist.
32 Vgl. dazu die Nachweise bei Engfer und Grunow (1987).

nenkreis diskutiert wird, und dass Frauen am Arbeitsplatz häufiger Initiativen zur Gesundheitsförderung ergreifen als Männer. Als Haupterklärungsfaktor zeigte sich die Tatsache, dass Frauen signifikant häufiger als Männer eine Ausbildung erhalten hatten, in denen Gesundheitsthemen Berücksichtigung fanden.[33] Zur Bewertung des Faktors Ausbildung müsste allerdings auch die Tatsache näher beleuchtet werden, dass eine große Anzahl von Männern durch ihre Zivildiensttätigkeiten mit sozialen und pflegerischen Aufgabenstellungen vertraut sind.

4. Die Situation der GSH stellt sich noch nuancierter dar, wenn man die Mikrostrukturen der Haushalte betrachtet. Nicht nur die Tatsache, dass sich die (Ehe-) Partner wechselseitig am meisten helfen und das auch so wünschen, ist zu beachten. Es gibt zudem explizite Aufgabenteilungen, wobei u. a. die Frauen die pflegerischen, die Männer die technischorganisatorischen und Aufgaben im Sinne der «kleinen Chirurgie» übernehmen (Grunow-Lutter 1991). Einflussnahmen auf gesundheitsschädliches Verhalten werden dagegen von Männern und Frauen in ähnlichem Umfang praktiziert; sie sind vor allem in präventiver Hinsicht ein wichtiges förderliches Element der sozialen GSH (im Unterschied zu Single-Haushalten, wo dieses alltägliche Korrektiv i. d. R. fehlt).

5. Auch die präventiven Elemente der GSH sind in der Bevölkerung unterschiedlich verbreitet, wobei bestimmte Aktivitäten häufiger durchgeführt und in Umfragen benannt werden, als dass sie als «gesundheitsförderlich» bezeichnet werden[34]; bei Letzterem erreicht man meist nur Bestätigungen in der Größenordnung von bis zu einem Drittel der Bevölkerung. Dabei lassen sich auch geschlechtsspezifische Profile aufzeigen: z. B. achten Frauen häufiger auf Ernährung und zeigen geringeren Alkohol- und Zigarettenkonsum; Männer treiben mehr Sport und achten mehr auf Erholungs- und Ruhephasen. Allerdings stehen solchen Kennzeichnungen alters- und schichtbedingte sowie haushaltsbezogene Differenzen gegenüber, die die geschlechtsspezifischen Interpretationen der Ergebnisse in einen komplexeren Kontext einbinden. Beachtenswert ist – trotz methodischer Schwächen bei den Daten – die Tendenz zur Konvergenz der Befunde im Zehn-Jahres-Vergleich.

Generell erscheint es plausibel – wie bei der krankheitsbezogenen SH – auch bei den Gesundheitsfunktionen die «Exposition» und die «Möglichkeitsstrukturen» als Erklärung in den Vordergrund zu rücken und dann eher nach dem geschlechtsspezifischen «Zugang» zu diesen Rahmenbedingungen und Anstößen für präventive GSH zu fragen. So spielt für die Ernährungsgewohnheiten natürlich die Frage eine Rolle, wer für die Essenszubereitung im Alltag zuständig ist, falls nicht überhaupt nur Kantinenessen oder der Schnellimbiss auf der Tagesordnung stehen. Ähnlich auch die Reaktionen auf beruflichen Stress, der allein wegen der höheren Beschäftigtenquote von Männern diese vermehrt zu Präventionsmaßnahmen veranlasst. In vergleichbarer Weise könnte der Sport als Ausgleich für Büroarbeit fungieren, während Tätigkeiten im Familienhaushalt gegebenenfalls schon zu genug Bewegung veranlassen.[35] Unter diesen Bedingungen kann man erwarten – und im Einzelfall auch zeigen –, dass eine Veränderung dieser Rahmenbedingungen (z. B. Kinderlosigkeit, Single-Haushalt, Berufstätigkeit, Art der Erwerbstätigkeit, Größe des sozialen Netzes) auch das präventive Gesundheitsverhalten verändert.

6. Ein beachtenswerter Mangel an Aufmerksamkeit besteht hinsichtlich der Rolle von Frauen und Männern bei der Beschreibung

---

33 Vgl. dazu Grunow und Hüttner (1998). Benutzt wurde eine CHAID-Analyse, die die relative Bedeutung einzelner Erklärungsfaktoren für Gesundheitsförderungsaktivitäten zu bestimmen erlaubte.

34 Anders ausgedrückt: Die Zuschreibung von Gesundheitsfunktionen zu bestimmten Verhaltensmustern ist seltener als das Verhalten selbst, aber aus sozialwissenschaftlicher Sicht ein wichtiger Faktor für die Effektivität des Verhaltens im Sinne der Gesundheitsförderung.

35 Vergleichbares zeigt sich auch umgekehrt bei den Hemmnissen für gesundheitsorientiertes Verhalten: Auch diese Hemmnisse sind geschlechtsspezifisch verteilt (vgl. Gesundheitsbericht 1998, S. 84f.).

von GSHG. Bisher lässt sich allenfalls die durch Einzelergebnisse gestützte Vermutung aussprechen, dass Frauen diesbezüglich stärker interessiert und engagiert sind. Ob dies mit besonderen krankheitsbedingten Anlässen, mit einem Mangel an familiärer Unterstützung zusammenhängt oder ein Ausdruck der besonderen Bereitschaft ist, Hilfe zu leisten (in SHG, weniger im Ehrenamt für die SH-Organisationen) kann aufgrund der Datenlage nicht zuverlässig entschieden werden. In jedem Fall zeigt die aktuelle Dokumentation der NAKOS, dass Frauen häufiger als Kontaktpersonen für SHG aktiv sind. Das stimmt zumindest mit der Untersuchung über freiwillige Hilfeleistungen (außerhalb der primär-sozialen Netze) überein (vgl. BMFSFJ 2000, S. 34f.), in der zwar insgesamt die Männer (mit 38 %) als aktiver ausgewiesen sind als Frauen (mit 30 %), wobei jedoch im sozialen Bereich mit 5 % gegenüber 3 % und im Gesundheitsbereich mit 2 % gegenüber 1 % die Frauen häufiger initiativ werden. Das trifft auch für die «normale» Teilnahme zu (12 % gegenüber 8 % im Sozialbereich und 6 % gegenüber 4 % im Gesundheitsbereich).[36] Zusammenfassend darf man also wohl davon sprechen, dass die GSHG stärker von Frauen genutzt und gefördert werden als von Männern.

Insgesamt zeigt sich weniger für die individuelle als für die soziale GSH eine größere Aktivität von Frauen – vor allem in der HelferInnenrolle. Dies ist nur in geringem Maße auf geschlechtsspezifische physische und psychische Dispositionen zurückzuführen. Überwiegend sind es die Haushaltskonfigurationen und die damit einhergehenden Muster der Arbeitsteilung im Hinblick auf Erwerbstätigkeit, Familienarbeit oder freiwillige Hilfstätigkeit, die – ob gewünscht oder nicht – zu den beobachteten Unterschieden beitragen.[37] Obwohl (hier) nicht im Einzelnen untersucht bzw. empirisch dokumentiert, dürfte auch das für Deutschland typische Muster des «desorganisierten Sozialstaats» wichtige Erklärungsmomente liefern, weil er nur unzureichend dazu beiträgt, die Wahlmöglichkeiten von Frauen und Männern im Hinblick auf die Arbeitsteilung im Familien- und Berufsalltag anzugleichen.

Literatur

Badura, B. (Hrsg.) (1981). *Soziale Unterstützung und chronische Krankheit*. Frankfurt/M.
Bergmann, K. E., Mensink, G. B. M. (1999). «Körpermaße und Übergewicht». *Das Gesundheitswesen*, 61, Sonderheft 2, S. 115–120.
Blanke, K., Ehling, M., Schwarz, N. (1996). *Zeit im Blickfeld*. Stuttgart.
BMFSFJ (Hrsg.) (2000). *Freiwilliges Engagement in Deutschland*. Stuttgart.
Borgetto, B. (2001). *Stand der Selbsthilfeforschung in Deutschland. Expertise im Auftrag des Bundesministeriums für Gesundheit*. Freiburg.
BzgA (1978). *Jahreserfolgskontrolle 1978*.
DZA (1991). *Alte Menschen in der Stadt und auf dem Lande*. Berlin.
Engfer, R., Grunow, D. (1986). «Anhang zu einem Forschungsbericht». *PVP-Schrift*, 2/86, Bielefeld.
Engfer, R., Grunow, D. (1987). *Gesundheitsbezogenes Alltagshandeln im Lebenslauf*. Bielefeld.
Forschungsverbund Laienpotenzial, Patientenaktivierung und Gesundheitsselbsthilfe (Hrsg.) (1987). *Gesundheitsselbsthilfe und professionelle Dienstleistungen*. Berlin.
Gesundheitsbericht für Deutschland (1998). *Schriften des Statistischen Bundesamtes*. Wiesbaden.
Grunow, D., Breitkopf, H., Dahme, H.-J., Engfer, R., Grunow-Lutter, V., Paulus, W. (1983). *Gesundheitsselbsthilfe im Alltag*. Stuttgart.
Grunow, D. (1986). «Lebensphasen, soziale Netze und Gesundheitsselbsthilfe: Ansatzpunkte der Gesundheitspolitik». In: Klingemann, H. (Hrsg.). *Selbsthilfe und Laienhilfe*. Lausanne.
Grunow, D. (1991). «Laienpotenzial im Gesundheitswesen – für wen? Von den Schwierigkeiten, sich helfen zu lassen». In: Nippert, P., Pöhler, W., Slesina, W. (Hrsg.), *Kritik und Engagement*. München, S. 213–224.
Grunow, D. (1994). «Die Bedeutung der Familie für das Gesundheitsverhalten ihrer Mitglieder». In: Grunow, D., Hurrelmann, K., Engelbert, A. *Gesundheit und Behinderung im familialen Kontext*. München, S. 9–67.

---

36 Bei einem Vergleich der Inhalte der freiwilligen Arbeit zeigt sich nur bei den persönlichen Hilfeleistungen (33 % bei Frauen, 23 % bei Männern) und den Verwaltungstätigkeiten (13 % bei Frauen und 19 % bei Männern) eine deutliche Differenz. Insgesamt bestätigen die Ergebnisse auf einem sehr allgemeinen Level die Detailuntersuchungen zur GSH.
37 Ob Frauen damit bei der vielfach notwendigen alltäglichen GSH benachteiligt sind, indem sie beispielsweise mehr geben, als sie an Hilfe erhalten, ist nicht unwahrscheinlich.

Grunow, D. (1998). «Selbsthilfe». In: Hurrelmann, K., Laaser, U. (Hrsg.). *Handbuch der Gesundheitswissenschaften*. Weinheim, München, S. 683–703.

Grunow, D., Breitkopf, H., Grunow-Lutter, V. (1984). *Gesundheitsselbsthilfe durch Laien: Erfahrungen, Motive, Kompetenzen. Ergebnisse einer qualitativen Intensivstudie*. Bielefeld.

Grunow, D., Reuter, R., Wohlfahrt, N. (1993). *Reform durch Modellerprobung? Zur Verbesserung wohnortnaher Versorgung chronisch Rheumakranker*. St. Augustin.

Grunow, D., Hüttner, B. (1998). *Gesundheitsbezogene Verwaltungslandschaft: die vernachlässigte Grundlage kommunaler Gesundheitspolitik und -förderung*. Bielefeld.

Grunow-Lutter V. (1987). «Zur Reziprozität des Helfens – Probleme und Schwierigkeiten der Krankheitsbewältigung in der Ehe». In: *Archiv f. Wiss. u. Praxis der sozialen Arbeit*, 18, S. 198–209.

Grunow-Lutter, V. (1991). «Frau und Gesundheitsselbsthilfe». In: Schmerl, Ch., Nestmann, F. (Hrsg.). *Frauen – das hilfreiche Geschlecht*. Reinbek, S. 151–170.

Häußermann, H., Siebel, W. (1995). *Dienstleistungsgesellschaften*. Frankfurt/M.

ISAB (1996). *Selbsthilfe und Selbsthilfeunterstützung in der Bundesrepublik Deutschland*. Köln.

Junge, B., Nagel, M. (1999). «Das Rauchverhalten in Deutschland». *Das Gesundheitswesen*, 61, Sonderheft 2, S. 121–125.

Kahl, H., Hölling, H., Kamtsiuris, P. (1999). «Inanspruchnahme von Früherkennungsuntersuchungen und Maßnahmen zur Gesundheitsförderung». In: *Das Gesundheitswesen*, 61, Sonderheft 2, S. 163–168

Kickbusch, I.(1981). «Die Bewältigung chronischer Krankheiten in der Familie: einige forschungskritisch-programmatische Bemerkungen». In: Badura B. (Hrsg.). *Soziale Unterstützung und chronische Krankheit*. Frankfurt/M., S. 317–342.

McKeown, Th. (1982). *Die Bedeutung der Medizin*. Frankfurt/M.

Mensink, G. B. M. (1999). «Körperliche Aktivität». In: *Das Gesundheitswesen*, 61, Sonderheft 2, S. 126–131.

Mensink, G. B. M., Ströbel, A.(1999). «Einnahmen von Nahrungsergänzungspräparaten und Ernährungsverhalten». In: *Das Gesundheitswesen*, 61, Sonderheft 2, S. 132–137.

Mensink, G. B. M., Thamm, M. (1999). «Die Ernährung in Deutschland 1998». In: *Das Gesundheitswesen*, 61, Sonderheft 2, S. 200–206.

NAKOS (Hrsg.) (2001). *Bundesweite Selbsthilfevereinigungen und relevante Institutionen*. Berlin.

Oakley, A. (1978). «The Family, Marriage, and its Relationship to Illness». In: Tuckett, D. (Hrsg.). *An Introduction to Medical Sociology*. London.

Ornish, D. (1992). *Revolution in der Herztherapie*. Stuttgart.

Ropers, G., Nolte, B.,Kriegel, W. (1990). «Pateientenaktivierung als Bestandteil einer wohnortnahen medizinischen Therapie». In: Siegrist, J. (Hrsg.). *Wohnortnahe Betreuung Rheumakranker*. Stuttgart, New York.

Sachverständigenrat (2001). «Bedarfsgerechtigkeit und Wirtschaftlichkeit. Gutachten». BTDrucksache, 14/5661, Bonn.

Schneekloth, U., Potthoff, P. (1993). *Hilfe- und Pflegebedürftigkeit in privaten Haushalten*. Stuttgart.

TK (1993). *Gesundheitsförderung. Evaluationsbericht zum Präventionsprogramm der Techniker Krankenkasse 1992/1993 in NRW*. Düsseldorf.

Trojan, A. (Hrsg.) (1986). *Wissen ist Macht. Eigenständig durch Selbsthilfe in Gruppen*. Frankfurt/M.

Wohlfahrt, N., Breitkopf, H. (1995). *Selbsthilfegruppen und soziale Arbeit*. Freiburg.

Wohlfahrt, N., Breitkopf, H. (1996). «Selbsthilfegruppen in Nordrhein-Westfalen». In: MAGS/NW (Hrsg.). *Zukunft des Sozialstaates*. Düsseldorf. S. 371–634.

Adressen der Autorinnen und Autoren

Dr. Andrea Benecke
Institut für Psychotherapie und medizinische Psychologie
Universität Würzburg Tel. 09 31-31 27 13
Klinikstraße 3 Fax 09 31-57 20 96
D-97070 Würzburg E-Mail i-psychoth@mail.uni-wuerzburg.de

Prof. Dr. Dres. h.c. mult. Michael Berger
Klinik für Stoffwechselkrankheiten und Ernährung
WHO Collaborating Centre for Diabetes
Heinrich Heine-Universität Düsseldorf Tel. 02 11-8 11 78 12
Moorenstraße 5 Fax 02 11-8 11 87 72
D-40225 Düsseldorf E-Mail bergermi@uni-duesseldorf.de

Dr. Gallus Bischof
Klinik für Psychiatrie und Psychotherapie
Medizinische Universität zu Lübeck Tel. 04 51 5 00 30 40
Ratzeburger Allee 160 Fax 04 51 5 00 30 26
D-23538 Lübeck E-Mail Bischof.G@Psychiatry.MU-Luebeck.de

Priv.-Doz. Dr. Dieter Borgers
Abteilung für Allgemeinmedizin
Heinrich Heine-Universität Düsseldorf Tel. 02 51-2 53 50
Moorenstraße 5 E-Mail borgers@dieter-borgers.de
D-40225 Düsseldorf

Prof. Dr. Elmar Brähler
Abteilung für Medizinische für Psychologie und Soziologie
Universitätsklinikum Tel. 04 31-9 71 88 00
Stephanstraße 11/14 Fax 04 31-9 71 88 09
D-04103 Leipzig E-Mail brae@medizin.uni-leipzig.de

Dr. Dianne Butland
Faculty of Education, A 35
The University of Sydney
Sydney, NSW, 2006 Australia

Adressen der Autorinnen und Autoren

Prof. Dr. Robert Connell
Faculty of Education, A 35
The University of Sydney			Tel.	+61 2 93 51 62 47
Sydney, NSW, 2006			Fax	+61 2 93 51 45 80
Australia			E-Mail	r.connell@edfac.usyd.edu.au

Dr. Ruth Deck
Institut für Sozialmedizin
Universität Lübeck			Tel.	0 41 51-7 99 25 13
Beckergrube 43-47			E-Mail	Ruth.Deck@sozmed.mu-luebeck.de
D-23552 Lübeck

Prof. Dr. Annette Degenhardt
Institut für Psychologie
Johann Wolfgang Goethe-Universität			Tel.	0 69-7 98-2 49 58/-2 37 25
Kettenhofweg 128			Fax	0 69-7 98-2 49 59
D-60054 Frankfurt/Main			E-Mail	A.Degenhardt@psych.uni-frankfurt.de

Dr. Dagmar Ellerbrock
Fakultät für Geschichtswissenschaft und Philosophie
Universität Bielefeld			Tel.	05 21-1 06 32 34
Postfach 100 131			E-Mail	dellerbr@geschichte.uni-bielefeld.de
D-33501 Bielefeld

Prof. Dr. Alexa Franke
FB 13
Universität Dortmund			Tel.	02 31-7 55 45 51
Postfach 50 05 00			Fax	02 31-7 55 45 50
D-44221 Dortmund			E-Mail	alexa.franke@uni-dortmund.de

Dr. Maximilian Gertler
Institut für Toxikologie
Universität Würzburg
Versbacher Straße 9
D-97078 Würzburg

Prof. Dr. Gerd Glaeske
Zentrum für Sozialpolitik
Universität Bremen			Tel.	04 21-2 18 44 01
Parkallee 39			Fax	04 21-2 18 75 40
D-28209 Bremen			E-Mail	gglaeske@zes.uni-bremen.de

Prof. Dr. Dieter Grunow
FB 1
Universität Duisburg			Tel.	02 03-3 79 20 12
Postfach			Fax	02 03-3 79 23 18
D-47048 Duisburg			E-Mail	grunow@uni-duisburg.de

Dr. Vera Grunow-Lutter
Akademie für das öffentliche Gesundheitswesen
Auf'm Hennekamp 70
D-40225 Düsseldorf

Priv.-Doz. Dr. Ursula Härtel
Humanwissenschaftliches Zentrum
Universität München   Tel.   0 89-5 99 66 51
Goethestraße 31   Fax   0 89-5 99 64 89
D-80336 München   E-Mail haertel@lrz.uni-muenchen.de

Prof. Dr. Carol Hagemann-White
FB Erziehungs- und Kulturwissenschaften
Universität Osnabrück   Tel.   05 41-9 69 45 49
D-49069 Osnabrück   E-Mail chagemann@uos.de

Prof. Dr. Johanna Hartung
Fachhochschule Düsseldorf
FB Sozialpädagogik
Universitätsstraße, Geb. 24.21
D-40225 Düsseldorf

Prof. Dr. François Höpflinger
Soziologisches Institut
Universität Zürich   E-Mail hoepflinger@bluemail.ch
Rämistraße 69
CH-8001 Zürich

Dr. Barbara Hoffmann
Institut für Medizinische Informatik, Biometrie und Epidemiologie
Universitätsklinikum
Hufelandstraße 55
D-45122 Essen

Prof. Dr. Walter Hollstein
Alsterweg 57A   Tel.   0 30-8 17 19 14
D-14167 Berlin   Fax   0 30-8 17 190 7
                               E-Mail Walter.Hollstein@t-online.de

Prof. Dr. Klaus Hurrelmann
Fakultät für Gesundheitswissenschaften
Universität Bielefeld   Tel.   05 21-1 06 38 34/-46 69
Postfach 100 131   Fax   05 21-1 06 64 33
D-33501 Bielefeld   E-Mail klaus.hurrelmann@uni-bielefeld.de

Dr. Ingeborg Jahn
Bremer Institut für Präventionsforschung und Sozialmedizin
Linzer Straße 8   Tel.   04 21-5 95 96 52
D-28359 Bremen   Fax   04 21-5 95 96 68
                               E-Mail jahn@bips.uni-bremen.de

Prof. Dr. Ulrich John
Institut für Epidemiologie und Sozialmedizin
Universität Greifswald   Tel.   0 38 34-86 77 00
Walther-Rathenau-Straße 48   Fax   0 38 34-86 77 01
D-17487 Greifswald   E-Mail   ujohn@mail.uni-greifswald.de

Prof. Dr. Horst Kächele
Abteilung Psychotherapie und Psychosomatische Medizin
Universität Ulm   Tel.   07 31-5 02 56 61
Am Hochsträß 8   Fax   07 31-5 02 56 62
D-89081 Ulm   E-Mail: kaechele@sip.medizin.uni-ulm.de

Priv.-Doz. Dr. Theodor Klotz
Klinik für Urologie und Kinderurologie
Postfach 18 60   Tel.   09 61-3 03 33 02
D-92606 Weiden   Fax   09 61-3 03 44 05
                                       E-Mail   klotz@klinikum-weiden.de

Priv.-Doz. Dr. Thomas Kohlmann
Institut für Sozialmedizin
Universität Lübeck   Tel.   04 31-7 99 25 26
Beckergrube 43–47   Fax   04 31-7 99 25 22
D-23552 Lübeck   E-Mail   100063.677@compuserve.com

Prof. Dr. Petra Kolip
FB 11
Universität Bremen   Tel.   04 21-5 95 96 40
Grazer Straße 2a   Fax   04 21-5 95 96 68
D-28334 Bremen   E-Mail   kolip@bips.uni-bremen.de

Prof. Dr. Frauke Koppelin
FH Oldenburg/Ostfriesland/Wilhelmshaven
Fachbereich Sozialwesen   Tel.   01 80-56 78 07 11 76
Constantiaplatz 4   Fax   01 80-56 78 07 12 51
D-26723 Emden

Prof. Dr. Alexander Krämer
Fakultät für Gesundheitswissenschaften
Universität Bielefeld   Tel.   05 21-1 06 42 52
Postfach 100 131
D-33501 Bielefeld   E-Mail   kraemer@hrz.uni-bielefeld.de

Prof. Dr. Andreas Kruse
Institut für Gerontologie
Universität Heidelberg   Tel.   0 62 21-54 81 81
Bergheimer Straße 20   Fax   0 62 21-54 59 61
D-69115 Heidelberg   E-Mail   andreas.kruse@urz.uni-heidelberg.de

Dr. Ellen Kuhlmann
Zentrum für Sozialpolitik
Universität Bremen Tel. 04 21-2 18 44 04
Parkallee 39 E-Mail e.kuhlmann@zes.uni-bremen.de
D-28209 Bremen

Dr. Hans-Joachim Lenz
Burgweg 33 Tel./Fax 0 91 26-28 41 04
D-90542 Eckenhaid-Eckental E-Mail hj-lenz@t-online.de

Dr. Martin Merbach
Selbstständige Abteilung für Medizinische Psychologie und Medizinische Soziologie
Universitätsklinikum Leipzig Tel. 03 41-9 71 88 14
Stephanstraße 11 Fax 03 41-9 71 88 09
D-04103 Leipzig E-Mail merm@medizin.uni-leipzig.de

Dr. Andreas Mielck
GSF- Forschungszentrum für Umwelt und Gesundheit GmbH
Postfach 1129 Tel. 0 89-31 87 44 60
D-85758 Neuherberg Fax 0 89-31 87 33 75
E-Mail mielck@gsf.de

Prof. Dr. med. Ingrid Mühlhauser
Professur für Gesundheit, IGTW
Universität Hamburg
Martin-Luther-King-Platz 6 E-mail Ingrid_Muehlhauser@uni-hamburg.de
D-20146 Hamburg

Dr. Luise Prüfer-Krämer
Fakultät für Gesundheitswissenschaften
Universität Bielefeld
Postfach 100 131
D-33501 Bielefeld

Prof. Dr. Marianne Resch
Fachgebiet Arbeits- und Organisationspsychologie, Universität Flensburg
Kanzleistraße 92-93 Tel. 04 61-8 05 29 64
D-24943 Flensburg Fax 04 61-8 05 29 90
E-Mail m.resch@uni-flensburg.de

Prof. Dr. Christiane Schmerl
Fakultät für Pädagogik
Universität Bielefeld Tel. 05 21-1 06 31 61
Postfach 100 131 Fax 05 21-1 06 60 28
D-33501 Bielefeld

Dr. Bettina Schmidt
Fakultät für Gesundheitswissenschaften
Universität Bielefeld
Postfach 100 131
D-33501 Bielefeld

Tel. 05 21-1 06 38 88
Fax 05 21-1 06 64 33
E-Mail bettina.schmidt@uni-bielefeld.de

Dr. Silke Schmidt
Institut für Medizinische Psychologie
Universitätsklinikum
Steubenstraße 2
D-07740 Jena

Tel. 0 36 41-93 77 72
E-Mail silke.schmidt@med.uni-jena.de

Priv.-Doz. Dr. Eric Schmitt
Institut für Gerontologie
Universität Heidelberg
Bergheimer Straße 20
D-69115 Heidelberg

Tel. 0 62 21-54 81 82/1

Dr. Toni Schofield
The University of Sydney
Faculty of Education, A 35
Sydney, NSW, 2006
Australia

Prof. Dr. Beate Schücking
Universität Osnabrück
Raum 31/172
Albrechtstraße 28
D-49069 Osnabrück

Tel. 05 41-9 69 24 52
Fax 05 41-9 69 24 50
E-Mail beate.schuecking@uos.de

Dr. Wolfgang Settertobulte
Fakultät für Gesundheitswissenschaften
Universität Bielefeld
Postfach 100 131
D-33501 Bielefeld

Tel. 05 21-1 06 38 90
Fax 05 21-1 06 64 33
E-Mail wosetter@uni-bielefeld.de

Dr. Susanne Singer
Abteilung für Medizinische für Psychologie und Soziologie
Universitätsklinikum
Stephanstraße 11/14
D-04103 Leipzig

Tel. 04 31-9 71 88 00
Fax 04 31-9 71 88 09

Prof. Dr. Helga Stopper
Institut für Toxikologie
Universität Würzburg
Versbacher Straße 9
D-97078 Würzburg

Tel. 09 31-2 01 34 27
Fax 09 31-2 01 34 46
E-Mail stopper@toxi.uni-wuerzburg.de

Prof. Dr. Bernhard Strauß
Institut für Medizinische Psychologie
Universität Jena Tel. 0 36 41-93 65 01 bzw. 93 34 01/02
Stoystraße 3 E-Mail strauss@landgraf.med.uni-jena.de
D-07743 Jena

Dr. Andreas Thiele
Institut für Psychologie
Johann Wolfgang Goethe-Universität Tel. 0 69-79 82 49 58 / 2 37 25
Kettenhofweg 128
D-60054 Frankfurt/Main

Professor Dr. Ingrid Waldron
Department of Biology
University of Pennsylvania
Philadelphia
PA 19104-6018 / USA

Dr. Linley Walker
The University of Sydney
Faculty of Education, A 35
Sydney, NSW, 2006 / Australia

Dr. Julian Wood
The University of Sydney
Faculty of Education, A 35
Sydney, NSW, 2006
Australia

Dr. Ulrike Worringen
Medizinische Klinik Charité
Campus Virchow-Klinikum Tel. 0 30-45 05 31 13
Augustenburger Platz 1 Fax 0 30-45 95 39 00
D-13353 Berlin E-Mail ulrike.worringen@charite.de

Sachregister

Abhängigkeitssymptome 345
Abhängigkeitsverlauf 355
Abstinenzselbstwirksamkeit 354
Abtreibung 129
Abtreibungsmethoden 37
Adipositas 185, 254, 313, 359f.
–, Pathogenese 314
–, Prävalenz 315
–, Verbreitung 362
Adoptionsfamilie 421
Affektion, perinatale 163
affektive Störung 257f.
AIDS, erworbenes Immundefektsyndrom 375
Aktivität, körperliche 254, 365
–, sportliche 187, 255
Alcoholism Treatment 354
Alkohol, protektiver Effekt 442
Alkoholabhängige 350
Alkoholabhängigkeit 344f., 354
–, remittierte 351
alkoholbedingte Todesfälle 345
alkoholbezogene Hilfen, Inanspruchnahme 350, 352
alkoholbezogene Probleme 350
–, Inanspruchnahmeverhalten 352
Alkoholdehydrogenase, gastrische 351
Alkoholeinfluss im Straßenverkehr 355
Alkoholexzess 349
alkoholische Kardiomyopathie 441
Alkoholismus 347
Alkoholismusrisiko 347
Alkoholkonsum 187, 344, 441
–, riskanter 344
Alkoholmissbrauch 77, 344
–, chronischer 441
–, Lebenszeitprävalenz 345
Alleinleben 420
Allergenexposition 447
Allergie 181, 446f.
Alter, hohes 206
–, Morbidität und Mortalität 218
Altern, pathologisches 208
alternder Mann 242
Alternsforschung, geschlechtsspezifische 206
Alternsprozess 206, 251
–, physiologischer 208
altersspezifische Sterberaten 425
Altersveränderungen, biologisch-physiologische 207
ambulante Nachsorgeprogramme 285
Amphetamine 348
Analysen, geschlechtervergleichende 143
–, soziodemographische 424
Androgynie-Konzept 270

androide Fettsucht 280
Androzentrismus 26, 34, 36, 54, 148
Anforderung/Belastung, Konzept 409
Angehörige, pflegende 433
Ängstlichkeit 332
Angststörung 262ff.
Angstsymptom 263f.
Anomalie, kongenitale 164
Anorexia nervosa 359, 361
Ansatz, ethnomethodologischer 106
–, konstruktivistischer 107
Antibiotika 445
Antidepressiva 530
Antigen, prostataspezifisches 246
antisoziale Persönlichkeitsstörung 349
Appetitzügler 363
Arbeit, berufliche 412f.
–, geschlechtliche Organisation 74
– im Haushalt 411
–, Stressoren 406
–, unbezahlte 414, 555
–, Wirkung 415
Arbeitsaufgabe 408
Arbeitsbedingung 404, 415
Arbeitsbegriff 410f.
Arbeitsbelastung 390
Arbeitsform 413
Arbeitsmarkt, geschlechtsspezifischer 414
Arbeitsorganisation 406
Arbeitsplatz, Risikofaktoren 301
–, sexuelle Belästigung 469
Arbeitstätigkeit 409
Arbeitsteilung, geschlechtliche 73, 78, 415
Arbeitsüberlastung 284
Arbeitsumgebung 406
Arbeitsunfähigkeit 204, 245
Arbeitsunfähigkeitszeiten 508
Ärger-Persönlichkeit 283
Armut bei Kindern 399
– und Gesundheit 395
Armutsquote 388
Armutsrisiko 431
Artefakthypothese 534
Arthritis, juvenile rheumatoide 325
–, rheumatoide 324
Arthrosen 326
Arzneimittel, psychotrope 345f.
–, umstrittene 526
Arzneimittelabhängigkeit 531
Arzneimittelcharakteristika, geschlechtsspezifische 528
Arzneimittelkonsum 525

Arzneimittelkonzentration im Blut 445
Arzneimitteltherapie 522, 525
Arzneimittelverordnung, Inanspruchnahme 524
Arzneimittelverordnungsstatistik 346
Arzneimittelversorgung 522f.
Arztbesuch, Bereitschaft zum 81
Ärztestand, Professionalisierung 125
Arzt-Patientin-Verhältnis 45, 70
Asthma 446
Asthma bronchiale 182, 447
Atemwegserkrankung 343, 447
atopische Erkrankung 446
Attraktivität, körperliche 316, 367
Ausbeutung, sexuelle 465
ausländerfeindlicher Übergriff 474
Ausländerfeindlichkeit 474
Autoimmunerkrankung 208, 447f.
–, chronische 448
–, idiopathische 448
Autonomie 371

Bandscheibenerkrankung 329
Befindlichkeitsstörung 75, 561
–, multiple 516
–, umweltbezogene 439
Begehren, sexuelles 467
Behandlungshäufigkeit 529
Belästigung, sexuelle 130
Belastung, krankheitsbedingte 334
–, psychische 409
Belastungs-Beanspruchungskonzept 406
Benachteiligung, soziale 388
–, sozioökonomische 431
Benzodiazepine 346, 445, 528, 531
Beratung 541
Berufe, hausarbeitsnahe 414
berufliche Arbeit 412f.
– Exposition 300
beruflicher Status 393
Berufsarbeit, weibliche 414
Berufsbedingungen 41
Berufsrolle, Verlust 207
Berufsstress 25
berufstätige Eltern 413
– Mutter 404
Berufstätigkeit 410
Beschneidung, weibliche 468
Beschwerdeausmaß 200
Beschwerdeberichtsverhalten 199
Beschwerdedruck 266
Beschwerden ohne organischen Befund 265
–, psychosomatische 183
Betriebskrankenkassen 122
Bevölkerungsstruktur 423
Bewältigungshypothese 534
Bewältigungsstrategie 98
–, lebensweltbezogene 481

Bewältigungsverhalten, emotionales 336
Bewertungsmassstab, doppelter 149, 390
Beziehungsarbeit 23
Beziehungsenttäuschung 539
bidirektionales Modell 95
Bildung 426, 428, 540
Bildungsniveau 511
Bindegewebserkrankung 444
Bindung, starke vs. schwache 549
binge eating 365
biogenetische Einflussfaktoren 92
Biologie der Geschlechtsunterschiede 161
biologischer Geschlechtsunterschied 163, 173
– Selektionsprozess 99
biologisches Geschlecht 146
biologisch-physiologische Altersveränderung 207
Biologismus, latenter 104
biomedizinische Sichtweise 88
biomedizinischer-biotechnologischer Körper 111
biopsychosoziale Perspektive 269
biopsychosoziales Modell 88f.,101
Biotransformation 445
Blasenkrebs 444
Blut, Arzneimittelkonzentration 445
Blutalkohol-Konzentration 351
Body Image 316
Body-Mass-Index 186, 254, 315, 360
Bronchitis, chronische 182
Brustabtastung 295
Brustimplantat 444
Brustkrebs 293, 497
Brustkrebsepidemie 294
Brustkrebsmorbidität 294
Brustkrebsmortalität 498
Brustkrebs-Screening 294f.
Bulimia nervosa 185, 359, 361, 363
bürgerliche Frauenbewegung 125f.
bürgerlicher Gesundheitsbegriff 122
bürgerlich-patriarchale Familien 39

Cannabis 347
Cervixkarzinom 295
Chemotherapie 248, 304
Cholesterinwert 208
Chromosomenanomalien 91
Chronic Fatigue Syndrome 449f.
chronische Erkrankungen 19
Compliance-Parameter 313
Coping-Anstrengungen 354
Coping-Potenziale 334
Copingverhalten, hilfloses 430

Darmkrebs 297
Datenanalyse und -interpretation 151
degenerative Gelenkveränderungen 326
demente Partner, Pflege 432
Demütigungsrituale, hegemoniale 472

Depression 75, 184, 213f., 347
–, postpartale 234
depressive Grundstimmung 261
– Störung 40, 260
– Symptomatik 332
Diabetes mellitus 183, 308
Diabetes-Diät 310
Diabeteskomplikationen 312
diabetische Nephropathie 311
Diät 186, 365
Diätnahrungsmittelindustrie 366
Dienstleistungen, personenbezogene soziale 541
dienstleistungsbezogener Wohlfahrtsmix 550
Dilemma, maskulines 59
Disharmonie, familiäre 370
Diskriminierung, sexuelle 159, 464
Disposition, genetische 266
Distress 265
Distress-Symptome, emotionale 332
doctor hopping 531
doing gender 27,105f.
Dominanz, männliche 461
Dominanzstreben 60
Doppelrolle, familial-berufliche 432
Doppeluntersuchungen 521
Dorsopathien 329
Drogen, illegale 346
Drogenabhängige 352
Drogenaffinitätsstudie 346
Drogenerfahrungen 188
Drogenmissbrauch 346
Duftstoffe 444
Dunkelfeldforschung 465
Durchfallerkrankungen 379
Dysfunktion, erektile 249ff.
–, psychosoziale 333
dysfunktionale maskuline Rollenorientierung 99

Ecstasy 347
Effekte, genetische 160
Ehe 420, 422
–, Entinstitutionalisierung 423
–, gesundheitliche Effekte 422
–, Gewalt 469
–, patriarchale 41
–, protektive Wirkung 423
Ehebeziehung 421f.
Ehedauer 421
eheliche Misshandlung 464
Ehemann, Züchtigungsrecht 470
Ehrenamt 552, 555, 563
ehrenamtliche Helferinnen und Helfer 552
Ein-Eltern-Familie 420
Einflussfaktoren, biogenetische 92
Einschränkungen der Frauenrolle 366
Elimination von Fremdstoffen 446
Eltern, berufstätige 413

Elternschaft 429f.
–, biologische vs. soziale 4300
Elternzeit 27
Emasculation 63
embryonale Entwicklung 164
emotionale Distress-Symptome 332
– Unterstützung 284
emotionales Bewältigungsverhalten 336
Empfängnisverhütung 231
Empowerment 35, 540, 544
Energieverbrauch 364f.
Entbindung 232
Entbindungsanstalten 123
Entdeckungsepidemie 302f.
Entinstitutionalisierung der Ehe 423
Entwicklung, embryonale 164
Entwicklungsaufgabe 23
Entwöhnungsbehandlung 352
epidemiologische Forschung 155
– Praxis 155
– Studie 151
epidemiologischer Übergang 127
Epilepsie 182
Erbanlagen von Männern und Frauen 450
erektile Dysfunktion 249ff.
Erkrankung, Atemwege 343
–, atopische 446
–, chronische 19
–, koronare 278
–, muskulo-skeletale 323
–, parasitäre 375
–, psychiatrische 349
–, psychische 213, 533
–, rheumatische 322
Ernährung 298, 439
Ernährungsberatung 391
Ernährungsgewohnheiten 185, 562
Ernährungsprobleme 253
Ernährungsverhalten 186, 253, 391
Ernährungsweise 299
Erschöpfungszustände, Mutter 516
Erstgebärende 226, 228
Erwachsenenalter, mittleres 193
Erwerbsarbeit 24, 403, 410, 412, 472
Erwerbsbiografie 509
Erwerbsfähigkeit, Erhalt 511
–, Minderung 509
–, Wiedergewinnung 507
Erwerbstätigkeit 429f.
–, mütterliche 403
Erwerbsunfähigkeit 505
erworbenes Immundefektsyndrom (AIDS) 375
Erziehung, Hilfen 540
Erziehungsberatung 542
erzwungener sexueller Körperkontakt 467
Essanfall 361, 365
Essattacke 360

Essregime 367
Essstörung 185f., 316, 359
–, Prävention 371
Essverhalten 367
–, gestörtes 360
ethnomethodologische Ansätze 106
Exposition, berufliche 300
–, gegenüber Infektionen 381
Expressivität 270
Expressivitätshypothese 534
Exzess-Mortalität 316, 318, 363

Fähigkeitsstörungen 508
Faktoren, protektive 97
–, soziokulturelle 366
familial-berufliche Doppelrolle 432
– Rollenkombination 434
familiale Generationenbeziehungen 434
Familialismus 148
familiäre Disharmonie 370
–, Unterstützung, Mangel 563
familiäres Milieu 368
– Wir-Gefühl 369
Familie, bürgerlich-patriarchale 39
–, Gewalt 473f.
Familienarbeit 403, 410ff., 509
–, unbezahlte 415
Familienaufgaben 415
Familienform 422
Familienhaushalt 411
Familienkonstellation 430
Familienpflichten 24, 75
Familienplanung 511
Familienpolitik, patriarchale 48
Familienstand 423
familienstandsspezifische Mortalitätsdifferenz 426, 433f.
feminines Selbstkonzept 97
Femininität 270
Feminisierung der Psychotherapie 537
feministische Geschichtswissenschaft 124
– Perspektive 13
– Politik 36
feministischer Gewaltbegriff 462
Fertilität 450
–, männliche und weibliche 451
Fettleibigkeit 366
Fettstoffwechselstörung 320
Fettsucht, androide 280
–, gynoide 280
Fibromyalgie 330
Fibromyalgiesyndrom 449
Fitness-Industrie 60
Flexibilisierung der Geschlechtsrollen 29
Folteropfer 475
Forschung, epidemiologische 155
–, geschlechterangemessene 145

–, geschlechtergerechte 145, 152
–, geschlechtsvergleichende 152
– gynäkologisch-endokrinologische 232
–, Sexismus in der 144
–, sozialepidemiologische 405
–, verhaltensmedizinische 96
Forschungsdesign 150f.
Forschungsinstrument 155
Forschungsmethode 151
Fortpflanzungsfähigkeit 450f.
Fragestellung, körpergeschichtliche 134
Frau, helfendes Geschlecht 561
–, Helferinnenrolle 563
–, hysterische 533
–, Krankheitslast 324
–, Lebenserwartung 18
–, Machtlosigkeit 366
–, soziale Ungleichheit 393
–, Übersterblichkeit 313
Frauenarbeit 414
Frauenarzt 228
Frauenbewegung 16, 32f., 47, 54, 133, 400
–, bürgerliche 125f.
Frauenbild 33
Frauenerwerbstätigkeit 508
Frauenförderung 47
Frauenforschung 54f.
Frauengesundheit 67, 395
Frauengesundheitsbericht 225
Frauengesundheitsbewegung 33, 37, 69, 134
Frauengesundheitsdiskurs 70
Frauengesundheitsforschung 13, 16f., 35, 46, 394
Frauengesundheitszentren 33, 38
Frauenhaus 463
Frauenheilkunde 42
Frauenkörper 33, 36
Frauenprofessur 48
Frauenrechtlerinnen 126
Frauenrolle, Einschränkungen 366
–, widersprüchliche Anforderungen 371
frauenspezifische psychische Erkrankung 537
Frauensyndrom 532
Fremdhilfe 552f.
–, nicht substituierbare 553
Fremdstoffe, Elimination 446
Frühberentung 204, 512
Früherkennungsleistungen 301
Früherkennungsuntersuchung 20
–, Nutzung 559
Frühgeburtsrisiko 163
Frühschwangerschaft 229
Funktionseinschränkung 508
–, schmerzbedingte 333
Funktionsfähigkeit, physische 285
Funktionstüchtigkeit, psychologische 214f.

Sachregister

Ganzkörpervibration 329
gastrische Alkoholdehydrogenase 351
Gebärmutterentfernungen 522
Gebrauch von Medikamenten 444
Geburtenrate, sinkende 128
Geburtenrückgang 133
Geburtserfahrung 234
Geburtserlebnis 234
–, traumatisches 235
Geburtshilfe 42, 124, 229, 231
–, klinische 235
geburtshilfliche Praktiken 233
Geburtsklinik 237
Geburtsmechanik 232
Geburtsvorbereitung 80
Geburtsvorbereitungskurs 228f.
Geist-Körper-Dualismus 88, 114
Geist-Leib-Problem 87
Gelenkdestruktion 325
Gelenkerkrankungen 322
Gelenkveränderungen, degenerative 326
gender 74
Gender Based Analysis 144
Gender-Bias 15, 142, 147f., 155, 390f., 399, 403
–, Methoden der Vermeidung 149
Gender Controlling 113
Gender Mainstreaming 25, 105, 112, 501
Gender Studies 105
gendersensitive Messinstrumente 150
Gender-Sensitivität 144
Gender-Theorien 104
Generationenbeziehung, familiale 434
Generationengrenze, Überschreitung 369
generative Gesundheit 225
genetische Disposition 266
– Effekte 160
– Prädisposition 364
– Vulnerabilität 347
Genitalverstümmelung 49, 468
Genom 90
Genotyp 90
gerontopsychiatrische Störung 537
Geschichtswissenschaft, feministische 124
Geschlecht als biologischer Unterschied 78
Geschlecht, biologisches 96, 146
–, chromosomales 90
–, gonadales 90
–, Konstruktion 106
–, somatisches 90f.
–, soziales 74, 146
geschlechterabhängiges Mortalitätsverhältnis 192
geschlechterangemessene Forschung 145
Geschlechterarrangement 27, 74
geschlechterbezogene Gesundheitsversorgung 79
Geschlechterdichotomie 148
Geschlechterdifferenz 107
Geschlechterdiskurs 120

Geschlechterforschung 55, 144
geschlechtergerechte Forschung 145, 152
– Gesundheitsforschung 142
Geschlechtergerechtigkeit 17, 25, 112, 143
Geschlechterhierarchie 16
Geschlechterinsensibilität 148, 390
Geschlechterkonstellation 538
Geschlechterordnung 108, 112
Geschlechter-Paradox 395
Geschlechterregime 109
Geschlechterrolle 40, 419
Geschlechtersegregation 126
geschlechtersensible Gesundheitsforschung 26, 28
– Public-Health-Forschung 145
Geschlechterstudie 74
Geschlechtertheorie 113
geschlechtervergleichende Analyse 143
– Gesundheitsbericht 14
Geschlechterverhältnis 27f. 67, 73, 76, 87, 107, 110
–, dichotomisches 121
–, Veränderung 113
Geschlecht-Ethnizität-Interaktion 78
geschlechtliche Arbeitsteilung 73, 78
– Diskriminierung 159
– Organisation der Arbeit 74
Geschlechtrollenstress 92
geschlechtsbezogene Gesundheit 28
geschlechtsbezogenes Rollenverständnis 88
Geschlechtscharakter 120
Geschlechtshormondrüsen 252
Geschlechtshormone 160, 209, 246, 381
Geschlechtsidentität 80, 111
Geschlechtskonstrukt 480
Geschlechtskrankheit 130
Geschlechtsmuster 74
Geschlechtsorgane 162
Geschlechtsrolle, Flexibilisierung 29
Geschlechtsrollen-Asymmetrie 539
Geschlechtsrollenorientierung 147
Geschlechtsrollenstereotyp 538
geschlechtsspezifische Alternsforschung 206
– Arzneimittelcharakteristika 528
– Hormone 267
– Inanspruchnahme 505
geschlechtsspezifische Unterschiede, Krankenversicherung 123
geschlechtsspezifischer Arbeitsmarkt 414
Geschlechtsstereotyp 23, 207
geschlechtstypische Lebenslage 479
– Rollenorientierung 99
geschlechtstypischer Reifungsprozess 91
Geschlechtsunterschied 71, 73
–, biologischer 161, 163, 173
geschlechtsvergleichende Forschung 152
Geschlechtsverkehr 250
Geschlechtsverklärung 149
Gesellschaft, patriarchale 32, 469

gesetzliche Krankenversicherung 520, 523
Geschlechterverhältnis 41
Gesundheit 22f., 44, 56
–, Einfluss der Arbeit 406
–, generative 225
–, geschlechtsbezogene 28
–, Pflicht zur 132
–, Privatisierung 133
–, psychische 40, 75
–, reproduktive 225
–, selbsteingeschätzte 419, 421, 429
–, sozialistische 132
–, subjektive 95
gesundheitliche Scheidungsfolgen 430
gesundheitliche Ungleichheit 387, 389
–, horizontale 394, 397
–, vertikale 393, 395
gesundheitliches Risikoverhalten 492, 494.
Gesundheits- und Krankheitsprofil 23, 25
Gesundheits- und Krankheitssystem, Versorgungsstrukturen 21
Gesundheits- und Schönheitsnormen, Verflechtung 133
Gesundheitsarbeit, alltägliche 269
Gesundheitsaufklärung 127
Gesundheitsbegriff 407
–, bürgerlicher 122
–, Politisierung 132
Gesundheitsberatung 319
Gesundheitsberichte, geschlechtervergleichende 14
Gesundheitsberichterstattung 114
Gesundheitsberuf 22, 42, 480
Gesundheitsbewusstsein 23, 303
gesundheitsbezogene Kompetenz 561
– Selbsthilfe 548
– Verhaltensdaten 426
Gesundheitsbildung 481
Gesundheits-Check-up 559
Gesundheitsdefinition 119
Gesundheitserfahrung 49
Gesundheitserleben 95
Gesundheitserziehung 80
gesundheitsförderliche Lebensweise 560
– Wirkung langjähriger Partnerschaften 435
Gesundheitsförderung 21, 301, 399, 408, 491, 496, 540, 551
Gesundheitsforschung 108, 114
–, geschlechtergerechte 142
–, geschlechtersensible 26, 28
Gesundheitsfürsorge 122, 126f.
gesundheitsgefährdende Weiblichkeit 44
gesundheitsgefährdendes Risikoverhalten 58
Gesundheitsindikatoren 419
Gesundheitskatechismus 121
Gesundheitskonzeptionen 121
Gesundheitsleistungen, notwendige 521
gesundheitsorientiertes Verhalten, Hemmnisse 562

Gesundheitspflege-Pluspunkte 426
Gesundheitsprobleme 72
–, Mann 241
gesundheitsrelevantes Verhalten 492
Gesundheitsrisiko 105
gesundheitsschädigendes Risikoverhalten 442
Gesundheitsselbsthilfe 549
Gesundheitsselbsthilfegruppe 551, 558
Gesundheitsstörung, Prävention 21
Gesundheitssurvey 191
Gesundheitssystem, Inanspruchnahme 77
Gesundheitstheorie, subjektive 219
Gesundheitsverhalten 16, 22
–, defizitäres 59
Gesundheitsversorgung 16, 548, 554
–, geschlechterbezogene 79
–, sexuelle 81
Gesundheitsvorstellung 119
Gesundheitswissenschaften 46, 79, 134, 143
Gesundheitszustand 394, 396
–, schichtspezifischer 400
–, selbstbewerteter 150
–, sozioökonomische Unterschiede 399
–, subjektiver 217f.
Gewalt, außerfamiliäre 466
– in der Ehe 469
– in der Familie 473f.
–, häusliche 463, 474
–, Kontinuum 470
–, sexualisierte 470
–, strukturelle 472
Gewaltanwendung, körperliche 467
Gewaltbegriff 470
–, feministischer 462
gewaltbereite Jugendliche 464
Gewalterfahrung 267, 347, 353, 460, 466
–, männliche 471
– von Frauen 463
Gewalttätigkeit 464
Gewaltübergriff, Entstehung 464
–, sexueller 467, 472
Gewaltvorbeugung 80
Gewichtsreduktion 317
Gewichtsverlust 361
Gicht 330
Gleichstellungspolitik 64, 113
Globalisierung 376
Grenzüberschreitung 480
Grenzverletzung 461
Gynäkologen 37
Gynäkologie 36, 42
gynäkologisch-endokrinologische Forschung 232
gynoide Fettsucht 280

Handlungskontrolle, wahrgenommene 543
handlungsorientiertes Methodenrepertoire 544
Handlungsregulationstheorie 408

Harnsäurestoffwechsel 331
Härtedressur 57
Haus- und Familienarbeit 74f., 509
Hausgeburt 36
Haushaltsarbeit 412
häusliche Gewalt 463
– Krankenpflege 557
hauswirtschaftliche Tätigkeit 555
Health-Benefits-Modell 405
Healthy-Worker-Effekt 283
Hebamme 42, 124, 228
Hebammenbetreuung 237
hegemoniales Demütigungsritual 472
– Männlichkeit 76, 109f., 462, 476
Hegemonie, männliche 62
Heilberuf, Professionalisierung 125
Heilkundige 49
Heilkunst 45
Heiratsquote 421
Heißhungeranfall 361, 367
Helferdynamik 476
Helferinnenrolle, Frau 563
Herzinfarkt 196, 343
Herzinfarktmortalität 283
Herzinfarktrate 275
Herzinfarktregister 277
Herzinfarktrisiko 281
Herzinfarktsymptome 277
Herz-Kreislauf-Erkrankung 193, 195, 273
Heterosexualität, Konstruktion 463
Hexenglaube 120
Hilfebedarf 212
Hilfen zur Erziehung 540
HIV/AIDS 376
HIV-Infektionen 350
Hodenkrebs 296, 453
hohes Alter 206
Homogamie, schichtmäßige 423
Homophobie 59, 474
Homosexualität 477
Hormondefizit 251
Hormone, geschlechtsspezifische 267
Hormonersatztherapie 252
Hormonhaushalt 179, 211
Hormonspiegel 162, 251, 453
Hormonsubstitution 37, 49, 95, 252
Hormonsystem 91
Hormontherapie 248
Hungergefühl 370
Hypercholesterinämie 279
Hypertonie 279, 281, 283, 319f.
Hypnotika 531
Hypothese der mangelnden sozialen Unterstützung von Hausfrauen 534
Hysterie 130
hysterische Frau 533

Idealgewicht 315, 360
Idealisierung des Schlankseins 317
Idealselbstbild 538
Identität, männliche 57, 474
–, weibliche 130
ideologisiertes Männerbild 60
illegale Drogen 346
Immunabwehr 381
Immuninsuffizienz 167, 173
Immunologie 111
Immunschwäche 168, 381
Immunsuppresiva 445
Immunsystem 162, 167f., 171, 173, 446
Impotenz 244, 249
Inanspruchnahme alkoholbezogener Hilfeangebote 350, 352
– der Angebote Sozialer Arbeit 541
– von Arzneimittelverordnungen 524
–, geschlechtsspezifische 505
– des Gesundheitssystems 77
– des Laiensystems 336
– medizinischer Leistungsangebote 313
– medizinischer Vorsorgeuntersuchungen 491
– von PatientInnen-Informationsstellen 559
– präventiver Leistungen 491
– professioneller Hilfen 336
– als Prozess 542
– psychosozialer Versorgung 533
– von Psychotherapie 535
– von Rehabilitationsmaßnahmen 510
–, störungsspezifische 536
– suchtspezifischer Hilfeangebote 352
– therapeutischer Hilfen 353
– von Versorgungsleistungen 201
Inanspruchnahmerate 19, 493
Inanspruchnahmeverhalten 20, 310
– bei alkoholbezogenen Problemen 352
Individualismus, therapeutischer 110
Indoor Pollution Syndrome 449
Infektionen 161
–, Exposition 381
Infektionsepidemiologie 376
Infektionskrankheiten 165f., 171, 181, 299, 375
–, Epidemiologie 376
Infektionsmortalität 170
Institution, psychiatrische 535
Instrumentalität 270
Insulintherapie 310
Integrität, körperliche 468
intellektuelle Leistungsfähigkeit 215f.
Internationale Krankheits-Klassifikation 322

Job-Stress-Modell 405
Jugendalter 179
Jugendhilfe 541
Jugendliche, gewaltbereite 464
juvenile rheumatoide Arthritis 325

Kaiserschnitt 234
Kalorienzufuhr 365
kardiologische Rehabilitation 285, 512f.
Kardiomyopathie, alkoholische 441
Karzinomfrüherkennung 247
Kausalinterpretationen 100
Kinder, Armut 399
Kinderkriegen, Technologisierung 238
Kinderlosigkeit 128
–, ungewollte 537
Kinderpornografie 468
Kindersterblichkeit 159, 161
Kindesmisshandlung 465f.
–, Auswirkungen 476
Kindstötung 129
Klimakterium 36
Knochenschwund 327
kognitive Leistungsfähigkeit 207
Kohärenzgefühl 349, 407
Kokain 348
Komorbidität 348
–, psychiatrische 349
Kompetenzen, gesundheitsbezogene 561
kongenitale Anomalien 164
Konstruktion von Geschlecht 106
– der Heterosexualität 463
konstruktivistische Ansätze 107
Kontinuum von Gewalt 470
Konvergenzhypothese 527
koronare Erkrankung 278
– Risikofaktoren 273, 276
Körper als Erkenntnisobjekt 111
–, biomedizinischer-biotechnologischer 111
–, innere Strukturen 111
Körperaktivität 171
Körperbild 267
Körperfett, Verteilung 280
Körper-Geist-Dualismus 101
körpergeschichtliche Fragestellungen 134
Körpergewicht 280, 360, 367, 440, 446
–, ideales 316
Körperideale 359, 367
Körperkontakt, erzwungener sexueller 467
körperliche Aktivität 254, 365
– Attraktivität 316, 367
– Integrität 468
– Züchtigung 466
Körperlichkeit, kulturelle und soziale Gebundenheit 118
Körpermodelle 28
Körperpflege 23
Körperpolitik 33
Körperpraktiken 76, 119, 121
Körper-Psyche-Umwelt-Modell 28
Körperveredelung 131
Körperverletzung 471
Körperverletzungsdelikte 467

Körperverständnis 121
Körperwissen 43
Kortikoide 445
kosmetische Produkte 443
Krankenbehandlung 520
Krankengeldanspruch 122
Krankenhaus 123
Krankenhausaufenthalt 202
Krankenhausfall 201
Krankenhaushygiene 522
Krankenkasse 122, 520
Krankenpflege, häusliche 557
Krankenschwester 126
Krankenversicherung 510
–, geschlechtsspezifische Unterschiede 123
–, gesetzliche 520, 523
Krankheit, Sekundärgewinn 549
–, soziale Konstruiertheit 118
–, Verdauungssystem 197
krankheitsbedingte Belastung 334
Krankheitsbegriff 258
Krankheitsbewältigung 334, 549
Krankheitsindikator 95
Krankheitsinterpretation 120
Krankheitslast der Frau 324
Krankheitsprofil 18
Krebsbekämpfung 303
Krebserkrankung 193, 195, 291
–, Standardverlauf 304
Krebsfrüherkennungsmaßnahmen 497
Krebsfrüherkennungsuntersuchung 493
Krebslokalisation 302
Krebsprävention 298, 301
Krebsregister 195
–, nationales 302
Krebsrisiko 300
Krebsursachen 291
Krebsvorsorge-Untersuchung 559
Kriminalstatistiken 465
Krise der Männlichkeit 268
Kultur, somatische 23
kulturelle und soziale Gebundenheit von Körperlichkeit 118

Lage, soziale 398
Laienhandeln 552
Laiensystem, Inanspruchnahme 336
Langzeitpatienten 528
Lebensentwurf 24, 403f.
–, männlicher 59
Lebenserwartung 71, 127, 191, 211, 213, 217, 241, 291, 303, 313, 388, 419, 427
–, aktive 428
–, Frau 18
–, passive 428
Lebensform 419f.
Lebensjahre, verlorene 193

lebenskritisches Ereignis 433f.
Lebenslage 388
–, geschlechtstypische 479
Lebensphasen 434
Lebensqualität 60, 249, 285, 327
–, männliche 245, 248
Lebensstil 282, 398, 426
–, gesunder 280
–, präventiver 422, 427
Lebensstilfaktoren 301
Lebensverhältnis 392
Lebensweise, gesundheitsförderliche 560
Lebensweisenmodell 47
lebensweltbezogene Bewältigungsstrategie 481
Lebensweltorientierung 540, 543
Lebenszeitabstinenzrate 344
Leberzirrhose 351
Leiden, psychisches 40
Leistungsfähigkeit, intellektuelle 215f.
–, kognitive 207
Leistungssport 77
Leistungssystem, sozialstaatliches 550
Leukämie 298
Lifestyle-Intervention 320
Luftverschmutzung 447
Lungenkrebs 299
Lungenkrebsrisiko 442

Macht, soziale 76
Machtkonfiguration 109
Machtlosigkeit der Frau 36
Mädchen, sexuelle Gewalt 467
Malaria 379
Mammographie 497f.
Mammographie-Screening 491, 496, 499
Mangelernährung 161
Mann, alternder 242
–, Gesundheitsprobleme 241
–, als Opfer von Gewalt 460
–, Rollenbilder 21
–, Selbstenteignung 63
Männerarbeit 64
Männerarbeit und -therapie 62
männerbewegte Männerforschung 61
Männerbewegung 16, 78
Männerbild, ideologisiertes 60
Männerbüro 61
Männerforschung 53f., 61
–, männerbewegte 61
Männergesundheit 67, 395
Männergesundheitsbericht 396
Männergesundheitsbewegung 16, 61, 255
Männergesundheitsdiskurs 67
Männergesundheitsforschung 15f., 67
Männergewalt gegen Frauen 461
Männergruppe 62
Männerheilkunde 480

Männerkrankheit 20
Männerrolle 60
Männertheorie 55
Männerveränderung 62
Männerzentren 60f.
männliche(s) Dominanz 461
– Hegemonie 62
– Homosexualität, Pathologisierung 121
– Identität 57, 474
– Lebensentwürfe 59
– Lebensqualität 245, 248
– Opfer 461f.
– Rollenverständnis 241
– Selbstwertgefühl 251
– Sexualstörung 249
– Sozialisation 58, 69
– Syndrom 58
– Übersterblichkeit 163, 165, 168, 172
– Unfruchtbarkeit 451
Männlichkeit 23, 54, 56f., 118
–, hegemoniale 76, 109f., 462, 476
–, heterosexuelle 77
–, homosexuelle 77
–, Krise 268
–, Modernisierung 63
–, Selbstkonstruktion 29
– als soziale Konstruktion 55
Männlichkeits-Maske 57
Männlichkeitsmuster 77
Männlichkeitsstereotyp 480
Mann-Sein 56
maskuline Verhaltensweisen 99
maskulines Dilemma 59
– Selbstkonzept 97
Maskulinität 270
Maßnahmen, pränataldiagnostische 231
Mediatoreffekte 96
Medien, Sexualisierung 469
Medikalisierung 34, 124
Medikamente, Gebrauch 444
– mit psychotroper Wirkung 345
–, Resorption 445
Medikamentenabhängige 346
Medikamenteneinnahme wegen rheumatischer Beschwerden 336
Medikamentenkonsum 346
Medikamentenverschreibung 346
medizinische Leistungsangebote, Inanspruchnahme 313
– Rehabilitation 323, 505
– Rehabilitationsmaßnahmen 510
– Vergesellschaftung 124
– Versorgung 43, 123
medizinische Vorsorgeuntersuchungen, Inanspruchnahme 491
medizinisches Risikomodell 44
Medizinsoziologie 46

Medizinstudium 42, 125
–, Zulassung von Frauen 125
Medizinsystem 19, 33, 60, 70
Menarche 294
Menopause 281, 294, 328
Menstruation 36
Messinstrumente, gendersensitive 150
Metaanalysen 151
Methodenrepertoire, handlungsorientiertes 544
Migräne 183
Migrationsfamilie 431
Miktionsstörungen 245f.
Milieu, familiäres 368
–, soziales 398
Mineralstoffe 440
Misogynie 39
Missbrauch, sexueller 268, 347, 368, 465
Misshandlung 461
–, eheliche 464
–, physische 465
–, psychische 466
Misshandlungserfahrung 478
Mobbingattacke 472
Modell, bidirektionales 95
–, biopsychosoziales 88f., 101
– des desintegrierten Sozialstaats 550
– des geplanten Handelns 542
–, unidirektionales 95
Moderatoreffekte des Geschlechts 97
Modernisierung von Männlichkeit 63
Morbidität und Mortalität im Alter 218
–, subjektive 323
Morbiditätsindikatoren 395
Morbiditätsrate 92
Morbus Bechterew 325
Mortalität 159f.
–, neonatale 166
–, zivilstandsspezifische 425
Mortalitätsdifferenzen, familienstandsspezifische 426, 433f.
Mortalitätsrate 87, 196
–, zivilstandsspezifische 422f.
Mortalitätsrisiko 217f.
Mortalitätsverhältnis, geschlechterabhängiges 192
Multimorbidität 210, 215
Multiple Chemical Sensitivity Syndrome 449
muskulo-skeletale Erkrankung 323
Mutter als ambivalentes Vorbild 371
–, berufstätige 404
–, Erschöpfungszustand 516
–, Erwerbstätigkeit 403
Müttergenesungswerk 515
Mutter-Kind-Kuren 515
Mutterrolle 432
Mutterschutzregelung 128
Müttersterblichkeit 18, 127

Mutter-Tochter-Beziehung 366
Mykoöstrogene 452

Nachsorgeprogramm, ambulantes 285
Nahrungsaufnahme 365
Nahrungskette 444
Nahrungsmittel 440
neonatale Mortalität 166
Nephropathie, diabetische 311
Nervensystem 91
Netz, soziales 62, 549
Neurodermitis 446
neurotische Störung 534
nichteheliche Partnerschaft 420
niedrigschwelliger Zugang 540, 543
Nierenersatztherapie 312
Nikotinkonsum 195, 343
Normalarbeitsverhältnis 472
Nutzen-Risikoabwägung 499

Obesitas-Gen 364
Ohnmacht 370
Onkologie 305
Opfer, männliches 461f., 472
Opfer-Aspekt 56
Opfererfahrung, männliche 462
– von Frauen 460
Organe, reproduktive 44
Organkarzinome 292f.
Orgasmusstörungen 249
Osteoporose 255, 281, 322, 327
Östrogene 281, 445, 447f., 453
–, endogene 281
–, synthetische 451
Östrogenspiegel 443
Ovarialkarzinom 296

PADAM-Syndrom 95
Pädophilie 467
Pädosexualität 467
pain-prone personality 333
Paracetamol 446
parasitäre Erkrankung 375
Partnerbeziehung 426, 429
Partnerschaft 421, 429
–, nichteheliche 420
–, sexuelle Gewalt 473
Partnerverlust 427
Passivrauchen 442, 447
Pathogenese 407
Pathologisierung männlicher Homosexualität 121
Patient als Ko-Therapeut 554
Patientenfortbildung 558
Patientengruppe 558
Patientenschulung 512
Patientenselbsthilfegruppe 558
Patientenverantwortung 548

PatientInnen-Informationsstelle, Inanspruchnahme 559
patriarchale Ehe 41
– Familienpolitik 48
– Gesellschaft 32, 469
perinatale Affektionen 163
– Sterblichkeit 174
personenbezogene soziale Dienstleistungen 541
Persönlichkeitsentwicklung 404
Persönlichkeitsstörung 92
–, antisoziale 349
Pestizide 452
Pflege von Angehörigen 20
– dementer Partner 432
Pflege- und Sorgetätigkeiten 414
Pflegebedarf 211
Pflegebedürftigkeit 213
Pflegeberufe 125
Pflegedienste 553
Pflegeforschung 479
Pflegekonstellation 558
Pflegeleistung 44
pflegende Angehörige 433
– Dienste 44
Pflegeperson 558
Pflegepersonal 480
pflegerisches Handeln 43
Pflegetätigkeit 554
Pharmakokinetik 446
Phobien 262
physiologischer Alternsprozess 208
physische Funktionsfähigkeit 285
Phytoöstrogene 452
Politik, feministische 36
Politisierung des Gesundheitsbegriffs 132
Polizeiliche Kriminalstatistik 465
Polyneuropathien 448
postpartale Depression 234
Posttraumatische Belastungsstörung 478
Potenzprobleme 250
Prädisposition, genetische 364
Präimplantationsdiagnostik 38
Praktiken, geburtshilfliche 233
pränataldiagnostische Maßnahmen 231
Prävention 492, 549
– von Essstörungen 371
– von Gesundheitsstörungen 21
–, primäre 491
–, sekundäre 491
–, tertiäre 491
Präventionsangebot 494
–, schulisches 496
Präventionsmaßnahmen, Nutzung 494
–, Rahmenbedingungen 501
präventive Leistungen, Inanspruchnahme 491
präventiver Lebensstil 422, 427
Praxis, epidemiologische 155

Privatisierung von Gesundheit 133
problem drinking 352
Problembewältigung 542
Probleme, alkoholbezogene 350
Problemverhalten, internalisierendes 495
Professionalisierung des Ärztestandes 125
– der Heilberufe 125
professionelle Hilfe, Inanspruchnahme 336
Prostataerkrankung 242
–, bösartige 243
Prostatahyperplasie 244
–, benigne 242
Prostatakarzinom 242, 245ff., 453
Prostatakarzinomtherapie 249
Prostatakrebs 246, 297
Prostataoperation 243
prostataspezifisches Antigen 246
Prostitution 468
Protektionsthese 421f.
protektive Faktoren 97
Psychiatrie 39
psychiatrische Erkrankung 349
– Komorbidität 349
– Institution 535
psychische Belastungen 409
– Erkrankung 213, 533
  frauenspezifische 537
– Gesundheit 40, 75
– Störung 198, 258, 533
psychisches Leiden 40
Psychoanalyse 533
Psychoanalysepatienten 536
psychologische Funktionstüchtigkeit 214f.
Psychopathologie, industrielle 406
Psychopharmaka 522, 528
psychophysiologische Regulationsmechanismen 367
psychosomatische Beschwerden 183
– Rehabilitationsleistung 513
– psychosomatische Störung 537
psychosoziale Dysfunktion 333
– Versorgung, Inanspruchnahme 533
Psychotherapie 39, 536
–, Feminisierung 537
–, Inanspruchnahme 535
Psychotherapiebedürftige 536
Psychotraumatologie 267
psychotrope Arzneimittel 345f.
psychovegetatives Syndrom 528
Pubertät 18, 91, 179, 370
Pubertätsmagersucht 185
Public-Health-Forschung 14, 22
–, geschlechtersensible 145

Qualitätssicherung 500, 521

Radikaloperation 292
Rape Trauma Syndrome 478

Rassegesundheit 132
Rassenhygiene 127
Rassenkunde 128
Raucherquote 188, 343
Reform, sanitäre 127
regionale Bias 399
Regulationsmechanismus, psychophysiologischer 367
Rehabilitation 213
–, kardiologische 285, 512f.
–, medizinische 323, 505
– bei Stoffwechselerkrankung 513
– bei Suchterkrankung 514
Rehabilitationsantrag 506
Rehabilitationsauftrag, gesetzlicher 507
Rehabilitationsbedarf 507
Rehabilitationsbedürftigkeit 508
Rehabilitationseinrichtung 506
Rehabilitationsleistung 507
–, psychosomatische 513
Rehabilitationsmaßnahmen 203, 286, 352
–, Inanspruchnahme 510
–, medizinische 510
Rehabilitationszugang 506
Reifungskrise 370
Reifungsprozess, geschlechtstypischer 91
Rentenversicherung 506, 510
Reproduktion, weibliche 35
Reproduktionsaufgaben 36
Reproduktionsorgane 91
Reproduktionspotenz 34
Reproduktionstechnologie 38
reproduktive Gesundheit 225
– Organe 44
restrained eating 365
Revolution, sexuelle 134
Rheuma 322
Rheumapersönlichkeit 332
rheumatische Beschwerden, Medikamenteneinnahme 336
– Erkrankung 322
rheumatoide Arthritis 324
Risikobereitschaft 172
Risikoexposition 439
Risikofaktoren 72
–, Arbeitsplatz 301
–, koronare 273, 276
Risikopotenzial, weibliches und männliches 439
Risikoschwangerschaft 227
Risikotrinker 344
Risikoverhalten 69, 92, 97, 405
–, externalisierendes 495
–, gesundheitliches 492, 494
–, gesundheitsgefährdendes 58
–, gesundheitsschädigendes 442
Role-Expansion-Modell 405
Rolle von Frauen in Beruf und Familie 13
Rollenabweichung, weibliche 133

Rollenakkumulations-These 432
Rollenbilder von Männern 21
Rollendiversität 432
Rollenideal 367
Rollenidentität 268
Rollenkonfiguration 420, 431
Rollenkonstellation 25
Rollenkorsett 62
Rollenmerkmal 269
Rollenorientierung, dysfunktionale maskuline 99
–, geschlechtstypische 99
Rollenstress-These 432
Rollensubstitutions-These 432
Rollenverständnis, geschlechtsbezogenes 88
–, männliches 241
Rückenschmerzen 329

Salutogenese 407
sanitäre Reformen 127
Säuglingsfürsorge 128
Säuglingssterblichkeit 159, 163f., 191, 225, 379
Scheidung 421f.
Scheidungsfolgen, gesundheitliche 430
Scheidungsrisiko 425
Schenkelhalsfrakturen 328
Schicht, soziale 388, 398
schichtmäßige Homogamie 423
schichtspezifischer Gesundheitszustand 400
Schlafmittel 530
Schlafstörungen 255, 333
Schlaganfall 196f.
Schlankheitsideal 371
Schlanksein 359, 367
–, Idealisierung 317
schmerzbedingte Funktionseinschränkung 333
Schmerzepidemiologie 322
Schmerzmittel 345
Schönheitspflicht 132
Schulbildung 389, 393
schulische Suchtprävention 496
schulisches Präventionsangebot 496
Schwangerenvorsorge 226ff., 233
Schwangerschaft 38, 226, 230, 451
Schwangerschaftsabbruch 522
Schwangerschaftsdauer 294
Schwangerschaftserfahrung 120
Screening-Aktivität 293
Sekundärgewinn, Krankheit 549
selbstbewerteter Gesundheitszustand 150, 429
Selbstdestruktion 481
Selbstenteignung des Mannes 63
Selbsterfahrungsgruppe 39
Selbsthilfe 548, 552f.
–, gesundheitsbezogene 548
–, individuelle 551
–, interindividuelle 551
–, nicht subsituierbare 553

Selbsthilfeaktivität, krankheitsbezogene 556
Selbsthilfebewegung 550
Selbsthilfegruppe 33, 548f.
Selbsthilfeorganisation 552
Selbstkonstruktion von Männlichkeit und Weiblichkeit 29
Selbstkonzept, feminines 97
–, maskulines 97
Selbstmord 481
Selbstmordrate 425
Selbstunsicherheit 368f.
Selbstversorgung 548
Selbstverwirklichungsbestrebungen 369
Selbstwertgefühl 41, 267, 347, 367, 370, 471
–, männliches 251
Selbstwirksamkeit 334
Selbstwirksamkeitserwartungen 354
Selbstwirksamkeitsüberzeugung 543
Selbstzweifel 369
Selektion, soziale 434
Selektionseffekt 425
Selektionsprozesse, biologische 99
Selektionsthese 421
sense of coherence 407
Sex-Bias 147
Sexismus in der Forschung 144
Sextourismus 468
Sexualaufklärung 33
Sexualerziehung 496
Sexualhormone 91, 447f.
sexualisierende Medien 469
sexualisierte Gewalt 470
Sexualität 34, 75, 130, 251, 470
Sexualprobleme 80
Sexualreformbewegung 129
Sexualstörungen, männliche 249
sexuelle Ausbeutung 465
– Belästigung 130
– Belästigung am Arbeitsplatz 469, 473
– Diskriminierung 464
– Gesundheitsversorgung 81
– Gewalt bei Mädchen 467
– Gewalt in Partnerschaften 473
– Gewaltübergriffe 467, 472
– Revolution 134
– Übergriffe durch Therapeuten und Pfarrer 469
– Zudringlichkeit 470
sexueller Missbrauch 268, 347, 368, 465
sexuelles Begehren 467
– Verlangen 251
Sichtweise, biomedizinische 88
Sick Building Syndrome 449
Siegerkultur 462
Silikonimplantate 444
Social Support 554
Social-Support-Konzept 549
Soldatenkörper 120

somatische Kultur 23
Somatisierungstendenz 265
somatoforme Störungen 264ff.
Sonderanthropologie, weibliche 120
Sonografie, transrektale 247
Sozialarbeit 540
sozialdemographische Analysen 424
Soziale Arbeit 540
–, Inanspruchnahme der Angebote 541
soziale(s) Benachteiligung 388
– Geschlecht 74, 146
– Konstruiertheit von Krankheit 118
– Lage 398
– Macht 76
– Milieu 398
– Netz 62, 549
– Schicht 388, 398
– Selektion 434
– Unterlegenheitsgefühl 539
– Unterstützung 21, 430, 435
soziale Ungleichheit 15, 387
–, horizontale 388
–, vertikale 387
soziale Ungleichheit bei Frauen 393
–, horizontale 397
–, vertikale 397
Sozialepidemiologie 292, 387, 398, 405
sozialepidemiologische Forschung 405
Sozialhygiene 127
Sozialisation 55
–, männliche 58, 69
sozialistische Gesundheit 132
Sozialpädagogik 540
Sozialstaatentwicklung 550
sozialstaatliches Leistungssystem 550
Sozialstatus-Bias 397, 399
soziokulturelle Faktoren 366
sozioökonomische Benachteiligung 431
– Unterschiede 390
sozioökonomische Unterschiede beim Gesundheitszustand 399
sozioökonomischer Status 347, 387, 389, 396
Spermiendichte 451
Spermienqualität 452
Spondylitis ankylosans 325
Spontangeburt 234
Sport 255
sportliche Aktivität 187, 255
Stages-of-Change-Modell 335
Status, beruflicher 393
–, sozioökonomischer 347, 387, 389, 396
Statushierarchie 393
Sterberate, altersspezifische 425
Sterberisiko 179
Sterbeziffer 425
Sterblichkeit 68
–, perinatale 174

Sterblichkeitsquote 19
Sterilisation 129
Stilldauer 237
Stilluntersuchung 237
Stoffwechselerkrankung, Rehabilitation 514
Stoffwechselmechanismus 281
Stoffwechselstörung 331
Störung, affektive 257f.
–, angeborene 164
–, depressive 40, 258
–, gerontopsychiatrische 537
–, neurotische 534
–, psychische 198, 258, 533
–, psychosomatische 537
–, somatoforme 264ff.
–, substanzbezogene 342
störungsspezifische Inspruchnahme 536
Strahlenbehandlung 304
Strahlenbelastung 300, 500
Straßenverkehr, Alkoholeinfluss 355
Stress 407, 431
Stressempfindungen 407
Stresshypothese 534
Stressmodell 406
Stressoren 407
– in der Arbeit 406
Stresstheorien 407
Studie, epidemiologische 151
subjektive Gesundheit 95
– Gesundheitstheorie 219
– Morbidität 323
subjektive Überbelastung 284
subjektiver Gesundheitszustand 217f.
Subsidiaritätsprinzip 550
substanzbezogene Störung 342
Substanzmissbrauch 345
Substitutionshypothese 527
Suchtforschung 342
Suchthilfesystem 351
Suchtkrankenhilfe 351
Suchtmittelabhängigkeit 342
Suchtprävention 491
–, schulische 496
suchtspezifisches Hilfeangebot, Inspruchnahme 352
Suizidhäufigkeit 180
Symptomatik, depressive 332
Syndrom, männliches 58
–, psychovegetatives 528
Syndrom-Ratingskalen 214
System der Zweigeschlechtlichkeit 28

Tabakkonsum 442
Tabakkontrolle 343
Tabakrauch 450
Tabakrauchen 299, 342f.
Tabakrauchsensibilität 443

Tabauchrauchkarzinogen 443
Tabaxrauchexposition 443
Täter-Aspekt 56
Täterprophylaxe 476
Tätigkeitsanalyse 408, 411, 413, 415
Technologisierung des Kinderkriegens 238
Teenage-Mütter 430
Testosteron 243, 248, 448, 453
Testosteronspiegel 96, 162, 168, 173, 243, 253
therapeutische Hilfe, Inspruchnahme 353
therapeutischer Individualismus 110
Therapeut-Patient-Geschlechterkonstellation 539
Therapie, thrombolytische 278
Therapieangebot 39
Therapiequalität 309f.
thrombolytische Therapie 278
Todesfälle, alkoholbedingte 345
Todesursache 18, 159, 210f.
Todesursachenstatistik 160, 192
Total-Work-Load-Ansatz 412
Toxikokinetik 446
Toxikologie 300
Tranquilizer 530f.
transrektale Sonografie 247
Traumasituation 481
Traumatisierung 475, 477
Triangulierung 369
Trinkverhalten 344
Trirollen-Frau 431
Trirollen-Mann 431
Tumor 500
Tumorsuppressoren 443
Typ-1-Diabetes 308
Typ-2-Diabetes 308
Typ-A-Verhalten 97, 282ff.

Überbelastung, subjektive 284
Überfürsorge 369
Übergeneralisierung 390
Übergewicht 280, 313, 327
Übergewichtsreduktion 320
Übergriffe, ausländerfeindliche 474
Überlebensprognose 279
Überschreitung von Generationengrenzen 369
Übersterblichkeit 318, 379, 381, 425
–, Frau 313
–, Mann 163, 165, 168, 172
Überverallgemeinerung 149
umweltbezogene Befindlichkeitsstörung 439
Umwelteinfluss 439
Umwelthormon 451, 453
–, synthetisches 452
Umweltkrankheit 449
Umweltmedizin 439
unbezahlte Arbeit 555
– Familienarbeit 415
Unfall 171f., 179, 183, 198

Unfalltod 179
Unfruchtbarkeit 452
–, männliche 451
Ungleich- oder Fehlbehandlung 17
Ungleichheit, gesundheitliche 387, 389
–, soziale 15, 387
unidirektionales Modell 95
Unterlegenheitsgefühl, soziales 539
Unterordnung, weibliche 461
Unterschied, sozioökonomischer 390
Unterstützung, emotionale 284
–, soziale 21, 430, 435
Unterwerfungserfahrung 462
Urologie 242

Verdauungssystem, Krankheiten 197
Vereinbarkeit von Beruf und Familie 64, 403
Verflechtung von Gesundheits- und Schönheitsnormen 133
vergewaltigte Frauen 463
Vergewaltigung 130, 463, 469, 470, 472
–, in der Ehe 470
Vergiftung 197
Verhalten, gesundheitsrelevantes 492
Verhaltensdaten, gesundheitsbezogene 426
Verhaltensendokrionolgie 92
verhaltensmedizinische Forschung 96
Verhaltensweise, maskuline 99
Verhältnis von Pflegendem und Gepflegtem 45
Verhütungsmittel 35, 48, 129
Verlangen, sexuelles 251
Verlegenheitsverordnung 526
Verletzung 197
Verletzungsoffenheit, strukturelle 470
Verlust der Berufsrolle 207
Vernetzung 544
Versicherte, Versorgung 520
Versicherungsschutz, mangelnder 285
Versorgung, der Versicherten 520
–, medizinische 43, 123, 521
Versorgungs- und Heilungspraktiken 34
Versorgungsangebot 106
Versorgungseinrichtung des Gesundheitssystems 552
Versorgungskonzept 500
Versorgungsleistung, Inanspruchnahme 201
Versorgungsstruktur, Gesundheits- und Krankheitssystem 21
–, Zugang 381
Verwitwung 422, 425, 434

Verwitwungsdauer 425
Viktimisierungserfahrung 477
Volksgesundheit 132
volksmedizinische Kenntnis 42
Vollzeit-Erwerbstätigkeit 509
Vorsorgeuntersuchung 229, 246, 492
Vulnerabilität 92
–, genetische 347
Vulnerabilitätsfaktor 97

Waist-to-hip-Ratio 361
weibliche Berufsarbeit 414
– Beschneidung 468
– Identität 130
– Reproduktion 35
– Rollenabweichung 133
– Sonderanthropologie 120
– Unterordnung 461
Weiblichkeit 23, 57, 118
–, gesundheitsgefährdende 44
–, Selbstkonstruktion 29
Weichteilrheuma 330
Wettbewerbszwang 59
Widerstandsressource 44
Wiedereingliederung ins Erwerbsleben 286
Wiederverheiratung 433
Wiederverheiratungsquote 425
Wochenbett 235
Wochenbett-Routine-Programm 237
Wohlbefinden 22
Wohlfahrtsmix, dienstleistungsbezogener 550
Wohlfahrtsverbände 552
Women-are-expressive-Hypothese 527
Wunschsectio 234

Yentl-Syndrom 26
Yo-Yo-Dieting 365

Zeitautonomie 413
Zentralnervensystem 164
Zigarettenrauchen 279
–, Prävalenz 276
Zivilstand 419
zivilstandsspezifische Mortalität 425
zivilstandsspezifische Mortalitätsrate 422f.
Züchtigung, körperliche 466
Züchtigungsrecht des Ehemannes 470
Zudringlichkeit, sexuelle 470
Zweigeschlechtlichkeit 107
–, System 23, 28

Klaus Hurrelmann / Anja Leppin (Hrsg.)

Moderne Gesundheits-kommunikation

Vom Aufklärungsgespräch zur E-Health

2002. 311 S., 28 Abb., 7 Tab., Gb € 34.95 / CHF 59.00
(ISBN 3-456-83640-6)

Analyse der neuen Gesundheitsmedien vor dem Hintergrund der wissenschaftlichen Erkenntnisse zur Gesundheitskommunikation

John Øvretveit

Evaluation gesundheitsbezogener Interventionen

Einführung in die Bewertung von gesundheitsbezogenen Behandlungen, Dienstleistungen, Richtlinien und organisationsbezogenen Interventionen

Aus dem Englischen von Klemens Felden.
2002. 324 S., 27 Abb., 13 Tab., Gb € 39.95 / CHF 67.00
(ISBN 3-456-83685-6)

Therapien und Interventionen im Gesundheitswesen stehen auf dem Prüfstand. Anbieter, Versicherer und Gesundheitspolitiker müssen beurteilen, welche Leistungen effektiv und effizient sind. Dieses Buch führt in die Besonderheiten der Evaluation von Gesundheitsleistungen ein. Es beschreibt Prinzipien und Methoden der Beurteilung und ihre Anwendung im Gesundheitswesen, schildert die Stärken und Schwächen der verschiedenen Formen von Evaluation, klärt die Differenzen über das, was als «evidenzbasiert» behauptet wird, und bietet Anleitung zur konkreten Planung und Durchführung einer Evaluation.

http://Verlag.HansHuber.com

Verlag Hans Huber
Bern Göttingen Toronto Seattle

Roger S. Kirby / Michael G. Kirby / Riad N. Farah (Hrsg.)

Männerheilkunde

Aus dem Englischen von Michael Herrmann.
2002. 328 S., 133 farbige Abb., 66 Tab., Gb
€ 49.95 / CHF 86.00 (ISBN 3-456-83690-2)

Männer sterben früher als Frauen. Dennoch werden männerspezifische Krankheitsrisiken in der deutschsprachigen Medizin kaum oder nur als Krankheiten des Urogenitalsystems wahrgenommen. Dieses Buch begleitet hierzulande eine Entwicklung, die sich in den angelsächsischen Ländern längst durchgesetzt hat: die Etablierung von «Männerheilkunde» (Men's Health) als medizinische Disziplin. Als umfassendes Lehrbuch geht es gegen die Zersplitterung der Männerheilkunde an. Es behandelt das ganze Spektrum von den kardiovaskulären über die gastrointestinalen, chirurgischen und dermatologischen bis hin zu den urogenitalen und psychiatrischen Erkrankungen, die Männer typischerweise häufiger betreffen.

Hans Zeier

Männer über fünfzig

Körperliche Veränderungen – Chancen für die zweite Lebenshälfte

2., korr. und erw. Aufl. 2002. Etwa 170 S., Kt
etwa € 17.95 / CHF 30.80 (ISBN 3-456-83821-2)

Was können Männer zur Erhaltung ihrer Gesundheit, Vitalität und Sexualkraft tun? «Die meisten Leser werden Neues über die biologischen Vorgänge in ihrem Körper erfahren. Alles in allem: Ein seriöser Ratgeber» (Psychologie heute). Die zweite Auflage enthält neu einen Fragebogen zur (Selbst-)Beurteilung möglicher Wechseljahr-Beschwerden.

http://Verlag.HansHuber.com

Verlag Hans Huber
Bern Göttingen Toronto Seattle

Walter Hollstein

Potent werden – Das Handbuch für Männer

Liebe, Arbeit, Freundschaft
und der Sinn des Lebens

2001. 412 S., Abb., Tab., Kt
€ 26.95 / CHF 44.80
(ISBN 3-456-83534-5)

Männlichkeit ist in Verruf gekommen, sie wird fast nur noch wahrgenommen als Gewalt, Krieg, Zerstörung, Missbrauch und Rowdytum. Dabei gerät in Vergessenheit, was Männlichkeit im tiefsten ist: Leidenschaft, Erfindungsgeist, Schutz der Gemeinschaft, Aktivität, Mut und Verantwortung. Das vorliegende Buch zeigt, wie Männer ihre Möglichkeiten und Sehnsüchte verwirklichen können.

**Verlag Hans Huber
Bern Göttingen Toronto Seattle**

http://Verlag.HansHuber.com

Frauke Koppelin / Rainer Müller / Annelie Keil / Ulrike Hauffe (Hrsg.)

Die Kontroverse um die Brustkrebs-Früherkennung

Unter Mitarbeit von T. Birtel, M.-L. Dierks, K. Giersiepen, G. Glaeske, E. Greiser, J. Hendriks, H. Junkermann, I. Mühlhauser, N. Schmacke, I. Scheinhardt und I. Schreer. 2001. 148 S., 8 Abb., 10 Tab., Kt € 19.95 / CHF 34.80 (ISBN 3-456-83545-0)

Die Bremer Kontroverse zeigt, dass die grundsätzliche Bewertung von Früherkennungsmaßnahmen von der Perspektive abhängt, und dass die wichtigste Perspektive oft vergessen wird: die der Betroffenen.

Arbeitskreis Frauen und Gesundheit im Norddeutschen Forschungsverbund Public Health (Hrsg.)

Frauen und Gesundheit

in Wissenschaft, Praxis und Politik

1998. 285 S., Kt € 17.95 / CHF 31.30
(ISBN 3-456-83107-2)

Wesentlicher Bestandteil der neu etablierten Public-Health-Bewegung und Gesundheitswissenschaften ist die Frauengesundheitsforschung. Dieses Buch gibt einen umfassenden Überblick über aktuelle theoretische, methodische und praktische Ansätze.

http://Verlag.HansHuber.com

**Verlag Hans Huber
Bern Göttingen Toronto Seattle**

R. Weitkunat / J. Haisch / M. Kessler (Hrsg.)

Public Health und Gesundheitspsychologie

Mit einem Geleitwort von U. Lehr.
1997. 527 S., Gb € 64.95 / CHF 108.00 (ISBN 3-456-82764-4)

Das Thema Gesundheit nimmt in den letzten Jahren in der wissenschaftlichen und öffentlichen Diskussion einen immer gewichtigeren Raum ein. Neben Aspekten von Krankheitsentstehung und Therapie haben Fragen der Erhaltung und Förderung von Gesundheit, Lebensqualität und Wohlbefinden an Bedeutung gewonnen, aber auch Bereiche wie Gesundheitsökonomie, Gesundheitssystemforschung, Gesundheitspolitik, Qualitätssicherung, Risikofaktor- und Lebensstilforschung, Krankheitsbewältigung, Prävention und Rehabilitation werden zunehmend wichtiger.

Andreas Mielck

Soziale Ungleichheit und Gesundheit

Empirische Ergebnisse, Erklärungsansätze, Interventionsmöglichkeiten

2000. 496 S., 35 Abb., 139 Tab., Kt € 26.95 / CHF 44.80
(ISBN 3-456-83454-3)

In den letzten Jahren hat das Interesse am Thema «soziale Ungleichheit und Gesundheit» erheblich zugenommen. Auch in der aktuellen gesundheitspolitischen Diskussion wird immer häufiger die Frage gestellt, ob und warum Personen aus der unteren sozialen Schicht einen besonders schlechten Gesundheitszustand aufweisen und was dagegen unternommen werden kann. In diesem Buch wird versucht, einen umfassenden und allgemein verständlichen Überblick über den Stand der empirischen, theoretischen und gesundheitspolitischen Diskussion bereitzustellen. Es soll dazu beitragen, den Erfahrungsaustausch zu verbessern und auf eine breitere Basis zu stellen. Nur so lassen sich konkrete Vorschläge zur Verringerung der gesundheitlichen Ungleichheit entwickeln. Das dabei im Vordergrund stehende Ziel lässt sich wie folgt formulieren: «Alle Menschen sollen unabhängig von Ausbildung, beruflichem Status und/ oder Einkommen die gleiche Chance erhalten, gesund zu bleiben bzw. zu werden.»

http://Verlag.HansHuber.com

Verlag Hans Huber
Bern Göttingen Toronto Seattle